Excel-VBA
Kompendium

Meiner lieben Ehefrau Wioletta

Excel-VBA-Kompendium

Inhaltsübersicht

Inhaltsverzeichnis

Excel-VBA-Kompendium

Excel-VBA-Kompendium

Inhaltsverzeichnis

Inhaltsverzeichnis

Vorwort

Dieses Excel-VBA-Kompendium ist in erster Linie für fortgeschrittene Anwender und Programmierer gedacht, die mehr über VBA der Versionen Excel 97 / 2000 / 2002 lernen möchten. Nach dem großen Erfolg des letzten Buches und der vielen E-Mails von Lesern, für die ich mich an dieser Stelle bedanken möchte, habe ich mir überlegt, wie ich das Kompendium noch besser machen könnte. Ich entschloss mich, mehr Beispiele für die tägliche Praxis hinzuzufügen, ohne dadurch an Übersichtlichkeit zu verlieren. So wurden in diesem Buch ca. 850 Makros verarbeitet.

In den ersten drei Kapiteln des ersten Teils erfolgt trotzdem eine kurze Einführung in die Programmierung von VBA. Die Themen sind die Bedienung der Entwicklungsumgebung sowie die Anwendung von Datentypen, Variablen und Konstanten. Im letzten Kapitel dieses Teils werden die verschiedenen Sprachelemente, wie Verzweigungen und Schleifen, anhand von zahlreichen Praxisaufgaben anschaulich erklärt.

Im zweiten Teil des Buches beginnen die »heißen« Themen. Dort werden die wichtigsten Objekte anhand von nützlichen und interessanten Aufgaben aus der täglichen Arbeit mit Excel vorgestellt sowie wirklich brauchbare Lösungen präsentiert. Beginnend mit der einzelnen Zelle über Spalten und Zeilen bis hin zu Tabellenblättern und Arbeitsmappen werden hierbei Schritt für Schritt die Objekte angewendet und erklärt. Im Vordergrund steht hierbei immer die Frage »Was können Sie mit dem Objekt anfangen und welche Aufgaben können Sie damit in der Praxis erledigen?« Abgerundet wird dieser Teil mit einem Kapitel über die Programmierung von Diagrammen und Pivot-Tabellenberichten. Hierbei lernen Sie, wie Sie aus Rohdaten auf Knopfdruck aussagekräftige Diagramme sowie Pivot-Auswertungen erstellen können.

Im dritten Teil lernen Sie, mit Hilfe von selbst erstellten Funktionen Ihre Arbeit noch effizienter zu gestalten bzw. Arbeitsabläufe noch besser zu automatisieren. Dabei erstellen Sie zum einen benutzerdefinierte Funktionen, die Sie im Funktionsassistenten von Excel unterbringen und danach in Tabellenblättern anwenden können. Zum anderen programmieren Sie Funktionsmakros, die Ihnen helfen, Ihre Module strukturiert und übersichtlich zu gestalten, um dabei die Geschwindigkeit und Sicherheit Ihrer Makros zu erhöhen. Ein weiteres Kapitel beschäftigt sich mit der Frage, wie Sie Ereignisse in Excel einsetzen können, um noch mehr Automatismus und

Arbeitserleichterung in Ihre Anwendung zu bringen. Im abschließenden Kapitel dieses Buchteils lernen Sie, wie Sie auf Module innerhalb der Entwicklungsumgebung zugreifen können. Dies ist mitunter sehr nützlich, wenn es darum geht, Ihre Module zu sichern bzw. bestimmte Module in andere Arbeitsmappen zu integrieren.

Der vierte Teil ist der klassischen Anwendungsentwicklung gewidmet. Dort erfahren Sie, wie Sie mit Dialogen / UserForms arbeiten und wie Sie Steuerelemente auf Tabellenblättern integrieren und programmieren können. Ein weiteres interessantes Kapitel ist die Programmierung von Menü- und Symbolleisten. Dabei lernen Sie u. a., wie Sie auf integrierte Excel-Funktionen zurückgreifen und diese Funktionalität in eigenen Leisten bereitstellen können. Die Zusammenarbeit von Excel mit anderen Office-Komponenten und externen Anwendungen ist ein weiteres Thema dieses Buchteils. So erstellen Sie z. B. eine Schnittstelle für Excel und Access, über die Sie Daten mit Hilfe der Datenzugriffsmethode ADO austauschen. Sie werden ebenso erfahren, wie Sie Daten zwischen Excel und Word übertragen und wie Sie E-Mails mit Excel versenden können.

Im fünften Teil des Buches, der den Praxisführer enthält, geht es darum, wie Sie vorgehen können, wenn ein Makro nicht den gewünschten Erfolg bringt bzw. wenn Sie ein Makro überhaupt nicht zum Laufen bringen. Angefangen von der Ermittlung und Beseitigung von Fehlern bis hin zur Recherche nach Material im Internet ist alles enthalten. Aber auch das Tuning von Makros bzw. der Schutz von VBA-Projekten soll in diesem Teil nicht zu kurz kommen. Im letzten Kapitel des Praxisführerteils sehen Sie anhand einer FAQ die am häufigsten gestellten Fragen zum Thema VBA mit Excel und die dazugehörigen Antworten.

Im abschließenden Anhang dieses Buches wurde bewusst auf das Auflisten von Methoden, Eigenschaften und Objekten verzichtet. Diese Informationen können Sie ganz leicht selbst in der Online-Hilfe von Excel nachschlagen, dafür müssen nicht wertvolle Seiten geopfert werden. Ich habe mich daher entschlossen, auch im Anhang möglichst viel Nützliches für Sie bereitzustellen. Dies ist eine Sammlung an Supermakros, mein »Machero-Add-In« mit nützlichen Funktionen für Excel, eine Linksammlung mit den besten kostenlosen VBA-Seiten und Foren im Internet, die Beschreibung zur Handhabung der mitgelieferten CD-ROM und ein Stichwortverzeichnis.

Mein persönliches Anliegen ist es, Ihnen VBA für Excel 97 / 2000 / 2002 anhand von praxisnahen Aufgaben leicht verständlich zu vermitteln. Das Buch spiegelt mein Wissen wider, welches ich mir die letzten Jahre durch meine ehrenamtliche Arbeit im deutschen Excel-Forum von Microsoft und durch meine bisherigen VBA-Projekte angeeignet habe.

Das Buch enthält, wie bereits gesagt, ca. 850 Makros, die Sie auf der mitgelieferten CD-ROM finden. Außerdem können Sie von der CD-ROM meinen Urlaubsplaner übernehmen, den ich für das Jahr 2002 vorbereitet habe. Nähere Informationen dazu bietet die Datei readme.doc auf der CD-ROM.

Bei Fachfragen und allgemeinem Feedback zu meinem Buch erreichen Sie mich unter meiner Excel-Homepage http://members.aol.com/Machero oder unter meiner E-Mail-Adresse Machero@aol.com. Besuchen Sie auch ruhig einmal das Excel-Diskussionsforum news:Microsoft.public.de.Excel oder das Excel-Spotligt-Forum unter http://spotlight.de/zforen/mse/t/forum_mse_1.html. Sollten Sie noch nicht mit Diskussionsforen gearbeitet haben, so finden Sie im Anhang C dieses Buches eine Erklärung, wie Sie sich diese wertvolle Wissensquelle zugänglich machen können.

Ich wünsche Ihnen während des Lesens des Buches und beim späteren Anwenden der Lösungen viel Spaß!

Bernd Held

MVP für Microsoft Excel

Hinweise zu den verwendeten Symbolen

Mit Hilfe des neben diesem Absatz abgebildeten Symbols weise ich auf Informationen hin, die ihnen helfen können, leichter voranzukommen.

Dieses Hinweissymbol verwende ich, um Sie auf besonders wichtige Textstellen aufmerksam zu machen, die helfen, typische Fehler zu vermeiden.

Neben diesem Symbol finden Sie wissenswerte Informationen.

Solche Texte beziehen sich auf Inhalte der Begleit-CD.

Hier beginnt eine Aktion, aufgeteilt in Arbeitsschritte.

Über den Autor

Bernd Held, MVP für
Microsoft Excel

Bernd Held ist gelernter Informatiker und programmierte drei Jahre lang bei
der DEKRA Warenwirtschafts- und Suchsysteme für den KFZ-Bereich.
Danach arbeitete er sechs Jahre bei debis Systemhaus im Controlling. Dort
war er verantwortlich für das Berichtswesen, die Leistungsverrechnung, das
Erstellen von betrieblichen Auswertungen und Wirtschaftlichkeitsrechnun-
gen sowie für die Erstellung neuer Controlling-Tools auf Basis von Microsoft
Excel.

Zusätzlich schreibt er Fachartikel in renommierten Zeitschriften und ver-
fasst Computerbücher. Sein Spezialgebiet ist Microsoft Office. Dort hat er
sich auf den Bereich Excel und die VBA-Programmierung spezialisiert. Aber
auch über Microsoft Works hat er mehrere Bücher geschrieben.

Vor drei Jahren wurde er das erste Mal als MVP (Most Valuable Professio-
nal) von der Firma Microsoft ausgezeichnet. Dieser Titel wird für besondere
fachliche Kompetenz, außerordentlichen Einsatz in den Diskussionsforen
und für außergewöhnliches Kommunikationstalent verliehen. Im deutsch-
sprachigen Excel-Forum von Microsoft (news:Microsoft.public.de.Excel) können Sie Bernd Held fast täglich antreffen, wenn Sie Fragen zu Excel und zur
VBA-Programmierung haben. Dort hilft er Ihnen gerne weiter.

Teil 1 Arbeitsumgebung, Datentypen, Sprachelemente

In diesem Teil lernen Sie die grundlegenden Vorausetzungen für das Programmieren mit Excel kennen. Neben der Bedienung der Entwicklungsumgebung üben Sie die wichtigsten Sprachelemente von VBA anhand ausgesuchter Beispiele.

1 Grundsätzliches zur Programmierung

Wenn Sie beginnen möchten zu programmieren, sollten Sie sich zunächst fragen, warum Sie überhaupt VBA einsetzen möchten. Welche Vorteile bieten sich Ihnen damit an? Dabei sind u. a. folgende Punkte zu nennen:

Ich setze VBA ein, um ...

Warum programmieren?

➤ meine täglichen Abläufe zu automatisieren,

➤ noch mehr mit Excel machen zu können, indem man Excel um weitere eigene Funktionen anreichert,

➤ einen Vorteil in Bezug auf Arbeitssicherheit und Arbeitserleichterung zu haben. Gerade lästige Routinearbeiten können mit VBA sicher und elegant ausgeführt werden,

➤ eine erhöhte Arbeitsgeschwindigkeit durch den Einsatz von VBA zu erreichen,

➤ eigene Anwendungen zu entwickeln, die von anderen leicht zu bedienen sind,

➤ am Ball zu bleiben. VBA ist eine universelle Sprache, die im ganzen Office-Paket verwendet wird. Mehr und mehr auch andere Microsoft-unabhängige Anwendungen stellen auf VBA um.

1.1   Wie gehe ich von Anfang an richtig vor?

Wichtig ist, dass Sie sich vorher überlegen, welche Aufgaben Sie mit VBA lösen möchten. Schreiben Sie sich das ruhig in ein paar Stichworten auf einem Stück Papier auf. Wenn Sie später dann beginnen zu programmieren, schadet es nichts, die einzelnen Befehle im Code selbst zu beschreiben, also im Code als Kommentar zu hinterlegen. Im Laufe der Zeit werden Sie feststellen, dass Ihnen solche Aufzeichnungen immer wieder weiterhelfen werden. Vieles, was in Vergessenheit gerät, muss so nicht noch einmal erarbeitet werden. Ein kurzer Blick auf die Aufzeichnungen genügt und Sie sind wieder voll im Bilde.

:-)
TIPP

Zu Beginn werden Sie häufig mit dem Makrorekorder arbeiten, um sich die Syntax der einzelnen Befehle leichter einzuprägen. Excel 97 / 2000 / 2002 bietet Ihnen die Möglichkeit, automatisch Programmcodes aufzeichnen zu lassen. Das läuft dann so ab, dass Sie den Makrorekorder starten und die Aufgabe zunächst manuell durchführen. Haben Sie Ihre Aufgabe ausgeführt, beenden Sie den Makrorekorder. Der Makrorekorder hat Ihre Arbeitsschritte im Hintergrund aufgezeichnet. Diese Aufzeichnung können Sie dann als Ausgangsposition für weiteres Programmieren verwenden.

1.1.1   Den Makrorekorder einsetzen

Als erste Aufgabe kopieren Sie vom Tabellenblatt TABELLE1 die Zelle A1 und fügen den Inhalt dieser Zelle auf dem Tabellenblatt TABELLE2 in Zelle A1 ein.

Dazu gehen Sie wie folgt vor:

STEP

1. Wählen Sie aus dem Menü EXTRAS den Befehl MAKRO/AUFZEICHNEN.

2. Belassen Sie den Eintrag DIESEARBEITSMAPPE, wenn Sie das Makro in der momentan geöffneten Arbeitsmappe ablegen möchten. Wenn Sie hingegen ein Makro aufzeichnen, welches in Zukunft immer für jede Arbeitsmappe verfügbar sein soll, dann wählen Sie aus dem Dropdown den Eintrag PERSÖNLICHE MAKROARBEITSMAPPE, ansonsten behalten Sie den standardmäßig eingestellten Eintrag DIESEARBEITSMAPPE bei. In diesem Fall können Sie die Makros nur nutzen, wenn Sie die entsprechende Arbeitsmappe auch geöffnet haben.

3. Belassen Sie den voreingestellten Namen des Makros und klicken Sie auf OK.

Abbildung 1.1:
Makros selbst aufzeichnen mit dem Makrorekorder

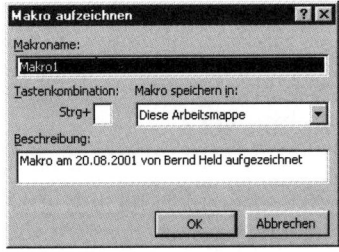

4. Kopieren Sie auf TABELLE1 die Zelle A1, wechseln Sie auf die TABELLE2 und fügen Sie den Inhalt aus der Zwischenablage in Zelle A1 ein.

5. Klicken Sie auf das Symbol AUFZEICHNUNG BEENDEN.

6. Schauen Sie sich das Ergebnis des Makrorekorders an, indem Sie aus dem Menü EXTRAS den Befehl MAKRO/MAKROS auswählen.

7. Klicken Sie im Dialog MAKRO auf die Schaltfläche BEARBEITEN.

```
Sub Makro1()
'
' Makro3 Makro
' Makro am 20.08.2001 von Held aufgezeichnet
'
'
    Selection.Copy
    Sheets("Tabelle2").Select
    ActiveSheet.Paste
End Sub
```

Eine Variante, um Makros schon beim Excel-Start zur Verfügung zu haben, ist, die Makros in der persönlichen Arbeitsmappe zu speichern. Diese Arbeitsmappe befindet sich standardmäßig im Office-Unterverzeichnis XLSTART. Sie heißt PERSONL.XLS und wird automatisch beim Excel-Start geöffnet. Diese Arbeitsmappe ist standardmäßig jedoch ausgeblendet, was auch ganz richtig ist, um den Anwender nicht zu verunsichern und ihn auch daran zu hindern, Änderungen an dieser Arbeitsmappe auszuführen.

:-)
TIPP

1.1.2   Die Aufzeichnung des Makrorekorders ergänzen

Die Programmiersprache in VBA ist Englisch. Jedes Makro fängt mit der Anweisung Sub an. Danach folgt ein Leerzeichen, gefolgt von einem Namen, den Sie frei wählen können. Abschließend geben Sie ein Klammernpaar ein und drücken auf die Taste ⏎. Excel ergänzt Ihnen nun automatisch die Schlusszeile des Makros End Sub. Vermeiden Sie bei der Benennung müssen Sie Leer- und Sonderzeichen. Diese sind nicht zulässig.

Es empfiehlt sich, den Makros »sprechende« Namen zu geben. So könnte ein sprechender Name für das obige Makro lauten:

```
Sub ZelleKopierenUndAufNächstemBlattEinfügen()
```

:-)
TIPP

Damit wird schon im Titel des Makros klar, welche Aufgabe das Makro ausführen soll. Die Zeilen im Code, welche mit einem einfachen Anführungszeichen beginnen, sind Kommentarzeilen. Standardmäßig werden dabei der Name des Makros, das Erstelldatum und der Makro-Aufzeichner festgehalten. Der Makrorekorder liefert wertvolle Hinweise über die Syntax der einzelnen Befehle, leider verschluckt er aber auch einige Befehle. Aus diesem Grund kann das nur der erste Schritt sein, um ein Makro zu erstellen. Es ist auf jeden Fall noch Nacharbeit notwendig. Das obige erste Makro könnte also nach ein wenig Überarbeitung wie folgt aussehen:

```
Sub ZelleKopierenUndAufNächstemBlattEinfügen()
' Makro am 20.08.2001 von Held aufgezeichnet
' Das erste Makro zum Kopieren und Einfügen von Daten
    Sheets("Tabelle1").Range("A1").Copy
```

```
    Sheets("Tabelle2").Select
    Range("A1").Select
    ActiveSheet.Paste
    Application.CutCopyMode = False
End Sub
```

Wie Sie sehen, wurde das Makro um eine zusätzliche Kommentarzeile ergänzt, die den Zweck des Makros beschreibt. Ebenso wurde der Ausgangspunkt des Makros, also die Zelle A1 in Tabelle1, nachgezogen und der `Copy`-Befehl zusammengezogen.

Das angepasste Makro stellt immer noch nicht den Idealzustand dar; im Moment soll uns das aber reichen. Im späteren Verlauf des Buches werden Sie weitere Vereinfachungsmechanismen und Optimierungsmöglichkeiten kennen lernen.

1.1.3   Makro ausführen

Zum Starten eines Makros haben Sie mehrere Möglichkeiten:

➡ Starten eines Makros auf dem Tabellenblatt über das Menü EXTRAS und den Befehl MAKRO/MAKROS und die Auswahl des Makros im Listenfeld mit abschließendem Klick auf die Schaltfläche AUSFÜHREN.

➡ In der Entwicklungsumgebung in der Symbolleiste VOREINSTELLUNG mit einem Klick auf das Symbol SUB/USERFORM AUSFÜHREN.

➡ Starten eines Makros direkt aus der Entwicklungsumgebung im Codefenster, indem Sie den Mauszeiger auf die erste Zeile des Makros setzen und die Taste [F5] drücken.

➡ Start über eine Schaltfläche auf Ihrem Tabellenblatt.

Um ein Makro über eine Schaltfläche zu starten, verfahren Sie wie folgt:

1. Blenden Sie die Symbolleiste FORMULAR ein.

2. Klicken Sie auf das Symbol SCHALTFLÄCHE und ziehen Sie diese auf Ihrer Tabelle an der gewünschten Position auf.

3. Klicken Sie im Dialog MAKRO ZUWEISEN auf das Makro `ZelleKopieren` `UndAufNächstemBlattEinfügen` und klicken Sie auf die Schaltfläche OK.

4. Schreiben Sie direkt auf die Schaltfläche eine geeignetere Bezeichnung, indem Sie den Schaltflächentext SCHALTFLÄCHE 1 einfach überschreiben.

1.1.4   Wie erfahre ich mehr über die einzelnen Befehle?

Der zweite Schritt bei der Programmierung sollte sein, mehr über die verwendeten Befehle zu erfahren. Dazu können Sie die eingebaute Online-Hilfe in Anspruch nehmen.

Recherche

Setzen Sie im Listing einfach einmal den Mauszeiger auf den Befehl Copy und drücken Sie die Taste ⌈F1⌉.

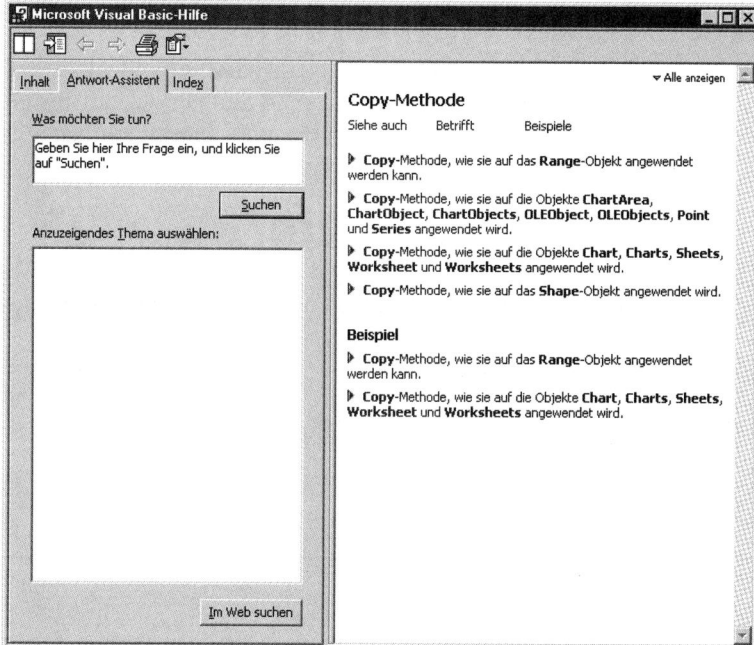

Abbildung 1.2:
Die Online-Hilfe bietet Ihnen ein komplettes Nachschlagewerk an.

Wenn Sie Beispiele aus der Online-Hilfe herauskopieren und für eigene Zwecke verwenden möchten, ist das kein Problem. Klicken Sie im Online-Hilfe-Fenster ruhig einmal auf den Text BEISPIELE. Sie können sich das Beispiel mit der linken Maustaste markieren, kopieren und über die Zwischenablage in Ihr Modul in der Entwicklungsumgebung einfügen. Auf diesem Beispielcode können Sie dann aufbauen und das eingefügte Makro auf Ihre Wünsche hin noch anpassen.

Erfahren Sie im nächsten Kapitel, wie Sie die Entwicklungsumgebung bedienen, die Ihnen für die Programmierung zur Verfügung steht.

2 Die Arbeitsumgebung für die Programmierung

In die Entwicklungsumgebung von Excel gelangen Sie, wenn Sie die Tastenkombination [Alt] + [F11] drücken. Danach sehen Sie folgendes Bild vor sich:

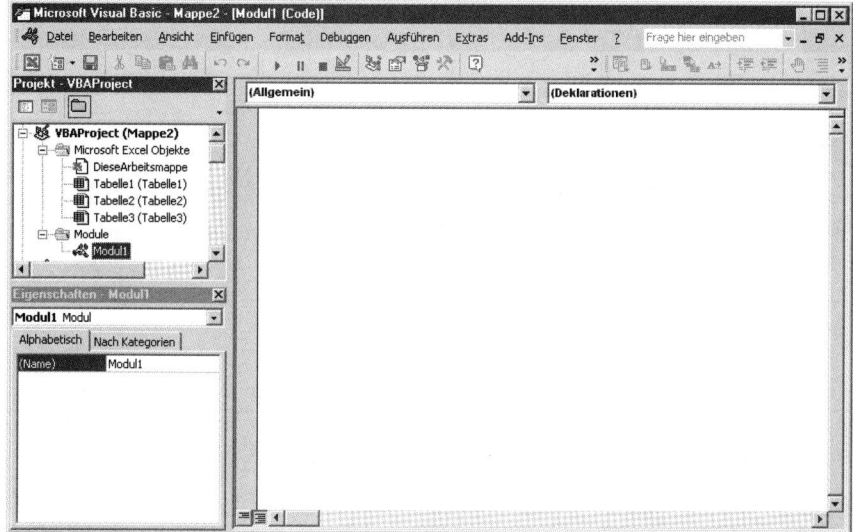

Abbildung 2.1:
Die Entwicklungsumgebung von Excel 2002

Momentan sehen Sie in der Abbildung 2.1 den Projekt-Explorer sowie das Eigenschaften-Fenster. Im Projekt-Explorer erkennen Sie alle Komponenten Ihrer Arbeitsmappe.

2.1 Die Scroll Area festlegen

Im Eigenschaften-Fenster können Sie die Einstellungen der einzelnen Komponenten einstellen. So können Sie z. B. in einer Tabelle den Bereich festlegen, in dem der Anwender in der Tabelle sich bewegen darf. Stellen Sie dazu einmal im Eigenschaften-Fenster für die TABELLE1 in der Kategorie SCROLLAREA den Zellenbezug $A$1:$D$20 ein und drücken Sie die [↹]-Taste. Verlassen Sie danach die Entwicklungsumgebung und aktivieren Sie das Tabellenblatt TABELLE1.

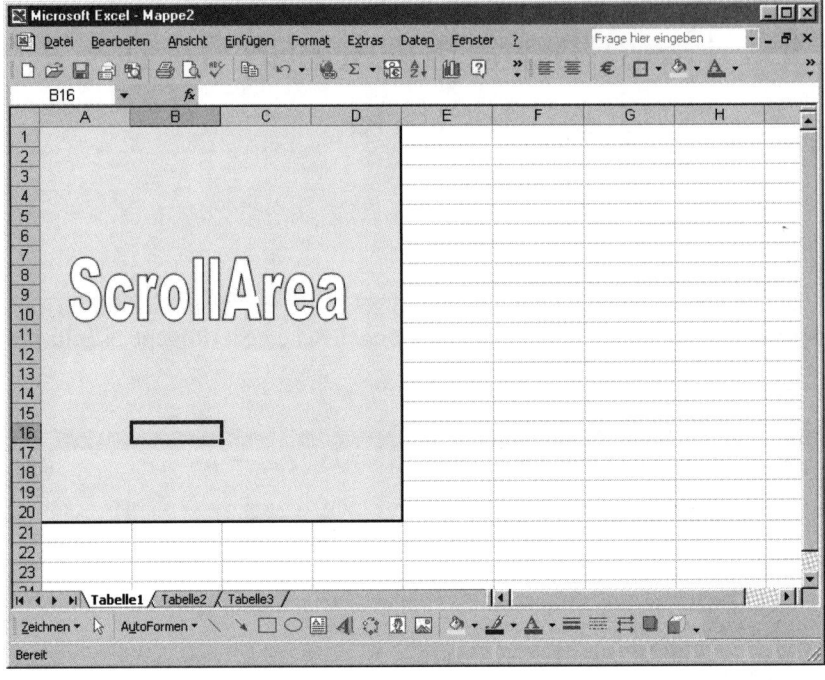

Jetzt können Sie sich lediglich im Bereich A1:D20 bewegen. Alle anderen Zellen sind für Sie tabu.

Übrigens können Sie im Eigenschaften-Fenster unter der Rubrik SCROLL-AREA *auch benannte Bereiche in Excel angeben. Excel setzt diese Bereichs-namen dann automatisch in die dazugehörigen Zellenbezüge um.*

2.2 Tabellenblätter ein- und ausblenden

Im Eigenschaften-Fenster lassen sich auch einzelne Tabellen ein- und aus-blenden.
Dazu verfahren Sie wie folgt:

1. Klicken Sie im Projekt-Explorer auf den Eintrag TABELLE3.

2. Klicken Sie im Eigenschaften-Fenster in der Zeile VISIBLE auf das Zel-lendropdown und wählen Sie den Eintrag 0 - XLSHEETHIDDEN aus.

3. Verlassen Sie die Entwicklungsumgebung, indem Sie beispielsweise die Tastenkombination Alt + Q betätigen, um auf Ihre Tabellenansicht in Excel zu gelangen.

Abbildung 2.3:
Tabellen
ausblenden

Wie Sie sehen, ist die Tabelle TABELLE3 nun nicht mehr sichtbar. Einblenden können Sie diese Tabelle wieder mit dem Befehl BLATT/EINBLENDEN aus dem Menü FORMAT. Wählen Sie die Tabelle TABELLE3 aus dem Listenfeld und bestätigen Sie mit OK.

Im vorherigen Fall war es möglich, das ausgeblendete Tabellenblatt TABELLE3 über den Befehl BLATT/EINBLENDEN aus dem Menü FORMAT wieder verfügbar zu machen. Wenn Sie dies unterbinden möchten, dann stellen Sie in der Entwicklungsumgebung im Eigenschaften-Fenster in der Zeile VISIBLE den Eintrag 2 – XLSHEETVERYHIDDEN ein.

:-)
TIPP

2.3   Neue Module einfügen

Um überhaupt programmieren zu können, müssen Sie zuerst einmal ein Modulblatt einfügen. Dazu klicken Sie im Projekt-Explorer mit der rechten Maustaste und wählen aus dem Kontextmenü den Befehl EINFÜGEN/MODUL. Alternativ dazu können Sie in der Entwicklungsumgebung aus dem Menü EINFÜGEN den Befehl MODUL auswählen. Geben Sie nun Ihr erstes Makro im Code-Fenster ein. Es reicht dabei, wenn Sie lediglich die erste Zeile erfassen und mit ⏎ bestätigen. Excel ergänzt automatisch die Ende-Anweisung des Makros.

Klar, das Makro macht momentan noch gar nichts. Wie wäre es, wenn das Makro Ihnen die Uhrzeit anzeigen würde?

Dazu erfassen Sie innerhalb des Makros die folgende Zeile: *Datum und Zeit*

```
MsgBox Time & " Uhr"
```

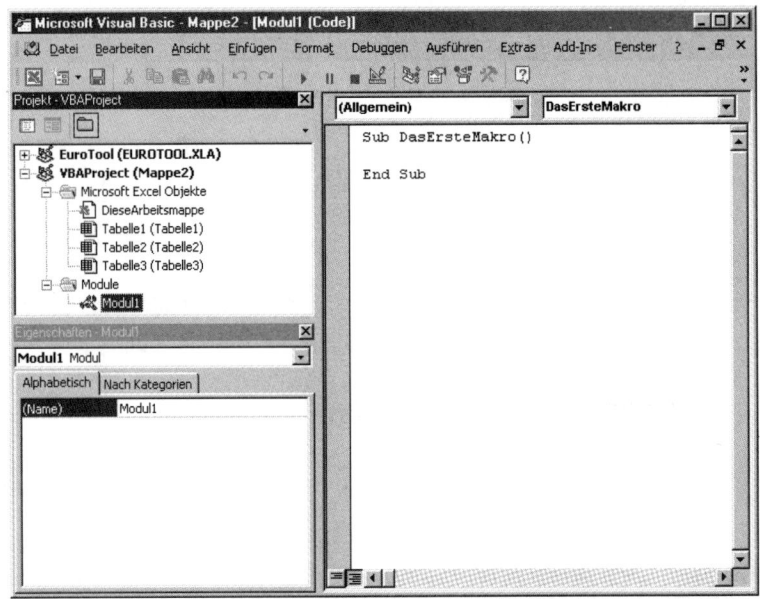

Setzen Sie den Mauszeiger auf die erste Zeile des Makros und drücken Sie die Taste ⎡F5⎤. Als Ergebnis sehen Sie folgende Meldung auf dem Bildschirm:

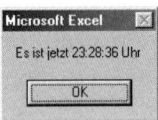

Wenn Sie möchten, können Sie auch das heutige Datum in einem Meldungsfenster anzeigen lassen. Der Befehl dafür lautet: Msgbox Date. *Dabei holt Excel sich das aktuelle Datum aus Ihrer Systemeinstellung unter Windows.*

```
Sub DasZweiteMakro()
MsgBox "Heute ist der " & Date
End Sub
```

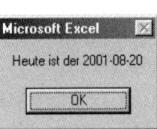

Wie Sie sehen, ist Excel hier wohl auf das amerikanische Datumsformat standardmäßig eingestellt. Dieses Datum können Sie aber auch anders ausgeben, indem Sie Ihr Makro ein wenig anpassen.

```
Sub DasDritteMakro()
MsgBox "Heute ist der " & Format(Date, "DD.MM.YYYY")
End Sub
```

Mit Hilfe der Funktion Format können Sie das aktuelle Datum ausgeben, wie Sie es möchten.

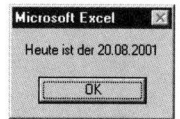

Abbildung 2.7:
Das heutige Datum in »deutscher Form« ausgeben

2.4 Die Symbolleiste Bearbeiten

Die Symbolleiste BEARBEITEN enthält Funktionen, die Ihnen helfen sollen, den Programmcode schnell und sicher zu bearbeiten.

Abbildung 2.8:
Die Symbolleiste Bearbeiten

Auf die wichtigsten Funktionen dieser Symbolleiste wird nun kurz eingegangen.

2.4.1 Einzüge vergrößern bzw. verkleinern

Mit dieser Funktion können Sie einzelne oder auch mehrere Zeilen blockweise nach links einrücken. Dies macht den Programmcode leichter lesbar.

Analog zur vorherigen Funktion können Sie mit der Funktion EINZUG VERKLEINERN eingerückte Programmteile wieder nach links rücken und pro Klick jeweils den markierten Text um einen Tabstopp versetzen.

2.4.2 Haltepunkte setzen

Wenn Sie ein Makro starten, welches einen Haltepunkt aufweist, dann stoppt es genau an diesem Haltepunkt. Hiermit können Sie Programm-Zwischenstände abchecken. Wenn Sie an das Beispiel denken, in dem Sie eine Zelle kopiert haben, dann auf das Tabellenblatt gewechselt und letztendlich das Kopierte in einer Zelle eingefügt haben, könnten Sie den Haltepunkt einsetzen.

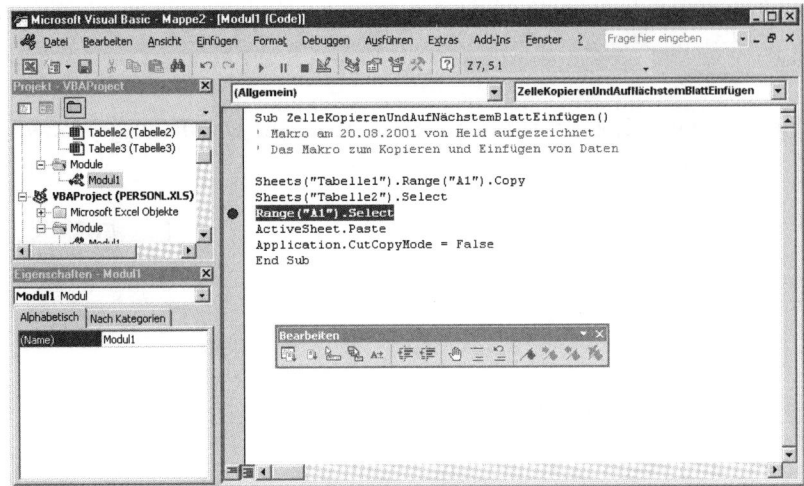

Abbildung 2.9:
Das Kopierbeispiel
mit dem gesetzten
Haltepunkt

TIPP

Setzen Sie einen Haltepunkt nach dem Befehl, bei dem Sie auf das Tabellenblatt TABELLE2 wechseln, indem Sie auf das Symbol HALTEPUNKT EIN/AUS klicken oder alternativ die Taste ⌕F9⌕ *drücken. Die Zeile bekommt daraufhin einen braunen Balken, der den Haltepunkt darstellen soll. Setzen Sie den Mauszeiger auf die erste Zeile des Makros und drücken Sie die Taste* ⌕F5⌕*, um das Makro zu starten. Das Makro fängt an zu laufen und stoppt genau an dem gesetzten Haltepunkt. Wechseln Sie jetzt zurück in Ihre Excel-Arbeitsoberfläche und kontrollieren Sie, ob wirklich die TABELLE2 gerade aktiviert ist. Begeben Sie sich zurück in Ihre Entwicklungsumgebung und drücken Sie abermals die Taste* ⌕F5⌕*, um das Makro fortzusetzen. Bei längeren Makros empfiehlt es sich, mehrere Haltepunkte zu setzen. Einen Haltepunkt können Sie übrigens wieder entfernen, indem Sie den Mauszeiger darauf setzen und die Taste* ⌕F9⌕ *drücken. Der Haltepunkt verschwindet dann augenblicklich wieder.*

2.4.3 Kommentare im Code hinterlegen

TIPP

Hinterlegen Sie bitte ausreichend Kommentare in Ihren Makros. Es fällt Ihnen dadurch später leichter, die einzelnen Befehle nachzuvollziehen. Auch Änderungen am Makro selbst können auf diese Art und Weise festgehalten werden.

Um einen Kommentar zu hinterlegen, haben Sie mehrere Möglichkeiten:

➡ Geben Sie ein einfaches Anführungszeichen vor dem eigentlichen Befehl oder Text ein oder

➡ erfassen Sie etwas altertümlicher die Anweisung Rem, gefolgt von einem Leerzeichen und dem Befehl oder dem Text.

Die Befehlszeile nimmt dann standardmäßig die Schriftfarbe grün an. Diese so kommentierten Zeilen werden beim Makroablauf nicht ausgewertet. Sie können ganze Kommentarzeilen anlegen oder auch innerhalb einer Zeile am Ende einen Kommentar anfügen. Möchten Sie innerhalb einer Zeile einen Kommentar am Anschluss eines Befehls erfassen, fügen Sie nach dem eigentlichen Befehl ein einfaches Anführungszeichen ein und schreiben Ihren Kommentar dazu.

Eine der am häufigsten gebrauchten Funktionen ist die Funktion für das schnelle Auskommentieren von Makrobefehlen. Wenn Sie im späteren Verlauf des Buches programmieren, werden Sie mit Sicherheit auch mal etwas auf die Schnelle einfach probieren wollen. Dazu werden Sie dann und wann auch mal einzelne bzw. auch mal mehrere Zeilen vorübergehend deaktivieren. Klar, die schnellste Methode ist, die Zeilen zu löschen. Der Nachteil daran ist, dass diese Zeilen dann weg sind. Einfacher ist es, die momentan nicht gebrauchten Zeilen als Kommentar zu definieren. Dazu geben Sie am Anfang der Zeile ein einfaches Anführungszeichen mit der Tastenkombination ⬆ + # *ein. Damit wird die Zeile als Kommentar betrachtet und Excel ignoriert diese bei der Programmausführung. Sicher, wenn es sich dabei nun um einzelne Zeilen handelt, klappt diese Vorgehensweise. Umständlicher wird es aber, wenn Sie gleich blockweise Zeilen auskommentieren möchten. Dazu markieren Sie den Bereich, den Sie auskommentieren möchten, und klicken auf das Symbol* BLOCK AUSKOMMENTIEREN.

Möchten Sie hingegen einzelne Zeilen oder auch einen ganzen Block wieder aktiv werden lassen, dann markieren Sie die entsprechende(n) Zeile(n) und klicken auf das Symbol AUSKOMMENTIERUNG DES BLOCKS AUFHEBEN.

2.5   Automatische Syntaxprüfung

Der VBA-Editor unterstützt Sie schon bei der Eingabe von Befehlen sehr tatkräftig. Sehen Sie sich dazu einmal das nächste Beispiel in Abbildung 2.10 an.

Begonnen haben Sie im Makro `TabellenblattEinfügen` damit, das Objekt `Application` einzugeben. Sobald Sie den Punkt eintippen, bietet der VBA-Editor Ihnen an, was er an Befehlen genau für dieses Objekt im Angebot hat. Unter anderem ist dies das Auflistungsobjekt `Sheets`. Sie brauchen nichts weiter zu tun, als im obigen Beispiel die Methode `Add` aus dem Dropdown zu wählen. Mit diesem Automatismus stellt der VBA-Editor sicher, dass Sie keine Eigenschaften oder Methoden verwenden, die den Objekten fremd sind.

Abbildung 2.10:

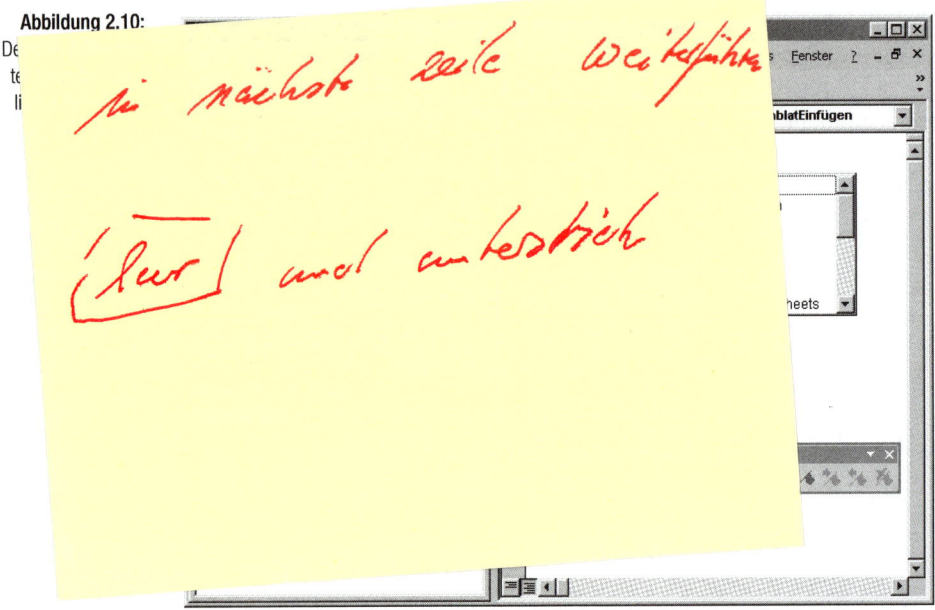

Grobe syntaktische Fehler bemerkt Excel, sobald Sie die ⏎-Taste am Ende einer Zeile drücken. Die entsprechende Zeile wird dann in roter Schriftfarbe dargestellt und es erscheint eine Meldung auf dem Bildschirm, welche die Fehlerursache bekannt gibt.

!!
STOP

Fehlermeldungen werden in der Entwicklungsumgebung von Excel mit roter Schriftfarbe und Kommentare mit grüner Schriftfarbe formatiert. Wenn Sie andere Farben dafür einstellen möchten, wählen Sie in der Entwicklungsumgebung den Menübefehl EXTRAS/OPTIONEN, *wechseln auf die Registerkarte* EDITIERFORMAT *und stellen Ihre favorisierten Farben im Listenfeld* CODE FARBEN *ein.*

:-)
TIPP

2.5.1   Befehle in der nächsten Zeile fortsetzen

Selbstverständlich können Sie längere Befehlsketten in einer Zeile eingeben. Der Nachteil daran ist, dass Sie irgendwann so weit nach rechts scrollen müssen, dass Sie den Anfang der Zeile nicht mehr sehen. Hier empfiehlt es sich, über ein Trennzeichen dem Editor mitzuteilen, dass der Befehl in der nächsten Zeile weitergehen soll.

Auch hier leistet die automatische Syntaxprüfung in Excel hervorragende Hilfe, denn nicht jeder Befehl lässt sich an einer beliebigen Stelle trennen. Um einen Befehl in der nächsten Zeile fortzusetzen, drücken Sie am Ende der Zeile zunächst die Taste ☐ und geben anschließend das Zeichen _ ein. Damit weiß der Editor, dass der Befehl in der nächsten Zeile fortgesetzt werden muss.

```
Sub Fortsetzungszeichen()
Sheets("Tabelle1").Activate
MsgBox "Sie haben das Tabellenblatt " & _
       ActiveSheet.Name & " ausgewählt!"
End Sub
```

Listing 2.1:
Der richtige
Gebrauch des Fort-
setzungszeichens

Das Verkettungszeichen & wird in der Meldung verwendet, um einen weiteren Befehl, nämlich den zur Ermittlung des Blattnamens, einzubauen.

2.5.2   Mehrere Befehle in einer Zeile

Wenn Sie möchten, können Sie auch mehrere kleinere Befehle in einer einzigen Zeile darstellen. Dazu verwenden Sie den Doppelpunkt als Trennzeichen zwischen den einzelnen Befehlen.

```
Sub MehrereBefehleIneinerZeile()
 Sheets("Tabelle1").Activate: Range("A1").Select
End Sub
```

Listing 2.2:
Mehrere Befehle in
einer Zeile unter-
bringen

Mit dieser Möglichkeit sollten Sie jedoch nicht übertreiben, weil es den Programmiercode schwer lesbar macht. Obiges Makro können Sie übrigens noch kürzer schreiben:

```
Sub Kurzform()
 Sheets("Tabelle1").Range("A1").Select
End Sub
```

Listing 2.3:
Makro in kürzester
Form

Mit diesen Kurzformen können Sie in Excel eine erhebliche Geschwindigkeitssteigerung erreichen. Klar, der Editor muss sich nicht durch mehrere Zeilen quälen und kann so schneller die eingegebenen Befehle interpretieren.

2.5.3   Automatische Anpassung der einzelnen Befehle

Sicher haben Sie es schon gemerkt, dass der Editor Ihre eingegebenen Befehle automatisch umsetzt. Wenn Sie beispielsweise folgende Zeile eingeben:

```
sheets("Tabelle1").range("a1").select
```

erfolgt folgende Umsetzung:

```
Sheets("Tabelle1").Range("A1").Select
```

Bei allen Befehlen, die Excel bekannt sind, werden jeweils die Anfangsbuchstaben groß geschrieben. Geben Sie deshalb ruhig alle Befehle in der Kleinschreibweise ein. An der automatischen Umsetzung erkennen Sie dann, ob bei den eingegebenen Befehlen auch keine Schreibfehler gemacht wurden. In diesem Fall würden die Befehle dann in der Kleinschreibweise verbleiben.

INFO

Übrigens erfolgt keine Umsetzung von Buchstaben, welche in Anführungszeichen stehen.

Eine weitere automatische Anpassung erkennen Sie, wenn Sie z. B. folgende Zeile eingeben:

```
ergebnis=1000*1,016
```

Hier werden zwischen den Operatoren automatisch Leerzeichen eingefügt.

```
Ergebnis = 1000 * 1,016
```

Dieser Automatismus hat jedoch keine funktionale Bedeutung, er dient lediglich zur übersichtlicheren Darstellung der einzelnen Befehle.

2.6   Parameterinfos anzeigen

Wenn Sie einen Befehl in den Codebereich eingeben, welcher mehrere Parameter benötigt, werden diese in einer QuickInfo angezeigt.

Abbildung 2.11:
Alle verfügbaren
Parameter für die
Eingabemaske
InputBox

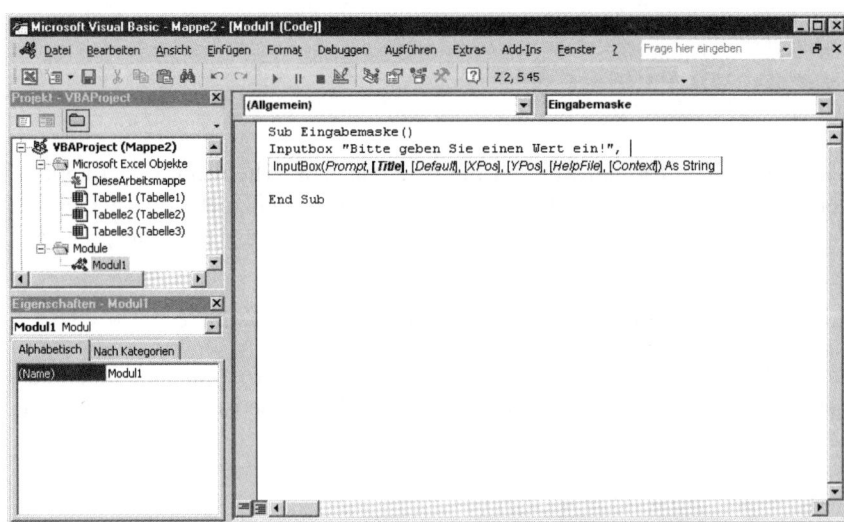

Sie brauchen nun nur noch die einzelnen Parameter einzugeben. Dabei wandert die Markierung in der Quickinfo mit jeder weiteren Parametereingabe nach rechts.

2.7   Konstanten anzeigen

Neben den Befehlen, die weitere Parameter benötigen, gibt es auch Befehle und Funktionen, für die es bestimmte Konstanten gibt. Ein kleines Beispiel dazu ist der Aufruf eines Excel-Standarddialogs.

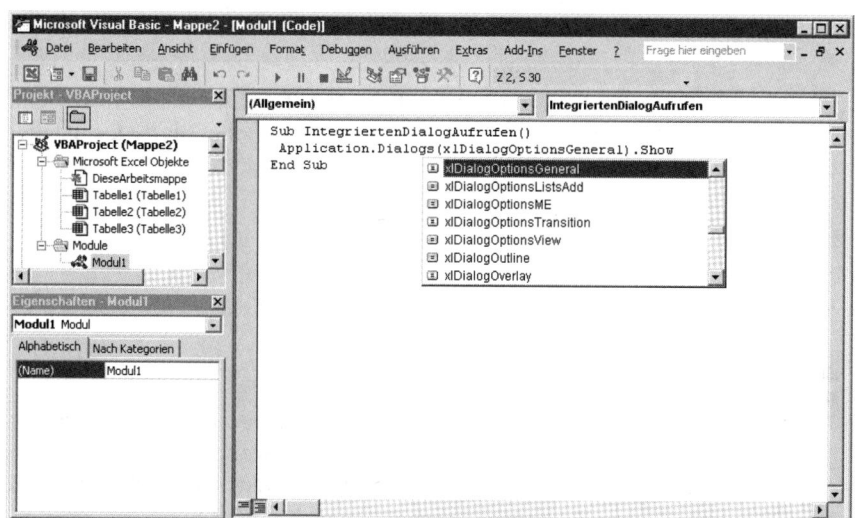

Abbildung 2.12:
Der Aufruf eines
Excel-eigenen
Dialogs

Starten Sie dieses Makro und der Dialog OPTIONEN wird angezeigt.

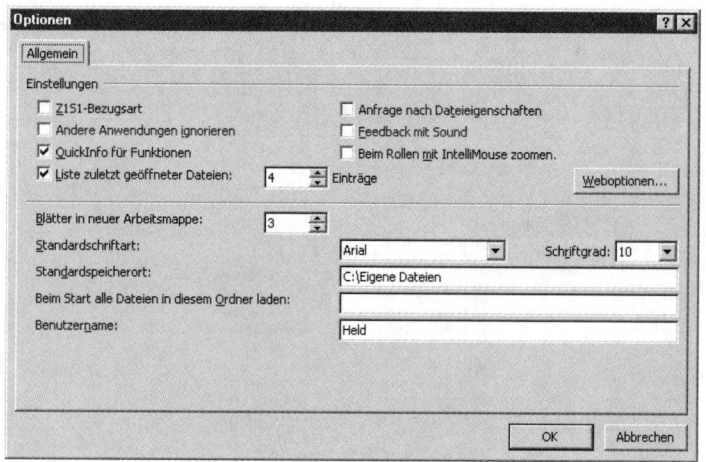

Abbildung 2.13:
Der integrierte
Excel-Dialog
Optionen

Wenn Sie sich die verfügbaren Konstanten der Auflistung Dialogs anzeigen lassen, dann positionieren Sie Ihren Mauszeiger direkt darauf und wählen Sie aus dem Kontextmenü den Befehl KONSTANTEN ANZEIGEN aus. Im folgenden Listenfeld führen Sie einen Doppelklick auf die gewünschte Konstante aus. Die Konstante wird dann automatisch eingefügt.

2.8   Der Objektkatalog

Die Entwicklungsumgebung stellt Ihnen einen Objektkatalog zur Verfügung, in dem Sie sich über Objekte, Methoden und Eigenschaften informieren können. Lassen Sie mich an dieser Stelle etwas über die gerade genannten Fachwörter sagen.

➤ Objekte

Als Objekt bezeichnet man alle Teile, die Sie in Excel sehen können. Die wichtigsten Objekte sind die Arbeitsmappe, das Tabellenblatt, die Zeilen bzw. Spalten und die Zelle als kleinste Einheit in Excel.

➤ Eigenschaften

Dahinter verbergen sich die Merkmale eines Objektes. So ist z. B. die Formatierung einer Zelle eine Eigenschaft des Objektes Zelle.

➤ Methoden

Wenn von Methoden die Rede ist, fragen Sie sich am besten immer, was Sie mit den einzelnen Objekten anstellen können. Angewandt auf eine Arbeitsmappe wären das die Methoden für das Öffnen, Drucken, Speichern und Schließen.

Abbildung 2.14:
Alle Methoden und
Eigenschaften für
das Objekt Range

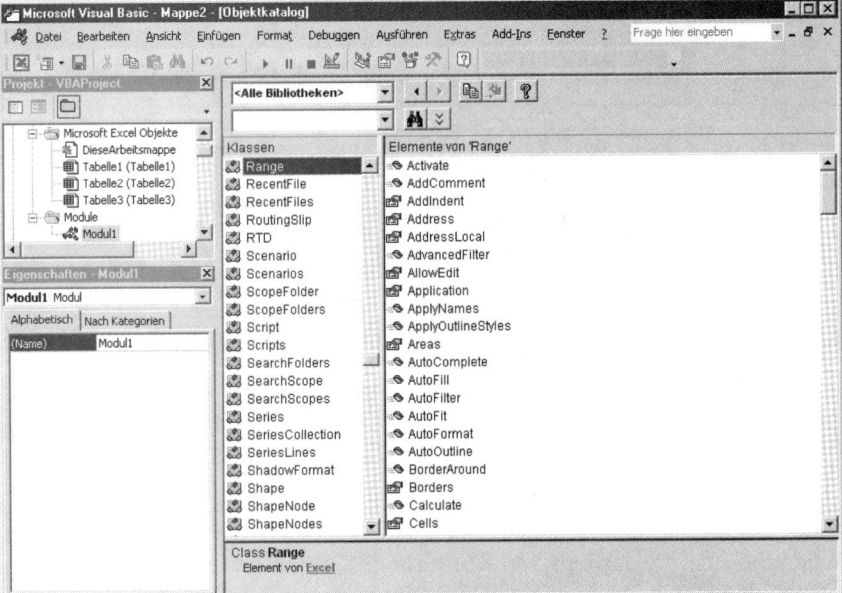

Wie wird der Objektkatalog aufgerufen? Dazu haben Sie mehrere Möglichkeiten:

➡ Drücken Sie die Taste [F2].

➡ Klicken Sie in der Symbolleiste VOREINSTELLUNG auf das Symbol OBJEKTKATALOG.

➡ Klicken Sie im Code-Fenster mit der rechten Maustaste und wählen aus dem Kontextmenü den Befehl OBJEKTKATALOG.

➡ Wählen Sie den Menübefehl ANSICHT/OBJEKTKATALOG.

INFO

Alle in VBA zur Verfügung stehenden Objekte werden in Bibliotheken verwaltet. Standardmäßig ist im ersten Dropdown der Eintrag ALLE BIBLIOTHEKEN ausgewählt. Wenn Sie die Anzeige ein wenig einschränken und die Inhalte einzelner Bibliotheken einsehen möchten, wählen Sie die gewünschte Bibliothek im Dropdown aus. So können Sie z. B. in der Bibliothek VBA-Befehle ansehen, welche nicht nur auf die Tabellenkalkulation Excel beschränkt sind, sondern im gesamten Office-Paket eingesetzt werden können. So finden Sie in dieser Bibliothek die Anweisungen ChDir *bzw.* ChDrive *zum Wechseln eines Verzeichnisses bzw. Wechseln eines Laufwerks. Klar, es wäre sinnlos, diese Anweisungen ausschließlich in der Excel-Bibliothek zu speichern, da diese Anweisungen allgemein von allen Office-Anwendungen eingesetzt werden können.*

2.9 Die Testumgebung

Im Verlauf der Programmierung wird es nicht ausbleiben, dass Programmierfehler auftreten. Wichtig ist aber immer zu wissen, wie weit das Programm lief, und vor allem, ob es bis zum Fehler richtig lief.

2.9.1 Hilfe im Direktfenster

Sie können beispielsweise bestimmte Inhalte von Variablen, die Sie im nächsten Kapitel kennen lernen werden, im Direktfenster ausgeben. Erfassen Sie zunächst einmal einen kleinen Beispielcode:

```
Sub Testmakro()
Dim i As Integer
For i = 1 To 10
  Debug.Print "Schleifendurchlauf: " & i
Next i
End Sub
```

Listing 2.4:
Schleifendurchläufe im Debugger protokollieren

Das Makro in Listing 2.4 wird eine Schleife genau zehnmal durchlaufen. Bei jedem Schleifendurchlauf soll ein Eintrag ins Direktfenster geschrieben werden, der den aktuellen Schleifendurchlauf festhält. Setzen Sie den Mauszeiger auf die erste Zeile des Makros und drücken Sie die Taste F5, um das Makro zu starten. Kontrollieren Sie jetzt einmal das Ergebnis im Direktfenster. Dazu wählen Sie den Menübefehl ANSICHT/DIREKTFENSTER oder drücken die Tastenkombination Strg + G.

Abbildung 2.15:
Das Direktfenster zur Kontrolle des Programmablaufs

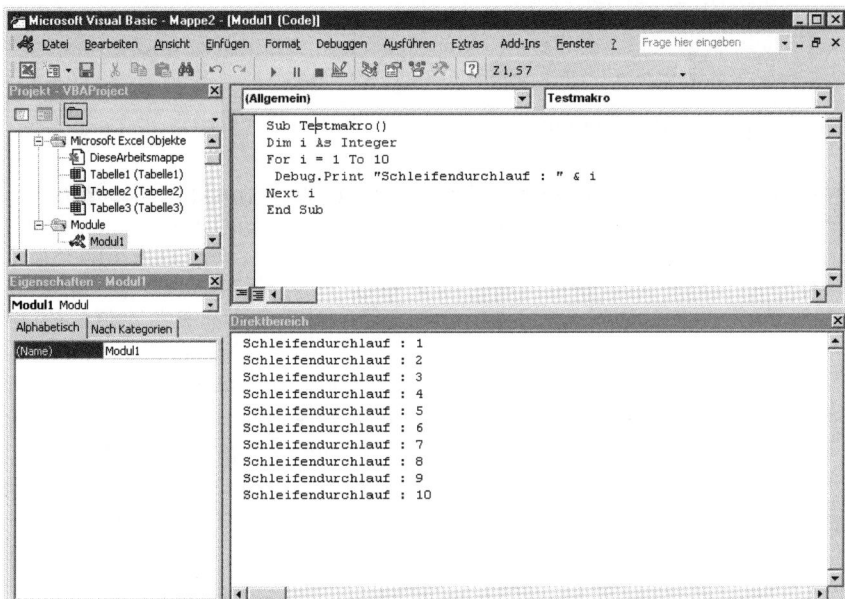

2.9.2   Code Schritt für Schritt durchlaufen lassen

Eine weitere Möglichkeit der Fehlersuche in Excel ist es, das Makro Zeile für Zeile abzuarbeiten. Dazu setzen Sie den Mauszeiger auf die erste Zeile des Makros und drücken die Taste F8. Alternativ dazu können Sie ebenso den Menübefehl DEBUGGEN/EINZELSCHRITT wählen. Das Makro hält nach jedem Befehl an. Sie können dann prüfen, ob das Makro auch die gewünschte Aktion ausgeführt hat, indem Sie die Entwicklungsumgebung kurzfristig verlassen und auf Ihrem Tabellenblatt die Ergebnisse kontrollieren. Wenn Sie beispielsweise im folgenden Makro eine Zelle von einem Tabellenblatt auf ein anderes Tabellenblatt kopieren möchten, können Sie überprüfen, ob Excel nach dem Kopiervorgang auch das Zieltabellenblatt aktiviert.

Listing 2.5:
Daten kopieren und einfügen

```
Sub KopierenUndEinfügen()
    Sheets("Tabelle1").Activate
    Range("A1").Select
    Selection.Copy
    Sheets("Tabelle2").Activate
    Range("B1").Select
```

```
    ActiveSheet.Paste
    Application.CutCopyMode = False
End Sub
```

Eine weitere Variante ist es, im obigen Makro den Mauszeiger auf die Zeile zu setzen, bis zu der das Makro durchlaufen werden soll. Setzen Sie beispielsweise den Mauszeiger auf die Zeile

Weitere Variante

```
Range("B1").Select
```

und drücken die Tastenkombination [Strg] + [F8].

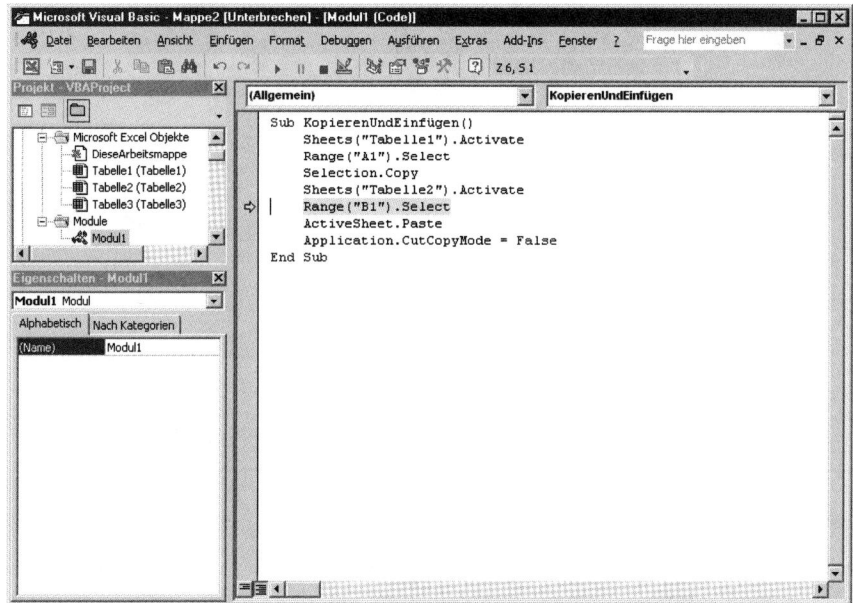

Abbildung 2.16:
Der Code wird bis zur markierten Stelle durchlaufen.

Der Code wird jetzt bis zu der markierten Zeile in Abbildung 2.16 durchlaufen und stoppt genau an dieser Position. Nun können Sie in der Tabellenansicht prüfen, ob die richtige Tabelle auch aktiviert ist. Wenn alles soweit stimmt, können Sie durch die Taste [F5] dafür sorgen, dass das Makro bis zum Ende durchläuft. Sollte etwas bei dem Makro nicht stimmen, brechen Sie es ab, indem Sie den Menübefehl AUSFÜHREN/ZURÜCKSETZEN wählen.

3 Datentypen, Variablen und Konstanten

Das folgende Kapitel bildet die Voraussetzung für eine strukturierte Programmierung in Excel. Mit Variablen speichern Sie Informationen dauerhaft während der Laufzeit eines Makros, d. h., Sie können somit Variablen auch mehrmals im Makro benutzen, indem Sie Variablen füllen und Werte hochzählen oder subtrahieren. Mit Konstanten legen Sie Informationen fest, die sich selten oder sogar nie ändern. Excel bietet für die Deklaration von Variablen und Konstanten eine ganze Auswahl an Datentypen. Je nach Aufgabe setzten Sie dazu die vorgesehenen Datentypen ein.

3.1 Der Einsatz von Variablen

Sicher werden Sie sich fragen, warum Sie Variablen in der Programmierung brauchen. Variablen werden u. a. dazu benötigt, um Daten zwischenzuspeichern. Wenn Sie beispielsweise das erste Makro ansehen, in dem Sie eine Zelle von einem Tabellenblatt auf ein anderes kopiert haben, werden Sie merken, dass Sie für diese Aufgabe die Zwischenablage als »Variable« missbraucht haben. Wenn es sich nur um eine einzige zu übertragende Information handelt, mag diese Vorgehensweise noch in Ordnung sein. Stellen Sie sich aber einmal vor, Sie müssten mehrere Informationen von einem Blatt auf das andere übertragen. Da kommen Sie um den Einsatz von Variablen nicht herum. Außerdem bietet die Zwischenablage nicht die Beständigkeit wie eine Variable. So ist die Zwischenablage leer, sobald Sie den Inhalt der Zwischenablage einmal z. B. in eine Zelle eingefügt haben. Mit Variablen können Sie dauerhaft arbeiten, d. h., Sie können jederzeit darauf zugreifen, diese abfragen oder verändern und zum Schluss ausgeben.

3.1.1 Regeln für die Syntax von Variablen

Wenn Sie Variablen einsetzen, müssen Sie sich dabei an bestimmte Konventionen für deren Benennung halten:

➡ Das erste Zeichen muss aus einem Buchstaben bestehen. Als folgende Zeichen können Sie Buchstaben, Zahlen und einige Sonderzeichen verwenden.

Regeln für Variablen

→ Sie dürfen keine Leerzeichen in einem Variablennamen verwenden. Wenn Sie einzelne Worte trennen möchten, verwenden Sie dazu das Unterstrichzeichen z. B. `Dim Miete_Januar as Currency`.

→ Sonderzeichen wie #, %, &, ! oder ? sind nicht erlaubt.

TIPP

Wenn Sie Ihre Variablennamen übersichtlich und auch sprechend definieren möchten, empfiehlt sich folgende Schreibweise:

`Dim TextMeldungFürFehler as String`

Hier geht aus dem Namen der Variablen klar hervor, wofür diese eingesetzt werden soll. Als zweiter Punkt ist die Variable durch die Schreibweise leicht lesbar.

3.1.2　Variablen am Beginn vom Makro deklarieren

INFO

Variablen werden immer zu Beginn eines Makros deklariert, also nach der Sub-Zeile. Dabei spricht man von lokalen Variablen. Diese Variablen können nur in dem Makro verwendet werden, in dem sie deklariert wurden. Nachdem ein Makro durchgelaufen ist, wird diese Variable wieder aus dem Speicher gelöscht.

Von globalen Variablen spricht man, wenn Sie diese allgemein gültig, also in mehreren Makros verwenden möchten. Dann muss die Variablendeklaration vor der Sub-Zeile stattfinden.

!! STOP

Globale Variablen können gleich für mehrere Makros verwendet werden. Diese werden nach dem Ende eines Makros auch nicht gelöscht und behalten ihren aktuellen Wert bei. Es gibt Beispiele, bei denen diese Vorgehensweise auch sinnvoll ist. In den meisten Fällen sollten globale Variablen aber weittgehend vermieden werden, da sie wertvollen Speicherplatz auf dem Stapelspeicher belegen, was sich negativ auf das Laufverhalten von Makros auswirken kann.

Eine Variablendeklaration beginnt immer mit der Anweisung `Dim`, gefolgt von einem Variablennamen, den Sie frei wählen können. Danach geben Sie mit dem Schlüsselwort `As` an, welchen Datentyp die Variable erhalten soll. Eine Tabelle mit den gängigsten Datentypen sehen Sie weiter unten im Kapitel.

3.1.3　Variablendeklarationen erzwingen

Sie können Excel so einstellen, dass jede verwendete Variable deklariert sein muss. Vorher läuft dann kein einziges Makro an, sofern es mit Variablen arbeitet, die zuvor nicht deklariert wurden. Um diese wichtige Einstellung vorzunehmen, wechseln Sie in die Entwicklungsumgebung und wählen den Befehl EXTRAS/OPTIONEN. Aktivieren Sie das Blattregister EDITOR und aktivieren Sie das Kontrollkästchen VARIABLENDEKLARATION ERFORDERLICH

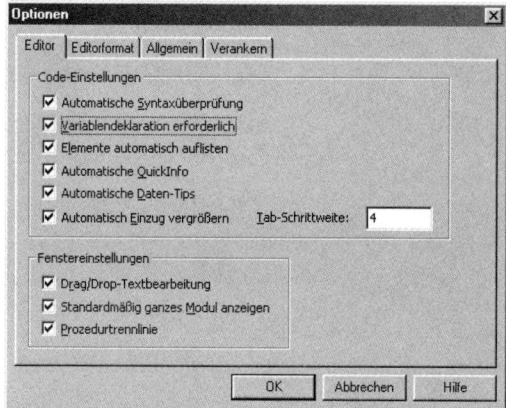

Abbildung 3.1:
Lieber auf Nummer sicher gehen und alle Variablen definieren

Was bewirkt diese Einstellung aber genau? Immer wenn Sie ein neues Modul einfügen, wird die Anweisung Option Explicit *in die erste Zeile Ihres Modulblattes automatisch eingefügt. Diese Anweisung können Sie selbstverständlich auch von Hand erfassen. Die Anweisung bedeutet nichts anderes, als dass verwendete Variablen im Code vorher deklariert werden müssen. Vorher läuft gar nichts!*

INFO

3.1.4   Die wichtigsten Variablentypen

Die beiden wichtigsten Variablentypen sind zum einen die Variable vom Typ String und zum anderen die Integer-Variable. In einer Variablen von Typ String können Sie Texte zwischenspeichern, manipulieren und ausgeben. In einer Variablen vom Typ Integer führen Sie mathematische Berechnungen aus. Integer-Variablen werden oft als Zähler in Schleifen verwendet, die Sie im weiteren Verlauf des Buches noch kennen lernen werden.

Entnehmen Sie der Tabelle 3. 1 die gängigsten Variablentypen und deren Speicherbedarf:

Variablen-Typ	Wertebereich/Speicherbedarf
Byte	ganze Zahlen zwischen 0 und 255 (1Byte)
Boolean	Wahrheitswert, entweder True oder False (2 Bytes)
Currency	Währungs-Datentyp: Festkommazahlen mit 15 Stellen vor und 4 Stellen nach dem Komma. (8 Bytes)

Tabelle 3.1:
Die Datentypen für die Programmierung

Variablen-Typ	Wertebereich/Speicherbedarf
Date	Datums- und Zeit-Datentyp (8 Bytes)
Double	Fließkommazahlen mit einer Genauigkeit von 16 Stellen hinter dem Komma. (8 Bytes)
Integer	ganze Zahlen zwischen -32768 und +32767 (2 Bytes)
Long	ganze Zahlen im Wertebereich von –2.147.483.648 und + 2.147.483.647 (4 Byte)
Object	Datentyp gibt einen Verweis auf ein Objekt wieder (4 Bytes)
Single	Fließkommazahlen mit einer Genauigkeit von 8 Stellen hinter dem Komma (4 Bytes)
String	der Datentyp für alle Texte (10 Bytes)
Variant	Standarddatentyp, wird automatisch gewählt, wenn kein anderer Datentyp definiert ist (16 Bytes)

Im weiteren Verlauf dieses Buches werden Sie die verschiedenen Datentypen im Praxiseinsatz sehen.

Einen weiteren Vorteil, Variablen zu deklarieren, möchte ich Ihnen nicht vorenthalten. Wenn Sie vergessen, Variablen zu deklarieren, und auch nicht die Anweisung Option explicit *gesetzt haben, gehen Sie sehr verschwenderisch mit Ihrem Speicher um. Wird für eine Variable kein Datentyp angegeben, wird automatisch der Datentyp* Variant *verwendet. Wegen seines hohen Speicherbedarfs von 16 Byte ist er aber nicht zu empfehlen.*

3.1.5   Noch kürzere Deklaration von Variablen

Wenn Sie nach und nach geübter in der Programmierung werden, möchten Sie möglicherweise die Variablennamen nicht mehr ganz so lang schreiben und auch bei der Datentypenanweisung weniger Schreibarbeit haben. Sehen Sie sich dazu einmal folgende Tabelle an:

Ausführlich	Kurzform
Dim Zähler as Integer	Dim Zähler%
Dim Zähler Groß as Long	Dim ZählerGroß&
Dim Betrag as Currency	Dim Betrag@
Dim Meldung as String	Dim Meldung$

Für jeden oben aufgeführten Datentyp gibt es ein Kurzzeichen, welches Sie einsetzen können, um den Programmiercode zu kürzen. Sie sollten aber zumindest am Anfang bei den sprechenden Variablen bleiben.

Wenn Sie möchten, können Sie bei der Benennung von Variablen auch jeweils den Namen der Variablen mit einem Kürzel beginnen lassen, welches schon Auskunft über den Datentyp der Variable gibt. So symbolisiert die Variable str_Meldung *eindeutig eine Variable vom Datentyp* String, *in der Sie Texte zwischenspeichern können. Die Variable* i_AnzahlGefüllterZellen *stellt eine Variable vom Typ* Integer *dar, in welcher Sie Zahlenwerte verwalten können.*

:-)
TIPP

3.1.6 Die Verwendung von Variablen im Praxisbeispiel

Im folgenden Beispiel sollen Daten von einem Tabellenblatt auf ein anderes übertragen werden. Dazu sollen Sie sprechende Variablen verwenden.

Die dazugehörige Beispieltabelle wird in Abbildung 3.2 dargestellt.

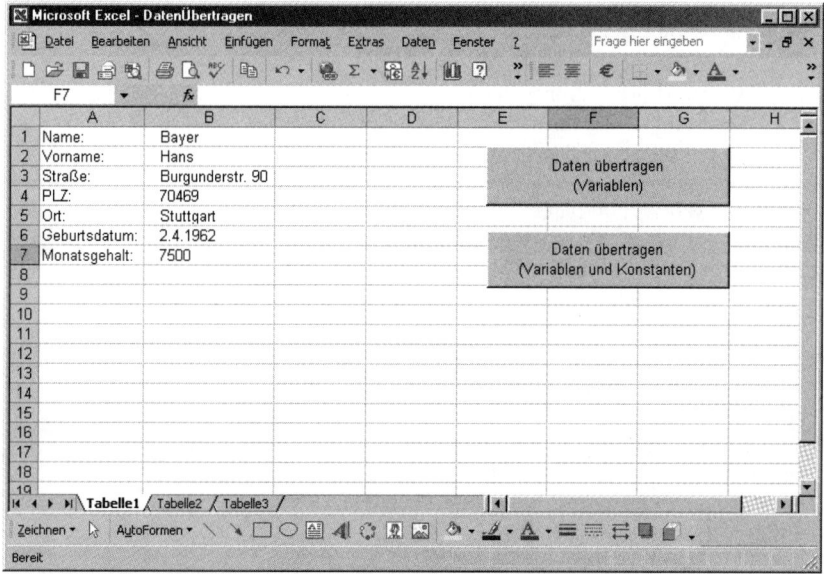

Abbildung 3.2:
Die Ausgangs-
tabelle

Folgende Aufgaben sollen nun erledigt werden:

Definieren Sie die benötigten Variablen und verwenden Sie dazu sprechende Variablennamen.

Übertragen Sie die Zellen in Spalte A Name, Vorname, Straße, PLZ, Ort, Geburtsdatum und Monatsgehalt.

Das Alter soll errechnet und ausgegeben werden.

Aus dem Monatsgehalt soll das Jahresgehalt errechnet und ausgegeben werden.

Die prozentuale Erfolgsbeteiligung von 10 Prozent soll ermittelt werden.

Ein Gesamtverdienst soll berechnet und ausgegeben werden.

Das dazugehörige Beispiel finden Sie auf der beiliegenden CD-ROM *im Verzeichnis* KAP03 *unter dem Namen* DATENÜBERTRAGEN.XLS.

Das folgende Makro stellt noch nicht den Idealzustand für ein Makro dar. Das lernen Sie später im Buch noch. Für den Moment soll dieses Makro aus Listing 3.1 aber einmal reichen. Das Makro für diese Aufgabe sieht wie folgt aus:

Listing 3.1:
Daten übertragen
mit Variablen

```
Sub DatenÜbertragen()
Dim Name As String
Dim Vorname As String
Dim Straße As String
Dim PLZ As String
Dim Ort As String
Dim GebDatum As Date
Dim Alter As Integer
Dim Monatsgehalt As Currency
Dim Jahresgehalt As Currency
Dim Erfolgsbeteiligung As Currency
Dim Gesamtverdienst As Currency

Sheets("Tabelle1").Activate
'Zuweisen der Zellinhalte an die Variablen
Name = Range("B1").Value
Vorname = Range("B2").Value
Straße = Range("B3").Value
PLZ = Range("B4").Value
Ort = Range("B5").Value
GebDatum = Range("B6").Value
Monatsgehalt = Range("B7").Value
'Wechsel auf Ziel-Tabellenblatt
Sheets("Tabelle2").Select
'Einfügen der Variablen in die Zellen
Range("B1").Value = Name
Range("B2").Value = Vorname
Range("B3").Value = Straße
Range("B4").Value = PLZ
Range("B5").Value = Ort
Range("B6").Value = GebDatum
Range("B8").Value = Monatsgehalt
'Alter ausrechnen
Alter = Date - GebDatum
```

```
Range("B7").Value = _
 Application.Round((Alter / 360), 0)
'Jahresgehalt errechnen
Jahresgehalt = Monatsgehalt * 12
Range("B9").Value = Jahresgehalt
'Erfolgsbeteiligung errechnen
Erfolgsbeteiligung = _
 Jahresgehalt * 1.1 - Jahresgehalt
Range("B10").Value = Erfolgsbeteiligung
'Gesamtverdienst errechnen
Gesamtverdienst = _
 Jahresgehalt + Erfolgsbeteiligung
Range("B11").Value = Gesamtverdienst
End Sub
```

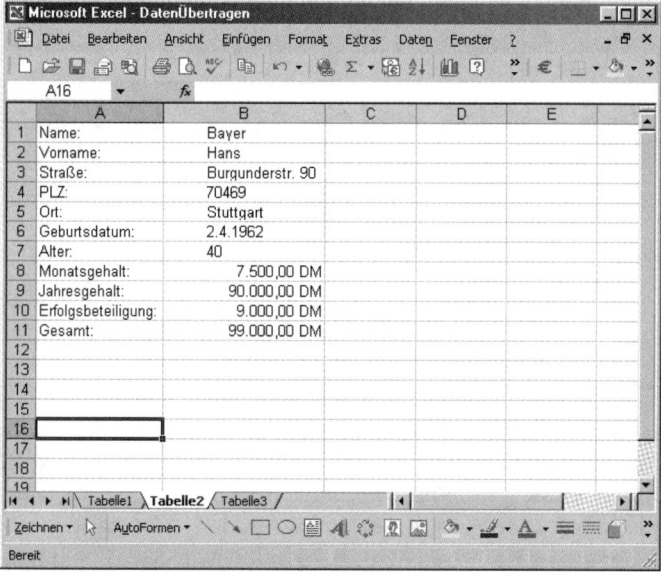

Abbildung 3.3:
Die Daten wurden
übertragen und
ergänzt.

3.1.7   Alter ermitteln

Nach der Deklaration der Variablen werden diese mit den Inhalten der einzelnen Zellen gefüllt. Danach wird das Alter des Mitarbeiters errechnet. Dazu wird die Anweisung Date herangezogen. Das Alter ergibt sich, wenn Sie vom heutigen Datum das Geburtsdatum subtrahieren. Excel setzt intern Datumsangaben in Zahlen um. Wenn man das 1900-Datumsystem von Excel heranzieht, bedeutet dies, dass der 1. Januar 1900 mit der Zahl 1 gleichgesetzt wird. Von nun an wird weiter gezählt. So entspricht z. B. der 19. März 2000 der Zahl 36604. Demnach wird also mit Tagen gerechnet. Im zweiten Schritt möchten Sie aus den ermittelten Tagen, die seit der Geburt des Mitarbeiters und dem heutigen Datum vergangen sind, die

Anzahl der Jahre ermitteln. Dazu gehen Sie von der Prämisse aus, dass ein Jahr 360 Tage hat. Demnach dividieren Sie also die ermittelten Tage mit der Konstanten 360 und erhalten so die Anzahl der Lebensjahre des Mitarbeiters. Jetzt möchten Sie aber keine Nachkommastellen mit ausgeben und setzen die Funktion Round ein. Da Sie keine Nachkommastellen wünschen, geben Sie als zweites Argument die Zahl 0 ein.

3.1.8　　Jahresgehalt und Erfolgsbeteiligung errechnen

Als nächste Aufgabe ermitteln Sie aus dem Monatsgehalt des Mitarbeiters das Jahresgehalt. Dazu multiplizieren Sie den Monatswert mit dem Multiplikator **12** oder **13**, je nach Fall. Danach errechnen Sie vom Jahresgehalt ausgehend die Erfolgsbeteiligung, die im Beispiel bei **10** Prozent liegt. Hierfür wird das Jahresgehalt mit der Konstanten **1.1** multipliziert, anschließend dann das Jahresgehalt subtrahiert. Am Ende summieren Sie Jahresgehalt und die Erfolgsbeteiligung und geben die Summe in Zelle B11 aus.

Sollten Sie einmal nach dem Starten eines Makros die Fehlermeldung »Code kann nicht im Haltemodul ausgeführt werden« erhalten, müssen Sie das Makro zurücksetzen. Dazu wählen Sie in der Entwicklungsumgebung den Menübefehl AUSFÜHREN/ZURÜCKSETZEN.

3.2　　Die Verwendung von Konstanten

Im Gegensatz zu den Variablen ändern die Konstanten ihre Werte nie und bleiben während der Programmausführung immer konstant. Auch hier wird zwischen lokalen und globalen Konstanten unterschieden. Globale Konstanten werden außerhalb der einzelnen Makros definiert und sind damit für alle Makros im Modul verwendbar. Lokale Konstanten hingegen gelten nur in dem Makro, in welchem sie definiert wurden. Wie schon bei den Variablen sollten Sie darauf achten, nicht allzu viele globale Konstanten zu verwenden, da sich dies merkbar auf Ihren Speicher auswirkt.

Anbei folgen ein paar typische Deklarationen mit Konstanten:

```
Const Arbeitsmappe = "Mappe1.xls"
Const StartDatum = #1/1/1999#
Const Fehlermeldung1 = _
 "Fehler beim Drucken aufgetreten!"
Const MWST = 1.16
```

Was kann hier noch verbessert werden? Was für die Variablen gilt, hat auch bei den Konstanten Konsequenzen. In den obigen Beispielen ist noch nicht erklärt worden, welche Datentypen verwendet werden sollen. Momentan wird in allen vier Beispielen der Datentyp Variant eingesetzt. Es geht auch etwas genauer und speichersparender:

```
Const Arbeitsmappe as String = "Mappe1.xls"
Const StartDatum As Date = #1/1/1999#
Const Fehlermeldung1 as String = _
 "Fehler beim Drucken!"
Const MWST as Single = 1.16
```

3.2.1   Das Praxisbeispiel mit Einsatz von Konstanten

In der letzten Aufgabe haben Sie schon Konstanten verwendet, allerdings wurden diese Konstanten (Name der Tabellenblätter, 360 Tage pro Jahr, Prozentsatz für die Erfolgsbeteiligung, Anzahl der Monate, die für die Ermittlung des Jahresgehaltes herangezogen werden) mitten im Code einge-baut. Dies ist nicht vorteilhaft, da eine Änderung am Programmcode so recht mühsam ist. Definieren Sie diese konstanten Werte gleich zu Beginn Ihres Makros. So können Sie bei Bedarf schnell Änderungen vornehmen. Diese Deklaration der Konstanten sieht dann wie folgt aus:

```
Const EingabeTab as String = "Tabelle1"
Const AusgabeTab as String  = "Tabelle2"
Const AnzTageProJahr as Integer = 360
Const AnzMonate as Integer = 12
Const Erfolgsbet as Single = 1.1
```

Alle Änderungen können nun gleich zu Beginn des Makros übersichtlich vorgenommen werden. Durch die Einführung von Konstanten ändert sich auch am übrigen Programmcode einiges. Die einzelnen Elemente werden dann über die Konstanten angesprochen. Sehen Sie das Endergebnis:

Das dazugehörige Beispiel finden Sie auf der beiliegenden CD-ROM im Verzeichnis KAP03 unter dem Namen DATENÜBERTRAGEN.XLS.

```
Sub DatenÜbertragenII()
Dim Name As String
Dim Vorname As String
Dim Straße As String
Dim PLZ As String
Dim Ort As String
Dim GebDatum As Date
Dim Alter As Integer
Dim Monatsgehalt As Currency
Dim Jahresgehalt As Currency
Dim Erfolgsbeteiligung As Currency
Dim Gesamtverdienst As Currency
```

Listing 3.2:
Daten übertragen
mit Variablen und
Konstanten

```
Const EingabeTab as string = "Tabelle1"
Const AusgabeTab as string = "Tabelle2"
Const AnzTageProJahr as integer = 360
Const AnzMonate as integer = 12
Const Erfolgsbet as Single = 1.1

Sheets(EingabeTab).Select
'Zuweisen der Zellinhalte an die Variablen
Name = Range("B1").Value
Vorname = Range("B2").Value
Straße = Range("B3").Value
PLZ = Range("B4").Value
Ort = Range("B5").Value
GebDatum = Range("B6").Value
Monatsgehalt = Range("B7").Value
'Wechsel auf Ziel-Tabellenblatt
Sheets(AusgabeTab).Select
'Einfügen der Variablen in die Zellen
Range("B1").Value = Name
Range("B2").Value = Vorname
Range("B3").Value = Straße
Range("B4").Value = PLZ
Range("B5").Value = Ort
Range("B6").Value = GebDatum
Range("B8").Value = Monatsgehalt
'Alter ausrechnen
Alter = Date - GebDatum
Range("B7").Value = _
 Application.Round((Alter / AnzTageProJahr), 0)
'Jahresgehalt errechnen
Jahresgehalt = Monatsgehalt * AnzMonate
Range("B9").Value = Jahresgehalt
'Erfolgsbeteiligung errechnen
Erfolgsbeteiligung = _
Jahresgehalt * Erfolgsbet - Jahresgehalt
Range("B10").Value = Erfolgsbeteiligung
'Gesamtverdienst errechnen
Gesamtverdienst = _
 Jahresgehalt + Erfolgsbeteiligung
Range("B11").Value = Gesamtverdienst
End Sub
```

Die Definition von Variablen oder (nicht-globalen) Konstanten findet im direkten Anschluss an die erste Zeile des Makros statt. Die Schreibweise dieser Variablen und Konstanten gilt dann für das gesamte Makro. Wurde also z. B. nach der Anweisung Dim *ein Variablenname mit einem großen Buchstaben begonnen und im weiteren Verlauf dieselbe Variable dann in Kleinschreibweise eingegeben, so wird diese Variable automatisch an die Schreibweise der oben definierten Variable angepasst.*

4 Sprachelemente in VBA in der praktischen Anwendung

Das Wesentliche, was eine Programmiersprache ausmacht, sind deren Sprachelemente. In diesem Kapitel erfahren Sie, wie Sie mit Hilfe von Abfragen, Schleifen und anderen Anweisungen Ihre Programme flexibel gestalten können. Diese Sprachelemente lassen sich nicht mit dem Makrorekorder aufzeichnen und müssen von Ihnen selbst erstellt werden. Der richtige Einsatz der Sprachelemente macht letztendlich die Kunst der Programmierung aus.

Sie finden alle Beispiele auf der mitgelieferten CD *in der Datei* SPRACH-ELEMENTE.XLS.

CD

4.1 Verzweigungen

Mit Verzweigungen können Sie in Excel bestimmte Zustände abfragen und je nach Zustand anders reagieren. Dieses Sprachelement kann nicht mit dem Makrorekorder aufgezeichnet werden und stellt mit das wichtigste Element in der Programmierung dar.

4.1.1 Schriftschnitte abfragen

Fragen Sie im nächsten Beispiel nach, ob eine Zelle den Schriftschnitt FETT enthält und geben Sie je nach Ergebnis eine Meldung auf dem Bildschirm aus.

```
Sub SchriftschnittFett()
 Sheets("Verzweigungen").Activate
 Range("A1").Select
 If ActiveCell.Font.Bold = True _
 Then MsgBox "Schriftschnitt Fett" _
 Else MsgBox "Schriftschnitt nicht Fett"
End Sub
```

Listing 4.1:
Schriftschnitte
ermitteln

Selbstverständlich können Sie in der Abfrage auch mehrere Zustände abfragen. Dazu verwenden Sie zwischen den beiden Abfragen den Operator And, wenn beide Bedingungen erfüllt sein müssen, bzw. den Operator Or, wenn nur eine von beiden Bedingungen erfüllt sein muss. So fragen Sie im nächsten Beispiel aus Listing 4.2 ab, ob eine Zelle mit dem Schriftschnitt Fett und der Schriftfarbe Rot formatiert ist.

Listing 4.2:
Schriftschnitt und
Schriftfarbe
abfragen

```
Sub SchriftschnittFettUndFarbeRot()
  Sheets("Verzweigungen").Activate
  Range("A1").Select
  If ActiveCell.Font.Bold = True _
And ActiveCell.Font.ColorIndex = 3 _
  Then MsgBox _
  "Schriftschnitt Fett und Schriftfarbe Rot" _
  Else MsgBox _
"Einer der beiden Zustände trifft nicht zu!"
End Sub
```

Im zweiten Fall erstellen Sie eine Abfrage, in der die Zelle B1 entweder die Schriftfarbe ROT oder den Schriftschnitt KURSIV erhalten muss. Sehen Sie das Makro für diese Aufgabe in Listing 4.3:

Listing 4.3:
Schriftschnitt und
Schriftfarbe
abfragen
(Variante 2)

```
Sub SchriftschnittKursivOderFarbeRot()
  Sheets("Verzweigungen").Activate
  Range("A2").Select
  If ActiveCell.Font.Italic = True _
Or ActiveCell.Font.ColorIndex = 3 _
  Then MsgBox "Eine der beiden Bedingungen trifft zu!" _
  Else MsgBox "Keine der beiden Bedingungen trifft zu!"
End Sub
```

4.1.2   Zellen auf Werte prüfen

Wenn Sie gezielt nach Werten in den Zellen fragen möchten, prüfen Sie vorher, ob die Zelle einen numerischen Wert aufweist. Dazu setzen Sie die Funktion IsNumeric aus Listing 4.4 ein.

Listing 4.4:
Prüfung von Zellen
auf numerischen
Inhalt

```
Sub WerteÜberprüfen()
  Sheets("Verzweigungen").Activate
  Range("A3").Select
  If IsNumeric(ActiveCell.Value) _
  Then MsgBox "In Zelle " & ActiveCell.Address & _
  " steht ein numerischer Wert!" _
  Else MsgBox "Zelle " & ActiveCell.Address & _
  " steht ein Textwert!"
End Sub
```

Neben der Funktion IsNumeric *gibt es weitere Funktionen, mit denen Sie Ihre Daten prüfen können. Eine davon ist die Funktion* IsDate. *Die Funktion* IsDate *gibt den Wert* True *zurück, wenn der Ausdruck ein Datum ist oder in ein gültiges Datum umgewandelt werden kann. Andernfalls wird*

der Wert False *zurückgegeben. In Windows liegen gültige Datumswerte im Bereich vom 1. Januar 100 n. Chr. bis 31. Dezember 9999 n. Chr. vor. Auf anderen Betriebssystemen können andere Bereiche gelten.*

4.1.3   Zellen auf Datumswerte prüfen

Im folgenden Beispiel in Listing 4.5 wird in der Eintrag in Zelle A4 überprüft.

```
Sub ZelleAufDatumswertPrüfen()
 Sheets("Verzweigungen").Activate
 Range("A4").Select
 If IsDate(ActiveCell.Value) Then _
 MsgBox "Gültiges Datum in Zelle " _
    & ActiveCell.Address _
 Else MsgBox _
 "Es handelt sich um kein gültiges Datum!"
End Sub
```

Listing 4.5:
Zellen auf Datumswert prüfen

Hin und wieder müssen Sie über ein Makro prüfen, ob eine Zelle bereits einen Wert enthält. Hierzu setzen Sie die Funktion IsEmpty ein oder geben folgende Zeile ein:

```
If ActiveCell.Value="" then .
```

Die elegantere Variante sieht wie folgt aus:

```
Sub ZelleLeer()
 Sheets("Verzweigungen").Activate
 Range("A5").Select
 If IsEmpty(ActiveCell) _
  Then MsgBox "Die Zelle " & _
 ActiveCell.Address & " ist leer" _
 Else MsgBox _
 "Zelle enthält den Wert: " & ActiveCell.Value
End Sub
```

Listing 4.6:
Zelle auf Inhalt prüfen

4.1.4   Verzweigungen in Blöcke einteilen

Bei den bisherigen Beispielen haben Sie jeweils eine Aktion im Then- bzw. Else-Zweig ausgeführt. Wenn Sie mehrere Anweisungen innerhalb einer Bedingung ausführen möchten, müssen Sie die Anweisungen in einem Block zusammenfassen.

4.1.5   Zeilen ausblenden

Im nächsten Beispiel soll auf dem Tabellenblatt VERZWEIGUNGEN die erste Zeile ausgeblendet werden, sofern in Zelle A1 der Buchstabe X steht. Danach soll der Mauszeiger um eine Zelle nach unten positioniert werden. Für den Fall, dass in Zelle A1 ein anderer Eintrag steht, soll der Inhalt der Zelle gelöscht und der Mauszeiger eine Zelle nach rechts positioniert werden.

Listing 4.7:
Zeilen ausblenden
bei Bedingung

```
Sub ZeileAusblenden()
    Sheets("Verzweigungen").Activate
    Range("A1").Select
    If ActiveCell.Value = "X" Then
    Selection.EntireRow.Hidden = True
    ActiveCell.Offset(1, 0).Select
    Else
    ActiveCell.Clear
    ActiveCell.Offset(0, 1).Select
    End If
End Sub
```

4.1.6   Mehrere Verzweigungen verschachteln

Selbstverständlich können Sie mehrere Bedingungen ineinander verschachteln. Zur Verdeutlichung der Funktionsweise soll die Zelle A10 im Tabellenblatt VERZWEIGUNGEN überwacht werden. Je nach Wert der Zelle soll in der Nebenzelle ein Eintrag vorgenommen werden.

Listing 4.8:
Mehrere Farben in
einer IF-Anweisung
abfragen

```
Sub VerschachteltesIF()
Sheets("Verzweigungen").Activate
Range("A10").Select
```

*Wertprüfung
durchführen*

```
If ActiveCell.Value < 10 Then
  ActiveCell.Offset(0, 1).Value = "In Ordnung"
  ActiveCell.Interior.ColorIndex = xlColorIndexNone
   ElseIf ActiveCell.Value <= 15 Then
   ActiveCell.Offset(0, 1).Value = _
  "langsam kritisch"
   ActiveCell.Interior.ColorIndex = _
   xlColorIndexNone
    ElseIf ActiveCell.Value >= 16 Then
     ActiveCell.Offset(0, 1).Value = "zu hoch"
     ActiveCell.Interior.ColorIndex = 3
  End If
End Sub
```

Bei einem Wert über 16 wird der Zellenhintergrund automatisch mit der Farbe ROT gefüllt.

                                                                Excel-VBA-Kompendium

4.2   Die Anweisung Select Case für mehr Übersicht

Wie Sie sehen, ist das Makro in Listing 4.8 doch recht unübersichtlich. Eine bessere Lösung, diese Aufgabe umzusetzen, ist die Verwendung eines anderen Sprachelementes, nämlich der Select Case-Anweisung.

Listing 4.9:

Mehrere Farben in einer übersichtlichen CASE-Anweisung abfragen

```
Sub SelectCase()
 Sheets("Verzweigungen").Activate
 Range("A10").Select
 Select Case ActiveCell.Value
  Case Is < 10
   ActiveCell.Offset(0, 1).Value = "In Ordnung"
   ActiveCell.Interior.ColorIndex = _
   xlColorIndexNone
  Case Is <= 15
   ActiveCell.Offset(0, 1).Value = _
   "langsam kritisch"
   ActiveCell.Interior.ColorIndex = _
   xlColorIndexNone
  Case Is >= 16
   ActiveCell.Offset(0, 1).Value = "zu hoch"
   ActiveCell.Interior.ColorIndex = 3
 End Select
End Sub
```

Elegante Wertprüfung durchführen

Die Tabelle 4.1 enthält eine Liste der Vergleichsoperatoren und die Bedingungen, unter denen das Ergebnis True, False oder 0 wird:

Vergleichsoperator	Erklärung
<	Kleiner als
<=	Kleiner oder gleich
>	Größer als
>=	Größer oder gleich
=	Gleich
<>	Ungleich

Tabelle 4.1:

Die Vergleichsoperatoren in Excel

4.2.1   Indizes in Farben umsetzen

Im nächsten Beispiel in Listing 4.10 werden mit Hilfe der Select Case-Anweisung Farben anhand des Farbindex umgesetzt. Wie Sie bereits erfahren haben, hat jede Farbe in Excel eine eindeutige Nummer. Ausgehend von der Nummer, die in Zelle A15 steht, wird die dazugehörige Farbe in der Nebenzelle B15 angezeigt.

Listing 4.10:
Farbindizes
ermitteln

```
Sub FarbenIndexUmsetzen()
 Sheets("Verzweigungen").Activate
 Range("A15").Select
Select Case ActiveCell.Value
 Case 1 'schwarz
  ActiveCell.Offset(0, 1).Interior.ColorIndex = 1
 Case 2 'weiß
   ActiveCell.Offset(0, 1).Interior.ColorIndex = 2
 Case 3 'rot
   ActiveCell.Offset(0, 1).Interior.ColorIndex = 3
 Case 4 'hellgrün
   ActiveCell.Offset(0, 1).Interior.ColorIndex = 4
 Case 5 'blau
   ActiveCell.Offset(0, 1).Interior.ColorIndex = 5
 Case 6 'gelb
   ActiveCell.Offset(0, 1).Interior.ColorIndex = 6
 Case 7 'violett
   ActiveCell.Offset(0, 1).Interior.ColorIndex = 7
 Case 8 'hellblau
   ActiveCell.Offset(0, 1).Interior.ColorIndex = 8
 Case 9 'braun
   ActiveCell.Offset(0, 1).Interior.ColorIndex = 9
 Case 10 'dunkelgrün
   ActiveCell.Offset(0, 1).Interior.ColorIndex = 10
 Case Else
   MsgBox "Dieser Index ist im Makro nicht zugeordnet!"
   ActiveCell.Offset(0, 1).Interior.ColorIndex = _
   xlColorIndexNone
End Select
End Sub
```

Wie Sie dieses Makro noch besser automatisieren können, sodass die Farbe sich sofort nach der Eingabe des Index automatisch anpasst, erfahren Sie in Kapitel 12.

4.2.2   Zahlen in Texte umwandeln

In der nächsten Aufgabe aus Listing 4.11 werden Zahlen in Texte umgesetzt. Ausgewertet wird die Zelle A20. Die Zahlen 1 bis 10 sollen in Form der Texte Eins bis Zehn in der Nebenzelle B21 ausgegeben werden. Im Fall, dass eine Zahl außerhalb des Gültigkeitsbereiches in der Zelle steht, soll der Buchstabe X mit der Formatierungsoption xLFill in die Nebenzelle eingefügt werden. Diese Option bewirkt, dass der Buchstabe so oft wiederholt wird, bis die ganze Zelle damit ausgefüllt ist. Wahrscheinlich haben Sie diese Art von Formatierung schon einmal auf bestimmten Bankformularen gesehen.

```
Sub ZahlenInTextUmsetzen()
 Sheets("Verzweigungen").Activate
 Range("A20").Select
 ActiveCell.Offset(0, 1).HorizontalAlignment = _
 xlGeneral
 Select Case ActiveCell.Value
  Case 1: ActiveCell.Offset(0, 1).Value = "Eins"
  Case 2: ActiveCell.Offset(0, 1).Value = "Zwei"
  Case 3: ActiveCell.Offset(0, 1).Value = "Drei"
  Case 4: ActiveCell.Offset(0, 1).Value = "Vier"
  Case 5: ActiveCell.Offset(0, 1).Value = "Fünf"
  Case 6: ActiveCell.Offset(0, 1).Value = "Sechs"
  Case 7: ActiveCell.Offset(0, 1).Value = "Sieben"
  Case 8: ActiveCell.Offset(0, 1).Value = "Acht"
  Case 9: ActiveCell.Offset(0, 1).Value = "Neun"
  Case 10: ActiveCell.Offset(0, 1).Value = "Zehn"
  Case Else
      MsgBox "Diese Zahl kennt das Makro nicht!"
      ActiveCell.Offset(0, 1).Value = "X"
      ActiveCell.Offset(0, 1).HorizontalAlignment _
      = xlFill
 End Select
End Sub
```

Listing 4.11:
Zahleneingaben in
ausgeschriebene
Texte umwandeln

4.2.3 Formate prüfen mit VBA

Die Select Case-Anweisung können Sie auch verwenden, um zu prüfen, welches Format eine bestimmte Zelle hat. Sehen Sie dazu ein Beispiel aus Listing 4.12.

```
Sub FormatErkennen()
 Sheets("Verzweigungen").Activate
 Range("A25").Select
 Select Case ActiveCell.NumberFormat
     Case "General"
     MsgBox "Das Standardformat"
   Case "0.00"
     MsgBox "Einfache Zahl mit zwei Kommas"
   Case "#,##0.00"
     MsgBox "Zahl mit Trennzeichen und 2 Kommas"
   Case "@"
     MsgBox "Textformat"
   Case Else
       MsgBox "Format wurde nicht erkannt"
 End Select
End Sub
```

Listing 4.12:
Zahlenformate
prüfen

4.2.4   Fensterstatus ermitteln

Wenn Sie in die obere linke Ecke Ihres Fensters sehen, werden Sie drei Symbole erkennen. Diese drei Symbole stellen den Status Ihres Arbeitsfensters dar. Welcher Status gerade Ihrem Fenster entspricht, können Sie über die Select Case-Anweisung herausfinden.

Listing 4.13:
Fensterstatus
ermitteln

```
Sub FensterStatusErmitteln()
Dim Str As String
    Select Case Application.WindowState
        Case xlMaximized
            Str = "xlMaximized"
        Case xlMinimized
            Str = "xlMinimized"
        Case xlNormal
            Str = "xlNormal"
    End Select
    MsgBox "Das Fenster ist gerade: " & Str
End Sub
```

4.2.5   Makro bei ungültigem Wert beenden

Im letzten Beispiel mit der Anweisung Select Case geht es darum, den Wert in Zelle A30 zu überprüfen. Steht in dieser Zelle der Buchstabe A, B oder C, wird das Makro in Listing 4.14 fortgesetzt. Weist die Zelle jedoch einen anderen Wert auf, wird das Makro sofort abgebrochen.

Listing 4.14:
Gültigkeiten abfragen mit der CASE-Anweisung bei Unterscheidung von Groß- und Kleinschreibung

```
Sub GültigkeitenAbfragen()
 Sheets("Verzweigungen").Activate
 Range("A30").Select
 Select Case ActiveCell.Value
  Case Is = "A", "B", "C"
  Case Else
        MsgBox "Ende des Makros"
        Exit Sub
 End Select
 MsgBox "Das Makro geht weiter..."
        'weitere Befehle...
End Sub
```

Übrigens wird im letzten Makro die Groß- und Kleinschreibung unterschieden. Nur die korrekte Schreibweise liefert das gewünschte Ergebnis. Möchten Sie erreichen, dass Excel zwischen Groß- und Kleinschreibung nicht unterscheidet, ergänzen Sie obiges Makro noch um die Kleinschreibweise der Buchstaben oder setzen Sie die Funktion UCase ein.

```
Sub GültigkeitenAbfragenII()
  Sheets("Verzweigungen").Activate
  Range("A30").Select
  Select Case UCase(ActiveCell.Value)
    Case Is = "A", "B", "C"
    Case Else
        MsgBox "Ende des Makros"
        Exit Sub
  End Select
  MsgBox "Das Makro geht weiter..."
      'weitere Befehle...
End Sub
```

Listing 4.15:
Gültigkeiten abfragen bei Ignorierung von Groß- und Kleinschreibung

Die Funktion Ucase wandelt Kleinbuchstaben automatisch in Großbuchstaben um. Analog dazu wandelt die Funktion Lcase Großbuchstaben in Kleinbuchstaben um.

4.3 Schleifen in Excel praxisgerecht einse

Schleifen werden in Excel dazu verwendet, Abläufe mehr der durchzuführen. Die Schleifen werden so lange durchla mehrere Bedingungen zutreffen, die dann einen Abbruch ken. Je nach verwendeter Schleife findet die Abbruch-Pr der Schleife bzw. am Ende der Schleife statt. Lernen Sie Seiten klassische Beispiele für den sinnvollen Einsatz von Schleifen kennen.

4.3.1 Tabellenblätter einfügen

Im ersten Beispiel in Listing 4.16 sollen in eine neue Arbeitsmappe genau 50 Tabellenblätter eingefügt werden. Manuell wäre das ein wenig mühselig. Leichter geht es mit Hilfe einer For Next-Schleife.

```
Sub TabellenblätterAnlegen()
Dim i As Integer
  Workbooks.Add
  For i = 1 To 50
    Worksheets.Add
  Next i
End Sub
```

Listing 4.16:
Neue Tabellenblätter einfügen

Die Tabellenblätter haben den Namen TABELLE1 *bis* TABELLE(N), *je nachdem wie hoch Sie den Wert für die Tabellenblätter standardmäßig unter* EXTRAS/OPTIONEN/ALLGEMEIN *eingestellt haben.*

4.3.2   Tabellenblätter benennen

Tabblätter anlegen
benennen
~> val u. Const

Jetzt möchten Sie den neu eingefügt[...]nen geben. Dabei soll als Tabellenblattnam[...]satz einer fortlaufenden Nummer gewählt w[...]

Listing 4.17:
Mehrere Tabellen-
blätter mit
fortlaufender
Nummerierung
benennen

```vba
Sub TabellenNamenFestlegen()
Dim i As Integer
  For i = 1 To 50
    Worksheets(i).Name = Application.UserName & i
  Next i
End Sub
```

Abbildung 4.1:
Eine eigene Benen-
nung mit fortlaufen-
der Nummerierung

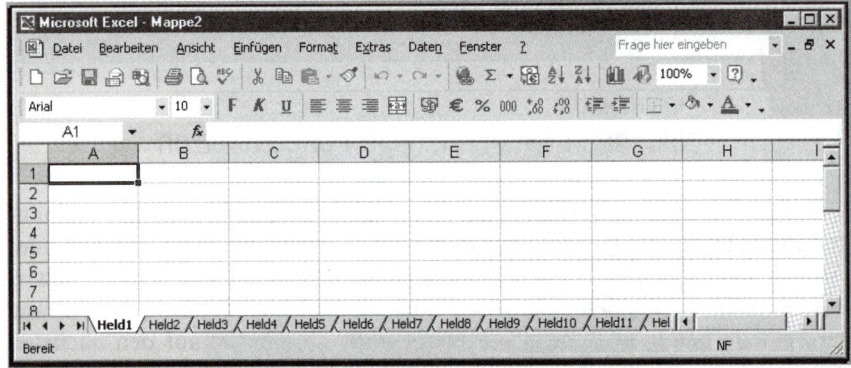

4.3.3   Jede zweite Zeile ausblenden

Im nächsten Beispiel soll auf einem Tabellenblatt jede zweite Zeile ausgeblendet werden. Dabei sollen lediglich die ersten 20 Zeilen betroffen sein. Realisieren können Sie diese Aufgabe mit folgendem Makro aus Listing 4.18:

Listing 4.18:
Jede zweite Zeile
ausblenden

```vba
Sub JedeZweiteZeileAusblenden()
Dim i As Integer
  Sheets("Schleifen").Activate
    For i = 1 To 20 Step 2
        Rows(i).Hidden = True
    Next i
End Sub
```

Setzen Sie die Eigenschaft `Hidden` auf den Wert `True`, wenn Sie Zeilen ausblenden möchten. Starten Sie dasselbe Makro mit der Anweisung `Rows(i).Hidden = False`, werden Ihre ausgeblendeten Zeilen wieder eingeblendet.

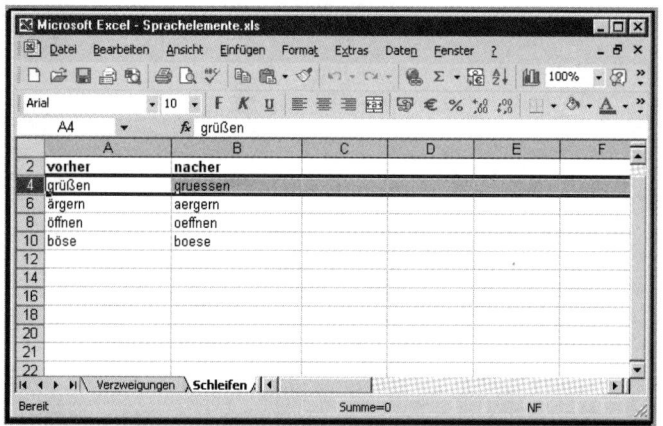

4.3.4   Tabellenblätter pro Arbeitsmappe ermitteln

Wie schon vorher erwähnt, müssen Sie bei dieser Schleife einen Zähler mit-
laufen lassen. Wenn Sie die vorherigen Beispiele betrachten, werden Sie feststellen, dass die Zahl nach dem Argument To jeweils fix ist. Diesen Wert
können Sie aber auch, je nach Aufgabe, variabel halten. So bietet sich der
variable Zähler z. B. an, wenn Sie in einer Arbeitsmappe auf jedem Tabellenblatt einen bestimmten Eintrag vornehmen müssen. Das Problem ist jetzt
nur, dass Sie nicht davon ausgehen können, dass sich in jeder Mappe gleich
viele Tabellenblätter befinden. Also müssen Sie zuerst einmal herausfinden,
wie viele Tabellenblätter die Arbeitsmappe enthält.

```
Sub EintragVornehmen()
Dim i As Integer
 For i = 1 To ActiveWorkbook.Sheets.Count
  Range("E1").Value = Date
 Next
End Sub
```

*Listing 4.19:
Auf allen Tabellen-
blättern einen Ein-
trag vornehmen*

Über die Eigenschaft Count ermitteln Sie die Anzahl der Tabellenblätter in
der vorliegenden Arbeitsmappe. Genauso oft soll die Schleife durchlaufen
werden, die dafür sorgt, dass das aktuelle Datum auf jedem Tabellenblatt in
Zelle E1 eingetragen wird.

*Mehrere Tabel-
len mit Datums-
funktion
ausstatten*

4.3.5   Passwortvergabe auf allen Tabellenblätter in einer
Arbeitsmappe

In Excel können Sie sowohl die Arbeitsmappe als auch einzelne Tabellenblätter vor Veränderungen schützen. Wenn Sie alle Tabellenblätter schützen
und dabei dasselbe Passwort verwenden möchten, können Sie ebenfalls die
For Next-Schleife wie in Listing 4.20 einsetzen:

```
Sub PasswortAufAllenTabellenblätterSetzen()
Dim i  As Integer
 For i = 1 To Worksheets.Count
    Sheets(i).Protect  ("Passwort")
 Next i
End Sub
```

4.3.6 Schutz auf allen Tabellenblättern aufheben

Um alle Tabellenblätter der Arbeitsmappe wieder ändern zu können, heben
Sie den Blattschutz mit folgendem Makro aus Listing 4.21 wieder auf:

```
Sub PasswortLöschenAufAllenTabellenblättern()
Dim i As Integer
    For i = 1 To Worksheets.Count
      Sheets(i).Unprotect  ("Passwort")
    Next i
End Sub
```

TIPP

*Wenn Sie für jedes Tabellenblatt ein anderes Passwort verwenden möchten,
können Sie beispielsweise den jeweils aktuellen Zählerstand wie in Listing
4.22 verwenden und diesen an das Passwort anhängen.*

```
Sub PasswortAufAllenTabellenblätterAnderst()
Dim i  As Integer
 For i = 1 To Worksheets.Count
    Sheets(i).Protect ("Passwort" & i)
 Next i
End Sub
```

Hier lautet das Passwort des ersten Blattes `Passwort1`, das Passwort des
zweiten Blattes `Passwort2`, usw. Beim Aufheben dieser Passwörter müssen
Sie genauso vorgehen wie beim Setzen der Passwörter.

```
Sub PasswortEntfernenAufAllenTabellenblättern()
Dim i As Integer
    For i = 1 To Worksheets.Count
      Sheets(i).Unprotect ("Passwort" & i)
    Next i
End Sub
```

4.3.7 Arbeitsmappen ausdünnen

Auch zum Ausdünnen von Tabellenblättern aus Arbeitsmappen eignet sich
diese Schleife sehr gut. So hätten Sie sich z. B. die Aufgabe gestellt, alle
Tabellenblätter bis auf das erste Blatt aus einer Arbeitsmappe zu löschen.

```
Sub LöschenAlleTabellenBisAufDieErste()
Dim i As Integer
 Workbooks.Add
 Application.DisplayAlerts = False
 On Error Resume Next
  For i = ActiveWorkbook.Sheets.Count To 1 Step -1
    Sheets(i).Delete
  Next i
End Sub
```

Löschen
TB

Listing 4.24:
Löschen von
Tabellenblättern

Die Eigenschaft `DisplayAlerts` setzen Sie auf den Wert `False`. Damit brauchen Sie die Löschung der einzelnen Tabellenblätter nicht jeweils zu bestätigen.

4.3.8   Überschriftenzeile einrichten

Wo können Sie die Eigenschaft `Count` sonst noch einsetzen? Zum Beispiel, um zu ermitteln, wie viele Spalten Sie auf einer Tabelle verwenden. Das folgende Makro in Listing 4.25 erzeugt automatisch eine Überschriftenzeile in Länge der verwendeten Spalten:

```
Sub ÜberschriftenBildenSpalten()
Dim i As Integer
 Sheets("Schleifen").Activate
 Range("A1").Select
 For i = 1 To ActiveSheet.UsedRange.Columns.Count
  ActiveCell.Value = "Nr: " & i
  ActiveCell.Offset(0, 1).Select
 Next i
End Sub
```

Listing 4.25:
Überschriften
dynamisch bilden

Was für Spalten geht, klappt natürlich auch bei den Zeilen. Sehen Sie sich dazu das Listing 4.26 an.

```
Sub ÜberschriftenBildenZeilen()
Dim i As Integer
 Sheets("Schleifen").Activate
 Range("A1").Select
 For i = 1 To ActiveSheet.UsedRange.Rows.Count
  ActiveCell.Value = "Nr: " & i
  ActiveCell.Offset(1, 0).Select
 Next i
End Sub
```

Listing 4.26:
Zeilenüberschrift
dynamisch bilden

4.3.9   Verdopplung der Werte innerhalb einer Markierung

Im ersten Beispiel der `For Each`-Schleife in Listing 4.27 sollen innerhalb einer Markierung alle Werte verdoppelt werden.

Listing 4.27:
Werte innerhalb
eines markierten
Bereichs
verdoppeln

```
Sub ZellenInMarkierungMultiplizieren()
Const Multi = 2
Dim Zelle As Range
For Each Zelle In Selection
 On Error Resume Next
 Zelle.Value = Zelle.Value * Multi
Next Zelle
End Sub
```

Die `On Error`-Anweisung sorgt dafür, dass das Makro bei nicht numerischen Zellen sich nicht mit einer Fehlermeldung meldet. So werden numerische Zellen mit dem Faktor Zwei multipliziert und Textzellen innerhalb der Markierung ignoriert.

4.3.10   Tabellenblatt durchsuchen

Auch bei der Suche nach Daten leistet Ihnen diese Schleife gute Dienste. So sucht das folgende Makro auf dem aktiven Tabellenblatt nach einem Suchbegriff, den Sie vorher in einer Inputbox eingegeben haben. Das Makro klappert nun jede Zelle innerhalb der Markierung ab und stoppt das Makro sofort, wenn es bei der Suche fündig wird. Die gefundene Zelle wird dann markiert. Im Fall, dass das Makro zu keinem Ergebnis kommt, wird eine Meldung auf dem Bildschirm ausgegeben. Vor dem Start des Makros markieren Sie bitte noch den Bereich, in dem Excel nach dem Begriff suchen soll. Wenn Sie die Suche generell auf dem ganzen Tabellenblatt durchführen möchten, ergänzen Sie das folgende Makro nach der Variablendeklaration um den Befehl `Cells.select`. Damit wird die gesamte Tabelle markiert. Schneller und besser ist es aber, wenn Sie nur im von Ihnen verwendeten Bereich suchen, indem Sie den Befehl `ActiveSheet.UsedRange.Select` einsetzen.

Listing 4.28:
Tabellenblatt
durchsuchen

*Daten suchen
(Markierung)*

```
Sub DatenSuchen()
Dim Zelle As Range
Dim str As String
 str = InputBox _
("Bitte geben Sie den Suchbegriff ein!")
    If str = "" Then Exit Sub
    ActiveSheet.UsedRange.Select
    For Each Zelle In Selection
        If Zelle = str Then
            Zelle.Select
            Exit Sub
        End If
    Next Zelle
    MsgBox "Suchbegriff nicht gefunden!"
End Sub
```

Im obigen Makro wird eine Eingabe vom Benutzer gefordert. Drückt der Anwender in der Inputbox auf die Schaltfläche ABBRECHEN, wird dieses durch die Zeile `If str = "" Then Exit Sub` abgefangen. Die Suche wird dann erst gar nicht begonnen. Im Normalfall, also wenn der Anwender einen Suchbegriff eingibt und mit OK bestätigt, wird innerhalb der Markierung auf dem Tabellenblatt gesucht.

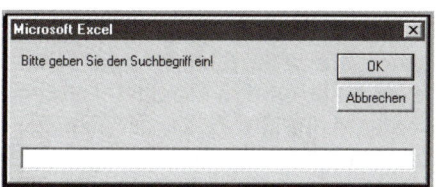

Abbildung 4.3:
Geben Sie den Suchbegriff ein

4.3.11   Ganze Arbeitsmappe durchsuchen

Das letzte Beispiel ist auf eine Markierung innerhalb eines Tabellenblattes beschränkt. Möchten Sie die Suche auf die ganze Arbeitsmappe ausdehnen, verwenden Sie das nachfolgende Makro aus Listing 4.29:

```
Sub DatenSuchenInGanzerArbeitsmappe()
Dim Zelle As Range


Dim Blatt As Worksheet
Dim str As String
   str = InputBox _
("Bitte geben Sie den Suchbegriff ein!")
   If str = "" Then Exit Sub
   For Each Blatt In ActiveWorkbook.Sheets
   Blatt.Activate
   ActiveSheet.UsedRange.Select
   For Each Zelle In Selection
       If Zelle = str Then
           Zelle.Select
           Exit Sub
       End If
    Next Zelle
   Next Blatt          ⟶ neues blatt
   MsgBox "Suchbegriff nicht gefunden!"
End Sub
```

Listing 4.29:
Ganze Arbeitmappe durchsuchen

*Daten suchen
(Arbeitsmappe)*

In der Variablendeklaration machen Sie bekannt, dass Sie mit dem `Worksheet`-Objekt arbeiten möchten. Diesem geben Sie im Makro den Namen `Blatt`. Zu Beginn der Schleife markieren Sie zuerst einmal den auf dem Tabellenblatt verwendeten Bereich, danach erfolgt die Suche innerhalb dieser Markierung. Das Makro bricht nach dem ersten gefundenen Suchbegriff sofort ab und markiert Ihnen die gefundene Zelle. Für den Fall, dass auf dem ersten Tabellenblatt noch kein Suchergebnis erzielt wurde, wird das nächste Tabellenblatt aktiviert und die Suche beginnt erneut.

4.3.12   Auf Formelsuche im Tabellenblatt

Besonders mühselig ist es, auf einem Tabellenblatt nach Formelzellen zu suchen. Dazu können Sie durch das Drücken der Taste [F5] den GEHE ZU-Dialog aufrufen, dann auf die Schaltfläche INHALTE drücken und anschließend die Option FORMELN aktivieren. Nach der Bestätigung mit OK werden dann alle Zellen der Tabelle, welche Formeln oder auch Verknüpfungen enthalten, markiert. Das folgende Beispiel aus Listing 4.30 ermittelt zunächst die Anzahl der Formeln auf einem Tabellenblatt:

Listing 4.30:
Formeln auf
Tabellenblatt zählen

```
Sub FormelnZählen()
Dim i As Integer
Dim Zelle As Range
 On Error GoTo fehler
 For Each Zelle In _
 ActiveSheet.Cells.SpecialCells(xlFormulas)
    i = i + 1
 Next Zelle
 MsgBox "Anzahl der Formeln in der Tabelle: " & i
 Exit Sub
fehler:
 MsgBox "Es konnten auf dem Tabellenblatt <" & _
 ActiveSheet.Name & _
 "> keine Formeln gefunden werden!"
End Sub
```

Die Methode SpecialCells eignet sich hervorragend, um bestimmte Zellen wiederzufinden. Neben Formelzellen können Sie so auch Zellen mit Kommentaren (xlCellTypeNotes) aufstöbern, leere Zellen (xlCellTypeBlanks) oder auch Zellen mit Konstanten (xlCellTypeConstants) ermitteln.

4.3.13   Umlaute im Tabellenblatt umsetzen

Wenn Sie z. B. in Excel einen Text vorliegen haben, welcher Umlaute aufweist, können Sie elegant die Schleife For Each dazu einsetzen, um diese Zeichen umzusetzen. Markieren Sie vorher alle Zellen, in denen Sie Umlaute umsetzen möchten, und starten Sie das Makro aus Listing 4.31.

Listing 4.31:
Umlaute in
Tabellenblatt
austauschen

```
Sub UmlauteUmsetzen()
Dim Zelle As Range
For Each Zelle In Selection
 With Selection
   .Replace What:="ä", _
```

```
        Replacement:="ae", LookAt:=xlPart
        Replace What:="ö", _
        Replacement:="oe", LookAt:=xlPart
        Replace What:="ß", _
        Replacement:="ss",    LookAt:=xlPart
        Replace What:="ü", _
        Replacement:="ue", LookAt:=xlPart
    End With
    Next Zelle
End Sub
```

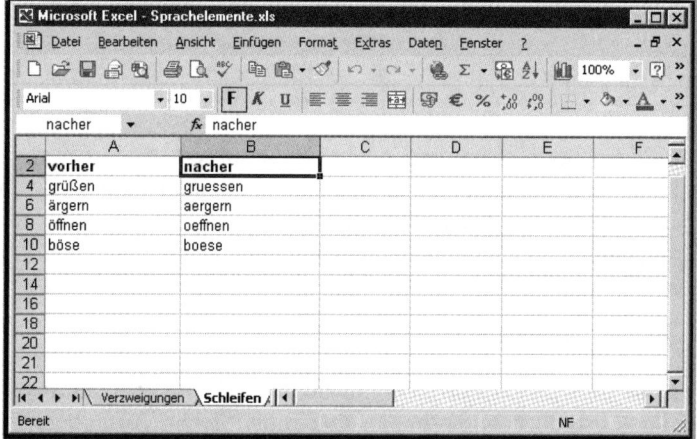

Abbildung 4.4:
Umlaute umsetzen

4.3.14 Wochenenden farblich hervorheben

Im nächsten Beispiel sollen im Bereich A1:U1, wo jeweils Datums-Angaben
stehen, alle Samstage bzw. Sonntage farblich hervorgehoben werden. Dazu
setzen Sie die Funktion Weekdays ein. Diese Funktion meldet für den Sonntag
den Index 1 und für den Samstag den Index 7. Ein wenig ungewöhnlich
zwar, aber es klappt hervorragend.

```
Sub WochenendeFormatieren()
Dim Zelle As Range
    For Each Zelle In ActiveSheet.Range("A1:U1")
        If WeekDay(Zelle) = 1 Then
            Zelle.Interior.ColorIndex = 16
        ElseIf WeekDay(Zelle) = 7 Then
            Zelle.Interior.ColorIndex = 15
        End If
    Next Zelle
End Sub
```

Listing 4.32:
Wochenenden farb-
lich hervorheben

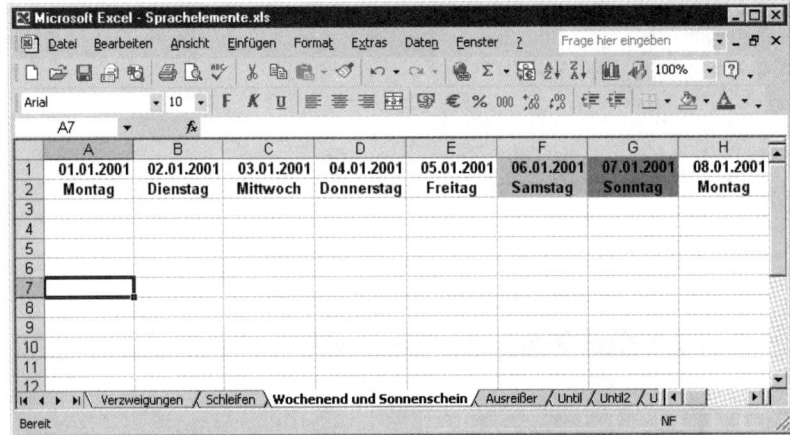

Im obigen Beispiel haben Sie konkret schon einen ganz bestimmten Bereich A1:U1 vorgegeben, für welchen die Wochenendprüfung gemacht werden soll. Als Zellenhintergrund verwenden Sie zwei leicht unterschiedliche Grautöne.

4.3.15   Nullen auffüllen

Im nächsten Praxisbeispiel soll ein Bereich mit Nullen aufgefüllt werden. Stellen Sie sich vor, Sie haben Ihre monatlichen Ausgaben in einer Tabelle erfasst und möchten nun die Zellen in einem vorher festgelegten Bereich durchsuchen. Alle Zellen, die in diesem Bereich keinen Eintrag aufweisen, sollen mit der Zahl 0 gefüllt werden.

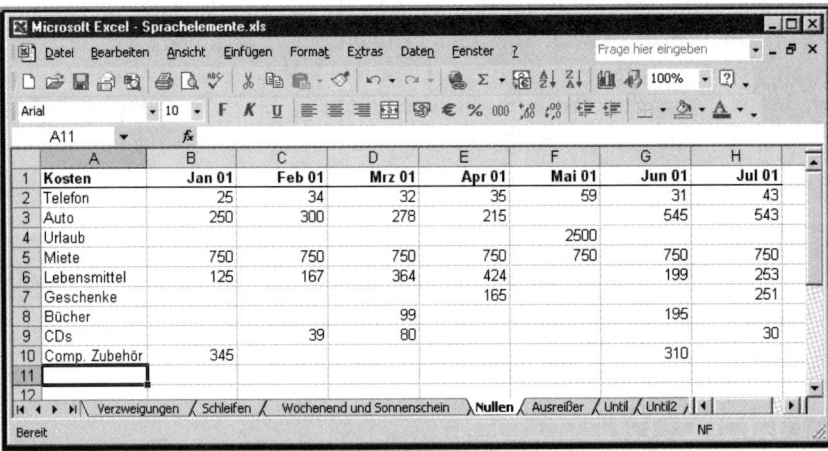

Legen Sie mit der Anweisung Set zunächst einen Bereich fest, für den Sie diese Aktion durchführen möchten.

```
Sub Nullenauffüllen()
Dim Zelle As Range
Sheets("Nullen").Activate
Set Bereich = Range("B2:H10")
For Each Zelle In Bereich
    If Zelle.Value = "" Then
        Zelle.Value = 0
    End If
Next
End Sub
```

Listing 4.33:
Bereich mit Nullen
initialisieren

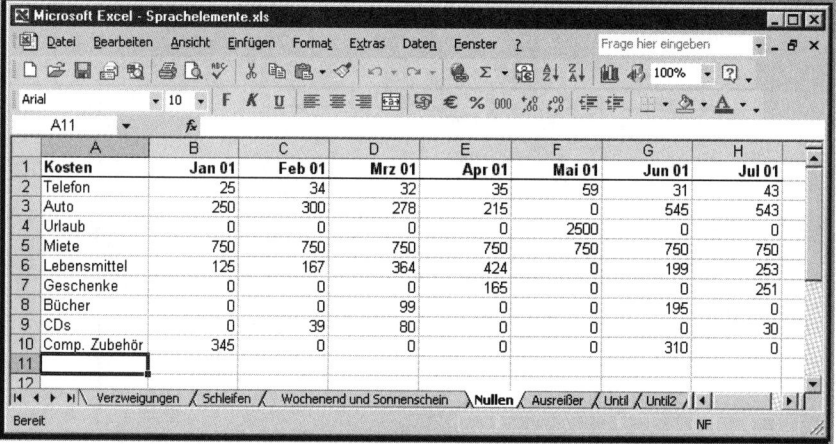

Abbildung 4.7:
Die leeren Zellen
wurden mit dem
Wert 0 aufgefüllt.

4.3.16 Ausreißerwerte ermitteln und kenntlich machen

Die Ermittlung von Spitzen- bzw. Niedrigstwerten ist in Excel leicht möglich. In VBA setzen Sie für diese Aufgabe die Funktionen Max bzw. Min ein. So werden im folgenden Beispiel aus Listing 4.34 innerhalb eines vorher definierten Bereichs sowohl der Maximalwert als auch der niedrigste Wert ermittelt und farbig gekennzeichnet.

```
Sub AusreisserInBereichErmitteln()
Dim Zelle As Range
Dim Bereich As Range
  Set Bereich = Range("A3:F14")
  Sheets("Ausreißer").Activate
  For Each Zelle In Bereich
      If Zelle = Application.Min(Bereich) Then
          With Zelle
            .Font.ColorIndex = 10 'grün
            .Font.Bold = True
          End With
      End If
      If Zelle = Application.Max(Bereich) Then
```

Listing 4.34:
Ausreißerwerte
farblich
hervorheben

```
            With Zelle
                .Font.ColorIndex = 3 'rot
                .Font.Bold = True
            End With
        End If
    Next Zelle
End Sub
```

Abbildung 4.8:
Die höchsten und
die niedrigsten
Kosten des letzten
Halbjahrs

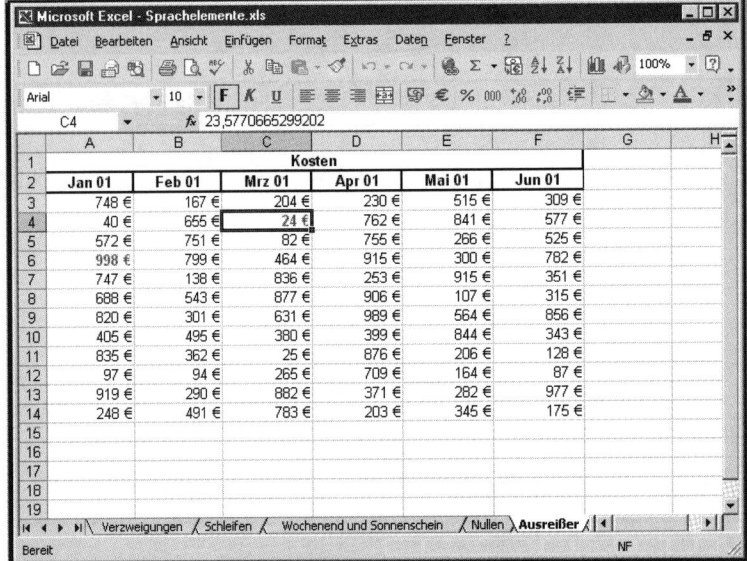

4.3.17   Durchschnittliche Kosten ermitteln

Wenn Sie in der vorherigen Aufgabe die durchschnittlichen Kosten ermitteln möchten, müssen Sie zuerst ermitteln, wie viele Zellen in der Markierung enthalten sind. Dies gelingt Ihnen über die Methode Count. Danach summieren Sie zunächst einmal alle Werte aus den markierten Zellen und speichern diese in der Variablen Avg. Wählen Sie für diese Variable nicht den Datentyp Integer, der bei diesen großen Zahlen nicht mehr ausreicht, sondern definieren Sie dazu eine Variable vom Typ Long. Um den Durchschnittswert zu bekommen, dividieren Sie die Gesamtsumme aus der Variablen Avg durch die Anzahl der markierten Zellen, welche Sie in der Variablen i zwischengespeichert haben. Bringen Sie die Zahl am Ende mit der Funktion Format noch in das gewünschte Format.

Listing 4.35:
Durchschnittliche
Kosten ermitteln

```
Sub DurchschnittskostenErmitteln()
Dim zelle As Range
Dim Avg As Long
Dim i As Integer
  Sheets("Ausreißer").Activate
```

```
 Avg = 0
 'Anzahl markierter Zellen ermitteln
 i = Selection.Cells.Count
  For Each zelle In Selection
      Avg = Avg + zelle.Value
    Next zelle
    Avg = Avg / i
    MsgBox "Durschnittliche Kosten: " _
  & Format(Avg, "#,##0 €")
End Sub
```

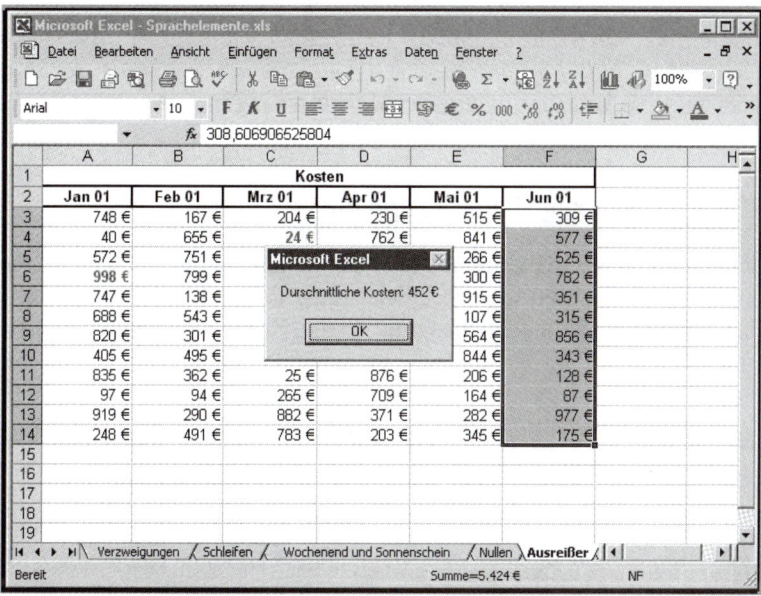

4.3.18   Zeilen einblenden

Erinnern Sie sich an ein vorheriges Beispiel, in welchem Sie Zeilen ausgeblendet haben? Blenden Sie diese jetzt wieder ein, indem Sie folgendes
Makro aus Listing 4.36 verwenden:

```
Sub AusgeblendeteZeilenEinblenden()
Dim Zeile As Object
 For Each Zeile In ActiveSheet.UsedRange.Rows
  Zeile.Hidden = False
 Next
End Sub
```

Listing 4.36:
Zeilen einblenden

Das Makro überprüft, wie viele Zeilen auf dem aktuellen Tabellenblatt mit
Daten belegt sind. In einer Schleife werden dann alle Zeilen durchlaufen
und die ausgeblendeten Zeilen wieder eingeblendet.

:-)
TIPP

Wenn Sie genau hinsehen, werden Sie merken, dass Ihr Bildschirm bei diesem Makro mehr oder weniger stark flattert. Verantwortlich dafür ist die Bildschirmaktualisierung, die Sie aber mit der Anweisung

```
Application.Screenupdating=False
```

ausschalten können. Sie sollten sich angewöhnen, diese Anweisung Ihren Augen zuliebe bei jedem Makro zu Beginn einzusetzen. Am Ende eines jeden Makros können Sie die Bildschirmaktualisierung mit der Anweisung

```
Application.Screenupdating=True
```

wieder einschalten. Empfehlenswert ist auch bei längeren Makros, hin und wieder die Bildschirmaktualisierung einzuschalten, damit der Anwender nicht fälschlicherweise meint, Ihr Makro sei abgestürzt.

4.3.19　Benannte Bereiche ermitteln

Sicher wissen Sie, dass Sie in Excel mit benannten Bereichen arbeiten können. Formeln werden so sprechender und einfach leichter verständlich. Wie aber ermitteln Sie die Namen und deren Zellenadressen in einer Arbeitsmappe?

Abbildung 4.10:
Wo stecken die
benannten Zellen?

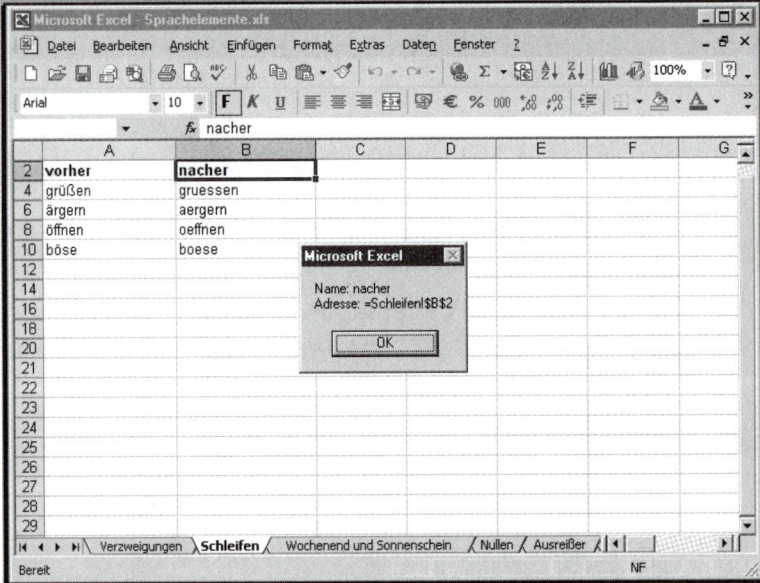

```
Sub NamenInArbeitsmappeAusgeben()
Dim nam As Name

On Error Resume Next
For Each nam In ActiveWorkbook.Names
 MsgBox "Name: " & nam.Name & Chr(13) _
 & "Adresse: " & nam.RefersToLocal
Next
End Sub
```

Listing 4.37:
Alle verwendeten
Namen der Arbeits-
mappe ausgeben

Geben Sie zuerst an, dass Sie mit dem Objekt Name arbeiten möchten. Danach suchen Sie die Arbeitsmappe nach verwendeten Namen ab und geben diese in einem Meldungsfenster aus. Interessant ist der Name selbst sowie seine Adresse, also die Zellposition innerhalb der Arbeitsmappe.

4.3.20   Zeilen managen mit Do Until

Die Do Until-Schleife wiederholt einen Block mit Anweisungen, solange eine Bedingung den Wert True erhält. Die Bedingung wird jeweils am Ende der Schleife geprüft. Als Abbruchbedingung können Sie alles Mögliche abfragen; so können Sie z. B. eine Abbruchbedingung festlegen, wenn ein bestimmter Wert erreicht ist oder eine Zelle einen bestimmten Text aufweist.

Um diese Schleife in der Praxis einzusetzen, folgt jetzt eine umfangreichere Beispielaufgabe. Eine Liste soll in Excel verwaltet werden. Anhand eines Zellenkennzeichens sollen Aktionen abgeleitet werden können.

Die Aktionen sind:

Funktions-
umfang

➤ Zeilen ausblenden (Zellenkennzeichen = H)

➤ Zeilen einfügen (Zellenkennzeichen = I)

➤ Zeilen kopieren (Zellenkennzeichen = C)

➤ Zeilen löschen (Zellenkennzeichen = D)

➤ Zeilen mit Kopien löschen (Zelleninhalt = Kopie)

➤ Keine Aktion (Zellenkennzeichen = O)

Um Zeilen auszublenden, wird das Zellenkennzeichen H verwendet. Die Do Until-Schleife arbeitet in Spalte A so lange Zeilen ab, bis sie auf die Abbruchbedingung stößt. Die Abbruchbedingung ist gegeben, wenn die erste leere Zelle in Spalte A erreicht wird.

Zeilen
ausblenden

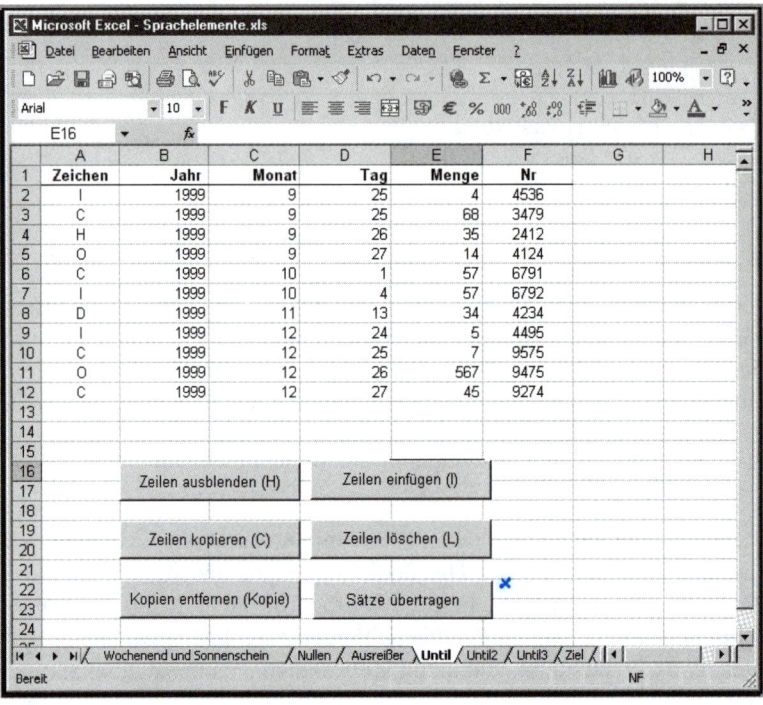

Listing 4.38:
Zeilen ausblenden
bei Bedingung

```
Sub BestimmteZeilenAusblenden()
  Sheets("Until").Activate
  Range("A1").Select          ACTIVE SHEET. USED RANGE SELECT
  Do Until ActiveCell.Value = ""
    If ActiveCell.Value = "H" Then
      Selection.EntireRow.Hidden = True
      ActiveCell.Offset(1, 0).Select
    Else
      ActiveCell.Offset(1, 0).Select
    End If
  Loop
End Sub
```

Indem Sie die Eigenschaft Hidden auf den Wert True setzen, wird die aktuelle Zeile ausgeblendet. Danach wird der Mauszeiger mit Hilfe der Offset-Eigenschaft auf die nächste Zelle gesetzt.

Für das Einfügen von Zeilen wurde das Zellenkennzeichen I vereinbart.

Listing 4.39:
Zeilen einfügen bei
Bedingung

```
Sub BestimmteZeilenEinfügen()
  Sheets("Until").Activate
  Range("A1").Select
  Do Until ActiveCell.Value = ""
    If ActiveCell.Value = "I" Then
```

```
   Selection.EntireRow.Insert
   ActiveCell.Offset(2, 0).Select
   Else
   ActiveCell.Offset(1, 0).Select
   End If
  Loop
End Sub
```

Verwenden Sie die Methode `Insert`, um Zeilen einzufügen, und setzen Sie danach den Mauszeiger zwei Zellen nach unten.

Das Zellenkennzeichen für den Vorgang »Zeilen löschen« lautet D.

```
Sub BestimmteZeilenLöschen()
 Sheets("Until").Activate
 Range("A1").Select
 Do Until ActiveCell.Value = ""
  If ActiveCell.Value = "D" _
  Then Selection.EntireRow.Delete _
  Else ActiveCell.Offset(1, 0).Select
 Loop
End Sub
```

Listing 4.40:
Zeilen löschen bei
Bedingung

Die Methode `Delete` löscht im obigen Makro jeweils eine gesamte Zeile. Beim Löschvorgang muss der Mauszeiger nicht per Befehl verschoben werden, er setzt den Mauszeiger automatisch in die nächste Zelle.

Beim Zellenkennzeichen C soll die aktuelle Zeile kopiert und mit dem Zusatz Kopie bei der Nr. versehen werden.

```
Sub BestimmteZeilenkopieren()
 Sheets("Until").Activate
 Range("A1").Select
 Do Until ActiveCell.Value = ""
  If ActiveCell.Value = "C" Then
  Selection.EntireRow.Copy
  Selection.EntireRow.Insert
  ActiveCell.Offset(0, 5).Value = _
  ActiveCell.Offset(0, 5).Value & " Kopie"
  ActiveCell.Offset(2, 0).Select
  Application.CutCopyMode = False
  Else
  ActiveCell.Offset(1, 0).Select
  End If
 Loop
End Sub
```

Listing 4.41:
Zeilen kopieren bei
Bedingung

Setzen Sie die Methoden Copy und Insert ein, um eine Zeile zu kopieren bzw. einzufügen. Über die Eigenschaft Offset greifen Sie auf die Spalte F zu und ergänzen in der aktiven Zelle den Text KOPIE.

4.3.21   Kopien entfernen

Wenn Sie die Kopien wieder entfernen möchten, müssen Sie die Spalte F durchlaufen. Immer wenn dort in einer Zelle das Wort KOPIE auftaucht, muss die ganze Zeile entfernt werden.

```
Sub KopienEntfernen()
 Sheets("Until").Activate
 Range("F1").Select
 Do Until ActiveCell.Value = ""
  If Right(ActiveCell.Value, 5) = "Kopie" _
  Then Selection.EntireRow.Delete _
  Else ActiveCell.Offset(1, 0).Select
 Loop
End Sub
```

Mit der Funktion Right prüfen Sie, ob der Text KOPIE in der Zelle vorhanden ist. Dabei legen Sie im ersten Argument fest, welche Zelle untersucht werden soll (aktive Zelle), und im zweiten Parameter bestimmen Sie, wie viele Zeichen der Zelle von rechts gesehen mit einbezogen werden sollen. Entspricht der Zellenteil dem Text KOPIE, dann wird die Methode Delete angewendet, um die ganze Zeile zu löschen.

Neben der Funktion Right, *die jeweils ein oder mehrere Zeichen von rechts überprüft, gibt es selbstverständlich auch eine Funktion* Left, *welche die Überprüfung eines Textes von der linken Seite beginnt. Die Argumente entsprechen dabei den Argumenten der* Right-*Funktion.*

:-)
TIPP

Neben diesen beiden Funktionen gibt es die Funktion Mid, *die einen Teil eines Textes prüfen kann. Dabei sind jedoch drei Argumente notwendig. Das erste Argument bestimmt den Text oder die Zelle, welche/r untersucht werden soll. Das zweite Argument bestimmt, ab welcher Position gesucht werden soll. Im letzten Argument geben Sie an, für wie viele Zeichen diese Funktion angewendet werden soll.*

INFO

So meldet die Funktion Mid("Excel 2002 VBA", 7, 4) den Wert 2002.

4.3.22   Datumstest durchführen

Stellen Sie sich ein Tabellenblatt vor, bei dem in Zelle A1 das heutige Datum steht. In der zweiten Zeile steht eine Datumsreihe beginnend in Zelle A2 und endend in Zelle I2. Wie müsste jetzt ein Makro lauten, welches so lange in Zeile 2 nach rechts läuft, bis das aktuelle Datum erreicht ist?

```
Sub AufHeutigemDatumStoppen()
Dim heutDat As Date
heutDat = Range("A1").Value

Sheets("Until2").Activate
Range("A2").Select
Do Until Date = ActiveCell.Value
 ActiveCell.Offset(0, 1).Select
Loop
End Sub
```

Listing 4.43:
Datumstest durch-
führen

Zelle mit
aktuellem
Datum finden

Im ersten Schritt definieren Sie eine Variable vom Datentyp Date. Danach speichern Sie das aktuelle Datum, welches in Zelle A1 steht, in der Variablen Heutdat. Setzen Sie die Do Until-Schleife beginnend in Zelle A2 auf. Versetzen Sie mit der Offset-Eigenschaft so lange den Mauszeiger nach rechts, bis die Variable Heutdat mit einer Zelle übereinstimmt (siehe Abbildung 4.13).

4.3.23   Listen sortieren und doppelte Sätze löschen

Gegeben sei eine Liste, welche aus einer Spalte besteht. In dieser unsortierten Liste sind Einträge mehrfach vorhanden. Ihre Aufgabe besteht nun darin, alle doppelten Sätze zu ermitteln (siehe Abbildung 4.14).

Abbildung 4.13:
Genaues
Positionieren
von Zellen

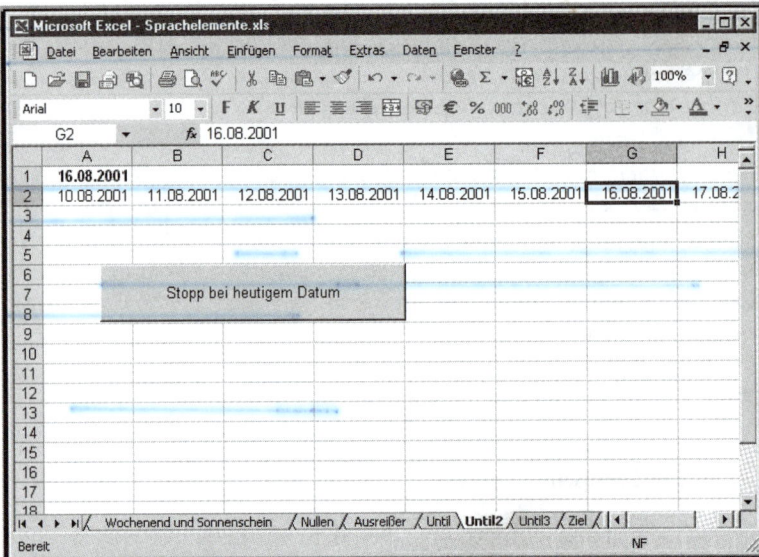

Abbildung 4.14:
Liste vor der
Bereinigungsaktion

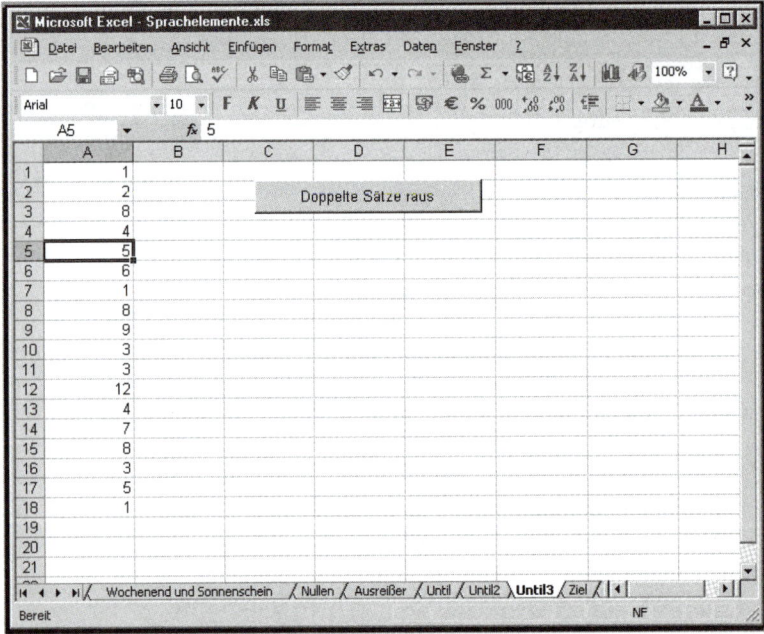

Sortieren Sie im ersten Schritt die Liste und löschen Sie danach die doppelten Sätze.

Listing 4.44:
Doppelte Sätze
löschen

```
Sub DoppelteSätzeEliminieren()
Sheets("Until3").Activate
 'zuerst sortieren
```

```
Columns("A:A").Select
Selection.Sort Key1:=Range("A1"), _
 Order1:=xlAscending, _
 Header:=xlGuess, OrderCustom:=1, _
  MatchCase:=False, _
Orientation:=xlTopToBottom
 'jetzt doppelte Sätze eliminieren
Range("A1").Select
Do Until ActiveCell.Value = ""
If ActiveCell.Value = _
 ActiveCell.Offset(1, 0).Value _
Then ActiveCell.EntireRow.Delete _
Else ActiveCell.Offset(1, 0).Select
Loop
End Sub
```

Markieren Sie die komplette Spalte A und wenden Sie die Methode Sort an.
Schauen Sie sich die Syntax der Methode Sort einmal etwas genauer an:

```
Sort(Key1, Order1, Key2, Type, Order2, Key3, Order3, Header, OrderCustom,
MatchCase, Orientation, SortMethod)
```

Die Syntax

Die ersten beiden Argumente müssen Sie immer auf einen Blick betrachten.
Das erste Argument Key bestimmt das Sortierfeld, das zweite Argument die
Sortierreihenfolge. Möglich dabei ist, entweder aufsteigend (xlAscending)
oder absteigend (xlDescending) zu sortieren. Insgesamt können Sie drei verschiedene Sortierfelder bestimmen.

Die Argumente der Methode Sort

Das Argument Type ist nur bei Pivot-Tabellenberichten interessant und wird
hier nicht näher behandelt.

Das Argument Header legt fest, ob die erste Zeile Überschriften enthält oder
nicht. Dabei weisen Sie die Konstante xlGuess zu, wenn Sie die Entscheidung
darüber Excel selbst überlassen möchten. Setzen Sie die Konstante xlYes,
wenn der Sortierbereich eine Überschriftenzeile enthält, die natürlich nicht
mitsortiert werden darf. Wenn Sie die Konstante xlNo zuweisen, enthält der
Sortierbereich wie im obigen Beispiel keine Überschriften.

Das Argument CustomOrder wird bei benutzerdefinierten Sortierreihenfolgen
verwendet und ist in diesem Zusammenhang eher uninteressant.

Das Argument MatchCase nimmt den Wert True an, wenn beim Sortieren
Groß- und Kleinschreibung berücksichtigt werden soll. Setzen Sie dieses
Argument auf den Wert False, wenn Groß- und Kleinschreibung nicht
berücksichtigt werden soll.

Abbildung 4.15:
Das Endergebnis:
eine sortierte Liste
ohne Duplikate

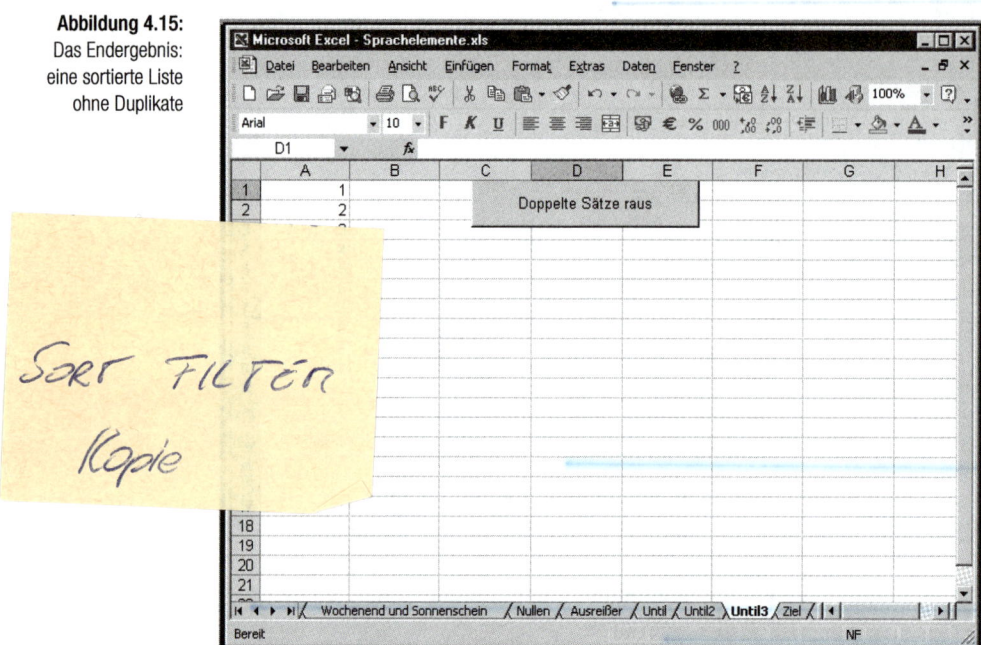

Beim Argument `Orientation` wird die Sortierweise festgelegt. Hat das Argument den Wert `xlSortRows`, so wird von oben nach unten, also zeilenweise sortiert. Wird das Argument auf `xlSortColumns` gesetzt, so wird von links nach rechts, also Spaltenweise sortiert.

Das letzte Sortierkriterium legt den Sortieralgorithmus fest.

4.3.24   Zeilen auf anderes Tabellenblatt übertragen

Oft kommt es vor, dass Sie aus einer Liste bestimmte Zeilen filtern und auf ein anderes Tabellenblatt kopieren müssen. Dazu legen Sie zuerst fest, welches die Ausgangstabelle und welches die Zieltabelle sein soll. Die Namen der Tabellen definieren Sie gleich zu Beginn des Makros als `Blatt1` und `Blatt2` (siehe Abbildung 4.16).

Das Ziel   Was soll konkret gemacht werden?

➡ Alle Zeilen im Tabellenblatt UNTIL, welche als Kürzel den Buchstaben C haben, sollen auf das Tabellenblatt ZIEL übertragen werden.

➡ Ermitteln Sie die Anzahl aller Tabellensätze der Liste.

➡ Setzen Sie die ermittelte Anzahl als Abbruchbedingung für Ihre `Do Until`-Schleife ein.

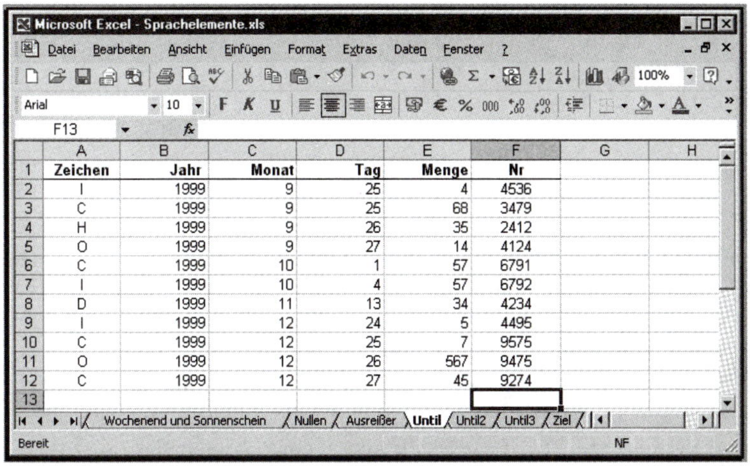

	A	B	C	D	E	F
1	Zeichen	Jahr	Monat	Tag	Menge	Nr
2	I	1999	9	25	4	4536
3	C	1999	9	25	68	3479
4	H	1999	9	26	35	2412
5	O	1999	9	27	14	4124
6	C	1999	10	1	57	6791
7	I	1999	10	4	57	6792
8	D	1999	11	13	34	4234
9	I	1999	12	24	5	4495
10	C	1999	12	25	7	9575
11	O	1999	12	26	567	9475
12	C	1999	12	27	45	9274
13						

Abbildung 4.16: Ausgangstabelle vor der Übertragungsaktion

- Ermitteln Sie, wie viele Sätze übertragen wurden.
- Geben Sie eine Meldung am Ende des Makros aus, die die Anzahl der übertragenen Sätze enthält.

Das Makro für diese Aufgabe sehen Sie in Listing 4.45:

Listing 4.45: Datensätze auf anderes Tabellenblatt übertragen

```
Sub SätzeAufAnderesTabellenblattÜbertragen()
Const Blatt1 = "Until"
Const Blatt2 = "Ziel"
Dim i As Integer
Dim iAnz As Integer

 Application.ScreenUpdating = False
 Sheets(Blatt1).Activate
 Range("A1").Select
 iAnz = 0
 i = 0

 Do Until i = ActiveSheet.UsedRange.Rows.Count
  If ActiveCell.Value = "C" Then
     Selection.EntireRow.Copy
     Sheets(Blatt2).Activate
     ActiveSheet.Paste
     ActiveCell.Offset(1, 0).Select
     Sheets(Blatt1).Select
     ActiveCell.Offset(1, 0).Select
     iAnz = iAnz + 1
     Else
     ActiveCell.Offset(1, 0).Select
   End If
   i = i + 1
 Loop
```

```
Application.CutCopyMode = False
Application.ScreenUpdating = True
MsgBox "Es wurden " & iAnz & " Sätze übertragen"
End Sub
```

Schalten Sie zu Beginn des Makros die Bildschirmaktualisierung aus. Gerade bei häufigem Blattwechsel flimmert das Bild dann zu stark. Schonen Sie Ihre Augen und Ihren Bildschirm und setzen Sie die Eigenschaft Screen updating auf den Wert False. Im nächsten Schritt setzen Sie Ihre Zählvariablen auf den Wert 0, um auf Nummer Sicher zu gehen, dass diese beiden Variablen richtig initialisiert sind. Ermitteln Sie nun mit der Methode Count die verwendeten Zeilen auf Ihrem Tabellenblatt. Das Ergebnis dieser Abfrage verwenden Sie gleich als Abbruchbedingung für Ihre Schleife. Setzen Sie die If-Anweisung ein, um zu ermitteln, ob die aktive Zelle das richtige Kennzeichen C aufweist. Wenn nicht, können Sie mit der Eigenschaft Offset gleich eine Zelle weiter nach unten positionieren.

Abbildung 4.17:
Das Endergebnis:
alle übertragenen
Sätze auf einen
Blick

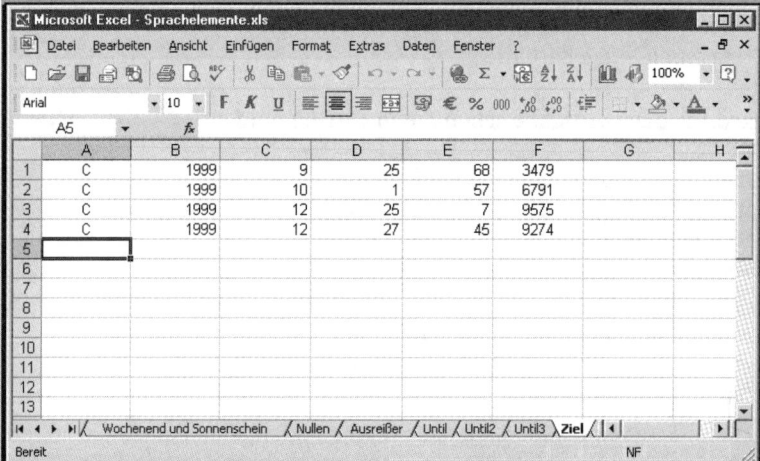

Stimmt das Kennzeichen überein, kopieren Sie mit Hilfe der Methode Copy die ganze Zeile, wechseln auf das Tabellenblatt ZIEL und fügen den Inhalt aus der Zwischenablage mit der Methode Paste ein. Jetzt positionieren Sie den Zellenzeiger auf die nächste freie Zelle der Spalte und addieren den Wert 1 zu der Variable iAnz, welche die übertragenen Sätze zählt. Wechseln Sie im Anschluss auf Ihr Ausgangstabellenblatt BLATT1, positionieren Sie den Zellenzeiger eine Zelle weiter nach unten und addieren Sie auch hier zur Zählvariable i den Wert 1. Sind alle Sätze untersucht worden, werden der Ausschneide- bzw. Kopiermodus deaktiviert und der Laufrahmen entfernt, indem Sie die Eigenschaft CutCopyMode auf den Wert False setzen. Schalten Sie nun die Bildschirmaktualisierung wieder ein und geben Sie mit der Funktion Msgbox die Anzahl der übertragenen Sätze aus.

4.3.25   Nur bestimmte Zellen addieren mit Do While

Die Do While-Anweisung führt eine Reihe von Anweisungen aus, solange eine gegebene Bedingung den Wert True hat. Die Prüfung der angegebenen Bedingung erfolgt immer zu Beginn der Schleife.

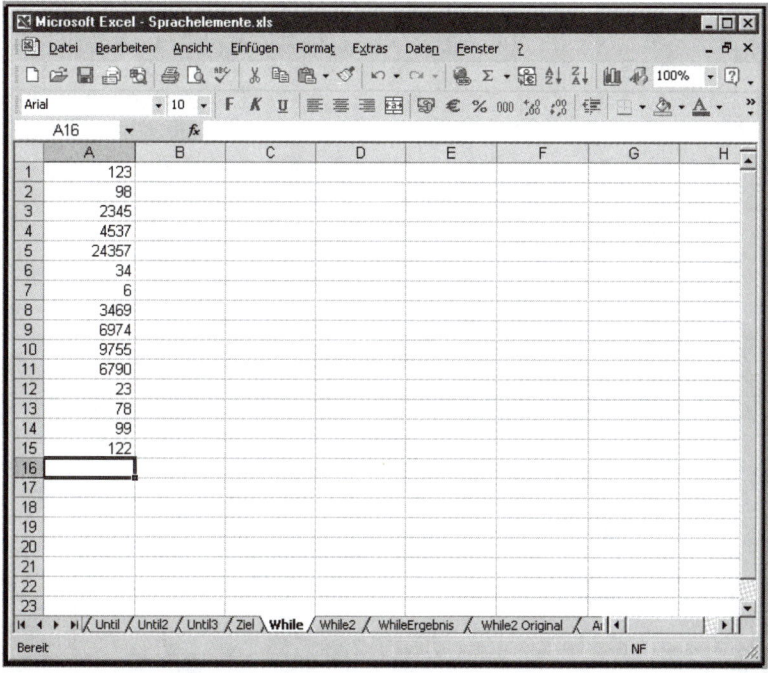

Abbildung 4.18:
Die Ausgangstabelle mit Zahlenwerten

Gegeben sei eine Liste, aus der Sie alle Werte, welche über dem Wert 100 liegen, addieren müssen. Das Ergebnis soll unterhalb der Liste im Schriftschnitt Fett und mit einfacher Unterstreichung ausgegeben werden.

Erfassen Sie nun folgendes Makro:

```
Sub AlleGroßenZahlenAddieren()
Dim summe As Long
Const Grenzwert = 100

summe = 0                        count if.
Sheets("While").Activate
Range("a1").Select
  Do While ActiveCell.Value <> ""
    If ActiveCell.Value > Grenzwert _
    Then summe = summe + ActiveCell.Value
    ActiveCell.Offset(1, 0).Select
  Loop
  ActiveCell.Offset(2, 0).Select
```

Listing 4.46:
Bedingte
Zahlenaddition
durchführen

```
ActiveCell.Value = summe
With ActiveCell.Font
  .Bold = True
  .Underline = True
End With
End Sub
```

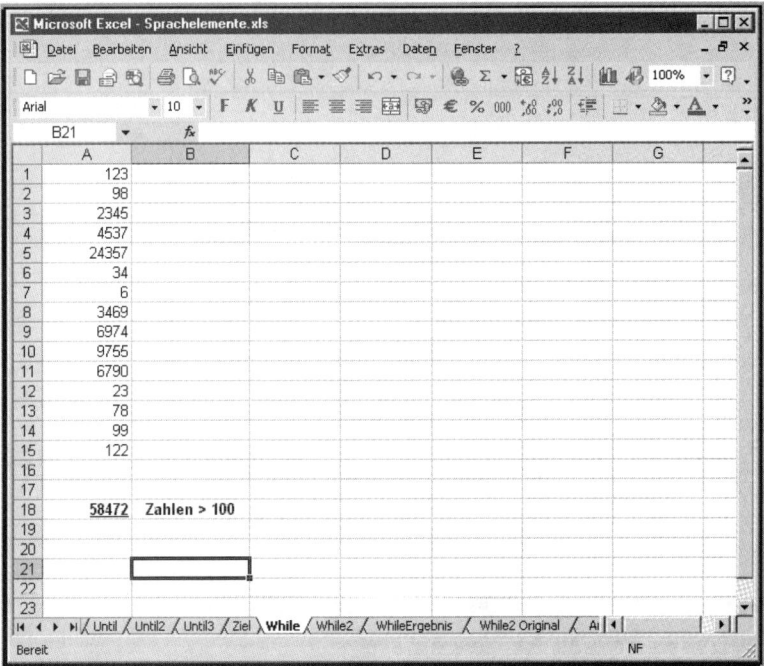

Bestimmen Sie in der Variablen Grenzwert selbst, wie niedrig Sie die Schwelle legen möchten. Deklarieren Sie die Variable Summe als Datentyp Long, um ganz sicher zu gehen, dass der Datentyp auch für die Summierung ausreicht. Prüfen Sie mit der Anweisung If, ob die Zellen über Ihrem Grenzwert liegen. Nur dann addieren Sie den aktuellen Zellenwert auf die Variable Summe. Positionieren Sie danach Ihren Zellenzeiger in die nächste Zelle. Sobald die Schleifenbedingung nicht mehr erfüllt ist, wird der Zellenzeiger um zwei Zellen nach unten versetzt und der Inhalt der Variablen Summe in die Zelle geschrieben. Danach erfolgt die Formatierung der Zelle über die Eigenschaften Bold und Underline. Beachten Sie die Anweisung With, die auch hier ein wenig für Übersichtlichkeit und weniger Schreibarbeit sorgt.

4.3.26   Text in Spalten aufteilen

Ein häufiger Fall in der Praxis ist folgender: Sie bekommen eine Liste und möchten diese weiterverarbeiten. In der Liste befinden sich in manchen Spalten jeweils zwei Informationen, die Sie lieber getrennt in einzelnen Spalten haben möchten. Denken Sie beispielsweise an eine Kundenliste, in welcher der Vor- und Nachname in einer einzigen Spalte stehen. Genauso verhält es sich mit der Postleitzahl und dem Wohnort des Kunden. Auch hier wird oft nur eine Spalte verwendet. Die Aufgabe besteht jetzt darin, eine solche Liste umzustellen. Dazu müssen Sie zum einen neue Spalten einfügen und zum anderen die Einträge auseinander bringen.

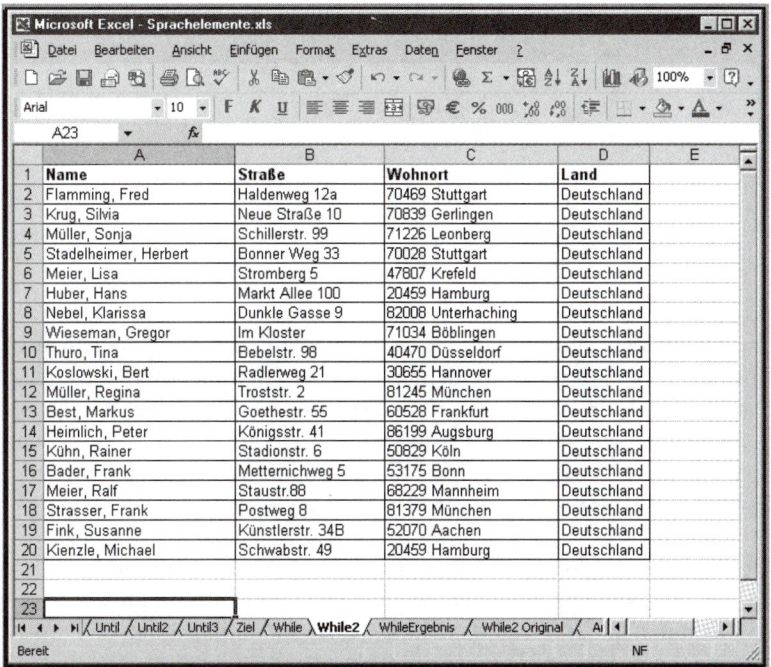

Abbildung 4.20:
Die Ausgangstabelle mit den Kundenadressen

Das Makro für diese Aufgabe können Sie in Listing 4.47 sehen:

```
Sub TextInSpaltenAufteilen()
Dim Nachname As String
Dim Vorname As String
Dim PLZ As String
Dim Ort As String
Dim i As Integer
Dim i2 As Integer
Dim i3 As Integer

Application.ScreenUpdating = False
Sheets("While2").Activate
Columns("B:B").Insert Shift:=xlToRight
Range("B1").Value = "Vorname"
Columns("D:D").Insert Shift:=xlToRight
Range("D1").Value = "PLZ"
Range("A2").Select
```

Listing 4.47:
Text in Spalten aufteilen

```
Do While ActiveCell.Value <> ""
  i = InStr(ActiveCell.Value, ",")
  i2 = Len(ActiveCell.Value)
  Nachname = Left(ActiveCell.Value, i - 1)
  Vorname = Mid(ActiveCell.Value, i + 2, i2 - i)
  ActiveCell.Value = Nachname
  ActiveCell.Offset(0, 1).Value = Vorname
  ActiveCell.Offset(0, 4).Select
  PLZ = Left(ActiveCell.Value, 5)
  i3 = Len(ActiveCell.Value)
  Ort = Mid(ActiveCell.Value, 7, i3 - 6)
  ActiveCell.Offset(0, -1).Value = PLZ
  ActiveCell.Value = Ort
  ActiveCell.Offset(1, -4).Select
Loop
Application.ScreenUpdating = True
End Sub
```

Zu Beginn des Makros definieren Sie Variablen für die einzelnen Informationen, die Sie auf die einzelnen Spalten verteilen möchten. Zusätzlich brauchen Sie noch drei Variablen vom Typ Integer. Fügen Sie danach zwei neue Spalten für den Vornamen und die Postleitzahl ein und vergeben Sie die Spaltenüberschriften. Schreiben Sie jetzt eine Do While-Schleife, die durchlaufen wird, solange Excel auf keine Leerzeile stößt.

Trennen von Zellen   Jetzt geht's ans Auseinanderreißen der einzelnen Spalteninhalte. Beginnen Sie mit der Namensspalte. Zuerst müssen Sie ermitteln, an welcher Position das Komma in der Namenszelle steht, da Sie anhand dieses Trennzeichens den Nachnamen vom Vornamen sauber trennen können. Für diese Aufgabe setzen Sie die Funktion InStr ein. Die Funktion InStr ermittelt die Position des ersten Auftretens einer Zeichenfolge (,) innerhalb einer anderen Zeichenfolge (aktiven Zelle). Speichern Sie die ermittelte Position des Kommas in der Variablen i.

Länge von Zellen ermitteln   Jetzt müssen Sie noch wissen, aus wie vielen Zeichen der Name überhaupt besteht. Dazu verwenden Sie die Funktion Len. Bauen Sie sich nun den Vornamen mit dem Befehl

```
Nachname = Left(ActiveCell.Value, i - 1).
```

zusammen.

Die Funktion Left erwartet zwei Argumente: Das erste Argument steht für die Zelle, auf die die Funktion angewendet werden soll. Das zweite Argument ist die Anzahl der Zeichen, die von links übertragen werden sollen. Die Anzahl der Zeichen ermitteln Sie, indem Sie von der Variablen i den

Wert 1 abziehen, da Sie ja schließlich das Komma nicht mitübertragen möchten. Separieren Sie jetzt den Vornamen:

```
Vorname = Mid(ActiveCell.Value, i + 2, i2 - i)
```

Dazu setzen Sie die Funktion Mid ein. Die Funktion Mid gibt einen Wert zurück, der eine bestimmte Anzahl von Zeichen aus einer Zeichenfolge enthält. Dazu müssen Sie der Funktion drei Argumente mitgeben. Zum einen ist das wieder die Zelle, auf die diese Funktion angewendet werden soll, dann ist es die Startposition, von der an Zeichen übertragen werden sollen, und zu guter Letzt ist es das Argument, welches die Anzahl der Zeichen angibt, die übertragen werden sollen. Die Startposition beginnt in unserem Beispiel zwei Stellen hinter dem Kommatrennzeichen. Die Anzahl der Zeichen, die übertragen werden sollen, ergibt sich aus der Gesamtlänge der Zelle abzüglich der Zeichen bis zum Komma.

Position des Kommas ermitteln

Übertragen Sie nun die Variableninhalte in die dafür vorgesehenen Zellen. Danach springen Sie zu der Zelle, welche die Postleitzahl und den Ort enthält.

Da die Postleitzahl genau aus fünf Zeichen besteht, können Sie diese Information mit der Funktion Left direkt abgreifen und in der Variablen PLZ speichern. Anders verhält es sich beim Ort. Dazu setzen Sie die Funktion Mid ein:

```
Ort = Mid(ActiveCell.Value, 7, i3 - 6)
```

Das zweite Argument, die Startposition, ab der Zeichen übertragen werden sollen, ergibt sich aus der Anzahl Zeichen der Postleitzahl und einem Leerzeichen. Die Anzahl der zu übertragenden Zeichen ergibt sich aus der Gesamtlänge der Zelle abzüglich des Wertes 6 (Postleitzahl inklusive eines Leerzeichens). Füllen Sie jetzt die Zellen mit den Variablen für die Postleitzahl und den Ort. Danach positionieren Sie den Mauszeiger in die nächste Zeile der Spalte A. Die Schleife beginnt dann wieder von vorne und läuft so lange, bis alle Sätze verarbeitet worden sind.

Position des Leerzeichens herausfinden

4.3.27   Artikelnummern prüfen

In der nächsten Aufgabe sollen auf einem Tabellenblatt ARTIKELNUMMERN geprüft und falsche Artikelnummern ausgegeben werden. Dazu müssen Sie zuerst die Gültigkeit Ihrer Artikelnummern festlegen:

alle Artikelnummern, die genau sechs Zeichen lang sind und

als letztes Zeichen den Buchstaben T enthalten.

Gültige Nummern

Abbildung 4.21:
Das Endergebnis:
alle Informationen
auf einzelne Spalten
verteilt

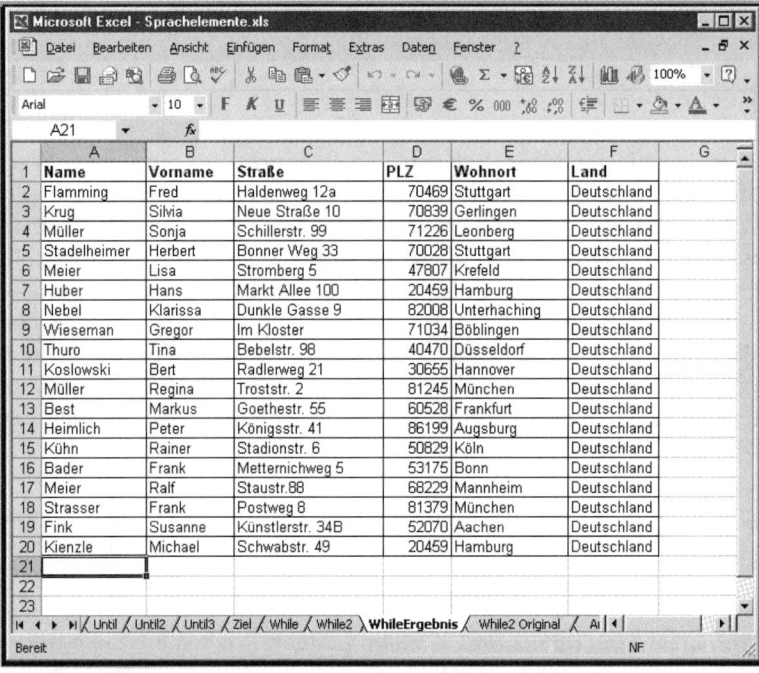

Listing 4.48:
Artikelnummern
prüfen

```
Sub FalscheArtikelNummernErmitteln()
Dim i As Long

Sheets("ArtikelNummer").Activate
Range("A2").Activate
i = 0
Do While ActiveCell.Value <> ""
  If Len(ActiveCell.Value) <> 6 _
   Or Right(ActiveCell.Value, 1) <> "T" Then
   MsgBox "Falsche Artikelnummer in " _
        & ActiveCell.Address
   i = i + 1
  Else
  End If
  ActiveCell.Offset(1, 0).Select
Loop
MsgBox i & " falsche Artikelnummern gefunden!"
End Sub
```

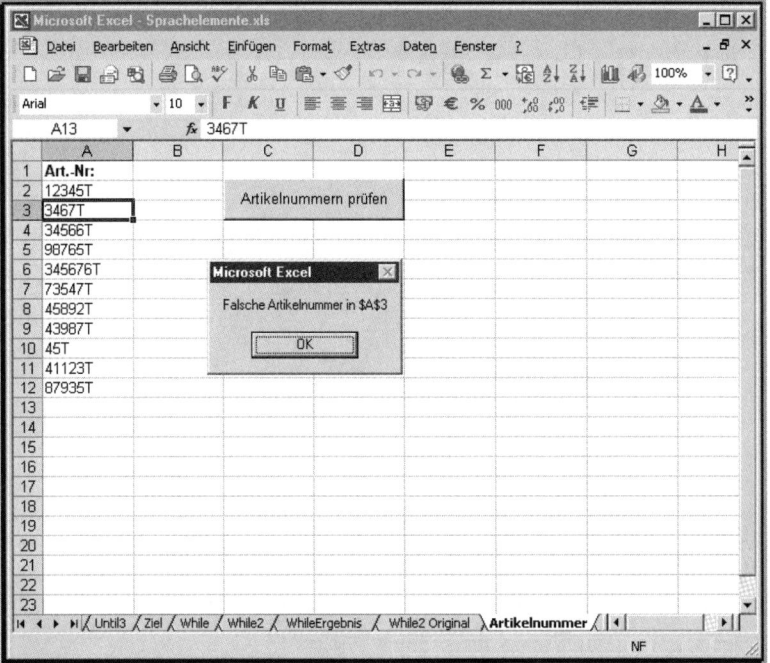

Abbildung 4.22:
Prüfen der Artikel-
nummern

Haben Sie es gesehen? In diesem Beispiel wurde die Funktion Right eingesetzt. Die Funktion Right gibt einen Wert zurück, der eine bestimmte Anzahl
von Zeichen von der rechten Seite (dem Ende) einer Zeichenfolge enthält.
Da Sie lediglich das letzte Zeichen prüfen wollen, geben Sie als zweites
Argument den Wert 1 ein.

Teil 2 Die wichtigsten Excel-Objekte

In diesem Teil werden die wichtigsten Objekte in Excel besprochen. Ange-
fangen von der kleinsten Einheit in Excel, der Zelle, geht es über die
Programmierung von Spalten und Zeilen flugs weiter über Tabellenblätter,
Arbeitsmappen, Pivot-Tabellen bis hin zur Programmierung von ganzen
Arbeitsmappen.

5 Zellen und Bereiche programmieren

In diesem Kapitel dreht sich alles um Zellen, die durch das Objekt Range angesprochen werden. Das Range-Objekt kann entweder aus einer einzigen Zelle oder aus mehreren Zellen bzw. einem Zellbereich oder mehreren Zellbereichen bestehen. Des Weiteren kann ein Range-Objekt auch eine oder mehrere Zeilen bzw. Spalten darstellen. Um die Programmierung mit Zellen am besten zu erklären, folgen eine ganze Reihe von Praxisbeispielen, die u. a. folgende Fragestellungen beantworten sollen:

➡ Wie steuere ich Zellen und Bereiche an?   *Die Fragen*

➡ Wie gehe ich mit Bereichsnamen um?

➡ Wie formatiere ich Zellen und Bereiche?

➡ Wie wende ich Formeln und Funktionen an?

➡ Wie führe ich eine Gültigkeitsprüfung in Excel durch?

➡ Wie arbeite ich mit Kommentaren in Excel?

➡ Welche interessanten Lösungen mit Zellen und Bereichen gibt es sonst noch?

5.1   Die Navigation

Die folgenden Makros können Sie auf der CD-ROM *im Verzeichnis* KAP05 *in der Datei* NAVIGATIONS.XLS *finden.*

Bevor Sie mit Zellen bzw. Zellbereichen irgendetwas anstellen, sollten Sie erst einmal wissen, wie Sie diese ansprechen können. Markieren können Sie Zellen bzw. Bereiche mit der Methode Select. Sehen Sie in der Tabelle 5. 1 die einzelnen Möglichkeiten, die Ihnen dabei zur Verfügung stehen.

Aktion	Befehl
Markierung einzelner Zellen	Range("A1").Select
Markierung eines Datenbereichs	Range("A1:C10").Select
Markierung nicht zusammenhängender Zellen	Range("A1,A3,A5,A7").Select

Tabelle 5.1:
Zellen und Bereiche markieren

Aktion	Befehl
Markierung mehrerer Bereiche	`Range("A1:A10,C1:C10").Select`
Markieren aller Zellen des Tabel-lenblattes	`Cells.Select`

5.1.1   Die übersichtlichere Mehrfachauswahl

Wenn Sie mehr als zwei Bereiche markieren möchten, wird die Schreibweise, wie in der Tabelle 5.1 beschrieben, ein wenig unübersichtlich. Für eine übersichtliche Schreibweise setzen Sie die Methode Union ein. Sehen Sie sich dazu das Listing 5.1 an.

```
Sub MehrereBereicheMarkieren()
Dim Ber1 As Range, Ber2 As Range
Dim Ber3 As Range, Ber4 As Range
Dim Bereiche As Range
    Worksheets("Tabelle1").Activate
    Set Ber1 = Range("A1:A5")
    Set Ber2 = Range("C1:C5")
    Set Ber3 = Range("A10:A15")
    Set Ber4 = Range("C10:C15")
    Set Bereiche = Union(Ber1, Ber2, Ber3, Ber4)
    Bereiche.Select
End Sub
```

Mit der Anweisung Set definieren Sie zuerst die einzelnen Zellbereiche Ber1-Ber4. Danach vereinen Sie diese Einzelbereiche mit Hilfe der Methode Union in einem Block, welcher den Namen Bereiche trägt. Diesen Block können Sie dann über die Methode Select komplett markieren.

Eine weitere Möglichkeit, mehrere Bereiche auf einmal anzusprechen, können Sie über die Auflistung Areas erreichen. Im Makro aus Listing 5.2 werden dadurch alle markierten Bereiche nacheinander abgearbeitet.

```
Sub MehrereBereicheAbarbeiten()
Dim Bereich As Range
Dim Zelle As Range
  For Each Bereich In Selection.Areas
    For Each Zelle In Bereich
      Bereich.Interior.ColorIndex = 4
    Next
  Next
End Sub
```

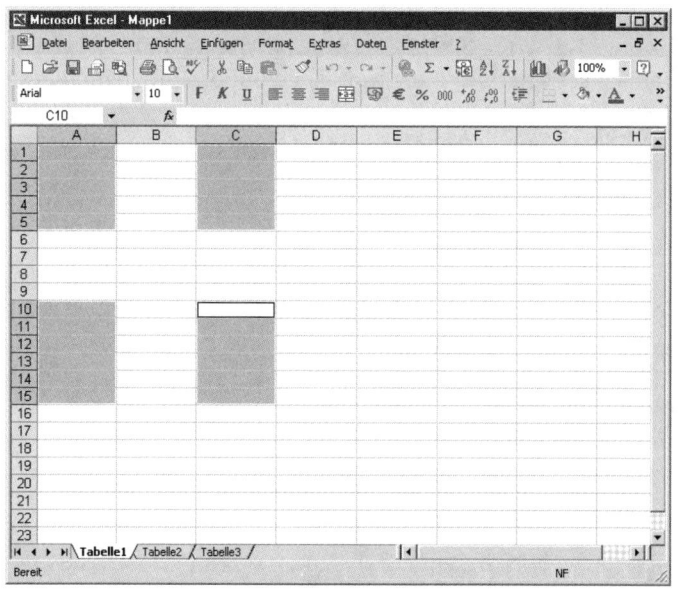

Abbildung 5.1:
Mehrere Bereiche
auf einmal markiert

Im Auflistungsobjekt Areas sind alle markierten Bereiche verzeichnet. In einer Schleife sprechen Sie diese nacheinander an und färben sie mit der Farbe Grün.

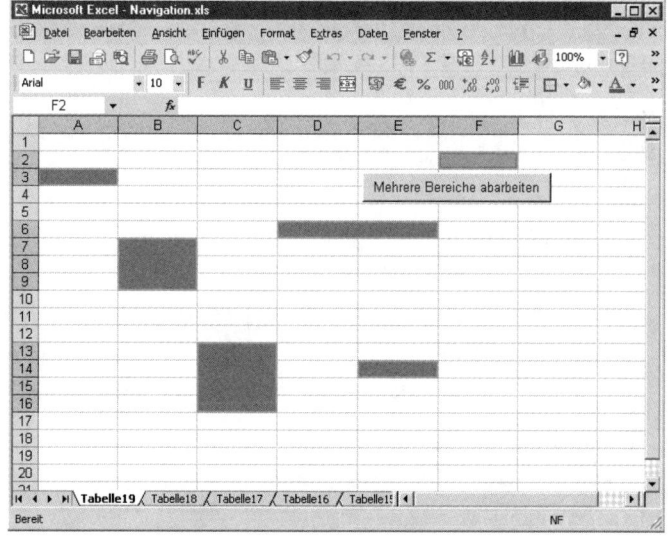

Abbildung 5.2:
Markierte Bereiche
werden gefärbt.

5.1.2 Relative Markierungsformen

Bisher haben Sie ausgehend von einer bestimmten Zellenadresse einen Bereich markiert. Manchmal kommt es aber vor, dass Sie beispielsweise ausgehend von einer beliebigen Zelle einen Bereich markieren möchten. Im Listing 5.3 wird, ausgehend von der momentan aktiven Zelle, ein Datenbereich selektiert, der aus fünf Zeilen und zehn Spalten besteht.

Listing 5.3:
Bereiche relativ
markieren.

```
Sub BereichMarkierenRelativ()
    Worksheets("Tabelle1").Activate
    Range(ActiveCell(), ActiveCell.Offset(5, 10)).Select
End Sub
```

Listing 5.4:
Aktive Zelle und
darüber liegende
Zelle markieren.

In den folgenden beiden Beispielen wird ausgehend von der aktiven Zelle jeweils eine Zelle der darüber bzw. der darunter liegenden Zeile mit in die Markierung aufgenommen.

```
Sub ZellePlusDrüberLiegendeZelle()          darüber liegende
On Error Resume Next
Range(ActiveCell, ActiveCell.Offset(-1, 0)).Select
End Sub
```

Um die darüber liegende Zelle zu ermitteln, müssen Sie das erste Argument, welches für die Zeile steht, mit dem Wert −1 einsetzen. Damit wird der Zellenzeiger um genau 1 Zeile weiter nach oben versetzt. Mit Hilfe der Eigenschaft Range können Sie dann die beiden Zellen in einer Markierung zusammenfassen. Die On Error Resume Next Anweisung setzen Sie vorsichtshalber ein, für den Fall, dass der Mauszeiger bereits in einer Zelle der ersten Zeile steht. In diesem Fall ist selbstverständlich eine Markierung der darüber liegenden Zelle nicht möglich. Wird diese Anweisung vergessen, stürzt Ihr Makro in diesem Fall ab.

Abbildung 5.3:
Relative
Markierungsformen
in Excel.

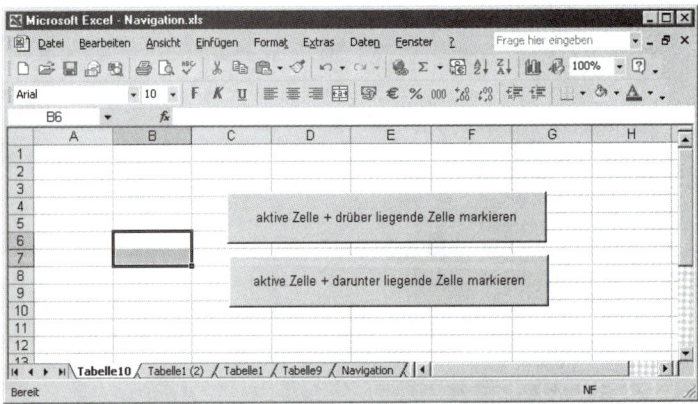

Listing 5.5:
Aktive Zelle und
darüber liegende
Zelle markieren

Möchten Sie die aktive Zelle und die genau darunter liegende Zelle markieren, dann setzen Sie folgenden Code ein:

```
Sub ZellePlusDrunterLiegendeZelle()
On Error Resume Next
```

```
Range(ActiveCell, ActiveCell.Offset(1, 0)).Select
End Sub
```

Um die darunter liegende Zelle zu ermitteln, müssen Sie das erste Argument, welches für die Zeile steht, mit dem Wert 1 einsetzen. Damit wird der Zellenzeiger um genau 1 Zeile weiter nach unten versetzt. Mit Hilfe der Eigenschaft `Range` können Sie dann die beiden Zellen in einer Markierung zusammenfassen. Setzen Sie die `On Error Resume Next` Anweisung ein, für den Fall, dass der Mauszeiger in der letzten Zeile Ihres Tabellenblattes steht. Die letzte Zeile Ihrer Tabelle wäre genau die Zeile 65536. Dieser Fall ist zwar eher unwahrscheinlich, aber sicher ist sicher.

Beim nächsten Beispiel soll ein Bereich verkleinert werden. Stellen Sie sich einmal vor, Sie haben eine Liste, in der tägliche Umsätze erfasst werden. Diese Liste wird bei Ihnen eventuell standardmäßig auf einem Großrechner gepflegt und Sie importieren diese Liste jeden Abend in eine Excel-Tabelle. Das Besondere an dieser Tabelle ist, dass Sie nicht alle Zeilen und Spalten benötigen. So beinhaltet die letzte Zeile der Tabelle immer Steuerzeichen, die in Excel unbrauchbar sind. Ebenso möchten Sie für Ihre Verarbeitung in Excel nur die ersten beiden Spalten haben. Sehen Sie sich dazu einmal die Ausgangssituation an.

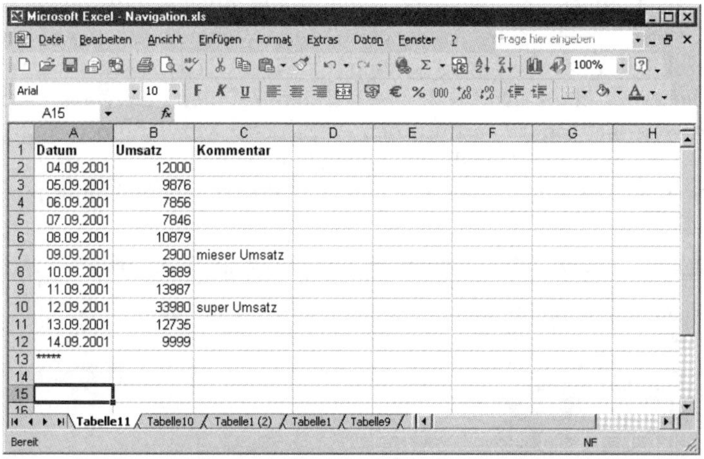

Umsätze kommentieren

Abbildung 5.4:
Nur der Bereich
A1:B12 ist von
Interesse.

Nach dem Import in Excel haben Sie zu viele Daten, die Sie nicht alle benötigen. Setzen Sie jetzt das folgende Makro ein, um nur die Daten zu extrahieren, die Sie auch wirklich brauchen.

```
Sub BereichVerkleinern()
Dim AnzZeilen As Long
Dim AnzSpalten As Integer
Worksheets("Tabelle11").Activate
Range("A1").Select
```

Listing 5.6:
Bereich verkleinern

```
AnzZeilen = ActiveSheet.UsedRange.Rows.Count
AnzSpalten = ActiveSheet.UsedRange.Columns.Count
Selection.Resize(AnzZeilen - 1, _
 AnzSpalten - 1).Select
End Sub
```

Definieren Sie zu Beginn des Makros die beiden Variablen AnzZeilen und AnzSpalten. In diesen beiden Variablen speichern Sie die im Tabellenblatt verwendeten Zeilen und Spalten. Da eine Excel-Tabelle bis zu 65536 Zeilen haben kann, müssen Sie die Variable AnzZeilen mit dem Datentyp long definieren, um auf Nummer sicher zu gehen. Da eine Excel-Tabelle maximal 256 Spalten haben kann, reicht der Datentyp Integer für die Variable AnzSpalten. Nach der Bekanntgabe der Variablen aktivieren Sie die Tabelle, um die es geht, mit der Methode Activate und setzen den Zellenzeiger über die Methode Select auf die Zelle A1. Jetzt ermitteln Sie die Anzahl der verwendeten Zeilen über die Eigenschaft UsedRange. Damit Excel weiß, was genau passieren soll, müssen Sie diese Eigenschaft noch um die Eigenschaft Rows ergänzen. Komplettieren Sie diese Anweisung noch um die Eigenschaft Count. Damit werden jetzt alle verwendeten Zeilen der aktiven Tabelle gezählt und in der Variablen AnzZeilen gespeichert. Führen Sie dieselben Schritte für die Ermittlung der verwendeten Spalten durch. Setzen Sie in diesem Fall aber die Eigenschaft Columns ein und speichern das Ergebnis in der Variablen AnzSpalten. Jetzt kommt die Eigenschaft Resize zum Einsatz. Geben Sie in dieser Eigenschaft an, welcher Bereich verkleinert werden soll. Da nicht der ganze Bereich markiert werden soll, subtrahieren Sie von der ermittelten Anzahl der verwendeten Zeilen den Wert 1, ebenso subtrahieren Sie von der ermittelten Anzahl der verwendeten Spalten den Wert 1, um im ersten Fall die Steuerzeichen in Zeile 13 und im anderen Fall die Spalte C von der Markierung auszunehmen (siehe Abbildung 5.5).

Abbildung 5.5:
Nur die benötigen
Daten werden
markiert.

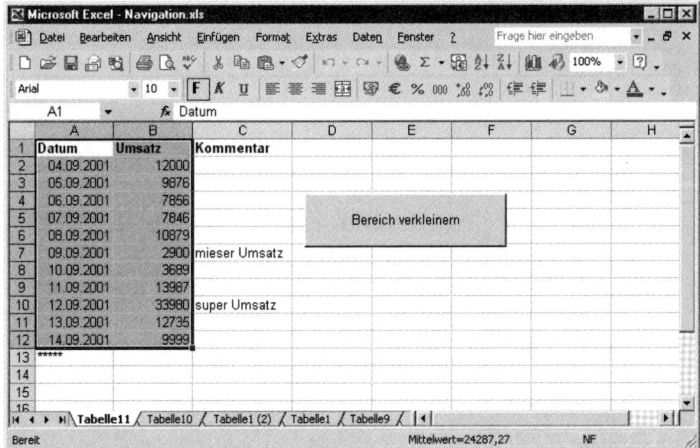

Excel-VBA-Kompendium

5.1.3 Bestimmte Zellen ansteuern

Wenn Sie mit Schleifen arbeiten und die Abbruchbedingung der Schleife beispielsweise abhängig machen möchten von der letzten belegten Zelle auf
dem Tabellenblatt, dann starten Sie das Makro in Listing 5.7. Dort setzen
Sie die `SpecialCells`-Methode ein, der Sie die Konstante `xlCellTypeLastCell`
mitgeben. Diese Methode liefert Ihnen die Zellenadresse der letzten Zelle im
verwendeten Bereich.

```
Sub LetzteZelleImBenutztenBereichErmitteln()
  Sheets("Tabelle1").Activate
  ActiveSheet.Cells.SpecialCells _
  (xlCellTypeLastCell).Activate
  MsgBox ActiveCell.Address
End Sub
```

Listing 5.7:
Letzte Zelle im
benutzten Bereich
ermitteln

Weitere interessante Konstanten dieser Methode entnehmen Sie der
Tabelle 5.2.

Konstante	Beschreibung
xlCellTypeAllFormatCon-ditions	markiert alle formatierte Zellen
xlCellTypeAllValidation	Zellen mit Gültigkeitsregeln werden markiert
xlCellTypeBlanks	gibt alle leeren Zellen an
xlCellTypeComments	Zellen mit Kommentaren werden markiert
xlCellTypeConstants	Zellen mit Konstanten werden markiert
xlCellTypeFormulas	Zellen mit Formeln werden markiert
xlCellTypeLastCell	letzte Zelle im benutzten Bereich wird ange-steuert
xlCellTypeSameFormatCon-ditions	Zellen mit gleichem Format werden markiert
xlCellTypeSameValidation	Zellen mit gleichen Gültigkeitskriterien werden markiert
xlCellTypeVisible	alle sichtbaren Zellen werden markiert

Tabelle 5.2:
Die Konstanten der
Methode Special-
Cells

*Die Konstanten der Tabelle 5.2 können Sie auch in Excel über den Dialog
GEHE ZU anzeigen lassen. Dazu drücken Sie die Taste* F5 *und klicken auf
die Schaltfläche* INHALTE. *Danach bekommen Sie den Dialog* INHALTE AUS-
WÄHLEN *angezeigt, der ein paar der in Tabelle 5.2 gezeigten Konstanten
enthält.*

INFO

Abbildung 5.6:
Der Dialog Inhalte
auswählen

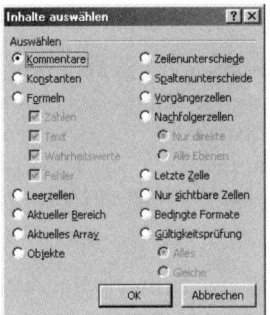

Im nächsten Beispiel in Listing 5.8 wird zunächst die letzte belegte Zelle im Umfeld der aktuellen Zelle ermittelt und ihr Umfeld danach markiert. Dies ist mitunter wichtig bei Formatierungsarbeiten, um den kompletten Bereich zu bearbeiten.

Listing 5.8:
Umliegenden
Bereich markieren

```
Sub BestimmterBereichAuswählen()
Range(Selection, _
Selection.SpecialCells(xlLastCell)).Select
End Sub
```

Interessant und sehr nützlich ist es auch, die letzte Zelle innerhalb einer Markierung herauszufinden. Dies gelingt Ihnen unter Einsatz des Listings 5.9:

Listing 5.9:
Letzte Zelle in Mar-
kierung ermitteln

```
Sub LetzteZelleInMarkierungErmitteln()
Dim s As String
s = Selection(Selection.Count).Address
MsgBox s
End Sub
```

Wenn Sie den Mauszeiger auf eine Zelle setzen und danach alle darunter liegenden Zellen bis zur nächsten leeren Zelle markieren möchten, dann können Sie das Makro aus Listing 5.10 verwenden.

Listing 5.10:
Markieren von
erster Zelle bis
zur zuletzt
verwendeten Zelle

```
Sub MarkierenAbB3AbwärtsVerwendung()
 Range(Range("B3"), _
 Selection.SpecialCells(xlLastCell)).Select
End Sub
```

5.1.4   Verwendete Zellen zählen

Die nächsten Beispiele betreffen alle das Thema Zellen zählen. Seien es Zellen einer Markierung, verwendete Zellen einer Zeile oder die einer Spalte.

Möchten Sie Zellen zählen, die in einer Zeile belegt sind, dann können Sie diese Aufgabe mit dem nächsten Makro aus Listing 5.11 machen. Dabei setzen Sie die Methode Count ein.

```
Sub AnzahlDerVerwendetenZellenProZeileAusgeben()
Dim i As Long
Sheets("Tabelle14").Activate
MsgBox "Anzahl der verwendeten Zellen in Zeile " _
& ActiveCell.Row & " beträgt " & _
Application.WorksheetFunction.CountA _
  (Rows(ActiveCell.Row)) & " Zellen"
End Sub
```

Listing 5.11:
Verwendete Zellen
in aktiver Zeile
ermitteln

Um die Anzahl der verwendeten Zellen der aktiven Zeile herauszufinden, können Sie die Tabellenfunktion CountA einsetzen. Damit ermitteln Sie die Anzahl der gefüllten Zellen einer Zeile, die Sie mit Rows angeben. Um diese Lösung dynamisch zu halten, gehen Sie immer von der aktuellen Mauszeigerposition aus, die Sie über die Eigenschaft ActiveCell bekannt geben.

Abbildung 5.7:
In Zeile 3 werden
genau 9 Zellen
verwendet.

	A	B	C	D	E	F	G	H	I	J	K
1		Januar	Februar	März	April	Mai	Juni	Juli	August	September	Oktober
2	Nord	291	367	844	607	63	943	270	743	511	768
3	Süd	174	959	174	635	263	474	852	902		
4	West	618	63	599	261	843	572	989	761	684	448
5	Ost	922	244	201	198	821	722	422	289	186	

B3 ▼ fx =GANZZAHL(ZUFALLSZAHL()*1000)

Anzahl verwendeter Zellen in Zeile angeben

Microsoft Excel
Anzahl der verwendeten Zellen in Zeile 3 beträgt 9 Zellen
OK

Möchten Sie ermitteln, wie viele Zeichen eine Zelle enthält, dann setzen Sie die Funktion Len *ein. Die Zeile* MsgBox Len(ActiveCell.Value) *gibt die Anzahl der Zeichen der aktiven Zelle am Bildschirm aus.*

INFO

5.1.5   Zellen im Verbund

In Excel haben Sie die Möglichkeit, Zellen miteinander zu verbinden. Diese Funktion hat eher einen optischen Zweck und führt oft zu Problemen. So ist es beispielsweise nicht möglich, zwischen verbundenen Zellen neue Spalten einzufügen. Möchten Sie wissen, wie viele Zellen in einem Verbund enthalten sind, dann setzen Sie das Makro aus Listing 5.12 ein.

Listing 5.12:
Verbundene Zellen
zählen

```
Sub ZellenInVerbundZählen()
Dim Bereich As Range
Sheets("Tabelle15").Activate
Set Bereich = Range("B2")
MsgBox Bereich.MergeArea.Cells.Count & _
" Zellen befinden sich im Verbund"
End Sub
```

Definieren Sie die erste Zelle des Verbundes, die sich in der linken oberen Ecke befindet, als eine Bereichsvariable. Setzen sie dazu die Anweisung Set ein. Danach setzen Sie die Eigenschaft MergeArea ein, die den zusammengeführten Bereich mit der angegebenen Zelle darstellt. Durch die Eigenschaft Cells sprechen Sie alle Zellen innerhalb des verbundenen Bereichs an, die Sie danach mit Hilfe der Methode Count zählen und ausgeben.

Abbildung 5.8:
Zellen im Verbund
zählen

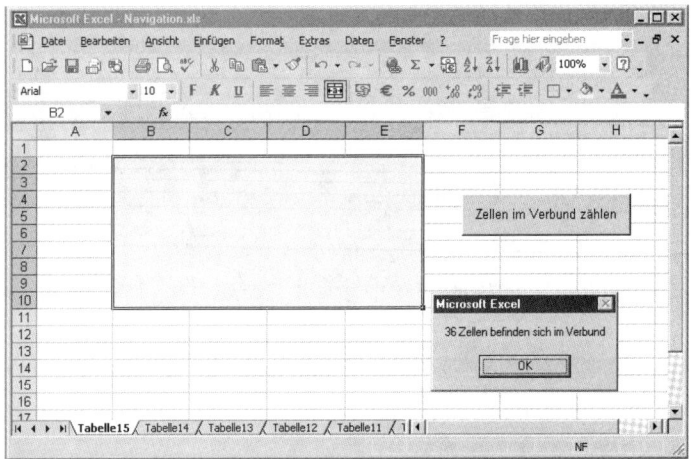

*Verbundene
Zellen erkennen*

Verbundene Zellen sind gar nicht immer leicht auf der Tabelle zu finden, erst recht nicht, wenn diese nicht entsprechend formatiert werden. Diese verbundenen Zellen schlummern dann unerkannt in Ihrer Tabelle, bis Sie mehr oder weniger durch Zufall auf einen solchen Zellenverbund stoßen. Möchten Sie diese verbundenen Zellen optisch hervorheben, dann setzen Sie das Makro aus Listing 5.13 ein.

Listing 5.13:
Verbundene Berei-
che kennzeichnen

```
Sub VerbundeneZellenFärben()
Dim Zelle As Range
    For Each Zelle In Worksheets("Tabelle16").UsedRange
        If Zelle.MergeCells Then _
            Zelle.Interior.ColorIndex = 4
    Next Zelle
End Sub
```

Setzen Sie eine Schleife auf, die auf der Tabelle 16 jede einzelne Zelle anspricht, die von Ihnen verwendet wird. Dazu können Sie die Eigenschaft UsedRange einsetzen. In einer If-Abfrage ermitteln Sie, ob diese Zelle einem Zellenverbund angehört. Wenn ja, dann färben Sie diese Zelle mit der Farbe Grün.

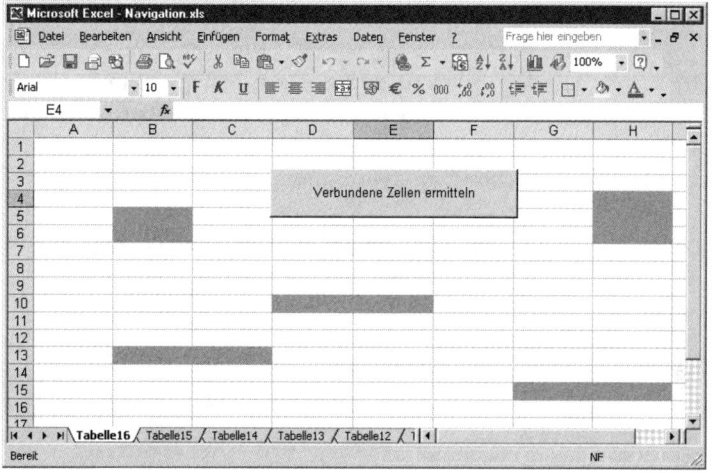

Abbildung 5.9:
Alle Zellenverbunde einfärben

Um einen Zellenverbund wieder aufzuheben, beispielsweise dann, wenn Sie zwischen den verbundenen Zellen eine neue Spalte einfügen möchten, wenden Sie das Makro aus Listing 5.14 an.

Zellenverbund aufheben

```
Sub VerbundeneZellenInBereichEntfernen()
Dim Zelle As Range
Dim Bereich As Range
Sheets("Tabelle15").Activate
Set Bereich = Range("B2:E10")
For Each Zelle In Bereich
 Zelle.MergeCells = False
Next Zelle
End Sub
```

Listing 5.14:
Verbundene Zellen entbinden

Definieren Sie im ersten Schritt einmal den Zellenverbund, den Sie aufheben möchten. Setzen Sie dazu die Anweisung Set ein. Danach starten Sie eine Schleife, die genau diesen Bereich Zelle für Zelle abarbeitet und mit Hilfe der MergeCells Eigenschaft jede Zelle aus dem Verbund löst.

Wie Sie Zellen in einem Verbund zählen sowie diesen Verbund wieder aufheben, wissen Sie jetzt. Wie aber können Sie einen Zellenverbund definieren und erzeugen? Sehen Sie sich als Antwort das Makro aus Listing 5.15 an.

Zellenverbund erstellen

Listing 5.15:
Zellen miteinander
verbinden

```
Sub ZellenverbundErstellen()
Dim Zelle As Range
Dim Bereich As Range
Sheets("Tabelle15").Activate
Set Bereich = Range("B2:E10")
 Bereich.MergeCells = False
 Bereich.Merge
End Sub
```

Definieren Sie den Bereich, den Sie als Zellenverbund erstellen möchten. Danach gehen Sie in einer Schleife jede Zelle des Bereichs durch und setzen die Eigenschaft MergeCells auf den Wert False. Damit werden diese Zellen in einem Zellenverbund aufgenommen.

Abbildung 5.10:
Einen Zellenverbund
erstellen

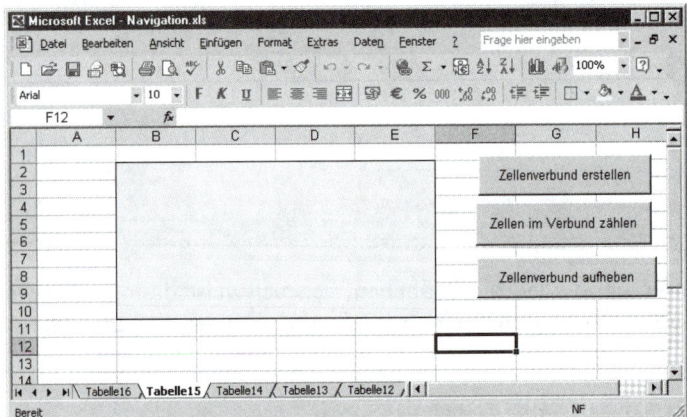

5.1.6 Alle Zellen markieren

Wenn Sie Anpassungen vornehmen möchten, die für alle Zellen des Arbeitsblattes gelten sollen, dann markieren Sie standardmäßig alle Zellen der Tabelle, indem Sie die Tastenkombination ⌈Strg⌉ + ⌈A⌉ drücken. Sie können alle Zellen der Tabelle auch mit dem Makro aus Listing 5.16 markieren:

Listing 5.16:
Alle Zellen des
Tabellenblatts
markieren

```
Sub AllesMarkieren()
 Cells.Select
End Sub
```

Die Eigenschaft Cells repräsentiert alle aktiven Zellen der Tabelle. Mit der Anweisung Cells.select werden alle Zellen des Tabellenblattes markiert.

5.1.7 Die umliegenden Zellen markieren

Über die Eigenschaft UsedRange können Sie den verwendeten Bereich Ihrer Tabelle ermitteln. Damit haben Sie aber jeweils den komplett verwendeten

Bereich – möglicherweise möchten Sie aber nur einen Teilbereich davon. Mit Hilfe der Eigenschaft CurrentRegion können Sie beispielsweise den umliegenden Bereich einer Zelle ermitteln. Der ermittelte Bereich wird durch die erste Leerzeile bzw. Leerspalte begrenzt.

Schauen Sie sich einmal die folgende Ausgangssituation in Abbildung 5.11: Die Ausgangssituation an.

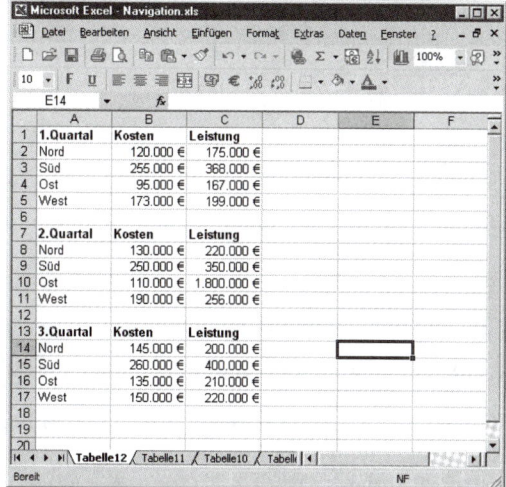

Abbildung 5.11:
Die Ausgangs-
situation

In der letzten Abbildung haben Sie die Umsätze der Quartale 1-3 aufgelistet. Die Umsätze sind jeweils durch eine Leerzeile voneinander abgegrenzt. Ihre Aufgabe besteht nun darin, ein Makro zu schreiben, welches ausgehend von der aktiven Zelle den umliegenden Bereich markiert. Wenn Sie beispiels-weise den Zellenzeiger auf Zelle B9 sitzen haben, muss der zu markierende Bereich A7:C11 lauten. Um diese Aufgabe umzusetzen, schreiben Sie folgen-des Makro:

```
Sub TeilBereichMarkieren()
Dim Blatt As Worksheet
Set Blatt = Sheets("Tabelle12")
Blatt.Range(ActiveCell.Address).CurrentRegion.Select
End Sub
```

Listing 5.17:
Die umliegenden
Zellen markieren

Definieren Sie im ersten Schritt eine Variable vom Typ Worksheet. Mit der Anweisung Set legen Sie fest, auf welchem Tabellenblatt das Makro ausge-führt werden soll. Danach markieren Sie ausgehend von der aktiven Zelle mit Hilfe der Eigenschaft CurrentRegion den umliegenden Bereich der Zelle und wählen diesen über die Methode Select aus.

Setzen Sie beispielsweise den Zellenzeiger auf Zelle B9 und starten das Makro aus Listing 5.17.

Abbildung 5.12:
Den umliegende
Bereich von Zelle
B9 markieren

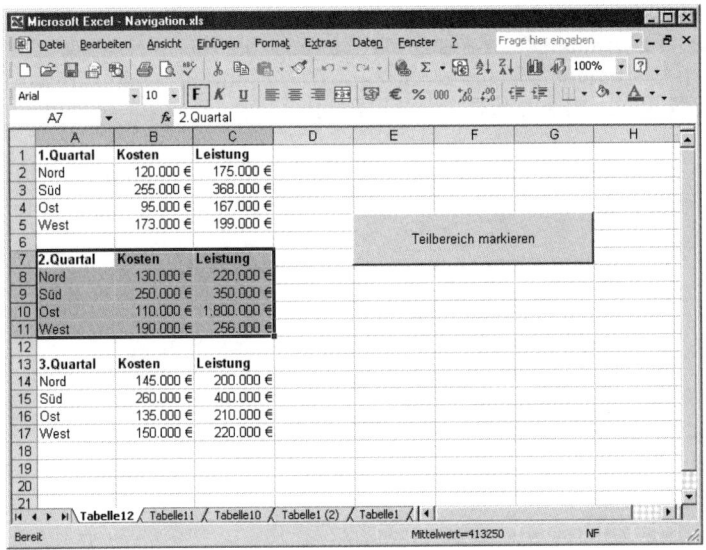

5.1.8 Auf Zellen zugreifen, ohne darauf zu sitzen

Wie Sie an bestimmte Stellen des Tabellenblattes springen, wissen Sie jetzt. Wie aber verbleiben Sie auf der momentanen Zellposition und sprechen dennoch andere Zellen an? Dazu verwenden Sie die Eigenschaft Offset. Das erste Argument der Eigenschaft Offset ist die Anzahl der Zeilen, die zwischen der momentan aktuellen Zelle und der Zelle liegen, auf die Sie zugreifen möchten. Das zweite Argument steht für die Anzahl der Spalten, die zur Zielzelle überbrückt werden müssen. Sehen Sie sich das Listing 5.18 an. Dort bleibt der Mauszeiger die ganze Zeit über auf der Zelle A1, der Zugriff auf die Zellen erfolgt über die Eigenschaft Offset.

Listing 5.18:
Zellen ansprechen,
ohne darauf zu
sitzen

```
Sub ZellenAnsprechen()
 Sheets("Navigation").Activate
 Range("A1").Select
 Range("A1").Value = "Text1 - 1. Zeile"
 ActiveCell.Offset(0, 1).Value = "Text2 - 1. Zeile"
 ActiveCell.Offset(0, 2).Value = "Text3 - 1. Zeile"
 ActiveCell.Offset(0, 3).Value = "Text4 - 1. Zeile"
 ActiveCell.Offset(1, 0).Value = "Text5 - 2. Zeile"
 ActiveCell.Offset(1, 1).Value = "Text6 - 2. Zeile"
End Sub
```

Sicher können Sie sich vorstellen, dass Sie über diese Methode schnellere Makros programmieren können. Jedes Versetzen des Mauszeigers in der Tabelle benötigt Zeit. Für kleinere Aufgaben können Sie aber trotzdem die Methode Select anwenden, um Zellen auszuwählen.

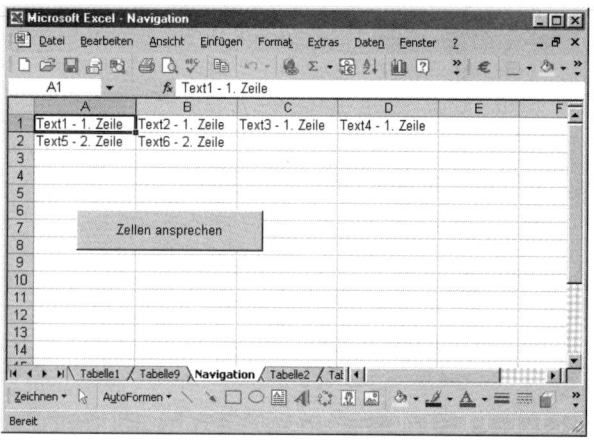

Abbildung 5.13:
Der Mauszeiger
bleibt immer auf
Zelle A1.

5.1.9 Aktive Zelle in definiertem Bereich?

Wenn Sie ganz normal mit Excel arbeiten, sehen Sie ja auf einen Blick, ob
eine bestimmte Zelle in einem bestimmten Bereich liegt. Wenn Sie ein
Makro schreiben, haben Sie diesen kleinen Vorteil natürlich nicht. Sie müssen daher prüfen, ob sich die aktive Zelle in einem definierten Bereich befindet. Orientieren Sie sich jetzt einmal an der folgenden Abbildung 5.14.

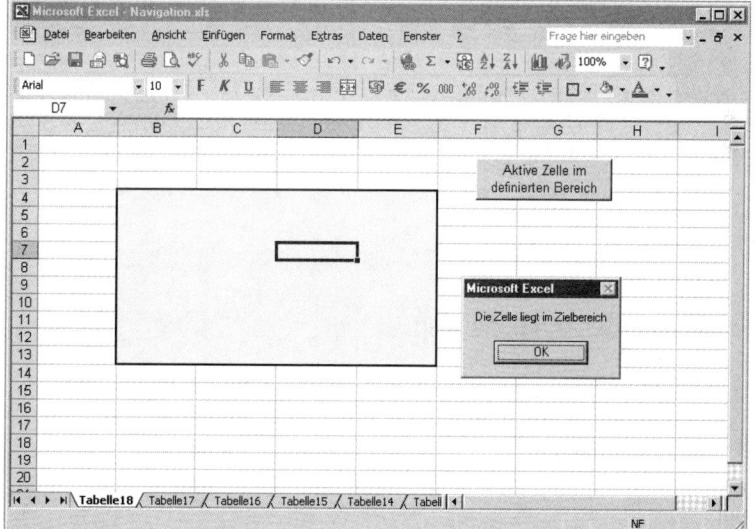

Abbildung 5.14:
Aktive Zelle liegt im
Zielbereich

Der definierte Bereich hat die Koordinaten B3:E13. Die aktive Zelle liegt
ganz klar im definierten Bereich. Die Überprüfung dieses Sachverhalts können Sie mit dem Makro aus Listing 5.19 durchführen.

Listing 5.19:
Liegt Zelle in vorde-
finiertem Bereich?

```
Sub LiegtZelleInBereich()
Dim Bereich As Range
Set Bereich = Sheets("Tabelle18").Range("B4:E13")

If Intersect(ActiveCell, Bereich) Is Nothing _
 Then Exit Sub
MsgBox "Die Zelle liegt im Zielbereich"
End Sub
```

Definieren Sie im ersten Schritt den Bereich und setzen für diese Aufgabe die Anweisung Set ein. Mit Hilfe der Methode Intersect können Sie danach prüfen, ob die aktive Zelle im definierten Bereich liegt.

5.2   Bereiche und Zellen benennen

Selbstverständlich können Sie zur leichteren Navigation auf Tabellenblättern und zur besseren Übersichtlichkeit Ihres Quellcodes einzelnen Zellen oder Bereichen auch einen Namen geben und diese dann über diesen Namen ansprechen.

!!
STOP

Bei der Vergabe eines Namens müssen Sie darauf achten, dass Sie die allgemeinen Namenskonventionen einhalten. Dabei muss das erste Zeichen des Namens ein Buchstabe oder ein Unterstrich sein. Beachten Sie auch, dass Namen nicht wie Zellenbezüge benannt werden dürfen. Bei der Länge eines Namens können Sie bis zu 255 Zeichen verwenden, was in der Programmierung jedoch eher umständlich ist. Hier sollten Sie sich auf kurze, aber sprechende Namen verständigen. Eine weitere Einschränkung bei der Namensvergabe ist, dass Sie Namen nicht aus mehreren Wörtern bilden dürfen, d. h. konkret, dass Sie keine Leerzeichen verwenden dürfen. Die Groß- und Kleinschreibung spielt bei der Vergabe von Namen jedoch keine Rolle.

5.2.1   Bereich benennen

Das folgenden Beispiel in Listing 5.20 gibt dem Zellbereich A1:A10 auf der TABELLE1 den Namen BENANNTERBEREICH und markiert diesen sofort im Anschluss daran.

Listing 5.20:
Bereiche benennen

```
Sub BereichBenennen()
Dim Bereich As Range
 Worksheets("Tabelle1").Activate
 Set Bereich = Sheets("Tabelle1").Range("A1:A10")
  ActiveWorkbook.Names.Add _
   Name:="BenannterBereich", _
```

```
      RefersTo:=Bereich, Visible:=True
      Bereich.Select
End Sub
```

Im Listing 5.21 definieren Sie zuerst den Bereich und speichern ihn in der Variablen `Bereich`. Danach wenden Sie die Methode `Add` an, um einen Namen festzulegen. Die Methode `Add` weist folgende Argumente auf:

Im ersten Argument `Name` geben Sie den gewünschten Namen an, unter dem Sie später den Zellbereich ansprechen möchten. Dabei können Sie den Namen frei wählen. Sie müssen allerdings darauf achten, dass Sie bei der Namensgebung die vorher beschriebenen Namenskonventionen einhalten. Den gewählten Namen müssen Sie in Anführungszeichen setzen. Das Argument `RefersTo` gibt an, auf welchen Zellbereich sich der Name beziehen soll. Das Argument `Visible` bestimmt, ob der Name für den Anwender sichtbar sein soll oder nicht. Verwendete Namen können Sie in Excel anzeigen lassen, indem Sie den Befehl NAME/DEFINIEREN aus dem Menü EINFÜGEN wählen. Setzen Sie das Argument `Visible` auf den Wert `False`, wenn Sie verhindern möchten, dass der Anwender den von Ihnen gewählten Namen einsehen kann. Die Standardeinstellung für dieses Argument ist jedoch `True`, was bedeutet, dass sowohl die verwendeten Namen als auch deren Zellenadressen vom Anwender eingesehen werden können.

Excel verwendet auch intern Namen. So wird der Name DRUCKBEREICH *automatisch vergeben, wenn Sie auf Ihrem Tabellenblatt einen Druckbereich erstellen. Ebenso wird der Name* DRUCKTITEL *von Excel intern benutzt, wenn Sie Wiederholungszeilen im Menü* DATEI *unter dem Befehl* SEITE EINRICHTEN *auf der Registerkarte* TABELLE *definieren. Zwei weitere reservierte Namen, die Sie nicht verwenden sollten, lauten* ZIELBEREICH *bzw.* SUCHKRITERIEN*. Diese beiden Namen werden automatisch festgelegt, wenn Sie eine Tabelle mit dem Spezialfilter aus dem Menü* DATEN *auswerten.*

!!
STOP

5.2.2   Mehrere Zellen benennen

Es ist ziemlich langwierig, wenn Sie für mehrere Zellen auf Ihrem Tabellenblatt Namen vergeben möchten. Die Namen müssen nämlich einer nach dem anderen manuell festgelegt werden. Diese Aufgabe können Sie durch ein Makro automatisieren. Dabei werden im Listing 5.21 auf dem Tabellenblatt TABELLE2 die Zellen A1:A12 jeweils mit dem jeweiligen Zellenwert als Namen ausgestattet.

```
Sub MehrereZellenBenennen()
Dim Bereich As Range
Dim i As Integer
 Worksheets("Tabelle2").Activate
 Range("A1").Select
```

Listing 5.21:
Mehrere Zellen
automatisch
benennen

```
For i = 1 To 12
  Set Bereich = Range("A" & i)
    ActiveWorkbook.Names.Add _
    Name:=ActiveCell.Value, _
    RefersTo:=Bereich, Visible:=True
    ActiveCell.Offset(1, 0).Select
  Next i
End Sub
```

Abbildung 5.15:
Als Name wird
der Inhalt der
einzelnen Zellen
übernommen.

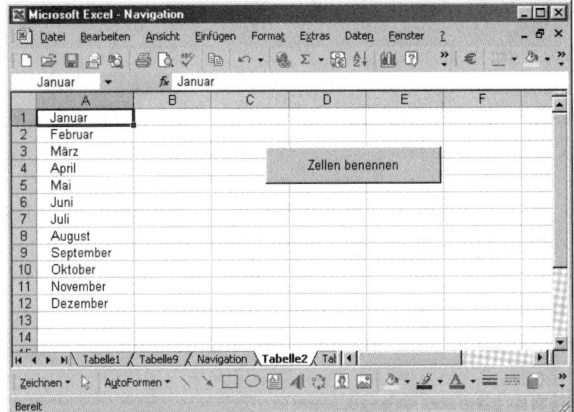

Im nächsten Beispiel in Listing 5.22 werden Zellenwerte automatisch als Zellennamen übernommen. Ähnlich wie im letzten Beispiel wird hierbei eine Schleife eingesetzt mit dem einen Unterschied, dass nun die Anzahl der zu vergebenden neuen Namen noch unbekannt ist. Die Anzahl der Namen ermitteln Sie aus der Anzahl der verwendeten Zeilen.

Listing 5.22:
Namen aus Zellen-
werten bilden

```
Sub NamenVergeben()
Dim i As Integer
Dim i2 As Integer
i2 = ActiveSheet.UsedRange.Rows.Count
Range("A1").Select
For i = 1 To i2
 ActiveWorkbook.Names.Add Name:=ActiveCell.Value, _
 RefersToR1C1:="=Tabelle7!R" & i & "C1"
 ActiveCell.Offset(1, 0).Select
Next i
End Sub
```

Mit Hilfe der UsedRange-Eigenschaft, die den verwendeten Bereich im Tabellenblatt zurückgibt, ermitteln Sie über die Eigenschaft Count, wie viele Zeilen mit Daten belegt sind, und speichern die ermittelte Anzahl in der Variablen i2. In einer For Next-Schleife werden daraufhin so lange Zellennamen aus den Zellenwerten gebildet, bis die Endbedingung erreicht ist.

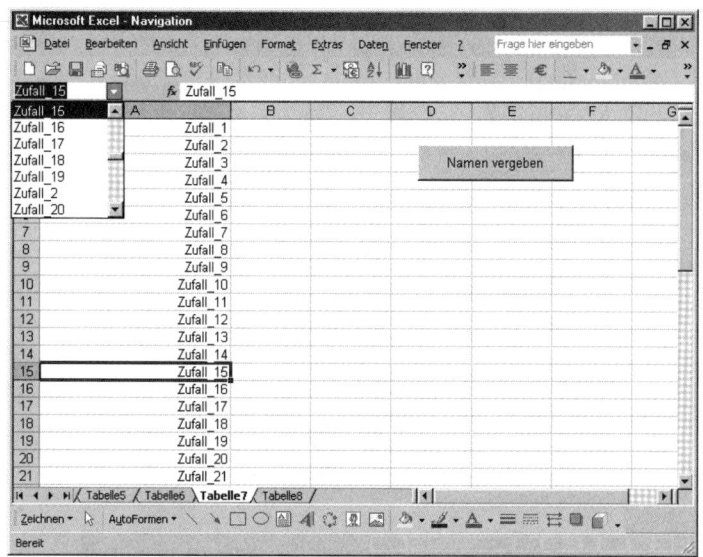

Abbildung 5.16:
Namenvergabe mit
flexiblem Ende

5.2.3   Konstante als Namen vergeben

Bis jetzt haben Sie gelernt, wie Sie einzelnen Zellen bzw. Bereichen Namen zuweisen können. Sie können jedoch auch Namen vergeben, die sich auf keinen Zellenbezug beziehen, sondern einen konstanten Wert beinhalten. Ein klassisches Beispiel hierfür ist die Definition des Mehrwertsteuersatzes, der derzeit bei 16 Prozent liegt. Im folgenden Makro in Listing 5.23 wird der Name MWST mit dem zurzeit gültigen MwSt-Satz eingefügt.

```
Sub KonstanteZuweisen()
 ActiveWorkbook.Names.Add Name:="MwSt", _
 RefersTo:="=1.16"
End Sub
```

Listing 5.23:
Konstanten Wert als
Namen festlegen

Auf den Namen MwSt können Sie jetzt überall in Ihrer Arbeitsmappe zugreifen. So können Sie diesen Namen beispielsweise in Formeln und Funktionen verwenden.

Der Vorteil der eben beschriebenen Methode liegt auf der Hand: Ergeben sich Änderungen des MwSt-Satzes, so reicht es, wenn Sie den MwSt-Satz anpassen. Alle Formeln in der Arbeitsmappe, die mit diesem Satz arbeiten, werden automatisch aktualisiert.

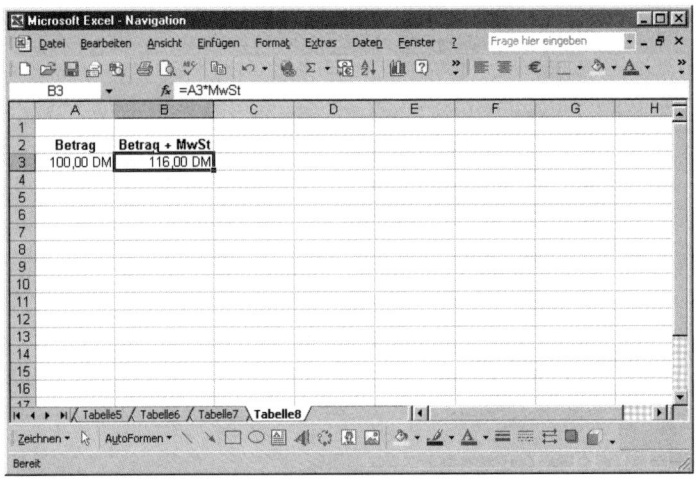

5.2.4   Bezüge von benannten Bereichen ermitteln

Wenn Sie über das Menü EINFÜGEN und den Befehl NAME/DEFINIEREN gehen, können Sie sehen, welcher Zellenbezug zum jeweiligen Namen gehört. In VBA können Sie die Zellenbezüge zu den verwendeten Namen auslesen, indem Sie das Makro in Listing 5.24 starten.

```
Sub BereichsadresseErmitteln()
Dim Bereich As Range
 Worksheets("Tabelle1").Activate
 Set Bereich = Range(Range("BenannterBereich").Address)
 Debug.Print Bereich.Address(external:=True)
End Sub
```

Mit Hilfe der Eigenschaft Address können Sie den Zellenbezug ermitteln, welcher hinter dem Namen BenannterBereich steckt. Diesen Bezug geben Sie danach im Direktfenster der Entwicklungsumgebung mit der Methode Print aus (siehe Abbildung 5.18).

5.2.5   Namenprüfung einer Zelle

Wenn Sie einer Zelle einen Namen geben möchten, dann sollten Sie zuerst feststellen, ob das nicht schon geschehen ist. Für diese Aufgabe können Sie das Makro aus Listing 5.25 einsetzen.

```
Sub NamenVonZellenErmitteln()
    Worksheets("Tabelle1").Activate
    On Error GoTo FehlerMeldung:
    MsgBox ActiveCell.Name.Name
    Exit Sub
```

```
FehlerMeldung:
    MsgBox "Für diese Zelle ist kein Namen vergeben!"
End Sub
```

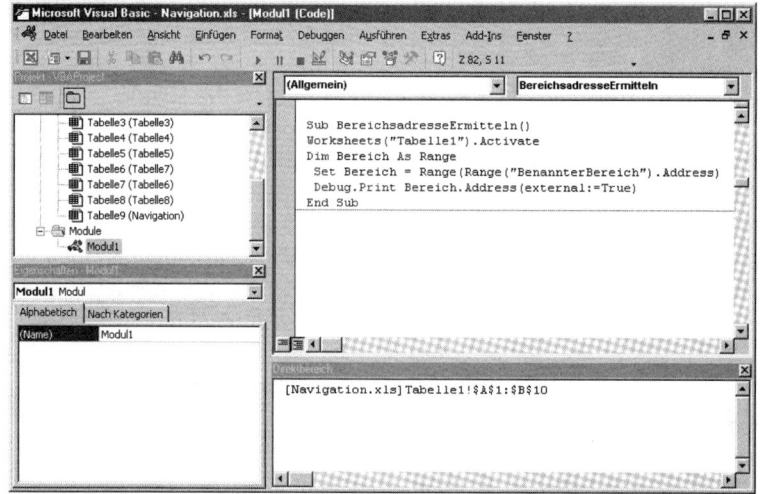

Abbildung 5.18:
Die Ausgabe der
Zellenadresse im
Direktfenster

Über die Funktion Msgbox wird der Name der Zelle auf dem Bildschirm ausgegeben. Dabei kommt es automatisch zum Fehler, wenn die Zelle überhaupt keinen Namen aufweist. In diesem Fall wird zum Absatz FehlerMeldung
verzweigt. Dort wird eine Meldung auf dem Bildschirm ausgegeben.

*Achten Sie darauf, dass nach der Ausgabe des Zellennamens auf dem Bild-
schirm die Anweisung* Exit Sub *steht. Diese bewirkt, dass das Makro sofort
beendet wird und den Absatz* Fehlermeldung *nicht ausführt.*

5.2.6 Benannte Bereiche markieren

Um schnell einen benannten Bereich zu markieren, können Sie das Namenfeld der Bearbeitungsleiste nutzen bzw. die Taste ⌐F5⌐ drücken und auf die
benannten Bereiche der Arbeitsmappe im Listenfeld zugreifen. Mit Hilfe
von VBA können Sie mit der Methode GoTo zu benannten Bereichen verzweigen. Im folgenden Beispiel in Listing 5.26 geben Sie den gesuchten
Namen in einem Eingabefenster ein und bestätigen mit OK. Excel markiert
daraufhin automatisch den gesuchten benannten Bereich.

```
Sub BenanntenBereichMarkieren()
Dim s As String
    s = InputBox("Bitte geben Sie den Namen ein!", _
            "Namensuche")
    If s = "" Then Exit Sub
    On Error GoTo Fehlermeldung
```

Listing 5.26:
Benannte Bereiche
markieren

```
        Application.Goto Reference:=s
        Exit Sub
Fehlermeldung:
        MsgBox "Der Name " & s & _
    " konnte in der Mappe nicht gefunden werden!"
End Sub
```

Um dafür zu sorgen, dass Sie das Makro durch die Schaltfläche ABBRECHEN vorzeitig beenden können, müssen Sie den Rückgabewert der Funktion Inputbox abfragen. Dazu speichern Sie den Rückgabewert in der String-Variablen s. Liefert die Variable s eine leere Zeichenfolge zurück, dann haben Sie auf die Schaltfläche ABBRECHEN geklickt und das Makro wird durch die Anweisung Exit Sub sofort verlassen. Haben Sie einen Namen eingegeben und auf die Schaltfläche OK geklickt, wird mit Hilfe der Methode GoTo zum gesuchten benannten Bereich verzweigt. Konnte der eingegebene Name in der Arbeitsmappe nicht ermittelt werden, sorgt die On Error-Anweisung dafür, dass es zu keiner Fehlermeldung kommt und danach eine Meldung auf dem Bildschirm erscheint.

Abbildung 5.19:
Benannte Bereiche
über eine Inputbox
ansteuern

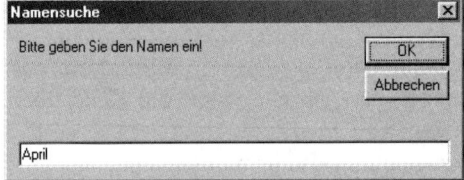

5.2.7   Namenprüfung eines Bereichs

Was für die Zelle geht, klappt auch für einen Bereich. Im nächsten Beispiel in Listing 5.27 werden Sie aufgefordert, über eine Inputbox einen Bereich zu markieren. Anschließend wird geprüft, ob dem markierten Bereich schon ein Name gegeben wurde.

Listing 5.27:
Namen von Berei-
chen ermitteln

```
Sub NamenVonBereichErmitteln()
Dim Bereich As Range
    Worksheets("Tabelle1").Activate
    Set Bereich = Application.InputBox _
    ("Wählen Sie einen Zellenbereich aus!", Type:=8)
    Range(Bereich.Address).Select
    On Error GoTo FehlerMeldung:
    MsgBox Selection.Name.Name
    Exit Sub
FehlerMeldung:
    MsgBox "Für diesen Bereich ist kein Namen vergeben!"
End Sub
```

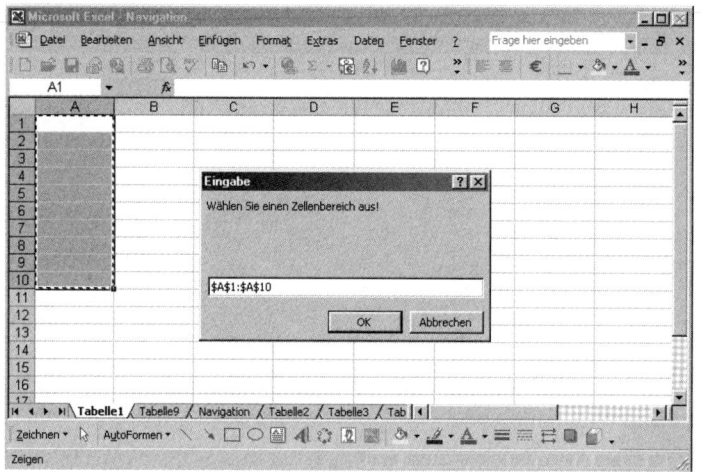

Abbildung 5.20:
Namenprüfung bei
Bereichen

5.2.8   Alle Namen protokollieren

Wenn Sie alle Namen und die dazugehörigen Zellenbezüge dokumentieren möchten, um damit einen besseren Überblick über die in der Arbeitsmappe verwendeten Namen zu bekommen, schreiben Sie ein kleines Makro. Das könnte dann aussehen wie in Listing 5.28:

```
Sub AlleNamenProtokollieren()
Dim BenannteBereiche As Object
 Sheets("Tabelle3").Activate
 Range("A1").Select
 For Each BenannteBereiche In ActiveWorkbook.Names
     ActiveCell.Value = BenannteBereiche.Name
     ActiveCell.Offset(0, 1).Value = _
     ActiveWorkbook.Names.Item(BenannteBereiche.Name)
     ActiveCell.Offset(1, 0).Select
     Next
End Sub
```

Listing 5.28:
Alle Namen
protokollieren

Eine For Each-Schleife wird so lange durchlaufen, bis alle verwendeten Namen mit den dazugehörigen Zellenbezügen auf dem Tabellenblatt TABELLE3 protokolliert sind. Dazu setzen Sie die Eigenschaft Names ein, um den Namen des Objekts zu ermitteln. Danach verweisen Sie mit Hilfe der Eigenschaft Offset auf die Nebenspalte und ermitteln über die Methode Item innerhalb der Names-Auflistung den Zellenbezug des verwendeten Namens.

Abbildung 5.21:
Das Protokoll mit
den Namen und
Zellenbezügen

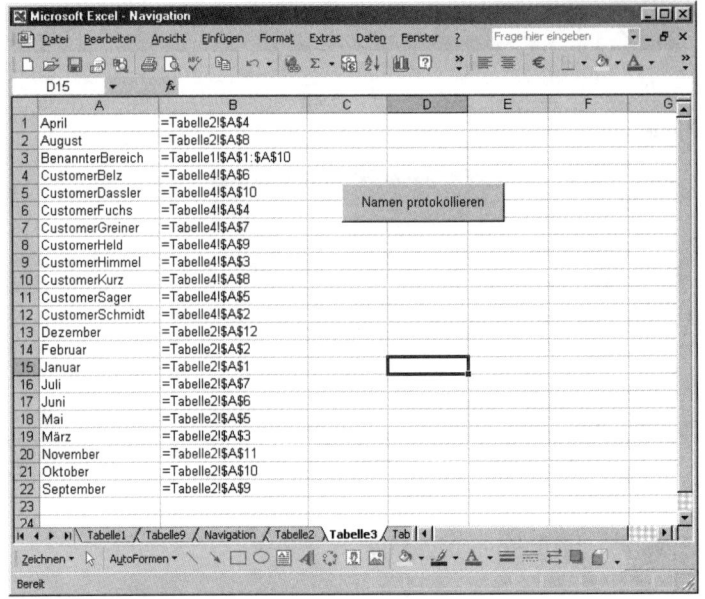

5.2.9   Namen ändern

Die Welt verändert sich laufend, nahezu nichts ist von Dauer. So kann es auch durchaus vorkommen, dass Sie Ihre verwendeten Namen anpassen möchten. Dabei möchten Sie natürlich nicht alle Namen einzeln anfassen und umbenennen, sondern ein Makro einsetzen, welches diese Aufgabe komfortabel und ohne viel Mühe erledigt.

National ⟶
International

Im folgenden Beispiel nehmen Sie einmal an, eine Firma würde in Zukunft auch international arbeiten wollen. Als Konsequenz daraus sollen alle verwendeten deutschen Zellennamen in englische Zellennamen umgesetzt werden. Unter anderem muss eine Kundenliste umgesetzt werden, bei der der Zellname aus dem eigentlichen Kundennamen mit der Vorsilbe KUNDE besteht. Diese Vorsilbe muss nun in CUSTOMER umbenannt werden. Dabei müssen alle eingesetzten Namen in der Arbeitsmappe darauf hin überprüft werden.

Listing 5.29:
Namen von Zellen
ändern

```
Sub NamenÄndern()
Dim benannteBereiche As Object
Dim VglName As String

    For Each benannteBereiche In ThisWorkbook.Names
        VglName = benannteBereiche.Name
        If InStr(VglName, "Kunde") > 0 Then
            VglName = Application.Substitute(VglName, _
                "Kunde", "Customer")
```

Excel-VBA-Kompendium

```
      benannteBereiche.Name = VglName
    End If
  Next benannteBereiche
End Sub
```

Mit Hilfe der Names-Auflistung können Sie alle eingesetzten Namen der
Arbeitsmappe ermitteln. Da Sie die Funktion InStr anwenden müssen, um
die Namenprüfung durchzuführen, weisen Sie die Objektvariable Benannte
Bereiche der String-Variablen VglName zu. Jetzt ermitteln Sie mit der Funktion InStr, ob der Textteil KUNDE im jeweiligen Namen vorkommt. Wenn
ja, dann meldet die Funktion das erste Vorkommen des Textteils, einen
Wert größer Null, zurück. In diesem Fall kommt dann die Tabellenfunktion
Substitute zum Einsatz. Dieser Funktion übergeben Sie zuerst den Textteil,
der ersetzt werden soll (KUNDE), und danach die neue Zeichenfolge (CUSTO-
MER). Zum Schluss weisen Sie die überarbeitete String-Variable VglName
der Objektvariablen BenannteBereiche wieder zu und machen damit die
Namensänderung perfekt (siehe Abbildung 5.22).

```
Sub NamenÄndernRückgängig()
Dim benannteBereiche As Object
Dim VglName As String

  For Each benannteBereiche In ThisWorkbook.Names
    VglName = benannteBereiche.Name
    If InStr(VglName, "Customer") > 0 Then
      VglName = Application.Substitute(VglName, _
        "Customer", "Kunde")
      benannteBereiche.Name = VglName
    End If
  Next benannteBereiche
End Sub
```

Listing 5.30:
Namen von Zellen
wieder
umbenennen

5.2.10   Bezugsadressen von Namen ändern

Im vorherigen Beispiel haben Sie gelernt, wie Sie Namen ändern können.
Oft kommt es aber ebenso vor, dass der eigentliche Name konstant bleiben
soll und sich nur der zugewiesene Zellenbezug ändern muss.

Im Listing 5.31 wird die komplette Arbeitsmappe nach einem bestimmten
Namen durchsucht. Wird der richtige Name gefunden, wird der Zellenbezug,
auf den sich der Name bezieht, geändert.

```
Sub BezugsadresseÄndern()
Dim VerName As Name
 For Each VerName In ActiveWorkbook.Names
 If VerName.Name = "BenannterBereich" Then
 VerName.RefersTo = "=$A$1:$B$10"
 Range("BenannterBereich").Select
```

Listing 5.31:
Bezugsadressen
von benannten
Bereichen ändern

```
Exit Sub

End If
Next VerName
End Sub
```

Abbildung 5.22:
Schnell Bereichs-
namen verändern

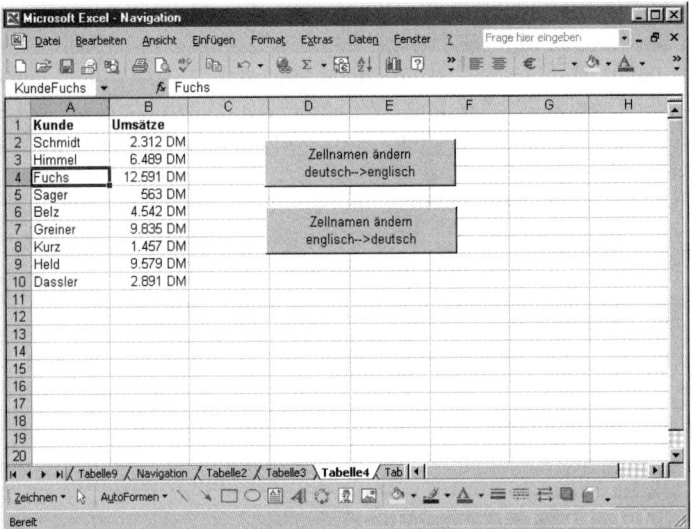

Definieren Sie zuerst die Variable `VerName` als Objekt. In der `For Each`-
Schleife durchsuchen Sie die Arbeitsmappe nach dem gesuchten Namen
`BenannterBereich`. Wird dieser gefunden, wird der bisherige Zellenbezug mit
dem neuen Zellenbezug überschrieben. Danach wird der neue Bereich zur
Kontrolle markiert und die Schleife sowie das Makro durch die Anweisung
`Exit Sub` verlassen.

Abbildung 5.23:
Bezüge von Namen
automatisch ändern

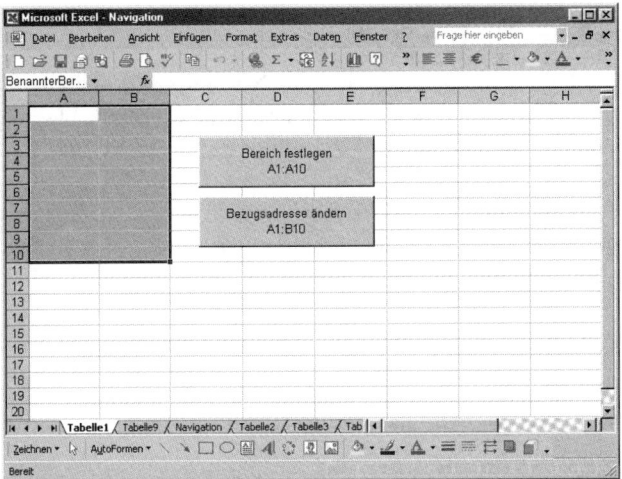

Denken Sie daran, beim neuen Zellenbezug die Bezüge absolut zu setzen. Das Weglassen des Absolut-Zeichens $ liefert keine zuverlässigen Ergebnisse.

!!
STOP

5.2.11   Dynamische Datenbezüge herstellen

Stellen Sie sich vor, Sie müssten eine Liste erstellen, die täglich ein paar Zeilen länger wird. Zu Beginn legen Sie dazu eine Liste an, markieren alle Daten der Liste und vergeben im Namenfeld der Bearbeitungsleiste einen sprechenden Namen. Was aber passiert, wenn Sie nun zusätzliche Zeilen unten anhängen? Der vorher zugewiesene Name behält seinen ursprünglichen Bezug bei, sodass die neuen Sätze der Liste nicht im Bereichsnamen enthalten sind. Fügen Sie dagegen Sätze nicht am Ende, sondern zwischen den einzelnen Zeilen ein, dann wird der Namenbezug erweitert; das Problem entsteht somit nur bei den unten angefügten Zeilen. Gerade wenn Sie diesen Datenbereich später auswerten möchten und dazu einen Pivot-Tabellenbericht einsetzen, der auf diesen benannten Bereich zugreift, ist das Ergebnis falsch, da die hinten angehängten Zeilen nicht in die Auswertung mit eingehen.

Im nächsten Beispiel soll eine MITARBEITERLISTE dynamisch gehalten werden. Orientieren Sie sich dazu an der folgenden Abbildung.

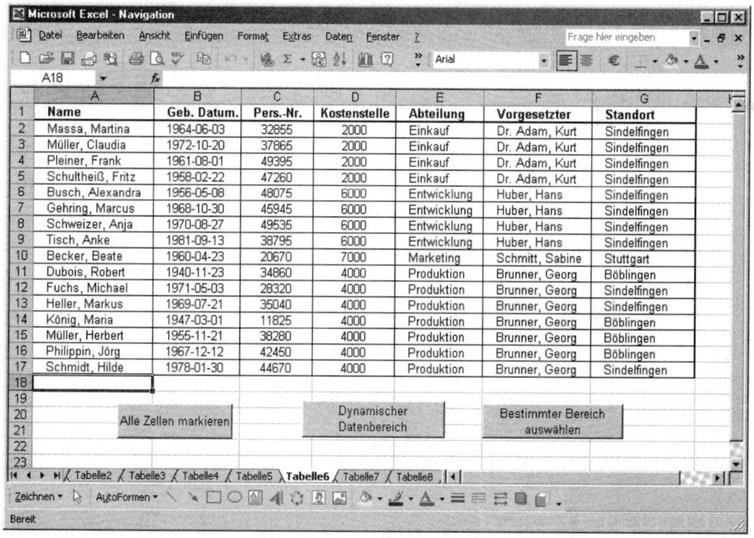

Abbildung 5.24:
Die Mitarbeiterliste soll dynamisch gehalten werden.

Die Mitarbeiterliste mit dem Namen MITARBEITERLISTE bleibt durch folgendes Makro in Listing 5.32 im Bezug dynamisch.

Listing 5.32:
Dynamische Daten-
bereiche erstellen

```
Sub DynamischerDatenbezug()
Dim Mitarbeiterliste As Name
 On Error Resume Next
 ThisWorkbook.Names("Mitarbeiterliste").Delete
 ThisWorkbook.Names.Add "Mitarbeiterliste", _
 ThisWorkbook.Sheets("Tabelle6").Range("A1"). _
 CurrentRegion
 Range("Mitarbeiterliste").Select
 End Sub
```

Im einem vorherigen Beispiel haben Sie die komplette Arbeitsmappe auf der Suche nach einem bestimmten Namen durchlaufen und den Zellenbezug des Namens geändert. Sie haben jedoch auch die Möglichkeit, einen benannten Bereich in der Arbeitsmappe direkt anzusprechen. Im Makro Dynamischer Datenbezug wird der Name Mitarbeiterliste gelöscht. Sollte der Name in der Arbeitsmappe nicht vorkommen, sorgt die Anweisung On Error Resume Next dafür, dass das Makro keine Fehlermeldung verursacht. Im Anschluss daran wird der Name Mitarbeiterliste neu eingefügt. Dabei wird als Zellenbezug die TABELLE6 angegeben, und zwar der momentan aktuelle Bereich. Der aktuelle Bereich wird von leeren Zeilen sowie leeren Spalten umschlossen und durch die Eigenschaft CurrentRegion ermittelt. Wurde der Name korrekt eingefügt, wird die Mitarbeiterliste automatisch markiert.

Monatlicher
Update

Im nächsten Beispiel haben Sie eine Liste, die jeden Monat eine Spalte weiter nach rechts wächst. Dieser Datenbereich will also angepasst werden. Zum besseren Verständnis sehen sie sich die Abbildung 5.25 an.

Abbildung 5.25:
Die Ausgangsbasis

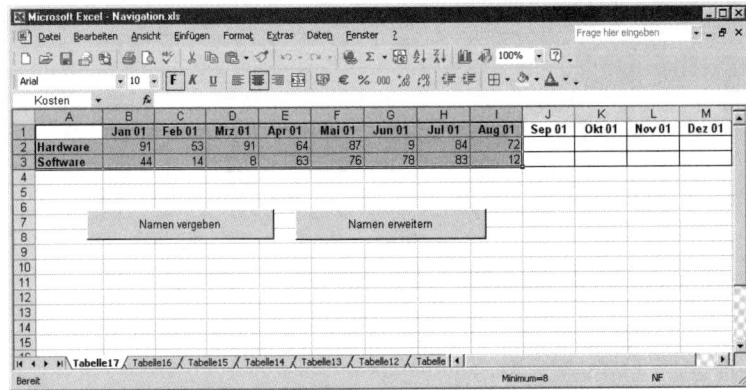

Momentan ist der Name Kosten für den Bereich A1:I3 vergeben worden. Dazu haben Sie das Makro aus Listing 5.33 eingesetzt.

Listing 5.33:
Namen vergeben

```
Sub NamenvergebenII()
Dim Bereich1 As Range
Sheets("Tabelle17").Activate
Set Bereich1 = ActiveSheet.Range("A1:I3")
```

```
ActiveWorkbook.Names.Add Name:="Kosten", _
 RefersToR1C1:=Bereich1
 Range("Kosten").Select
End Sub
```

Ihre Aufgabe besteht nun darin, diesen Bereich dynamisch zu erweitern.
Dabei soll jeden Monat eine zusätzliche Spalte hinzugenommen werden.
Diese Aufgabe können Sie lösen, indem Sie das Makro aus Listing 5.34 ver-
wenden.

```
Sub NamenErweitern()
Dim Bereich1 As Range
Dim Bereich2 As Range

Sheets("Tabelle17").Activate
On Error GoTo fehler
Application.Goto Reference:="Kosten"
Set Bereich1 = Selection
Set Bereich2 = Bereich1.Offset(0, 1)
Range(Bereich1, Bereich2).Select
ActiveWorkbook.Names.Add Name:="Kosten", _
 RefersToR1C1:=Selection
Range("Kosten").Select
 Exit Sub
fehler:
 MsgBox "Es konnte keine Namen gefunden werden!"
End Sub
```

Listing 5.34:
Namen dynamisch
erweitern

Markieren Sie im ersten Schritt den Zellenbereich, den Sie vorher unter dem
Namen Kosten gebildet haben. Erweitern Sie danach die Markierung um
eine Spalte weiter nach rechts, indem Sie die Eigenschaft OffSet verwenden.
Markieren Sie nun beide Bereiche und setzen die Methode Add ein, um den
Namen für den neuen Bereich anzupassen. Gleich im Anschluss markieren
Sie den Bereich, indem Sie die Methode Select verwenden (siehe Abbildung
5.26).

5.2.12   Wo steht der Mauszeiger?

Im nächsten Beispiel wird ermittelt, ob sich der Mauszeiger momentan in
einem benannten Bereich bzw. einer benannten Zelle befindet oder nicht.
Dazu setzen Sie das Makro in Listing 5.35 ein:

```
Sub InWelchemBereichStecktDerMauszeiger()
Dim benannterBereich As Object
For Each benannterBereich In ActiveWorkbook.Names
   If Not Intersect(Selection, _
  benannterBereich.RefersToRange) _
   Is Nothing Then MsgBox Selection.Address & _
```

Listing 5.35:
In welchem Bereich
befindet sich der
Mauszeiger?

```
    " ist innerhalb des benannten Bereichs " _
    & benannterBereich.Name & Chr(13) & _
    " und hat die Zellenadresse " _
    & benannterBereich.RefersToRange.Address: Exit For
Next
End Sub
```

Abbildung 5.26:
Der Bereich wurde
dynamisch
erweitert.

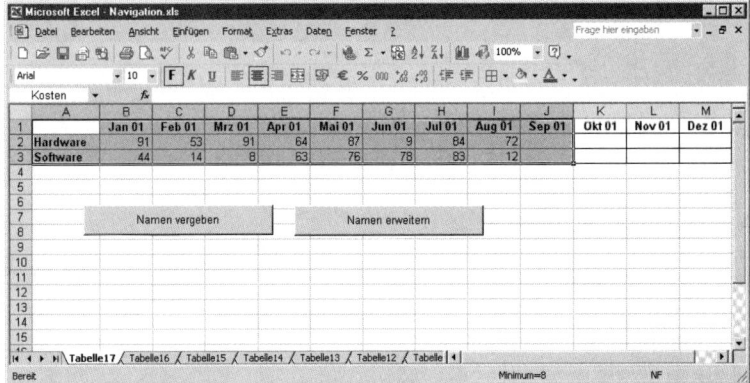

Mit Hilfe der Methode Intersect wird geprüft, ob die momentan aktive
Zelle innerhalb eines benannten Bereiches liegt. Diese Methode liefert den
Wert Nothing zurück, wenn die aktuelle Zelle nicht in einem benannten
Bereich liegt. Befindet sich die aktuelle Zelle innerhalb eines benannten
Bereiches, wird zuerst der Name des Bereiches und danach der dazugehörige
Zellenbezug auf dem Bildschirm ausgegeben (siehe Abbildung 5.27).

Abbildung 5.27:
Hier steht der
Mauszeiger.

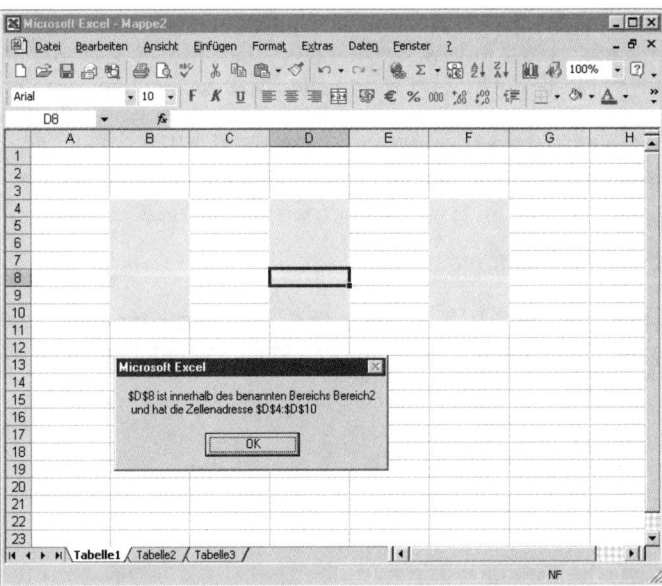

Über die Funktion Chr(13) *erreichen Sie, dass innerhalb des Meldungsfens-
ters eine neue Zeile begonnen wird.*

INFO

5.2.13   Namen verbergen

Wenn Sie auf Ihrem Arbeitsblatt aus dem Menü EINFÜGEN den Befehl
NAME/DEFINIEREN wählen, können Sie sehen, welche Namen in der
Arbeitsmappe verwendet werden. Ebenso können Sie alle verfügbaren
Namen der Arbeitsmappe aus dem Namenfeld in der Bearbeitungsleiste von
Excel einsehen.

Die Auswahl eines Namens aus dem Namenfeld bewirkt, dass Excel danach
automatisch auf das entsprechende Tabellenblatt wechselt und die benannte
Zelle bzw. den benannten Bereich markiert. Auf diese Weise kann man
schnell benannte Bereiche auffinden und auf die entsprechenden Tabellenblätter wechseln. Nicht immer ist aber diese Steuerungsmöglichkeit
erwünscht – gerade wenn Sie eine eigene Steuerung in Ihrer Anwendung
erstellt haben und die verwendeten Namen in Ihrer Arbeitsmappe nicht
preisgeben möchten.

Diese Ansicht auf die Namen können Sie mit einem Makro unterdrücken.
Das Makro für diese Aufgabe sehen Sie in Listing 5.36:

```
Sub NamenVerstecken()
Dim benannteBereiche As Object
    For Each benannteBereiche In ActiveWorkbook.Names
        benannteBereiche.Visible = False
    Next benannteBereiche
End Sub
```

Listing 5.36:
Namen für den
Anwender unsicht-
bar machen

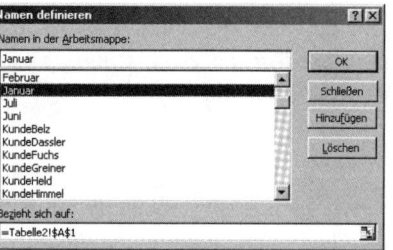

Abbildung 5.28:
Alle verwendeten
Namen der Arbeits-
mappe auf einen
Blick

Dieses Makro in Listing 5.36 bewirkt, dass für alle verwendeten Namen in
der Arbeitsmappe die Eigenschaft Visible auf den Wert False gesetzt wird.
Die Namen sind danach weder im Namenfeld der Bearbeitungsleiste noch
im Dialogfeld NAMEN DEFINIEREN zu sehen.

Möchten Sie alle Namen wieder sichtbar machen, dann starten Sie das Makro aus Listing 5.37:

Listing 5.37:
Namen für den
Anwender sichtbar
machen

```
Sub NamenWiederEinblenden()
 Dim benannteBereiche As Object
    For Each benannteBereiche In ActiveWorkbook.Names
        benannteBereiche.Visible = True
    Next benannteBereiche
End Sub
```

5.2.14   Namen löschen

Das Löschen von Namen in der Arbeitsmappe ist kein Problem. Mit dem Befehl

Einzelnen
Namen löschen

```
ActiveWorkbook.Names("BenannterBereich").Delete
```

können Sie einen einzelnen Namen aus Ihrer Arbeitsmappe löschen. Wenn Sie dagegen alle Namen aus Ihrer Arbeitsmappe löschen möchten, setzen Sie das Makro aus Listing 5.38 ein:

Listing 5.38:
Alle Namen löschen

```
Sub AlleNamenInMappeLöschen()
Dim BenannteBereiche As Object
    For Each BenannteBereiche In ActiveWorkbook.Names
     BenannteBereiche.Delete
    Next
End Sub
```

Definieren Sie zuerst eine Objektvariable. Danach greifen Sie über die Auflistung Names auf alle Namen in der Arbeitsmappe zurück und wenden die Methode Delete an.

INFO

In letzten Beispiel brauchen Sie übrigens keine On Error*-Anweisung anzugeben. Sind in der Arbeitsmappe keine Namen definiert, so wird das Makro trotzdem normal beendet.*

5.2.15   Benutzerdefinierte Listen erstellen

Sicher haben Sie auch schon einmal mit benutzerdefinierten Listen in Excel gearbeitet. Damit können Sie Tabellen schnell mit standardisierten Daten füllen. Denken Sie beispielsweise einmal an ein Tabellenblatt mit Kontierungen und die dazugehörigen Bezeichnungen. Diese erfassen Sie einmalig und bilden dann daraus eine benutzerdefinierte Liste. Schauen Sie sich als Vorbereitung einmal die Abbildung 5.29 an.

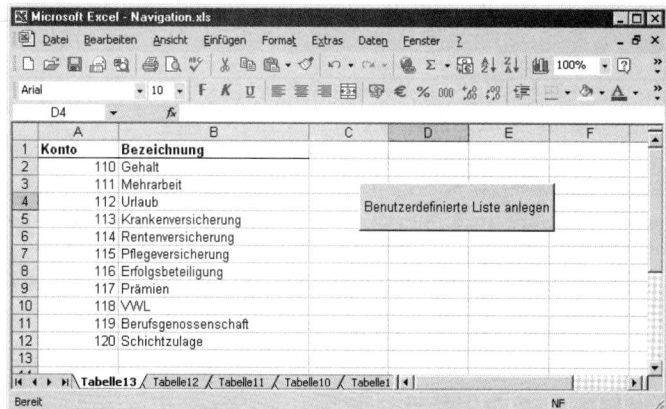

Abbildung 5.29:
Die Ausgangssitua-
tion für die benut-
zerdefinierte Liste

Diese Liste möchten Sie schließlich nicht jedes Mal neu erfassen bzw. von anderen Tabellen kopieren, sondern möglichst elegant und schnell einfügen. Erstellen Sie daher eine benutzerdefinierte Liste mit dem Makro aus Listing 5.39.

```
Sub BenutzerdefinierteListenAnlegen()
 Sheets("Tabelle13").Activate
 Application.AddCustomList ListArray:=Columns("A:B")
End Sub
```

Listing 5.39:
Benutzerdefinierte
Liste erstellen

Mit Hilfe der Methode AddCustomList erstellen Sie Ihre benutzerdefinierte Liste. Im Argument ListArray geben Sie bekannt, in welchen Spalten die Ausgangsdaten stehen. Wenn Sie nun aus dem Menü EXTRAS den Befehl OPTIONEN auswählen, wechseln Sie danach auf die Registerkarte BENUT-ZERDEFINIERTE LISTEN.

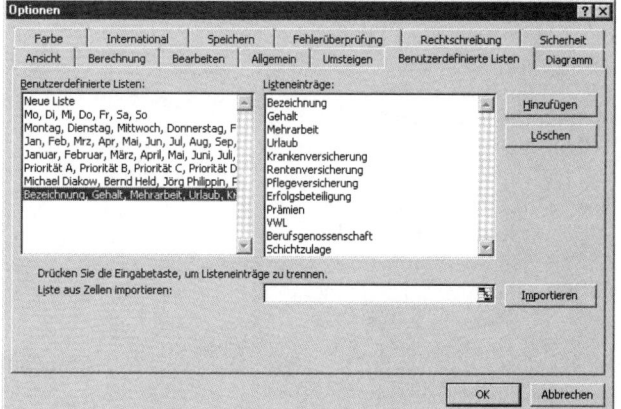

Abbildung 5.30:
Benutzerdefinierte
Listen kontrollieren

5.3   Die Formatierung von Zellen und Bereichen

Die folgenden Makros können Sie auf der CD-ROM *im Verzeichnis KAP05 in der Datei FORMATIERUNG.XLS finden.*

Beim Formatieren von Zellen und Bereichen in Excel bieten sich Ihnen viele Möglichkeiten. Sie können Zelleneingaben in beliebigen Schriftarten, Schriftgraden sowie Schriftschnitten vornehmen, Zahlen benutzerdefiniert formatieren, Zelleneinträge optisch ausrichten, Rahmen setzen, Muster hinzufügen und vieles mehr.

5.3.1   Schriftart ermitteln

In Windows stehen Ihnen hunderte von verschiedenen Schriftarten zur Verfügung. Möchten Sie prüfen, welche Schriftart beispielsweise in der momentan aktiven Zelle verwendet wird, dann starten Sie das Makro aus Listing 5.40.

Listing 5.40:
Schriftart ermitteln

```
Sub SchriftartErmitteln()
  MsgBox ActiveCell.Font.Name
End Sub
```

Verwenden Sie die Font-Eigenschaft, um das Font-Objekt zurückzugeben. Über die Eigenschaft Name bekommen Sie heraus, um welche Schriftart es sich dabei handelt.

5.3.2   Schriftart ändern

In der nächsten Praxisaufgabe belegen Sie innerhalb einer Markierung alle Zellen mit der Schriftart COURIER und dem Schriftgrad 12. Das Makro für diese Aufgabe können Sie in Listing 5.41 sehen.

Listing 5.41:
Schriftarten ändern

```
Sub SchriftenFormatieren()
Dim Zelle As Range
  For Each Zelle In Selection
    With Selection.Font
        .Name = "Courier"
        .Size = 12
        .Strikethrough = False
        .Superscript = False
        .Subscript = False
        .OutlineFont = False
        .Shadow = False
        .Underline = xlUnderlineStyleNone
        .ColorIndex = xlAutomatic
    End With
  Next Zelle
End Sub
```

Das Objekt Font hat eine ganze Reihe Eigenschaften, die Sie anwenden können. Für die eben gestellte Aufgabe sind die beiden Eigenschaften Name und
Size wichtig. Bei der Angabe der Schriftart ist die korrekte Schreibweise der
gewünschten Schriftart wichtig. Bei der Eigenschaft Size geben Sie eine
gewünschte Größe für die Schrift an.

Entnehmen Sie weitere wichtige Eigenschaften des Objekts Font der folgenden Tabelle.

Eigenschaft	Beschreibung
Bold	Diese Eigenschaft liefert den Wert True, wenn ein Text fett formatiert ist.
Color	Diese Eigenschaft gibt die Primärfarbe des Objektes wieder. Möglich sind hierbei folgende Konstanten: vbBlack, vbRed, vbGreen, vbYellow, vbBlue, vbMagenta, vbCyan und vbWhite.
ColorIndex	Diese Eigenschaft gibt die Farbe des Rahmens, der Schriftart oder des Innenraums zurück. Es existieren in Excel genau 56 Farben.
FontStyle	Diese Eigenschaft sagt aus, welcher Schriftschnitt verwendet wird. Möglich sind u. a. Fett- und Kursivdruck.
Italic	Diese Eigenschaft liefert den Wert True, wenn ein Text kursiv formatiert ist.
OutLineFont	Diese Eigenschaft liefert den Wert True, wenn ein Text als Konturschriftart formatiert wird.
Shadow	Diese Eigenschaft liefert den Wert True, wenn ein Text als schattierte Schriftart formatiert wird.
Strikethrough	Diese Eigenschaft liefert den Wert True, wenn ein Text als horizontal durchgestrichen dargestellt wird.
Subscript	Diese Eigenschaft liefert den Wert True, wenn ein Text tiefergestellt formatiert wird.
Superscript	Diese Eigenschaft liefert den Wert True, wenn ein Text hochgestellt formatiert wird.
Underline	Diese Eigenschaft liefert den Wert True, wenn ein Text unterstrichen formatiert wird. Dabei können Sie u. a. Text einfach oder doppelt unterstreichen.

Tabelle 5.3:
Die wichtigsten
Eigenschaften für
das Objekt Font

Lernen Sie nun ein paar typische Anwendungsmöglichkeiten in Bezug auf
Schriften kennen.

5.3.3   Zelleninhalte löschen

Falsche Werte vormerken

Stellen Sie sich vor, Sie müssten eine Liste abarbeiten und falsche Werte kennzeichnen, um diese falschen Werte später zu löschen. Da Sie die fehlerhaften Werte aus Sicherheitsgründen nicht sofort löschen möchten, kennzeichnen Sie alle fehlerhaften Einträge. Dazu weisen Sie diesen die Schriftfarbe ROT zu.

Das Makro zur Lösung dieser Aufgabenstellung können Sie dem Listing 5.42 entnehmen.

Listing 5.42:
Zelleninhalte löschen bei Bedingung

```
Sub InhalteLöschenBeiRoterSchrift()
Dim Zelle As Range
For Each Zelle In ActiveSheet.UsedRange
    If Zelle.Font.ColorIndex = 3 Then
        Zelle.ClearContents
    End If
Next Zelle
End Sub
```

Definieren Sie zuerst eine Variable vom Datentyp Range. Wenden Sie danach eine For Each-Schleife an, welche im benutzten Bereich alle Zellen durchsucht und die Zellenformatierung überprüft. Die Eigenschaft UsedRange hilft Ihnen dabei, den verwendeten Bereich auf dem Tabellenblatt zu ermitteln. Aus allen Zellen, die mit der Schriftfarbe ROT formatiert sind und somit dem Colorindex 3 entsprechen, werden die Werte gelöscht.

5.3.4   Schriftfarbenwechsel durchführen

Wenn Sie möchten, können Sie die Farbe der Schriftart innerhalb einer Zelle sogar mitten in einem Wort ändern. In der folgenden Übung sollen innerhalb einer Markierung alle Texte dahin gehend verändert werden, dass die ersten drei Zeichen jeder Zelle mit der Schriftart ROT formatiert werden und die restlichen Zeichen in der Standardfarbe SCHWARZ verbleiben.

Listing 5.43:
Schriftfarbenwechsel mitten im Wort durchführen

```
Sub SchriftartFarbe()
Dim Zelle As Range
For Each Zelle In Selection
  Zelle.Characters(1, 3).Font.Color = vbRed
Next Zelle
End Sub
```

Definieren Sie als Erstes eine Variable vom Datentyp Range. Danach wenden Sie in einer For Each-Schleife die Eigenschaft Characters an, um die Zellentexte in einzelne Buchstaben zu zerlegen. Der Eigenschaft Characters müssen Sie einen Startwert sowie die Anzahl Zeichen, für die die Formatierung gelten soll, mitteilen. Im Makro SchriftartFarbe wird der aktuellen Auswahl die Farbe ROT für die ersten drei Zeichen jeder Zelle zugewiesen.

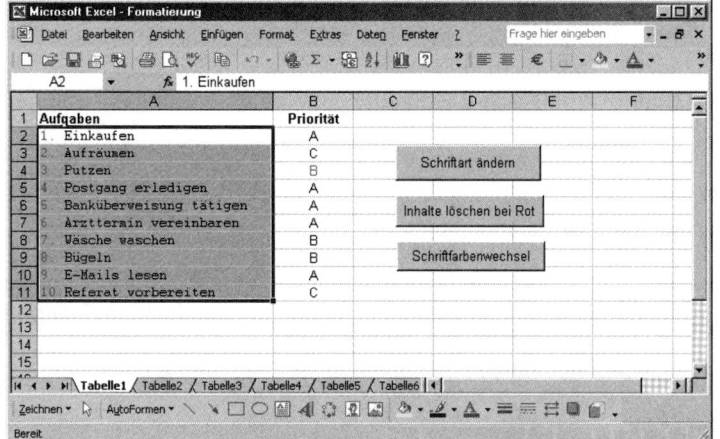

Abbildung 5.31:
Die Nummerierung der Aufgaben wird rot formatiert.

5.3.5   Grenzwerte sofort sichtbar

Auf einem Tabellenblatt wird der verwendete Datenbereich nach Zahlenwerten größer 50 durchsucht. Alle Zahlenwerte > 50 werden mit dem Schriftschnitt FETT belegt.

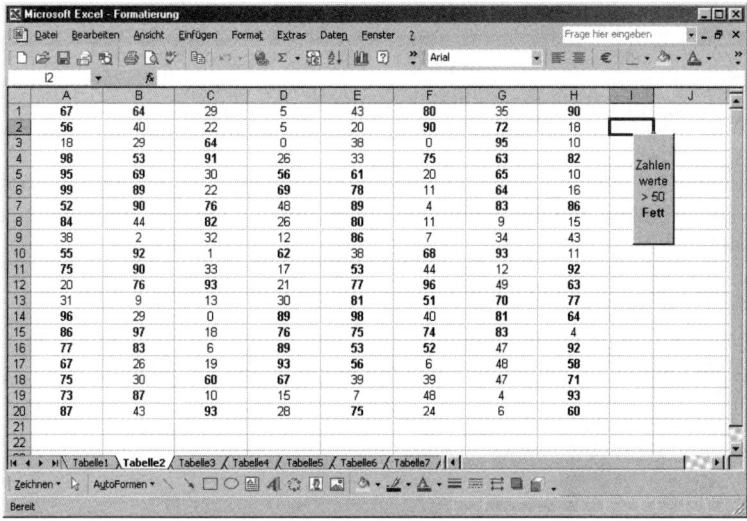

Abbildung 5.32:
Alle Werte > 50 sind fett formatiert.

Das Makro für diese Aufgabe sehen Sie in Listing 5.44.

Listing 5.44:
Grenzwerte schnell
erkennen

```
Sub ZahlenGrößer50Fetten()
Dim Zelle As Range
 Sheets("Tabelle2").Activate
 For Each Zelle In ActiveSheet.UsedRange
  If Zelle.Value > 50 Then Zelle.Font.Bold = True
 Next Zelle
End Sub
```

5.3.6   Sonderzeichen einfügen

In Windows gibt es eine ganze Menge an Symbolschriftarten. Eine davon ist Wingdings. Diese Schriftart enthält unter anderem ein Haken-Symbol. Dieses Symbol können Sie in Excel super einsetzen, wenn Sie beispielsweise in einer Liste kontrollieren möchten, welche Aufgaben bereits erledigt wurden.

Abbildung 5.33:
Arbeitsgänge
abhaken

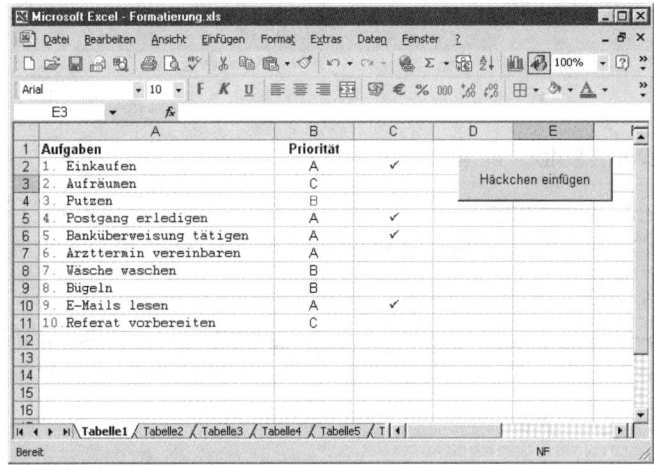

Um diese Häkchen in die entsprechenden Zellen zu bringen, setzen Sie den Mauszeiger auf die gewünschte Zelle und starten das Makro aus Listing 5.45.

Listing 5.45:
Symbole schnell
einfügen

```
Sub EinfügenHäkchen()
Dim Zelle As Range
Set Zelle = ActiveCell
With Zelle
   .Value = Chr(252)
   .Font.Name = "Wingdings"
   .HorizontalAlignment = xlCenter
End With
End Sub
```

Mit Hilfe der Funktion Chr können Sie ein bestimmtes Zeichen aus einem Zeichen Code in Ihre aktive Zelle einfügen. Über die Eigenschaft Name, die sie auf das Objekt Font anwenden, weisen Sie die gewünschte Schriftart zu. Danach legen Sie die Ausrichtung des eingefügten Zeichensymbols über die Eigenschaft HorizontalAlignment fest.

Ganz zu Recht fragen Sie jetzt: »Woher soll ich denn wissen, welchen Index ich bei der Funktion Chr angeben soll?« Eine zugegeben gute Frage, die durch das Makro aus Listing 5.46 beantwortet werden kann.

```
Sub ZeichenTabelleAusgeben()
Dim i As Integer
Sheets("Tabelle8").Activate
Range("A2").Select
For i = 0 To 255
 With ActiveCell
   .Font.Name = "Wingdings"
   .Value = Chr(i)
   .Offset(0, 1).Value = i
   .HorizontalAlignment = xlCenter
   .Offset(1, 0).Select
 End With
Next i
End Sub
```

Listing 5.46:
Symbole ausgeben

Der normale Bereich für Zeichencodes liegt zwischen 0 bis 255. Genau in diesem Bereich basteln Sie sich Ihre Schleife. In der Schleife weisen Sie die Schriftart WINGDINGS zu und schreiben sowohl das Zeichen als auch den Index in die jeweilige Zellen (siehe Abbildung 5.34).

5.3.7 Chemische Formeln formatieren

In chemischen Formeln werden in der Regel numerische Werte tiefgestellt und die Wertigkeit bei Ionen (+, -) hochgestellt. In Excel ist diese Arbeit sehr mühsam, da dazu Zeichen für Zeichen formatiert werden muss (siehe Abbildung 5.35).

Die Arbeit der Umsetzung der chemischen Formeln können Sie sich erleichtern, indem Sie die Zelle markieren, die die noch unformatierte chemische Formel enthält, und das folgende Makro aus Listing 5.47 einsetzen.

```
Sub ChemischeFormelnSchreiben()
Dim i As Integer
Dim j As Integer
  With ActiveCell
    For j = 1 To .Characters.Count
    If IsNumeric(Mid(.Value, j, 1)) = True Then _
    Else Exit For
    Next
    For i = j To .Characters.Count
```

Listing 5.47:
Chemische For-
meln automatisch
formatieren

```
    If IsNumeric(Mid(.Value, i, 1)) Then
        .Characters(i, 1).Font.Subscript = True
    ElseIf InStr(1, "+-", Mid(.Value, i, 1), 0) > 0 Then
        .Characters(i, 1).Font.Superscript = True
    End If
  Next
End With
End Sub
```

Abbildung 5.34:
Die Zeichen-
belegung der
Schriftart Wingdings

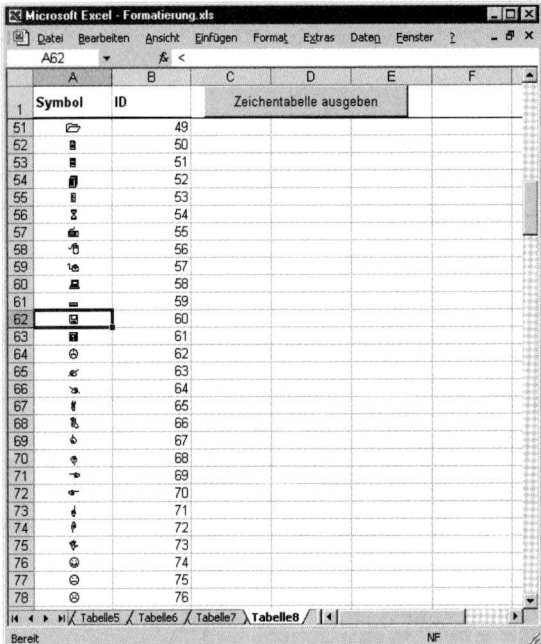

Abbildung 5.35:
Die noch unforma-
tierte Tabelle

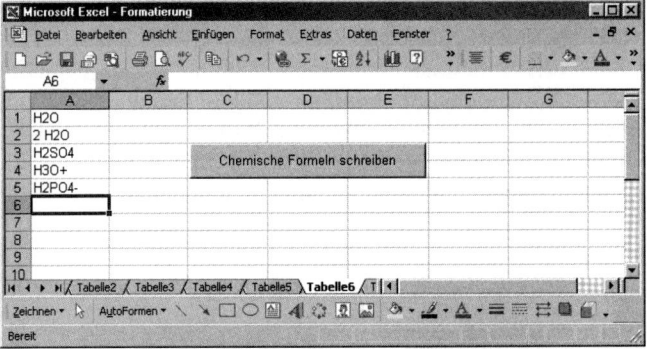

In der ersten For Next-Schleife wird ermittelt, ob die chemische Formel aus mehreren Molekülen besteht. Die Anzahl der Moleküle darf natürlich nicht formatiert werden. Die erste Schleife wird beendet, sobald der erste alpha-numerische Wert der chemischen Formel auftritt. Danach ermitteln Sie in

der zweiten `For Next`-Schleife, ob Sie die einzelnen Zeichen hoch- oder tief-
stellen müssen. Die numerischen Werte werden dabei tiefgestellt, die Wertigkeit (+, -) wird hochgestellt (siehe Abbildung 5.36).

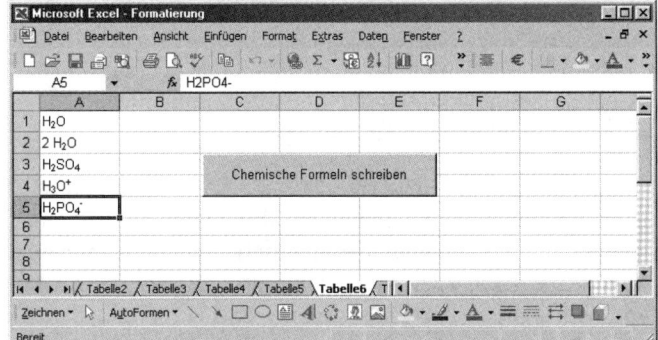

Abbildung 5.36:
Die chemisch
formatierte Tabelle

5.3.8   Rahmenart und -farbe bestimmen

Kommen Sie nun zum Rahmen einer Zelle. Dieser kann sowohl bezüglich
der Farbe als auch der Rahmenart unterschiedlich gestaltet werden. Sehen
Sie im Beispiel `RahmenBestimmen`, wie Sie beispielsweise einen grün gepunkte-
ten Rahmen erzeugen können.

```
Sub RahmenBestimmen()
Sheets("Tabelle2").Activate
 Range("C1").Select
 With ActiveCell.Borders
  .ColorIndex = 10
  .LineStyle = xlDot
 End With
End Sub
```

Listing 5.48:
Zellenrahmen
festlegen

Lernen Sie in der nächsten Tabelle weitere Möglichkeiten für die Rahmen-
gestaltung kennen.

Konstante	Beschreibung
xlContinuous	durchgezogene Linie
xlDash	gestrichelte Linie
xlDashDot	Linie aus Strichen und Punkten
xlDashDotDot	Linie aus Strich-Punkt-Punkt
xlDot	gepunktete Linie

Tabelle 5.4:
Die verschiedenen
Möglichkeiten bei
der Rahmen-
gestaltung

Tabelle 5.4:
Die verschiedenen
Möglichkeiten bei
der Rahmen-
gestaltung
(Forts.)

Konstante	Beschreibung
xlDouble	Linie doppelt
xlSlantDashDot	Linie aus Wellenzeichen und Punkt
xlLineStyleNone	keine Linie

5.3.9 Zahlenformate festlegen

In Excel können Sie über den Dialog FORMAT aus zahlreichen Zahlenforma-
ten die passende Formatierung für Ihre Daten auswählen. Des Weiteren sind
Sie in der Lage, eigene, benutzerdefinierte Formate anzulegen. Wie aber
können Sie über VBA eine Zelle automatisch mit einem Format belegen?
Die Lösung dieser Aufgabenstellung entnehmen Sie dem Listing 5.49:

```
Sub ZahlenformateFestlegen()
 Sheets("Tabelle4").Activate
 'Zahl mit Tausender Punkt
 Range("A1").NumberFormat = "#,##0"
  'Zelle wird als Text formatiert
 Range("A2").NumberFormat = "@"
End Sub
```

Das Zahlenformat wird in Excel über die Eigenschaft NumberFormat zugewiesen.

5.3.10 Datumsformate festlegen

In Excel werden Datumswerte intern in Zahlenwerte umgesetzt, damit Sie
mit ihnen rechnen können. Die Zeitzählung beginnt bei Excel standardmä-
ßig am 01.01.1900, welches der Zahl 1 entspricht. Wenn Sie z. B. das
Datum 25.03.2000 eingeben und diese Zelle dann mit dem Format STAN-
DARD belegen, so liefert Ihnen dieses Datum die Zahl 36610. Excel bietet
noch ein zweites Datumssystem an, das 1904-Datumssystem. Diese Variante
erlaubt u. a., auch mit negativen Zeiten zu rechnen. Wenn Sie also in einer
Tabelle bei einer Rechnung mit zwei Datumswerten nur Lattenzäune in der
Zelle angezeigt bekommen, stellen Sie das 1904-Datumssystem ein. Im
Menü EXTRAS unter dem Befehl OPTIONEN legen Sie das Datumssystem auf
der Registerkarte BERECHNEN fest. Beim 1904-Datumssystem beginnt die
Zeitrechnung in Excel am 01.01.1904. Das Datum 25.03.2000 entspricht in
diesem Fall der Zahl 35148. Die Entscheidung, welches Datumssystem Sie
wählen, liegt bei Ihnen. Wichtig dabei ist nur, dass Sie durchgängig dasselbe
Datumssystem verwenden.

Im nächsten Beispiel in Listing 5.50 wird einer Zelle ein Datumsformat zugewiesen. Dabei wird der Monat des Jahres in Textform ausgeschrieben sowie die Jahresangabe vierstellig formatiert.

```
Sub ZelleMitDatumFormatieren()
Sheets("Tabelle4").Activate
Range("A3").Value = Format(Date, "MMMM YYYY")
End Sub
```

Listing 5.50:
Datum vierstellig formatieren

Das Tagesdatum, welches aus der Funktion Date ermittelt wird, wird der Funktion Format übergeben, welche es ins gewünschte Format bringt.

Pro Arbeitsmappe dürfen Sie nur mit einem Datumssystem arbeiten; auch bei der Verknüpfung von Arbeitsmappen mit unterschiedlichen Datumssystemen ist äußerste Vorsicht geboten.

5.3.11 Formate übertragen

Sicher kennen Sie das Pinsel-Symbol aus der Symbolleiste STANDARD, mit dem Sie Formate übertragen können. Das Übertragen von Formaten ist ein Kopiervorgang, bei dem nur die Formate über die Eigenschaft PasteSpecial eingefügt werden.

```
Sub FormatÜbertragen()
Sheets("Tabelle4").Activate
Range("A1").Copy
 Range("B1").Select
 Selection.PasteSpecial _
  Paste:=xlFormats, Operation:=xlNone, SkipBlanks:= _
  False, Transpose:=False
 Application.CutCopyMode = False
End Sub
```

Listing 5.51:
Formate übertragen

Im Listing 5.51 wird die Zellenformatierung aus Zelle A1 auf die Zelle B1 übertragen.

5.3.12 Formate löschen

Entfernen können Sie Formate mit Hilfe der Methode ClearFormats. Im Listing 5.52 werden auf der Tabelle TABELLE4 im Bereich A1:A3 alle Zellenformatierungen entfernt.

```
Sub FormateLöschen()
Sheets("Tabelle4").Activate
Range("A1:A3").ClearFormats
End Sub
```

Listing 5.52:
Formate löschen

Die Methode `ClearFormats` löscht jegliche Formatierung einer Zelle bzw. eines Zellenbereiches (siehe Abbildung 5.37).

Abbildung 5.37:
Arbeiten mit
Datumsformaten

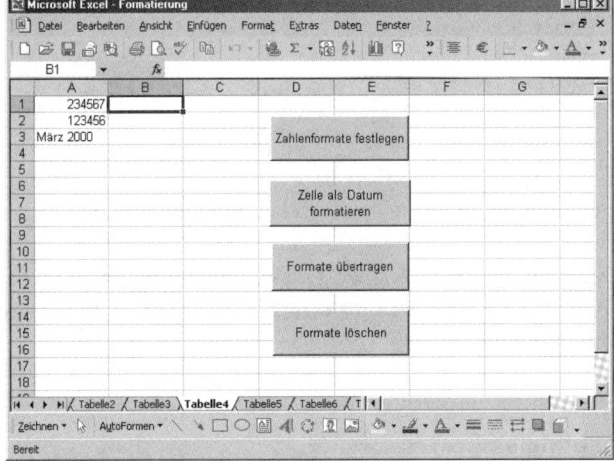

5.3.13 Nur Zahlenformate übertragen

Sicher haben Sie sich auch schon einmal geärgert, dass Excel beim Formate-Übertragen alle Formate überträgt. Oft sollen nämlich nur Zahlenformate übertragen und die Rahmen, Schattierungen und Muster außer Acht gelassen werden.

Abbildung 5.38:
Die Ausgangs-
tabelle

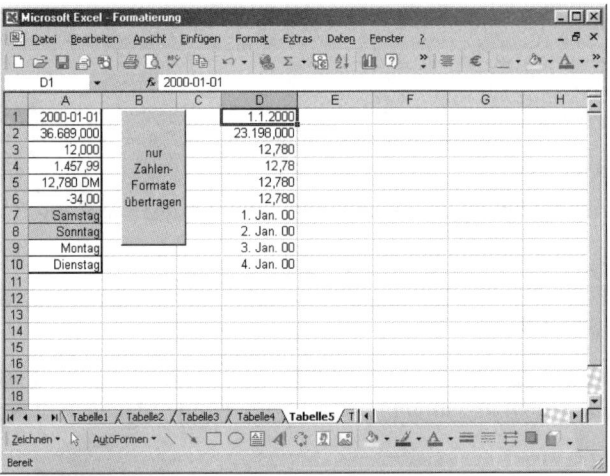

Im folgenden Beispiel werden die Zahlenformate aus Spalte A auf die Spalte D übertragen. Das Makro für diese Aufgabe sehen Sie in Listing 5.53.

```
Sub NurZahlenformateÜbertragen()
Dim Quelle As Range
Dim Ziel As Range
Dim i As Integer
Sheets("Tabelle5").Activate
Set Quelle = Range("A1:A10")
Set Ziel = Range("D1:D10")

For i = 1 To Quelle.Cells.Count
  Ziel(i).NumberFormatLocal = _
  Quelle(i).NumberFormatLocal
Next i
End Sub
```

Listing 5.53:
Nur Zahlenformate
übertragen, keine
Rahmen, Schrift-
formate und Muster

Definieren Sie als Erstes zwei Variablen vom Datentyp Range und geben Sie die Bereiche Quelle und Ziel an. In einer For Next-Schleife übertragen Sie mit Hilfe der Eigenschaft FormatNumberLocal die Zahlenformate vom Quellbereich in den Zielbereich, und zwar Zelle für Zelle.

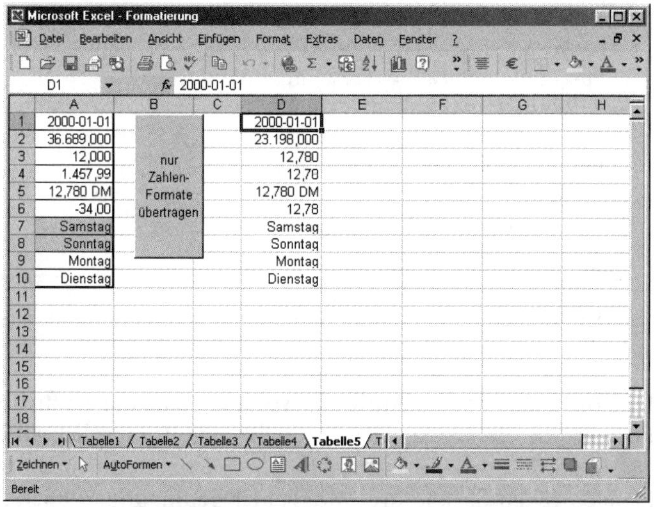

Abbildung 5.39:
Das Ergebnis: Die
Spalten A und D
weisen dasselbe
Zahlenformat auf.

5.3.14   Bedingte Formatierung einfügen

Seit der Version Excel 97 gibt es die Möglichkeit, Zellen je nachdem, welche Werte eingegeben werden, vorab zu formatieren. Dabei können Sie bis zu drei verschiedene Formatierungseinstellungen angeben. In der nächsten Aufgabe werden alle markierten Zellen nach den Kriterien der folgenden Tabelle formatiert.

Tabelle 5.5:
Die Kriterien für
die bedingte
Formatierung

Wert	Formatierung	Farbindex
1 – 30	Zellenhintergrund mit der Farbe Rot	3
31 – 60	Zellenhintergrund mit der Farbe Gold	44
61 – 100	Zellenhintergrund mit der Farbe Grün	4

Das Makro für diese Aufgabe entnehmen Sie Listing 5.54.

Listing 5.54:
Bedingte
Formatierung
einfügen

```
Sub BedingteFormatierungEinfügen()
Dim Zelle As Object
Application.ScreenUpdating = False
Sheets("Tabelle7").Activate
For Each Zelle In Selection
 With Selection
 .FormatConditions.Delete
 .FormatConditions.Add Type:=xlCellValue, _
     Operator:=xlBetween, Formula1:="1", Formula2:="30"
 .FormatConditions(1).Interior.ColorIndex = 3
 .FormatConditions.Add Type:=xlCellValue, _
     Operator:=xlBetween, Formula1:="31", Formula2:="60"
 .FormatConditions(2).Interior.ColorIndex = 44
 .FormatConditions.Add Type:=xlCellValue, _
     Operator:=xlBetween, Formula1:="61", _
     Formula2:="100"
 .FormatConditions(3).Interior.ColorIndex = 4
 End With
Next Zelle
Application.ScreenUpdating = True
End Sub
```

Das FormatConditions-Auflistungsobjekt stellt die Auflistung der bedingten Formate in einem einzigen Bereich dar. Vorsorglich löschen Sie mit der Methode Delete eine eventuell schon eingestellte bedingte Formatierung. Danach fügen Sie die drei möglichen Bedingungen mit Hilfe der Methode Add ein. Dabei legt das erste Argument Type fest, ob das bedingte Format auf einem Zellenwert oder einem Ausdruck beruhen soll. Die beiden möglichen Konstanten für das Argument Type heißen xlCellValue und xlExpression. Das nächste Argument legt den Operator fest. Entnehmen Sie die möglichen Operator-Konstanten aus der Tabelle 5.6. Sollten Sie das Type-Argument xlExpression wählen, dann werden die Operator-Konstanten ignoriert.

Tabelle 5.6:
Alle möglichen
Operator-
Konstanten

Operator-Konstante	Beschreibung
xlBetween	Zellenwert ist zwischen ...
xlNotBetween	Zellenwert ist nicht zwischen ...

Operator-Konstante	Beschreibung
xlEqual	Zellenwert ist gleich ...
xlNotEqual	Zellenwert ist ungleich ...
xlGreater	Zellenwert ist größer ...
xlGreaterEqual	Zellenwert ist größer oder gleich ...
xlLess	Zellenwert ist kleiner ...
xlLessEqual	Zellenwert ist kleiner oder gleich ...

Tabelle 5.6:
Alle möglichen Operator-Konstanten (Forts.)

Die beiden letzten Argumente Formula1 und Formula2 stellen den mit dem bedingten Format verknüpften Wert oder Ausdruck dar. Dies kann ein konstanter Wert, ein Zeichenfolgenwert, ein Zellenbezug oder eine Formel sein.

Testen Sie die Tabelle, indem Sie für den eben formatierten Bereich Zufallszahlen bilden. Das gelingt Ihnen mit dem Makro aus Listing 5.55.

```
Sub Zufallszahlen()
Dim Zelle As Object
Application.ScreenUpdating = False
 Sheets("Tabelle7").Activate
 For Each Zelle In Selection
   Zelle.FormulaR1C1 = "=INT(RAND()*100)"
 Next Zelle
Application.ScreenUpdating = True
End Sub
```

Listing 5.55:
Zufallszahlen erzeugen

Durch das Drücken der Taste [F9] werden neue Zufallszahlen gebildet.

Gerade haben Sie Zelle für Zelle mit der Zufallsfunktion Rand *ausgestattet. Wenn Sie möchten, können Sie den markierten Zellbereich auch in nur einem Arbeitsgang mit einer Matrixformel füllen. Dazu geben Sie auf der Tabelle normalerweise die Formel*

:-)
TIPP

=Ganzzahl(Zufallszahl()*100

ein und bestätigen mit der Tastenkombination [Strg] + [⇧] + [↵]. *Excel wandelt die eingegebene Formel automatisch für Sie um:*

={ Ganzzahl (Zufallszahl ()*100)}

Diese Matrixformel hat den Vorteil, dass einzelne Zellen aus dieser Matrix nicht mehr gelöscht werden können. Eine Matrixformel können Sie auch mit einem kleinen VBA-Makro einfügen.

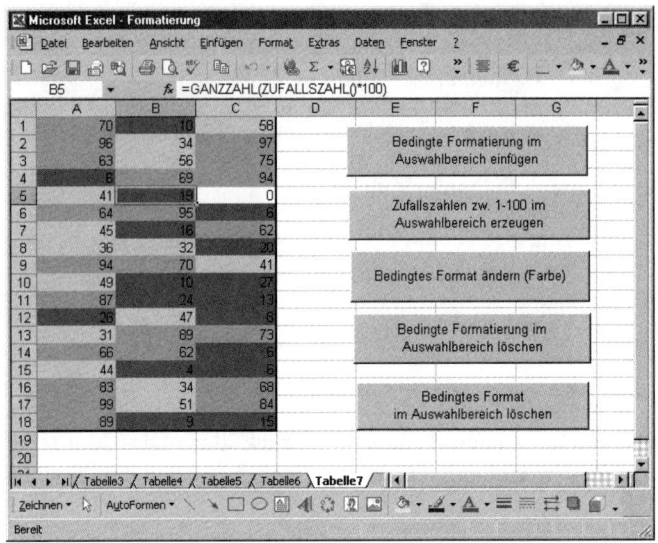

```
Sub ZufallszahlenAlsMatrixFormel()
  Selection.FormulaArray = "=INT(RAND()*100)"
End Sub
```

5.3.15   Bedingte Formate ändern bzw. löschen

Wenn Sie nachträglich eine andere Farbe für die bedingte Formatierung einsetzen möchten, brauchen Sie dazu nicht das bedingte Format zu löschen,
sonder Sie können auch direkt darauf zugreifen und die Formatierung
anpassen.

```
Sub BedingtesFormatÄndern()
Dim s As String
Dim s2 As String
  Sheets("Tabelle7").Activate
  s = InputBox _
("Bitte bedingtes Format Nr (1-3)) angeben", _
  "Bedingte Formatierung ändern")
  If s = "" Then Exit Sub
  s2 = InputBox("Geben Sie den Farbindex ein!", _
  "Farbindex auswählen")
  If s2 = "" Then Exit Sub
  With Selection
  .FormatConditions(s).Interior.ColorIndex = s2
  End With
End Sub
```

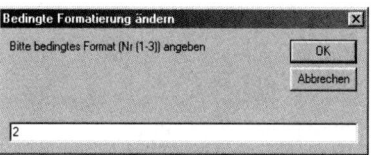

Abbildung 5.41:
Eingabe des
bedingten Formats
über eine Inputbox

Beim Löschen der bedingten Formatierung können Sie entweder die komplette bedingte Formatierung oder einzelne Teile daraus löschen. Um eine bedingte Formatierung komplett zu löschen, setzen Sie das Makro Bedingte FormatierungLöschen ein.

Bedingungen löschen

```
Sub BedingteFormatierungLöschen()
 Selection.ClearFormats
End Sub
```

Listing 5.58:
Bedingte Formatie-
rung löschen

Die Methode ClearFormats löscht alle Formate, welche sich im ausgewählten Bereich befinden.

Um einzelne Bedingungen aus der bedingten Formatierung zu löschen, wenden Sie das folgende Makro aus Listing 5.59 an.

```
Sub BedingtesFormatLöschen()
Dim s As String
 Sheets("Tabelle7") Activate
s = InputBox("Bitte bedingte Format-Nr (1-3) angeben", _
 "Bedingte Formatierung löschen")
 If s = "" Then Exit Sub
 With Selection
 .FormatConditions(s).Delete
 End With
End Sub
```

Listing 5.59:
Bedingtes Format
löschen

5.3.16 Formate suchen und ersetzen

In Excel 2002 können Sie ganz gezielt in einer Tabelle nach einer bestimmten Formatierung suchen, diese löschen oder ändern. Dazu stellt Ihnen Excel ein neues Objekt zur Verfügung. Das Objekt CellFormat ist dabei dem Range-Objekt sehr ähnlich.

Im folgenden Beispiel in Listing 5.60 werden alle rot gefärbten Zellen einer Tabelle mit der Hintergrundfarbe GRÜN umformatiert. Der Code für diese Aufgabe lautet:

```
Sub FormatierungenAnpassen()
Dim Zelle As Range
Sheets("Tabelle9").Activate
With Application
 .FindFormat.Interior.ColorIndex = 3
```

Listing 5.60:
Formate suchen
und ändern

```
  .ReplaceFormat.Interior. _
   ColorIndex = 4
End With
For Each Zelle In  _
 ActiveSheet.UsedRange
 Zelle.Replace What:="",  _
 Replacement:="", LookAt:=xlPart, _
 SearchOrder:=xlByRows, MatchCase:=False,  _
 SearchFormat:=True, ReplaceFormat:=True
Next Zelle
End Sub
```

Zu Beginn des Makros wechseln Sie auf die Tabelle, auf der Sie die Formatänderung durchführen möchten. Danach legen Sie fest, nach welcher Formatierung gesucht werden soll und mit welcher Formatierung die gefundene ersetzt werden soll. Im Anschluss daran durchlaufen Sie eine Schleife, die alle Zellen des benutzten Bereichs durchläuft und die Formate ändert. Im Beispiel werden dabei alle roten Zellen mit der Farbe GRÜN formatiert.

Abbildung 5.42:
Formate
austauschen

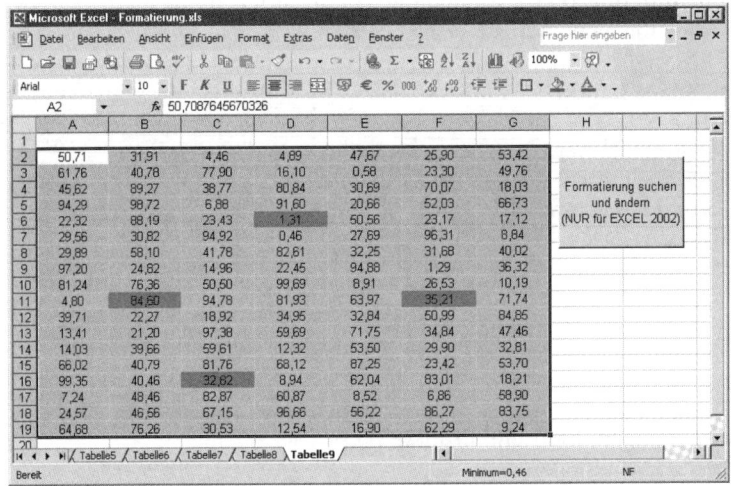

5.4   Formeln und Funktionen einsetzen

Die folgenden Makros können Sie auf der CD-ROM im Verzeichnis KAP05 *in der* FORMELN.XLS *finden.*

Excel-VBA-Kompendium

5.4.1 Werte addieren

Beim Rechen mit Excel verwenden Sie dieselben Operatoren, die Sie vom Taschenrechner her schon kennen. Auch bei den Rechenregeln rechnet Excel nach der allgemein gültigen Punkt-vor-Strich-Regel.

Im ersten Rechenbeispiel wird der aktuelle Zellenwert von A2 in die Variable i geschrieben. Danach wird die Variable um den Wert 1 erhöht. Zuletzt wird die geänderte Variable zurück in Zelle A2 geschrieben.

```
Sub Rechenoperationen01()
Dim i As Integer
 Sheets("Rechenoperationen").Activate
 i = Range("A2").Value
 i = i + 1
 Range("A2").Value = i
End Sub
```

Listing 5.61:
Werte addieren

5.4.2 Werte subtrahieren

Auf dieselbe Zelle führen Sie nun eine Subtraktion durch. Wieder speichern Sie den momentanen Wert von Zelle A2 in der Variablen i, subtrahieren den Wert um 1 und schreiben ihn dann in die Zelle zurück. Ist der Wert Null in der Zelle erreicht, geht es weiter ins Negative.

```
Sub Rechenoperationen02()
Dim i As Integer
 Sheets("Rechenoperationen").Activate
 i = Range("A2").Value
 i = i - 1
 Range("A2").Value = i
End Sub
```

Listing 5.62:
Werte subtrahieren

5.4.3 Werte multiplizieren

Beim Multiplizieren von Werten definieren Sie zuerst eine Konstante, in der Sie den Faktor bestimmen, mit dem Sie im nächsten Beispiel eine Erhöhung durchführen möchten. Danach speichern Sie wiederum den momentanen Zustand der Zelle A9 in der Variablen i. Jetzt wird mit dem Faktor multipliziert und das Ergebnis daraus in die Zelle zurückgeschrieben.

```
Sub Rechenoperationen03()
Dim i As Integer
Const Faktor = "1,2"
 Sheets("Rechenoperationen").Activate
 i = Range("A9").Value
```

Listing 5.63:
Mit positivem
Faktor multiplizieren

```
  i = i * Faktor
  Range("A9").Value = i
End Sub
```

Im letzten Rechenbeispiel wurde eine Erhöhung des Wertes um zwanzig Prozent durchgeführt. Im nächsten Beispiel wird der Ausgangswert um 20 Prozent reduziert.

Listing 5.64:
Mit negativem
Faktor multiplizieren

```
Sub Rechenoperationen04()
Dim i As Integer
Const Faktor = "0,8"
  Sheets("Rechenoperationen").Activate
  i = Range("A9").Value
  i = i * Faktor
  Range("A9").Value = i
End Sub
```

5.4.4   Werte dividieren

Im Prinzip arbeiten Sie genauso wie bei der Multiplikation, nur ist das Rechenzeichen eben ein anderes.

!! STOP

Kommen Sie nie auf die Idee, als Divisor den Wert Null zu verwenden. Das mag Excel nämlich gar nicht.

Listing 5.65:
Werte dividieren

```
Sub Rechenoperationen05()
Dim i As Integer
Const divisor = 10
  Sheets("Rechenoperationen").Activate
  i = Range("A15").Value
  i = i / divisor
  Range("A15").Value = i
End Sub
```

5.4.5   Werte potenzieren

Bei der Potenzierung von Werten verwenden Sie das »Dächelchen« auf der Tastatur. Dazu drücken Sie auf die Taste ⌃ und anschließend auf die ⎵, um das Zeichen auf den Bildschirm zu bringen.

Listing 5.66:
Werte potenzieren

```
Sub Rechenoperationen06()
Dim i As Integer
Const pot = 2
  Sheets("Rechenoperationen").Activate
  i = Range("A18").Value
```

```
i = i ^ pot
Range("A18").Value = i
End Sub
```

5.4.6   Komplexere Berechnungen

Im nachfolgenden Beispiel werden einige Rechenoperationen nacheinander ausgeführt. Dabei helfen die Klammern dabei, dass keine Missverständnisse bezüglich der Reihenfolge und der Berechnung auftreten.

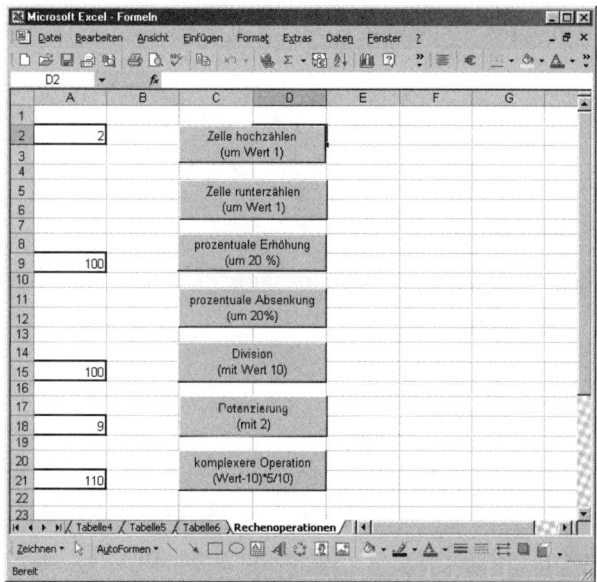

Abbildung 5.43:
Rechnen mit Excel in VBA

```
Sub Rechenoperationen07()
Dim i As Integer
Const subtrakt = 10
Const divisor = 10
Const multi = 5
 Sheets("Rechenoperationen").Activate
 i = Range("A21").Value
 i = (i - subtrakt) * (multi / divisor)
 Range("A21").Value = i
End Sub
```

Listing 5.67:
Komplexere Berechnungen ausführen

5.4.7   Funktionen erfassen

Standardmäßig werden Sie Funktionen wie SUMME, SVERWEIS, ZÄHLEN-WENN etc. über die normale Oberfläche von Excel in Ihre Tabellen eingeben. Selbstverständlich haben Sie aber auch die Möglichkeit, über VBA diese Funktionen in die einzelnen Zellen zu schreiben.

ZÄHLENWENN einfügen

Im ersten Beispiel fügen Sie die Tabellenfunktion ZÄHLENWENN in Zelle A11 ein. Dabei sollen im Zellenbereich A1:A10 alle Einträge gezählt werden, die den Wert 2 aufweisen. Das Makro für diese Aufgabe lautet:

Listing 5.68:
Werte zählen

```
Sub TabellenFunktionErfassen01()
Worksheets("Tabelle14").Range("A11").FormulaLocal = _
"=ZÄHLENWENN(Tabelle1!A2:A10;B1)"
End Sub
```

↗ Nicht oder wert 2

Über die Eigenschaft `FormulaLocal` haben Sie die Möglichkeit, die Namen der Funktionen in VBA genau so anzugeben, wie Sie diese in Ihre Tabelle manuell eintippen.

Abbildung 5.44:
Die Tabellenfunktion Zählenwenn einsetzen

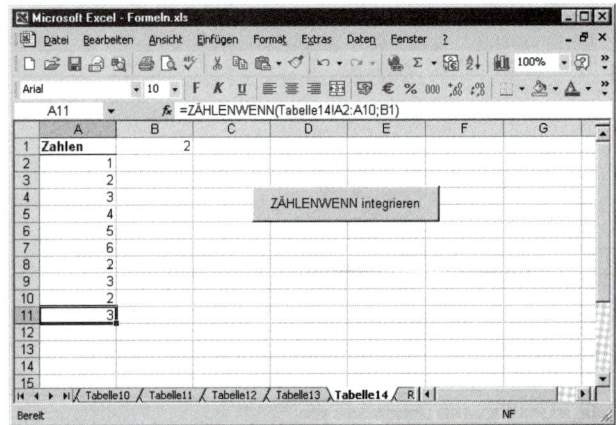

SVERWEIS einfügen

Im nächsten Beispiel werden Sie eine Auskunftsdatei erstellen. Dabei müssen bereits wenige Eingaben genügen, um auf einen Katalog zurückzugreifen und die restlichen Informationen zu holen. Für diese Aufgabe können Sie die Tabellenfunktion SVERWEIS einsetzen. Diese Funktion wird in mehreren Zellen benötigt. Orientieren Sie sich jetzt an der Abbildung 5.45.

Um den Preis in Zelle D17 anzuzeigen, muss zuerst der Schlüssel gebildet werden. Dieser setzt sich zusammen aus der jeweiligen Zelle der Gesellschaft sowie dem dazugehörigen Tarif. Der Schlüsselbegriff ist bereits in Spalte C gebildet worden. Mit diesem Schlüssel können Sie nun arbeiten und die Tabellenfunktion SVERWEIS einsetzen.

Die einzelnen Arbeitsschritte lauten:

➡ In Zelle A17 geben Sie die Gesellschaft ein, der Tarif wird danach über die Tabellenfunktion Sverweis ermittelt.

➡ Daraufhin wird automatisch der Schlüssel in Zelle C17 gebildet.

➡ Als letzte Teilaufgabe wird der Preis ermittelt.

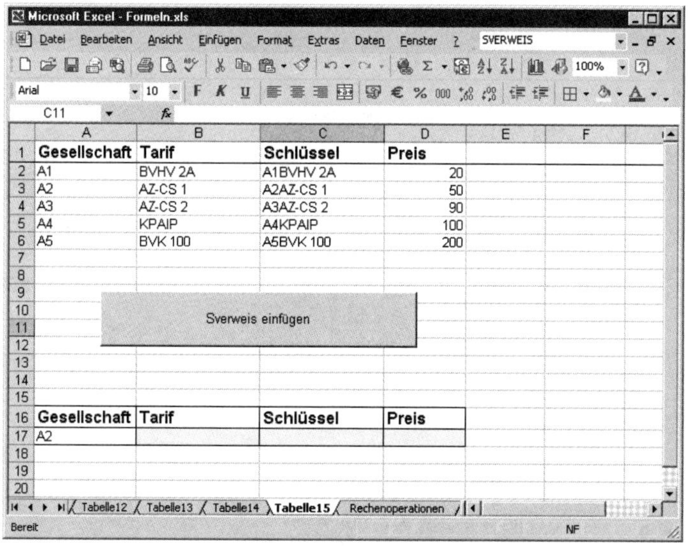

Abbildung 5.45:
Die Ausgangs-
tabelle

Alle diese Aufgaben können Sie mit einem Makro lösen, welches Sie in Listing 5.69 einsehen können.

```
Sub TabellenFunktonErfassen02()
Range("B17").FormulaLocal = _
 "=SVERWEIS(A17 ;A2:D6;2;FALSCH)"
Range("C17").FormulaLocal = "=A17&B17"
Range("D17").FormulaLocal = _
"=SVERWEIS(C17 ;C2:G6;2;FALSCH)"
End Sub
```

Listing 5.69:
Daten suchen und
zusammenziehen

Die Tabellenfunktion Sverweis benötigt mehrere Argumente.

SVERWEIS(SUCHKRITERIUM;MATRIX;SPALTENINDEX;BEREICHVERWEIS)

Zum einen müssen Sie bekannt geben, welche Zelle Sie als Suchkriterium verwenden möchten. Dabei nehmen Sie den Wert aus Zelle A17. Danach geben Sie den Datenbereich (MATRIX) an, der durchsucht werden soll. Im nächsten Argument geben Sie die Verschiebung an, von der der Mauszeiger nach links wandern soll, um den richtigen Wert zu finden. Das letzte Argument ist sehr wichtig und darf nicht vergessen werden. Es sorgt dafür, dass diese Tabellenfunktion auch funktioniert, wenn die Daten unsortiert vorliegen.

In Zukunft reicht es, wenn Sie lediglich die Gesellschaft in Zelle A17 erfassen. Alle anderen Angaben holt sich Excel aus dem darüber liegenden Datenbereich.

Abbildung 5.46:
Eine Eingabe – alles
andere macht die
Funktion

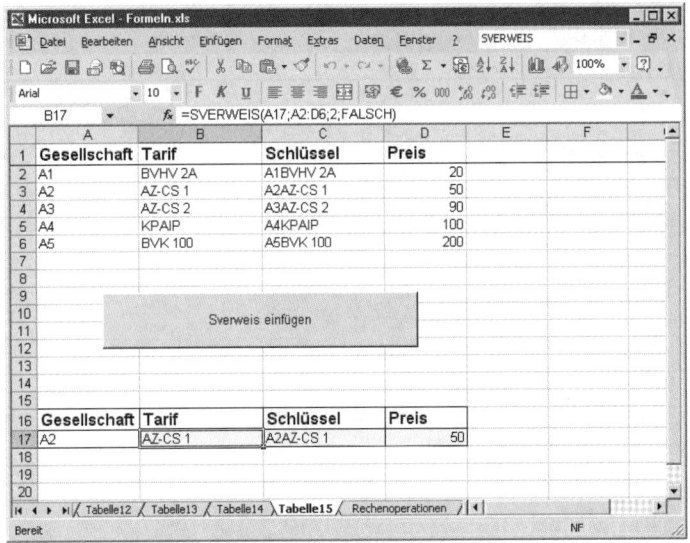

WENN einfügen

Ein wenig schwieriger wird es, wenn Sie eine verschachtelte Tabellenfunktion in eine Tabelle einfügen möchten. Schauen Sie sich als kleine Vorarbeit einmal die Abbildung 5.47 an.

Abbildung 5.47:
Die Ausgangsbasis
– die Tabelle ohne
Funktion

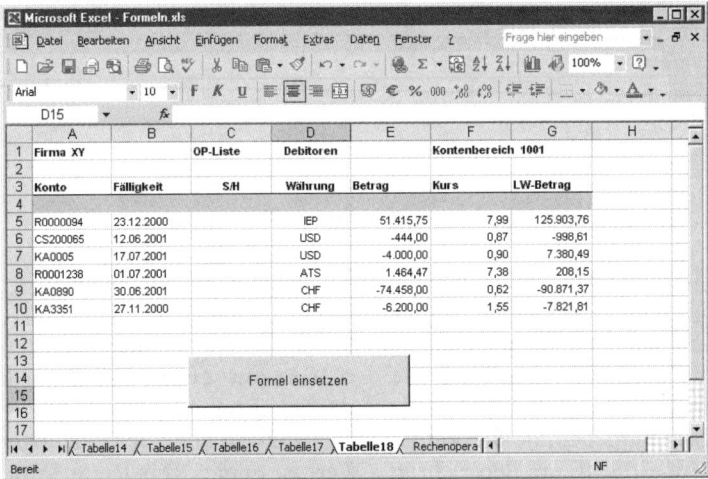

Die Offene-Posten-Liste (vereinfacht) muss noch ergänzt werden. In die Spalte C soll entweder der Text SOLL oder der Text HABEN in Abhängigkeit von der Spalte E ergänzt werden. Bauen Sie daher die Tabellenfunktion WENN() ein und erfassen zu diesem Zweck das Makro aus Listing 5.70.

Listing 5.70:
Soll / Haben
ermitteln

```
Sub TabellenFunktonErfassen03()
Dim i As Long
Sheets("Tabelle18").Activate
```

```
Range("C5").Select
For i = 1 To ActiveSheet.UsedRange.Rows.Count - 4
 ActiveCell.FormulaLocal = _
 "=WENN(" & ActiveCell.Offset(0, 2).Address & _
  " >1;""Soll"";""Haben"")"
 ActiveCell.Offset(1, 0).Select
Next i
End Sub
```

Setzen Sie eine Schleife auf, die so lange durchlaufen wird, bis alle verwendeten Zeilen der Tabelle abgearbeitet worden sind. Von dieser Gesamtzahl
müssen Sie aber noch den Wert 4 abziehen, da Sie erst in der fünften Zeile
aufsetzen. Die Zeilen darüber sind für die Überschrift reserviert und dürfen
daher nicht verarbeitet werden. Basteln Sie sich nun die WENN-Funktion.
Dabei ist es hilfreich, wenn Sie diese Funktion einmal testweise manuell in
Ihre Tabelle schreiben und danach Schritt für Schritt versuchen, diese Funktion in VBA abzubilden.

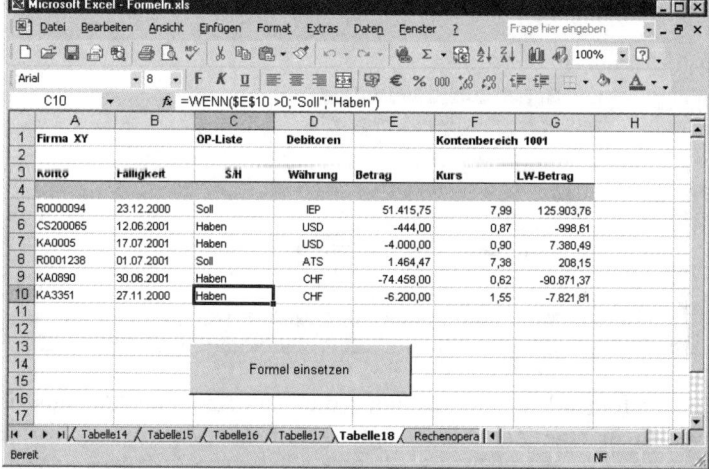

Abbildung 5.48:
Die Tabellenfunk-
tion WENN wurde
integriert.

Im nächsten Beispiel fügen Sie die Tabellenfunktion SUMME ein. Die
Besonderheit daran ist, dass Sie den zu summierenden Bereich über eine
Inputbox erfassen und danach die Funktion einfügen. Bei dieser Aufgabe
müssen Sie sich natürlich vorher merken, wo Sie die Tabellenfunktion einfü-
gen möchten. Die Tabellenfunktion wird beim Listing 5.71 genau in der
Zelle erfasst, die zum Start des Makros aktiviert war.

SUMME
einfügen

```
Sub TabellenFunktonErfassen04()
Dim Bereich As Range
   Dim s As String
   s = ActiveCell.Address
   Set Bereich = Application.InputBox _
 ("Wählen Sie den Bereich, den Sie summieren möchten", _
```

Listing 5.71:
Flexible Summe
einfügen

```
  Type:=8)
   Range(s).Select
   ActiveCell.FormulaLocal = _
  "=SUMME(" & Bereich.Address & ")"
End Sub
```

Erfahren Sie mehr über die Programmierung von Inputboxen in Kapitel 14.

REF

Abbildung 5.49:
Bereich für die
Summierung selbst
auswählen

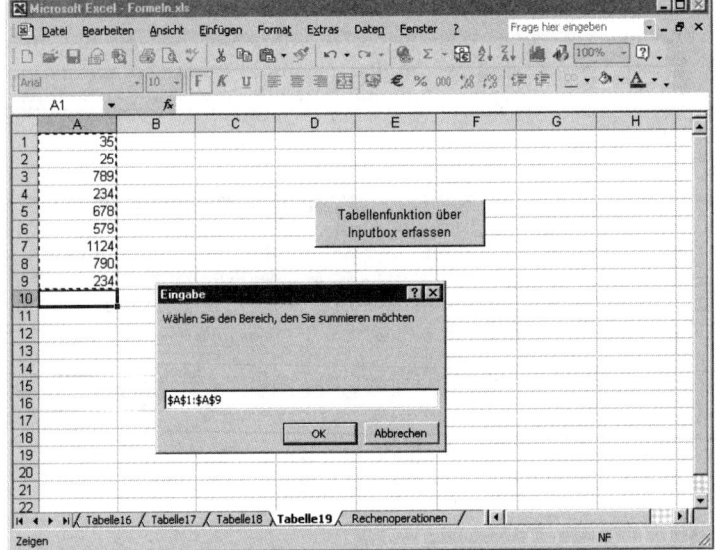

EDATUM erfassen In der folgenden Aufgabe wird die Funktion EDATUM aus dem Analyse-Add-In in eine Zelle eingefügt. Damit das Makro aus Listing 5.72 auch funktioniert, müssen Sie vorher das ANALYSE-ADD-IN im Add-In-Manager einbinden.

Listing 5.72:
EDATUM einfügen

```
Sub FunktionErfassen05()
Dim zelle As Range
Set zelle = ActiveCell
With zelle
 .FormulaLocal = "=EDATUM(A1;1)"
End With
End Sub
```

Die Tabellenfunktion EDATUM können Sie einsetzen, wenn Sie ausgehend von einem Datum ein weiteres ausrechnen möchten. So rechnet die Formel =EDATUM(A1;1) das Datum aus, welches genau einen Monat weiter in der Zukunft liegt.

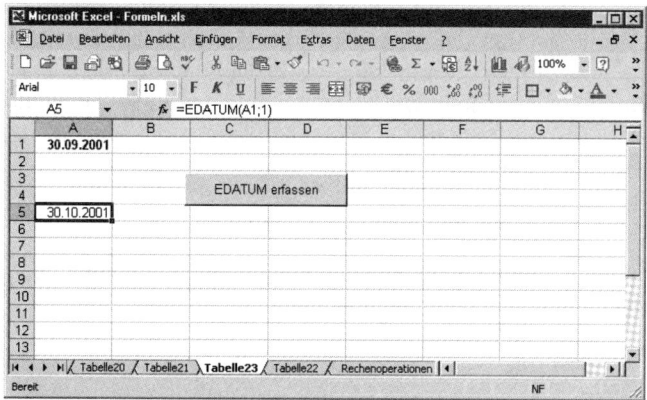

Abbildung 5.50:
Genau einen Monat
später

*Möchten Sie eine Formel ausgeben, welche in einer Zelle steht, dann ver-
wenden Sie den Befehl* MsgBox ActiveCell.FormulaLocal.

:-)
TIPP

5.4.8   Auswertungen durchführen

Auf den folgenden Seiten sollen Daten ausgewertet werden.

Dabei gehen Sie so vor:

STEP

1. Erzeugen Sie per Makro ein paar Testdaten im Bereich D6:G12.

2. Runden Sie die Zahlen auf zwei Stellen hinterm Komma.

3. Finden Sie den höchsten Wert im Bereich.

4. Ermitteln Sie die fünf kleinsten Werte im Bereich.

5. Geben Sie die fünf höchsten Werte im Bereich aus.

6. Ermitteln Sie den Durchschnittswert aus den fünf höchsten Werten des
    Bereichs.

Im ersten Schritt erzeugen Sie einmal ein paar Testdaten im Zellenbereich
D6:G12. Dazu setzen Sie das Makro aus Listing 5.73 ein.

```
Sub BereichMitZufallszahlenFüllen()
Dim Ber As Range
Dim Zelle As Range
Sheets("Tabelle8").Activate
Set Ber = Range("D6:G12")
Ber.Select
For Each Zelle In Ber
 Zelle.Value = Rnd(Zelle.Value) * 100
Next Zelle
End Sub
```

Listing 5.73:
Zufallsdaten
erzeugen

Im ersten Schritt aktivieren Sie die Tabelle 8 über die Methode `Activate`. Dort angelangt definieren Sie den Bereich mit Ihren Daten über die Anweisung `Set`. Jetzt kommt die Funktion `Rnd` ins Spiel. Die `Rnd`-Funktion gibt einen Wert zurück, der kleiner als 1, aber größer als oder gleich Null ist. Deshalb multiplizieren Sie den Wert mit dem Multiplikator 100. Die Schleife sorgt dafür, dass alle Zellen im definierten Bereich mit den Zufallszahlen versorgt werden.

Abbildung 5.51:
Zufallsdaten
erzeugen

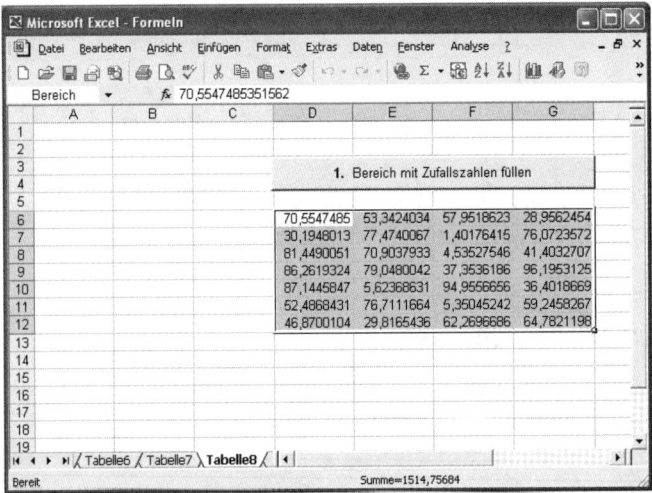

Die Daten liegen noch in einer unmöglichen Form vor. Jetzt sollten Sie die erzeugten Daten runden. Dazu setzen Sie das Makro aus Listing 5.74 ein.

Listing 5.74:
Zufallsdaten runden

```
Sub ZahlenRundenInBereich()
Dim Ber As Range
Dim Zelle As Range
Sheets("Tabelle8").Activate
Set Ber = Range("D6:G12")
Ber.Select
For Each Zelle In Ber
 Zelle.Value = Application.Round(Zelle.Value, 2)
Next Zelle
End Sub
```

Setzen Sie in einer Schleife die Funktion `Round` ein, um die Werte zu runden. Geben Sie im ersten Argument der Funktion an, was Sie runden möchten. Das zweite Argument gibt an, wie viele Stellen rechts vom Dezimalpunkt beim Runden berücksichtigt werden sollen. Wird dieser Wert übrigens ausgelassen, gibt die `Round`-Funktion Ganzzahlen zurück.

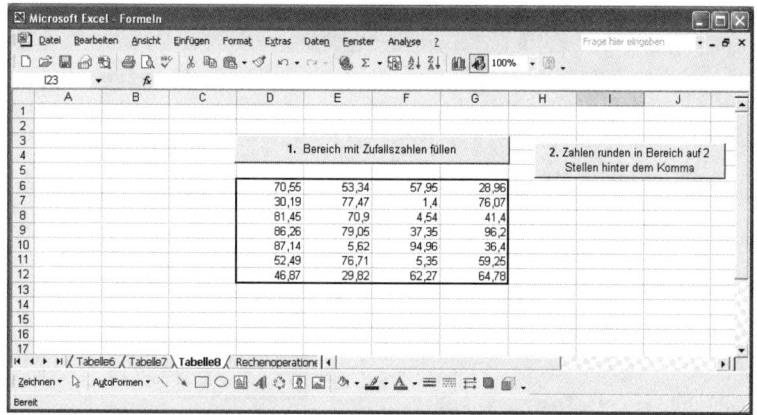

Abbildung 5.52:
Die Ausgangsbasis
stimmt jetzt.

Gehen Sie nun an die Auswertung Ihrer Daten. Zuerst ermitteln Sie den höchsten Wert im Bereich D6:G12. Dazu kommt das Makro aus Listing 5.75 zum Einsatz.

```
Sub MaximumFinden()
Dim Ber As Range
Sheets("Tabelle8").Activate
Set Ber = Range("D6:G12")
MsgBox Application.WorksheetFunction.Max(Ber)
End Sub
```

Listing 5.75:
Maximalwert finden

Den höchsten Wert im Bereich D6:G12 können Sie ermitteln, indem Sie die Eigenschaft WorkSheetFunction einsetzen. Damit haben Sie Zugriff auf genau die Funktionen, die Sie auch auf Ihren Tabellen beispielsweise über den Funktionsassistenten verwenden. Bei der Funktion Max geben Sie an, in welchem Bereich Sie den Maximalwert finden möchten.

Die Tabellenfunktion MAX entspricht dabei der Funktion Max *in VBA. Dass diese beiden Funktionen hier genau gleich lauten, ist eher Zufall. Die allermeisten Funktionen unterscheiden sich hierbei ganz erheblich, sodass Sie Schwierigkeiten bekommen können, wenn Sie zu einer deutschen Tabellenfunktion die entsprechende englische VBA-Funktion finden möchten. Wenn Sie auf der Suche nach einer Umschlüsselungsliste sind, dann brauchen Sie nicht lange zu suchen. Sie finden diese im Office-Verzeichnis unter dem Namen VBALISTE.XLS*

INFO

Vielleicht kennen Sie die Filterfunktion TOP 10 aus dem Autofilter von Excel, den Sie in einer Tabelle anwenden können. Diese Funktion können Sie auch in VBA programmieren. Für unsere Aufgabe sollen die fünf niedrigsten Werte im Bereich B6:G12 ermittelt werden. Für diese Aufgabe können Sie das Listing 5.76 einsetzen.

Abbildung 5.53:
Den Maximalwert
ermitteln

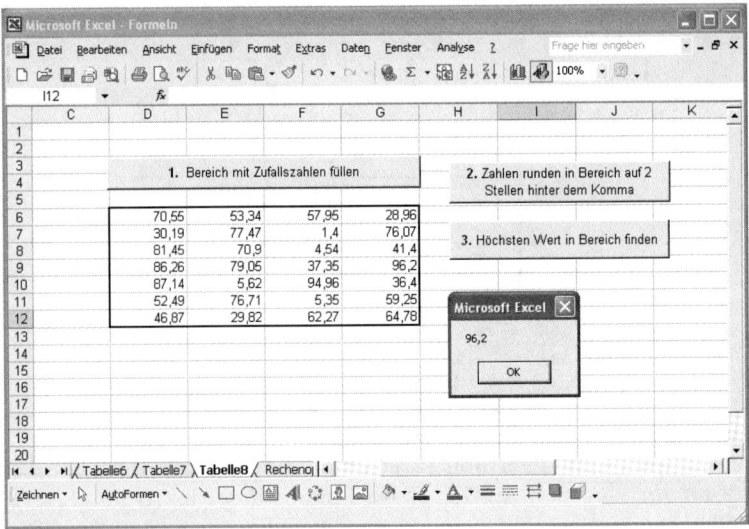

Listing 5.76:
Die fünf kleinsten
Werte finden

```
Sub FünfKleinsteWerteInBereichFinden()
Dim wert1 As Single
Dim Wert2 As Single
Dim wert3 As Single
Dim wert4 As Single
Dim wert5 As Single
Dim Ber As Range

Sheets("Tabelle8").Activate
Set Ber = Range("D6:G12")
wert1 = Application.WorksheetFunction.Small(Ber, 1)
Wert2 = Application.WorksheetFunction.Small(Ber, 2)
wert3 = Application.WorksheetFunction.Small(Ber, 3)
wert4 = Application.WorksheetFunction.Small(Ber, 4)
wert5 = Application.WorksheetFunction.Small(Ber, 5)
MsgBox "Wert 1: " & wert1 & Chr(13) & _
       "Wert 2: " & Wert2 & Chr(13) & _
       "Wert 3: " & wert3 & Chr(13) & _
       "Wert 4: " & wert4 & Chr(13) & _
       "Wert 5: " & wert5
End Sub
```

Im ersten Schritt definieren Sie Ihre Variablen. Weisen Sie den Variablen
wert1-wert5 den Datentyp Single zu. Damit können Sie Zahlenwerte inklusive der Nachkomastellen speichern. Danach definieren Sie wieder Ihren
Datenbereich mit Hilfe der Anweisung Set. Verwenden Sie jetzt die Funktion Small, der Sie im ersten Argument den auszuwertenden Bereich bekannt
geben und im zweiten Argument die Rangfolge übergeben. Mit dem Befehl
Application.WorksheetFunction.Small(Ber, 5) werden beispielsweise die fünf
niedrigsten Werte im Bereich ber ermittelt. Geben Sie am Ende alle ermittel-

ten Werte in einem Meldungsfenster aus. Um den Zeilenumbruch im Meldungsfenster hinzubekommen, setzen Sie die Funktion Chr ein. Dieser Funktion übergeben Sie den Zeichencode 13, was automatisch dafür sorgt, dass ein Zeilenumbruch vorgenommen wird.

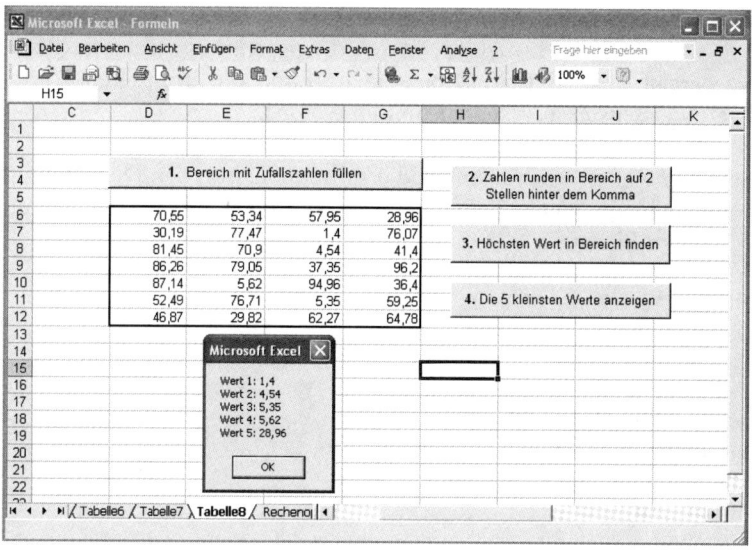

Abbildung 5.54:
Die fünf kleinsten
Werte ausgeben

Im nächsten Teilschritt sollen die fünf höchsten Werte im Datenbereich D6:G12 gefunden und auf dem Bildschirm angezeigt werden. Diese Aufgabe lösen Sie mit dem Makro aus Listing 5.77.

```
Sub FünfGrößteWerteInBereichFinden()
Dim wert1 As Single
Dim Wert2 As Single
Dim wert3 As Single
Dim wert4 As Single
Dim wert5 As Single
Dim Ber As Range

Set Ber = Range("D6:G12")
wert1 = Application.WorksheetFunction.Large(Ber, 1)
Wert2 = Application.WorksheetFunction.Large(Ber, 2)
wert3 = Application.WorksheetFunction.Large(Ber, 3)
wert4 = Application.WorksheetFunction.Large(Ber, 4)
wert5 = Application.WorksheetFunction.Large(Ber, 5)

MsgBox "Wert 1: " & wert1 & Chr(13) & _
       "Wert 2: " & Wert2 & Chr(13) & _
       "Wert 3: " & wert3 & Chr(13) & _
       "Wert 4: " & wert4 & Chr(13) & _
       "Wert 5: " & wert5
End Sub
```

Listing 5.77:
Die fünf größten
Werte finden

Im ersten Schritt definieren Sie Ihre Variablen. Weisen Sie den Variablen wert1-wert5 den Datentyp `Single` zu. Damit können Sie Zahlenwerte inklusive der Nachkommastellen speichern. Danach definieren Sie Ihren Datenbereich mit Hilfe der Anweisung `Set`. Verwenden Sie jetzt die Funktion `Large`, der Sie im ersten Argument den auszuwertenden Bereich bekannt geben und im zweiten Argument die Rangfolge übergeben. Mit dem Befehl `Application.WorksheetFunction.Large(Ber, 2)` wird beispielsweise der zweithöchste Wert im Bereich ber ermittelt. Geben Sie am Ende alle ermittelten Werte in einem Meldungsfenster aus (siehe Abbildung 5.55).

Setzen Sie noch einen drauf und ermitteln Sie nun den Durchschnitt aus den fünf höchsten Werten im Datenbereich D6:G12. Dazu kommt das Listing 5.78 zum Einsatz:

Listing 5.78:
Mittelwert aus den höchsten Werten bilden

```
Sub Top5AvgInBereichFinden()
Dim wert1 As Single
Dim Wert2 As Single
Dim wert3 As Single
Dim wert4 As Single
Dim wert5 As Single
Dim durch As Single
Dim Ber As Range

Set Ber = Range("D6:G12")
wert1 = Application.WorksheetFunction.Large(Ber, 1)
Wert2 = Application.WorksheetFunction.Large(Ber, 2)
wert3 = Application.WorksheetFunction.Large(Ber, 3)
wert4 = Application.WorksheetFunction.Large(Ber, 4)
wert5 = Application.WorksheetFunction.Large(Ber, 5)
durch = Application.WorksheetFunction.Average _
(wert1, Wert2, wert3, wert4, wert5)
MsgBox "Wert 1: " & wert1 & Chr(13) & _
       "Wert 2: " & Wert2 & Chr(13) & _
       "Wert 3: " & wert3 & Chr(13) & _
       "Wert 4: " & wert4 & Chr(13) & _
       "Wert 5: " & wert5 & Chr(13) & _
       Chr(13) & "Der Top-5 Wert ist: " & _
       durch
End Sub
```

Der erste Teil des Makros aus Listing 5.78 entspricht dem Makro aus Listing 5.77. Erst danach unterscheiden sich beide Makros. Um den Mittelwert zu bestimmen, setzen Sie die Funktion `Average` ein. Übergeben Sie dieser Funktion die vorher ermittelten Maximalwerte.

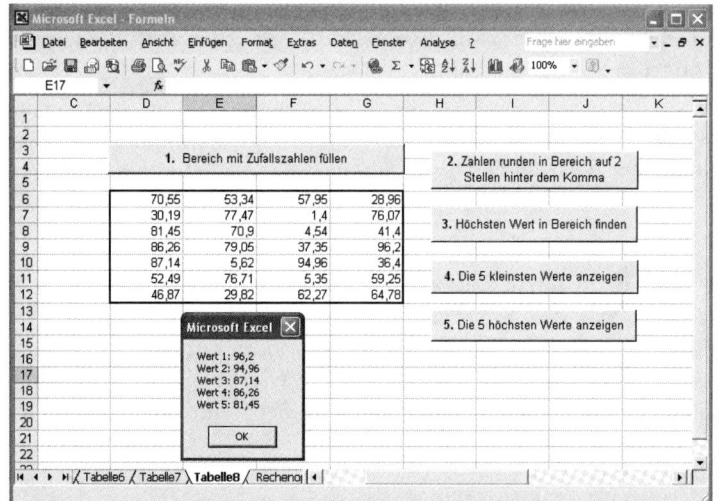

Abbildung 5.55:
Die fünf höchsten
Werte ausgeben

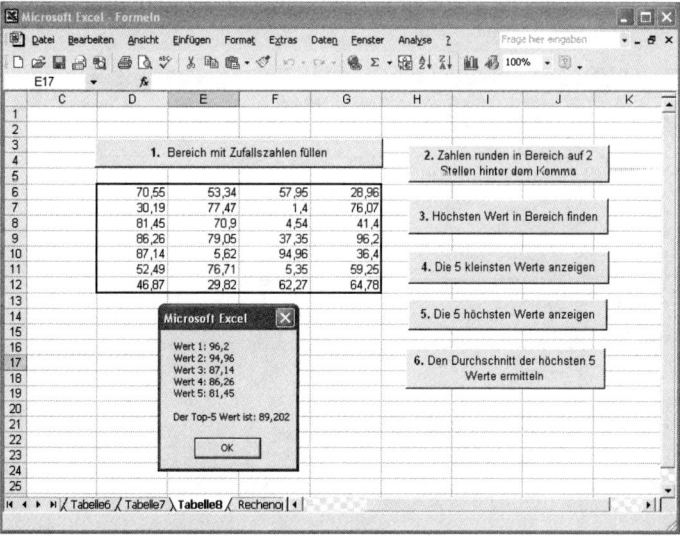

Abbildung 5.56:
Mittelwert aus den
höchsten fünf
Werten bilden

5.4.9 Bereiche summieren

Sicher kennen Sie die wohl am häufigsten verwendete Zellenfunktion in
Excel. Die Funktion SUMME können Sie auch in VBA wie folgt einsetzen:

```
Sub BereichSummieren()
 Sheets("Tabelle1").Activate
 Range("A10").Formula = _
 WorksheetFunction.Sum(Range("A1:A9"))
End Sub
```

Listing 5.79:
Bereiche summie-
ren (Formel als
Ergebnis einfügen)

Da es sich beim Beispiel aus Listing 5.79 um den Einsatz einer Funktion handelt, müssen Sie die Eigenschaft Formula verwenden, um der Zelle die Funktion Sum zuzuweisen.

TIPP

Weitere wichtige Worksheet-Funktionen sind Max, Min, Average, *welche den höchsten, den kleinsten und den Durchschnittswert einer Liste ermitteln.*

*Funktion dauer-
haft einfügen*

Wenn Sie die letzte Aufgabe noch einmal genau betrachten, werden Sie feststellen, dass das Ergebnis aus einem festen Wert besteht. Für bestimmte Fälle ist es jedoch besser, die Funktion einzufügen. Im folgenden Beispiel wird daher dieselbe Aufgabe gelöst wie eben beschrieben, nur mit dem Unterschied, dass dieses Mal die Summenfunktion erhalten bleibt.

Listing 5.80:
Bereiche summie-
ren (Formel als
Formel erhalten)

```
Sub SummeBereichInZelleA10()
  Worksheets("Tabelle1").Range("A10").Formula = _
  "=sum(A1:A9)"
End Sub
```

Abbildung 5.57:
Summenbildung in
VBA

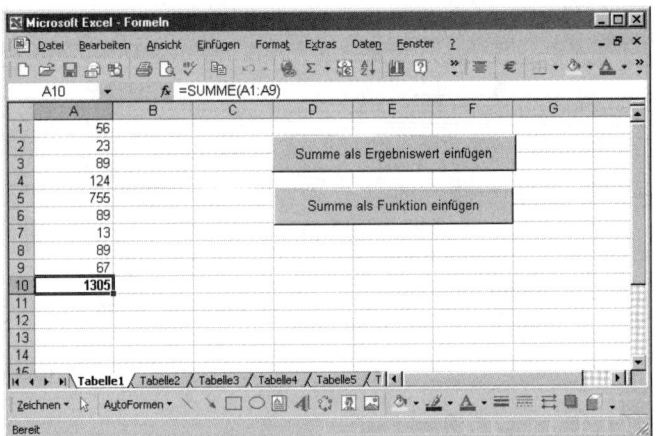

5.4.10   Mittelwert über Inputbox ermitteln

In der folgenden Aufgabe geht es darum, einen Mittelwert eines markierten Bereiches zu ermitteln. Dazu wird der Bereich über eine Inputbox markiert und anschließend ausgewertet. Das Makro für diese Aufgabe sehen Sie in Listing 5.81.

Listing 5.81:
Mittelwert
errechnen

```
Sub MittelwertMitInputbox()
Dim Bereich As Range
On Error Resume Next
  Set Bereich = Application.InputBox _
```

```
(Prompt:="Markieren Sie den Zellbereich:", Type:=8)
MsgBox WorksheetFunction.Average(Bereich)
End Sub
```

Definieren Sie zuerst eine Variable vom Typ Range. Danach wenden Sie die Methode Inputbox an, um einen Dialog aufzurufen. Jetzt muss ein Bereich auf dem Tabellenblatt ausgewählt werden. Damit die Inputbox diesen Bereich richtig wiedergeben kann, müssen Sie die Inputbox-Methode vom Type:=8 anwenden, welche einen Zellenbezug speichern kann. Bestätigen Sie nach der Auswahl eines Zellenbereiches den Dialog mit der Schaltfläche OK. Jetzt ermittelt die Funktion Average den Durchschnittswert des ausgewählten Bereiches und gibt diesen in einer Bildschirmmeldung aus. Möchten Sie den Dialog jedoch beenden, ohne die Mittelwertrechnung auszuführen, sorgt die On Error-Anweisung dafür, dass es zu keiner Makro-Fehlermeldung kommt.

5.4.11   Eurokonvertierung leicht gemacht

Recht interessant ist auch die folgende Aufgabe: Es werden in einer Tabelle innerhalb des markierten Bereiches die DM-Beträge in Euro-Beträge umgewandelt. Dabei dürfen nur Zellen konvertiert werden, die Zahlenwerte beinhalten. Zellen, die Formeln und Texte enthalten, müssen ignoriert werden. Auch bei der Formatierung muss das Währungszeichen ausgetauscht werden. Andere Formate wie z. B. das Datumsformat bzw. Textformate sollen erhalten bleiben. Nur für Zahlenwerte darf der Austausch des Währungszeichens durchgeführt werden.

DM —> €

Setzen Sie nun die Tabelle um, indem Sie das Makro aus Listing 5.82 starten.

```
Sub DMinEUROUmrechnen()
Dim Zelle As Range
For Each Zelle In Selection
 If Zelle.HasFormula = True Or IsNumeric(Zelle) = False_
 Or IsEmpty(Zelle) Or IsDate(Zelle) Then
 Else
  Zelle = Zelle / 1.95583
 End If
 If IsEmpty(Zelle) Or IsDate(Zelle) Then
 Else
 Zelle.NumberFormat = "#,##0.00 €;-#,##0.00 €"
 End If
Next Zelle
End Sub
```

Listing 5.82:
DM in EURO
umrechnen mit
Umstellung des
Währungsformats

Abbildung 5.58:
Eine Tabelle mit der
Währung DM

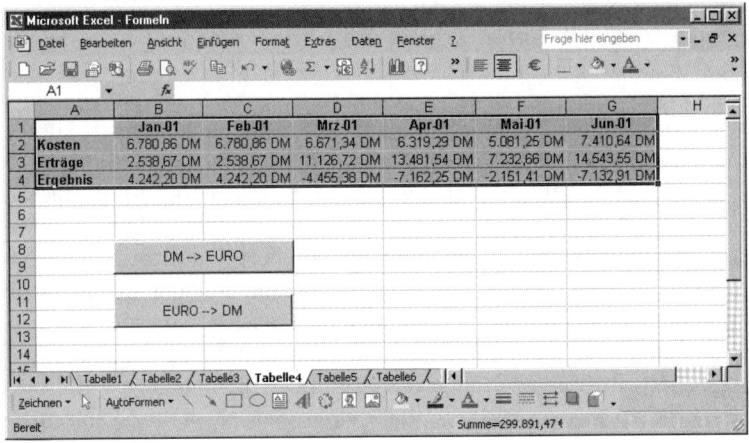

Im markierten Bereich werden mit Hilfe einer For Each-Schleife alle Zellen durchlaufen und geprüft bzw. umgesetzt. Die Umrechnung darf nur bei Zellen ausgeführt werden, die einen numerischen Wert aufweisen; daher schließen Sie Zellen, die leer sind oder einen Text, Datumsangaben oder Formeln beinhalten, von der Umrechnungsaktion aus. Im zweiten Schritt müssen Sie darauf achten, dass das Währungsformat nur bei Zellen angewandt wird, die einen numerischen Wert enthalten.

!!
STOP

Zellen mit Datumsformaten und Leerzellen dürfen auf keinen Fall mit dem Währungsformat belegt werden!

Abbildung 5.59:
Das Ergebnis: die
umgerechnete
Tabelle mit
€-Werten

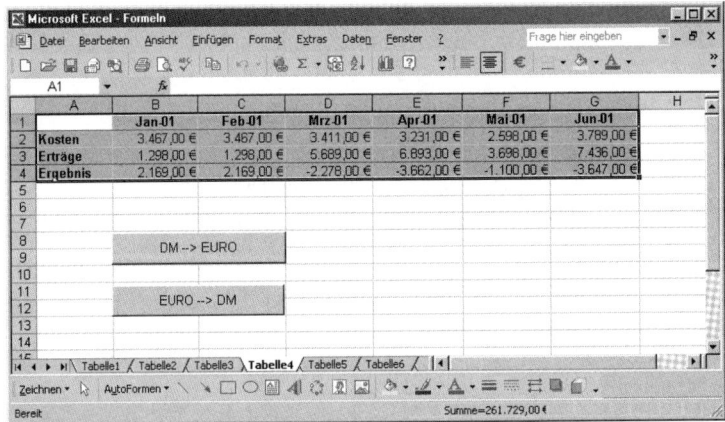

€—> DM   Aber auch der umgekehrte Vorgang ist denkbar, also eine Umrechnung von € in DM-Beträge.

```
Sub EUROinDMumrechnen()
Dim Zelle As Range
For Each Zelle In Selection
 If Zelle.HasFormula = True Or _
 IsNumeric(Zelle) = False _
 Or IsEmpty(Zelle) Or IsDate(Zelle) Then
  Else
  Zelle = Zelle * 1.95583
  End If
  If IsEmpty(Zelle) Or IsDate(Zelle) Then
  Else
  Zelle.NumberFormat = "#,##0.00 $;-#,##0.00 $"
  End If
Next Zelle
End Sub
```

Listing 5.83:
€ in DM umrechnen
mit Umstellung des
Währungsformats

5.4.12 Formeln und Verknüpfungen schneller finden

Oft bekommt man eine fremde Excel-Arbeitsmappe und muss sich dann erst einmal durch unzählige Verknüpfungen, Formeln und Funktionen durcharbeiten. Zwar hilft die Tastenkombination Strg + # weiter, die alle Zellen so weit vergrößert, dass die Formeln, Funktionen sowie Verknüpfungen leichter gefunden werden können, doch eine dauerhafte Lösung bietet diese Vorgehensweise auch nicht. Stattdessen können Sie ein Makro programmieren, welches alle Zellen, die Formeln, Funktionen oder Verknüpfungen enthalten, einfärbt. Die Lösung dieser Aufgabe sehen Sie im Makro aus dem Listing 5.84.

```
Sub FormelZellenFärben()
Dim Zelle As Range
 Sheets("Tabelle2").Activate
 Selection.SpecialCells(xlCellTypeFormulas, 23).Select
 For Each Zelle In Selection
  Zelle.Interior.ColorIndex = 15
 Next Zelle
End Sub
```

Listing 5.84:
Alle Formelzellen
einfärben

Mit Hilfe der Methode SpecialCells, der Sie die Konstante xlCell-Type Formulas übergeben, werden alle Zellen auf dem Tabellenblatt markiert, die entweder Formeln, Funktionen oder Verknüpfungen enthalten. Danach können Sie diese ermittelten Zellen über eine For Each-Schleife einfärben. Um die Zelle einzufärben, greifen Sie auf das Objekt Interior zurück, welches den Innenbereich eines Objekts darstellt, und weisen danach über die Eigenschaft ColorIndex den Index für die Farbe Grau zu.

Abbildung 5.60:
Alle Formelzellen
sind leicht sichtbar.

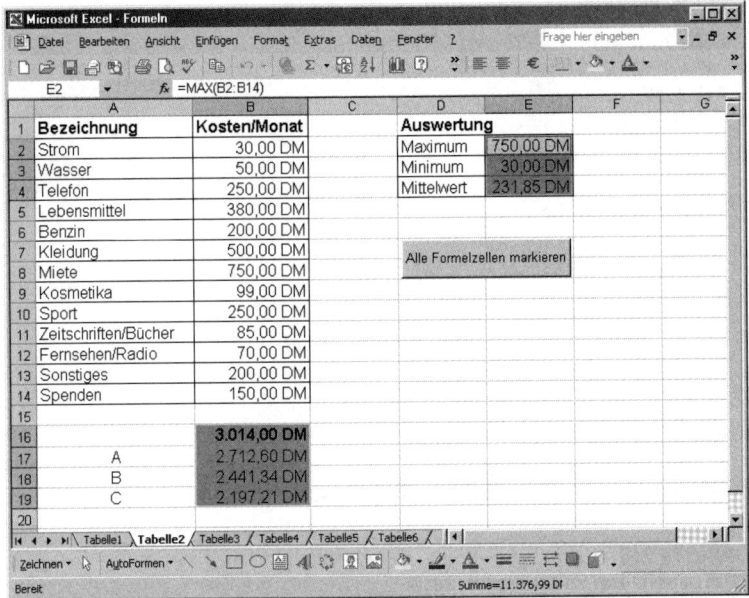

Die Selektion aller Formelzellen ist nach Ablauf des Makros immer noch gegeben. Mit der Taste ⇆ können Sie nun von Formelzelle zu Formelzelle springen.

INFO

Entnehmen Sie der Tabelle 5. 7 exemplarisch weitere Indizes für Farben, die Sie als Zellenhintergrund verwenden können.

Tabelle 5.7:
Ein kleiner
Ausschnitt aus den
56 Farben, die
Excel anbietet

Colorindex	Farbe
1	Schwarz
2	Weiß
3	Rot
4	Grün
5	Blau
6	Gelb
7	Magenta
8	Cyan
9	Braun

Wenn Sie möchten, können Sie sich ein kleines Makro schreiben, welches Ihnen alle 56 Farben in einem Tabellenblatt abbildet. Sie können dann in Ruhe Ihre gewünschten Farben auswählen.

Das Makro für die Darstellung aller Farben können Sie Listing 5.85 entnehmen.

```
Sub FarbenAnsehen()
Dim i As Integer
 Sheets("Tabelle3").Activate
 Range("A1").Select
 For i = 1 To 28
  ActiveCell.Interior.ColorIndex = i
  ActiveCell.Offset(1, 0).Value = i
  ActiveCell.Offset(0, 1).Select
 Next i
 Range("A4").Select
 For i = 29 To 56
  ActiveCell.Interior.ColorIndex = i
  ActiveCell.Offset(1, 0).Value = i
  ActiveCell.Offset(0, 1).Select
 Next i
End Sub
```

Listing 5.85:
Farbenpalette von Excel auslesen

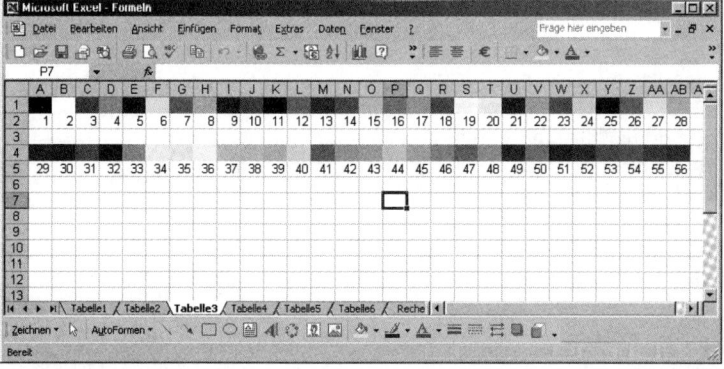

Abbildung 5.61:
Alle 56 Farben mit ColorIndex

5.4.13   Texte finden

Um einen bestimmten Text bzw. eine Zeichenfolge in einer Tabelle zu finden, können Sie über die Suchen-Funktion aus dem Menü Bearbeiten gehen. Diese Suchen-Funktion können Sie aber auch über ein Makro ausführen.

Hier haben Sie die Möglichkeit, die gefundenen Zellen auch gleich farblich zu kennzeichnen. In der nächsten Abbildung sehen Sie, wie die Zeichenfolge xxx (klein geschrieben) in mehreren Zellen gefunden und farblich gekennzeichnet wird.

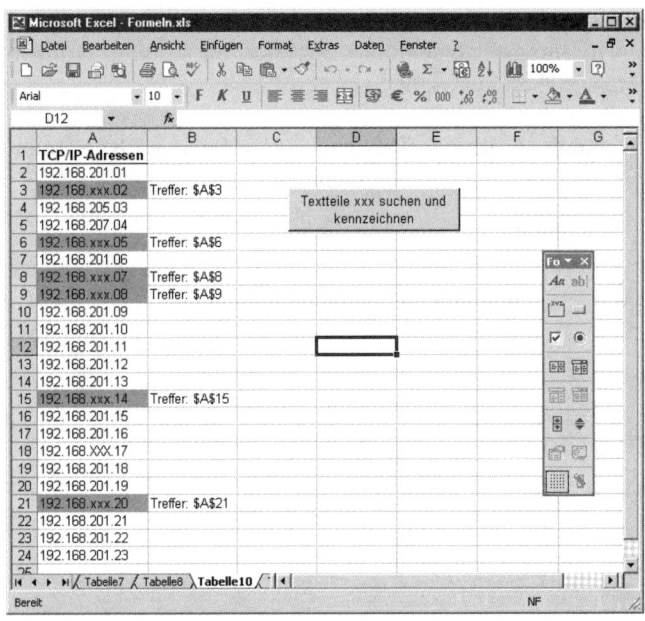

Um die noch nicht vollständigen IP-Adressen schnell ausfindig zu machen, schreiben Sie das Makro aus Listing 5.86.

```
Sub TextTeileSuchen()
  Dim Zelle As Range
  For Each Zelle In Selection
    If InStr(Zelle, "xxx") > 0 Then
      Zelle.Interior.ColorIndex = 4
      Zelle.Offset(0, 1).Value = "Treffer: " & _
        Zelle.Address
    End If
  Next Zelle
End Sub
```

Mit einer Schleife arbeiten Sie alle Zellen innerhalb einer Markierung ab. Mit Hilfe der Funktion InStr überprüfen Sie, ob die Zeichenfolge »xxx« in der jeweiligen Zelle vorkommt. Wenn ja, dann wenden Sie die Eigenschaft ColorIndex auf die Innenfläche der Zelle (Interior) an und weisen dieser Eigenschaft den Wert 4 (Grün) zu. Über die Eigenschaft Address schreiben Sie die Zellenadresse der ermittelten Zelle in die Nebenzelle.

Aber hoppla, was ist hier passiert?

Werfen Sie einmal einen Blick in die Zeile 18 der Abbildung 5.62. Dort wurde eine unvollständige IP-Adresse nicht farblich hinterlegt. Wenn Sie die Zelle A18 mit den anderen Zellen vergleichen, werden Sie feststellen, dass in dieser Zelle die drei Buchstaben groß geschrieben sind. Somit macht Excel im Listing 5.86 eine Unterscheidung zwischen Groß- und Kleinschreibung. In vielen Fällen ist gerade diese Unterscheidung zwingend erforderlich, in unserem Beispiel aber eher nicht. Für unseren Zweck können wir das Makro aus Listing 5.86 ein wenig umschreiben. Das Resultat sehen Sie in Listing 5.87.

```
Sub TextTeileSuchenII()
  Dim Zelle As Range
  For Each Zelle In Selection
    If InStr(Zelle, ("xxx")) > 0 _
    Or InStr(Zelle, ("XXX")) > 0 Then
     Zelle.Interior.ColorIndex = 4
     Zelle.Offset(0, 1).Value = "Treffer: " _
    & Zelle.Address
    End If
  Next Zelle
End Sub
```

Listing 5.87:
IP-Adressen kennzeichnen (Groß- und Kleinschreibung)

Um sicherzustellen, dass alle noch nicht vollständigen IP-Adressen gefunden und gekennzeichnet werden, bauen Sie eine weitere Abfrage ein, die sie mit dem Operator Or verbinden.

5.4.14 Daten bereinigen nach Datentransfer

Wenn Sie Daten von anderen Systemen wie Großrechnern oder Servern einlesen, haben Sie vielleicht schon einmal festgestellt, dass unerwünschte Zeichen mit übertragen werden. Diese Zeichen nennt man »nicht druckbare Zeichen«. Auch kann es vorkommen, dass Excel Zahlenwerte nicht richtig erkennt und diese stattdessen als Text konvertiert. Auf den ersten Blick fällt das nicht immer gleich auf. Erst wenn Sie versuchen, mit diesen Werten zu rechnen, gibt es Probleme.

Nachfolgend werden zwei Lösungen vorgestellt, die zum einen die nicht druckbaren Zeichen aus einer Tabelle entfernen und zum anderen Excel dazu bewegen, Zahlenwerte richtig zu interpretieren.

```
Sub ZellenSäubern()
Dim Zelle As Range
For Each Zelle In ActiveSheet.UsedRange
    With Zelle
    If .HasFormula = False Then
    .Value = Application.WorksheetFunction.Clean(.Value)
    End If
    End With
Next Zelle
End Sub
```

Listing 5.88:
Daten bereinigen nach Datentransfer

Im benutzten Bereich der Tabelle wird die Säuberungsaktion nur bei Zellen durchgeführt, die keine Verknüpfungen und keine Formeln enthalten. Für diese Abfrage wenden Sie die Eigenschaft HasFormula an. Gibt diese Eigenschaft den Wert True zurück, handelt es sich um eine Zelle, die eine Formel oder Verknüpfung enthält. Handelt es sich um eine normale Zelle, gibt die Eigenschaft Hasformula den Wert False zurück. Danach wenden Sie die Funktion Clean an, die alle nicht druckbaren Zeichen entfernt.

Zahlenwerte richtig interpretieren

Im nächsten Beispiel wird Excel gezwungen, importierte Zahlenwerte auch als solche zu erkennen. Am schnellsten prüfen Sie, ob Ihre Daten richtig übertragen wurden, indem Sie einfach mal versuchen, eine Summe über die Zahlenwerte zu ziehen. Meldet die Funktion den Wert 0, können Sie davon ausgehen, dass Excel die Zahlenwerte als Text interpretiert. Im nächsten Schritt werden Sie wahrscheinlich probieren, den Zellen noch einmal ein Zahlenformat über den Dialog ZELLEN FORMATIEREN zuzuweisen. Aber auch diese Aktion bringt nicht den gewünschten Erfolg. Wenn es sich nur um ein paar Werte handelt, die falsch wiedergegeben werden, können Sie diese manuell umsetzen, indem Sie die Zelle markieren, die Taste (F2) und anschließend die (↵)-Taste drücken. Damit zwingen Sie Excel, neu zu rechnen. Bei größeren Datenmengen ist diese Vorgehensweise natürlich recht langwierig und nervig. Sie müssen daher eine Lösung finden, die Excel veranlasst, neu zu rechnen. Dazu können Sie beispielsweise jeden Zellenwert mit der Zahl 1 multiplizieren. Damit ändern Sie den eigentlichen Wert der Zelle nicht und kommen somit zum gewünschten Ergebnis. Das Makro für diese Aufgabe entnehmen Sie dem Listing 5.89.

Listing 5.89:
Sicherstellen, dass Zahlenwerte richtig in Excel interpretiert werden

```
Sub ZahlenwerteRichtigErkennen()
Dim Zelle As Range
For Each Zelle In Selection
 Zelle.Value = Zelle.Value * 1
Next Zelle
End Sub
```

5.4.15 Zellen bereinigen oder manipulieren

Oft haben einzelne Zellen nicht das Format, das Sie gerne hätten. Sie müssen diese Zellen daher anpacken und editieren. Wenn es sich dabei um eine riesige Liste handelt, kann das Stunden dauern. Scheller sind Sie dabei, wenn Sie sich ein Makro erstellen und kurz über die Daten laufen lassen.

Im ersten Beispiel befinden sich störende Leerzeichen in den einzelnen Zellen, die Sie über ein Makro entfernen möchten. Dabei sieht die ursprüngliche Tabelle in etwa wie folgt aus:

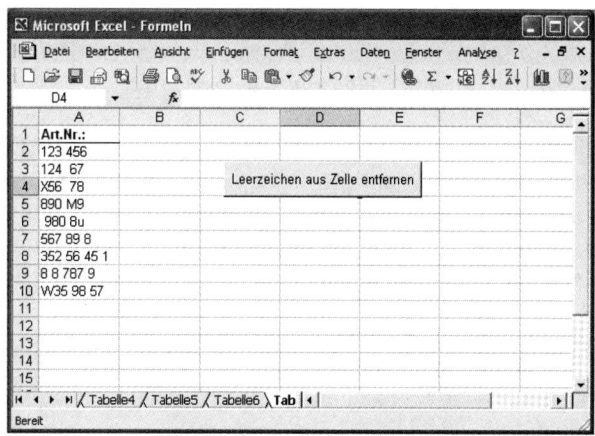

Abbildung 5.63:
Die Ausgangs-
tabelle mit den
Leerzeichen

Um jetzt die Leerzeichen aus den einzelnen Zellen herauszubekommen, markieren Sie alle Zellen, in denen Sie die Bereinigung durchführen möchten und starten danach das Makro aus Listing 5.90.

```
Sub LeerzeichenAusZelleEntfernen()
Dim s As String
Dim Zelle As Range
Sheets("Tabelle7").Activate
For Each Zelle In Selection
 s = Application.Substitute(Zelle, " ", "")
 Zelle.Value = s
Next Zelle
End Sub
```

Listing 5.90:
Leerzeichen aus
Zellen entfernen

In einer Schleife kontrollieren Sie jede einzelne Zelle in der Markierung. Mit der Funktion Substitute suchen Sie nach den Leerzeichen und ersetzen diese durch einen leeren Textstring.

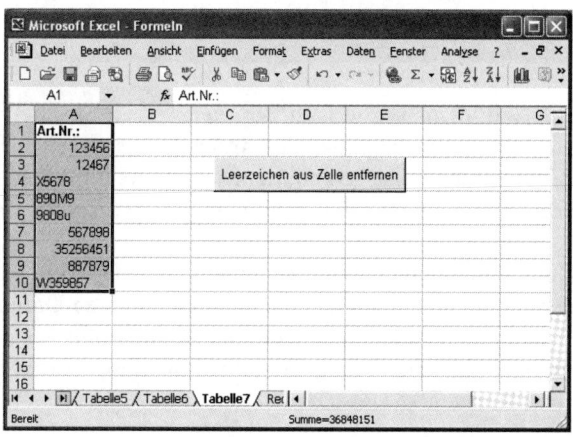

Abbildung 5.64:
Alle Leerzeichen
wurden entfernt.

Nach der Bereinigungsaktion richtet Excel die Zelleninhalte neu aus. Dabei werden alphanumerische Werte am linken Zellenrand und numerische Werte am rechten Zellenrand ausgerichtet.

Ein ähnlicher Fall folgt jetzt: In einer Liste sollen Daten bereinigt werden. Dabei existiert in einigen Zellen das Zeichen »/«, welches entfernt werden soll. Dabei sollen aber die ursprünglichen Inhalte nicht überschrieben werden. Die korrigierten Werte sollen in der Zelle rechts neben der jeweiligen Zelle geschrieben werden.

Abbildung 5.65:
Sonderzeichen aus
Zellen entfernen

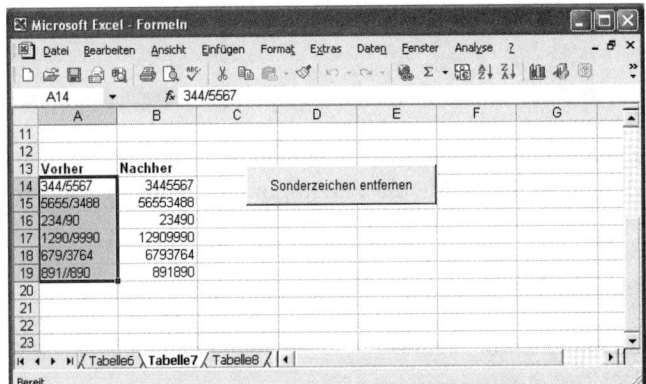

Das Makro, welches für die Bereinigung der Daten sorgt, sieht wie folgt aus:

Listing 5.91:
Ein Sonderzeichen
aus Zellen
entfernen

```
Sub SonderZeichenEntfernen()
Dim zelle As Range
Dim s As String
For Each zelle In Selection
 s = Application.Substitute(zelle, "/", "")
 zelle.Offset(0, 1).Value = s
Next zelle
End Sub
```

Wie schon im vorherigen Beispiel, setzen Sie die Funktion Substitute ein, um ein Zeichen gegen ein anderes auszutauschen. Damit Sie den alten Zustand der Zelle beibehalten, setzen Sie die Eigenschaft Offset ein, um die korrigierten Werte eine Spalte weiter nach rechts einzufügen.

Dem noch nicht genug. Sicher gibt es noch eine ganze Reihe weiterer Sonderzeichen, die möglicherweise auch in Ihren Daten vorkommen. Schreiben Sie nun ein Makro, um eine möglichst große Anzahl von Sonderzeichen in einem Arbeitsgang zu entfernen. Für diese Aufgabe können Sie das Makro aus Listing 5.92 einsetzen.

```
Sub MehrereSonderZeichenEntfernen()
Dim zelle As Range
Dim s As String

For Each zelle In Selection
 If InStr(zelle, "/") > 0 Then _
 zelle = Application.Substitute(zelle, "/", "")
 If InStr(zelle, "-") > 0 Then _
 zelle = Application.Substitute(zelle, "-", "")
 If InStr(zelle, "\") > 0 Then _
 zelle = Application.Substitute(zelle, "\", "")
Next zelle
End Sub
```

Listing 5.92:
Mehrere Sonder-
zeichen aus Zellen
entfernen

Mit Hilfe der Funktion `Instr` können Sie überprüfen, ob ein Zeichen oder
eine Zeichenfolge in einer Zelle vorkommt. Ist dies der Fall, gibt diese Funktion Ihnen einen Wert > 0 zurück. Meldet die Funktion genau den Wert 0
zurück, wurde das Zeichen bzw. die Zeichenfolge in der Zelle nicht gefunden.

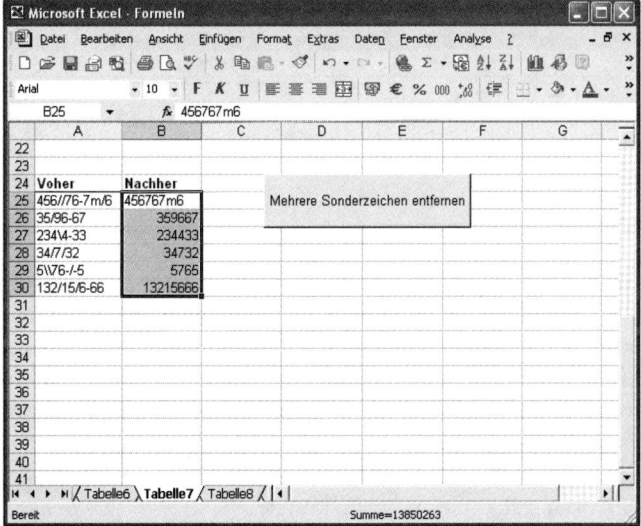

Abbildung 5.66:
Mehrere Sonder-
zeichen ersetzen

Telefonliste bearbeiten

Selbstverständlich können Sie auf dieselbe Weise auch einzelne Zeichen austauschen. Stellen Sie sich dazu einmal eine Telefonliste vor, die nicht einheitlich gepflegt wurde. Das Trennzeichen zischen Vorwahl und Rufnummer ist
in einem Fall das Zeichen »/« und in einem anderen Fall das Zeichen »-«.
Ihre Aufgabe besteht nun darin, diese Liste einheitlich umzusetzen. Für diesen Zweck markieren Sie alle Daten und starten das Makro aus Listing
5.93.

Listing 5.93:
Sonderzeichen
austauschen

```
Sub TelefonlisteBereinigen()
Dim Zelle As Range
Sheets("Tabelle9").Activate
 For Each Zelle In Selection
  If InStr(Zelle, "-") Then
   Zelle = Application.Substitute(Zelle, "-", "/")
  End If
 Next Zelle
End Sub
```

In einer Schleife arbeiten Sie alle Zellen innerhalb der Markierung ab. Über die Funktion InStr können Sie überprüfen, ob in der jeweiligen Zelle das Zeichen »-« vorkommt. Wenn ja, dann tauschen Sie es durch die Funktion Substitute aus.

Abbildung 5.67:
Sonderzeichen aus-
tauschen

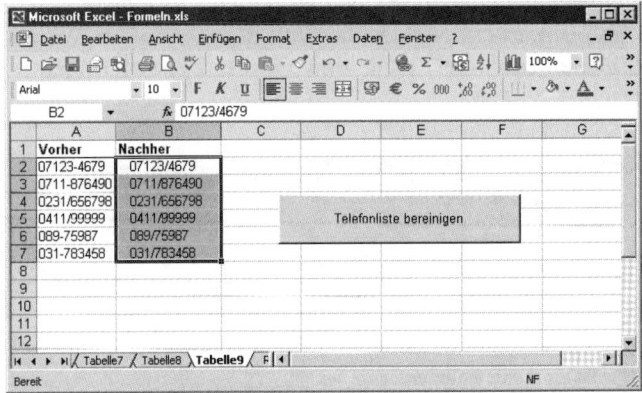

Warennum-
mern bilden

Im nächsten Beispiel müssen Sie Zellen kürzen. Es sollen maximal 3 Zeichen pro Zelle vorgesehen werden. Beispielsweise könnten Sie sich vorstellen, Sie hätten eine Artikelliste. Die Artikelnummer setzt sich zusammen aus mehreren Buchstaben und Zahlen. Die Warengruppe ergibt sich aus den ersten drei Zeichen der Artikelnummer. Bilden Sie also nun ausgehend von der Artikelnummer die dazugehörigen Warennummern.

Der Code für diese Aufgabe lautet:

Listing 5.94:
Zelleninhalte extra-
hieren (von links)

```
Sub ZelleinträgeKürzen()
Dim Zelle As Range

For Each Zelle In Selection
 Zelle.Offset(0, 1).Value = Left(Zelle.Value, 3)
Next Zelle
End Sub
```

Durchlaufen Sie alle Zellen innerhalb der Markierung und übertragen Sie die ersten drei Zeichen (von links) einer jeden Zelle in die Nebenzelle. Setzen Sie hierfür die Funktion Left ein. Als Argumente benötigt diese Funktion zum einen die Zelle, von der sie die Zeichen extrahieren möchten, zum anderen geben Sie im zweiten Argument an, wie viele Zeichen Sie übertragen möchten.

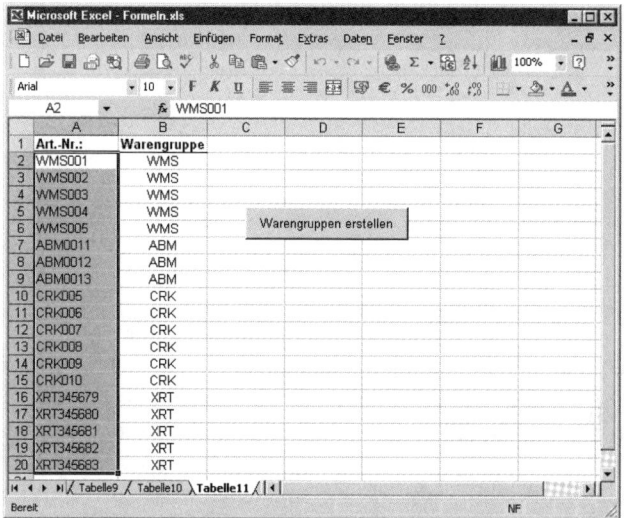

Abbildung 5.68:
Textteile aus Zellen extrahieren

Im folgenden Beispiel gehen Sie einen Schritt weiter. Sie basteln sich aus einer Artikelnummer wiederum eine Warennummer. Dabei sollen die ersten zwei Zeichen und die letzten zwei Zeichen der Zelle in einer neuen Zelle zusammengefasst werden.

```
Sub TexteBasteln()
Dim Zelle As Range

For Each Zelle In Selection
 Zelle.Offset(0, 1).Value = Left(Zelle.Value, 2) _
 & Right(Zelle.Value, 2)
Next Zelle
End Sub
```

Listing 5.95:
Zelleninhalte extrahieren (von links und rechts)

Zusätzlich zur letzten Aufgabe setzen Sie jetzt die Funktion Right ein, um Zeichen aus einer Zelle beginnend vom rechten Zellenrand zu übertragen. Als Argumente benötigt diese Funktion zum einen die Zelle, von der sie die Zeichen extrahieren möchten, zum anderen geben Sie im zweiten Argument an, wie viele Zeichen Sie übertragen möchten.

Gezielt können Sie die Funktion Left auch einsetzen, wenn Sie Zelleneinträge kürzen möchten. Dazu muss aber noch bekannt sein, auf wie viele Zeichen Sie die Zelleninhalte kürzen möchten. Im folgenden Praxisbeispiel werden alle Zellen um genau 1 Zeichen gekürzt.

Zellen abschneiden

Abbildung 5.69:
2 von links und 2
von rechts

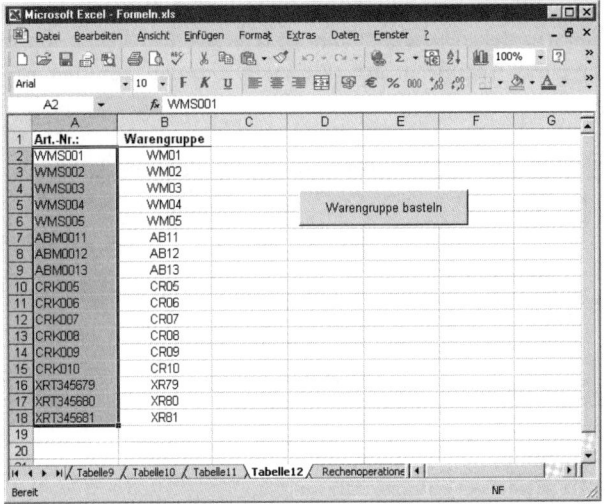

Da Sie aber bei der Funktion die Anzahl der Zeichen angeben müssen, die von links übertragen werden sollen, bekommen Sie hier Probleme, wenn die Zelleninhalte nicht immer gleich groß sind. Von daher brauchen Sie für diese Aufgabe Verstärkung von einer weiteren Funktion, die ermittelt, wie viele Zeichen in einer Zelle überhaupt vorhanden sind. Erst dann können Sie wissen, wie viele Zeichen Sie übertragen können. In unserem Beispiel wäre das dann die Gesamtlänge der Zelle – 1. Die Funktion, um die Länge einer Zelle zu ermitteln, heißt übrigens Len. Sehen Sie die Lösung dieser Aufgabe in Listing 5.96.

Listing 5.96:
Zellen abschneiden

```
Sub LetztesZeichenEntfernen()
Dim Zelle As Range
For Each Zelle In Selection
  Zelle.Offset(0,1).Value = _
    Left(Zelle.Value, Len(Zelle.Value) - 1)
Next Zelle
End Sub
```

Über die Funktion Len können Sie die Länge einer Zelle ermitteln. Damit können Sie der Funktion Left die Anzahl der zu übertragenden Zeichen übergeben.

Formeln
tauschen

Erinnern Sie sich noch? Sie haben vorher einzelne Zeichen bzw. Textteile durch andere Zeichen ersetzt. Dasselbe können Sie aber auch mit Tabellenfunktionen machen. Stellen Sie sich vor, Sie müssten in einer Tabelle mit sehr vielen Summen-Funktionen eine neue Funktion einsetzen. Nehmen wir einmal an, Sie möchten anstatt der Funktion SUMME die Funktion MAX einsetzen. Dazu schreiben Sie folgendes Makro:

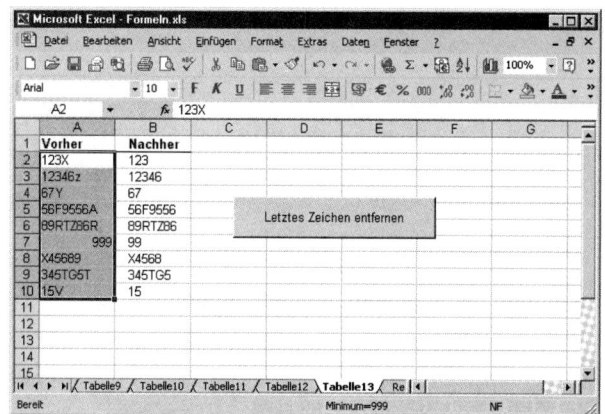

Abbildung 5.70:
Letztes Zeichen aus
Zelle entfernen

```
Sub FormelErsetzen()
Dim s As String
Dim Zelle As Range
Selection.SpecialCells(xlCellTypeFormulas, 23).Select
For Each Zelle In Selection
s = Zelle.FormulaLocal
 Zelle.Value = _
 Application.Substitute(s, "SUMME", "MAX")
Next Zelle
End Sub
```

Listing 5.97:
Formeln ersetzen

Mit Hilfe der Methode SpecialCells, der Sie die Konstante xlCellTypeFormulas geben, können Sie alle Zellen in Ihrer Tabelle markieren, die eine Funktion enthalten. Jetzt kommt die Funktion Substitute ins Spiel und tauscht die beiden Tabellenfunktionen gegeneinander aus.

Neben dem Tauschen von Formeln und Texten können Sie auch noch zusätzlichen Text in Zellen einfügen. Im folgenden Beispiel werden führende Nullen in Zellen reingepumpt. Diese Aufgabe können Sie mit dem Makro aus Listing 5.98 lösen.

Nullen reinpumpen

```
Sub AuffüllenNullen()
Dim Zelle As Range
Sheets("Tabelle20").Activate
For Each Zelle In Selection
Zelle.Offset(0, 1).NumberFormat = "@"
If Len(Zelle.Value) < 5 Then
Zelle.Offset(0, 1).Value = _
 Right("00000" & Zelle.Value, 5)
Else
Zelle.Offset(0, 1).Value = Zelle.Value
End If
Next Zelle
End Sub
```

Listing 5.98:
Zellen mit Nullen
auffüllen

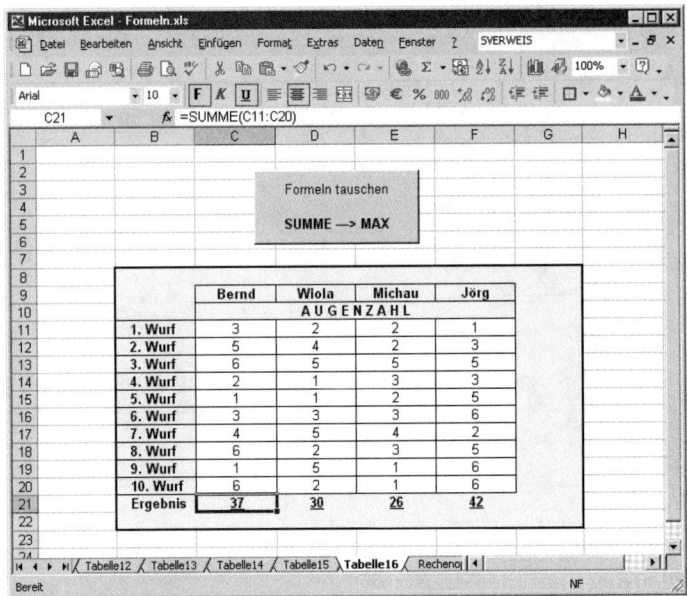

Das Makro überprüft jede Zelle innerhalb einer Markierung. Meldet die Funkion Len einen Wert < 5, dann werden führende Nullen in der Zelle aufgenommen.

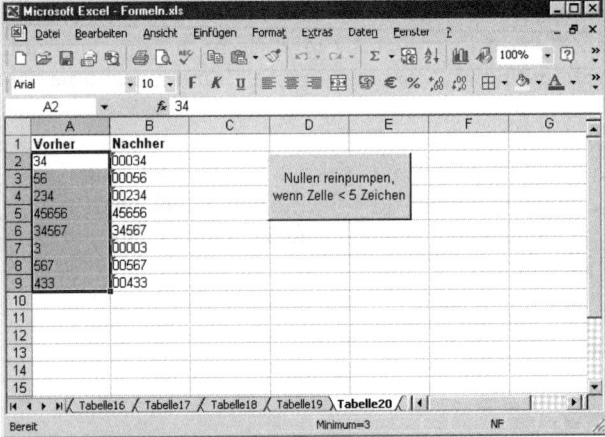

5.4.16   Konstante Werte löschen und Formeln erhalten

Im folgenden Beispiel sollen in einer Tabelle alle Zellen gelöscht werden, die konstante Werte enthalten. Lediglich die Formeln sollen auf dem Tabellenblatt erhalten bleiben.

```
Sub FixWerteLöschen()
 Range("A1").SpecialCells _
 (xlCellTypeConstants, xlNumbers).ClearContents
End Sub
```

Listing 5.99:
Alle festen Werte
(keine Funktionen
oder Formeln)
löschen

Möchten Sie hingegen erreichen, dass bei konstanten Zellen vorher noch
eine Prüfung stattfindet, die bei numerischen Zellen mit der Zahl 0 füllt
bzw. bei Textzellen komplett die Inhalte löscht, müssen Sie anders vorgehen.

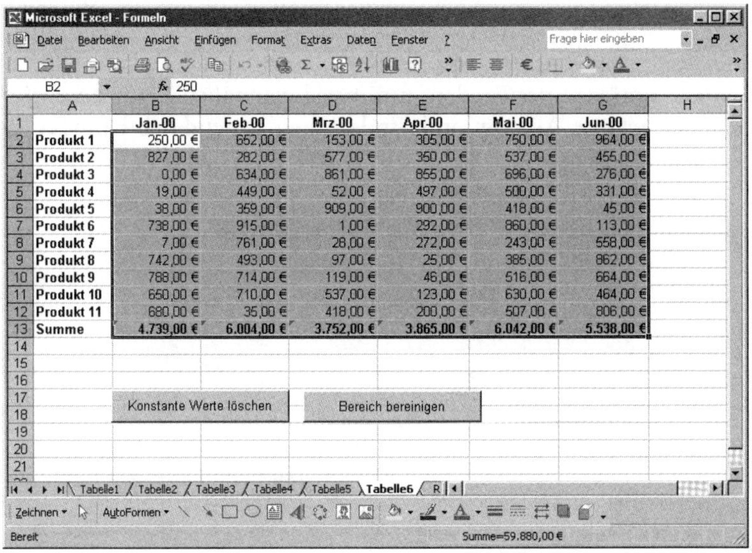

Abbildung 5.73:
Bereiche gezielt
initialisieren

```
Sub BereichBereinigen()
Dim Zelle As Range
For Each Zelle In Selection
 If Zelle.HasFormula Or IsDate(Zelle) Then _
 Else If IsNumeric(Zelle) Then Zelle.Value = 0 _
                    Else Zelle.Value = ""
Next Zelle
End Sub
```

Listing 5.100:
Bereiche mit
bestimmten Wer-
ten vorbelegen

Lediglich die konstanten Zellen werden innerhalb des markierten Bereichs
initialisiert. Textzellen werden komplett gelöscht und bei Zellen mit Zahlenformat wird die 0 vorbelegt. Datumszellen bleiben von der Aktion unbe-
rührt.

Im nächsten Beispiel sehen Sie eine Tabelle, die merkwürdige Sonderzeichen
enthält. Diese sollen entfernt werden, sodass sich die Tabelle in einem
ordentlichen Layout zeigt. Für diese Aufgabe können Sie das Makro aus
Listing 5.101 einsetzen.

*Bereich
säubern*

Listing 5.101:
Bereich säubern

```
Sub BereichSäubern()
Dim Zelle As Range
Sheets("Tabelle21").Activate
For Each Zelle In Selection
 Zelle.Value =_
 Application.WorksheetFunction.Clean(Zelle.Value)
Next Zelle
End Sub
```

Die Funktion Clean löscht alle nicht druckbaren Zeichen aus dem markierten Bereich. Verwenden Sie diese Funktion für Texte, die aus anderen Anwendungen importiert wurden und eventuell Zeichen enthalten, die das von Ihnen verwendete Betriebssystem nicht drucken kann. Beispielsweise können Sie Clean verwenden, um maschinennahen Code zu entfernen, der sich häufig am Anfang und Ende einer Datendatei befindet und nicht gedruckt werden kann.

Abbildung 5.74:
Bereiche säubern

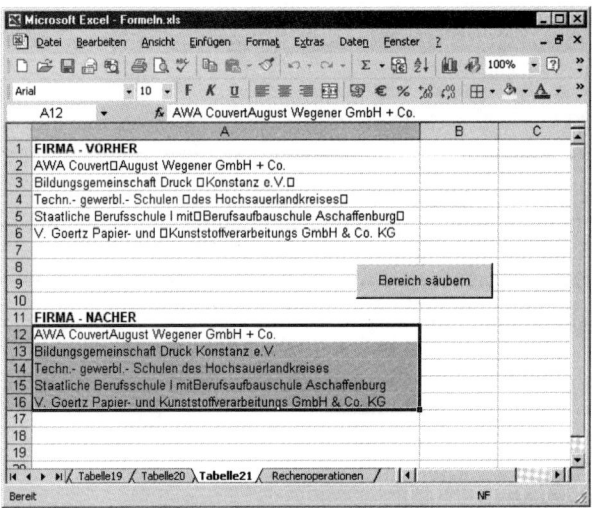

5.4.17   Zellen löschen

In Excel haben Sie die Möglichkeit, einzelne Zellen zu löschen. Dabei werden die nachfolgenden Zellen entweder nach links oder nach oben geschoben, sodass die Lücke dadurch geschlossen wird. Diese Funktion in Excel sollte aber mit Vorsicht eingesetzt werden, da dadurch schnell Informationen in die falsche Spalte bzw. falsche Zeile rutschen können.

Schauen Sie sich einmal die Abbildung 5.75 an.

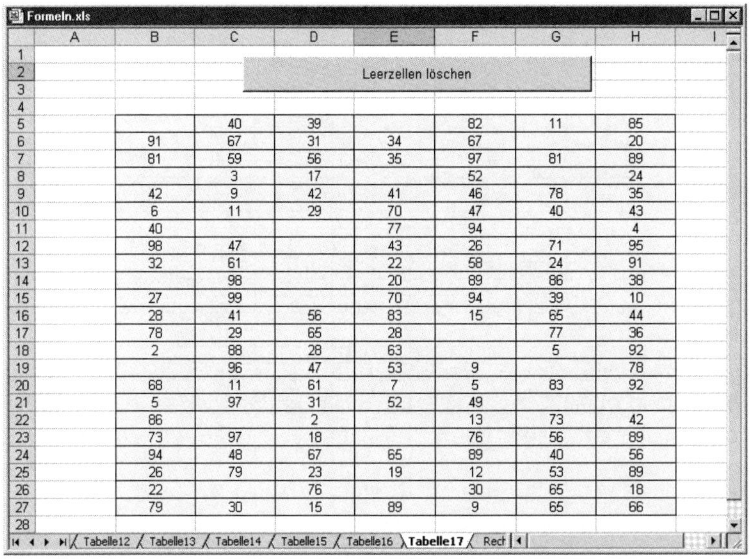

Abbildung 5.75:
Die Ausgangsbasis
– eine Tabelle mit
Leerzellen

In dieser Tabelle sehen Sie eine ganze Reihe von leeren Zellen, die Sie aus der Tabelle entfernen möchten. Dabei sollen die angrenzenden Zellen nach links verschoben werden. Um diese Aufgabe vollautomatisch auszuführen, starten Sie das Makro aus Listing 5.102.

```
Sub LeerzellenLöschen()
Dim Bereich As Range
Dim Zelle As Range
 Set Bereich = Range("B5:H27")
 Bereich.Select
 Selection.SpecialCells(xlCellTypeBlanks). _
  Delete Shift:=xlToLeft
End Sub
```

Listing 5.102:
Leere Zellen
löschen

Damit die »Verschieberei« in einem kontrollierten Bereich stattfindet, definieren Sie sich zuerst einmal diesen Bereich. Dazu setzen Sie die Anweisung Set ein. Danach steuern Sie alle leeren Zellen des festgelegten Bereichs und löschen diese mit Hilfe der Methode Delete. Als Argument geben Sie die Konstante xlToLeft an, damit die angrenzenden Zellen nach links verschoben werden, um die Lücken zu stopfen, die durch die Löschaktion verursacht wurden.

5.4.18   Formeln entfernen

Möchten Sie alle Formeln und Funktionen in einem Bereich durch Festwerte ersetzen lassen, damit beispielsweise keine Änderungen mehr stattfinden können, setzen Sie das Makro aus Listing 5.103 ein.

Abbildung 5.76:
Die leeren Zellen
wurden gelöscht.

	A	B	C	D	E	F	G	H	I
1									
2				Leerzellen löschen					
3									
4									
5		40	39	82	11	85			
6		91	67	31	34	67	20		
7		81	59	56	35	97	81	89	
8		3	17	52	24				
9		42	9	42	41	46	78	35	
10		6	11	29	70	47	40	43	
11		40	77	94	4				
12		98	47	43	26	71	95		
13		32	61	22	58	24	91		
14		98	20	89	86	38			
15		27	99	70	94	39	10		
16		28	41	56	83	15	65	44	
17		78	29	65	28	77	36		
18		2	88	28	63	5	92		
19		96	47	53	9	78			
20		68	11	61	7	5	83	92	
21		5	97	31	52	49			
22		86	2	13	73	42			
23		73	97	18	76	56	89		
24		94	48	67	65	89	40	56	
25		26	79	23	19	12	53	89	
26		22	76	30	65	18			
27		79	30	15	89	9	65	66	
28									

◄ ► ►│ Tabelle12 / Tabelle13 / Tabelle14 / Tabelle15 / Tabelle16 / Tabelle17 / Rect │◄

Listing 5.103:
Formeln und Funktionen in Festwerte umsetzen

```
Sub FormelnInTextUmsetzen()
Dim Zelle As Range
On Error Resume Next
For Each Zelle In ActiveSheet.UsedRange
    If Left(Zelle.Formula, 1) = "=" Then _
    Zelle.Formula = Zelle.Value
Next
End Sub
```

In einer Schleife durchlaufen Sie alle verwendeten Zellen der aktiven Tabelle. Über die Funktion Left können Sie das erste Zeichen jeder Zelle überprüfen. Handelt es sich bei diesem Zeichen um ein Gleichheitszeichen, dann können Sie davon ausgehen, dass es sich dabei um eine Formel, Funktion oder gar eine Verknüpfung handelt. Ist dies der Fall, dann ersetzen Sie diese Formel durch den Festwert der Zelle.

5.5　　Gültigkeitsprüfung in Excel

Die folgenden Makros können Sie auf der CD-ROM im Verzeichnis KAP05 in der Datei SONSTIGES.XLS finden.

Seit der Version 97 ist es in Excel standardmäßig möglich, für bestimmte Zellen und Bereiche eine Gültigkeitsfunktion anzuwenden. Sie haben dabei die Möglichkeit zu bestimmen, welche Eingaben im Bereich gemacht werden dürfen und welche nicht. Bei Falscheingaben können Sie dem Anwender mittels einer Bildschirmmeldung mitteilen, wie er die Eingabe zu

machen hat. Wenn Sie möchten, können Sie den Anwender sogar schon vor der Eingabe beim Positionieren des Cursors im Gültigkeitsbereich durch eine QuickInfo-Meldung auf die richtige Eingabesyntax aufmerksam machen. Bei der Gültigkeitsprüfung haben Sie u. a. die Möglichkeit, Eingaben nach bestimmten Gesichtspunkten zu überprüfen.

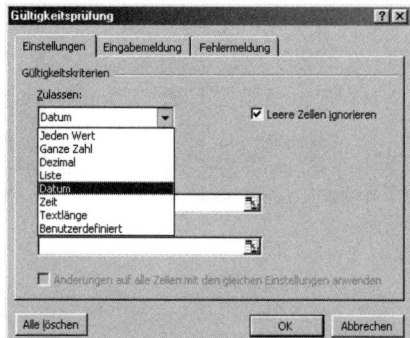

Abbildung 5.77:
Die Gültigkeitskriterien der Eingabeprüfung

Sie sehen es den Zellen nicht an, ob diese mit einem Gültigkeitskriterium ausgestattet sind oder nicht. Erst wenn Sie den Mauszeiger auf eine Zelle mit eingestellten Gültigkeitskriterien positionieren und vorher eine Eingabemeldung definiert haben, erkennen Sie die Zellen mit Gültigkeitsfunktion.

Eine kleine Ausnahme bildet das Auswahlkriterium LISTE. Damit können Sie für eine Zelle gleich mehrere mögliche Eingaben akzeptieren, die auf eine Liste verweisen. In diesem Fall erkennen Sie nach Positionieren des Mauszeigers ein Dropdown-Symbol am rechten unteren Rand der Gültigkeitszelle, welches Ihnen nach einem Klick ein Auswahlfenster mit den möglichen Eingabewerten aus der Liste anbietet.

5.5.1   Zellen mit Gültigkeitsfunktion erkennen

Im folgenden Beispiel sollen in einer Arbeitszeiterfassung alle Zellen markiert werden, die eine Gültigkeitsregel hinterlegt haben. Dazu setzen Sie die Methode SpecialCells mit der Konstanten xlCell-TypeAllValidation ein.

```
Sub AlleZellenMitGültigkeitsregelnMarkieren()
ActiveCell.SpecialCells(xlCellTypeAllValidation).Select
End Sub
```

Listing 5.104:
Alle Zellen mit
Gültigkeitsregel
markieren

In der Abbildung 5.78 können Sie erkennen, dass in der Zelle PERSONAL-NR eine Gültigkeitsregel hinterlegt ist. Dort wird z. B. keine Personalnummer zugelassen, die länger als fünf Zeichen lang ist. Bei den Zellen für die Kommt- und Geht-Zeit ist eine Kernzeit definiert. So wird keine Zeiteingabe akzeptiert, die vor 7.00 Uhr bzw. nach 19.00 Uhr liegt.

Abbildung 5.78:
Alle Zellen mit
Gültigkeit sind
markiert.

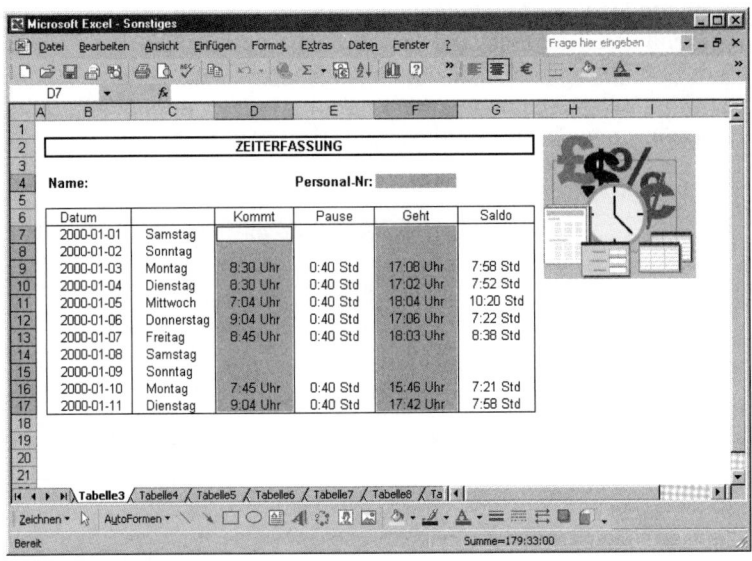

5.5.2   Gültigkeitskriterien erstellen

Erstellen Sie nun ein Gültigkeitskriterium für eine Zelle mit Hilfe von VBA. Auf dem Tabellenblatt TABELLE4 sollen in Zelle A1 nur ganze Zahlen zwischen 1 und 100 zugelassen werden. Dazu erstellen Sie das Makro aus Listing 5.105.

Listing 5.105:
Gültigkeitsregeln
hinzufügen

```
Sub GültigkeitHinzufügen()
 Sheets("Tabelle4").Activate
 With Range("A1").Validation
    .Add Type:=xlValidateWholeNumber, _
      AlertStyle:=xlValidAlertStop, _
      Operator:=xlBetween, Formula1:="1", _
      Formula2:="100"
    .InputTitle = "Ganze Zahl eingeben!"
    .ErrorTitle = "Keine Ganze Zahl!"
    .InputMessage = _
      "Geben Sie eine Zahl zwischen 1 und 100 ein."
    .ErrorMessage = _
    "Sie müssen eine Zahl zwischen 1 und 100 eingeben."
    End With
 End Sub
```

Die Argumente
für die
Gültigkeit

Mit Hilfe der Methode Add fügen Sie der Zelle A1 eine Gültigkeitsregel hinzu. Im ersten Argument Type legen Sie das Gültigkeitskriterium fest. Die möglichen Gültigkeitskriterien entnehmen Sie Tabelle 5.8.

Type	Index	Beschreibung
xlValidateInputOnly,	0	Jede Eingabe ist erlaubt.
xlValidateWholeNumber	1	Nur ganze Zahlen im definierten Zahlenbereich sind erlaubt.
xlValidateDecimal	2	Nur Dezimalzahlen im definierten Wertebereich werden zugelassen.
xlValidateList	3	Es sind nur Eingaben aus einer vorher definierten Liste möglich.
xlValidateDate	4	Es sind nur Datumswerte im definierten Datumsbereich erlaubt.
xlValidateTime	5	Es sind nur Zeitwerte im definierten Rahmen zulässig.
xlValidateTextLength	6	Es werden nur Eingaben mit bestimmten Längen zugelassen.
xlValidateCustom	7	Benutzerdefiniertes Gültigkeitskriterium

Tabelle 5.8:
Die Konstanten des Gültigkeitskriteriums

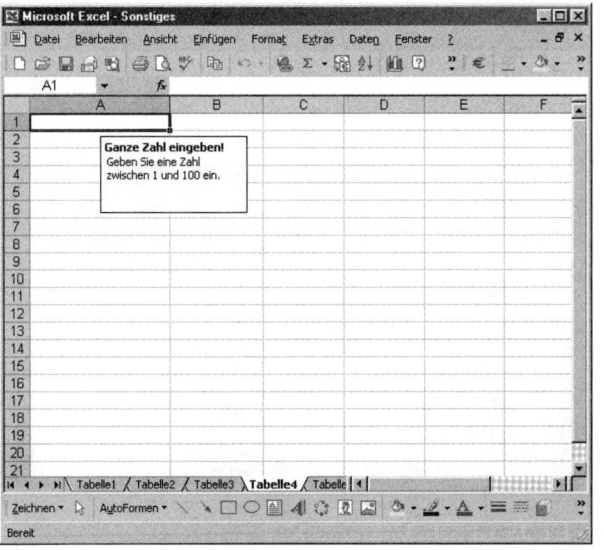

Abbildung 5.79:
Zelle mit Gültigkeitsregel

Das zweite Argument AlertStyle legt den Stil der Gültigkeitsmeldung fest. Möglich sind hierbei xlValidAlertInformation, xlValid-AlertStop oder xlValid AlertWarning. Beim nächsten Argument, dem Operator, orientieren Sie sich an Tabelle 5.6. Für die Gültigkeitsprüfung gelten dieselben Operatoren wie bei der bedingten Formatierung. Die beiden letzten Argumente Formula1 und Formula2 beinhalten die Wertgrenzen.

5.5.3   Datumsgrenzen festlegen

Wenn Sie möchten, können Sie mit der Gültigkeitsfunktion in Excel auch Datumsgrenzen festlegen. So sollen beispielsweise im markierten Bereich nur Datumsangaben vom 1.1.2000 bis zum 31.12.2000 gemacht werden dürfen. Das Makro für diese Aufgabe können Sie in Listing 5.106 sehen.

Listing 5.106:
Gültigkeitsregel für Datumseingaben festlegen

```
Sub DatumGültigkeit()
 Sheets("Tabelle5").Activate
 With Selection.Validation
    .Delete
    .Add Type:=xlValidateDate, _
    AlertStyle:=xlValidAlertStop, _
    Operator:=xlBetween, _
    Formula1:=CD-ROMate("1/1/2000"), _
    Formula2:=CD-ROMate("31/12/2000")
    .IgnoreBlank = True
    .InputTitle = "Datum eingeben"
    .ErrorTitle = "Falsches Datum"
    .InputMessage = _
    "Bitte gültiges Datum (1.1.2000-31.12.2000) eingeben"
    .ErrorMessage = _
    "Sie haben kein gültiges Datum eingegeben!"
    .ShowInput = True
    .ShowError = True
 End With
End Sub
```

Vorsorglich löschen Sie eine eventuell schon bestehende Gültigkeitsregel mit der Methode Delete.

Abbildung 5.80:
Gültigkeitsprüfung mit Datumseingaben

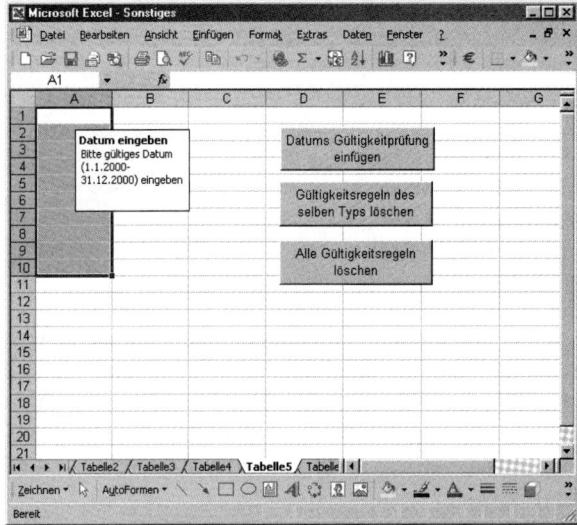

Excel-VBA-Kompendium

Wenn Sie die Gültigkeitskriterien angeben, müssen Sie auf alle Fälle die Funktion CD-ROMate *verwenden. Sie sorgt dafür, dass die String-Angabe (»1/ 1/2000«) in ein gültiges Datumsformat konvertiert wird.*

:-)
TIPP

Die Eigenschaft `IgnoreBlank` setzen Sie auf den Wert `True`, wenn Sie leere Werte zulassen möchten. Danach definieren Sie zuerst den Eingabetitel sowie die Fehlertitel und anschließend die beiden Meldungen. Bei den beiden Eigenschaften `ShowInput` und `ShowError` handelt es sich um eine Art Schalter, den Sie setzen können. Standardmäßig sind diese beiden Schalter jedoch gesetzt. Indem Sie einen Schalter auf den Wert `False` setzen, wird die definierte Meldung als QuickInfo nicht mehr angezeigt.

5.5.4   Keine Arbeit am Sonntag

Bei der Gültigkeitsprüfung können Sie übrigens auch mit benutzerdefinierten Kriterien arbeiten, wie Sie es auch schon bei der bedingten Formatierung gesehen haben. Im nächsten Beispiel dürfen im markierten Bereich keine Sonntage erfasst werden. Leider können Sie einem eingegebenen Datum ja nicht sofort ansehen, ob es sich um einen Sonntag handelt. Aus diesem Grund setzen Sie die Funktion `Weekday` ein.

```
Sub SonntageVermeiden()
 Dim Zelle As Object
  For Each Zelle In Selection
   With Zelle.Validation
    .Delete
    .Add Type:=xlValidateCustom, _
   AlertStyle:=xlValidAlertStop, _
    Operator:=xlEqual, _
    Formula1:="=weekday(" & Zelle.Address & ")<>1"
    .IgnoreBlank = True
    .InCellDropdown = True
    .InputTitle = ""
    .ErrorTitle = "SONNTAG!"
    .InputMessage = ""
    .ErrorMessage = _
    "Sie dürfen keine Sonntage erfassen!"
    .ShowInput = True
    .ShowError = True
   End With
  Next Zelle
End Sub
```

Listing 5.107:
Gültigkeitsregel:
Arbeit am Sonntag
wird nicht
akzeptiert.

Da die Gültigkeit für alle Zellen innerhalb der Markierung gelten soll, definieren Sie zuerst eine Variable vom Typ `Object`. Dann wenden Sie die Schleife `For Each` an. Innerhalb dieser Schleife verwenden Sie die Type Konstante `xlValidateCustom`, um ein benutzerdefiniertes Gültigkeitskriterium zu erstellen. Als Kriterium geben Sie die Funktion Weekdays an, die Ihnen anhand eines eingegebenen Datums einen Wert zurückgibt, welcher den Wochentag darstellt. Entnehmen Sie aus der Tabelle 5.9 die jeweils zutreffende Konstante bzw. den Index, die/der die Funktion Weekday zurückliefert.

Abbildung 5.81:
Am Sonntag darf nicht gearbeitet werden.

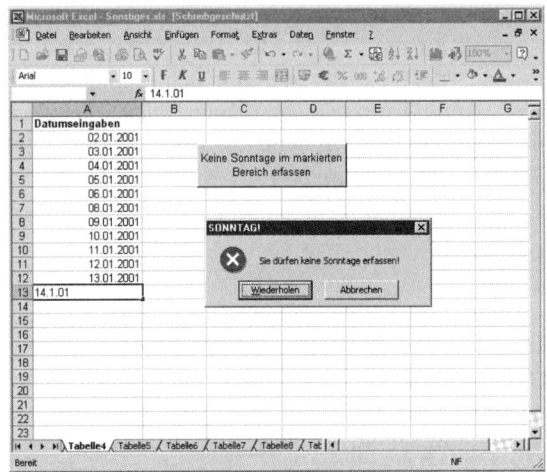

Tabelle 5.9:
Die Konstanten und Indexwerte der Funktion Weekday

Konstante	Index	Beschreibung
VbSunday	1	Sonntag
vbMonday	2	Montag
vbTuesday	3	Dienstag
vbWednesday	4	Mittwoch
vbThursday	5	Donnerstag
vbFriday	6	Freitag
vbSaturday	7	Samstag

5.5.5   Gültigkeitstypen ermitteln

Sie haben bereits ein paar Gültigkeitstypen kennen gelernt. Jeder Gültigkeitstyp wird intern durch einen Index identifiziert. Diesen Index können Sie in Tabelle 5.8 einsehen oder ihn auch durch das folgende Makro aus Listing 5.108 ermitteln:

Listing 5.108:
Gültigkeitstypen ermitteln

```
Sub GültigkeitstypErmitteln()
Dim i As Integer
    Sheets("Tabelle6").Activate
    With ActiveCell
```

```
On Error Resume Next
i = .Validation.Type
If i = 3 Then MsgBox _
  "Die Liste befindet sich im Bereich" _
  & .Validation.Formula1 & "!" Else MsgBox _
  "Die Zelle beinhaltet den Gültigkeitstyp :" & i
End With
End Sub
```

Die On Error-Anweisung sorgt dafür, dass das Makro nicht abstürzt, wenn die aktive Zelle nicht mit einem Gültigkeitskriterium versehen ist. Wenn der Gültigkeitstyp dem Index 3 entspricht, handelt es sich um eine Liste. In einer Meldung auf dem Bildschirm wird dann der verknüpfte Datenbereich ausgegeben, in dem die gültigen Werte zu finden sind. Für den Fall, dass es sich bei dem Gültigkeitstyp nicht um eine Liste handelt, wird der Index des Gültigkeitstyps ausgegeben.

5.5.6 Gültigkeitskriterien löschen

Beim Löschen von Gültigkeitskriterien müssen Sie sich vorher im Klaren sein, ob Sie generell alle oder nur bestimmte Gültigkeitskriterien auf dem Tabellenblatt entfernen möchten. Um alle gleichartigen Gültigkeitskriterien zu löschen, starten Sie das folgende Makro aus Listing 5.109.

```
Sub GültigkeitLöschen()
ActiveCell.SpecialCells(xlCellTypeSameValidation).Select
 Selection.Validation.Delete
End Sub
```

Listing 5.109:
Alle gleichartigen Gültigkeitsregeln löschen

Mit der Methode SpecialCells und deren Konstante xlCellTypeSame-Valida-tion werden alle Zellen markiert, die dieselbe Gültigkeitsregel hinterlegt haben. Anschließend werden die Gültigkeitsregeln entfernt.

Wenn Sie alle Gültigkeitsregeln in Ihrer Tabelle löschen möchten, wenden Sie das Makro AlleGültigkeitsregelnLöschen aus Listing 5.110 an:

```
Sub AlleGültigkeitsregelnLöschen()
 Cells.Select
 Selection.Validation.Delete
End Sub
```

Listing 5.110:
Alle Gültigkeits-regeln auf Tabellen-blatt löschen

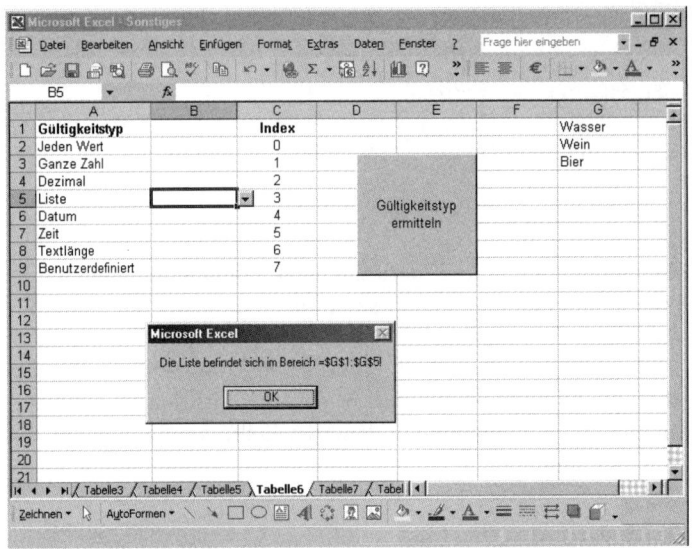

5.6   Kommentare in Excel

Kommentare können Sie in Excel u. a. einsetzen, um wichtige Vermerke zu
bestimmten Zelleninhalten zu setzen oder auch, um Änderungen an Zellen
zu dokumentieren. Ob für eine Zelle ein Kommentar vorgenommen wurde,
erkennen Sie normalerweise am roten Dreieck in der rechten oberen Ecke
der Zelle, sofern die Ansicht dieses Indikators unter EXTRAS/OPTIONEN/
ANSICHT in Excel eingestellt ist. Wenn Sie den Mauszeiger auf eine Zelle
positionieren, wird automatisch ein kleines Textfenster eingeblendet, welches den Kommentar beinhaltet. Sehen Sie nun anhand einiger Praxisbei-
spiele, wie Sie mit Kommentaren in Excel arbeiten.

5.6.1   Kommentare einfügen

Wenn Sie Kommentare in Excel erfassen, wird standardmäßig oberhalb der
eigentlichen Notiz der Name des Bearbeiters im Kommentar eingetragen.
Besser wäre es, in einem Kommentar noch zusätzlich das Datum und die
Uhrzeit zu erfassen, um Rückschlüsse auf die Aktualität der Kommentare
ziehen zu können. Oft schlummern Kommentare jahrelang in Zellen, ohne
überhaupt noch relevant zu sein. Um Anwender nicht zu verunsichern,
sollte in Kommentaren daher neben den eigentlichen Erfassern der Notiz
immer auch eine Datumsangabe stehen. Das folgende Makro in Listing
5.111 fügt einen solchen Kommentar in der momentan aktiven Zelle ein.

```
Sub KommentarErfassen()
Dim Kom As Comment
Dim s As String
 s = InputBox _
   ("Geben Sie Ihren Kommentar ein!", _
   "Kommentar erfassen")
 If s = "" Then Exit Sub
 Set Kom = ActiveCell.AddComment
 Kom.Text Application.UserName & Chr(10) _
 & Date & Chr(10) & Time & " Uhr" & Chr(10) & s
 With Kom.Shape.TextFrame
 .Characters.Font.Name = "Courier"
 .Characters.Font.Size = 12
 .AutoSize = True
 End With
End Sub
```

Listing 5.111:
Kommentare in
anderer Form
erfassen

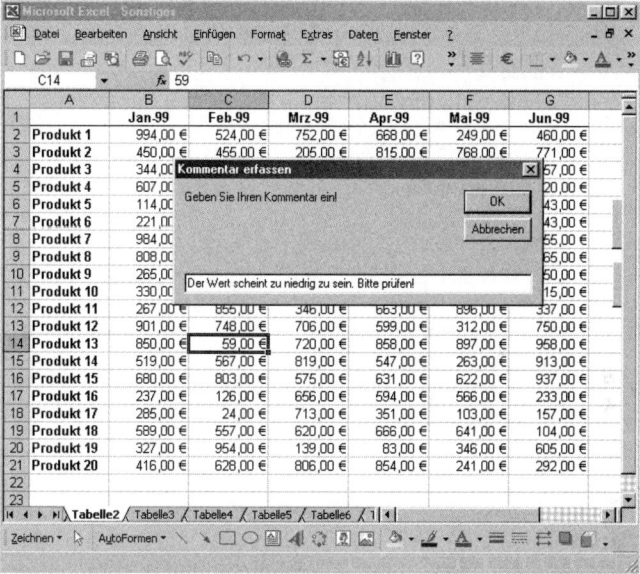

Abbildung 5.83:
Kommentar erfas-
sen über Inputbox

Definieren Sie zuerst eine Variable vom Typ Comment. Danach geben Sie in einer Inputbox Ihren Kommentar ein. Mit Hilfe der Methode AddComment fügen Sie in der aktiven Zelle zunächst noch einen leeren Kommentar ein. Über die Eigenschaft UserName ermitteln Sie den Namen des Benutzers, welchen Excel übrigens aus der Einstellung unter EXTRAS/OPTIONEN/ALLGEMEIN holt. Danach setzen Sie das Verkettungszeichen & ein, um dem Kommentarfenster weitere Informationen hinzuzufügen. Die Funktion Chr(10) bewirkt einen Zeilenvorschub, die Funktionen Date und Time sorgen für die gewünschten Zusatzinformationen für den Kommentar. Am Ende fügen Sie den eigentlichen Kommentartext ein, den Sie vorher in der String-Variablen s zwischengespeichert haben.

Wenn Sie möchten, können Sie anschließend noch die Schriftart bzw. die Schriftgröße des Kommentars anpassen.

:-)
TIPP

Ganz wichtig ist die Eigenschaft AutoSize. *Diese Eigenschaft sorgt dafür, dass sich die Größe des Kommentarfensters automatisch dem eingegebenen Text anpasst.*

Schauen Sie den Kommentar in Zelle C14 noch einmal an. Der Anwender HELD hat einen Kommentar am 22.08.2001 erfasst. Stellen Sie sich vor, am nächsten Tag soll genau dieser Kommentar vom Kollegen DIAKOW geprüft werden. Dabei soll der bisherige Kommentar bestehen bleiben und nur am Ende ein weiterer Kommentar angehängt werden. Den Code für diese Aufgabe können Sie dem Listing 5.112 entnehmen.

Listing 5.112:
Alte Kommentare
erhalten und neue
Kommentare
anfügen

```
Sub KommentareErgänzen()
Dim sAlt As String
Dim sNeu As String

sNeu = InputBox _
("Geben Sie einen Kommentar ein", "Kommentar ergänzen")
If sNeu = "" Then Exit Sub
With Selection
    On Error Resume Next
    sAlt = .Comment.Text
    If sAlt = "" Then .addcomment
    sNeu = sAlt & Chr(10) & Application.UserName _
    & Chr(10) & "Kommentar vom " & Date & _
    Chr(10) & sNeu & Chr(10)
    .Comment.Text sNeu
    .Comment.Visible = True
    .Comment.Shape.TextFrame.AutoSize = True
End With
End Sub
```

Geben Sie zuerst den neuen Kommentar in einer Inputbox ein. Um den alten Kommentar zu behalten, speichern Sie diesen in der Variablen sAlt. Steht in der Variablen sAlt ein leerer Wert, dann gibt es noch gar keinen Kommentar in der aktiven Zelle. In diesem Fall fügen Sie den noch fehlenden Kommentar mit der Methode AddComment ein. Danach hängen Sie den Erfasser, das Datum und den Kommentar hinten an und weisen am Ende das komplette Paket als Kommentartext zu. Belassen Sie den Kommentar sichtbar auf dem Tabellenblatt, indem Sie Eigenschaft Visible des Kommentars auf den Wert True setzen.

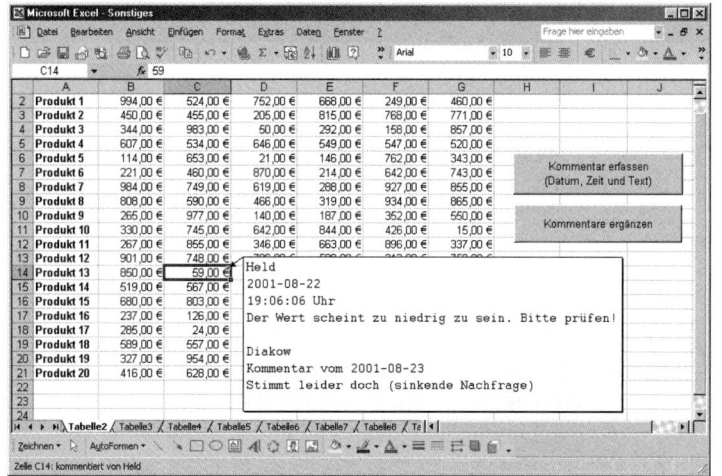

Abbildung 5.84:
Die Antwort vom
Kollegen Diakow
erfolgt am nächs-
ten Tag.

5.6.2 Tabelle mit Kommentaren füllen

Oft werden wichtige Notizen in Tabellen erfasst, die an mehreren Stellen
der Tabelle eingefügt werden müssen. So werden in einer großen Tabelle
jeden Tag die Tagesumsätze einer Firma erfasst. Immer am Monatsende soll
dann eine regelmäßige Überprüfung der Monatswerte vorgenommen werden. Damit dies nicht vergessen wird, statten Sie jeweils die Zelle mit dem
letzten Tag im Monat mit einem Kommentar aus. Markieren Sie also alle
diese Zellen und starten das Makro aus Listing 5.113.

```
Sub KommentarEinfügenInMehrereZellen()
Dim Zelle As Range
  For Each Zelle In Selection
    Zelle.AddComment _
 "Überprüfung Monatsende vornehmen - Rücksprache unter _
 Tel.: 23472"
  Next Zelle
End Sub
```

Listing 5.113:
Kommentare in
mehreren Zellen
einfügen

In einer Schleife springen Sie jede Zelle innerhalb der Markierung an und
fügen über die Methode AddComment einen Kommentar ein.

5.6.3 Kommentare schnell finden

Sollte die Ansicht des roten Indikators im Menü EXTRAS unter OPTIONEN
auf dem Registerblatt ANSICHT deaktiviert sein, ist es recht schwer, Kommentare in Tabellen aufzufinden. Abhilfe leistet dagegen ein kleines Makro,
welches alle Zellen markiert, die Kommentare enthalten. Zusätzlich sorgt es
dafür, dass der rote Indikator wieder angezeigt wird.

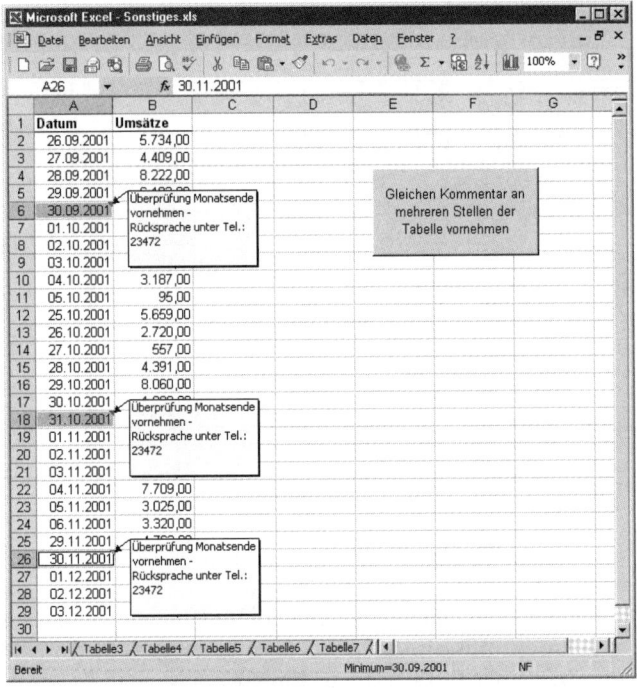

Listing 5.114:
Kommentare
schneller finden

```
Sub KommentareFinden()
On Error Resume Next
Selection.SpecialCells(xlCellTypeComments).Select
If Application.DisplayCommentIndicator = 0 Then _
Application.DisplayCommentIndicator = 1
End Sub
```

Auch in diesem Beispiel können Sie wieder die Methode SpecialCells einsetzen, der Sie die Konstante xlCellTypComments übergeben. Indem Sie die Eigenschaft DisplayCommentIndicator auf den Wert 1 setzen oder die Konstante xlCommentIndicatorOnly verwenden, wird der Indikator in Kommentarzellen wieder angezeigt. Weitere Möglichkeiten der Kommentaranzeige entnehmen Sie der Tabelle 5. 10.

Tabelle 5.10:
Die Konstanten
bzw. der Index des
Indikators

Konstante	Index	Beschreibung
xlNoIndicator	0	Es wird kein Indikator angezeigt.
xlCommentIndicatorOnly	1	Es wird lediglich der Indikator angezeigt.
xlCommentAndIndicator	2	Es werden sowohl der Indikator als auch der Kommentar dauerhaft angezeigt.

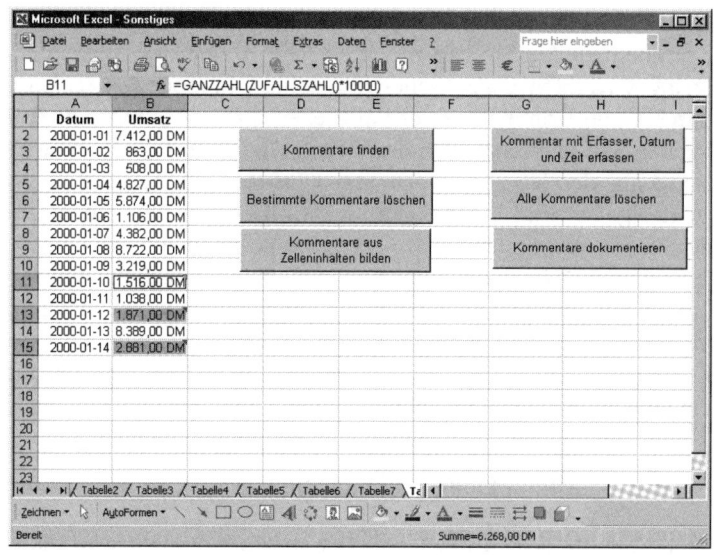

Abbildung 5.86:
Alle Kommentare
sind markiert

5.6.4   Kommentare löschen

Für das Löschen von Kommentaren setzen Sie die Methode ClearComments ein. Dabei können Sie wiederum die Methode SpecialCells einsetzen, die alle Kommentare vorher markiert, um sie anschließend zu löschen.

```
Sub KommentareLöschen()
 On Error Resume Next
 Selection.SpecialCells(xlCellTypeComments).Select
 Selection.ClearComments
End Sub
```

Listing 5.115:
Alle Kommentare
auf Tabellenblatt
löschen

Wenn Sie beispielsweise nur Kommentare löschen möchten, die von einer bestimmten Person vorgenommen wurden, so setzen Sie das folgende Makro aus Listing 5.116 ein.

```
Sub BestimmteKommentareLöschen()
Dim Kom As Comment
Dim s As String
Dim Anw As String
Anw = InputBox _
 ("Welche Kommentare sollen gelöscht werden?", _
 "Namen eingeben")
If Anw = "" Then Exit Sub
For Each Kom In ActiveSheet.Comments
 s = Kom.Text
 If InStr(1, s, Anw) <> 0 Then Kom.Delete
Next Kom
End Sub
```

Listing 5.116:
Nur Kommentare
einer bestimmten
Person löschen

Geben Sie in einer Inputbox zuerst den Namen des Anwenders ein, dessen Kommentare Sie löschen möchten. Der Name des Anwenders wird in der String-Variablen Anw zwischengespeichert. In einer For Each-Schleife werden danach alle Kommentare der aktuellen Tabelle untersucht. Dazu speichern Sie den Kommentartext in der String-Variablen s und wenden die Funktion InStr an, der Sie zuerst den Startwert und danach die zu durchsuchende Textfolge (s) und die gesuchte Textfolge (Anw) übergeben. Diese Funktion gibt einen Wert zurück, der die erste Position der gesuchten Zeichenfolge (Anw) enthält. Gibt die Funktion den Wert 0 zurück, wurde der Suchtext (Anw) im Kommentartext (s) nicht gefunden, was bedeutet, dass der Kommentar nicht vom gesuchten Anwender vorgenommen wurde. Werden Kommentare des gesuchten Anwenders gefunden, werden diese mit Hilfe der Methode Delete gelöscht.

5.6.5   Kommentare protokollieren

Wenn Sie mit sehr großen Tabellen arbeiten, die viele Kommentare enthalten, so ist es mitunter übersichtlicher, wenn Sie alle Kommentare am Stück in eine Liste schreiben und die dazugehörigen Zellenadressen protokollieren. Für diese Aufgabe starten Sie das folgende Makro aus Listing 5.117.

Listing 5.117:
Kommentare (Text
und Zellenadresse)
protokollieren

```
Sub KommentareDokumentieren()
Dim Kom As Comment
Dim i As Integer
 On Error Resume Next
 For Each Kom In ActiveSheet.Comments
    i = i + 1
    ActiveSheet.Cells(i, 11) = Kom.Text
    ActiveSheet.Cells(i, 12) = Kom.Parent.Address
 Next
End Sub
```

In einer For Each-Schleife werden alle Kommentare des Tabellenblattes ermittelt. Die Eigenschaft Cells setzt sich zusammen aus einem Wert für die Zeile und einem Wert für die Spalte. Die Protokolleinträge werden in den Spalten K und L vorgenommen, demnach ist der Spaltenindex der beiden Spalten 11 bzw. 12. Die Variable i enthält den Zeilenzeiger, der bei jedem protokollierten Kommentar um den Wert 1 erhöht wird. Erfasst werden zum einen der Kommentartext und zum anderen die Zellenadresse des Kommentars. Bei der Ermittlung der Zellenadresse eines Kommentars müssen Sie auf die Eigenschaft Parent zurückgreifen, die das übergeordnete Objekt des Objekts Comment zurückgibt. Mit Hilfe der Eigenschaft Address gelingt es Ihnen schließlich, die Zellenadresse des Kommentars zu ermitteln.

Möchten Sie alle Kommentare aus einer Arbeitsmappe in eine Tabelle schreiben, dann setzen Sie das Makro aus Listing 5.118 ein.

```
Sub KommentareDokumentierenII()
Dim Kom As Comment
Dim i As Integer
Dim e As Integer
Dim Blatt1 As Worksheet

Set Blatt1 = Sheets.Add
 On Error Resume Next
 For i = 1 To ActiveWorkbook.Sheets.Count
 On Error Resume Next
 For Each Kom In Sheets(i).Comments
     e = e + 1
     Blatt1.Cells(e, 1) = Kom.Text
     Blatt1.Cells(e, 2) = Kom.Parent.Address

 Next Kom
 Next i
End Sub
```

Listing 5.118:
Kommentare
protokollieren
(ganze Arbeits-
mappe)

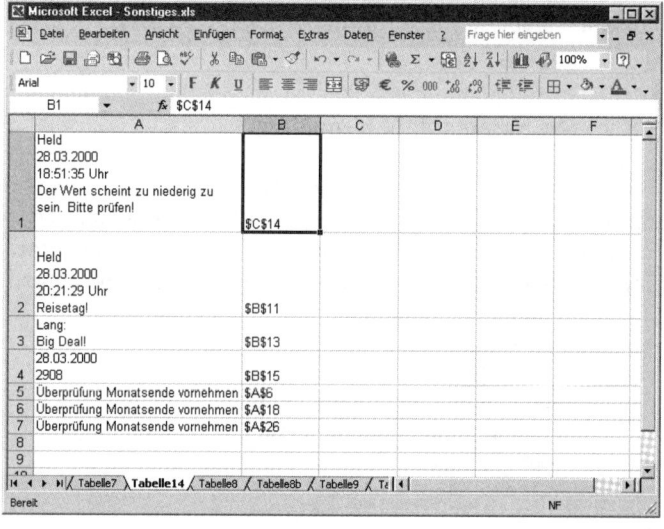

Abbildung 5.87:
Kommentare
dokumentieren

5.6.6   Kommentare aus Zellentexten bilden

Gerade haben Sie gesehen, wie Sie Kommentare aus Zellen übersichtlich in einer Liste darstellen können. Stellen Sie sich aber jetzt mal folgendes Szenario vor: Sie arbeiten an einer Liste und möchten bestimmte Zellen mit neuen Werten überschreiben. Die alten Werte sind aber durchaus für Sie noch von Interesse und sollten nicht gänzlich aus der Liste verschwinden. Wie wäre es denn, wenn Sie diese alten Einträge in Kommentaren ablegen würden? Damit stehen die alten Einträge noch genau dort, wo sie hingehören, und stören dennoch nicht und die Tabelle bleibt aktuell. Für diese Aufgabe erstellen Sie das folgende Makro in Listing 5.119.

Listing 5.119:
Kommentare aus
Zelleninhalten
bilden

```
Sub KommentareAusZellenInhaltBilden()
Dim Kom As Comment
Dim Zelle As Object

For Each Zelle In Selection
On Error Resume Next
 Set Kom = Zelle.addcomment
 Kom.Text Date & Chr(10) & Zelle.Value
Next Zelle
End Sub
```

Das Makro in Listing 5.119 schiebt innerhalb der Markierung den Inhalt der einzelnen Zellen jeweils in ein Kommentarfenster. Jeder Kommentar wird zusätzlich noch mit dem Datum der Verschiebung ausgestattet. Danach können Sie in Ruhe die neuen Werte erfassen.

Wie Sie Makros blitzschnell über eigene Menü- und Symbolleisten starten können, erfahren Sie in Kapitel 16 dieses Buches.

5.6.7   Kommentare formatieren

Standardmäßig werden Kommentare in der aktuellen Excel-Version 2002 in der Schriftart TAHOMA und der Schriftgröße 8 formatiert. Wenn Ihnen diese Formatierung nicht gefällt und Sie alle Ihre Kommentare in Ihrer Tabelle umformatieren möchten, dann starten Sie das Makro aus Listing 5.120.

Listing 5.120:
Kommentare in
aktiver Tabelle
formatieren

```
Sub KommentareFormatieren()
Dim Kom As Comment
    For Each Kom In ActiveSheet.Comments
        With Kom.Shape.TextFrame.Characters.Font
        .Name = "Arial"
        .Size = 10
        End With
    Next Kom
End Sub
```

In einer `For Each`-Schleife werden alle Kommentare des Tabellenblattes ermittelt. Danach sprechen Sie den Kommentar an, indem Sie von außen nach innen gehen, also erst wird das Objekt `Shape` angesprochen, das zunächst die äußere Form des Kommentars darstellt. Danach wird das `TextFrame`-Objekt angesprochen, welches sich um die Ausrichtung des Kommentars kümmert. Jetzt wird das Objekt `Characters` angegangen, welches die Zeichen innerhalb des Textrahmens eines Kommentars darstellen. Nun fehlt nur noch das Objekt Font, über das Sie die Schriftart sowie den Schriftgrad des Kommentars festlegen können.

Möchten Sie die Änderung gleich in allen Tabellen Ihrer Arbeitsmappe durchführen, dann bauen Sie die letzte Lösung aus und starten das Makro aus Listing 5.121.

```
Sub KommentareFormatierenII()
Dim Kom As Comment
Dim Blatt As Worksheet
For Each Blatt In ActiveWorkbook.Worksheets
    For Each Kom In Worksheets(Blatt.Name).Comments
        With Kom.Shape.TextFrame.Characters.Font
          .Name = "Arial"
          .Size = 10
        End With
    Next Kom
Next Blatt
End Sub
```

Listing 5.121:
Kommentare in ganzer Arbeitsmappe formatieren

Lesen Sie mehr zur Programmierung von Tabellen im Kapitel 7 dieses Buches.

REF

5.7 Sonstige Lösungen mit Zellen und Bereichen

Zum Abschluss dieses Kapitels folgen interessante Lösungen wie z. B. das Zählen von Wörtern oder einzelnen Zeichen im markierten Bereich, das Ausfüllen von Zellen mit Daten und das Ermitteln von Zellenadressen.

5.7.1 Die Anzahl der Wörter im markierten Bereich ermitteln

Die folgende Lösung zeigt ganz anschaulich, wie Sie mit Textfunktionen in Excel arbeiten. In einem vorher markierten Bereich soll die Anzahl der Worte ausgegeben werden, die im Bereich enthalten sind. Die Lösung für diese Aufgabenstellung können Sie im folgenden Makro aus Listing 5.122 sehen.

```
Sub WorteInBereichZählen()
Dim Bereich As Range
Dim Zelle As Object
Dim s As String
Dim l As Long

Sheets("Tabelle7").Activate
Set Bereich = Selection
```

Listing 5.122:
Wörter innerhalb der Markierung zählen

```
For Each Zelle In Bereich
  s = Trim(Zelle.Text)
  Do While InStr(s, " ") > 0
    l = l + 1
    s = Trim(Right(s, Len(s) - InStr(s, " ")))
  Loop
  l = l + 1
Next Zelle
MsgBox "Es wurden im markierten Bereich " & _
Selection.Address & Chr(13) & l & " Wörter gefunden!"
End Sub
```

Abbildung 5.88:
Die Anzahl der
Wörter im
markierten Bereich

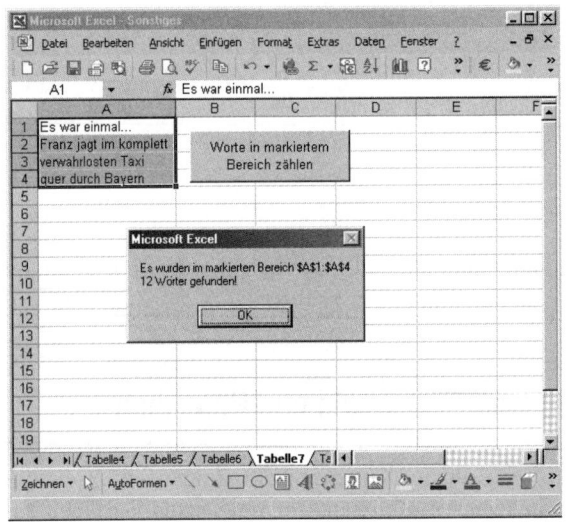

In einer For Each-Schleife werden die Worte je Zelle gezählt. Zu allererst speichern Sie den kompletten Text der einzelnen Zelle, der ja aus mehreren Wörtern bestehen kann, in einer String-Variablen.

Jetzt entfernen Sie mit der Funktion Trim sowohl die führenden Leerstellen zu Beginn der Zelle als auch die nachgestellten Leerzeichen am Ende der Zelle. Dies ist die erste Voraussetzung, die erfüllt sein muss, damit die folgenden Schritte zuverlässig ablaufen. Nun setzen Sie eine Do While-Schleife auf, in der Sie die einzelnen Wörter ermitteln. Dabei setzen Sie die Funktion InStr ein, um das Auftreten des ersten Leerzeichens in der Zelle (zwischen zwei Wörtern) aufzuspüren. Innerhalb der Schleife zerlegen Sie den Text in die einzelnen Worte und erhöhen den Zähler l bei jedem gefundenen Wort. Die Schleife wird so lange durchlaufen, bis die Funktion InStr den Wert 0 zurückliefert; damit ist das Ende der Zelle erreicht. Zuletzt geben Sie in einer Meldung die ermittelte Anzahl der Wörter aus.

5.7.2 Das Auftauchen eines Zeichens im markierten Bereich ermitteln

Im nächsten Beispiel wird das Auftauchen eines bestimmten Zeichens innerhalb einer Markierung ermittelt. In einer Eingabemaske geben Sie das gewünschte Zeichen ein, welches gezählt werden soll.

```
Sub BestimmteZeichenZählen()
Dim Bereich As Range
Dim Zelle As Object
Dim i As Integer
Dim i2 As Integer
Dim s As String

  Sheets("Tabelle7").Activate
  Set Bereich = Selection
  i = 0
  s = InputBox _
  ("Zeichen eingeben, welches Sie zählen möchten")
  If s = "" Then Exit Sub
    For Each Zelle In Bereich
        i2 = InStr(1, Zelle.Value, s)
        While i2 <> 0
          i = i + 1
          i2 = InStr(i2 + 1, Zelle.Value, s)
        Wend
    Next Zelle
  MsgBox "Das Zeichen " & s & " trat im Bereich " _
  & Selection.Address & " genau " & i & " Mal auf!"
End Sub
```

Listing 5.123:
Bestimmte Zeichen innerhalb einer Markierung zählen

In einer `For Each`-Schleife durchlaufen Sie den markierten Bereich. In der Integer-Variablen `i2` zählen Sie das Vorkommen des gesuchten Zeichens in der Zelle. Danach setzen Sie eine zweite Schleife auf. Beim Eintritt in die `While`-Schleife wurde bereits ein Vorkommen des gesuchten Zeichens ermittelt. Aus diesem Grund zählen Sie die Integer-Variable `i` um einen Zähler hoch. Jetzt setzen Sie dem Mauszeiger ein Zeichen in der Zelle nach vorn und suchen nach dem nächsten Vorkommen, indem Sie die Funktion `InStr` anwenden. Sobald in der `While`-Schleife kein Vorkommen des gesuchten Zeichens mehr ermittelt werden kann, meldet die Funktion `InStr` den Wert 0. Dann ist das Abbruchkriterium der `While`-Schleife erfüllt und die Bearbeitung kann mit der nächsten Zelle im markierten Bereich weitergehen.

Abbildung 5.89:
Das Auftreten des
Buchstabens a im
markierten Bereich

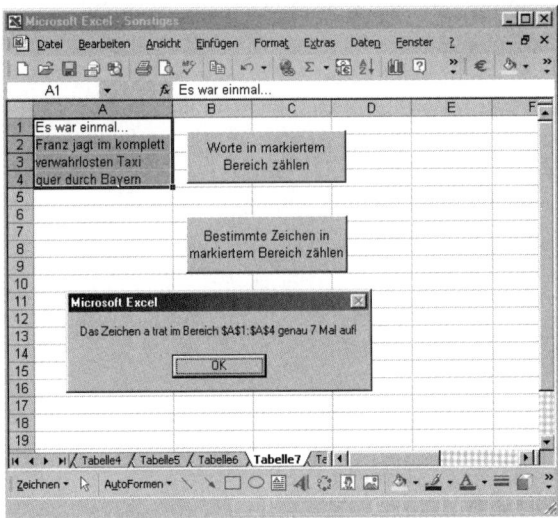

5.7.3   Werte in Bereichen zählen

Stellen Sie sich vor, Sie haben eine Tabelle mit Ausgaben. Jetzt interessieren Sie alle ausgaben, die größer als 10 € sind. Diese Ausgaben möchten Sie zählen und als Bildschirmmeldung ausgeben. Das Makro lautet wie folgt:

Listing 5.124:
Ausgaben
zählen > 10 €

```
Sub ZählenZahlenInBereich()
Const Grenzwert = 10
Dim Zelle As Range
Dim Zaehler As Long

For Each Zelle In Selection
 If Zelle.Value > Grenzwert Then Zaehler = Zaehler + 1
Next Zelle
MsgBox Zaehler
End Sub
```

Den Grenzwert definieren Sie am Besten gleich ganz oben im Makro als Konstante. Damit haben Sie es später leichter, die Wertgrenzen zu verändern und Sie müssen nicht lange im Quellcode rumsuchen. In einer Schleife durchlaufen Sie alle Zellen und prüfen, ob der Inhalt > 10 € ist. Wenn ja, dann erhöhen Sie die Variable Zähler um den Wert 1.

5.7.4   Die Eckdaten eines Bereiches ermitteln

Wenn Sie eine Markierung bzw. den benutzten Bereich auf einem Tabellenblatt auslesen möchten, stellen sich je nach Aufgabe folgende Fragen:

➡ Wie viele Zellen enthält der markierte Bereich?   *Die Fragen*

➡ Wie lautet die Adresse der ersten Zelle im markierten Bereich?

➡ Wie lautet die Adresse der letzten Zelle im markierten Bereich?

➡ Wie lautet die Adresse der letzten Zelle im benutzten Bereich?

Zur Beantwortung dieser Fragen setzen Sie die folgenden Makros ein:

```
Sub AnzahlMarkierterZellenErmitteln()
Dim l As Long
Sheets("Tabelle7").Activate
l = Selection.Count
MsgBox l
End Sub
```

Listing 5.125:
Anzahl der Zellen
im Bereich ermitteln

Die Methode `Count` ermittelt die Anzahl der Objekte im markierten Bereich und speichert diese in einer Variable vom Typ `Long`.

```
Sub LetzteZelleImBenutztenBereich()
 Sheets("Tabelle7").Activate
 MsgBox Cells.SpecialCells(xlCellTypeLastCell).Address
End Sub
```

Listing 5.126:
Letzte Zelle im
benutzten Bereich
ermitteln

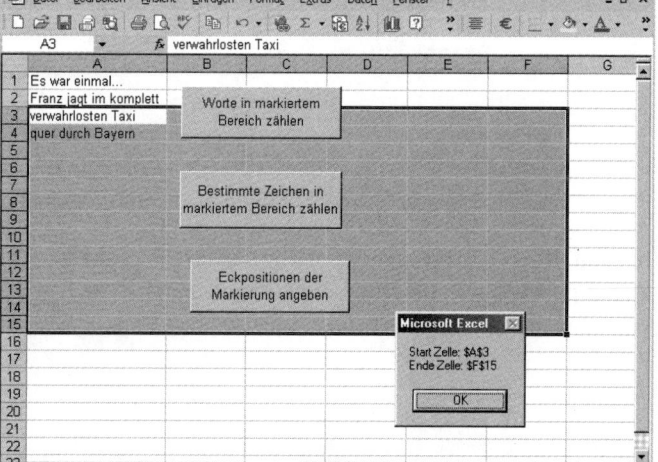

Abbildung 5.90:
Die Eckpositionen
der Markierung
ausgeben

Die Eigenschaft `Cells` beinhaltet alle Zellen des aktiven Tabellenblattes. Um die letzte Zelle im benutzten Bereich zu ermitteln, setzen Sie die Methode `SpecialCells` mit der Konstanten `xlCellTypeLastCell` ein. Um die Zellenadresse dieser Zelle auszugeben, wenden Sie die Eigenschaft `Address` an.

Listing 5.127:
Eckpositionen der
Markierung
ermitteln

```
Sub EckpositionenDerMarkierungErmitteln()
 Sheets("Tabelle7").Activate
 MsgBox "Start Zelle: " & ActiveCell.Address & Chr(10) _
 & "Ende Zelle: " & Selection(Selection.Count).Address
End Sub
```

Um die erste Zelle der Markierung links oben zu ermitteln, brauchen Sie nur die Address-Eigenschaft der aktiven Zelle auszugeben. Die letzte Zelle in der Markierung bekommen Sie, indem Sie die Methode Count auf die Markierung anwenden.

In der nächsten Aufgabe soll ein einem Bereich die erste leere Zelle angesprungen werden. Schauen Sie sich dazu einmal die folgende Abbildung an.

Abbildung 5.91:
Die erste freie Zelle
wird aktiviert.

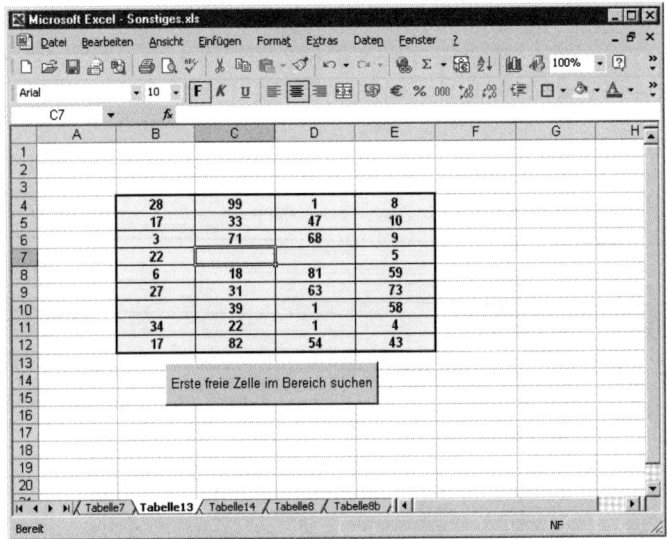

Im Datenbereich B4:E12 wird die Zelle C7 als erste leere Zelle aktiviert. Dabei geht Excel von links nach rechts und danach von oben nach unten vor. Um diesen Automatismus hinzubekommen, setzen Sie das Makro aus Listing 5.128 ein.

Listing 5.128:
Erste freie Zelle in
Bereich ansteuern

```
Sub ErsteFreieZelleInBereichSuchen()
Dim Bereich As Range
Dim Zelle As Range
Sheets("Tabelle13").Activate
Set Bereich = Range("B4:E12")
For Each Zelle In Bereich
 Zelle.Select
 If Zelle.Value = "" Then Exit Sub
Next Zelle
End Sub
```

Definieren Sie zuerst einmal den Bereich, in dem die erste freie Zelle ermittelt werden soll. Setzen Sie dazu die Anweisung Set ein. Danach durchlaufen Sie jede einzelne Zelle des Bereiches und überprüfen, ob diese leer sind. Wird die erste leere Zelle gefunden, dann beenden Sie das Makro mit der Anweisung Exit Sub. Der Mauszeiger steht dann genau an der richtigen Stelle.

5.7.5 Zellen mit gleichem Inhalt füllen

Sicher kennen Sie folgenden Trick in Excel: Sie markieren einen Bereich, dann geben Sie einen Text ein und bestätigen mit der Tastenkombination [Strg] + [↵]. Damit füllen Sie alle Zellen des markierten Bereiches mit dem gerade erfassten Text. Diese Funktionalität können Sie auch in VBA abbilden, und zwar mit folgendem Makro aus Listing 5.129.

```
Sub ZellenAusfüllen01()
Dim Bereich As Range
Dim s As String
  s = InputBox _
  ("Geben Sie den Text/Formel ein!", _
 "Markierung füllen")
  If s = "" Then Exit Sub
  Set Bereich = Selection
  Bereich.Select
  Bereich.Formula = s
End Sub
```

Listing 5.129:
AutoAusfüllen eines Bereichs mit Formeln oder Text aus einer Inputbox

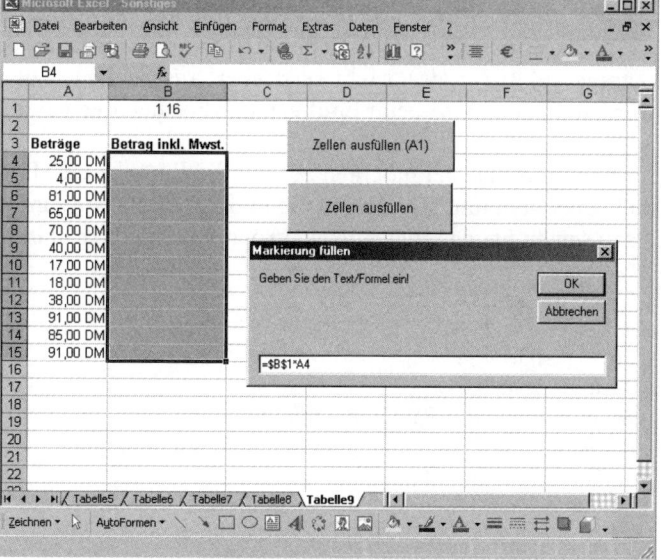

Abbildung 5.92:
Die Formel erfassen

Hier haben Sie die Möglichkeit, den Text oder die Formel über eine Eingabemaske zu erfassen. Ihre Eingabe wird dann auf alle Zellen im markierten Bereich übertragen.

Abbildung 5.93:
Eingabe mit gemischten Bezügen

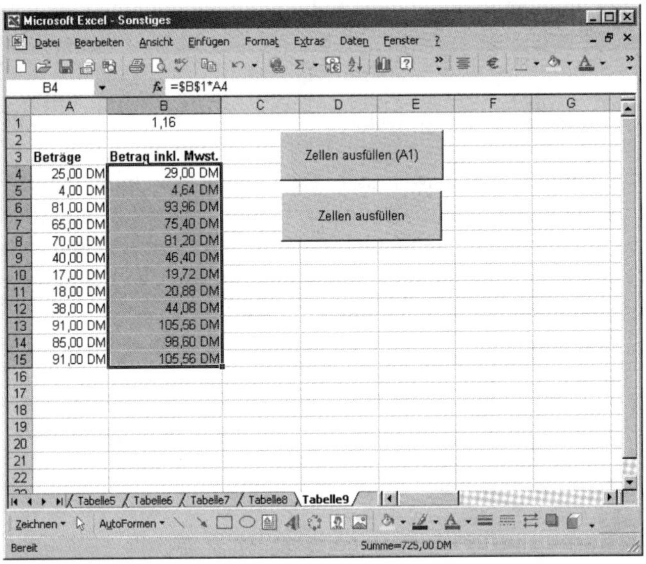

INFO

Wenn Sie Formeln erfassen, können Sie dies entweder mit relativen oder absoluten Bezügen vornehmen.

Wenn Sie sich die Abbildung 5.93 betrachten, sehen Sie, dass die Zelle B1 absolut gesetzt wurde. Diese Zelle beinhaltet den derzeitig gültigen Mehrwertsteuersatz. In Spalte A stehen die Nettobeträge. In Spalte B werden die Beträge inklusive der Mehrwertsteuer ausgegeben. Die relativen Bezüge werden automatisch beim Einfügen der Formel angepasst.

Im nächsten Beispiel möchten Sie auf die Eingabe des Textes bzw. der Formel verzichten und stattdessen die Füllung direkt aus einer Zelle verwenden. Dazu setzen Sie das folgende Makro aus Listing 5.130 ein.

Listing 5.130:
AutoAusfüllen eines Bereichs mit Formeln oder Text aus einer vorgegebenen Zelle

```
Sub ZellenAusfüllen02()
Dim Bereich As Range
  Set Bereich = Selection
  Bereich.Select
  Bereich.Formula = Range("A1").Formula
End Sub
```

5.7.6 Markierter Bereich wird zum Druckbereich

Papier ist teuer und sollte nicht unnütz verschwendet werden. Auch Tinte bzw. Toner ist teuer und sollte im Hinblick auf unsere Umwelt sparsam eingesetzt werden. Bei der täglichen Arbeit müssen auch nicht immer mehrere Seiten ausgedruckt werden; oft reicht ein kleiner Bereich innerhalb einer Tabelle, der alle relevanten Daten enthält. Das nächste Makro legt die aktuelle Markierung als Druckbereich fest. Ein anschließender Klick auf das Symbol DRUCKEN in der Symbolleiste STANDARD bewirkt, dass nur der markierte Bereich ausgedruckt wird.

```
Sub MarkierterBereichWirdZumDruckbereich()
Dim s As String
s = Selection.Address
ActiveSheet.PageSetup.PrintArea = s
End Sub
```

Listing 5.131:
Markierten Bereich zum Druckbereich machen

Speichern Sie den Zellenbezug der Markierung in einer String-Variablen und übergeben Sie diesen an die Eigenschaft `PrintArea` des Objekts `PageSetup`. Hiermit legen Sie den Druckbereich fest.

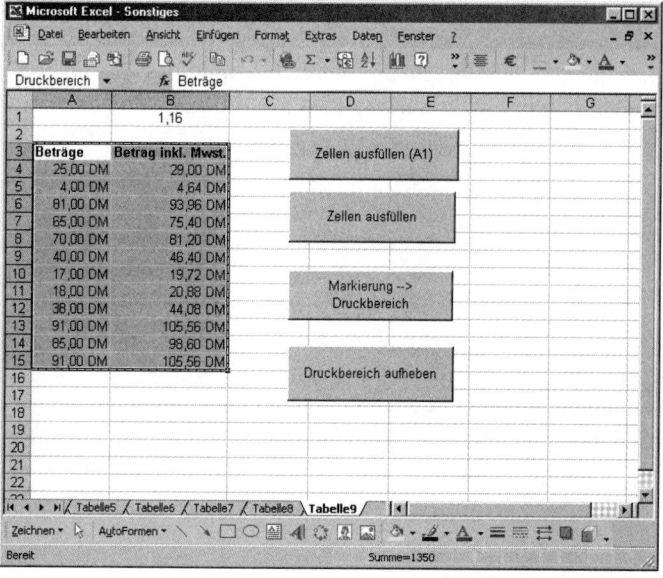

Abbildung 5.94:
Druckbereich festlegen

Setzen Sie die Eigenschaft `PrintArea` *auf den Wert* `False` *oder auf die leere Zeichenfolge (»«), um das gesamte Blatt als Druckbereich festzulegen, also den gerade festgelegten Druckbereich zu löschen.*

5.7.7   Bereiche kopieren

Möchten Sie einen identischen Bereich mehrmals in Ihrer Tabelle kopieren, dann können Sie diese mit Hilfe der Methoden `Copy` und `PasteSpecial` tun. Im nächsten Beispiel soll der Bereich B3:F5 mehrfach kopiert werden. Schauen sie sich dazu einmal die Ausgangssituation in Abbildung 5.95 an.

Abbildung 5.95:
Der Ausgangsbereich soll mehrfach kopiert werden.

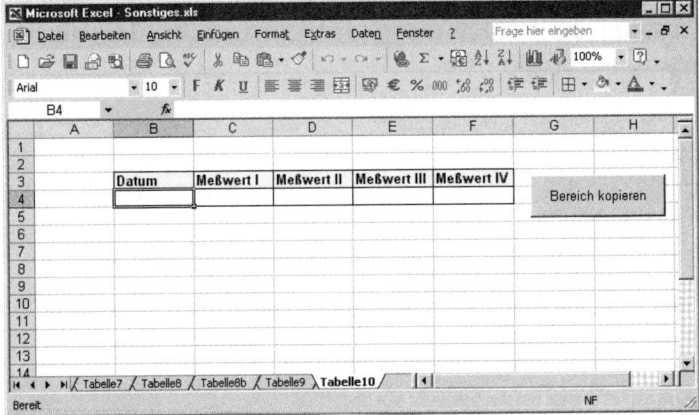

Die angestrebte Lösung soll variabel sein. Der Anwender muss selbst festlegen können, wie oft er den Bereich kopieren möchte. Jede Kopie des Bereiches soll dann automatisch drei Zeilen weiter nach unten versetzt werden. Das Makro für diese Aufgabe lautet:

Listing 5.132:
Bereiche mehrfach kopieren und einfügen

```
Sub BereichKopieren()
Dim Bereich As Range
Dim i As Integer
Dim i2 As Integer

Set Bereich = Range("B3:F4")
Range("B3").Select
On Error GoTo fehlerm
i2 = InputBox("Wie oft soll kopiert werden?")
If i2 = 0 Then Exit Sub
For i = 1 To i2
 Bereich.Copy
 ActiveCell.Offset(5, 0).Select
 Selection.PasteSpecial _
  Paste:=xlPasteAll, Operation:=xlNone, _
  SkipBlanks:= False, Transpose:=False
 Application.CutCopyMode = False
Next i
fehlerm:
End Sub
```

Definieren Sie im ersten Schritt den Bereich, den Sie kopieren möchten. Setzen Sie dazu die Anweisung Set ein. Im Anschluss daran brauchen Sie nicht mehr den kompletten Bereich zu schreiben, wenn Sie mit diesem arbeiten möchten, es reicht jetzt, den Begriff Bereich zu editieren. Über eine InputBox fragen Sie vom Anwender ab, wie oft der Bereich kopiert werden soll. Klickt der Anwender jedoch auf die Schaltfläche Abbrechen, darf Ihr Makro nicht abstürzen. Verwenden Sie in diesem Fall die Anweisung On Error GoTo fehlerm. Den Fehlerparagraphen definieren Sie am Ende des Makros. Wird also das Makro über die Schaltfläche ABBRECHEN der Inputbox abgebrochen, verzweigt Excel automatisch ans Ende des Makros.

Hat der Anwender einen gültigen Wert in der Inputbox erfasst, dann starten Sie eine Schleife, die so lange durchlaufen wird, wie der Anwender es vorher in der Inputbox festgelegt hat. Innerhalb der Schleife wird über die Methode Copy der Bereich kopiert und anschließend über die Methode PasteSpecial fünf Zeilen weiter unten wieder eingefügt. Die Verschiebung des Zellenzeigers erreichen Sie, indem Sie das erste Argument der Eigenschaft OffSet auf den Wert 5 setzen. Damit wirklich der ganze Bereich inklusive der Formatierung mit übertragen wird, setzen Sie das Argument Paste auf den Wert XlPasteAll. Nach der Kopieraktion sollten Sie die Eigenschaft CutCopyMode auf den Wert False setzen. Damit entfernen Sie die beim Kopieren erzeugte gestrichelte Markierung.

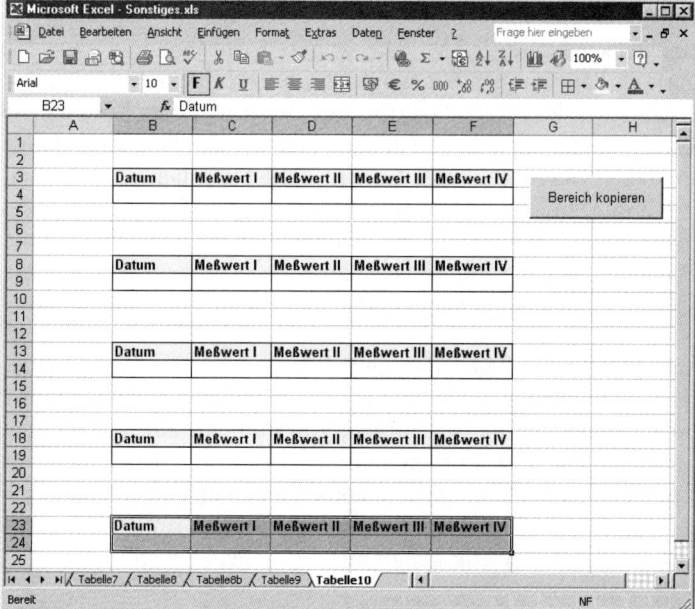

Abbildung 5.96:
Der Ausgangs-
bereich wurde
fünfmal kopiert.

5.7.8   Grafiken in Bereiche integrieren

Das nächste Beispiel ist etwas umfangreicher. Folgende Aufgaben sollen dabei erledigt werden:

➡ Einfügen einer Grafik an eine ganz bestimmte Stelle

➡ Formatieren der eingefügten Grafik

➡ Verändern der Position der eingefügten Grafik

➡ Prüfung, ob eingefügte Grafik in einem bestimmten Bereich liegt

Grafik einfügen   Starten Sie die Aufgabe, indem Sie aus der Symbolleiste ZEICHNEN eine AutoForm, nämlich ein Rechteck auf Ihrer Tabelle einfügen. Dazu setzen Sie das Makro aus Listing 5.133 ein.

Listing 5.133:
Grafik einfügen

```
Sub GrafikEinfügen()
Dim shp As Shape
Set shp = ActiveSheet.Shapes.AddShape _
(msoShapeRectangle, 283, 197, 72, 47)
With shp
 .Fill.ForeColor.SchemeColor = 26
End With
End Sub
```

Fügen Sie zunächst ein Shape-Objekt ein, indem Sie die Methode AddShape einsetzen. Als Konstante geben Sie hierbei msoShapeRectangle an, um ein Rechteck einzufügen. Welche weiteren AutoShape-Typen dabei zur Verfügung stehen, können Sie aus der Online-Hilfe nachlesen. Die nachfolgenden Argumente legen die Position auf der Tabelle in Punkten fest, an der die Grafik eingefügt werden soll. Die ersten beiden Argumente stehen dabei für die linke, obere Ecke der Grafik, die letzten beiden Argumente bestimmen die Breite und Höhe der eingefügten Grafik. Formatieren Sie im Anschluss daran den Hintergrund der eingefügten Grafik mit der Farbe Hellgelb. Wenden Sie dazu die Eigenschaft SchemeColor an und weisen dieser Eigenschaft den Wert 26 (für hellgelb) zu.

Grafik positionieren   Schon beim Einfügen der Grafik haben Sie die Position derselben in der Tabelle bestimmt. Dabei haben Sie die Position in Punkten angegeben, zugegeben gar nicht mal so einfach, von Punkten auf die dazugehörigen Zellen zu schließen. Um eine eingefügte Grafik auf der Tabelle zu verschieben, können Sie aber auch ganz konkret mit Zellpositionen arbeiten. Das Makro aus Listing 5.134 verschiebt die eingefügte Grafik genau so, dass die linke obere Ecke der Grafik genau auf der Zelle C5 liegt.

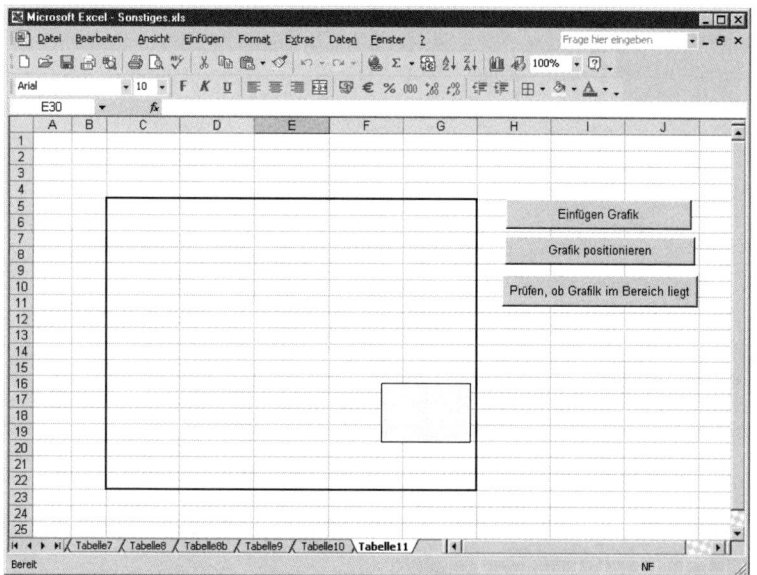

Abbildung 5.97:
Ein Rechteck
einfügen

```
Sub GrafikPositionieren()
Dim shp As Shape
Dim s As String

For Each shp In ActiveSheet.Shapes
  If shp.Type = msoAutoShape Then s = shp.Name
Next shp
Set shp = Worksheets("Tabelle11").Shapes(s)
shp.Top = Range("C5").Top
shp.Left = Range("C5").Left
End Sub
```

Listing 5.134:
Grafik neu
positionieren

Gleich zu Beginn des Makros haben Sie das Problem, dass Sie die richtige Grafik erwischen müssen. Für Excel werden alle eingefügten Elemente wie Schaltflächen, AutoFormen etc. als Shapes bezeichnet. Sie müssen jetzt feststellen, welcher Shape-Typ Ihr Rechteck ist. Dazu fragen Sie alle eingefügten Shapes in der Tabelle ab. Ihre eingefügte AutoForm wird mit der Konstanten msoAutoshape gekennzeichnet. Wird diese in der Tabelle gefunden, dann speichern Sie den Namen des Shapes in der Variablen s. Setzen Sie dazu die Eigenschaft Name ein. Mit Hilfe der Eigenschaften Left und Top legen Sie fest, wo das Shape-Objekt in Ihrer Tabelle positioniert werden soll.

Shape-Typen bestimmen

Möchten Sie einfach noch mehr über Shapes wissen, dann können Sie das Makro aus Listing 5.135 einsetzen, welches Ihnen die ID sowie die Bezeichnung des Shape-Objektes am Bildschirm anzeigt.

```
Sub ShapeTypeBestimmen()
Dim shp As Shape
For Each shp In ActiveSheet.Shapes
 MsgBox shp.Type & " / " & shp.AlternativeText
Next shp
End Sub
```

Über die Eigenschaft Type meldet Excel Ihnen die ID des Shapes. Mit Hilfe der Eigenschaft AlternativeText können Sie die Beschriftung des Shapes ermitteln.

Weitere Shape-Konstanten können Sie der Tabelle 5. 11 entnehmen:

Tabelle 5.11:
Eine Auswahl möglicher Shape-Typen

Shape-Typ	ID	Beschreibung
msoAutoShape	1	eine AutoForm
msoChart	3	eingebettetes Diagramm
msoComment	4	ein Kommentar-Objekt
msoFormControl	8	ein Steuerelement wie z.B. eine Schaltfläche
msoLine	9	Line
msoLinkedPicture	13	ClipArt
msoTextEffect	15	WordArt
msoTextBox	17	Textbox

Machen wir nun weiter an der vorherigen Aufgabe (siehe S.225 unten). Verschieben Sie jetzt die eingefügte Grafik einmal aus dem Bereich C5:G23 und starten das Makro aus Listing 5.136.

Listing 5.136:
Liegt die Grafik
innerhalb eines
Bereichs?

```
Sub PrüfenObGrafikImBereichliegt()
Dim shp As Shape
Dim bereich As Range
Dim obereEcke As String
Dim s As String
Set bereich = Range("C5:G25")

 For Each shp In ActiveSheet.Shapes
   If shp.Type = msoAutoShape Then s = shp.Name
 Next shp
Set shp = Worksheets("Tabelle11").Shapes(s)
If Intersect(shp.TopLeftCell, bereich) Is Nothing Then _
MsgBox "Grafik liegt außerhalb" _
```

```
Else MsgBox "Grafik liegt innerhalb"
End Sub
```

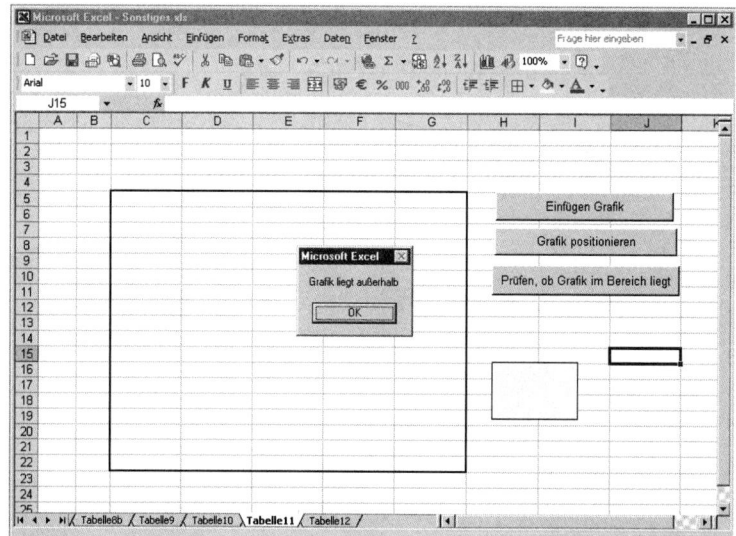

Abbildung 5.98:
Das Rechteck liegt
außerhalb des
Bereiches.

5.7.9 Zellen sperren

Bevor Sie einen Tabellenschutz einstellen, müssen Sie entscheiden, welche Zellen hinterher trotzdem editierbar bleiben sollen. Standardmäßig sind in Excel alle Zellen mit der Eigenschaft Gesperrt belegt, d. h., wenn sie einen Blattschutz einstellen, kann standardmäßig keine einzige Zelle mehr gelöscht bzw. geändert werden. Seit dieser neuen Excel-Version haben Sie zwar mehr Möglichkeiten, was das Editieren von Zellen trotz Blattschutz angeht, trotzdem bleibt diese Regel gleich. Um beispielsweise in einem Bereich alle nicht gesperrten Zellen zu ermitteln, können Sie die Adressen der nicht gesperrten Zellen in Ihren Direktbereich schreiben. Für diesen Zweck setzen Sie das Makro aus Listing 5.137 ein.

```
Sub AlleNichtGesperrtenZellenAusgeben()
Dim Zelle As Range
Sheets("Tabelle22").Activate
   For Each Zelle In ActiveSheet.UsedRange
      If Not Zelle.Locked Then
        Debug.Print Zelle.Address
      End If
   Next Zelle
End Sub
```

Listing 5.137:
Adressen der nicht
gesperrten Zellen
ausgeben

Mit Hilfe der Eigenschaft UsedRange können Sie alle Zellen der Tabelle ermitteln, die Sie im Gebrauch haben. Über die Eigenschaft Locked fragen Sie ab, ob die jeweilige Zelle gesperrt ist oder nicht. Im Falle, das die Zelle nicht gesperrt ist, schreiben Sie die Adresse der Zelle mit Hilfe der Anweisung Debug.Print in den Direktbereich Ihrer Entwicklungsumgebung.

5.7.10   Nicht gesperrte Zellen markieren

Möchten Sie alle nicht gesperrten Zellen einer Tabelle markieren, dann setzen Sie das Makro aus Listing 5.138 ein.

Listing 5.138:
Alle nicht gesperrten Zellen markieren

```vba
Sub AlleNichtGesperrtenZellenMarkieren()
Dim s As String
Dim Zelle As Range
Sheets("Tabelle22").Activate
    For Each Zelle In ActiveSheet.UsedRange
        If Not Zelle.Locked Then
            s = s & Zelle.Address & ","
        End If
    Next Zelle
    Range(Left(s, Len(s) - 1)).Activate
End Sub
```

In einer Schleife arbeiten Sie alle benutzten Zellen in Ihrer Tabelle ab. Sind einzelne Zellen darunter nicht gesperrt, dann sammeln Sie die Adresse der Zellen in der Variablen s und fügen nach jeder gefundenen Zelle ein Komma im String s ein. Am Ende steht unglücklicherweise genau ein Komma zu viel in der Variablen s. Dieses Zeichen bekommen Sie weg, indem Sie die Funktion Left einsetzen, und so lange Zeichen übertragen, bis das letzte Zeichen vor dem letzten Komma erreicht ist. Aktivieren Sie jetzt alle so ermittelten Zellen mit der Methode Activate.

5.7.11   Mehrzeilige Eingabe in Zellen

Wenn Sie einen Text in eine Zelle eingeben und danach die Tastenkombination [Alt] + [↵] drücken, dann können Sie in dieser Zelle eine zweite Zeile eingeben. Diesen Vorgang können Sie beliebig oft wiederholen, bis Sie letztendlich die Taste [↵] drücken, um die Eingabe abzuschließen. In VBA können Sie die Anzahl der eingegebenen Zeilen pro Zelle ermitteln, indem Sie das Makro aus Listing 5.139 starten.

Listing 5.139:
Enthält eine Zelle mehrzeiligen Text?

```vba
Sub EnthältZelleMehrereZeilen()
Dim b As Boolean
Sheets("Tabelle15").Activate
b = ActiveCell.WrapText
If b = True Then _
 MsgBox "Die Zelle enthält mehrere Zeilen!"
End Sub
```

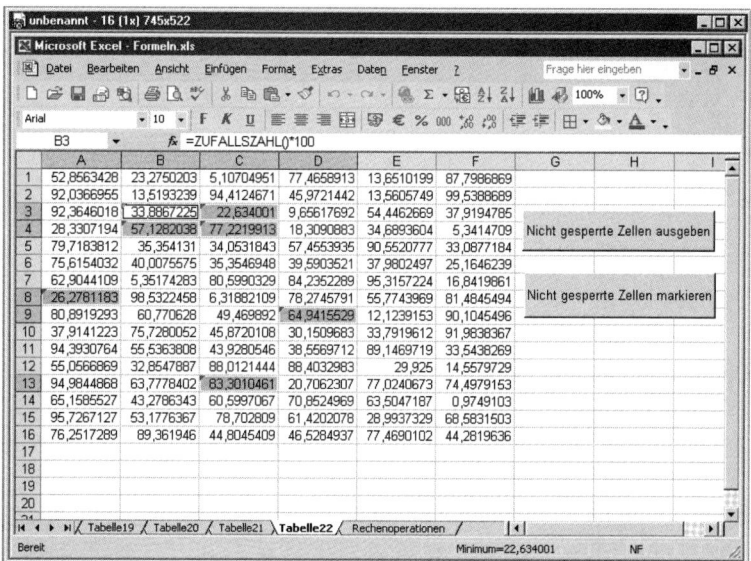

Die Eigenschaft WrapText meldet den Wert True, wenn mehrere Zeilen in
einer Zelle erfasst wurden.

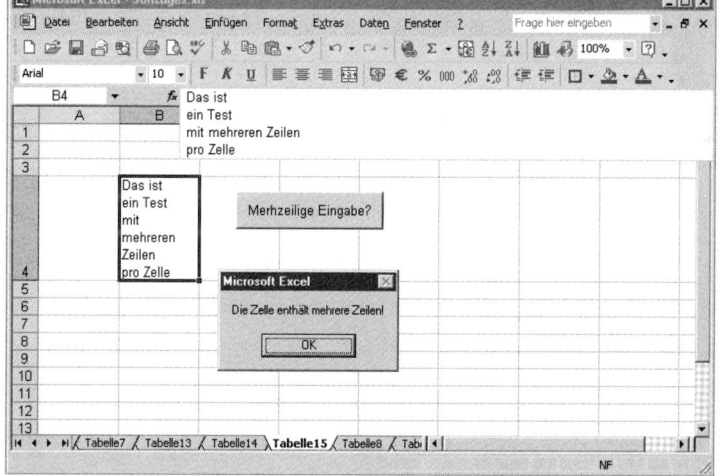

Abbildung 5.100:
Mehrzeilige
Zelleneingabe

6 Die Programmierung von Spalten und Zeilen

Wie schon im vorherigen Kapitel über Zellen und Bereiche, setzen Sie bei der Programmierung von Zeilen und Spalten ebenso das Objekt Range ein. Auch in diesem Kapitel finden Sie eine ganze Menge praxisnaher Aufgaben, die im täglichen Gebrauch mit Zeilen und Spalten auftauchen. U. a. sollen dabei folgende Fragen beantwortet werden:

➡ Wie markiere ich Zeilen und Spalten?

Die Fragen

➡ Wie navigiere ich in Zeilen und Spalten?

➡ Wie stelle ich die richtige Zeilenhöhe bzw. Spaltenbreite ein?

➡ Wie füge ich Spalten bzw. Zeilen ein und wie werde ich sie wieder los?

➡ Wie blende ich Zeilen und Spalten ein und aus?

➡ Wie sortiere ich meine Daten?

➡ Wie kann ich mehrere Spalten miteinander vergleichen?

➡ Wie kann ich Zeilenumbrüche schnell setzen und wieder aufheben?

➡ Wie formatiere ich Zeilen und Spalten?

➡ Wie kann ich Filter in der Programmierung einsetzen?

6.1   Zeilen und Spalten markieren, zählen und ansteuern

Die folgenden Makros können Sie auf der CD-ROM *im Verzeichnis* KAP06 *in der Datei* SPALTENUNDZEILEN.XLS *finden.*

Die Markierung einer einzelnen Zeile bzw. Spalte ist kein Problem. Eine einzelne Zeile markieren Sie, indem Sie die Eigenschaft Rows auf das Objekt Range anwenden. So markiert die Anweisung

```
Rows("3:3").Select
```

die komplette dritte Zeile in der aktiven Tabelle.

Eine einzelne Spalte markieren Sie, indem Sie die Eigenschaft Columns auf das Range-Objekt anwenden. Die Anweisung

```
Columns("A:A").Select
```

markiert die Spalte A der aktiven Tabelle.

6.1.1   Mehrere Zeilen auf dem Tabellenblatt markieren

Sicher wissen Sie, dass Sie manuell mehrere Zeilen auf dem Tabellenblatt markieren können. Mit dem Einsatz der [Strg]-Taste im Zusammenspiel mit der linken Maustaste, mit welcher Sie auf die Zeilenköpfe klicken, markieren Sie mehrere, auch nicht zusammenliegende Zeilen. Wie funktioniert dies aber mit VBA?

Listing 6.1:
Mehrere Zeilen auf
Tabellenblatt
markieren

```
Sub MehrfachauswahlZeilen()
  Sheets("Tabelle1").Activate
  Range("2:2,3:3,4:4,10:10").Select
End Sub
```

Im Beispiel von Listing 6.1 werden die Zeilen 2, 3, 4 und 10 markiert.

Abbildung 6.1:
Selektive Auswahl
von Zeilen

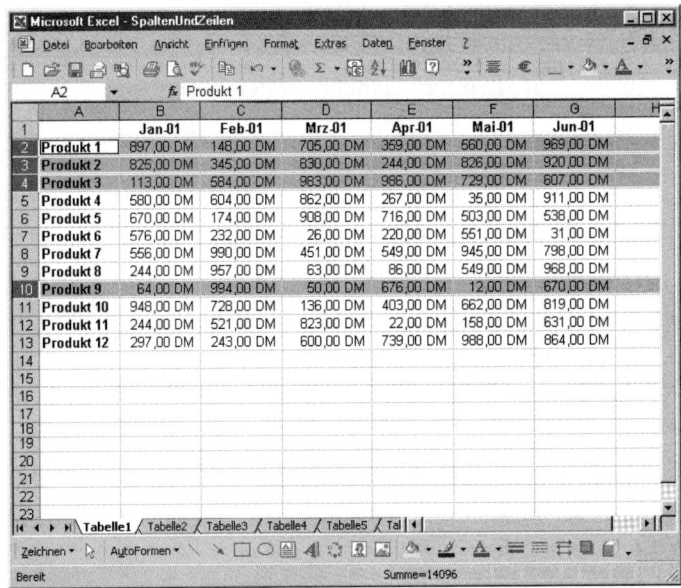

6.1.2   Mehrere Spalten auf dem Tabellenblatt markieren

Wenn Sie mehrere, auch nicht zusammenhängende Spalten markieren möchten, sehen Sie sich das nächste Makro in Listing 6.2 an:

```
Sub MehrereSpaltenMarkieren()
  Sheets("Spalten und Zeilen").Activate
  Range("A:A,C:C,E:E").Select
End Sub
```

Listing 6.2:
Mehrere nicht
zusammenhän-
gende Spalten
markieren

Im Beispiel des Listing 6.2 werden die Spalten A, C und E markiert.

Selbstverständlich können Sie diese Augabe auch über Indexe lösen. Schauen Sie sich dazu das Makro aus Listing 6.3 an.

```
Sub MehrereSpaltenMarkiernII()
Range(Columns(1), Columns(2)).Select
End Sub
```

Listing 6.3:
Mehrere Spalten
über Index
markieren

Die Spalten A und B werden in Makro Listing 6.3 markiert.

6.1.3   Zeilen und Spalten markieren

Um jeweils eine Spalte sowie eine Zeile in einem Arbeitsgang zu markieren, setzen Sie das Makro aus Listing 6.4 ein.

```
Sub BereicheMarkieren()
Dim Bereich1 As Range
Dim Bereich2 As Range
Dim Gesamtb As Range

Set Bereich1 = Rows(7)
Set Bereich2 = Columns("C:C")
Set Gesamtb = Union(Bereich1, Bereich2)
Gesamtb.Select
End Sub
```

Listing 6.4:
Zeile und Spalte
gleichzeitig
markieren

Legen Sie mit Hilfe der Anweisung Set erst einmal die Bereiche fest, die Sie gemeinsam ansprechen möchten. Danach fassen Sie die einzelnen Bereiche über die Methode Union zusammen. Dann markieren Sie den Geamtbereich durch die Methode Select.

6.1.4   Markierte Spalten in Markierung zählen

Stellen Sie sich vor, Sie haben mehrere Bereiche auf Ihrer Tabelle markiert und möchten jetzt ermitteln, wie viele Spalten in der jeweiligen Markierung vorhanden sind. Um diese Aufgabe zu lösen, setzen Sie das Makro aus Listing 6.5 ein.

```
Sub SpaltenInAuswahlErmitteln()
Dim Bereiche As Integer
Dim i As Integer
```

Listing 6.5:
Spalten in
markierten
Bereichen zählen

```
Worksheets("Tabelle25").Activate
Bereiche = Selection.Areas.Count
If Bereiche <= 1 Then
MsgBox "Die Auswahl enthält " & _
  Selection.Columns.Count & " Spalte(n)."
Else
For i = 1 To Bereiche
  MsgBox "Die Auswahl " & i & "  _
  der markierten Bereiche enthält " & _
  Selection.Areas(i).Columns.Count & " Spalten."
Next i
End If
End Sub
```

Abbildung 6.2:
Spalte und Zeile
markieren

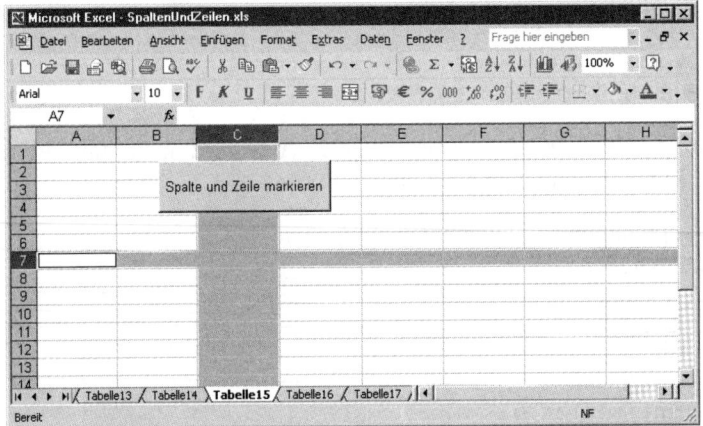

Ermitteln Sie zuerst, wie viele Bereiche auf Ihrer Tabelle momentan markiert sind. Für diese Aufgabe setzen Sie die Methode Count ein, die Sie auf das Objekt Areas anwenden. Über eine If-Abfrage ermitteln Sie, wie viele Bereiche auf der Tabelle markiert sind. Über die Anweisung Selection.Columns.Count können Sie daraufhin die markierten Spalten im markierten Bereich ermitteln. Sind mehrere Bereiche in der Tabelle markiert, dann setzen Sie eine Schleife auf, die einen Bereich nach dem anderen durchläuft, die Spalten innerhalb der Markierung zählt und diese auf dem Bildschirm ausgibt.

6.1.5   Erste freie Zelle in Spalte anspringen

Versuchen Sie einmal, die letzte Zelle in einer Spalte anzusteuern. Dazu setzen Sie die Eigenschaft End ein und gelangen mit der Eigenschaft Offset ein Zelle weiter nach unten in die erste leere Zelle dieser Spalte. Anschließend geben Sie die Zellenadresse in einer Bildschirmmeldung aus.

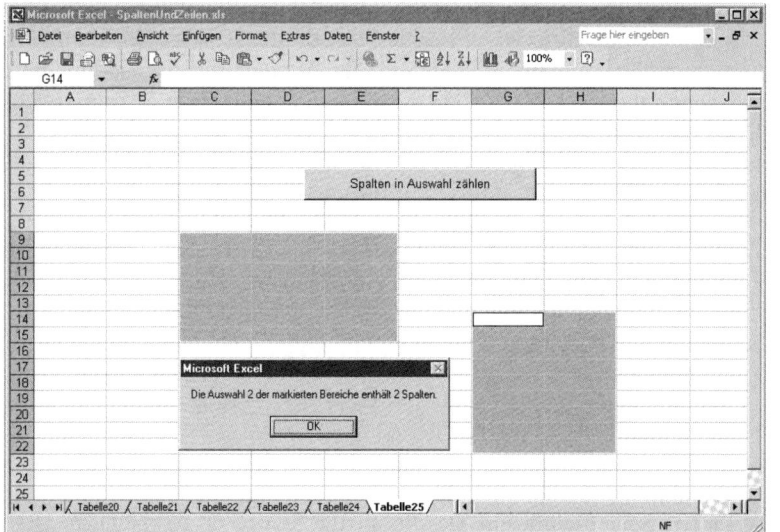

Abbildung 6.3:
Spalten in Bereich
zählen

```
Sub LetzteZelleAktivieren()
 Sheets("Tabelle1").Activate
 Range("A65536").End(xlUp).Offset(1, 0).Select
 MsgBox ActiveCell.Address
End Sub
```

Listing 6.6:
Erste freie Zelle in
Spalte ansteuern
(Variante 1)

Das Makro aus Listing 6.6 macht aber genau dann Probleme, wenn Sie in Ihrer Arbeitsmappe bereits mehrmals Daten gelöscht und wieder eingegeben haben. Dadurch entstehen Löcher, durch die Excel nicht selten dann die falsche letzte Zelle zurückliefert. Um auf Nummer sicher zu gehen, können Sie das Makro aus Listing 6.7 einsetzen.

```
Sub ErsteFreieZelleInSpalteA()
Dim s As String
Dim i As Long

With ActiveSheet
    i = 0
    Do
        i = i + 1
        s = Cells(i, "A")
        If Len(s) = 0 Then
            Cells(i, "A").Activate
            Exit Do
        End If
    Loop While i < 65535
End With
End Sub
```

Listing 6.7:
Erste freie Zelle in
Spalte ansteuern
(Variante 2)

In einer Schleife, die bei der ersten Zelle der Spalte beginnt, kontrollieren Sie jede Zelle der Spalte. Ist die Zelle leer, dann weist sie die Länge 0 auf. Ist dies der Fall, dann springen Sie mit der Anweisung Exit Do aus der Schleife und beenden das Makro. Der Mauszeiger steht dann automatisch an der richtigen Position.

Bestimmte Zellen aktivieren

6.1.6   Bestimmte Zelle in Spalte ansteuern

Um beispielsweise in einer Spalte immer die dritte Zelle anzuspringen, können Sie das Makro aus Listing 6.8 einsetzen.

Listing 6.8:
Dritte Zelle anspringen

```
Sub DritteZellInSpalteAktivieren()
Dim i As Integer
i = ActiveCell.Column
Cells(3, i).Select
End Sub
```

Im ersten Schritt ermitteln Sie die aktive Spalte und speichern diese in der Variablen i. Danach markieren Sie mit Hilfe der Eigenschaft Cells die dritte Zelle der jeweiligen Spalte.

6.1.7   Anzahl der verwendeten Spalten und Zeilen ermitteln

Die Anzahl der verwendeten Zeilen auf einem Tabellenblatt können Sie ermitteln, indem Sie die Eigenschaft UsedRange einsetzen, um den verwendeten Bereich auf dem Tabellenblatt herauszubekommen, sowie die Eigenschaften Rows und Count, um die Zeilen im verwendeten Bereich zu zählen.

Listing 6.9:
Wie viele Zeilen werden in der Tabelle verwendet?

```
Sub AnzahlVerwendeteZeilen()
Dim l As Long
 l = ActiveSheet.UsedRange.Rows.Count
 MsgBox l
End Sub
```

!! STOP

Achten Sie darauf, dass Sie bei der Programmierung von Zeilen zur Sicherheit eine Variable vom Typ Long definieren, wenn Sie sehr viele Zeilen abarbeiten möchten. Der Datentyp Integer kann nur Zahlenwerte bis 32767 speichern. Würden Sie in Listing 6.9 eine Integer-Variable einsetzen und wäre die Anzahl der verwendeten Zellen größer als besagter Wert, käme es zu einem Überlauffehler.

Listing 6.10:
Anzahl verwendeter Spalten ausgeben

```
Sub AnzahlVerwendeteSpalten()
Dim i As Integer
 i = ActiveSheet.UsedRange.Columns.Count
 MsgBox i
End Sub
```

Bei der Ermittlung der Anzahl der belegten Spalten brauchen Sie sich um die Variablendefinition keine Sorgen zu machen. Da es in einem Excel-Tabellenblatt so oder so nur 256 Spalten gibt, reicht eine Variable vom Typ Integer *bei weitem aus.*

:-)
TIPP

Im folgenden Beispiel ist die Anzahl der verwendeten Zellen einer Spalte von Interesse. So liefert das Makro aus Listing 6.11 die Anzahl der verwendeten Zellen in Spalte A.

```
Sub ZählenAlleNichtLeerenZeilenEinerSpalte()
Dim Blatt As Worksheet
    Set Blatt = Worksheets("Tabelle1")
    MsgBox WorksheetFunction.CountA(Blatt.Columns(1))
End Sub
```

Listing 6.11:
Anzahl verwendeter Zellen in Spalte A

Über die Funktion CountA ermitteln Sie die Anzahl der gefüllten Zellen in Spalte A. Dabei spielt es keine Rolle, ob sich in den Zellen numerische bzw. aplhanumerische Werte befinden.

Vorsicht aber vor Zellen, in denen Leerzeichen eingegeben wurden. Sie sehen diese Eingaben zwar nicht, trotzdem werden diese Zellen in Excel gezählt.

!!
STOP

6.1.8   Zellen im umliegenden Bereich zählen

Wenn Sie wissen möchten, wie viele Zeilen und Spalten um die momentan aktivierte Zelle herum angeordnet sind, verwenden Sie die Eigenschaft CurrentRegion im Zusammenspiel mit den Eigenschaften Columns und Count.

```
Sub ZeilenUndSpaltenDeUmliegendenUmgebungAusgeben()
Dim iZeilen As Integer
Dim iSpalten As Integer
Sheets("Tabelle1").Activate
Range("D6").Select
iZeilen = Selection.CurrentRegion.Rows.Count
iSpalten = Selection.CurrentRegion.Columns.Count
MsgBox _
"Der Bereich enthält " & iZeilen & " Zeilen und " _
& iSpalten & " Spalten!"
End Sub
```

Listing 6.12:
Anzahl der verwendeten Spalten und Zeilen im umliegenden Bereich ermitteln

6.1.9   Erste und letzte Zelle im verwendeten Bereich ermitteln

Im nächsten Beispiel liegt eine Tabelle vor, aus der Sie die erste sowie die letzte belegte Zeile ermitteln sollen. Für diese Aufgabe setzen Sie das Makro aus Listing 6.13 ein.

Abbildung 6.4:
Der umliegende
Bereich der
Zelle D6 besteht
aus 13 Zeilen und
7 Spalten.

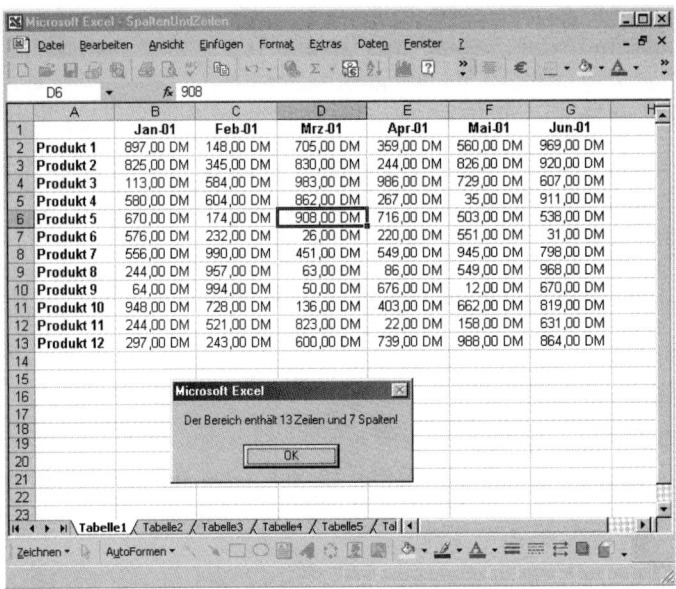

Listing 6.13:
Erste und letzte
Zeile in Tabelle
ausfindig machen

```
Sub ErsteUndLetzteZeileErmitteln()
Dim ErsteZ As Integer
Dim letzteZ As Integer
Sheets("Tabelle22").Activate
Cells(1, ActiveCell.Column).End(xlDown).Select
ErsteZ = ActiveCell.Row
Range("A65536").End(xlUp).Select
letzteZ = ActiveCell.Row
MsgBox "Erste Zeile = " & ErsteZ & Chr(13) & _
"Letzte Zeile = " & letzteZ
End Sub
```

Setzen Sie die Eigenschaft End ein, um die erste belegte Zelle in Spalte A herauszufinden. Dabei geben Sie der Eigenschaft End die Richtungskonstante xlDown mit. Um die letzte belegte Zelle in Spalte A zu ermitteln, weisen Sie der Eigenschaft End die Richtungskonstante xlUp zu. Geben Sie zum Schluss die ermittelten Koordinaten über eine Bildschirmmeldung aus. Setzen Sie dazu die Funktion Chr(13) ein, um einen Zeilenumbruch in der Bildschirmmeldung zu erreichen (siehe Abbildung 6.5).

Eine alternative Methode, um die erste bzw. letzte Zeile auszugeben, stellt das Makro aus Listing 6.14 dar.

Listing 6.14:
Zellen-Koordinaten
ausgeben

```
Sub KoordinatenAusgeben()
Dim i As Integer
MsgBox ActiveSheet.UsedRange.Rows.Row
  i = ActiveSheet.UsedRange.Rows.Count _
```

```
+ ActiveSheet.UsedRange.Rows.Row - 1
MsgBox i
End Sub
```

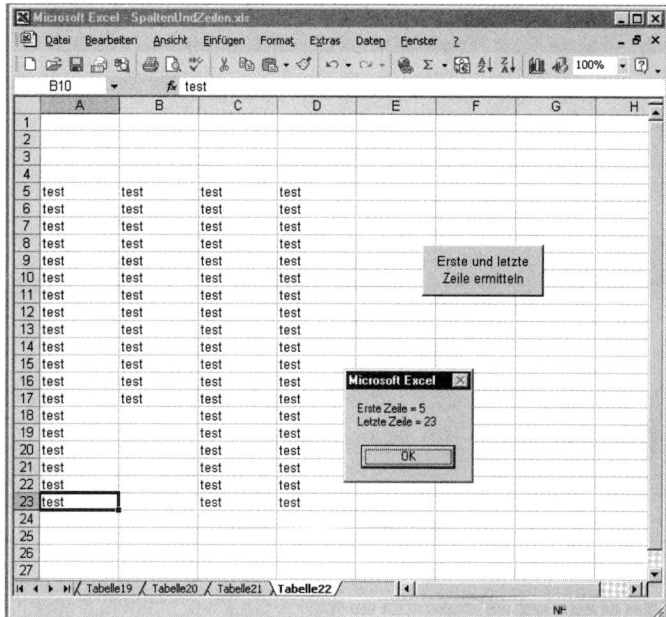

Abbildung 6.5:
Bereichsgrenzen
abstecken

Geben Sie im ersten Schritt die Anzahl der verwendeten Zeilen der Tabelle aus. Dazu setzen Sie die Eigenschaft UsedRange ein, die Sie auf die Eigenschaft Row anwenden. Danach ermitteln Sie mit Hilfe von Count die Anzahl der verwendeten Zeilen der Tabelle. Um nun die exakten Koordinaten zu bekommen, müssen Sie beide Informationen miteinander kombinieren.

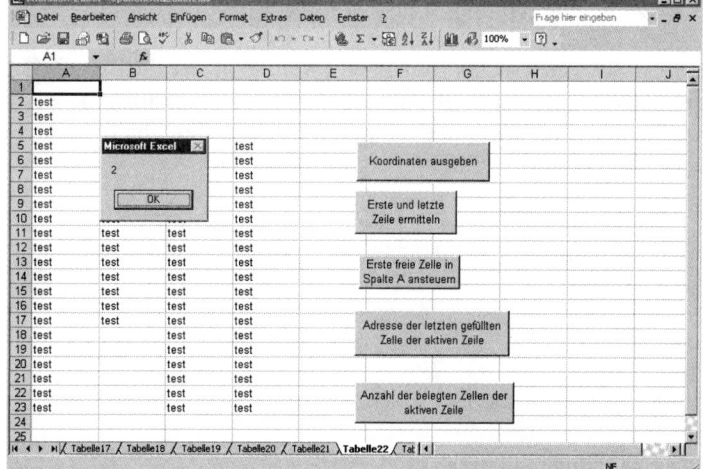

Abbildung 6.6:
Die erste und letzte
Zeile auslesen

6.1.10 Adresse der letzten verwendeten Zelle einer Zeile ausgeben

Um die Adresse der zuletzt verwendeten Zelle in einer Zeile zu ermitteln, setzen Sie das Makro aus Listing 6.15 ein.

Listing 6.15:
Letzte Zelle in Zeile
ausgeben

```
Sub AdresseDerLetztenGefülltenZellenInZeile()
 MsgBox ActiveCell.End(xlToRight).Offset.Address
End Sub
```

Über die Eigenschaft End, der Sie den Richtungsoperator xlToRight übergeben, ermitteln Sie den Standort der letzten verwendeten Zelle der aktiven Zeile. Mit Hilfe der Eigenschaft Address können Sie sich die dazugehörige Zellenadresse ausgeben lassen.

6.1.11 Markierte Zellen einer Zeile zählen

Ist die Anzahl der markierter Zellen einer Zeile von Interesse, dann starten Sie das Makro aus Listing 6.16.

Listing 6.16:
Markierte Zellen
einer Zeile zählen

```
Sub AnzahlBelegterZellenInZeile()
Sheets("Tabelle23").Activate
Range(ActiveCell.Address, _
 ActiveCell.End(xlToRight)).Select
 MsgBox Selection.Count
End Sub
```

Markieren Sie zuerst einmal den verwendeten Bereich der aktiven Zeile. Arbeiten Sie dabei wieder mit der Eigenschaft End, der Sie den Richtungsoperator xlToRight mitgeben. Als Startzelle der angestrebten Markierung geben Sie die Adresse der aktiven Zelle an.

6.1.12 Mehrfachsprünge durchführen

Stellen Sie sich vor, Sie müssten jeweils von der aktiven Zelle zur nächsten belegten Zelle einer Spalte springen. Dieser Mechanismus wird so lange ausgeführt, bis Sie die letzte verwendete Zelle der Spalte erreicht haben. Wie muss das Makro für diese Aufgabe aussehen?

Listing 6.17:
Nächste belegte
Zelle in Spalte
anspringen

```
Sub NächsteBelegteZelleAnspringen()
Dim l As Long
Dim i As Long
Dim j As Integer

Sheets("Tabelle23").Activate
j = ActiveCell.Column
i = ActiveCell.Row
l = ActiveSheet.UsedRange.Rows.Count
```

```
Do Until i > 1 Or Cells(i + 1, j) <> ""
 i = i + 1
 Cells(i, j).Select
Loop
 Cells(i + 1, j).Select
End Sub
```

Als Erstes ermitteln Sie, wo Sie sich auf der Tabelle gerade befinden. Dazu speichern Sie die Positionen in Variablen. Über die Anweisung `ActiveCell.Column` bekommen Sie die Spalte, in der sich Ihr Mauszeiger gerade befindet. Mit Hilfe der Anweisung `ActiveCell.Row` ermitteln Sie die Zeile, in der Ihr Mauszeiger gerade steht. Mit der Anweisung `ActiveSheet.UsedRange.Rows.Count` erfahren Sie, wie viele Zeilen in Ihrer Tabelle verwendet werden. Mit diesen drei Informationen können Sie direkt im Anschluss eine Schleife basteln. Die Abbruchbedingungen für die Schleife sind zum einen die Bedingung, dass die Schleife nicht öfters durchlaufen werden darf, wie es verwendete Zeilen in der Tabelle gibt; zum anderen, dass die jeweils aktive Zelle einen Inhalt aufweisen muss (siehe Abbildung 6.7).

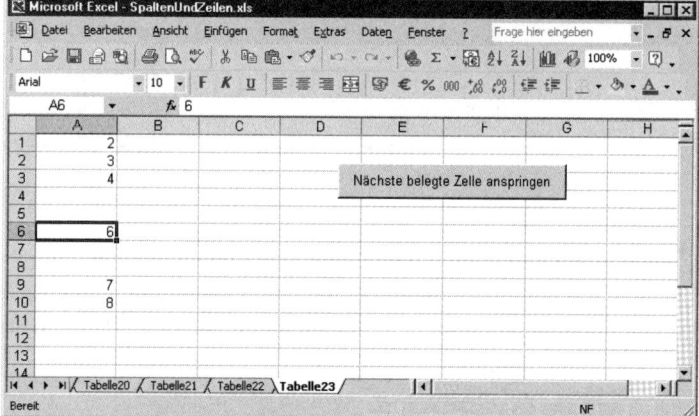

Abbildung 6.7:
Zur nächsten belegten Zelle der Spalte springen

6.1.13   Markieren von Zeilen ab bestimmter Position

Stellen Sie sich vor, Sie haben eine Tabelle, bei der die relevanten Daten erst ab Zeile 5 beginnen. Ihre Aufgabe besteht nun darin, alle Daten ab der Zeile 5 zu markieren.

Das Makro für diese Aufgabe lautet:

```
Sub MarkierenAbZeile5()
 Sheets("Tabelle24").Activate
 Range(Range("A5"), _
 Range("A5").End(xlDown)).EntireRow.Select
End Sub
```

Listing 6.18:
Alle Zellen ab
Zeile 5 markieren

Markieren Sie den datenrelevanten Bereich mit Hilfe der Methode Select, indem Sie im ersten Argument die Startadresse der Zelle angeben und für das zweite Argument die Eigenschaft End mit der Richtungskonstanten xlDown einsetzen. Über die Eigenschaft EntireRow markieren Sie diese Zeilen komplett.

Abbildung 6.8:
Alle relevanten
Daten markieren

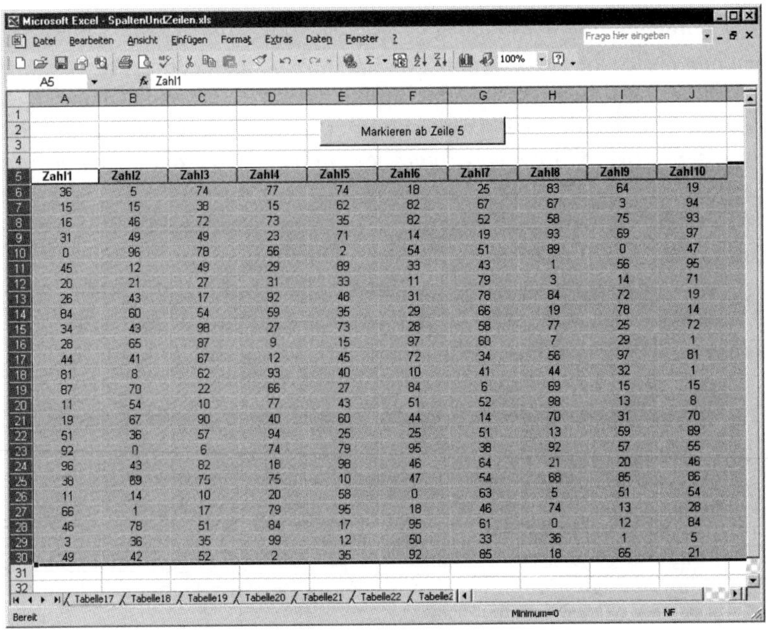

Ähnlich gelagert ist auch das folgende Beispiel. In einer Tabelle sollen lediglich die letzten fünf Zeilen eines Datenbereiches markiert werden. Das Makro für diese Aufgabe können Sie dem Listing 6.19 entnehmen.

Listing 6.19:
Die letzten fünf
Zellen markieren

```
Sub Letzte5ZeilenInSpalteMarkieren()
  Sheets("Tabelle24").Activate
  Range("A65536").End(xlUp).Select
  Range(Selection, _
  ActiveCell.Offset(-4, 0)).EntireRow.Select
End Sub
```

Über die Anweisung Range("A65536").End(xlUp).Select ermitteln Sie die letzte gefüllte Zelle in Spalte A. Bilden Sie nun eine Markierung, die ausgehend von dieser Zelle weitere vier Zeilen oberhalb der Zelle markiert.

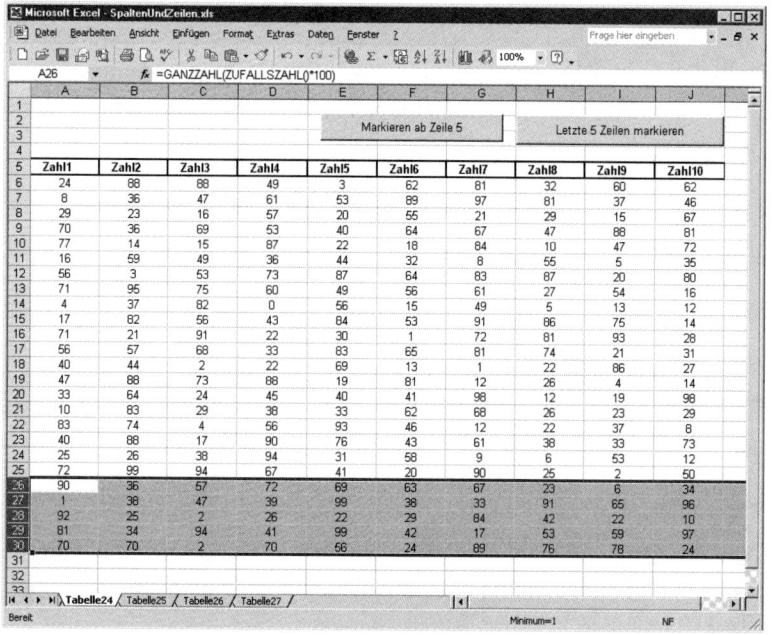

Abbildung 6.9:
Die letzten fünf
Zeilen markieren

6.1.14   Letzte Zeile in Tabelle einfärben

Im nächsten Beispiel färben Sie die letzte verwendete Zelle mit der Hintergrundfarbe Hellgelb. Das Makro für diese Aufgabe entnehmen Sie dem Listing 6.20.

```
Sub LetzteZeileEinfärben()
Sheets("Tabelle27").Activate
Range("A65536").End(xlUp).Select
 ActiveCell.EntireRow.Select
    With Selection.Interior
        .ColorIndex = 36
        .Pattern = xlSolid
    End With
End Sub
```

Listing 6.20:
Letzte verwendete
Zeile färben

Ermitteln Sie über die Eigenschaft End sowie dem Richtungsoperator xlUp die zuletzt verwendete Zeile. Danach markieren Sie die gesamte Zeile mit Hilfe der Eigenschaft EntireRow. Führen Sie daraufhin die Formatierung der Zeile durch, indem Sie den ColorIndex auf den Wert 36 setzen. Über die Eigenschaft Pattern legen Sie das Hintergrundmuster des Bereiches fest.

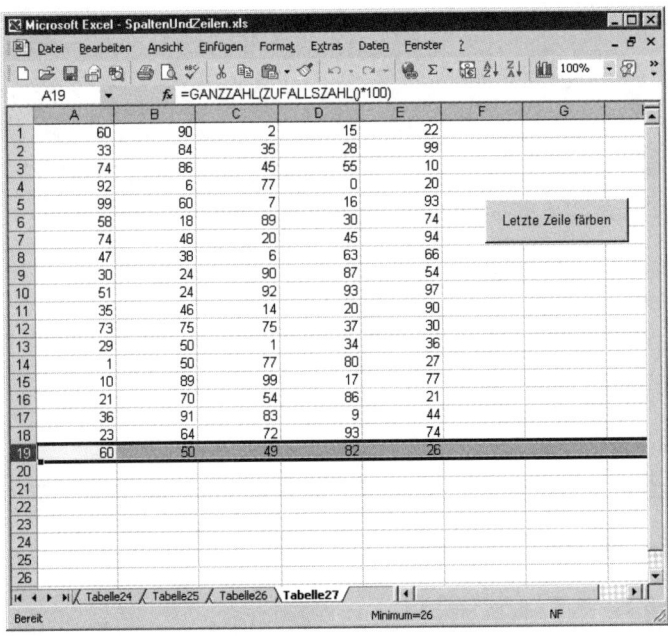

Lesen Sie in Kapitel 12, wie Sie diesen Vorgang automatisieren können.

REF

6.2   Zeilenhöhe und Spaltenbreite einstellen

Bei der Einstellung für die richtige Spaltenbreite bzw. die korrekte Zeilenhöhe können Sie bestimmen, ob die Einstellung für Ihr ganzes Tabellenblatt oder nur für bestimmte Spalten und Zeilen gelten soll. Im ersten Beispiel werden auf dem Tabellenblatt TABELLE1 die Spalten A bis E sowie die Zeilen 1 bis 4 angepasst. Dazu setzen Sie im ersten Fall die Eigenschaften EntireColumn und ColumnWidth ein, um die Spaltenbreite festzulegen. Im zweiten Fall wenden Sie die Eigenschaften EntireRow und RowHeight auf das Objekt Range an, um die Zeilenhöhe festzulegen.

Listing 6.21:
Spaltenbreite und
Zeilenhöhe in
einem Bereich
einstellen

```
Sub SpaltenZeilenEinstellen()
 Sheets("Tabelle1").Activate
 Range("A:E").EntireColumn.ColumnWidth = 15
 Range("1:4").EntireRow.RowHeight = 20
End Sub
```

Im Listing 6.21 wurde nur ein Teil der Tabelle TABELLE1 angepasst. Wie aber funktioniert das für die ganze Tabelle?

```
Sub SpaltenZeilenTabelleEinstellen()
 Sheets("Tabelle1").Activate
 Cells.Select
 With Selection
  .EntireColumn.ColumnWidth = 15
  .EntireRow.RowHeight = 20
 End With
End Sub
```

Listing 6.22:
Spaltenbreite und
Zeilenhöhe für die
ganze Tabelle
einstellen

Die Eigenschaft `Cells` repräsentiert alle Zellen einer Tabelle. Im Zusammenspiel mit der Methode `Select` werden demnach alle Zellen des Tabellenblattes markiert. Um Schreibarbeit zu sparen, setzen Sie die Anweisung `With` ein und legen über die Eigenschaft `Selection` eine einheitliche Spaltengröße bzw. Zeilenhöhe für Ihr Tabellenblatt fest.

Die Einheit für die Spaltenbreite bzw. die Zeilenhöhe entspricht der Breite eines Zeichens in der Formatvorlage STANDARD. *Bei Proportionalschriftarten wird die Breite des Zeichens 0 (Null) verwendet.*

Gerade haben Sie erfahren, wie Sie in Excel Zeilen bzw. Spalten eine feste Größe geben können. Ebenso haben Sie die Möglichkeit, beispielsweise Ihren Spalten genau die Breite zu geben, die benötigt wird. Dazu verwenden Sie die Methode AutoFit, *welche die angegebenen Spalten automatisch in der richtigen Breite einstellt. Sicher kennen Sie die Reaktion von Excel, wenn eine Spalte zu klein ist und der eingegebene Zahlenwert nicht mehr angezeigt werden kann: Excel füllt die Zelle dann scheinbar mit dem Zeichen # auf (siehe Abbildung 6.11). Erst wenn Sie die Spalte mit einem Doppelklick auf die Begrenzung des entsprechenden Spaltenkopfes anpassen, wird die Spalte so vergrößert, dass der komplette Zelleninhalt angezeigt werden kann.*

```
Sub SpaltenbreitenEinstellen()
Worksheets("Tabelle1").Columns("A:G").AutoFit
End Sub
```

Listing 6.23:
Automatisches Einstellen der korrekten Spaltenbreite

Wenn Sie vorher nicht wissen, welche Zellen zu klein sind, und die letzte Aufgabe dynamisch lösen möchten, setzen Sie das Makro in Listing 6.24 ein.

```
Sub DynamischeSpaltenAnpassung()
Dim Zelle As Range
  For Each Zelle In ActiveSheet.UsedRange
  If IsNumeric(Zelle.Value) _
    And Left(Zelle.Text, 1) = "#" Then
   Worksheets("Tabelle1").Columns(Zelle.Column).AutoFit
  End If
  Next Zelle
End Sub
```

Listing 6.24:
Dynamisches
Anpassen der Spaltenbreiten im verwendeten Bereich

Abbildung 6.11:
Einige Zellen sind
zu klein

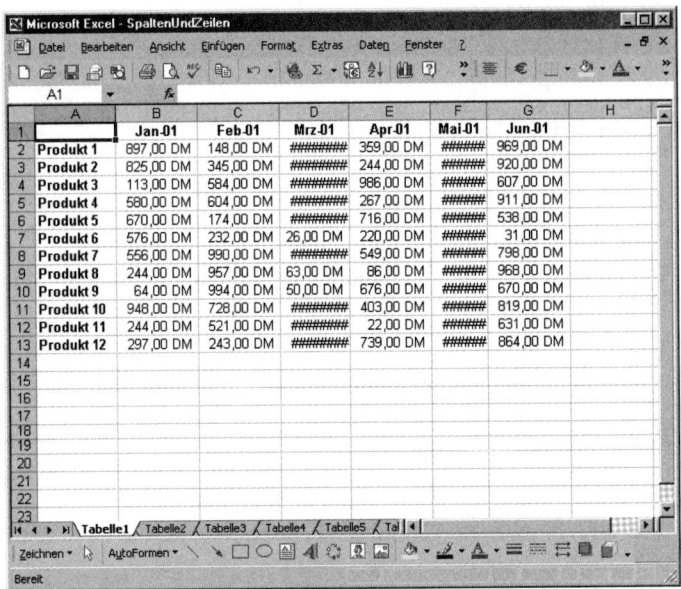

In einer For Each-Schleife durchsuchen Sie den verwendeten Bereich auf dem Tabellenblatt TABELLE1 nach Zellen, in denen Zahlenwerte nicht lesbar angezeigt werden können. Daher führen Sie zuerst eine Prüfung auf numerischen Inhalt durch und kontrollieren gleichzeitig das erste angezeigte Zeichen in der Zelle. Die Funktion IsNumeric gibt den Wert True zurück, wenn in der Zelle ein Zahlenwert steht. Dabei werden übrigens auch Datumswerte als numerische Werte interpretiert, da Datumsangaben in Excel intern als Zahlen verwaltet werden. Mit Hilfe der Funktion Left prüfen Sie, ob es sich beim ersten angezeigten Zeichen in der Zelle um das Zeichen # handelt. Für diese Abfrage müssen Sie die Eigenschaft Text verwenden. Für den Fall, dass beide Bedingungen zutreffen, passen Sie die Spalte über die Methode AutoFit an.

Oft möchten Sie auch nur in einem ganz bestimmten Bereich Ihre Zeilen vergrößern. Dazu können Sie beispielsweise vom Anwender die Vergrößerung abfragen, um welche die aktuell eingestellte Zeilenhöhe vergrößert werden soll. Dazu setzen Sie das Makro aus Listing 6.25 ein.

Listing 6.25:
Zeilenhöhe um
Benutzereingabe in
Punkten erweitern

```
Sub ZeilenhöheVergrößern()
Dim Zeile As Range
Dim s As String
 Sheets("Tabelle1").Activate
 s = InputBox("Zeilenvergrößerung in Punkten angeben.")
 If s = "" Then Exit Sub
    For Each Zeile In Selection
        Zeile.RowHeight = Zeile.RowHeight + s
    Next Zeile
End Sub
```

Erfahren Sie mehr über die Funktion Inputbox in Kapitel 14 dieses Buches.

6.3 Zeilen einfügen und löschen

Wenn Sie in Ihrem Tabellenblatt Zeilen hinzufügen oder auch löschen möchten, setzen Sie die Methode Insert bzw. die Methode Delete ein. Vorher muss die gewünschte Zeile komplett markiert werden. Dies erreichen Sie mit Hilfe der Anweisung Selection.EntireRow.

6.3.1 Zeile Einfügen

Das folgende Beispiel fügt im Tabellenblatt TABELLE1 ganz oben eine neue Zeile ein:

```
Sub ZeileEinfügen()
 Sheets("Tabelle1").Activate
 Range("A1").Select
 Selection.EntireRow.Insert
End Sub
```

Listing 6.26:
Zeile ganz oben im Tabellenblatt einfügen

6.3.2 Mehrere Zeilen einfügen

Möchten Sie gleich mehrere Zeilen einfügen, so können Sie folgendes Makro verwenden:

```
Sub ZeilenEinfügen()
  Sheets("Tabelle1").Activate
  Rows("1:4").Select
  Selection.Insert Shift:=xlDown
End Sub
```

Listing 6.27:
Mehrere Zeilen einfügen

Hier werden genau vier Zeilen oberhalb der ersten Zeile eingefügt, d. h., die übrigen Zeilen werden um vier Zeilen nach unten geschoben. Die Eigenschaft Rows markiert die Zeilen 1 bis 4. Danach werden vier neue Zeilen eingefügt.

Die Methode Insert können Sie mit anderen Methoden kombinieren. Denken Sie zum Beispiel einmal daran, Sie müssten in einer Tabelle nach einer bestimmten Zeichenfolge suchen und genau unterhalb einige Leerzeilen einfügen. Sehen Sie sich zur Veranschaulichung einmal Abbildung 6.12 an.

In Spalte A soll nun der Text »Summe« gefunden werden. Genau an dieser Stelle sollen unterhalb zwei Leerzeilen eingefügt werden. Um diese Aufgabe zu bewältigen, setzen Sie das Makro aus Listing 6.28 ein.

Abbildung 6.12:
Den Text Summe
finden und Leer-
zeilen einfügen

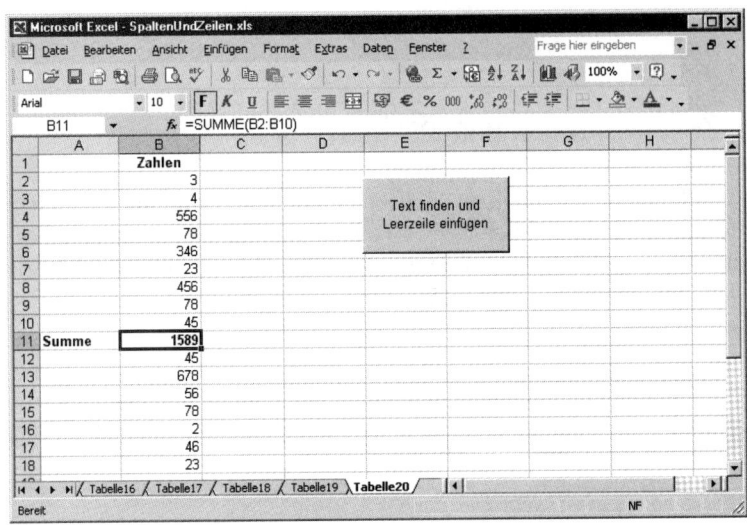

Listing 6.28:
Text suchen und
Leerzeile einfügen

```
Sub TextFindenUndLeerzeileEinfügen()
Sheets("Tabelle20").Activate
Range("A:A").Select
With Selection
    .Find(What:="Summe").Activate
    Range(ActiveCell.Offset(1, 0), _
    ActiveCell.Offset(2, 0)).EntireRow.Insert
End With
End Sub
```

Markieren Sie im ersten Schritt die komplette Spalte A. Danach führen Sie eine Suche nach dem Text SUMME durch und setzen dazu die Methode Find ein.

Diese Methode funktioniert einmalig, wenn Sie einen einzelnen Text suchen möchten und die entsprechende Leerzeile einfügen möchten. Was aber machen Sie, wenn der Text mehrfach vorkommt und Sie nach jedem Vorkommen eine Leerzeile einfügen möchten? Dazu bauen Sie das Makro aus Listing 6.28 aus. Schauen Sie sich dazu das Makro aus Listing 6.29 an.

Listing 6.29:
Texte suchen und
Leerzeilen einfügen

```
Sub TexteFindenUndLeerzeileneinfügenII()
Dim Zelle As Range
Dim s As String
With Worksheets("Tabelle20").Range("A1:A100")
    Set Zelle = .Find("Summe", LookIn:=xlValues)
    If Not Zelle Is Nothing Then
        s = Zelle.Address
        Do
         Set Zelle = .FindNext(Zelle)
         Zelle.Offset(1, 0).EntireRow.Insert
```

```
        Loop While Zelle.Address <> s
    End If
End With
End Sub
```

Definieren Sie im ersten Schritt den Bereich, in dem das Einfügen von Leerzeilen stattfinden soll. Danach suchen Sie nach dem Text »Summe« und merken sich die ermittelte Zellenadresse. Diese Zellenadresse des ersten
Vorkommens des Textes speichern Sie in der Varibalen s. Damit Sie keine
Endlosschleife produzieren, müssen Sie eine Schleife einsetzen, die bei jedem
Durchlauf überprüft, ob die erste Fundstelle wieder erreicht wurde. Ist dies
der Fall, muss die Schleife natürlich beendet werden.

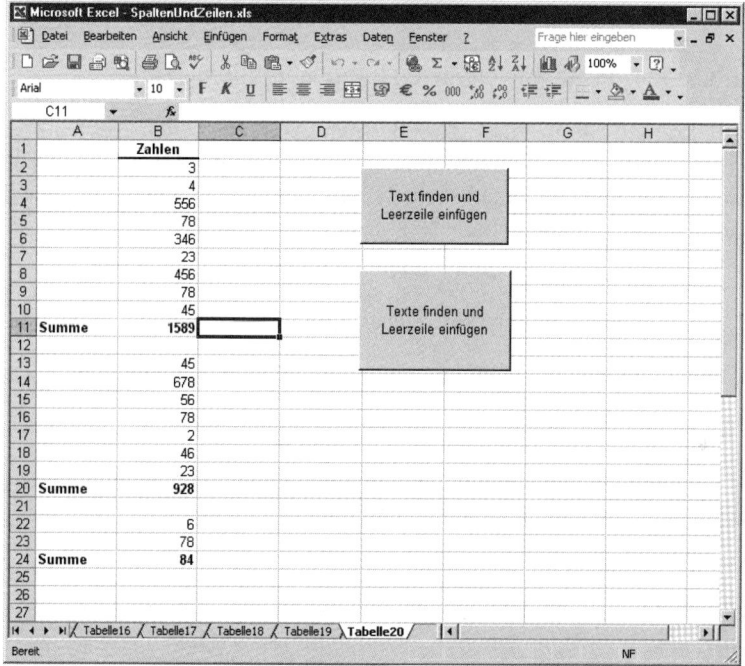

Abbildung 6.13:
Leerzeilen wurden
eingefügt.

6.3.3 Zeile löschen

Um Zeilen in Ihrer Tabelle wieder zu löschen, starten Sie das Makro Zeile
Löschen:

```
Sub ZeileLöschen()
 Sheets("Tabelle1").Activate
 Range("A1").Select
 ActiveCell.EntireRow.Delete
End Sub
```

Listing 6.30:
Oberste Zeile im
Tabellenblatt
löschen

6.3.4   Mehrere Zeilen löschen

Sollen es gleich mehrere Zeilen zum Löschen sein, dann kommt folgendes Makro in Listing 6.31 zum Einsatz:

Listing 6.31:
Mehrere Zeilen
löschen

```
Sub ZeilenLöschen()
 Sheets("Tabelle1").Activate
 Rows("1:4").Select
 Selection.Delete Shift:=xlUp
End Sub
```

INFO

In Excel 97 / 2000 und der Version 2002 stehen Ihnen 65.536 Zeilen pro Tabellenblatt zur Verfügung.

6.3.5   Löschen von Zeilen mit bestimmtem Text

Oft können Sie in einer Tabelle nicht einfach Zeilen löschen, nur weil in einer Spalte keine Werte enthalten sind. Besser ist es zu überprüfen, ob es sich tatsächlich um eine Leerzeile handelt. Dazu legen Sie vorher Ihre Kriterien für das Löschen einer Zeile fest. Diese könnten beispielsweise wie folgt lauten:

Das Löschen einer Zeile erfolgt, wenn

*Die
Bedingungen*

➡ in einer beliebigen Zelle der Spalte A der Text ALT steht oder

➡ die Summe der Spalten B:D den Wert 0 ergibt.

Abbildung 6.14:
Die Zeilen 4, 5, 6, 9
und 10 müssen
gelöscht werden.

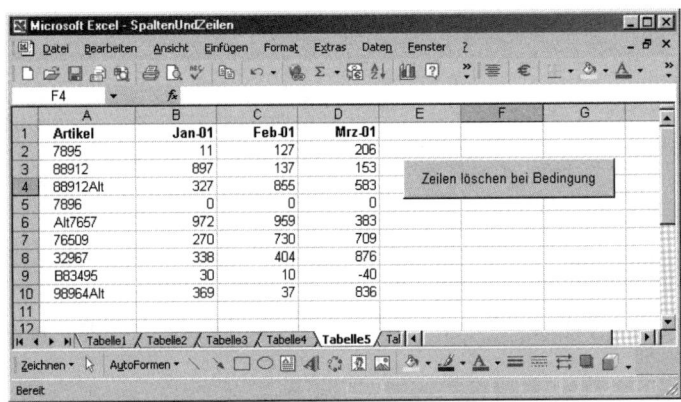

Um die bedingte Löschung von Zeilen durchzuführen, starten Sie das folgende Makro in Listing 6.32.

```
Sub ZeilenLöschenBeiBedingung()
Dim sumsp As Long
 Sheets("Tabelle5").Activate
 Range("A1").Select
 Do Until ActiveCell.Value = ""
   sumsp = ActiveCell.Offset(0, 1).Value + _
   ActiveCell.Offset(0, 2).Value + _
   ActiveCell.Offset(0, 3).Value
   On Error Resume Next
   If sumsp = 0 Or InStr(1, ActiveCell.Value, "Alt") _
   Then Selection.EntireRow.Delete _
   Else ActiveCell.Offset(1, 0).Select
 Loop
End Sub
```

Listing 6.32:
Bedingtes Löschen
von Zeilen
(bestimmter Text)

Mit Hilfe der Funktion InStr prüfen Sie, ob in der zu untersuchenden Zelle der Text ALT vorkommt. Dabei spielt es keine Rolle, ob der Suchtext am Anfang, in der Mitte bzw. am Schluss der Zelle steht. Zur Kontrolle des zweiten Löschkriteriums bilden Sie eine Summe und speichern diese in der Variablen sumsp. Wenn eines der beiden Löschkriterien erfüllt ist, wird die komplette Zeile durch die Methode Delete gelöscht und der Zellenzeiger eine Zeile weiter positioniert.

Eine weitere Löschbedingung wäre z. B. die Prüfung nach einer bestimmten Anzahl von eingegeben Zeichen. So löscht das folgende Makro alle Zeilen, deren Zellen in der Spalte A genau 0 Zeichen enthalten.

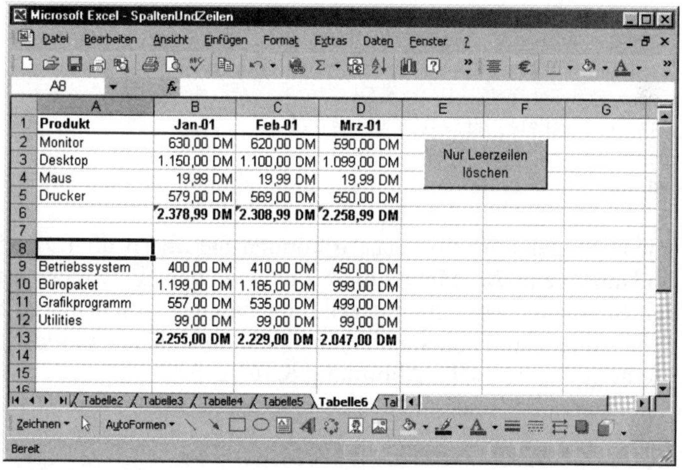

Wertabhängiges Zeilenlöschen

Abbildung 6.15:
Leerzeilen löschen

```
Sub LeerzeilenLöschen()
Dim l As Long
Dim Zl As Long
 Sheets("Tabelle5").Activate
 Zl = ActiveSheet.UsedRange.Rows.Count
```

Listing 6.33:
Bedingtes Löschen
von Zeilen
(bestimmte
Textlänge)

```
Range("A1").Select
For 1 = 1 To Z1
  If Len(ActiveCell.Value) = 0 _
  Then Selection.EntireRow.Delete _
  Else ActiveCell.Offset(1, 0).Select
  Next 1
End Sub
```

Im ersten Schritt ermitteln Sie die Anzahl der belegten Zeilen in Ihrer Tabelle. Die ermittelte Anzahl speichern Sie in der Variablen z1 vom Typ long. Danach setzen Sie eine For Next-Schleife auf, die so lange ausgeführt wird, bis die letzte Zeile im verwendeten Bereich erreicht wird. Innerhalb der Schleife ermitteln Sie mit Hilfe der Funktion Len die Anzahl der eingegeben Zeichen der Zelle. Beträgt die Zeichenlänge der Zelle mehr als zehn Zeichen, wird die ganze Zeile gelöscht. Im anderen Fall wird zur nächsten Zeile positioniert.

6.3.6   Datumszeilen löschen

Im nächsten Beispiel haben Sie eine Tabelle vorliegen, in welcher sowohl Texte als auch Datumsangaben in Spalte A vorkommen. Ihre Aufgabe besteht nun darin, alle Zeilen, die Datumsangaben enthalten, zu löschen. Den Code für diese Aufgabe können Sie dem Listing 6.34 entnehmen.

Listing 6.34:
Bedingtes Löschen
von Zeilen
(Datumszeilen)

```
Sub LöschenDatumszellen()
Sheets("Tabelle29").Activate
Range("A1").Select
Do Until ActiveCell.Value = ""
  If IsDate(ActiveCell) = True Then _
  Selection.EntireRow.Delete _
  Else ActiveCell.Offset(1, 0).Select
  Loop
End Sub
```

Mit Hilfe der Funktion IsDate können Sie überprüfen, ob die aktive Zelle ein Datum enthält. Meldet diese Funktion den Wert True zurück, dann handelt es sich um eine Datumszelle. In diesem Fall markieren Sie die gesamte Zeile über die Eigenschaft EntireRow und löschen diese mit Hilfe der Methode Delete (siehe Abbildung 6.16).

6.3.7   Wochenend-Zeilen löschen

Verwandt mit dem letzten ist auch das folgende Beispiel. In einer Tabelle sollen alle Datumszeilen entfernt werden, die Wochenenden betreffen. Für diese Aufgabe können Sie das Makro aus Listing 6.35 verwenden.

```
Sub WochenendeLöschen()
Dim i As Long
Sheets("Tabelle30").Activate
Range("A1").Select
For i = 1 To ActiveSheet.UsedRange.Rows.Count
If Application.WorksheetFunction.Weekday _
(ActiveCell) = 1 _
 Or Application.WorksheetFunction.Weekday _
(ActiveCell) = 7 _
Then ActiveCell.EntireRow.Delete _
Else ActiveCell.Offset(1, 0).Select
Next i
End Sub
```

Listing 6.35:
Bedingtes Löschen
von Zeilen
(Wochenendezeilen)

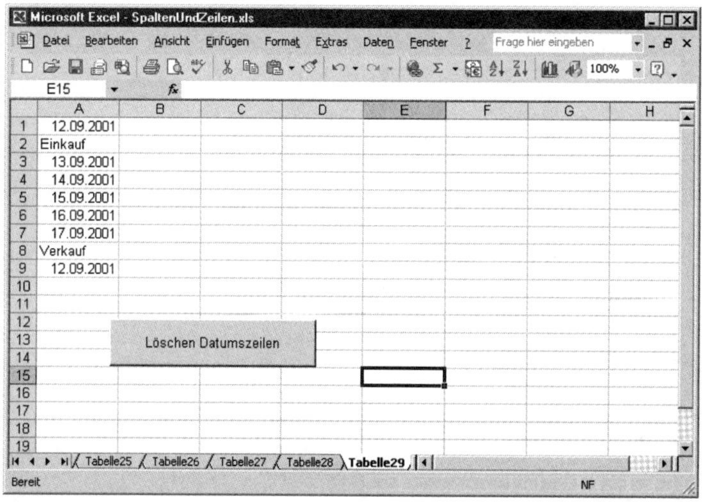

Abbildung 6.16:
Datumszeilen
löschen

Setzen Sie eine Schleife auf, die alle verwendeten Zeilen einer Tabelle durchläuft. Über die Funktion Weekday können Sie überprüfen, ob eine Datumszelle ein Wochenende enthält. Da Sie einer Datumsangabe schließlich nicht ansehen können, ob dieses Datum auf ein Wochenende fällt, meldet Ihnen die Funktion Weekday den Wert 7 für einen Samstag und den Wert 1 für den Sonntag zurück. In beiden Fällen löschen Sie die komplette Zeile durch die Anweisung ActiveCell.EntireRow.Delete.

6.3.8 Zeilen vor Startdatum löschen

Denkbar wäre auch folgender Fall: In einer Tabelle mit Datumsangaben in Spalte A sollen ab einem bestimmten Datum alle davor liegenden Zeilen gelöscht werden. Diese Aufgabe lösen Sie, indem Sie das Makro aus Listing 6.36 anwenden.

Listing 6.36:
Bedingtes Löschen
von Zeilen
(vor Startdatum)

```
Sub ZeilenLöschenAbDatum( )
Dim i As Long
Dim datwert As Date
Sheets("Tabelle31").Activate
datwert = Range("B1").Value
Range("A1").Select
For i = 1 To ActiveSheet.UsedRange.Rows.Count
    If ActiveCell.Value < datwert _
    Then ActiveCell.EntireRow.Delete _
    Else ActiveCell.Offset(1, 0).Select
Next i
End Sub
```

Abbildung 6.17:
Die Wochenend-
Zeilen wurden
entfernt.

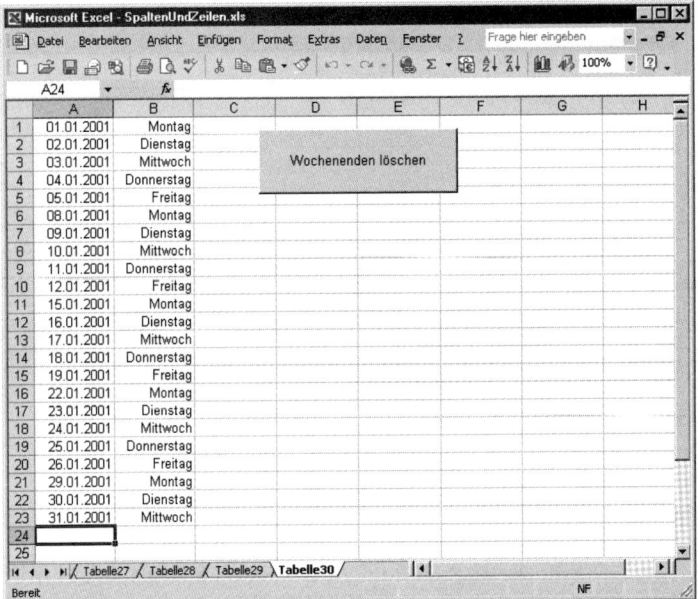

Die Zelle B1 enthält das Datum, vor dem alle Zeilen gelöscht werden sollen. Speichern Sie dieses Datum in einer Variablen vom Typ Date. Setzen Sie danach den Mauszeiger auf die Startzelle A1 und basteln danach eine Schleife. Diese Schleife durchläuft alle Zellen der Spalte A. Innerhalb der Schleife vergleichen Sie jeweils die aktive Zelle mit der Variablen Datwert. Weist die aktive Zelle ein kleineres Datum auf, dann entfernen Sie die aktive Zelle mit der Anweisung ActiveCell.EntireRow.Delete. Im anderen Fall versetzen Sie den Mauszeiger eine Zeile weiter nach unten, indem Sie die Eigenschaft OffSet verwenden und dabei den Index für die aktive Zelle um den Wert 1 versetzen.

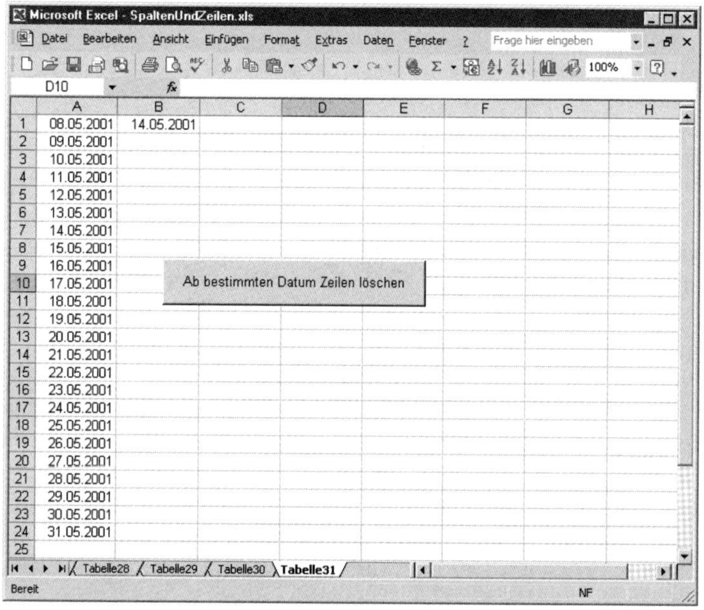

Abbildung 6.18:
Die Zeilen vor dem 14.05.2001 sollen gelöscht werden.

Möchten Sie alle Zeilen nach dem 14.05.2001 entfernen, dann drehen Sie das Zeichen < einfach herum: >.

INFO

6.3.9 Leerzeilen löschen

Wenn Sie in großen Tabellen lediglich die Leerzeilen entfernen möchten, dann müssen Sie im benutzten Bereich prüfen, ob es sich wirklich um leere Zeilen handelt.

Kontrollieren Sie dies vor dem Löschen mit Hilfe des folgenden Makros aus Listing 6.37.

```
Sub WirklichLeer()
Dim Sz As Integer
Dim Zz As Long
Dim l As Long
Dim i As Integer
Dim b As Boolean
 Sheets("Tabelle6").Activate
 Range("A1").Select
 Sz = ActiveSheet.UsedRange.Columns.Count
 Zz = ActiveSheet.UsedRange.Rows.Count
 For l = 1 To Zz
  b = False
  For i = 1 To Sz
   If IsEmpty(Cells(l, i)) Then b = True _
```

Listing 6.37:
Nur wirklich leere Zeilen löschen

```
      Else b = False: Exit For
    Next i
    If b = True Then Selection.EntireRow.Delete
    ActiveCell.Offset(1, 0).Select
  Next l
End Sub
```

Die Überprüfung, ob es sich im benutzten Tabellenbereich wirklich um leere Zellen handelt, realisieren Sie über zwei `For Next`-Schleifen. Ermitteln Sie zunächst einmal die Anzahl der verwendeten Zeilen bzw. Spalten der Tabelle mit Hilfe der `UsedRange`-Eigenschaft und speichern Sie das Ergebnis in den Variablen `Zz` und `Sz`. Die äußere Schleife muss so oft durchlaufen werden, bis die letzte Zeile erreicht ist. Die innere Schleife arbeitet sich innerhalb einer Zeile von links nach rechts durch. Sobald eine Zelle ermittelt wird, die einen Wert enthält, setzen Sie die Boolean-Variable `b` auf den Wert `False` und verlassen die innere Schleife über die Anweisung `Exit For`. Im anderen Fall werden alle Zellen der Zeile nach rechts durchlaufen. Werden dabei nur leere Zellen ermittelt, wird die Boolean-Variable auf den Wert `True` gesetzt. Der Zustand dieser Variable ist dann entscheidend dafür, ob die Zeile gelöscht oder beibehalten wird.

6.3.10   Zeilen innerhalb einer Markierung löschen

Wenn Sie Zeilen in einem vorgegebenen Bereich löschen möchten, deren Zellen in Spalte A entweder leer sind bzw. den Wert 0 enthalten, markieren Sie den Bereich und starten Sie das Makro in Listing 6.38.

Listing 6.38:
Bestimmte Zeilen
innerhalb einer
Markierung löschen

```
Sub ZeilenLöschenInMarkierung()
Dim i As Integer
Sheets("Tabelle9").Activate
For i = Selection.Cells(Selection.Cells.Count).Row _
To Selection.Cells(1).Row Step -1
  If Cells(i, "A").Value = 0 Or _
    IsEmpty(Cells(i, "A").Value) Then Rows(i).Delete
Next i
End Sub
```

Im obigen Listing 6.38 ermitteln Sie zuerst einmal die Anzahl der markierten Zellen und speichern diese in der Variablen `i`. Diese ermittelte Anzahl bildet einen Bestandteil der folgenden Schleife, die die Markierung von unten nach oben durchläuft. Setzen Sie eine `For To`-Schleife auf, bei der Sie innerhalb der Markierung bei der letzten Zelle beginnen und sich dann mit der Schrittweite -1 nach oben bis zum Beginn der Markierung durcharbeiten. Den Beginn der Markierung ermitteln Sie mit der Anweisung `Selection.Cells(1).Row`. Die Überprüfung der einzelnen Zellen der Markierung können Sie über die Eigenschaft `Cells` durchführen, wobei die Variable `i` die Zeile darstellt und der Buchstabe `A` die Spalte A symbolisiert. Beide

Löschbedingungen verknüpfen Sie mit dem Operator Or. Trifft eine der beiden Löschbedingungen zu, löschen Sie mit Hilfe der Methode Delete die entsprechende Zeile.

Wenn Sie wissen möchten, wie viele Zeilen Sie in der Markierung gelöscht haben, erweitern Sie das Makro in Listing 6.38 um ein paar Zeilen.

TIPP

```
Sub ZeilenLöschenInMarkierung()
Dim i As Integer
Dim zz As Integer
zz = 0
Sheets("Tabelle9").Activate
For i = Selection.Cells(Selection.Cells.Count).Row _
To Selection.Cells(1).Row Step -1
  If Cells(i, "A").Value = 0 Or _
   IsEmpty(Cells(i, "A").Value) Then Rows(i).Delete: _
  zz = zz + 1
Next i
MsgBox "Sie haben " & zz & " Zeilen gelöscht!"
End Sub
```

Listing 6.39:
Bestimmte Zeilen innerhalb einer Markierung löschen und zählen

6.3.11   Zeilen bis auf Überschrift löschen

Oft werden Daten in einer Liste eingegeben, die am Ende eines Tages eventuell wieder glöscht werden. Da Sie aber die Überschriftenzeile nicht löschen möchten, können Sie diesen Löschvorgang auch über ein Makro erledigen lassen. Das Makro lautet wie folgt:

```
Sub DatenLöschenBisAufÜberschrift()
Sheets("Tabelle32").Activate
Range("A2:E" & ActiveSheet.UsedRange.Rows.Count).Select
Selection.Clear
End Sub
```

Listing 6.40:
Alle Zeilen löschen bis auf Überschrift

Bilden Sie den zu löschenden Bereich aus der Startzelle sowie der zuletzt verwendeten Zelle. Dabei zählen Sie alle verwendeten Zeilen und markieren diese mit der Methode Select. Danach wenden Sie die Methode Delete an, um die markierten Zeilen zu löschen.

6.3.12   Doppelte Sätze löschen

Im nächsten Beispiel soll eine Liste bereinigt werden. Nach der Bereinigungsaktion sollen nur noch Unikate vorliegen, d. h., alle doppelten Sätze sollen entfernt sein. Die Voraussetzung für das Makro aus Listing 6.41 besteht lediglich darin, dass die Liste bereits sortiert vorliegen muss.

Abbildung 6.19:
Alle Zeilen bis auf
die Überschrift sol-
len entfernt werden.

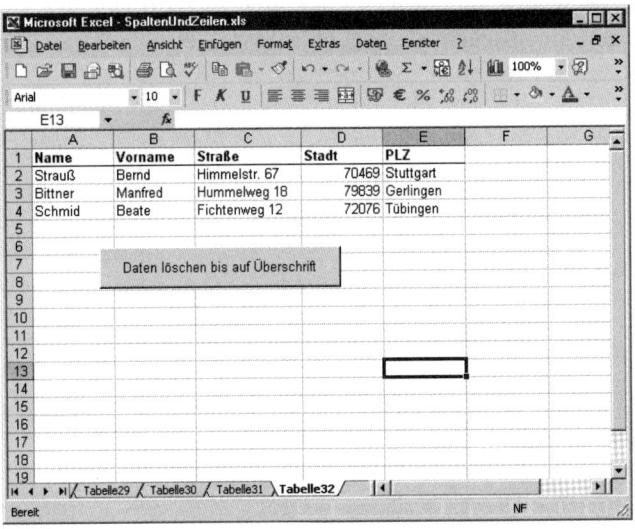

Listing 6.41:
Duplikate löschen

```
Sub DoppelteEinträgeLöschen()
Sheets("Tabelle33").Activate
Range("A1").Select
Do Until IsEmpty(ActiveCell)
If ActiveCell.Offset(1, 0).Value = ActiveCell.Value Then
ActiveCell.Offset(1, 0).EntireRow.Delete
Else
ActiveCell.Offset(1, 0).Select
End If
Loop
End Sub
```

Mit Hilfe der Funktion IsEmpty können Sie überprüfen, ob der Inhalt einer Zelle leer ist. In der Schleife vergleichen Sie jeweils den aktuellen Satz mit dem folgenden. Sind diese gleich, dann entfernen Sie den folgenden Satz (das Duplikat) mit der Anweisung ActiveCell.Offset(1, 0).EntireRow.Delete. Im anderen Fall setzen Sie den Mauszeiger einfach eine Zeile weiter nach unten.

6.4   Spalten einfügen, löschen und bereinigen

Das Einfügen von Spalten funktioniert in Excel analog zum Einfügen von Zeilen. Geben Sie bekannt, wo Sie eine Spalte einfügen möchten, nutzen Sie dann die Eigenschaft EintireColumn und fügen mit der Methode eine Spalte ein.

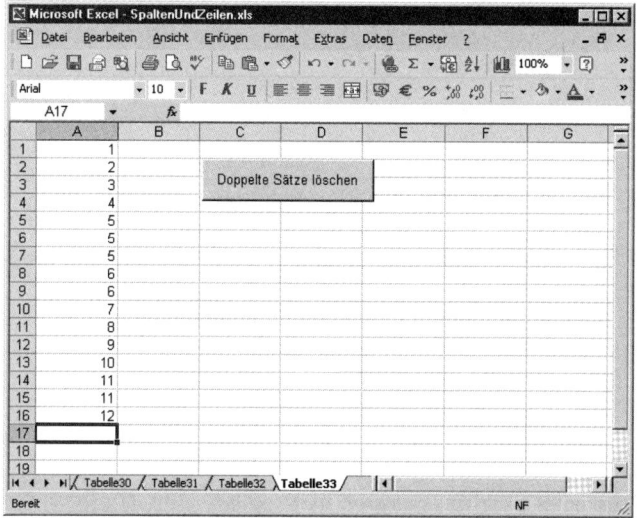

Abbildung 6.20:
Doppelte Zeilen
löschen

6.4.1   Spalte einfügen

Im nächsten Beispiel fügen Sie eine neue Spalte direkt vor der ersten
Spalte A ein.

```
Sub SpalteEinfügen()
 Sheets("Tabelle1").Select
 Range("A1").Select
 Selection.EntireColumn.Insert
End Sub
```

Listing 6.42:
Eine Spalte in der
Tabelle einfügen

6.4.2   Mehrere Spalten einfügen

Wenn Sie mehrere Spalten einfügen möchten – nehmen wir einmal an, Sie
möchten drei Spalten vor die Spalte E einfügen –, dann müsste der Code wie
in Listing 6.43 lauten.

```
Sub SpaltenEinfügen()
 Sheets("Tabelle1").Select
 Columns("C:E").Select
 Selection.Insert Shift:=xlToRight
End Sub
```

Listing 6.43:
Mehrere Spalten in
Tabelle einfügen

6.4.3   Spalte löschen

Um eine Spalte wieder zu löschen, verwenden Sie das folgende Makro aus
Listing 6.44.

Listing 6.44:
Eine Spalte in einer
Tabelle löschen

```
Sub SpalteLöschen()
  Sheets("Tabelle1").Activate
  Range("A1").Select
  ActiveCell.EntireColumn.Delete
End Sub
```

6.4.4   Mehrere Spalten löschen

Um mehrere Spalten zu löschen, nutzen Sie das Makro SpaltenLöschen.

Listing 6.45:
Mehrere Spalten in
einer Tabelle
löschen

```
Sub SpaltenLöschen()
  Sheets("Tabelle1").Activate
  Columns("B:D").Select
  Selection.Delete Shift:=xlToLeft
End Sub
```

Die Methode Delete schlägt hier beide Male zu. Beim ersten Makro wird die Spalte A gelöscht. Beim zweiten Beispiel werden die Spalten B bis D entfernt.

INFO

Denken Sie daran, dass Sie in Excel genau 256 Spalten pro Tabellenblatt zur Verfügung haben!

6.4.5   Spalten bereinigen

Spalten prüfen und Zellen bereinigen

Wenn Sie mit Formularen arbeiten, so wird es immer Bereiche im Formular geben, die statisch sind, und welche, die Sie füllen und wieder löschen. Nehmen Sie einmal an, Sie müssten im Beispiel in Abbildung 6.21 die Eingabedaten löschen.

Die Spalten B und D können Sie spaltenweise bereinigen, indem Sie das Makro aus Listing 6.46 starten.

Listing 6.46:
Die Buchstaben B
und D entsprechen
den Zahlen 2 und 4

```
Sub SpaltenInBenutztemBereichBereinigen()

Dim Zelle As Object
  Sheets("Tabelle7").Activate
  ActiveSheet.UsedRange.Select
  For Each Zelle In Selection
    If Zelle.Column = 2 Or Zelle.Column = 4 _
    Then Zelle.Value = ""
  Next Zelle
End Sub
```

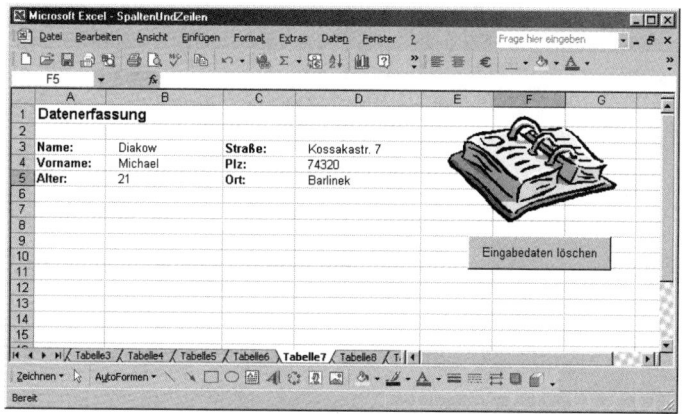

Abbildung 6.21:
Die Spalten B und D
können initialisiert
werden.

Markieren Sie mit der Eigenschaft UsedRange den von Ihnen benutzten Bereich auf der Tabelle TABELLE7. Über eine For Each-Schleife überprüfen Sie jede Zelle im benutzen Bereich. Befindet sich die Zelle in den Spalten B oder D, so wird der Zelleninhalt gelöscht.

Gerade haben Sie gesehen, dass der Spaltenbuchstabe mittels eines Zahlenwertes ausgegeben wird. Im vorderen Alphabet mag dies noch recht leicht sein. Aber haben Sie auf Anhieb gewusst, dass die Spalte AN den Wert 40 hat?

:-)
TIPP

Um den Buchstaben der aktiven Zelle herauszufinden, starten Sie das Makro aus Listing 6.47.

```
Sub SpaltenbuchstabeErmitteln()
Dim s As String
Dim sbuch As String
 s = ActiveCell.Address
 sbuch = Mid(s, 2, InStr(2, s, "$") - 2)
MsgBox "Der Spaltenbuchstabe der aktiven Zelle ist < " _
 & sbuch & " >"
End Sub
```

Listing 6.47:
Spaltenbuchstaben
der aktiven Zelle
herausfinden

Um den Spaltenbuchstaben der aktiven Zelle zu ermitteln, speichern Sie die Zellenadresse der aktiven Zelle in einer String-Variablen. Danach zerlegen Sie diese Variable und übertragen den Spaltenbuchstaben in die Variable sbuch. Dazu setzen Sie die Funktion Mid ein, mit welcher Sie einen Teil aus einem String ermitteln können. Dabei müssen Sie als Argumente angeben, um welchen String es sich dabei handeln soll, ab welchem Zeichen dieser String übertragen werden soll sowie die Anzahl der Zeichen, die übertragen werden sollen. Diese Anzahl ermitteln Sie mit Hilfe der Funktion InStr. Dabei setzen Sie nach dem zweiten Zeichen der Variablen s auf und durchsuchen den Rest der Variablen nach dem Absolut-Zeichen $. Wenn Sie dieses gefunden haben, brauchen Sie nur noch den Wert 2 zu subtrahieren, um den Buchstaben bzw. die Buchstabenkombination zu bekommen.

Abbildung 6.22:
Anstatt des Index
den Spalten-
bezeichner
ausgeben

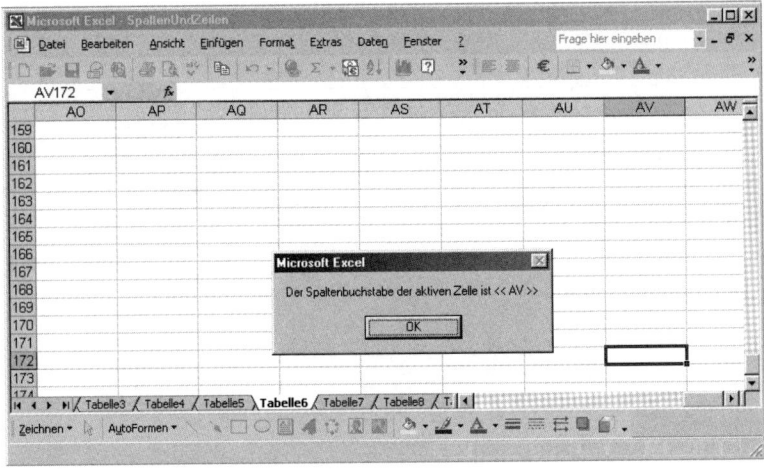

Abbildung 6.22:
Anstatt des Index den Spaltenbezeichner ausgeben

6.5   Zeilen ein- und ausblenden

Wenn Sie Informationen in Ihrer Tabelle nicht anzeigen möchten, können Sie die Informationen zeitweise ausblenden und bei Bedarf wieder einblenden.

Abbildung 6.23:
Eine Kostenaufstel-
lung mit Ober- und
Unterkategorien

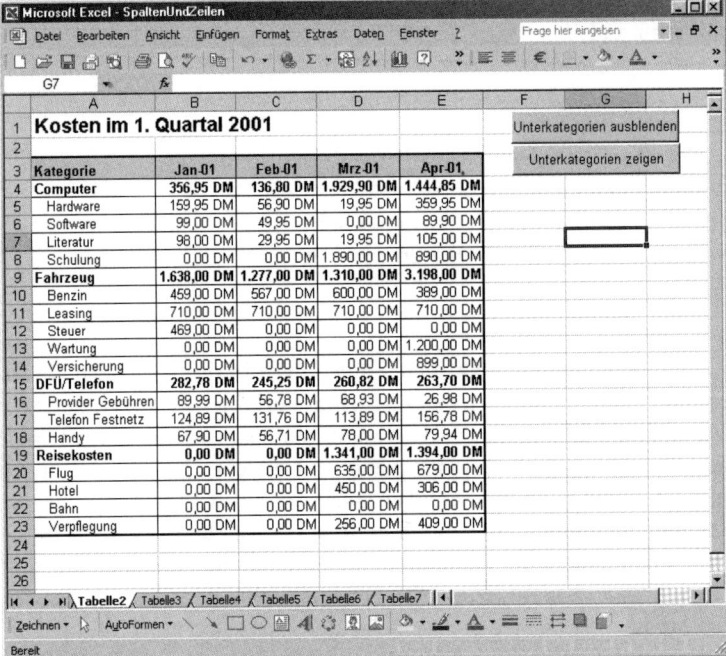

Abbildung 6.23:
Eine Kostenaufstellung mit Ober- und Unterkategorien

Das folgende Makro in Listing 6.48 untersucht in Spalte A, ob die Einträge in den einzelnen Zellen eingerückt sind. Wenn ja, werden die entsprechenden Zeilen ausgeblendet.

```
Sub AusblendenZeilen()
 Sheets("Tabelle2").Activate
 Range("A4").Select
 Do Until ActiveCell.Value = ""
  If ActiveCell.IndentLevel = 1 _
  Then Rows(ActiveCell.Row).Hidden = True
  ActiveCell.Offset(1, 0).Select
 Loop
End Sub
```

Listing 6.48:
Alle Zellen mit
Einrückung werden
ausgeblendet.

Die Spalte A wird so lange nach unten abgearbeitet, bis die erste leere Zelle erreicht wird. Innerhalb der Do Until-Schleife fragen Sie die IndentLevel-Eigenschaft der jeweils aktiven Zelle ab. Diese Eigenschaft liefert einen ganzzahligen Wert, der die Einzugsebene der Zelle liefert. Zwischen 0 (kein Einzug) und 15 (maximaler Einzug) ist alles möglich. Wenn der Einzugswert der Zahl 1 entspricht, wird die Eigenschaft Hidden der aktiven Zeile auf den Wert True gesetzt, was bedeutet, dass die Zeile ausgeblendet wird. Danach versetzen Sie den Zellenzeiger mit Hilfe der Eigenschaft Offset eine Zeile weiter nach unten.

	A	B	C	D	E	F	G	H
1	**Kosten im 1. Quartal 2001**					Unterkategorien ausblenden		
2								
3	**Kategorie**	**Jan-01**	**Feb-01**	**Mrz-01**	**Apr-01**	Unterkategorien zeigen		
4	Computer	356,95 DM	136,80 DM	1.929,90 DM	1.444,85 DM			
9	Fahrzeug	1.638,00 DM	1.277,00 DM	1.310,00 DM	3.198,00 DM			
15	DFÜ/Telefon	282,78 DM	245,25 DM	260,82 DM	263,70 DM			
19	Reisekosten	0,00 DM	0,00 DM	1.341,00 DM	1.394,00 DM			

Abbildung 6.24:
Es werden nur noch
die Oberkategorien
angezeigt.

Das Ausblenden der Unterkategorien können Sie übrigens auch elegant durch eine Tastenkombination erreichen. Dazu gehen Sie wie folgt vor:

1. Wechseln Sie in die Entwicklungsumgebung.

2. Klicken Sie im Projekt-Explorer den Eintrag DIESEARBEITSMAPPE doppelt an.

3. Stellen Sie das Ereignis Workbook_Open im Codebereich ein und ergänzen Sie das Ereignis, wie in Abbildung 6.25 dargestellt.

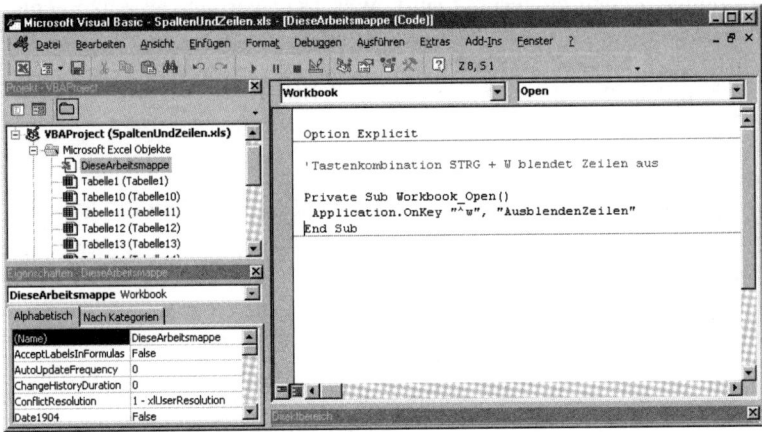

Mit Hilfe des Arbeitsmappenereignisses Workbook_Open sorgen Sie schon beim Öffnen der Arbeitsmappe dafür, dass der Tastenkombination Strg + W das Makro AusblendenZeilen zugewiesen wird.

Erfahren Sie mehr über Ereignisse in Kapitel 12.

Oft stellen ausgeblendete Zeilen auch ein Risiko dar. Informationen können durch ausgeblendete Zeilen schnell vergessen werden. Die Lösung für dieses Problem stellt das Makro in Listing 6.50 dar.

6.5.1 Leere Zeilen ausblenden

Im folgenden Beispiel werden alle Leerzeilen ausblendet. Ein Zeile gilt genau dann als leer, wenn in der betreffenden Zeile in Spalte A kein Entrag vorhanden ist. Das Makro für diese Ausgabe lautet:

Listing 6.49:
Leere Zeilen
ausblenden

```
Sub AusblendenLeereZeilen()
Dim i As Long
Sheets("Tabelle28").Activate
For i = 1 To ActiveSheet.UsedRange.Rows.Count
Range("A" & i).Select
If ActiveCell.Value = "" Then
    ActiveCell.EntireRow.Hidden = True
Else
End If
Next i
End Sub
```

Über die Anweisung `ActiveSheet.UsedRange.Rows.Count` ermitteln Sie die Anzahl der gefüllten Zeilen der Tabelle. Diese ermittelte Anzahl bildet die Endebedingung für die folgende Schleife. Durchlaufen Sie jetzt alle verwendeten Zellen der Spalte A und prüfen, ob diese leer sind. Wenn ja, dann blenden Sie diese Zeilen über die Anweisung `ActiveCell.EntireRow.Hidden = True` aus.

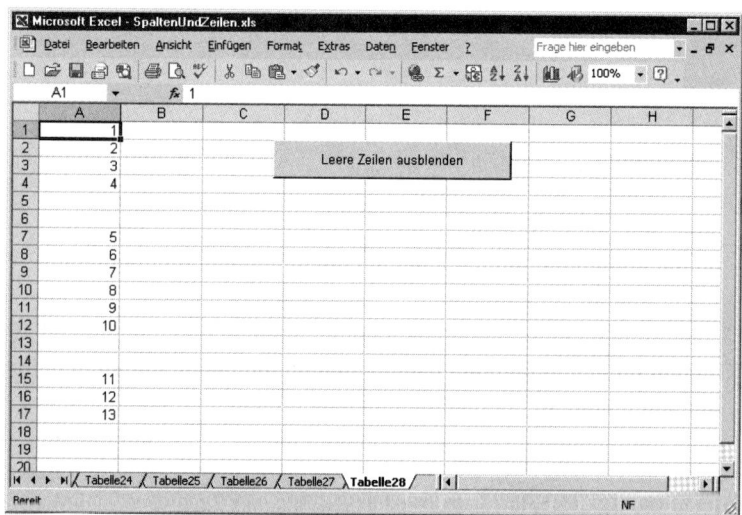

Abbildung 6.26:
Leere Zeilen
ausblenden

6.5.2   Alle Zellen einblenden

Um alle versteckten Zeilen einer Tabelle einzublenden, starten Sie das Makro aus Listing 6.50.

```
Sub AlleAusgeblendetenZeilenEinblenden()
Dim Zeile As Object
For Each Zeile In ActiveSheet.UsedRange.Rows
 Zeile.Hidden = False
Next
End Sub
```

Listing 6.50:
Alle ausgeblende-
ten Zeilen werden
wieder
eingeblendet.

Definieren Sie zuerst eine Objektvariable, die die Zeile darstellen soll. Danach durchlaufen Sie den benutzen Bereich in einer `For Each`-Schleife und setzen die Eigenschaft `Hidden` jeder Zeile auf den Wert `True`.

6.5.3   Versteckte Zeilen löschen

Warum blendet man überhaupt Zeilen aus? Doch sicher, um einen besseren Überblick über eine Tabelle zu bekommen, oder auch, um unwichtige Informationen nicht anzuzeigen. Ein weiterer Grund ist, dass Sie eventuell die Tabelle an Kunden oder Kollegen weitergeben und nicht unbedingt alle Informationen auf den ersten Blick preisgeben möchten. In diesem letzteren Fall empfiehlt es sich aber, die ausgeblendeten Zeilen vorher zu löschen. Das geht natürlich nur, wenn die noch sichtbaren Zellen nicht mit den ausgeblendeten Zellen verknüpft sind.

Um alle ausgeblendeten Zeilen zu löschen, starten Sie das Makro aus Listing 6.51.

Listing 6.51:
Alle ausgeblendeten Zeilen werden ohne Rückfrage gelöscht.

```
Sub AlleVerstecktenZeilenLöschen()
Dim Zeile As Range
For Each Zeile In ActiveSheet.UsedRange.Rows
    If Zeile.Hidden Then
        Zeile.Hidden = False
        Zeile.Delete
    End If
Next Zeile
End Sub
```

In einer For Each-Schleife fragen Sie im verwendeten Bereich Ihrer Tabelle alle Zeilen ab. Werden ausgeblendete Zeilen gefunden, meldet die Eigenschaft Hidden den Wert True zurück. Wenn dies der Fall ist, blenden Sie die Zeile ein, indem Sie die Eigenschaft Hidden auf den Wert False setzen. Anschließend löschen Sie mit Hilfe der Methode Delete die gerade eingeblendete Zeile.

Wenn Sie vorher entscheiden möchten, ob Sie eine bestimmte Zeile löschen möchten oder nicht, erweitern Sie das Makro aus Listing 6.52 um ein paar Zeilen.

Listing 6.52:
Ausgeblendete Zeilen werden einzeln nach Rückfrage gelöscht.

```
Sub VerstecktenZeilenNachRückfrageLöschen()
Dim Zeile As Range
Dim i As Integer
For Each Zeile In ActiveSheet.UsedRange.Rows
  If Zeile.Hidden Then
    Zeile.Hidden = False
   i = MsgBox(prompt:="Soll die Zeile " & Zeile.Row & _
    " wirklich gelöscht werden?", Buttons:=vbYesNo)
    If i = 7 Then _
    Else Zeile.Delete
  End If
Next Zeile
End Sub
```

In der Abbildung 6.27 sehen Sie, dass nun der Anwender entscheiden muss, ob die Zeile gelöscht werden soll oder nicht. In der Praxis könnte das bedeuten, dass Artikelsätze nicht gelöscht werden dürfen, wenn sie noch auf Lager sind. Mit Hilfe eines Meldungsfenster können Sie diese Abfrage durchführen. Meldet die Funktion Msgbox den Wert 7 zurück, hat der Anwender die Schaltfläche NEIN gedrückt. In diesem Fall wird die nächste Zeile angesteuert und überprüft.

Lernen Sie mehr über die Funktion Msgbox im Kapitel 14 dieses Buches.

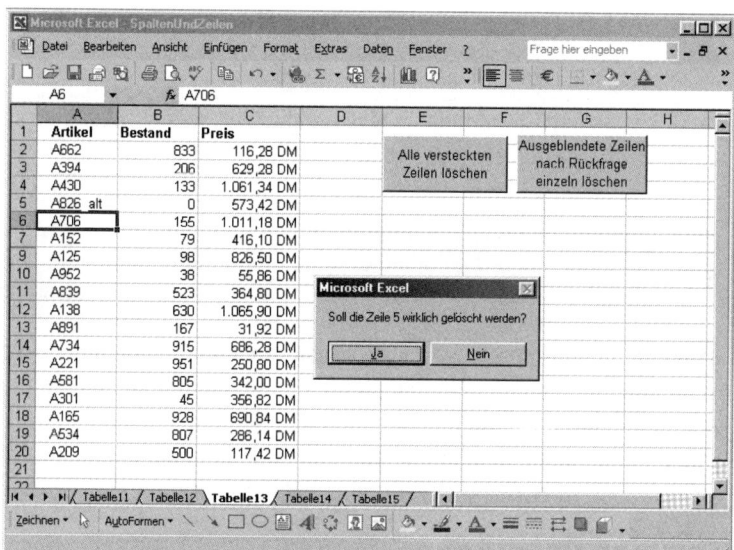

Abbildung 6.27:
Nochmalige
Prüfung vor dem
Löschen von Zeilen

6.6 Spalten ein- und ausblenden

Wenn Sie sehr umfangreiche Tabellen besitzen, bei denen Sie zwar alle Spalten benötigen, aber je nach Aufgabe jeweils nur eine Teilmenge davon, dann können Sie die momentan nicht benötigten Informationen ausblenden. Stellen Sie sich einmal vor, Sie müssten eine Veranstaltung planen. Dabei haben Sie alle Teilnehmerdaten in einer Tabelle erfasst.

Beim Beginn der Veranstaltung möchten Sie aus der Komplettliste eine Anwesenheitsliste erstellen. Aus dieser blenden Sie alle nicht benötigten Spalten aus. Es sind dies die Spalten D bis F.

```
Sub SpaltenAusblenden()
 Sheets("Tabelle4").Activate
 Columns("D:F").EntireColumn.Hidden = True
End Sub
```

Listing 6.53:
Nicht benötigte
Spalten ausblenden

Abbildung 6.28:
Die komplette
Teilnehmerliste

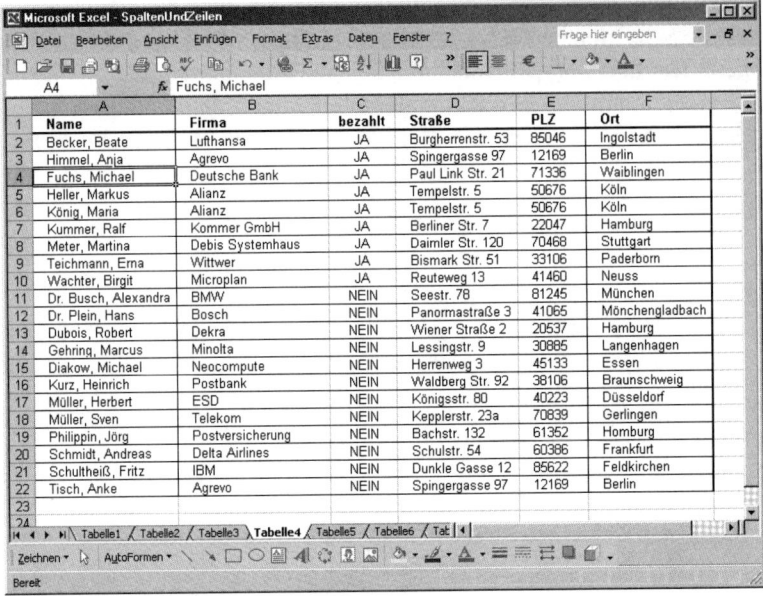

Mit Hilfe der Eigenschaft EntireColumn markieren Sie die Spalten D:F. Auf diese Markierung wenden Sie dann die Eigenschaft Hidden an, indem Sie diese auf den Wert True setzen.

6.7 Spalten und Zeilen formatieren

Kennen Sie vielleicht noch das Druckpapier, welches in Rechenzentren gedruckt wird? Auf diesem Papier wird jede zweite Zeile meist in der Farbe Grün formatiert. Diesen Look können Sie auch über ein Makro herstellen. Starten Sie dazu das Makro aus Listing 6.54.

Listing 6.54:
Jede zweite Zeile
grün einfärben

```
Sub JedeZweiteZeileFärben()
Dim i As Long
Sheets("Tabelle16").Activate
For i = 1 To Selection.Rows.Count
If i Mod 2 = 1 Then
    Selection.Rows(i).Interior.ColorIndex = 4
End If
Next
End Sub
```

Über die Methode Count zählen Sie die markierten Zeilen. Verwenden Sie den Operator Mod, um den Rest der Division der beiden Zahlen i und 2 zu ermitteln. Wird dabei der Wert 1 zurückgegeben, dann färben Sie die in der Markierung befindlichen Zeilen mit der Hintergrundfarbe GRÜN.

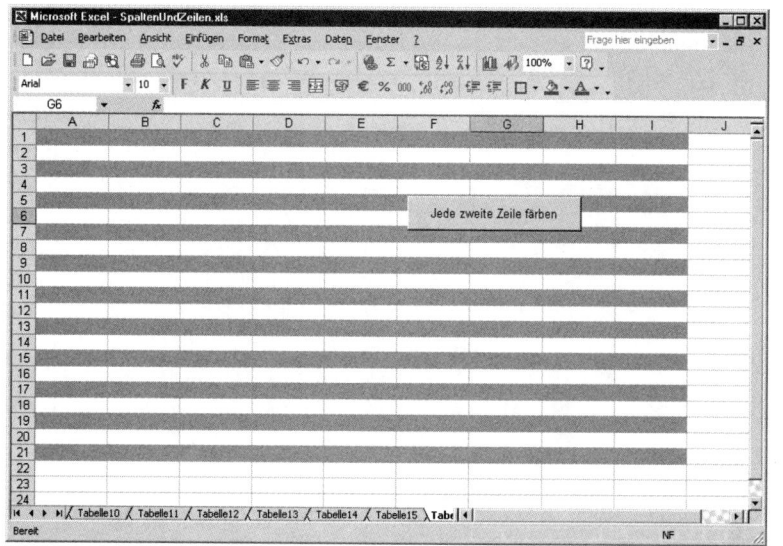

Abbildung 6.29:
Jede zweite Zeile
mit einem Grünton
ausstatten

Das Besondere an der Lösung ist, dass die Färbung nur innerhalb der markierten Fläche stattfindet.

Was für die Zeilen funktioniert, klappt selbstverständlich auch für die Spalten. Im nächsten Beispiel wird jede zweite Spalte GRÜN eingefärbt.

```
Sub JedeZweiteSpalteFärben()
Dim i As Integer
Sheets("Tabelle17").Activate
For i = 1 To Selection.Columns.Count
If i Mod 2 = 1 Then
    Selection.Columns(i).Interior.ColorIndex = 4
End If
Next
End Sub
```

Listing 6.55:
Jede zweite Spalte
grün einfärben

Über die Methode Count zählen Sie die markierten Spalten. Verwenden Sie den Operator Mod, um den Rest der Division der beiden Zahlen i und 2 zu ermitteln. Wird dabei der Wert 1 zurückgegeben, dann färben Sie die in der Markierung befindlichen Spalten mit der Hintergrundfarbe GRÜN.

Es werden nur die Spalten eingefärbt, die sich in der Markierung befinden.

Im nächsten Beispiel legen Sie sich einen Kalender an. Die Aufgabe besteht nun darin, die Wochenenden automatisch über ein Makro formatieren zu lassen. Für diesen Zweck setzen Sie das Makro aus Listing 6.56 ein.

*Wochenenden
kennzeichnen*

Abbildung 6.30:
Jede zweite Spalte
mit grünem Hinter-
grund belegen

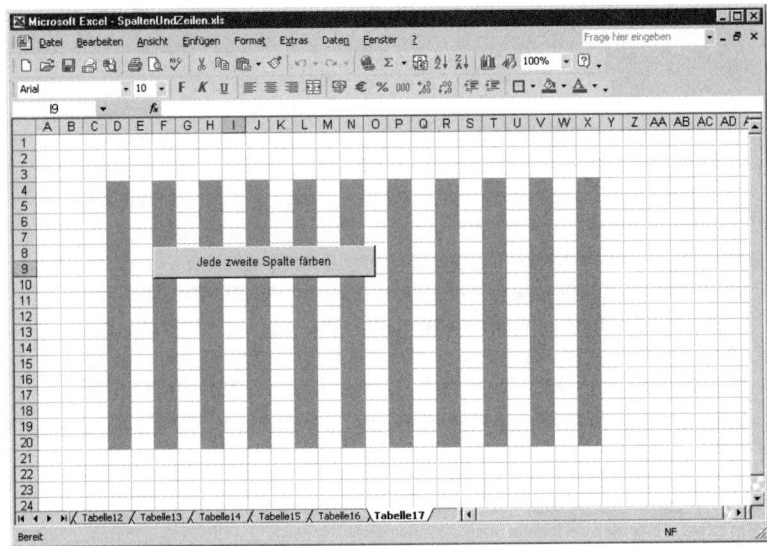

Listing 6.56:
Wochenenden
kennzeichnen

```
Sub WochenendeFormatieren()
Dim Zelle As Range
Sheets("Tabelle19").Activate
    For Each Zelle In ActiveSheet.Range("A1:O1")
        If Weekday(Zelle) = 1 Then
            With Zelle
               .Interior.ColorIndex = 16
               .Offset(1, 0).Interior.ColorIndex = 16
               .Offset(1, 0).Value = "SA"
            End With
        ElseIf Weekday(Zelle) = 7 Then
            With Zelle
               .Interior.ColorIndex = 15
               .Offset(1, 0).Interior.ColorIndex = 15
               .Offset(1, 0).Value = "SO"
            End With
        End If
    Next Zelle
End Sub
```

Setzen Sie eine Schleife auf, um den Zellenbereich A1:O1 Zelle für Zelle
abzuarbeiten. Mit Hilfe der Funktion Weekday können Sie überprüfen, um
welchen Tag es sich jeweils handelt. Die Funktion Weekday erwartet als
Argument ein gültiges Datum. Dabei liefert die Funktion die Werte aus
Tabelle 6. 1 zurück.

Konstante	Wert	Beschreibung	
VbUseSystem	0	NLS API-Einstellung wird verwendet.	**Tabelle 6.1:** Die Konstanten für die Wochentage
VbSunday	1	Sonntag (Voreinstellung)	
VbMonday	2	Montag	
vbTuesday	3	Dienstag	
vbWednesday	4	Mittwoch	
VbThursday	5	Donnerstag	
VbFriday	6	Freitag	
VbSaturday	7	Samstag	

Liefert die Funktion Weekday den Wert 1, dann handelt es sich um einen Sonntag. In diesem Fall färben Sie die Zelle mit einem etwas dunkleren Grauton. Außerdem schreiben Sie eine Zelle unterhalb das Kürzel SO. Liefert die Funktion Weekday den Wert 7, dann handelt es sich um einen Samstag. In diesem Fall färben Sie die Zelle mit einem etwas helleren Grauton. Außerdem schreiben Sie eine Zelle unterhalb das Kürzel SA.

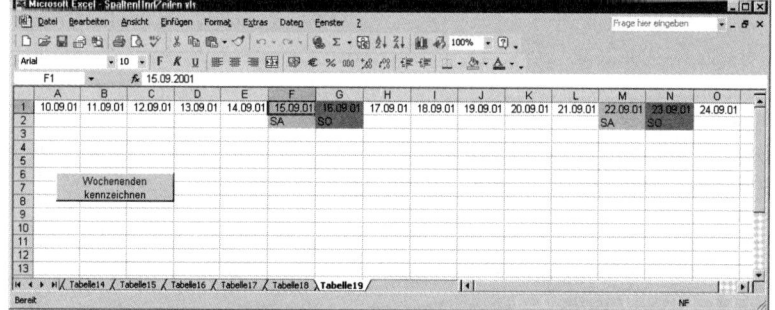

Abbildung 6.31: Das Wochenende wurde farblich hervorgehoben.

6.8 Daten sortieren

Zur besseren Übersichtlichkeit sortieren Sie die Teilnehmerdaten nach dem Sortierkriterium BEZAHLT. Das zweite Sortierkriterium wird der Name des Teilnehmers sein.

```
Sub DatenSortieren()
 Sheets("Tabelle4").Activate
 Range("A1").Select
 Range _
(Selection, ActiveCell.SpecialCells(xlLastCell)).Select
```

Listing 6.57: Daten sortieren

```
Selection.Sort Key1:=Range("C2"), _
  Order1:=xlAscending, Key2:=Range("A2"), _
  Order2:=xlAscending, Header:=xlGuess, _
  OrderCustom:=1, MatchCase:=False, _
  Orientation:=xlTopToBottom
End Sub
```

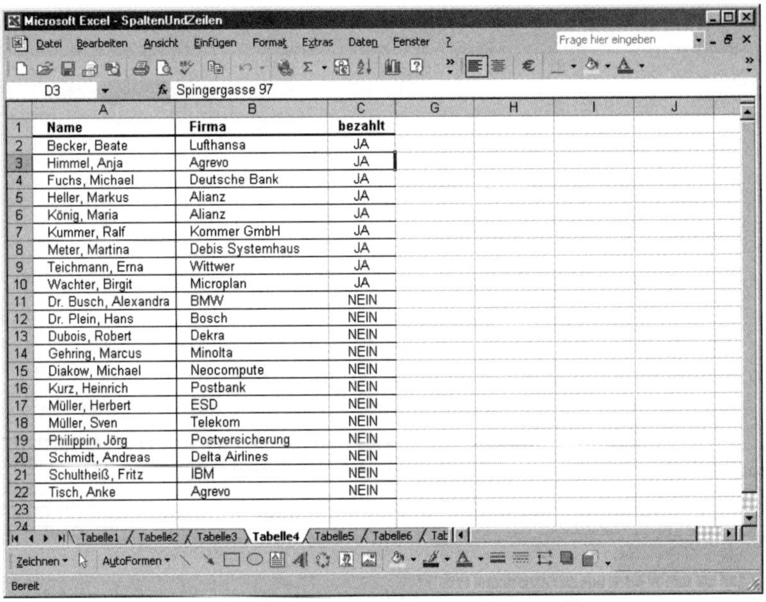

Abbildung 6.32:
Die sortierte Teil-
nehmerliste mit
ausgeblendeten
Spalten

Unter Einsatz der Methode SpecialCells, mit der Sie die Zellenadresse der letzten Zelle im verwendeten Bereich ermitteln, markieren Sie die Teilnehmerliste. Anschließend wenden Sie die Methode Sort an. Die Methode kann maximal nach drei Sortierfeldern (Key1 bis Key3) sortiert werden. Das Argument Order bestimmt die Sortier-Reihenfolge. Sie haben dabei die Auswahl zwischen der Konstanten xlAscending, welche das Sortierfeld (Key) in aufsteigender Reihenfolge sortiert, bzw. der Konstanten xlDescending, die das Sortierfeld in absteigender Reihenfolge anordnet.

6.9   Daten ausdünnen

Im folgenden Beispiel haben Sie in Spalte A Daten vorliegen, die Sie ein wenig ausdünnen möchten. Diese Daten sollen jetzt auf die Spalte B übertragen werden. Dabei soll aber nur jede dritte Zeile übertragen werden.

Listing 6.58:
Messwerte
ausdünnen

```
Sub MesswerteAusdünnen()
Dim i As Integer
Range("A1").Select
Do Until ActiveCell.Value = ""
```

```
      ActiveCell.Offset(3, 0).Select
    Range("B65536").End(xlUp).Offset(1, 0).Value = _
    ActiveCell.Value
    i = 1
Loop
End Sub
```

Zu Beginn des Makros setzen Sie den Mauszeiger auf die Ausgangszelle A1. Danach bauen Sie sich eine Schleife auf, die so lange Zelle für Zelle abarbeitet, bis die erste leere Zelle erreicht ist. Innerhalb dieser Schleife setzen Sie den Mauszeiger über die Eigenschaft OffSet immer genau drei Zeilen weiter nach unten. Mit Hilfe der Anweisung Range("B65536").End(xlUp).Offset(1, 0).Value ermitteln Sie immer die erste freie Zelle der Spalte B, in die Sie die Werte übertragen.

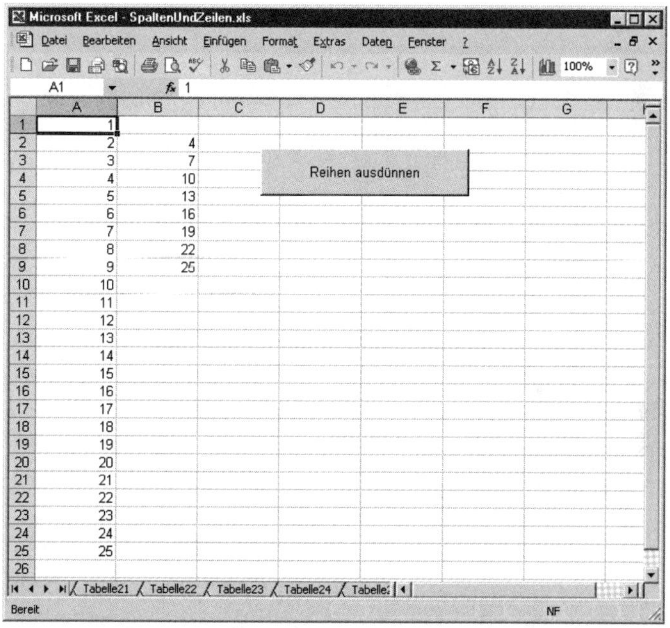

Abbildung 6.33:
Daten ausdünnen

6.10 Spalten vergleichen

Oft gebraucht wird auch folgende Lösung: Sie haben die Aufgabe, zwei Spalten miteinander zu vergleichen. Das jeweils bessere Ergebnis soll dabei in eine neue Spalte geschrieben werden.

Listing 6.59:
Spalten miteinander
vergleichen und
Ergebnis in einer
weiteren Spalte
darstellen

```
Sub SpaltenVergleichen()
Dim i As Long
Dim i2 As Long
 Sheets("Tabelle3").Activate
 i = Range("A1").CurrentRegion.Rows.Count
 For i2 = 3 To i
    If Cells(i2, 1) > Cells(i2, 2) Then
        Cells(i2, 3).Value = Cells(i2, 1).Value
    Else
        Cells(i2, 3).Value = Cells(i2, 2).Value
    End If
 Next i2
End Sub
```

Abbildung 6.34:
Die höchsten Werte
stehen in Spalte C.

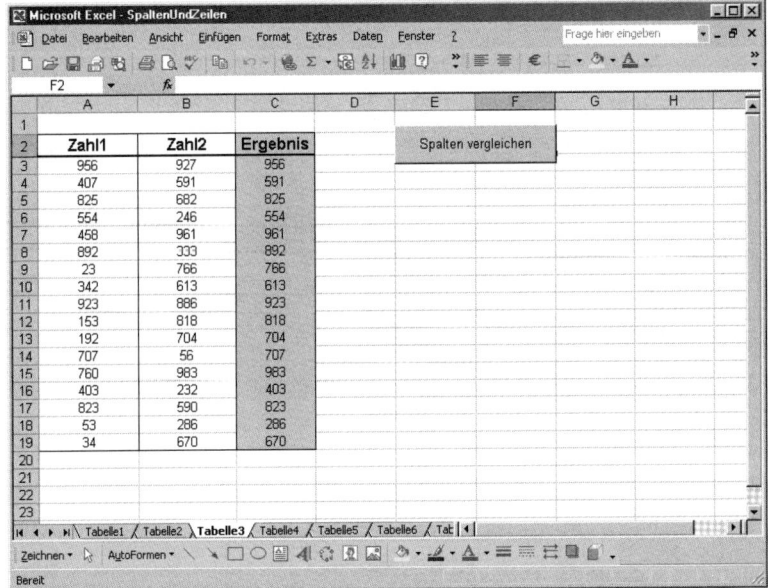

Im ersten Schritt ermitteln Sie, wie viele Zeilen im aktuellen Bereich belegt sind. Die Anzahl der Zeilen können Sie über die Eigenschaft `CurrentRegion` sowie die Eigenschaft `Rows` und die Methode `Count` ermitteln.

Die so ermittelte Anzahl der verwendeten Zeilen bildet die Bedingung für den Austritt aus der `For Next`-Schleife. Damit der Vergleich der einzelnen Spalten in der richtigen Zeile beginnt, setzen Sie die Variable `i2` auf den Wert 3. Dieser Wert ist der Startwert, bei dem der Spaltenvergleich beginnen soll. Innerhalb der Schleife vergleichen Sie die Inhalte der beiden Spalten miteinander. Dazu verwenden Sie die Eigenschaft `Cells`, bei der die Variable `i2` die aktuelle Zeile und das zweite Argument die Spalte A bzw. B darstellt. Je nach Ausgang der Prüfung wird der entsprechende Wert in Spalte C eingefügt.

6.11 Text auf Spalten verteilen

Sicher haben Sie es auch schon einmal erlebt: Sie bekommen Informationen, die Sie gerne in mehreren Spalten darstellen möchten, in einer einzigen Spalte ausgeliefert. Beispiele hierfür gibt es genug. Besonders oft werden beispielsweise der Vor- und Nachname in einer Spalte ausgegeben bzw. die Postleitzahl und der Ort in einer Spalte geführt. Gerade beim zweiten Beispiel ist das aber problematisch, da es für eine Stadt oft mehrere Postleitzahlen gibt. Als Folge daraus ist es schwieriger, bestimmte Auswertungen z. B. auf Stadtebene durchzuführen.

Die Abbildung 6.35 zeigt mehrere Namen, die in einer einzigen Spalte erfasst wurden. Lediglich das Leerzeichen trennt den Vornamen vom Nachnamen. Um diese einspaltige Liste mehrspaltig zu machen, wenden Sie das Makro aus Listing 6.60 an.

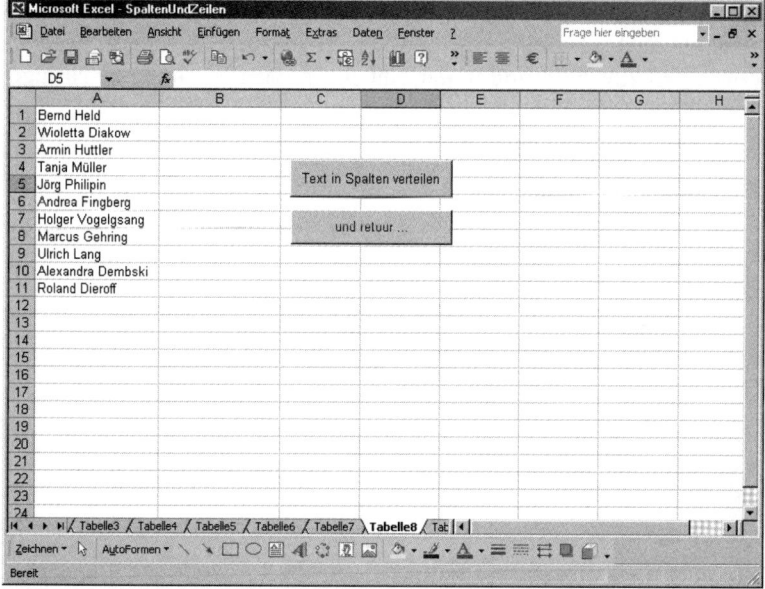

Abbildung 6.35:
Vorname und Nachname in nur einer Spalte

```
Sub TextInSpalten()
Dim Bereich As Range
Dim Zelle As Range
Dim Leerz As Integer
Dim Vorname As String
Dim Nachname As String
    Sheets("Tabelle8").Activate
    Set Bereich = Range("A:A")
    For Each Zelle In Bereich
        If IsEmpty(Zelle) Then Exit For
        Leerz = InStr(Zelle, " ")
```

Listing 6.60:
Text in mehrere Spalten aufteilen

```
        Vorname = Left(Zelle, Leerz - 1)
        Nachname = Mid(Zelle, Leerz + 1)
        Zelle = Vorname
        Zelle.Offset(0, 1) = Nachname
    Next
End Sub
```

Zuerst legen Sie mit der Anweisung Set fest, in welchem Bereich die Daten stehen, die separiert werden sollen. Danach setzen Sie eine Schleife auf, die beendet wird, sobald das Makro auf die erste Leerzelle in Spalte A stößt. Im zweiten Schritt innerhalb der Schleife ermitteln Sie mit Hilfe der Funktion InStr die Position des Trennzeichens zwischen Vor- und Nachnamen. Den Vornamen bekommen Sie, indem Sie die Funktion Left einsetzen. Mit der Funktion Left übertragen Sie Zeichen bis eine Stelle vor dem Trennzeichen in die Variable Vornamen. Den Nachnamen extrahieren Sie aus dem Zelleneintrag, indem Sie die Funktion Mid einsetzen. Die Funktion Mid erlaubt es Ihnen, einen Teil aus einer Zelle zu extrahieren. Dabei geben Sie als zweites Argument die Startpostion an, von der an die Funktion Mid Zeichen in die Variable Nachname übertragen soll. Jetzt können Sie der aktiven Zelle den Vornamen zuweisen und in der Nebenzelle den Nachnamen einfügen.

Abbildung 6.36:
Die Namen und Vornamen sind nun auf zwei Spalten aufgeteilt.

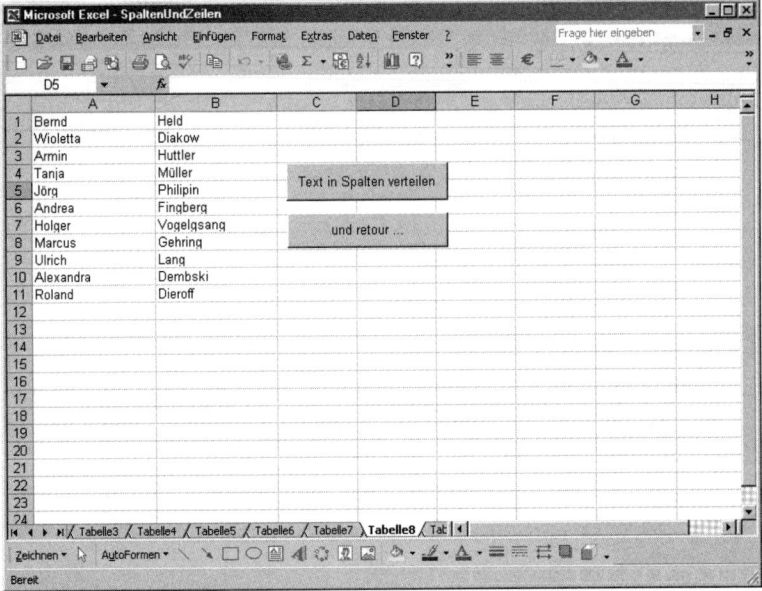

Gerade haben Sie Text aus einer Spalte in mehrere Spalten aufgeteilt. Selbstverständlich geht es aber auch genau andersherum.

```
Sub MehrereSpaltenInEine()
Dim s As String
 Sheets("Tabelle8").Activate
 Range("A1").Select
 Do Until ActiveCell.Value = ""
   s = ActiveCell.Value _
  & " " & ActiveCell.Offset(0, 1).Value
  ActiveCell.Value = s
  ActiveCell.Offset(1, 0).Select
 Loop
 Range("B:B").Clear
End Sub
```

Listing 6.61:
Mehrere Spalten in
einer Spalte
zusammenführen

Definieren Sie eine Variable vom Typ String und verketten Sie die Inhalte der einzelnen Spalten miteinander. Dazu verwenden Sie das Verkettungszeichen &. Vergessen Sie dabei nicht, das leere Trennzeichen zwischen Vor- und Nachnamen zu integrieren. Ist die Variable s mit dem Vor- und Nachnamen gefüllt, können Sie den Wert der Variable in die Zelle in Spalte A zurückschreiben und die nächste Zelle ins Visier nehmen. Tritt die erste leere Zelle in Spalte A auf, wird die Schleife verlassen. Dann brauchen Sie lediglich noch die »alten« Inhalte in Spalte B mit der Methode Clear zu löschen.

6.12 Zeilenumbrüche schnell festlegen

Wenn Sie möglichst viele Spalten auf einem einzigen Tabellenblatt ausdrucken möchten, können Sie einzelne oder auch mehrere Zellen mit einem Zeilenumbruch versehen. Wenn Sie diese Aufgabe manuell lösen, müssen Sie über das Menü FORMAT und den Befehl ZELLEN gehen. Danach wechseln Sie auf die Registerkarte AUSRICHTUNG und aktivieren das Kontrollkästchen ZEILENUMBRUCH.

Diese Vorgehensweise ist doch recht langwierig. Es geht auch schneller. Definieren Sie eine Tastenkombination für das Festlegen eines Zeilenumbruchs bzw. eine Tastenkombination für das Aufheben des Zeilenumbruchs.

*Zeilenumbruch
durch Tasten-
kombination*

Dazu gehen Sie wie folgt vor:

1. Wechseln Sie in die Entwicklungsumgebung mit [Alt]+[F11].

2. Führen Sie im Projekt-Explorer einen Doppelklick auf den Eintrag DIESEARBEITSMAPPE durch.

3. Fügen Sie das Ereignis Workbook_Open ein.

STEP

Listing 6.62:
Tastenkombina-
tionen schon beim
Öffnen der Mappe
festlegen

```
Private Sub Workbook_Open()
  'STRG + ü setzt den Zeilenumbruch
  Application.OnKey "^ü", "Zeilenumbruchsetzen"
  'STRG + Umschalt + ü hebt den Zeilenumbruch wieder auf
  Application.OnKey "+^ü", "Zeilenumbruchzurücksetzen"
End Sub
```

Schreiben Sie das Makro aus Listing 6.63 in ein Modulblatt.

Listing 6.63:
Zeilenumbrüche
innerhalb einer
Markierung setzen

```
Sub ZeilenumbruchSetzen()
With Selection
        .HorizontalAlignment = xlGeneral
        .VerticalAlignment = xlBottom
        .WrapText = True
        .Orientation = 0
        .ShrinkToFit = False
        .MergeCells = False
    End With
End Sub
```

Innerhalb der Markierung können Sie für Ihre Texte einige Eigenschaften definieren. Mit der Eigenschaft HorizontalAlignment legen Sie die horizontale Ausrichtung Ihres eingegeben Textes fest.

Abbildung 6.37:
Möglichkeiten der
horizontalen Aus-
richtung von Texten

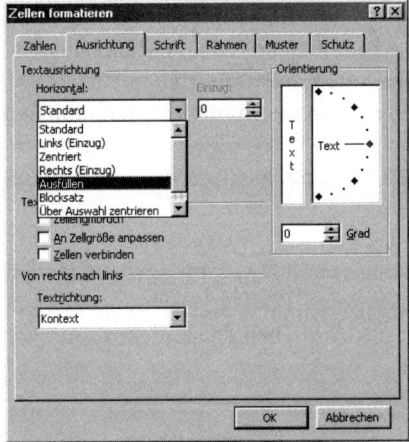

Bei der Eigenschaft HorizontalAlignment können folgende Konstanten aus Tabelle 6.2 festgelegt werden.

Konstante	Beschreibung
xlHAlignGeneral	Bei dieser Konstanten gilt die Standardausrichtung für eingegebene Daten, d. h. Texte linksbündig und Zahlenwerte rechtsbündig.
xlLeft	Der Text wird links eingezogen. Über die Eigenschaft IdentLevel können Sie zusätzlich noch einen Einzug festlegen.
xlCenter	Text wird zentriert.
xlRight	Text wird rechtsbündig ausgegeben.
xlFill	Text wird so lange wiederholt, bis die ganze Zelle gefüllt ist.
xlJustify	Text wird im Blocksatz ausgegeben, d. h., Text wird rechts- sowie linksbündig ausgerichtet.
xlCenterAcross-Selection	Text wird innerhalb einer Auswahl zentriert.

Die nächste Eigenschaft ist VerticalAlignment. Bei dieser Eigenschaft sind die Konstanten aus Tabelle 6. 3 möglich.

Konstante	Beschreibung
xlTop	Der Text wird am oberen Rand der Zelle ausgerichtet.
xlBottom	Der Text wird am unteren Rand der Zelle ausgerichtet. Dies ist die Standardeinstellung für die vertikale Ausrichtung von Texten in Zellen.
xlCenter	Der Text wird in der Mitte der Zelle ausgerichtet.
xlJustify	Der Text wird als Blocksatz in der Zelle ausgerichtet. Das bedeutet, dass Texte sowohl am oberen als auch am unteren Rand der Zelle ausgerichtet werden.

Mit der Eigenschaft WrapText legen Sie fest, ob eingegebener Text in der Zelle umgebrochen werden soll. Wenn ja, setzen Sie die Eigenschaft auf den Wert True. Über die Eigenschaft Orientation können Sie den Text in Zellen drehen. Mögliche Werte sind hierbei -90 bis 90 Grad. Setzen Sie die Eigenschaft ShrinkToFit auf den Wert True, wenn sich die Textgröße automatisch an die zur Verfügung stehende Spaltenbreite anpassen soll. Die Eigenschaft MergeCells liefert den Wert True, wenn im Bereich verbundene Zellen enthalten sind.

Das Makro für das Aufheben von Zeilenumbrüchen innerhalb einer Markierung lautet:

Listing 6.64:
Zeilenumbrüche
innerhalb einer
Markierung
aufheben

```
Sub ZeilenumbruchZurücksetzen()
    With Selection
        .HorizontalAlignment = xlGeneral
        .VerticalAlignment = xlBottom
        .WrapText = False
        .Orientation = 0
        .ShrinkToFit = False
        .MergeCells = False
    End With
End Sub
```

Wie Sie Zeilenumbrüche erstellen, wissen Sie nun. Damit fällt Ihnen die nächste Aufgabe nicht mehr schwer. Es soll eine Überschriftenzeile, wie in Abbildung 6.38 gezeigt, erstellt werden.

Das Makro für diese Aufgabe lautet:

Listing 6.65:
Titelzeile mit
Zeilenumbrüchen
erstellen

```
Sub TitelzeileMitZeilenumbruchErstellen()
Dim i As Integer
Sheets("Tabelle10").Activate
Range("A1").Select
  For i = 1 To 10
    With ActiveCell
    .HorizontalAlignment = xlCenter
    .WrapText = True
    .Value = "Produkt" & Chr(10) & i
    .Offset(0, 1).Select
    End With
  Next i
End Sub
```

Abbildung 6.38:
Die Überschriften-
zeile mit
Zeilenumbruch

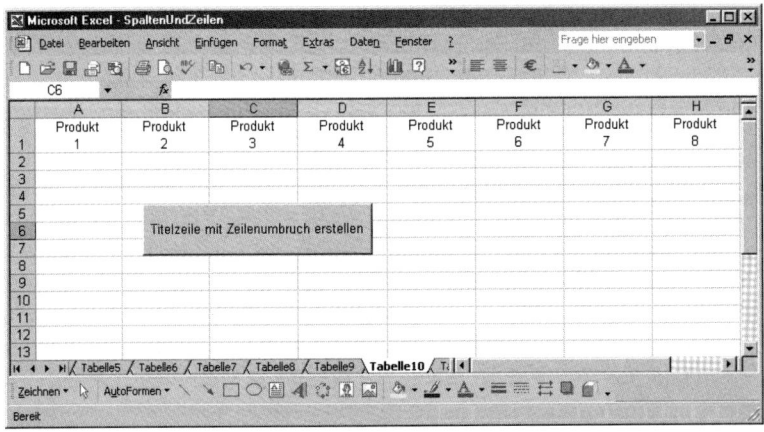

Auf der Tabelle TABELLE10 wird eine Überschriftenzeile eingefügt. Dabei wird der erste Eintrag in Zelle A1 vorgenommen. Danach wandern Sie mit Hilfe einer For Next-Schleife nach rechts bis in Zelle J1. Als erster Eintrag erfolgt der Text PRODUKT. Dann erzeugen Sie mit der Funktion Chr(10) einen Zeilenvorschub. Nach dem Zeilenvorschub wird der momentane Inhalt der Variablen i geschrieben.

6.13 Daten übertragen

Stellen Sie sich vor, Sie haben in Spalte A einige Daten erfasst. In dieser Spalte befinden sich jedoch zwischen den einzelnen Zeilen auch einige Leerzellen. Ihre Aufgabe besteht nun darin, die Zahlen aus Spalte A in die Spalte B zu übertragen. Dabei sollen die Leerzellen jedoch nicht übertragen werden. Sehen Sie sich zu besserer Verständlichkeit einmal die Abbildung 6.39 an.

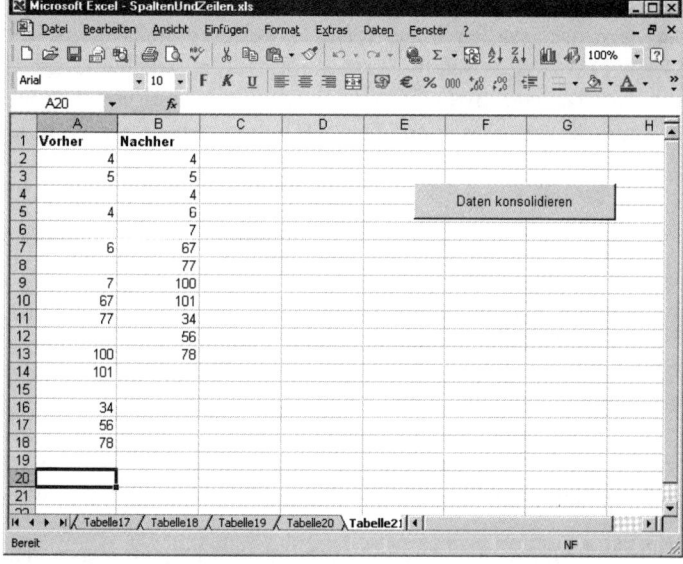

Abbildung 6.39:
Spalte B weist keine Leerzellen mehr auf.

Um diese Aufgabe zu lösen, setzen Sie das Makro aus Listing 6.66 ein.

```
Sub DatenÜbertragen()
Dim i As Integer
Range("A2").Select
For i = 1 To ActiveSheet.UsedRange.Rows.Count
 If ActiveCell.Value <> "" Then _
 Range("B65536").End(xlUp).Offset(1, 0).Value = _
  ActiveCell.Value
 ActiveCell.Offset(1, 0).Select
Next i
End Sub
```

Listing 6.66:
Daten zeilenweise übertragen

Setzen Sie zu Beginn des Makros den Zeilenzeiger auf die Zelle A2. dort soll die Übertragung der Daten beginnen. Starten Sie jetzt eine Schleife, die alle in Verwendung befindliche Zeilen der Tabelle durchläuft. Die Leeren Zellen werden mit Hilfe der If-Abfrage übersprungen. Die Zellen, die Inhalte aufweisen, werden in die Spalte B übertragen. Um jeweils die nächste freie Zelle in Spalte B zu ermitteln, arbeiten Sie mit der Eigenschaft End und geben als Richtungs-Konstante xlUp an. Setzen Sie den Mauszeiger mit Hilfe der Eigenschaft OffSet aber genau eine Zelle weiter nach unten, um die richtige Einfügeposition zu bekommen.

6.14   Wiederholungszeilen und -spalten definieren

In Excel haben Sie die Möglichkeit, Wiederholungszeilen bzw. Wiederholungsspalten festzulegen. Das bedeutet, dass Sie beim Drucken sehr großer Tabellen eine oder auch mehrere Zeilen bzw. Spalten wiederholen können, die auf jeder neuen Seite als Überschrift gedruckt werden. Manuell legen Sie Wiederholungszeilen bzw. Wiederholungsspalten fest, indem Sie aus dem Menü DATEI den Befehl SEITE EINRICHTEN wählen. Danach wechseln Sie auf die Registerkarte TABELLE und geben die Wiederholungszeilen bzw. Wiederholungsspalten an. Das Makro für diese Aufgabe können Sie dem Listing 6.67 entnehmen.

Listing 6.67:
Wiederholungs-
zeilen und Wieder-
holungsspalten
festlegen

```
Sub WiederholungszeilenFestlegen()
  Sheets("Tabelle10").Activate
  With ActiveSheet.PageSetup
        .PrintTitleRows = "$1:$1"
        .PrintTitleColumns = "$A:$A"
  End With
End Sub
```

Die Wiederholungszeilen und Spalten stellen Sie über das Objekt PageSetup und der Eigenschaften PrintTitleRows bzw. PrintTitleColumns ein.

Wiederholungszeilen können nur am oberen Rand Ihrer Tabelle eingesetzt werden. Wiederholungsspalten sind nur am linken Rand Ihrer Tabelle möglich.

6.15   Auf der Suche nach der richtigen Zeile

Sicher kennen Sie diverse Katalogsysteme, bei denen man über einen Suchbegriff eine bestimmte Information erhält. Wenn Sie in umfangreichen Tabellen einen schnellen Zugriff auf bestimmte Daten haben möchten, können Sie beispielsweise eine Zelle definieren, die als Eingabezelle fungiert. In diese Eingabezelle schreiben Sie Ihren Suchbegriff und drücken auf die Taste

⏎. Danach werden in der Tabelle die entsprechenden Daten ermittelt und der Mauszeiger genau auf die gefundene Position gesetzt. Diese Suche können Sie verschiedenartig gestalten. Eine Möglichkeit ist es, die Tabelle von oben nach unten sichtbar mittels einer Schleife zu durchlaufen. Diese bewegliche Methode ist bei sehr großen Tabellen zu langsam. Bei kleineren Tabellen entsteht aber gerade durch das zeilenweise Scrollen der Markierung ein interessanter Effekt. Bei größeren Tabellen programmieren Sie eine direktere Suchfunktion.

6.15.1   Die Suche über die Schleife

Stellen Sie sich vor, Sie verwalten Ihre Adressen in einer Excel-Tabelle. Um möglichst schnell an die gesuchte Adresse zu gelangen, geben Sie in Zelle A1 den Suchbegriff bzw. Teile des Suchbegriffs ein und drücken anschließend die Taste ⏎. Der Mauszeiger wandert von oben nach unten und stoppt genau an der Position, die mit dem Suchbegriff bzw. mit Teilen davon übereinstimmt. Bei der Eingabe des Nachnamens, der als Suchbegriff fungiert, gelten folgende Features:

➡ Es ist möglich, nur einen Buchstaben einzugeben.

➡ Es können die ersten beiden Buchstaben des Nachnamens eingegeben werden.

➡ Es können die ersten drei Buchstaben des Nachnamens eingegeben werden oder

➡ es muss der ganze Name eingegeben werden.

Die Anforderungen

Das Makro für diese Such- und Scrollfunktion können Sie dem Listing 6.68 entnehmen.

```
Sub SuchenbestimmteZeile()
Dim s As String
Dim i As Integer
Sheets("Tabelle14").Activate
s = Range("A1").Value
Range("A3").Select
For i = 1 To ActiveSheet.UsedRange.Rows.Count
  If Left(ActiveCell.Value, 1) = s _
  Or Left(ActiveCell.Value, 2) = s _
  Or Left(ActiveCell.Value, 3) = s _
  Or s = ActiveCell.Value Then Exit For
  ActiveCell.Offset(1, 0).Select
Next i
End Sub
```

Listing 6.68:
Langsameres
Suchen mit Scroll-
funktion

In der String-Variablen s speichern Sie Ihre Eingabe, die Sie in Zelle A1 vornehmen. Danach setzen Sie eine For Next-Schleife auf, die alle Zeilen im verwendeten Bereich durchläuft. Innerhalb der Schleife wird der eingegebene Name geprüft. Um die eingegebenen Buchstaben mit dem jeweils aktiven Zellenwert zu vergleichen, wenden Sie die Funktion Left an. Wurde nur der erste Buchstabe des Nachnamens eingegeben, so vergleichen Sie die Variable s mit dem ersten Buchstaben der aktiven Zelle. Stimmt die Variable mit dem ersten Buchstaben der aktiven Zelle überein, wird die Schleife über die Anweisung Exit For verlassen. Da es aber möglich sein soll, zwischen einen und drei Buchstaben bzw. den ganzen Nachnamen einzugeben, verknüpfen Sie die einzelnen Kriterien mit dem Operator Or.

Abbildung 6.40:
Die scrollende
Suchfunktion bei
Adressdaten

	Name	Vorname	Firma	Straße	PLZ	Ort
4	Bator	Jacek	Agrevo	Spingergasse 97	12169	Berlin
5	Becker	Beate	Lufthansa	Burgherrenstr. 53	85046	Ingolstadt
6	Busch	Alexandra	BMW	Seestr. 78	81245	München
7	Diakow	Michael	Neocompute	Herrenweg 3	45133	Essen
8	Dubois	Robert	Dekra	Wiener Straße 2	20537	Hamburg
9	Fuchs	Michael	Deutsche Bank	Paul Link Str. 21	71336	Waiblingen
10	Gehring	Marcus	Minolta	Lessingstr. 9	30885	Langenhagen
11	Heller	Markus	Alianz	Tempelstr. 5	50676	Köln
12	König	Maria	Alianz	Tempelstr. 5	50676	Köln
13	Kummer	Ralf	Kommer GmbH	Berliner Str. 7	22047	Hamburg
14	Kurz	Heinrich	Postbank	Waldberg Str. 92	38106	Braunschweig
15	Meter	Martina	Telekom	Daimler Str. 120	70468	Stuttgart
16	Müller	Herbert	ESD	Königstr. 80	40223	Düsseldorf
17	Müller	Sven	Telekom	Kepplerstr. 23a	70839	Gerlingen
18	Philippin	Jörg	Postversicherung	Dachstr. 132	61352	Homburg
19	Plein	Hans	Bosch	Panormastraße 3	41065	Mönchengladbach
20	Schmidt	Andreas	Delta Airlines	Schulstr. 54	60386	Frankfurt
21	Schultheiß	Fritz	IBM	Dunkle Gasse 12	85622	Feldkirchen
22	Teichmann	Erna	Wittwer	Bismark Str. 51	33106	Paderborn
23	Tisch	Anke	Agrevo	Spingergasse 97	12169	Berlin
24	Wachter	Birgit	Microplan	Reuteweg 13	41460	Neuss

Der Mechanismus, durch den bei Drücken der Taste ⏎ *das Makro aus Listing 6.69 startet, fehlt noch. Das holen Sie jetzt nach.*

1. Wechseln Sie in die Entwicklungsumgebung, indem Sie die Tastenkombination Alt + F11 drücken.

2. Im Projekt-Explorer klicken Sie Ihre Datentabelle doppelt an.

3. Erfassen Sie folgendes Ereignis:

Listing 6.69:
Veränderungen an
bestimmter Zelle
überwachen

```
Private Sub Worksheet_Change(ByVal Target As Range)
If Target.Address = "$A$1" Then SuchenbestimmteZeile
End Sub
```

Das Ereignis `Worksheet_Change` überwacht Ihre Zellen. Bei jeder Veränderung wird dieses Ereignis aktiviert. Indem Sie das Argument `Target` nutzen, begrenzen Sie die Überwachungsfunktion auf die Zelle A1.

Lesen Sie mehr über Ereignisse in Kapitel 12 dieses Buches.

Im nächsten Beispiel soll aus einer Artikelliste ein bestimmter Artikel herausgesucht werden. Um diese Aufgabe zu lösen, erfassen Sie das Makro aus Listing 6.70.

```
Sub SuchenArt()
Dim s As String
Dim i As Integer
s = Range("A1").Value
Sheets("Tabelle18").Activate
Range("A3").Select
For i = 1 To ActiveSheet.UsedRange.Rows.Count
 If Left(ActiveCell.Value, 1) = s Or _
 Left(ActiveCell.Value, 2) = s Then Exit For
 ActiveCell.Offset(1, 0).Select
Next i
End Sub
```

Listing 6.70:
Artikel schneller finden

In Zelle A1 geben Sie den gewünschten Artikel ein. Dabei reichen schon die ersten beiden Buchstaben. Diese Eingabe speichern Sie in der Variablen s. Setzen Sie jetzt den Mauszeiger an den Beginn der Artikelliste in Zelle A3. Basteln Sie nun eine Schleife, die sequenziell jede Zelle im verwendeten Bereich durchläuft, bis eine Übereinstimmung gefunden wird. Wird der entsprechende Artikel anhand der Artikel-Nr. gefunden, dann springen Sie mit der Anweisung `Exit For` aus der Schleife und beenden somit auch gleich das Makro.

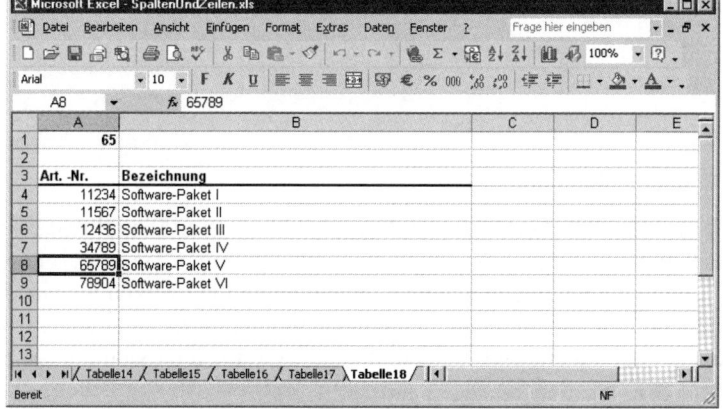

Abbildung 6.41:
Artikel schneller finden

Der Mechanismus, durch den bei Drücken der Taste ⏎ *das Makro aus Listing 6.70 startet, fehlt noch. Das holen Sie jetzt nach.*

1. Wechseln Sie in die Entwicklungsumgebung, indem Sie die Tastenkombination `Alt` + `F11` drücken.

2. Im Projekt-Explorer klicken Sie Ihre Datentabelle doppelt an.

3. Erfassen Sie folgendes Ereignis:

Listing 6.71:
Die Suche automatisch starten

```
Private Sub Worksheet_Change(ByVal Target As Range)
If Target.Address = "$A$1" Then SuchenArt
End Sub
```

Das Ereignis `Worksheet_Change` überwacht Ihre Zellen. Bei jeder Veränderung wird dieses Ereignis aktiviert. Indem Sie das Argument `Target` nutzen, begrenzen Sie die Überwachungsfunktion auf die Zelle A1.

6.16   Direktsuche bei größeren Datenbeständen

Klar, Sie können mehrere tausend Zeilen selbstverständlich nicht Zeile für Zeile abarbeiten. Für größere Datenbestände müssen Sie schon eine direkte Suchfunktion schreiben.

Listing 6.72:
Die direkte Suche über die Methode Find

```
Sub DirekteSuche()
Dim Bereich As Range
Dim s As String

 Sheets("Tabelle14").Activate
 s = InputBox("Geben Sie den Suchbegriff ein!")
 If s = "" Then Exit Sub
 Set Bereich = Sheets("Tabelle14").Columns(1) _
    .Find(s, LookAt:=xlPart)
 If Bereich Is Nothing Then
    MsgBox "Name '" & s & _
    "' konnte nicht gefunden werden!"
 Else
    Bereich.Select
 End If
End Sub
```

Den Suchbegriff erfassen Sie dieses Mal über eine Eingabemaske, die Sie mit der Funktion `Inputbox` generieren. Danach fragen Sie ab, ob überhaupt eine Eingabe vorgenommen wurde. Anschließend definieren Sie einen Bereich, in dem gesucht werden soll. Da der Nachname in Spalte A geführt wird, geben Sie bei der Eigenschaft `Columns` den Wert 1 an. Jetzt wenden Sie die Methode `Find` an, bei der Sie als Argument `LookAt:=xlPart` angeben, was bedeutet, dass der Suchbegriff nicht genau mit dem Suchergebnis übereinstimmen muss. Möchten Sie hingegen nur ganze Zellen suchen, verwenden Sie das Argument LookAt:=xlWhole.

Standardmäßig wird bei der Methode Find *nicht zwischen Groß- und Klein-schreibung unterschieden. Wünschen Sie jedoch eine Differenzierung zwischen Groß- und Kleinschreibung, dann setzen Sie das Argument* MatchCase:=True.

INFO

Die komplette Befehlssyntax der Methode Find lautet:

Ausdruck.Find(What, After, LookIn, LookAt, SearchOrder, SearchDirection, MatchCase, MatchByte)

Die Syntax

Entnehmen Sie die einzelnen Argumente der Tabelle 6. 4.

Argument	Beschreibung
What	Enthält den Inhalt, nach dem gesucht werden soll.
After	Gibt die Zelle an, nach der die Suche beginnen soll.
LookIn	Dieses Argument bestimmt, wo überall gesucht werden soll. Möglich ist hierbei die Suche in Formeln (xlFormulas), in Zellen-werten (xlValues) oder gar in Kommentaren (xlComments).
LookAt	Bestimmt die Übereinstimmung des Suchbegriffs mit dem Suchergebnis. Bei xlPart muss nicht der komplette Suchbe-griff mit dem Ergebnis übereinstimmen. Bei xlWhole müssen der Suchbegriff und das Suchergebnis identisch sein.
SearchOrder	Gibt an, in welcher Reihenfolge zuerst gesucht werden soll. Dabei spielt die Anordnung Ihrer Daten eine große Rolle. Ver-wenden Sie die Konstante xlByColumns, wenn Sie Ihre Tabelle spaltenweise durchsuchen möchten, also von oben nach unten. Nehmen Sie die Konstante xlByRows, wenn Sie die Suche zeilenweise von links nach rechts durchführen möch-ten. Die schnellere Suche ist normalerweise die Suche in Spalten.
SearchDirection	Gibt die Suchrichtung an. Dabei haben Sie die Möglichkeit, zwischen den Konstanten xlNext bzw. xlPrevious zu wählen.
MatchCase	Gibt an, ob zwischen Groß- und Kleinschreibung unterschie-den werden soll.

Tabelle 6.4:
Die Argumente der Methode Find

6.17   Zeilen filtern

In Excel können Sie Daten filtern, d. h., in einer gefilterten Liste werden nur die Zeilen angezeigt, die den Kriterien entsprechen, die Sie für eine Spalte angeben. Andersherum gesehen werden beim Filtern alle Zeilen ausgeblendet, die nicht den eingestellten Kriterien entsprechen. Excel stellt zwei Befehle zum Filtern von Listen zur Verfügung: die AutoFilter für einfache Kriterien mit der Möglichkeit, nach der ausgewählten Zelle zu filtern, sowie die Spezialfilter für komplexere Aufgaben. Beim Filtern von Zeilen wird die Liste nicht neu angeordnet, es werden nur vorübergehend Zeilen ausgeblendet, die nicht angezeigt werden sollen.

Erfahren Sie auf den nächsten Seiten, wie Sie einen Filter in VBA setzen, ihn verändern oder löschen und welche Möglichkeiten sich Ihnen dadurch in der Praxis eröffnen.

Die folgenden Makros können Sie auf der CD-ROM im Verzeichnis KAP06 in der Datei FILTER.XLS finden.

6.18   AutoFilter aktivieren bzw. deaktivieren

Den AutoFilter können Sie auf Ihrer Tabelle aktivieren, indem Sie aus dem Menü DATEN den Befehl FILTER/AUTOFILTER wählen. Danach blendet Excel für jede Spalte im benutzten Bereich einen AutoFilter ein. Zunächst befinden sich alle AutoFilter im Ruhezustand, d. h., es wurde noch keine Filterung vorgenommen, was Sie auch am schwarzen Pfeil der AutoFilter erkennen können. AutoFilter, bei denen schon Filterkriterien eingestellt sind, haben einen blauen Pfeil. Beim folgenden Makro Listing 6.73 wird der AutoFilter, sofern er noch nicht verfügbar ist, eingeblendet.

Listing 6.73:
Der AutoFilter wird auf der Tabelle verfügbar gemacht

```
Sub AutoFilterEinschalten()
  Sheets("Tabelle1").Activate
  If Not ActiveSheet.AutoFilterMode = True _
  Then Range("A1").AutoFilter
End Sub
```

Die Eigenschaft `AutoFilterMode` liefert den Wert `True`, wenn die Dropdown-Pfeile für `AutoFilter` momentan auf dem Tabellenblatt sichtbar sind. Liefert diese Eigenschaft den Wert `False` zurück, dann blenden Sie die AutoFilter mit Hilfe der Methode `AutoFilter` ein.

Wenn Sie die Filter wieder aus Ihrem Tabellenblatt verbannen möchten, set-
zen Sie diese Eigenschaft AutoFilterMode *auf den Wert* False.

TIPP

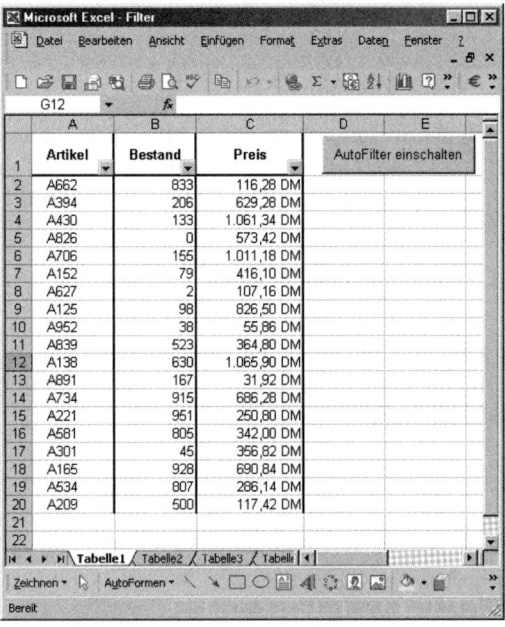

Abbildung 6.42:
Der AutoFilter ist
eingeschaltet

Oft ist es sehr übersichtlich, wenn Sie eine Arbeitsmappe öffnen, bei der der
AutoFilter und in mehreren Spalten ein Filterkriterium eingestellt ist. Um
alle Daten anzuzeigen, müssen Sie deshalb zuerst einmal den Autofilter
deaktivieren. Dazu wählen Sie aus dem Menü DATEN den Befehl FILTER/
AUTOFILTER. Besser ist es aber, wenn dieser Vorgang automatisch direkt
nach dem Öffnen der Arbeitsmappe durchgeführt wird. Dazu wechseln Sie
in die Entwicklungsumgebung und führen im Projekt-Explorer einen Doppelklick auf den Eintrag DIESEARBEITSMAPPE durch. Danach erfassen Sie das
Ereignis Workbook_Open, welches Sie in Listing 6.74 sehen können.

```
Private Sub Workbook_Open()
 AlleGesetztenFilterEntfernen
End Sub
```

Listing 6.74:
Nach dem Öffnen
der Arbeitsmappe
wird automatisch
ein Makro
ausgeführt

Erfassen Sie nun in einem normalen Modul das Makro, welches den Auto-
Filter deaktiviert.

Erfahren Sie mehr über die tollen Möglichkeiten der Ereignisprogrammierung in Kapitel 12 dieses Buches.

Listing 6.75:
Der AutoFilter wird
in Tabelle1
ausgeschaltet

```
Sub AlleGesetztenFilterEntfernen()
 Sheets("Tabelle1").Activate
 ActiveSheet.AutoFilterMode = False
End Sub
```

Den Autofilter schalten Sie aus, indem Sie die Eigenschaft `AutoFilterMode` auf den Wert `False` setzen. Dabei werden die Dropdown-Pfeile des Auto-Filters entfernt sowie auch alle eingestellten Filterkriterien zurückgesetzt.

6.19   Filterkriterien setzen

Ist der AutoFilter in der Tabelle verfügbar, können einzelne Kriterien für die Spalten festgelegt werden, nach denen dann bestimmte Zeilen gefiltert werden können.

Achten Sie darauf, dass Ihr Datenbestand, den Sie filtern möchten, keine Leerzeilen enthält. Das Filtern von Daten funktioniert nur bis zum ersten Auftreten einer Leerzeile.

6.19.1   Unterbestände ermitteln

Im ersten Beispiel sollen alle Zeilen angezeigt werden, die einen Bestand < 100 haben und daher bald nachbestellt werden müssen. Das Makro für diese Bestandsprüfung sehen Sie in Listing 6.76.

Listing 6.76:
Alle Artikel,
die einen
Bestand < 100
haben, werden
gefiltert

```
Sub BestandKleiner100()
 Selection.AutoFilter _
  Field:=2, Criteria1:="<100", Operator:=xlAnd
End Sub
```

Die komplette Syntax der Methode `AutoFilter` lautet:

```
Ausdruck.AutoFilter(Field, Criteria1, Operator, Criteria2, VisibleDropDown)
```

Die Argumente
der Methode
AutoFilter

Mit der `AutoFilter`-Methode haben Sie der Spalte B (`Field:=2`) das Anzeigekriterium für Zeilen bekannt gegeben (`Criteria1:="<100"`). Bei dem Argument `Operator` haben Sie die Auswahl aus mehreren Konstanten, die Sie aus Tabelle 6.5 entnehmen können.

Tabelle 6.5:
Die Operator-
Konstanten der
Methode Auto-Filter

Konstante	Erklärung
xlAnd	Es müssen zwei Kriterien erfüllt sein (Criteria1 und Criteria2).
xlOr	Es muss entweder das eine oder das andere Kriterium erfüllt sein (Criteria1 oder Criteria2).
xlTop10Items	Die n-höchsten Einträge aus der Liste werden angezeigt (Absolutbetrachtung).
xlTop10Percent	Die n-höchsten Einträge aus der Liste werden angezeigt (prozentuale Betrachtung).
xlBottom10Items	Die n-niedrigsten Einträge aus der Liste werden angezeigt (Absolutbetrachtung).
xlBottom10Percent	Die n-niedrigsten Einträge aus der Liste werden angezeigt (prozentuale Betrachtung).

Das Argument Criteria2 stellt ein mögliches zweites Kriterium dar. Es wird zusammen mit Criteria1 und dem Argument Operator zum Erstellen von zusammengesetzten Kriterien verwendet.

Das letzte Argument VisibleDropDown ist standardmäßig mit dem Wert True voreingestellt, was bedeutet, dass die Dropdown-Pfeile für das gefilterte Feld angezeigt werden. Wenn das Argument auf den Wert False gesetzt wird, werden die Dropdown-Pfeile des AutoFilters für das gefilterte Feld ausgeblendet.

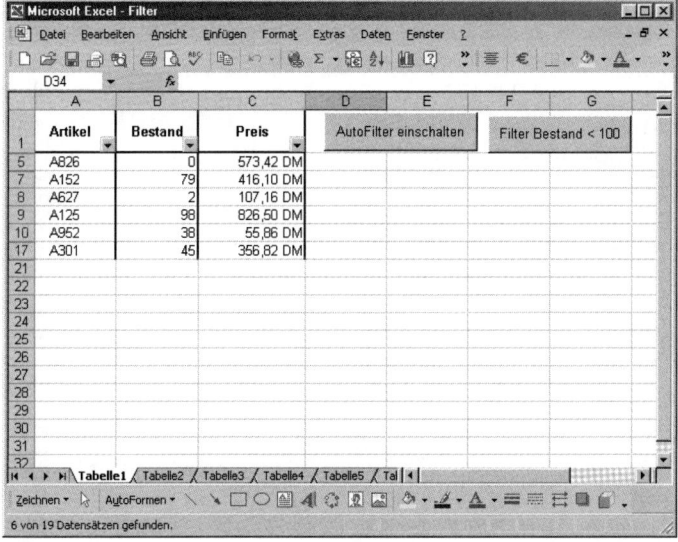

Abbildung 6.43:
Die Anzahl der
gefilterten Sätze
wird in der Status-
leiste angezeigt.

6.19.2   Bestands- und Preiskontrolle durchführen

Im nächsten Beispiel werden zwei Filterkriterien eingestellt: ein Filterkriterium für die Spalte B (Bestand >= 500) und das andere Filterkriterium für Spalte C (Preis > 500).

Listing 6.77:
Zwei Filterkriterien in zwei unterschiedlichen Spalten sind gesetzt

```
Sub BestandGr500uPrGr100()
 With Selection
  .AutoFilter Field:=2, Criteria1:=">=500", _
 Operator:=xlAnd
  .AutoFilter Field:=3, Criteria1:=">500", _
 Operator:=xlAnd
 End With
End Sub
```

6.19.3   Zeilen in einem bestimmten Wertebereich einblenden

Recht häufig werden in der Praxis auch Wertgrenzen von / bis eingesetzt. So könnte man beispielsweise in Abbildung 6.23 alle Artikel anzeigen lassen, die in der Preisspanne von 500 bis 750 DM liegen. Das Makro für diese Aufgabe können Sie Listing 6.78 entnehmen.

Listing 6.78:
Alle Artikel zwischen 500 und 750 DM werden angezeigt

```
Sub PreisZwischen500Und750DM()
 Selection.AutoFilter _
 Field:=3, Criteria1:=">=500", Operator:=xlAnd, _
         Criteria2:="<=750"
End Sub
```

Abbildung 6.44:
Flexible Filterkriterien schneller festlegen

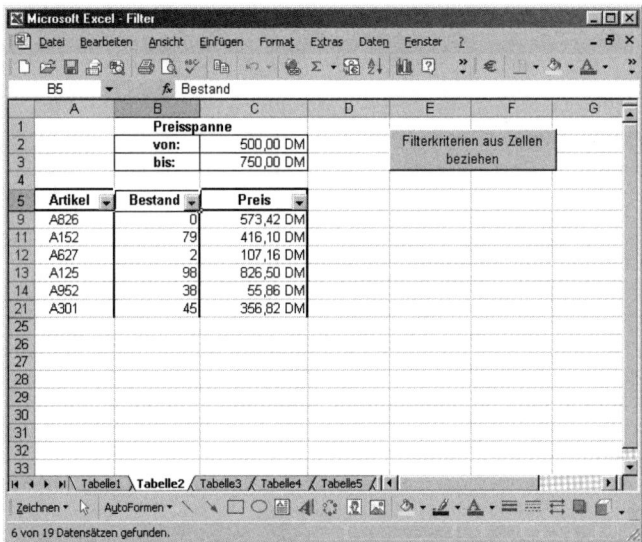

Wenn Sie möchten, können Sie das Makro aus Listing 6.78 auch flexibel halten, indem Sie die Eckpositionen in einzelne Zellen eintragen und auf diese dann im Makro verweisen.

Das Makro für die Abbildung dieser Funktionalität können Sie Listing 6.79 entnehmen.

```
Sub PreisSpanneAusZellen()
 Sheets("Tabelle2").Activate
 Selection.AutoFilter _
 Field:=3, Criteria1:=Range("C2").Value, _
 Operator:=xlAnd, Criteria2:=Range("C3").Value
End Sub
```

Listing 6.79:
Filterkriterien aus Zelleninhalten beziehen

6.19.4 Extremwerte ermitteln

Ein weiteres Beispiel für ein dynamisches Filtern von Daten ist die Top-Ten-Filterung. Mit Hilfe dieses Filters haben Sie die Möglichkeit, die n-kleinsten bzw. n-größten Einträge aus einer Liste herauszufiltern.

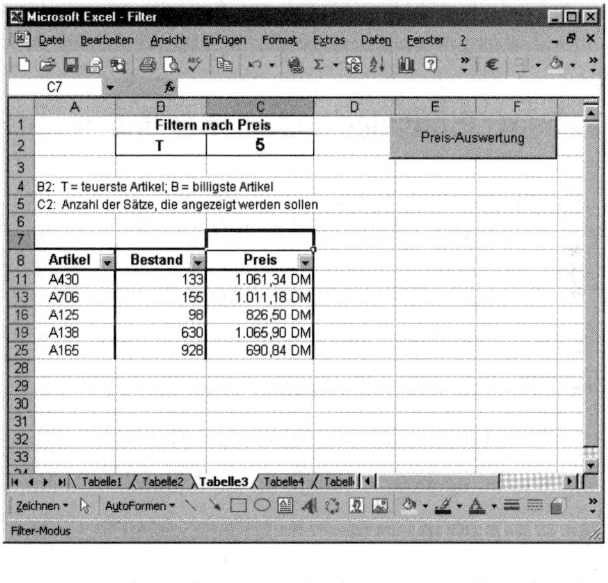

Abbildung 6.45:
Die Spitzenreiter dynamisch anzeigen

In Abbildung 6.45 können Sie sehen, dass sowohl das Kennzeichen für den Filter (B für billigste Artikel und T für teuerste Artikel) als auch die Anzahl der anzuzeigenden Sätze flexibel gestaltet sind. Das Makro für diese Steuerung ist in Listing 6.80 abgebildet.

Listing 6.80:
Variables Filtern von
Artikeln nach Preis
(teuerster und
billigster Artikel)

```
Sub Preisauswertung()
Dim op As Integer
Dim i As Integer
Select Case Range("B2").Value
  Case "T"
    op = 3
  Case "B"
    op = 4
  Case Else
  MsgBox "Dieser Buchstabe ist nicht zulässig!": Exit Sub
```

Top-Ten
ausgeben

```
End Select
i = Range("C2").Value
Selection.AutoFilter _
   Field:=3, Criteria1:=i, Operator:=op
End Sub
```

Im ersten Schritt werten Sie die Zelle B2 mit Hilfe einer Select Case-Struktur aus. Dort steht das jeweilige Kennzeichen. Dabei entspricht die Operator-Konstante xlTop10Items aus Tabelle 6.4 dem Zahlenwert 3 und die Konstante xlBottom10Items dem Wert 4. Danach ermitteln Sie aus der Eingabe in Zelle C2 die Anzahl der Artikelsätze, die angezeigt werden sollen. Beide Informationen übergeben Sie zuletzt der Methode AutoFilter.

6.20   Prüfungen und Auswertungen von Filtern

Auf den nächsten Seiten lernen Sie, wie Sie gefilterte Daten ermitteln und auslesen können. Dabei sind u. a. folgende Fragestellungen von Interesse:

Die Fragen

➤ In welchen Spalten ist ein Filterkriterium eingestellt?

➤ Wie viele Zeilen sind gefiltert?

➤ Wie viele Zellen sind gefiltert?

➤ Wie lautet der größte Wert im gefilterten Bereich?

➤ Wie heißt die erste Zeile im gefilterten Bereich?

➤ Wie heißt die letzte Zeile im gefilterten Bereich?

6.20.1   In welchen Spalten ist ein Filterkriterium gesetzt?

Wenn Sie Filter programmieren, ist es wichtig zu wissen, in welchen Spalten überhaupt schon ein oder mehrere Filterkriterien gesetzt worden sind. Diese Prüfung führen Sie mit dem Makro aus Listing 6.81 durch.

```
Sub IstFilterKriteriumEingestellt()
Dim w As Worksheet
Dim b As Boolean
Dim i As Integer

Set w = Worksheets("Tabelle3")
For i = 1 To ActiveSheet.Columns.Count
On Error GoTo ende
 If w.AutoFilterMode Then
    b = w.AutoFilter.Filters(i).On
    Debug.Print "Filter in Spalte " & i & ": "; b
 End If
Next i
ende:
End Sub
```

Listing 6.81:
Wie viele Filter sind
in der Tabelle
gesetzt?

Ermitteln Sie zunächst, wie oft Ihre For Next-Schleife durchlaufen werden muss.

Im Idealfall wird diese Schleife so oft durchlaufen, bis die letzte belegte Spalte erreicht ist. Da in häufig bearbeiteten Tabellen diese Lösung aber nicht immer die sicherste ist, da ständig Daten gelöscht und geschrieben werden, kommt es vor, dass der verwendete Bereich nicht immer sauber ermittelt werden kann. Aus diesem Grund fügen Sie sicherheitshalber die On Error-Anweisung ein und verzweigen im Fehlerfall direkt zum Ende des Makros.

In einer Variablen von Typ Boolean speichern Sie den Zustand des Autofilters. Die Eigenschaft Filters liefert den Wert Falsch, wenn kein Filterkriterium in der jeweiligen Spalte eingestellt ist, bzw. den Wert Wahr, wenn ein Filterkriterium für die Spalte festgelegt wurde. Mit Hilfe der Methode Print geben Sie den Spaltenindex sowie den Status des Filters im Direktfenster Ihrer Entwicklungsumgebung aus (siehe Abbildung 6.46).

6.20.2 Wie viele Zeilen sind gefiltert?

Normalerweise wird die Anzahl der gefilterten Zeilen in der Statusleiste angezeigt. Wenn Sie diese gefilterte Anzahl an Zeilen aber einmal selbst ermitteln möchten, dann starten Sie das Makro aus Listing 6.82.

```
Sub WievielZeilenSindSichtbar()
Dim Bereich As Range
Dim i As Integer
 Sheets("Tabelle4").Activate
 Set Bereich = Range("A1").CurrentRegion
 i = Intersect(Bereich.SpecialCells(xlVisible), _
 Bereich.Columns(1)).Count - 1
```

Listing 6.82:
Die Anzahl der
gefilterten Zeilen
wird ermitteln

```
MsgBox "Sie haben " & i & " Zeilen gefiltert", _
    vbInformation, "Filterergebnis"
End Sub
```

Abbildung 6.46:
In Spalte C ist
ein Filterkriterium
eingestellt.

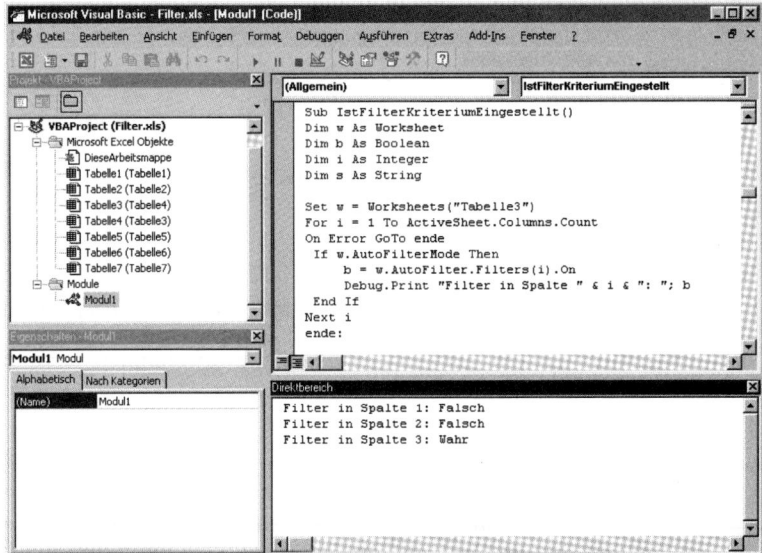

Abbildung 6.47:
Gefilterte Zeilen
zählen und
ausgeben

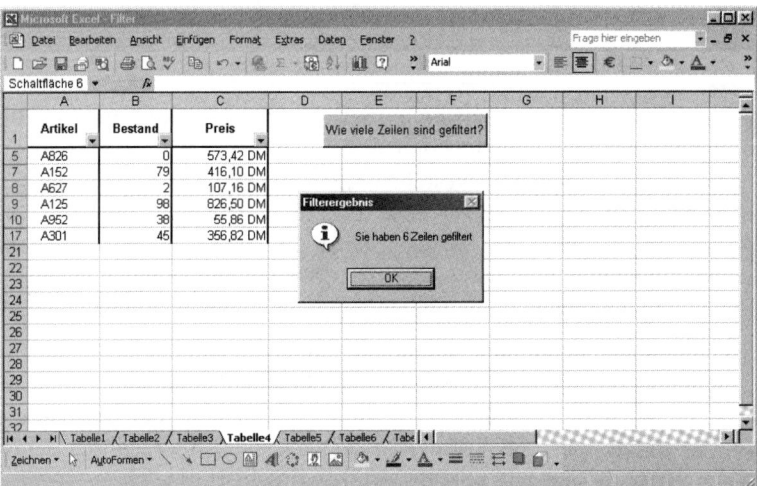

Über die Eigenschaft CurrentRegion ermitteln Sie den umliegenden Bereich, der von Leerzeilen bzw. Leerspalten umgeben wird. Es wird demnach der Block ermittelt, der sich, beginnend von der Zelle, bei der der erste Filter angezeigt wird (A1), bis zur letzten gefüllten Zeile ergibt. Mit der Eigenschaft Intersect prüfen Sie, ob es im Bereich der Spalte A gefilterte Zeilen gibt. Dazu verwenden Sie die Methode SpecialCells, der Sie die Konstante xlVisible übergeben. Die Zählung der ermittelten Zeilen erfolgt durch die

Eigenschaft Count, von der Sie den Wert 1 subtrahieren müssen, da die Überschriftenzeile nicht zum Ergebnis der gefilterten Daten gezählt werden soll. Abschließend geben Sie die Anzahl der gefilterten Zeilen in einem Meldungsfenster aus, welches Sie mit der Symbol-Info ausstatten. Dazu verwenden Sie die Konstante vbInformation.

Erfahren Sie mehr über Meldungsfenster und Eingabemasken in Kapitel 14 dieses Buches.

6.20.3   Wie viele Zellen sind gefiltert?

Wenn Sie möchten, können Sie neben der Anzahl der gefilterten Zeilen auch die Anzahl der Zellen ermitteln, die gefiltert sind. Diese Information können Sie beispielsweise in der Statusleiste ausgeben. Das dafür notwendige Makro können Sie sich im Listing 6.83 anschauen.

```
Sub AnzahlZellenInFilterung()
Dim l As Long
Dim i As Integer

Sheets("Tabelle4").Activate
Range("A1").Select
 Application.DisplayStatusBar = True
 l = Application.WorksheetFunction.Subtotal _
  (3, Range(ActiveSheet.UsedRange.Address))
 i = ActiveSheet.UsedRange.Columns.Count
 Application.StatusBar = _
  "Sie haben " & l - i & " Zellen gefiltert!"
End Sub
```

Listing 6.83:
Die Anzahl der gefilterten Zellen in der Statusleiste ausgeben

Um die Statusleiste für die Programmierung zu nutzen, blenden Sie diese erst einmal mit Hilfe der Eigenschaft DisplayStatusBar ein, die Sie auf den Wert True setzen. Danach setzen Sie die Eigenschaft WorksheetFunction in Verbindung mit der Funktion SubTotal ein, um die gefilterten Zellen zu ermitteln. Der Funktion SubTotal übergeben Sie das Argument 3, was bedeutet, dass bei dieser Funktion das Teilergebnis aus der Tabellenfunktion ANZAHL2 gebildet wird, die alle belegten Zellen zählt. Dabei spielt es keine Rolle, ob in den Zellen Zahlen- oder Textwerte stehen. Entnehmen Sie weitere Argumente der Funktion SubTotal aus der Tabelle 6.5.

Funktionsindex	Beschreibung
1	Die Tabellenfunktion MITTELWERT liefert den Mittelwert der Argumente. Dabei sind 1 bis 30 numerische Argumente bzw. Zellenbezüge möglich, deren Mittelwert Sie bilden möchten.

Tabelle 6.6:
Die Möglichkeiten für die Bildung eines Zwischenergebnisses

Funktionsindex	Beschreibung
2	Die Tabellenfunktion ANZAHL berechnet, wie viele Zahlen-werte eine Liste von Argumenten enthält. Dabei sind 1 bis 30 numerische Argumente bzw. Zellenbezüge möglich, deren Anzahl Sie ermitteln möchten.
3	Die Tabellenfunktion ANZAHL2 berechnet, wie viele Werte eine Liste von Argumenten enthält. Dabei spielt es keine Rolle, ob es sich um Zahlen- oder Textwerte handelt. Bei dieser Funktion sind 1 bis 30 Argumente bzw. Zellenbezüge möglich, deren Anzahl Sie ermitteln möchten. Leere Zellen werden allerdings nicht mitgezählt.
4	Die Tabellenfunktion MAX liefert den größten Wert innerhalb einer Argumentliste. Die Argumentliste kann aus 1 bis 30 Zahlen bzw. Zellenbezügen bestehen, deren größte Zahl Sie bestimmen möchten.
5	Die Tabellenfunktion MIN liefert den kleinsten Wert innerhalb einer Argumentliste. Die Argumentliste kann aus 1 bis 30 Zahlen bzw. Zellenbezügen bestehen, deren kleinste Zahl Sie bestimmen möchten.
6	Die Tabellenfunktion PRODUKT ermittelt das Ergebnis einer Multiplikation einer oder mehrerer Argumente. Berücksich-tigt bei der Summenbildung werden Zahlen, Wahrheitswerte und Zahlen in Textform.
7	Die Tabellenfunktion STABW schätzt die Standardab-weichung ausgehend von einer Stichprobe. Die Funktion kann zwischen 1 bis 30 numerische Argumente aufnehmen, die eine aus einer Grundgesamtheit gezogene Stichprobe darstellen. Anstelle der durch Semikola voneinander getrennten Argumente können Sie eine Matrix oder einen Bezug auf eine Matrix angeben.
8	Die Tabellenfunktion STABWN berechnet die Standard-abweichung ausgehend von der Grundgesamtheit. Es wird vorausgesetzt, dass alle Werte als Argumente vorgegeben werden. Die Funktion kann zwischen 1 bis 30 numerische Argumente aufnehmen, die eine aus einer Grundgesamtheit gezogene Stichprobe darstellen. Anstelle der durch Semi-kola voneinander getrennten Argumente können Sie eine Matrix oder einen Bezug auf eine Matrix angeben.
9	Die Tabellenfunktion SUMME summiert die angegebenen Argumente. Dabei können Sie zwischen 1 und 30 Argumente bzw. Zellenbezüge eingeben. Berücksichtigt bei der Summenbildung werden Zahlen, Wahrheitswerte und Zahlen in Textform.

Funktionsindex	Beschreibung	
10	Die Tabellenfunktion VARIANZ geht davon aus, dass die ihr übergebenen Argumente eine Stichprobe, gezogen aus einer Grundgesamtheit, darstellen. Als Argumente sind 1 bis 30 numerische Argumente bzw. Zellenbezüge möglich, die eine aus einer Grundgesamtheit gezogene Stichprobe darstellen.	**Tabelle 6.6:** Die Möglichkeiten für die Bildung eines Zwischen-ergebnisses (Forts.)
11	Die Tabellenfunktion VARIANZEN geht davon aus, dass die ihr übergebenen Argumente einer Grundgesamtheit entsprechen. Als Argumente sind 1 bis 30 numerische Argumente bzw. Zellenbezüge möglich, die einer Grundgesamtheit entsprechen.	

Da die Überschriftenzeile nicht mitgezählt werden soll, ermitteln Sie mit der Anweisung `ActiveSheet.UsedRange.Columns.Count` die verwendeten Spalten im benutzen Bereich. Diese Anzahl müssen Sie vom Ergebnis der Funktion `SubTotal` subtrahieren. Das richtig ermittelte Ergebnis geben Sie in der Statusleiste mit Hilfe der Eigenschaft `StatusBar` aus.

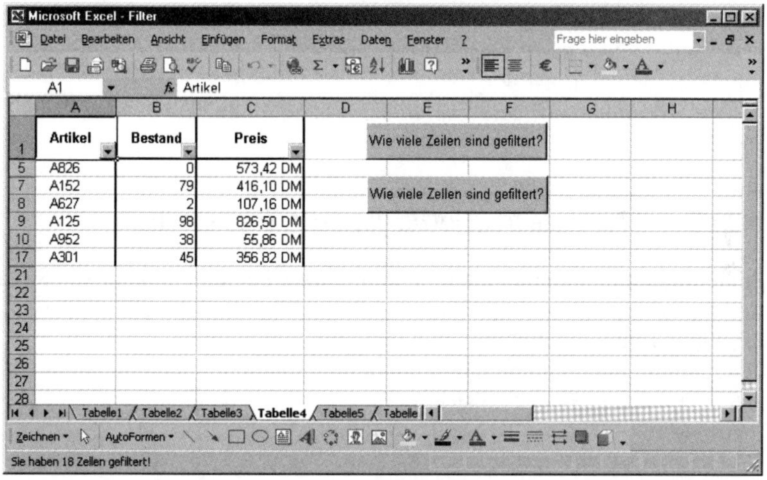

Abbildung 6.48:
Die Anzahl der gefilterten Zellen wird in der Statusleiste ausgegeben.

Setzen Sie die Eigenschaft `StatusBar` *auf den Wert* `False`, *wenn Sie möchten, dass Excel wieder die Verwaltung der Statusleiste übernehmen soll.*

INFO

6.20.4   Den größten Wert ermitteln

Wenn Sie den größten Wert innerhalb eines gefilterten Datenbereiches ermitteln möchten, können Sie wiederum die Funktion `SubTotal` einsetzen, der Sie als Argument den Funktionsindex 4 mitgeben.

Abbildung 6.49:
Der größte Wert
innerhalb des
gefilterten
Bereiches wird
ausgegeben.

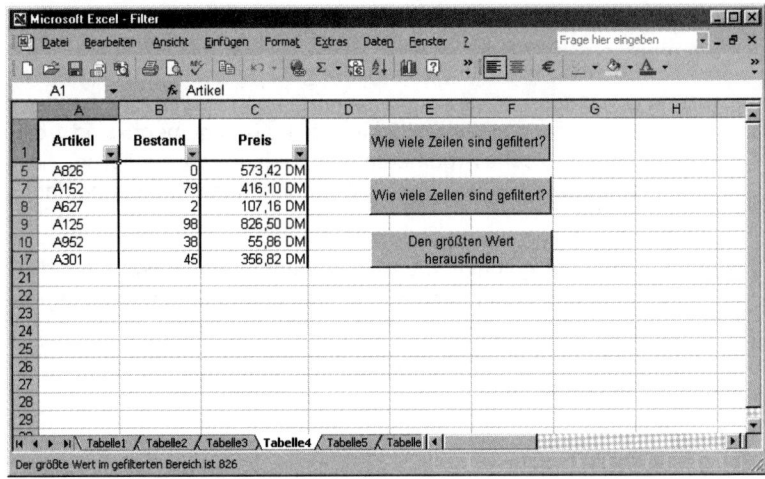

Listing 6.84:
Den größten Wert
innerhalb eines
gefilterten Bereichs
ermitteln

```
Sub GrößtenWertImGefiltertenBereichErmitteln()
Dim l As Long
 Sheets("Tabelle4").Activate
 Range("A1").Select
 Application.DisplayStatusBar = True
 l = Application.WorksheetFunction.Subtotal _
 (4, Range(ActiveSheet.UsedRange.Address))
 Application.StatusBar = _
   "Der größte Wert im gefilterten Bereich ist " & l
End Sub
```

6.20.5   Die erste bzw. letzte gefilterte Zeile ermitteln

Angenommen, die erste Zeile enthält Ihre Überschriften für die Spalten und
der AutoFilter ist gesetzt. Jetzt möchten Sie wissen, welches die erste Zeile
ist, die gefiltert wird.

Listing 6.85:
Die erste gefilterte
Zeile ermitteln

```
Sub ErsteGefilterteZeileFinden()
Dim l As Long
 Sheets("Tabelle4").Activate
 Range("A1").Select
 For l = 2 To ActiveSheet.UsedRange.Rows.Count
    If ActiveSheet.Rows(l).Hidden <> True Then
    MsgBox "Die erste gefilterte Zeile ist die Zeile " _
    & l, vbInformation: Exit For
    End If
 Next
End Sub
```

Da die eigentlichen Daten erst in Zeile 2 beginnen, setzen Sie die For Next-
Schleife mit einem Startwert von 2 auf und durchlaufen alle Zeilen im

benutzten Bereich. Innerhalb der Schleife prüfen Sie, ob die Eigenschaft Hidden der jeweiligen Zeile den Wert False liefert. Wird dieser Wert zum ersten Mal zurückgegeben, wird die aktuelle Zeilennummer auf dem Bildschirm ausgegeben. Danach wird die Schleife über die Anweisung Exit For direkt verlassen.

Analog dazu können Sie die letzte gefilterte Zeile ermitteln, indem Sie die Schleife derart aufbauen, dass sie beginnend bei der letzten Zeile im verwendeten Bereich startet und sich nach oben durcharbeitet.

```
Sub LetzteGefilterteZeileFinden()
Dim l As Long
 Sheets("Tabelle4").Activate
 Range("A1").Select
 For l = ActiveSheet.UsedRange.Rows.Count To 1 Step -1
  If ActiveSheet.Rows(l).Hidden <> True Then
   MsgBox "Die letzte gefilterte Zeile ist die Zeile " _
    & l, vbInformation: Exit For
  End If
 Next
End Sub
```

Listing 6.86:
Die letzte gefilterte Zeile ermitteln

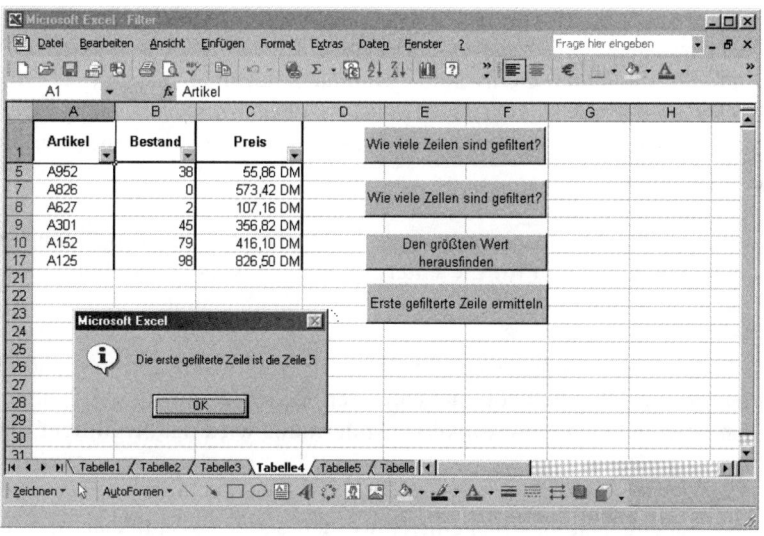

Abbildung 6.50:
Die erste gefilterte Zeile wird auf dem Bildschirm ausgegeben.

6.21 Doppelte Werte mit dem Spezialfilter ermitteln

Wenn Sie in einem großen Datenbestand versehentlich Duplikate eingegeben haben und nun eine Liste erstellen möchten, bei der jeder Satz nur einmal vorkommt, dann verwenden Sie den Spezialfilter in Excel. Den Spezialfilter können Sie aufrufen, indem Sie aus dem Menü DATEN den

Befehl FILTER/SPEZIALFILTER wählen und die Kriterien des Spezialfilters einstellen. Diese Arbeit können Sie aber auch über ein Makro erledigen lassen.

Listing 6.87:
Doppelte Sätze mit
dem Spezialfilter
ermitteln

```
Sub DatenSpezialfilter()
Dim Bereich As Range
 Sheets("Tabelle5").Activate
 Set Bereich = ActiveSheet.UsedRange.Columns(1)
 Bereich.AdvancedFilter Action:=xlFilterCopy, _
 CriteriaRange:=Bereich, CopyToRange:=Range("E1"), _
 Unique:=True
End Sub
```

Legen Sie zuerst fest, welcher Bereich mit dem Spezialfilter ausgewertet werden soll. Da Sie Ihre Tabelle auf doppelte Artikelnummern überprüfen möchten, legen Sie den Bereich für den Spezialfilter mit der Spalte A fest. Danach wenden Sie die Methode AdvancedFilter an, die folgende Syntax aufweist:

Die Syntax

```
Ausdruck.AdvancedFilter(Action, CriteriaRange, CopyToRange, Unique)
```

*Argumente des
Spezialfilters*

Beim Argument Ausdruck muss es sich um ein Range-Objekt handeln. Im Beispiel des Listings 6.87 ist das der Bereich der verwendeten Zellen in Spalte A.

Das Argument Action ist vom Datentyp Long und muss angegeben werden. Es stellt die Filter-Operation dar. Dabei können Sie eine der folgenden XlFilterAction Konstanten anwenden: xlFilterInPlace (an gleicher Stelle filtern) oder xlFilterCopy (Ergebnis des Filterns an anderer Stelle der Tabelle einfügen).

Das Argument CriteriaRange vom Datentyp Variant ist optional und stellt den Kriterienbereich für die Filterung dar. Falls das Argument nicht angegeben wird, gibt es keine Kriterien.

Das Argument CopyToRange vom Datentyp Variant ist optional und repräsentiert den Zielbereich für die kopierten Zeilen, wenn das Argument Action den Wert xlFilterCopy aufweist. Andernfalls wird das Argument ignoriert.

Das letzte Argument Unique vom Datentyp Variant ist optional und gibt an, ob doppelte Datensätze gefiltert werden sollen. Wenn das Argument den Wert True hat, werden ausschließlich einmal vorhandene Datensätze gefiltert. Ist der Wert False, werden alle Datensätze gefiltert, die die Kriterien erfüllen. Die Standardeinstellung für dieses Argument ist False.

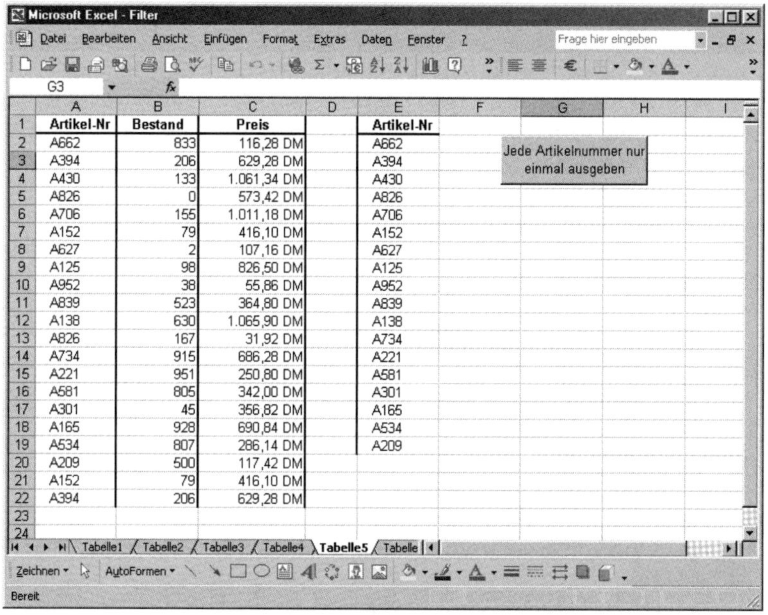

	Artikel-Nr	Bestand	Preis		Artikel-Nr
2	A662	833	116,28 DM		A662
3	A394	206	629,28 DM		A394
4	A430	133	1.061,34 DM		A430
5	A826	0	573,42 DM		A826
6	A706	155	1.011,18 DM		A706
7	A152	79	416,10 DM		A152
8	A627	2	107,16 DM		A627
9	A125	98	826,50 DM		A125
10	A952	38	55,86 DM		A952
11	A839	523	364,80 DM		A839
12	A138	630	1.065,90 DM		A138
13	A826	167	31,92 DM		A734
14	A734	915	686,28 DM		A221
15	A221	951	250,80 DM		A581
16	A581	805	342,00 DM		A301
17	A301	45	356,82 DM		A165
18	A165	928	690,84 DM		A534
19	A534	807	286,14 DM		A209
20	A209	500	117,42 DM		
21	A152	79	416,10 DM		
22	A394	206	629,28 DM		

Abbildung 6.51: In Spalte E wird jeder Artikel nur einmalig aufgeführt.

6.22 Gefilterte Daten transferieren

Sie haben die Möglichkeit, die Ergebnisse aus einer Filterung, also die gefilterten Zeilen, auf ein anderes Tabellenblatt oder auch in eine Textdatei zu schreiben. Dies hat den Vorteil, dass Sie das Filterergebnis weiter bearbeiten können, ohne auf den Originalbestand zuzugreifen.

6.22.1 Gefilterte Zeilen in anderes Tabellenblatt übertragen

Wenn Sie die gefilterten Zeilen per Makro auf ein anderes Tabellenblatt übertragen möchten, starten Sie das Makro aus Listing 6.88.

```
Sub GefilterteDatenKopieren()
 Sheets("Tabelle4").Activate
 ActiveCell.CurrentRegion.SpecialCells(xlVisible).Copy
 Sheets("Tabelle6").Activate
 Range("A1").Select
 ActiveSheet.Paste
End Sub
```

Listing 6.88: Gefilterte Zeilen auf anderes Tabellenblatt übertragen

Mit Hilfe der `SpecialCells`-Methode und der Eigenschaft `CurrentRegion` ermitteln Sie alle sichtbaren Zellen im umliegenden Bereich. Diese kopieren Sie mit der Methode `Copy`, wechseln auf das andere Tabellenblatt, setzen den Mauszeiger auf Zelle A1 und fügen den Inhalt der Zwischenablage mit der Methode `Paste` ein.

6.22.2   Gefilterte Zeilen in eine Textdatei übertragen

Möchten Sie Daten an einen Anwender liefern, der kein Excel im Einsatz hat, können Sie die gefilterten Daten auch in eine Textdatei speichern. Dazu übertragen Sie zunächst die gefilterten Daten auf ein extra Tabellenblatt und führen dann den Transfer durch.

Listing 6.89:
Gefilterte Daten in
eine Textdatei
überführen

```
Sub GefilterteTabelleInTextdateiSpeichern()
Dim Zelle As Object
Dim i As Integer
Dim iZ As Integer

Sheets("Tabelle4").Activate
ActiveSheet.UsedRange.Copy
Sheets("Tabelle6").Activate
Range("A1").Select
ActiveSheet.Paste
iZ = Range("A65536").End(xlUp).Row
Open "c:\eigene Dateien\Ausgabe.txt" For Output As #1
 For i = 1 To iZ
    Print #1, ActiveCell.Value; ";"; _
    ActiveCell.Offset(0, 1).Value; ";"; _
    ActiveCell.Offset(0, 2).Value
    ActiveCell.Offset(1, 0).Select
 Next
Close #1
MsgBox "Datenübertragung beendet!"
End Sub
```

Mit der Methode `Copy` und der Eigenschaft `UsedRange` kopieren Sie den benutzten Bereich und fügen diesen auf dem Tabellenblatt TABELLE6 ein. Dort ermitteln Sie die letzte belegte Zelle in Spalte A. Dies gelingt Ihnen über die Eigenschaft `End`, die die Zelle am Ende der Region darstellt, die den Quellbereich enthält. Der Quellbereich stellt im Beispiel die Zahl 65536 dar, welches die maximale Anzahl von Zeilen in einer Excel-Tabelle darstellt. Dieser Eigenschaft übergeben Sie die Richtungskonstante `xlUp`. Neben `xlUp` können Sie auch `xlToLeft`, `xlToRight` oder `xlDown` verwenden, je nachdem, welche Zelle Sie ermitteln möchten. Danach öffnen Sie mit Hilfe der Anweisung `Open` eine Textdatei, die Sie vorher nicht anzulegen brauchen. Jetzt setzen Sie eine For Next-Schleife auf, die Ihre gefilterten Zeilen Zelle für Zelle in die Textdatei AUSGABE.TXT schreibt. Dazu setzen Sie die Anweisung `Print` ein und sorgen dafür, dass das Semikolon als Trennzeichen zwischen den einzelnen Feldern eingefügt wird. Schließen Sie nach der Übertragung der Daten die Textdatei mit Hilfe der Anweisung `Close` und geben Sie eine Infomeldung auf dem Bildschirm aus, die Ihnen mitteilt, dass der Transfer abgeschlossen ist.

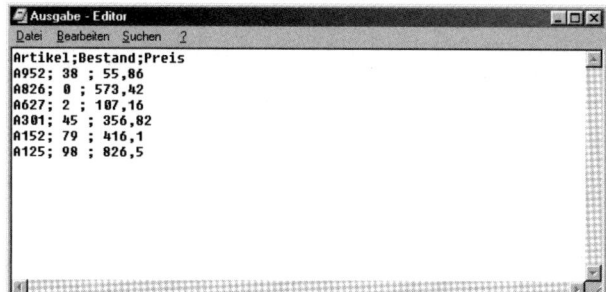

Abbildung 6.52:
Die Textdatei mit
dem Semikolon als
Trennzeichen

6.23 Filtern von Daten auch bei geschützten Tabellen durchführen

Zum Abschluss dieses Kapitels erfahren Sie, wie Sie auch in geschützten Tabellen den AutoFilter bedienen können. Standardmäßig ist der AutoFilter bei geschützten Tabellen nicht verfügbar. Überlisten Sie Excel, indem Sie folgendes Makro in Listing 6.90 starten.

```
Sub FilternAuchBeiBlattschutz()
 Sheets("Tabelle4").Activate
 ActiveSheet.Protect userinterfaceonly:=True
 ActiveSheet.EnableAutoFilter = True
End Sub
```

Listing 6.90:
Sicherstellen, dass
der AutoFilter auch
in geschützten
Tabellen verfügbar
ist

Mit der Methode Protect schützen Sie das aktive Tabellenblatt. Indem Sie die Eigenschaft EnableAutoFilter auf den Wert True setzen, aktivieren Sie die AutoFilter-Pfeile.

Erfahren Sie mehr über das Schützen von Tabellenblättern im nächsten Kapitel.

Um den Blattschutz des Tabellenblattes wieder aufzuheben, wenden Sie das Makro aus Listing 6.91 an.

```
Sub TabellenblattBlattschutzAufheben()
 Sheets("Tabelle4").Activate
 ActiveSheet.Unprotect
End Sub
```

Listing 6.91:
Schutz der Tabelle
deaktivieren

Für das Aufheben des Blattschutzes ist die Methode Unprotect verantwortlich. Da Sie beim Schützen des Tabellenblattes kein Passwort vergeben haben, reicht es hier aus, die Methode ohne weitere Argumente anzugeben.

Abbildung 6.53:
Filtern funktioniert,
das Löschen von
Daten aber nicht

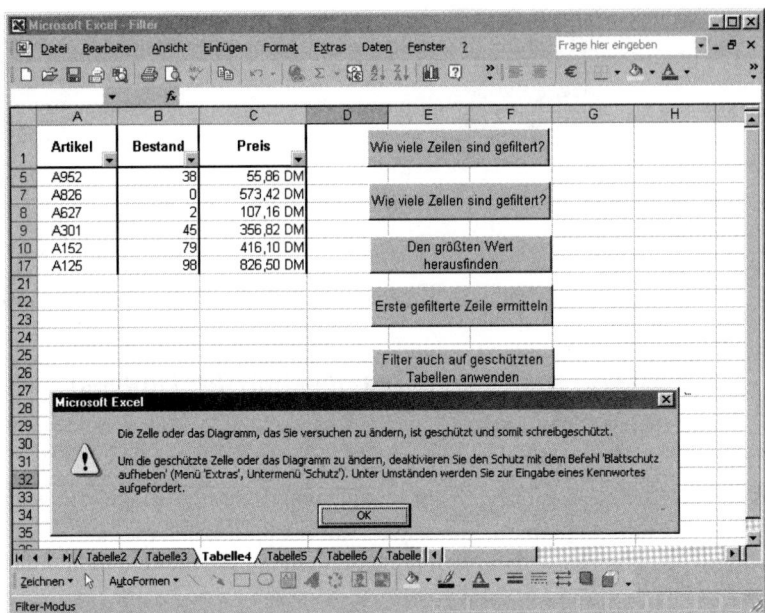

Abbildung 6.53:
Filtern funktioniert,
das Löschen von
Daten aber nicht

7   Tabellenblätter programmieren

Das Objekt Worksheet symbolisiert das Tabellenblatt. Mit Tabellenblättern lässt sich eine Menge anstellen. Sie können Tabellenblätter einfügen, umbenennen, löschen, drucken, kopieren, verschieben und vieles mehr. Erfahren Sie mehr über den Einsatz von Eigenschaften und Methoden des Objektes Worksheet anhand ausgesuchter Beispiele aus der täglichen Praxis. U. a. werden folgende Fragen beantwortet:

➡ Wie kann ich Tabellenblätter an der richtigen Position einfügen?   *Die Fragen*

➡ Wie kann ich Tabellenblätter benutzerdefiniert benennen?

➡ Wie kann ich Tabellenblätter löschen?

➡ Wie kann ich Tabellenblätter verbergen bzw. schützen?

➡ Wie kann ich Kopf- und Fußzeilen einrichten?

➡ Wie kann ich Tabellenblätter drucken?

➡ Wie kann ich Tabellenblätter kopieren oder versenden?

➡ Wie kann ich Tabellenblätter sortieren?

➡ Wie kann ich Tabellenblätter konsolidieren?

➡ Welche sonstige Aufgaben kann ich mit Tabellen lösen?

Die folgenden Makros können Sie auf der CD-ROM *im Verzeichnis* KAP07 *in der Datei* TABELLEN.XLS *finden.*

7.1   Tabellenblätter einfügen

Standardmäßig bietet Excel Ihnen bei der Erstellung einer neuen Arbeitsmappe drei Tabellenblätter an. Wenn Sie weitere hinzufügen möchten, setzen Sie die Methode Add ein. Das neu eingefügte Tabellenblatt wird immer vor dem aktiven Tabellenblatt der Arbeitsmappe eingefügt.

```
Sub TabelleEinfügen()
 Worksheets.Add
End Sub
```
Listing 7.1:
Neues Tabellen-
blatt einfügen

Möchten Sie ein Tabellenblatt an bestimmter Position einfügen, können Sie auch die Position festlegen, an welcher Sie die neue Tabelle einfügen möchten. Dazu starten Sie das folgende Makro in Listing 7.2.

Listing 7.2:
Neues Tabellenblatt als erstes Blatt in Mappe einfügen

```
Sub TabelleAnPositionEinfügen()
 Worksheets.Add Before:=ActiveWorkbook.Worksheets(1)
End Sub
```

Im Listing 7.2 wurde die neue Tabelle zu Beginn der Arbeitsmappe, also als erste Tabelle, eingefügt. Das bisherige Tabellenblatt mit dem Index 1 wird dann eine Position nach rechts geschoben. Möchten Sie die neue Tabelle ganz am Ende, also ganz rechts, einfügen, setzen Sie folgendes Makro aus Listing 7.3 ein:

Listing 7.3:
Neues Tabellenblatt am Ende der Arbeitsmappe einfügen

```
Sub TabelleAmEndeEinfügen()
 Worksheets.Add After:=Worksheets(Worksheets.Count)
End Sub
```

Um zu ermitteln, welches die gewünschte Einfügeposition des neuen Tabellenblattes ist, müssen Sie zuerst herausfinden, wie viele Tabellenblätter bereits in der Arbeitsmappe enthalten sind. Dabei hilft Ihnen die Eigenschaft Count. Sie liefert die Anzahl der Tabellenblätter. Danach brauchen Sie nur noch das Argument After anzugeben und das neue Tabellenblatt wird als letztes Tabellenblatt in die Arbeitsmappe eingefügt.

Tabellen —>
Zelleninhalte

Vollautomatisch können Sie auch Tabellen einfügen, indem Sie die Namen der Tabellen aus Zelleninhalten bilden. Sehen Sie sich dazu einmal die nächste Abbildung an.

Abbildung 7.1:
Neue Tabellen aus Zelleneinträgen erstellen

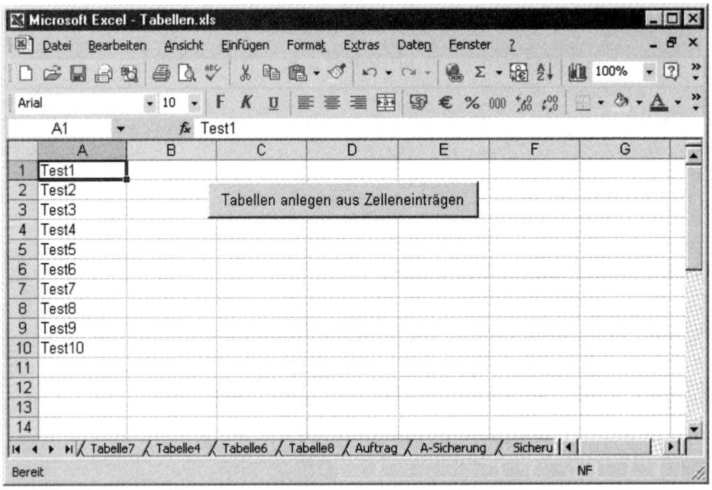

In der Ausgangstabelle sehen Sie Einträge von Zelle A1 bis A10. Diese Einträge sollen die Namen für die neuen Tabellen sein. Das Makro für diese Aufgabe können Sie in Listing 7.4 einsehen.

```
Sub TabellenAnlegenAusZellenEinträgen()
Dim Zelle As Range
Sheets("Ursprung").Activate
For Each Zelle In Selection
 Sheets.Add
 ActiveSheet.Name = Zelle.Value
Next Zelle
End Sub
```

Listing 7.4:
Tabellen einfügen basierend aus Zelleneinträgen

Markieren Sie die Zellen A1 bis A10 und starten danach das Makro aus Listing 7.4. Mit Hilfe der Methode Add fügen Sie neue Tabellen ein. Über die Anweisung ActiveSheet.Name geben Sie den neuen Tabellen die Namen und verweisen dabei auf die jeweils markierte Zelle.

7.2   Tabellen markieren

Um eine einzige Tabelle zu markieren, können Sie den Befehl Sheets("Tabelle2").Select anwenden. Sollen es ein paar Tabellen mehr sein, dann wenden Sie das Makro aus Listing 7.5 an.

```
Sub MehrereTabellenMarkieren()
Sheets(Array("Tabelle1", "Tabelle2")).Select
End Sub
```

Listing 7.5:
Mehrere Tabellen markieren

Mit Hilfe der Funktion Array können Sie ein Datenfeld bilden, in welches Sie die Namen der Tabellen aufnehmen können, die Sie markieren möchten.

Soll diese Lösung ein wenig dynamischer sein, dann markieren Sie in der nächsten Aufgabe einmal alle Tabellen einer Arbeitsmappe mit Ausnahme der ersten Tabelle. Wie das geht, entnehmen Sie dem Makro aus Listing 7.6.

```
Sub MehrereTabelleMarkieren()
Dim e As Long
Dim i As Integer
Dim TabArray() As Long
 i = ThisWorkbook.Worksheets.Count
 ReDim TabArray(1 To i - 1)
 For e = 2 To i
    TabArray(e - 1) = e
 Next e
 ThisWorkbook.Worksheets(TabArray).Select
End Sub
```

Listing 7.6:
Mehrere Tabellen markieren (nur nicht die erste)

Ermitteln Sie im ersten Schritt einmal die Gesamtzahl der Tabellen, die sich in der aktiven Arbeitsmappe befinden. Danach definieren Sie mit der Anweisung ReDim ein Datenfeld in der Größe der Anzahl der Tabellen in der Arbeitsmappe. Von dieser ermittelten Größe subtrahieren Sie den Wert 1, da Sie die erste Tabelle nicht markieren möchten. In einer Schleife füllen Sie dann das Datenfeld. Am Ende der Schleife stehen dann die Namen aller Tabellen im Datenfeld. Markieren Sie anschließend alle im Datenfeld stehenden Tabellen mit der Methode Select.

7.3   Tabellenblätter benennen

Excel vergibt beim Einfügen von Tabellennamen selbstständig Namen, die sich aus dem Ausdruck TABELLE und einer durchnummerierten Zahl zusammensetzten. Wenn Sie andere Namen verwenden möchten, können Sie dies jederzeit tun.

7.3.1   Tabelle nach Tagesdatum benennen

Im folgenden Beispiel soll der Tabelle TABELLE1 ein neuer Name gegeben werden. Das Tabellenblatt soll den Namen des aktuellen Tagesdatums bekommen.

Listing 7.7:
Tabellenblatt
umbenennen
(aktuelles Tages-
datum als Name)

```
Sub TabellenNamenAusDatum()
On Error Resume Next
 Worksheets("Tabelle2").Name = Date
End Sub
```

Über die Eigenschaft Name wird dem Tabellenblatt als neuer Name das aktuelle Datum gegeben. Dieses können Sie ermitteln, indem Sie die Funktion Date aufrufen. Dabei holt Excel sich das aktuelle Tagesdatum aus der Systemsteuerung von Windows. Die On Error-Anweisung sorgt dafür, dass der Fehlerfall, z. B. dass es dieses Tabellenblatt gar nicht gibt, abgefangen wird.

7.3.2   Tabelle nach formatiertem Datum benennen

Wenn Sie möchten, können Sie Datumsangaben noch formatieren, bevor Sie diese Angabe als Namen für Ihr Tabellenblatt verwenden.

Listing 7.8:
Tabellenblatt
umbenennen
(formatiertes Datum
als Name)

```
Sub TabelleNamenAusFormatiertemDatum()
 ActiveSheet.Name = Format(Now, "mmm dd")
End Sub
```

Mit Hilfe der Funktion Format können Sie beispielsweise Datumsformate ändern. Dabei wenden Sie diese Funktion auf die Funktion Now an, die sowohl das aktuelle Datum als auch die aktuelle Uhrzeit wiedergibt.

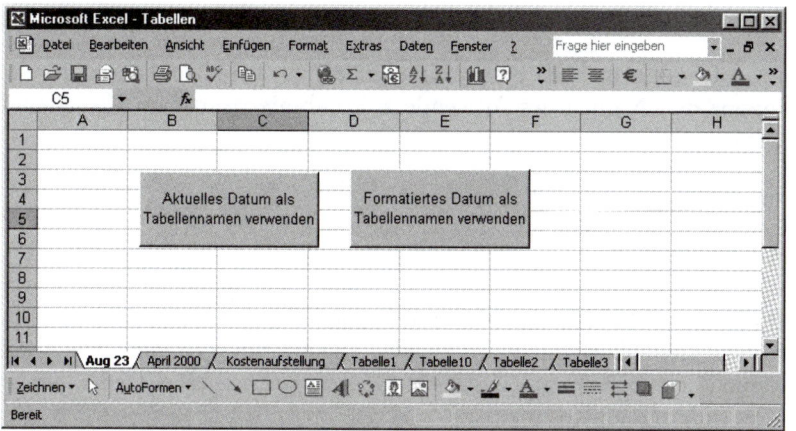

Bei der Formatierung des Datums haben Sie eine ganze Reihe an Möglichkeiten. Einige davon können Sie in Tabelle 7. 1 sehen.

Tabelle 7.1:
Datumsangaben
formatieren

Datumsformat	Datumsanzeige
Format(Now, "dd mmmm")	09 April
Format(Now, "dd. mmmm yy")	09. April 01
Format(Now, "dd. mmmm yyyy")	09. April 2001
Format(Now, "dd-mm-yyyy")	09-04-2001
Format(Now, "dddd")	Sonntag
Format(Now, "mmmm yyyy")	April 2001

7.3.3   Tabelle nach Zelleninhalt benennen

Im nächsten Beispiel wird der Name des Tabellenblattes aus dem Inhalt der
Zelle B1 gebildet.

```
Sub TabellenNamenAusZelle()
 Worksheets(1).Name = Range("B1").Value
End Sub
```

Listing 7.9:
Tabellenname aus
Zelle beziehen

Mit dem Befehl Worksheet(1).Name ist das erste Tabellenblatt in der Arbeitsmappe gemeint, also das am weitesten links stehende. Verwenden Sie hingegen den Befehl Worksheets("Tabelle1").Name, dann ist hier eindeutig die
TABELLE1 gemeint, egal an welcher Position sie sich gerade befindet.

7.3.4   Tabelle nach Anwender und Tagesdatum benennen

Im folgenden Beispiel geben Sie dem ersten Tabellenblatt in der Arbeitsmappe den Namen des Anwenders, kombiniert mit dem aktuellen Tagesdatum.

Listing 7.10:
Tabellennamen aus
Anwendernamen
und Tagesdatum
bilden

```
Sub TabellenNamenAnwenderUndDatum()
 Worksheets(1).Name = Application.UserName & ", " & Date
End Sub
```

Im Listing 7.10 wird der Name des neuen Tabellenblattes aus den Informationen Anwendername und aktuelles Tagesdatum gebildet. Den Anwendernamen ermitteln Sie mit Hilfe der Eigenschaft `UserName`. Den so ermittelten Anwendernamen können Sie manuell herausfinden, wenn Sie aus dem Menü EXTRAS den Befehl OPTIONEN wählen, danach auf die Registerkarte ALLGEMEIN wechseln und im Feld BENUTZERNAME nachsehen. Das aktuelle Tagesdatum liefert Ihnen die Funktion Date. Verkettet werden die beiden Informationen mit dem Verkettungsoperator &.

7.3.5   Tabelle einfügen und benennen kombinieren

Selbstverständlich können Sie das Einfügen von neuen Tabellenblättern und deren Benennung auch in einem Aufwasch erledigen:

Listing 7.11:
Neue Tabelle ein-
fügen und benen-
nen in einem Schritt

```
Sub TabelleEinfügenUndBenennen()
 Worksheets.Add.Name = "Tabelle1"
End Sub
```

7.4   Tabellenblätter löschen

Wie Sie Tabellenblätter einfügen, wissen Sie jetzt. Aber wie werden Tabellenblätter gelöscht? Für das Löschen von Tabellenblättern setzen Sie die Methode `Delete` ein.

Listing 7.12:
Ein bestimmtes
Tabellenblatt
löschen

```
Sub TabellenblattLöschen()
    On Error GoTo fehler
    Sheets("Tabelle1").Delete
    Exit Sub
fehler:
    MsgBox "es gibt keine Tabelle1 zum Löschen"
End Sub
```

Zu Beginn sorgt die Anweisung `On Error` dafür, dass bei einem Fehlerfall sofort zur Textmarke `fehler` gesprungen wird. Ein Fehler kann z. B. auftreten, wenn die Tabelle gar nicht in der Arbeitsmappe enthalten ist. Danach wird versucht, die Tabelle TABELLE1 zu löschen. Sollte der Vorgang erfolg-

reich sein, wird die nächste Zeile abgearbeitet, wenn nicht, wird zur Textmarke fehler gesprungen. Die Anweisung Exit Sub sorgt dafür, dass nach
dem erfolgreichen Löschen des Tabellenblattes das Makro sofort beendet,
also die Textmarke fehler nicht mehr abgearbeitet wird. Die Textmarke
fehler leitet die Fehlerbehandlung ein. Sie wird nur ausgeführt, wenn z. B.
versucht wurde, eine Tabelle zu löschen, die es gar nicht mehr gibt. Als Feh-
lerreaktion wird eine einfache Meldung am Bildschirm ausgegeben.

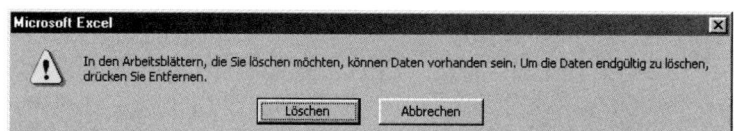

Abbildung 7.3:
Vor dem Löschen
des Tabellenblattes
erfolgt Rückfrage.

7.4.1   Tabelle löschen ohne Rückfrage

Möchten Sie die Bestätigungsmeldung beim Löschen von Tabellenblättern
nicht angezeigt bekommen und das Tabellenblatt ohne Sicherheitsrückfrage
löschen, verwenden Sie die Eigenschaft DisplayAlerts.

```
Sub TabelleLöschenOhneRückfrage()
 Application.DisplayAlerts = False
 Sheets(1).Delete
End Sub
```

Listing 7.13:
Tabelle ohne
Sicherheitsrück-
frage löschen

Setzen Sie die Eigenschaft DisplayAlert auf den Wert False, wenn Sie verhindern möchten, dass Excel ganz allgemein Warnungen und Meldungen
anzeigt. Standardmäßig ist dieser Wert aber auf True gesetzt, was für dieses
Beispiel bedeutet, dass Sie vor dem Löschen des Tabellenblattes noch einmal
gefragt werden, ob Sie dieses wirklich löschen möchten.

7.4.2   Alle Tabellen löschen, nur die aktive Tabelle nicht

Wenn Sie Daten weitergeben möchten und dabei aber nur ein Tabellenblatt
in der Arbeitsmappe von Interesse ist, dann dünnen Sie die Arbeitsmappen
aus und entfernen Sie bis auf die momentan aktivierte Tabelle alle anderen
Tabellenblätter. Im Anschluss daran rufen Sie den SPEICHERN UNTER Dialog
auf und setzen als Name der Arbeitsmappe den Namen des Tabellenblattes
ein. Starten Sie das folgende Makro aus Listing 7.14.

```
Sub AlleTabellenLöschenBisAufEines()
Dim Blatt As Object

Application.DisplayAlerts = False
For Each Blatt In Sheets
If Blatt.Name <> ActiveSheet.Name Then
 Blatt.Delete
```

Listing 7.14:
Alle Tabellenblätter
einer Mappe bis auf
das aktive Blatt
löschen

```
End If
Next Blatt
On Error Resume Next
ChDir ("C:\eigene Dateien")
Application.Dialogs(xlDialogSaveAs).Show _
ActiveSheet.Name
Application.DisplayAlerts = True
End Sub
```

Abbildung 7.4:
Tabelle als neue
Arbeitsmappe
speichern

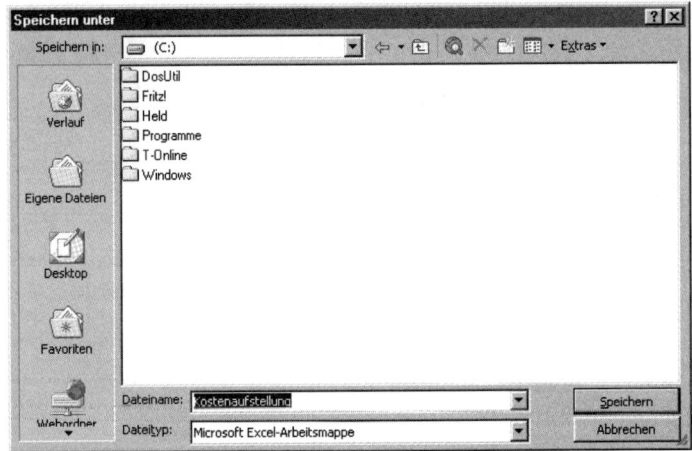

Definieren Sie zuerst eine Objektvariable. Danach greifen Sie in einer For Each-Schleife auf das Auflistungsobjekt Sheets zu, das alle Tabellenblätter der aktiven Arbeitsmappe enthält. Innerhalb der Schleife vergleichen Sie den Namen des aktiven Tabellenblatts mit dem jeweiligen Tabellenblatt aus dem Auslistungsobjekt. Mit der Methode Delete löschen Sie alle Tabellenblätter aus der Arbeitsmappe, mit Ausnahme des aktiven Tabellenblattes. Anschließend wechseln Sie mit der Anweisung ChDir in das Verzeichnis C:\EIGENE DATEIEN und rufen den integrierten SPEICHERN UNTER -Dialog auf.

INFO

Möchten Sie auf ein anderes Laufwerk wechseln, verwenden Sie die Anweisung ChDrive.

7.4.3   Alle leeren Tabellen in Arbeitsmappe löschen

Viele Arbeitsmappen enthalten unnötigen Ballast in Form von leeren Tabellenblättern. Das folgende Makro durchsucht die aktive Arbeitsmappe nach leeren Tabellenblättern und löscht diese.

```
Sub AlleLeerenTabellenLöschen()
Dim i As Integer
 Application.DisplayAlerts = False
 On Error Resume Next
 For i = ActiveWorkbook.Sheets.Count to 1 Step -1
  Sheets(i).Activate
  If ActiveCell.SpecialCells(xlLastCell).Address = _
   "$A$1" _
  Then Sheets(i).Delete
 Next i
 Application.DisplayAlerts = True
End Sub
```

Listing 7.15:
Alle leeren Tabel-
lenblätter einer
Arbeitsmappe
werden gelöscht

Über die Eigenschaft Count, die Sie auf das Auflistungsobjekt Sheets anwenden, können Sie die Anzahl der Tabellenblätter ermitteln, die sich in der Arbeitsmappe befinden. Abhängig von der ermittelten Anzahl bauen Sie Ihre For Next-Schleife auf. Innerhalb der Schleife aktivieren Sie das Tabellenblatt und prüfen, ob die Methode SpecialCells mit der Konstanten xlLastCell die Zellenadresse A1 zurückgibt. In diesem Fall können Sie davon ausgehen, dass auf dem Tabellenblatt keine Daten eingegeben sind. Löschen Sie diese Tabellen mit Hilfe der Methode Delete.

7.5 Tabellenblätter aktivieren

Wie funktioniert der Wechsel auf ein anderes Tabellenblatt eigentlich? Um ein Tabellenblatt zu aktivieren, setzen Sie die Methode Activate ein. Dabei können Sie ganz gezielt auf ein ganz bestimmtes Tabellenblatt zugreifen oder allgemein eine Tabelle nach vorn oder nach hinten springen.

```
Sub VorherigesBlattAktivieren()
 On Error Resume Next
 ActiveSheet.Previous.Activate
End Sub
```

Listing 7.16:
Das nächste Tabel-
lenblatt aktivieren

Die On Error-Anweisung kommt dann zum Tragen, wenn Sie bereits das erste Tabellenblatt in der Arbeitsmappe aktiviert haben und ein weiteres Blättern nach links nicht mehr möglich ist. Dieser Fall muss abgefangen werden, da Sie ansonsten eine Fehlermeldung erhalten.

```
Sub NächstesBlattAktivieren()
 On Error Resume Next
 ActiveSheet.Next.Activate
End Sub
```

Listing 7.17:
Das vorherige
Tabellenblatt
aktivieren

Analog zum vorherigen Beispiel können Sie ebenso in Ihrer Arbeitsmappe nach rechts blättern. Dazu setzen Sie die Eigenschaft Next ein.

7.6   Tabellenblätter gruppieren

In Excel haben Sie die Möglichkeit, Ihre Arbeit an einem Tabellenblatt automatisch auch für andere Tabellenblätter gültig zu machen. Dazu gruppieren Sie die einzelnen Tabellenblätter. Manuell klappt das, indem Sie die [Strg]-Taste gedrückt halten und die einzelnen Tabellenregister mit der linken Maustaste anklicken. Diese Ergebnis dieser Aktion können Sie selbstverständlich auch mit VBA erreichen:

Listing 7.18:
Mehrere Tabellenblätter gruppieren

```
Sub MehrereTabellenblätterMarkieren()
On Error Resume Next
    Sheets(Array("Tabelle1", "Tabelle2", _
    "Tabelle3")).Select
End Sub
```

Die Funktion Array ermöglicht es Ihnen, eine durch Kommas getrennte Liste von Werten (hier Tabellennamen) anzugeben. Wichtig ist auch hier wieder die On Error-Anweisung, um eine Fehlermeldung zu vermeiden, falls eines der Tabellenblätter nicht vorhanden ist.

Abbildung 7.5:
Gruppierung von mehreren Tabellenblättern

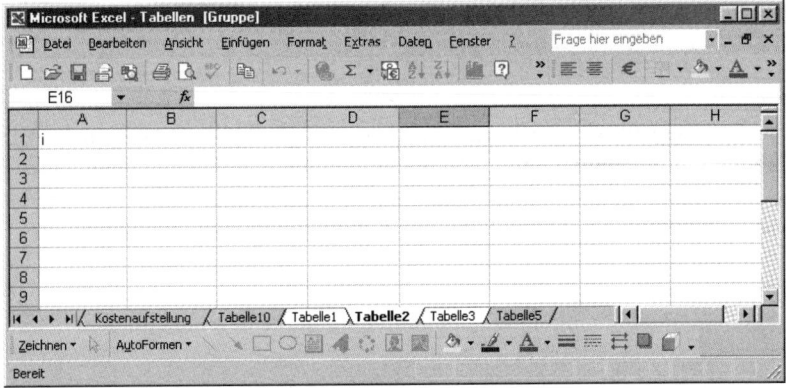

Möchten Sie alle Tabellenblätter einer Arbeitsmappe gruppieren, können Sie die Tabellenblätter in einen Array einlesen und anschließend gruppieren. Dazu wenden Sie das Makro aus Listing 7.19 an.

Listing 7.19:
Alle Tabellenblätter einer Arbeitsmappe gruppieren

```
Sub MarkierenAlleTabellen()
Dim l As Long
Dim lTab As Long
Dim TabArray() As Long

    lTab = ThisWorkbook.Worksheets.Count
    ReDim TabArray(1 To lTab)
    On Error Resume Next
    For l = 1 To lTab
        TabArray(l) = l
```

```
    Next 1
    ThisWorkbook.Worksheets(TabArray).Select
End Sub
```

Ermitteln Sie mit der Eigenschaft `Count` die Anzahl der Tabellenblätter, die in der Arbeitsmappe enthalten sind. Mit der Anweisung `ReDim` reservieren Sie Speicherplatz für die dynamische Datenfeldvariable `TabArray`. Danach füllen Sie den Array mit Hilfe einer `For Next`-Schleife. Im Anschluss daran werden alle Tabellenblätter der Arbeitsmappe gruppiert.

Im nächsten Beispiel werden alle gruppierten Tabellen in eine neue Arbeitsmappe eingefügt.

```
Sub GruppierteTabellenInNeueMappeTransferieren()
Dim Blatt As Worksheet
    For Each Blatt In ActiveWindow.SelectedSheets
        Blatt.Copy
    Next
End Sub
```

Listing 7.20:
Gruppierte Tabellen in neue Arbeitsmappe überführen

Setzen Sie die Eigenschaft `SelectedSheets` ein, um alle markierten Tabellenblätter zu ermitteln. Kopieren Sie all diese Tabellen mit Hilfe der Methode `Copy`.

7.7   Tabellenblätter schützen

Haben Sie wichtige Daten auf Ihrem Tabellenblatt erfasst und möchten diese vor Veränderungen anderer schützen, können Sie Ihre Tabelle mit einem Passwort belegen.

```
Sub BlattschutzEinschalten()
 ActiveSheet.Protect Password:="test", _
 DrawingObjects:=True, Contents:=True, Scenarios:=True
End Sub
```

Listing 7.21:
Tabellen schützen

Es lohnt sich, die Syntax der Methode `Protect` einmal näher zu betrachten: *Die Syntax*

```
ActiveSheet.Protect _
(Password, DrawingObjects, Contents, _
 Scenarios, UserInterfaceOnly)
```

Im Argument `Passwort` geben Sie eine Zeichenfolge an, die das groß-/kleinschreibungsabhängige Kennwort für das Blatt oder die Arbeitsmappe festlegt. Wenn Sie dieses Argument weglassen, kann der Schutz des Blattes oder der Arbeitsmappe ohne Angabe eines Kennworts aufgehoben werden. Weisen Sie dagegen ein Kennwort zu, muss das Kennwort angegeben werden, um den Schutz des Blattes oder der Arbeitsmappe aufzuheben.

Die Argumente der Methode Protect

Mit dem Argument `DrawingObjects` bestimmen Sie, ob Sie zusätzlich zu Ihren Zellen auch noch Formen, wie z. B. Blockpfeile, Sterne oder Banner, schützen möchten. Diese Formen werden standardmäßig jedoch nicht geschützt. Wenn Sie Formen schützen möchten, setzen Sie das Argument auf den Wert `True`.

Bei dem Argument `Contents`, welches standardmäßig auf `True` gesetzt ist, werden die Zellen eines Tabellenblattes geschützt.

Das Argument `Scenarios` gilt nur für Arbeitsblätter und bedeutet, dass bestimmte Ansichten und Einstellungen, wie z. B. der eingestellte Zoom geschützt werden. Die Standardeinstellung ist dabei ebenfalls `True`.

Das letzte Argument `UserInterFaceOnly` nimmt den Wert `True` an. Damit wird die Benutzeroberfläche, jedoch keine Makros, geschützt. Ohne Angabe dieses Arguments gilt der Schutz für Makros und die Benutzeroberfläche.

7.7.1   Tabellenschutz aufheben

Zum Deaktivieren des Tabellenschutzes reicht es, wenn Sie bei der Methode `Unprotect` das Passwort angeben. Sollten Sie Ihr Tabellenblatt ohne Passwort geschützt haben, reicht allein der Befehl `ActiveSheet.Unprotect`.

Listing 7.22:
Tabellenschutz
aufheben

```
Sub BlattschutzAusschalten()
    ActiveSheet.Unprotect ("test")
End Sub
```

7.7.2   Alle Tabellen einer Arbeitsmappe schützen

Wenn Sie alle Tabellenblätter einer Arbeitsmappe schützen möchten und dabei dasselbe Passwort verwenden möchten, können Sie folgendes Makro aus Listing 7.23 nutzen.

Listing 7.23:
Alle Tabellenblätter
einer Arbeitsmappe
schützen

```
Sub PasswortFürAlleBlätterEinstellen()
Dim Tabz As Integer
Dim i As Integer

 Tabz = ActiveWorkbook.Worksheets.Count
 For i = 1 To Tabz
  Sheets(i).Protect DrawingObjects:=True, _
  Contents:=True, _
  Scenarios:=True, password:="test"
 Next i
End Sub
```

Um den Blattschutz für alle Tabellenblätter in der Mappe wieder aufzuheben, starten Sie das Makro aus Listing 7.24.

```
Sub PasswortAlleBlätterEntfernen()
Dim Tabz As Integer
Dim i As Integer

    Tabz = ActiveWorkbook.Worksheets.Count
    For i = 1 To Tabz
      Sheets(i).Unprotect ("test")
    Next i
End Sub
```

7.7.3   Aufgaben trotz Blattschutz ausführen

Ist der Blattschutz für eine Tabelle einmal eingestellt, können bestimmte Aktionen, wie beispielsweise Löschen und Formatieren von Daten, nicht mehr durchgeführt werden. Müssen Sie trotzdem Änderungen auf geschützten Tabellenblättern ausführen, dann entfernen Sie den Blattschutz temporär, führen die Aufgabe durch und setzen den Blattschutz wieder ein. Im folgenden Beispiel wird eine Rechtschreibprüfung auf einem geschützten Tabellenblatt durchgeführt.

```
Sub RechtschreibprüfungAuchBeiBlattschutz()
ActiveSheet.Unprotect
Cells.CheckSpelling CustomDictionary:="BENUTZER.DIC", _
IgnoreUppercase:=False, AlwaysSuggest:=True
ActiveSheet.Protect DrawingObjects:=True, _
Contents:=True, Scenarios:=True
End Sub
```

Entfernen Sie im ersten Schritt den Blattschutz der aktiven Tabelle. Danach wenden Sie die Methode CheckSpelling an, die für alle Zellen des Tabellenblattes ausgeführt wird. Zuletzt stellen Sie den Blattschutz wieder ein.

Die Methode CheckSpelling hat die Syntax: *Die Syntax*

```
Ausdruck.CheckSpelling(CustomDictionary, _ IgnoreUppercase, AlwaysSuggest,
SpellLang)
```

Das Argument CustomDictionary vom Datentyp Variant ist optional und repräsentiert eine Zeichenfolge, die den Dateinamen des Benutzerwörterbuches angibt, in dem ein Wort gesucht werden soll, das nicht im Standardwörterbuch zu finden ist. Wird das Argument nicht angegeben, wird das momentan angegebene Wörterbuch verwendet.

*Die Argumente
der Methode
CheckSpelling*

Das Argument IgnoreUppercase vom Datentyp Variant ist ebenfalls optional. Wird der Wert auf True gesetzt, ignoriert Excel alle Wörter in Großbuchstaben. Wird der Wert False gesetzt, prüft Excel auch Wörter, die in Großbuchstaben geschrieben sind.

Das Argument AlwaysSuggest vom Datentyp Variant ist optional. Wird der Wert auf True gesetzt, zeigt Excel eine Liste mit alternativen Schreibweisen an, wenn ein falsch geschriebenes Wort gefunden wird. Wird der Wert auf False gesetzt, wartet Excel auf die Eingabe des richtig geschriebenen Wortes.

Das Argument SpellLang gibt die Sprache des verwendeten Wörterbuches an.

7.7.4   Weitere Schutz-Funktionen für Excel 2002

Eine sehr gute Verbesserung gegenüber den Vorversionen von Excel können Sie auch beim Schützen Ihrer Tabellen feststellen. Sie haben jetzt die Möglichkeit, zwar einen Blattschutz einzustellen, aber einzelne Aktionen trotz eingestelltem Blattschutz durchführen. So können Sie zum Beispiel festlegen, dass ein Anwender in einer geschützten Tabelle die Filter verwenden sowie Formatierungen durchführen und Zeilen und Spalten einfügen darf. Diese und weitere Möglichkeiten sehen Sie, wenn Sie aus dem Menü Extras den Befehl BLATT SCHÜTZEN wählen.

Abbildung 7.6:
Erweiterte Schutz-
möglichkeiten unter
Excel 2002

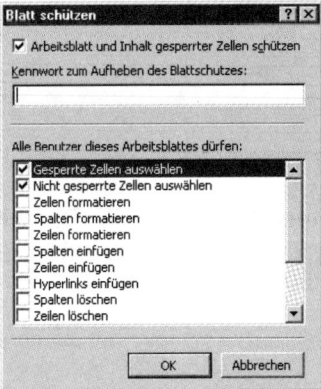

Diese manuellen Einstellungen können Sie aber auch über ein Makro durchführen. Das folgende Makro lässt in einer geschützten Tabelle alle in der Abbildung aktivierten Optionen zu.

Listing 7.26:
Tabelle schützen
(Excel 2002)

```
Sub TabelleSchützen()
Sheets().Activate
ActiveSheet.Protect _
DrawingObjects:=True, _
Contents:=True, Scenarios:=True, _
AllowFormattingCells:=True, _
AllowFormattingColumns:=True, _
AllowFormattingRows:=True, _
AllowInsertingColumns:=True, _
```

```
AllowInsertingRows:=True, _
AllowInsertingHyperlinks:=True, _
AllowDeletingColumns:=True, _
AllowDeletingRows:=True, _
AllowSorting:=True, _
AllowFiltering:=True, _
AllowUsingPivotTables:=True
End Sub
```

7.8   Tabellenblätter ein- und ausblenden

Wenn Sie bestimmte Tabellenblätter nicht mit einem Passwort schützen, jedoch trotzdem einen gewissen Schutz Ihrer Daten erreichen möchten, können Sie Tabellenblätter auch ausblenden. Das Ein- und Ausblenden von Tabellenblättern erzielen Sie mit der Eigenschaft Visible.

```
Sub TabelleAusblenden()
On Error Resume Next
Sheets("Tabelle1").Visible = False
End Sub
```

Listing 7.27:
Tabellenblatt
ausblenden

Nachdem Sie das Makro TabelleAusblenden ausgeführt haben, wird die Tabelle in der Arbeitsmappe nicht mehr angezeigt. Der Anwender kann aber jederzeit über den Befehl BLATT/EINBLENDEN aus dem Menü FORMAT die ausgeblendeten Tabellenblätter wieder verfügbar machen. Das Einblenden eines ausgeblendeten Tabellenblatts funktioniert in VBA wie folgt:

```
Sub TabelleEinblenden()
On Error Resume Next
Sheets("Tabelle1").Visible = True
End Sub
```

Listing 7.28:
Tabellenblatt wieder
einblenden

7.8.1   Tabellenblätter sicher ausblenden

Möchten Sie verhindern, dass der Anwender Ihre ausgeblendeten Tabellenblätter über die Benutzeroberfläche wieder einblenden kann, müssen Sie bei der Eigenschaft Visible die Konstante xlVery-Hidden verwenden.

In diesem Fall können Sie Ihre ausgeblendete Tabelle nur mit einem Makro wieder verfügbar machen. Dazu setzen Sie das Makro aus Listing 7.29 ein.

```
Sub TabelleSicherAusblenden()
On Error Resume Next
Sheets("Tabelle1").Visible = xlVeryHidden
End Sub
```

Listing 7.29:
Tabelle ausblenden
(sichere Methode)

7.8.2   Tabellen je nach Status ein- oder ausblenden

In einer Arbeitsmappe sollen alle eingeblendeten Tabellenblätter ausgeblendet bzw. alle ausgeblendeten Tabellenblätter eingeblendet werden. Das Makro für diese Aufgabe können Sie in Listing 7.30 sehen.

Listing 7.30:
Tabellenblätter
je nach Status ein-
bzw. ausblenden

```
Sub TabellenJeNachStatusEinAusblenden()
Dim Blatt As Worksheet
On Error resume next
For Each Blatt In ActiveWorkbook.Worksheets
  Select Case Blatt.Visible
   Case xlSheetHidden: Blatt.Visible = xlSheetVisible
   Case xlSheetVisible: Blatt.Visible = xlSheetHidden
  End Select
Next Blatt
End Sub
```

In einer For Each Next-Schleife überprüfen Sie mit Hilfe einer Select Case-Anweisung, wie der Status der Eigenschaft Visible für das jeweilige Tabellenblatt ist. Je nach Status wird der Eigenschaft dann entweder die Konstante xlSheetVisible bzw. xlSheetHidden zugewiesen.

Achten Sie darauf, dass Sie die Anweisung On Error *in das Makro integrieren. In einer Arbeitsmappe muss immer wenigstens eine Tabelle sichtbar bleiben. Versucht nun das Makro das letzte Tabellenblatt auszublenden, kommt es zum Fehlerfall, den Sie aber mit dieser Anweisung abfangen können.*

7.8.3   Alle versteckten Tabellen anzeigen

Ausgeblendete Tabellenblätter werden oft vergessen. Diese versteckten Tabellenblätter schlummern dann jahrelang in Arbeitsmappen. Eines Tages erfahren Sie mehr durch Zufall, dass es in der Arbeitsmappe versteckte Tabellenblätter gibt. Der Zufall könnte beispielsweise daraus bestehen, dass Sie aus dem Menü DATEI den Befehl DRUCKEN wählen und im Drucken-Dialog die Option GESAMTE ARBEITSMAPPE wählen. Diese Option druckt sowohl die sichtbaren als auch die ausgeblendeten Tabellenblätter einer Arbeitsmappe.

Schreiben Sie daher ein Makro, das in der aktiven Arbeitsmappe alle ausgeblendeten Tabellenblätter wieder sichtbar macht.

Listing 7.31:
Alle versteckten
Tabellenblätter
einblenden

```
Sub EinblendenVersteckteBlätter()
Dim Blatt As Worksheet
 For Each Blatt In Sheets
  Blatt.Visible = True
```

```
Next Blatt
End Sub
```

In einer For Each Next-Schleife setzen Sie die Eigenschaft Visible aller Tabellenblätter auf den Wert True.

7.8.4   Alle Tabellen außer der aktiven Tabelle ausblenden

Wenn Sie möchten, können Sie alle Tabellenblätter einer Arbeitsmappe mit Ausnahme des aktiven Tabellenblattes ausblenden, indem Sie folgendes Makro aus Listing 7.32 starten.

```
Sub NurAktivesBlattSichtbar()
Dim Blatt As Object
 For Each Blatt In Sheets
  If Blatt.Name <> ActiveSheet.Name Then
    Blatt.Visible = False
  End If
 Next Blatt
End Sub
```

Listing 7.32:
Alle Tabellen außer der aktiven Tabelle werden ausgeblendet.

Definieren Sie zuerst eine Objektvariable. Danach greifen Sie in einer For Each Next-Schleife auf das Auflistungsobjekt Sheets zu, das alle Tabellenblätter der aktiven Arbeitsmappe enthält. Innerhalb der Schleife vergleichen Sie den Namen des aktiven Tabellenblattes mit dem jeweiligen. Tabellenblatt aus dem Auflistungsobjekt. Mit der Eigenschaft Visible, die Sie auf den Wert False setzen, blenden Sie alle Tabellenblätter aus der Arbeitsmappe mit Ausnahme des aktiven Tabellenblattes aus.

7.9   Kopf- und Fußzeilen einrichten

Standardmäßig werden in Excel 2000/2002 keine Kopf- und Fußzeilen ausgedruckt. Um diese müssen Sie sich selbst kümmern. Dazu verwenden Sie das Objekt PageSetup, welches Sie für das Tabellenblatt anwenden können.

7.9.1   Fußzeile mit Anwendernamen

So fügen Sie beispielsweise den Namen des Anwenders, den genauen Speicherpfad, das heutige Datum oder auch andere Angaben aus den Dokumenteigenschaften als Kopf- oder Fußzeile ein.

```
Sub BenutzerNameInFußzeile()
  ActiveSheet.PageSetup.RightFooter = _
  Application.UserName
End Sub
```

Listing 7.33:
Fußzeile mit Benutzername generieren

7.9.2　　　Fußzeile mit Pfad

Wenn Sie eine Fußzeile mit dem Namen der Arbeitsmappe definieren, können Sie leider aus dieser Angabe nicht ersehen, wo diese Arbeitsmappe gespeichert ist. Daher erstellen Sie ein Makro, welches Ihnen eine Fußzeile mit dem Namen des kompletten Pfades der Datei ausgibt.

Listing 7.34:
Fußzeile mit kompletter Pfadangabe der Datei erstellen

```
Sub FußzeileMitPfad()
    ActiveSheet.PageSetup.LeftFooter = _
    ActiveWorkbook.Path & "\" & ActiveWorkbook.Name
End Sub
```

7.9.3　　　Kopfzeile mit Datums- und Zeitangabe

Im nächsten Beispiel stellen Sie ein vierstelliges Datum in die Kopfzeile sowie die aktuelle Uhrzeit in die Fußzeile.

Listing 7.35:
Kopf- und Fußzeilen mit Datums- und Zeitangaben versehen

```
Sub KopfzeileMit4-stelligemDatum()
    With ActiveSheet.PageSetup
        .LeftHeader = ""
        .CenterHeader = Format(Date, "dd.mm.yyyy")
        .RightHeader = ""
        .LeftFooter = ""
        .CenterFooter = Time
        .RightFooter = ""
    End With
    ActiveWindow.SelectedSheets.PrintPreview
End Sub
```

Mit der Anweisung With können Sie eine Reihe von Anweisungen für ein bestimmtes Objekt ausführen, ohne den Namen des Objekts mehrmals angeben zu müssen. Dadurch können Sie sich eine Menge Schreibarbeit sparen und das Ganze sieht auch noch übersichtlicher aus. Um das Datum in eine bestimmte Form zu bringen, setzen Sie die Funktion Format ein. Möglich wäre auch die Anweisung

```
CenterHeader = Format(Date, "Long Date"),
```

was zur Folge hätte, dass das Datum ausgeschrieben wird (z. B. Montag, 10. April 2000).

Mit der Methode PrintPreview zeigen Sie direkt nach dem Festlegen der Kopf- und Fußzeilen das Ergebnis, so wie es in der Seitenansicht aussieht.

7.9.4 Fußzeile mit Dokumenteigenschaften füllen

Im nächsten Beispiel greifen Sie auf die Dokumenteigenschaften Ihrer Excel-Arbeitsmappe zurück. Die Dokumenteigenschaften finden Sie, wenn Sie in der Tabelle aus dem Menü DATEI den Befehl EIGENSCHAFTEN wählen und danach auf die Registerkarte ZUSAMMENFASSUNG wechseln.

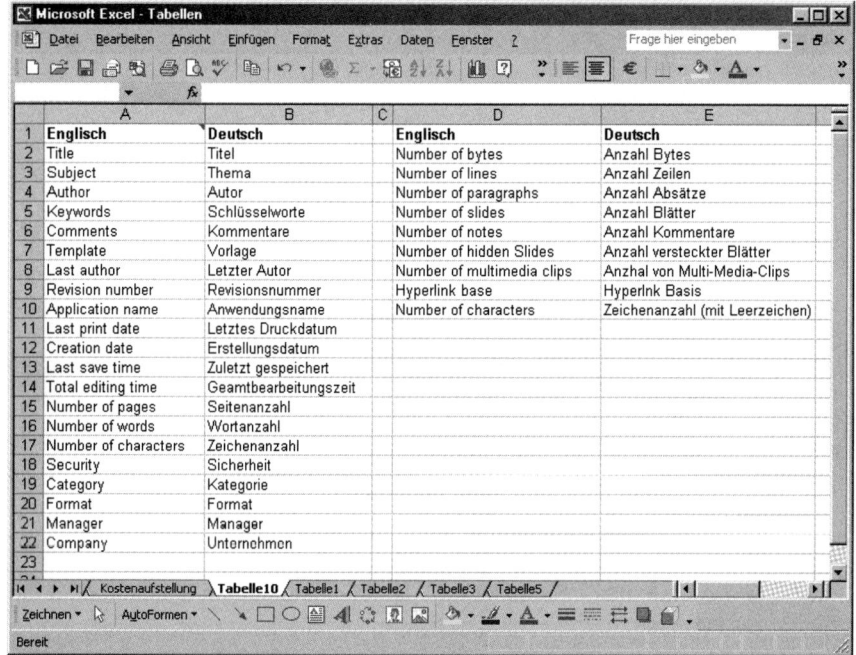

Abbildung 7.7:
Die Gegenüberstellung Dokumenteigenschaften (Englisch-Deutsch)

```
Sub DateieigenschaftInFusszeile()
With ActiveSheet.PageSetup
 .LeftFooter = _
 ActiveSheet.Parent.BuiltinDocumentProperties("Company")
 .RightFooter = _
 ActiveSheet.Parent.BuiltinDocumentProperties("Author")
End With
ActiveWindow.SelectedSheets.PrintPreview
End Sub
```

Listing 7.36:
Fußzeile mit Dokumenteigenschaften füllen

Da Sie die Dokumenteigenschaften auf Englisch ansprechen müssen und in der Online-Hilfe lediglich die deutschen Begriffe aufgeführt werden, orientieren Sie sich an der Abbildung 7.7.

7.9.5   Kopfzeile mit Logo einrichten

Sie können in der Excel-Version 2002 Grafiken standardmäßig in die Kopf- und Fußzeile integrieren.

Beispielsweise wollen Sie eine Grafik in die Kopfzeile der aktiven Tabelle transportieren. Der Code für diese Aufgabe sieht wie folgt aus:

Listing 7.37:
Fußzeile mit Logo
ausstatten (Tabelle)

```
Sub GrafikInKopfzeileEinfügen()
Sheets("Tabelle11").Activate
With ActiveSheet.PageSetup
 .LeftHeaderPicture.Filename = _
 "C:\Logo.tif"
 .LeftHeader = "&G"
End With
End Sub
```

Abbildung 7.8:
Logo in Kopfzeile
der aktiven Tabelle
einfügen

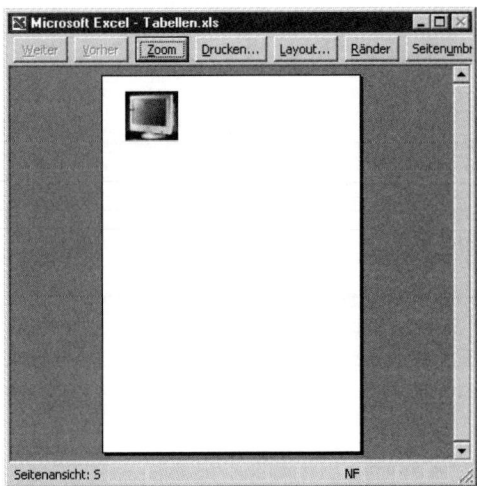

Über die Eigenschaft `LeftHeaderPicture` weisen Sie der linken Kopfzeile Ihrer Tabelle die angegebene Grafik hinzu. Neben dieser Eigenschaft gibt es fünf weitere Eigenschaften, die Sie in der folgenden Tabelle entdecken können:

Tabelle 7.2:
Die Positionen in
den Kopf- und Fuß-
zeilen bestimmen

Eigenschaft	Beschreibung
RightHeaderPicture	Bild in der rechten Kopfzeile
CenterHeaderPicture	Bild in der Mitte der Kopfzeile
LeftFooterPicture	Bild in der linken Fußzeile
CenterFooterPicture	Bild in der Mitte der Fußzeile
RightFooterPicture	Bild in der rechten Fußzeile

Mit Hilfe der Eigenschaft `FileName` geben Sie bekannt, wo die Grafik zu finden ist und wie diese heißt. Mit der Eigenschaft `LeftHeader` definieren Sie, was Sie konkret in der Kopfzeile machen möchten. Dazu weisen Sie dieser Eigenschaft einen Formatcode zu. Entnehmen Sie der folgenden Tabelle die dabei möglichen Formatcodes und deren Bedeutung.

Formatcode	Beschreibung
&L	richtet nachfolgende Zeichen links aus
&C	zentriert das nachfolgende Zeichen
&R	richtet nachfolgende Zeichen rechts aus
&E	schaltet Doppelt Unterstreichen ein oder aus
&X	schaltet Hochstellen ein oder aus
&Y	schaltet Tiefstellen ein oder aus
&B	schaltet Fettdruck ein oder aus
&I	schaltet Kursivdruck ein oder aus
&U	schaltet Unterstreichen ein oder aus
&S	schaltet Durchstreichen ein oder aus
&D	das aktuelle Datum
&T	druckt die aktuelle Zeit
&F	druckt den Namen des Dokuments
&A	druckt den Namen des Registers einer Arbeitsmappe
&P	druckt die Seitenzahl
&P+Zahl	druckt die Seitenzahl zuzüglich der angegebenen Zahl
&&	druckt ein einzelnes kaufmännisches Und-Zeichen
&"Schriftart"	Druckt die nachfolgenden Zeichen in der angegebenen Schriftart; Schriftart muss von Anführungszeichen eingeschlossen sein.
&nn	druckt die nachfolgenden Zeichen im angegebenen Schriftgrad. Geben Sie eine zweistellige Zahl an, um den Schriftgrad anzugeben.
&N	druckt die Gesamtanzahl der Seiten eines Dokumentes

Tabelle 7.3:
Die Formatcodes für die Kopf- und Fußzeile

:-)
TIPP

Sie brauchen sich übrigens keine Sorgen zu machen, wenn Sie eine Arbeits-mappe mit integrierten Grafiken verschicken. Sie müssen keineswegs auch die Grafiken mit versenden. Ist die Grafik einmal in der Kopf- oder Fußzeile integriert, bleibt sie auch darin.

Bei der Lösung aus Listing 7.37 wurde das Logo lediglich in die Kopfzeile der aktiven Tabelle integriert. Möchten Sie das Logo auf allen Tabellen Ihrer Arbeitsmappe einfügen, dann starten Sie das Makro aus Listing 7.38.

Listing 7.38:
Fußzeile mit Logo
ausstatten (ganze
Arbeitsmappe)

```
Sub GrafikInKopfzeileIntegrierenII()
Dim Blatt As Worksheet
For Each Blatt In _
ActiveWorkbook.Sheets
 Blatt.PageSetup. _
 LeftHeaderPicture.Filename = _
  "C:\Logo.tif"
  Blatt.PageSetup.LeftHeader = "&G"
Next Blatt
End Sub
```

7.10   Druckbereiche festlegen

Um Papier zu sparen, können Sie vor dem Drucken einen Druckbereich fest-legen. Im ersten Beispiel setzen Sie einen Druckbereich, welcher der momen-tanen Markierung entspricht. Markieren Sie also den Bereich, den Sie drucken möchten, und starten Sie danach folgendes Makro:

Listing 7.39:
Druckbereich in
Tabelle festlegen

```
Sub DruckbereichSetzen()
 ActiveSheet.PageSetup.PrintArea = Selection.Address
End Sub
```

Mit der Eigenschaft `PrintArea` legen Sie den Druckbereich fest. Wenn Sie Ihren Druckbereich fix gestalten möchten, setzen Sie das Makro aus Listing 7.40 ein:

Listing 7.40:
Druckbereich in
Tabelle konstant
festlegen

```
Sub DruckbereichFestlegen()
 Worksheets("Tabelle1").PageSetup.PrintArea = _
  "$A$1:$E$80"
End Sub
```

Eine weitere Variante ist, den Druckbereich nach dem verwendeten Bereich zu bestimmen. Dazu setzen Sie die Eigenschaft `CurrentRegion` ein. Diese Eigenschaft ermittelt, beginnend von einer Zelle, den umliegenden Bereich. Sobald eine Leerzeile bzw. Leerspalte kommt, wird der Bereich abgeschlossen.

```
Sub DruckbereichNachVerwendungFestlegen()
On Error Resume Next
 Worksheets("Tabelle1").Activate
 Range("A1").Select
 ActiveSheet.PageSetup.PrintArea = _
    ActiveCell.CurrentRegion.Address
End Sub
```

Listing 7.41:
Druckbereich nach
Verwendung
festlegen

Um einen Druckbereich wieder aufzuheben, setzen Sie die Eigenschaft PrintArea *auf den Wert* False *oder auf die leere Zeichenfolge (»«). Damit wird das gesamte Blatt wieder als Druckbereich festgelegt.*

Um einen Druckbereich relativ festzulegen, können Sie das Makro aus Listing 7.42 einsetzen.

```
Sub BereichMarkierenRelativ()
    Worksheets("Tabelle1").Activate
    ActiveSheet.PageSetup.PrintArea = _
    Range(ActiveCell(), Range("B5")).Address
End Sub
```

Listing 7.42:
Druckbereich
relativ festlegen

Im Makro aus Listing 7.42 wird ausgehend von der aktiven Zelle bis zur Zelle B5 der komplette Datenbereich als Druckbereich angegeben.

7.11 Tabellenblätter drucken

Wenn Sie die Kopf- und Fußzeilen gesetzt und eventuell auch einen Druckbereich eingestellt haben, gehen Sie über zum Thema Drucken. Drucken können Sie entweder ein oder mehrere Tabellenblätter, die ganze Arbeitsmappe, einen Druckbereich oder eine Markierung. Je nach Wunsch müssen Sie dazu Makros schreiben.

```
Sub TabellenblattDrucken()
 Sheets("Tabelle1").PrintOut
End Sub
```

Listing 7.43:
Eine bestimmte
Tabelle drucken

7.11.1 Mehrere Kopien drucken

Möchten Sie gleich mehrere Kopien ausdrucken, so stellen Sie beim Argument Copies die gewünschte Anzahl der Kopien ein.

```
Sub TabellenblattDruckenMitKopie()
 Sheets("Tabelle1").PrintOut Copies:=2
End Sub
```

Listing 7.44:
Mehrere Kopien
einer Tabelle
drucken

7.11.2   Markierte Bereiche drucken

Beim nachfolgenden Makro markieren Sie entweder vorher den Bereich, den Sie drucken, mit der Maus oder weisen den Bereich auch per VBA zu, z. B.: `Range("A1:D10").Select`. Führen Sie dann das Makro in Listing 7.45 aus.

Listing 7.45:
Markierten Bereich
drucken

```
Sub MarkierungDrucken()
 Selection.PrintOut Copies:=1, Collate:=True
End Sub
```

7.11.3   Mehrere Tabellenblätter drucken

Möchten Sie mehrere Tabellenblätter drucken, so bilden Sie einen Array mit den gewünschten Tabellenblättern und schicken den Druckauftrag weg.

Listing 7.46:
Mehrere Tabellen-
blätter drucken

```
Sub MehrereTabellenblätterDrucken()
 Sheets(Array("Tabelle4", "Tabelle1", "Tabelle2")).PrintOut
End Sub
```

7.11.4   Den integrierten Drucken-Dialog aufrufen

Wenn Sie nicht direkt drucken und stattdessen den integrierten Drucken-Dialog von Excel verwenden möchten, setzen Sie das folgende Makro ein:

Listing 7.47:
Den integrierten
Drucken-Dialog
aufrufen

```
Sub DruckenDialogAufrufen()
    Application.Dialogs(xlDialogPrint).Show
End Sub
```

Die Auflistung `Dialogs` enthält alle integrierten Dialoge von Excel. Die Konstante `xlDialogPrint` repräsentiert den Drucken-Dialog in Excel.

Abbildung 7.9:
Der integrierte
Drucken-Dialog

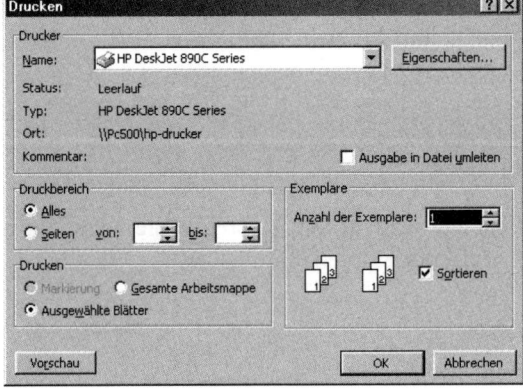

Wenn Sie alle Konstanten auflisten möchten, die Sie bei der Programmierung verwenden können, gehen Sie wie folgt vor:

1. Wechseln Sie in die Entwicklungsumgebung.

2. Klicken Sie in der Symbolleiste VOREINSTELLUNG auf das Symbol OBJEKTKATALOG.

3. Wählen Sie im Listenfeld KLASSEN den Eintrag XLBUILDINDIALOG.

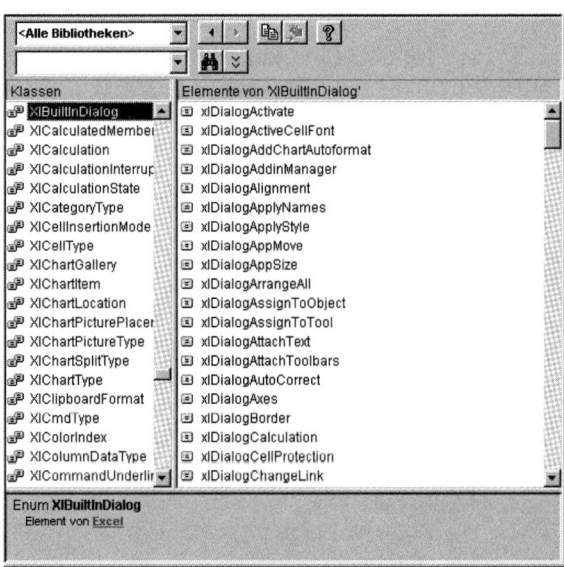

Abbildung 7.10:
Alle integrierten
Dialoge von Excel
im Überblick

Erfahren Sie mehr über integrierte Dialoge in Kapitel 14.

7.11.5 Wie viele Druckseiten enthält die Tabelle?

Wenn Sie ein Tabellenblatt drucken, wissen Sie im Voraus nicht genau, wie viele Seiten Excel letztendlich ausdruckt, es sei denn, Sie haben vorher in der Seitenansicht gespickt.

Starten Sie das Makro aus Listing 7.48, um die voraussichtlichen Druckseiten einer Tabelle herauszufinden.

```
Sub Seitenanzahl()
  MsgBox "Die Tabelle enthält : " & _
  ExecuteExcel4Macro("Get.Document(50)") & _
  " Druckseite(n)"
End Sub
```

Listing 7.48:
Druckseiten einer
Tabelle ermitteln
(Excel-4.0-Makro)

Um diese Aufgabe zu lösen, müssen Sie auf ein Excel-4.0-Makro zurückgreifen. Dieses Makro starten Sie mit der Methode ExecuteExcel4Macro.

7.12 Tabellenblätter kopieren, verschieben und einfügen

Oft müssen Sie auf bereits vorhandene Tabellenblätter zugreifen, um diese an eine andere Stelle zu kopieren bzw. verschieben. Wie klappt das mit VBA?

7.12.1 Tabellenblatt kopieren

Im ersten Beispiel soll eine Kopie von einem bereits vorhandenen Tabellenblatt erstellt werden. Über eine Inputbox dürfen Sie den Namen der Kopie selbst bestimmen. Die Kopie soll am Ende der Arbeitsmappe, also an die letzte Position ganz rechts, mit Hilfe der Methode Copy eingefügt werden.

Listing 7.49:
Ein Tabellenblatt
kopieren

```
Sub TabellenBlattKopieren()
Dim s As String
Dim i As Integer
 s = _
InputBox("Bitte geben Sie den Namen des Blattes ein!", _
"Blattnamen vergeben", "Tabelle1")
If s = "" Then Exit Sub
 i = Sheets.Count
 On Error Resume Next
 Sheets(1).Copy After:=Sheets(i)
 ActiveSheet.Name = s
End Sub
```

Die Funktion Inputbox eignet sich hervorragend, um mit dem Benutzer interaktiv zu arbeiten. Hier gibt der Anwender den Namen des kopierten Tabellenblattes ein. Als kleine Erleichterung geben Sie hierbei den Namen der Tabelle schon vor.

Abbildung 7.11:
Die Funktion Input-
box mit vorbelegtem
Tabellennamen

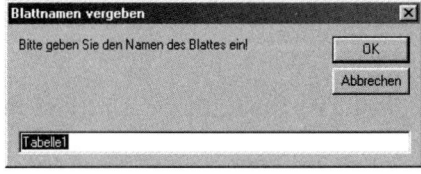

Im nächsten Beispiel wird der verwendete Bereich der TABELLE1 kopiert und in der TABELLE2 eingefügt. Das Makro für diese Aufgabe entnehmen Sie dem Listing 7.50.

```
Sub VerwendetenBereichAufEineAndereTabelleKopieren()
 Worksheets("Tabelle1").UsedRange.Copy
 Worksheets("Tabelle2").Paste _
 Worksheets("Tabelle2").Range("A1")
 Application.CutCopyMode = False
End Sub
```

Listing 7.50:
Verwendeten
Bereich kopieren
und übertragen

Setzen Sie die Eigenschaft UsedRange ein, um den verwendeten Bereich der Tabelle zu ermitteln. Mit Hilfe der Methode Copy kopieren Sie diesen Bereich. Über die Methode Paste fügen Sie den kopierten Bereich in TABELLE2 ein. Vergessen Sie am Ende nicht die Eigenschaft CutCopyMode auf den Wert False zu setzen. Damit werden die Kopierränder, die bei einem Kopiervorgang automatisch erzeugt werden, wieder entfernt.

Möchten Sie die Methode Copy nicht verwenden und stattdessen Daten mit Hilfe von Variablen übertragen, dann können Sie auch eine andere Vorgehensweise wählen. Das Makro aus Listing 7.51 überträgt alle Zellen der Spalte A aus der Tabelle1 in die TABELLE2.

```
Sub TabelleÜbertragen()
Dim Tab1 As Worksheet
Dim Tab2 As Worksheet
Dim i As Integer
Dim y As Integer
    Set Tab1 = ThisWorkbook.Worksheets("Tabelle1")
    Set Tab2 = ThisWorkbook.Worksheets("Tabelle2")
    For i = 1 To Tab1.UsedRange.Rows.Count
        y = y + 1
        Tab2.Cells(i, 1) = Tab1.Cells(y, 1)
    Next i
End Sub
```

Listing 7.51:
Daten übertragen

Definieren Sie im ersten Schritt die Ausgangstabelle (Tab1) sowie die Zieltabelle (Tab2). Dazu verwenden Sie die Anweisung Set. Danach bilden Sie eine Schleife, die alle verwendeten Zeilen der Tabelle1 durchläuft. Innerhalb der Schleife übertragen Sie die Zellen einzeln von einer Tabelle zur anderen.

7.12.2   Tabellenblatt verschieben

Wenn Sie lediglich die Position einer Tabelle in der Arbeitsmappe verändern möchten, nützen Sie die Funktion Move.

```
Sub TabellenblattVerschieben()
 On Error Resume Next
 Sheets("Tabelle1").Move After:=Sheets(Sheets.Count)
End Sub
```

Listing 7.52:
Bestimmtes Tabellenblatt verschieben

7.12.3   Tabellenblatt ohne Formeln und Verknüpfungen übertragen

Sicher haben Sie schon einmal eine Arbeitsmappe geschickt bekommen, in der andere Arbeitsmappen verknüpft waren. Da Sie die verknüpften Arbeitsmappen aber nicht zur Verfügung hatten, machte es keinen Sinn, die Verknüpfungen zu aktualisieren. Wenn auch Sie Arbeitsmappen verschicken und diese vorher von Verknüpfungen befreien möchten, dann fügen Sie eine neue Arbeitsmappe ein und übertragen eine Tabelle ohne die darin enthaltenen Verknüpfungen. Diese Aufgabe können Sie auch durch ein VBA-Makro automatisieren.

Listing 7.53:
Tabellenblatt ohne
Formeln übertragen

```
Sub TabellenBlattÜbertragenOhneWerte()
Cells.Copy
Application.Workbooks.Add
Range("A1").Select
Selection.PasteSpecial Paste:=xlValues, _
Operation:=xlNone, SkipBlanks:=False, Transpose:=False
Application.CutCopyMode = False
End Sub
```

Mit Hilfe der Eigenschaft Cells und der Methode Copy kopieren Sie alle Zellen der aktiven Tabelle. Danach fügen Sie eine neue Arbeitsmappe über die Anweisung Workbooks.Add ein und positionieren den Mauszeiger auf Zelle A1 der ersten Tabelle. Jetzt wenden Sie die Methode PasteSpecial an, bei der Sie im Argument Paste die Konstante XlValues verwenden. Diese Methode fügt Daten aus der Zwischenablage in den angegebenen Bereich (Range("A1")) ein. Setzen Sie danach den Status der Eigenschaft CutCopyMode auf den Wert False. Dies bewirkt, dass der Laufrahmen des kopierten Bereichs entfernt wird.

7.12.4   Tabelle in andere Arbeitsmappe kopieren

In Excel können Sie Tabellenblätter nur in andere Arbeitsmappen kopieren, wenn sie geöffnet sind.

Die Reihenfolge für das Kopieren von Tabellenblättern in eine andere Arbeitsmappe ist also:

1.   Öffnen der Ziel- und Quell-Arbeitsmappe.

2.   Kopiervorgang.

3.   Speichern und Schließen der Ziel-Arbeitsmappe.

Diesen Vorgang können Sie mit Hilfe von VBA schneller erledigen. Dabei kann der ganze Vorgang im Hintergrund ablaufen.

Listing 7.54:
Tabellenblatt in
andere Arbeits-
mappe kopieren

```
Sub KopierenArbeitsblatt()
Dim Mappe As Workbook
Dim Blatt As Object
```

```
Set Blatt = ActiveSheet
Application.ScreenUpdating = False
On Error Resume Next

Set Mappe = Workbooks.Open _
("C:\eigene Dateien\Mappe1.xls")
    Blatt.Copy Before:=Mappe.Sheets(1)
    Mappe.Save
    Mappe.Close
Application.ScreenUpdating = True
End Sub
```

Öffnen, Kopieren, Speichern und Schließen

Damit Sie den Vorgang nicht am Bildschirm mitverfolgen müssen, schalten Sie die Bildschirmaktualisierung zu Beginn des Makros aus. Danach öffnen Sie eine bestimmte Arbeitsmappe (MAPPE1.XLS) und kopieren das aktuelle Tabellenblatt in diese Arbeitsmappe. Im Anschluss daran speichern und schließen Sie die Arbeitsmappe wieder. Erst danach schalten Sie die Bildschirmaktualisierung wieder ein.

Erfahren Sie, wie Sie die Existenz einer bestimmten Arbeitsmappe vor dem Öffnen überprüfen können, in Kapitel 10.

7.12.5   Tabellenblatt als E-Mail versenden

Wenn Sie aus dem Menü DATEI den Befehl SENDEN AN E-MAIL EMPFÄNGER auswählen, wird automatisch die gesamte Arbeitsmappe als Anhang angehängt und versendet. Um nur das aktive Tabellenblatt zu verschicken, setzen Sie das folgende Makro in Listing 7.55 ein.

```
Sub TabellenblattVersenden()
Dim s As String
 s = InputBox _
("Geben Sie den Empfänger des E-Mails ein!")
 If s = "" Then Exit Sub
 ActiveSheet.Copy
 ActiveWorkbook.SaveAs "Anhang.xls"
 Application.Dialogs(xlDialogSendMail).Show s
End Sub
```

Listing 7.55:
Tabellenblatt als
E-Mail versenden

Über eine Inputbox fragen Sie die E-Mail-Adresse ab, an die die Tabelle gesendet werden soll. Danach kopieren Sie das aktive Tabellenblatt und speichern es beispielsweise unter dem Namen ANHANG.XLS. Danach rufen Sie den integrierten Excel-Dialog auf, der für das Versenden von E-Mails verantwortlich ist, und übergeben diesem Dialog die Empfängeradresse.

Abbildung 7.12:
Excel-Tabelle als
E-Mail-Anhang

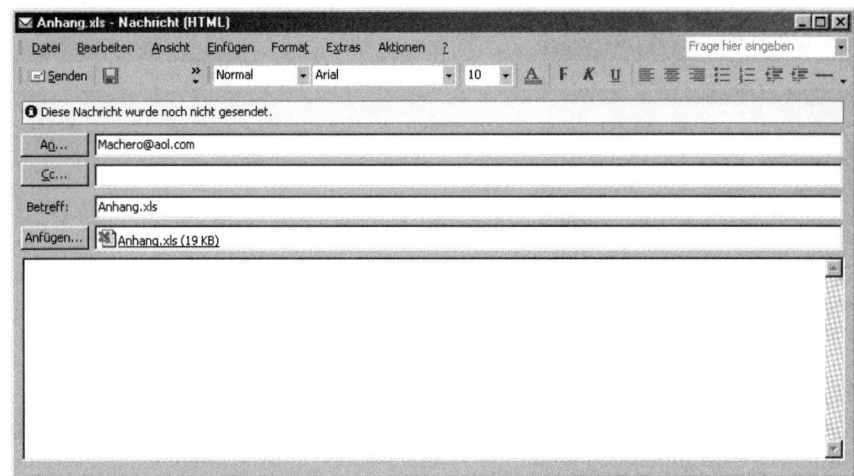

Erfahren Sie mehr über E-Mails im Zusammenspiel mit Excel im Kapitel 18.

7.13   Tabellenblätter sortieren

In umfangreichen Excel-Arbeitsmappen geht leicht einmal der Überblick
verloren. Aus diesem Grund ist es vorteilhaft, die Tabellen alphabetisch
nach Tabellennamen sortiert in der Arbeitsmappe anzuordnen.

Das Makro für die Sortierung der Tabellenblätter lautet:

Listing 7.56:
Alle Tabellen wer-
den alphabetisch in
der Arbeitsmappe
angeordnet

```
Sub ArbeitsblätterSortieren()
Dim iMax As Integer
Dim Ibl As Integer
Dim ibl2 As Integer

Application.ScreenUpdating = False
iMax = ActiveWorkbook.Worksheets.Count
For Ibl = 1 To iMax
 For ibl2 = Ibl To iMax
   If UCase(Worksheets(ibl2).Name) _
   < UCase(Worksheets(Ibl).Name) Then
       Worksheets(ibl2).Move before:=Worksheets(Ibl)
   End If
 Next ibl2
Next Ibl
Application.ScreenUpdating = True
End Sub
```

Um das Sortieren von Arbeitsblättern durchzuführen, müssen Sie zwei verschachtelte For Next-Schleifen durchlaufen. Beide haben als Endbedingung immer die Anzahl der Tabellen, die in der Mappe enthalten sind. Innerhalb der zweiten Schleife werden die Namen der Tabellenblätter verglichen. Beim Vergleich der Tabellennamen werden diese erst einmal in Großbuchstaben umgewandelt, um sicherzustellen, dass die Groß- und Kleinschreibung beim Sortiervorgang keine Rolle spielt. Je nach Vergleichsergebnis werden die einzelnen Tabellen dann innerhalb der Arbeitsmappe mit Hilfe der Methode Move verschoben oder nicht.

7.14   Tabellen suchen

Eine Arbeitsmappe kann mehr als 1000 Tabellenblätter aufnehmen. Um jetzt schnell die richtige Tabelle zu finden und zu aktivieren, setzen Sie das Makro aus Listing 7.57 ein.

```
Sub TabellePrüfen()
Dim Blatt As Worksheet
For Each Blatt In ActiveWorkbook.Sheets
Blatt.Activate
 If Blatt.Name = "Tabelle2" Then Exit Sub
Next Blatt
End Sub
```

Listing 7.57:
Tabelle suchen und
aktivieren

In einer Schleife werden alle Tabellen einer Arbeitsmappe durchblättert. Mit Hilfe einer If-Abfrage wird dann nach einem ganz bestimmten Tabellenblatt gesucht. Wird dieses gefunden, wird das Makro über die Anweisung Exit Sub beendet. Sie befinden sich dann genau auf der richtigen Tabelle.

Diese Aufgabe können Sie aber auch direkt lösen, indem Sie direkt auf die gewünschte Tabelle springen und für den Fall, dass es die gewünschte Tabelle nicht gibt, eine Fehlermeldung anzeigen. Das Makro für diese Aufgabe können Sie dem Listing 7.58 entnehmen.

```
Sub TabelleDirektAktivieren()
On Error GoTo fehlerm
Sheets("Tabelle2").Activate
Exit Sub
fehlerm:
MsgBox "Die Tabelle2 gibt es nicht in der Mappe!"
End Sub
```

Listing 7.58:
Tabelle direkt
aktivieren

Versuchen Sie einfach den direkten Sprung auf die Tabelle. Die Anweisung On Error GoTo fehlerm sorgt dafür, dass Ihr Makro nicht abstürzt, wenn es die angesprungene Tabelle nicht gibt. Im anderen Fall müssen Sie aktiv dafür sorgen, dass der Fehlerparagraph nicht ausgeführt wird. Dies gelingt Ihnen durch den Einsatz der Anweisung Exit Sub.

TIPP

Achten Sie darauf, dass Sie den Namen der Tabelle genau angeben. Enthält der Tabellenname in der Registerlasche beispielsweise ein nachfolgendes Leerzeichen, so sehen Sie diesen feinen Unterschied nicht und Ihr Makro kann die Tabelle dann auch nicht finden. Überprüfen Sie daher den Namen der gesuchten Tabelle, indem Sie die Registerlasche doppelt anklicken und danach die Taste [Ende] *drücken. Befindet sich dann der Mauszeiger direkt am Ende des Namens (also ohne nachfolgendes Leerzeichen), dann ist alles in Ordnung.*

7.15   Tabellen sichern

Sie sollten niemals vergessen Ihre wichtigsten Daten zu sichern. Wie schnell kann es passieren, dass Sie eine bestimmte Arbeitsmappe nicht mehr öffnen können bzw. auch schon einmal aus Versehen eine Arbeitsmappe gelöscht haben. Lernen Sie auf den folgenden Seiten ein paar Methoden kennen, wie Sie Ihre Tabellen duplizieren, Ihre wichtigsten Daten übertragen oder gar bestimmte Daten aus Tabellen herauslesen und sichern können.

7.15.1   Verwendete Zeilen in andere Tabelle transferieren

In der nächsten Lösung werden alle verwendeten Zeilen aus einer Tabelle auf eine andere gesichert. Dazu setzen Sie den folgenden Makrocode aus Listing 7.59 ein.

Listing 7.59:
Zeilen in andere
Tabelle übertragen

```
Sub ZeilenÜbertragen()
Dim Blatt1 As Worksheet
Dim Blatt2 As Worksheet
Dim i As Long

Set Blatt1 = Sheets("Auftrag")
Set Blatt2 = Sheets("A-Sicherung")
Application.ScreenUpdating = False
Blatt1.Activate
Range("A2").Select
For i = 1 To ActiveSheet.UsedRange.Rows.Count
 Blatt1.Range(ActiveCell.Address).EntireRow.Copy
 Blatt2.Activate
 Range("A65536").End(xlUp).Offset(1, 0).Select
 ActiveSheet.Paste
 Blatt1.Activate
 ActiveCell.Offset(1, 0).Select
Next i
```

```
Application.CutCopyMode = False
Application.ScreenUpdating = True
End Sub
```

Definieren Sie zu Beginn des Makros die beiden Tabellen Blatt1 und Blatt2.
Blatt1 enthält die Originaldaten, Blatt2 ist die Tabelle, in welche die Daten
als Sicherung kopiert werden sollen. Schalten Sie danach die Bildschirmak-
tualisierung mit Hilfe der Anweisung Application.ScreenUpdating=False aus.
Damit bleibt Ihr Bildschirm während des Makroablaufs konstant und ver-
ändert sich nicht. In einer Schleife übertragen Sie dann Zeile für Zeile.
Schalten Sie am Ende die Bildschirmaktualisierung wieder ein, indem Sie die
Eigenschaft ScreenUpdating auf den Wert True setzen.

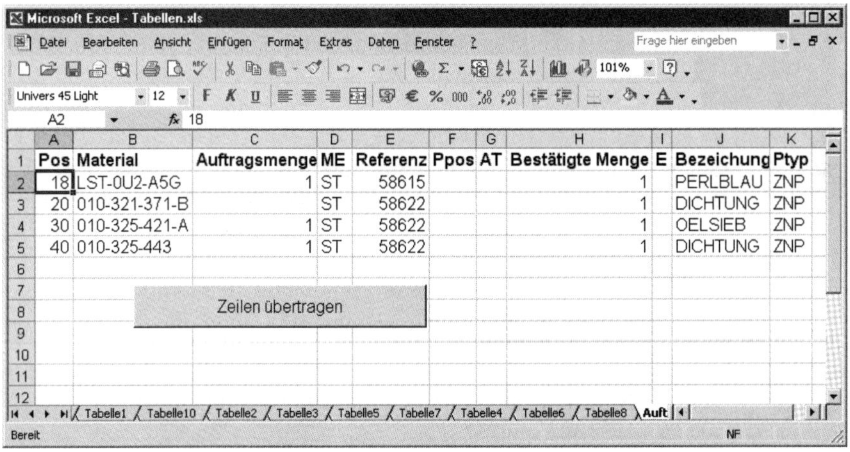

Abbildung 7.13:
Eine Tabelle zeilen-
weise übertragen

7.15.2   Tabelle kopieren und umbenennen

Möchten Sie die Tabelle als ganze Tabelle sichern, dann können Sie sie auch
kopieren und entsprechend benennen. Dabei geben Sie der gesicherten
Tabelle den Namen Sicherung, gefolgt von dem ursprünglichen Namen der
Tabelle. Das Makro für diese Aufgabe lautet:

```
Sub TabelleSichern()
Dim s As String
Dim i As Integer
s = ActiveSheet.Name
i = ActiveWorkbook.Sheets.Count
 ActiveSheet.Copy After:=Sheets(i)
 ActiveSheet.Name = "Sicherung " & s
End Sub
```

Listing 7.60:
Aktive Tabelle
sichern

Ermitteln Sie die Anzahl der vorhandenen Tabellen in der Arbeitsmappe
und speichern diese in der Variablen i. Die Sicherung der aktiven Tabelle

soll ganz am Ende der Arbeitsmappe abgelegt werden. Genau deshalb geben Sie innerhalb der Methode Copy beim Argument After den ermittelten Index i an. Damit wird die kopierte Tabelle ganz am Ende der Arbeitsmappe eingefügt. Benennen Sie diese Tabelle mit dem Zusatz SICHERUNG.

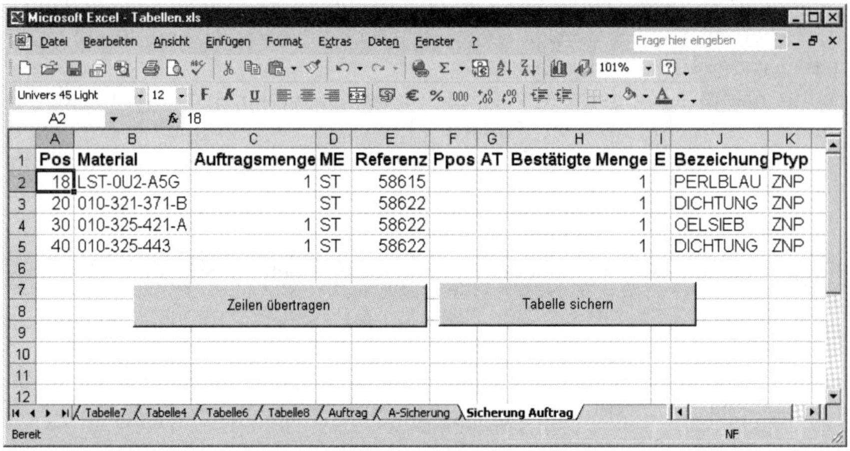

Abbildung 7.14:
Die Tabelle Auftrag
wurde gesichert.

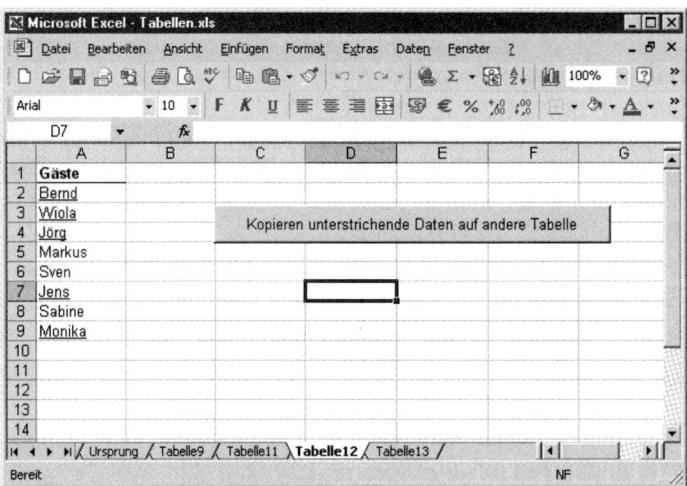

7.15.3   Texte übertragen

Stellen Sie sich vor, Sie haben eine Tabelle mit Texten in Spalte A. Ihre Aufgabe besteht nun darin, alle Texte, die unterstrichen sind, auf eine andere Tabelle zu sichern. Sehen Sie sich dazu einmal die nächste Abbildung an.

Abbildung 7.15:
Ein paar Daten, die
übertragen werden
möchten.

Um nun alle Zellen, die unterstrichen sind, auf die Tabelle13 zu übertragen, setzen Sie das Makro aus Listing 7.61 ein.

```
Sub KopierenUnterstricheneWerteInAndereTabelle()
Dim Blatt1 As Worksheet
Dim Blatt2 As Worksheet
Dim Bereich As Range
Dim Zelle As Range
Dim i As Long

Set Blatt1 = Sheets("Tabelle12")
Set Blatt2 = Sheets("Tabelle13")
Set Bereich = Blatt1.Range("A1:A10")
i = 1
For Each Zelle In Bereich
 If Zelle.Font.Underline = xlUnderlineStyleSingle Then _
 Blatt2.Cells(i, 1).Value = Zelle.Value: i = i + 1
Next Zelle
End Sub
```

Listing 7.61:
Unterstrichene
Zellen auf andere
Tabelle übertragen

Legen Sie mit Hilfe der Anweisung Set erst einmal Ihre Ausgangstabelle sowie Ihre Zieltabelle fest. Danach definieren Sie in Ihrer Ausgangstabelle den Datenbereich, der die Daten für die Übertragung enthält. In der anschließenden Schleife überprüfen Sie mit der Eigenschaft UnderLine, ob die jeweilige Zelle unterstrichen ist. Wenn ja, dann übertragen Sie den Text der Zelle in die Tabelle13. Erhöhen Sie danach die Variable i um den Wert 1, damit der Zellenzeiger genau eine Zeile weiter nach unten gesetzt wird, sodass bei der nächsten Übertragung keine Werte in Tabelle13 überschrieben werden.

7.15.4   Tabelle in Textdatei schreiben

Eine weitere Möglichkeit, Excel-Daten zu sichern, liegt außerhalb von Excel. Speichern Sie Ihre Tabelle in einer Textdatei. Die Ausgangssituation sieht dabei wie folgt aus:

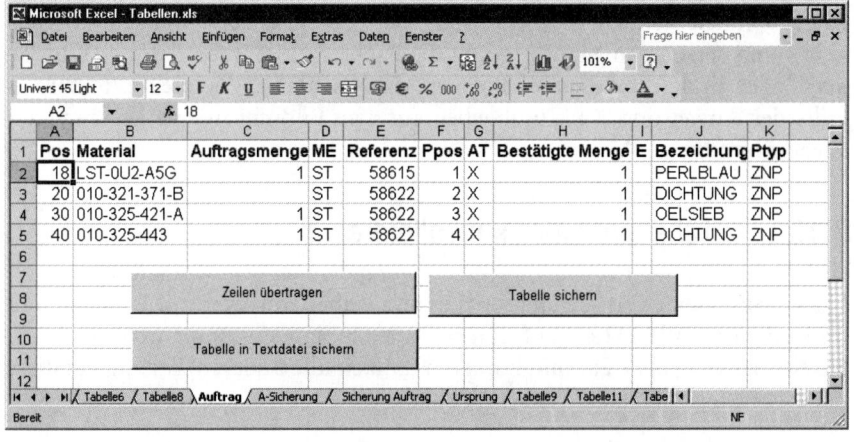

Abbildung 7.16:
Die Ausgangs-
tabelle kurz vor der
Sicherung

Um jetzt die Tabelle Auftrag in einer Textdatei zu speichern und dabei das Semikolon als Trennzeichen einzusetzen, starten Sie das Makro aus Listing 7.62.

Listing 7.62:
Tabelle in Textdatei
schreiben

```
Sub TabelleInTextdateiSichern()
Dim s As String
Dim i As Integer
Dim e As Integer

Open "c:\Ausgabe.txt" For Output As #1
    Sheets("Auftrag").Activate
    Range("A2").Select
    For i = 2 To ActiveSheet.UsedRange.Rows.Count
      For e = 1 To ActiveSheet.UsedRange.Columns.Count
        s = s & ActiveCell.Value & ";"
        ActiveCell.Offset(0, 1).Select
      Next e
       Print #1, s
       s = ""
       Range("A" & i).Select
    Next
    Close #1
    Application.ScreenUpdating = True
MsgBox "Textdatei erstellt!"
End Sub
```

Öffnen Sie im ersten Schritt eine Textdatei. Dazu muss die Textdatei noch nicht angelegt sein. Danach aktivieren Sie die Tabelle, die Sie übertragen möchten und setzen den Mauszeiger an die Startposition dieser Tabelle. Es folgen nun zwei Schleifen. In der ersten Schleife werden alle verwendeten Zeilen abgearbeitet. In der zweiten Schleife werden die verwendeten Zellen innerhalb einer Zeile verarbeitet. In die Variable s schreiben Sie genau die Inhalte dieser Zellen, getrennt durch ein Semikolon. Ist eine Zeile komplett verarbeitet, dann schreiben Sie die entsprechende Zeile direkt in die Textdatei. Wenden Sie dazu die Anweisung Print an. Leeren Sie danach die Variable s und setzen den Mauszeiger in die nächste Zeile Ihrer Tabelle. Wurden alle Zeilen in die Textdatei übertragen, dann schließen Sie die Textdatei mit Hilfe der Anweisung Close und geben auf dem Bildschirm eine Meldung aus (siehe Abbildung 7.17).

7.16   Tabellenblätter konsolidieren

Haben Sie in einer Arbeitsmappe mehrere Tabellenblätter mit Daten gefüllt und möchten alle Daten auf einem Tabellenblatt zusammenführen, fügen Sie eine neue Tabelle ein und kopieren danach alle anderen Tabellen in diese neue Tabelle.

Abbildung 7.17:
Die Daten wurden
in eine Textdatei
gesichert.

Die folgenden Makros können Sie auf der CD-ROM *im Verzeichnis* KAP07
in der Datei KONSOLIDIERUNG.XLS *finden.*

```
Sub TabellenKopierenUntereinander()
Dim KBereich As Range
Dim ZBereich As Range
With ActiveWorkbook
  .Worksheets.Add Before:=.Worksheets(1)
  For i = 2 To .Worksheets.Count
   Set KBereich = .Worksheets(i).UsedRange
   Set Zbereich _
     = Worksheets(1).Cells(Rows.Count, "A").End(xlUp)(2)
   KBereich.Copy Destination:=ZBereich
  Next
End With
End Sub
```

Listing 7.63:
Tabellenblätter
konsolidieren

Definieren Sie zuerst einmal zwei Variablen vom Datentyp Range. Danach
fügen Sie eine neue Tabelle gleich zu Beginn Ihrer Arbeitsmappe ein. Setzen
Sie jetzt eine For Next-Schleife auf, die, beginnend von der zweiten Tabelle
Ihrer Arbeitsmappe, alle Tabellen auf das erste Tabellenblatt zusammen-
kopiert. In der Variablen KBereich speichern Sie jeweils den benutzten
Bereich der einzelnen Tabellen. In der Variablen ZBereich speichern Sie die
Einfügeposition der ersten Tabelle für die Daten. Da die Daten jeweils
untereinander auf dem ersten Tabellenblatt angeordnet werden sollen,
ermitteln Sie über die Eigenschaften Count und End die letzte belegte Zelle in
Spalte A. Kopieren Sie jetzt den Quellbereich (KBereich) mit der Methode
Copy und geben Sie als Zielbereich den Inhalt der Variablen ZBereich an.

7.16.1   Tabellenblätter summieren (Festwert)

Möchten Sie einzelne Zellen von mehreren Tabellenblättern auf einer
Tabelle konsolidieren, wenden Sie das Makro aus Listing 7.64 an.

```
Sub SummierenÜberMehrereArbeitsblätter()
Dim erg As Long
Dim i As Integer
Dim Ltab As Integer
Ltab = ActiveWorkbook.Sheets.Count
Sheets(Ltab).Activate
Range("B6").Select
For i = 1 To ActiveWorkbook.Sheets.Count - 1
 If IsNumeric(Sheets(i).Range("B6").Value) Then _
 erg = erg + Sheets(i).Range("B6").Value
Next i
Range("B6").Value = erg
End Sub
```

Zuerst ermitteln Sie mit Hilfe der Methode Count die Anzahl der Tabellen, die in der aktiven Arbeitsmappe enthalten sind. Danach aktivieren Sie das letzte Tabellenblatt in der Arbeitsmappe. Auf diesem Blatt sollen die Daten konsolidiert werden. Danach setzen Sie eine For Next-Schleife auf, die, beginnend beim ersten Tabellenblatt, bis zum vorletzten Tabellenblatt jeweils die Zelle B6 summiert. Bevor Sie die einzelnen Zellen summieren, sollten Sie über die Funktion IsNumeric prüfen, ob in der Zelle B6 des jeweiligen Arbeitsblattes auch ein numerischer Wert steht. Erfolgt die Prüfung erfolgreich, wird die Variable erg um den entsprechenden Zellenwert erhöht. Nach dem Ablauf der Schleife schreiben Sie das Ergebnis der Variablen erg in die Zelle B6 des letzten Tabellenblattes.

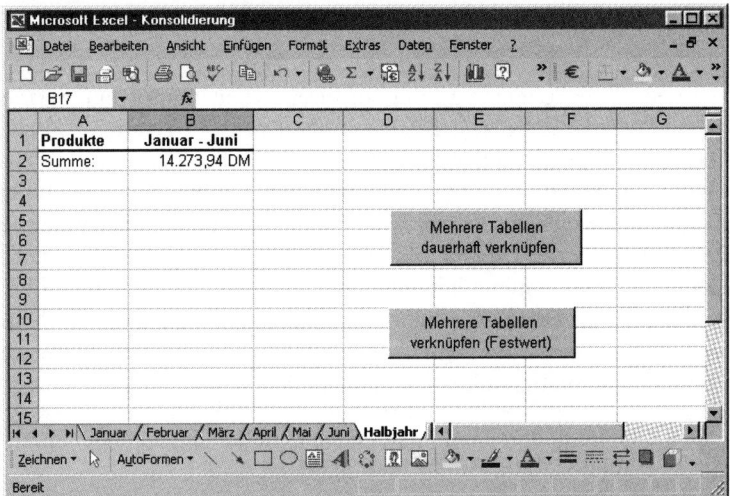

7.16.2   Tabellenblätter summieren (Verknüpfung)

Im vorherigen Beispiel haben Sie eine bestimmte Zelle innerhalb mehrerer Tabellen einer Arbeitsmappe summiert. Dabei haben Sie die Summe am Ende als Festwert auf das letzte Tabellenblatt eingefügt. Dabei ging die Verknüpfung verloren. Wenn die Verknüpfung aber erhalten bleiben soll, dann starten Sie das Makro aus Listing 7.65.

```
Sub SummierungTabellenBlätterMitVerk()
Dim BArray()
Dim i As Integer
Dim lTab As Integer
Dim s As String

 lTab = ThisWorkbook.Worksheets.Count
 Sheets(lTab).Activate
 ReDim BArray(1 To lTab)
 For i = 1 To lTab - 1
    BArray(i) = Sheets(i).Name & "!B6+"
    s = s & BArray(i)
 Next i
 s = "=" & s
 s = Left(s, Len(s) - 1)
 Range("B2").Value = s
End Sub
```

Listing 7.65:
Tabellenblätter
verknüpfen

Ermitteln Sie das letzte Tabellenblatt der Arbeitsmappe und aktivieren Sie es. Da Sie die Verknüpfungen in der Zielzelle erhalten möchten, müssen Sie die Namen der einzelnen Tabellenblätter sowie die Zelle, die summiert werden soll, in einen Array einlesen. Diesen Array definieren Sie mit der Anweisung ReDim und legen ihn in der Größe an, die ausreicht, um alle Tabellennamen in der Arbeitsmappe aufzunehmen. In einer For Next-Schleife füllen Sie den Array, indem Sie jeweils den Namen und die summierende Zelle angeben. Bei Schleifenaustritt haben Sie folgenden Textstring:

Januar!B6+Februar!B6+März!B6+April!B6+Mai!B6+Juni!B6+

Damit der Textstring als Formel erkannt wird, müssen Sie ein führendes Gleichheitszeichen einfügen sowie das letzte Zeichen + *aus dem String entfernen. Dazu nützen Sie den Verkettungsoperator & sowie die Textfunktionen* Left *und* Len.

:-)
TIPP

7.16.3   Tabellen in einer Tabelle zusammenführen

Die nächste Lösung bedingt, dass alle Tabellen einer Arbeitsmappe gleich aufgebaut sind. Ihre Aufgabe besteht nun darin, alle Tabellen auf genau einer Tabelle zusammenzuführen. Das Makro für diese Aufgabe finden Sie in Listing 7.66.

Listing 7.66:
Tabellen
zusammenführen
auf einem Blatt

```
Sub Konsolidieren()
    Dim Blatt1 As Worksheet
    Dim i As Integer
    Set Blatt1 = Worksheets(1)
    For i = 2 To Worksheets.Count
        Worksheets(i).UsedRange.Copy Destination:= _
        Blatt1.Cells(Rows.Count, 1).End(xlUp).Offset(1, 0)
    Next i
End Sub
```

Mit der Eigenschaft UsedRange ermitteln Sie jeweils den verwendeten Bereich der Tabelle. Kopieren Sie diesen Bereich dann mit der Methode Copy und geben im Argument Destination die erste Tabelle der Arbeitsmappe an. Die richtige Einfügeposition bekommen Sie, indem Sie die Eigenschaft End einsetzen. Zuvor zählen Sie die bereits belegten Zeilen Ihrer Ausgangstabelle mit Hilfe der Anweisung Rows.Count.

Abbildung 7.19:
Alle Tabellen
wurden auf einer
Tabelle zusammen-
gefasst.

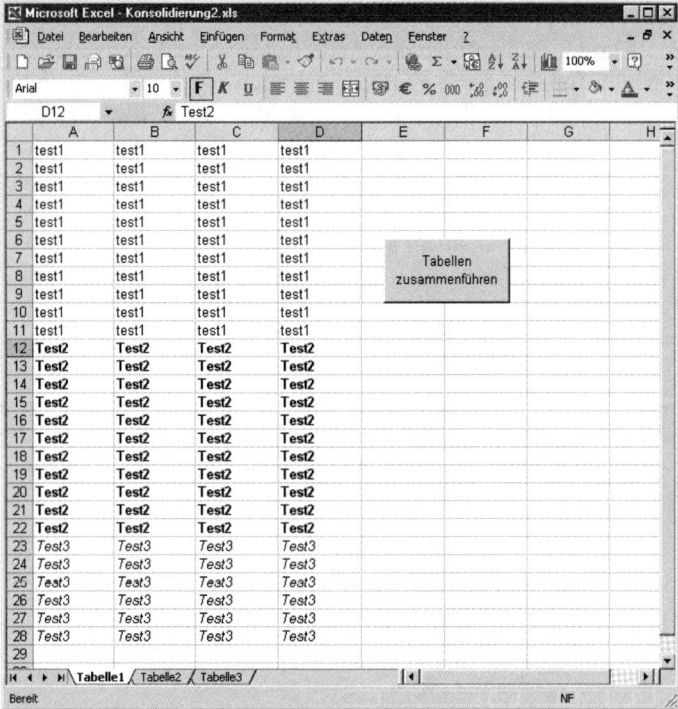

Excel-VBA-Kompendium

7.17   Sonstige Lösungen mit Tabellen

Lernen Sie zum Abschluss dieses Kapitels weitere interessante Lösungen kennen, die Sich auf das Objekt Worksheet beziehen.

Die folgenden Makros können Sie auf der CD-ROM im Verzeichnis KAP07 *in der Datei* TABELLEN.XLS *finden.*

7.17.1   Registerlaschen ein- und ausblenden

Standardmäßig werden die Registerlaschen am unteren Bildrand von Excel angezeigt. Wenn Sie diese Standardeinstellung stört, dann können Sie die Anzeige der Registerlaschen ausblenden. Im Makro aus Listing 7.67 werden die Registerlaschen ein- bzw. ausgeblendet.

```
Sub RegisterAusEinblenden()
  Sheets("Tabelle7").Activate
    With ActiveWindow
       .DisplayWorkbookTabs = Not .DisplayWorkbookTabs
    End With
End Sub
```

Listing 7.67:
Registerlaschen
ein- bzw.
ausblenden

Über die Eigenschaft DisplayWorkbookTabs können Sie die Registerlaschen Ihrer Tabelle ein- und ausblenden. Setzen Sie diese Eigenschaft auf den Wert True, wenn Sie die Registerlaschen anzeigen möchten. Weisen Sie der Eigenschaft den Wert False zu, um die Registerlaschen wieder auszublenden. Den dynamischen Wechsel zwischen Anzeigen und Ausblenden der Registerlaschen bekommen Sie über eine Gegenüberstellung hin. Dabei können Sie sich diese Gegenüberstellung wie einen Lichtschalter vorstellen, also an und aus.

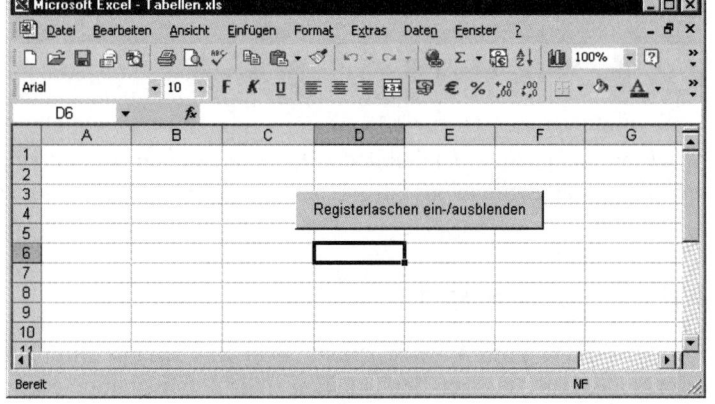

Abbildung 7.20:
Registerlaschen
wurden
ausgeblendet.

7.17.2 Registerlaschen einfärben

Neu in der Version 2002 ist auch die Möglichkeit die Registerlaschen am unteren Bildrand Ihrer Tabellen zu färben. Microsoft hat nun diese Möglichkeit mit Hilfe des Objektes Tab *geschaffen.*

Im folgenden Makro färben Sie alle Registerlaschen der Tabellen in einer Arbeitsmappe mit der Farbe ROT.

Listing 7.68:
Registerlaschen
einfärben

```
Sub RegisterlaschenFärben()
Dim Blatt As Worksheet
For Each Blatt In _
 ActiveWorkbook.Sheets
    Blatt.Tab.ColorIndex = 3
 Next Blatt
End Sub
```

In einer Schleife durchblättern Sie alle Tabellenblätter der aktiven Arbeitsmappe und färben die Registerlaschen mit der Farbe ROT. Dazu wenden Sie die Eigenschaft ColorIndex für das Objekt Tab an.

Abbildung 7.21:
Alle Registerlaschen
wurden Rot
eingefärbt.

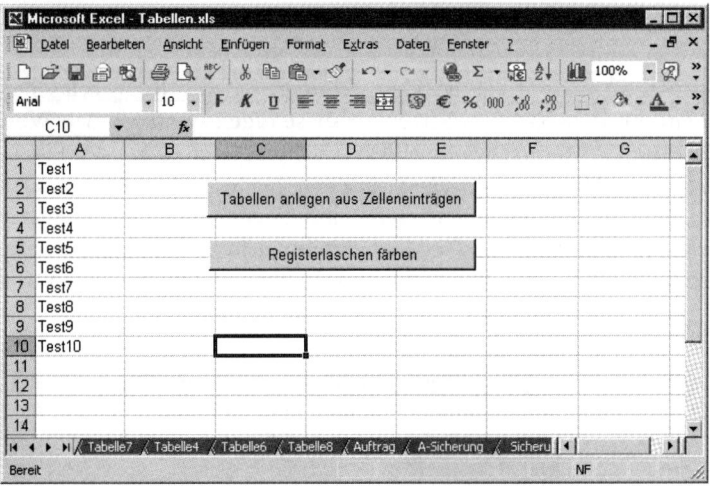

Möchten Sie jegliche Färbung der Registerlaschen wieder entfernen, dann weisen Sie der Eigenschaft ColorIndex *die Konstante* xlColorIndexNone *zu.*

7.17.3 Diashow starten

Eine sehr interessante Lösung, die stark an die Funktionalität von PowerPoint erinnert, ist das Anzeigen der Tabellen einer Arbeitsmappe nacheinander. Das Intervall, nach dem auf das nächste Tabellenblatt gesprungen werden soll, können Sie dabei selbst bestimmen. Entnehmen Sie die Lösung für diese Aufgabe aus dem Makro aus Listing 7.69.

```
Sub DiaShowStarten()
Dim i As Integer
For i = 1 To ActiveWorkbook.Sheets.Count
 Sheets(i).Activate
 Application.Wait Now + TimeValue("00:00:10")
Next i
End Sub
```

Listing 7.69:
Diashow starten

Ermitteln Sie im ersten Schritt, wie viele Tabellen in der aktiven Arbeitsmappe enthalten sind. Dies bildet die Grundlage für die Schleife. Mit der Anweisung `Application.Wait` können Sie die Ausführung des Makros für eine Weile unterbrechen. Addieren Sie dazu auf die aktuelle Uhrzeit genau zehn Sekunden. Damit diese Addition funktioniert, setzen Sie die Funktion `TimeValue` ein, die dafür sorgt, dass die in Klammer folgende Anweisung in ein gültiges Zeitformat umgesetzt wird. Nach zehn Sekunden aktivieren Sie mit der Methode `Activate` das nächste Tabellenblatt.

7.17.4   Tabellenblätter verlinken

Um diese Aufgabe umzusetzen, werden im ersten Schritt eine neue Tabelle eingefügt und danach die Namen aller in der Arbeitsmappe befindlicher Tabellen ermittelt und in die Tabelle geschrieben. Danach werden dann die Hyperlinks gesetzt. Um diese Aufgabe zu lösen, setzen Sie das Makro aus Listing 7.70 ein.

```
Sub TabellenNamenInHyperlinksWandeln()
Dim Tabelle As Worksheet
Dim Bereich As Range
Dim Zelle As Range
Sheets.Add
Range("A1").Select
For Each Tabelle In ActiveWorkbook.Sheets
 ActiveCell.Value = Tabelle.Name
 ActiveCell.Offset(1, 0).Select
Next Tabelle
Set Bereich = ActiveCell.CurrentRegion
For Each Zelle In Bereich
 Zelle.Hyperlinks.Add Zelle, "", _
 Zelle.Value & "!" & ActiveCell.Address
Next Zelle
End Sub
```

Listing 7.70:
Tabellen miteinander verlinken

Fügen Sie zuerst einmal eine neue Tabelle ein. Dazu setzen Sie die Methode `Add` ein. Die erste Schleife arbeitet alle Tabellenblätter der Arbeitsmappe ab und schreibt den jeweiligen Tabellennamen in die Zellen. Danach werden die Hyperlinks in einer weiteren Schleife gesetzt. Dabei fügen Sie durch die Anweisung `Zelle.Hyperlinks.Add Zelle, "", Zelle.Value & "!" & Active-Cell.Address` die Hyperlinks ein.

Abbildung 7.22:
Alle Tabellen wurden verknüpft.

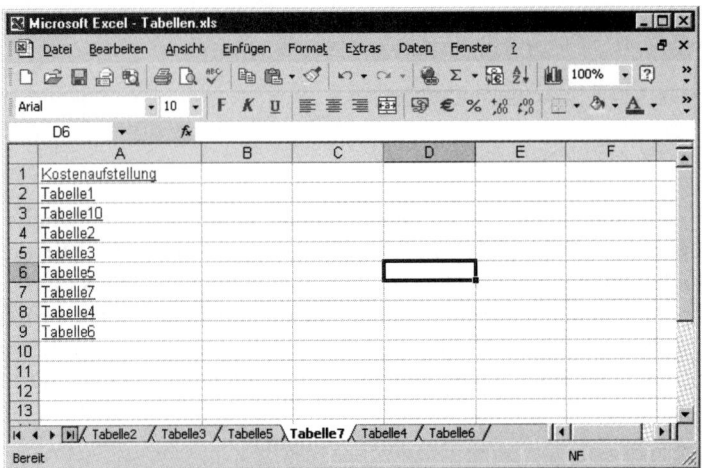

Mit einem Klick auf den gewünschten Hyperlink verzweigen Sie auf die angeklickte Tabelle.

7.17.5   Bilder in Tabellen einfügen

Möchten Sie ein Bild in eine Tabelle einfügen, dann stellen Sie sicher, dass das Bild auch tatsächlich auf Ihrer Festplatte existiert, und starten danach das Makro aus Listing 7.71.

Listing 7.71:
Bild in Tabelle einfügen

```
Sub BildInTabelleReinkopierenUndDuplizieren()
Dim Pic As Picture

On Error GoTo fehlerm
Set Pic = ActiveSheet.Pictures.Insert("c:\WioNeu.jpg")
Pic.Select
Pic.CopyPicture xlScreen
ActiveSheet.Paste
Exit Sub
fehlerm:
MsgBox " Das Bild konnte nicht gefunden werden!"
End Sub
```

Setzen Sie die Anweisung `ActiveSheet.Pictures.Insert` ein, um ein Bild in Ihre Tabelle einzufügen. Danach markieren Sie das eingefügte Bild mit Hilfe der Methode `Select`. Über die Methode `CopyPicture` kopieren Sie das Bild und geben dabei die Konstante `xlScreen` an. Damit wird das Bild so kopiert, dass es seiner Darstellung auf dem Bildschirm so weit wie möglich entspricht. Fügen Sie danach das kopierte Bild mit der Methode Paste ein.

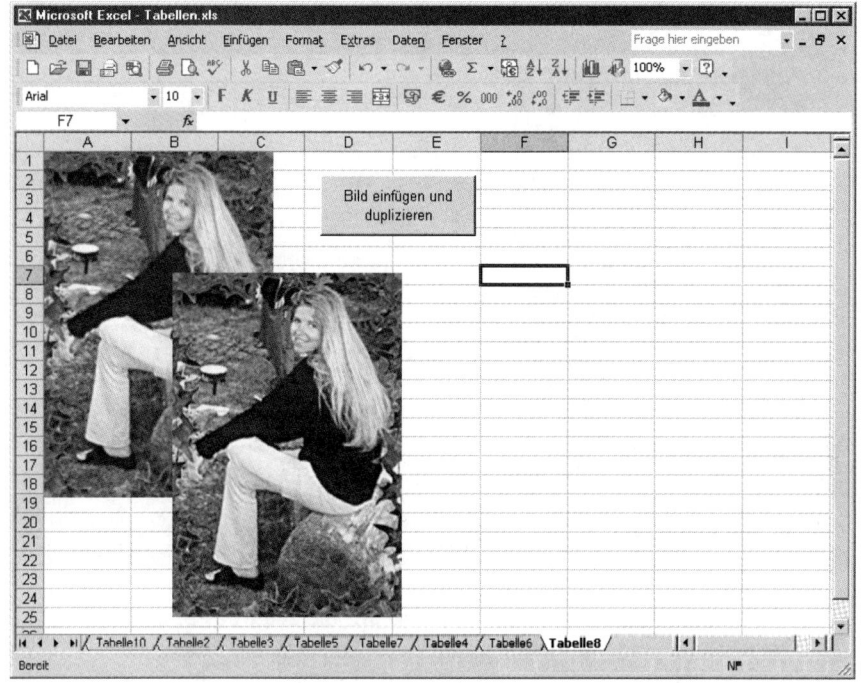

Abbildung 7.23:
Bild einfügen und
duplizieren

Im nächsten Beispiel wird ein Bild über die Methode GetOpenFileName eingefügt.

```
Sub GrafikInTabelleEinfügen()
Dim Picture As Picture
Dim s As String

s = Application.GetOpenFilename _
(" Bilder(*.Jpg; *.Bmp; *.Gif),*.jpg, *.bmp, *.gif")
Range("A1").Value = s
Range("A2").Select
On Error GoTo abbruch
If s = "Falsch" Then
 Range("a1").Clear
 Else
 Set Picture = ActiveSheet.Pictures.Insert(s)
 Picture.ShapeRange.Height = 220
 Range("a1").Select
End If
abbruch:
End Sub
```

Listing 7.72:
Bilder in Tabellen
einfügen und
anpassen

Abbildung 7.24:
Bild mit Beschrif-
tung einfügen

Wenden Sie die Methode GetOpenFilename an. Sie zeigt das Standard-Dialog-feld ÖFFNEN an, ohne jedoch irgendwelche Dateien zu öffnen. Die Auswahl der Dateien, die angezeigt werden sollen, können Sie selbst festlegen. Im nächsten Schritt erfolgt eine Prüfung, ob der Name der Grafikdatei auch in Zelle A1 geschrieben wurde. Wenn ja, wird die Grafikdatei über die Methode Insert eingefügt. Danach können Sie die Höhe der eingefügten Bilddatei über die Eigenschaft Height des Auflistungsobjekts ShapeRange anpassen.

8 Die Programmierung von Arbeitsmappen

Das Workbook-Objekt steht für die Arbeitsmappe. Sie finden auf den nächsten Seiten praktische Beispiele, die u. a. folgende Fragestellungen beantworten sollen:

➡ Wie kann ich Arbeitsmappen speichern?

Die Fragen

➡ Wie kann ich Arbeitsmappen öffnen und schließen?

➡ Wie gehe ich mit Verknüpfungen in einer Arbeitsmappe um?

➡ Wie kann ich Arbeitsmappen drucken?

➡ Wie lege ich neue Arbeitsmappen an?

➡ Wie kann ich Arbeitsmappen löschen?

➡ Wie kann ich Zugriffe auf Arbeitsmappen ermitteln?

➡ Wie führe ich Such- und Vergleichsfunktionen in Arbeitsmappen durch?

➡ Wie kann ich meine Arbeitsmappen aufräumen?

Die folgenden Makros können Sie auf der CD-ROM *im Verzeichnis* KAP08 *in der Datei* ARBEITSMAPPE.XLS *finden.*

8.1 Arbeitsmappen speichern und sichern

Beim Speichern einer Arbeitsmappe müssen Sie wissen, wo Sie die Mappe speichern möchten. Dazu verwenden Sie die ChDrive-Anweisung, um das Laufwerk zu bestimmen, sowie die Anweisung ChDir, um das richtige Verzeichnis einzustellen. Jetzt fehlt nur noch der Name. Im folgenden Beispiel aus Listing 8.1 übernehmen Sie den von Excel vorgeschlagenen Namen mit der Eigenschaft Name. Erst danach speichern Sie die Mappe.

```
Sub DateiSpeichern()
Dim str As String
Const LW = "c:\"
Const Pfad = "c:\eigene Dateien"
```

Listing 8.1:
Arbeitsmappen
speichern

```
      str = ActiveWorkbook.Name
      ChDrive LW
      ChDir Pfad
      ActiveWorkbook.SaveAs FileName:=str, FileFormat:= _
          xlNormal, Password:="", WriteResPassword:="", _
          ReadOnlyRecommended:=False, CreateBackup:=True
End Sub
```

Die Syntax　　Die `SaveAs` Methode hat einige Argumente. Die Syntax der Methode lautet:

```
ActiveWorkbook.SaveAs(Filename, FileFormat, Password, _
WriteResPassword, ReadOnlyRecommended, CreateBackup, _
AddToMru, TextCodePage, TextVisualLayout)
```

Die Argumente
der Methode
SaveAs

Das Argument `FileName` haben Sie vorher in der Variablen s ermittelt. Beim Argument `FileFormat` können Sie angeben, in welchem Format Sie Ihre Mappe speichern möchten. Mit dem nächsten Argument `Password` können Sie ein Passwort festlegen, welches der Anwender beim Öffnen der Datei eingeben muss, um die Datei laden zu können. Im letzten Beispiel wurde eine Leerzeichenfolge übergeben, was bedeutet, dass kein Passwort beim Öffnen der Datei abgefragt wird. Das Argument `WriteResPassword` sorgt dafür, dass ein Kennwort für die Schreiberlaubnis der Datei eingegeben werden muss. Das Argument `ReadOnlyRecommended` setzen Sie auf `True`, wenn beim Öffnen der Datei in einer Meldung empfohlen werden soll, die Datei mit Nur-Lese-Zugriff zu öffnen. Belassen Sie das Argument auf dem Wert `False`, unterbleibt diese Meldung. Das Argument `CreateBackup` setzen Sie auf den Wert `True`, wenn Excel von der Mappe eine Sicherungskopie anlegen soll. Excel legt dann eine Sicherungskopie unter demselben Namen mit dem Zusatz SICHERUNGSKOPIE VON... und der Endung WLK an.

Die übrigen Argumente sind in der Praxis nicht so relevant und werden an dieser Stelle nicht weiter beschrieben. Eine Beschreibung können Sie aber in der Online-Hilfe einsehen.

8.1.1　Arbeitsmappe doppelt sichern

Eine zusätzliche Sicherungsfunktion wäre, die Datei auf zwei verschiedenen Laufwerken zu speichern. Das Makro können Sie in Listing 8.2 sehen.

Listing 8.2:
Arbeitsmappe an
verschiedenen
Speicherorten
sichern

```
Sub DateiDoppeltSpeichern()
Dim s As String
Const Lw = "c:\"
Const Lw2 = "q:\"
Const Pfad = "c:\eigene Dateien"
Const Pfad2 = "q:\Sicherungen"
    s = ActiveWorkbook.Name
    ChDrive Lw
    ChDir Pfad
```

```
ActiveWorkbook.SaveAs FileName:=s, FileFormat:= _
    xlNormal, Password:="", WriteResPassword:="", _
    ReadOnlyRecommended:=False, CreateBackup:=True
ChDrive Lw2
ChDir Pfad2
ActiveWorkbook.SaveAs FileName:=s, FileFormat:= _
    xlNormal, Password:="", WriteResPassword:="", _
    ReadOnlyRecommended:=False, CreateBackup:=True
End Sub
```

8.1.2   Integrierten Speichern unter-Dialog aufrufen

Wenn Sie möchten, können Sie über VBA auch auf den integrierten Dialog SPEICHERN UNTER zurückgreifen. Dazu können Sie folgendes Makro aus Listing 8.3 verwenden:

```
Sub SpeichernUnterDialogAufrufen()
 Application.Dialogs(xlDialogSaveAs).Show
End Sub
```

Listing 8.3:
Den integrierten
Speichern unter-
Dialog aufrufen

Abbildung 8.1:
Der integrierte Dia-
log Speichern unter

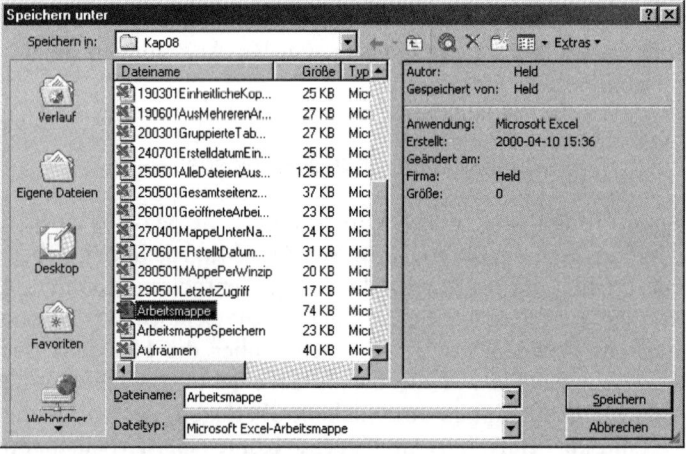

8.1.3   Die Ermittlung des Pfades der geladenen Arbeitsmappe

Oftmals müssen Sie bei der Bearbeitung von Arbeitsmappen wissen, in welchem Verzeichnis die Arbeitsmappe gespeichert ist. Das ist mitunter wichtig, wenn Sie weitere Arbeitsmappen anlegen und diese dann im gleichen Verzeichnis speichern möchten.

Um zu ermitteln, in welchem Verzeichnis sich die Arbeitsmappe befindet, setzen Sie folgenden Code ein:

Listing 8.4:
Pfad der geöffne-
ten Arbeitsmappe
ausgeben

```
Sub VerzeichnisDerArbeitsmappeErmitteln()
Dim s As String
 s = Application.ActiveWorkbook.Path
 MsgBox s
End Sub
```

Mit der Eigenschaft `Path` ermitteln Sie den Pfad der aktiven Arbeitsmappe.

8.1.4   Zustand der Arbeitsmappe ermitteln

Wenn Sie wissen möchten, ob Änderungen in der Arbeitsmappe seit dem letzten Öffnen der Arbeitsmappe gemacht wurden, sei es durch Verknüpfungen oder Benutzereingaben, dann setzen Sie folgendes Makro ein:

Listing 8.5:
Abfrage, ob eine
Arbeitsmappe
geändert wurde

```
Sub ArbeitsmappeGeändertOderNicht()
 If ActiveWorkbook.Saved = False Then
    MsgBox "Die Mappe wurde geändert!"
 End If
End Sub
```

Die Eigenschaft `Saved` liefert den Wert `True`, wenn die aktive Arbeitsmappe seit der letzten Speicherung nicht mehr geändert wurde. Gibt die Eigenschaft den Wert `False` zurück, wurden Änderungen an der Arbeitsmappe vorgenommen.

8.1.5 ||| Arbeitsmappe ohne Makros speichern

Beim Öffnen einer Excel-Arbeitsmappe, die Makros enthält, erscheint eine Meldung, die Sie darauf hinweist, dass Makros in der Arbeitsmappe gespeichert sind, die eventuell Makroviren enthalten könnten. Diese Meldung können Sie übergehen, indem Sie auf die Schaltfläche MAKROS AKTIVIEREN klicken. Wenn Sie sich nicht sicher über die Herkunft der Arbeitsmappe sind, klicken Sie auf die Schaltfläche MAKROS DEAKTIVIEREN. Wenn Sie selbst Arbeitsmappen verschicken, überlegen Sie, ob Sie die Makros wirklich mit ausliefern müssen. Um eine Kopie einer Arbeitsmappe ohne Makros zu erstellen, speichern Sie die aktuelle Arbeitsmappe unter einem anderen Namen und wechseln mit der Tastenkombination [Alt] + [F11] in die Entwicklungsumgebung. Jetzt können Sie die einzelnen Module entfernen. Diese Aufgabe können Sie aber auch elegant mit einem Makro erledigen.

Listing 8.6:
Arbeitsmappe ohne
Makros speichern

```
Sub ArbeitsmappeOhneMakrosSpeichern()
Dim Original As String
Dim Kopie As String
Dim i  As Integer

 Original = ActiveWorkbook.Name
 Kopie = ActiveWorkbook.Name & "_Kopie.xls"
```

```
Workbooks.Add
ActiveWorkbook.SaveAs _
 Filename:="C:\eigene Dateien\" & Kopie
Workbooks(Original).Activate
For i = 1 To Sheets.Count
 Sheets(i).Copy _
 After:=Workbooks(Kopie).Sheets(i)
Next i
End Sub
```

Speichern Sie im ersten Schritt den Namen der aktiven Arbeitsmappe sowie den Namen der Kopie in den Variablen Original und Kopie. Als Namen für die Kopie ohne Makros können Sie beispielsweise den Namen des Originals verwenden, den Sie um die Endung _Kopie ergänzen. Im nächsten Schritt fügen Sie über die Methode Add eine neue Arbeitsmappe ein und speichern diese gleich danach im Verzeichnis C:\EIGENE DATEIEN. Danach wechseln Sie mit der Methode Activate in die Originalmappe. Setzen Sie eine For Next-Schleife auf, die alle Tabellenblätter der Arbeitsmappe in die Zielarbeitsmappe kopiert.

Lernen Sie im Kapitel 13, wie Sie mit Hilfe der VBA-Programmierung Arbeitsmappen ohne Makros erstellen können.

8.1.6   Arbeitsmappe als Textdatei speichern

Wenn Sie möchten, können Sie eine komplette Arbeitsmappe in einer Textdatei speichern. Standardmäßig können Sie diese Aktion lediglich für eine einzige Tabelle durchführen. Mit einem Makro können Sie alle Tabellen einer Arbeitsmappe Zeile für Zeile und Spalte für Spalte in einer Textdatei speichern. Das Makro für diese Aufgabe sehen Sie in Listing 8.7.

```
Sub TabellenAlsTextdateienSpeichern()
Dim Daten As Range
Dim Zeile As Range
Dim Zelle As Range
Dim s As String
Dim i As Integer
  For i = 1 To ActiveWorkbook.Sheets.Count
  Set Daten = ActiveSheet.UsedRange
  Open "c:\eigene Dateien\Ausgabe" & i & ".csv" _
   For Output As #1
  For Each Zeile In Daten.Rows
    For Each Zelle In Zeile.Cells
      s = s & CStr(Zelle.Text) & ";"
    Next
    Print #1, s
    s = ""
```

Listing 8.7:
Arbeitsmappe als
Textdatei speichern

```
   Next
   Close #1
   Sheets(i).Activate
 Next i
 End Sub
```

Legen Sie mit Hilfe der Anweisung `Set` erst einmal den Datenbereich fest, den Sie in einer Textdatei speichern möchten. Dieser Bereich ist jeweils der verwendete Bereich einer Tabelle, den Sie über die Anweisung `ActiveSheet.UsedRange` herausfinden können. Öffnen Sie danach die Ausgabedatei, die übrigens noch nicht einmal angelegt sein muss. In der anschließenden Doppel-Schleife schreiben Sie die einzelnen Zellen, getrennt durch ein Semikolon in die Variable `s`. Mit Hilfe der Anweisung `Print` schreiben Sie diese Variable am Ende einer jeden Zeile in die Textdatei. Haben Sie alle Zeilen übertragen, dann schließen Sie die Textdatei mit dem Befehl `Close`.

8.2 Arbeitsmappen öffnen

Zum Öffnen einer Arbeitsmappe muss bekannt sein, wie die Datei heißt und in welchem Pfad sie steht. Für das Öffnen einer Arbeitsmappe setzen Sie die Methode `Open` ein.

Listing 8.8:
Bestimmte Arbeits-
mappe öffnen

```
Sub ArbeitsmappeÖffnen()
Const Lw = "c:\"
Const Pfad = "c:\eigene Dateien"
Const Datei = "Mappe2.xls"

    ChDrive Lw
    ChDir Pfad
    On Error Resume Next
    Workbooks.Open Datei
End Sub
```

Werfen Sie einen Blick auf die Zeile vor dem `Open`-Befehl. Die Anweisung `On Error Resume Next` sorgt dafür, dass das Makro keinen Fehler bringt, wenn die gewünschte Arbeitsmappe nicht gefunden wird. In diesem Fall würde Excel einfach den Befehl ignorieren.

Wie Sie mit Hilfe einer Funktion prüfen können, ob eine Arbeitsmappe existiert, erfahren Sie in Kapitel 10.

Die `Open`-Methode hat weitestgehend dieselben Argumente, die Sie schon bei der `SaveAs`-Methode kennen gelernt haben. Diese können in der Online-Hilfe nachgelesen werden.

Die komplette Syntax der Methode Open lautet: *Die Syntax*

```
Workbooks.Open(FileName, UpdateLinks, ReadOnly, _
Format, Password, WriteResPassword,_
IgnoreReadOnlyRecommended, Origin, Delimiter, _
Editable, Notify, Converter, AddToMRU)
```

Besonders wichtig ist das Argument UpdateLinks. Sicher haben Sie auch   *Die Argumente*
schon einmal beim Öffnen einer Arbeitsmappe die Meldung erhalten, ob Sie *der Methode*
die Verknüpfungen in der Arbeitsmappe aktualisieren möchten oder nicht.   *Open*
Diese Abfrage können Sie unterdrücken, indem Sie ein entsprechendes
Argument 0-3 einsetzen. Die Bedeutung der verschiedenen Werte entnehmen Sie der folgenden Tabelle:

Konstante	Bedeutung
0	Keine Aktualisierung von Bezügen
1	Aktualisierung von externen Bezügen, jedoch nicht von Fern-bezügen
2	Aktualisierung von Fernbezügen, jedoch nicht von externen Bezügen
3	Aktualisierung von externen Bezügen und Fernbezügen

Tabelle 8.1:
Die Konstanten der
Methode Open

So bedeutet beispielsweise die Zeile

```
Workbooks.Open filename:="Mappe2.xls", UpdateLinks:=0,
```

dass keine Aktualisierung von Verknüpfungen vorgenommen wird.

Wenn Sie generell beim Öffnen von Arbeitsmappen Verknüpfungen aktuali-
sieren möchten, dann können Sie im Menü EXTRAS *den Befehl* OPTIONEN
wählen, auf die Registerkarte BEARBEITEN *wechseln und das Kontrollkäst-*
chen AKTUALISIEREN VON AUTOMATISCHEN VERKNÜPFUNGEN BESTÄTIGEN
deaktivieren. Diese Umstellung können Sie auch über ein Makro festlegen.

:-)
TIPP

```
Sub VerknüpfungenImmerUpdaten()
  Application.AskToUpdateLinks = False
End Sub
```

Listing 8.9:
Verknüpfte Arbeits-
mappen beim
Öffnen generell
aktualisieren

Setzen Sie die Eigenschaft AskUpdateLinks auf den Wert True, um die Aktua-
lisierungsabfrage beim Öffnen von Arbeitsmappen wieder anzuzeigen.

8.2.1   Den integrierten Öffnen-Dialog aufrufen

Wenn Sie möchten, können Sie für das Öffnen von Arbeitsmappen auch einen bereits integrierten Dialog von Excel verwenden. Dabei können Sie auch schon als Argument den Pfad mitgeben, welchen der ÖFFNEN-Dialog anzeigen soll. Das Makro dazu können Sie dem Listing 8.10 entnehmen.

Listing 8.10:
Den integrierten Öffnen-Dialog mit voreingestelltem Pfad aufrufen

```
Sub DialogÖffnenAnzeigen()
    Application.Dialogs(xlDialogOpen).Show _
    "C:\eigene Dateien"
End Sub
```

Abbildung 8.2:
Dialog ÖFFNEN mit voreingestelltem Verzeichnis aufrufen

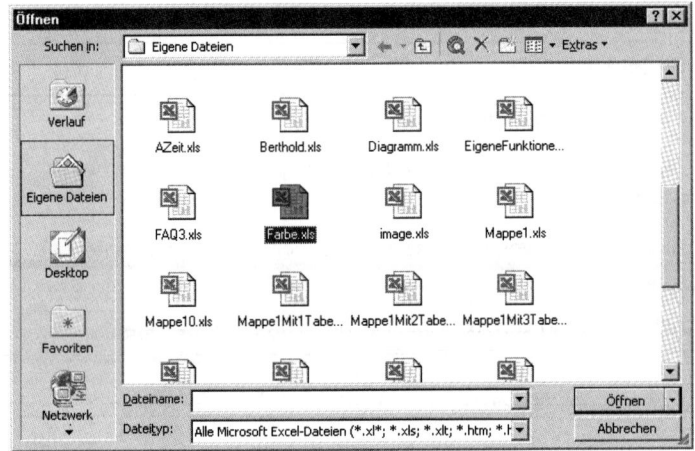

8.2.2   Liste der geöffneten Arbeitsmappen beeinflussen

Wenn Sie das Menü DATEI herunterklappen, können Sie die zuletzt geöffneten Arbeitsmappen vor dem letzten Befehl im Menü sehen. Dabei handelt es sich um eine Wiedervorlage-Liste. Die Anzahl der angezeigten Arbeitsmappen können Sie selbst festlegen. Bei Bedarf können Sie die Ansicht dieser Liste sogar deaktivieren.

Listing 8.11:
Die Anzeige der Wiedervorlageliste manipulieren

```
Sub DateiListeFestlegen()
    With Application
        .DisplayRecentFiles = True
        .RecentFiles.Maximum = 8
    End With
End Sub
```

Mit der Eigenschaft DisplayRecentFiles bestimmen Sie, ob die Wiedervorlage-Liste im Menü DATEI angezeigt werden soll. Wenn ja, dann weisen Sie der Eigenschaft den Wert True zu. Mit der Eigenschaft MAXIMUM bestimmen Sie die maximale Anzahl der Arbeitsmappen, die im Menü DATEI angezeigt werden sollen.

Abbildung 8.3:
Die Wiedervorlageliste am Ende des Menüs DATEI

Die Wiedervorlageliste kann bis zu neun Einträge aufnehmen.

Haben Sie vor, die Wiedervorlageliste nicht zu nutzen, dann starten Sie das Makro aus Listing 8.12.

INFO

```
Sub DateiListeZurücksetzen()
  With Application
      .DisplayRecentFiles = False
      .RecentFiles.Maximum = 0
   End With
End Sub
```

Listing 8.12:
Wiedervorlageliste deaktivieren

8.2.3   Mehrere Arbeitsmappen öffnen

Wenn Sie mehrere Arbeitsmappen auf einmal öffnen und dabei den integrierten ÖFFNEN-Dialog von Excel verwenden möchten, dann starten Sie das folgende Makro in Listing 8.13.

```
Sub MehrereArbeitsmappenÖffnen()
Dim l As Long
Dim Mappen As Variant
 l = 0
 Mappen = Application.GetOpenFilename(MultiSelect:=True)
 If IsArray(Mappen) Then
```

Listing 8.13:
Mehrere Arbeitsmappen über Dialog öffnen

```
   For l = LBound(Mappen) To UBound(Mappen)
      Workbooks.Open Mappen(l)
   Next l
 Else
    Workbooks.Open Mappen
 End If
End Sub
```

Mit Hilfe der Methode GetOpenFilename zeigen Sie das Standarddialogfeld ÖFFNEN an, ohne jedoch irgendwelche Dateien zu öffnen. Die Methode hat folgende Syntax:

Die Syntax

```
GetOpenFilename(FileFilter, FilterIndex, Title, _
   MultiSelect)
```

Die Argumente der Methode GetOpen-File-Name

Im ersten Argument können Sie bestimmen, welche Dateien überhaupt angezeigt werden sollen. Wenn Sie dieses Argument weglassen, werden alle Dateien im Dialog angezeigt. Das Argument Filter-Index gibt die Indexnummer der Standard-datei-Filterkriterien an. Das Argument Title bestimmt die Überschrift im Dialog. Hiermit können Sie dem ÖFFNEN-Dialog eine eigene Überschrift zuweisen. Wird das Argument weggelassen, wird standardmäßig der Text ÖFFNEN als Dialogüberschrift gewählt. Das Argument MultiSelect gibt an, ob es möglich ist, im ÖFFNEN-Dialog gleich mehrere Dateien zu markieren. Setzen Sie dieses Argument auf den Wert True, wenn Sie die Mehrfachauswahl haben möchten. Belassen Sie den Standardwert auf False, wenn es nur möglich sein soll, eine Datei zu markieren.

Im nächsten Schritt müssen Sie prüfen, wie viele und vor allem welche Dateien der Anwender im Dialog ÖFFNEN markiert hat. Dazu überprüfen Sie mit der Funktion IsArray, ob die Variable Mappen gefüllt ist. Wenn ja, dann ist mehr als eine Datei markiert und die For Next-Schleife kann aufgesetzt werden. Diese arbeitet den Array von links nach rechts ab, wobei die Funktion LBound den kleinsten verfügbaren Index für die angegebene Dimension des Arrays enthält. Die Funktion UBound enthält analog den größten verfügbaren Index für die angegebene Dimension des Arrays. Demnach werden nacheinander alle Dateien, die im Array stehen, mit Hilfe der Methode Open geöffnet. Für den Fall, dass nur eine einzige Datei markiert wurde, meldet die Funktion IsArray den Wert False. In diesem Fall können Sie die Methode Open sofort ausführen und die Variable Mappen ohne Index anhängen.

8.2.4   Alle geöffneten Arbeitsmappen ermitteln

Wenn Sie mit Excel-Arbeitsmappen herumhantieren, ist es schon oft notwendig, gleich mehrere Arbeitsmappen zu öffnen und mit Hilfe der Tastenkombination Strg + F6 von einer Mappe zur nächsten zu springen, um Werte miteinander zu vergleichen oder auch um Verknüpfungen einzufügen. Wie aber stellen Sie über ein Makro fest, welche Arbeitsmappen gerade geöffnet sind? Das Makro aus Listing 8.14 gibt Ihnen die Antwort:

```
Sub GeöffneteMappenErmitteln()
Dim Mappe As Workbook
Dim i As Integer

Sheets.Add
i = 1
 For Each Mappe In Workbooks
      Cells(i, 1) = Mappe.Name
      i = i + 1
   Next Mappe
End Sub
```

Listing 8.14:
Namen der geöffneten Mappen ermitteln

Fügen Sie über die Methode Add ein neues Tabellenblatt in Ihre Arbeitsmappe ein. Danach setzen Sie ein Schleife auf und arbeiten alle geöffneten Arbeitsmappen ab. Diese werden Ihnen über die Eigenschaft Workbooks zur Verfügung gestellt.

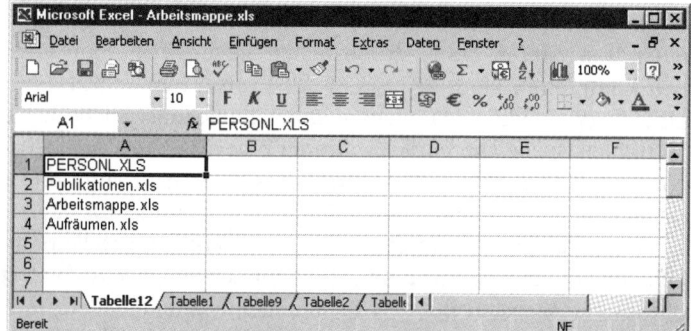

Abbildung 8.4:
Alle geöffneten Arbeitsmappen herausschreiben

8.2.5 Die aktuellste Arbeitsmappe öffnen

Was machen Sie, wenn Sie in einem Verzeichnis mehrere Excel-Arbeitsmappen gespeichert haben und nun die aktuellste davon öffnen möchten? Sie starten den Datei-Explorer, stellen die Ansicht DETAILS ein und schauen unter der Rubrik GEÄNDERT AM nach. Wenn Sie mit Hilfe eines Makros immer die aktuellste Arbeitsmappe in einem bestimmten Verzeichnis öffnen möchten, müssen Sie die Funktion FileDateTime einsetzen, die Ihnen das letzte Änderungsdatum einer Datei ermittelt. Wie das genau geht, erfahren Sie im folgenden Listing.

```
Sub AktuellsteMappeImVerzeichnisÖffnen()
Dim Dat As Date
Dim DatVgl As Date
Dim Mappe As String
Dim ZMappe As String
Const s = "c:\eigene Dateien"

Mappe = Dir(s & "\*.xls")
Dat = FileDateTime(s & "\" & Mappe)
Do Until Mappe = ""
    DatVgl = FileDateTime(s & "\" & Mappe)
    If DatVgl > Dat Then
    Dat = DatVgl
    ZMappe = s & "\" & Mappe
    End If
    Mappe = Dir()
Loop
Workbooks.Open Filename:=ZMappe
End Sub
```

Die Funktion Dir dürfte Ihnen noch aus alten DOS-Tagen bekannt sein. Mit dieser Funktion können Sie ein Verzeichnis, ja sogar ganze Laufwerke nach einer bestimmten Datei durchsuchen lassen. Der Funktion übergeben Sie den kompletten Pfad, den Sie in der Konstanten definiert haben, sowie den Dateifilter (*.XLS). Das Ergebnis der Funktion speichern Sie in der String-Variablen Mappe. Die Funktion findet nun die erste Datei, die dem Dateifilter entspricht. Ermitteln Sie daraufhin das letzte Änderungsdatum dieser Datei, setzen Sie dazu die Funktion FileDateTime ein und speichern Sie das Datum in der Variablen Dat. In einer Do Until-Schleife erstellen Sie zu Beginn der Schleife eine zweite Variable DatVgl, in der Sie jeweils das letzte Änderungs-datum der nächsten Dateien speichern. Im direkten Vergleich der Variablen Dat mit der Variablen DatVgl ermitteln Sie die aktuellste Datei und speichern diese in der Variablen ZName. Wenden Sie die Funktion Dir erneut an, um auf die nächste Datei zu positionieren. Das Ende der Schleife ist erreicht, wenn die Funktion Dir einen leeren Wert zurückmeldet. In der Variablen Znamen steht nun die aktuellste Datei aus dem Verzeichnis, die Sie über die Methode Open öffnen können.

8.2.6   Arbeitsmappe ohne Makrodialog starten

Sicher hat es Sie auch schon einmal genervt, wenn Sie eine Arbeitsmappe öffnen, die Makros enthält. Zur Sicherheit erscheint dann immer eine Mel-dung, dass Makros in der Arbeitsmappe enthalten sind.

Diese Meldung können Sie als Anwender abschalten, indem Sie wie folgt vorgehen:

1. Wählen Sie aus dem Menü EXTRAS den Befehl MAKRO/SICHERHEIT.

2. Wechseln Sie auf die Registerkarte SICHERHEITSSTUFE.

3. Aktivieren Sie die Option NIEDRIG.

4. Bestätigen Sie Ihre Einstellung mit OK.

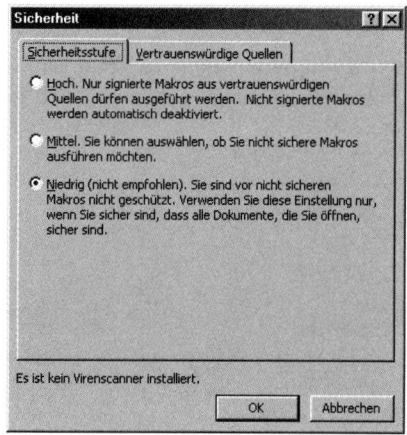

Abbildung 8.5:
Die Sicherheits-
optionen in Excel
2002

Die Option NIEDRIG sollten Sie aber nur einstellen, wenn Sie garantieren können, dass Ihre »Lieferanten« saubere Arbeitsmappen liefern.

Wenn Sie als Entwickler einmal über VBA eine Arbeitsmappe öffnen und den Makrodialog unterdrücken möchten, dann setzen Sie folgendes Makro aus Listing 8.16 ein.

```
Sub DateiOhneMakroabfrageÖffnen()
Dim v As Variant
    v = Application.GetOpenFilename
    If v = False Then Exit Sub
    Workbooks.Open v
End Sub
```

Listing 8.16:
Arbeitsmappe ohne
Makro-Start-Dialog
öffnen

Die Methode `GetOpenFileName` zeigt das Standarddialogfeld ÖFFNEN an und bekommt einen Dateinamen vom Benutzer, ohne jedoch irgendwelche Dateien zu öffnen. Das Öffnen der Datei erledigen Sie über die Methode `Open` selbst. Wird im ÖFFNEN-Dialog auf die Schaltfläche ABBRECHEN geklickt, wird das Makro sofort ohne weitere Aktion beendet.

8.3   Arbeitsmappen schließen

Wenn Sie eine Arbeitsmappe wieder schließen möchten, dann müssen Sie eine Meldung mit Ja bestätigen, wenn Sie Änderungen an der Mappe durchgeführt haben. Diese Meldung können Sie mit der Eigenschaft DisplayAlerts ausschalten. Sie müssen sich nur vorher entscheiden, ob Sie Änderungen an Ihrer Arbeitsmappe standardmäßig übernehmen oder ob Sie diese nicht speichern möchten.

8.3.1   Arbeitsmappe schließen – Änderungen akzeptieren

Beim folgenden Beispiel wird die aktive Arbeitsmappe geschlossen und alle Änderungen werden automatisch gespeichert.

Listing 8.17:
Arbeitsmappe
schließen –
Änderungen
übernehmen

```
Sub ArbeitsmappeSchließen()
 With ActiveWorkbook
  .Sheets(1).Range("A1").Value = _
  "letzte Änderung " & Now & " vom Anwender " & _
   Application.UserName
  .Close SaveChanges:=True
 End With
 Application.DisplayAlerts = False
End Sub
```

Die Methode Close schließt die Arbeitsmappe. Wird das Argument SaveChanges auf den Wert True gesetzt, werden Änderungen an der Arbeitsmappe gespeichert. Protokollieren Sie den letzten Zugriff auf diese Arbeitsmappe mit Hilfe der Funktion Now und der Eigenschaft UserName. Indem Sie die Eigenschaft DisplayAlerts auf den Wert False setzen, wird die Rückfrage beim Schließen der Arbeitsmappe unterdrückt.

8.3.2   Arbeitsmappe schließen – Änderungen verwerfen

Wenn Sie eine Arbeitsmappe zwar editieren möchten, um beispielsweise ein paar Berechnungen auf die Schnelle durchzuführen, die Ergebnisse letztendlich aber nicht speichern und den Originalzustand der Arbeitsmappe somit erhalten wollen, setzen Sie das Makro aus Listing 8.18 ein.

Listing 8.18:
Arbeitsmappe
schließen –
Änderungen
werden verworfen

```
Sub ArbeitsmappeSchließenOhneSpeichern()
 With Application
  .DisplayAlerts = False
  .DisplayStatusBar = True
  .StatusBar = "Änderungen an der Datei " _
    & ActiveWorkbook.Name & _
    " werden nicht gespeichert!"
  .Wait (Now + TimeValue("0:00:05"))
  .StatusBar = False
 End With
 ActiveWorkbook.Close
End Sub
```

Excel-VBA-Kompendium

Wenn Sie eine Arbeitsmappe ohne Speichern schließen möchten, dann sollten Sie für alle Fälle die Statusleiste nutzen, um bekannt zu geben, dass die Arbeitsmappe nicht gespeichert wurde. Diese Sicherheitsmaßnahme ist wichtig, da sie auch andere Anwender daran erinnert, dass diese Datei nicht gespeichert werden kann.

Im ersten Schritt schalten Sie mit der Eigenschaft DisplayAlerts die Excel-Meldungen und -Warnungen aus. Danach blenden Sie sicherheitshalber die Statusleiste mit der Eigenschaft DisplayStatusBar ein. Ist die Statusleiste schon eingeblendet, wird dieser Befehl ignoriert. Im Anschluss daran schreiben Sie mit Hilfe der Eigenschaft StatusBar einen kurzen Infotext in die Statusleiste. Diesen Text sollten Sie eine kurze Zeit in der Statusleiste stehen lassen, damit der Anwender diese Meldung auch registrieren kann. Diese kleine Zeitverzögerung erreichen Sie durch den Einsatz der Methode Wait, der Sie als Startzeit die aktuelle Uhrzeit (Now) mitgeben und darauf noch fünf Sekunden addieren. Um die besagten fünf Sekunden hinzuzuzählen, müssen Sie die Funktion TimeValue einsetzen, damit Excel weiß, dass es sich hierbei um einen Zeitwert handelt. Danach übergeben Sie Excel wieder die Verwaltung der Statusleiste, was bedeutet, dass Ihr Infotext verschwindet. Jetzt kann die Arbeitsmappe durch die Methode Close geschlossen werden.

8.3.3   Arbeitsmappe schließen bei Vernachlässigung

Um Ressourcen zu sparen, können Sie nicht mehr benötigte Arbeitsmappen schließen. Dazu definieren Sie einen Zeitpuffer, nach dem eine Arbeitsmappe geschlossen werden soll.

```
Sub ArbeitsmappeSchließenNach2Minuten()
Dim l As Long
Const Puffer As Long = 120

l = Timer
    Do While Timer < l + Puffer
        DoEvents
    Loop
    ActiveWorkbook.Save
    ActiveWorkbook.Close
End Sub
```

Listing 8.19:
Arbeitsmappe nach
zwei Minuten ohne
Aktion schließen

Definieren Sie zuerst einmal die Zeitdauer, nach der Excel eine unberührte Arbeitsmappe schließen soll. Die Angabe nehmen Sie in Sekunden vor. Speichern Sie danach einen aktuellen Zeitwert in der Variablen l mit Hilfe der Funktion Timer. Die Funktion Timer gibt einen Wert vom Typ Single zurück, der die Anzahl der seit Mitternacht vergangenen Sekunden angibt. Diese Zeitangabe können Sie nutzen, um die Dauer abzufragen, die seit dem Start des Makros aus Listing 8.19 vergangen ist. In einer Do While-Schleife kontrollieren Sie, wann die Zeitdauer aus der Variablen Puffer überschritten ist. Danach speichern und schließen Sie die aktive Arbeitsmappe.

Wenn Sie Excel zusätzlich auch noch beenden möchten, hängen Sie die Anweisung `Application.Quit` *an das Listing 8.19 unten an.*

8.3.4   Alle Arbeitsmappen bis auf eine schließen

Wenn Sie mehrere Arbeitsmappen in Excel geöffnet haben, können Sie ganz schnell mit der Tastenkombination Strg + F6 zwischen den einzelnen Arbeitsmappen hin- und herspringen. Springen Sie daher auf die Arbeitsmappe, an der Sie weiterarbeiten möchten, und schließen Sie alle anderen. Dazu verwenden Sie folgendes Makro aus Listing 8.20.

Listing 8.20:
Alle Arbeitsmappen
bis auf eine
schließen

```
Sub AlleMappenBisAufDieAktiveSchließen()
Dim Mappe As Workbook
For Each Mappe In Application.Workbooks
    If Mappe.Name <> ThisWorkbook.Name Then Mappe.Close
Next
End Sub
```

Im Auflistungsobjekt `Workbooks` sind alle zurzeit geöffneten Arbeitsmappen verzeichnet. Dies können Sie in einer `For Each`-Schleife verwenden, die den Namen der aktiven Arbeitsmappe mit den Namen der Arbeitsmappen vergleicht, die in der Auflistung stehen. Mit der Methode `Close` schließen Sie dann alle Arbeitsmappen bis auf die aktive.

Wenn Sie feststellen möchten, wie viele Arbeitsmappen momentan geöffnet sind, wenden Sie die Eigenschaft `Count` auf das Auflistungsobjekt `Workbooks` an.

Listing 8.21:
Ermittlung der
Anzahl der
geöffneten Excel-
Arbeitsmappen

```
Sub GeöffneteArbeitsmappenZählen()
  MsgBox "Es sind zur Zeit " & _
    Application.Workbooks.Count & _
    " Datei(en) geöffnet", vbInformation
End Sub
```

8.4   Arbeitsmappe löschen

Wenn Sie eine Arbeitsmappe löschen möchten, ohne dazu den Datei-Explorer von Windows einzusetzen, können Sie Arbeitsmappen über die Anweisung `Kill` einsetzen:

Listing 8.22:
Bestimmte Arbeits-
mappe löschen

```
Sub ArbeitsmappeLöschen()
Const Lw = "c:\"
Const Pfad = "c:\eigene Dateien"
Const Datei = "Mappe2.xls"
```

```
On Error GoTo fehler:
Kill Datei
MsgBox "Arbeitsmappe " & Datei & " wurde gelöscht!"
Exit Sub
fehler:
MsgBox "Es konnte keine Datei mit dem Namen " & _
        Datei & " gefunden werden!"
End Sub
```

Beachten Sie hierbei die Fehlerbehandlung von Excel. Wenn Sie z. B. zweimal hintereinander versuchen, das Makro ArbeitsmappeLöschen auszuführen, bekommen Sie beim ersten Mal die Bestätigung, dass die Datei gelöscht wurde. Wenn Sie ein zweites Mal versuchen, die Arbeitsmappe zu löschen, liefert Excel Ihnen die Fehlermeldung, welche unter der Zeilenmarke FEHLER steht.

8.4.1 Arbeitsmappe nach Verfallsdatum löschen

Wenn Sie im Besitz bestimmter Arbeitsmappen sind, die nach einer bestimmten Zeit gelöscht werden müssen, dann können Sie eine Zeitschaltung in Excel einbauen. Im folgenden Beispiel wird eine Arbeitsmappe im Jahr 2001 gelöscht.

```
Sub MappeMitVerfallsdatum()
  If Date > CD-ROMate("31. Dezember, 2000") _
  Then Kill "C:\eigene Dateien\Geheim.xls"
End Sub
```

Listing 8.23:
Arbeitsmappe nach Ablaufdatum löschen

Zur besseren Lesbarkeit des Codes können Sie das Vergleichsdatum in Langform verwenden. Dazu müssen Sie allerdings die Funktion CD-ROMate einsetzen, die das Langdatum intern in ein geeignetes Datumsformat umwandelt. Ergibt die Abfrage, dass die Arbeitsmappe abgelaufen ist, löschen Sie die gewünschte Arbeitsmappe mit der Anweisung Kill. Mit dieser Anweisung können Sie auch mehrere Arbeitsmappen auf einmal löschen. Im nächsten Beispiel werden alle Dateien im Verzeichnis C:\TEMP ohne Rückfrage gelöscht.

```
Sub VerzeichnisPutzen()
On Error GoTo ende:
  ChDir "C:\temp"
  Kill "*.*"
ende:
End Sub
```

Listing 8.24:
Alle Dateien in einem Verzeichnis löschen

Zur Sicherheit bauen Sie bei diesem Makro eine On Error-Anweisung ein. Wird das vorgegebene Verzeichnis nicht gefunden, wird die Kill-Anweisung umgangen, indem direkt zum Ende des Makros verzweigt wird. Wird das

vorgegebene Verzeichnis gefunden, werden alle Dateien über den Platzhalter
. angesprochen und über die Anweisung Kill ohne Rückfrage gelöscht.

8.5   Arbeitsmappen einfügen

Selbstverständlich können Sie neben dem Löschen von Arbeitsmappen auch
neue Arbeitsmappen hinzufügen. Dazu verwenden Sie die Methode Add. Die
Anzahl der Tabellenblätter, welche Excel in der neuen Arbeitsmappe zur
Verfügung stellen soll, regeln Sie über die Eigenschaft SheetsInNewWorkbook.

*Achten Sie darauf, dass die Obergrenze der Tabellenblätter den Wert 255
nicht übersteigen sollte.*

‼
STOP

Listing 8.25:
Neue Arbeits-
mappe mit einem
einzigen Tabellen-
blatt einfügen

```
Sub ArbeitsmappeEinfügen()
  Application.SheetsInNewWorkbook = 1
  Workbooks.Add
End Sub
```

Mit Hilfe der Eigenschaft SheetsInNewWorkbook legen Sie fest, wie viele Tabellen in einer neuen Arbeitsmappe eingefügt werden sollen. Danach wenden
Sie die Methode Add an, um eine neue Arbeitsmappe einzufügen.

Selbstverständlich können Sie auch noch später Tabellen in Ihre Arbeitsmappe einfügen. In der folgenden Praxislösung werden genau 52 Tabellen
in die Arbeitsmappe eingefügt und danach auch gleich benannt.

Listing 8.26:
Tabellen in Arbeits-
mappe einfügen
und benennen

```
Sub WochenEinfügen()
Dim i As Integer
For i = 1 To 52
Sheets.Add.Move After:=Worksheets(Worksheets.Count)
ActiveSheet.Name = "KW " & i
Next i
End Sub
```

Setzen Sie eine Schleife auf, die genau 52 Mal abgewickelt wird. Über die
Methode Add fügen Sie jeweils eine Tabelle ein. Im Argument After geben
Sie die Position in der Arbeitsmappe an, an der die Tabelle eingefügt werden
soll. Dabei wenden Sie die Methode Count an, um die Tabelle jeweils am
Ende der Mappe einzufügen.

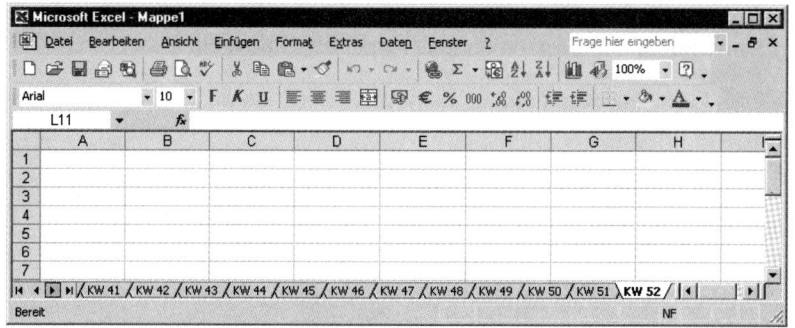

Abbildung 8.6:
Tabellen einfügen
und benennen

8.6 Arbeitsmappen drucken

Wenn Sie eine Arbeitsmappe drucken möchten, setzen Sie das Makro aus Listing 8.27 ein.

```
Sub ArbeitsmappeDrucken()
 ActiveWorkbook.PrintOut
End Sub
```

Listing 8.27:
Die ganze
Arbeitsmappe
wird gedruckt

Wie Sie nur Teile einer Arbeitsmappe drucken können, wie z. B. einzelne Tabellenblätter oder Bereiche, erfahren Sie weiter unten.

8.6.1 Anzahl der Druckseiten ermitteln

Bevor Sie einen Druck starten, könnte es von Interesse sein, wie viele Druckseiten die Arbeitsmappe enthält. Um diese Aufgabe zu lösen, setzen Sie das Makro aus Listing 8.28 ein.

```
Sub SeitenzahlErmitteln()
Dim i As Integer
Dim Blatt As Worksheet
   i = 0
   For Each Blatt In ActiveWorkbook.Sheets
      Blatt.Activate
      Seiten = ExecuteExcel4Macro("Get.Document(50)")
      i = i + Seiten
   Next Blatt
   MsgBox "Anzahl der Seiten = " & i
End Sub
```

Listing 8.28:
Druckseiten der
Arbeitsmappe
ermitteln

Um diese Anzahl der Seiten zu ermitteln, rufen Sie das Makro Get.Document auf und übergeben diesem Makro das Argument 50. Das Ergebnis dieser Abfrage speichern Sie in der Variablen i, welche Sie im Anschluss auf dem Bildschirm ausgeben.

Möchten Sie die voraussichtlichen Druckseiten einer einzigen Tabelle herausfinden, dann setzen Sie das folgende Makro ein:

Listing 8.29:
Druckseiten der
aktiven Tabelle
ermitteln

```
Sub SeitenzahlDerAtivenTabelleErmitteln()
Dim i As Integer
    i = ExecuteExcel4Macro("Get.Document(50)")
  MsgBox "Anzahl der Seiten = " & i
End Sub
```

8.6.2   Nur bestimmte Tabellen drucken

Wie Sie die komplette Arbeitsmappe drucken können, wissen Sie jetzt. Wie aber gehen Sie vor, wenn Sie auf allen Tabellen einer Arbeitsmappe jeweils nur die erste Seite drucken möchten? Sehen Sie sich dazu das Makro aus Listing 8.30 an.

Listing 8.30:
Einzelne Tabellen-
bereiche drucken

```
Sub TabellenDrucken()
Dim Tabelle As Worksheet
For Each Tabelle In ActiveWorkbook.Worksheets
 Tabelle.PrintOut 1, 1
Next Tabelle
End Sub
```

In einer Schleife arbeiten Sie alle Tabellen einer Arbeitsmappe durch. Mit Hilfe der Methode PrintOut können Sie festlegen, wie viele Blätter der Tabelle Sie ausdrucken möchten. Im Makro aus Listing 8.30 wird jeweils nur die erste Seite einer Tabelle ausgedruckt.

Ein Blick auf die genaue Syntax der Methode PrintOut lohnt sich:

```
PrintOut(From, To, Copies, Preview, ActivePrinter, _
PrintToFile, Collate, PrToFileName)
```

Das Argument From gibt die Nummer der ersten Seite an, die ausgedruckt wird. Wenn Sie dieses Argument nicht angeben, wird von der ersten Seite an gedruckt.

Das Argument To gibt die Nummer der letzten Seite, die gedruckt werden soll. Wenn Sie dieses Argument nicht angeben, wird bis zur letzten Seite gedruckt.

Das Argument Copies legt die Anzahl der zu druckenden Kopien fest. Wenn Sie dieses Argument nicht angeben, wird eine Kopie gedruckt.

Setzen Sie das Argument `Preview` auf den Wert `True`, dann ruft Microsoft Excel die Seitenansicht auf, bevor die Seiten gedruckt werden. Wenn das Argument den Wert `False` hat oder nicht angegeben ist, werden die Seiten sofort gedruckt.

Das Argument `ActivePrinter` gibt den Namen des aktiven Druckers an. Wenn Sie dieses Argument nicht angeben, werden die Seiten auf Ihrem Standarddrucker ausgegeben.

Beim Argument `PrintToFile` handelt es sich um eine optionale Angabe. Wenn dieses Argument den Wert `True` hat, erfolgt die Ausgabe in eine Datei. Wenn `PrToFileName` nicht angegeben ist, fordert Microsoft Excel den Benutzer zur Eingabe des Namens der Ausgabedatei auf.

Das Argument `Collate` setzen Sie auf den Wert `True`, wenn Mehrfachkopien sortiert werden sollen.

Wenn das Argument `PrToFileName` auf den Wert `True` gesetzt ist, nennt dieses Argument den Namen der Datei, in die Sie ducken möchten.

8.7   Arbeitsmappen und Dokumenteigenschaften

Die Dokumenteigenschaften einer Arbeitsmappe können Sie eingeben oder auch ansehen, indem Sie aus dem Menü DATEI den Befehl EIGENSCHAFTEN wählen.

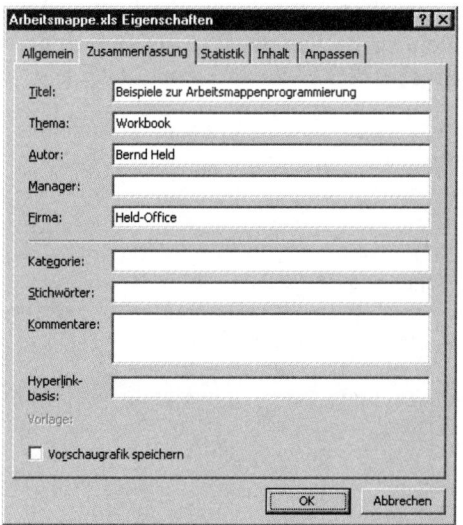

Abbildung 8.7:
Dokumenteigenschaften ablesen

8.7.1   Dokumenteigenschaftsnamen abfragen

Genau diese Eigenschaften können Sie mit Hilfe eines Makros abfragen. Dazu muss erst einmal bekannt sein, wie die einzelnen Dokumenteigenschaften angesprochen werden müssen. Das Makro aus Listing 8.31 schreibt Ihnen die exakten Bezeichnungen in eine neue Tabelle.

Listing 8.31:
Namen von Dokumenteigenschaften ermitteln

```
Sub DokumentEigenschaftenAuslesen()
Dim i As Integer
Dim p As Object
i = 1

Sheets.Add
For Each p In ActiveWorkbook.BuiltinDocumentProperties
    Cells(i, 1).Value = p.Name
    i = i + 1
Next
End Sub
```

Mit dem Befehl `Sheet.Add` fügen Sie eine neue Tabelle in Ihrer Arbeitsmappe ein. Danach bilden Sie eine Schleife, die nacheinander alle Dokumenteigenschaften der Arbeitsmappe durchläuft und deren Namen in die Tabelle schreibt. Mit Hilfe der Eigenschaft `BuilInDocumetnProperties` wird Ihnen eine Auflistung aller Dokumenteigenschaft zur Verfügung gestellt. Das Ergebnis sehen Sie in Abbildung 8.9.

8.7.2   Dokumenteigenschaftsinhalte ermitteln

Im nächsten Schritt ermitteln Sie die dazugehörigen Einträge der Dokumenteigenschaften. Dazu erweitern Sie das Makro aus Listing 8.31. Das Ergebnis sehen Sie in Listing 8.32.

Listing 8.32:
Inhalte von Dokumenteigenschaften ermitteln

```
Sub DokumentEigenschaftenAuslesen2()
Dim i As Integer
Dim p As Object
i = 1

Sheets.Add
For Each p In ActiveWorkbook.BuiltinDocumentProperties
    On Error GoTo fehler
    Cells(i, 1).Value = p.Name
    Cells(i, 2).Value = p.Value
weiter:
    i = i + 1
Next
Exit Sub
fehler:
Resume weiter
End Sub
```

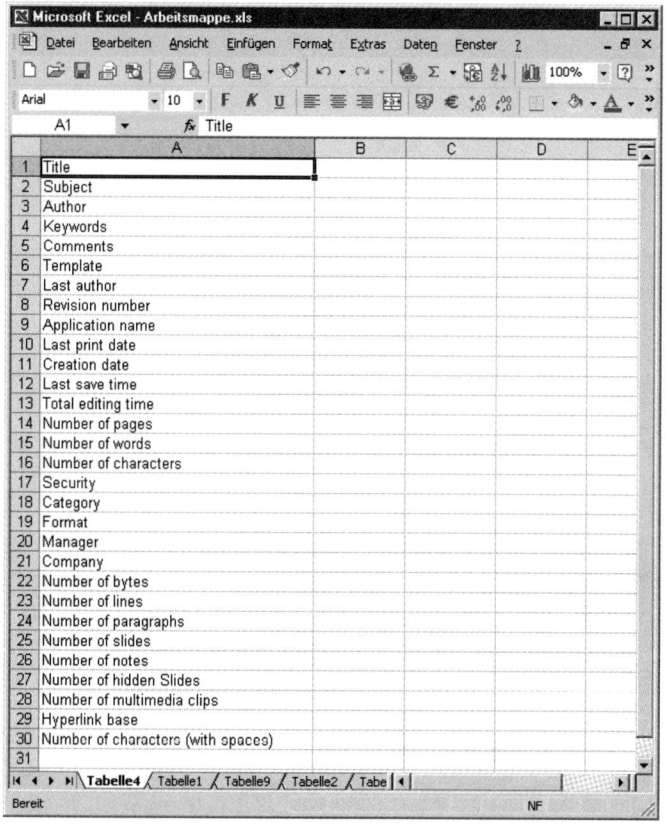

Abbildung 8.8:
Alle Dokument-
eigenschaftsnamen
einer Arbeitsmappe

Mit dem Befehl Sheet.Add fügen Sie eine neue Tabelle in Ihrer Arbeitsmappe ein. Mit Hilfe der Eigenschaft BuilInDocumetnProperties wird Ihnen eine Auflistung aller Dokumenteigenschaften zur Verfügung gestellt. Bilden Sie jetzt eine Schleife, die nacheinander alle Dokumenteigenschaften der Arbeitsmappe durchläuft und deren Namen sowie deren Inhalte in die Tabelle schreibt.

8.7.3 Letztes Speicherdatum abfragen

Möchten Sie herausfinden, wann eine Arbeitsmappe das letzte Mal geändert wurde, dann können Sie dies mit Hilfe des Makros aus Listing 8.33 tun.

```
Sub letztesSpeicherdatumErmitteln()
MsgBox ThisWorkbook.BuiltinDocumentProperties _
("Last save time").Value
End Sub
```

Listing 8.33:
Letztes Speicher-
datum abfragen
(Variante 1)

Wenn Sie sich an der Abbildung 8.9 orientieren, dann sehen Sie, welche Eigenschaft Sie bei den Dokumenteigenschaften einsetzen möchten.

Abbildung 8.9:
Die Inhalte von
Dokumenteigen-
schaften ermitteln

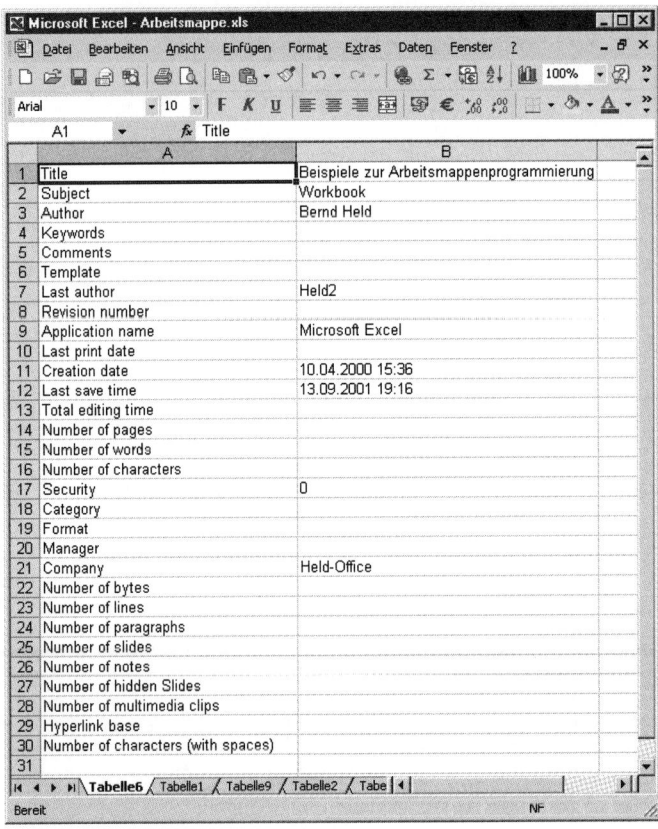

Abbildung 8.10:
Das letzte Speicher-
datum ausgeben

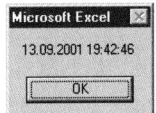

Neben der etwas längeren Variante können Sie die Dokumenteigenschaft Last save time auch über einen Index ansprechen. Das Makro bei dieser Variante lautet:

Listing 8.34:
Letztes Speicher-
datum abfragen
(Variante 2)

```
Sub letztesSpeicherdatumErmittelnII()
MsgBox ThisWorkbook.BuiltinDocumentProperties(12).Value
End Sub
```

Der Index 12 entspricht also der Dokumenteigenschaft des letzten Speicherdatums. Das Problem, das Sie bei dieser Variante haben ist, dass Sie die einzelnen Indexe leider nicht auswendig wissen. Aber auch diese Aufgabe bewältigen Sie spielerisch mit dem Makro aus Listing 8.35.

```
Sub DokumentEigenschaftenAuslesen3()
Dim i As Integer
Dim p As Object
i = 1

Sheets.Add
For Each p In ActiveWorkbook.BuiltinDocumentProperties
    Cells(i, 1).Value = p.Name
    Cells(i, 2).Value = i
    i = i + 1
Next
End Sub
```

Listing 8.35:
Indexe der Doku-
menteigenschaften
ermitteln

Die Indexe der Dokumenteigenschaften entsprechen genau der Reihenfolge
aus folgender Abbildung.

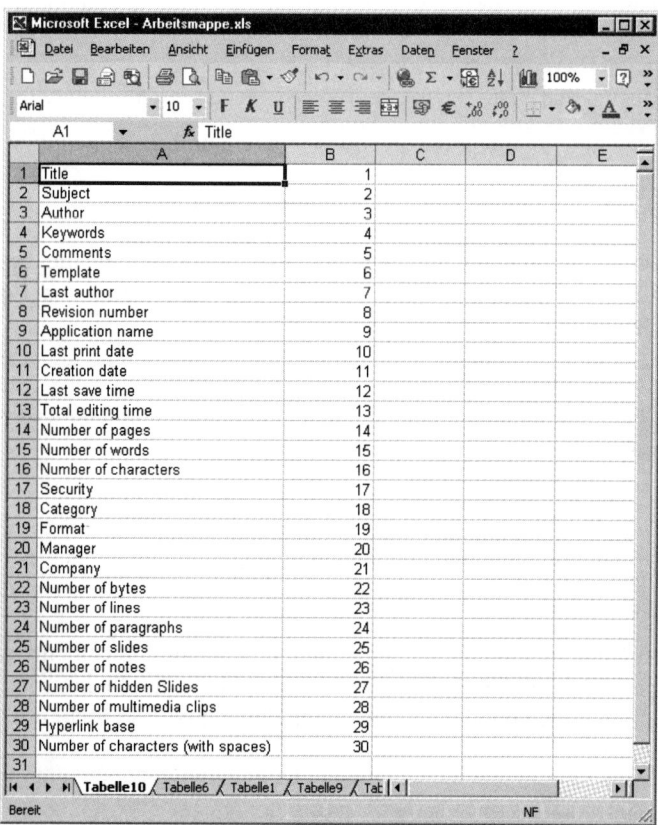

Abbildung 8.11:
Indexe der Doku-
menteigenschaften
ermitteln

8.7.4   Erstelldatum herausfinden und manipulieren

Von Interesse könnte auch das Erstelldatum einer Arbeitsmappe sein. Gerade wenn Sie auf der Suche nach einer bestimmten Excel-Datei sind und dazu die Suchen-Funktion der Windows-Oberfläche verwenden, können Sie mit dem Erstelldatum einer Arbeitsmappe die entsprechende Datei schneller finden. Beim Abfragen des Erstelldatums einer Arbeitsmappe setzen Sie das Makro aus Listing 8.36 ein.

Listing 8.36:
Das Erstelldatum
einer Datei
ermitteln

```
Sub Erstelldatum()
MsgBox ThisWorkbook.BuiltinDocumentProperties(11).Value
End Sub
```

Möchten Sie das Erstelldatum einer Arbeitsmappe manipulieren, dann können Sie der Dokumenteigenschaft die Funktion Date zuweisen. Damit bekommt die Arbeitsmappe als neues Erstelldatum: das aktuelle Systemdatum.

Listing 8.37:
Das Erstelldatum
einer Datei
manipulieren

```
Sub ErstelltDatumManipulieren()
 ThisWorkbook.BuiltinDocumentProperties(11) = Date
End Sub
```

8.7.5   Autor einer Arbeitsmappe ermitteln

Wenn Sie wissen möchten, welcher Mitarbeiter eine bestimmte Arbeitsmappe angelegt hat, können Sie dies mit Hilfe der Eigenschaft Author herausfinden.

Listing 8.38:
Wer hat die Arbeits-
mappe angelegt?

```
Sub BearbeiterErmitteln()
Dim s As String
Dim DatName As String
 s = ActiveWorkbook.Author
 DatName = ActiveWorkbook.Name
 MsgBox "Der Anwender " & s & _
 " hat die Datei " & DatName & " angelegt!"
End Sub
```

Im Makro aus Listing 8.38 setzen Sie keine Dokumenteigenschaft ein, um den Namen des Autors sowie den Namen der Arbeitsmappe zu ermitteln. Diese Aufgabe können Sie ebenso mit den Eigenschaften Author und Name lösen.

Abbildung 8.12:
Anwender und
Namen einer Mappe
herausfinden

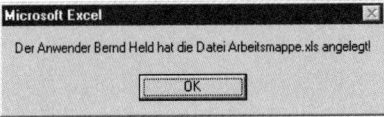

Selbstverständlich können Sie den Autor einer Arbeitsmappe auch direkt aus den Dokumenteigenschaften ermitteln. Das Makro aus Listing 8.39 macht genau dies.

```
Sub AutorErmitteln()
MsgBox ThisWorkbook.BuiltinDocumentProperties("Author").Value
End Sub
```

Listing 8.39:
Wer ist der Autor
der Arbeitsmappe?

8.7.6   Zusätzliche Dokumenteigenschaft anlegen

Neben den gängigen Dokumenteigenschaften, die Sie im Menü DATEI mit dem Befehl EIGENSCHAFTEN nachlesen können, haben Sie die Möglichkeit, eigene Felder zu definieren. So könnten Sie beispielsweise ein Gültigkeits- datum für die Arbeitsmappe als Dokumenteigenschaft einfügen.

```
Sub ZusätzlicheDokuEigenschaftenAnlegen()
On Error Resume Next
 ThisWorkbook.CustomDocumentProperties.Add _
 "Gültigkeit", False, msoPropertyTypeDate, "01/1/2002"
End Sub
```

Listing 8.40:
Neue Dokument-
eigenschaft
hinzufügen

Wenden Sie die Methode Add an, um weitere Dokumenteigenschaften anzu- legen. Im Fall dessen, dass die Dokumenteigenschaft schon angelegt wurde, sorgt die On Error-Anweisung dafür, dass es zu keinem Makroabsturz kommt.

Die Syntax der Methode Add lautet:

```
Add(Name, LinkToContent, Type, Value, LinkSource)
```

Die Syntax

Mit dem ersten Argument Name wird der Name der neuen Dokumenteigen- schaft festgelegt. Setzen Sie das zweite Argument LinkToContent auf den Wert False, sofern Sie den Wert der Dokumenteigenschaft selbst setzen möchten. In diesem Fall muss das Argument Value gesetzt werden. Setzen Sie das Argument LinkToContent auf den Wert True, wenn Sie die Dokument- eigenschaft beispielsweise aus dem Inhalt einer Zelle bilden wollen. In die- sem Fall muss das Argument LinkSource gesetzt werden. Das Argument Type gibt den Datentyp der Dokumenteigenschaft an. Möglich sind hierbei die Konstanten

*Die Argumente
der Methode
Add*

➤ msoPropertyTypeBoolean (für Wahrheitswerte)

➤ msoPropertyTypeDate (für Datumswerte)

➤ msoPropertyTypeFloat (für Zahlen mit Nachkommastellen)

➤ msoPropertyTypeNumber (für ganze Zahlen)

➤ msoPropertyTypeString (für Texteingaben)

Das Argument `Value` wird verwendet, wenn Sie die Dokumenteigenschaft direkt editieren möchten. Das letzte Argument `LinkSource` bildet die Quelle der verknüpften Eigenschaft.

Abbildung 8.13:
Die neue Doku-
menteigenschaft
Gültigkeit

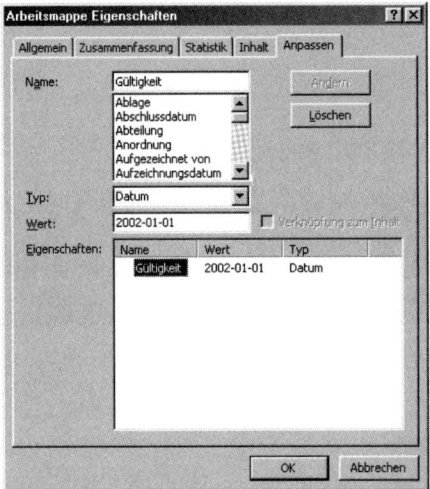

Wenn Sie eine selbst angelegte Dokumenteigenschaft wieder löschen wollen, setzen Sie die Methode `Delete` ein.

Listing 8.41:
Benutzerdefinierte
Dokumenteigen-
schaft löschen

```
Sub DokuEigenschaftLöschen()
On Error Resume Next
ThisWorkbook.CustomDocumentProperties("Gültigkeit") _
.Delete
End Sub
```

8.7.7 Zugriffsdaten einer Arbeitsmappe ermitteln

Sicher hat es Sie auch schon einmal interessiert, wann eine Arbeitsmappe erstellt worden ist. Es kommt schon mal vor, dass man einen Dateinamen vergisst und sich noch grob an das Erstellungsdatum der Datei erinnern kann. Auch die letzte Änderung an einer Datei ist von Interesse, wenn Sie mehrere Versionen von einer Datei erstellt haben und immer die aktuellste Datei weiterverarbeiten möchten. Sie haben in Excel sogar die Möglichkeit zu ermitteln, wann das letzte Mal auf eine bestimmte Datei, auch ohne Änderung an ihr, zugegriffen worden ist. Alle diese Informationen kann Ihnen das `FileSystemObject` liefern.

Listing 8.42:
Zugriffsdaten einer
Arbeitsmappe
ermitteln

```
Sub InfoZurAktuellenDatei()
Dim fsO As Object
Dim sName As Object
Dim sMeldung As String
  Set fsO = CreateObject("Scripting.FileSystemObject")
```

```
Set sName = fsO.GetFile(ActiveWorkbook.Name)
MsgBox (ActiveWorkbook.Name & Chr(13) & Chr(13) & _
"angelegt am: " & sName.DateCreated & Chr(13) & _
"Letzter Zugriff: " & sName.DateLastAccessed & _
 Chr(13) & _
"Letzte Änderung: " & sName.DateLastModified), _
 vbInformation, "Datei-Info"
End Sub
```

Um Dateiinformationen einer Arbeitsmappe abzurufen, erstellen Sie ein FileSystemObject mit der Funktion CreateObject. Damit haben Sie Zugriff auf die MICROSOFT SCRIPTING RUNTIME-Bibliothek. Diese Bibliothek beinhaltet einige Eigenschaften, die Sie abfragen können.

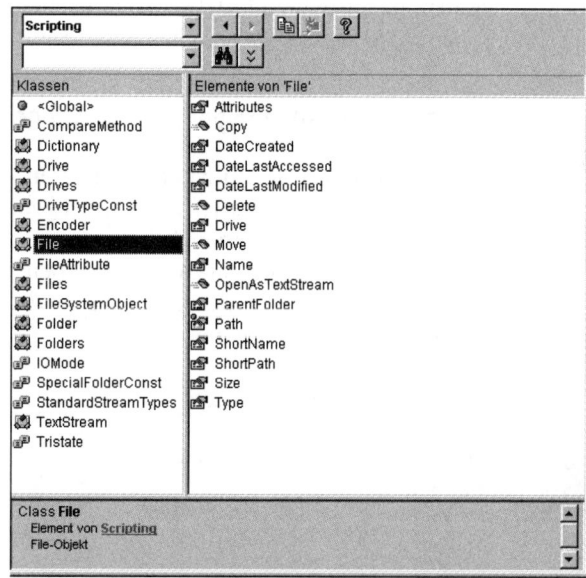

Abbildung 8.14:
Alle Eigenschaften und Methoden des FileSystemObject

Wenn Sie weitere Eigenschaften des Objekts FileSystemObject *einsehen möchten, müssen Sie die Bibliothek zuerst einbinden. Dazu wählen Sie in der Entwicklungsumgebung aus dem Menü* EXTRAS *den Befehl* VERWEISE *und aktivieren die Bibliothek* MICROSOFT SCRIPTING RUNTIME. *Danach drücken Sie die Taste* ⎡F2⎤, *um den Objektkatalog anzuzeigen.*

INFO

8.8   Arbeitsmappen und Verknüpfungen

In Excel 2002 haben Sie die Möglichkeit, mehrere Arbeitsmappen miteinander zu verknüpfen. So können Sie beispielsweise Kosten und Leistungen in getrennten Arbeitsmappen eingeben und in einer Arbeitsmappe zu einer Ergebnisrechnung verknüpfen. Wenn Sie dazu noch regelmäßig einzelne

Arbeitsmappen von Kollegen bekommen, die Sie ebenso verknüpfen, entsteht zwangsläufig eine recht unübersichtliche und u. U. auch eine recht große Datei.

Wenn Sie eine Arbeitsmappe öffnen, die Verknüpfungen enthält, werden Sie durch eine Bildschirmmeldung darauf aufmerksam gemacht, dass Verknüpfungen enthalten sind. Sie haben dann die Möglichkeit, diese Verknüpfungen zu aktualisieren. Dabei bleiben die verknüpften Arbeitsmappen aber geschlossen. Die Zeit, die vergeht, bis die Verknüpfungen alle aktualisiert sind, ist abhängig von der Anzahl der verknüpften Zellen bzw. der verknüpften Arbeitsmappen. Es empfiehlt sich, bei Änderungen immer die beteiligten Arbeitsmappen zu öffnen. Verknüpfte Arbeitsmappen können Sie in Excel öffnen, indem Sie aus dem Menü BEARBEITEN den Befehl VERKNÜPFUNGEN wählen, im Listenfeld QUELLDATEI die entsprechenden verknüpften Arbeitsmappen markieren und die Schaltfläche QUELLE ÖFFNEN klicken.

8.8.1   Verknüpfungen in Hyperlinks umwandeln

Selbstverständlich können Sie ein Makro einsetzen, welches Ihnen alle verknüpften Arbeitsmappen automatisch öffnet. Es geht aber auch noch besser. Im folgenden Makro wird in einer Arbeitsmappe ein neues Tabellenblatt eingefügt. Danach werden alle verknüpften Arbeitsmappen als Hyperlinks eingefügt. In Zukunft reicht ein Klick auf den jeweiligen Hyperlink, um die verknüpfte Arbeitsmappe zu öffnen.

Das Makro für diese Aufgabe lautet:

Listing 8.43:
Verknüpfte Arbeitsmappen als Link ausgeben

```
Sub VerknüpfteMappenAlsHyperlinkAusgeben()
Dim Mappe As Workbook
Dim VLink As Variant
Dim i As Integer

Set Mappe = ThisWorkbook
Sheets.Add
Range("A1").Select
VLink = Mappe.LinkSources(xlExcelLinks)
If Not IsEmpty(VLink) Then
    For i = 1 To UBound(VLink)
        ActiveCell.Hyperlinks.Add ActiveCell, VLink(i)
        ActiveCell.Offset(1, 0).Select
    Next i
End If
ActiveSheet.Columns(1).AutoFit
End Sub
```

Definieren Sie zuerst ein Objekt vom Typ Workbook. Dadurch ersparen Sie sich später einiges an Schreibarbeit. Danach definieren Sie ein Datenfeld

(Array) vom Datentyp Variant, indem Sie die Namen und die Pfade der verknüpften Arbeitsmappen speichern. Mit der Anweisung Set sagen Sie aus, dass das Objekt Mappe die momentan aktive Arbeitsmappe repräsentieren soll. Fügen Sie ein neues Tabellenblatt mit der Methode Add ein. Füllen Sie jetzt das Datenfeld VLink mit allen Excel-Verknüpfungen. Dazu setzen Sie die Methode LinkSources mit der Xlink-Konstanten xlExcelLinks ein. Die Methode gibt eine Matrix mit Verknüpfungen einer der Arbeitsmappen zurück. Die Namen in der Matrix entsprechen dabei den Namen der verknüpften Excel-Arbeitsmappen. Wenn keine Verknüpfung besteht, wird der Wert Empty zurückgegeben. Liefert die Methode nicht den Wert Empty zurück, dann setzen Sie eine For Next-Schleife ein. Diese Schleife fängt bei der ersten Verknüpfung an und endet bei der letzten. Innerhalb der Schleife fügen Sie mit Hilfe der Methode Add einen Hyperlink ein, der als Ziel den Namen sowie die Pfadangabe der verknüpften Arbeitsmappe beinhaltet. Diese beiden Informationen haben Sie vorher im Datenfeld VLink gespeichert. Danach positionieren Sie eine Zelle weiter nach unten und fügen den nächsten Hyperlink ein.

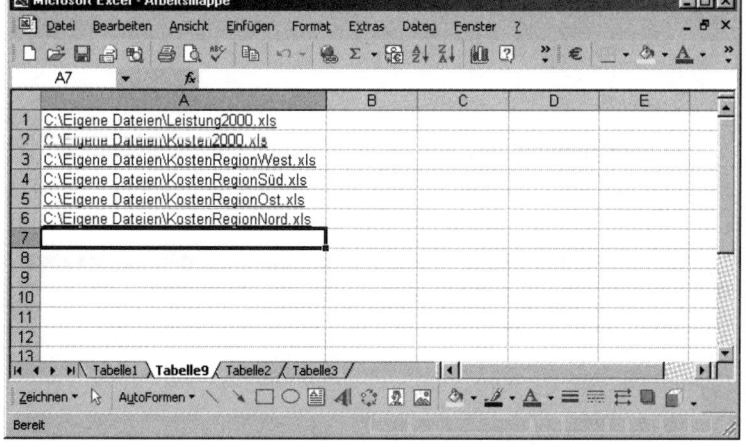

Abbildung 8.15:
Verknüpfte Arbeitsmappen mit einem Mausklick öffnen

8.8.2 Verknüpfungen in Arbeitsmappe ermitteln

Möchten Sie lediglich ermitteln, welche Arbeitsmappen überhaupt verknüpft sind, setzen Sie folgendes Makro aus Listing 8.44 ein.

```
Sub VerknüpfteDateienAusgeben()
Dim Mappe As Workbook
Dim VLink As Variant
Dim i As Integer

Set Mappe = ThisWorkbook
VLink = Mappe.LinkSources(xlExcelLinks)
```

Listing 8.44:
Alle verknüpften Arbeitsmappen ausgeben

```
If Not IsEmpty(VLink) Then
    For i = 1 To UBound(VLink)
        Debug.Print "Verknüpfung " & i & ": " & VLink(i)
    Next i
End If
End Sub
```

Die nächste Frage drängt sich geradezu auf: Wie können Sie prüfen, ob in einer Arbeitsmappe eine Verknüpfung zu einer ganz bestimmten anderen Arbeitsmappe vorhanden ist? Die Antwort auf diese Frage liefert das Makro aus Listing 8.45.

Listing 8.45:
Überprüfen, ob eine bestimmte Arbeitsmappe verknüpft ist (nur korrekte Schreibweise)

```
Sub PrüfenAufBestimmteVerknüpfung()
Dim Mappe As Workbook
Dim VLink As Variant
Dim i As Integer
Const Verkn = "C:\Eigene Dateien\Kosten2000.xls"
Set Mappe = ThisWorkbook
VLink = Mappe.LinkSources(xlExcelLinks)
If Not IsEmpty(VLink) Then
 For i = 1 To UBound(VLink)
     If Verkn = VLink(i) Then _
     MsgBox "Verknüpfung zu der Mappe " & _
     VLink(i) & " ist vorhanden!"
 Next i
End If
End Sub
```

Abbildung 8.16:
Die Ausgabe der verknüpften Mappe im Direktfenster

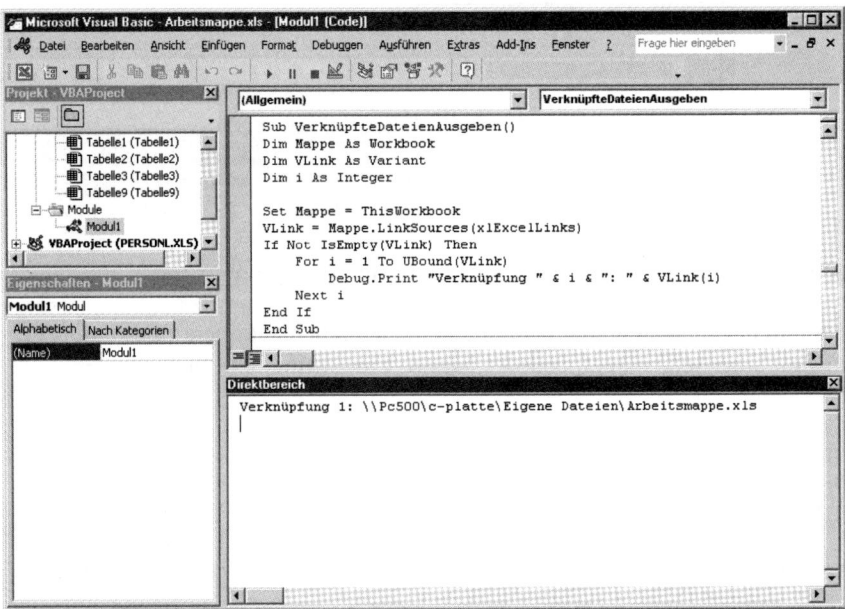

Für diese Aufgabe können Sie dasselbe Gerüst verwenden wie bei den vorherigen Listings. Innerhalb der For Next-Schleife fragen Sie jetzt ab, ob eine bestimmte Arbeitsmappe verknüpft ist. Dabei haben Sie den Namen der Arbeitsmappe in einer Konstanten definiert, die Sie jetzt mit dem Datenfeld VLink abgleichen. Beim Vergleich müssen Sie darauf achten, dass zwischen Groß- und Kleinschreibung unterschieden wird.

Möchten Sie keine Unterscheidung zwischen Groß- und Kleinschreibung, so setzen Sie die Funktion UCase *ein. Diese Funktion wandelt die Zeichenfolgen in Großbuchstaben um.*

:-)
TIPP

```
Sub PrüfenAufBestimmteVerknüpfungGK()
Dim Mappe As Workbook
Dim VLink As Variant
Dim i As Integer
Const Verkn = "C:\Eigene Dateien\Kosten2000.xls"
Set Mappe = ThisWorkbook
VLink = Mappe.LinkSources(xlExcelLinks)
If Not IsEmpty(VLink) Then
 For i = 1 To UBound(VLink)
    If UCase(Verkn) = UCase(VLink(i)) Then _
    MsgBox "Verknüpfung zu der Mappe " & _
    VLink(i) & " ist vorhanden!"
 Next i
End If
End Sub
```

Listing 8.46:
Überprüfen, ob eine bestimmte Arbeitsmappe verknüpft ist (Groß- oder Kleinschreibweise)

Das folgende Makro überprüft alle Verknüpfungen in einer Arbeitsmappe und zählt am Ende die gefundenen Verknüpfungen.

```
Sub VerknüpfungenÜberprüfen()
Dim Links As Variant
Dim s As String
Dim s2 As String
Dim i As Integer
    Links = ActiveWorkbook.LinkSources(xlExcelLinks)
    If Not IsEmpty(Links) Then
        For i = 1 To UBound(Links)
          s2 = Links(i)
          s = Dir(Links(i))
          If s = "" Then MsgBox _
          "Die Verknüpfung " & s2 & _
          " konnte nicht gefunden werden!"
        Next i
    Else
    End If
    MsgBox "In dieser Mappe sind " & _
      i - 1 & " Verknüpfungen enthalten!"
End Sub
```

Listing 8.47:
Verknüpfungen überprüfen

8.8.3   Verknüpfungen aus der Arbeitsmappe entfernen

Es ist ratsam, Verknüpfungen aus Arbeitsmappen zu entfernen, wenn Sie diese an Kollegen verschicken möchten. Mit den Verknüpfungen können Ihre Kollegen sowieso nichts anfangen, es sei denn, Sie liefern zusätzlich noch die verknüpften Arbeitsmappen aus. Oft kommt es auch vor, dass so genannte »Ghostlinks« entstehen. Damit sind Verknüpfungen gemeint, die nicht mehr gültig sind, da die verknüpften Quelldateien nicht mehr vorhanden sind. In beiden Fällen bekommen Sie aber immer noch die Aktualisierenabfrage beim Öffnen der Arbeitsmappe, die dann einen Fehler meldet, wenn Sie versuchen, die verknüpften Arbeitsmappen zu aktualisieren. Das muss nicht sein. Setzen Sie ein Makro ein, um diese Verknüpfungen zu entfernen.

Listing 8.48:
Verknüpfungen aus Arbeitsmappen entfernen

```
Sub AlleVerknüpfungenAusEinerMappeEntfernen()
Dim VLink As Variant
Dim i As Integer
VLink = ActiveWorkbook.LinkSources(xlExcelLinks)
If Not IsEmpty(VLink) Then
  For i = 1 To UBound(VLink)
      ActiveWorkbook.ChangeLink Name:=VLink(i), _
      newname:=ThisWorkbook.Name
  Next i
End If
End Sub
```

Definieren Sie ein Datenfeld (Array) vom Datentyp Variant, indem Sie die Namen und die Pfade der verknüpften Arbeitsmappen mit Hilfe der Methode LinkSources speichern. Im Anschluss daran fragen Sie ab, ob die Arbeitsmappe überhaupt Verknüpfungen enthält. Wenn nicht, meldet die Funktion IsEmpty den Wert True zurück, was bedeutet, dass das Datenfeld VLink leer ist. Im anderen Fall wird eine For Next-Schleife aufgesetzt. Die Schleife beginnt bei der ersten Verknüpfung und endet bei der letzten, die im Datenfeld VLink steht. Den letzten Eintrag des Datenfeldes VLink ermitteln Sie mit Hilfe der Funktion UBound. Innerhalb der Schleife wenden Sie die Methode ChangeLink an. Diese Methode ändert eine Verknüpfung von einem Dokument zu einem anderen. Als erstes Argument müssen Sie die Quelle angeben, also die Verknüpfung zur anderen Arbeitsmappe, die Sie aus dem Datenfeld VLink herausholen. Das zweite Argument stellt den Namen der neuen Verknüpfung dar. Als neue Verknüpfung geben Sie den Namen der aktiven Arbeitsmappe an.

Da die Methode ChangeLink lediglich den Namen der Arbeitsmappe austauscht, ist bei dieser Art der Entfernung von Verknüpfungen Vorsicht geboten. Die externen Verknüpfungen können auf diese Art natürlich entfernt werden; die Methode belässt aber innerhalb der Verknüpfung die ursprünglichen Zellenbezüge, die dann auf die aktive Arbeitsmappe verweisen.

8.8.4 Alle Dateien aus einem Ordner dokumentieren

Wenn Sie wissen möchten, welche Dateien sich in einem bestimmten Verzeichnis befinden, dann können Sie die Namen der Arbeitsmappen in eine Tabelle schreiben. Dabei setzen Sie das Makro aus Listing 8.49 ein.

```
Sub DateienAuflisten()
Dim i  As Long
Const verz = "C:\Eigene Dateien\"
On Error GoTo fehler
ChDir verz
Range("A1").Select
With Application.FileSearch
    .NewSearch
    .LookIn = verz
    .SearchSubFolders = False
    .FileType = msoFileTypeExcelWorkbooks
    .Execute
    For i = 1 To .FoundFiles.Count
        ActiveCell.Value = .FoundFiles(i)
        ActiveCell.Offset(1, 0).Select
    Next i
End With
Exit Sub
fehler:
MsgBox "Es gibt kein Verzeichnis mit dem Namen " & verz
End Sub
```

Listing 8.49:
Dateien aus einem Verzeichnis auflisten

Zu Beginn des Makros können Sie das zu durchsuchende Verzeichnis in einer Konstanten angeben. Wechseln Sie über die Anweisung ChDir dann direkt in dieses Verzeichnis. Danach starten Sie die Suche und verwenden dabei das Objekt FileSearch, um die einzelnen Dateien im Verzeichnis zu ermitteln. Auf dieses Objekt können Sie einige Eigenschaften anwenden: Die Eigenschaft NewSearch setzt die Einstellungen aller Suchkriterien auf die Standardeinstellungen zurück. Mit Hilfe der Eigenschaft LookIn geben Sie bekannt, in welchem Verzeichnis die Suche beginnen soll. Die Eigenschaft SearchSubFolders bestimmt, ob die Suche auch in Unterverzeichnissen fortgesetzt werden soll. In diesem Fall müssen Sie diese Eigenschaft auf den Wert True setzen. Die Eigenschaft FileType gibt den Typ von Datei in einer Konstanten an, nach der gesucht werden soll. Möchten Sie beispielsweise nicht nur Excel-Dateien suchen lassen, sondern alle Dateitypen, geben Sie die Konstante msoFileTypeAllFiles an. Über die Eigenschaft FileCount geben Sie dann den Namen der gefundenen Datei an und schreiben diesen direkt in Ihre Excel-Tabelle.

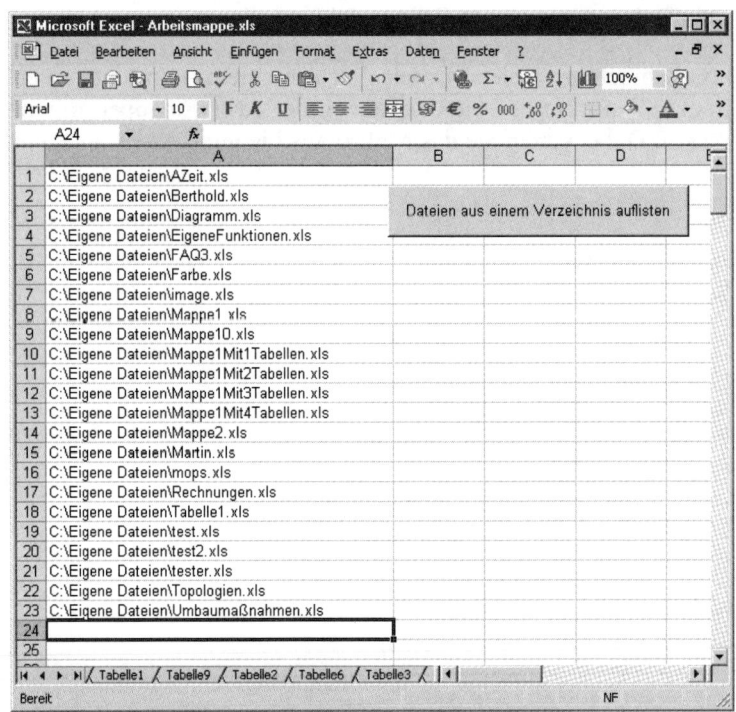

Ideal wäre es jetzt noch, wenn die so ermittelten Arbeitsmappen mit einem Mausklick geöffnet werden könnten. Dazu können Sie die einzelnen Einträge mit Hyperlinks versehen. Diese Aufgabe wäre manuell aber sehr aufwändig. Setzen Sie daher das Makro aus Listing 8.50 ein.

Listing 8.50:
Zelleneinträge in
Hyperlinks
umwandeln

```
Sub DateienInHyperlinksWandeln()
Dim Bereich As Range
Dim Zelle As Range
Range("A1").Select
Do Until ActiveCell.Value = ""
ActiveCell.Hyperlinks.Add ActiveCell, ActiveCell.Value
ActiveCell.Offset(1, 0).Select
Loop
End Sub
```

In einer Schleife setzen Sie die Zelleneinträge in Hyperlinks um. Setzen Sie für diese Aufgabe die Methode Add ein. Die genaue Adresse für den Hyperlink können Sie direkt aus der jeweiligen Zelle entnehmen.

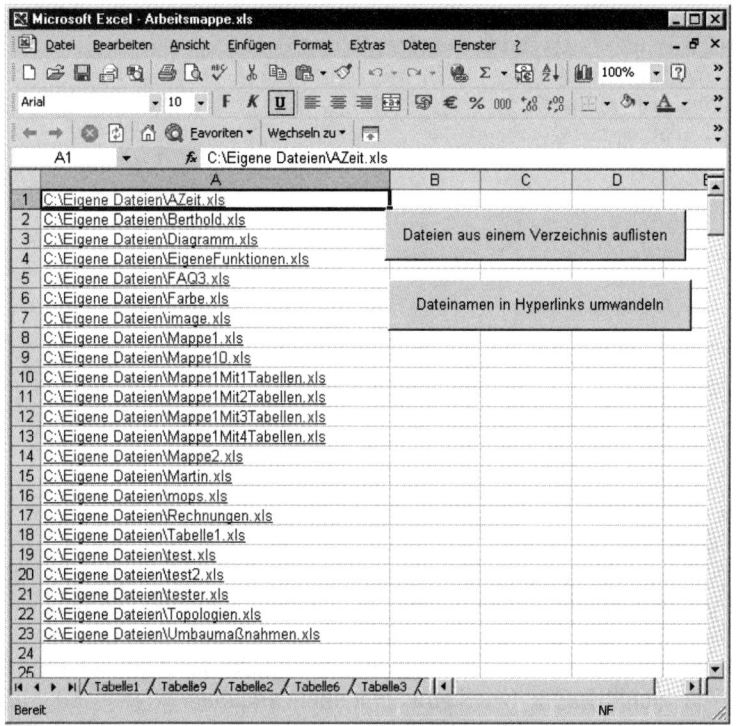

Abbildung 8.18:
Zelleneinträge in
Hyperlinks
umsetzen

8.9 Arbeitsmappe durchsuchen

Stellen Sie sich vor, Sie haben eine umfangreiche Arbeitsmappe mit zahlreichen Tabellenblättern. Sie wissen nicht mehr genau, auf welchem Blatt Sie
eine bestimmte Eingabe vorgenommen haben. An den Text der Eingabe
können Sie sich jedoch noch erinnern. Es bleibt Ihnen nichts anderes übrig,
als Blatt für Blatt nach dem gesuchten Text zu suchen. Möglicherweise ist
der gesuchte Text auch mehrfach in der Arbeitsmappe vorhanden. Eine
Lösung für diese Aufgabe besteht darin, ein Makro zu schreiben, welches
die komplette Arbeitsmappe durchsucht und die gefundenen Zellen mit
einem bestimmten Zellenhintergrund kennzeichnet. Sie haben es dann
leicht, anhand der Färbung der einzelnen Zellen die gefundenen Zellen zu
orten.

```
Sub TextInArbeitsmappeSuchenUndKennzeichnen()
Dim s As String
Dim i As Integer
Dim Erg1 As Variant
Dim Erg2 As Variant

s = InputBox("Geben Sie den Suchbegriff ein!", _
  "Textsuche")
```

Listing 8.51:
Suche und Kenn-
zeichnung eines
Suchtextes in einer
Arbeitsmappe

```
If s = "" Then Exit Sub
For i = 1 To ActiveWorkbook.Sheets.Count
  Sheets(i).Activate
  Set Erg1 = Sheets(i).Cells.Find(s)
  If Not Erg1 Is Nothing Then
   Erg2 = Erg1.Address
    Do
      With Erg1
        .Activate
        .Interior.ColorIndex = 4
      End With
      Set Erg1 = Cells.FindNext(After:=ActiveCell)
      On Error Resume Next
      If Erg1.Address = Erg2 Then Exit Do
      Erg1.Interior.ColorIndex = 4
    Loop
  End If
Next i
End Sub
```

Im ersten Schritt fragen Sie mittels der Funktion Inputbox den Suchtext vom Anwender ab. Gibt der Anwender einen Suchtext ein, setzen Sie die Verarbeitung mit einer For Next-Schleife fort. Klickt der Anwender auf die ABBRE-CHEN-Schaltfläche bzw. gibt er keinen Suchbegriff ein und klickt auf die Schaltfläche OK, wird das Makro durch die Anweisung Exit Sub sofort beendet. Innerhalb der Schleife werden alle Tabellenblätter der Arbeitsmappe abgearbeitet. Nun suchen Sie nach dem eingegeben Text. Dazu verwenden Sie die Methode Find, der Sie den Suchbegriff übergeben. Das Ergebnis der Suche speichern Sie in der Variablen Erg1.

Da es durchaus sein kann, dass auf einem Tabellenblatt der gesuchte Text mehrfach vorkommt, müssen Sie die gefundene Zellenadresse des ersten Suchvorgangs in einer zweiten Variablen Erg2 speichern. Im nächsten Schritt benötigen Sie eine weitere Schleife, die ermittelt, ob es weitere Zellen auf dem aktiven Tabellenblatt gibt, die dem Suchbegriff entsprechen. Da die Methode FindNext nach der letzten aufgefundenen Zelle wieder die zuerst gefundene findet, müssen Sie darauf achten, keine Endlosschleife zu programmieren. Daher fragen Sie innerhalb der Do-Schleife ab, ob die zuerst gefundene Zellenadresse in der Variablen Erg1 der zuletzt gefundenen Zellenadresse in der Variablen Erg2 entspricht. Ist dem so, muss die Do-Schleife sofort verlassen werden. Dann wird das nächste Tabellenblatt untersucht. Werden immer noch weitere Zellen gefunden, die dem Suchtext entsprechen, werden diese über die Eigenschaft ColorIndex eingefärbt.

Möchten Sie die Suche auf alle geöffneten Arbeitsmappen ausdehnen, dann starten Sie das Makro aus Listing 8.52.

```vba
Sub TextInArbeitsmappenSuchenUndFärben()
Dim i As Integer
Dim Blatt As Worksheet
Dim suchbegriff As String
Dim s as string
Dim Zelle As Range

suchbegriff = InputBox("Geben Sie den Suchbegriff ein!")
For i = 1 To Application.Workbooks.Count
 For Each Blatt In Workbooks(i).Worksheets
 Blatt.Activate
 Set Zelle = Blatt.Cells.Find(suchbegriff)
 If Not Zelle Is Nothing Then
 s = Zelle.Address
 Do
  Zelle.Activate
  Zelle.Interior.ColorIndex = 3
  Set Zelle = Cells.FindNext(After:=ActiveCell)
  On Error Resume Next
  If Zelle.Address = s Then Exit Do
  Zelle.Interior.ColorIndex = 3
 Loop
 End If
 Next Blatt
 Workbooks(i).Activate
Next i
End Sub
```

Listing 8.52:
Alle geöffneten
Arbeitsmappen
durchsuchen

Geben Sie zuerst einmal den Suchtext in einer Inputbox ein. Danach setzen Sie eine Schleife auf, die alle geöffneten Arbeitsmappen durchläuft. Dazu setzen Sie die Anweisung `Workbooks.Count` ein. In einer zweiten Schleife blättern Sie durch alle Tabellen der aktiven Arbeitsmappe. Innerhalb der Schleife aktivieren Sie über die Methode `Activate` die Tabelle und merken sich die erste gefundene Zelle der Tabelle. Damit Ihre Schleife keine Endlosschleife wird, ist es demnach kolossal wichtig, dass Sie sich die Position des ersten Treffers merken und in der Variablen `s` speichern. Jetzt ist es Zeit für die dritte Schleife. In dieser Schleife ermitteln Sie mit Hilfe der Methode `FindNext` alle Zellen auf der aktiven Tabelle, die dem Suchkriterium entsprechen. Die so ermittelten Zellen werden durch die Anweisung `Interior.ColorIndex` eingefärbt. Sobald die erste Fundstelle wieder angesteuert wird, die Sie ja vorher in der Variablen `s` gespeichert haben, springen Sie mit der Anweisung `Exit Do` aus der innersten Schleife.

8.10   Arbeitsmappen zusammenführen

Stellen Sie sich einmal folgendes Szenario vor: In einem Verzeichnis befinden sich eine ganze Menge von Excel-Arbeitsmappen. Alle Arbeitsmappen haben denselben Aufbau. Ihre Aufgabe besteht nun darin, einen bestimmten Bereich aus jeder Arbeitsmappe zu kopieren und in einer Arbeitsmappe zusammenzuführen.

Das Makro für diese Aufgabe können Sie dem Listing 8.53 entnehmen.

Listing 8.53:
Arbeitsmappen
zusammenführen

```
Sub DateienZusammenkopieren()
Dim Mappe As String
Dim i As Integer

Mappe = ActiveWorkbook.Name
Range("A1").Select
With Application.FileSearch
    .NewSearch
    .LookIn = "c:\Daten"
    .SearchSubFolders = False
    .FileType = msoFileTypeExcelWorkbooks
    .Execute

    For i = 1 To .FoundFiles.Count
        Workbooks.Open .FoundFiles(i)
        Range("B1:B5").Copy
        Workbooks(Mappe).Activate
        ActiveSheet.Paste
        ActiveCell.Offset(5, 0).Select
    Next i
End With
End Sub
```

Zu Beginn des Makros legen Sie Ihre aktive Arbeitsmappe fest, in welche Sie die anderen Arbeitsmappen überführen möchten. Danach durchsuchen Sie das Verzeichnis, indem Sie ein FoundFile-Objekt erstellen. Innerhalb dieses Objektes können Sie festlegen, in welchem Verzeichnis gesucht werden soll und welche Dateien bei der Suche berücksichtigt werden sollen. Mit dem Argument SearchSubFolders können Sie sogar noch festlegen, dass auch alle hierarchisch darunter liegenden Verzeichnisse durchsucht werden sollen. In diesem Fall setzen Sie diese Eigenschaft auf den Wert True. Starten Sie die Suche mit Hilfe der Methode Execute. In der folgenden Schleife stehen die Namen aller gefundenen Dateien zur Verfügung. Mit Hilfe der Methode Open werden diese dann nacheinander geöffnet sowie der Zellbereich B1:B5 kopiert. Noch innerhalb der Schleife wechseln Sie auf Ihre Ausgangsmappe zurück und fügen den kopierten Inhalt über die Methode Paste ein. Verges-

sen Sie danach nicht den Zellenzeiger um genau 5 Zeilen nach unten zu setzen, um zu verhindern, dass bereits kopierte Daten wieder überschrieben
werden.

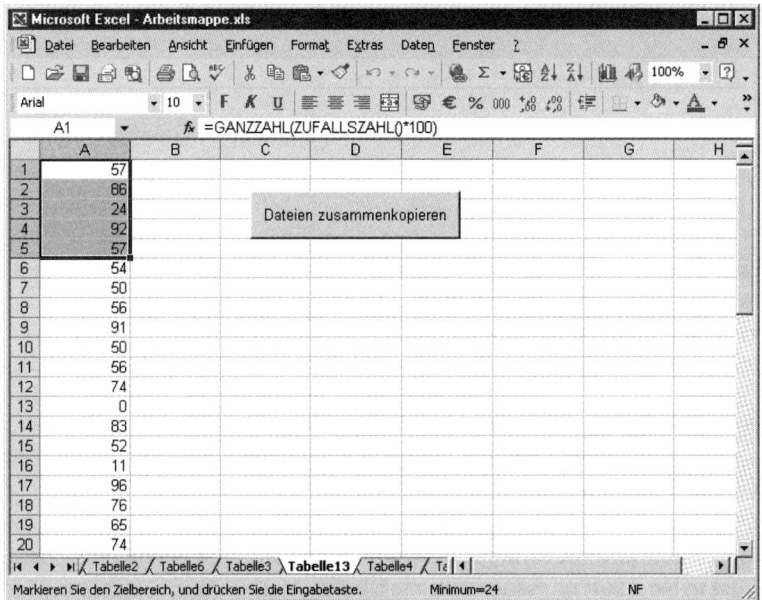

Abbildung 8.19:
Einen Bereich aus
mehreren Mappen
herauskopieren

Einen Schritt weiter geht das folgende Praxisbeispiel: In einem Verzeichnis
befinden sich unzählige Arbeitsmappen, die alle denselben Aufbau haben.
Ihre Aufgabe besteht nun darin, jeweils den größten Wert in Spalte B zu
ermitteln und danach in eine neue Arbeitsmappe zu übertragen. Das Makro
für diese Aufgabe sieht wie folgt aus:

```
Sub MaxWerteZusammenZiehen()
Const Verzeichnis = "c:\Daten"
Dim Mappe As Workbook
Dim MaxWert As Single
Dim s As String

Set Mappe = Workbooks("Arbeitsmappe.xls")
ChDir Verzeichnis
With Application.FileSearch
    .NewSearch
    .LookIn = Verzeichnis
    .SearchSubFolders = True
    .Filename = "*.xls"
    .Execute
    For i = 1 To .FoundFiles.Count
        Workbooks.Open .FoundFiles(i)
        s = ActiveWorkbook.Name
```

Listing 8.54:
Max-Werte aus
mehreren Dateien
zusammenfassen

```
          Range("B1:B" & _
          ActiveSheet.UsedRange.Rows.Count).Select
          MaxWert = _
          Application.WorksheetFunction.Max(Selection)
          Mappe.Activate
          Range("A65536").End(xlUp).Offset(1, 0).Value = _
          MaxWert
          Range("A65536").End(xlUp).Offset(0, 1).Value = s
      Next i
  End With
  End Sub
```

Gleich zu Beginn des Makros geben Sie in einer Konstanten das Verzeichnis an, indem sich Ihre Dateien befinden. Definieren Sie danach über die Anweisung Set Ihre Ausgangsarbeitsmappe. Mit Hilfe der Anweisung ChDir wechseln Sie in das gewünschte Verzeichnis. Danach durchsuchen Sie das Verzeichnis, indem Sie ein FoundFile-Objekt erstellen. Innerhalb dieses Objektes können Sie festlegen, in welchem Verzeichnis gesucht werden soll und welche Dateien bei der Suche berücksichtigt werden sollen. Mit dem Argument SearchSubFolders können Sie sogar noch festlegen, dass auch alle hierarchisch darunter liegenden Verzeichnisse durchsucht werden sollen. In diesem Fall setzen Sie diese Eigenschaft auf den Wert True. Starten Sie die Suche mit Hilfe der Methode Execute. In der folgenden Schleife stehen die Namen aller gefundenen Dateien zur Verfügung. Mit Hilfe der Methode Open werden diese dann nacheinander geöffnet, der verwendete Bereich von Spalte B markiert und danach der größte Wert über die Anweisung WorksheetFunction.Max ermittelt. Diesen Wert übertragen Sie in Ihre Ausgangsmappe und geben in der Nebenzelle ebenso den Namen der Arbeitsmappe an (siehe Abbildung 8.20).

8.11　Arbeitsmappen miteinander vergleichen

Der Vergleich von Arbeitsmappen ist nur bei ähnlich aufgebauten Arbeitsmappen sinnvoll. Gerade wenn Sie beispielsweise wissen möchten, wo die Unterschiede zwischen zwei völlig identisch erscheinenden Arbeitsmappen liegen, können Sie folgende Makrolösung aus Listing 8.54 einsetzen. Schreiben Sie die Unterschiede in das Direktfenster.

Listing 8.55:
Zwei Arbeitsmappen miteinander vergleichen

```
Sub ArbeitsmappenVergleichen()
Dim Mappe1, Mappe2 As Workbook
Dim Blatt As Worksheet
Dim Zelle As Object
Dim s As String

Set Mappe1 = ThisWorkbook
Set Mappe2 = Workbooks(2)
 For Each Blatt In ThisWorkbook.Worksheets
```

```
 Blatt.Activate
 s = Blatt.Name
 For Each Zelle In Blatt.UsedRange
  If Zelle.Value <> _
  Mappe2.Worksheets(s).Range(Zelle.Address).Value Then
   Zelle.Activate
   Debug.Print "Unterschied in Zelle " & _
   Zelle.Address & " auf Tabellenblatt " & _
   Sheets(s).Name
  End If
 Next Zelle
 Next Blatt
End Sub
```

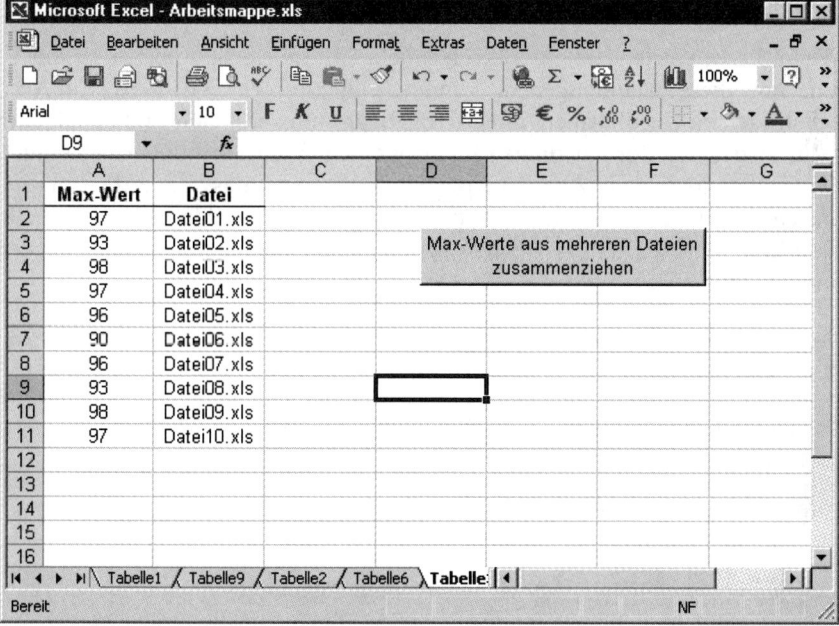

Abbildung 8.20:
Max-Werte aus
mehreren Dateien
ermitteln

Voraussetzung für das korrekte Funktionieren der Lösung ist, dass Sie beide
Arbeitsmappen geöffnet haben und die Tabellenbenennung identisch ist.
Dabei wird die aktuelle Arbeitsmappe mit der zweiten Arbeitsmappe im
Hintergrund verglichen. Die zuerst geöffnete Arbeitsmappe hat den Index 1,
die danach geöffnete Arbeitsmappe bekommt den Indexwert 2 zugewiesen.
Nun benötigen Sie zwei For Next-Schleifen. Die eine ist für die einzelnen
Tabellenblätter und die andere für die Zellen im verwendeten Bereich
zuständig. In der ersten Schleife ermitteln Sie zunächst über die Eigenschaft
UsedRange den verwendeten Bereich und vergleichen die verwendeten Zeilen
der beiden Arbeitsmappen miteinander. Wird ein Unterschied gefunden,
muss auf die betreffende Zelle positioniert werden, damit die richtige Zellenadresse im Direktfenster ausgegeben werden kann.

8.12   Arbeitsmappen säubern

Im letzten Abschnitt dieses Kapitels geht es darum, Ihre Arbeitsmappen aufzuräumen. In erster Linie heißt das, bestimmte Teile wie Grafiken, benutzerdefinierte Namen, Kommentare und benutzerdefinierte Listen sowie Formate zu löschen, die die Arbeitsmappen aufblähen. Im Anschluss daran können Sie diverse benutzerdefinierte Listen und Formatvorlagen wieder erstellen.

Die folgenden Makros können Sie auf der CD-ROM *im Verzeichnis* KAP08 *in der Datei* SÄUBERN.XLS *finden.*

8.12.1   Alle Grafikobjekte aus Arbeitsmappe entfernen

Wenn Sie beispielsweise eine Excel-Tabelle im Textformat speichern möchten, um diese weiterzugeben, können Objekte wie WordArt, ClipArts, Schaltflächen, AutoFormen, integrierte Diagramme und viele andere Objekte nicht in das Textformat umgewandelt werden. Vielleicht möchten Sie auch die Größe einer Excel-Arbeitsmappe so verkleinern, dass die Arbeitsmappe auf eine Diskette passt und so schnell ausgetauscht werden kann. Um alle Grafikelemente aus einer Arbeitsmappe zu entfernen, setzen Sie das Makro aus Listing 8.55 ein.

Listing 8.56:
Alle Objekte aus einer Arbeitsmappe entfernen.

```
Sub AlleObjekteAusMappeEntfernen()
Dim i As Integer

For i = 1 To Sheets.Count
  Sheets(i).Activate
  With Sheets(i)
   If .Shapes.Count > 0 Then
     .Shapes.SelectAll
      Selection.Delete
   End If
  End With
Next i
End Sub
```

Das Auflistungsobjekt Shape kann entweder eines oder auch mehrere Formen enthalten. Bei Formen kann es sich dabei um alle möglichen Objekte wie beispielsweise Grafiken, Schaltflächen und WordArts handeln. In einer For Next-Schleife prüfen Sie bei jedem Tabellenblatt, ob es überhaupt Formen enthält. Wenn ja, dann wenden Sie die Methode SelectAll an, um alle Formen zu markieren. Anschließend nutzen Sie die Methode Delete, um die markierten Formen auf dem Tabellenblatt zu löschen.

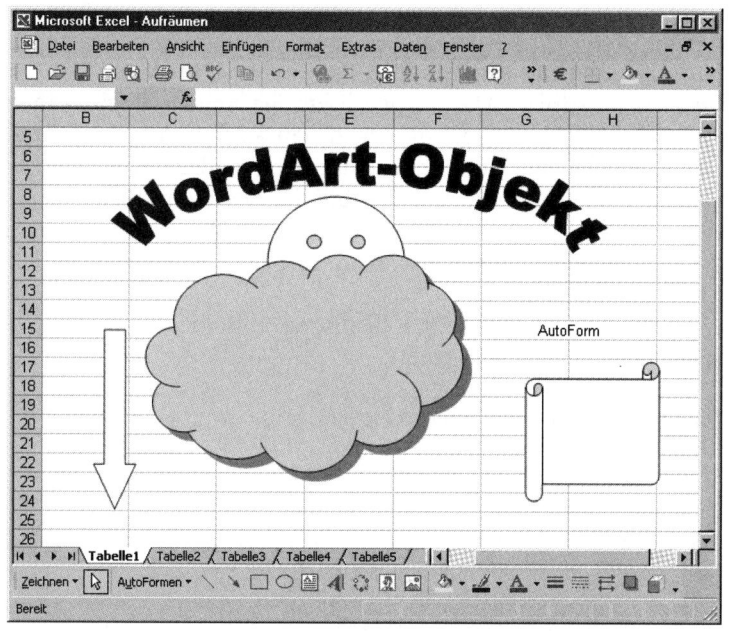

Abbildung 8.21:
Alle abgebildeten
Elemente können
über das Shape-
Objekt angespro-
chen werden.

8.12.2 Alle Kommentare einer Arbeitsmappe löschen

In einer Arbeitsmappe können sich nach einiger Zeit schon einige Kommentare ansammeln, mit denen Sie bestimmte Sachverhalte näher erklären, wichtige Zusatzinformationen zu Berechnungen liefern oder auch bestimmte Eingaben protokollieren. Für Sie selbst sind diese Kommentare sehr wichtig, für andere unter Umständen nicht. Wenn Sie Ihre Arbeitsmappen anderen zur Verfügung stellen und dabei die Kommentare für sich behalten möchten, dann erstellen Sie eine Kopie der Arbeitsmappe und entfernen Sie alle Kommentare mit folgendem Makro aus Listing 8.56.

```
Sub AlleKommentareLöschen()
Dim i As Integer
Dim Notiz As Comment

 For i = 1 To Sheets.Count
  Sheets(i).Activate
  For Each Notiz In Sheets(i).Comments
     Notiz.Delete
  Next Notiz
 Next i
End Sub
```

Listing 8.57:
Alle Kommentare
aus Arbeitsmappe
entfernen.

Definieren Sie zuerst eine Variable vom Datentyp Comment. Danach arbeiten Sie die Arbeitsmappe von vorne nach hinten durch und löschen mit Hilfe der Methode Delete alle Kommentare.

8.12.3   Benutzerdefinierte Listen löschen und erstellen

Benutzerdefinierte Listen finden Sie, wenn Sie im Menü EXTRAS den Befehl OPTIONEN wählen. Danach wechseln Sie auf die Registerkarte AUTOAUS-FÜLLEN. Mit benutzerdefinierten Listen können Sie viel Schreibarbeit sparen. Ist einmal ein Eintrag aus einer benutzerdefinierten Liste in einer Zelle erfasst, können Sie mit dem Ausfüllkästchen die restlichen Einträge aus der Liste automatisch in Ihre Tabelle einfügen. Wie aber können Sie benutzerdefinierte Listen löschen bzw. benutzerdefinierte Listen erstellen?

Um alle benutzerdefinierten Listen zu entfernen, setzen Sie das folgende Makro aus Listing 8.57 ein.

Listing 8.58:
Alle benutzerdefinierten Listen entfernen

```
Sub LöschenBenutzerdefinierteListen()
 Dim i As Integer
 Dim j As Integer

    j = Application.CustomListCount
    On Error Resume Next
    For i = 1 To j
        Application.DeleteCustomList i
    Next i
End Sub
```

Mit der Eigenschaft CustomListCount können Sie die Anzahl der benutzerdefinierten Listen ermitteln. Die ersten vier benutzerdefinierten Listen lassen sich nicht löschen und bilden den Standardumfang an benutzerdefinierten Listen in Excel. Jede weitere benutzerdefinierte Liste lässt sich über die Methode DeleteCustomlist löschen, der Sie als Index die Variable i mitgeben. In den ersten vier Fällen versucht das Makro aus Listing 8.57 zwar, die jeweilige benutzerdefinierte Liste zu löschen. Damit es dabei nicht zu einem Makrofehler kommt, setzen Sie die Anweisung On Error Resume Next ein, die mit der nächsten Liste in der Schleife weitermacht.

TIPP

Wenn Sie benutzerdefinierte Listen anlegen möchten, ohne über den Dialog OPTIONEN *zu gehen, können Sie diese Listen auch direkt aus Zellenbezügen herstellen.*

Im nächsten Beispiel wird eine benutzerdefinierte Liste aus den Einträgen in Spalte B erstellt.

Listing 8.59:
Erstellen benutzerdefinierter Listen aus Zelleneinträgen

```
Sub ErstellenBenutzerdefinierteListen()
 Application.AddCustomList ListArray:=Columns("B:B")
End Sub
```

Mit Hilfe der Methode AddCustomList fügen Sie eine benutzerdefinierte Liste ein. Die Daten für diese Liste holen Sie sich direkt aus den Tabelleneinträgen in Spalte B.

Dieselbe Aufgabe können Sie selbstverständlich auch über ein Makro lösen, welchem Sie die einzelnen Einträge für die benutzerdefinierte Liste übergeben.

```
Sub ErstellenBenutzerdefinierterListen2()
Application.AddCustomList Array _
("Personal", "Hardware", "Software", "Raum", _
 "Energie", "Abschreibung", _
 "Umlagen", "Leistung", "Ergebnis")
End Sub
```

Listing 8.60:
Erstellen benutzer-
definierter Listen
aus Codezeilen

8.12.4   Formatvorlagen löschen und erstellen

Mit Hilfe von Formatvorlagen können Sie schnell ganze Tabellen oder auch einzelne Bereiche formatieren. Dabei können Sie mehrere Formatierungsschritte zusammenführen und so auch komplexere Formate mit einem Mausklick hinzufügen.

Formatvorlagen können Sie löschen, indem Sie das folgende Makro aus Listing 8.60 einsetzen.

```
Sub FormatVorlagenLöschen()
Dim Fv As Object
On Error Resume Next
For Each Fv In ActiveWorkbook.Styles
    Fv.Delete
Next Fv
End Sub
```

Listing 8.61:
Formatvorlagen aus
Arbeitsmappe
löschen

Die Eigenschaft `Styles` gibt eine Auflistung aller Formatvorlagen zurück, die die Arbeitsmappe enthält. Über eine `For Next`-Schleife werden alle Formatvorlagen der Arbeitsmappe gelöscht, die Format-vorlage STANDARD kann jedoch nicht gelöscht werden. Die `On Error`-Anweisung fängt den Versuch, diese Formatvorlage zu löschen, ab. Die Formatvorlage STANDARD können Sie aber auch noch über eine andere Möglichkeit vor dem Versuch der Löschung schützen. Dazu verwenden Sie die Eigenschaft `BuiltIn`.

```
Sub FormatVorlagenLöschen2()
Dim Fv As Object
For Each Fv In ActiveWorkbook.Styles
    If Fv.BuiltIn = False Then
        Fv.Delete
    End If
Next Fv
End Sub
```

Listing 8.62:
Formatvorlagen bis
auf integrierte For-
mate löschen

Die Eigenschaft `BuiltIn` meldet Ihnen den Wert `True`, wenn die Formatvorlage integriert, also fest in Excel eingebaut ist.

Das Löschen von Formatvorlagen aus einer Arbeitsmappe entfernt auch die Formatierungen in der Arbeitsmappe.

Wenn Sie Formatvorlagen erstellen, gehen Sie wie folgt vor:

1. Formatieren Sie Ihre Tabelle bzw. bestimmte Zellbereiche.

2. Markieren Sie den formatierten Bereich, den Sie als Formatvorlage speichern möchten.

3. Starten Sie das folgende Makro aus Listing 8.62.

Listing 8.63:
Formatvorlagen aus
markierten Berei-
chen erstellen

```
Sub AktuelleFormatierungAlsFormatvorlage()
 ActiveWorkbook.Styles.Add Name:="Titelrahmen", _
 basedon:=ActiveCell
End Sub
```

Die Methode Add erstellt eine neue Formatvorlage und fügt sie der aktiven Arbeitsmappe hinzu. Dabei werden zwei Argumente angegeben: Das erste Argument Name beinhaltet den Namen der Formatvorlage. Das zweite Argument sagt aus, wo die Formatvorlage die Formatierung hernehmen soll. Im Beispiel in Listing 8.62 wird als Grundlage für die Formatierung die aktive Zelle herangezogen. Im nächsten Beispiel wird eine Formatvorlage erstellt, bei der das zweite Argument weglassen und stattdessen die Formatierung angegeben wird.

Listing 8.64:
Eigene Formatvor-
lagen erstellen

```
Sub FormatvorlageErstellen()
On Error Resume Next
With ActiveWorkbook.Styles.Add(Name:="Überschrift1")
    .Font.Name = "Arial"
    .Font.Size = 25
End With
```

Im Listing 8.63 benötigen Sie die On Error-Anweisung, die dafür sorgt, dass es zu keiner Fehlermeldung kommt, wenn versucht wird, eine bereits bestehende Formatvorlage zu überschreiben.

8.12.5   Alle benutzerdefinierten Namen einer Mappe löschen

Wozu Sie Namen bei Zellen und Bereichen einsetzen, haben Sie in Kapitel 5 schon erfahren. Dort lasen Sie, wie Sie Namen erstellen, ändern und einzelne Namen entfernen können. Wenn Sie alle Namen aus der Arbeitsmappe entfernen möchten, starten Sie das folgende Makro aus Listing 8.64.

Listing 8.65:
Alle Namen aus
einer Arbeitsmappe
entfernen

```
Sub AlleNamenInArbeitsmappeLöschen()
Dim nam As Name
    For Each nam In Application.Names
        nam.Delete
```

```
   Next nam
End Sub
```

Definieren Sie zuerst eine Variable vom Typ `Name`. Danach durchlaufen Sie eine `For Each`-Schleife und löschen mit Hilfe der Methode `Delete` alle Namen, die in der Arbeitsmappe verwendet werden.

Da Excel intern auch Namen verwendet, um beispielsweise Druckbereiche und Wiederholungszeilen zu benennen, löscht das Makro aus Listing 8.63 neben den benutzerdefinierten Namen auch noch die definierten Druckbereiche sowie die eingestellten Wiederholungszeilen in der Arbeitsmappe. Möchten Sie dies vermeiden, dann starten Sie folgendes Makro aus Listing 8.65.

```
Sub NichtAlleNamenLoeschen()
Dim Blatt As Worksheet
Dim nam As Name

For Each Blatt In Worksheets
  For Each nam In ActiveWorkbook.Names
    If Right(nam.Name, 10) = "Print_Area" _
    Or Right(nam.Name, 12) = "Print_Titles" Then _
    Else nam.Delete
  Next nam
Next Blatt
End Sub
```

Listing 8.66:
Alle Namen einer Arbeitsmappe mit Ausnahme von Druckbereich und Wiederholungs- zeilen löschen

Über die Eigenschaft `Names` werden Ihnen alle verwendeten Namen der Arbeitsmappe zur Verfügung gestellt. Wenn sich darunter auch interne Namen für Druckbereiche bzw. Wiederholungszeilen befinden, werden diese in der Form `Tabelle1!Print_Area` bzw. `Tabelle3!Print_Titles` ausgegeben. Genau aus diesem Grund setzen Sie zur Abfrage der Namen die Funktion `Right` ein, mit der Sie eine bestimmte Anzahl von Zeichen vom rechten Zellenrand aus ermitteln können. Es werden somit nur Namen gelöscht, die entweder keinen Druckbereich repräsentieren oder Wiederholungszeilen entsprechen.

9 Diagramme und Pivot-Tabellenberichte programmieren

Das letzte Kapitel dieses Buchteils ist zweigeteilt. Im ersten Teil lernen Sie, wie Sie Diagramme erstellen, bearbeiten und löschen können. Im zweiten Teil wird die Programmierung mit Pivot-Tabellenberichten gezeigt. Unter anderem werden im ersten Teil folgende Fragen beantwortet:

➡ Wie erstelle ich verschiedene Diagramme auf einem separaten Blatt? *Die Fragen*

➡ Wie erzeuge ich ein eingebettetes Diagramm?

➡ Wie kann ich Diagramme aus einer Arbeitsmappe entfernen?

➡ Wie kann ich Diagramme ansprechen?

➡ Wie kann ich Daten und ein Diagramm im Wechsel ein- und ausblenden?

➡ Wie kann ich Diagrammen Datenbeschriftungen hinzufügen?

➡ Wie kann ich Höhe und Breite eines Diagramms genau festlegen?

➡ Wie kann ich Diagramme selbst skalieren?

➡ Wie kann ich Diagramme als Grafik speichern?

➡ Wie kann ich Datenreihen formatieren?

➡ Wie erstelle ich ein dynamisches Diagramm?

Die Makros bezüglich der Programmierung von Diagrammen können Sie auf der CD-ROM im Verzeichnis KAP09 in der Datei DIAGRAMME.XLS finden.

Seit der Version von Excel 2000 ist es möglich, Diagramme direkt aus Pivot-Tabellenberichten zu generieren.

Im Pivot-Teil des Kapitels finden Sie u. a. Antwort auf folgende Fragen:

➡ Wie kann ich einen Pivot-Tabellenbericht erstellen? *Die Fragen*

➡ Wie aktualisiere ich Pivot-Tabellenberichte?

➡ Wie kann ich Pivot-Tabellenberichte dynamisch erweitern?

➤ Wie kann ich Pivot-Tabellen sortieren?

➤ Welche Möglichkeiten bietet mir das AutoFormat bei Pivot-Tabellen?

➤ Wie kann ich das Seitenfeld einer Pivot-Tabelle bedienen?

Die Makros bezüglich der Programmierung von Pivot-Tabellenberichten können Sie auf der CD-ROM im Verzeichnis KAP09 in der Datei PIVOT.XLS finden.

9.1 Diagramme erstellen

Bei der Erstellung von Diagrammen haben Sie die Auswahl aus mehreren Diagrammtypen. Für den richtigen Diagrammtyp ist die Eigenschaft ChartType verantwortlich. In der nachfolgenden Tabelle sehen Sie exemplarisch eine kleine Auswahl an möglichen Diagrammtypen, die über eine xlChartType-Konstante identifiziert werden.

Tabelle 9.1:
Die wichtigsten
Diagrammtypen

Diagrammtyp	Konstante
Säulendiagramm (gruppiert)	xlColumnClustered
Säulendiagramm (gestapelt)	xlColumnStacked
Säulendiagramm 3D-Darstellung	xl3DColumn
Balkendiagramm (gruppiert)	xlBarClustered
Balkendiagramm (gestapelt)	xlBarStacked
Liniendiagramm	xlLine
Kreisdiagramm	xlPie
Punktdiagramm	xlXYScatter
Blasendiagramm	xlBubble
Flächendiagramm	xlArea
Ringdiagramm	xlDoughnut
Netzdiagramm	xlRadar
Oberflächendiagramm	xlSurface
Kursdiagramm	xlStockHLC

Neben den in der Tabelle abgebildeten Diagrammtypen gibt es noch Zylinder-, Kegel- und Pyramidendiagramme sowie zu jedem Diagramm zahlreiche Untertypen. Eine komplette Liste der vorhandenen Diagramme in Excel bekommen Sie in der Online-Hilfe unter dem Stichwort ChartType.

9.1.1 Kosten im Säulendiagramm darstellen

Das Säulendiagramm ist das Standarddiagramm in Excel. Sie können ein Säulendiagramm ganz schnell in Excel erstellen, indem Sie Ihren Datenbereich markieren und einfach die Taste [F11] drücken. An diesem Standarddiagramm fehlen eigentlich nur noch ein Titel und eventuell noch ein paar Datenbeschriftungen.

Erzeugen Sie ein Säulendiagramm, dessen Titel sich vom Tabellennamen ableitet. Das Makro für diese Aufgabe lautet:

Aufgabe

```
Sub DiagrammErstellen01()
Dim Bereich As Range
Dim s As String

  Set Bereich = Range("A2:E6")
  s = ActiveSheet.Name
  Charts.Add
  With ActiveChart
    .ChartType = xlColumnClustered
    .SetSourceData _
        Source:=Bereich, _
        PlotBy:=xlRows
    .HasTitle = True
    .ChartTitle.Text = s
  End With
End Sub
```

Listing 9.1:
Monatliche Kosten
in einem Säulen-
diagramm
darstellen

Im ersten Schritt legen Sie den Bereich fest, der die Datenbasis für das Diagramm enthält. Dazu speichern Sie die Adresse des Bereichs in der Range-Variablen Bereich. Danach ermitteln Sie den Namen des aktiven Tabellenblattes über die Eigenschaften ActiveSheet und Name und speichern ihn in der Variablen s. Mit der Methode Add erstellen Sie zunächst ein neues Diagrammblatt. Danach legen Sie das Aussehen des Diagramms fest. Mit der Eigenschaft ChartType bestimmen Sie den Diagrammtyp.

Über die Methode SetSourceData geben Sie an, woher Excel die Daten für das Diagramm bekommt. Diese Methode benötigt zwei Argumente. Dem ersten Argument Source übergeben Sie die Variable Bereich. Mit dem zweiten Argument PlotBy legen Sie fest, wie die Daten angezeigt werden sollen. Wählen Sie entweder die Konstante xlColumns oder xlRows.

Syntax und
Argumente von
SetSourceData

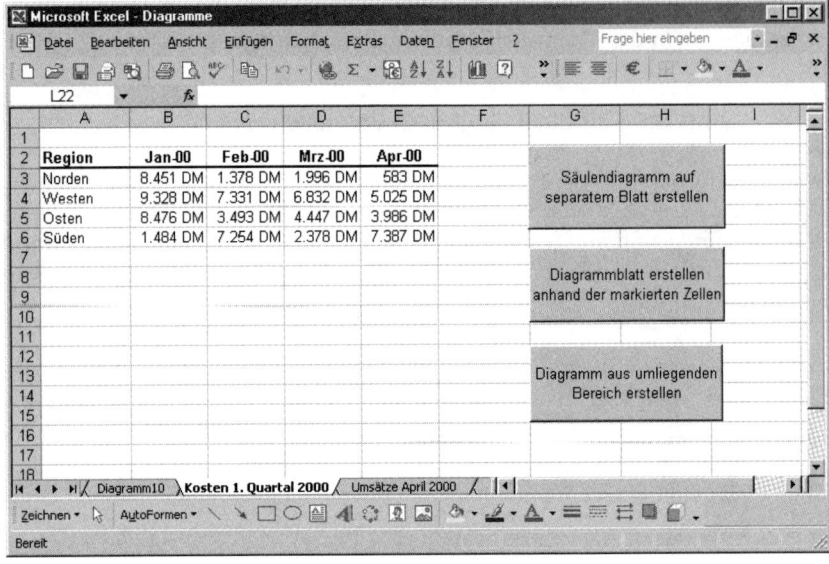

Die Eigenschaft HasTitle müssen Sie auf den Wert True setzen, damit eine
Überschrift im Diagramm angezeigt werden kann. Die Überschrift des Diagramms erstellen Sie mit Hilfe der Eigenschaft ChartTitle und der Eigenschaft Text, die Sie aus der Variablen s herausholen.

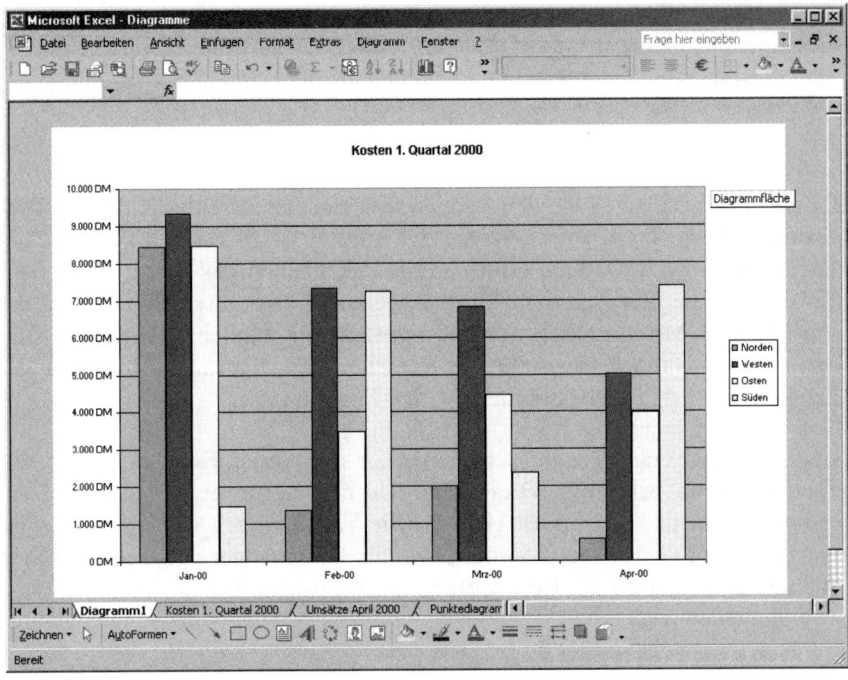

9.1.2   Das Zylinderdiagramm auf Knopfdruck

Eine Variante, die der Standarderstellung von Diagrammen entspricht, also Daten zu markieren und danach die Taste ⌐F11⌐ zu drücken, liefert das Makro aus Listing 9.2. Dieses Makro erstellt anhand der markierten Daten ein Zylinderdiagramm auf einem separaten Diagrammblatt.

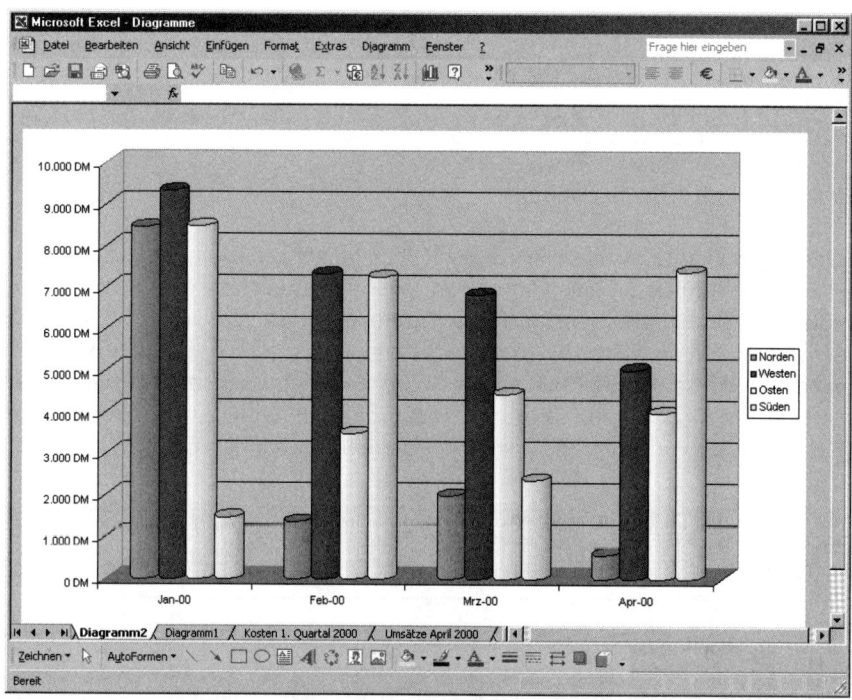

Abbildung 9.3:
Auch andere Diagrammtypen sind jederzeit einsetzbar.

```
Sub DiagrammblattEinfügen()
 ActiveWorkbook.Names.Add _
 Name:="ST_Diagramm", RefersToR1C1:=Selection
 Charts.Add
 ActiveChart.ApplyCustomType _
 ChartType:=xlCylinderColClustered
End Sub
```

Listing 9.2:
Ein Diagramm
einfügen anhand
markierter Zellen

Mit dieser Lösung sind Sie nicht mehr auf den Standarddiagrammtyp fixiert, sondern können ganz flexibel selbst entscheiden, welchen Diagrammtyp Sie einsetzen möchten.

9.1.3   Das Balkendiagramm aus Daten in der Umgebung

Bei der letzten Aufgabe haben Sie auf dem Tabellenblatt einen Datenbereich markiert und anschließend ein Makro gestartet, welches Ihnen automatisch das Zylinderdiagramm erstellt hat. Im folgenden Makro aus Listing 9.3 entfällt sogar noch der Schritt, bei dem Sie Ihre Datenbasis über eine Markierung festlegen. Dort ermittelt Excel von ganz allein die dazu benötigten Daten.

Listing 9.3:
Diagramm aus
umliegendem
Datenbereich bilden

```
Sub DiagrammAusUmliegendemBereich()
Dim s As String

s = ActiveSheet.Name
Charts.Add
ActiveChart.ChartType = xl3DBarClustered
ActiveChart.SetSourceData _
    Source:=Sheets(s).Range("A2").CurrentRegion, _
    PlotBy:=xlColumns
End Sub
```

Das neue Diagrammblatt wird noch leer eingefügt. Über die Eigenschaft ChartType können Sie ein Diagramm Ihrer Wahl (siehe Tabelle 9.1) festlegen. Die Datenbasis für das Diagramm ermitteln Sie mit der Methode SetSourceData, der Sie im Argument Source das aktive Tabellenblatt, die Startzelle A2 sowie die Eigenschaft CurrentRegion mitgeben. Die Eigenschaft CurrentRegion ermittelt automatisch für Sie den umliegenden Bereich um Zelle A2, der von Leerzeilen bzw. Leerspalten umschlossen wird.

Abbildung 9.4:
Das Balken-
diagramm mit nur
elner einzigen
Aktion erstellen

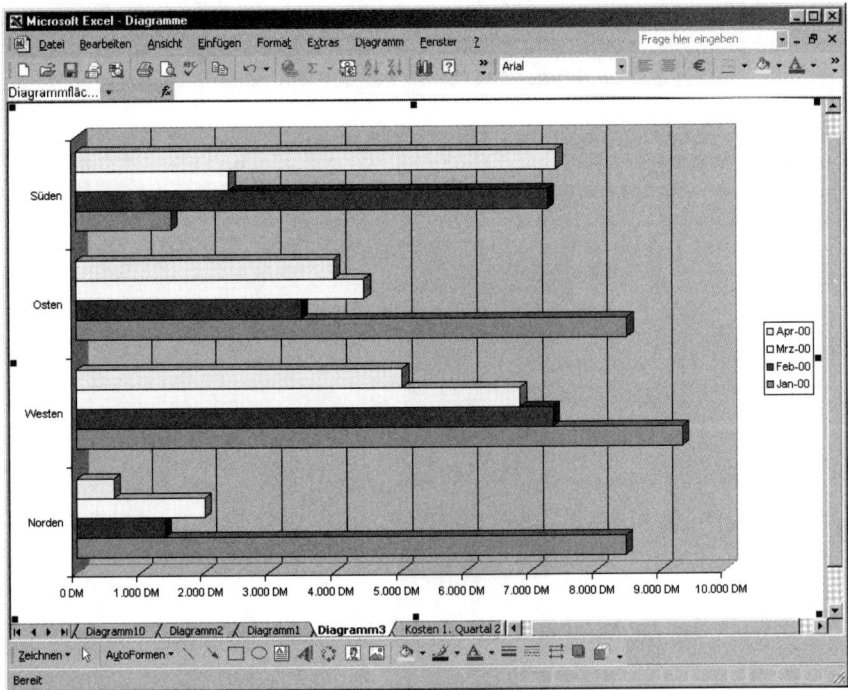

9.1.4 Tagesumsätze im Liniendiagramm anzeigen

Um Schwankungen in den Tagesumsätzen besser zu sehen, können Sie ein Liniendiagramm erstellen. Dazu erstellen Sie dieses Mal kein extra Diagrammblatt, sondern ordnen das Diagramm neben Ihren Umsatzdaten auf demselben Tabellenblatt an.

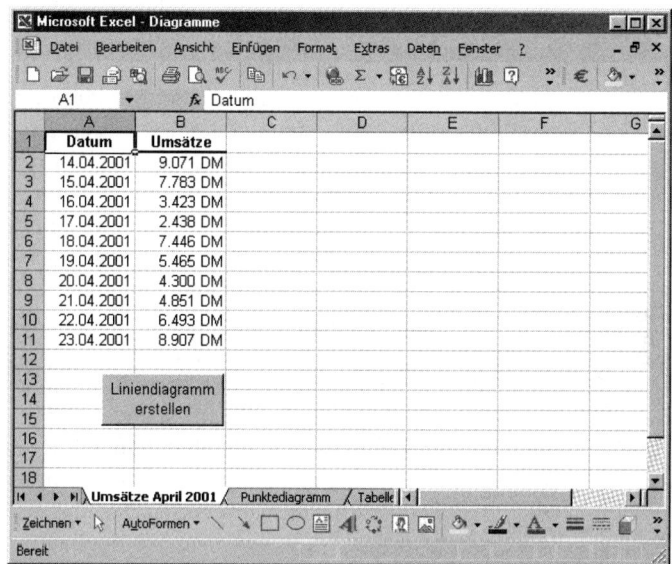

Abbildung 9.5:
Die Ausgangs-
tabelle mit den
täglichen Umsätzen

Das eingebettete Diagramm erstellen Sie mit dem Makro aus Listing 9.4.

```
Sub DiagrammErstellen02()
Dim Dia As ChartObject
Dim s As String
Dim i As Integer

  s = ActiveSheet.Name
  ActiveSheet.ChartObjects.Delete
  Set Dia = ActiveSheet.ChartObjects.Add _
  (175, 15, 300, 250)
  Dia.Name = "Umsätze April"
  i = ActiveSheet.Range("B1").End(xlDown).Row
  Range("A2:B" & i).Copy
  ActiveSheet.ChartObjects("Umsätze April").Activate
  ActiveChart.SeriesCollection.Paste _
  Rowcol:=xlColumns, SeriesLabels:=False, _
  CategoryLabels:=True, Replace:=True, NewSeries:=True
  Application.CutCopyMode = False
  With ActiveChart
      .ChartType = xlLineMarkers
      .HasLegend = False
```

Listing 9.4:
Tägliche Umsätze in
einem Linien-
diagramm anzeigen

```
      .HasTitle = True
      .ChartTitle.Text = s
   End With
Range("A1").Select
End Sub
```

Im ersten Schritt ermitteln Sie den Tabellennamen der aktiven Tabelle. Dieser Tabellenname soll später die Überschrift des Diagramms werden. Da Sie ein eingebettetes Diagramm einfügen möchten, müssen Sie dafür Sorge tragen, dass bei mehrmaligem Starten des Makros nicht mehrere Diagramme übereinander eingefügt werden. Löschen Sie daher zu Beginn alle integrierten Diagramme auf dem Arbeitsblatt über die Methode Delete. Danach fügen Sie ein noch leeres Chart-Objekt in Ihre Tabelle mit der Methode Add ein. Dabei können Sie die genaue Position des ChartObjekts genau festlegen. Die vier Zahlenwerte entsprechen den Angaben linker Rand, oberer Rand, Breite und Höhe. Die Angaben werden in Punkten ausgegeben und beziehen sich relativ zur oberen linken Ecke der Zelle A1 oder zur oberen linken Ecke des Diagramms. Geben Sie als Nächstes dem eingebetteten Diagramm einen Namen. Jetzt müssen Sie herausbekommen, wie viele Tagesumsätze im Diagramm angezeigt werden sollen. Dazu ermitteln Sie die letzte belegte Zelle in Spalte B und speichern die Zeilennummer in der Variablen i. Markieren Sie den Bereich und kopieren Sie ihn mit der Methode Copy. Markieren Sie danach Ihr gerade eingefügtes Diagramm. Um die kopierten Daten einzufügen, verwenden Sie die Methode Paste der SeriesCollection-Auflistung.

Die Syntax   Die Methode Paste verwendet mehrere Argumente und hat die Syntax:

```
Paste(Rowcol, SeriesLabels, CategoryLabels, Replace, _
NewSeries)
```

Die Argumente der Methode Paste   Im ersten Argument RowCol geben Sie Auskunft darüber, ob sich die Daten in Zeilen oder Spalten befinden. Zulässig sind hierbei die Konstanten xlColumns oder xlRows. Das Argument SeriesLabels bestimmt, woher Excel die Beschriftung für die Datenreihen nehmen soll. Wird der Wert auf True gesetzt, wird der Inhalt der Zelle in der ersten Spalte jeder Zeile (bzw. der ersten Zeile jeder Spalte) als Name für die Datenreihe in der betreffenden Zeile (bzw. Spalte) verwendet. Setzen Sie dieses Argument auf den Wert False, wenn der Inhalt der Zelle in der ersten Spalte jeder Zeile (bzw. der ersten Zeile jeder Spalte) als erster Datenpunkt der Datenreihe verwendet werden soll. Das nächste Argument CategoryLabels weist den Wert True auf, wenn der Inhalt der ersten Zeile (bzw. Spalte) als Rubrik des Diagramms verwendet wird. Setzen Sie das Argument auf den Wert False, wenn der Inhalt der ersten Zeile (bzw. Spalte) als erste Datenreihe im Diagramm verwendet werden soll. Das Argument Replace ist standardmäßig auf den Wert True gesetzt. Dabei werden beim Ersetzen vorhandener Rubriken durch Informationen aus dem kopierten Bereich Rubriken angewendet. Das letzte Argument New-Series hat dann den

Excel-VBA-Kompendium

Wert True, wenn die Daten als eine neue Datenreihe eingefügt werden sollen. Setzen Sie das Argument auf den Wert False, wenn Sie die Daten als neue Datenpunkte in eine vorhandene Datenreihe einfügen möchten.

Nach der Kopier- und Einfügeaktion ist nach wie vor der Kopierrahmen aktiv. Setzen Sie die Eigenschaft CutCopyMode auf den Wert False, um den Ausschneide- bzw. Kopiermodus zu deaktivieren und den Laufrahmen zu entfernen. Als letzte Aufgabe weisen Sie dem Diagramm den richtigen Diagrammtyp zu, verzichten auf eine Legende, indem Sie die Eigenschaft HasLegend auf den Wert False setzen, und zeigen die Überschrift im Diagramm an.

Ist Ihnen während der Diagrammerstellung zu viel Bewegung auf dem Bildschirm, dann schalten Sie die Bildschirmaktualisierung zu Beginn des Makros mit der Anweisung Application.Screenupdating = False *ab. Am Ende des Makros schalten Sie die Aktualisierung des Bildschirms wieder ein, indem Sie diese Eigenschaft auf den Wert* True *setzen.*

:-)
TIPP

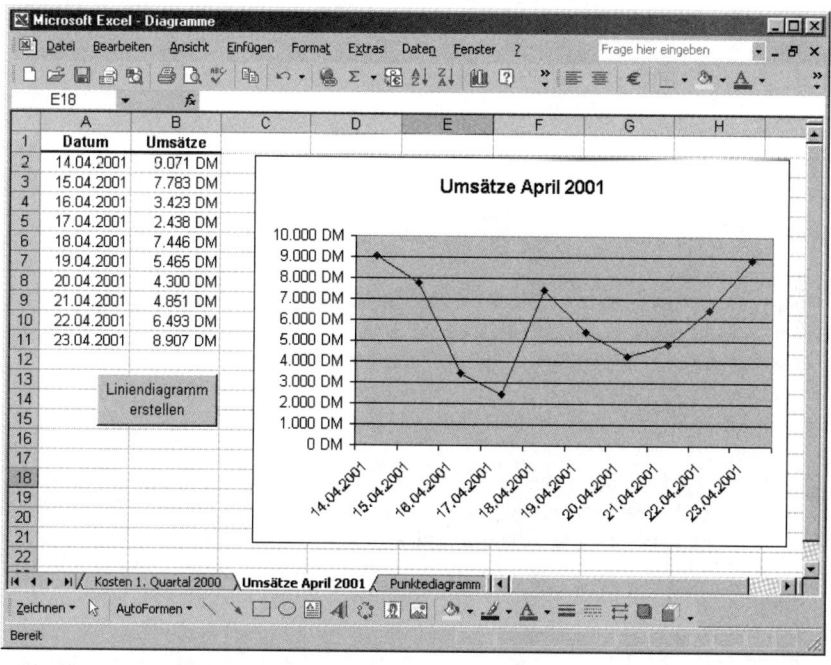

Abbildung 9.6:
Das Ergebnis:
Tagesumsätze im
Liniendiagramm

9.1.5   Tagesgenaue Formatierung im Punktdiagramm

Fügen Sie jetzt ein Punktdiagramm ein, aus dem Sie Ihre täglichen Ausgaben ablesen können. Als Zusatzfunktion sollen alle Punkte aus der Vergangenheit mit der standardmäßig ausgewählten Farbe Blau belegt und alle in der

Die Anforderung

Zukunft liegenden Planwerte mit einer anderen Farbe versehen werden. Des Weiteren muss die Überschrift um ein paar Punkte größer erscheinen.

Das Makro für diese Aufgabe können Sie im folgenden Listing 9.5 sehen.

Listing 9.5:
Punktdiagramm
einfügen und
formatieren

```
Sub PunktediagrammTagesgenau()
Dim Dia As ChartObject
Dim s As String
Dim DArray As Variant
Dim Punkt As Point

 s = ActiveSheet.Range("A4").Value
 ActiveSheet.ChartObjects.Delete
 Set Dia = ActiveSheet.ChartObjects.Add _
 (25, 60, 450, 180)
 Dia.Name = "Ausgaben"
 Range("A3:H4").Copy
 ActiveSheet.ChartObjects("Ausgaben").Activate
 ActiveChart.SeriesCollection.Paste _
  Rowcol:=xlRows, SeriesLabels:=True, _
  CategoryLabels:=True, Replace:=True, NewSeries:=True
 Application.CutCopyMode = False
 With ActiveChart
    .ChartType = xlXYScatter
    .HasLegend = False
    .HasTitle = True
    .ChartTitle.Text = s
    .ChartTitle.Font.Name = "Arial"
    .ChartTitle.Font.Size = 14
  End With
 'Zweiter Teil des Makros
 ActiveSheet.ChartObjects("Ausgaben").Activate
  With ActiveChart.SeriesCollection(1)
   DArray = .XValues
   For Each Punkt In .Points
    i = i + 1
    If DArray(i) > Now Then
       Punkt.MarkerBackgroundColorIndex = 2
       Punkt.MarkerForegroundColorIndex = 1
    End If
   Next
  End With
  Range("A1").Select
End Sub
```

Da auf die Erstellung eines Diagramms schon auf den vorherigen Seiten ausgiebig eingegangen wurde, setzen wir nun im zweiten Teil das Listing 9.5 ein. Dort wird das Diagramm aktiviert und die Datenreihe markiert. Jetzt lesen Sie die einzelnen Werte der Datenreihe in das Datenfeld DArray ein. Im

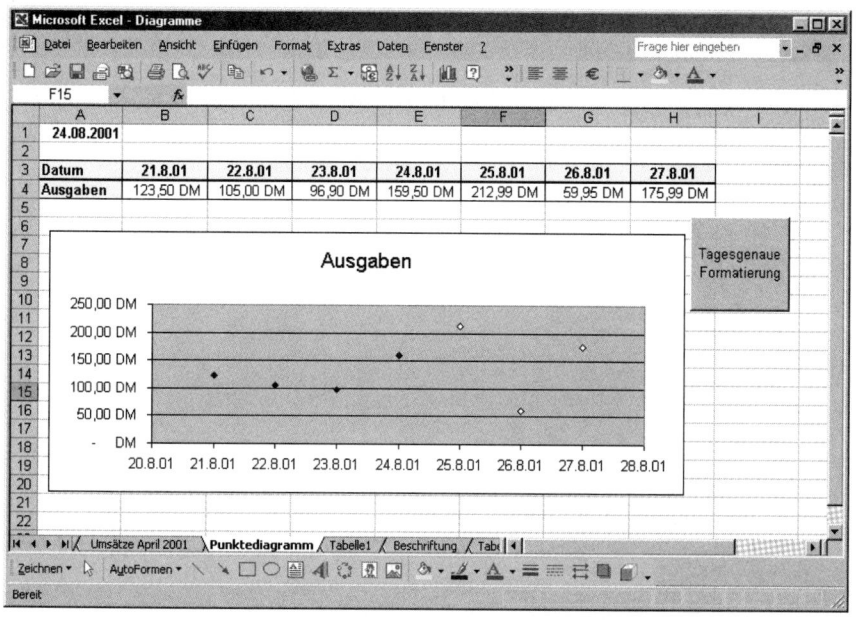

Abbildung 9.7:
Das Endergebnis:
punktgenaue
Formatierung in
Abhängigkeit vom
aktuellen Datum

Anschluss daran wird eine `For Each`-Schleife durchlaufen, in der geprüft wird, ob die einzelnen Punkte in der Vergangenheit bzw. in der Zukunft liegen. Liegen die Punkte in der Zukunft, wird über die `MarkerBackgroundColorIndex` `Eigenschaft` die Punkt-Innenfläche mit der Farbe Weiß versehen. Die Punkt-Umrandung erhält die Farbe Schwarz und wird durch die Eigenschaft `MarkerForegroundColorIndex` festgelegt.

9.1.6 Mittelwert in Diagramm bilden

In der folgenden Aufgabe wird aus einem Datenbereich ein Diagramm erstellt. Die Ausgangstabelle können Sie in Abbildung 9.8 sehen.

Ihre Aufgabe besteht nun darin, ein Säulendiagramm zu erstellen. Dabei soll im Diagramm eine Linie eingezeichnet werden, die den Mittelwert der Kosten darstellen soll. Das Makro für diese Aufgabe können Sie in Listing 9.6 sehen.

```
Sub DiagrammMitMittelwertEinfügen()
Dim Datenreihe As Series
Dim Punkt As Point
Dim i As Integer
Dim e As Integer

  Sheets("Tabelle10").Activate
  Charts.Add
  ActiveChart.ChartType = xlColumnClustered
```

Listing 9.6:
Diagramm mit Mit-
telwert einfügen

```
ActiveChart.SetSourceData _
Source:=Sheets("Tabelle10").Range("A1:G2")
ActiveChart.Location _
Where:=xlLocationAsObject, Name:="Tabelle10"
Set Datenreihe = _
ActiveSheet.ChartObjects(1).Chart.SeriesCollection(1)
With Datenreihe
  For Each Punkt In .Points
  Punkt.ApplyDataLabels
  e = e + 1
  i = i + Punkt.DataLabel.Text
  Next
End With
 Range("A3").Value = "Durchschnitt"
 Range("B3:G3").Value = i / e
ActiveChart.SeriesCollection.Add _
Source:=Sheets("Tabelle1").Range("A3:G3")
ActiveChart.SeriesCollection(2).Select
ActiveChart.SeriesCollection(2) _
.ChartType = xlLineMarkers
End Sub
```

Abbildung 9.8:
Die Ausgangsbasis
für Ihr Diagramm

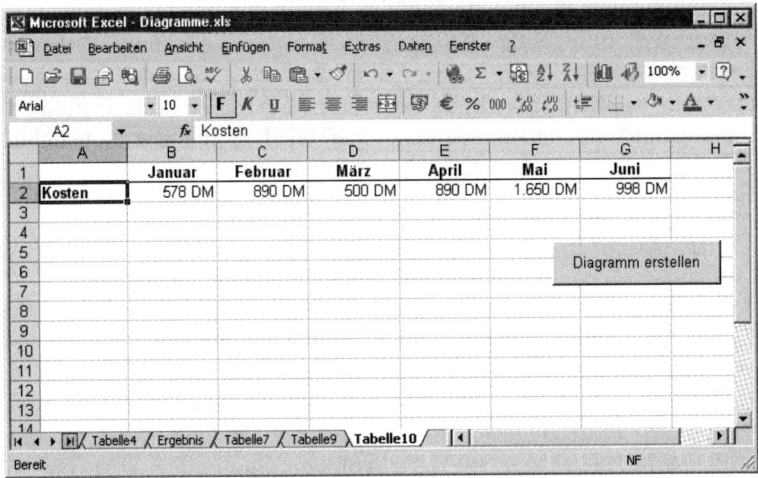

Fügen Sie im ersten Schritt mit Hilfe der Methode Add ein noch leeres Diagramm ein. Danach bestimmen Sie über die Eigenschaft ChartType den Diagrammtyp. Um ein Säulendiagramm zu erzeugen, geben Sie dieser Eigenschaft die Konstante xlColumnClustered. Bestimmen Sie nun, welche Daten im Diagramm angezeigt werden sollen. Dazu geben Sie in der Methode SetSourceData die genaue Position Ihrer Daten auf der Tabelle an. Verwenden Sie die Methode Location, um das neu eingefügte Diagramm zu verschieben. Indem Sie dieser Methode die Konstante xlLocationAsObject übergeben, bestimmen Sie, dass das Diagramm als Objekt in Ihrer Tabelle angeordnet wird. Im Argument Name müssen Sie dann noch bestimmen, auf welcher Tabelle das Diagramm eingebettet werden soll. Im nächsten Schritt legen Sie die Beschriftung der Säulen fest. Dabei sollen die Kosten direkt über den einzelnen Säulen angezeigt werden. Für diesen Zweck markieren Sie die komplette Datenreihe im Diagramm mit Hilfe der Anweisung `ActiveSheet.ChartObjects(1).Chart.SeriesCollection(1)`.

Erstellen Sie danach eine Schleife, die jeden einzelnen Datenpunkt im Diagramm durchläuft und mit der Methode `ApplyDataLabels` die Beschriftung der Säulen vornimmt. Was genau angezeigt werden soll, geben Sie mit der Anweisung `DataLabel.Text` an. Damit zeigen Sie die Kosten im Diagramm an. Haben Sie diese Schritte durchgeführt, dann übertragen Sie die durchschnittlichen Kosten in die Tabelle sowie in das Diagramm.

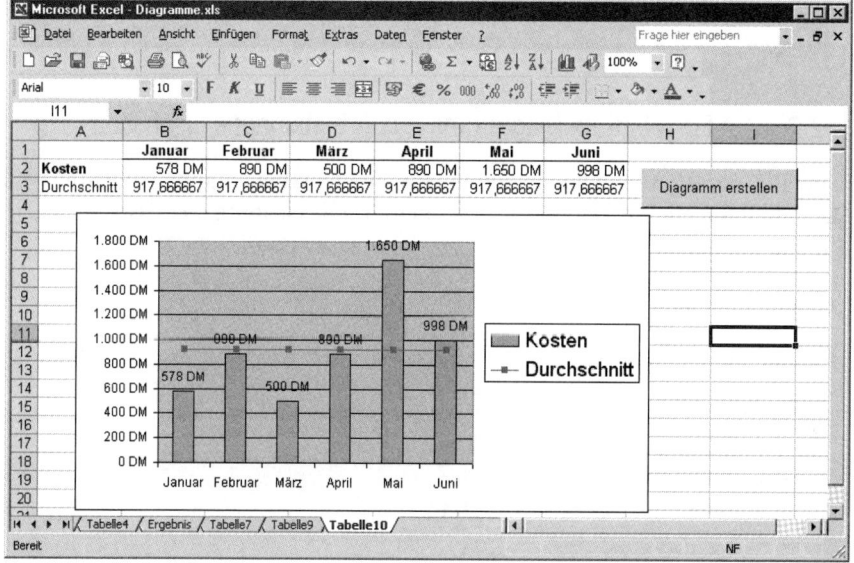

Abbildung 9.9:
Das Ergebnis – ein Diagramm mit Mittelwert

9.2 Diagramme löschen

Möchten Sie Diagramme aus Ihrer Arbeitsmappe entfernen, so wenden Sie die Methode `Delete` an. Allerdings müssen Sie dabei unterscheiden, ob Sie Diagrammblätter oder eingebettete Diagramme aus Ihrer Arbeitsmappe löschen möchten.

9.2.1 Diagrammblätter aus Arbeitsmappe entfernen

Um alle Diagrammblätter aus einer Arbeitsmappe zu löschen, setzen Sie folgendes Makro aus Listing 9.7 ein.

Listing 9.7:
Alle Diagramm-
blätter aus einer
Arbeitsmappe
entfernen

```
Sub DiagrammeEntfernen()
 Application.DisplayAlerts = False
 On Error Resume Next
 ActiveWorkbook.Charts.Delete
 Application.DisplayAlerts = False
End Sub
```

Indem Sie die Eigenschaft `DisplayAlerts` auf den Wert `False` setzen, brauchen Sie die einzelnen Löschungen nicht zu bestätigen. Die `On Error`-Anweisung sorgt dafür, dass die Verarbeitung sauber abgefangen wird, wenn überhaupt kein Diagrammblatt in der Arbeitsmappe enthalten ist. Die Eigenschaft Charts gibt eine Auflistung aller Diagrammblätter der aktiven Arbeitsmappe zurück, die Sie mit Hilfe der Methode `Delete` löschen.

Vergessen Sie nicht, die Eigenschaft `DisplayAlerts` wieder auf den Wert `True` zu setzen, um die Anzeige von Warnungen und Meldungen zu ermöglichen.

9.2.2   Eingebettete Diagramme aus Arbeitsmappe löschen

Um alle eingebetteten Diagramme aus einer Arbeitsmappe zu entfernen, schreiben Sie ein Makro mit zwei Schleifen. Dies könnte so aussehen wie in Listing 9.8 gezeigt.

Listing 9.8:
Alle eingebetteten
Diagramme einer
Arbeitsmappe
löschen

```
Sub AlleEingebettetenDiagrammeLöschen()
Dim i As Integer
Dim e As Integer
For i = 1 To Sheets.Count
   Sheets(i).Activate
    For e = 1 To ActiveSheet.ChartObjects.Count
    ActiveSheet.ChartObjects(e).Select
    ActiveSheet.ChartObjects(e).Delete
   Next e
 Next i
End Sub
```

Das Makro aus Listing 9.8 besteht aus einer äußeren Schleife, die dafür sorgt, dass Tabellenblatt für Tabellenblatt abgearbeitet wird. Die zweite Schleife kontrolliert, ob es auf einzelnen Tabellenblättern ein oder auch mehrere eingebettete Diagramme gibt und markiert und löscht diese über die Methoden `Select` bzw. `Delete`.

9.3   Diagramme identifizieren

Wie Sie schon in den vorherigen Beispielen gesehen haben, muss der Name eines Diagramms bekannt sein, um gezielt darauf zugreifen zu können. Die folgende Lösung schreibt alle Namen der in der Arbeitsmappe verwendeten Diagramme in den Direktbereich Ihrer Entwicklungsumgebung.

```
Sub DiagrammNamenErmitteln()
Dim Blatt As Worksheet
Dim i As Integer
Dim Dia As ChartObject

 For i = 1 To Sheets.Count
  For Each Dia In Sheets(i).ChartObjects
    Debug.Print "Tabellennamen: " & Sheets(i).Name & _
         Chr(13) & "Diagrammnamen: " & Dia.Name & _
         Chr(13) & Chr(13)
  Next
 Next i
End Sub
```

Listing 9.9:
Diagrammnamen
und Position in den
Direktbereich
schreiben

Definieren Sie zuerst einmal eine Variable vom Typ ChartObject. Danach bilden Sie eine äußere Schleife, die alle Tabellenblätter der Arbeitsblätter durchblättert, sowie eine innere Schleife, die die Namen der einzelnen Diagramme und deren Position mit der Anweisung Debug.Print in den Direktbereich schreibt.

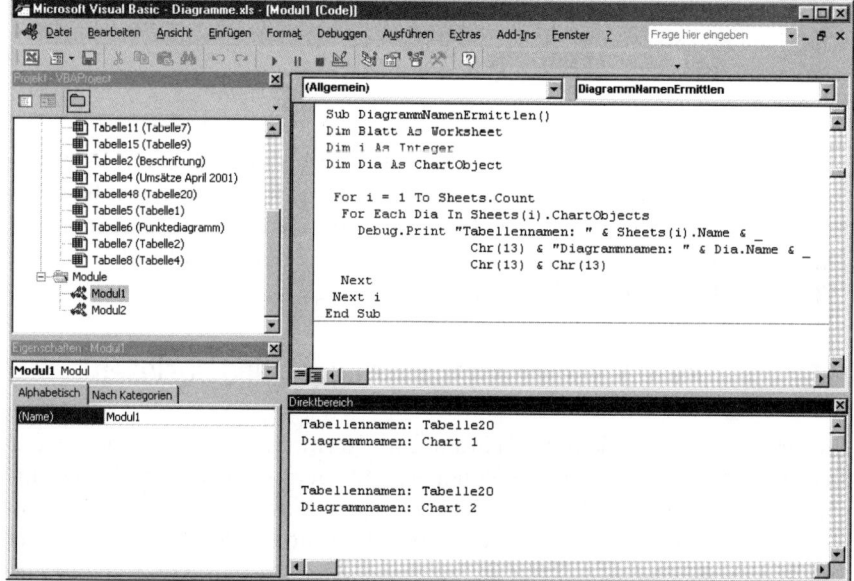

Abbildung 9.10:
Position und Namen
der Diagramme
protokollieren

9.3.1 Diagramme umbenennen

Wenn Sie ein neues Diagramm einfügen, bekommt es den Namen CHART mit einer fortlaufenden Nummer. Sie können diesen Namen ändern und durch einen eigenen Namen ersetzen. Dazu starten Sie das folgende Makro aus Listing 9.10.

```
Sub DiagrammUmbenennen()
 On Error Resume Next
 Sheets("Tabelle2").ChartObjects(1).Name = "NeuerName"
 MsgBox Sheets("Tabelle2").ChartObjects(1).Name
End Sub
```

Über die Eigenschaft Name geben Sie dem Diagrammobjekt einen neuen Namen und geben den Namen anschließend in einer Meldung auf dem Bildschirm aus.

9.4 Datenbasis und Diagramm im Wechsel

Um Platz auf Ihrer Tabelle zu sparen, können Sie Diagramm und Datenquelle auch übereinander anordnen und diese im Wechsel ein- und ausblenden. Die beiden Makros für diese Aufgabe entnehmen Sie aus Listing 9.11.

```
Sub DiagrammAusblenden()
    Sheets("Tabelle1").ChartObjects(1).Visible = False
End Sub

Sub DiagrammEinblenden()
    Sheets("Tabelle1").ChartObjects(1).Visible = True
End Sub
```

Nachdem Sie Ihr Diagramm direkt auf Ihre Datenbasis gelegt haben, starten Sie das Makro DiagrammAusblenden, um die Datenbasis anzuzeigen, bzw. das Makro DiagrammEinblenden, um Ihr Diagramm wieder sichtbar zu machen. Diesen tollen Effekt erreichen Sie, indem Sie die Eigenschaft Visible auf den Wert False bzw. auf den Wert True setzen.

9.5 Datenbeschriftungen hinzufügen und auslesen

Stellen Sie sich vor, Sie haben ein Punktdiagramm, welches Ihnen Ihre täglichen Kosten anzeigt. Jetzt möchten Sie ganz gezielt einzelne Punkte dokumentieren, d. h. den Punkten Bemerkungen hinzufügen. Diese Aufgabe können Sie über den Einsatz von zwei Inputboxen lösen. In der ersten Inputbox geben Sie den Punkt an, zu dem Sie einen Kommentar hinzufügen möchten, und in der zweiten Inputbox erfassen Sie den eigentlichen Kommentar zum Datenpunkt.

Das Makro zum Hinzufügen von Kommentaren zu einzelnen Datenpunkten können Sie in Listing 9.12 sehen.

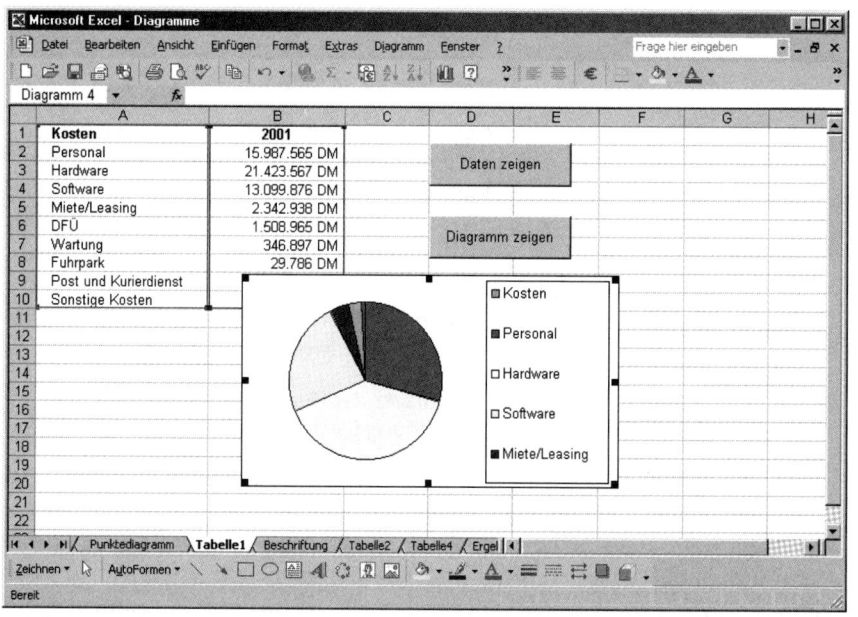

```
Sub DatenbeschriftungHinzufügen()
Dim i As Integer

i = InputBox("Welcher Punkt soll kommentiert werden?", _
 "Kommentierung des Diagramms")
 If i = 0 Then Exit Sub
 Sheets("Punktediagramm").ChartObjects(1).Select
 ActiveChart.SeriesCollection(1) _
  .Points(i).ApplyDataLabels _
  Type:=xlDataLabelsShowLabel, AutoText:=True
  ActiveChart.SeriesCollection(1). _
  Points(i).DataLabel.Text _
= InputBox("Bitte Text der Kommentierung eingeben")
End Sub
```

Listing 9.12:
Kommentare zu
Datenpunkten in
Diagrammen
erfassen

Mit Hilfe der Methode ApplyDataLabels weisen Sie einem Datenpunkt, der
Datenreihe oder allen Datenreihen im Diagrammblatt Datenbeschriftungen
zu.

Die Methode hat folgende Syntax: *Die Syntax*

```
ApplyDataLabels(Type, LegendKey, AutoText, HasLeaderLines)
```

Das Argument Type stellt den Typ der Datenbeschriftung dar. Zulässig ist
eine der folgenden XlDataLabelsType-Konstanten:

*Die Argumente
der Methode
Apply-
DataLabels*

Konstante	Beschreibung
xlDataLabelsShowNone	keine Datenbeschriftung
xlDataLabelsShowValue	Wert für den Datenpunkt (wenn dieses Argument nicht angegeben wird, wird ein Wert angenommen)
XlDataLabelsShowPercent	Prozentsatz der Summe; nur für Kreis- und Ringdiagramme verfügbar
XlDataLabelsShowLabel	Rubrikenbeschriftung für den Datenpunkt; dies ist der Standardwert.
XlDataLabelsShowLabelAnd-Percent	Prozentsatz der Summe und Rubriken-beschriftung für den Datenpunkt; nur für Kreis- und Ringdiagramme verfügbar

Das Argument LegendKey hat den Wert True, wenn Excel die Legende neben dem Datenpunkt anzeigen soll. Dies ist aber in den meisten Fällen unerwünscht. Aus diesem Grund ist der Standardwert für dieses Argument False. Beim Argument AutoText:=True erzeugt das Objekt, basierend auf dem Inhalt, automatisch einen angemessenen Text. Dem Argument HasLeaderLines weisen Sie den Wert True zu, wenn die Reihe Führungslinien besitzen soll.

In der zweiten Inputbox geben Sie den Text Ihrer Kommentierung ein, welcher über das Objekt DataLabel als Text für den Datenpunkt eingefügt wird.

9.5.1   Datenbeschriftung aus Zellen verwenden

Wenn Sie möchten, können Sie die Beschriftung Ihrer Diagramme auch direkt aus Zellen übernehmen. Das können Sie sowohl für den Titel des Diagramms als auch für die einzelne Punktbeschriftung vorsehen.

Im folgenden Makro aus Listing 9.13 werden sowohl der Diagrammtitel als auch die Beschriftung der Datenpunkte aus Zellen bezogen.

```
Sub DatenbeschriftungAusZellen()
Dim DatenReihe As Series
Dim Punkte As Points
Dim Punkt As Point
Dim i As Integer

Range("A5").Select
Set DatenReihe = _
ActiveSheet.ChartObjects(1).Chart.SeriesCollection(1)
DatenReihe.HasDataLabels = True
```

```
Set Punkte = DatenReihe.Points
For Each Punkt In Punkte
  i = i + 1
  Punkt.DataLabel.Text = ActiveCell.Offset(0, i).Value
  Punkt.DataLabel.Font.Bold = True
Next Punkt
ActiveSheet.ChartObjects(1).Select
With ActiveChart
    .HasTitle = True
    .ChartTitle.Text = Range("A2").Value
  End With
End Sub
```

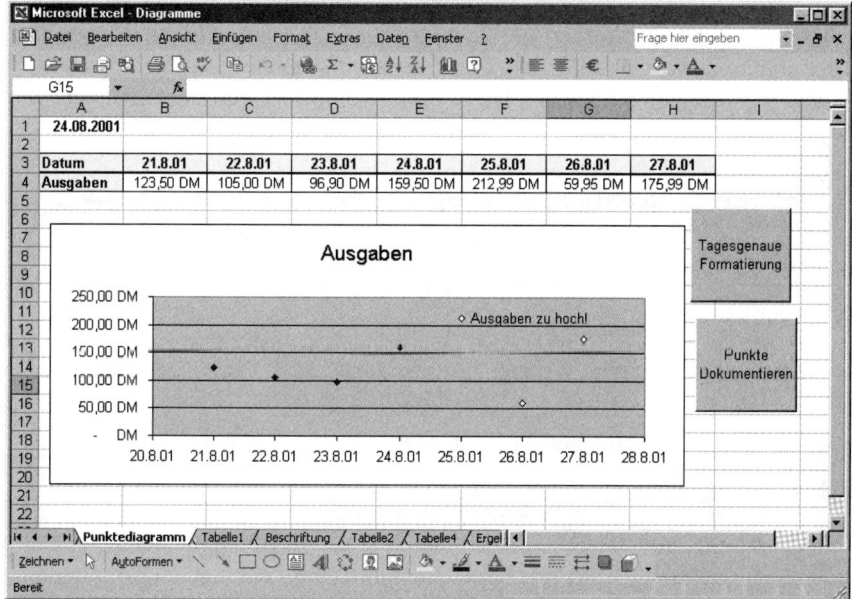

Abbildung 9.12:
Kommentar zum
Datenpunkt
erfassen

Erstellen Sie zuerst eine Variable vom Typ Series. Damit können Sie eine ganze Datenreihe eines Diagramms darstellen. In dieser Variablen DatenReihe speichern Sie die Datenreihe in Ihrem eingebetteten Diagramm. Indem Sie die Eigenschaft HasDataLabels auf den Wert True setzen, geben Sie bekannt, dass das eingebettete Diagramm Datenbeschriftungen erhalten soll. Möchten Sie als Datenbeschriftung die Bezeichnung des Datenpunkts anzeigen, dann verwenden Sie die Anweisung Range("A4").Select; möchten Sie hingegen den Wert des Datenpunkts anzeigen, verwenden Sie die Anweisung Range("A5").Select. Diese Angabe bestimmt, wo der Startpunkt für die Beschriftung des Diagramms ist. Sie benötigen jetzt noch weitere Variablen: eine Variable vom Typ Points, die alle Punkte in einer Datenreihe symbolisiert, sowie eine Variable vom Typ Point, die genau einen Punkt in einer Datenreihe darstellt. Mit der Anweisung Set weisen Sie der Variablen Punkte einen Verweis auf das Objekt Points zu. Nun können Sie mit Hilfe einer For

Each-Schleife den einzelnen Diagrammpunkten einen Text zuweisen. Den Text entnehmen Sie den Zelleneinträgen der Zeile 4 bzw. der Zeile 5. Dazu wenden Sie die Eigenschaft Text auf das Objekt DataLabels an. Als Zellenbezug für die Beschriftung verwenden Sie die jeweils dazugehörige Zelle, auf die Sie mit jedem Punkt ein Stück weiter nach rechts verweisen. Für das Versetzen der Zelle ist die Eigenschaft Offset verantwortlich. Das erste Argument der Verschiebung stellt die Zeile dar und beinhaltet im Beispiel den Wert 0, was bedeutet, dass der Mauszeiger in der aktuellen Zeile verbleibt. Das zweite Argument stellt die Spaltenverschiebung dar und muss je Punkt um den Wert 1 erhöht werden. Um die einzelnen Datenbeschriftungen deutlich erkennen zu können, formatieren Sie die Datenbeschriftung mit dem Schriftschnitt Fett. Dazu setzen Sie die Eigenschaft Bold ein. Im Anschluss daran kümmern Sie sich um den Titel, den Sie aus der Zelle A2 beziehen. Dazu markieren Sie das Diagramm und geben über die Eigenschaft HasTitle an, dass ein Diagrammtitel angezeigt werden soll. Mit der Eigenschaft Text weisen Sie dem Objekt ChartTitel einen Text zu, den Sie in diesem Fall aber aus einer Zelle entnehmen.

Abbildung 9.13:
Die Beschriftungen
des Diagramms aus
Zellen

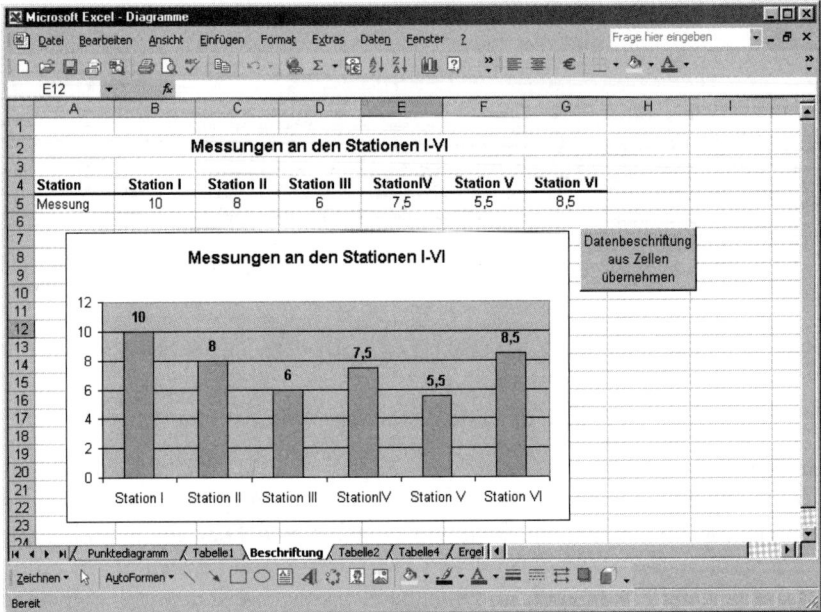

9.5.2   Daten aus Diagrammen auslesen

Vielleicht ist es Ihnen auch schon einmal passiert: Sie haben zwar ein Diagramm in einer Excel-Tabelle, die dazugehörige Datenbasis ist aber nicht mehr auffindbar. Sie müssen jetzt zusehen, wie Sie wieder an die Datenbasis herankommen. Dazu können Sie ein Makro verfassen, welches Ihnen alle Werte aus dem Diagramm in eine Tabelle schreibt.

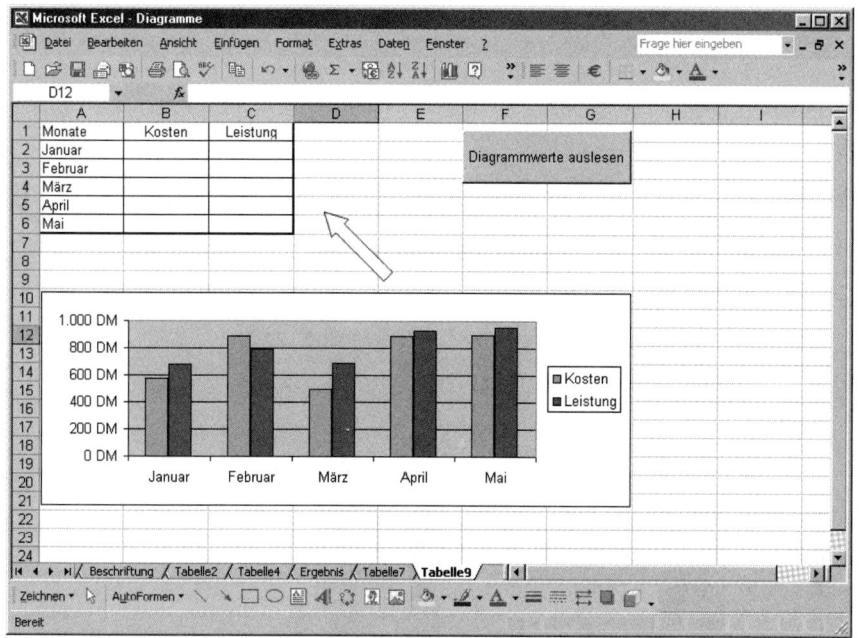

Abbildung 9.14:
Die Ausgangsbasis:
ein Diagramm,
jedoch ohne Daten-
basis

Um aus einem eingebetteten Diagramm die einzelnen Werte herauszulesen, setzen Sie das folgende Makro aus Listing 9.14 ein.

```
Sub DiagrammWerteAuslesen()
Dim s As String
Dim i As Variant
Dim Element As Object
Dim iz As Integer

s = ActiveSheet.Name
ActiveSheet.ChartObjects(1).Select
i = UBound(ActiveChart.SeriesCollection(1).Values)
Worksheets(s).Cells(1, 1) = "Monate"
With Worksheets(s)
   .Range(.Cells(2, 1), _
   .Cells(i + 1, 1)) = _
   Application.Transpose _
  (ActiveChart.SeriesCollection(1).XValues)
End With
iz = 2
For Each Element In ActiveChart.SeriesCollection
   Worksheets(s).Cells(1, iz) = Element.Name
   With Worksheets(s)
      .Range(.Cells(2, iz), _
      .Cells(i + 1, iz)) = _
```

Listing 9.14:
Datenwerte aus
Diagramm heraus-
lesen

```
        Application.Transpose(Element.Values)
      End With
      iz = iz + 1
Next
End Sub
```

Abbildung 9.15:
Das Endergebnis:
die restaurierte
Datenbasis

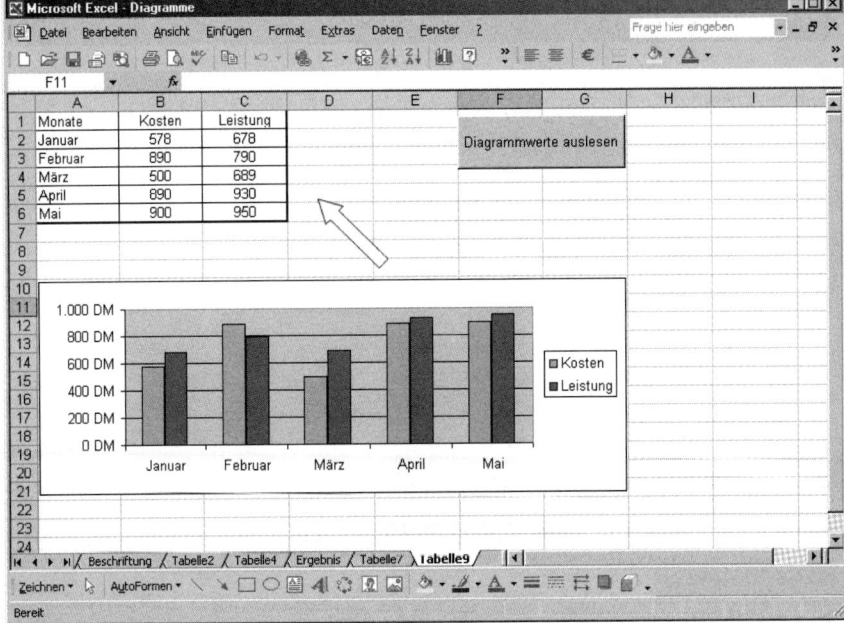

Ermitteln Sie zuerst einmal den Namen des Tabellenblatts und speichern ihn in der Variablen s. Im nächsten Schritt aktivieren Sie das eingebettete Diagramm und ermitteln über die Funktion UBound den höchsten Index der Datenreihe im Diagramm. Für das Beispiel bedeutet dieser Index die Anzahl der Säulen. Über die Eigenschaft Cells positionieren Sie dann genau auf die erste Zelle des Tabellenblattes und schreiben dort die Überschrift der Tabelle hinein. Im Anschluss daran markieren Sie den Bereich (Zellen in Spalte A), in dem die X-Achsenbeschriftungen eingefügt werden sollen. Setzen Sie die Funktion Transpose ein, um die Überschriften der X-Achse einzufügen. Dabei dreht die Funktion Transpose die Richtung für das Einfügen der Werte um. Da die X-Achsenbeschriftungen von links nach rechts vorliegen, sorgt diese Funktion dafür, dass die Achsenbeschriftungen von oben nach unten eingefügt werden. Damit haben Sie die erste Spalte mit den Überschriften der X-Achse gefüllt. Positionieren Sie danach gleich in die zweite Spalte B, indem Sie die Variable iz auf den Wert 2 setzen. Setzen Sie nun eine For Each-Schleife auf, bei der Sie alle Datenwerte aus dem Diagramm lesen. In die erste Zeile schreiben Sie dabei jeweils die Bezeichnung der Datenreihe. Die Werte transferieren Sie wieder mit Hilfe der Funktion Transpose in die Spalten B und C.

9.6 Diagramme positionieren und skalieren

Wenn Sie mit eingebetteten Diagrammen arbeiten, müssen Sie vorher genau festlegen, wo diese auf dem Tabellenblatt angeordnet werden sollen. Auf den vorigen Seiten haben Sie dazu die Methode Add eingesetzt, der Sie die vier Argumente linker Rand, oberer Rand, Breite und Höhe mitgegeben haben. Dabei wurde die Positionierung jeweils in Punkten angegeben. Haben Sie ein eingebettetes Diagramm aber schon erstellt und möchten nachträglich die Position des Diagramms ändern, müssen Sie anders vorgehen. Greifen Sie direkt auf ein eingebettetes Diagramm zu und verwenden die beiden Eigenschaften Left und Top, um die obere linke Ecke des Diagramms zu bestimmen.

```
Sub DiagrammPositionieren()
With ActiveSheet.Shapes("Diagramm 1")
   .Left = Range("A5").Left
   .Top = Range("A5").Top
 End With
End Sub
```

Listing 9.15: Eingebettetes Diagramm auf Tabellenblatt positionieren

Über die Eigenschaft ActiveSheet greifen Sie direkt auf das aktive Tabellenblatt zu. Auf diesem Tabellenblatt befindet sich ein eingebettetes Diagramm, welches Sie als Shape-Objekt identifizieren können. Ein Shape-Objekt kann aber auch eine AutoForm, eine ClipArt oder ein anderes OLE-Objekt sein, d. h. Sie können damit auch die Position von anderen Grafikelementen festlegen. Mit den Eigenschaften Left und Top geben Sie die Position des angegebenen Diagramms auf dem Tabellenblatt an. Dazu referieren Sie auf die Zelle A5, d. h., die linke obere Ecke soll in Zelle A5 beginnen.

9.6.1 Die Höhe und Breite eines Diagramms festlegen

Möchten Sie nachträglich die Höhe bzw. die Breite eines eingebetteten Diagramms anpassen, verwenden Sie die Eigenschaften Height und Width.

```
Sub DiagrammHöheFestlegen()
   ActiveSheet.ChartObjects("Diagramm 1").Height = 350
End Sub
```

Listing 9.16: Höhe eines eingebetteten Diagramms festlegen

Mit der Eigenschaft ActiveSheet greifen Sie abermals direkt auf das aktive Tabellenblatt zu. Dieses Mal sprechen Sie das eingebettete Diagramm aber direkt über das Auflistungsobjekt ChartObjects an, dessen Höhe Sie durch die Eigenschaft Height festlegen.

Wollen Sie lediglich die Breite eines Diagramms anpassen, setzen Sie die Eigenschaft Width ein.

```
Sub DiagrammBreiteFestlegen()
    ActiveSheet.ChartObjects("Diagramm 1").Width = 400
End Sub
```

9.6.2   Diagramme platzieren

Sind Ihre eingebetteten Diagramme zu klein und möchten Sie diese als Vollbild in Ihrer Arbeitsmappe umwandeln, dann starten Sie das Makro in Listing 9.18.

```
Sub EingebettetesDiagrammZuDiagrammblatt()
ActiveSheet.ChartObjects(1).Activate
ActiveChart.Location Where:=xlLocationAsNewSheet, _
   Name:="Diagramm in Groß"
End Sub
```

Greifen Sie auf das erste eingebettete Diagramm auf Ihrer Tabelle zu und wenden Sie die Methode Location an, um das eingebettete Diagramm zu verschieben. Bei der Methode Location können Sie im Argument Where entweder die Konstanten xlLocationAsNewSheet, xlLo-cationAsObject oder xlLocationAutomatic verwenden. Im Listing 9.18 wird das eingebettete Diagramm in ein neues Diagrammblatt verschoben. Aus diesem Grund verwenden Sie das Argument xlLocationAsNewSheet. Im Argument Name geben Sie an, wie das neue Diagrammblatt heißen soll.

Aber auch der umgekehrte Fall ist von Interesse. So können Sie ein Diagramm auf einem Diagrammblatt auch als Objekt in eine Tabelle transferieren. So fügen Sie ein neues Tabellenblatt ein und positionieren alle Diagramme aus der Arbeitsmappe, die sich auf Diagrammblättern befinden, auf das neu eingefügte Tabellenblatt. Danach positionieren Sie die transferierten Diagramme, die dann noch alle übereinander liegen, untereinander und verkleinern die eingebetteten Diagramme ein wenig.

```
Sub AlleDiagrammblätterInEineTabelleTransferieren()
Dim Blatt As Object
Dim s As String
Dim i As Integer
Dim Ecke As Integer

Application.ScreenUpdating = False
Sheets.Add Before:=Worksheets(1)
Range("A1").Select
s = ActiveSheet.Name
For Each Blatt In ActiveWorkbook.Sheets
```

```
Blatt.Activate
If TypeName(ActiveSheet) = "Chart" Then _
 ActiveChart.Location Where:=xlLocationAsObject, _
   Name:=s
Next Blatt
Sheets(s).Activate
Ecke = 10

For i = 1 To ActiveSheet.ChartObjects.Count
 With ActiveSheet.ChartObjects(i)
   .Top = Ecke
   .Left = 10
   .Height = 150
   .Width = 350
 End With
 Ecke = Ecke + 160
Next i
Application.ScreenUpdating = True
End Sub
```

Schalten Sie im ersten Schritt die Bildschirmaktualisierung ab. Danach fügen Sie ein neues Tabellenblatt gleich zu Beginn der Arbeitsmappe ein. Dazu verwenden Sie die Methode Add, der Sie als Argument Before den Index 1 übergeben. Speichern Sie den Namen des neuen Tabellenblattes in der Variablen s, um später leichter auf dieses Tabellenblatt zurückkehren zu können. In einer For Each-Schleife arbeiten Sie sich Blatt für Blatt durch die Arbeitsmappe durch. Da nur Diagrammblätter verarbeitet werden dürfen, fragen Sie mit der Funktion TypeName ab, ob es sich um ein Diagrammblatt handelt. Bei einem Diagrammblatt liefert die Funktion TypeName den Wert Chart zurück, bei einer normalen Tabelle den Wert Worksheet. Wird ein Diagrammblatt ermittelt, so transferieren Sie mit Hilfe der Methode Location das Diagramm auf das vorher neu eingefügte Tabellenblatt.

Haben Sie alle Tabellen der Arbeitsmappe überprüft, dann sorgen Sie für die richtige Anordnung der eingebetteten Diagramme auf dem neuen Tabellenblatt. Excel hat alle Diagramme aufeinander kopiert. Sie müssen nun diese übereinander liegenden Diagramme auseinander bringen und auf dem Tabellenblatt neu anordnen. Dazu setzen Sie eine For Next-Schleife auf, in der Sie alle eingefügten Diagramme verteilen. Über die Eigenschaft Count ermitteln Sie die Anzahl der eingebetteten Diagramme auf dem Tabellenblatt. In der Variablen Ecke definieren Sie jeweils den oberen Rand des eingebetteten Diagramms. Zu Beginn setzen Sie die Variable auf den Wert 10 und erhöhen diese Variable jeweils um mindestens die definierte Höhe des eingefügten Diagramms.

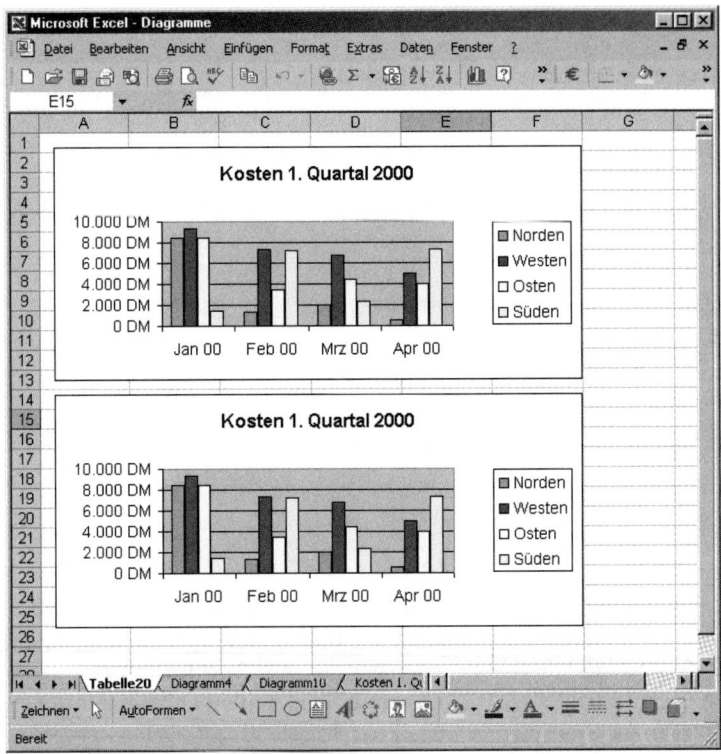

Möchten Sie alle eingebetteten Diagramme in einer Tabelle markieren, dann setzen Sie das Makro aus Listing 9.20 ein.

Listing 9.20:
Alle eingebetteten
Diagramme
markieren

```
Sub AlleDiagrammeAufTabelleMArkieren()
With Worksheets("Tabelle20")
   If .Shapes.Count > 0 Then
      .Shapes.SelectAll
   End If
End With
End Sub
```

Fragen Sie zu Beginn des Makros ab, ob sich überhaupt Diagramme oder auch andere Grafikobjekte wie Schaltflächen, ClipArts oder Ähnliches in der Tabelle befinden. Setzen Sie für diese Aufgabe die Anweisung Shapes.Count ein. Liefert diese Abfrage einen Wert > 0, dann befinden sich »Shapes« in Ihrer Tabelle, die Sie über die Methode SelectAll markieren können.

9.6.3 Diagramme skalieren

Mit VBA haben Sie die Möglichkeit, auf alle Elemente eines Diagramms zuzugreifen. So können Sie beispielsweise auch die Skalierung eines oder mehrerer Diagramme ändern.

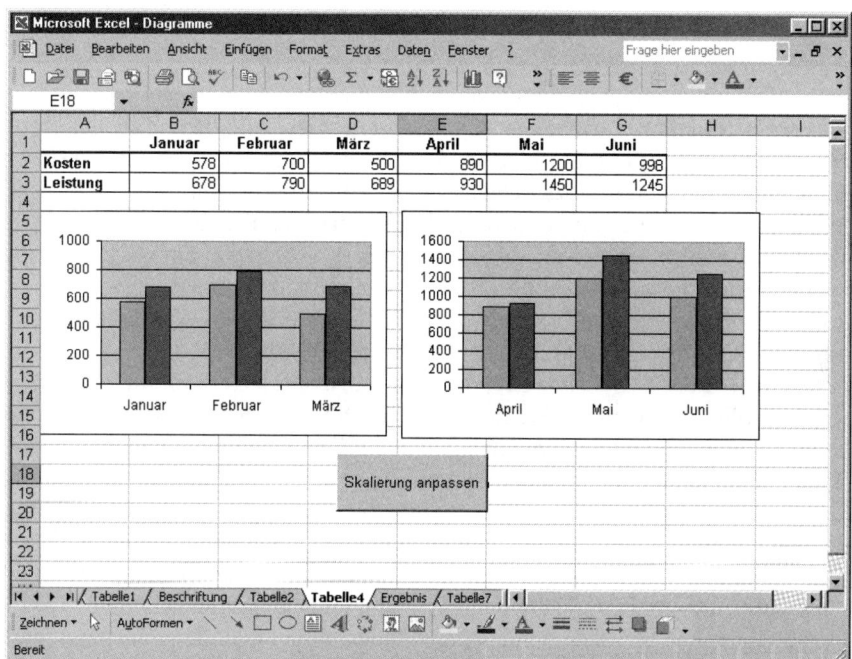

Abbildung 9.17:
Der Ausgangs-
zustand: zwei
Diagramme mit
unterschiedlicher
Skalierung

Wenn Sie Diagramme erstellen, orientiert sich Excel jeweils am höchsten Eintrag in der Tabelle. Aus diesem Grund sehen die beiden Diagramme in Abbildung 9.17 auch von der Skalierung her gesehen unterschiedlich aus. Die Dimensionen sind hierbei verzerrt. Besser wäre hier eine einheitliche Skalierung.

Gerade wenn Sie noch mehr Diagramme auf einem Tabellenblatt integriert haben und für alle Diagramme für die Vergleichbarkeit dieselbe Skalierung verwenden möchten, können Sie folgendes Makro aus Listing 9.21 anwenden.

```
Sub DiagrammSkalierungEinstellen()
Dim i As Integer
Dim maxWert As Long
Dim Schritt As Integer

maxWert = WorksheetFunction.Max(ActiveSheet.UsedRange)
maxWert = maxWert * 1.1
Schritt = maxWert / 5
```

Listing 9.21:
Die Skalierung von
mehreren Diagram-
men auf einmal
anpassen

```
For i = 1 To ActiveSheet.ChartObjects.Count
 ActiveSheet.ChartObjects(i).Select
 With ActiveChart.Axes(xlValue)
      .MinimumScale = 0
      .MaximumScale = maxWert
      .MajorUnit = Schritt
End With
 Next i
End Sub
```

Im ersten Schritt ermitteln Sie den höchsten Wert auf dem Tabellenblatt. Dieser Wert soll mit einem kleinen Aufschlag später den obersten Wert der Skalierung darstellen. Dazu setzen Sie die Funktion Max ein, die Sie auf die Eigenschaft UsedRange anwenden, und speichern das Ergebnis daraus in der Variablen maxwert. Dem so ermittelten Wert geben Sie noch 10 Prozent hinzu, damit die größte Säule nicht direkt unter dem oberen Rand hängt und noch ein wenig Luft hat. Dazu multiplizieren Sie die Variable maxwert mit dem Faktor 1.1, was genau 10 Prozent ergibt. Im nächsten Schritt bestimmen Sie die Schrittweite, bei der horizontale Trennlinien gezogen werden sollen. So könnten Sie sich z. B. entschließen, genau fünf horizontale Trennlinien zuzulassen. Dividieren Sie dazu die Variable maxwert durch den Wert 5 und speichern das Ergebnis daraus in der Variablen Schritt. Setzen Sie daraufhin eine For Each-Schleife auf, die alle eingebetteten Diagramme des Tabellenblattes durchläuft und die einheitliche Skalierung einstellt. Über die Anweisung ChartObjects.Count ermitteln Sie die Anzahl der eingebetteten Diagramme auf dem Tabellenblatt. Mit Hilfe der Methode Select aktivieren Sie innerhalb der Schleife ein Diagramm nach dem anderen und wenden folgende Eigenschaften auf die Achse an:

Die Eigenschaft MinimumScale stellt den Minimalwert einer Größenachse dar und wird im Beispiel auf den Wert 0 gesetzt. Mit der Eigenschaft MaximumScale geben Sie den höchsten Wert der Größenachse bekannt, den Sie aus der Variablen maxwert hernehmen. Über die Eigenschaft MajorUnit legen Sie die Schrittweite der Größenachse fest. Den Wert dazu entnehmen Sie der Variablen Schritt.

9.7   Diagramme als Grafiken speichern

In Excel können Sie Diagramme über einen Grafikfilter umwandeln. Das bringt Vorteile, wenn Sie Diagramme an Personen ausliefern möchten, die kein Excel installiert haben. Erstellen Sie aus den Excel-Diagrammen speicherschonende Grafikdateien im GIF-Format. Auch wenn Sie Diagramme in Ihrer Textverarbeitung verwenden möchten und dabei keine Excel-Diagramme verknüpfen möchten, ist das Einbinden von Diagrammgrafiken die bessere Methode. Allerdings können diese umgewandelten Diagramme dann nicht mehr aktualisiert werden.

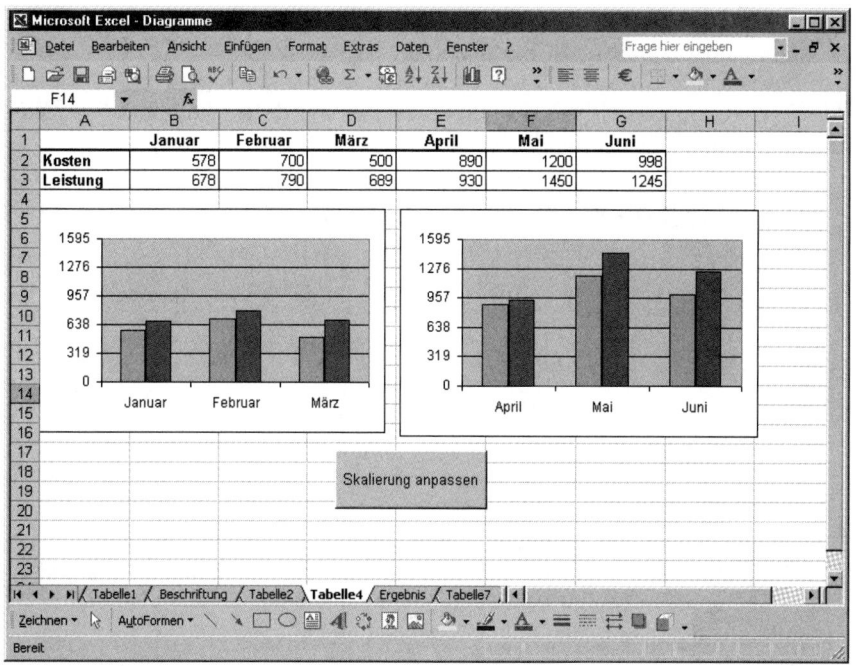

Abbildung 9.18:
Das Endergebnis:
Alle Diagramme
sind einheitlich
skaliert.

Das nachfolgende Makro aus Listing 9.22 wandelt alle eingebetteten Diagramme einer Arbeitsmappe in GIF-Dateien um und legt diese im Verzeichnis C:\EIGENE DATEIEN ab.

```
Sub DiagrammeAlsGrafikSpeichern()
Dim Dia As Chart
Dim i As Integer
Dim e As Integer

 For i = 1 To Sheets.Count
  Sheets(i).Activate
   For e = 1 To ActiveSheet.ChartObjects.Count
   ActiveSheet.ChartObjects(e).Select
   Set Dia = ActiveSheet.ChartObjects(e).Chart
   Dia.Export Filename:="c:\eigene Dateien\" & _
   ActiveSheet.ChartObjects(e).Name & _
   ".gif", FilterName:="GIF"
   Next e
 Next i
End Sub
```

Listing 9.22:
Alle eingebetteten
Diagramme einer
Arbeitsmappe werden in Grafikdateien
exportiert

Das Makro aus Listing 9.22 besteht aus zwei For Next-Schleifen. Die äußere Schleife arbeitet alle Tabellenblätter der aktiven Arbeitsmappe ab, die innere Schleife exportiert alle eingebetteten Diagramme auf dem jeweiligen Tabellenblatt. Über die Methode Filter exportieren Sie die Diagramme in ein Grafikformat. Dabei verwendet die Methode `Filter` die Argumente `FileName` und `FilterName`. Im Argument `FileName` geben Sie den Pfad sowie den Namen der Grafikdatei an. Dazu wenden Sie die Eigenschaft `Name` auf das Chart-Objekt an. Im Argument `FilterName` wird der Name des Grafikfilters angegeben, der verwendet werden soll.

Abbildung 9.19:
Alle Diagramme
wurden als Grafi-
ken ins Verzeichnis
C:\Eigene Dateien
exportiert.

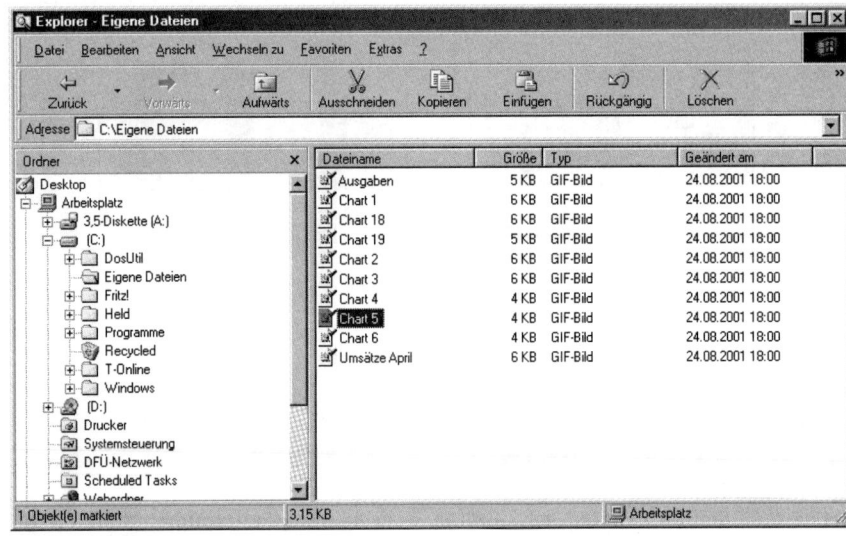

Mit einem Doppelklick auf die jeweilige Grafikdatei im Windows-Explorer können Sie die Diagrammgrafik öffnen.

INFO

9.8   Diagramme formatieren

In Excel haben Sie die Möglichkeit, Datenreihen in Diagrammen zu formatieren. Sie können beispielsweise den Abstand von Säulen oder Balken beeinflussen, verschiedene Farben für die Diagrammobjekte einsetzen, bei der Beschriftung der Diagramme aus einer breiten Auswahl von Schrifteffekten und Schriftschnitten wählen und vieles mehr.

9.8.1   Gewinn und Verlust in einem Säulendiagramm präsentieren

*Die Anforde-
rungen*

In der folgenden Aufgabe werden in einem Säulendiagramm Monatsergebnisse dargestellt. Damit auf einen Blick sichtbar wird, wenn ein Ergebnis in einem Monat unter den Wert 0 fällt, also ein Verlust eingefahren wird, sollen solche Datenpunkte mit der Hintergrundfarbe Rot belegt werden. Das Makro für diese Aufgabe sehen Sie in Listing 9.23.

```
Sub SäulenVerschiedenfarbig()
Dim Datenreihe As Series
Dim Punkt As Point
Dim i As Integer
Dim DArray As Variant

 Set Datenreihe = _
 ActiveSheet.ChartObjects(1).Chart.SeriesCollection(1)
 With Datenreihe
   DArray = .Values
   For Each Punkt In .Points
   i = i + 1
   If DArray(i) < 0 Then
     Punkt.Interior.ColorIndex = 3
     Else
     Punkt.Interior.ColorIndex = 33
   End If
   Next
 End With
End Sub
```

Listing 9.23:
Verschiedenfarbige
Säulen, je nach
Ergebnissituation

Definieren Sie zuerst eine Objektvariable vom Typ `Series`. Danach lesen Sie alle Y-Werte in ein Datenfeld ein und durchlaufen danach eine `For Each`-Schleife, in der Sie die einzelnen Datenpunkte kontrollieren. Die Werte entnehmen Sie dem Datenfeld `DArray`. Weist ein Datenpunkt einen Wert < 0 auf, so wird der Innenbereich der Säule mit der Farbe Rot formatiert. Bei allen positiven Werten wird ein blauer Farbton gewählt.

Das Makro aus Listing 9.23 hat noch einen kleinen Schönheitsfehler. Sie müssen das Makro immer manuell starten, um das Diagramm neu zu formatieren. Wenn Sie also Daten in der Tabelle ändern, ändert sich die Formatierung des Diagramms nicht. Dem kann aber abgeholfen werden, indem Sie ein Ereignis programmieren.

Das Ereignis heißt `Worksheet_Change` und tritt ein, wenn sich irgendeine Zelle auf dem aktiven Tabellenblatt ändert. Genau dieses Ereignis brauchen Sie jetzt.

Um das Ereignis einzustellen, gehen Sie wie folgt vor:

1. Wechseln Sie in die Entwicklungsumgebung.

2. Im Projekt-Explorer klicken Sie die Tabelle an, auf der sich Ihr Diagramm befindet.

3. Geben Sie im Codebereich folgendes Ereignis ein:

STEP

```
Private Sub Worksheet_Change(ByVal Target As Range)
 SäulenVerschiedenfarbig
End Sub
```

Listing 9.24:
Makro automatisch
bei Zellenänderung
starten

Abbildung 9.20:
Negative Monats-
ergebnisse werden
rot formatiert.

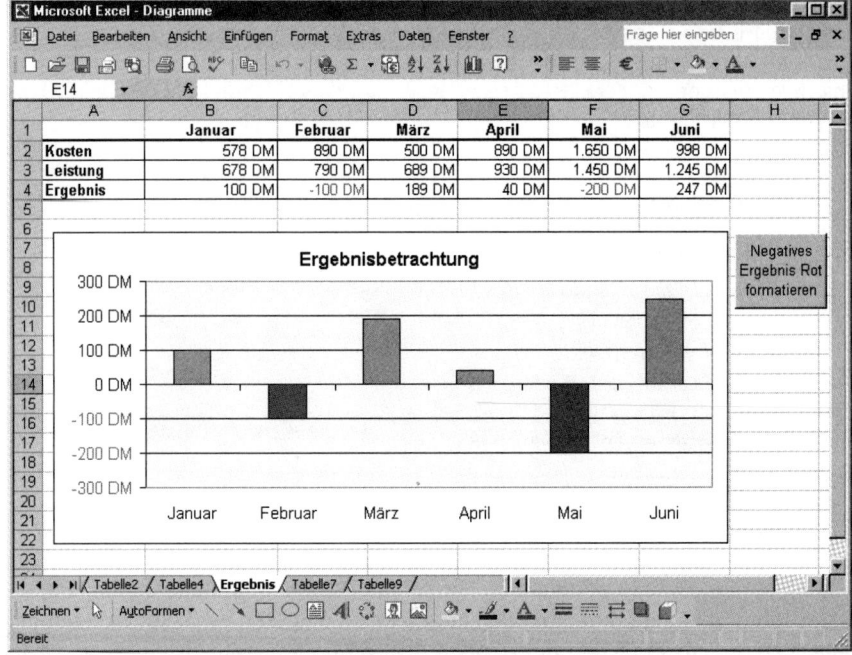

Immer wenn Sie eine Zelle auf Ihrem Tabellenblatt verändern, sei es nun durch direkte Eingabe oder auch durch eine Formel, wird das Makro Säulen Verschiedenfarbig gestartet.

Lernen Sie noch mehr über den praktischen Einsatz von Ereignissen in Kapitel 12.

Befindet sich das Diagramm auf einem eigenen Diagrammblatt, dann setzen Sie das Makro aus Listing 9.25 ein, um die Säulen zu formatieren.

Listing 9.25:
Diagrammblatt
ansprechen und
formatieren

```
Sub SäulenVerschiedenfarbig()
Dim Datenreihe As Series
Dim Punkt As Point
Dim i As Integer
Dim DArray As Variant

On Error Resume Next
Sheets("Diagramm1").Activate
Set Datenreihe = _
ActiveChart.SeriesCollection(1)
With Datenreihe
  DArray = .Values
  For Each Punkt In .Points
    i = i + 1
    If DArray(i) < 0 Then
```

```
      Punkt.Interior.ColorIndex = 3
      Else
      Punkt.Interior.ColorIndex = 33
    End If
  Next
 End With
End Sub
```

9.8.2   Eine Ist-Darstellung in einem Säulendiagramm darstellen

Im nächsten Beispiel geht es darum, in einem Diagramm, in dem alle 12
Monate eines Jahres abgebildet sind in Abhängigkeit vom aktuellen Datum
die Säulen verschieden zu formatieren. Stellen Sie sich also vor, heute wäre
der 14. September 2001. Ihre Aufgabe besteht nun darin, die Säulen von
Januar bis September mit der Farbe GELB zu formatieren. Die restlichen
Monate Oktober bis Dezember sollen die Farbe BLAU bekommen. Das
Makro für diese Aufgabe sehen Sie in Listing 9.26.

```
Sub DiagrammFärben()
Dim i As Integer
Dim j As Integer
Dim datum1 As Date
Dim Datindex As Integer

Sheets("Tabelle11").Activate
datum1 = Range("A1").Value
Datindex = Month(datum1)
For i = 1 To Datindex
    ActiveWindow.Visible = True
    ActiveSheet.ChartObjects((1)).Activate
    ActiveChart.ChartArea.Select
    ActiveChart.SeriesCollection(1).Select
    ActiveChart.SeriesCollection(1).Points(i).Select
    With Selection.Border
        .Weight = xlThin
        .LineStyle = xlAutomatic
    End With
    Selection.Shadow = False
    Selection.InvertIfNegative = False
    With Selection.Interior
        .ColorIndex = 44
        .Pattern = xlSolid
    End With
Next i
End Sub
```

Listing 9.26:
Zweifarbiges
Säulendiagramm
erstellen

In Zelle A1 haben Sie die Tabellenfunktion =HEUTE() erfasst. Diese Funktion liefert Ihnen das aktuelle Datum. Dieses Datum speichern Sie in der
Variablen datum1. Im Anschluss daran ermitteln Sie den Monat des Datums

mit Hilfe der Funktion Month. Diese Funktion gibt Ihnen einen Wert zwischen 1 und 12 zurück. Damit wissen Sie, wie viele Säulen Sie färben müssen. In einer Schleife weisen Sie dann die gewünschte Farbe zu.

Abbildung 9.21:
Monatsgenau
formatieren

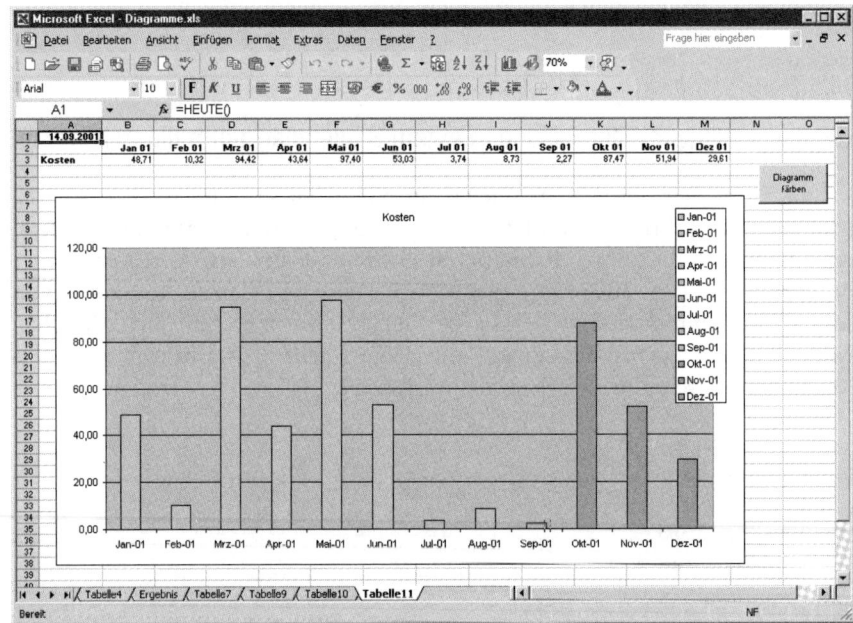

9.8.3   Legenden formatieren

Wenn Sie möchten, können Sie direkt auf eine Legende zugreifen und ihre Beschriftung formatieren. Dabei haben Sie die Möglichkeit, Schriftgröße, Schriftfarbe sowie den Schriftschnitt festzulegen. Im folgenden Beispiel aus Listing 9.27 wird eine Legende mit dem Schriftschnitt FETT und der Schriftfarbe BLAU formatiert.

Listing 9.27:
Legende eines
eingebetteten
Diagramms
formatieren

```
Sub LegendeFormatieren()
  ActiveSheet.ChartObjects(1).Select
  ActiveChart.HasLegend = True
  With ActiveChart.Legend.Font
    .Bold = True
    .ColorIndex = 5
  End With
End Sub
```

Nachdem Sie das eingebettete Diagramm auf dem aktiven Tabellenblatt markiert haben, blenden Sie mit Hilfe der Eigenschaft HasLegend, die Sie auf den Wert True setzen, die Legende ein. Im Anschluss daran wenden Sie die Eigenschaften Bold und ColorIndex auf die Schrift der Legende an.

9.8.4   Zusätzliche Labels hinzufügen

Sollten Ihnen die Überschrift sowie die Achsenbeschriftungen nicht ausreichen, können Sie zusätzliche Textfelder in Ihr eingebettetes Diagramm einfügen. Sehen Sie sich dazu das Makro aus Listing 9.28 an.

```
Sub ZusätzlichesTextfeld()
  ActiveSheet.ChartObjects(1).Select
  ActiveChart.HasTitle = True
  ActiveChart.ChartTitle.Text = "Kosten und Leistung"
  ActiveChart.Shapes.AddLabel _
  (msoTextOrientationHorizontal, _
  10, 15, 0, 0).TextFrame.Characters.Text = "Zusatzinfo"
End Sub
```

Listing 9.28:
Zusätzliches Feld in
ein eingebettetes
Diagramm einfügen

Mit der Methode AddLabel können Sie eine zusätzliche Beschriftung in Ihrem Diagramm hinzufügen. Dabei geben Sie die Konstante msoTextOrientation Horizontal an und legen die linke obere Ecke über die ersten beiden Argumente in der Klammer fest. Das Objekt TextFrame stellt den Textrahmen dar und enthält sowohl den Text als auch die Eigenschaften und Methoden zur Steuerung von Ausrichtung und Verankerung des Textrahmens. Über die Eigenschaft Text schreiben Sie Ihren zusätzlichen Text in das Textfeld.

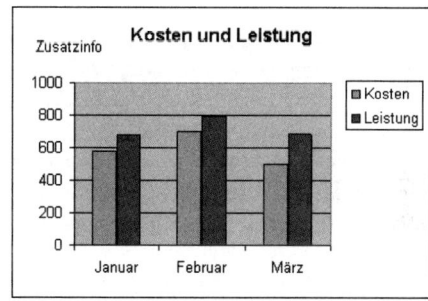

Abbildung 9.22:
Zusätzliche Labels
sind immer
möglich.

9.9   Dynamische Diagramme erzeugen

Viele Diagramme werden über Monate, ja sogar Jahre hinweg gepflegt und immer wieder erweitert. Die Erweiterung von Diagrammen ist eine lästige Aufgabe, da Sie erstens die Datenreihen einzeln erweitern müssen und dabei zweitens genau aufpassen müssen, dass Sie keine falschen Zellenbezüge angeben. Für diese Aufgabe ist eine Excel-VBA-Lösung geradezu geschaffen. Stellen Sie sich vor, Sie markieren den Datenbereich, der in einem Diagramm angezeigt werden soll, und starten ein Makro, welches Ihnen das bereits bestehende Diagramm dynamisch erweitert. Diese Funktionalität erinnert stark an das Standarddiagramm, bei dem Sie ebenso den Datenbereich markieren und anschließend die Taste F11 drücken. Bei dieser Standardlösung ist der Nachteil, dass Sie das Diagramm immer wieder neu erstellen und danach alle weiteren Formatierungen am Diagramm manuell ausführen müssen. Außerdem wird bei dieser Standardlösung ein neues Diagrammblatt eingefügt. Wenn Sie also ein bereits bestehendes und eingebettetes Diagramm flexibel erweitern möchten, setzen Sie das Makro aus Listing 9.29 ein.

Abbildung 9.23:
Die Ausgangsbasis:
Das Diagramm
muss erweitert
werden.

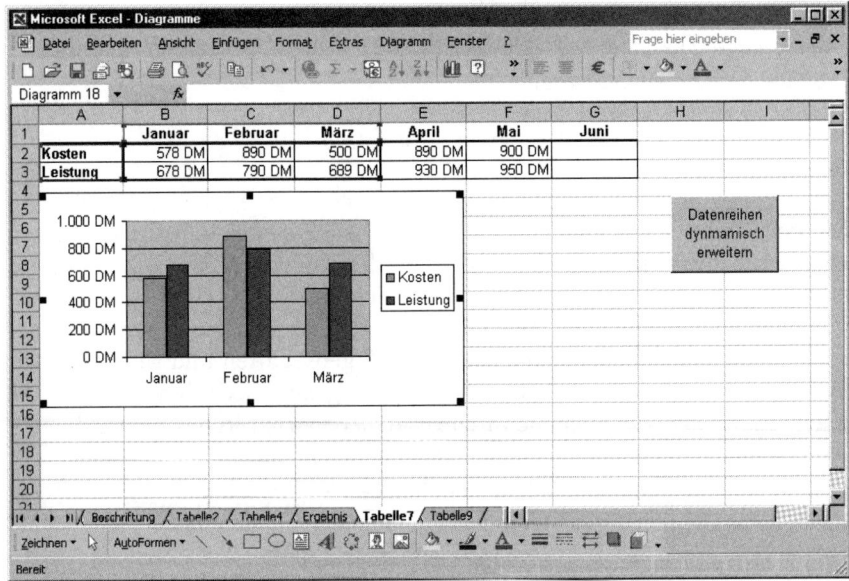

Das Erweitern von Diagrammen können Sie am besten vornehmen, wenn Sie den Datenbereich benennen. Damit entfällt erstens viel Schreibarbeit und zweitens macht es das Makro leichter lesbar.

Listing 9.29:
Ein eingebettetes
Diagramm dyna-
misch erweitern

```
Sub DatenreihenErweitern()
Dim Blatt As Worksheet
Dim s As String

s = ActiveSheet.Name
Set Blatt = ActiveSheet
On Error Resume Next
ActiveWorkbook.Names("DiaBereich").Delete
ActiveWorkbook.Names.Add _
Name:="DiaBereich", RefersToR1C1:=Selection
Blatt.ChartObjects(1).Select
ActiveChart.SetSourceData _
Source:=Sheets(s).Range("DiaBereich")
End Sub
```

Definieren Sie zuerst eine Objektvariable vom Typ Worksheet. Danach speichern Sie den Namen der Tabelle, auf der sich das eingebettete Diagramm befindet, in der Variablen s. Da Sie den Datenbereich benennen möchten, der in Ihr eingebettetes Diagramm eingeht, löschen Sie vorher einen eventuell schon bestehenden Namen über die Methode Delete. Die On Error-Anweisung fügen Sie zur Sicherheit vor die Zeile mit dem Befehl Delete ein. Diese Anweisung sorgt hier dafür, dass das Makro nicht abstürzt, wenn noch kein Name für den Datenbereich vergeben wurde. Im nächsten Schritt fügen Sie mit Hilfe der Methode Add einen neuen Namen ein, der den Datenbereich für das Diagramm beinhalten soll. Als Argument übergeben Sie an die Methode Add den Namen sowie den Zellenbezug, auf den sich der Name beziehen soll. Im Argument RefersToR1C1 verweisen Sie auf die aktuell ausgewählten Zellen, d. h., Sie müssen vor dem Start des Makros den Datenbereich markieren, der in das Diagramm eingehen soll. Nach der Namensvergabe markieren Sie das eingebettete Diagramm und wenden die Methode SetSourceData an. Sie benötigt das Argument Source. Es beinhaltet den Bereich, der die Quelldaten für das Diagramm enthält. Dieses Argument füllen Sie mit dem Inhalt der Variablen s, welche den Namen der Tabelle enthält, und dem vorher vergebenen Namen.

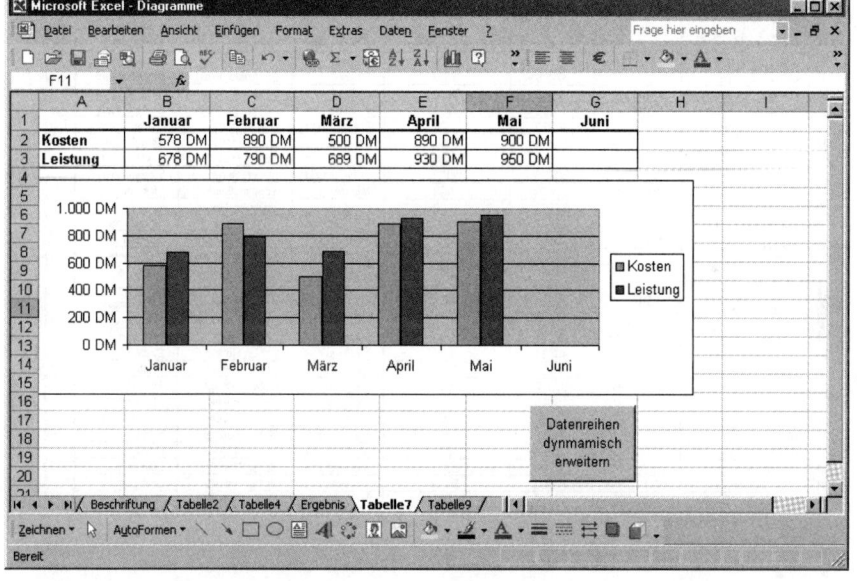

Abbildung 9.24:
Das Endergebnis:
das erweiterte
Diagramm

9.10   Pivot-Tabellenberichte erstellen

In Excel haben Sie die Möglichkeit, sehr schnell aussagekräftige Berichte zu erstellen. Die wohl beste und sicherste Methode, in Excel Daten auszuwerten und aufzubereiten, ist die Anwendung von Pivot-Tabellen. Der Begriff »Pivot« kommt aus dem Französischen und bedeutet »Dreh- und Angelpunkt«. Damit wird schon einiges über die Funktion ausgesagt – Sie können es drehen und wenden, wie Sie wollen – Sie werden immer die richtigen Ergebnisse bekommen.

!! STOP

Bei der Arbeit mit Pivot-Tabellen gibt es zwei Punkte, die Sie beachten müssen:

- *Ist der Pivot-Tabellenbericht aktualisiert?*
- *Greift die Pivot-Tabelle wirklich auf den gewünschten Datenbereich zu? (Ist der Datenbereich nachträglich vergrößert worden?)*

Beide Fragen werden noch in diesem Kapitel beantwortet.

Zuerst werden Sie über ein VBA-Makro einen Pivot-Tabellenbericht erstellen. Die Ausgangstabelle können Sie der Abbildung 9.25 entnehmen.

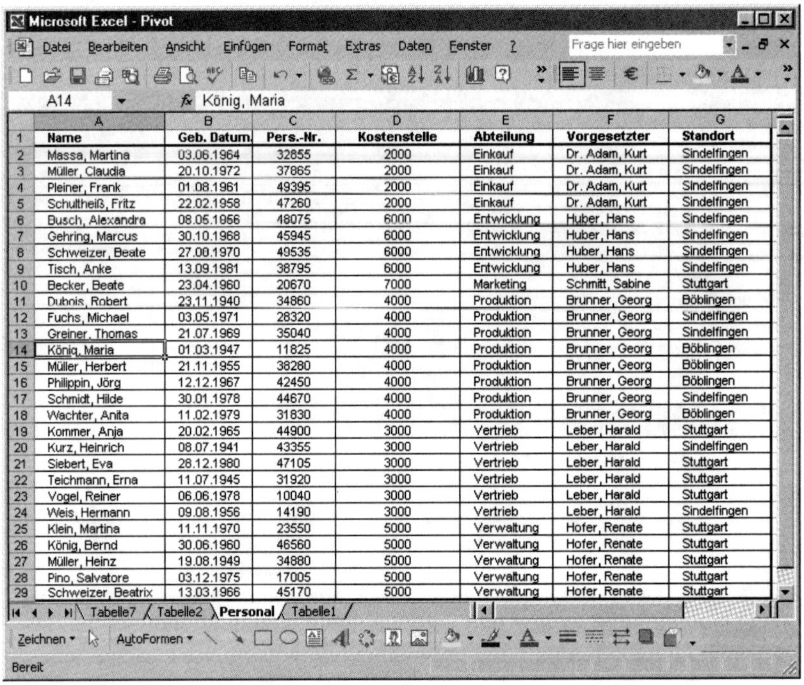

	A	B	C	D	E	F	G
1	Name	Geb. Datum	Pers.-Nr.	Kostenstelle	Abteilung	Vorgesetzter	Standort
2	Massa, Martina	03.06.1964	32855	2000	Einkauf	Dr. Adam, Kurt	Sindelfingen
3	Müller, Claudia	20.10.1972	37865	2000	Einkauf	Dr. Adam, Kurt	Sindelfingen
4	Pleiner, Frank	01.08.1961	49395	2000	Einkauf	Dr. Adam, Kurt	Sindelfingen
5	Schultheiß, Fritz	22.02.1958	47260	2000	Einkauf	Dr. Adam, Kurt	Sindelfingen
6	Busch, Alexandra	08.05.1966	48075	6000	Entwicklung	Huber, Hans	Sindelfingen
7	Gehring, Marcus	30.10.1968	45945	6000	Entwicklung	Huber, Hans	Sindelfingen
8	Schweizer, Beate	27.08.1970	49535	6000	Entwicklung	Huber, Hans	Sindelfingen
9	Tisch, Anke	13.09.1981	38795	6000	Entwicklung	Huber, Hans	Sindelfingen
10	Becker, Beate	23.04.1960	20670	7000	Marketing	Schmitt, Sabine	Stuttgart
11	Dubois, Robert	23.11.1940	34860	4000	Produktion	Brunner, Georg	Böblingen
12	Fuchs, Michael	03.05.1971	28320	4000	Produktion	Brunner, Georg	Sindelfingen
13	Greiner, Thomas	21.07.1969	35040	4000	Produktion	Brunner, Georg	Sindelfingen
14	König, Maria	01.03.1947	11825	4000	Produktion	Brunner, Georg	Böblingen
15	Müller, Herbert	21.11.1955	38280	4000	Produktion	Brunner, Georg	Böblingen
16	Philippin, Jörg	12.12.1967	42450	4000	Produktion	Brunner, Georg	Böblingen
17	Schmidt, Hilde	30.01.1978	44670	4000	Produktion	Brunner, Georg	Sindelfingen
18	Wachter, Anita	11.02.1979	31830	4000	Produktion	Brunner, Georg	Böblingen
19	Kommer, Anja	20.02.1965	44900	3000	Vertrieb	Leber, Harald	Stuttgart
20	Kurz, Heinrich	08.07.1941	43355	3000	Vertrieb	Leber, Harald	Sindelfingen
21	Siebert, Eva	28.12.1980	47105	3000	Vertrieb	Leber, Harald	Stuttgart
22	Teichmann, Erna	11.07.1945	31920	3000	Vertrieb	Leber, Harald	Stuttgart
23	Vogel, Reiner	06.06.1978	10040	3000	Vertrieb	Leber, Harald	Stuttgart
24	Weis, Hermann	09.08.1956	14190	3000	Vertrieb	Leber, Harald	Sindelfingen
25	Klein, Martina	11.11.1970	23550	5000	Verwaltung	Hofer, Renate	Stuttgart
26	König, Bernd	30.06.1960	46560	5000	Verwaltung	Hofer, Renate	Stuttgart
27	Müller, Heinz	19.08.1949	34880	5000	Verwaltung	Hofer, Renate	Stuttgart
28	Pino, Salvatore	03.12.1975	17005	5000	Verwaltung	Hofer, Renate	Stuttgart
29	Schweizer, Beatrix	13.03.1966	45170	5000	Verwaltung	Hofer, Renate	Stuttgart

Abbildung 9.25: Die Ausgangstabelle – eine Mitarbeiterliste

In einem Pivot-Tabellenbericht soll nun dargestellt werden, welcher Vorgesetzter welche Mitarbeiter an welchem Standort hat. Das Makro für diese Aufgabe können Sie Listing 9.30 entnehmen.

Listing 9.30: Einen Pivot-Tabellenbericht erstellen

```
Sub PivotTabelleErstellen()
Dim Bereich As Range

Sheets("Personal").Activate
```

```
Set Bereich = ActiveSheet.UsedRange
Range(Bereich.Address).Select
ActiveSheet.PivotTableWizard _
 SourceType:=xlDatabase, SourceData:= _
 Bereich, TableDestination:="", TableName:="Pivot"
With ActiveSheet.PivotTables("Pivot")
 .PivotFields("Vorgesetzter").Orientation = xlPageField
 .PivotFields("Name").Orientation = xlRowField
 .PivotFields("Standort").Orientation = xlColumnField
 .PivotFields("Name").Orientation = xlDataField
End With
End Sub
```

Im ersten Schritt aktivieren Sie das Tabellenblatt, welches die Quelldaten für die Auswertung enthält, und legen den verwendeten Bereich in der Variablen `Bereich` fest. Danach markieren Sie den Quellbereich und wenden die Methode `PivotTableWizard` an, die die Pivot-Tabelle erstellt.

Die Methode `PivotTableWizard` hat folgende Syntax: *Die Syntax*

```
PivotTableWizard(SourceType, SourceData, _
TableDestination, TableName, RowGrand, _
ColumnGrand, SaveData, HasAutoFormat, AutoPage, _
Reserved, BackgroundQuery, OptimizeCache, _
PageFieldOrder, PageFieldWrapCount, ReadData, _
Connection)
```

Auf die wichtigsten Argumente wird nun näher eingegangen. Im Argument `SourceTyp` geben Sie die Quelle der Daten in dem Bericht an. Zulässig ist eine der in der folgenden Tabelle aufgeführten Konstanten.

Die Argumente der Methode Pivot-Table-Wizard

Konstante	Beschreibung
xlConsolidation	mehrere Konsolidierungsbereiche
xlDatabase	Microsoft Excel-Datenbank oder -Liste (Standard)
xlExternal	externe Datenquelle
xlPivotTable	gleiche Quelle wie ein anderer PivotTable-Bericht

Tabelle 9.3:
Die möglichen Datenquellen-Konstanten bei Pivot-Tabellen-berichten

Beim Argument `SourceData` legen Sie den Datenbereich für den neuen Bericht fest. Hierfür haben Sie vorher den verwendeten Bereich auf dem Tabellenblatt in der Variablen `Bereich` definiert, welche Sie hier nun als Argument angeben. Im Argument `TableDestination` können Sie eine Zieltabelle inklusive der Position der ersten Zelle für den Pivot-Tabellenbericht angeben. Belassen Sie dieses Argument leer, wenn der Pivot-Tabellenbericht auf einer neuen Tabelle, beginnend ab Zelle A1, eingefügt werden soll. Im Argument `TableName` geben Sie dem Pivot-Tabellenbericht einen Namen. Dies ist sehr wichtig, um später bei der Anordnung der Pivotfelder auf die richtige Pivot-Tabelle zuzugreifen. Wird dieses Argument nicht gesetzt, vergibt Excel eigene Namen für die Pivot-Tabellen, die die Bezeichnung PIVOTTABLE und eine fortlaufende Nummer enthalten. Gerade diese fortlaufende Nummer macht dann bei der weiteren Programmierung der Pivot-Tabelle Schwierigkeiten. Aus diesem Grund füllen Sie dieses Argument mit einem Namen, der konstant bleibt.

Beginnen Sie jetzt mit der Anordnung Ihrer Datenfelder und nutzen Sie dazu das Auflistungsobjekt `PivotFields`. In diesem Auflistungsobjekt stehen alle verfügbaren Feldnamen der Pivot-Tabelle, die den Spaltenüberschriften des Quellbereiches entsprechen.

!!
STOP

Wenn Sie nicht sicherstellen können, dass die Spaltenüberschriften Ihres Datenbereiches konstant bleiben, können Sie die einzelnen Feldnamen auch über einen Index ansprechen. Wenn die Spaltenüberschriften jedoch konstant bleiben, verwenden Sie besser die Feldnamen für die bessere Lesbarkeit des Makros.

Mit der Eigenschaft `Orientation` legen Sie die Position des Feldnamens in der Pivot-Tabelle fest. Entnehmen Sie dabei die Möglichkeiten, die Sie dabei haben, der Tabelle 9. 4.

Tabelle 9.4:
Die möglichen Ausrichtungskonstanten bei Pivot-Tabellenberichten

Konstante	Beschreibung
xlColumnField	Im Spaltenbereich der Pivot-Tabelle wird der Standort ausgegeben.
xlDataField	Im Datenbereich der Pivot-Tabelle wird die Anzahl der Mitarbeiter gezählt.
xlHidden	Mit dieser Konstanten können Sie einzelne Datenfelder ausblenden.
xlPageField	Im Seitenfeld der Pivot-Tabelle wird der gewünschte Vorgesetzte eingestellt.
xlRowField	Im Zeilenbereich werden die Namen der Mitarbeiter aufgelistet.

9.11   Pivot-Tabellen aktualisieren

Bei Pivot-Tabellenberichten müssen Sie daran denken, dass Sie nach einer Änderung der Quelldaten nicht vergessen, die Pivot-Tabelle auf den neuesten Stand zu bringen. Dieser Vorgang geschieht in Excel nicht automatisch, dafür sind Sie verantwortlich.

9.11.1   Einzelne Pivot-Tabelle aktualisieren

Wenn Sie ganz gezielt eine einzelne Pivot-Tabelle in einer Arbeitsmappe aktualisieren möchten, setzen Sie das Makro aus Listing 9.31 ein.

```
Sub EinzelnePivotTabelleAufBlattAktualisieren()
 On Error GoTo fehler
 Sheets(1).PivotTables("Pivot").RefreshTable
Exit Sub
fehler:
 MsgBox "Es konnte keine Pivot-Tabelle gefunden werden!"
End Sub
```

Listing 9.31: Einzelne Pivot-Tabelle auf Tabellenblatt aktualisieren

Auf dem ersten Tabellenblatt in der aktiven Arbeitsmappe wird die Pivot-Tabelle PIVOT mit Hilfe der Methode RefreshTable auf den neuesten Stand gebracht. Die Anweisung On Error ist eine reine Sicherheitsmaßnahme, die verhindern soll, dass das Makro abstürzt, wenn die richtige Pivot-Tabelle nicht gefunden werden kann.

9.11.2   Mehrere Pivot-Tabellen auf einem Tabellenblatt aktualisieren

Oft werden auch mehrere Pivot-Tabellen auf einem einzigen Tabellenblatt geführt. Dabei können Sie alle Pivot-Tabellen auf einmal updaten, indem Sie das Makro aus Listing 9.32 einsetzen.

```
Sub MehrerePivotTabellenAufBlattAktualisieren()
Dim pt As PivotTable
On Error Resume Next
 For Each pt In Sheets(1).PivotTables
  pt.RefreshTable
 Next pt
End Sub
```

Listing 9.32: Mehrere Pivot-Tabellen auf einem Tabellenblatt aktualisieren

Definieren Sie eine Objektvariable vom Typ PivotTable und setzen Sie eine For Each-Schleife auf. Innerhalb der Schleife wenden Sie die Methode RefreshTable an, um die einzelnen Pivot-Tabellenberichte zu aktualisieren.

9.11.3   Alle Pivot-Tabellen in Arbeitsmappe aktualisieren

Haben Sie in einer Arbeitsmappe mehrere Pivot-Tabellenberichte auf unterschiedlichen Tabellenblättern erstellt und möchten Sie diese nun automatisch aktualisieren, dann setzen Sie das Makro aus Listing 9.33 ein.

Listing 9.33:
Alle Pivot-Tabellen in der aktiven Arbeitsmappe aktualisieren

```
Sub AllePivotTabellenInArbeitsmappeAktualisieren()
Dim Blatt As Worksheet
Dim pt As PivotTable

For Each Blatt In ActiveWorkbook.Sheets
 Blatt.Activate
 For Each pt In Sheets(1).PivotTables
  pt.RefreshTable
 Next pt
Next Blatt
End Sub
```

Die Aktualisierung aller Pivot-Tabellenberichte Ihrer aktiven Arbeitsmappe bekommen Sie über zwei Schleifen hin. In der ersten Schleife wird Blatt für Blatt abgearbeitet, in der zweiten Schleife werden innerhalb eines Blattes alle Pivot-Tabellenberichte aktualisiert.

Möchten Sie diese Aktualisierung automatisch nach dem Öffnen der Arbeitsmappe durchführen, dann wenden Sie das Ereignis Workbook_Open *an. Dazu verfahren Sie wie folgt:*

1. Wechseln Sie in die Entwicklungsumgebung.

2. Klicken Sie im Projekt-Explorer den Eintrag DIESEARBEITSMAPPE doppelt an.

3. Erfassen Sie das Ereignis Workbook_Open.

Listing 9.34:
Nach dem Öffnen einer Arbeitsmappe werden alle Pivot-Tabellen aktualisiert

```
Private Sub Workbook_Open()
 AllePivotTabellenInArbeitsmappeAktualisieren
End Sub
```

Lernen Sie mehr über die Möglichkeiten, die Ihnen Ereignisse bieten, im Kapitel 12.

9.12   Pivot-Tabellen dynamisch erweitern

Die zweite Gefahr neben der, die Aktualisierung der Pivot-Tabelle zu vergessen, ist, dass der Anwender den Datenbereich erweitert und versäumt, diese Erweiterung seiner Pivot-Tabelle mitzuteilen. Das manuelle Einstellen der Pivot-Tabelle auf den neuen Bereich ist recht mühselig, wenn Sie mehrere Pivot-Tabellen nacheinander auf den neuesten Stand bringen müssen. In beiden Fällen (fehlende Aktualisierung bzw. falscher Quellbereich) ist die Auswirkung gleich: Die Pivot-Tabelle liefert nicht die richtigen Ergebnisse.

Die Änderung des Quellbereiches, der die Daten für die Pivot-Tabelle enthält, hat zur Folge, dass auch der Pivot-Tabelle diese Änderung mitgeteilt werden muss. Um diese Aufgabe zu erledigen, benennen Sie Ihren Datenbereich vorher und erweitern die Pivot-Tabelle mit Hilfe des folgenden Makros aus Listing 9.35.

```
Sub PivotTabellenDatenbereichErweitern()
Dim pt As PivotTable
Dim Bereich As Range

Set Bereich = Sheets("Personal").UsedRange
   ActiveWorkbook.Names.Add _
   Name:="PivotBereich", _
   RefersTo:=Bereich, Visible:=True
   Bereich.Select

For Each pt In Sheets(1).PivotTables
 With pt
 .PivotTableWizard SourceType:=xlDatabase, _
  SourceData:="PivotBereich"
 End With
 pt.RefreshTable
Next pt
End Sub
```

Listing 9.35: Dynamische Erweiterung einer Pivot-Tabelle

Ermitteln Sie zuerst einmal den verwendeten Bereich auf Ihrer Tabelle PERSONAL und speichern Sie diesen Bereich in der Objektvariablen Bereich. Benennen Sie danach den ermittelten Bereich, geben diesem den Namen PivotBereich und markieren Sie diesen im Anschluss.

Im Kapitel 5 können Sie noch einmal nachschlagen, wie Sie Zellen bzw. Bereiche benennen können.

Mit Hilfe einer For Each-Schleife greifen Sie auf alle Pivot-Tabellenberichte auf dem ersten Blatt Ihrer Arbeitsmappe zu, erweitern den Datenbereich und aktualisieren die Pivot-Tabellenberichte. Der neue Datensatz wird am Ende der Pivot-Tabelle angehängt. Die Pivot-Tabelle muss jetzt neu sortiert werden.

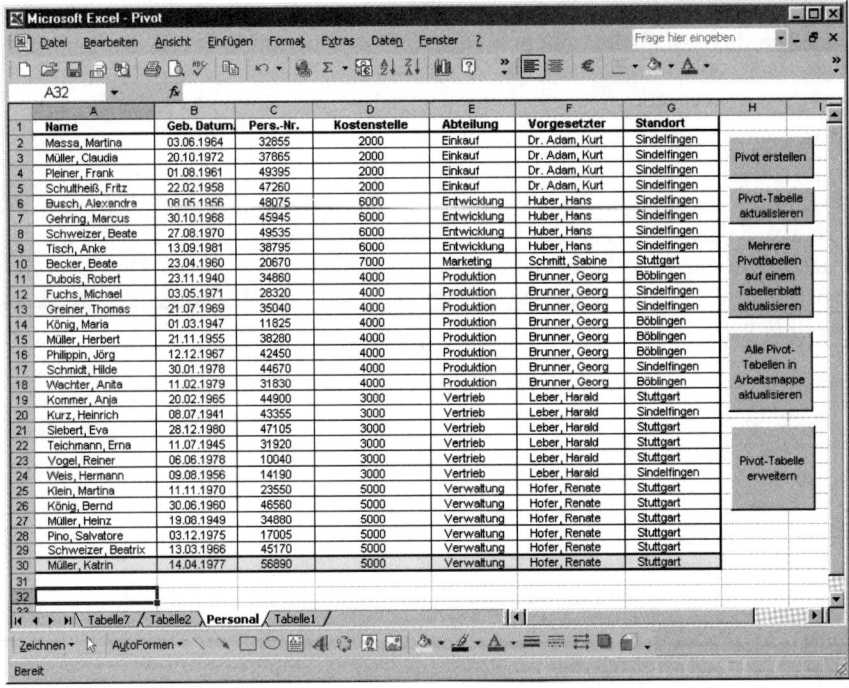

9.13   Pivot-Tabellen sortieren

Bei der letzten Aufgabe haben Sie gesehen, dass die Pivot-Tabelle zwar erweitert wurde, jedoch wurden die neuen Einträge am Ende der Pivot-Tabelle angehängt. Pivot-Tabellenberichte lassen sich in Excel genauso sortieren wie ganz normale Listen. Dazu setzen Sie den Zeiger einfach auf das Feld im Spaltenbereich der Pivot-Tabelle (im Beispiel Name) und wählen Sie danach aus dem Menü DATEN den Befehl SORTIEREN. Den Sortiervorgang können Sie aber auch mit dem nächsten Makro aus Listing 9.36 automatisch erledigen lassen.

Listing 9.36:
Pivot-Tabellen
sortieren

```
Sub PivotTabelleSortieren()
Dim Pivot1 As PivotTable
  ActiveSheet.PivotTables("Pivot").PivotSelect _
   "'Name'[All]", xlLabelOnly
  Selection.Sort Order1:=xlAscending, _
   Type:=xlSortLabels, OrderCustom:=1, _
   Orientation:=xlTopToBottom
End Sub
```

Mit Hilfe der Methode PivotSelect können Sie einen Teil einer Pivot-Tabelle markieren. Dabei müssen Sie der Methode den Namen des Datenfeldes übergeben, welches Sie markieren möchten. Im zweiten Argument legen Sie den Markierungsmodus über eine Konstante fest. Die Möglichkeiten hierfür entnehmen Sie der Tabelle 9.5.

Konstante	Beschreibung
xlBlanks	Es werden nur leere Felder innerhalb der Pivot-Tabelle markiert.
xlButton	Markiert eine bzw. mehrere Schaltflächen in einem Pivot-Tabellenbericht.
xlDataAndLabel	Hierbei wird sowohl der Zeilenbezeichner als auch der Datenbereich markiert (Standard-Einstellung).
xlDataOnly	Es wird nur der Datenbereich der Pivot-Tabelle markiert.
xlFirstRow	Die erste Zeile einer Pivot-Tabelle wird markiert.
xlLabelOnly	Es erfolgt eine Markierung des angegebenen Datenfeldes.
xlOrigin	Markiert das Feld in der Pivot-Tabelle, welches im Schnittpunkt zwischen Zeilen- und Spaltenbereich steht. (Anzahl-Name).

Tabelle 9.5: Möglichkeiten der Markierung bei Pivot-Tabellen

Im Anschluss an die Markierung der Daten in der Pivot-Tabelle wenden Sie die Methode Sort an, deren Argument Sie bereits in Kapitel 6 kennen gelernt haben.

9.14 Pivot-Tabellen formatieren

Erstmalig seit der Excel-Version 2000 haben Sie die Möglichkeit, die Auto-Formate auch für Pivot-Tabellenberichte einzusetzen. Dabei haben Sie die Auswahl aus über vierzig verschiedenen AutoFormaten.

Eine komplette Liste der AutoFormate in Excel können Sie in der VBA-Online-Hilfe unter dem Stichwort »AutoFormat« ersehen.

INFO

Um z. B. die Pivot-Tabelle mit der Mitarbeiterauswertung zu formatieren, können Sie folgendes Makro aus Listing 9.37 einsetzen.

```
Sub PivotFormatEinstellen()
Dim Pivot1 As PivotTable
 Set Pivot1 = Worksheets(1).PivotTables(1)
 With Pivot1
     .TableRange1.AutoFormat Format:=xlClassic3
 End With
End Sub
```

Listing 9.37: Autoformate auf Pivot-Tabellen anwenden

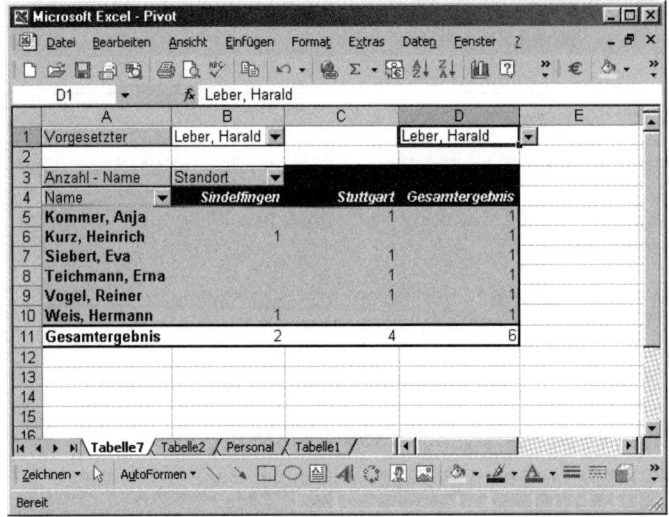

Über die Eigenschaft `TableRange1` können Sie einen Pivot-Tabellenbericht auswählen. Dabei sind allerdings keine Seitenfelder (z. B. VORGESETZTER) inbegriffen. Möchten Sie die Formatierung jedoch für die komplette Pivot-Tabelle, also inklusive der Seitenfelder, anwenden, verwenden Sie die Eigenschaft `TableRange2`. Auf den so bekannt gemachten Bereich wenden Sie die Methode `AutoFormat` an, welche den markierten Bereich mit einem vordefinierten Format belegt.

9.15   Seitenfeld der Pivot-Tabelle bestimmen

Wenn Sie sich die bisherigen Beispiele zu den Pivot-Tabellenberichten angesehen haben, wird es Sie eventuell noch interessieren, wie Sie das Seitenfeld (VORGESETZTER) über VBA ermitteln bzw. setzen können. Mit dem Seitenfeld können Sie die Anzeige der Daten einer Pivot-Tabelle einschränken. Standardmäßig werden alle Daten einer Pivot-Tabelle angezeigt. In diesem Fall ist der Eintrag ALLE im Seitenfeld aktiv. Mit einem Mausklick auf dieses Seitenfeld können Sie bestimmen, welche Daten Sie in der Pivot-Tabelle anzeigen möchten. Das Seitenfeld fungiert also als eine Art Datenfilter.

9.15.1   Seitenfeldeinstellung auslesen

Um herauszufinden, welcher Eintrag gerade in einem Seitenfeld aktiviert ist, setzen Sie das Makro aus Listing 9.38 ein.

```
Sub PivotSeitenfeldAuslesen()
Dim Pivot1 As PivotTable

  Set Pivot1 = Worksheets(1).PivotTables(1)
```

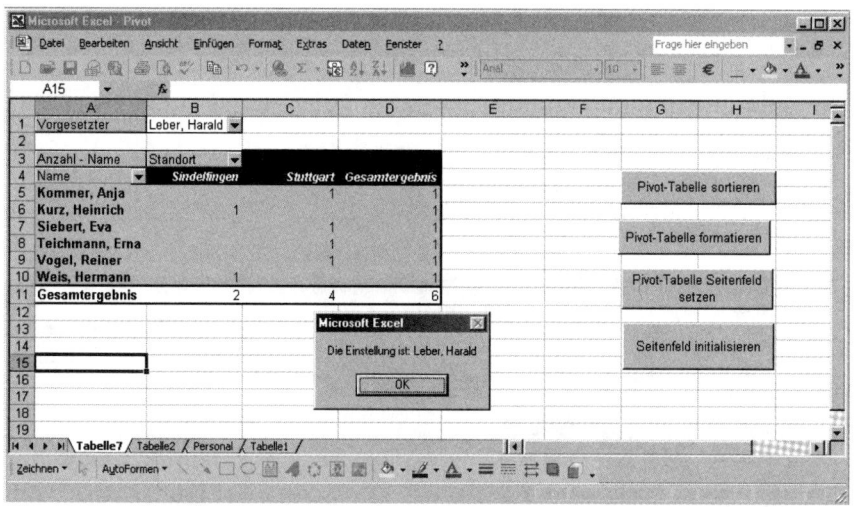

Abbildung 9.28:
Das eingestellte
Seitenfeld auslesen

```
With Pivot1
  MsgBox "Die Einstellung ist: " & _
  .PageFields(1).CurrentPage
End With
End Sub
```

Über die Eigenschaft PageFields können Sie das Seitenfeld einer Pivot-Tabelle bestimmen. Mit Hilfe der Eigenschaft CurrentPage lesen Sie danach den aktuell eingestellten Wert des Seitenfeldes aus.

9.15.2 Seitenfelder initialisieren

Um alle Daten in einer Pivot-Tabelle anzuzeigen, setzen Sie die Eigenschaft CurrentPage auf den Wert "(All)". Sehen Sie sich dazu das folgende Makro aus Listing 9.39 an.

```
Sub PivotSeitenfeldAlleAnzeigen()
Dim Pivot1 As PivotTable

 Set Pivot1 = Worksheets(1).PivotTables(1)
 With Pivot1
  .PageFields(1).CurrentPage = "(All)"
 End With
End Sub
```

Listing 9.39:
Seitenfelder in
Pivot-Tabellen
initialisieren

9.15.3 Seitenfelder in Abhängigkeit von Zellen setzen

Möchten Sie die Einstellung des Seitenfeldes einer Pivot-Tabelle in Abhängigkeit einer bestimmten Zelle auf Ihrem Tabellenblatt festlegen, dann setzen Sie das folgende Makro aus Listing 9.40 ein.

Listing 9.40:
Seitenfeld einer
Pivot-Tabelle in
Abhängigkeit einer
Zelle setzen

```
Sub SeitenfeldSetzen()
Dim Pivot1 As PivotTable
 Set Pivot1 = Worksheets(1).PivotTables(1)
 With Pivot1
  .PageFields(1).CurrentPage = _
   ActiveSheet.Range("D1").Value
 End With
End Sub
```

Abbildung 9.29:
Die Einstellung des
Seitenfeldes in
Abhängigkeit von
Zelle D1

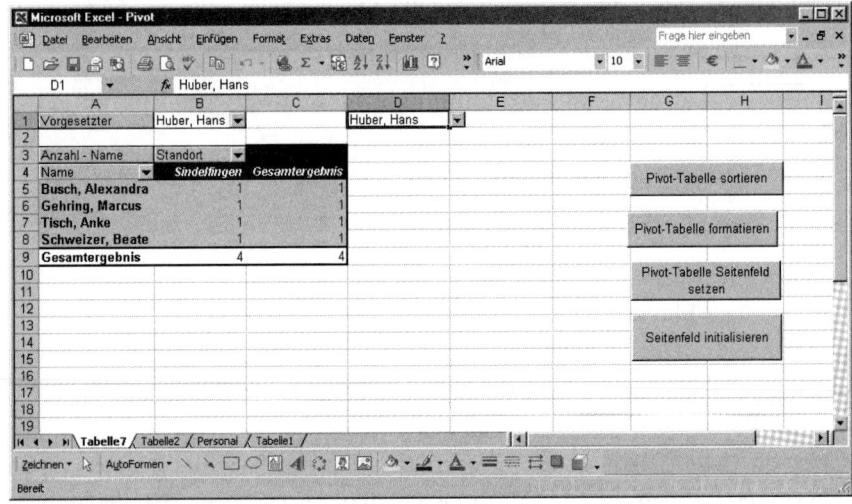

Wenn Sie in die eben vorgestellte Lösung noch ein wenig mehr Automatismus einbauen möchten, überwachen Sie im Hintergrund die Zelle D1 und aktualisieren die Pivot-Tabelle automatisch, wenn sich die Zelle D1 ändert. Dazu gehen Sie wie folgt vor:

1. Wechseln Sie in die Entwicklungsumgebung.

2. Klicken Sie die Tabelle, auf der sich Ihr Pivot-Tabellenbericht befindet, im Projekt-Explorer doppelt an.

3. Erfassen Sie das Ereignis Worksheet_Change.

Listing 9.41:
Pivot-Tabellen-
aktualisierung auto-
matisch starten

```
Private Sub Worksheet_Change(ByVal Target As Range)
 If Target.Address = "$D$1" Then SeitenfeldSetzen
End Sub
```

Sobald sich die Zelle D1 ändert, wird die Pivot-Tabelle entsprechend aktualisiert und angezeigt.

Lernen Sie mehr über die Möglichkeiten, die Ihnen Ereignisse bieten, im Kapitel 12.

Teil 3 Funktionen, Ereignisse und VBE

Im dritten Teil des Buches lernen Sie interessante Funktionen von Excel kennen. Außerdem setzen Sie API-Funktionen ein, um ohne großen Aufwand bereits bestehende API-Routinen in Ihre Excel-VBA-Projekte einzufügen. Die Programmierung von Ereignissen und des VBE-Bereichs runden den Umfang dieses Teils ab.

10 Benutzerdefinierte Funktionen und Funktionsmakros

Bei der Programmierung mit Funktionen müssen Sie erwägen, ob Sie eine Funktion in eine Tabelle einbauen oder sie in der VBA-Umgebung einsetzen möchten. Je nachdem müssen Sie die Funktion dann anders aufsetzen. Im ersten Teil dieses Kapitels lernen Sie den Gebrauch von benutzerdefinierten Funktionen in Excel anhand einiger ausgewählter Beispiele kennen. Im zweiten Teil dieses Kapitels erfahren Sie, wie Sie Funktionen bei der Entwicklung von VBA-Programmen einsetzen können, um schnell, übersichtlich und vor allem effektiv zu programmieren.

10.1 Benutzerdefinierte Funktionen

Was verbirgt sich hinter diesem Begriff? Benutzerdefinierte Funktionen stellen Zusatzfunktionen in Excel dar, die Sie selbst erstellt haben und die auf einem Tabellenblatt als Zellenfunktion genutzt werden können. Normalerweise rufen Sie in einer Tabelle eine Funktion auf, indem Sie den Funktionsassistenten nutzen oder die Funktion direkt in eine Zelle schreiben. Alle benutzerdefinierten Funktionen stehen unter der Rubrik BENUTZERDEFINIERT.

Die Makros bezüglich der Programmierung von Pivot-Tabellenberichten können Sie auf der CD-ROM im Verzeichnis KAP10 in der Datei FUNKTIONEN.XLS finden.

Lernen Sie auf den nächsten Seiten einige nützliche Funktionen kennen und erfahren Sie, wie Sie diese Funktionen in allen Arbeitsmappen nutzen können.

Achten Sie darauf, dass Sie Ihre benutzerdefinierten Funktionen in normalen Modulen speichern. Konkret heißt dies, dass Sie in der Entwicklungsumgebung ein neues Modul einfügen, indem Sie im Projekt-Explorer mit der rechten Maustaste klicken und den Kontextmenübefehl EINFÜGEN/MODUL wählen.

Abbildung 10.1:
Der Funktionsassis-
tent in Excel 2002

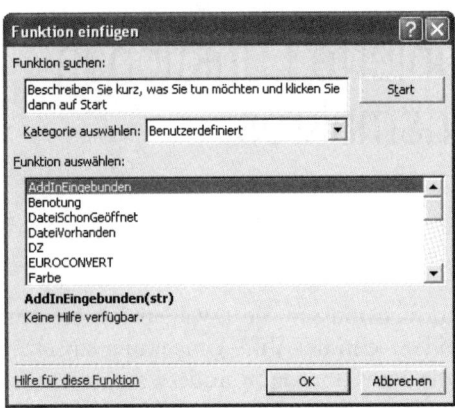

Möchten Sie benutzerdefinierte Funktionen für alle Arbeitsmappen nutzen, dann speichern Sie sie in Ihrer persönlichen Arbeitsmappe PERSONL.XLS, *die Sie im Verzeichnis* XLSTART *Ihrer Office-Installation vorfinden. Ist diese Arbeitsmappe noch nicht erstellt, dann erstellen Sie eine leere Arbeitsmappe und speichern diese im Verzeichnis* XLSTART *des Office-Unterverzeichnisses. Alle Arbeitsmappen, die sich in diesem Verzeichnis befinden, werden automatisch beim Starten von Excel geöffnet. Die Arbeitsmappe* PER-SONL.XLS *hat die Eigenschaft, dass sie nach dem Öffnen im Hintergrund bleibt.*

10.1.1   Aktive Arbeitsmappe ermitteln

Um zu prüfen, in welcher Arbeitsmappe Sie sich gerade befinden, können Sie sich eine benutzerdefinierte Funktion schreiben, die wie folgt lautet:

Listing 10.1:
Benutzerdefinierte
Funktion zum
Ermitteln der akti-
ven Arbeitsmappe

```
Function Arbeitsmappe()
    Arbeitsmappe = ActiveWorkbook.Name
End Function
```

Mit Hilfe der Anweisung `ActiveWorkbook.Name` können Sie den Namen der aktiven Arbeitsmappe ermitteln. Geben Sie in eine beliebige Zelle die benutzerdefinierte Funktion =ARBEITSMAPPE() ein.

Diese benutzerdefinierte Funktion können Sie auch in einen Text einbauen. Als Ergebnis erhalten Sie Abbildung 10.2.

10.1.2   Aktives Tabellenblatt ermitteln

Als Nächstes stellt sich automatisch die Frage, wie wohl die aktive Tabelle heißt, auf der Sie sich gerade befinden. Die Antwort auf diese Frage zeigt sich in Listing 10.2.

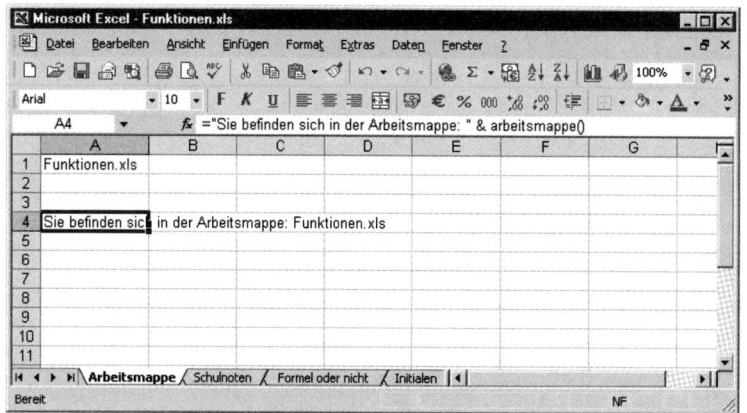

Abbildung 10.2:
Den Namen der
Arbeitsmappe
ermitteln

```
Function TabellenName() As String
    TabellenName = Application.Caller.Parent.Name
End Function
```

Listing 10.2:
Benutzerdefinierte
Funktion zum
Ermitteln der
aktiven Tabelle

Mit Hilfe der Anweisung `Application.Caller.Parent.Name` können Sie die aktuelle Tabelle ermitteln.

Abbildung 10.3:
Die aktuelle Tabelle
ermitteln

Möchten Sie die Position der Tabelle in der Arbeitsmappe ermitteln, dann müssen Sie den Index der Tabelle herausfinden. Dies gelingt Ihnen mit der Funktion aus Listing 10.3.

```
Function TabellenIndex(Zelle As Range)
Application.Volatile
TabellenIndex = Zelle.Worksheet.Index
End Function
```

Listing 10.3:
Benutzerdefinierte
Funktion zum
Ermitteln des Index
der aktiven Tabelle

Über die Eigenschaft `Index` der Tabelle können Sie die Lage der Tabelle in der Arbeitsmappe bestimmen.

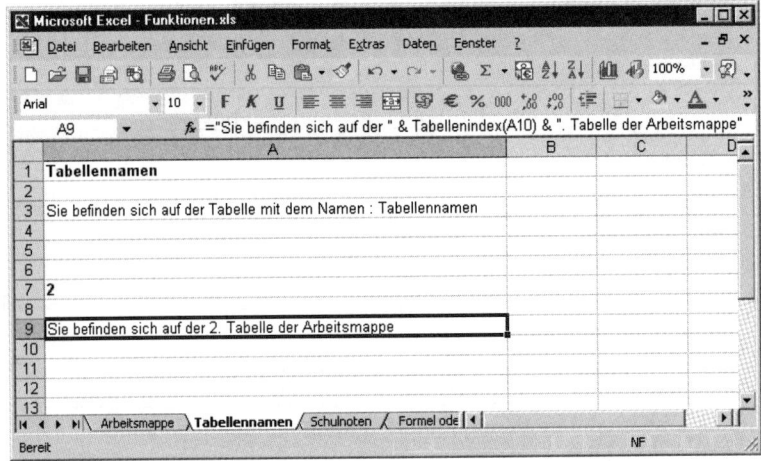

Wenn Sie die Tabelle in der Arbeitsmappe verschieben, indem Sie mit der linken Maustaste auf die Registerlasche klicken und diese dann an eine andere Position verschieben, wird der Tabellenindex der Tabelle automatisch angepasst. Dafür sorgt die Anweisung `Application.Volatile`.

10.1.3   Aktiven Bearbeiter identifizieren

Mit Hilfe einer benutzerdefinierten Funktion können Sie auch den aktuellen Bearbeiter erkennen. Setzen Sie dafür die Funktion aus Listing 10.4 ein.

Listing 10.4:
Benutzerdefinierte
Funktion zum
Ermitteln des
aktuellen Benutzers

```
Function Anwender()
   Application.Volatile
   Anwender = Application.UserName
End Function
```

Die Eigenschaft `UserName` gibt den Namen des aktuellen Benutzers zurück.

INFO

Den aktuellen Benutzer können Sie in Excel einstellen, indem Sie aus dem Menü EXTRAS *den Befehl* OPTIONEN *wählen. Auf der Registerkarte* ALLGE-MEIN *können Sie im Feld* BENUTZERNAMEN *Ihren Namen eintragen und mit OK bestätigen.*

10.1.4   Funktion zum Umsetzen von Noten

Sicher kennen Sie noch aus Schulzeiten die Zensuren und deren Bedeutung. Dabei entsprach die 1 einem »Sehr gut«, die 2 einem »Gut« usw. Programmieren Sie jetzt eine Tabellenfunktion, die eine eingegebene Note automatisch in den dazugehörigen Text umsetzt.

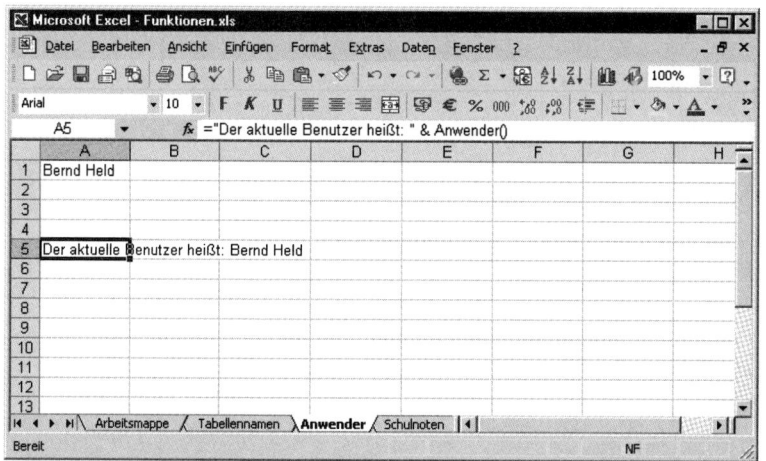

Abbildung 10.5:
Den aktuellen
Benutzer ermitteln

Dazu wechseln Sie in die Entwicklungsumgebung, fügen ein neues Modul ein und erfassen folgende Funktion:

```
Function Benotung(r)
 Application.Volatile
    Select Case r.Value
        Case Is = 1: Benotung = "Sehr gut"
        Case Is = 2: Benotung = "Gut"
        Case Is = 3: Benotung = "Befriedigend"
        Case Is = 4: Benotung = "Ausreichend"
        Case Is = 5: Benotung = "Mangelhaft"
        Case Is = 6: Benotung = "Ungenügend"
        Case Else: Benotung = "keine gültige Zensur"
    End Select
End Function
```

Listing 10.5:
Benutzerdefinierte
Funktion für die
Ausgabe von
Schulnoten

Jede Funktion beginnt mit dem Wort Function, gefolgt von einem Namen, den Sie nahezu beliebig wählen können, sowie den Argumenten, die der Funktion übergeben werden. Im obigen Beispiel wurde das Argument r übergeben. Dieser Buchstabe steht für einen Zellenbezug, auf den Sie sich beziehen möchten.

Damit die Funktion jederzeit automatisch den richtigen Wert liefert, wenn Sie eine Note ändern, verwenden Sie die Methode Volatile, die die Funktion als »veränderlich« kennzeichnet. Für die Umsetzung der Noten setzen Sie eine Select Case-Struktur ein. Wird keine gültige Note in die Zelle eingegeben, so wird ein alternativer Text in der Zelle ausgegeben.

Abbildung 10.6:
Benotungen in
Texte umsetzen

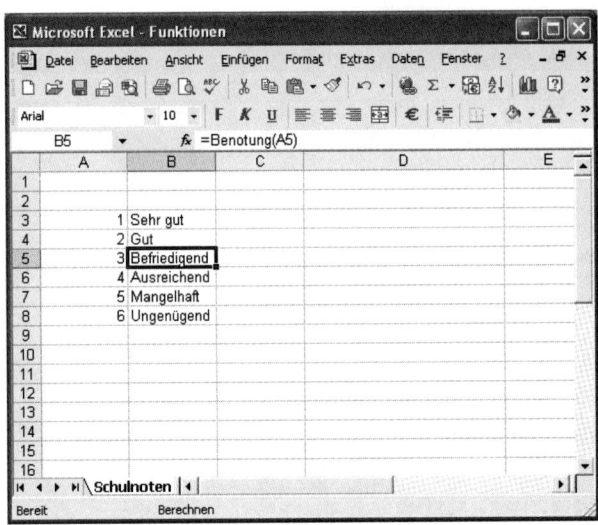

10.1.5   Enthält eine bestimmte Zelle eine Formel?

In der nächsten Aufgabe soll mit einer Funktion geprüft werden, ob eine bestimmte Zelle eine Formel enthält oder nicht. Dazu fügen Sie folgende Funktion ein:

Listing 10.6:
Benutzerdefinierte
Funktion, die prüft,
ob in einer Zelle
eine Formel bzw.
Verknüpfung-
enthalten ist
(Variante 1)

```
Function IstFormel(r)
Application.Volatile
    IstFormel = False
    If Left(r.Formula, 1) = "=" Then IstFormel = True
End Function
```

Eine Formel bzw. eine Verknüpfung oder auch eine Funktion erkennen Sie in Excel daran, dass diese mit einem Gleichheitszeichen beginnt. Genau dieses Verhalten prüfen Sie, indem Sie in der Zielzelle das erste Zeichen auswerten.

Die Zelle B7 enthält die Formel =SUMME(B5:B6) und ist demnach eindeutig eine Formelzelle. Somit meldet die Funktion den Wert True, welcher in der Tabelle als WAHR umgesetzt wird.

Eine andere Variante, diese Aufgabe zu bewältigen, sehen Sie im Listing 10.7.

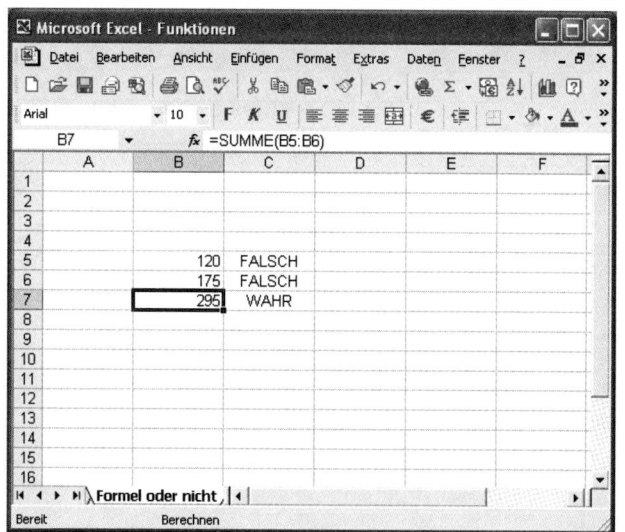

Abbildung 10.7:
Die Formelprüfung
in der Tabelle

```
Function FormelZelle(Zelle As Range) As Boolean
    Application.Volatile
    If Zelle.HasFormula Then FormelZelle = True
End Function
```

Listing 10.7:
Benutzerdefinierte
Funktion, die prüft,
ob in einer Zelle
eine Formel bzw.
Verknüpfung
enthalten ist
(Variante 2)

Die Eigenschaft HasFormula meldet Ihnen den Wert True zurück, wenn die angegebene Zelle eine Formel, Funktion oder eine Verknüpfung enthält.

10.1.6 Führende Nullen eliminieren

Die folgende Funktion können Sie dann einsetzen, wenn Sie aus einer Zelle die führenden Nullen entfernen möchten. Die Funktion können Sie in Listing 10.8 einsehen.

```
Function NullenRaus(Zelle)
Dim i  As Integer
    i = Zelle
    While i - Int(i) > 0
        i = i * 10
    Wend
    NullenRaus = i
End Function
```

Listing 10.8:
Benutzerdefinierte
Funktion zum Ent-
fernen der Nullen in
Führungspositionen

Mit Hilfe der Funktion Int können Sie den ganzzahligen Wert einer Zahl zurückgeben. Im Falle der Null ist dies natürlich auch Null. Innerhalb der Schleife multiplizieren Sie die Variable i mit dem Wert 10, um zum nächsten Zeichen zu gelangen.

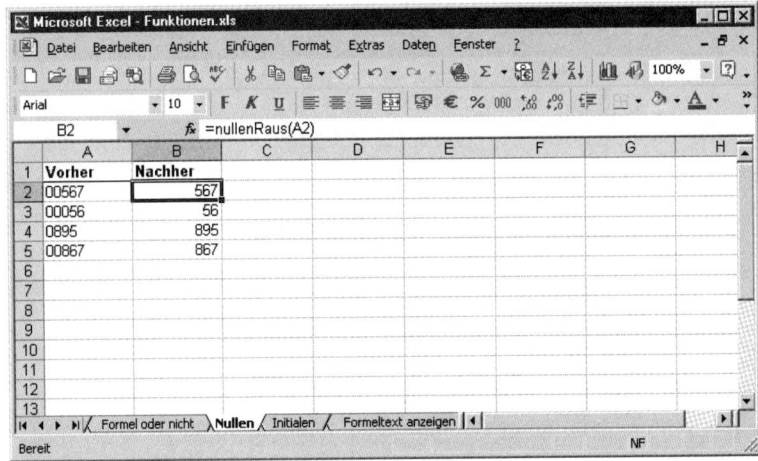

10.1.7   Initialen aus Namen erstellen

Die nächste Funktion liefert Ihnen automatisch die Initialen zu Ihrem Namen.

Listing 10.9:
Benutzerdefinierte
Funktion, die aus
einem Namen die
Initialen erstellt

```
Function Initit(str As String) As String
    Dim Count As Integer
    Application.Volatile
    str = " " & Application.Trim(str)
    For Count = 2 To Len(str)
     If Mid(str, Count - 1, 1) = " " Then _
     Initit = Initit & Mid(str, Count, 1)
    Next Count
End Function
```

Die Funktion erwartet in der Tabelle entweder einen Zellenbezug, also Aufruf mit =INITIT(A2), oder einen direkten Namen =INITIT(»BRIAN JOHN«). In beiden Fällen werden jeweils die Anfangsbuchstaben der Namen ausgewertet und zusammengebastelt.

10.1.8   Formeln und Verknüpfungen in Festwerte umwandeln

Zellen, welche Verknüpfungen, Funktionen oder Formeln enthalten, erkennen Sie daran, dass diese Zellen jeweils als erstes Zeichen ein Gleichheitszeichen enthalten. Die Zelle zeigt jedoch immer das Ergebnis aus der Verknüpfung, Funktion oder Formel an.

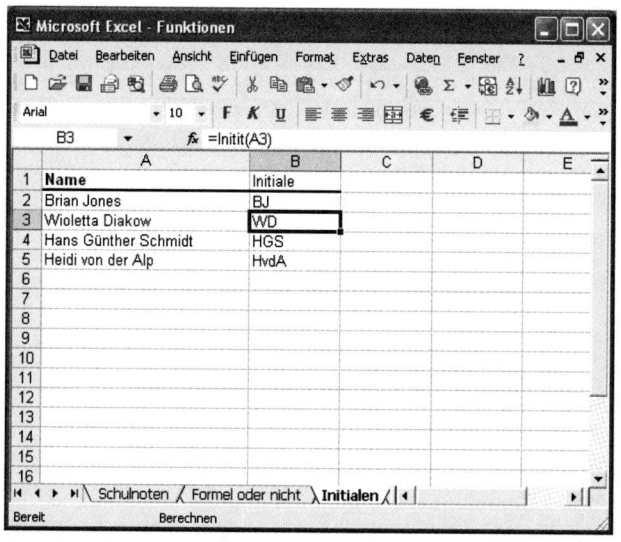

Abbildung 10.9:
Schnell Initialen aus
Namen bilden

Wenn Sie beispielsweise erreichen möchten, dass die ausgeschriebene Verknüpfung, Funktion oder Formel in der Nebenzelle angezeigt wird, dann
erfassen Sie folgende Funktion:

```
Function FormelInText(r)
    Application.Volatile
    FormelInText = r.FormulaLocal
End Function
```

Listing 10.10:
Benutzerdefinierte
Funktion, die den
Verknüpfungstext
bzw. den Formel-
oder Funktionstext
anzeigt

Auch hier wird als Parameter wieder ein Zellenbezug erwartet.

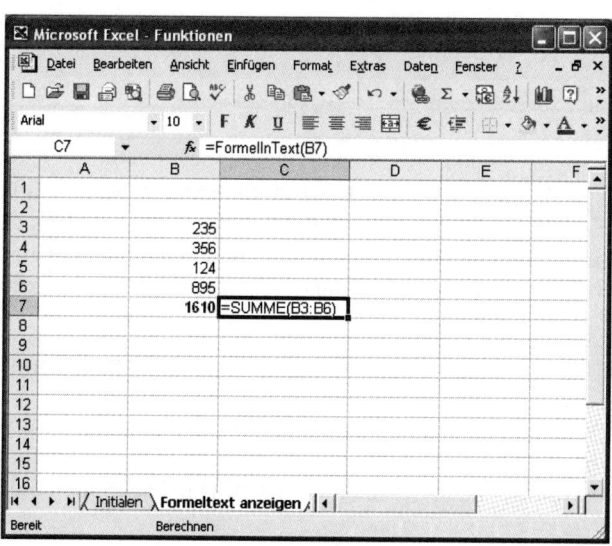

Abbildung 10.10:
Welche Formel
verbirgt sich hinter
der Zelle B7?

10.1.9   Nur Zellen mit Fettdruck addieren

In diesem Beispiel geht es darum, in einem Bereich nur Zellen zu addieren, die zum einen numerische Werte enthalten und zum anderen mit dem Schriftschnitt FETT formatiert wurden.

Listing 10.11:
Benutzerdefinierte
Funktion, die nur
formatierte Zellen
addiert

```
Function FormatAddieren(r As Range)
    Application.volatile
    For Each r In r.Cells
        If IsNumeric(r) Then
            If r.Font.Bold = True Then
                FormatAddieren = FormatAddieren + r.Value
            End If
        End If
    Next r
End Function
```

Abbildung 10.11:
Nur fett formatierte
Zellen addieren

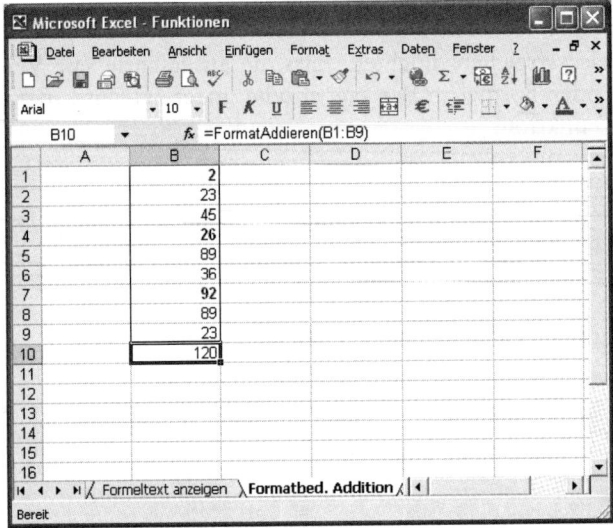

Für die obige Funktion kann ein ganzer Bereich angegeben werden. Jede Zelle im angesprochenen Bereich wird dann erstens auf numerischen Inhalt und zweitens auf den richtigen Schriftschnitt geprüft. Für die Überprüfung auf numerischen Inhalt setzen Sie die Funktion IsNumeric ein.

10.1.10   Nur Zellen mit roter Schriftfarbe addieren

Analog zum letzten Beispiel können Sie auch eine Funktion programmieren, die in einem Bereich nur diejenigen Zellen zusammenzählt, welche eine bestimmte Schriftfarbe aufweisen. Dazu schreiben Sie folgende Funktion:

```
Function RoteZellenAddieren(r As Range)
    Application.Volatile
    For Each r In r.Cells
      If IsNumeric(r) Then
      If r.Font.ColorIndex = 3 Then
        RoteZellenAddieren = RoteZellenAddieren + r.Value
          End If
        End If
    Next r
End Function
```

Listing 10.12:
Benutzerdefinierte
Funktion, die nur
Zellen mit roter
Schriftfarbe addiert

Zuerst erfolgt eine Prüfung, die sicherstellt, dass die Funktion nur numerische Werte addiert, danach erfolgt die Prüfung der Schriftfarbe. Nur wenn die Eigenschaft ColorIndex den Wert 3, also Rot, aufweist, erfolgt eine Addition.

Benutzerdefinierte Funktionen liefern einmalig ein Ergebnis zurück. Wenn Sie danach Werte in einer Tabelle ändern, werden die benutzerdefinierten Zellen standardmäßig nicht angepasst. Wenn Sie Ihre benutzerdefinierten Funktionen daher ein wenig feinfühliger machen möchten, ergänzen Sie in der ersten Zeile der Funktionen die Anweisung Application.Volatile. *Damit wird die Funktion als flüchtig gekennzeichnet. Solche Funktionen werden immer neu berechnet, wenn in einer beliebigen Zelle des Tabellenblattes eine Berechnung durchgeführt wird. Allerdings haben Formatänderungen keine Auswirkung auf die Funktion.*

**:-)
TIPP**

10.1.11   Mit Uhrzeiten rechnen

Das Rechnen in Excel mit Zeitangaben können Sie sich erleichtern, indem Sie sich bestimmte Funktionen schreiben bzw. die vorhandenen Funktionen aus der Kategorie DATUM & ZEIT nutzen. Die Funktion in Listing 10.13 rechnet eine Angabe in Stunden automatisch für Sie in Minuten um.

```
Function ZeitInMinuten(EZeit As Date) As Integer
   Application.Volatile
   ZeitInMinuten = EZeit * 24 * 60
End Function
```

Listing 10.13:
Benutzerdefinierte
Funktion, die
Stunden in Minuten
umrechnet

Der Funktion wird ein Zeitwert in Form einer Uhrzeit übergeben. Als Rückgabewert wird ein Integer-Wert erwartet, der die errechnete Anzahl in Minuten ausgibt.

Abbildung 10.12:
Stunden in Minuten
umrechnen

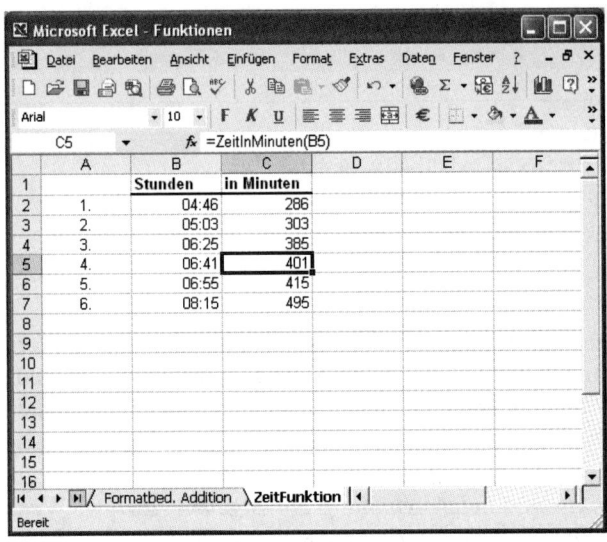

Auch der umgekehrte Fall ist interessant:

Listing 10.14:
Benutzerdefinierte
Funktion, die
Minuten in Stunden
umrechnet

```
Function ZeitInStunden(EZeit As Integer) As Date
  ZeitInStunden = EZeit / 24 / 60
End Function
```

Bei der Umrechnung von Minutenwerten in eine Stundenangabe übergeben Sie der Funktion einen Integer-Wert, der die Minuten darstellt. Als Ergebnis erhalten Sie einen Zeitwert vom Typ Date. Dieser Zeitwert sorgt dafür, dass Excel das Ergebnis in der Zelle richtig darstellt.

Abbildung 10.13:
Minuten in Stunden
umrechnen

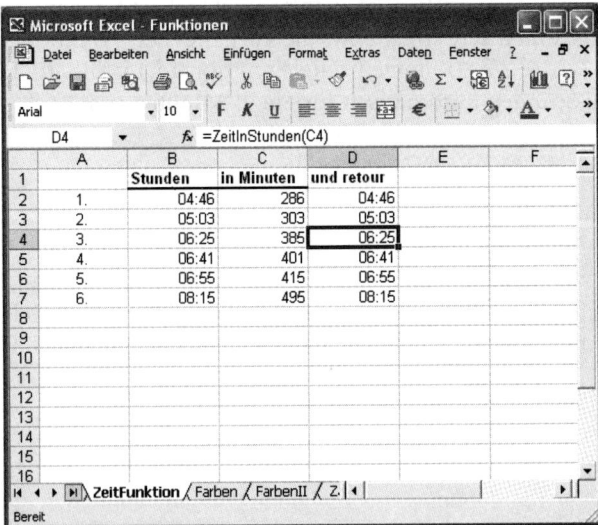

10.1.12 Erweitertes Runden durchführen

Möchten Sie in Excel eine besondere Art der Rundung von Zahlen durchführen, dann können Sie hierfür eine benutzerdefinierte Funktion schreiben. Die folgende Funktion in Listing 10.15 rundet jede Zahl auf die volle Fünf. Dabei wird die Zahl 3,57 auf 3,55 gerundet, die Zahl 3,50 auf 3,60.

```
Function RundenAufVolle5(zelle)
  Application.Volatile
  RundenAufVolle5 = _
  Application.WorksheetFunction.Round _
  (zelle.Value / 5, 2) * 5
End Function
```

Listing 10.15:
Benutzerdefinierte
Funktion zum
Runden von Zahlen

Führen Sie mit Hilfe der Funktion Round eine Rundung Ihrer Zahlen durch, dabei dividieren Sie den Ausgangswert durch 5, geben die gewünschten Nachkommastellen an und multiplizieren im Anschluss daran das Ergebnis mit dem Wert 5. Damit diese Funktion bei jeder Änderung in der Ausgangszelle automatisch anläuft, setzen Sie die Methode Volatile ein.

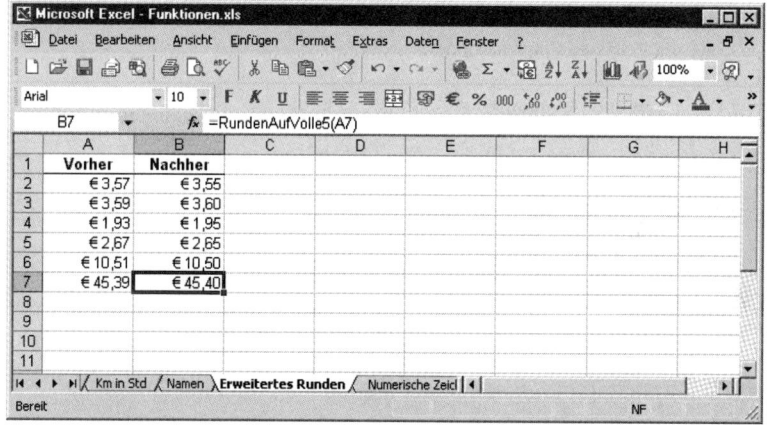

Abbildung 10.14:
Runden auf volle
5 Cents

10.1.13 Hintergrundfarben auslesen

Stellen Sie sich vor, Sie arbeiten mit gefärbten Zellen. Dafür definieren Sie eine Reihe von Farben, die in Ihrer Tabelle gültig sein sollen. Bei Verwendung von anderen Farben soll der Text Keine gültige Farbe! ausgegeben werden. Die Funktion für diese Aufgabe können Sie dem Listing 10.16 entnehmen.

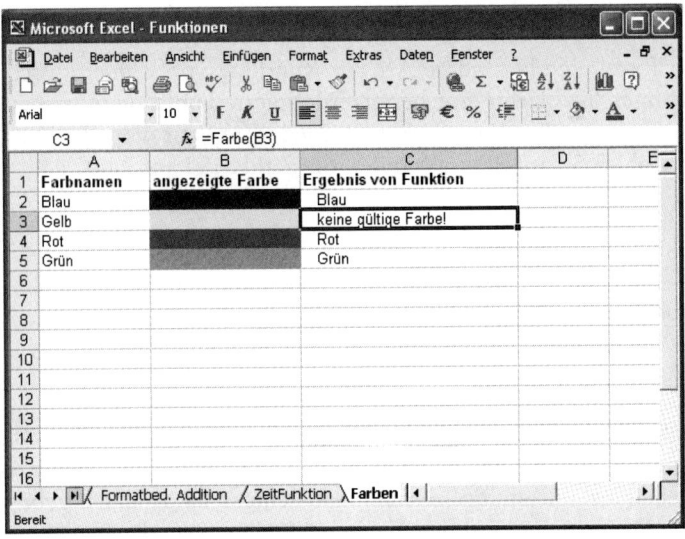

Listing 10.16:
Benutzerdefinierte
Funktion, welche
die Farbe des
Zellenhintergrunds
ausliest

```
Function Farbe(r As Range)
Dim FarbeG As String
    Application.Volatile
    Select Case r.Interior.ColorIndex
     Case 1
        FarbeG = "Schwarz"
     Case 2
        FarbeG = "Weiß"
     Case 3
        FarbeG = "Rot"
     Case 4
        FarbeG = "Grün"
     Case 5
        FarbeG = "Blau"
     Case Else
        FarbeG = "keine gültige Farbe!"
    End Select
    Farbe = FarbeG
End Function
```

10.1.14   Zahlenformate ermitteln

Wenn Sie Daten in einer Tabelle betrachten, können Sie in etwa sagen, mit welchem Zahlenformat die Eingaben formatiert sind. So werden beispielsweise Textwerte linksbündig und Zahlenwerte rechtsbündig dargestellt. Neben dem Standardformat gibt es zahlreiche andere Formate, die in spezielle Kategorien gegliedert sind. Um schnell einen Gesamtüberblick über die in der Tabelle verwendeten Zahlenformate zu bekommen, können Sie eine benutzerdefinierte Funktion schreiben, die Ihnen diese Formate z. B. in der jeweiligen Nebenzelle ausgibt. Die Funktion für diese Aufgabe können Sie in Listing 10.17 sehen.

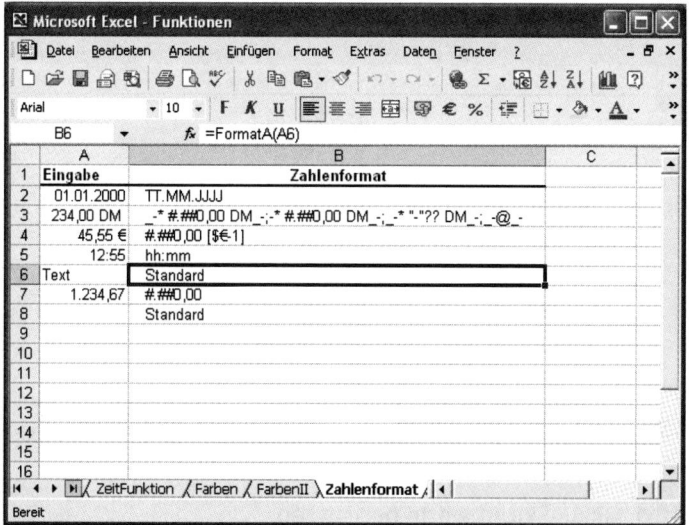

Abbildung 10.16:
Die verwendeten
Zahlenformate
ausgeben

```
Function FormatA(r)
 Application.Volatile
 FormatA = r.NumberFormatLocal
End Function
```

Listing 10.17:
Benutzerdefinierte
Funktion, die das
Zahlenformat einer
Zelle ausgibt

Verwenden Sie die Eigenschaft NumberFormatLocal, *die Ihnen den Formatierungscode des Objekts als Zeichenfolge in Ihrer Sprache liefert.*

:-)
TIPP

10.1.15 Schnelles Umrechnen von Zeiten

Ein sehr guter Sprinter läuft ca. in 1 Sekunde 10 Meter. Wie viele Kilometer pro Stunde wären dies, sofern er diese Wahnsinnsgeschwindigkeit eine Stunde lang durchhalten könnte? Diese völlig utopische Fragestellung ist wohl eher bei Autos und anderen Fahrzeugen interessant. Trotzdem bleibt die Frage nach der Umrechnung offen. Die Frage können Sie in Excel mit Hilfe einer benutzerdefinierten Funktion prima lösen. Schauen Sie sich dazu einmal Abbildung 10.17 an.

Die dazugehörige Funktion lautet:

```
Function KmProStunde(Meter, Sekunden)
    Application.Volatile
    KmProStunde = Meter / Sekunden * 3.6
End Function
```

Listing 10.18:
Benutzerdefinierte
Funktion zum
Umrechnen von
Geschwindigkeiten

Abbildung 10.17:
Schnelles
Umrechnen von
Geschwindigkeiten

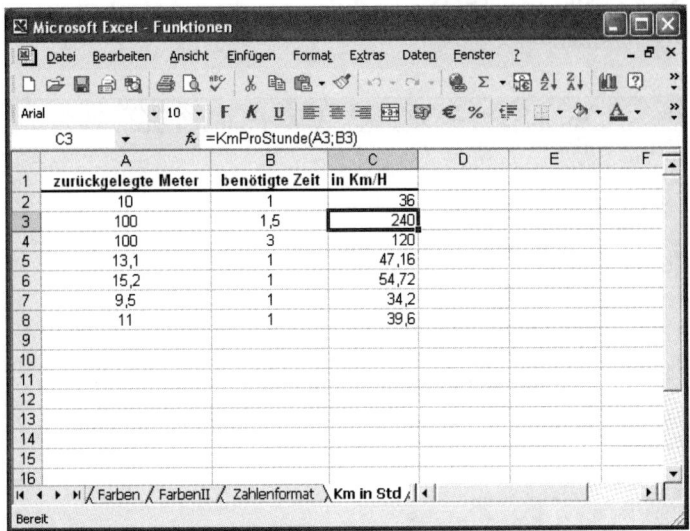

10.1.16   Extremwerte berechnen

Eine relativ häufige Aufgabe in der Praxis ist das Herausfinden von Extremwerten aus einer Liste. Dies stellt sich unter Umständen als gar nicht so einfach dar. Besser ist es, hierzu auf eine benutzerdefinierte Funktion zurückzugreifen, die Ihnen die Zellenadressen der Extremwerte mitteilt. Die Funktion zur Ermittlung des Maximalwertes innerhalb eines markierten Bereiches können Sie aus Listing 10.19 entnehmen.

Listing 10.19:
Benutzerdefinierte
Funktion, welche
die Zellenadresse
des größten Werts
im markierten
Bereich ermittelt

```
Function MaxWertAdresse(r As Range)
Dim rng As Range
Dim MaxWert As Double
 Application.Volatile
 MaxWert = WorksheetFunction.Max(r)
 MaxWertAdresse = ""
 For Each rng In r
  If rng.Value = MaxWert Then
  MaxWertAdresse = MaxWertAdresse & _
  rng.AddressLocal & "; "
  End If
 Next
End Function
```

Den größten Wert innerhalb der Markierung ermitteln Sie über die Funktion Max. Für den Fall, dass es gleich mehrere gleiche Maximalwerte im markierten Bereich gibt, speichern Sie alle Adressen in der Variablen MaxWertAdresse und hängen weitere Adressen mit dem Verkettungsoperator & einfach hinten an.

Der umgekehrte Fall, wie Sie also die Zellenadressen der niedrigsten Werte einer Markierung ermitteln können, sehen Sie im Listing 10.20.

```
Function MinWertAdresse(r As Range)
Dim rng As Range
Dim MinWert As Double

 MinWert = WorksheetFunction.min(r)
 MinWertAdresse = ""
 For Each rng In r
  if rng.Value = MinWert Then
  MinWertAdresse = MinWertAdresse & _
  rng.AddressLocal & "; "
  End If
 Next
End Function
```

Listing 10.20:
Benutzerdefinierte Funktion, welche die Zellenadresse des niedrigsten Werts im markierten Bereich ermittelt

Den niedrigsten Wert innerhalb der Markierung ermitteln Sie über die Funktion Min. Kommt der Minimalwert mehrmals im markierten Bereich vor, geben Sie alle Zellenadressen über die IF-Abfrage in Verbindung mit dem Verkettungsoperator & bekannt.

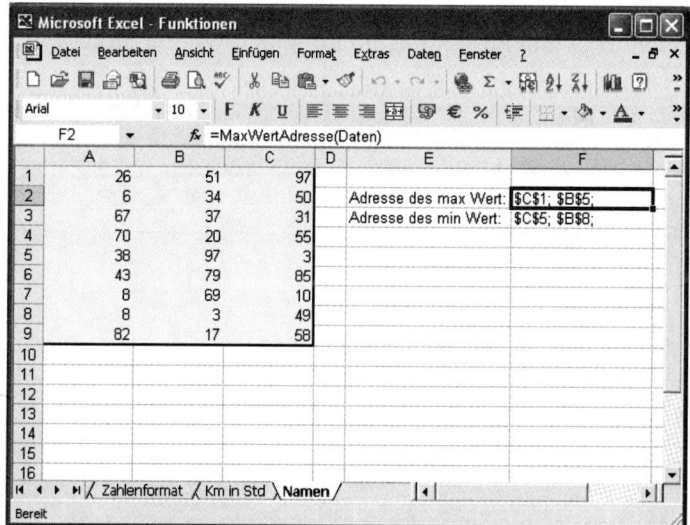

Abbildung 10.18:
Die Zellenadressen der Extremwerte ausgeben

10.1.17 Erstes numerisches Zeichen in Tabelle ermitteln

Haben Sie in Ihrer Tabelle Zellen, die sowohl numerische als auch alphanumerische Wert enthalten, dann könnte Sie die folgende Funktion interessieren. Sie meldet Ihnen die Position des ersten numerischen Zeichens in Ihrer Tabelle. Diese Funktion können Sie in Listing 10.21 sehen:

Listing 10.21:
Benutzerdefinierte
Funktion, die die
Position des ersten
numerischen
Zeichens einer Zelle
ermittelt

```
Function PosErsteZahl(Zelle) As Integer
 Application.Volatile
  Dim i As Integer
  For i = 1 To Len(Zelle)
    Select Case Asc(Mid(Zelle, i, 1))
        Case 0 To 64, 123 To 197
            PosErsteZahl = i
            Exit Function
        End Select
  Next i
  PosErsteZahl = 0
End Function
```

Ermitteln Sie im ersten Schritt die Länge der Zelle und setzen dafür die Funktion Len ein. Danach prüfen Sie mit Hilfe der Funktion Asc das jeweils aktuelle Zeichen der Zelle, indem Sie dieses in einen Integer-Wert umwandeln. Mit der Funktion Mid extrahieren Sie jeweils das nächste Zeichen aus der Zelle. Dabei entsprechen die Werte 65 - 90 Kleinbuchstaben und die Werte 97 - 122 den Großbuchstaben. Diese Wertbereiche grenzen Sie innerhalb der Select Case-Anweisung aus. Wird das erste Zeichen in der Zelle gefunden, welches numerisch ist, dann springen Sie mit der Anweisung Exit Function aus der Funktion. In der Variablen steht dann automatisch die richtige Position des Zeichens. Wurde kein numerisches Zeichen gefunden, dann meldet die Funktion den Wert 0 zurück.

Abbildung 10.19:
Das erste Auftreten
einer Zahl in einer
Zelle

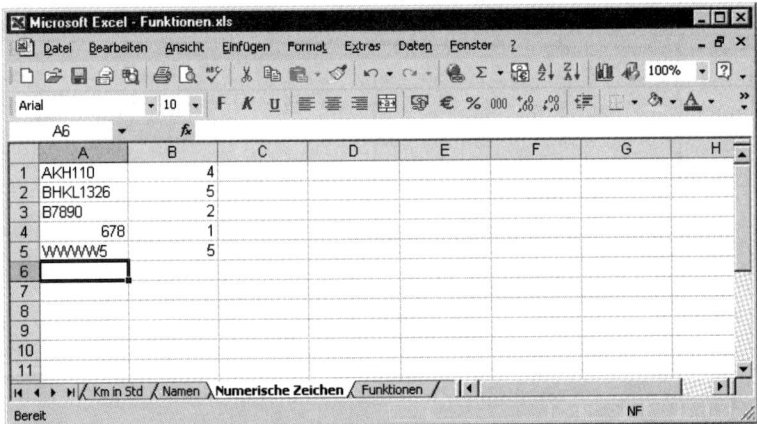

Diese benutzerdefinierte Funktion können Sie jetzt auch im Zusammenspiel mit Standardfunktionen verwenden. Stellen Sie sich einmal vor, Sie müssten nun in Spalte C eine Zeichenfolge bilden, die lediglich die numerischen Werte aus Spalte A beinhaltet. Für diese Aufgabe arbeiten Sie mit den Tabellenfunktionen TEIL und LÄNGE im Zusammenspiel mit Ihrer eigenen Funktion POSERSTEZAHL. Das Resultat aus diesem Zusammenspiel sehen Sie in Abbildung 10.20.

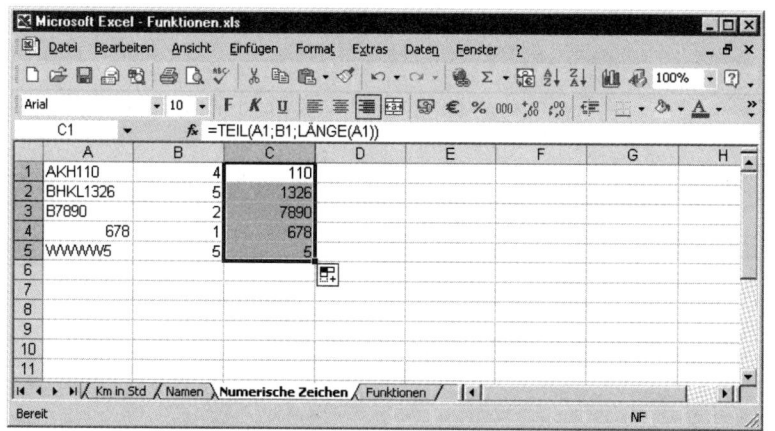

Abbildung 10.20:
Numerische Werte
bilden

10.1.18 Anzahl der Zahlen einer Zelle zählen

Verwandt mit dem letzten Beispiel aus Listing 10.21 ist auch das folgende. Es sollen in einer Zelle alle numerischen Zeichen gezählt werden. Für diese Aufgabe setzen Sie die Funktion aus Listing 10.22 ein.

```
Function AnzahlZahlen(zelle) As Integer
Dim i As Integer
Application.Volatile
For i = 1 To Len(zelle)
If Mid(zelle, i, 1) Like "#" Then
AnzahlZahlen = AnzahlZahlen + 1
End If
Next i
End Function
```

Listing 10.22:
Benutzerdefinierte
Funktion, die die
Anzahl der numeri-
schen Zeichen
einer Zelle ermittelt

Ermitteln Sie zuerst einmal die Gesamtlänge der Zelle. Danach durchlaufen Sie eine Schleife und arbeiten mit Hilfe der Funktion Mid ein Zeichen nach dem anderen ab. Setzen Sie den Operator Like ein, um zu ermitteln, ob es sich bei dem Zeichen um einen Zahlenwert handelt. In diesem Fall meldet Ihnen dieser Operator einen Wert zwischen 0 und 9 zurück. Addieren Sie dann den Wert 1 in Ihrer Funktion.

10.1.19 Auf den Spuren von Sverweis

Sicher kennen Sie die Tabellenfunktion SVERWEIS, mit der es möglich ist, mittels eines Suchbegriffs einen Wert in einer Liste zu finden. Diese Funktion können Sie erweitern. Sehen Sie sich dazu einmal die folgende Ausgangssituation an.

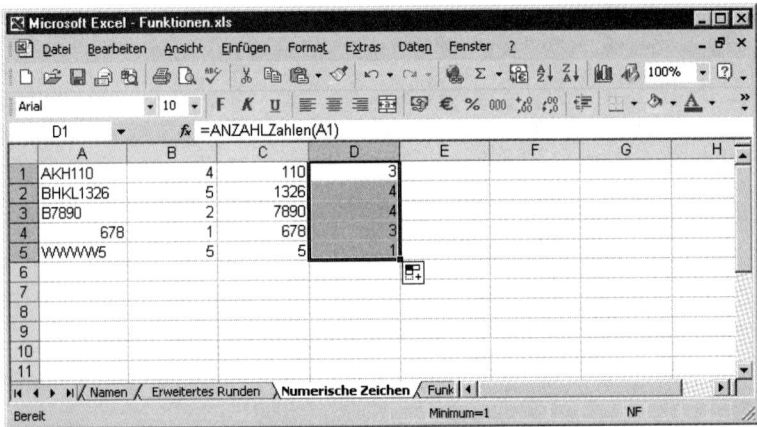

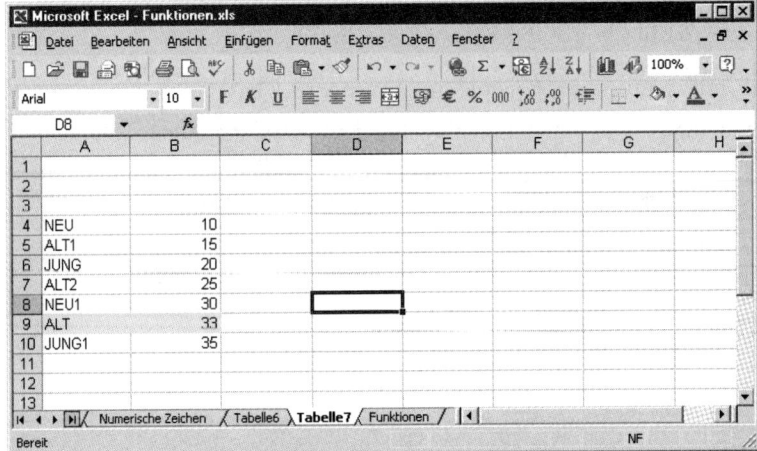

Auf der TABELLE7 befindet sich eine Liste mit Daten. Ihre Aufgabe besteht nun darin, eine Funktion zu schreiben, die ausgehend von einer anderen Tabelle die TABELLE7 ansteuert und mittels eines Suchbegriffs den richtigen Eintrag in der Liste ermittelt. In der Funktion sollen dabei folgende Argumente übergeben werden:

➡ Suchbegriff

➡ Name des Tabellenblattes

➡ Index der Verschiebung

➡ maximale Anzahl der Zeilen, die abgearbeitet werden soll

Alle diese Argumente packen Sie in die Funktion aus Listing 10.23.

```
Function BVerweis(Suchpar As String, _
   Tabelle As String, e As Integer, n As Integer)
Dim i As Integer
Dim Wert As String

Application.Volatile
On Error GoTo fehler
 For i = 1 To n
If Sheets(Tabelle).Range("A" & i).Value = Suchpar Then _
 Wert = Sheets(Tabelle).Cells(i, e).Value: Exit For Else
Next i
BVerweis = Wert
Exit Function
fehler:
Wert = ""
End Function
```

Listing 10.23:
Benutzerdefinierte
Funktion zum Aus-
suchen von Werten
in einer anderen
Tabelle

In einer Schleife arbeiten Sie alle angegebenen Zeilen in Argument n in der TABELLE7, welches durch das Argument Tabelle angegeben wird, ab. Ist die gesuchte Zeile gefunden, dann holen Sie sich den Wert, der um den Index e nach rechts verschoben liegt und melden diesen Wert als Rückgabewert.

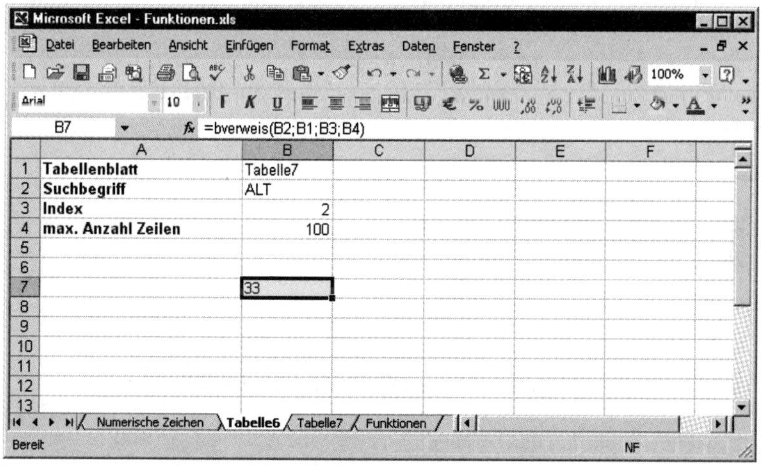

Abbildung 10.23:
Den richtigen Wert
suchen

10.2 Modulare Funktionen schreiben

Neben Funktionen, die Sie speziell für das Tabellenblatt schreiben, können Sie auch Funktionen programmieren, die Sie innerhalb der Entwicklungs- umgebung im Zusammenspiel mit Makros einsetzen. Diese Funktionen sind dann ratsam, wenn sie in mehreren Makros gebraucht werden. Anstatt den- selben Programmcode mehrfach zu erfassen, schreiben Sie einmal eine Funktion dazu und rufen diese aus den Makros einfach auf. Diese Program- mierweise ist übersichtlich, pflegeleicht und macht Spaß.

10.2.1   Dateien in einem Verzeichnis zählen

Stellen Sie sich vor, Sie müssten in einem Makro feststellen, wie viele Dateien sich in einem Verzeichnis befinden. Dazu erfassen Sie zunächst folgende Funktion:

Listing 10.24:
Funktion, welche die Anzahl von Dateien in einem Verzeichnis liefert

```
Function DZ(str) As Long
Dim DatNam As String
Dim n As Long
    DatNam = Dir$(str & "\*.*")
    Do While Len(DatNam) > 0
            n = n + 1
            DatNam = Dir$()
    Loop
    DZ = n
End Function
```

Die Funktion DZ erwartet als Eingabe den Namen des Verzeichnisses, auf welches Sie zugreifen möchten. Als Ergebnis liefert die Funktion Ihnen im Datentyp Long die Anzahl der ermittelten Dateien. Wenn Sie nur bestimmte Dateien gezählt haben möchten, können Sie die obige Funktion abändern, indem Sie die Zeichenfolge DatNam = Dir$(str & "*.*") beispielsweise in DatNam = Dir$(str & "*.xls") ändern. Diese kleine Änderung bewirkt, dass nur Excel-Dateien gezählt werden. Jetzt fehlt nur noch das Makro, welches der Funktion das Verzeichnis übergibt und die Rückmeldung der Funktion auswertet.

Listing 10.25:
Dateien in einem Verzeichnis zählen

```
Sub ZählenDateien()
Dim i As Long
    i = DZ("c:\")
    MsgBox i
End Sub
```

10.2.2   Prüfung, ob eine bestimmte Datei existiert

In diesem Beispiel möchten Sie über eine Funktion prüfen lassen, ob es eine bestimmte Datei überhaupt gibt. Gerade wenn Sie vorhaben, eine Datei zu öffnen, sollten Sie vorher sicherstellen, dass es diese Datei auch gibt. Dazu erfassen Sie eine Funktion und übergeben dieser den Dateinamen mitsamt der Laufwerks- und Pfadangabe.

Listing 10.26:
Funktion, welche die Existenz einer Arbeitsmappe prüft

```
Function DateiVorhanden(str As String) As Boolean
    DateiVorhanden = False
    If Len(str) > 0 Then DateiVorhanden = _
    (Dir(str) <> "")
    Exit Function
End Function
```

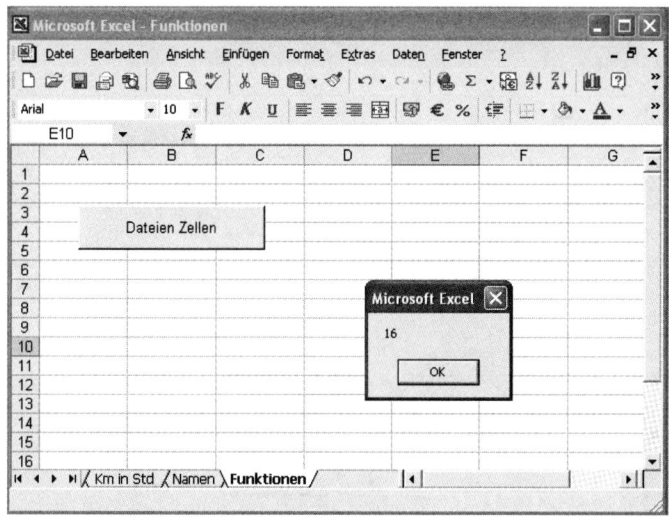

Abbildung 10.24:
Dateien im Route-
Verzeichnis C:\
zählen

Wie schon gesagt, erwartet die Funktion den Namen der Datei, deren Vor-
handensein Sie prüfen soll. Die Prüfung, ob überhaupt eine Zeichenfolge an
die Funktion übergeben wurde, erfolgt über die Eingabe von Len. Wird eine
Länge von 0 gemeldet, wurde überhaupt keine Zeichenfolge an die Funktion übergeben. Wenn ja, entspricht diese in jedem Fall einer Größe > 0. Die
Funktion Dir versucht nun, auf die Datei zuzugreifen. Ist die Datei nicht
vorhanden, meldet die Funktion eine Leerfolge zurück. Damit wird der
Datentyp Boolean mit dem Wert False an das aufrufende Makro zurückge-
meldet. Im anderen Falle liefert die Funktion den Wert True zurück.

```
Sub DateiDa()
Dim bln As Boolean
bln = DateiVorhanden("C:\eigene Dateien\Mappe1.xls")
MsgBox bln
End Sub
```

Listing 10.27:
Prüfung, ob eine
bestimmte Arbeits-
mappe vorhanden
ist

10.2.3   Prüfung, ob eine bestimmte Datei geöffnet ist

Aufbauend auf der letzten Aufgabe, wo geprüft wurde, ob eine bestimmte
Datei überhaupt existiert, wird nun geprüft, ob eine bestimmte Datei schon
geöffnet ist oder nicht.

```
Function DateiSchonGeöffnet(ByVal str As String)_
    As Boolean
Dim DatSchonGeöffnet As Boolean
    On Error GoTo fehler
    DateiSchonGeöffneted = True
    Windows(str).Activate
    Exit Function
```

Listing 10.28:
Funktion, die
überprüft, ob eine
bestimmte Arbeits-
mappe schon
geöffnet ist

```
fehler:
    DateiSchonGeöffneted = False
End Function
```

Abbildung 10.25:
Die gesuchte
Arbeitsmappe
wurde nicht
gefunden.

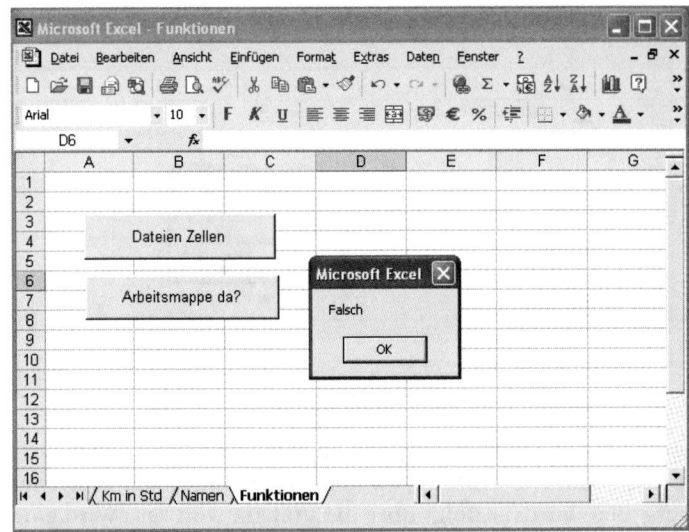

Die obige Funktion erwartet als Parameter den Namen der Datei. Danach wird einfach mal versucht, die entsprechende Datei zu aktivieren. Schlägt dies fehl, dann sorgt die On Error-Anweisung dafür, dass die Funktion nicht mit einer Fehlermeldung abbricht. In diesem Fall wird direkt zum Fehlerabschnitt gesprungen. Dort wird die Variable DateiSchonGeöffnet auf den Wert False gesetzt. Im Fall dessen, dass die Aktion erfolgreich war, wird die Funktion über die Anweisung Exit Function direkt verlassen. Dadurch, dass Sie zu Beginn die Variable DateiSchonGeöffnet auf den Wert True gesetzt haben, können Sie direkt aus der Funktion springen. Das aufrufende Makro sieht wie folgt aus:

Listing 10.29:
Prüfung, ob eine
Arbeitsmappe
geöffnet ist

```
Sub DatGeöffnet()
Dim bln as boolean
  bln = DateiSchonGeöffnet _
    ("c:\eigene Dateien\mappe1.xls")
  MsgBox bln
End Sub
```

10.2.4   Prüfung, ob eine Datei gerade bearbeitet wird

Wenn Sie eine Arbeitsmappe öffnen, die bereits zuvor von einem anderen Mitarbeiter geöffnet wurde, bekommen Sie dies in einer Bildschirmmeldung angezeigt. Sie haben dann die Möglichkeit, diese Arbeitsmappe schreibgeschützt zu öffnen oder zu warten, bis die Arbeitsmappe wieder frei ist.

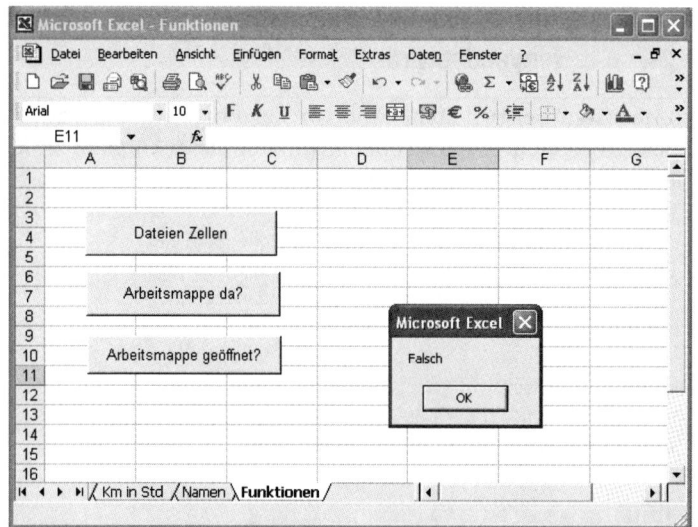

Abbildung 10.26:
Die Arbeitsmappe
ist noch nicht
geöffnet.

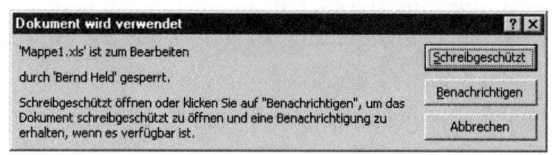

Abbildung 10.27:
Arbeitsmappe wird
gerade von einem
anderen Anwender
bearbeitet.

Um abzufragen, ob eine bestimmte Arbeitsmappe gerade frei ist, setzen Sie
die Funktion aus Listing 10.30 ein.

```
Function DateiInBearbeitung(s As String) As Boolean
On Error Resume Next
Open s For Binary Access Read Lock Read As #1
Close #1
If Err.Number <> 0 Then
    DateiInBearbeitung = True
    Err.Clear
End If
End Function

Sub DateiFrei()
If DateiInBearbeitung("C:\Mappe1.xls") = False _
Then Workbooks.Open "C:\Mappe1.xls" Else _
MsgBox "Datei ist in Bearbeitung!"
End Sub
```

Listing 10.30:
Prüfung, ob eine
Arbeitsmappe in
Bearbeitung ist

Mit Hilfe der Methode Open öffnen Sie die Arbeitsmappe mit Lesezugriffs-
rechten. Ist diese Arbeitsmappe bereits geöffnet, dann liefert Ihnen die
Eigenschaft Number des Err-Objekts einen Laufzeitfehler > 0. In diesem Fall
wird die Arbeitsmappe gerade schon von einem anderen Anwender bearbeitet.

10.2.5   Prüfung, ob ein bestimmter Name in der Arbeitsmappe verwendet wird

Im nächsten Beispiel stehen Sie vor der Frage, ob ein bestimmter Name in einer Arbeitsmappe verwendet wird. Um diese Aufgabe zu lösen, setzen Sie die Funktion aus Listing 10.31 ein.

Listing 10.31:
Prüfung, ob ein bestimmter Name in der Arbeitsmappe existiert

```
Function NameVorhanden(sName As String) As Boolean
  On Error Resume Next
  NameVorhanden = Names(sName).RefersToRange.Count
End Function

Sub PrüfungAufNamen()
If NameVorhanden("Test") = True Then MsgBox _
  "Name vorhanden!" Else MsgBox "Name nicht vorhanden!"
End Sub
```

Übergeben Sie der Funktion den gesuchten Namen. In der Funktion selbst wird über die Eigenschaft RefersToRange versucht, diesen Namen zu finden. Wird der Name gefunden, dann liefert die Funktion den Wert True zurück.

10.2.6   Prüfung, ob ein Add-In eingebunden ist

In der letzten Praxisaufgabe soll geprüft werden, ob ein bestimmtes Add-In im Add-Ins-Manager schon installiert ist oder nicht. Prüfen Sie vorab einmal, welche Add-Ins Sie überhaupt schon installiert haben. Dazu wählen Sie den Menübefehl EXTRAS/ADD-INS-MANAGER.

Abbildung 10.28:
Add-In installiert oder nicht?

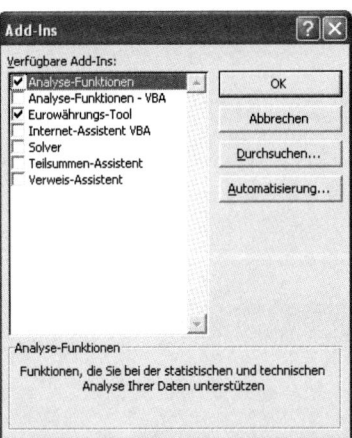

Schreiben Sie nun die Funktion, um zu prüfen, ob z. B. das Add-In SOL-VER.XLA in Excel verfügbar ist.

```
Function AddInEingebunden(ByVal str As String) _
  As Boolean
Dim add As Object

    Set add = AddIns(str)
    If add.Installed = True Then
        AddInEingebunden = True
    Else
        AddInEingebunden = False
    End If
End Function
```

Listing 10.32:
Funktion, die
überprüft, ob ein
bestimmtes Add-In
geladen ist

Die Eigenschaft Installed liefert den Wert True, wenn das entsprechende
Add-In eingebunden ist.

```
Sub AddInDa()
Dim b As Boolean

    b = AddInEingebunden("Solver")
    If b = False Then
    MsgBox "Solver Add-In ist nicht installiert."
    Else
    MsgBox "Solver Add-In ist installiert."
    End If
End Sub
```

Listing 10.33:
Prüfung, ob Add-In
verfügbar ist

Bei der Angabe des Add-Ins verwenden Sie den Namen des Add-Ins, den Sie
im Dialog ADD-INS vorfinden.

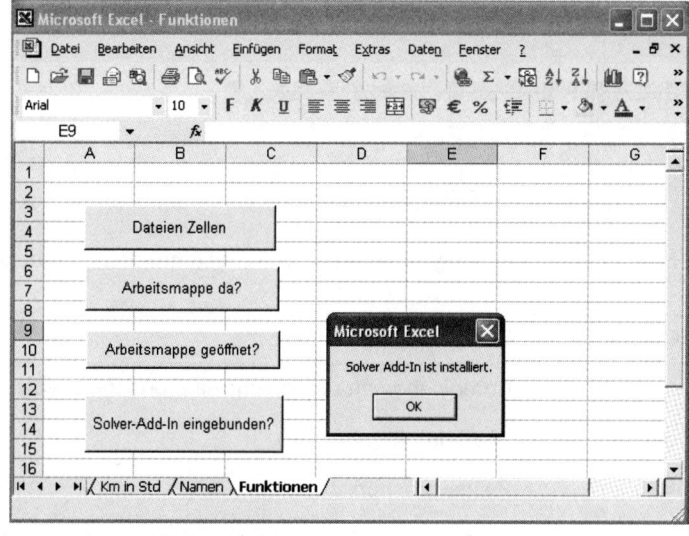

Abbildung 10.29:
Prüfung nach
installierten Add-Ins
durchführen

Möchten Sie ermitteln, in welchem Verzeichnis Ihre Add-Ins gespeichert sind, dann führen Sie die Funktion in Listing 10.34 aus.

Listing 10.34:
Funktion zum
Anzeigen der
Add-Ins-Pfade

```
Function PfadEinesAddInsErmitteln()
Dim a As AddIn
Dim s As String
For Each a In Application.AddIns
With a
 If .Installed Then
   s = s & .Name & vbTab & .Path & vbCrLf
 End If
End With
Next a
PfadEinesAddInsErmitteln = s
End Function

Sub AddInPfadeAusgeben()
MsgBox PfadEinesAddInsErmitteln
End Sub
```

Wenden Sie in einer Schleife die Eigenschaft `AddIns` an. Damit werden Ihnen alle verfügbaren Add-Ins zur Verfügung gestellt. Mit der Eigenschaft `Installed` prüfen Sie, welche Add-Ins im Add-Ins-Manager installiert sind. Die so ermittelten Add-Ins sammeln Sie in einer String-Variablen und geben Sie zum Schluss auf dem Bildschirm aus.

Damit dies ordentlich aussieht, können Sie mit `vbTab` *und* `vbCrLf` *arbeiten. Im ersten Fall wird ein Tabschritt und im zweiten eine Kombination aus Wagenrücklauf und Zeilenvorschub erzeugt.*

Abbildung 10.30:
Pfade der installier-
ten Add-Ins
anzeigen

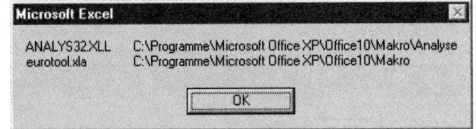

Entnehmen Sie der folgenden Tabelle weitere mögliche Steuerzeichen.

Tabelle 10.1:
Konstanten für
Steuerzeichen

Konstante	Beschreibung
vbCrLf	Kombination aus Wagenrücklauf und Zeilenvorschub
vbCr	Wagenrücklaufzeichen
vbLf	Zeilenvorschubzeichen
vbNewLine	plattformspezifisches Zeilenumbruchzeichen; je nachdem, welches für die aktuelle Plattform geeignet ist

Konstante	Beschreibung	
vbNullChar	Zeichen mit dem Wert 0	**Tabelle 10.1:** Konstanten für Steuerzeichen (Forts.)
vbNullString	Zeichenfolge mit dem Wert 0; nicht identisch mit der Null-Zeichenfolge (»«); wird verwendet, um externe Prozeduren aufzurufen.	
vbTab	Tabulatorzeichen	
vbBack	Rückschrittzeichen	

10.2.7 Dokumenteigenschaften einer Arbeitsmappe ermitteln

Eine sehr interessante Lösung wurde mir freundlicherweise von Oliver Schneider aus Fulda für dieses Buch zur Verfügung gestellt. Er ermittelt anhand einer Funktion diverse Dokumenteigenschaften einer Arbeitsmappe. Dabei wird der Funktion der Dateiname sowie eine Eigenschaftsnummer übergeben, durch die die Funktion dann die entsprechenden Informationen zur Verfügung stellt.

Die einzelnen Informationen und die dazugehörigen Eigenschafts-Nummer entnehmen Sie der Tabelle 10. 2.

Eigenschafts-Nummer	Beschreibung	
0	Dateiname mit Pfad	**Tabelle 10.2:** Die Aufschlüsselung der Eigenschaftsnummer
1	nur Pfad	
2	nur Dateiname	
3	Dateityp	
4	Dateigröße in Byte	
5	erstellt am	
6	letzte Änderung am	
7	letzter Zugriff am	

```
Sub DokumentEigenschaften()
 MsgBox ZeigeDateiEigenschaften _
 ("c:\Eigene Dateien\Mappe1.xls", 5)
End Sub
```

Listing 10.35: Der Aufruf einer Funktion, um das Erstellungsdatum einer Arbeitsmappe herauszufinden

Die dazugehörige Funktion können Sie in Listing 10.36 sehen.

Listing 10.36:
Dokumenteigen-
schaften einer
Arbeitsmappe
ermitteln

```
Function ZeigeDateiEigenschaften _
(Dateiname, EigenschaftsNr As Byte)
Dim fso As Object
Dim tmp As String

On Error Resume Next
Set fso = CreateObject("Scripting.FileSystemObject")
With fso.GetFile(Dateiname)
Select Case EigenschaftsNr
  Case Is = 0: tmp = .Path
  Case Is = 1: tmp = Mid(.Path, 1, _
       Len(.Path) - Len(.Name))
  Case Is = 2: tmp = .Name
  Case Is = 3: tmp = .Type
  Case Is = 4: tmp = .Size
  Case Is = 5: tmp = CD-ROMate(.DateCreated)
  Case Is = 6: tmp = CD-ROMate(.DateLastModified)
  Case Is = 7: tmp = CD-ROMate(.DateLastAccessed)
  Case Else
    tmp = "Ungültige EigenschaftsNr!"
End Select
End With
ZeigeDateiEigenschaften = tmp
End Function
```

Erstellen Sie im ersten Schritt einen Verweis auf das FileSystemObject, um damit die Informationen bezüglich der Arbeitsmappe zu erhalten. Danach werten Sie die übergebene Eigenschaftsnummer in einer Select Case-Anweisung aus.

Abbildung 10.31:
Die Bibliothek
Microsoft Scripting
Runtime

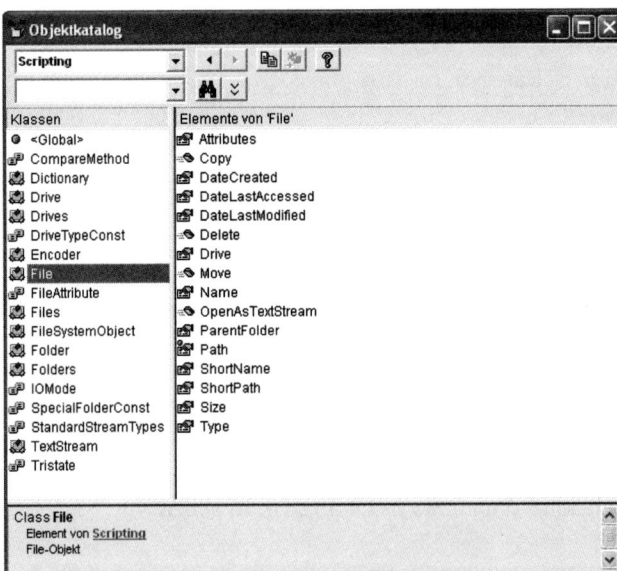

Die verwendeten Eigenschaften des FileSystemObjects *können Sie im Objekt-katalog nachsehen. Dazu müssen Sie vorher die Bibliothek* MICROSOFT SCRIPTING RUNTIME *in der Entwicklungsumgebung unter dem Menübefehl* EXTRAS/VERWEISE *aktivieren.*

INFO

10.2.8   Bedingte Formatierung mit mehr als drei Farben

Wenn Sie in einer Tabelle mit der bedingten Formatierung arbeiten, haben Sie dabei die Möglichkeit, mit genau drei unterschiedlichen Farben zu arbeiten. Reicht Ihnen diese Auswahl nicht aus, schreiben Sie eine Funktion, welche die Formatierung Ihrer Daten automatisch vornimmt.

Dabei sind folgende Wertgrenzen definiert: *Die Bedingungen*

Werte	Farbe
<10	Rot
Werte zwischen 10 und 20	Grün
21, 23, 24	Gelb
22	Magenta
Werte > 25	Türkis
sonstige Werte, auch ungültige Werte	Weiß

Tabelle 10.3:
Die Werte für die bedingte Formatierung

Übertragen Sie die Tabelle 10.3 in eine Funktion, welche die Formatierung der Zellen herstellt.

```
Function Muster(Zelle)
Dim i As Integer

  Select Case Zelle
    Case Is < 10
      i = 3
    Case 11 To 20
      i = 4
    Case 21, 23, 24
      i = 6
    Case 22
      i = 7
    Case Is > 25
      i = 8
    Case Else
      i = 2
  End Select
```

Listing 10.37:
Bedingte Formatierung mit mehr als drei Farben über eine Funktion realisieren

```
With Selection.Interior
    .ColorIndex = i
    .PatternColorIndex = xlAutomatic
End With
End Function
```

Um die Funktion aus Listing 10.37 auszurufen, setzen Sie das folgende Makro aus Listing 10.38 ein.

Listing 10.38:
Bedingte Formatierung einmal anders

```
Sub Farbenspiel()
Dim i As Integer

    Range("A1").Select
    For i = 1 To ActiveSheet.UsedRange.Rows.Count
     Muster (ActiveCell)
     ActiveCell.Offset(1, 0).Select
     Next i
End Sub
```

Abbildung 10.32:
Mit Farben bestimmte Wertgrenzen aufzeigen

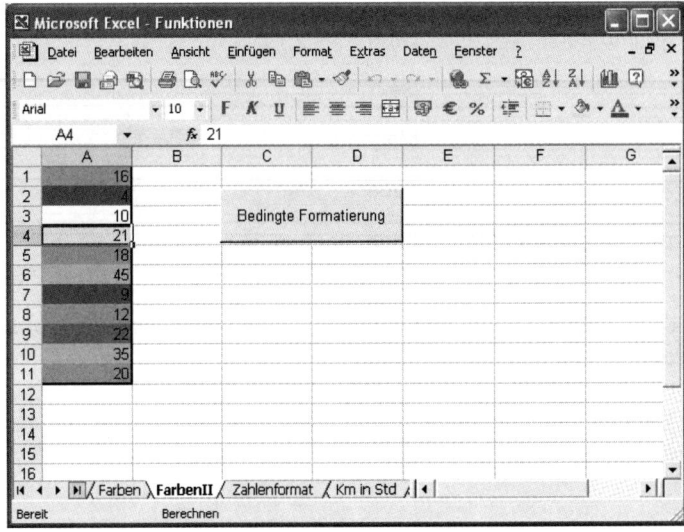

Ein kleiner Zusatz: Sorgen Sie nun dafür, dass die Zellenformatierung automatisch abläuft, wenn Sie irgendeinen Wert in Spalte A ändern. Diesen Automatismus erreichen Sie, indem Sie auf ein Ereignis zurückgreifen.

STEP

Dabei gehen Sie wie folgt vor:

1. Wechseln Sie in die Entwicklungsumgebung.

2. Führen Sie im Projekt-Explorer einen Doppelklick auf die Tabelle aus, für die Sie diese Funktionalität implementieren möchten.

3. Geben Sie das Ereignis Worksheet_Change ein.

```
Private Sub Worksheet_Change(ByVal Target As Range)
 If Target.Column = 1 Then Farbenspiel
End Sub
```

Listing 10.39:
Bedingte Formatie-
rung automatisch
bei Änderung
starten

Indem Sie das Argument `Target` einsetzen und dabei die Spalte A überprüfen, starten Sie das Makro `Farbenspiel` nur, wenn in Spalte A eine Änderung vorgenommen wird.

Erfahren Sie mehr über die Wirkungsweise und Einsatzmöglichkeiten von Ereignissen in Kapitel 12.

10.2.9 Wochenende ermitteln

Es gibt zwar standardmäßig eine Tabellenfunktion in Excel, die Ihnen den jeweiligen Wochentag in Form eines Indexes liefert. Bei dieser Funktion, die übrigens Wochentag heißt, steht der Index 1 für den Sonntag und der Index 7 für den Samstag. Die Funktion im folgenden Listing 10.40 gibt Ihnen bekannt, ob es sich beim Datum der aktiven Zelle um ein Wochenende handelt.

```
Function WE(s As String) As Integer
Dim i  As Integer
i = Application.WorksheetFunction.Weekday(ActiveCell)
WE = i
End Function

Sub WochenEnd()
  If WE(ActiveCell) = 7 _
  Or WE(ActiveCell) = 1 Then MsgBox "Wochenende" _
  Else MsgBox ("Wochentag")
End Sub
```

Listing 10.40:
Funktion zur
Ermittlung des
Wochenendes

10.2.10 Letzter Tag im Monat ermitteln

Vielleicht haben Sie manchmal auch Probleme, den letzten Tag eines Monats schnell zu erkennen. Hat der Monat jetzt 30 oder 31 Tage? Es gibt hierfür zwar recht einfache Bauernregeln, wie etwa das Zählen der Mulden zwischen Fingerknochen, aber auch da gibt doch eine relativ große Unsicherheit, je nachdem, ob Sie von links oder rechts anfangen zu zählen. Eine nahezu sichere Lösung bietet die Funktion aus Listing 10.41.

```
Function LTImMo(inputdate As Date) As Date
  LTImMo = DateSerial _
  (Year(inputdate), Month(inputdate) + 1, 0)
End Function
```

Listing 10.41:
Funktion zur
Ermittlung des
letzten Tags eines
Monats

```
Sub LetzterTagImMonatErmitteln()
Dim s As String
s = LTImMo(ActiveCell)
MsgBox s
End Sub
```

Mit Hilfe der Funktion `DateSerial` wird ein Datum in seine Bestandteile zerlegt. Über die Funktionen `Year` und `Month` extrahieren Sie dann das jeweilige Jahr sowie den Monat.

Abbildung 10.33:
Den letzten Tag
eines Monats
ausgeben

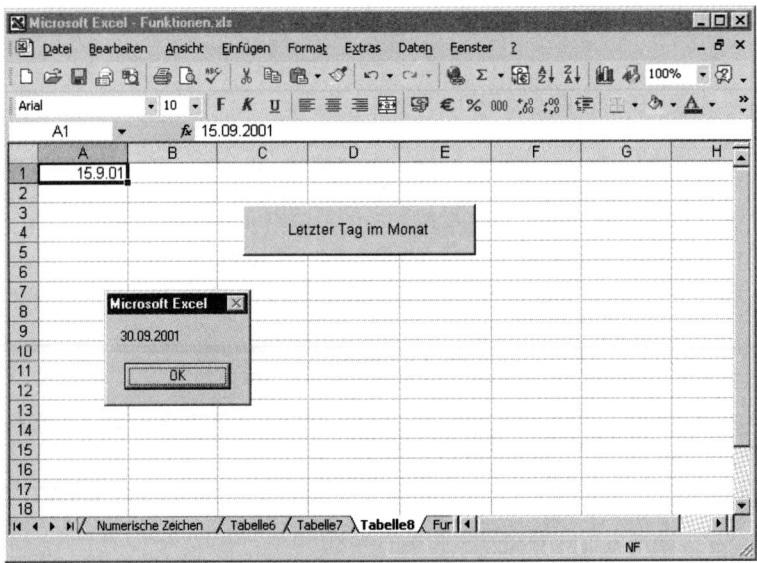

INFO

Möchten Sie nicht das komplette Datum wissen, sondern nur den Tag, dann schreiben Sie die Anweisung MsgBox Day(s).

10.2.11　　Den letzten Wert einer Spalte ermitteln

In der folgenden Aufgabe soll eine Funktion erstellt werden, die mit Hilfe der angegebenen Tabelle sowie Spalte den letzten Wert einer vorgegebenen Spalte der Tabelle ausgibt. Die Funktion für diese Aufgabe lautet:

Listing 10.42:
Letzte Zelle in einer
bestimmten Spalte
einer Tabelle
ermitteln

```
Function LetzterWert(s As String, Spalte As Integer)
 LetzterWert = Worksheets(s).Columns(Spalte) _
.SpecialCells(xlCellTypeLastCell).Value
End Function

Sub LetzteZelleInSpalte()
MsgBox LetzterWert("Tabelle6", 2)
End Sub
```

Im Makro rufen Sie die Funktion LetzteZeile auf. Dieser Funktion übergeben Sie im ersten Argument den Namen der Tabelle, auf der Sie den Inhalt
der letzten Zeile ausfindig machen möchten. Im zweiten Argument geben
Sie die gewünschte Spalte an, in der nach der letzten gefüllten Zelle gesucht
werden soll. Mit Hilfe der Methode SpecialCells, der Sie die Konstante
xlCellTypeLastCell zuweisen, ermitteln Sie die letzte gefüllte Zelle.
Dadurch, dass Sie vorher die Spalte angegeben haben, wird diese Suche
nach der letzten Zelle lediglich auf die angegebene Spalte beschränkt. Über
die Eigenschaft Value holen Sie sich den Wert dieser Zelle.

Möchten Sie anstatt des letzten Wertes einer Spalte lieber die Zellenadresse
wissen, dann setzen Sie die Funktion in Listing 10.43 ein.

```
Function LetzterWertAdresse(s As String, _
  Spalte As Integer)
  LetzterWertAdresse = Worksheets(s).Columns(Spalte). _
  SpecialCells(xlCellTypeLastCell).Address
End Function


Sub LetzteZeileAdresse()
MsgBox LetzterWertAdresse("Tabelle6", 2)
End Sub
```

Listing 10.43:
Letzte Zellen-
adresse in einer
bestimmten Spalte
einer Tabelle
ermitteln

Mit Hilfe der Methode SpecialCells, der Sie die Konstante xlCellTypeLast
Cell zuweisen, ermitteln Sie die letzte gefüllte Zelle. Dadurch, dass Sie vorher die Spalte angegeben haben, wird diese Suche nach der letzten Zelle
lediglich auf die angegebene Spalte beschränkt. Über die Eigenschaft Address
kommen Sie an die genauen Zellenkoordinaten heran.

10.2.12 Buchstaben aus Zellen entfernen

Die folgende Lösung extrahiert aus allen Zellen, die sowohl alphanumerische als auch numerische Zeichen enthalten, die numerischen Zeichen
heraus. Am Ende stehen nur noch numerische Zeichen in der Zelle. Die
Funktion für diese Aufgabe lautet:

```
Function BuchstabenRaus(sAlt As String) As String
Dim i As Integer, s As String * 1
   For i = 1 To Len(sAlt)
      s = Mid$(sAlt, i, 1)
      If (Asc(s) > 47 And Asc(s) < 58) Then
         BuchstabenRaus = BuchstabenRaus & s
      End If
   Next
End Function
```

Listing 10.44:
Texte aus Zellen
eliminieren

```
Sub EntfernenAlphaNumerishceZeichenAusBereich()
Dim Zelle As Range
Dim Bereich As Range
Set Bereich = Selection
For Each Zelle In Selection
 Zelle.Value = BuchstabenRaus(Zelle.Value)
Next Zelle
End Sub
```

Überprüfen Sie erst einmal die Länge der Zelle durch die Funktion Len. Mit Hilfe der Funktion Asc können Sie ermitteln, ob es sich hierbei um Zahlen handelt. Diese geben einen Wert zwischen 48 und 57 zurück. Die so ermittelten Zahlen basteln Sie danach in einer String-Variablen zusammen.

Bevor Sie das Makro starten, welches wiederum die Funktion aufruft, markieren Sie den Datenbereich, der die Daten enthält.

INFO

Abbildung 10.34:
Buchstaben
aus Zellen
herausnehmen

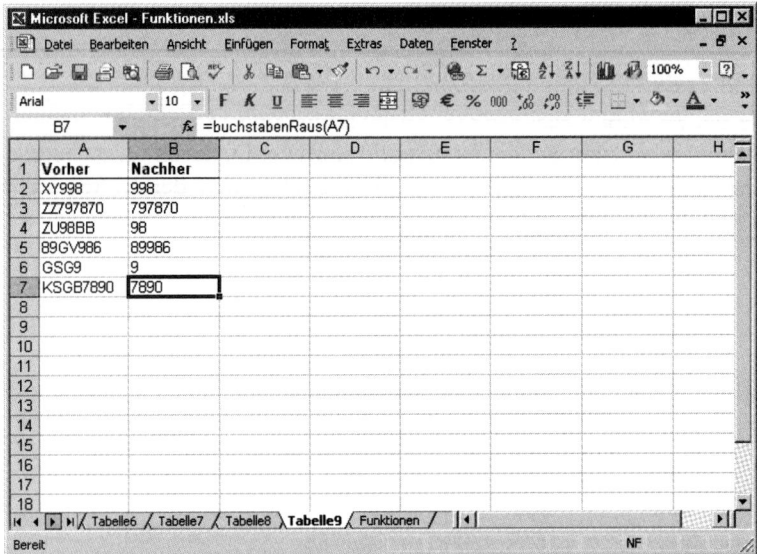

10.2.13 Grafikelemente in einem definierten Bereich löschen

Stellen Sie sich einmal folgende Situation vor: Auf einer Tabelle haben Sie zahlreiche Grafikelemente, die in VBA unter Shapes angesprochen werden. Darunter befinden sich unter anderem Zeichnungsobjekte, ClipArts, Schaltflächen, integrierte Diagramme und vieles mehr. Sie haben sich einen Bereich definiert und benannt, indem auf Knopfdruck alle Grafikelemente gelöscht werden sollen, die sich innerhalb dieses Bereiches befinden. Sehen Sie sich als Ausgangsposition einmal die folgende Abbildung an.

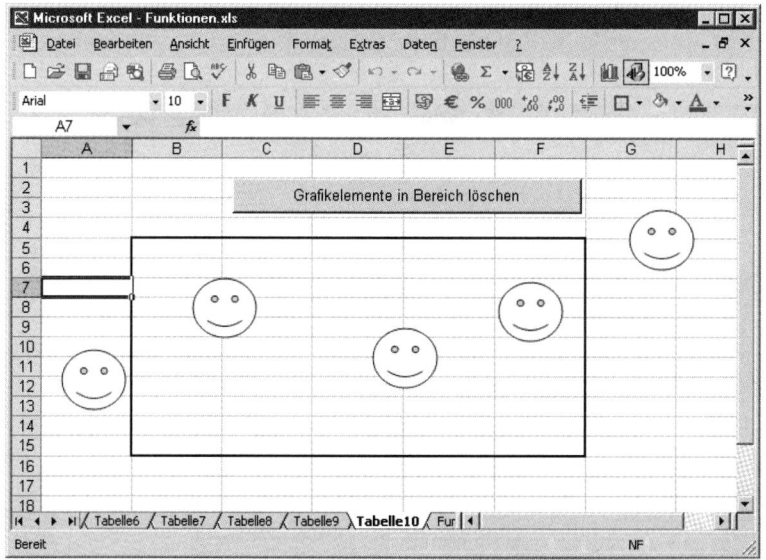

Abbildung 10.35:
Die Smileys im Bereich B5:F15 sollen gelöscht werden.

Um nun den umrandeten Bereich zu säubern, setzen Sie die Funktion in Listing 10.45 ein.

```
Function InRange(rng1, rng2) As Boolean
    InRange = False
  If rng1.Parent.Parent.Name = _
  rng2.Parent.Parent.Name Then
    If rng1.Parent.Name = rng2.Parent.Name Then
      If Union(rng1, rng2).Address = rng2.Address Then
          InRange = True
      End If
      End If
    End If
End Function

Sub ShapesInBereichLöschen()
Dim shp As Shape
Dim rng2 As Range
Set rng2 = Range("Bereich")
    For Each shp In ActiveSheet.Shapes
      If InRange(shp.TopLeftCell, rng2) _
        Or InRange(shp.BottomRightCell, rng2) Then
        shp.Delete
      End If
    Next
End Sub
```

Listing 10.45:
Grafikelemente aus einem Bereich entfernen

In einer Schleife werden alle Shapes, die sich auf der Tabelle befinden, nacheinander untersucht. Liegt dabei die linke obere Ecke oder die rechte untere Ecke des Shapes im definierten Bereich B5:F15, dann können Sie davon ausgehen, dass das Shape als im Bereich liegend gilt. In diesem Fall löschen Sie das Shape mit Hilfe der Methode Delete.

Abbildung 10.36:
Der Bereich B5:F15
wurde gesäubert.

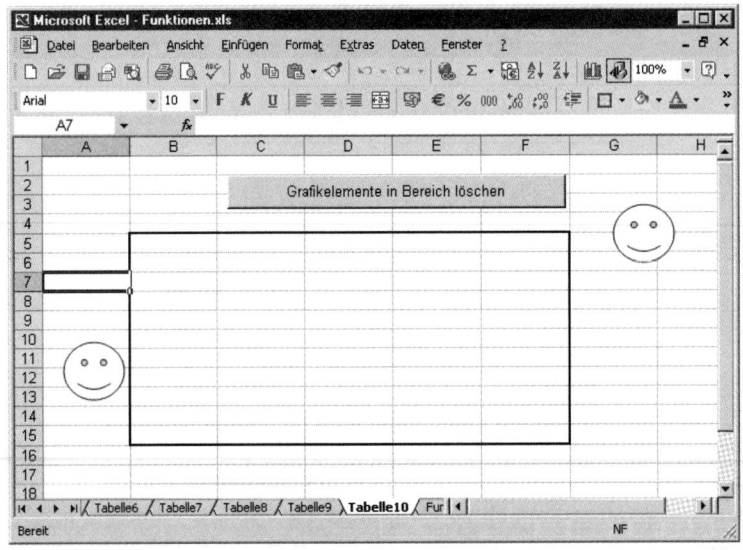

Bei der letzten Lösung wurden die Shapes entfernt, die genau im Bereich D5:F15 lagen. Möchten Sie auch alle Shapes entfernen, die auf dem Rahmen des Bereiches liegen, dann verwenden Sie anstatt dem Operator Or *den Operator* And.

10.3   Funktionen verfügbar machen

Wenn Sie Funktionen für alle Arbeitsmappen, ob neue oder alte, anwenden möchten, haben Sie zwei Möglichkeiten:

➥ *Speichern in der persönlichen Arbeitsmappe* PERSONL.XLS *oder*

➥ *Erstellung eines Add-Ins und Aktivierung über den Add-Ins-Manager.*

10.3.1   Speichern der Funktionen in der persönlichen Arbeitsmappe

Um die Funktionen für alle Arbeitsmappen zur Verfügung zu haben, können Sie die Funktionen in Ihrer persönlichen Makroarbeitsmappe ablegen, welche sich im Office-Verzeichnis XLSTART befindet.

Sollte diese Arbeitsmappe noch nicht existieren, legen Sie eine an, indem Sie wie folgt vorgehen:

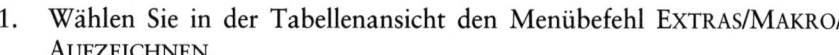

1. Wählen Sie in der Tabellenansicht den Menübefehl EXTRAS/MAKRO/ AUFZEICHNEN.

2. Wählen Sie im Dialog MAKRO AUFZEICHNEN aus dem Kombinationsfeld den Eintrag PERSÖNLICHE MAKROARBEITSMAPPE.

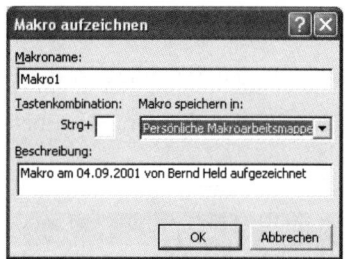

Abbildung 10.37:
Anlegen der persönlichen Arbeitsmappe

3. Klicken Sie auf OK.

4. Klicken Sie jetzt auf die Zelle A1. Der Makrorekorder wird die persönliche Arbeitsmappe nun erstellen und diesen Befehl aufzeichnen. Nun haben Sie die Voraussetzung geschaffen, um Ihre Funktionen in die persönliche Arbeitsmappe zu übertragen.

Übertragen Sie nun Ihre Funktionen aus der Arbeitsmappe FUNKTIONEN.XLS in die persönliche Arbeitsmappe PERSONL.XLS.

Dazu ist folgende Vorgehensweise notwendig:

1. Öffnen Sie die Arbeitsmappe FUNKTIONEN.XLS.

2. Wechseln Sie in die Entwicklungsumgebung.

3. Aktivieren Sie das MODUL1.

4. Markieren Sie alle Funktionen mit dem Menübefehl BEARBEITEN/ALLES AUSWÄHLEN.

5. Drücken Sie die Tastenkombination [Strg] + [C], um die Funktionen in die Zwischenablage zu kopieren.

6. Wählen Sie im Projekt-Explorer den Eintrag VBAPROJECT (PERSONL.XLS) aus.

7. Aktivieren Sie in diesem Projekt das MODUL1.

8. Fügen Sie Ihre Funktionen ein, indem Sie den Mauszeiger im Codefenster positionieren und die Tastenkombination [Strg] + [V] drücken.

9. Beenden Sie Excel und bestätigen Sie beim Verlassen der Anwendung die Änderungsabfrage mit JA.

Von nun an sind alle Funktionen allgemein für alle Arbeitsmappen verfügbar.

10.3.2   Speichern der Funktionen in einem Add-In

Die zweite Möglichkeit, die Sie haben, um Funktionen allgemein verfügbar zu machen und auch noch an andere Anwender weiterzugeben, ist die Erstellung eines Add-Ins. Ein Add-In können Sie bei Bedarf im ADD-INS-MANAGER einbinden und, wenn Sie Ihre Funktionen zeitweise nicht benötigen, wieder deaktivieren.

STEP

Um ein Add-In zu erstellen, verfahren Sie wie folgt:

1.   Öffnen Sie zunächst die Arbeitsmappe FUNKTIONEN.XLS.

2.   Wählen Sie den Menübefehl DATEI/EIGENSCHAFTEN.

Abbildung 10.38:
Zusätzliche
Informationen zur
Datei hinterlegen

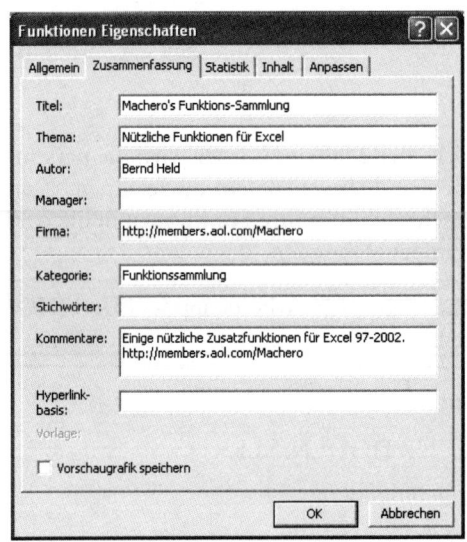

3.   Geben Sie einige zusätzliche Informationen zu dem zukünftigen Add-In an und bestätigen Sie Ihre Eingaben mit OK.

4.   Wählen Sie den Menübefehl DATEI/SPEICHERN UNTER.

5.   Stellen Sie im Kombinationsfeld DATEITYP den Eintrag MICROSOFT EXCEL-ADD-IN ein. Nun wird automatisch das Add-In-Verzeichnis von Excel eingestellt.

6.   Klicken Sie auf die Schaltfläche SPEICHERN.

!!
STOP

Bitte sichern Sie die Originalarbeitsmappe immer gut. Es ist nicht möglich, aus einem Add-In wieder die Originalarbeitsmappe herzustellen.

10.3.3   Ein Add-In einbinden

Wie Sie ein Add-In erstellen, wissen Sie jetzt. Damit ist es aber in Excel noch nicht verfügbar.

Um ein Add-In in Excel bekannt zu machen, befolgen Sie die nächsten Arbeitsschritte:

1. Wählen Sie den Menübefehl EXTRAS/ADD-INS-MANAGER.

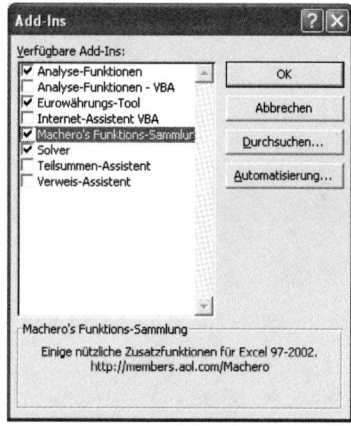

Abbildung 10.39:
Ein Add-In akti-
vieren

2. Aktivieren Sie das Add-In mit einem Klick auf das entsprechende Kontrollkästchen.

3. Bestätigen Sie mit OK.

Das Add-In wird nun geladen und ist verfügbar. In Zukunft wird bei jedem Excel-Start das eingebundene Add-In automatisch mit geladen. Das Add-In muss über den ADD-INS-MANAGER wieder deaktiviert werden.

Wenn Sie möchten, können Sie ein Excel-Add-In auch über den ÖFFNEN-Dialog aktivieren. Das Add-In ist dann so lange verfügbar, wie Sie Excel geöffnet haben. Schließen Sie Excel, ist das Add-In beim nächsten Öffnen nicht mehr vorhanden. Um ein Add-In also dauerhaft verfügbar zu machen, müssen Sie es über den ADD-INS-MANAGER einbinden.

Wie Sie für ein Add-In eigene Menüleisten sowie Symbolleisten anlegen können, erfahren Sie im Kapitel 16.

11 Programmierung durch Windows-API-Aufrufe

Viele Aufgaben in Excel müssen nicht unbedingt durch den Einsatz von VBA gelöst werden. Zahlreiche Lösungen stecken auch schon mitten in Windows. Ihr Betriebssystem stellt Ihnen eine ganze Reihe Dynamic Link Libraries (DLLs) zur Verfügung, die Sie bei der Programmierung von Excel einsetzen können. Diese DLLs enthalten Funktionen, die u. a. für die Speicher- und Ressourcenverwaltung, die Bereitstellung von Dialog- und Steuerelementen, den Einsatz von Zeichenfunktionen, die Behandlung von Menü- und Symbolleisten, die Verwendung von Multimediafunktionen oder auch die Verwaltung von E-Mails verantwortlich sind.

Wie Sie sehen, decken API-Funktionen nahezu alle Aufgaben in Windows und somit auch in Excel ab. Der Vorteil von API-Aufrufen ist beispielsweise deren universelle Einsetzbarkeit. Ob Sie in Excel, Access, Word oder einer anderen beliebigen Windows-Anwendung mit Programmierschnittstelle arbeiten, ist dabei gleichgültig. Sie können API-Funktionen aus nahezu jeder Anwendung aufrufen und für Ihre Aufgaben nutzen. Ein Nachteil von API-Funktionen ist, dass Sie diese in der Online-Hilfe leider nicht nachschlagen können bzw. dass die Syntax von API-Funktionen nicht ganz trivial ist. Ein weiterer Punkt ist der, dass API-Funktionen sehr sensibel reagieren, wenn Sie irgendein Argument bzw. die Syntax der API-Funktion nicht genau einhalten. Excel reagiert dann nicht selten mit einem Programmabsturz.

Wenn Sie im Besitz des Office-Developer-Pakets sind, können Sie mit Hilfe des API-Viewers gezielt nach bestimmten API-Funktionen suchen. Im anderen Fall empfiehlt sich für dieses Thema weiterführende Literatur. Besonders empfehlenswert ist dabei Dan Appleman's »Programmer's Guide to the Win32 API«. Dieses Buch ist englischsprachig und bietet auf über 1.000 Seiten eine Menge an Lösungen bezüglich API.

Da es sich in unserem Buch vorrangig um VBA-Programmierung handeln soll, werden auf den nächsten Seiten gezielt einige Aufgaben vorgestellt, deren Einsatz in der Programmierung erstens viel Zeit spart und zweitens in der Praxis sinnvolle Unterstützung bietet. Aber auch interessante Möglichkeiten durch die Verwendung von API-Funktionen sollen nicht zu kurz kommen.

11.1   Ermittlung des CD-ROM-Laufwerks

In der ersten Aufgabe werden Sie über den Einsatz einer API-Funktion herausfinden, welcher Laufwerksbuchstabe Ihrem CD-ROM-Laufwerk zugeordnet ist.

Listing 11.1:
API-Funktion zur Ermittlung des CD-ROM-Laufwerks

```
Declare Function GetDriveType Lib "kernel32" Alias _
   "GetDriveTypeA" (ByVal nDrive As String) As Long
Declare Function GetLogicalDriveStrings Lib _
 "kernel32" Alias "GetLogicalDriveStringsA" _
 (ByVal nBufferLength As Long, _
  ByVal lpBuffer As String) As Long

Public Const DRIVE_CDROM As Long = 5
Function CdRomLWBuchstabe() As String
Dim lLWTyp As Long
Dim sLW As String
Dim l As Long
Dim ll As Long
Dim sBuffer As String
   sBuffer = Space(200)
   l = GetLogicalDriveStrings(200, sBuffer)
   If l = 0 Then
      CdRomLWBuchstabe = vbNullString
      Exit Function
   End If
    ll = 1
   sLW = Mid(sBuffer, ll, 3)
   Do While (Mid(sBuffer, ll, 1) <> vbNullChar)
      lLWTyp = GetDriveType(sLW)
      If lLWTyp = 5 Then
       CdRomLWBuchstabe = sLW
       Exit Function
      End If
      ll = ll + 4
      sLW = Mid(sBuffer, ll, 3)
   Loop
End Function
```

Im ersten Schritt definieren Sie einen Puffer vom Typ `String`, indem Sie alle logischen Laufwerksbezeichnungen Ihres Systems einlesen. Danach rufen Sie die API-Funktion `GetLogicalDriveStrings` auf, die Ihnen alle verwendeten Laufwerksbuchstaben in den Puffer schreibt. Prüfen Sie nach dem Füllen des Puffers gleich einmal dessen Länge. Sind im Puffer 0 Zeichen enthalten, konnte die API-Funktion keine Laufwerksbuchstaben ermitteln. In diesem Fall übergeben Sie der Funktion als Rückgabewert die Konstante `vbNull-String`, welche eine Zeichenfolge mit dem Wert 0 darstellt. Für den Fall, dass der Puffer gefüllt ist, setzen Sie die Verarbeitung fort. Im nächsten

Schritt müssen Sie die einzelnen Laufwerke auslesen. Dazu legen Sie die Startposition fest, bei der im Puffer begonnen werden soll, und speichern den Startwert 1 in der Variablen 1. Zerlegen Sie danach den Puffer, indem Sie die Funktion Mid einsetzen. Die Funktion Mid überträgt eine bestimmte Anzahl von Zeichen (genau drei, z. B. a:\), beginnend bei der Startposition 1, in die String-Variable s. Setzen Sie nun eine Schleife auf, die den Puffer Stück für Stück zerlegt. Innerhalb der Schleife wenden Sie die API-Funktion GetDriveType an. Diese API-Funktion liefert den Index für das Laufwerk in der Variablen sLW zurück. Jeder Laufwerkstyp weist einen eindeutigen Laufwerksindex auf. Diese Indexe können Sie der Tabelle 11. 1 entnehmen.

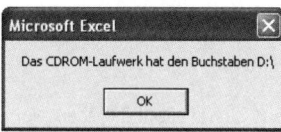

Abbildung 11.1:
Das CD-ROM-Laufwerk ermitteln

Index	Beschreibung
2	Disketten- oder auch ZIP-Laufwerk
3	lokale Festplatte
4	Netzlaufwerk
5	CD-ROM-Laufwerk
6	RAM-Laufwerk

Tabelle 11.1:
Die Laufwerksindexe für die API-Funktion GetDriveType

Liefert die API-Funktion GetDriveType den Wert 5 zurück, handelt es sich um das CD-ROM-Laufwerk und Sie können als Rückgabewert der Funktion den Inhalt der Variablen sLW übergeben. Entsprach das erste ermittelte Laufwerk noch nicht dem CD-ROM-Laufwerk, erhöhen Sie die Startposition um genau vier Stellen und separieren das nächste Laufwerk.

```
Sub CDRomLW()
Dim s As String

    s = CdRomLWBuchstabe()
    MsgBox "Das CDROM-Laufwerk hat den Buchstaben " & s
End Sub
```

Listing 11.2:
Ausgabe des CD-ROM-Laufwerkbuchstabens

11.2 Bedienung des CD-ROM-Laufwerks

Haben Sie sich schon einmal überlegt, dass Sie Ihr CD-ROM-Laufwerk auch gut als Tassenhalter verwenden können? Dazu müssen Sie Ihr CD-ROM-Laufwerk nur öffnen, und schon haben Sie eine clevere Ablagemöglichkeit mehr. Diese etwas scherzhafte Anwendung können Sie automatisieren, indem Sie Ihr CD-ROM-Laufwerk auf Kommando öffnen bzw. schließen. Die API-Funktion für diese Aufgabe heißt `mciSendString`.

Listing 11.3:
API-Funktion zum Öffnen und Schließen des CD-ROM-Laufwerks

```
Public Declare Function mciSendString _
 Lib "winmm.dll" Alias "mciSendStringA" _
 (ByVal lpstrCommand As String, _
 ByVal lpstrReturnString As String, _
 ByVal uReturnLength As Long, _
 ByVal hwndCallback As Long) As Long

Sub ÖffnenCDROMLaufwerk()
    mciSendString "Set CDAudio Door Open", 0&, 0, 0
End Sub

Sub SchließenCDROMLaufwerk()
    mciSendString "Set CDAudio Door Closed", 0&, 0, 0
End Sub
```

11.3   Bildschirmauflösung ermitteln

Möchten Sie prüfen, mit welcher Bildschirmauflösung ein Anwender arbeitet, dann setzen Sie die API-Funktion in Listing 11.4 ein.

Listing 11.4:
API-Funktion zum Ermitteln der Bildschirmauflösung

```
Declare Function GetDeviceCaps Lib "gdi32" _
(ByVal hdc As Long, ByVal nIndex As Long) As Long
Declare Function GetDC Lib "user32" _
 (ByVal hwnd As Long) As Long
Declare Function ReleaseDC Lib "user32" _
(ByVal hwnd As Long, ByVal hdc As Long) As Long

Const HORZRES = 8
Const VERTRES = 10

Sub BildschirmAuflösungErmitteln()
 MsgBox "Ihre Bildschirmauflösung lautet:" & _
 Chr(13) & BilschirmAuflösung()
End Sub

Function BilschirmAuflösung()
 Dim lRval As Long
 Dim lDc As Long
 Dim lHSize As Long
 Dim lVSize As Long

 lDc = GetDC(0&)
 lHSize = GetDeviceCaps(lDc, HORZRES)
 lVSize = GetDeviceCaps(lDc, VERTRES)
```

```
lRval = ReleaseDC(0, lDc)
BilschirmAuflösung = lHSize & "x" & lVSize
End Function
```

11.4   Ist ein externes Programm gestartet?

Im nächsten Beispiel prüfen Sie, ob Ihr E-Mail-Programm Outlook bereits gestartet ist. Die API-Funktion für diese Aufgabe finden Sie in Listing 11.5.

```
Private Declare Function FindWindow Lib "user32" _
Alias "FindWindowA" (ByVal szClass$, ByVal szTitle$) _
 As Long

Sub MailProgrammAktiv()
Dim hfenster As String
   hfenster = FindWindow(vbNullString, _
   "Microsoft Outlook")
   If hfenster = 0 Then MsgBox "Outlook nicht aktiv!" _
   Else MsgBox ("Outlook gestartet!")
End Sub
```

Listing 11.5:
API-Funktion zum
Überprüfen, ob eine
andere Anwendung
bereits gestartet ist

Über die API-Funktion FindWindow können Sie prüfen, ob eine andere Anwendung bereits gestartet ist. Wenn ja, dann wird Ihnen ein Wert <> 0 gemeldet.

11.5   Wie lange läuft ein externes Programm?

Im nächsten Beispiel soll ermittelt werden, wie lange ein externes Programm läuft, und der Start- und Endezeitpunkt sollen auf einem Tabellenblatt dokumentiert werden. Als externes Programm nehmen Sie an, Sie möchten protokollieren, wann und wie lange Sie das Spiel »Solitär« gespielt haben. Dazu setzen Sie die API-Funktionen OpenProcess sowie GetExitCodeProcess ein. Die eine API-Funktion eröffnet und überwacht den Start einer externen Anwendung, die andere meldet das Beenden einer Anwendung zurück.

```
Declare Function OpenProcess Lib "kernel32" _
  (ByVal dwDesiredAccess As Long, _
    ByVal bInheritHandle As Long, _
     ByVal dwProcessId As Long) As Long

 Declare Function GetExitCodeProcess Lib "kernel32" _
   (ByVal L_Prozess As Long, _
    l_Ende As Long) As Long

 Public Const PROCESS_QUERY_INFORMATION = &H400
 Public Const STILL_ACTIVE = &H103
```

Listing 11.6:
API-Funktion zum
Festhalten der
Laufzeit eines
externen
Programms

```
Sub StartenExternerAnwendung()
Dim Beginn As Double
Dim l As Long
Dim L_Prozess As Long
Dim l_Ende As Long

 Beginn = Now
 With Sheets("Tabelle2")
  .Range("A65536").End(xlUp).Offset(1, 0).Value = Now
 End With
 l = Shell("sol.exe", 1)
 MsgBox "Die Anwendung wurde um " & Time & " beendet!"
 L_Prozess = _
  OpenProcess(PROCESS_QUERY_INFORMATION, False, l)
 Do While l_Ende = STILL_ACTIVE
    GetExitCodeProcess L_Prozess, l_Ende
    DoEvents
 Loop
 With Sheets("Tabelle2")
  .Range("B65536").End(xlUp).Offset(1, 0).Value = _
  Format(Now - Beginn, "s")
 End With
End Sub
```

Speichern Sie gleich zu Beginn des Makros die aktuelle Uhrzeit mit Hilfe der Funktion Now in der Variablen Beginn. Danach schreiben Sie diesen Startzeitpunkt gleich in der Tabelle TABELLE2 nieder. Dabei brauchen Sie nicht extra das Tabellenblatt zu aktivieren, es reicht, wenn Sie in diesem Beispiel auf das Tabellenblatt verweisen. Über die Anweisung Range("A65536"). End(xlUp).Offset(1, 0) gelangen Sie in die erste freie Zelle in Spalte A, in welche Sie den Startzeitpunkt schreiben. Danach setzen Sie die Funktion Shell ein, um das externe Programm zu starten. Dabei haben Sie die Möglichkeit, als Argument die Anordnung der externen Anwendung auf dem Bildschirm zu bestimmen. Entnehmen Sie diese verschiedenen Indexe und deren Bedeutung der Tabelle 11. 2.

Tabelle 11.2:
Die Möglichkeiten bei der Fensteranordnung von Programmen

Index	Beschreibung
0	Das Fenster der aufgerufenen Anwendung ist ausgeblendet und das ausgeblendete Fenster erhält den Fokus.
1	Das Fenster hat den Fokus und die ursprüngliche Größe und Position wird wiederhergestellt.
2	Das Fenster wird als Symbol mit Fokus angezeigt.
3	Das Fenster wird maximiert (Vollbild) mit Fokus angezeigt.

Tabelle 11.2:
Die Möglichkeiten
bei der Fenster-
anordnung von
Programmen
(Forts.)

Index	Beschreibung
4	Die zuletzt verwendete Größe und Position des Fensters wird wieder-hergestellt. Das momentan aktive Fenster bleibt aktiv.
6	Das Fenster wird als Symbol angezeigt. Das momentan aktive Fenster bleibt aktiv.

Rufen Sie jetzt die erste API-Funktion OpenProcess auf, die den aktiven Pro-
zess (im Beispiel das Spiel »Solitär«) verwaltet. Den Rückgabewert dieser
Funktion speichern Sie in einer Variablen vom Datentyp Long. Setzen Sie
nun eine Schleife auf, die so lange abgearbeitet wird, bis die API-Funktion
GetExitCodeProcess die Beendigung des externen Programms meldet. Mit
Hilfe der Funktion DoEvents übergeben Sie die Steuerung an das Betriebssys-
tem, damit andere Ereignisse verarbeitet werden können. Somit läuft diese
Schleife im Hintergrund weiter und wird erst beendet, wenn der Prozess
beendet ist. Nach Beendigung der externen Anwendung schreiben Sie die
Laufzeit des externen Programms in die TABELLE2. Die Laufzeit ermitteln
Sie, indem Sie wiederum die Funktion Now heranziehen und diese Zeit mit
der vorher gespeicherten Startzeit in der Variablen Beginn abgleichen.

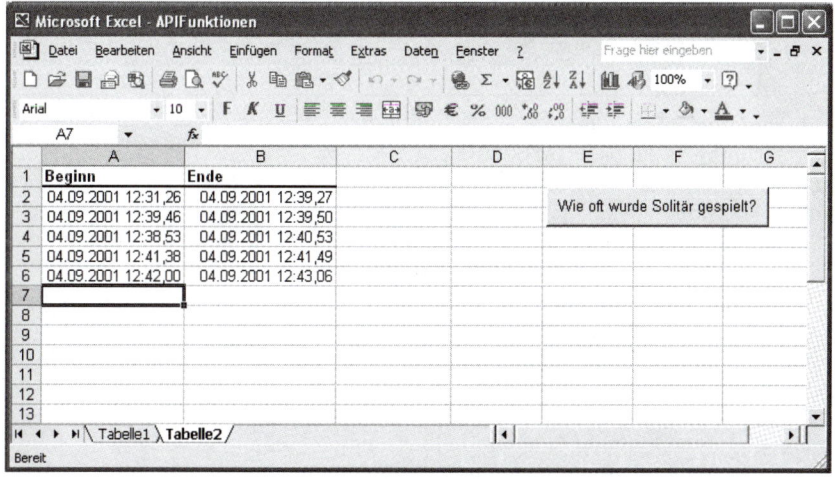

Abbildung 11.2:
Alle Starts der
externen Anwen-
dung sowie deren
Dauer werden
protokolliert.

11.6 Excel schlafen schicken

Möchten Sie eine Anwendung ein wenig zum Schlafen schicken, dann können Sie die API-Funktion in Listing 11.7 einsetzen.

```
Declare Sub Sleep Lib "Kernel32.dll" _
 (ByVal SleepTime As Long)
```

Listing 11.7:
API-Funktion zum
Einschlafen einer
Anwendung

```
Sub ExcelzumSchlafenSchicken()
 Sleep (10000)
 MsgBox "Ruhepause beendet"
End Sub
```

Die Zeitangabe ist in Millisekunden angegeben.

11.7   Verzeichnisse erstellen über API

Über API-Funktionen haben Sie Zugriff auf alle Ordner und Laufwerke Ihres Betriebssystems. So können Sie auch Verzeichnisse erstellen und löschen. Im Listing 11.8 wird nach einer Benutzereingabe das gewünschte Verzeichnis erstellt.

Listing 11.8:
API-Funktion zum
Erstellen neuer
Verzeichnisse

```
Private Declare Function CreateDirectory  Lib _
 "kernel32" Alias "CreateDirectoryA" _
 (ByVal lpPathName As String, _
  lpSecurityAttributes As SECURITY_ATTRIBUTES) As Long

Private Type SECURITY_ATTRIBUTES
        nLength As Long
        lpSecurityDescriptor As Long
        bInheritHandle As Long
End Type

Sub VerzeichnisErstellen()
Dim Security As SECURITY_ATTRIBUTES
Dim l As Long
Dim s As String

s = InputBox("Geben Sie das Verzeichnis", _
     "Verzeichnis erstellen", "c:\")
If s = "" Then Exit Sub

l = CreateDirectory(s, Security)
If l = 0 Then _
MsgBox _
 "Das Verzeichnis konnte nicht erstellt werden!", _
vbCritical + vbOKOnly
End Sub
```

Abbildung 11.3:
Verzeichnis über
API-Funktion
erstellen

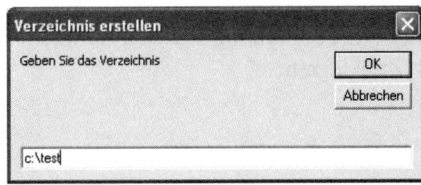

11.8 Verzeichnisbaum anzeigen und auswerten

Im folgenden Beispiel wird Ihre Verzeichnisstruktur in einem Dialog als Verzeichnisbaum angezeigt und ausgewertet.

```
Type BROWSEINFO
    hOwner As Long
    pidlRoot As Long
    pszDisplayName As String
    lpszTitle As String
    ulFlags As Long
    lpfn As Long
    lParam As Long
    iImage As Long
End Type


Declare Function SHGetPathFromIDList Lib "shell32.dll" _
  Alias "SHGetPathFromIDListA" _
 (ByVal pidl As Long, ByVal pszPath As _
  String) As Long
Declare Function SHBrowseForFolder Lib "shell32.dll" _
  Alias "SHBrowseForFolderA" _
(lpBrowseInfo As BROWSEINFO) As Long
Declare Function FindWindow Lib "user32" _
 Alias "FindWindowA" (ByVal _
 lpClassName As String, _
 ByVal lpWindowName As String) As Long


Function VerzeichnisErmitteln(Msg) As String
Dim bInfo As BROWSEINFO
Dim path As String
Dim l As Long

    bInfo.pidlRoot = 2&
    l = SHBrowseForFolder(bInfo)
    path = Space$(512)
    If SHGetPathFromIDList(ByVal l, ByVal path) Then
     VerzeichnisErmitteln = Left(path, InStr(path, _
     Chr$(0)) - 1)
     Else: VerzeichnisErmitteln = ""
     End If
End Function

Sub VerzeichnisBaum()
Dim s As String
Dim sVerz As String

 s =  "Wählen Sie ein Verzeichnis aus!"
    sVerz = VerzeichnisErmitteln(s)
```

Listing 11.9:
API-Funktion zum
Anzeigen eines Verzeichnisbaums

```
    If sVerz = "" Then Exit Sub
    MsgBox "Das ausgewählte Verzeichnis lautet: " & sVerz
End Sub
```

Abbildung 11.4:
Der Verzeichnis-
baum im Dialog

INFO

Bei der Anweisung bInfo.pidlRoot = 1& *kann man die Zahl jeweils erhöhen,*
was folgend Effekt hat:

1 --> Route-Verzeichnis
2 --> Programme
3 --> Systemsteuerung
4 --> Drucker
5 --> eigene Dateien
6 --> Favoriten
7 --> Autostart
8 --> Recent
9 --> SendTo
10 --> Papierkorb

11.9   Windows-Verzeichnis ermitteln

Da es mehrere Windows-Versionen gibt und diese sich namentlich auch
unterscheiden können, ist es wichtig zu wissen, wie der exakte Name des
Windows-Verzeichnisses ist. Für diese Aufgabe können Sie folgende API-
Funktion einsetzen:

Listing 11.10:
API-Funktion zum
Ermitteln des
Windows-
Verzeichnisses

```
Declare Function api_GetWindowsDirectory Lib _
"kernel32" Alias "GetWindowsDirectoryA" _
(ByVal lpBuffer As String, ByVal nSize As Long) As Long

Function GetWinDir() As String
Dim lpBuffer As String * 255
Dim length As Long
```

```
length = _
 api_GetWindowsDirectory(lpBuffer, Len(lpBuffer))
GetWinDir = Left(lpBuffer, length)
End Function

Sub WindowsVerzeichnis()
Dim t As String
t = GetWinDir
MsgBox t
End Sub
```

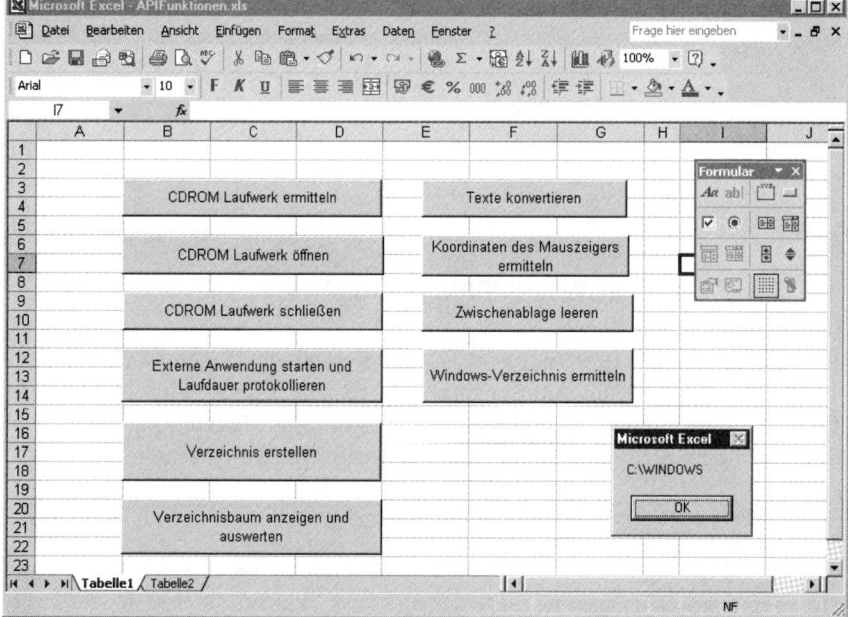

Abbildung 11.5:
Das Windows-Verzeichnis ermitteln

11.10 Excel-Verzeichnis ermitteln

Sie können Excel auch starten, indem Sie auf Ihrem Windows-Desktop die Schaltfläche START klicken und dann den Befehl AUSFÜHREN wählen.

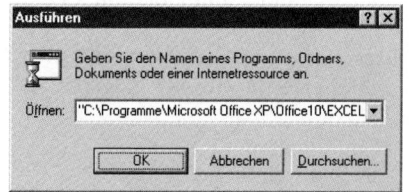

Abbildung 11.6:
Excel von der Commandline aus starten

Um genau diesen Pfad zur ermitteln, können Sie die API-Funktion aus Listing 11.11 einsetzen.

Listing 11.11:
API-Funktion zum
Ermitteln des Excel-
Verzeichnisses

```
Declare Function GetCommandLine Lib "Kernel32" _
    Alias "GetCommandLineA" () As String

Sub VerzeichnisExcelAnsteuern()
    MsgBox GetCommandLine()
End Sub
```

Die API-Funktion besteht lediglich aus einem Kommando, welches Sie durch ein Makro aufrufen und über die Funktion Msgbox auf dem Bildschirm ausgeben.

Abbildung 11.7:
Excel über den
Befehl Ausführen
starten

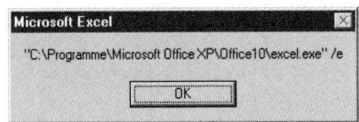

11.11   Standardverzeichnis festlegen

Ihr Standardverzeichnis in Excel ist das Verzeichnis Eigene Dateien. Hier werden Excel-Tabellen standardmäßig gespeichert bzw. wird beim Dialog ÖFFNEN immer dieses Verzeichnis eingestellt. Diese Einstellung können Sie ändern, indem Sie die API-Funktion aus Listing 11.12 einsetzen.

Listing 11.12:
API-Funktion zum
Festlegen des Stan-
dardverzeichnisses

```
Private Declare Function SetCurrentDirectoryA _
    Lib "kernel32" (ByVal lpPathName As String) As Long

Sub VerzeichnisFestlegenÜberAPI()
    SetCurrentDirectoryA ("c:\temp")
End Sub
```

11.12   Anwendernamen ausgeben

Möchten Sie wissen, welcher Anwender gerade angemeldet ist, können Sie die API-Funktion in Listing 11.13 verwenden.

Listing 11.13:
API-Funktion zur
Ermittlung des
angemeldeten
Anwenders

```
Declare Function GetUserName Lib "advapi32.dll" Alias _
    "GetUserNameA" (ByVal lpBuffer As String, _
    nSize As Long) As Long

Sub AnwenderAusgeben()
Dim strID As String
Dim lngSize As Long
Dim lngAns As Long
```

```
        lngSize = 8
        strID = "          "
        lngAns = GetUserName(strID, lngSize)
        MsgBox strID
End Sub
```

11.13   Computernamen ermitteln

Den Computernamen können Sie in der Systemsteuerung von Windows unter NETZWERK herausfinden. Schneller geht es aber mit der API-Funktion aus Listing 11.14.

```
Private Declare Function GetComputerName Lib _
"kernel32" Alias "GetComputerNameA" _
(ByVal lpBuffer As String, nSize As Long) As Long

Sub ComputerNameAnzeigen()
Dim strString As String
strString = String(255, Chr$(0))
GetComputerName strString, 255
strString = _
Left$(strString, InStr(1, strString, Chr$(0)))
MsgBox strString
End Sub
```

Listing 11.14:
API-Funktion zur
Ermittlung des
Computernamens

11.14   Texte mit API-Funktionen konvertieren

Wenn Sie möchten, können Sie mit Hilfe von API-Funktionen auch Texte konvertieren. So konvertiert die API-Funktion CharUpper einen Text in Großschreibweise und entspricht dabei der VBA-Funktion UCase. Die API-Funktion CharLower konvertiert einen vorgegebenen Text in Kleinschreibweise und findet ihre Entsprechung in der VBA-Funktion LCase.

```
Private Declare Function CharLower Lib "user32" _
Alias "CharLowerA" (ByVal lpsz As String) As Long
Private Declare Function CharUpper Lib "user32" _
 Alias "CharUpperA" (ByVal lpsz As String) As Long

Sub TexteUmsetzen()
Dim s As String

    s = "API Funktionen sind ok!"
    Debug.Print "Originalzustand: " + s
    CharUpper s
    Debug.Print "GROß: " + s
    CharLower s
    Debug.Print "klein: " + s
End Sub
```

Listing 11.15:
API-Funktion zum
Konvertieren von
Texten

Das Ergebnis der Konvertierungsfunktionen wird im Direktbereich ausgegeben.

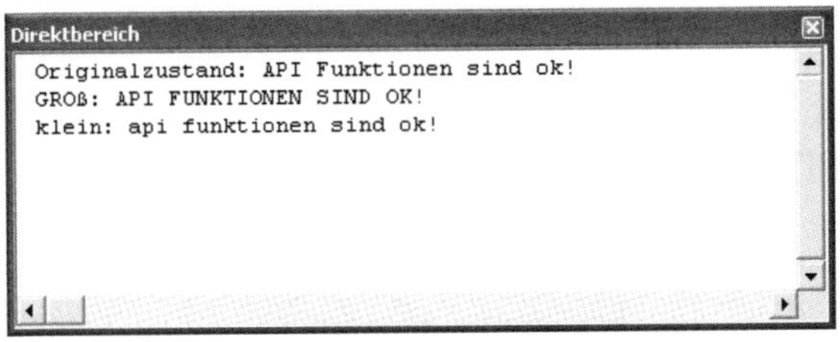

Abbildung 11.8:
Texte konvertieren
mit API-Aufrufen

```
Direktbereich                                                    ☒
   Originalzustand: API Funktionen sind ok!
   GROß: API FUNKTIONEN SIND OK!
   klein: api funktionen sind ok!
```

11.15   Cursorposition in Pixel angeben

In Excel haben Sie in einer Tabelle über die Koordinaten der Zeilen und
Spalten einen relativ schnellen Überblick, wo genau der Mauszeiger steht.
Diese Angabe in der A1-Schreibweise sagt aber nicht aus, wo der Mauszeiger genau steht. Die genaue Position des Mauszeigers können Sie nur über
die API-Funktion GetCursorPos bestimmen. Je nach Breite der Spalten bzw.
Höhe der Zeilen ändern sich dann die Koordinaten.

Listing 11.16:
API-Funktion
zur Ermittlung
der genauen
Koordinaten des
Mauszeigers

```
Declare Function GetCursorPos Lib "user32" _
(lpPoint As POINTAPI) As Long
Type POINTAPI
         x As Long
         y As Long
End Type

Sub KoordinatenErmitteln()
Dim Point As POINTAPI
Dim i As Integer

    i = GetCursorPos(Point)
    If i <> 0 Then
        MsgBox "X-Position: " & Point.x & Chr(13) & _
        "Y-Position: " & Point.y, vbInformation
    Else
    MsgBox "Es konnte keine Position ermittelt werden"
    End If
End Sub
```

Definieren Sie zuerst die Struktur POINTAPI, in der Sie die Position des Mauszeigers in Form der Pixel-Koordinaten speichern. Wenden Sie im Anschluss
daran die API-Funktion GetCursorPos an, die Ihnen die aktuelle Position des
Mauszeigers wiedergibt. Geben Sie die Koordinaten danach in einer Meldung auf dem Bildschirm aus.

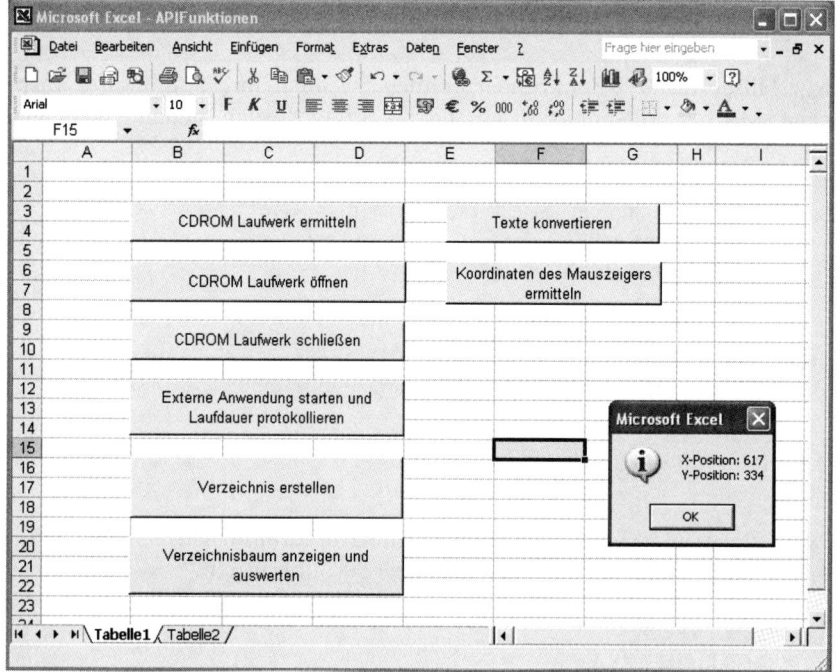

Abbildung 11.9:
Die genaue Position
des Mauszeigers in
Pixel

11.16   Zwischenablage löschen

Möchten Sie die Zwischenablage durch eine API-Funktion löschen, dann
verwenden Sie die Funktion aus Listing 11.17.

```
Private Declare Function OpenClipboard Lib "user32" _
   (ByVal hwnd As Long) As Long
Private Declare Function EmptyClipboard _
 Lib "user32" () As Long
Private Declare Function CloseClipboard _
 Lib "user32" () As Long
Sub ZwischenablageLeeren()
    If OpenClipboard(0&) <> 0 Then
        Call EmptyClipboard
        Call CloseClipboard
    End If
End Sub
```

Listing 11.17:
API-Funktion zum
Löschen der
Zwischenablage

Befindet sich etwas in der Zwischenablage, dann meldet die API-Funktion
OpenClipboard einen Wert <> 0. In diesem Fall rufen Sie die beiden API-
Funktionen nacheinander auf.

11.17   Sounds per API-Funktion ausgeben

Mit Hilfe von API-Funktionen können Sie auch Ihre Soundkarte ansprechen. Mit der API-Funktion aus Listing 11.18 spielen Sie eine WAV-Datei ab.

Listing 11.18:
API-Funktion zum
Abspielen einer
Sounddatei

```
Declare Function sndPlaySound32 Lib "winmm.dll" Alias _
    "sndPlaySoundA" (ByVal lpszSoundName As String, _
    ByVal uFlags As Long) As Long

Sub SoundAusgeben()
Call sndPlaySound32("c:\APPLAUSE.WAV", 0)
End Sub
```

11.18   Tasten abfangen

Mit Hilfe von API-Funktionen können Sie bestimmte Tasten abfangen. Im folgenden Beispiel wird dabei die Taste Esc überwacht.

Listing 11.19:
API-Funktion
zum Abfangen
von Tasten

```
Type KeyboardBytes
    kbb(0 To 255) As Byte
End Type

Declare Function GetKeyboardState Lib "User32.dll" _
(kbArray As KeyboardBytes) As Long

Sub TasteESCabfangen()
    Dim kbArray As KeyboardBytes
    Do
        DoEvents
        GetKeyboardState kbArray
        If kbArray.kbb(27) And 128 Then
            ESCgedrückt
        End If
    ' Makro beenden mit STRG
    Loop Until kbArray.kbb(17) And 128
End Sub

Sub ESCgedrückt()
    MsgBox "Sie haben die Taste ESC gedrückt"
End Sub
```

Starten Sie das Makro TasteESCAbfangen. Dieses Programm läuft im Hintergrund ab und gibt jedes Mal eine Bildschirmmeldung aus, wenn Sie die Taste Esc drücken. Drücken Sie die Taste Strg, um dieses Makro wieder zu beenden und die Überwachung der Taste Esc abzuschließen.

12 Ereignisse in Excel einsetzen

Ereignisse in Excel lassen sich am leichtesten mit kleinen Beispielen erklären. So stellt jeder Mausklick, ob nun rechts, links oder auch ein Doppelklick, ein Ereignis dar. Ein Ereignis tritt auch dann ein, wenn beispielsweise eine Arbeitsmappe geöffnet oder wieder geschlossen wird. Auch der Wechsel auf ein anderes Tabellenblatt, ob Sie nun ein Tabellenblatt verlassen oder aktivieren, stellt ein typisches Ereignis dar. Auch der Druck- oder Speichervorgang in Excel ist ein Ereignis. Wie Sie an den Beispielen schon sehen, können Ereignisse sowohl auf die ganze Arbeitsmappe als auch auf nur einzelne Tabellen bzw. Zellen zutreffen.

Wie aber können Sie nun konkret diese Ereignisse für Ihre Makros nutzen? Ganz einfach, Sie nützen diese Ereignisse, welche von Excel ständig überwacht werden, und hängen Makrobefehle an.

Lernen Sie in diesem Kapitel eine Auswahl der wichtigsten Ereignisse für Arbeitsmappen und Tabellenblätter anhand von Aufgaben aus der täglichen Praxis kennen. Am Ende des Kapitels erfahren Sie, wie Sie ereignisähnliche Methoden und Eigenschaften einsetzen können. Dazu zählt z. B. die Methode OnKey, mit der Sie auf bestimmte Tasten bzw. Tastenkombinationen reagieren können. Eine andere Methode ist OnTime. Damit können Sie in Excel Aufgaben zeitgesteuert erledigen.

Es gibt auch sehr viele Ereignisse für Formulare und Steuerelemente. Diese lernen Sie jedoch erst in den Kapiteln 14 und 15 kennen.

U. a. werden in diesem Kapitel folgende Lösungen mit Ereignissen von Arbeitsmappen angeboten:

➡ Nach dem Öffnen einer Arbeitsmappe soll auf das richtige Tabellenblatt an die korrekte Zellenposition positioniert werden.   *Die Lösungen*

➡ Es soll nur ein bestimmter Bereich in der Tabelle für Eingaben offen stehen.

➡ Alle ausgeblendeten Blätter einer Arbeitsmappe sollen bei Bedarf dynamisch eingeblendet werden können.

→ Der letzte Bearbeiter einer Arbeitsmappe sowie das letzte Änderungsdatum sollen protokolliert werden.

→ Ein Abschlussmakro soll am letzten Tag jeden Monats automatisch
gestartet werden.

→ Menü- und Symbolleisten sollen flexibel ein- und ausgeblendet werden
können.

→ Der Datenbestand soll vor dem Speichern einer Arbeitsmappe sortiert
werden.

→ Der Mauszeiger soll auf allen Tabellenblättern gleich positioniert werden.

→ Eine Lösung, um Druckkosten zu senken.

Interessante Lösungen mit Ereignissen für Tabellenblätter sind u. a.:

Weitere
Lösungen

→ das Starten einer UserForm beim Aktivieren eines Tabellenblatts

→ Änderungen in einer Tabelle festhalten

→ die Neuberechnung von Daten beim Verlassen eines Tabellenblatts

→ die Programmierung des Spiels »Schiffe versenken«

→ das Vergleichen von zwei Spalten und dementsprechende Formatierungen

→ die Änderungen in einem definierten Zellenbereich sichtbar machen

→ das Starten von unterschiedlichen Makros je nach Zellenwert

→ das Dokumentieren und Absichern von Wareneingängen

→ das Bereinigen von Artikellisten

→ die Möglichkeiten, die Lesbarkeit von Daten zu verbessern

→ die automatische Suche nach Artikelnummern

→ die Reaktion auf Mausklicks in einer Tabelle

12.1   Ereignisse für die Arbeitsmappe

Wichtige Ereignisse, welche für die Arbeitsmappe gelten, sind zum einen das
Ereignis Workbook_Open, das eintritt, sobald die Arbeitsmappe geöffnet wird,
und zum anderen das Ereignis Workbook_BeforeClose, welches automatisch
ausgelöst wird, sobald die Arbeitsmappe geschlossen wird. Aber es gibt
noch weitaus mehr Ereignisse für Arbeitsmappen.

Sie können jeweils nur ein gleichnamiges Ereignis in einer Arbeitsmappe einsetzen. Aus diesem Grund werden die folgenden Beispiele in unterschiedlichen Arbeitsmappen gespeichert.

12.1.1 Allgemeine Vorgehensweise beim Erstellen von Arbeitsmappen-Ereignissen

Das Ereignis Workbook_Open wird in der Praxis meist eingesetzt, um Meldungen anzuzeigen, um benutzerdefinierte Arbeitsumgebungen einzurichten, um Sachverhalte zu prüfen oder auch um viele andere Aufgaben zu erledigen, die einen vorbereitenden Charakter haben.

Um das Ereignis Workbook_Open zu aktivieren, gehen Sie wie folgt vor:

1. Drücken Sie die Tastenkombination [Alt] + [F11], um in die Entwicklungsumgebung zu gelangen.

2. Im Projekt-Explorer klicken Sie den Eintrag DIESEARBEITSMAPPE doppelt an.

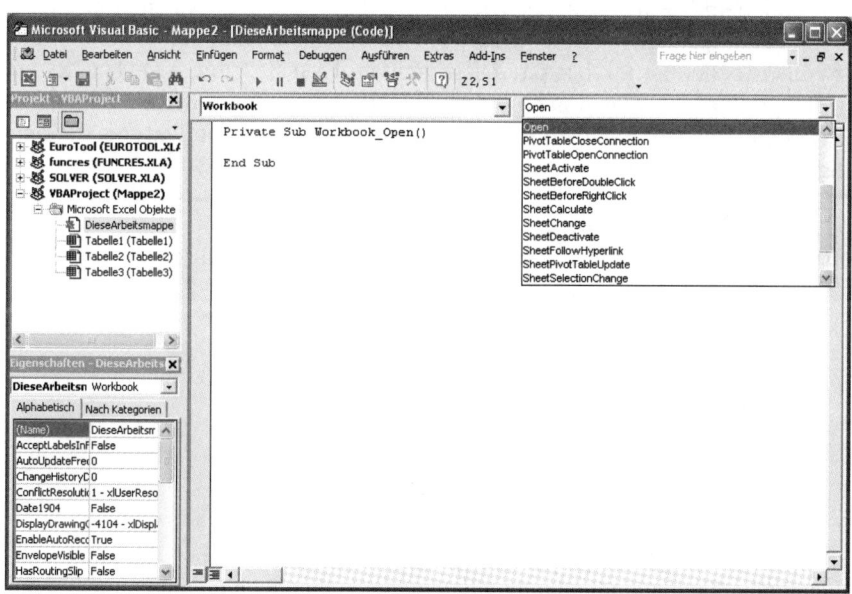

Abbildung 12.1:
Das Arbeitsmappen-Ereignis
Workbook_Open
einstellen

3. Klicken Sie im Codefenster auf den Pfeil des linken Kombinationsfeldes und wählen Sie den Eintrag WORKBOOK aus. Excel erstellt Ihnen nun standardmäßig ein schon vorgefertigtes Ereignismakro zur Verfügung.

```
Private Sub Workbook_Open()

End Sub
```

4. Mit einem Klick auf das zweite Kombinationsfeld bekommen Sie alle verfügbaren Ereignisse angezeigt, welche für die Arbeitsmappe einsetzbar sind.

Alles, was Sie nun noch tun müssen, ist, das noch leere vorgefertigte Ereignismakro mit weiteren Befehlen zu füllen. Diese Befehle werden dann direkt nach dem Öffnen der Arbeitsmappe abgearbeitet.

:-)
TIPP

Möchten Sie eine Arbeitsmappe mit hinterlegten Ereignissen öffnen und dabei auf deren Ausführung verzichten, so drücken Sie beim Öffnen der Datei die Taste ⌂ *.*

12.1.2   Aktivieren des richtigen Tabellenblatts

Beim Öffnen einer Arbeitsmappe wird immer das Tabellenblatt aktiviert, auf welchem Sie sich vor der letzten Speicherung der Arbeitsmappe befanden. Im folgenden Beispiel haben Sie eine Arbeitsmappe, welche genau zwölf Tabellenblätter besitzt. Diese heißen TABELLE1 bis TABELLE12. Für jeden Monat wird genau ein Tabellenblatt reserviert. Beim Öffnen der Arbeitsmappe soll Excel automatisch anhand des aktuellen Datums die richtige Tabelle aktivieren.

Listing 12.1:
Ereignis
Workbook_Open
zum Aktivieren
des richtigen
Tabellenblatts

```
Private Sub Workbook_Open()
Dim MonatNr As Integer
Const TabName = "Tabelle"

  MonatNr = Month(Now())
  On Error GoTo fehler
  Sheets(TabName & MonatNr).Activate
  Exit Sub

fehler:
  MsgBox "Es gibt kein Blatt mit dem Namen " _
 & TabName & MonatNr
End Sub
```

Im Zusammenspiel mit den Funktionen Month und Now ermitteln Sie den aktuellen Monat und speichern diesen in der Variable MonatsNr. Aktivieren Sie nun das gesuchte Tabellenblatt, indem Sie den Namen der Tabelle aus der Konstanten Tabname und der Variablen MonatsNr zusammenbasteln. Vergessen Sie dabei nicht, die On Error-Anweisung einzubauen. Im Fall dessen, dass ein entsprechendes Tabellenblatt in der Arbeitsmappe nicht gefunden wird, wird eine Meldung am Bildschirm angezeigt.

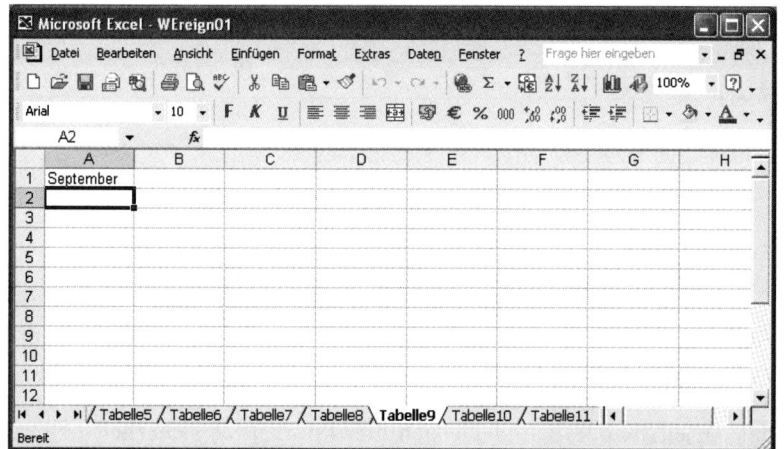

Abbildung 12.2:
Das heutige Datum ist der 4.9.2001.

Die Beispieldatei finden Sie auf der mitgelieferten CD-ROM *im Verzeichnis* KAP12 *unter dem Namen* WEREIGN01.XLS.

Eine ähnliche Aufgabe ist folgende: Stellen Sie sich vor, Sie haben eine Tabelle, in der die Spalte A mit Datumswerten gefüllt ist. Die Aufgabe besteht nun darin, den Mauszeiger auf die Zelle zu setzen, die das aktuelle Datum enthält. Dieser Vorgang soll automatisch direkt nach dem Öffnen der Arbeitsmappe stattfinden. Die Lösung dieser Aufgabe können Sie Listing 12.2 entnehmen.

```
Private Sub Workbook_Open()
Dim Zelle As Range
For Each Zelle In ActiveSheet.UsedRange
        If Zelle.Value = Date Then
            Zelle.Select
            Exit Sub
        End If
    Next Zelle
End Sub
```

Listing 12.2:
Ereignis Workbook_Open zum genauen Positionieren des Mauszeigers

Vorher haben Sie das Ereignis Workbook_Open eingesetzt, um auf ein gewünschtes Tabellenblatt zu positionieren. Eine weitere Möglichkeit, um immer nach dem Öffnen der Arbeitsmappe auf dem richtigen Tabellenblatt zu sein, ist, direkt vor dem Schließen der Arbeitsmappe dafür zu sorgen, dass das gewünschte Tabellenblatt aktiviert ist. Dazu setzen Sie das Ereignis Workbook_BeforeClose ein.

Listing 12.3:
Ereignis Workbook_
BeforeClose, um
auf das richtige
Tabellenblatt zu
positionieren (Index)

```
Private Sub Workbook_BeforeClose(Cancel As Boolean)
 Worksheets(1).Activate
End Sub
```

oder:

Listing 12.4:
Ereignis
Workbook_Before-
Close, um auf das
richtige Tabellen-
blatt zu positionie-
ren (konstantes
Tabellenblatt)

```
Private Sub Workbook_BeforeClose(Cancel As Boolean)
 Worksheets("Tabelle1").Activate
End Sub
```

Die beiden Makros müssen jedoch nicht unbedingt das gleiche Resultat haben. Die erste Variante aktiviert das Tabellenblatt, welches in der Arbeitsmappe an erster Stelle angeordnet ist. Dieses muss nicht unbedingt auch TABELLE1 heißen. In der zweiten Variante wird ganz ausdrücklich das Tabellenblatt mit dem Namen TABELLE1 aktiviert, ganz gleich, wo es sich in der Arbeitsmappe befindet. Auch hier können Sie sicherheitshalber eine On Error-Anweisung einbauen, um sicherzustellen, dass es zu keinen hässlichen Makrofehler-Meldungen kommt.

Abbildung 12.3:
Schnelles
Positionieren des
Mauszeigers auf
der aktuellen
Datumszelle

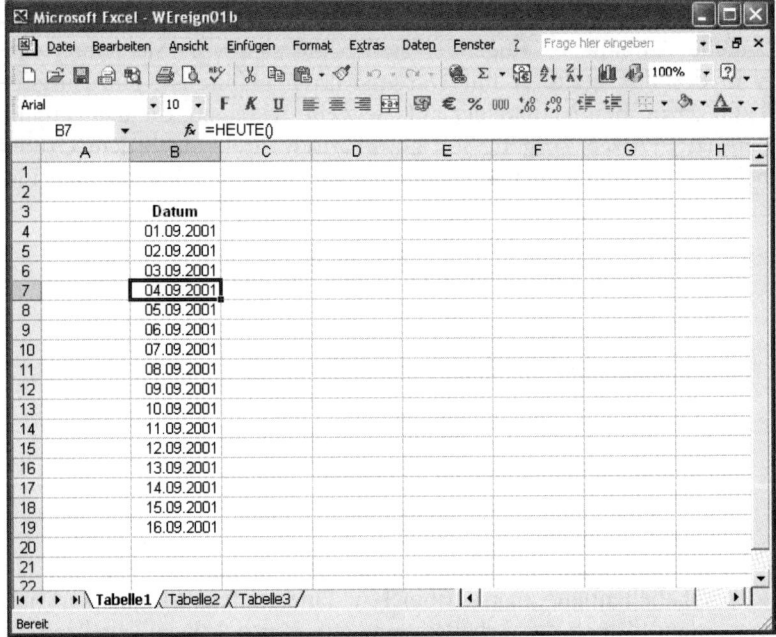

Die Beispieldatei finden Sie auf der mitgelieferten CD-ROM *im Verzeichnis* KAP12 *unter dem Namen* WEREIGN01B.XLS.

Um das Ereignis Workbook_Open *zu testen, brauchen Sie die Arbeitsmappe nicht zu schließen und danach wieder zu öffnen. Dieses Ereignis können Sie auch direkt in der Entwicklungsumgebung starten, indem Sie den Mauszeiger auf die erste Ereigniszeile setzen und die Taste* F5 *betätigen.*

:-)
TIPP

12.1.3   Einen Bereich begrenzen

Möchten Sie schon beim Öffnen festlegen, in welchem Bereich sich der Anwender auf einer Tabelle bewegen darf, legen Sie mit der Eigenschaft ScrollArea die Grenzen fest.

```
Private Sub Workbook_Open()
  Worksheets("Tabelle1").ScrollArea = "B2:G19"
End Sub
```

Listing 12.5:
Ereignis
Workbook_Open
zum Eingrenzen des
Scrollbereichs

Abbildung 12.4:
Die Scroll Area
gleich beim Öffnen
einer Arbeitsmappe
festlegen

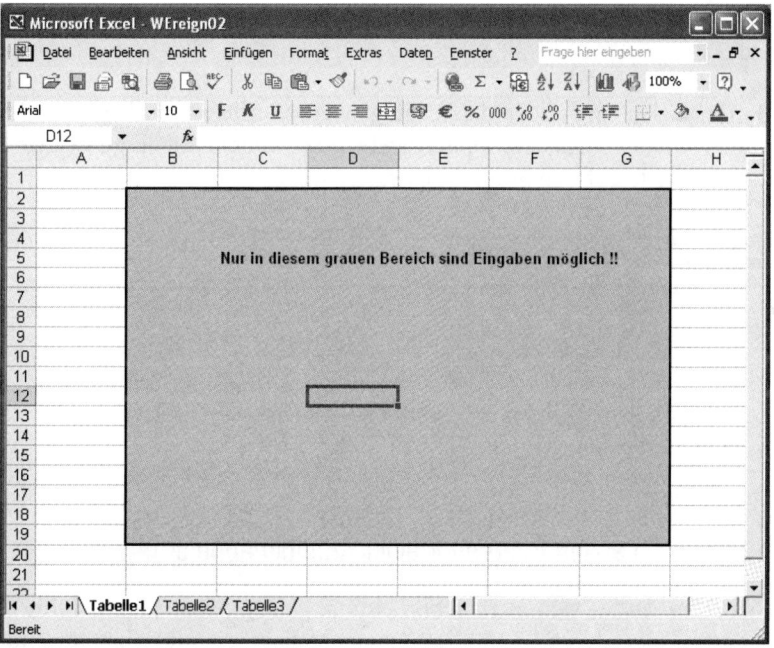

Die Beispieldatei finden Sie auf der mitgelieferten CD-ROM *im Verzeichnis* KAP12 *unter dem Namen* WEREIGN02.XLS.

CD

12.1.4   Alle ausgeblendeten Tabellen bei Bedarf einblenden

Oft werden ausgeblendete Tabellenblätter total vergessen. Sorgen Sie beispielsweise schon beim Öffnen dafür, dass dies gerade nicht passiert. Selbstverständlich sollen die ausgeblendeten Tabellen nicht automatisch eingeblendet werden, sondern der Anwender soll selbst entscheiden können, ob er alle Tabellen sehen möchte oder nicht.

Listing 12.6:
Ereignis
Workbook_Open
zum Einblenden
aller ausgeblendeten Tabellen

```
Private Sub Workbook_Open()
Dim Blatt As Worksheet
Dim s As String

s = _
MsgBox _
("Möchten Sie alle ausgeblendeten Tabellen sehen?", _
 vbYesNo)
If s = "" Then Exit Sub
  For Each Blatt In ThisWorkbook.Worksheets
   Blatt.Visible = True
  Next
End Sub
```

Bestätigt der Anwender den Dialog, werden alle ausgeblendeten Tabellenblätter in der Arbeitsmappe eingeblendet, indem die Eigenschaft `Visible` jeder Tabelle auf den Wert `True` gesetzt wird.

Abbildung 12.5:
Der Benutzer hat
noch einmal die
Möglichkeit,
abzubrechen.

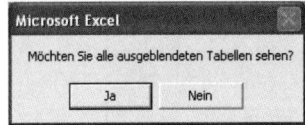

Die Beispieldatei finden Sie auf der mitgelieferten CD-ROM *im Verzeichnis* KAP12 *unter dem Namen* WEREIGN03.XLS.

12.1.5   Letzten Bearbeiter einer Arbeitsmappe ermitteln

Sicher haben Sie sich auch schon einmal gefragt, wer alles auf Ihre Arbeitsmappen zugreift und vor allem, welcher Bearbeiter als Letzter eine Änderung an einer bestimmten Arbeitsmappe vorgenommen hat. Auch für diese Aufgabe ist es zweckmäßig, gleich beim Öffnen, also auf jeden Fall vor dem nächsten Speichern der Arbeitsmappe, dafür zu sorgen, dass der letzte Bearbeiter in einer Meldung auf dem Bildschirm ausgegeben wird.

```
Private Sub Workbook_Open()
 MsgBox "Arbeitsmappe wurde zuletzt geändert von: " & _
 BuiltinDocumentProperties("Last Author").Value
End Sub
```

Listing 12.7:
Ereignis
Workbook_Open
zur Ermittlung des
letzten Bearbeiters
einer Arbeitsmappe

Um den letzten Bearbeiter einer Arbeitsmappe zu ermitteln, greifen Sie auf die Eigenschaft BuiltinDocumentProperties zurück, der Sie das Argument Last Author übergeben.

Die Beispieldatei finden Sie auf der mitgelieferten CD-ROM *im Verzeichnis* KAP12 *unter dem Namen* WEREIGN04.XLS.

12.1.6   Makro starten am Monatsende

Manche Computerviren schlummern bis zu einem bestimmten Zeitpunkt. Oft ist für das Zuschlagen eines Virus ein ganz bestimmtes Datum festgelegt. Diese Eigenschaft können Sie aber auch im positiven Sinne für Ihre Arbeit nutzen. Stellen Sie sich vor, Sie müssten an jedem Monatsende einen Abschluss machen. Dieser Abschluss wird durch ein Makro eingeleitet. Damit Sie den Monatsabschluss nicht vergessen, können Sie Excel dazu bringen, Sie an diesen Termin zu erinnern.

Um diese Aufgabe zu realisieren, müssen Sie zuerst einmal den letzten Tag des jeweiligen Monats ermitteln. Dazu setzen Sie eine Funktion ein, die wie folgt aussieht:

```
Function LetzterTag(EingabeDatum As Date) As Date
 LetzterTag = _
 DateSerial(Year(EingabeDatum), _
 Month(EingabeDatum) + 1, 0)
End Function
```

Listing 12.8:
Funktion, die den
letzten Tag im
Monat ausgibt

Da Sie die Funktion in Listing 12.8 nicht nur einmalig haben, sondern mehrmals verwenden möchten, übergeben Sie der Funktion als Argument jeweils das aktuelle Datum über die Funktion Date. Die Funktion Date übergeben Sie gleich nach dem Öffnen der Arbeitsmappe. Dazu schreiben Sie das Ereignis Workbook_Open.

```
Private Sub Workbook_Open()
 If LetzterTag(Date) = Date Then Abschluss
End Sub
```

Listing 12.9:
Ereignis
Workbook_Open
zum Vergleichen
von zwei Datums-
werten

Entspricht das aktuelle Tagesdatum dem Datum, welches die Funktion LetzterTag ermittelt, wird das Makro Abschluss gestartet. Dieses Makro erfassen Sie auf Modulebene.

Die Beispieldatei finden Sie auf der mitgelieferten CD-ROM *im Verzeichnis* KAP12 *unter dem Namen* WEREIGN05.XLS.

12.1.7   Symbolleisten ein- und ausblenden

Haben Sie eine Arbeitsmappe, auf die Sie eine möglichst große Ansicht haben möchten und dabei die Menü- und Symbolleisten nicht benötigen, dann blenden Sie diese Elemente einfach nach dem Öffnen der Arbeitsmappe aus. Kurz vor dem Schließen der Arbeitsmappe stellen Sie den Ausgangszustand wieder her und blenden die Menü- und Symbolleisten wieder ein.

Listing 12.10:
Ereignis
Workbook_Open
zum Ausblenden
aller Menü- und
Symbolleisten

```
Private Sub Workbook_Open()
Dim cb As CommandBar
For Each cb In Application.CommandBars
cb.Enabled = False
Next cb
End Sub
```

Definieren Sie eine Objektvariable vom Typ `CommandBar` und sorgen Sie in einer `For Each`-Schleife dann dafür, dass die einzelnen Leisten über die Eigenschaft `Enabled` ausgeblendet werden. Dazu setzen Sie diese Eigenschaft auf den Wert `False`.

Für das automatische Wiederherstellen der Menü- und Symbolleisten vor dem Schließen der Arbeitsmappe sorgt das Ereignis `Workbook_BeforeClose`.

Listing 12.11:
Ereignis
Workbook_Before-
Close zum Einblen-
den von Menü- und
Symbolleisten

```
Private Sub Workbook_BeforeClose(Cancel As Boolean)
Dim cb As CommandBar
For Each cb In Application.CommandBars
cb.Enabled = True
Next cb
End Sub
```

Die Beispieldatei finden Sie auf der mitgelieferten CD-ROM *im Verzeichnis* KAP12 *unter dem Namen* WEREIGN06.XLS.

Erfahren Sie mehr über die Programmierung von Menü- und Symbolleisten in Kapitel 16.

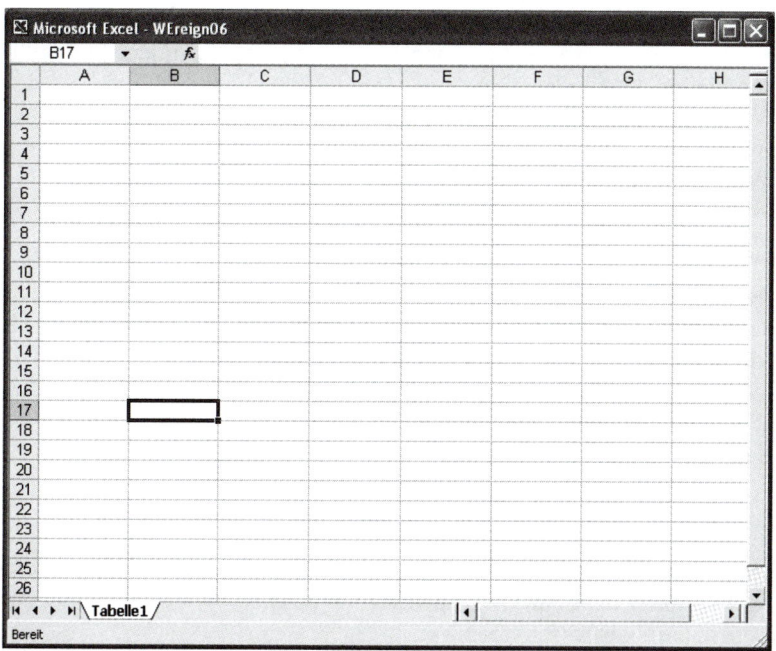

Abbildung 12.6:
Alle Menü- und
Symbolleisten sind
ausgeblendet.

12.1.8   Arbeitsmappe schließen bedingt verhindern

Im nächsten Beispiel lässt sich eine Arbeitsmappe nur dann schließen, wenn
eine ganz bestimmte Bedingung gegeben ist.

```
Private Sub Workbook_BeforeClose(Cancel As Boolean)
    If Range("A1").Value = 1 Then
        Cancel = True
    End If
End Sub
```

Listing 12.12:
Ereignis
Workbook_Before-
Close zur Kontrolle
beim Schließen-
Vorgang

Nur wenn in der Zelle A1 ein Wert ungleich 1 steht, kann die Arbeitsmappe
geschlossen werden. In diesem Fall wird das Argument Cancel auf den Wert
False gesetzt, die Arbeitsmappe gespeichert und geschlossen. Im andern Fall
bleibt die Arbeitsmappe geöffnet.

Die Beispieldatei finden Sie auf der mitgelieferten CD-ROM *im Verzeichnis*
KAP12 *unter dem Namen* WEREIGN07.XLS.

CD

12.1.9   Arbeitsmappe ohne Rückfrage schließen

Die nächste Aufgabe geht schon aus der Überschrift hervor. Sobald Sie
Änderungen an einer Datei vorgenommen haben, werden Sie automatisch

beim Schließen der Arbeitsmappe gefragt, ob Sie die Änderungen speichern möchten. Diese Abfrage können Sie sich schenken, indem Sie das Ereignis aus Listing 12.13 einsetzen.

Listing 12.13:
Ereignis
Workbook_Before-
Close zum Schlie-
ßen einer Mappe
ohne Rückfrage

```
Private Sub Workbook_BeforeClose(Cancel As Boolean)
 Application.DisplayAlerts = False
 ActiveWorkbook.Close
End Sub
```

Setzen Sie die Eigenschaft DisplayAlerts auf den Wert False, um zu verhindern, dass Excel die Änderungsabfrage von Excel unterdrückt. Über die Methode Close schließen Sie danach die Arbeitsmappe.

Wenn Sie zusätzlich die Anweisung Application.Quit *als letzten Befehl einsetzen, wird Excel geschlossen.*

Die Beispieldatei finden Sie auf der mitgelieferten CD-ROM *im Verzeichnis* KAP12 *unter dem Namen* WEREIGN07B.XLS.

12.1.10 Letztes Bearbeitungsdatum festhalten

Eine sehr nützliche Funktion ist direkt nach dem Öffnen einer Arbeitsmappe zu ersehen: wann diese Mappe zuletzt geändert wurde. Diese Information kann entweder über die Eigenschaft BuiltinDocumentProperties oder über das Ereignis Workbook_BeforeSave ermittelt werden. Genau vor dem Eintritt dieses Ereignisses können Sie das aktuelle Datum in eine bestimmte Zelle schreiben. Das Ereignis Workbook_BeforeSave sorgt dann automatisch dafür, dass dieser letzte Eintrag auch gespeichert wird.

Die Beispieldatei finden Sie auf der mitgelieferten CD-ROM *im Verzeichnis* KAP12 *unter dem Namen* WEREIGN08.XLS

Listing 12.14:
Ereignis
Workbook_Before-
Save zum Festhal-
ten des letzten
Änderungsdatums
einer Arbeitsmappe

```
Private Sub Workbook_BeforeSave _
 (ByVal SaveAsUI As Boolean, Cancel As Boolean)
    ThisWorkbook.Sheets(1).Range("A1").Value = Now()
End Sub
```

12.1.11 Datenbestand vor dem Speichern sortieren

Stellen Sie sich vor, Sie haben eine Arbeitsmappe, die Sie sehr oft bearbeiten. Dort geben Sie beispielsweise in einer Mitarbeiterliste Daten ein. Vor jedem

Speichern und Beenden der Arbeitsmappe möchten Sie aber den ganzen Datenbestand sortiert vorliegen haben, damit Sie bei der nächsten Aktualisierung nicht erst den Sortiervorgang starten müssen.

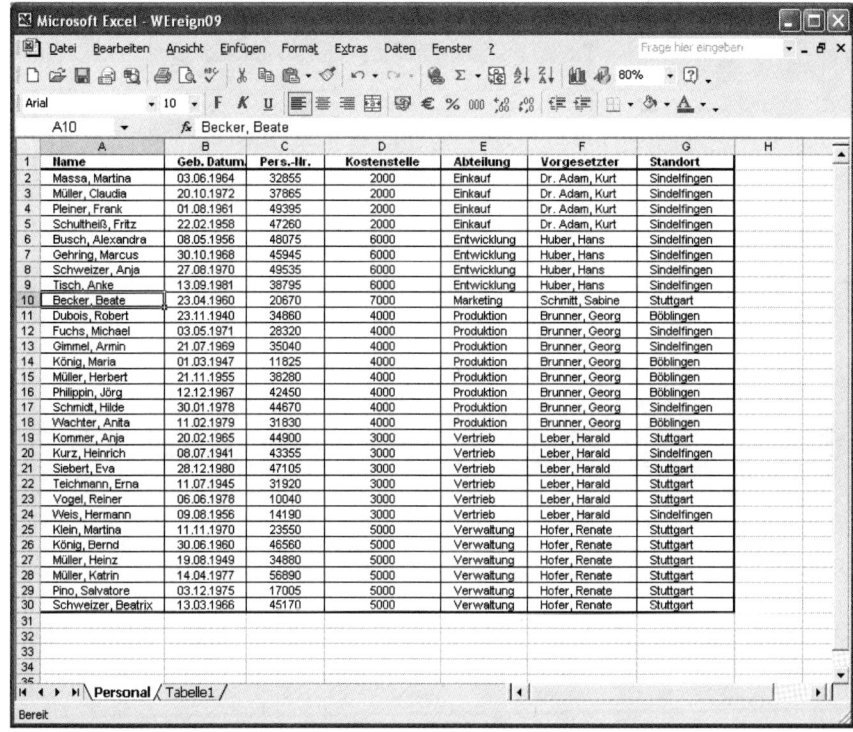

Abbildung 12.7:
Der Ausgangszustand vor dem Speichern der Arbeitsmappe

Sobald Sie die Arbeitsmappe speichern, läuft das Ereignis in Listing 12.15 an, welches den Datenbestand nach Mitarbeiternamen aufsteigend sortiert.

```
Private Sub Workbook_BeforeSave _
(ByVal SaveAsUI As Boolean, Cancel As Boolean)
 Sheets("Personal").Activate
 ActiveSheet.UsedRange.Select
 Selection.Sort Key1:= _
 Range("A2"), Order1:=xlAscending, Key2:=Range("E2"), _
  Order2:=xlAscending, Header:=xlGuess, _
  OrderCustom:=1, MatchCase:= _
  False, Orientation:=xlTopToBottom
End Sub
```

Listing 12.15:
Ereignis Workbook_Before-Save zum Sortieren des Datenbestands vor der Speicherung

Innerhalb der Ereignisprozedur wird auf das Tabellenblatt PERSONAL gewechselt und der verwendete Bereich über die Eigenschaft UsedRange markiert. Danach wird die Methode Sort eingesetzt, um die Daten zu sortieren. Direkt im Anschluss an die Sortierung wird die Arbeitsmappe gespeichert.

Abbildung 12.8:
Direkt vor dem
Speichern wird
umsortiert.

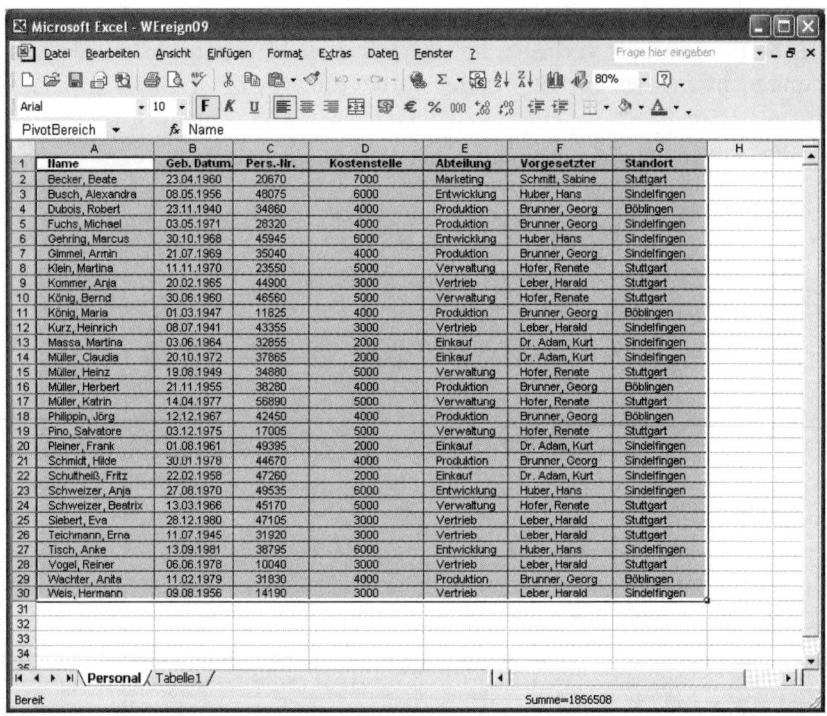

Die Beispieldatei finden Sie auf der mitgelieferten CD-ROM *im Verzeichnis* KAP12 *unter dem Namen* WEREIGN09.XLS.

12.1.12   Dauer der Bearbeitung einer Mappe festhalten

Bei der nächsten Lösung wird im Hintergrund aufgezeichnet, wie lange Sie eine Arbeitsmappe in Bearbeitung haben. Dazu nützen Sie das Ereignis Workbook_Open, um die Startzeit zu stoppen. Das Ende der Bearbeitung ist dann erreicht, wenn Sie die Datei wieder schließen. In diesem Fall nützen Sie das Ereignis Workbook_BeforeSave. Die Lösung für diese Aufgabe sehen Sie in Listing 12.16.

Listing 12.16:
Ereignis
Workbook_Open
zum Stoppen der
Startzeit

```
Dim Zeit As Date
Private Sub Workbook_Open()
Zeit = Format(Now, "dd.mm.yy h:mm:ss")
Sheets("Gesamtzeit").Range("A2").Value = Zeit
End Sub
```

Sobald Sie die Arbeitsmappe verlassen, blenden Sie das ausgeblendete Tabellenblatt GESAMTZEIT ein, schreiben die Einträge in die Tabelle und blenden danach die Tabelle wieder aus. Von der ganzen Aktion bekommen Sie optisch nichts mit.

```
Private Sub Workbook_BeforeClose(Cancel As Boolean)
Dim EndZeit As Date
Dim DiffZeit As Date
EndZeit = Format(Now, "dd.mm.yy h:mm:ss")
DiffZeit = (EndZeit - Zeit)
Application.ScreenUpdating = False
TabelleEinblenden
Sheets("Gesamtzeit").Select
Range("B2").Value = EndZeit
Range("C2").Value = Format(DiffZeit, "h:mm:ss")
Range("A2").Select
Selection.EntireRow.Insert
TabelleAusblenden
Application.ScreenUpdating = True
End Sub
```

Listing 12.17:
Ereignis
Workbook_Before-
Save zum Stoppen
der Endzeit

Die beiden Makros TABELLEEINBLENDEN bzw. TabelleAusblenden legen Sie unter einem normalen Modul ab.

```
Sub TabelleEinblenden()
    On Error Resume Next
    Sheets("Gesamtzeit").Visible = True
End Sub
```

Listing 12.18:
Tabelle einblenden

```
Sub TabelleAusblenden()
    On Error Resume Next
    Sheets("Gesamtzeit").Visible = False
End Sub
```

Listing 12.19:
Tabelle ausblenden

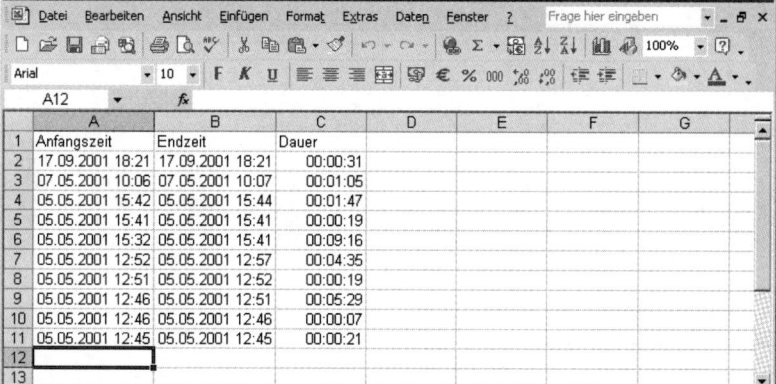

Abbildung 12.9:
Bearbeitungszeit
einer Datei
festhalten

Die Beispieldatei finden Sie auf der mitgelieferten CD-ROM *im Verzeichnis* KAP12 *unter dem Namen* WEREIGN09B.XLS.

12.1.13   Schnell Tabellen gleicher Struktur vergleichen

Oft haben einzelne Excel-Tabellen in einer Arbeitsmappe dieselbe Struktur. Wenn Sie dann diese einzelnen Tabellen am Bildschirm vergleichen möchten, steht der Mauszeiger in jeder Tabelle an einer anderen Position, d. h., Sie müssen zuerst einmal den Mauszeiger auf dem Vergleichsblatt gleich einstellen. Das dauert natürlich je nach Umfang der Tabelle eine ganze Weile und erschwert die Sache noch zusätzlich, wenn sich die zu vergleichenden Werte ähneln und Sie sich durch die ganze Arbeitsmappe quälen müssen. Ideal ist es, wenn es in Excel gelingt, schon beim Wechseln auf ein anderes Tabellenblatt dieselbe Positionierung des Mauszeigers einzustellen. Als zusätzliches Feature soll es auch möglich sein, ganze Markierungen auf dem zu vergleichenden Tabellenblatt einzustellen.

Abbildung 12.10:
Die Markierung wird auf allen Tabellenblättern der Arbeitsmappe gleich eingestellt.

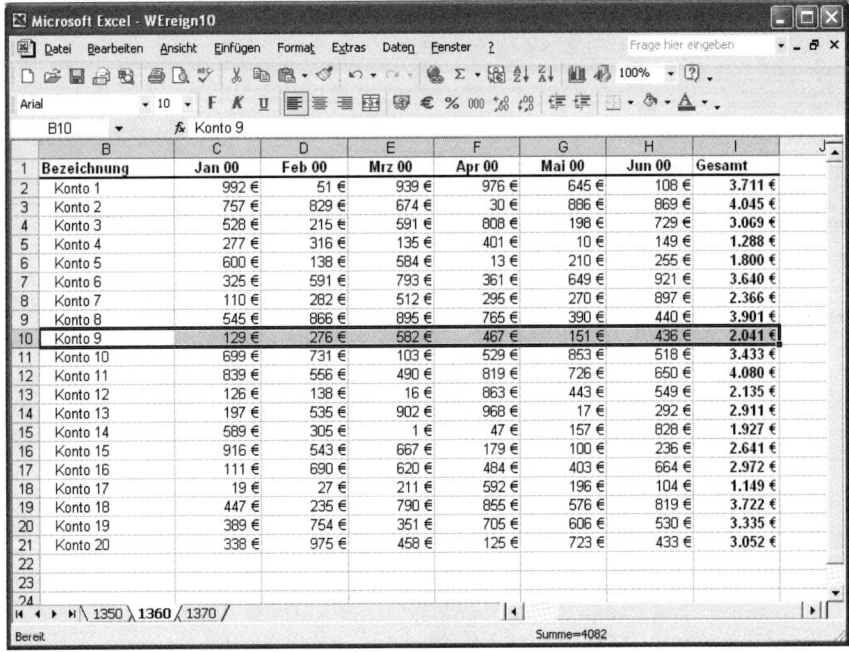

Um den vorher beschriebenen Mechanismus umzusetzen, verwenden Sie die Ereignisse

`Workbook_SheetActivate` **bzw.** `Workbook_SheetDeactivate`.

Excel-VBA-Kompendium

Diese Ereignisse werden automatisch ausgelöst, wenn Sie in der Arbeitsmappe auf ein anderes Tabellenblatt wechseln. Dabei spielt es keine Rolle, wie Sie auf ein Tabellenblatt wechseln, sei es über einen Mausklick auf den gewünschten Tabellenreiter oder über die Tastenkombination ⌗Strg⌗ + ⌗Bild↑⌗ bzw. ⌗Strg⌗ + ⌗Bild↓⌗ .

```
Dim BlattAlt As Object

Private Sub Workbook_SheetActivate _
(ByVal Blatt As Object)
Dim lCol As Long
Dim lRow As Long
Dim sCell As String
Dim sSelection As String

  On Error GoTo Ende
  If TypeName(Blatt) <> "Worksheet" Then Exit Sub
  Application.ScreenUpdating = False
  Application.EnableEvents = False
  BlattAlt.Activate
  lCol = ActiveWindow.ScrollColumn
  lRow = ActiveWindow.ScrollRow
  sSelection = Selection.Address
  sCell = ActiveCell.Address

  Blatt.Activate
  ActiveWindow.ScrollColumn = lCol
  ActiveWindow.ScrollRow = lRow
  Range(sSelection).Select
  Range(sCell).Activate
Ende:
  Application.EnableEvents = True
End Sub

Private Sub Workbook_SheetDeactivate _
(ByVal Blatt As Object)
  If TypeName(Blatt) = _
  "Worksheet" Then Set BlattAlt = Blatt
End Sub
```

Listing 12.20:
Ereignis
Workbook_Sheet-
Activate zum
gleichmäßigen Ein-
stellen des Maus-
zeigers auf allen
Tabellenblättern

Die Lösung in Listing 12.20 benötigt eine globale Variable, in der Sie jeweils den alten Zustand der Markierung speichern. Da dieser Mechanismus nur bei Tabellenblättern funktionieren kann und bei Diagrammblättern einen Fehler verursachen würde, berücksichtigen Sie im Ereignis nur Tabellenblätter. Dazu wenden Sie die Funktion TypeName an. Liefert diese Funktion ein Ergebnis ungleich Worksheet, verlassen Sie das Makro über die Anweisung Exit Sub. Damit Ihnen beim Einstellen des Mauszeigers auf allen Tabellenblättern am Bildschirm nicht schwindelig wird, schalten Sie die Bildschirmaktualisierung ab, indem Sie die Eigenschaft ScreenUpdating auf den Wert `False` setzen. Setzen Sie zusätzlich die Eigenschaft `EnableEvents` auf den Wert `False`, um die Ereignissteuerung kurzfristig zu deaktivieren. Damit verhindern Sie, dass Excel in eine Endlosschleife gerät, wenn das vorherige Blatt wieder aktiviert wird, um die Position bzw. die Markierung zu ermitteln. Jetzt speichern Sie die Positionsdaten des Mauszeigers, indem Sie die Eigenschaften `ScrollColumn` und `ScrollRow` verwenden. Die Eigenschaft `ScrollColumn` gibt die Nummer der Spalte, die sich auf der linken Seite des Ausschnitts oder des Fensters befindet, zurück, die in der Variablen `sCol` gespeichert wird. Mit der Eigenschaft `ScrollRow` ermitteln Sie die Nummer der Zeile, die sich auf der oberen Seite des Ausschnitts oder des Fensters befindet, und speichern sie in der Variablen `lRow`. Die Adresse der aktiven Zelle bzw. der markierten Zellen speichern Sie in den String-Variablen `sSelection` und `sCell` mithilfe der Eigenschaft `Address`. Im Anschluss an das Auslesen der Positionen des »alten« Tabellenblatts wird wieder auf das neue Tabellenblatt gewechselt. Da Sie vorher die Ereignissteuerung kurzfristig ausgeschaltet haben, wird diesmal das Ereignis `Workbook_SheetActivate` nicht ausgelöst. Nun werden die Positionen aus den Variablen auf das neue Tabellenblatt übertragen. Vergessen Sie danach nicht, die Ereignissteuerung wieder zu aktivieren, indem Sie die Eigenschaft `EnableEvents` auf den Wert `True` setzen.

Im Ereignis `Workbook_SheetDeactivate` sorgen Sie dafür, dass die globale Variable `BlattAlt` mit dem Namen des neuen Tabellenblatts gefüllt wird.

Zusammenfassend ist zu sagen, dass bei der eben vorgestellten Lösung nicht alle Tabellenblätter einer Arbeitsmappe auf dieselbe Position des Mauszeigers eingestellt werden, sondern dass sich die Einstellung von Tabellenblatt zu Tabellenblatt vererbt.

Die Beispieldatei finden Sie auf der mitgelieferten CD-ROM *im Verzeichnis* KAP12 *unter dem Namen* WEREIGN10.XLS.

12.1.14   Die Lösung für das sparsame Drucken

Auf das Symbol DRUCKEN in der Symbolleiste STANDARD ist schnell gedrückt. Oft werden dann völlig unkontrolliert und vor allem umsonst mehrere Arbeitsblätter gedruckt. Das muss nicht sein. Gehen Sie vorher in die Seitenansicht, stellen Sie die Ränder ein und passen Sie den Ausdruck bei Bedarf auf eine Seite an. Damit der Anwender an diese Sparmaßnahme erinnert wird, bauen Sie sicherheitshalber das Ereignis `Workbook_BeforePrint` ein.

```
Private Sub Workbook_BeforePrint(Cancel As Boolean)
Dim i As Integer

i = MsgBox _
("Haben Sie die Seitenansicht kontrolliert?", _
 vbYesNo, "Drucken")
If i <> 6 Then Cancel = True: Exit Sub
End Sub
```

Listing 12.21:
Ereignis
Workbook_Before-
Print zum bewuss-
teren Umgang mit
Papier und Tinte/
Toner einsetzen

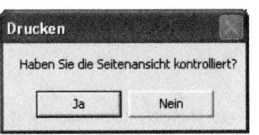

Abbildung 12.11:
Lieber noch einmal
nachfragen!

Drückt der Anwender auf die Schaltfläche NEIN, dann setzen Sie das Argument Cancel auf den Wert True, um den Druckvorgang erst gar nicht zu starten, und verlassen das Ereignis danach über die Anweisung Exit Sub.

Die Beispieldatei finden Sie auf der mitgelieferten CD-ROM *im Verzeichnis* KAP12 *unter dem Namen* WEREIGN11.XLS.

12.1.15   Einfügen von Blättern verhindern

Im folgenden Beispiel für Excel 2002 möchten Sie das Einfügen von Tabellen in eine Arbeitsmappe verhindern. Dazu setzen Sie das neue Ereignis WorkBook_ NewSheet *ein.*

```
Private Sub Workbook_NewSheet _
(ByVal Sh As Object)
Application.DisplayAlerts = False
Sh.Delete
Application.DisplayAlerts = True
End Sub
```

Listing 12.22:
Ereignis
Workbook_New-
Sheet zum Überwa-
chen des Einfügens
neuer Tabellen

Sobald ein neues Tabellenblatt in Ihre Arbeitsmappe eingefügt wird, löschen Sie dieses sofort wieder. Setzen Sie dazu die Methode Delete ein. Um zu verhindern, dass eine Warnmeldung angezeigt wird, setzen Sie die Eigenschaft DisplayAlerts auf den Wert False. Nach dem Löschen müssen Sie diese Eigenschaft wieder auf den Wert True setzen, damit Excel wieder Meldungen auf dem Bildschirm ausgeben kann.

Die Beispieldatei finden Sie auf der mitgelieferten CD-ROM *im Verzeichnis* KAP12 *unter dem Namen* WEREIGN11B.XLS.

12.1.16   Druckstatistik führen

Wenn Sie wissen möchten, wie oft eine ganz bestimmte Arbeitsmappe gedruckt wird, pflanzen Sie in diese Arbeitsmappe das Ereignis Workbook_BeforePrint ein.

Listing 12.23:
Ereignis
Workbook_Before-
Print zum Ermitteln
der Anzahl der
Druckvorgänge

```
Private Sub Workbook_BeforePrint(Cancel As Boolean)
    With Worksheets(1).Cells(1, 1)
        .Value = .Value + 1
    End With
End Sub
```

Vor jedem Druckvorgang wird der Wert in Zelle A1 um den Wert 1 erhöht.

12.1.17   Alle Ereignisse für die Arbeitsmappe im Überblick

Der Tabelle 12.1 entnehmen Sie alle möglichen Ereignisse, die Sie für die Arbeitsmappe anwenden können. Das eine oder andere Ereignis wird noch an anderer Stelle im Buch näher beleuchtet.

Tabelle 12.1:
Alle Ereignisse für
die Arbeitsmappe
im Überblick

Ereignis	Beschreibung
Workbook_Activate	Tritt ein, sobald eine Arbeitsmappe aktiviert wird.
Workbook_AddinInstall	Tritt ein, wenn ein Add-In eingebunden wird. Dies kann entweder durch direktes Öffnen des Add-Ins erfolgen oder durch das Einbinden in den Add-Ins-Manager.
Workbook_AddinUninstall	Tritt ein, wenn ein Add-In aus dem Add-Ins-Manager deaktiviert wird.
Workbook_BeforePrint	Tritt vor dem Druck einer Arbeitsmappe oder nur einzelner Tabellen ein.
Workbook_BeforeSave	Tritt vor dem Speichervorgang ein. Dabei spielt es keine Rolle, ob Sie über Menübefehle, Symbolleiste oder Tastenkombination speichern.
Workbook_Deactivate	Tritt ein, wenn eine Arbeitsmappe deaktiviert wird, beispielsweise wenn eine Arbeitsmappe minimiert wird.
Workbook_NewSheet	Tritt ein, wenn eine neue Tabelle in die Arbeitsmappe eingefügt wird.
Workbook_SheetActivate	Tritt ein, wenn ein beliebiges Tabellen- oder Diagrammblatt in der Arbeitsmappe aktiviert wird.

Tabelle 12.1:
Alle Ereignisse für
die Arbeitsmappe
im Überblick
(Forts.)

Ereignis	Beschreibung
Workbook_SheetBeforeDoubleClick	Tritt ein, wenn an einer beliebigen Stelle der Arbeitsmappe ein Doppelklick mit der linken Maustaste durchgeführt wird.
Workbook_SheetBeforeRightClick	Tritt ein, wenn an einer beliebigen Stelle der Arbeitsmappe ein Klick mit der rechten Maustaste durchgeführt wird.
Workbook_SheetCalculate	Tritt nach der Neuberechnung jedes Tabellenblatts auf.
Workbook_SheetChange	Tritt ein, wenn sich auf einem beliebigen Tabellenblatt etwas ändert, sei es durch eine Verknüpfung oder den Anwender selbst.
Workbook_SheetDeactivate	Tritt ein, sobald ein beliebiges Tabellenblatt in der Arbeitsmappe verlassen wird.
Workbook_SheetFollowHyperlink	Tritt ein, wenn der Anwender auf einen Hyperlink in einer Tabelle klickt.
Workbook_SheetSelectionChange	Tritt ein, wenn sich die Markierung auf einem Tabellenblatt ändert.
Workbook_WindowActivate	Tritt ein, wenn ein Arbeitsmappen-Fenster aktiviert wird.
Workbook_WindowDeactivate	Tritt ein, wenn ein Arbeitsmappen-Fenster deaktiviert wird.
Workbook_WindowResize	Tritt ein, wenn eine Änderung an der Größe des Arbeitsmappen-Fensters durchgeführt wurde.

12.2 Ereignisse für das Tabellenblatt

Ein wichtiges Ereignis, das für das Tabellenblatt gilt, ist z. B. das Ereignis Worksheet_Activate, mit dem Sie bestimmen können, was passieren soll, wenn ein bestimmtes Tabellenblatt aktiviert wird. Nicht minder interessant ist das Ereignis Worksheet_Change, mit dem Sie in die Lage versetzt werden, auf Änderungen in Ihren Tabellen zu reagieren. Des Weiteren können Sie mit den Ereignissen Worksheet_ BeforeRightClick und Worksheet_BeforeDoubleClick Mausklicks überwachen.

Der Vorteil bei den Tabellenereignissen ist der, dass Sie ganz gezielt Ereignisse für bestimmte Tabellenblätter einstellen können.

12.2.1   Allgemeine Vorgehensweise bei der Einstellung von Tabellenereignissen

Um für ein Tabellenblatt ein Ereignis einzustellen, verfahren Sie wie folgt:

1. Drücken Sie die Tastenkombination Alt + F11 , um in die Entwicklungsumgebung zu gelangen.

2. Im Projekt-Explorer klicken Sie die Tabelle, der Sie das Ereignis zuweisen möchten, doppelt an.

3. Klicken Sie im Codefenster auf den Pfeil des linken Kombinationsfeldes und wählen Sie den Eintrag WORKSHEET.

4. Im zweiten Kombinationsfeld wählen Sie dann das gewünschte Ereignis aus.

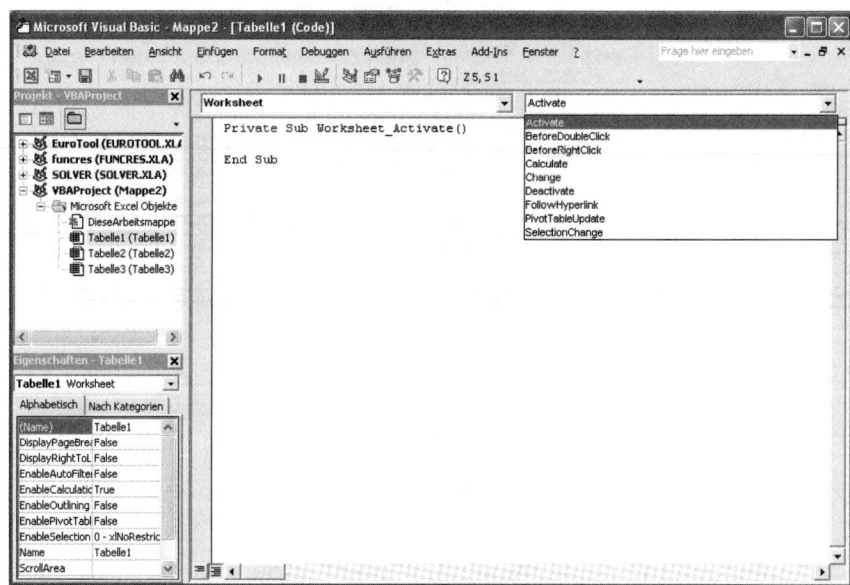

Abbildung 12.12:
Ein Ereignis auf
Tabellenebene
einstellen

Wenn Sie noch schneller die Ereignisse einer Tabelle einblenden möchten, klicken Sie mit der rechten Maustaste auf die Registerkarte der Tabelle und wählen Sie aus dem Kontextmenü den Befehl CODE ANZEIGEN.

12.2.2   Passworteingabe beim Aktivieren einer Tabelle

Möchten Sie eine Tabelle vor neugierigen Blicken schützen, können Sie vom Anwender ein Passwort abfragen, sobald er die Tabelle aktiviert. Das Ereignis für diese Aufgabe sehen Sie in Listing 12.24:

```
Private Sub Worksheet_Activate()
 AbfragePasswort
End Sub

Sub AbfragePasswort()
Dim s As String
Const passw = "Hero"
  s = InputBox("Geben Sie as Paßwort ein!")
  If s = passw _
  Then MsgBox "OK Zugriff erlaubt!": Exit Sub _
  Else Application.DisplayAlerts = False: _
  MsgBox "Keine Zugriffsrechte auf dieses Blatt": _
  Sheets("Tabelle1").Activate
End Sub
```

Listing 12.24:
Ereignis
Worksheet_Activate
zum Abfragen eines
Passworts

Die Beispieldatei finden Sie auf der mitgelieferten CD-ROM *im Verzeichnis* KAP12 *unter dem Namen* TEREIGN00.XLS.

12.2.3 Starten einer UserForm

Setzen Sie das Ereignis Worksheet_Activate dazu ein, um automatisch eine UserForm anzuzeigen, sobald die Tabelle TABELLE1 aktiviert wird. Fügen Sie zunächst eine neue UserForm ein. Danach legen Sie hinter die TABELLE1 das folgende Ereignismakro:

```
Private Sub Worksheet_Activate()
    UserForm1.Show
End Sub
```

Listing 12.25:
Ereignis
Worksheet_Activate
zum Aufrufen einer
UserForm

Immer wenn Sie die TABELLE1 aktivieren, wird automatisch die UserForm USERFORM1 angezeigt.

Wenn Sie möchten, können Sie eine weitere Bedingung für die Anzeige der UserForm einbauen. So wird im folgenden Makro die UserForm nur aufgerufen, wenn der Mauszeiger in der Zelle A5 steht.

Die Beispieldatei finden Sie auf der mitgelieferten CD-ROM *im Verzeichnis* KAP12 *unter dem Namen* TEREIGN01.XLS.

```
Private Sub Worksheet_Activate()
If ActiveCell.Address = "$A$5" Then
    UserForm1.Show
End If
End Sub
```

Listing 12.26:
Ereignis
Worksheet_Activate
zum bedingten
Aufrufen einer
UserForm

Wenn Sie die letzten beiden Ereignisse einstellen, werden Sie bemerken, dass das so nicht geht. Sie bekommen die Fehlermeldung, dass Sie einen Namen mehrfach verwenden. Selbstverständlich können Sie mehrere Ereignisse für ein Tabellenblatt jederzeit einstellen. Dabei spielt jedoch die Reihenfolge der Ereignisse eine Rolle. So werden Ereignisse für Tabellenblätter beispielsweise immer vor den Ereignissen der Arbeitsmappe ausgeführt. Auch innerhalb der Tabellenereignisse gibt es eine bestimmte Hierarchie der Ereignisse. Achten Sie darauf, dass Sie keine Ereignisse doppelt erfassen.

12.2.4 Beim Verlassen eines Tabellenblatts Daten neu berechnen

Bei umfangreichen Tabellenblättern ist es oftmals ganz gut, wenn die Daten noch einmal neu durchgerechnet werden. Das erreichen Sie, wenn Sie die Taste F9 drücken.

Führen Sie für die nächste Aufgabe folgende vorbereitenden Arbeiten durch:

1. Markieren Sie in Tabelle TABELLE1 den Bereich A1:H30.

2. Erfassen Sie folgende Funktion: =ZUFALLSZAHL()*100 und drücken Sie zur Bestätigung die Tastenkombination Strg + ↵ . Die Funktion, welche Ihnen Zufallszahlen generiert, wird nun in alle Zellen innerhalb der Markierung eingefügt.

Immer wenn Sie die Taste F9 drücken, werden neue Zufallszahlen angezeigt. Diese Verhaltensweise wird nun übernommen und immer automatisch angewendet, wenn das Tabellenblatt aktiviert wird.

Listing 12.27:
Ereignis
Worksheet_Activate
zum erneuten
Rechnen von
Zufallszahlen

```
Private Sub Worksheet_Activate()
    Application.Calculation = xlAutomatic
End Sub
```

Das Ereignis Worksheet_Activate *wird übrigens auch ausgelöst, wenn Sie die Arbeitsmappe öffnen und die TABELLE1 aktiviert ist.*

Die Beispieldatei finden Sie auf der mitgelieferten CD-ROM im Verzeichnis KAP12 unter dem Namen TEREIGN02.XLS.

12.2.5 »Schiffe versenken« spielen

Sicher haben Sie schon einmal das Spiel »Schiffe versenken« gespielt.

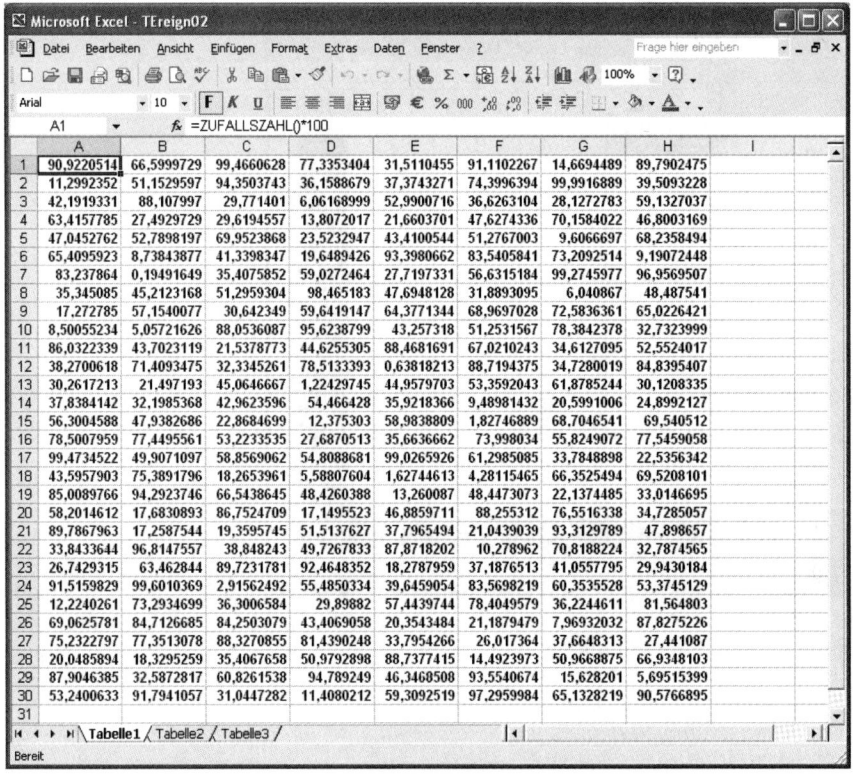

Abbildung 12.13:
Nach dem Aktivieren der Tabelle werden Zufallszahlen neu gebildet.

Wie Sie sich ganz schnell dieses Spiel in Excel erstellen können, erfahren Sie jetzt.

1. Markieren Sie in der TABELLE1 den Bereich A1:J10.

2. Wählen Sie den Menübefehl FORMAT/SPALTE/BREITE AUS.

3. Geben Sie als Spaltenbreite den Wert 2 ein und bestätigen Sie mit OK.

4. Wählen Sie den Menübefehl ANSICHT/ZOOM und stellen Sie den Wert 200 PROZENT ein, um das Ganze besser zu sehen.

5. Geben Sie der Markierung einen Rahmen, der die einzelnen Zellen voneinander teilt.

6. Drücken Sie jetzt die Tastenkombination ⌨Alt + ⌨F11, um in die Entwicklungsumgebung zu gelangen.

7. Klicken Sie im Projekt-Explorer die Tabelle TABELLE1 doppelt an und erfassen Sie folgendes Ereignis:

Abbildung 12.14:
Blau und O bedeuten »Wasser«, Rot und X bedeuten »Treffer«.

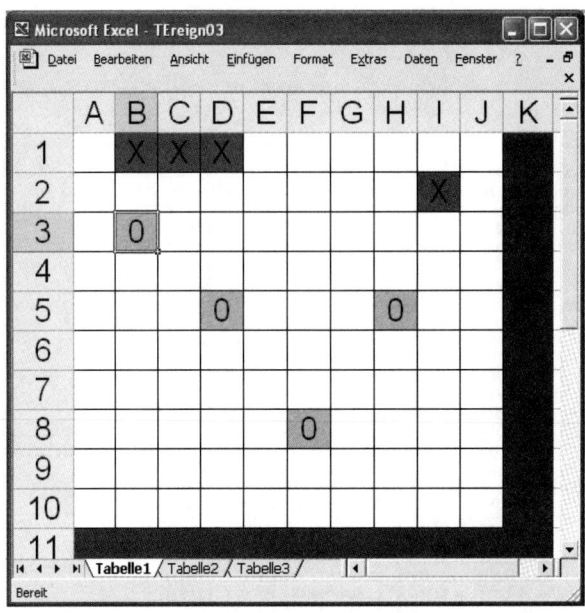

Listing 12.28:
Ereignis
Worksheet_Change
zum Spiel »Schiffe
versenken«

```
Private Sub Worksheet_Change _
(ByVal Target As Excel.Range)
Dim SchiffBereich As Range
  On Error Resume Next
  Set SchiffBereich = Range("A1:K10")
  If Intersect(Target, SchiffBereich) Is Nothing _
     Then Exit Sub
  If Target.Value = "X" Then  _
  Target.Interior.ColorIndex = 3 Else _
  Target.Interior.ColorIndex = 8
End Sub
```

Definieren Sie zuerst den Gültigkeitsbereich, indem Sie einen Bereich festlegen. Bei »Schiffe versenken« gilt ein Bereich von 10x10 Feldern, also der Bereich A1:K10. Mit der Methode Intersect prüfen Sie, ob die Eingabe O für »Wasser« oder X für »Treffer«, im gültigen Sektor liegt. Wenn ja, wird geprüft, ob es sich bei der Eingabe um den Buchstaben X oder um die Zahl O handelt. Je nachdem wird der Hintergrund der Zelle mit einer anderen Farbe belegt.

Die Beispieldatei finden Sie auf der mitgelieferten CD-ROM *im Verzeichnis* KAP12 *unter dem Namen* TEREIGN03.XLS.

Das Ereignis `Worksheet_Change` *tritt dann auf, wenn sich Veränderungen in Ihrer Tabelle ergeben, welche durch Änderungen an den Inhalten, also dem Zellenwert, entstanden sind. Es spielt dabei keine Rolle, wodurch sich diese Änderung ergibt. Folgende Änderungen sind möglich:*

INFO

➡ *Eine Veränderung wird durch eine Verknüpfung mit einer anderen Datei ausgelöst.*

➡ *Eine Veränderung wird durch eine direkte Verknüpfung innerhalb der Arbeitsmappe ausgelöst.*

➡ *Eine Veränderung wird durch die direkte Eingabe eines Werts in eine Zelle ausgelöst.*

Die Änderung der Formatierung einer Zelle löst das Ereignis `Worksheet_Change` *nicht aus. Entfernen Sie jedoch die Formate einer Zelle über den Menübefehl* BEARBEITEN/LÖSCHEN/FORMATE, *wird das Ereignis ausgelöst.*

!!
STOP

Der Einsatz des Ereignisses `Worksheet_Change` *bietet sich dann an, wenn mit Gültigkeitsbereichen gearbeitet wird, für die eine Überwachung aufgesetzt werden soll.*

INFO

12.2.6 Vergleich von zwei Spalten

Sehr nützlich in der Praxis ist auch das folgende Beispiel. Die Spalten A und B sollen überwacht werden. Jeweils der kleinere Wert in der Zeile soll gekennzeichnet werden. Dabei wird die kleinere Zelle mit der Hintergrundfarbe Rot belegt.

Die Programmierung dazu sieht wie folgt aus:

```
Private Sub Worksheet_Change _
(ByVal Target As Excel.Range)
If Target.Column = 1 Then
    If Target.Value < Target.Offset(0, 1).Value _
    Then
    Target.Interior.ColorIndex = 3
    Target.Offset(0, 1).Interior.ColorIndex = 2

Else
    Target.Interior.ColorIndex = 2
    Target.Offset(0, 1).Interior.ColorIndex = 3
End If
End If
If Target.Column = 2 Then
    If Target.Value < Target.Offset(0, -1).Value _
    Then
```

Listing 12.29:
Ereignis
Worksheet_Change
zum Vergleich von
zwei Spalten

*Spalten
vergleichen*

```
            Target.Interior.ColorIndex = 3
            Target.Offset(0, -1).Interior.ColorIndex = 2
        Else
            Target.Interior.ColorIndex = 2
            Target.Offset(0, -1).Interior.ColorIndex = 3
        End If
    End If
End Sub
```

Abbildung 12.15:
Schnell und sicher
Werte vergleichen

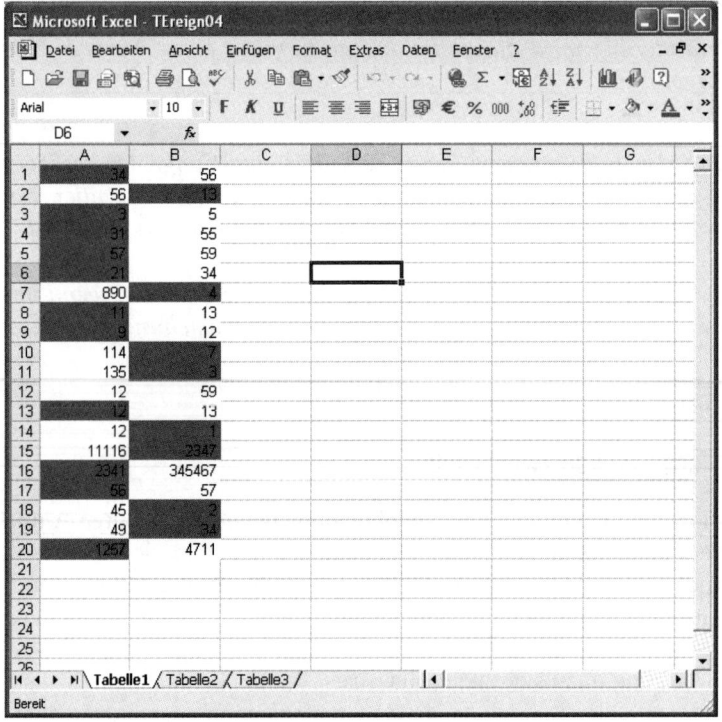

Überprüfen Sie mithilfe der Eigenschaft Columns, ob die Zelle im Zielbereich liegt. Dabei muss die Eigenschaft den Wert 1 oder 2 zurückmelden (Spalte A oder B). Je nach eingegebener Zelle müssen die beiden Zellen dann miteinander verglichen werden. Bei der Eigenschaft ColorIndex entspricht der Wert 3 der Farbe ROT, der Wert 2 der Farbe WEIß. Als Alternative zur Farbe WEIß können Sie auch die Konstante XlAutomatic einsetzen. Damit bleiben die Ränder der Zellen erhalten.

Die Beispieldatei finden Sie auf der mitgelieferten CD-ROM *im Verzeichnis* KAP12 *unter dem Namen* TEREIGN04.XLS.

12.2.7 Änderungen in einer Tabelle sichtbar machen

Wenn Sie einige Änderungen auf einem Tabellenblatt vorgenommen haben, fällt es je nach Umfang der Tabelle schwer, nach den vorgenommenen Änderungen diese noch einmal zu kontrollieren. Welche Zellen wurden jetzt geändert? Dazu wenden Sie das Ereignis Worksheet_Change an, um alle Änderungen seit der letzten Speicherung der Arbeitsmappe aufzuzeigen. Alle geänderten Zellen werden mit der Hintergrundfarbe Grau belegt.

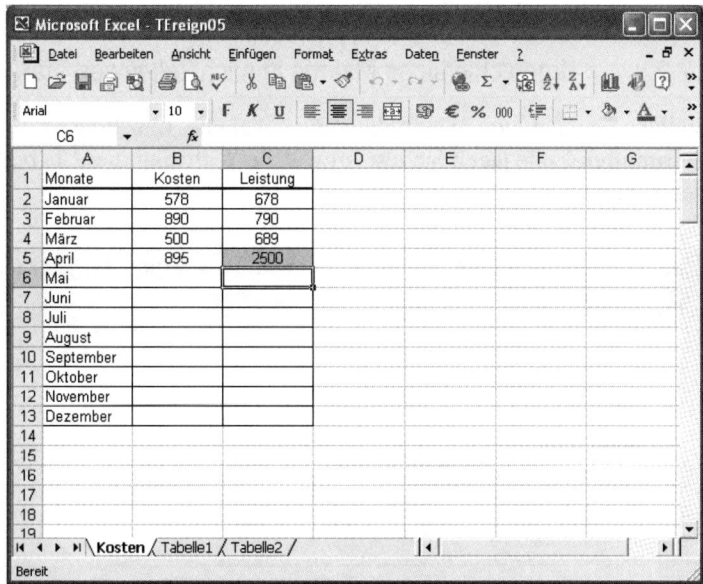

Abbildung 12.16:
Die Zelle C5 wurde geändert.

Die Ereignisprogrammierung entnehmen Sie dem Listing 12.30:

```
Private Sub Worksheet_Change _
(ByVal Target As Excel.Range)
  If Intersect(Target, Range("B2:C13")) Is Nothing _
  Then Exit Sub
  Target.Interior.ColorIndex = 15
End Sub
```

Listing 12.30:
Ereignis
Worksheet_Change
zur Kontrolle der
geänderten Zellen
im Zielbereich
einsetzen

Über die Methode Intersect prüfen Sie, ob die geänderte Zelle im definierten Zielbereich B2:C13 liegt. Wenn ja, dann färben Sie die Zelle mit der Eigenschaft ColorIndex, der Sie den Index 15 (Grau) zuweisen.

Die Beispieldatei finden Sie auf der mitgelieferten CD-ROM *im Verzeichnis* KAP12 *unter dem Namen* TEREIGN05.XLS.

Es empfiehlt sich, diese Formatierung der geänderten Zellen vor dem Spei-chern der Arbeitsmappe wieder zu normalisieren. Dazu verwenden Sie das Arbeitsmappen-Ereignis Workbook_BeforeSave.

Listing 12.31:
Ereignis
Workbook_BeforeS
ave zum Entfernen
von Formatierun-
gen im Zielbereich
einsetzen

```
Private Sub Workbook_BeforeSave _
(ByVal SaveAsUI As Boolean, Cancel As Boolean)
  Sheets("Kosten").Range("B2:C13"). _
   Interior.ColorIndex = xlNone
End Sub
```

12.2.8   Unterschiedliche Makros je nach Zellenwert starten

Stellen Sie sich vor, Sie haben eine Tabelle mit Preisen. Anhand einer bestimmten Zelle legen Sie fest, in welche Währung diese Tabelle umgerech-net werden soll.

Abbildung 12.17:
Die Ausgangs-
tabelle: Alle Preise
werden in €
ausgegeben.

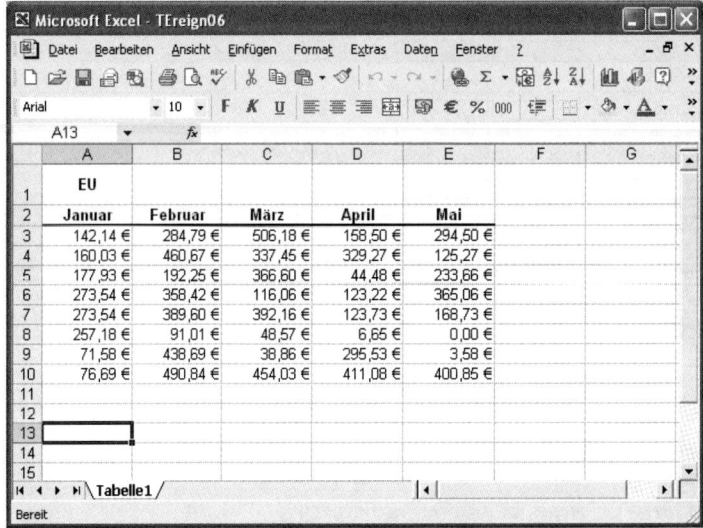

Geben Sie nun in die Zelle A1 das Kürzel »DM« ein. Damit sollen dann alle Werte umgerechnet sowie das entsprechende Währungszeichen gesetzt wer-den. Diesen Mechanismus können Sie über das Ereignis Worksheet_Change erreichen. In Abhängigkeit von der Zelle A1 wird entweder das Makro DMinEUROUmrechnen bzw. das Makro EUROinDMUmrechnen gestartet. Erfassen Sie zunächst diese beiden Makros in einem Modulblatt.

Listing 12.32:
Zwei Makros zum
Umrechnen von
Währungen

```
Sub DMinEUROUmrechnen()
Dim Zelle As Range

ActiveSheet.UsedRange.Select
For Each Zelle In Selection
If Zelle.HasFormula = True Or IsNumeric(Zelle) = False _
```

```
 Or IsEmpty(Zelle) Or IsDate(Zelle) Then
 Else
  Zelle = Zelle / 1.95583
 End If
 If IsEmpty(Zelle) Or IsDate(Zelle) Then
 Else
 Zelle.NumberFormat = "#,##0.00 _;-#,##0.00 _"
 End If
Next Zelle
End Sub


Sub EUROinDMumrechnen()
Dim Zelle As Range

ActiveSheet.UsedRange.Select
For Each Zelle In Selection
 If Zelle.HasFormula = True Or _
  IsNumeric(Zelle) = False _
 Or IsEmpty(Zelle) Or IsDate(Zelle) Then
  Else
  Zelle = Zelle * 1.95583
  End If
  If IsEmpty(Zelle) Or IsDate(Zelle) Then
  Else
  Zelle.NumberFormat = "#,##0.00 $;-#,##0.00 $"
  End If
Next Zelle
End Sub
```

€—>DM

*Die beiden Makros wurden in ähnlicher Form bereits in Kapitel 5 erklärt,
sodass hier nicht mehr weiter darauf eingegangen wird.*

Sorgen Sie nun für den automatischen Start des jeweils richtigen Makros
und verwenden Sie dazu das Ereignis Worksheet_Change.

```
Private Sub Worksheet_Change _
(ByVal Target As Excel.Range)
 If Target.Address = "$A$1" And Target.Value = "EU" _
 Then Call DMinEUROUmrechnen _
 Else If Target.Address = "$A$1" _
 And Target.Value = "DM" Then Call EUROinDMumrechnen
End Sub
```

Listing 12.33:
Ereignis
Worksheet_Change
zum bedingten
Starten von unter-
schiedlichen
Makros

Es wird lediglich ein Makro gestartet, wenn sich die Zelle A1 ändert. Alle
Änderungen in anderen Zellen lösen den Makrostart nicht aus.

Abbildung 12.18:
Das Endergebnis:
die Preistabelle
in DM

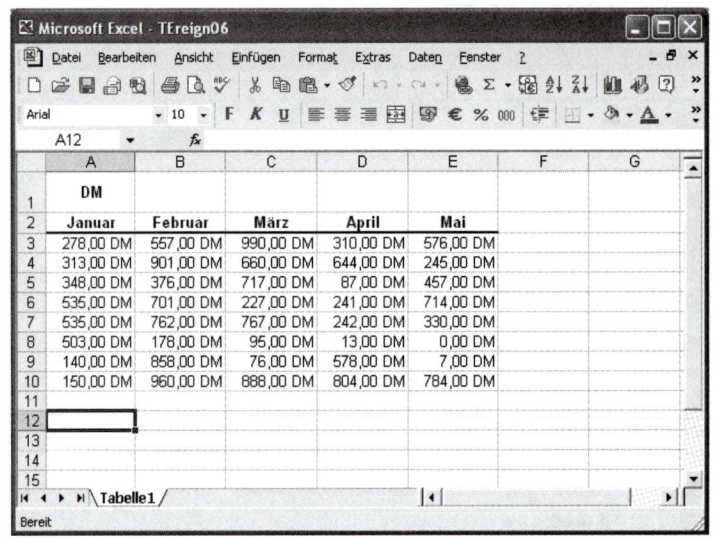

Die Beispieldatei finden Sie auf der mitgelieferten CD-ROM *im Verzeichnis* KAP12 *unter dem Namen* TEREIGN06.XLS.

12.2.9   Automatisch die Spaltenbreite einstellen

Standardmäßig hat eine Excel-Spalte eine Breite von 10.71. Wenn Sie Daten erfassen, passt sich die Zelle nicht automatisch an die benötigte Breite an. Mit dem Ereignis WorkSheet_Change können Sie dafür sorgen, dass direkt nach der Eingabe diese Breite automatisch eingestellt wird. Das Ereignis für diese Aufgabe sehen Sie in Listing 12.34.

Listing 12.34:
Ereignis
Worksheet_Change
zum automati-
schen Einstellen
der Spaltenbreite

```
Private Sub Worksheet_Change _
(ByVal Target As Excel.Range)
 Anpassen
End Sub

Sub Anpassen()
Cells.EntireColumn.AutoFit
Cells.EntireRow.AutoFit
End Sub
```

Die Beispieldatei finden Sie auf der mitgelieferten CD-ROM *im Verzeichnis* KAP12 *unter dem Namen* TEREIGN06B.XLS.

12.2.10 Mehrere Bereiche überwachen

Das Ereignis `Worksheet_Change` kontrolliert standardmäßig, ob sich eine beliebige Zelle auf der Tabelle ändert. Mithilfe des Arguments `Target` können Sie diese Überprüfung auf einzelne Bereiche einschränken.

```
Private Sub Worksheet_Change _
(ByVal Target As Excel.Range)
Dim Bereich As Range
Set Bereich = _
Application.Union(Range("A1"), Range("A2"), Range("A3"))
If Intersect(Target, Bereich) Is Nothing Then Exit Sub
Target.Offset(0, 1).Value = Now
End Sub
```

Listing 12.35:
Ereignis
Worksheet_Change
zur Überwachung
mehrerer Bereiche
einsetzen

Werden in den Zellen A1, A2 oder A3 Änderungen vorgenommen, wird jeweils in der Nebenzelle das Änderungsdatum erfasst.

Die Beispieldatei finden Sie auf der mitgelieferten CD-ROM im Verzeichnis KAP12 unter dem Namen TEREIGN06C.XLS.

12.2.11 | Eingabe auf mehreren Tabellen gleichzeitig durchführen

Stellen Sie sich vor, Sie haben eine Arbeitsmappe, in der sich mehrere gleichartige Tabellen befinden. Auf diesen Tabellen haben Sie in Zelle A1 ein Datum erfasst. Wenn Sie jetzt das Datum in allen Tabellen ändern möchten, geben Sie das Datum in Zelle A1 der ersten Tabelle ein, der Rest erledigt das folgende Makro aus Listing 12.36.

```
Private Sub Worksheet_Change _
(ByVal Target As Excel.Range)
Dim i As Integer

If Target.Address <> "$A$1" Then Exit Sub
For i = 2 To ActiveWorkbook.Sheets.Count
 Sheets(i).Activate
 Sheets(i).Range("A1").Value = Target.Value
Next i
End Sub
```

Listing 12.36:
Ereignis
Worksheet_Change
zum Erfassen einer
Änderung auf allen
Tabellen

Die Beispieldatei finden Sie auf der mitgelieferten CD-ROM im Verzeichnis KAP12 unter dem Namen TEREIGN06D.XLS.

12.2.12   Änderungen dokumentieren

Im nächsten Beispiel werden alle Änderungen in TABELLE1 in der TABELLE2 erfasst. Dabei wird das Erfassungsdatum, die Änderungsuhrzeit sowie die Zellenadresse ausgegeben.

Listing 12.37:
Ereignis
Worksheet_Change
zum Dokumentieren
aller Änderungen

```
Private Sub Worksheet_Change _
(ByVal Target As Excel.Range)
Sheets("Tabelle2").Cells(Target.Row, Target.Column) = _
ActiveSheet.Cells(Target.Row, Target.Column) & " " & _
 Date & " " & Time & " " & Target.Address
End Sub
```

Die Beispieldatei finden Sie auf der mitgelieferten CD-ROM *im Verzeichnis* KAP12 *unter dem Namen* TEREIGN06E.XLS.

12.2.13   Wareneingänge dokumentieren

In einem Unternehmen ist es sehr wichtig, alle Wareneingänge zu dokumentieren. So werden gestellte Rechnungen erst bezahlt, wenn die Ware eingegangen ist. Für diese Aufgabe können Sie eine einfache Tabelle pflegen, in welcher Sie die Wareneingänge verzeichnen. Das Datum des Wareneingangs kann Excel dann automatisch für Sie einfügen.

Abbildung 12.19:
Die halbauto-
matische Waren-
eingangsliste

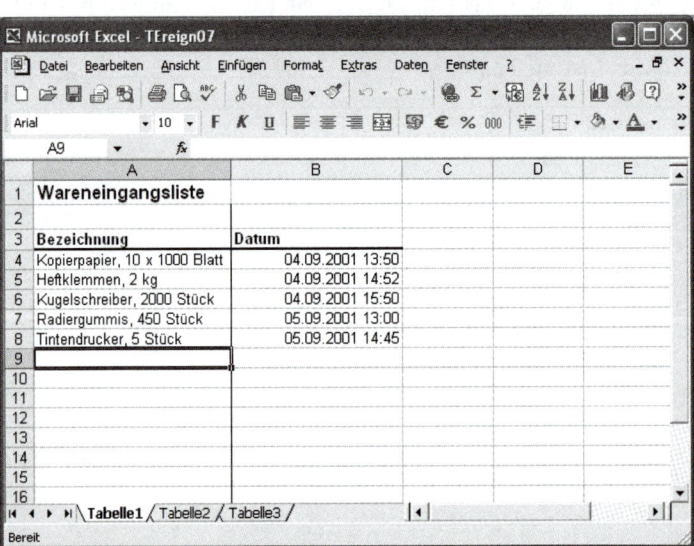

Sobald ein neuer Wareneingang in Spalte A eingetragen wird, fügt Excel automatisch das aktuelle Tagesdatum in Spalte B ein. Für diese Aufgabe setzen Sie das Ereignis Worksheet_Change ein, welches Sie dem Listing 12.38 entnehmen können.

```
Private Sub Worksheet_Change(ByVal Target As Range)
Dim l As Long
 l = ActiveSheet.UsedRange.Rows.Count
    If Not Application.Intersect _
    (Target, Range("A4:A" & l)) Is Nothing Then
        Target.Offset(0, 1).Value = Now
    End If
End Sub
```

Listing 12.38:
Ereignis
Worksheet_Change
zur Dokumentation
von Wareneingängen einsetzen

Da die ersten drei Zeilen der Wareneingangsliste mit Überschriften belegt sind und diese nicht geändert werden dürfen, müssen Sie zuerst den Bereich definieren, für den diese Automatik gelten soll. Der Geltungsbereich soll für die ganze Spalte A gelten, mit Ausnahme der ersten drei Zellen dieser Spalte. Ermitteln Sie aus diesem Grund zuerst einmal die Anzahl der belegten Zellen in Spalte A. Prüfen Sie im nächsten Schritt über die Methode Intersect, ob die Zelleneingabe im Zielbereich liegt. Wenn ja, fügen Sie in der Nebenzelle das aktuelle Datum über die Funktion Date ein.

Die Beispieldatei finden Sie auf der mitgelieferten CD-ROM *im Verzeichnis* KAP12 *unter dem Namen* TEREIGN07.XLS.

12.2.14 Artikelliste bereinigen

In der nächsten Aufgabe wird eine Artikelliste geführt. Dabei sollen Artikel, die nicht mehr im Sortiment bzw. nicht mehr lieferbar sind, zwar nicht aus der Liste gelöscht, aber ausgeblendet werden. Damit haben Sie die Möglichkeit, diese Artikel wieder aufleben zu lassen, und Sie ersparen sich dadurch lästige Schreibarbeit. Nun müssen Sie nur noch definieren, woran Sie diese Artikel identifizieren können.

Die Anforderungen

In der Abbildung 12.20 sehen Sie, dass für nicht mehr lieferbare Artikel in der Spalte A der Text ALT in Verbindung mit der Artikelnummer vorgesehen ist. Anhand dieser Kennzeichnung sollen zukünftig Zeilen direkt nach der Eingabe ausgeblendet werden.

```
Private Sub Worksheet_Change(ByVal Target As Range)
  If Target.Column = 1 _
  And Left(Target.Value, 3) = "Alt" _
  Then Target.EntireRow.Hidden = True
End Sub
```

Listing 12.39:
Ereignis
Worksheet_Change
zum Ausblenden
von bestimmten
Zeilen

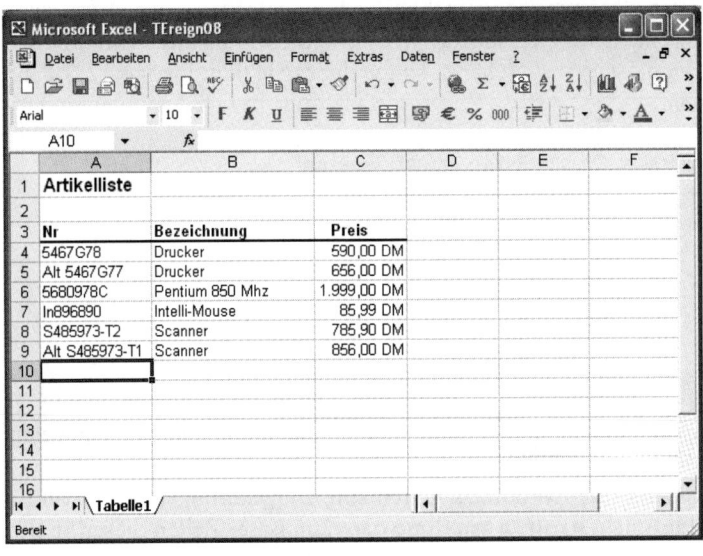

Schränken Sie den Gültigkeitsbereich des Ereignisses ein, indem Sie zuerst einmal die Spalte angeben, für die das Ereignis gelten soll. Dazu setzen Sie die Eigenschaft Column auf den Wert 1. Als zweites Gültigkeitskriterium prüfen Sie, ob die ersten drei Buchstaben der Artikelnummer die Zeichenfolge Alt aufweisen. Wenn ja, blenden Sie die aktive Zelle aus.

Das Beispiel aus Listing 12.39 blendet jeweils nur eine Zeile aus, sofern die Eingabe in Spalte A vorgenommen wurde und der Zelleneintrag mit der Zeichenfolge Alt beginnt. Möchten Sie in einer Liste alle Zeilen ausblenden, die einem bestimmten Kriterium entsprechen, blättern Sie zurück zu Kapitel 6.

Die Beispieldatei finden Sie auf der mitgelieferten CD-ROM im Verzeichnis KAP12 unter dem Namen TEREIGN08.XLS.

12.2.15　Nur einmalige Eingabe zulassen

Die Anforderungen　Im nächsten Beispiel erstellen Sie eine Tabelle, in der jede Zelle nur einmal editiert werden kann. Nach dieser einmaligen Eingabe wird die Zelle geschützt und kann nicht mehr geändert werden. In der Praxis werden solche Lösungen oft eingesetzt, um wichtige Informationen zu schützen und zu verhindern, dass Daten im Nachhinein angefasst werden können. So können Sie sich eine Buchungsliste vorstellen, auf der einzelne Buchungspositionen aufgeführt sind. Getreu der Vorgabe: »Keine Buchung ohne Beleg« können einmal vorgenommene Buchungen danach nicht mehr geändert werden. Wenn Korrekturen vorgenommen werden müssen, muss ein neuer Datensatz erzeugt und unten an die Liste angehängt werden.

Um die bisher eingegebenen Daten zu schützen, setzen Sie folgendes Ereignis aus Listing 12.40 ein.

```
Private Sub Worksheet_Change(ByVal Target As Range)
    If Target.Value <> "" Then
        ActiveSheet.Unprotect
        Target.Locked = True
        ActiveSheet.Protect DrawingObjects:=True, _
        Contents:=True, Scenarios:=True
    End If
End Sub
```

Listing 12.40:
Ereignis
Worksheet_Change
zum Schützen
bereits eingege-
bener Daten

Abbildung 12.21:
Die Buchungsliste
ist geschützt – nur
neue Eingaben sind
möglich.

	A	B	C	D	E	F
1	**Buchungsliste**					
2						
3	**Datum**	**Buchungstext**	**Soll**	**Haben**	**Stand**	
4	01.04.2000	Einnahmen aus Projektarbeit		15.000,00 DM	15.000,00 DM	
5	01.04.2000	Fahrzeug: Benzin	121,00 DM		14.879,00 DM	
6	04.04.2000	Software Upgrade	750,00 DM		14.129,00 DM	
7	04.04.2000	Fahrzeug: Kundendienst	1.299,00 DM		12.830,00 DM	
8	05.04.2000	Umbaumaßnahmen Erdgeschoß	3.875,00 DM		8.955,00 DM	
9	05.04.2000	Mieteinnahmen		1.000,00 DM	9.955,00 DM	
10	06.04.2000	Telefonkosten	78,95 DM		9.076,05 DM	
11	07.04.2000	Provider Gebühren	345,99 DM		9.530,06 DM	
12	08.04.2000	Büromaterial	845,50 DM		8.684,56 DM	

Microsoft Excel

Die Zelle oder das Diagramm, das Sie versuchen zu ändern, ist geschützt und somit schreibgeschützt.

Um die geschützte Zelle oder das Diagramm zu ändern, deaktivieren Sie den Schutz mit dem Befehl 'Blattschutz aufheben' (Menü 'Extras', Untermenü 'Schutz'). Unter Umständen werden Sie zur Eingabe eines Kennwortes aufgefordert.

OK

Heben Sie den Schutz eines Tabellenblatts mithilfe der Methode UnProtect auf, sofern in die aktive Zelle eine Eingabe vorgenommen wurde. Setzen Sie die Eigenschaft Locked auf den Wert True, um die Zelle zu sperren, und belegen Sie die Tabelle danach über die Methode Protect mit einem Passwortschutz.

Die Beispieldatei finden Sie auf der mitgelieferten CD-ROM *im Verzeichnis* KAP12 *unter dem Namen* TEREIGN09.XLS.

12.2.16   Tabellenname aus Zelle herleiten

Die Benennung einer Tabelle können Sie u. a. auch abhängig machen von einer bestimmten Zelle. In Listing 12.41 wird die Zelle A1 für die Benennung des Tabellenblatts herangezogen. Jede Änderung dieser Zelle bedingt danach auch eine Änderung des Tabellenblattnamens.

Listing 12.41:
Ereignis
Worksheet_Change
zum Benennen
eines Tabellen-
blatts in Abhängig-
keit von einem
Zellenwert

```
Private Sub Worksheet_Change _
(ByVal Target As Excel.Range)
Dim s As String

 If Target.Address = "$A$1" _
 And IsDate(Target.Value) Then
  s = Range("A1").Value
  s = Format(s, "mmm yy")
  ActiveSheet.Name = s
 End If
End Sub
```

Das Ereignis Worksheet_Change *wird nur ausgelöst, wenn in Zelle* A1 *eine Änderung stattfindet. Als zweites Kriterium muss in diese Zelle ein gültiges Datum eingegeben werden. Wenn beide Kriterien erfüllt sind, wird das Datum in Zelle* A1 *in die Variable* s *überführt. Danach wird das Datumsformat über die Funktion* Format *festgelegt. Im Anschluss daran wird der Inhalt der Variablen* s *als neuer Tabellenblattname verwendet.*

Abbildung 12.22:
Der Tabellenblatt-
name wird aus der
Zelle A1 abgeleitet.

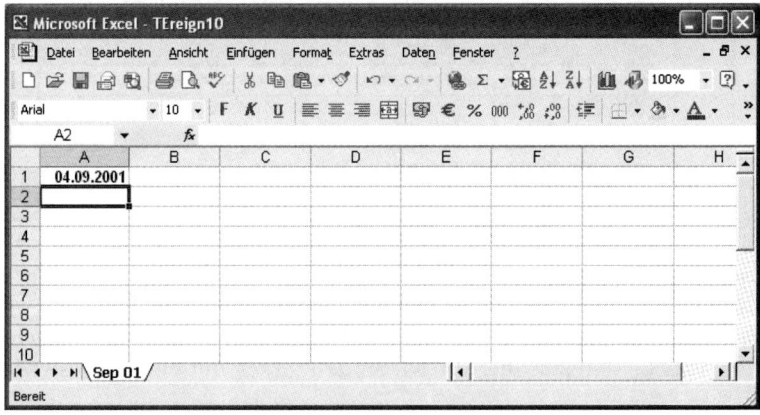

Die Beispieldatei finden Sie auf der mitgelieferten CD-ROM *im Verzeichnis* KAP12 *unter dem Namen* TEREIGN10.XLS.

12.2.17 Automatische Suche von Datensätzen

Vielleicht haben Sie schon einmal mit einem Suchsystem gearbeitet. Dabei geben Sie in ein Feld einen Suchbegriff ein und bekommen alle gefundenen Datensätze angezeigt. Ein solches Suchsystem können Sie auch in Excel leicht erstellen.

In einer Artelliste soll der gesuchte Satz schnell gefunden werden. Dazu geben Sie in Zelle A1 die Artikelnummer ein und bestätigen Ihre Eingabe mit dem Drücken der ⎆-Taste. Excel sucht dann automatisch und positioniert den Mauszeiger auf die gefundene Zelle. Bei der Eingabe brauchen Sie keine kompletten Artikelnummern einzugeben. Es reicht auch, wenn Sie eine bzw. zwei Ziffern als Suchbegriff eingeben.

Die Anforderung

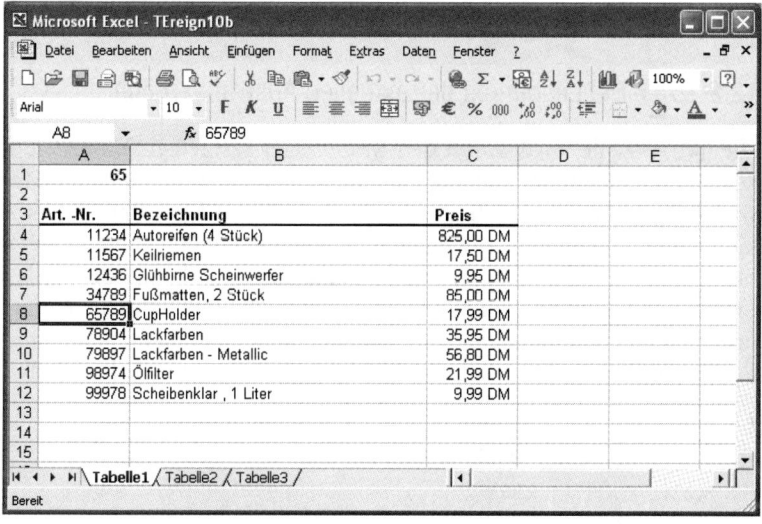

Abbildung 12.23:
Das Suchsystem für die Artelliste

Der Suchen-Vorgang darf nur gestartet werden, wenn in Zelle A1 eine Eingabe vorgenommen wurde. Dazu setzen Sie das Ereignis aus Listing 12.42 ein.

```
Private Sub Worksheet_Change(ByVal Target As Range)
 If Target.Address = "$A$1" Then SuchenArt
End Sub
```

Listing 12.42:
Ereignis
Worksheet_Change
zum Starten eines
Suchen-Makros
einsetzen

Wie Sie sehen, wird in Listing 12.42 ein Makro mit dem Namen SuchenArt aufgerufen. Erfassen Sie dieses Makro in einem Modulblatt.

Listing 12.43:
Den gesuchten
Artikel anhand der
Eingabe einer
Artikelnummer
finden

```vba
Sub SuchenArt()
Dim s As String
Dim i As Integer

s = Range("A1").Value
Range("A3").Select
For i = 1 To ActiveSheet.UsedRange.Rows.Count
  If Left(ActiveCell.Value, 1) = s Or _
  Left(ActiveCell.Value, 2) = s Then Exit For
  ActiveCell.Offset(1, 0).Select
Next i
End Sub
```

Die Beispieldatei finden Sie auf der mitgelieferten CD-ROM *im Verzeichnis* KAP12 *unter dem Namen* TEREIGN10B.XLS.

12.2.18 Die Lesbarkeit der aktuellen Auswahl erhöhen

Die aktive Zelle wird durch den Mauszeiger festgelegt. Wenn Sie möchten, können Sie zusätzlich dazu jeweils die Schriftart innerhalb der Markierung vergrößern, damit noch klarer herausgestellt wird, welche Zelle bzw. Markierung aktiviert ist. Wird somit eine Zelle markiert, so wird die Schriftart kurzfristig auf den Schriftgrad 12 gesetzt. Beim Verlassen der Zelle wird der ursprüngliche Schriftgrad wieder eingestellt. Um diesen Automatismus umzusetzen, benötigen Sie das Ereignis Worksheet_SelectionChange. Dieses Ereignis tritt ein, wenn sich die Markierung auf einem Tabellenblatt ändert.

Listing 12.44:
Ereignis
Worksheet_-
SelectionChange
zum temporären
Vergrößern der
Schriftart innerhalb
der Markierung

```vba
Private Sub Worksheet_SelectionChange _
  (ByVal Target As Excel.Range)
    Static Zelle As Range
    If Not Zelle Is Nothing Then
        Zelle.Font.Size = 10
    End If
    Target.Font.Size = 12
    Set Zelle = Target
End Sub
```

Setzen Sie die Anweisung Static ein, um eine Variable zu deklarieren, die jeweils die Adresse der aktiven Zelle aufnehmen soll. Die mit der Static-Anweisung deklarierte Variable behält ihren Wert bei, solange der Code ausgeführt wird. Mit dem Schlüsselwort Nothing überprüfen Sie, ob die Zelle verlassen wurde. Wenn ja, muss der Schriftgrad wieder auf 10 gesetzt werden. Wird eine neue Zelle aktiviert, wird der Schriftgrad 12 eingestellt. Am Ende setzen Sie die Objektvariable Zelle mit der aktiven Zelle gleich.

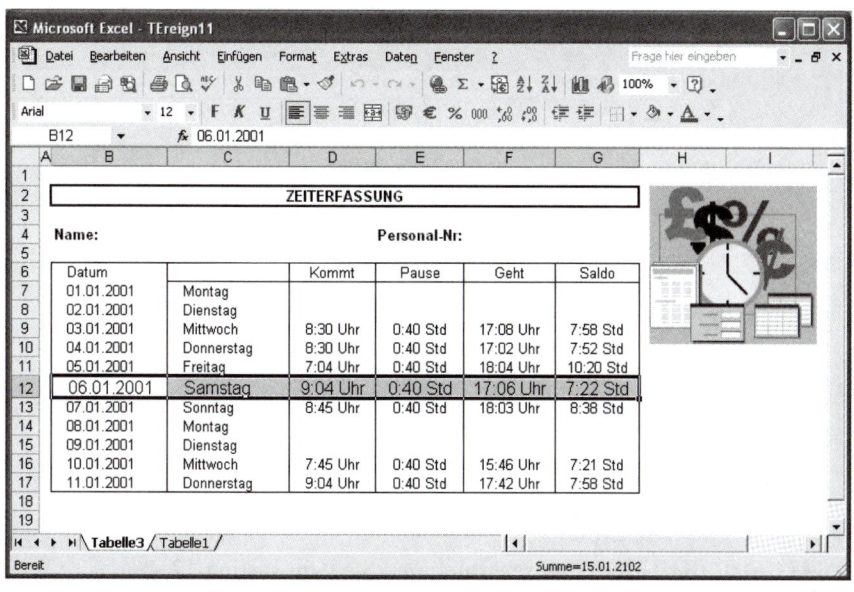

Abbildung 12.24:
Innerhalb der aktuellen Markierung wird der Schriftgrad vergrößert.

Eine weitere Möglichkeit, um die jeweils aktive Zelle bzw. den markierten Zellenbereich deutlich hervorzuheben, ist die Verwendung einer helleren Hintergrundfarbe für die aktive Zelle.

```
Private Sub Worksheet_SelectionChange _
(ByVal Target As Range)
 Static Zelle As Range
 If Not Zelle Is Nothing Then
    Zelle.Interior.ColorIndex = xlColorIndexNone
 End If
 Target.Interior.ColorIndex = 6
 Set Zelle = Target
End Sub
```

Listing 12.45:
Ereignis Worksheet_SelectionChange zum Belegen der jeweils aktiven Zelle mit der Hintergrundfarbe Gelb

Die Beispieldateien finden Sie auf der mitgelieferten CD-ROM *im Verzeichnis* KAP12 *unter dem Namen* TEREIGN11.XLS.

12.2.19   Mehr Übersichtlichkeit in Tabellen herstellen

Wenn Sie auf der Suche nach einer bestimmten Information in einer Tabelle sind und diese auch gefunden haben, interessiert Sie nicht nur der Inhalt der gefundenen Zelle, sondern oft auch die Informationen, die in den übrigen Zellen der Zeile stecken. Aus diesem Grund können Sie das Ereignis Worksheet_SelectionChange auch einsetzen, um die Markierung einer Zelle auf die Markierung der ganzen Zeile auszuweiten.

Abbildung 12.25:
Wird eine Zelle
markiert, erfolgt
automatisch die
Markierung der
gesamten Zeile.

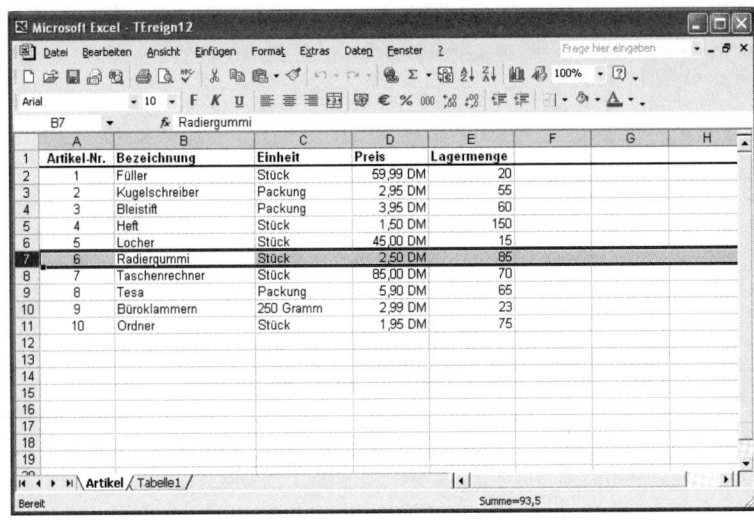

Die Lösung für dieses Feature entnehmen Sie dem Listing 12.46.

Listing 12.46:
Ereignis
Worksheet_
SelectionChange
zum Erweitern der
Auswahl der aktiven
Zelle auf die
gesamte Zeile

```
Private Sub Worksheet_SelectionChange _
(ByVal Target As Excel.Range)
    Application.EnableEvents = False
    Rows(Target.Row).Select
    Target.Activate
    Application.EnableEvents = True
End Sub
```

Im letzten Beispiel in Listing 12.46 müssen Sie die Ereignissteuerung kurzfristig ausschalten, um zu verhindern, dass Sie eine Endlosschleife erzeugen. Dazu setzen Sie die Eigenschaft EnableEvents auf den Wert False.

Danach markieren Sie die komplette Zeile und sorgen dafür, dass der Mauszeiger trotzdem wieder auf der ursprünglich markierten Zelle positioniert wird. Setzen Sie daraufhin die Eigenschaft EnableEvents wieder auf den Wert True, um die Ereignissteuerung zuzulassen.

Möchten Sie nicht die ganze Zeile markieren, sondern beispielsweise nur die aktive Zelle und die zwei daneben liegenden, dann setzen Sie das Ereignis aus Listing 12.47 ein.

Listing 12.47:
Ereignis
Worksheet_-
SelectionChange
zum Färben der
aktiven Zelle und
den daneben
liegenden Zellen

```
Private Sub Worksheet_SelectionChange _
(ByVal Target As Excel.Range)
Static Zelle As Range
 If Not Zelle Is Nothing Then
  Range(Zelle, Zelle.Offset(0, 2)). _
  Interior.ColorIndex = xlColorIndexNone
  Zelle.Font.ColorIndex = xlColorIndexAutomatic
```

```
 End If
Range(Target, Target.Offset(0, 2)). _
  Interior.ColorIndex = 3
Target.Font.ColorIndex = 2
Set Zelle = Target
End Sub
```

Die aktive Zelle und die zwei rechts daneben liegenden Zellen werden mit der Hintergrundfarbe Rot belegt.

Die Beispieldatei finden Sie auf der mitgelieferten CD-ROM im Verzeichnis KAP12 unter dem Namen TEREIGN12.XLS.

12.2.20 Mausklicks überwachen

Mit den Ereignissen `Worksheet_BeforeRightClick` und `Worksheet_BeforeDouble Click` können Sie entscheiden, was passieren soll, sofern die rechte Maustaste einmal bzw. die linke Maustaste doppelt angeklickt wird.

Wenn Sie auf einem Tabellenblatt verhindern möchten, dass das Zellen-Kontextmenü für einen bestimmten Bereich herunterklappt, sobald Sie die rechte Maustaste drücken, erfassen Sie folgendes Ereignismakro:

Klick mit rechter Maustaste

```
Private Sub Worksheet_BeforeRightClick _
(ByVal Target As Range, Cancel As Boolean)
Dim VerbotenerBereich As Range
Set VerbotenerBereich = Range("B2:D10")
If Intersect(Target, VerbotenerBereich) _
 Is Nothing Then Exit Sub
Cancel = True
End Sub
```

Listing 12.48: Ereignis Worksheet_Before-RightClick zum Verhindern des Aufklappens des Kontextmenüs

Definieren Sie zuerst den Zielbereich, für den das Kontextmenü deaktiviert werden soll. Danach fragen Sie über die Methode `Intersect` ab, ob sich die aktuell markierte Zelle im Zielbereich befindet oder nicht. Wenn ja, setzen Sie das Argument `Cancel` einfach auf den Wert `True` und das Herunterklappen des Kontextmenüs unterbleibt.

Die Beispieldatei finden Sie auf der mitgelieferten CD-ROM im Verzeichnis KAP12 unter dem Namen TEREIGN13.XLS.

Abbildung 12.26:
Das Kontextmenü
ist aktiv, da die
aktive Zelle sich
außerhalb des defi-
nierten Bereichs
befindet.

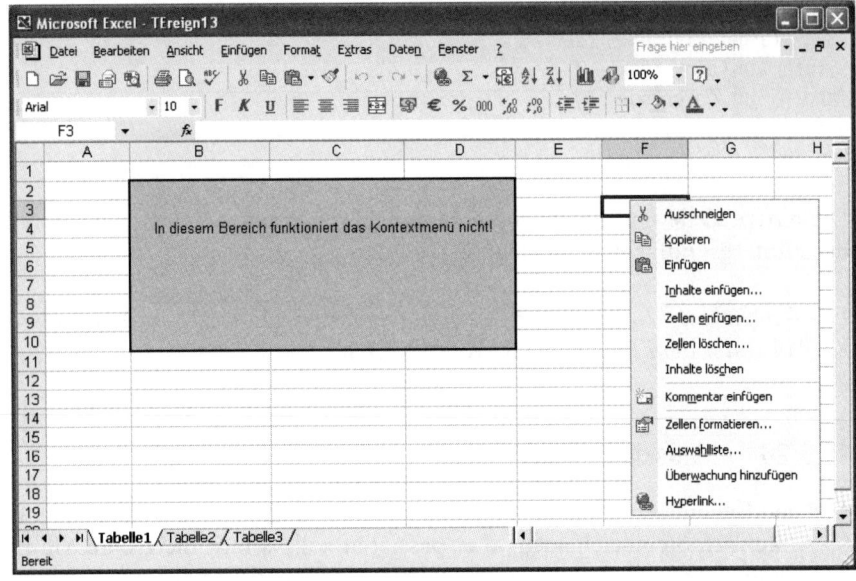

*Doppelklick mit
linker
Maustaste*

Neben der rechten Maustaste können Sie aber auch einen Doppelklick auf eine Zelle abfangen. In der folgenden Aufgabe soll eine bestimmte Zelle immer um den Wert 1 hochgezählt werden, und zwar immer dann, wenn auf diese Zelle ein Doppelklick ausgeführt wird. Damit aber noch nicht genug. Auf diese hochgezählte Zelle sollen sich andere Zellen beziehen, sodass Sie nach jedem Doppelklick mehrere Zellen automatisch ändern.

Zelle A5 ist in Abbildung 12.27 die veränderbare Zelle. In Zelle B5 steht der Stückpreis, in Zelle C5 wird die Menge mit dem Stückpreis multipliziert (=A5*B5).

Erfassen Sie nun das Ereignis Worksheet_BeforeDoubleClick:

Listing 12.49:
Ereignis
Worksheet_Before
DoubleClick zum
Hochzählen eines
Zellenwerts

```
Private Sub Worksheet_BeforeDoubleClick _
(ByVal Target As Excel.Range, Cancel As Boolean)
    If Target.Address = "$A$5" Then
        Target.Value = Target.Value + 1
        Cancel = True
    End If
End Sub
```

*Addition auf
Knopfdruck*

Stimmt die Zelle, auf der Sie einen Doppelklick ausführen, mit der definierten Zelle A5 überein, wird der aktuelle Zelleninhalt um den Wert 1 erhöht. Das Argument Cancel wird auf den Wert True gesetzt, um zu verhindern, dass die normale Aktion bei einem Doppelklick auf die Zelle, die direkte Zellenbearbeitung, ausgeführt wird.

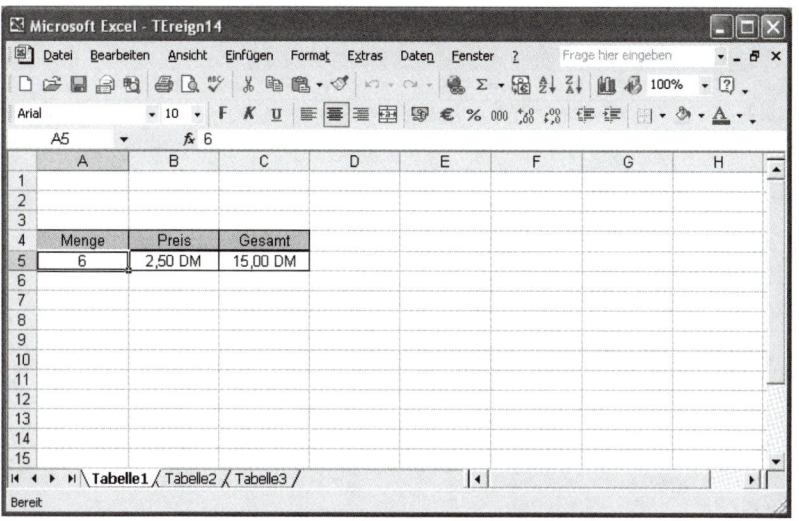

Abbildung 12.27:
Tabelle Menge x
Preis

Die Beispieldatei finden Sie auf der mitgelieferten CD-ROM *im Verzeichnis* KAP12 *unter dem Namen* TEREIGN14.XLS.

12.2.21 Die Aktualisierung von Pivot-Tabellen überwachen

Ebenso neu in der Version Excel 2002 ist das Tabellenblatt-Ereignis Worksheet_PivotTableUpdate. *Damit können Sie erstmals abfangen, ob eine Pivot-Tabelle aktualisiert wurde oder nicht.*

Im nächsten Beispiel aus Listing 12.50 wird die Uhrzeit der Aktualisierung einer Pivot-Tabelle ausgegeben.

```
Private Sub Worksheet_PivotTableUpdate _
(ByVal Target As PivotTable)
 MsgBox _
 "Die Pivot-Tabelle(n) wurden aktualisiert um " & Time
End Sub
```

Listing 12.50:
Ereignis
Worksheet_Pivot-
TableUpdate zum
Abfangen der
Aktualisierung einer
Pivot-Tabelle

12.2.22 Direkte Verbindung zu einer anderen Tabelle erstellen

Seit der Version Excel 2000 gibt es das Ereignis Worksheet_Follow Hyperlink. Dieses Ereignis tritt ein, wenn Sie auf einen Hyperlink auf Ihrem Tabellenblatt klicken. Wenn Sie in Excel auf einen Hyperlink klicken, wird die im Hyperlink angegebene Webseite bzw. ein Office-Dokument geöffnet. Dabei bleibt die aufrufende Arbeitsmappe geöffnet. Möchten Sie nach dem Sprung die aufrufende Arbeitsmappe schließen, setzen Sie das Ereignis Worksheet_FollowHyperlink ein.

Abbildung 12.28:
Ein Hyperlink zu
einer anderen
Arbeitsmappe

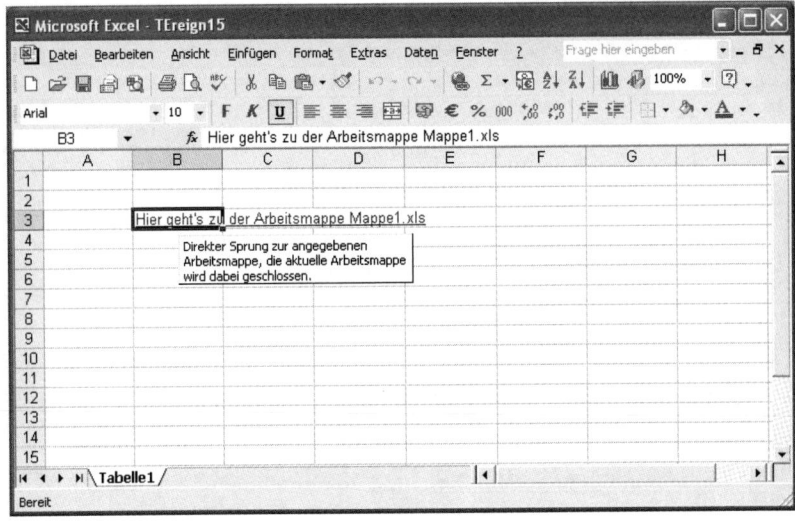

Listing 12.51:
Ereignis
Worksheet_Follow-
Hyperlink für den
Sprung in eine
andere Arbeits-
mappe nutzen

```
Private Sub Worksheet_FollowHyperlink _
(ByVal Target As Hyperlink)
 Application.DisplayAlerts = False
 Workbooks("TEreign15.xls").Close
  Application.DisplayAlerts = True
End Sub
```

Die Beispieldatei finden Sie auf der mitgelieferten CD-ROM *im Verzeichnis* KAP12 *unter dem Namen* TEREIGN15.XLS.

Setzen Sie die Eigenschaft DisplayAlerts vor dem Schließen der Arbeits-mappe auf den Wert False, um die Bestätigungsmeldung für das Schließen der Arbeitsmappe zu umgehen. Setzen Sie nach dem Schließen der Arbeits-mappe diese Eigenschaft wieder auf den Wert True, damit Meldungen und Warnungen wieder standardmäßig in Excel angezeigt werden.

Lernen Sie mehr über den Einsatz von Hyperlinks in Kapitel 18.

12.2.23   Alle Ereignisse für Tabellen im Überblick

Entnehmen Sie alle Ereignisse für Tabellen und eine Kurzerklärung der Tabelle 12.2.

Tabelle 12.2:
Alle Ereignisse für
das Tabellenblatt in
der Übersicht

Ereignis	Beschreibung
Worksheet_Activate	Tritt ein, wenn ein Tabellenblatt aktiviert wird.
Worksheet_Change	Tritt ein, wenn sich der Wert in einer Zelle ändert.

Ereignis	Beschreibung	
Worksheet_Calculate	Tritt ein, wenn eine Tabelle neu berechnet wird.	**Tabelle 12.2:** Alle Ereignisse für das Tabellenblatt in der Übersicht (Forts.)
Worksheet_Deactivate	Tritt ein, wenn ein Tabellenblatt deaktiviert wird, beispielsweise wenn ein Tabellenblatt verlassen wird.	
Worksheet_FollowHyperlink	Tritt ein, wenn der Anwender auf einen Hyperlink in einer Tabelle klickt.	
WorkSheet_SelectionChange	Tritt ein, wenn sich die Markierung auf einem Tabellenblatt ändert.	

12.3   Reaktion auf Tastendruck

Sicher kennen Sie Tastenkombinationen wie $\boxed{\text{Alt}}$ + $\boxed{\text{F4}}$, um eine Anwendung zu schließen, oder $\boxed{\text{Strg}}$ + $\boxed{\text{C}}$, um Daten in die Zwischenablage zu kopieren, bzw. $\boxed{\text{Strg}}$ + $\boxed{\text{V}}$, um kopierte Daten aus der Zwischenablage einzufügen, und viele mehr. Mithilfe der Methode OnKey haben Sie in Excel die Möglichkeit, bestimmte Tastenkombinationen ein- und auszuschalten oder eigene Makros bestimmten Tastenkombinationen zuzuordnen.

Das Zuordnen von Makros zu Tastenkombinationen können Sie manuell erledigen, indem Sie wie folgt vorgehen:

STEP

1. Wählen Sie aus dem Menü EXTRAS den Befehl MAKRO/MAKROS.

2. Im Dialogfeld MAKRO klicken Sie im Listenfeld MAKRONAME auf dasjenige Makro, dem Sie eine Tastenkombination zuordnen möchten.

3. Klicken Sie auf die Schaltfläche OPTIONEN.

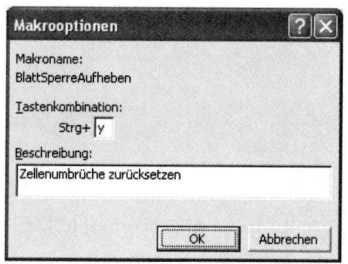

Abbildung 12.29: Eine eigene Tastenkombination zuweisen

4. Weisen Sie eine gewünschte Tastenkombination zu und bestätigen Sie mit OK.

5. Klicken Sie zum Abschluss auf die Schaltfläche AUSFÜHREN bzw. auf BEARBEITEN, damit die Tastenkombination wirksam wird.

Sie können Tastenkombinationen aber auch über die Methode OnKey zuordnen. Die Methode OnKey führt die angegebene Prozedur aus, wenn eine bestimmte Taste oder Tastenkombination gedrückt wird.

Die Syntax   Die Syntax der Methode lautet: Application.OnKey(Key, Procedure)

Die Argumente
der Methode
OnKey

Das Argument Key entspricht der Taste(n), die gedrückt wird. Das Argument Procedure ist optional. Es entspricht dem Makro, welches Sie der Tastenkombination zuweisen möchten. Bleibt dieses Argument leer (»«), dann hat das Drücken der Taste keine Wirkung.

TIPP

Die Methode OnKey können Sie übrigens erstklassig mit den bereits kennen gelernten Ereignissen kombinieren.

Entnehmen Sie der folgenden Tabelle 12.3 alle möglichen Tasten und deren Codebelegung.

Tabelle 12.3:
Alle Tasten und
deren Code-
belegung

Taste	Codebelegung
⌫	{BACKSPACE} oder {BS}
PAUSE	{BREAK}
CapsLock	{CAPSLOCK}
Entf	{CLEAR}
Entf	{DELETE} oder {DEL}
↓	{DOWN}
ENDE	{END}
↵ Zehnertastatur	{ENTER}
~	~ (Tilde)
Esc	{ESCAPE} oder {ESC}
HILFE	{HELP}
Pos1	{HOME}
Einfg	{INSERT}
←	{LEFT}
Num	{NUMLOCK}
Bild↓	{PGDN}
Bild↑	{PGUP}

Taste	Codebelegung
⏎	{RETURN}
→	{RIGHT}
ROLLEN	{SCROLLOCK}
⇥	{TAB}
↑	{UP}
F1 bis F15	{F1} bis {F15}

Tabelle 12.3:
Alle Tasten und
deren Code-
belegung
(Forts.)

In jeder Anwendung von Windows können die Tasten aus Tabelle 12.3 auch mit den Tasten Alt , Strg oder ⬦ kombiniert werden. Entnehmen Sie der nachfolgenden Tabelle 12.4 die Codierung dieser Zusatztasten.

Zusatztaste	Vorangestelltes Zeichen
⬦	+ (Pluszeichen)
Strg	^ (Caret-Zeichen)
Alt	% (Prozentzeichen)
BEFEHLSTASTE	* (Sternchen)

Tabelle 12.4:
Alle Zusatztasten
auf der Tastatur

Nachdem Sie nun wissen, unter welcher Codebelegung Sie die einzelnen Tasten und Zusatztasten ansprechen können, folgen ein paar Aufgaben aus der Praxis.

12.3.1   Tastenkombinationen ein- und ausschalten

Nehmen Sie einmal an, Sie haben ein Tabellenblatt, auf dem nicht mit Tastenkombinationen gearbeitet werden soll. Beim Zugriff auf dieses Tabellenblatt sollen also alle Tastenkombinationen deaktiviert und beim Verlassen des Tabellenblatts wiederhergestellt werden. Um diese Aufgabe zu lösen, gehen Sie wie folgt vor:

Schreiben Sie zuerst das Makro für das Deaktivieren der Tastenkombinationen.

```
Sub TastenkombinationenAusschalten()
    Dim i As Integer
    On Error Resume Next
    For i = 1 To 255
```

Listing 12.52:
Alle Tastenkombi-
nationen mit der
Strg -Taste wer-
den deaktiviert

```
        Application.OnKey "^" & Chr(i), ""
    Next i
End Sub
```

Setzen Sie eine For Next-Schleife auf, um alle Tastenkombinationen zu deaktivieren. Dabei setzen Sie als Endwert der Schleife die Zahl 255 ein. Diese Zahl stellt den normalen Bereich für den Zeichencode dar. Die Funktion Chr gibt einen Wert vom Typ String zurück, der das Zeichen enthält, das dem angegebenen Zeichencode zugeordnet ist. Indem Sie bei der Methode OnKey das Zeichen für das Dach ⌃ sowie die jeweiligen Zeichen angeben und das letzte Argument leer lassen, sorgen Sie dafür, dass alle Tastenkombinationen mit der Strg -Taste ausgeschaltet werden.

Bauen Sie nun den Mechanismus in der Tabelle TABELLE2 ein. Dazu klicken Sie die Tabelle im Projekt-Explorer doppelt an und erfassen folgendes Ereignis.:

Listing 12.53:
Ereignis
Worksheet_Activate
zum Starten des
Makros zum Deakti-
vieren aller Tasten-
kombinationen

```
Private Sub Worksheet_Activate()
    TastenkombinationenAusschalten
End Sub
```

Damit die Tastenkombinationen beim Verlassen der TABELLE2 wieder hergestellt werden, erfassen Sie nun auf Modulebene das Makro in Listing 12.54.

Listing 12.54:
Alle Tastenkom-
binationen mit der
Strg-Taste
werden wieder
aktiviert

```
Sub TastenkombinationenEinschalten()
    Dim i As Integer
    On Error Resume Next
    For i = 1 To 255
        Application.OnKey "^" & Chr(i)
    Next i
End Sub
```

Nun müssen Sie noch das Ereignis Worksheet_Deactivate einstellen. Dieses Ereignis entnehmen Sie dem Listing 12.55.

Listing 12.55:
Ereignis
Worksheet_Deacti-
vate zum Starten
des Makros zum
Aktivieren aller Tas-
tenkombinationen

```
Private Sub Worksheet_Deactivate()
    TastenkombinationenEinschalten
End Sub
```

Die Beispieldatei finden Sie auf der mitgelieferten CD-ROM *im Verzeichnis* KAP12 *unter dem Namen* TASTEN.XLS.

12.3.2   Zeilenumbrüche zurücksetzen

Um Zeilenumbrüche wieder zu entfernen, müssen Sie aus dem Menü FORMAT den Befehl ZELLEN wählen. Anschließend wechseln Sie auf die Registerkarte AUSRICHTUNG und deaktivieren das Kontrollkästchen ZEILENUMBRUCH. Diesen Ablauf von mehreren Schritten können Sie auch elegant über eine Tastenkombination festlegen. Dazu definieren Sie schon beim Öffnen einer Arbeitsmappe, dass diese Abfolge von Befehlen beispielsweise der Tastenkombination ⎡Strg⎤ + ⎡Z⎤ zugeordnet wird. Dazu setzen Sie das Arbeitsmappen-Ereignis Workbook_Open aus Listing 12.56 ein.

```
Private Sub Workbook_Open()
 Application.OnKey "^z", "ZeilenumbruchZurücksetzen"
End Sub
```

Listing 12.56:
Ereignis
Workbook_Open für
das Definieren einer
Tastenkombination
zum Deaktivieren
von Zeilen-
umbrüchen

Schreiben Sie nun das Makro auf Modulebene, welches den Zeilenumbruch für die aktive Zelle bzw. den markierten Datenbereich deaktiviert.

```
Sub ZeilenumbruchZurücksetzen()
    With Selection
        .HorizontalAlignment = xlGeneral
        .VerticalAlignment = xlBottom
        .WrapText = False
        .Orientation = 0
        .ShrinkToFit = False
        .MergeCells = False
    End With
End Sub
```

Listing 12.57:
Der Zeilenumbruch
innerhalb einer
Zellenmarkierung
wird deaktiviert

Die gerade beschriebene Vorgehensweise können Sie auch für andere Arbeiten in Excel, unter anderem das Auflösen von miteinander verbundenen Zellen, das Aus- oder Einblenden von Gitternetzlinien, einsetzen.

:-)
TIPP

Die Beispieldatei finden Sie auf der mitgelieferten CD-ROM im Verzeichnis KAP12 unter dem Namen TASTEN.XLS.

CD

12.3.3   Texte einfügen

Im nächsten Beispiel für die Methode OnKey soll eine Adresse per Tastenkombination in eine Zelle eingefügt werden. Dabei soll auch schon automatisch der Zeilenumbruch eingestellt werden. Erfassen Sie dazu zuerst einmal das Ereignis Workbook_Open.

Listing 12.58:
Ereignis
Workbook_Open
zum Zuweisen einer
Tastenkombination
für das Einfügen
einer Adresse

```
Private Sub Workbook_Open()
 Application.OnKey "^y", "TextEinfügen"
End Sub
```

Schreiben Sie jetzt das eigentliche Makro, welches die Adresse formatiert in die Zelle eingibt.

```
Sub TextEinfügen()
  With ActiveCell
    .Value = _
    "Bernd Held" & Chr(10) & _
    "Burgherrenstr. 89" & Chr(10) & _
    "70469 Stuttgart"
    .WrapText = True
  End With
  With Selection
    .ColumnWidth = 18
    .VerticalAlignment = xlCenter
  End With
End Sub
```

Mit der Tastenkombination $\boxed{\text{Strg}}$ + $\boxed{\text{Y}}$ fügen Sie die Adresse in die aktive Zelle ein. Mithilfe der Funktion Chr(10) erzeugen Sie einen Zeilenumbruch. Trotzdem müssen Sie der aktiven Zelle über die Eigenschaft WrapText noch mitteilen, dass der Text in der Zelle umbrochen werden soll. Stellen Sie danach die Spalte in einer ausreichenden Breite ein, sodass die Zeilenumbrüche, wie Sie sie mit der Funktion Chr(10) festgelegt haben, auch umgesetzt werden können. Zuletzt sorgen Sie mit der Eigenschaft VerticalAlignment dafür, dass die Adresse in der Zelle vertikal ausgerichtet wird.

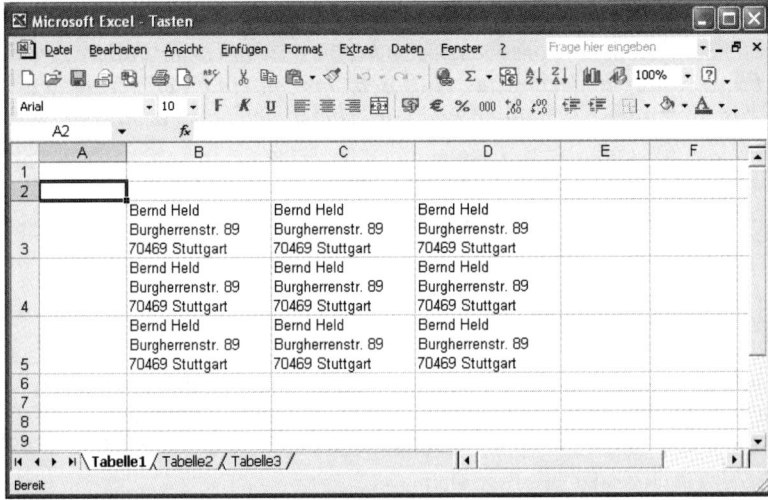

Excel-VBA-Kompendium

Die Beispieldatei finden Sie auf der mitgelieferten CD-ROM *im Verzeichnis* KAP12 *unter dem Namen* TASTEN.XLS.

12.3.4   Speichern per Tastenkombination verhindern

Um eine Arbeitsmappe zu speichern, können Sie die Tastenkombination [Strg] + [S] drücken. Diese Tastenkombination können Sie ausschalten, indem Sie die folgende Lösung in Listing 12.60 anwenden.

```
Private Sub Workbook_Open()
 Application.OnKey "^s", "KeineAktion"
End Sub
```

Listing 12.60:
Tastenkombination
fürs Speichern
deaktivieren

Auf einem normalen Modulblatt erfassen Sie dann ein leeres Makro.

```
Sub KeineAktion()

End Sub
```

Listing 12.61:
Leeres Makro als
Ziel für eine Tasten-
kombination
angeben

Indem Sie der Tastenkombination [Strg] + [S] ein leeres Makro zuweisen, heben Sie die ursprüngliche Funktion dieser Tastenkombination auf.

12.3.5   Blattsperre ohne Blattschutz erstellen

Klar, Sie können ein Tabellenblatt schützen, indem Sie es mit einem Passwort belegen. Damit kann der Anwender zwar keine Daten ändern, jedoch kann er jederzeit die Daten auf dem Tabellenblatt kopieren und ungeschützt in eine neue Arbeitsmappe einfügen. Eine clevere Alternative zum Blattschutz ist die Eigenschaft ScrollArea. Mit dieser Eigenschaft geben Sie an, in welchem Bereich sich der Anwender bewegen darf. Legen Sie diese Eigenschaft auf die Zelle A1, damit der Anwender lediglich diese eine Zelle bearbeiten kann. Der Anwender ist zwar noch in der Lage, die Daten auf dem Tabellenblatt zu sehen, ändern bzw. kopieren kann er sie aber nicht. Diese elegante Blattsperre können Sie über eine Tastenkombination einstellen bzw. auch wieder aufheben. Dazu legen Sie diese beiden Tastenkombinationen schon beim Öffnen der Arbeitsmappe fest und setzen hierfür das Arbeitsmappen-Ereignis Workbook_Open ein.

```
Private Sub Workbook_Open()
 Application.OnKey "^%ä", "BlattSperren"
 Application.OnKey "^%ö", "BlattSperreAufheben"
End Sub
```

Listing 12.62:
Ereignis
Workbok_Open
zum Festlegen von
Tastenkombina-
tionen für die Blatt-
sperre

Mit der Tastenkombination [Alt] + [Strg] + [Ä] aktivieren Sie die Blattsperre. Durch die Tastenkombination [Alt] + [Strg] + [Ö] heben Sie die

Blattsperre wieder auf. Erfassen Sie jetzt die beiden Makros für die Blattsperre auf einem Modulblatt.

Listing 12.63:
Eine Blattsperre
ohne Passwort
programmieren

```
Sub BlattSperren()
 Worksheets("Tabelle3").ScrollArea = "A1"
End Sub
```

Zum Aufheben der Blattsperre setzen Sie das Makro aus Listing 12.64 ein.

Listing 12.64:
Blattsperre wieder
aufheben

```
Sub BlattSperreAufheben()
 Worksheets("Tabelle3").ScrollArea = ""
End Sub
```

Indem Sie der Eigenschaft ScrollArea eine leere Zeichenfolge übergeben, kann der Anwender wieder auf das gesamte Tabellenblatt zugreifen.

Auch mit der eben vorgestellten Lösung lässt sich das Tabellenblatt in eine andere Arbeitsmappe kopieren. Dazu klicken Sie mit der rechten Maustaste auf den Tabellenreiter und wählen aus dem Kontextmenü den Befehl VERSCHIEBEN/KOPIEREN. Aber auch dies lässt sich verhindern. Dazu deaktivieren Sie einfach das Kontextmenü mit dem folgenden Makro aus dem Listing 12.65.

Listing 12.65:
Kontextmenü für
Tabellenreiter
deaktivieren

```
Sub KontextmenüRegisterKarteDeaktivieren()
 CommandBars("Ply").Enabled = False
End Sub
```

Wenn Sie nach dem Start des Makros aus dem Listing 12.65 mit der rechten Maustaste auf den Tabellenreiter des Tabellenblatts klicken, unterbleibt das automatische Herunterscrollen des Kontextmenüs. Das Kontextmenü ist somit ausgeschaltet. Setzen Sie die Eigenschaft Enabled auf den Wert True, um das Kontextmenü für die Tabellenreiter wieder verfügbar zu machen.

In Kapitel 16 erfahren Sie mehr über die Programmierung von Kontextmenüs.

12.4   Zeitsteuerung in Excel

In Excel haben Sie die Möglichkeit, Makros zu einem bestimmten Zeitpunkt zu starten. Des Weiteren können Sie Makros auch in bestimmten Intervallen wiederholt ausführen. Für diese Aufgabe setzen Sie die Methode OnTime ein.

Die Syntax   Die Syntax der Methode lautet:

```
OnTime(EarliestTime, Procedure, LatestTime, Schedule)
```

Das Argument `EarliestTime` gibt den Zeitpunkt an, an dem eine Prozedur ausgeführt werden soll. Das Argument `Procedure` beinhaltet den Namen der auszuführenden Prozedur. Das Argument `LatestTime` ist optional einsetzbar und gibt den letzten Zeitpunkt an, zu dem die Prozedur ausgeführt werden kann. Das letzte Argument `Schedule` ist optional einsetzbar und führt eine neue `OnTime`-Prozedur aus, sofern dieses Argument auf den Wert `True` gesetzt ist. Indem Sie das Argument auf den Wert `False` setzen, löschen Sie eine vorher eingestellte Prozedur. Die Möglichkeiten, die Sie mit dieser Zeitsteuerung haben, werden in den nächsten Praxisaufgaben näher erläutert.

Die Argumente der Methode OnTime

12.4.1 Regelmäßig die Uhrzeit anzeigen

Die Methode `OnTime` können Sie einsetzen, um regelmäßig die aktuelle Uhrzeit in der Statusleiste anzeigen zu lassen. Dabei definieren Sie das Intervall von 60 Sekunden. Jede Minute soll dann die aktuelle Uhrzeit in der Statusleiste angezeigt werden, die Zeitansage soll genau fünf Sekunden in der Statusleiste sichtbar sein und danach wieder ausgeblendet werden. Dazu erfassen Sie folgendes Makro aus Listing 12.66.

```
Sub Zeitanzeige()
    Application.OnTime Now + TimeValue("00:01:00"), _
    "Uhrzeit"
End Sub
```

Listing 12.66:
Ein Makro wird nach genau einer Minute gestartet

Mit der Funktion `Now` ermitteln Sie sowohl das aktuelle Tagesdatum als auch die aktuelle Uhrzeit. Zu der Uhrzeit addieren Sie mithilfe der Funktion `TimeValue` zehn Sekunden. Damit vergehen genau zehn Sekunden bis zum Start des Makros `Uhrzeit`, welches Sie in Listing 12.67 sehen.

```
Sub Uhrzeit()
    Application.DisplayStatusBar = True
    Application.StatusBar = Date & "," & Time
    Application.Wait (Now + TimeValue("0:00:05"))
    Application.StatusBar = False
    Call Zeitanzeige
End Sub
```

Listing 12.67:
Regelmäßig die aktuelle Uhrzeit in der Statusleiste ausgeben

Im ersten Schritt blenden Sie für alle Fälle sicherheitshalber die Statusleiste ein. Danach füllen Sie die Statusleiste mit dem aktuellen Tagesdatum, welches Sie über die Funktion `Date` bekommen, und mit der aktuellen Uhrzeit, die über die Funktion `Time` abgefragt werden kann. Im Anschluss daran sorgen Sie dafür, dass Excel diese Zeitansage fünf Sekunden lang in der Statusleiste stehen lässt. Dazu verwenden Sie die Methode `Wait`, die das Makro für fünf Sekunden anhält. Danach geben Sie die Verwaltung der Statusleiste wieder an Excel zurück, was dazu führt, dass der Text BEREIT in der Leiste angezeigt wird. Im letzten Schritt sorgen Sie dafür, dass die Zeitansage regelmäßig ausgeführt wird. Dazu rufen Sie das Makro Zeitanzeige erneut mit der Anweisung Call auf.

Abbildung 12.31:
Die regelmäßige
Anzeige von Datum
und Zeit in der
Statusleiste

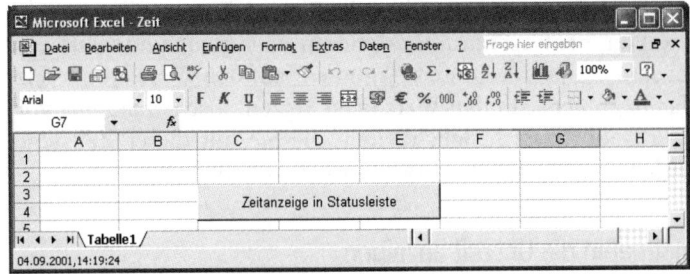

CD

Die Beispieldatei finden Sie auf der mitgelieferten CD-ROM *im Verzeichnis* KAP12 *unter dem Namen* ZEIT.XLS.

12.4.2   Die Zeit läuft ...

Wenn Sie möchten, können Sie in Excel auch einen Countdown einsetzen, um eine bestimmte Aufgabe auszuführen. So können Sie beispielsweise dafür sorgen, dass genau 30 Sekunden nach dem Start eines Makros Excel beendet wird.

Listing 12.68:
Countdown mit
Excel erstellen

```
Sub CountdownEinstellen()
 Application.OnTime _
   Now + TimeValue("00:00:30"), "ExcelEnde"
End Sub
```

Das dazugehörige Makro zum Beenden von Excel können Sie Listing 12.69 entnehmen.

Listing 12.69:
Excel wird ohne
Rückfrage beendet

```
Sub ExcelEnde()
 Application.DisplayAlerts = False
 Application.Quit
End Sub
```

Indem Sie die Eigenschaft DisplayAlerts auf den Wert False setzen, verhindern Sie, dass Sie noch eine Rückfrage vor dem Beenden von Excel bekommen. Somit werden die Änderungen an geöffneten Arbeitsmappen nicht gespeichert. Anschließend wird über die Methode Quit Excel geschlossen.

:-)
TIPP

Möchten Sie standardmäßig vor dem Beenden alle geänderten Excel-Arbeitsmappen speichern und trotzdem nicht jede Änderung bestätigen, setzen Sie folgendes Makro in Listing 12.70 ein.

```
Sub ExcelEnde2()
Dim Mappe As Workbook

 Application.DisplayAlerts = False
 For Each Mappe In Workbooks
    If Mappe.Name <> ThisWorkbook.Name  _
    Then Mappe.Close True
 Next Mappe
 ThisWorkbook.Save
 Application.Quit
End Sub
```

Listing 12.70:
Excel wird beendet, vorher werden alle geöffneten Arbeitsmappen gespeichert

Da die aktuelle Arbeitsmappe das Makro aus Listing 12.69 enthält, darf diese Arbeitsmappe erst am Ende geschlossen werden. Die übrigen geöffneten Arbeitsmappen ermitteln Sie in einer For Each-Schleife, in der jede Arbeitsmappe über die Methode Close geschlossen wird. Indem Sie das Argument SaveChanges auf den Wert True setzen, sorgen Sie dafür, dass die jeweilige Arbeitsmappe gespeichert wird. Beim Schleifenaustritt sind alle Arbeitsmappen bis auf die Arbeitsmappe, die das Makro enthält, gesichert und geschlossen worden. Speichern Sie nun diese Arbeitsmappe, indem Sie die Methode Save anwenden, und beenden Sie im Anschluss Excel über die Methode Quit.

Die Beispieldatei finden Sie auf der mitgelieferten CD-ROM im Verzeichnis KAP12 unter dem Namen ZEIT.XLS.

CD

12.4.3 Regelmäßige Kontrolle, ob Arbeitsmappe verfügbar ist

Warten Sie auf eine bestimmte Arbeitsmappe eines Kollegen, um daran weiterzuarbeiten, können Sie vereinbaren, dass Ihr Kollege die Arbeitsmappe in einem bestimmten Verzeichnis ablegen soll, wenn er mit seiner Arbeit daran fertig ist. Danach dürfen Sie die Arbeitsmappe bearbeiten.

Oft werden auch bestimmte Daten automatisch von anderen Systemen abgezogen und in einer Excel-Arbeitsmappe in einem Verzeichnis abgelegt.

In beiden Fällen sollten Sie von der Verfügbarkeit dieser Arbeitsmappe in Kenntnis gesetzt werden. Schreiben Sie daher ein Makro, welches im Abstand von zehn Minuten auf ein vorher festgelegtes Verzeichnis zugreift und prüft, ob eine bestimmte Arbeitsmappe vorhanden ist. Wenn ja, soll diese Arbeitsmappe geöffnet und das Makro anschließend beendet werden. Ist die Arbeitsmappe noch nicht in dem Verzeichnis abgelegt worden, soll das Makro im Abstand von zehn Minuten wieder gestartet werden und prüfen, ob die Arbeitsmappe in der Zwischenzeit im diesem Verzeichnis gespeichert wurde.

```
Sub PrüfenArbeitsmappe()
 Application.OnTime Now + TimeValue("00:10:00"), _
 "MappeDa"
End Sub
```

Die Überprüfung übernimmt das Makro aus Listing 12.72.

```
Sub MappeDa()
Dim s As String
Const AName = "Mappe1.xls"

 s = Dir("c:\eigene Dateien\" & AName)
 If s = "" Then Call PrüfenArbeitsmappe _
 Else Workbooks.Open s: Beep: Exit Sub
End Sub
```

Mit der Funktion Dir prüfen Sie, ob die Arbeitsmappe, die Sie vorher in der Konstanten Aname angegeben haben, im Verzeichnis C:\EIGENE DATEIEN\ verfügbar ist. Wenn ja, gibt die Funktion als Rückgabewert den Namen der Arbeitsmappe zurück. Ist die gesuchte Arbeitsmappe noch nicht im Verzeichnis, gibt die Funktion Dir eine leere Zeichenfolge zurück. In diesem Fall muss das Makro PrüfenArbeitsmappe wiederholt aufgerufen werden. Wird die gesuchte Arbeitsmappe im Verzeichnis jedoch gefunden, wird die Arbeitsmappe geöffnet und ein Signalton durch die Anweisung Beep ausgegeben. Danach wird das Makro beendet.

:-)
TIPP

Sollte der Signalton nicht ausreichen, um Sie auf die Verfügbarkeit der Arbeitsmappe aufmerksam zu machen, können Sie folgendes Makro aus Listing 12.73 einsetzen.

```
Sub SignaleAusgeben()
Dim i As Integer
 For i = 1 To 10
    Beep
    Application.Wait (Now + TimeValue("0:00:01"))
 Next i
End Sub
```

Im Makro aus Listing 12.73 wird genau zehnmal hintereinander ein Signalton ausgegeben. Damit diese Signaltöne nicht zusammenhängend abgespielt werden, setzen Sie die Methode Wait ein, um eine kurze Pause von einer Sekunde zwischen den Signalen festzulegen.

Die Beispieldatei finden Sie auf der mitgelieferten CD-ROM *im Verzeichnis* KAP12 *unter dem Namen* ZEIT.XLS.

12.4.4   Zellen blinken lassen

Normalerweise können Sie in Excel keine Zellen blinken lassen. Mit einem kleinen Trick jedoch schaffen Sie es trotzdem. Weisen Sie einfach abwechselnd der aktiven Zelle die Hintergrundfarbe GRÜN und WEIß zu. Damit entsteht der Eindruck, die Zelle würde blinken.

Den hierfür notwendigen Code können Sie Listing 12.74 entnehmen.

```
Dim Nochmal As Date
Sub Blinken()
  Nochmal = Now + TimeValue("00:00:01")
  With ActiveCell.Interior
    If .ColorIndex = 2 Then .ColorIndex = 4 _
    Else .ColorIndex = 2
  End With
  Application.OnTime Nochmal, "Blinken"
End Sub

Sub BlinkenStop()
  Application.OnTime Nochmal, "Blinken", schedule:=False
  ActiveCell.Interior.ColorIndex = xlColorIndexNone
End Sub
```

Listing 12.74: Eine Zelle wird zum Blinken gebracht

Da eine normale Variable nach dem Ende eines Makros wieder zurückgesetzt, also initialisiert wird, müssen Sie eine globale Variable definieren, in welcher Sie den Zeitpunkt für das nächste Blinken der Zelle festlegen. Dieses Intervall legen Sie mit einer Sekunde fest. Danach prüfen Sie den Zellenhintergrund der aktiven Zelle. Ist dieser weiß, dann belegen Sie ihn mit der Farbe Grün, ist die Zelle jedoch in diesem Augenblick grün, dann formatieren Sie den Zellenhintergrund mit der Farbe Weiß. Danach rufen Sie am Ende des Makros das Makro gleich noch einmal auf, indem Sie die Methode OnTime einsetzen und als Startpunkt für das Makro den Zeitpunkt angeben, den Sie vorher in der Variablen Nochmal gespeichert haben. Klar, dass es sich hierbei um eine Endlosschleife handelt, die Sie aber durch das Makro BlinkenStop beenden können.

Die Beispieldatei finden Sie auf der mitgelieferten CD-ROM *im Verzeichnis* KAP12 *unter dem Namen* ZEIT.XLS.

13 VBE-Programmierung

Über die VBE (Visual Basic Extensibility)-Programmierung können Sie direkt auf Module und UserForms in einer Arbeitsmappe zugreifen. Dies werden Sie dann tun, wenn Sie beispielsweise Ihren Quellcode in Textdateien sichern oder auch weitergeben möchten. Ebenso können Sie VBE einsetzen, um eine Arbeitsmappe von Modulen, Ereignissen und UserForms zu säubern. Eine weitere Einsatzmöglichkeit ist, ganz gezielt Arbeitsmappen mit bestimmten Makros zu bestücken bzw. schon vorhandenen Quellcode an einer bestimmten Stelle zu aktualisieren oder zu ersetzen.

Die Beispieldatei finden Sie auf der mitgelieferten CD-ROM *im Verzeichnis* KAP13 *unter dem Namen* VBEPROG.XLS.

13.1 Die VBE-Bibliothek einbinden

Die VBE-Programmierung ist seit der Excel-Version 97 möglich und bedingt lediglich, dass Sie die Objektbibliothek Microsoft VISUAL BASIC FOR APPLICATION EXTENSIBILITY 5.3 einbinden.

Dazu gehen Sie wie folgt vor:

1. Wechseln Sie in die Entwicklungsumgebung.
2. Wählen Sie aus dem Menü EXTRAS den Befehl VERWEISE.

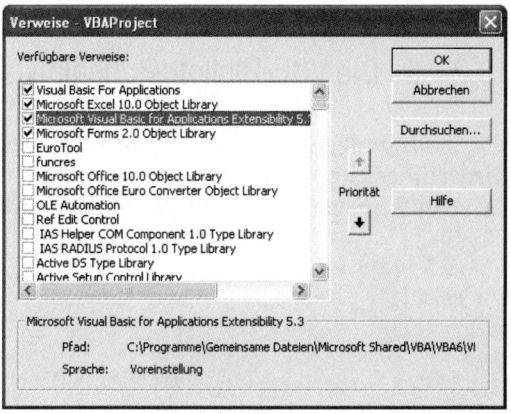

Abbildung 13.1:
Die VBE-Bibliothek einbinden

3. Klicken Sie im Listenfeld VERFÜGBARE VERWEISE auf das Kontrollkästchen der Bibliothek MICROSOFT VISUAL BASIC FOR APPLICATION EXTENSIBILITY 5.3.

4. Bestätigen Sie diese Einstellung mit OK.

Selbstverständlich können Sie diese manuelle Einstellung auch elegant durch ein Makro vornehmen.

Listing 13.1:
Die Bibliothek für die VBE-Programmierung einbinden

```
Sub VBEAktivieren()
Dim VBEObj As Object

On Error Resume Next
VBEObj = Application.VBE.ActiveVBProject.References. _
AddFromGuid("{0002E157-0000-0000-C000-000000000046}", _
   5, 3)
End Sub
```

Die Methode AddFromGuid fügt der REFERENCES-Auflistung einen Verweis hinzu, wobei der global eindeutige Bezeichner (GUID) des Verweises verwendet wird.

Die Syntax   Die komplette Syntax lautet:

```
AddFromGuid(GUID, HauptNr, NebenNr) As Reference
```

Die Argumente der Methode AddFormGuid   Das Argument Guid gibt einen Wert vom Typ String zurück, der die Klassen-ID eines Objekts enthält. Bei der Guid handelt es sich um eine eindeutige Nummer, welche die Bibliothek identifiziert. Das Argument HauptNr gibt einen Wert vom Typ Long zurück, der die Hauptversionsnummer der Klassenbibliothek, auf die verwiesen wird, enthält. Das Argument NebenNr gibt einen Wert vom Typ Long zurück, der die Nebenversionsnummer der Klassenbibliothek, auf die verwiesen wird, anzeigt. Beide Nummern sind notwendig, um die Bibliothek richtig zu adressieren. Anhand dieser beiden Nummern durchsucht die Methode AddFromGuid die Registrierung, um den hinzuzufügenden Verweis zu ermitteln und einzubinden.

13.2   Die VBE-Bibliothek deaktivieren

Der Vollständigkeit halber sei noch hinzugefügt, dass Sie Verweise auch wieder über ein Makro entfernen können. Im folgenden Listing 13.2 wird die gerade eingebundene VBE-Bibliothek wieder deaktiviert.

Listing 13.2:
Die Bibliothek für die VBE-Programmierung wieder deaktivieren

```
Sub VBEDeaktivieren()
Dim VBEObj As Object

On Error Resume Next
Set VBEObj = Application.VBE.ActiveVBProject.References
```

```
VBEObj.Remove VBEObj("VBIDE")
End Sub
```

Über die Methode Remove entfernen Sie den Verweis auf die eingebundene Bibliothek aus der aktiven Arbeitsmappe.

Sobald Sie die Bibliothek für die VBE-Programmierung eingebunden haben, können Sie auf alle Objekte, Methoden und Eigenschaften zugreifen, die in dieser Bibliothek gespeichert sind. Um mehr Informationen zu einem bestimmten Befehl zu erhalten, können Sie sich entweder das Objektmodell ansehen und sich dann hierarchisch von oben nach unten durcharbeiten oder den Befehl mit dem Mauszeiger markieren und die Taste F1 *drücken, um die Online-Hilfe aufzurufen.*

INFO

Das VBE-Objekt hat mehrere Auflistungsobjekte für den Zugriff auf die einzelnen Elemente.

➡ VBProjects-Auflistung: In diesem Auflistungsobjekt sind alle geöffneten Projekte in der Entwicklungsumgebung verzeichnet.

➡ AddIns-Auflistung: Sie regelt den Zugriff auf die Auflistung der Add-Ins.

➡ Windows-Auflistung: Stellt Methoden und Eigenschaften für den Zugriff auf die Fenster, wie z. B. Projekt- und Eigenschaften-Fenster, bereit.

➡ CodePanes-Auflistung: Ist für den Zugriff auf die geöffneten Codebereiche eines Projekts verantwortlich.

➡ CommandBars-Auflistung: Kümmert sich um den Zugriff auf die Auflistung der Befehlsleisten.

13.3   Weitere Bibliotheken einbinden

Neben der etwas kompliziert aussehenden Methode AddFromGuid, um zusätzliche Bibliotheken einzubinden, gibt es auch die Möglichkeit, Bibliotheken über deren Dateinamen einzubinden. Im folgenden Beispiel werden die Bibliotheken MICROSOFT FORMS 2.0 OBJECT LIBRARY und OLE AUTOMATION eingebunden.

```
Sub WeitereBibliothekenEinbinden()
Dim VBEObj As Object

  Set VBEObj = Application.VBE.ActiveVBProject.References
  On Error Resume Next
```

Listing 13.3:
Weitere
Bibliotheken über
deren Dateinamen
einbinden

Abbildung 13.2:
Das VBE-Objekt in
der Online-Hilfe

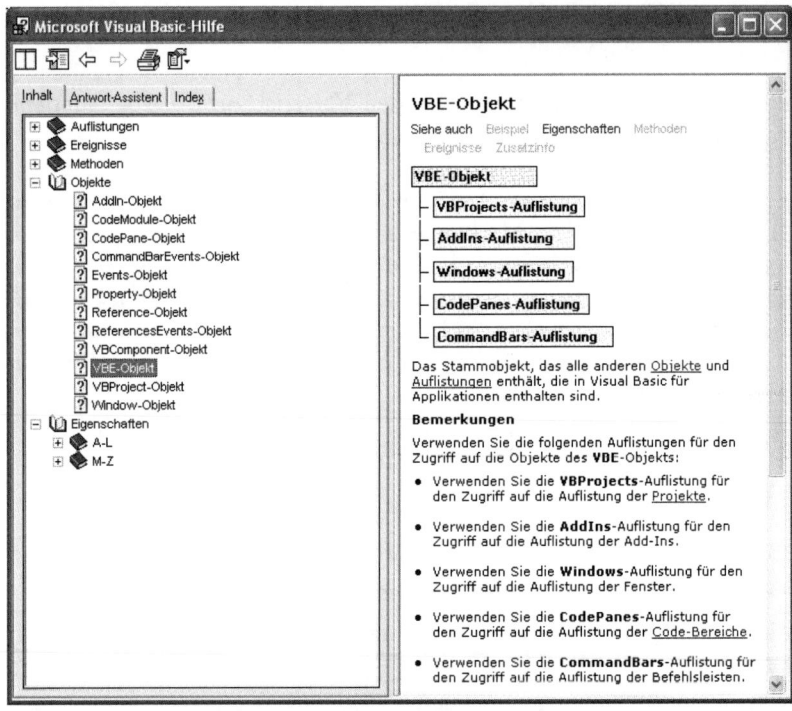

```
      VBEObj.AddFromFile "StdOle2.tlb"
      VBEObj.AddFromFile "Fm20.dll"
End Sub
```

Mit der Methode AddFromFile fügen Sie dem Projekt einen Verweis aus einer Datei hinzu. Dazu muss allerdings der Name der Bibliothek bekannt sein. Diesen können Sie im Dialog VERWEISE VBA-PROJECT im Menü EXTRAS und dem Befehl VERWEISE nachsehen.

Um herauszufinden, welche Objekte, Methoden und Eigenschaften in einer bestimmten Bibliothek enthalten sind, müssen Sie diese vorher einbinden. Anschließend können Sie in der Entwicklungsumgebung die Taste [F2] *drücken, um den Objektkatalog anzuzeigen.*

13.3.1   Objektbibliotheken deaktivieren

Um die gerade eingebundenen Bibliotheken wieder zu deaktivieren, starten Sie das Makro aus Listing 13.4.

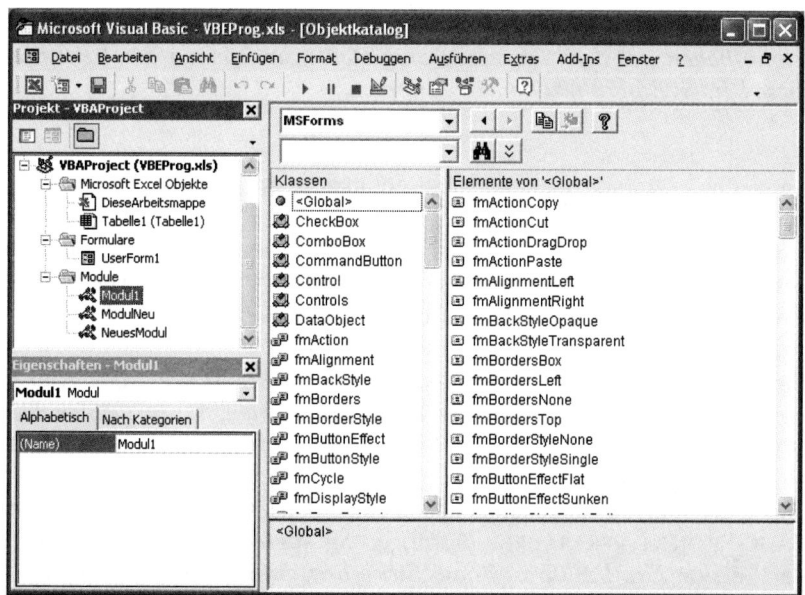

Abbildung 13.3:
Der Inhalt der
Bibliothek
MSForms 2.0

```
Sub BibliothekenDeaktivieren()
Dim VBEObj As Object

  On Error Resume Next
  Set VBEObj = Application.VBE.ActiveVBProject.References
  VBEObj.Remove VBEObj("MSForms")
  VBEObj.Remove VBEObj("stdole")
End Sub
```

Listing 13.4:
Bibliotheken in der
Entwicklungsumge-
bung deaktivieren

Wenn Sie die Methode Remove zum Entfernen der Verweise auf eine Bibliothek einsetzen, müssen Sie wissen, wie der entsprechende Objektname der
Bibliothek heißt. Um diesen herauszufinden, können Sie das Makro aus Listing 13.6 starten.

Um alle Verweise auf Objektbibliotheken zu entfernen, setzen Sie folgende
Makrolösung aus Listing 13.5 ein:

```
Sub BibliotheksVerweiseEntfernen()
Dim VBEobj As Object

  On Error Resume Next
  For Each VBEobj In ActiveWorkbook.VBProject.References
    ActiveWorkbook.VBProject.References.Remove VBEobj
  Next
End Sub
```

Listing 13.5:
Alle Verweise auf
Objektbibliotheken
entfernen

Die beiden Bibliotheken Excel und VBA bleiben als Mindestausstattung an Bibliotheken bei den Verweisen eingestellt. Sie können die Verweise auf diese beiden Bibliotheken nicht entfernen.

13.3.2   Informationen zu Objektbibliotheken ausgeben

Um zu sehen, welche Verweise auf Bibliotheken in Ihrer Arbeitsmappe gesetzt sind, wie die Bibliotheken heißen und wo diese gespeichert sind, wenden Sie das folgende Makro aus Listing 13.6 an.

Bevor Sie das folgende Makro aber starten, müssen Excel 2002-Anwender vorher noch eine Einstellung in Excel vornehmen. Dazu wählen Sie auf Ihrem Excel-Arbeitsblatt aus dem Menü EXTRAS *den Befehl* MAKRO/ SICHERHEIT. *Wechseln Sie auf die Registerkarte* VERTRAUENSWÜRDIGE QUELLEN *und aktivieren Sie das Kontrollkästchen* ZUGRIFF AUF VISUAL BASIC-PROJEKT VERTRAUEN. *Bestätigen Sie diese Einstellung mit* OK. *Seit der Version Excel 2002 ist es aus Sicherheitsgründen nicht mehr standardmäßig möglich, auf Eigenschaften und Methoden des Objekts VBE zuzugreifen. Daher müssen Sie diese Einstellung vorab vornehmen.*

Abbildung 13.4:
Ohne diese Einstellung in Excel 2002
geht nichts!

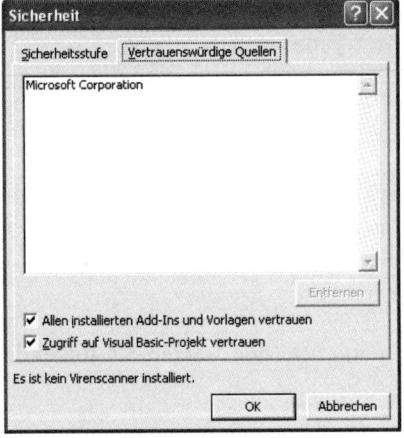

Listing 13.6:
Informationen zu
Objektbibliotheken
ausgeben

```
Sub InfosZuBibliothekenAusgeben()
Dim Verweis As Reference

On Error Resume Next
For Each Verweis In _
Application.VBE.ActiveVBProject.References
 Debug.Print "Bezeichnung: " & Verweis.Description & _
 Chr(13) & "Speicherort: " & Verweis.FullPath _
 & Chr(13) & "Name: " & _
```

```
    Verweis.Name & Chr(13) & Chr(13)
  Next Verweis
End Sub
```

Neben dem Objektnamen jeder eingebundenen Bibliothek geben Sie zusätzlich auch noch die genaue Bezeichnung sowie den Speicherort der Bibliothek im Direktfenster aus.

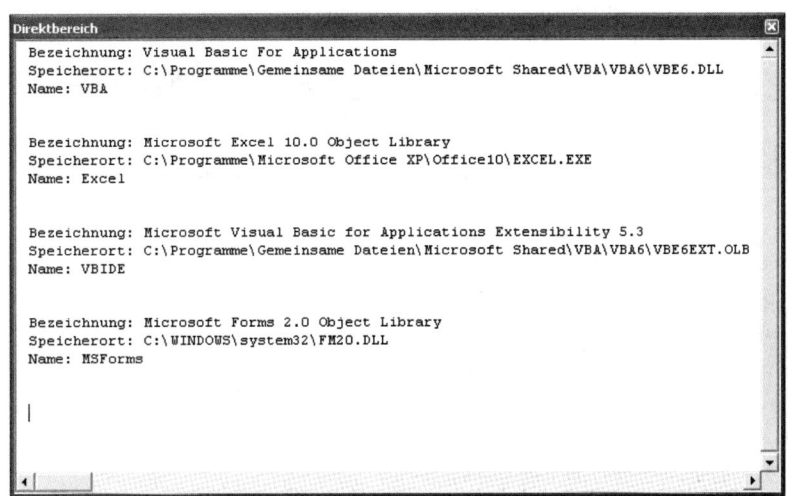

Abbildung 13.5:
Informationen zu eingebundenen Bibliotheken ausgeben

13.4   VBE-Editor aufrufen

Möchten Sie den VBE-Editor per Makro aufrufen, dann setzen Sie das Makro aus Listing 13.7 ein.

```
Sub VBEEditorAufrufen()
With Application.VBE.MainWindow
    .SetFocus
    .Visible = True
End With
End Sub
```

Listing 13.7:
VBE-Editor aufrufen

13.5   Neue Module einfügen

Um einer Arbeitsmappe ein neues, noch leeres Modul hinzuzufügen, setzen Sie die Methode Add ein. Im folgenden Beispiel wird der aktiven Arbeitsmappe ein neues Modul mit dem Namen NEUESMODUL hinzugefügt.

```
Sub NeuesModulHinzufügen()
Dim VBKomp As VBComponent
```

Listing 13.8:
Modul einfügen

```
Set VBKomp = _
ThisWorkbook.VBProject.VBComponents.Add _
(vbext_ct_StdModule)
VBKomp.Name = "NeuesModul"
Application.Visible = True
End Sub
```

Die Methode Add verwendet die Konstante vbext_ct_StdModule, welche ein normales Modul repräsentiert.

Abbildung 13.6:
Ein neues, noch leeres Modul wurde angelegt.

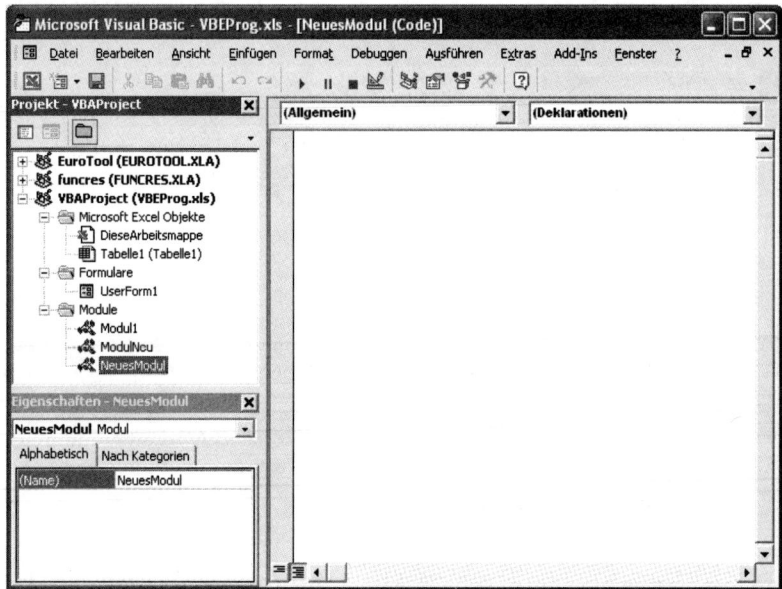

Selbstverständlich können Sie auch Klassenmodule und UserForms über diese Methode in Ihr Projekt einfügen. Entnehmen Sie dazu der folgenden Tabelle 13.1 die notwendigen Konstanten.

Tabelle 13.1:
Die Konstanten für die Methode Add

Konstante	Erklärung
Vbext_ct_ClassModule	Fügt der Auflistung ein Klassenmodul hinzu.
Vbext_ct_MSForm	Fügt der Auflistung ein Formular hinzu.
Vbext_ct_StdModule	Fügt der Auflistung ein Standardmodul hinzu.

13.6   Einzelne Module löschen

Wenn Sie bereits vorhandene Module in einer Arbeitsmappe löschen möchten, um z. B. im Anschluss daran ein neues überarbeitetes Modul einzufügen, starten Sie das Makro aus Listing 13.9.

```
Sub ModulLöschen()
 On Error Resume Next
 With ActiveWorkbook.VBProject
      .VBComponents.Remove .VBComponents("Modul2")
 End With
End Sub
```

Listing 13.9:
Ein bestimmtes
Modul löschen

Mit der Methode Remove können Sie ein bestimmtes Modul löschen. Die OnError-Anweisung verhindert einen Makroabsturz, wenn das Modul nicht gefunden werden kann, weil es eventuell bereits gelöscht wurde.

13.7   Alle Makros aus einer Arbeitsmappe entfernen

Wie Sie ein einzelnes Modul aus einer Arbeitsmappe löschen, wissen Sie bereits. Wie aber können Sie alle Makros, Ereignisse und Funktionen aus einer Arbeitsmappe entfernen? Die Antwort auf diese Frage liefert Ihnen das Makro aus Listing 13.10.

```
Sub MakrosEntfernen()
Dim CodeObj As Object
  If Val(Application.Version) >= 8 Then
    With ActiveWorkbook.VBProject
      For Each CodeObj In .VBComponents
        Select Case CodeObj.Type
          Case 1, 2
            .VBComponents.Remove CodeObj
          Case Else
            With CodeObj.CodeModule
              If .CountOfLines > 0 Then
                .DeleteLines 1, .CountOfLines
              End If
            End With
        End Select
      Next
    End With
  End If
  For Each CodeObj In ActiveWorkbook.Names
    Select Case CodeObj.MacroType
      Case xlFunction, xlCommand
```

Listing 13.10:
Alle Makros aus
Arbeitsmappe
löschen

```
        CodeObj.Delete
    End Select
  Next
End Sub
```

Im ersten Schritt prüfen Sie, ob Sie die Version Excel 97 oder höher verwenden. Wenn dies der Fall ist, löschen Sie zuerst die Module und eventuell in der Arbeitsmappe befindliche Klassenmodule. Die Eigenschaft Type meldet in diesem Fall den Rückgabewert 1 bzw. 2. Im anderen Fall handelt es sich um Ereignisse, die hinter den einzelnen Tabellen bzw. dem Eintrag DIESE-ARBEITSMAPPE stehen. Direkt im Anschluss löschen Sie Funktionen und benutzerdefinierte Makros (noch aus der veralteten Excel-Verson 4.0) aus der Arbeitsmappe. Dabei können Sie die Eigenschaft MacroType abfragen, die Ihnen den entsprechenden Codetyp meldet. Wenden Sie die Methode Delete an, um diese Codeelemente zu löschen.

13.8   Module mit Makros bestücken

Nachdem Sie ein neues Modul in die Arbeitsmappe eingefügt haben, können Sie nun darangehen, das Modul mit Makros zu bestücken. Je nach Umfang bieten sich dafür zwei Möglichkeiten an:

➡ Zeile für Zeile in das Modul einfügen

➡ Import einer Textdatei, die das komplette Makro in das Modul einfügt

13.8.1   Makro zeilenweise in ein Modul übertragen

Fügen Sie nun ein kleines Makro zeilenweise in das gerade eingefügte, neue und noch leere Modul ein. Dazu setzen Sie das Makro aus Listing 13.11 ein.

Listing 13.11:
Ein neues Makro
zeilenweise in ein
Modul einfügen

```
Sub MakroZeilenHinzufügen()
Dim CodeModul As CodeModule
Dim i As Integer

Set CodeModul = _
ThisWorkbook.VBProject.VBComponents _
("NeuesModul").CodeModule
With CodeModul
    i = .CountOfLines + 1
    .InsertLines i, _
"Sub DatumUndZeit()" & Chr(13) & _
" Msgbox ""Jetzt ist " & Now & "!"" " & Chr(13) & _
"End Sub"
End With
```

```
 Application.Run "DatumUndZeit"
End Sub
```

Im Makro aus Listing 13.11 wird Zeile um Zeile übertragen. Die Eigenschaft CountOfLines ermittelt, wie viele Codezeilen im Modul bereits enthalten sind, und addiert den Wert 1 darauf. Diese Maßnahme ist notwendig, um eventuell bereits bestehende Makros nicht zu überschreiben. Die Funktion Chr(13) im obigen Listing sorgt jeweils für den Zeilenvorschub. Die Eigenschaft Now gibt das aktuelle Datum inklusive der momentanen Uhrzeit aus. Mit der Methode Run wird das soeben eingefügte Makro sofort gestartet.

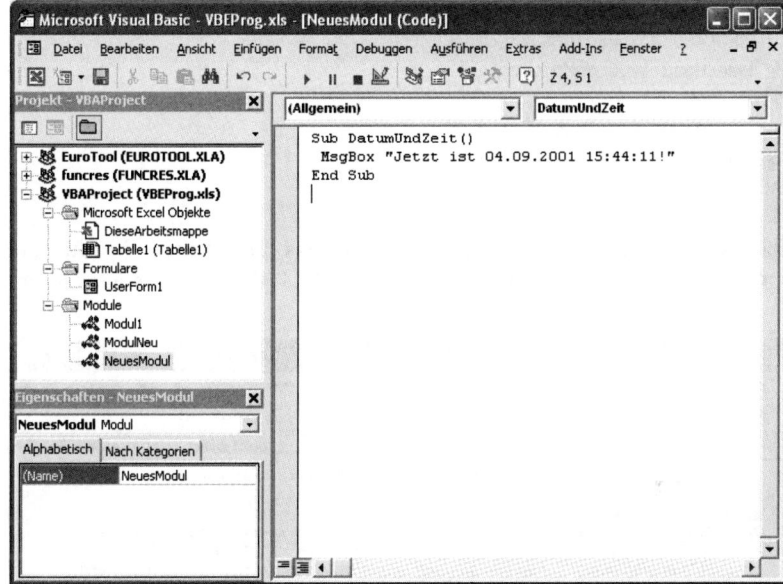

Abbildung 13.7:
Ein Makro wurde in das neue Modul eingefügt.

13.8.2   Makros aus einer Textdatei in ein Modul überführen

Die zweite Variante ist bei größeren Makros besser geeignet. Als Voraussetzung dafür müssen Sie ein VBA-Makro in einer Textdatei speichern und danach einlesen.

Um nun die Textdatei in Abbildung 13.7 in das neue Modul einzulesen, starten Sie das folgende Makro aus Listing 13.12.

```
Sub MakroAusTextdateiImportieren()
Dim CodeModul As CodeModule
Dim i  As Integer
Const ImportDatei = "c:\Makro.txt"
```

Listing 13.12:
Makro aus Textdatei in neues Modul einfügen

```
Makro - Editor

Datei  Bearbeiten  Format  Ansicht  ?

Sub AlleTabellenBisAufEineAusblenden()
Dim Blatt As Worksheet

    For Each Blatt In ActiveWorkbook.Sheets
        If Blatt.Name <> "Tabelle1" Then
            Blatt.Visible = xlSheetVeryHidden
        End If
    Next Blatt
End Sub
```

```
Set CodeModul = _
 ThisWorkbook.VBProject.VBComponents _
 ("NeuesModul").CodeModule
With CodeModul
     .AddFromFile ImportDatei
 End With
End Sub
```

Das Makro aus Listing 13.12 fügt in das bestehende Modul NEUES-
MODUL den Inhalt der Textdatei MAKRO.TXT als neues Makro ein.

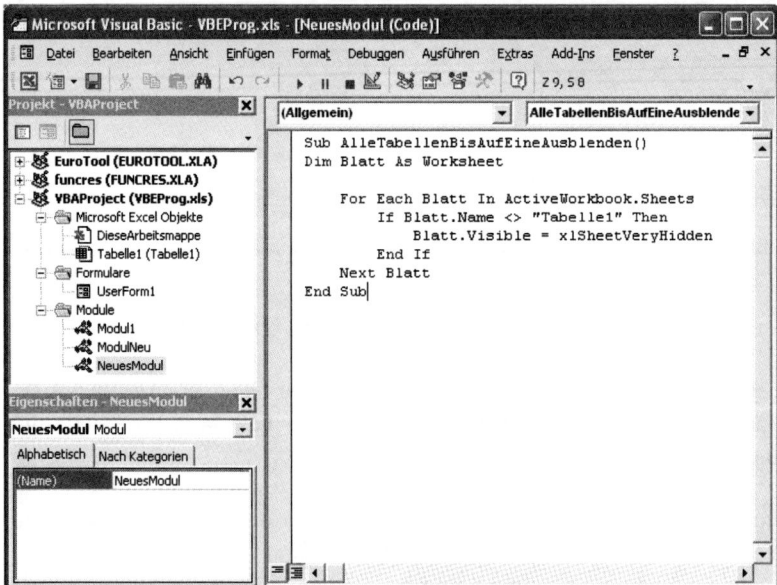

Manchmal ist es auch notwendig, gleich mehrere Arbeitsmappen mit einem
bestimmten Makro auszustatten. Dazu öffnen Sie alle Arbeitsmappen, die
Sie mit dem Makro aus der Textdatei MAKRO.TXT bestücken möchten,
und starten folgendes Makro aus Listing 13.13.

```
Sub MehrereMappenMitMakroVersorgen()
Dim VBKomp As VBComponent
Dim Mappe As Workbook
Const Importdatei = "c:\Makro.txt"

 On Error Resume Next
 For Each Mappe In Application.Workbooks
  Set VBKomp =    Mappe.VBProject.VBComponents.Add _
  (vbext_ct_StdModule)
  VBKomp.Name = "ModulNeu"
  Mappe.VBProject.VBComponents("ModulNeu") _
  .CodeModule.AddFromFile (Importdatei)
 Next Mappe
End Sub
```

Listing 13.13:
Mehrere Arbeits-
mappen mit einem
Makro aus einer
Textdatei versorgen

In einer Schleife arbeiten Sie alle geöffneten Arbeitsmappen nacheinander ab, fügen jeweils ein neues Modul ein und importieren das Makro aus der Textdatei MAKRO.TXT.

13.9   Export von VBA-Modulen in Textdateien

Neben dem Import von Textdateien in Module ist auch eine Exportfunktion für Module in Excel vorgesehen, mit der Sie Ihre Programmierung in Textdateien sichern können.

```
Sub ModulInTextdateiSichern()
Dim VBKomp As Object
Const ExportDatei = "c:\Sicherung.txt"

On Error Resume Next
Set VBKomp = _
 ThisWorkbook.VBProject.VBComponents("Modul1")
With VBKomp
    .Export ExportDatei
End With
End Sub
```

Listing 13.14:
Ein VBA-Modul
komplett in einer
Textdatei sichern

Mit der Methode Export sichern Sie eine Komponente als Textdatei.

13.10   Identifikation von Komponenten

Bis jetzt haben Sie nur mit Modulen gearbeitet. In Ihrer Arbeitsmappe gibt es aber noch mehr Komponenten, wie zum Beispiel UserForms und Klassenmodule. Schreiben Sie ein kleines Makro, welches die verschiedenen Komponenten Ihrer Arbeitsmappe im Direktfenster ausgibt.

Abbildung 13.10:
Sicherung von
VBA-Modulen in
Textdateien

```
Sicherung - Editor
Datei  Bearbeiten  Format  Ansicht  ?
Attribute VB_Name = "Modul1"
Option Explicit

Sub VBEAktivieren()
Dim VBEobj As Object

On Error Resume Next
'Bibliothek Microsoft Visual Basic for Application Extensibility 5.3
VBEobj = Application.VBE.ActiveVBProject.References. _
        AddFromGuid("{0002E157-0000-0000-C000-000000000046}", 5, 3)
End Sub

Sub VBEDeaktivieren()
Dim VBEobj As Object

On Error Resume Next
Set VBEobj = Application.VBE.ActiveVBProject.References
VBEobj.Remove VBEobj("VBIDE")
End Sub

Sub WeitereBibliothekenEinbinden()
Dim VBEobj As Object

Set VBEobj = Application.VBE.ActiveVBProject.References
On Error Resume Next
VBEobj.AddFromFile "StdOle2.tlb"
VBEobj.AddFromFile "Fm20.dll"
End Sub

Sub BibliothekenDeaktivieren()
Dim VBEobj As Object

On Error Resume Next
Set VBEobj = Application.VBE.ActiveVBProject.References
VBEobj.Remove VBEobj("MSForms")
VBEobj.Remove VBEobj("stdole")
End Sub
```

Listing 13.15:
Alle Komponenten
der aktiven Arbeits-
mappe werden im
Direktfenster aus-
gegeben

```
Sub KomponentenAusgeben()
Dim VBKomp As VBComponent

  For Each VBKomp In ThisWorkbook.VBProject.VBComponents
    Debug.Print "Name der Komponente: " & VBKomp.Name & _
            Chr(13) & "Typ der Komonente: " & _
            VBKomp.Type & Chr(13)
  Next VBKomp
End Sub
```

Abbildung 13.11:
Alle Komponenten
der Arbeitsmappe
im Überblick

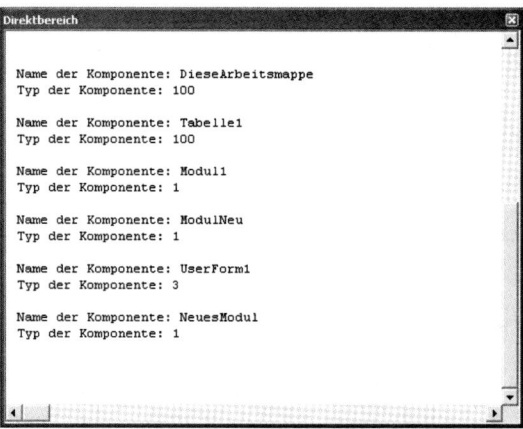

```
Direktbereich
Name der Komponente: DieseArbeitsmappe
Typ der Komponente: 100

Name der Komponente: Tabelle1
Typ der Komponente: 100

Name der Komponente: Modul1
Typ der Komponente: 1

Name der Komponente: ModulNeu
Typ der Komponente: 1

Name der Komponente: UserForm1
Typ der Komponente: 3

Name der Komponente: NeuesModul
Typ der Komponente: 1
```

In der Abbildung 13.11 können Sie sehen, dass jede Komponente ihren eindeutigen Typ aufweist. Dies macht es leicht, gezielt auf einzelne Komponenten zuzugreifen.

Teil 4 Userforms, Steuer-elemente, Menü- und Symbolleisten

Der vierte Teil des Buches beschäftigt sich mit der Frage, wie Sie in Excel Dialoge, Userforms und Steuerelemente programmieren. Erstellen Sie unter anderem eigene Menüs, Symbolleisten und Kontextmenüs und erfahren Sie, wie Sie andere Office-Komponenten in Excel einbinden können.

14 Dialoge, Meldungen und UserForms programmieren

In diesem Kapitel lernen Sie, wie Sie Dialoge in der Programmierung einsetzen können, um anwenderfreundliche Anwendungen zu erstellen. Dabei haben Sie die Möglichkeit, schon bestehende Dialoge in Excel zu nutzen oder eigene Dialoge (UserForms) zu erstellen.

U. a. werden in diesem Kapitel folgende Fragen beantwortet: *Die Fragen*

➡ Wie können Sie das Meldungsfenster und Eingabemasken in Excel praxisgerecht einsetzen?

➡ Wie können Sie bereits integrierte Dialoge für Ihre Projekte verwenden?

➡ Wie können Sie eigene Dialoge (UserForms) entwickeln?

➡ Wie können Sie Textfelder in UserForms füllen und in eine Tabelle übertragen?

➡ Wie können Sie Eingaben in Textfeldern kontrollieren?

➡ Wie können Sie Text- und Bezeichnungsfelder dynamisch halten?

➡ Wie können Sie die Abmessung, den Hintergrund sowie die Position Ihrer UserForm festlegen?

➡ Wie können Sie Listen- und Dropdown-Felder für eine möglichst elegante Datenerfassung bzw. Datenanzeige verwenden?

➡ Welche Vorteile bieten Ihnen Multiseiten?

➡ Wie programmieren Sie einen Verlaufsbalken?

➡ Wie zeigen Sie mehrere Bilder dynamisch in Ihrer UserForm an?

14.1   Der Meldungen-Dialog Msgbox

In den vorherigen Kapiteln wurde die Funktion Msgbox schon öfter eingesetzt. Diese Funktion wird z. B. dazu verwendet, um den Anwender über ein Ergebnis eines Makros zu informieren oder um eine Warnmeldung auf dem Bildschirm anzuzeigen. Dabei können Sie das Aussehen dieser Maske selbst bestimmen.

Sie finden alle Beispiele zur Funktion Msgbox *auf der mitgelieferten* CD-ROM *im Verzeichnis* KAP14 *unter dem Namen* MSGBOX.XLS.

Abbildung 14.1:
Eine Standard-
meldung in Excel

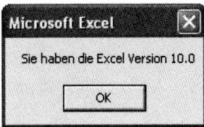

Die Syntax   Um eine Meldung auf dem Bildschirm anzuzeigen, verwenden Sie die Funktion Msgbox, welche folgende Syntax hat:

```
=MsgBox(prompt[, buttons] [, title] [, helpfile, _
context])
```

Die Argumente   Das erste Argument prompt muss angegeben werden. Es besteht aus einem
der Funktion   Text, der als Meldung im Dialogfeld erscheinen soll.
Msgbox

Das nächste Argument buttons bestimmt, welche Schaltflächen Sie in Ihrer Meldung mit anzeigen möchten. Diese Einstellung können Sie entweder durch eine Konstante oder einen eindeutigen Index vornehmen. Entnehmen Sie der folgenden Tabelle 14.1 die möglichen Varianten dazu:

Tabelle 14.1:
Die Schaltflächen
für Msgbox

Konstante oder Wert	Beschreibung
vbOKOnly oder 0	Zeigt nur die Schaltfläche OK an.
vbOKCancel oder 1	Zeigt die Schaltflächen OK und Abbrechen an.
vbAbortRetryIgnore oder 2	Zeigt die Schaltflächen Abbruch, Wiederholen und Ignorieren an.
vbYesNoCancel oder 2	Zeigt die Schaltflächen Ja, Nein und Abbrechen an.
vbYesNo oder 4	Zeigt die Schaltflächen Ja und Nein an.
vbRetryCancel oder 5	Zeigt die Schaltflächen Wiederholen und Abbrechen an.
vbCritical oder 16	Zeigt Meldung mit Stop-Symbol an.
vbQuestion oder 32	Zeigt Meldung mit Fragezeichen-Symbol an.
vbExclamation oder 48	Zeigt Meldung mit Ausrufezeichen-Symbol an.
vbInformation oder 64	Zeigt Meldung mit Info-Symbol an.
vbDefaultButton1 oder 0	Erste Schaltfläche ist Standardschaltfläche.

Konstante oder Wert	Beschreibung
vbDefaultButton2 **oder** 256	Zweite Schaltfläche ist Standardschaltfläche.
vbDefaultButton3 **oder** 512	Dritte Schaltfläche ist Standardschaltfläche.
vbDefaultButton4 **oder** 768	Vierte Schaltfläche ist Standardschaltfläche.
vbApplicationModal **oder** 0	Der Anwender muss auf das Meldungsfeld zuerst reagieren, bevor er seine Arbeit mit der aktuellen Anwendung fortsetzen kann.
vbSystemModal **oder** 4096	Alle Anwendungen werden unterbrochen, bis der Benutzer auf das Meldungsfeld reagiert.
vbMsgBoxHelpButton **oder** 16384	Fügt dem Meldungsfenster eine Hilfeschaltfläche hinzu.

Tabelle 14.1:
Die Schaltflächen
für Msgbox
(Forts.)

Die Anzahl und der Typ der im Dialogfeld angezeigten Schaltflächen werden in der ersten Gruppe beschrieben. Die zweite Gruppe beschreibt die Symbolart. Die dritte Gruppe legt die Standardschaltfläche fest.

Je Gruppe kann jeweils nur ein Wert angegeben werden.

Im nächsten Argument Title legen Sie einen Text fest, der im Fenstertitel angezeigt werden soll.

Die letzten beiden Argumente helpfile und context setzen Sie ein, wenn Sie auf einen Hilfetext im Meldungsfenster verweisen möchten.

Die maximale Länge ist je nach Breite der verwendeten Zeichen auf ca. 1.024 Zeichen beschränkt.

Gerade haben Sie erfahren, wie Sie zusätzliche Schaltflächen in eine Meldung integrieren können. Wie aber können Sie ermitteln, welche Schaltfläche der Anwender letztendlich anklickt?

14.1.1 Welche Schaltfläche wurde angeklickt?

Je nachdem, welche Schaltfläche der Anwender im Meldungsfenster anklickt, sollen unterschiedliche Aktionen folgen. Wird z. B. die Schaltfläche ABBRECHEN angeklickt, muss das Makro sofort beendet werden. Entnehmen Sie der nächsten Tabelle die möglichen Rückgabewerte.

Konstante oder Wert	Beschreibung
vbOK oder 1	Die Schaltfläche OK wurde angeklickt.
vbCancel oder 2	Die Schaltfläche Abbrechen wurde angeklickt.
vbAbort oder 3	Die Schaltfläche Abbruch wurde angeklickt.
vbRetry oder 4	Die Schaltfläche Wiederholen wurde angeklickt.
vbIgnore oder 5	Die Schaltfläche Ignorieren wurde angeklickt.
vbYes oder 6	Die Schaltfläche Ja wurde angeklickt.
vbNo oder 7	Die Schaltfläche Nein wurde angeklickt.

Wie Sie die Konstanten bzw. die Nummern einsetzen, erfahren Sie in den nächsten Beispielen.

14.1.2   Löschrückfrage einholen

Stellen Sie sich vor, Sie haben eine Zelle oder einen Zellenbereich markiert, um diese/n mit einem Makro zu löschen. Vorher möchten Sie aber noch eine Meldung auf dem Bildschirm anzeigen lassen, die noch einmal nachfragt, ob der markierte Bereich wirklich gelöscht werden darf.

Listing 14.1:
Rückfrage pro-
grammieren, ob ein
Bereich wirklich
gelöscht werden
soll

```
Sub LöschenMarkierterBereich()
Dim i As Integer
i = MsgBox _
("Wollen Sie den markierten Bereich löschen?", _
 1 + vbQuestion, "Löschenabfrage")
If i = 2 Then Exit Sub
Selection.Clear
End Sub
```

Um zu ermitteln, welche Schaltfläche der Anwender klickt, fragen Sie die Variable i ab. Klickt der Anwender auf die Schaltfläche ABBRECHEN, so meldet die Variable den Wert 2, was ein sofortiges Beenden des Makros zur Folge hat. Im andern Fall werden über die Methode Clear die Daten innerhalb der Markierung gelöscht.

Abbildung 14.2:
Erweiterte
Funktionalität bei
der Msgbox

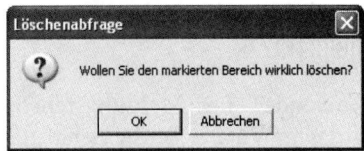

14.1.3 Informationen anzeigen

Im nächsten Beispiel sollen mehrere Informationen in einem Meldungsfenster auf dem Bildschirm in mehreren Zeilen angezeigt werden.

```
Sub Info()
MsgBox _
"Hallo Anwender " & Application.UserName & Chr(13) & _
 "Heute ist der " & Date & Chr(13) & "Genau " & _
   Time & " Uhr!", vbInformation, "Information"
End Sub
```

Listing 14.2:
Mehrzeilige Meldung auf dem Bildschirm ausgeben

Wenn Sie mehrzeilige Informationen in einem Meldungsfenster ausgeben möchten, verbinden Sie die einzelnen Stücke jeweils mit einem beginnenden & sowie einem endenden Zeichen &. Am Ende jeder Zeile geben Sie ein Leerzeichen ein, gefolgt von einem Unterstrich, um Excel mitzuteilen, dass der Befehl noch nicht zu Ende ist und in der nächsten Zeile fortgesetzt werden soll. Setzen Sie die Funktion Chr(13) ein, um einen Zeilenumbruch in der Meldung zu erzeugen.

Anwender, Datum und Zeit

Abbildung 14.3:
Eine informative Meldung in drei Zeilen

14.1.4 Ist eine bestimmte Arbeitsmappe vorhanden?

Im folgenden Beispiel soll geprüft werden, ob sich eine bestimmte Arbeitsmappe auf der lokalen Festplatte im Verzeichnis C:\EIGENE DATEIEN befindet. Das Makro für diese Aufgabe können Sie dem Listing 14.3 entnehmen.

```
Sub IstDateiVorhanden()
Dim s As String
Const Datei = "c:\eigene Dateien\Mappe1.xls"

 s = Dir(Datei)
 If s <> "" Then MsgBox "Datei vorhanden!", _
 vbExclamation _
 Else MsgBox "Datei " & Datei & " nicht da!", vbCritical
End Sub
```

Listing 14.3:
Prüfung, ob eine bestimmte Datei existiert

Mit der Funktion Dir können Sie ermitteln, ob eine bestimmte Datei existiert. Wird der Name der gesuchten Datei in der Variablen s zurückgegeben, war die Suche erfolgreich. Meldet die Funktion jedoch in der Variablen s keinen Wert zurück, wurde die Datei nicht gefunden.

Abbildung 14.4:
Negatives Sucher-
gebnis mit entspre-
chendem Symbol

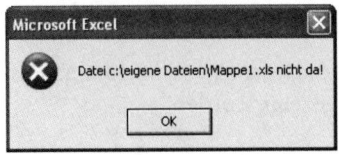

14.2   Textfelder für Meldungen einsetzen

Starten Sie ein längeres Makro, sollten Sie dafür sorgen, dass der Anwender auch weiß, dass ein Makro noch läuft, und ihn über eine Bildschirmmeldung davon in Kenntnis setzen. Diese Maßnahme verhindert, dass der Anwender nervös wird und womöglich der Auffassung ist, dass ein länger laufendes Makro abgestürzt ist. Gerade wenn Sie dann noch die Bildschirmaktualisierung abgeschaltet haben, kann dieser Eindruck leicht entstehen. Aus diesem Grund können Sie gleich zu Beginn des Makros ein temporäres Textfeld auf dem Bildschirm anzeigen, eine Meldung ins Textfeld schreiben und am Ende des Makros das Textfeld wieder löschen.

Abbildung 14.5:
Textfelder als
Meldungsfenster
»missbrauchen«

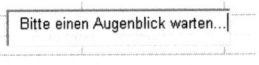

Das Makro für diese Aufgabe können Sie dem Listing 14.4 entnehmen.

Listing 14.4:
Beim Öffnen der
Arbeitsmappe wird
ein Textfeld einge-
blendet, welches
nach 5 Sekunden
wieder ausge-
blendet wird

```
Private Sub Workbook_Open()
ActiveSheet.OLEObjects.Add _
(ClassType:="Forms.TextBox.1", _
  Left:=70, Top:=60, Width:=150, Height:=25).Activate
  ActiveSheet.OLEObjects _
  (ActiveSheet.OLEObjects.Count).Name = "Nachricht"
  ActiveSheet.OLEObjects("Nachricht").Object.Text = _
  "Bitte einen Augenblick warten..."
  Application.Wait (Now + TimeValue("0:00:05"))
  ActiveSheet.OLEObjects("Nachricht").Delete
End Sub
```

Mithilfe der Methode Add fügen Sie dem Auflistungsobjekt ein Textfeld hinzu. Im Argument ClassType müssen Sie angeben, um welchen Typ es sich dabei handeln soll. Sehen Sie dazu in Tabelle 14.3 die Möglichkeiten, die Ihnen zur Verfügung stehen.

Tabelle 14.3:
Die Objekte zum
Einfügen

Einzufügendes Steuerelement	Bezeichnung
CheckBox	Forms.CheckBox.1
ComboBox	Forms.ComboBox.1

Einzufügendes Steuerelement	Bezeichnung
CommandButton	Forms.CommandButton.1
Frame	Forms.Frame.1
Image	Forms.Image.1
Label	Forms.Label.1
ListBox	Forms.ListBox.1
MultiPage	Forms.MultiPage.1
OptionButton	Forms.OptionButton.1
ScrollBar	Forms.ScrollBar.1
SpinButton	Forms.SpinButton.1
TabStrip	Forms.TabStrip.1
TextBox	Forms.TextBox.1
ToggleButton	Forms.ToggleButton.1

Tabelle 14.3:
Die Objekte zum
Einfügen
(Forts.)

In den folgenden Argumenten legen Sie die genaue Position und Größe des Textfeldes an, welches Sie einfügen möchten. Gleich nach dem Einfügen des Textfeldes aktivieren Sie dieses mit der Methode Activate. Im nächsten Schritt geben Sie dem eingefügten Textfeld einen Namen, um leichter darauf zugreifen zu können. Dazu setzen Sie die Eigenschaft Name ein. Um dem Textfeld nun einen Text zuweisen zu können, müssen Sie das Textfeld korrekt ansprechen. Dies gelingt Ihnen über den Namen des Textfeldes und die Eigenschaften Object und Text. Im Anschluss daran können Sie Ihre weiteren Makrobefehle abarbeiten und nach Ablauf des gesamten Makros das Textfeld über die Methode Delete löschen.

Im letzten Beispiel wurde die Methode Wait eingesetzt, um die eingefügte Textbox genau nach fünf Sekunden wieder zu löschen.

INFO

14.3   Die Eingabemaske Inputbox

Mithilfe der Methode Inputbox versetzen Sie den Anwender in die Lage, einzelne Eingaben in einer Maske vorzunehmen. Diese Funktion eignet sich für kleinere Aufgaben hervorragend, und auch hier können Sie Aussehen und Funktion des Dialogs selbst bestimmen.

CD

Sie finden die Beispiele zur Methode Inputbox *auf der mitgelieferten* CD-ROM *im Verzeichnis KAP14 unter dem Namen* INPUTBOX.XLS.

Die Syntax

Die Syntax dieser Funktion sieht wie folgt aus:

```
= InputBox(prompt, title, default, Left, Top, helpFile,
 helpContext, type)
```

Die Argumente der Funktion Inputbox

Das erste Argument prompt muss angegeben werden. Es besteht aus einem Text, der als Meldung im Dialogfeld erscheinen soll.

Im nächsten Argument title legen Sie einen Text fest, der im Fenstertitel angezeigt werden soll.

Im Argument default können Sie eine Vorbelegung wählen, die im Textfeld angezeigt wird, wenn der Benutzer keine Eingabe vorgenommen hat. Wenn Sie das Argument weglassen, wird ein leeres Textfeld angezeigt.

Mit den nächsten beiden Argumenten left und top können Sie die Position auf dem Bildschirm festlegen, wo die Inputbox angezeigt werden soll. So wird beim Argument left der horizontale Abstand des linken Rands des Dialogfeldes vom linken Rand des Bildschirms festgelegt. Beim Argument top wird der vertikale Abstand des oberen Rands des Dialogfeldes vom oberen Rand des Bildschirms festgelegt.

Die beiden Argumente helpfile und context setzen Sie ein, wenn Sie auf einen Hilfetext im Meldungsfenster verweisen möchten.

Das letzte Argument type legt den Datentyp des Rückgabewerts fest. Ohne Angabe dieses Arguments gibt das Dialogfeld den Datentyp Text zurück. Entnehmen Sie die zulässigen Rückgabewerte der nächsten Tabelle.

Tabelle 14.4:
Die möglichen Rückgabewerte der Methode Inputbox

Wert	Beschreibung
0	Formel
1	Zahl
2	Text
4	logischer Wert (True oder False)
8	Zellenbezug
16	Fehlerwert
64	Wertematrix

Wie Sie die Schaltflächen abfragen können, haben Sie bereits bei der Funktion Msgbox *gelernt.*

Lernen Sie nun einige praktische Anwendungsbeispiele für die Methode Inputbox kennen.

INFO

14.3.1   Mehrwertsteuer errechnen

Dem Anwender soll nach der Eingabe eines Nettobetrags automatisch die Mehrwertsteuer angezeigt werden.

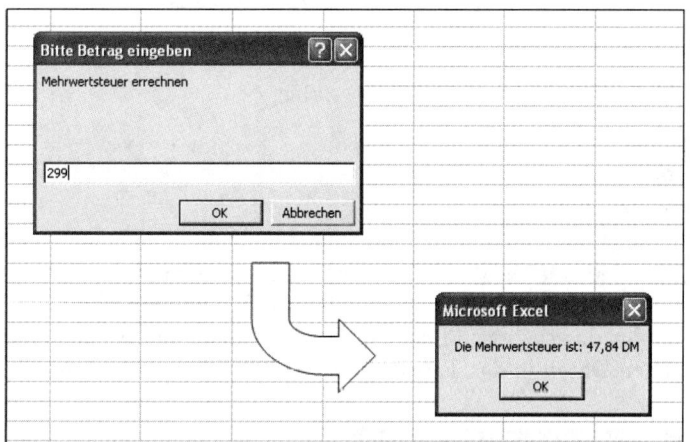

Abbildung 14.6:
Betrag über Dialog erfassen und Mehrwertsteuer ausrechnen lassen

```
Sub MwstErrechnen()
Dim Betrag As Currency
Dim Gesamt As Currency
Const mwst = "1,16"

 Betrag = Application.InputBox _
 ("Mehrwertsteuer errechnen", "Bitte Betrag eingeben")
 If Betrag = 0 Then Exit Sub
 Gesamt = Betrag * mwst
 MsgBox "Die Mehrwertsteuer ist: " & _
        Gesamt - Betrag & " DM"
End Sub
```

Listing 14.5:
Einen Betrag über einen Dialog eingeben, als Ausgabe erfolgt die Mehrwertsteuer

Legen Sie zuerst in einer Konstanten den derzeitigen Mehrwertsteuersatz fest. Danach rufen Sie die Methode Inputbox auf und fordern den Anwender auf, einen Betrag einzugeben. Sollte der Anwender die Schaltfläche ABBRECHEN geklickt haben, wird das Programm durch die Anweisung Exit Sub sofort verlassen. Im andern Fall wird zuerst der Gesamtbetrag aus dem Nettobetrag und dem Prozentsatz der Mehrwertsteuer errechnet. Danach wird der Mehrwertsteuerbetrag ermittelt und in einem Meldungsfenster ausgegeben.

14.3.2   Mehrere Eingaben erfassen

Normalerweise können Sie in einer Inputbox immer nur Daten in einem Textfeld erfassen. Wenn Sie jedoch mehrere Eingaben machen müssen, können Sie diese Funktion mehrmals hintereinander aufrufen und die erfassten Werte nacheinander in eine Tabelle schreiben.

Listing 14.6:
Mehrere Inputboxen nacheinander aufrufen und Daten in Tabelle speichern

```
Sub MehrereEingabenErfassen()
Dim i As Integer
Dim i2 As Integer

For i2 = 1 To 5
i = Application.InputBox(prompt:="Zahl eingeben:", _
  Type:=1)
If i <> False Then
Sheets("Tabelle1").Cells(1, i2).Value = i
Else: Exit Sub
End If
Next
End Sub
```

Die Methode Inputbox wird fünf Mal nacheinander aufgerufen. Dazu setzen Sie die Schleife For Next ein. Wenn die Taste ABBRECHEN geklickt wird, erfolgt das sofortige Ende des Makros. Im andern Fall werden die eingegebenen Daten in das Tabellenblatt TABELLE1 geschrieben.

Abbildung 14.7:
Mehrmaliges Aufrufen der Inputbox

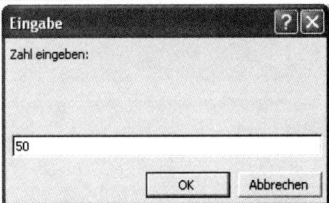

14.3.3   Bereiche über eine Inputbox markieren

Sie können einzelne Daten über eine Inputbox erfassen, das ist klar. Haben Sie aber gewusst, dass Sie damit auch Bereiche markieren können? Sehen Sie sich dazu das folgende Makro im Listing 14.7 an.

Listing 14.7:
Mithilfe einer Inputbox einen Bereich markieren

```
Sub BereicheMarkieren()
Dim Bereich As Range
 On Error Resume Next
 Set Bereich = _
 Application.Inputbox(prompt:="Bereich markieren", _
  Type:=8)
 If Bereich Is Nothing Then
  MsgBox "Sie haben keinen Bereich ausgewählt", _
```

```
    vbExclamation
  Else
     Bereich.Select
  End If
End Sub
```

Zuerst müssen Sie eine Range-Variable deklarieren, welche den ausgewählten Bereich aufnehmen soll. Um einen Bereich mit der Inputbox zu markieren, muss diese vom Typ 8 sein. Wird kein Bereich ausgewählt, erscheint
eine Meldung auf dem Bildschirm, im andern Fall wird der Bereich auf dem
Tabellenblatt markiert.

Wenn Sie möchten, können Sie auch mehrere Bereiche über die Inputbox
markieren. Dazu markieren Sie bei aufgerufener Inputbox den ersten
Bereich auf dem Tabellenblatt, halten die Strg *-Taste gedrückt und mar-*
kieren den nächsten Bereich. Klicken Sie zum Abschluss auf die Schaltfläche
OK.

:-)
TIPP

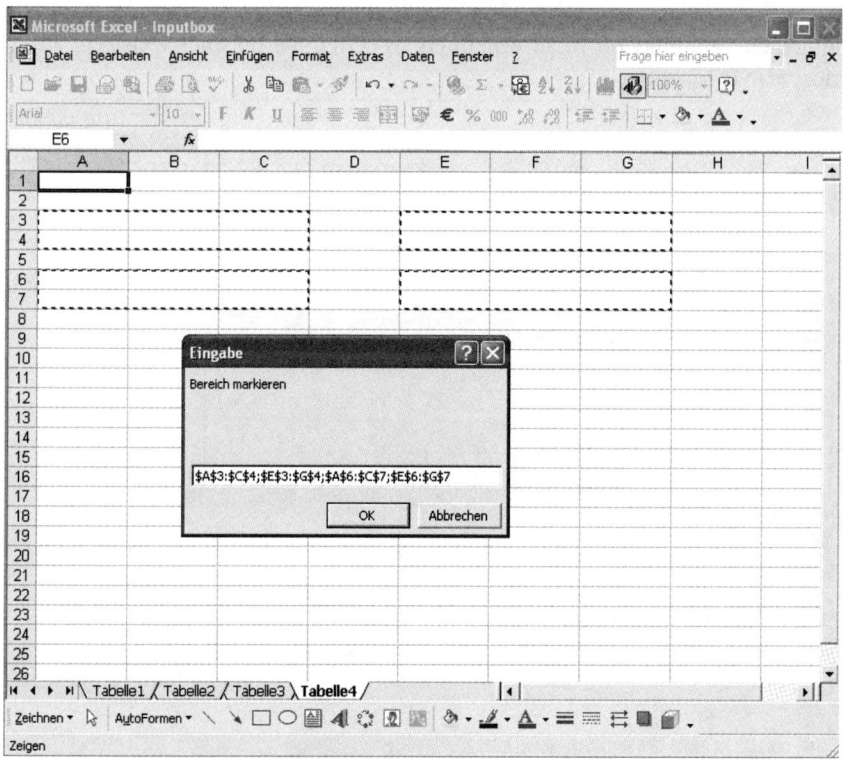

Abbildung 14.8:
Auch mehrere
Bereiche können
markiert werden.

14.3.4   Funktionen eingeben über Inputbox

Wenn Sie möchten, können Sie auch Funktionen über eine Inputbox erfassen, sofern Sie weder den Funktions-Assistenten einsetzen noch eine direkte Zelleneingabe zulassen möchten. Durch die Eingabe einer Funktion über ein Textfeld können Sie so beispielsweise die eingegebene Funktion noch einmal prüfen, bevor Sie diese tatsächlich in eine Zelle schreiben.

Listing 14.8:
Funktionen und
Formeln über eine
Inputbox erfassen

```
Sub FunktionEingeben()
Dim s As String
 s = Inputbox("Eingabe der Funktion", "Funktion", "=")
 If s = "" Then Exit Sub
 ActiveCell.FormulaLocal = s
End Sub
```

Im letzten Beispiel aus Listing 14.8 wurde das Gleichheitszeichen (=) als Standardeintrag im Textfeld der Inputbox schon einmal vorgegeben, da ja jede Funktion in Excel mit diesem Zeichen beginnt. Um deutsche Funktionen in das Textfeld der Inputbox einzugeben, müssen Sie die Eigenschaft FormulaLocal angeben. Ohne die Angabe dieser Eigenschaft würde Excel die eingegebene Funktion nicht erkennen. Wenden Sie beispielsweise die Funktion SUMME an.

Abbildung 14.9:
Eingabe einer
Funktion über
eine Inputbox

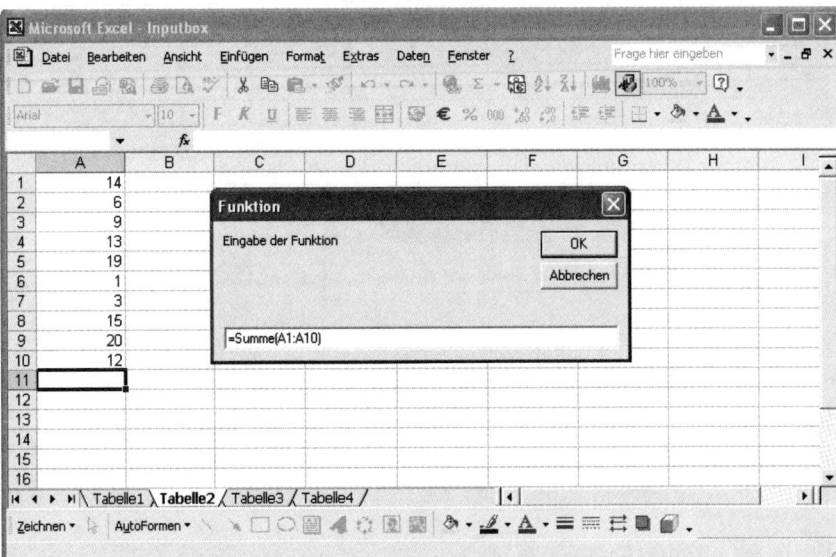

14.4 Integrierte Dialoge einsetzen

Bei der Programmierung mit Dialogen müssen Sie nicht unbedingt eigene Dialoge erstellen. Oft reicht es auch aus, wenn Sie bereits vorhandene Dialoge in Excel für Ihre eigenen Projekte nutzen. Ein weiterer Vorteil ist, dass ein Anwender diese Dialoge bereits kennt und sich nicht mehr in fremde Dialoge einarbeiten muss.

Sie finden die Beispiele zu den integrierten Dialogen auf der mitgelieferten CD-ROM im Verzeichnis KAP14 unter dem Namen DIALOGE.XLS.

14.4.1 Den Öffnen-Dialog aufrufen

Normalerweise können Sie Excel-Arbeitsmappen auch direkt mit einem Makro öffnen, ohne den ÖFFNEN-Dialog einzusetzen. Stehen jedoch mehrere Arbeitsmappen zur Auswahl, zwischen denen sich der Anwender entscheiden muss, verwenden Sie den integrierten ÖFFNEN-Dialog und lassen den Anwender die gewünschte Arbeitsmappe auswählen. Der Vorteil liegt auf der Hand: Sie brauchen sich um bestimmte Dinge, wie das Anzeigen der Arbeitsmappen im Dialog oder auch das Markieren und Öffnen der Mappen, nicht selbst zu kümmern. Die gesamte Funktionalität ist schon vorhanden. Wie Sie den ÖFFNEN-Dialog aufrufen, sehen Sie im Listing 14.9.

Warum das Rad neu erfinden?

```
Sub DialogÖffnen()
Dim b As Boolean
  b = Application.Dialogs(xlDialogFindFile).Show
  MsgBox b
End Sub
```

Listing 14.9:
Den integrierten Öffnen-Dialog anzeigen und auswerten

Definieren Sie zuerst einmal eine Variable vom Typ Boolean, um zu ermitteln, ob eine Datei geöffnet worden ist oder nicht. Wurde über den ÖFFNEN-Dialog eine Datei geöffnet, steht in der Variablen b der Wert WAHR. Wurde dagegen im Dialog ÖFFNEN auf die Schaltfläche ABBRECHEN geklickt, meldet die Variable b den Wert FALSCH.

14.4.2 Der Dialog Öffnen mit automatischer Passworteingabe

Wenn Sie eine passwortgeschützte Arbeitsmappe über den ÖFFNEN-Dialog öffnen möchten, aber keine Lust haben, das Passwort selbst einzugeben, können Sie dies dem integrierten Dialog mitteilen.

Abbildung 14.10:
Der Dialog Öffnen
im neuen Look in
Excel 2002

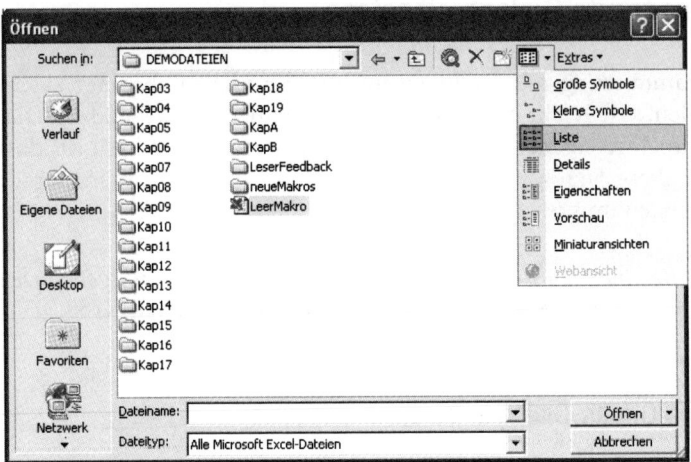

Listing 14.10:
Eine geschützte
Datei ohne Pass-
worteingabe öffnen

```
Sub DialogÖffnenMitPassword()
Application.Dialogs(xlDialogOpen).Show _
 "C:\eigene Dateien\Mappe1.xls", arg5:="test"
End Sub
```

Das fünfte Argument des Befehls entspricht dem eingestellten Passwort.

:-)
TIPP

14.4.3   Die Farbpalette aufrufen

Wenn der Anwender selbst entscheiden soll, welche Hintergrundfarbe er für
bestimmte Zellen haben möchte, stellen Sie ihm per Makro den Dialog ZEL-
LEN FORMATIEREN zur Verfügung.

Listing 14.11:
Format-Dialog
aufrufen

```
Sub FarbenAuslesenAusFarbpalette()
Dim b As Boolean
Dim I As Integer
b = Application.Dialogs(xlDialogPatterns).Show
If b = True Then
  I = ActiveCell.Interior.ColorIndex
  MsgBox "Farbindex ist: " & I
Else
 I = xlNone
 MsgBox "Der Dialog wurde abgebrochen"
End If
End Sub
```

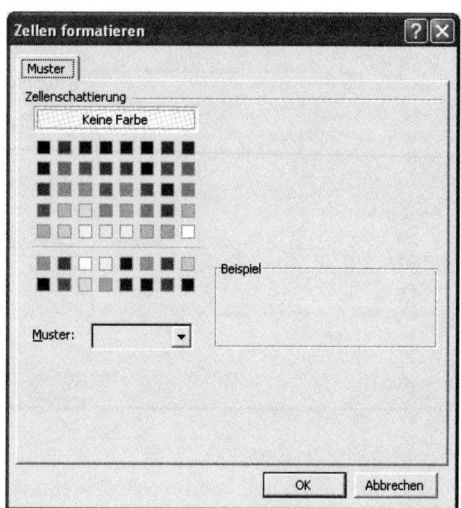

Abbildung 14.11:
Welche Hinter-
grundfarbe soll
genommen
werden?

14.4.4 Den Dialog Drucken aufrufen

Um ein oder mehrere Tabellenblätter zu drucken, müssen Sie normalerweise über den Dialog DRUCKEN gehen. In manchen Fällen ist es aber wichtig, vorher bestimmte Einstellungen für den Druck vorzunehmen, die vom Anwender selbst bestimmt werden müssen. Im folgenden Beispiel rufen Sie den DRUCKEN-Dialog auf und stellen bestimmte Informationen, wie die Anzahl der Kopien bzw. die zu druckenden Seiten, automatisch ein.

```
Sub DialogDrucken()
Const SeiteVon = 1
Const SeiteBis = 4
Const Kopien = 2
    Application.Dialogs(xlDialogPrint).Show arg1:=2, _
    arg2:= SeiteVon, arg3:=SeiteBis, arg4:=Kopien
End Sub
```

Listing 14.12:
Den integrierten
Drucken-Dialog
mit vorbelegten
Einstellungen
aufrufen

Wenn Sie beim Definieren der Druckeinstellungen mit Konstanten arbeiten und diese zu Beginn des Makros definieren, können Sie diese Einstellungen jederzeit leicht ändern.

:-)
TIPP

14.4.5 Den Dialog für den Blattschutz anzeigen

Wenn Sie Tabellenblätter vor Veränderung schützen möchten, wählen Sie aus dem Menü EXTRAS den Befehl SCHUTZ/BLATT SCHÜTZEN. Danach geben Sie ein Kennwort ein und klicken auf die Schaltfläche OK. Den Dialog können Sie aber auch direkt aufrufen. Dazu verwenden Sie folgendes Makro in Listing 14.13.

Abbildung 14.12:
Drucken-Dialog mit
Voreinstellungen
aufrufen

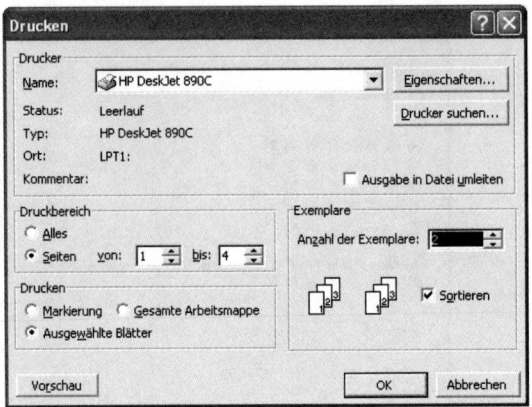

Listing 14.13:
Den integrierten
Blattschutz-Dialog
aufrufen

```
Sub DialogBlattschutz()
 Application.Dialogs(xlDialogProtectDocument).Show
End Sub
```

Abbildung 14.13:
Blattschutz über
Dialog einstellen

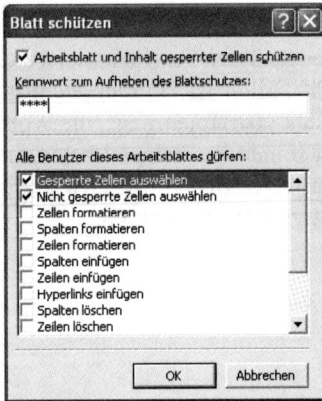

In der Version Excel 2002 gibt es standardmäßig mehr Sicherheitseinstellungen als in den vorherigen Versionen. Hier können Sie unter anderem festlegen, welche Aktionen der Anwender selbst in geschützten Tabellen trotzdem vornehmen darf. Vorher waren Änderungen aller Art in geschützten Tabellen ein Tabuthema.

14.4.6   Den Suchen-Dialog aufrufen

Sicher kennen Sie den SUCHEN-Dialog von Excel, den sie über die Tastenkombination [Strg] + [F] aufrufen können.

```
Sub SuchenDialog()
ActiveSheet.UsedRange.Select
Application.Dialogs(xlDialogFormulaFind).Show
End Sub
```

Listing 14.14:
Den integrierten
Suchen-Dialog
aufrufen

Um die Suche einzuschränken, markieren Sie vorher den verwendeten Bereich in der Tabelle.

14.4.7 Den Dialog Optionen aufrufen

Um Einstellungen beim Bearbeiten von Tabellenblättern einzustellen, können Sie den Dialog OPTIONEN über das Menü EXTRAS und den Befehl OPTIONEN aufrufen. Wenn Sie Makros schreiben, die eine bestimmte Einstellung bei den Optionen benötigen, können Sie die Einstellungen im Hintergrund festlegen oder aber auch den Benutzer selbst entscheiden lassen, welche Einstellungen er vornehmen möchte. Den Dialog OPTIONEN rufen Sie wie folgt auf:

```
Sub DialogExtrasOptionenBearbeiten()
 Application.Dialogs(xlDialogOptionsEdit).Show
End Sub
```

Listing 14.15:
Den integrierten
Optionen-Dialog
aufrufen

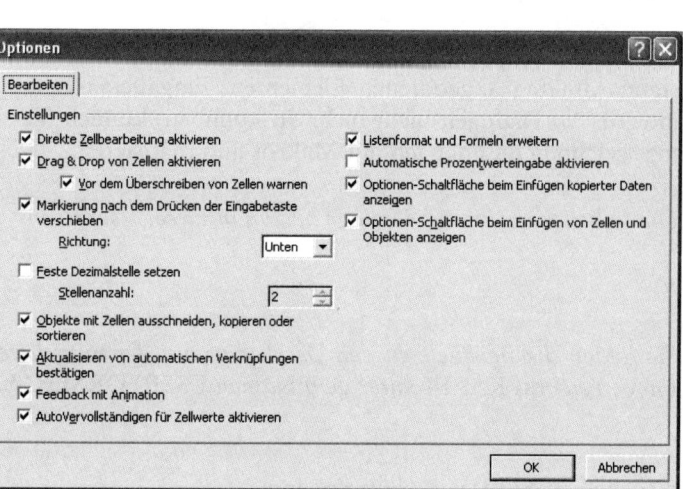

Abbildung 14.14:
Der Dialog Optionen
zum schnellen
Einstellen

14.4.8 Weitere integrierte Dialoge in Excel

Wenn Sie sich informieren möchten, welche integrierten Dialoge es in Excel gibt, und vor allem, wie diese heißen, rufen Sie in der Entwicklungsumgebung den Objektkatalog auf und schauen unter der Rubrik XLBUILTINDIALOG NACH.

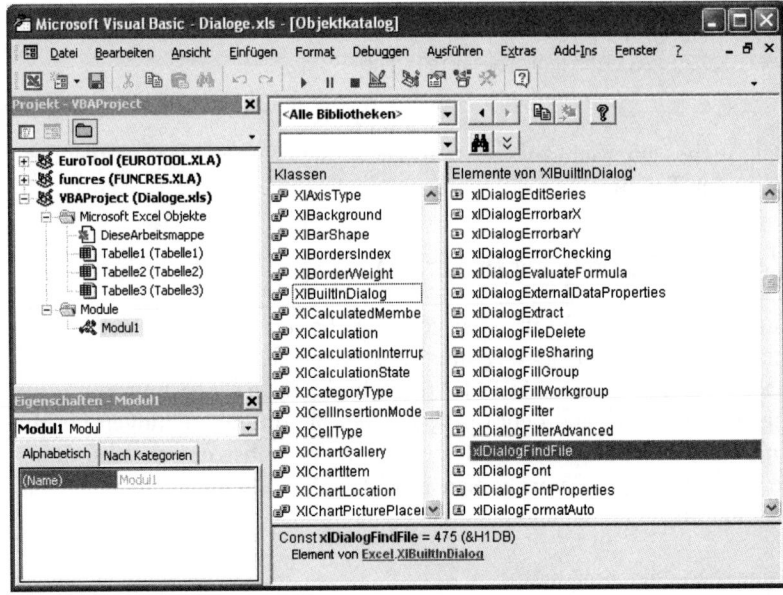

14.5   Eigene Dialoge entwerfen und programmieren

Wenn Sie größere Aufgaben über Dialoge abwickeln möchten und mit den standardmäßig angebotenen Elementen, Eingabemasken, Meldungen und integrierten Dialogen nicht mehr auskommen, können Sie sich eigene Dialoge zeichnen und danach mit Makros automatisieren.

Die selbst gezeichneten Dialoge heißen in Excel UserForms.

Sie finden die Beispiele zu den UserForms auf der mitgelieferten CD-ROM im Verzeichnis KAP14 unter dem Namen USERFORM.XLS.

14.5.1   Eine UserForm zeichnen

Für das Zeichnen der UserForms steht Ihnen eine eigene Symbolleiste zur Verfügung. Bevor Sie jedoch an das Zeichnen gehen, müssen Sie eine User-Form anlegen.

Dazu gehen Sie wie folgt vor:

1. Wechseln Sie in die Entwicklungsumgebung.

2. Klicken Sie mit der rechten Maustaste in den Bereich des Projekt-Explorers.

3. Wählen Sie aus dem Kontextmenü den Befehl EINFÜGEN/USERFORM.

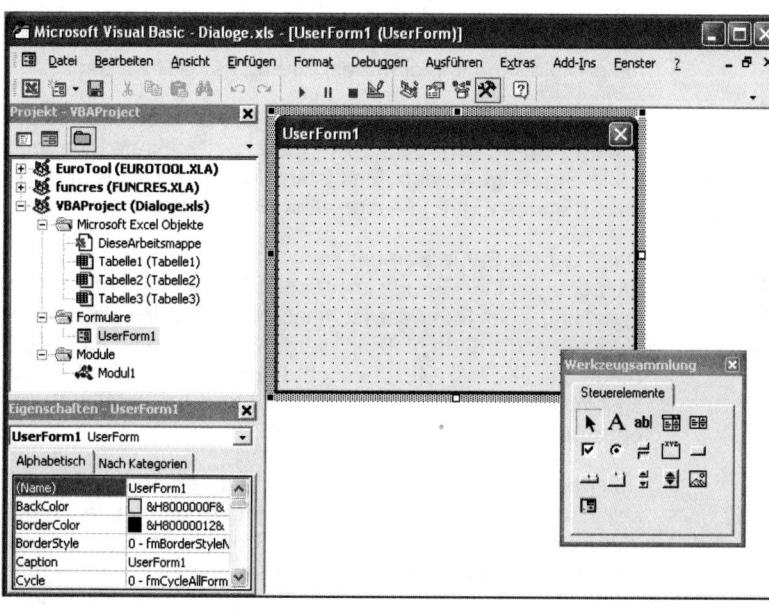

Abbildung 14.16:
Der erste Schritt –
Einfügen einer
UserForm

Sobald Sie Ihre erste UserForm eingefügt haben, wird automatisch die Symbolleiste WERKZEUGSAMMLUNG *mit eingeblendet. Diese Werkzeugsammlung nutzen Sie, um den noch leeren Dialog mit Elementen zu bestücken.*

Entnehmen Sie der folgenden Tabelle die wichtigsten Steuerelemente der Symbolleiste WERKZEUGSAMMLUNG.

Symbol	Funktionsbeschreibung
▶	Markiert das entsprechende Element in der UserForm.
A	Damit können Sie Texte in Ihrer UserForm erfassen, meist im Zusammenspiel mit Textfeldern zu verwenden. Die Bezeichnungsfelder sind mit grauem Hintergrund auf der UserForm hinterlegt.

Tabelle 14.5:
Alle Steuerelemente
im Überblick

Symbol	Funktionsbeschreibung
ab|	Damit sind Eingabefelder gemeint, mit denen Sie Texte oder Zahlen erfassen können.
	Ein Kombinationsfeld besteht streng genommen aus einem Eingabefeld, welches mit einem Listenfeld gekoppelt ist. Kombinationsfelder erkennen Sie daran, dass sich rechts neben dem Eingabefeld ein kleiner Pfeil nach unten befindet. Mit einem Klick darauf werden Ihnen weitere Auswahlmöglichkeiten angeboten. In einem Kombinationsfeld kann immer nur ein Eintrag gewählt werden.
	Verwandt mit dem Kombinationsfeld ist auch das Listenfeld. Das Listenfeld benötigt jedoch mehr Platz, weil mehrere Einträge gleichzeitig angezeigt werden. Ein Listenfeld kann so eingestellt werden, dass mehrere Einträge ausgewählt werden können.
	Das Rahmen-Steuerelement können Sie verwenden, um einzelne Elemente in einer Gruppe zusammenzufassen. Wichtig bei der Erstellung eines Rahmens ist, dass dieser vor den einzelnen Steuerelementen, die darin platziert werden sollen, eingefügt wird. Das Steuerelement RAHMEN besticht ferner durch seine räumliche Darstellung und kann auch eingesetzt werden, um die UserForm optisch aufzupeppen.
	Das Kontrollkästchen kann entweder aktiviert oder nicht aktiviert sein. Bei aktiviertem Zustand erscheint im Kästchen ein Häkchen. Wenn Sie Kontrollkästchen in einer Gruppe verwenden, können ein oder mehrere Kontrollkästchen aktiviert sein.
	Das Optionsfeld, auch bekannt als Radiobutton, kann aktiviert oder nicht aktiviert sein. Bei aktiviertem Zustand ist das Optionsfeld mit einem schwarzen Punkt ausgefüllt. Wenn Sie mehrere Optionsfelder innerhalb einer Gruppe verwenden, kann immer nur eine Option aktiviert sein.
	Das Umschaltfeld könnte man mit einem Lichtschalter vergleichen. Es hat genau zwei Zustände: Ein und Aus, die sich optisch leicht voneinander abheben.
	Hinter Befehlsschaltflächen legen Sie Makros, um bestimmte Aktionen durch einen Mausklick mit der UserForm auszuführen. Wenn Sie möchten, können Sie aber auch mit einer Tastenkombination eine Schaltfläche bedienen. Dazu schreiben Sie in der CAPTION-Eigenschaft das Zeichen & vor den gewünschten Buchstaben. Dieser Buchstabe in Verbindung mit der Taste % bildet dann die Tastenkombination für diese Schaltfläche.
	Wenn Sie auf einer UserForm mehrere Register anbringen möchten, können Sie dieses Element einsetzen.

Tabelle 14.5:
Alle Steuerelemente
im Überblick
(Forts.)

Symbol	Funktionsbeschreibung
	Dieses Steuerelement verwenden Sie bei größeren UserForms, wenn Sie horizontal oder auch vertikal scrollen müssen, um bestimmte Elemente anzuzeigen.
	Das Drehfeld können Sie verwenden, wenn Sie einen Wert schrittweise hochzählen möchten. Das Steuerelement wird meist in Verbindung mit einem Textfeld verwendet.
	Mithilfe dieses Elements können Sie Grafiken in Ihre UserForm einfügen.
	Mit dem RefEdit-Element können Sie über ein Eingabefeld einen Bereich markieren bzw. auch Texte eingeben.

Weitere Steuerelemente können Sie jederzeit einblenden, indem Sie mit der rechten Maustaste auf die Symbolleiste klicken und aus dem Kontextmenü den Befehl ZUSÄTZLICHE STEUERELEMENTE *auswählen. Im Listenfeld* VERFÜGBARE STEUERELEMENTE *können Sie dann zusätzliche Steuerelemente per Mausklick Ihrer Symbolleiste hinzufügen.*

:-)
TIPP

Bevor Sie anfangen, die Elemente einzufügen, stellt sich natürlich die Frage, welche Aufgabe Sie damit überhaupt lösen möchten. Definieren wir nun eine kleine Aufgabe.

Definition

14.5.2 Der Entwurf einer automatischen dialoggesteuerten Rechnungserfassung

Die Aufgabe soll darin bestehen, über einen Dialog Rechnungsdaten in eine Tabelle zu schreiben. Im weiteren Verlauf der Aufgabe soll es dann möglich werden, bestimmte Rechnungsdaten aus der Tabelle über eine Suchfunktion in der UserForm anzuzeigen.

Die dazugehörige Beispieldatei finden Sie auf der mitgelieferten CD-ROM *im Verzeichnis* KAP14 *unter dem Namen* USERFORMS.XLS.

CD

Erstellen Sie als kleine Vorarbeit eine Tabelle nach folgendem Vorbild (siehe Abbildung 14.17).

Im späteren Verlauf werden in obige Tabelle die Rechnungsdaten zurückgeschrieben, welche Sie über die UserForm erfassen.

Abbildung 14.17:
Die Vorarbeit – die
Rechnungstabelle

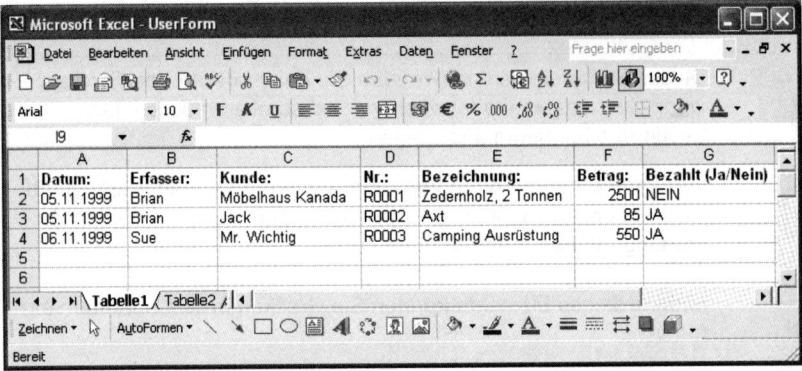

Der Weg   Wechseln Sie in die Entwicklungsumgebung und vergrößern Sie die User-
dahin ...   Form, indem Sie mit der linken Maustaste ihre untere rechte Ecke anklicken
und diese schräg nach unten ziehen.

Fügen Sie danach zunächst ein Bezeichnungsfeld und ein Textfeld ein. Dazu
klicken Sie in der Symbolleiste WERKZEUGSAMMLUNG auf das entsprechende Symbol und ziehen es auf Ihrer UserForm auf. Das Bezeichnungsfeld
trägt noch den Namen LABEL1. Ändern Sie diese Bezeichnung, indem Sie
den Text mit der linken Maustaste markieren und den Text DATUM erfassen. Das Textfeld bekommt standardmäßig den Namen TEXTBOX1, den Sie
auch beibehalten können.

Abbildung 14.18:
Die fertige
UserForm

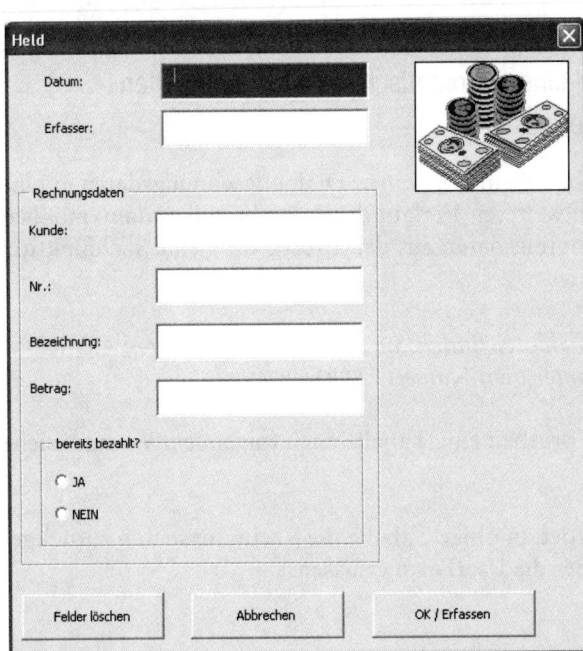

Fügen Sie einen Rahmen ein, um die nächsten Textfelder darin zu platzieren und somit optisch ein wenig hervorzuheben. Der leere Rahmen trägt noch die Überschrift FRAME1.

Positionieren Sie die nächsten vier Bezeichnungsfelder und Textfelder innerhalb dieses Rahmens und passen Sie die Labels wieder an.

Fügen Sie innerhalb des Rahmens einen weiteren Rahmen ein und ändern Sie die Rahmenüberschrift.

Für die Information, ob eine Rechnung schon bezahlt ist oder nicht, verwenden Sie zwei Optionsschaltflächen, die Sie innerhalb des zweiten Rahmens anordnen.

Fügen Sie drei Befehlsschaltflächen ein. Die Beschriftung der Schaltflächen (COMMANDBUTTON1, COMMANDBUTTON2, COMMANDBUTTON3) ist noch nicht sehr sprechend. Ändern Sie die Beschriftung, indem Sie die Eigenschaft CAPTION im Eigenschaften-Fenster angeben.

Zum Abschluss möchten Sie vielleicht noch eine Grafik oder ein Firmenlogo einfügen. Dazu klicken Sie in der Symbolleiste WERKZEUGSAMMLUNG auf das Symbol ANZEIGE und ziehen dieses Symbol innerhalb Ihrer UserForm auf.

Wenn Sie das Symbol ANZEIGE *in Ihrer UserForm markiert haben, erscheint im Eigenschaften-Fenster folgende Information (siehe Abbildung 14.19).*

Abbildung 14.19:
Eine Grafik in eine UserForm integrieren

Klicken Sie in der Zeile PICTURE auf das Symbol mit den drei Punkten und weisen Sie im Dialog BILD LADEN ein gewünschtes Bild zu, welches Sie in der UserForm anzeigen möchten.

TIPP

Wenn Sie möchten, können Sie auch ganz elegant ein beliebiges Bild, z. B. eine Clipart, in die Zwischenablage kopieren, dann in die Entwicklungsumgebung wechseln und im Eigenschaften-Fenster im Feld rechts neben dem Feld PICTURE den Mauszeiger positionieren und die Tastenkombination Strg *+* V *drücken. Damit wird das Bild automatisch in die UserForm eingefügt.*

14.5.3 Der erste Aufruf der neuen UserForm

Klicken Sie mit der linken Maustaste einmal auf die UserForm und drücken Sie danach die Taste F5.

Das Handling von UserForms Die UserForm wird am Bildschirm angezeigt. Erfassen Sie nun einmal ein paar Daten. Sie gelangen am schnellsten von Feld zu Feld, indem Sie die Taste ⇥ drücken. Wenn Sie ein Feld zurückspringen möchten, drücken Sie jeweils die Tastenkombination ⇧ + ⇥. Beenden Sie den Dialog, indem Sie auf das X-Symbol an der rechten oberen Ecke der UserForm klicken.

14.5.4 Reihenfolge der Elemente festlegen

Wenn Sie die Reihenfolge ändern möchten, mit der Sie über die Taste ⇥ von Element zu Element in der UserForm springen, können Sie dies ohne weiteres einstellen. Wählen Sie dazu den Menübefehl ANSICHT/AKTIVIER-REIHENFOLGE. Ist dieser Menübefehl bei Ihnen deaktiviert, markieren Sie vorher eines der Textfelder oder Schaltflächen auf der UserForm.

Abbildung 14.20:
Die Aktivierreihen-
folge ändern

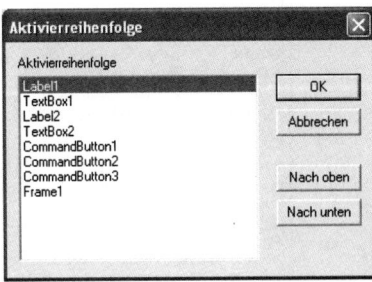

Die Reihenfolge ändern Sie, indem Sie das entsprechende Element im Listenfeld AKTIVIERREIHENFOLGE *markieren und auf die Schaltfläche* NACH OBEN *bzw.* NACH UNTEN *klicken.*

INFO

Wie Sie sehen, geht schon einiges, auch ohne eine einzige Zeile zu programmieren. Um letztendlich die Funktionalität, also das Zurückschreiben der Daten, zu erreichen, beginnen Sie nun mit der Programmierung der User-Form.

14.5.5   UserForms mit Makros bestücken

Um die UserForm programmgesteuert anzuzeigen, fügen Sie ein neues Modul ein und erfassen das Makro aus Listing 14.16.

```
Sub UserFormAnzeigen()
 UserForm1.Show
End Sub
```

Listing 14.16:
Eine UserForm
anzeigen

Die Methode Show aktiviert die UserForm mit dem Namen USERFORM1.

Seit Excel 2000 ist es erstmalig möglich, Dialoge auch ungebunden aufzurufen, d. h. ungebundene Dialoge müssen nicht beendet werden, um mit anderen Arbeiten in Excel fortzufahren. Wenn Sie eine ungebundene UserForm aufrufen möchten, verwenden Sie die Anweisung UserForm1.Show vbModeless.

Neu in Excel
2000

Wenn Sie eine UserForm noch nicht anzeigen, aber diese schon einmal in den Speicher laden möchten, verwenden Sie die Anweisung Load UserForm1. *Diese Anweisung ist wichtig, wenn Sie eine UserForm bei Bedarf sehr schnell anzeigen möchten, und vor allem dann empfehlenswert, wenn Sie aufwändige Vorbereitungsarbeiten vor dem eigentlichen Anzeigen der User-Form über die Methode* Show *durchführen müssen. Aufwändige Vorbereitungsarbeiten umfassen z. B. das Übertragen von Tabelleninhalten in viele Textfelder. Standardmäßig wird es aber in fast allen Fällen ausreichen, auf die Anweisung* Load *zu verzichten.*

:-)
TIPP

Wechseln Sie jetzt wieder auf Ihre UserForm, indem Sie im Projekt-Explorer unter der Rubrik FORMULARE auf den Eintrag USERFORM1 doppelklicken.

Die Ereignis-
makros

Als nächste Aufgabe haben Sie genau drei VBA-Makros zu schreiben:

➡ ein Makro zum Zurückschreiben der in der UserForm erfassten Daten auf das Tabellenblatt (Schaltfläche OK/ERFASSEN);

➡ ein Makro, welches die UserForm ohne weitere Aktion beendet (Schaltfläche ABBRECHEN);

➡ ein Makro, um alle Textfelder auf einmal zu löschen (Schaltfläche FELDER LÖSCHEN).

Daten auf
Tabellenblatt
erfassen

Um das Makro für die Datenerfassung zu schreiben, führen Sie zunächst in der UserForm einen Doppelklick auf die Schaltfläche OK/ERFASSEN aus. Excel generiert Ihnen automatisch einen noch leeren Programmrahmen.

```
Private Sub CommandButton1_Click()

End Sub
```

Ergänzen Sie den Programmrahmen um die folgenden Zeilen:

Listing 14.17:
Eingegebene Daten
aus UserForm in
Tabelle schreiben

```
Private Sub CommandButton1_Click()
Set Frm = UserForm1
  Sheets("Tabelle1").Activate
  Range("A65536").End(xlUp).Offset(1, 0).Select
  With Frm
  ActiveCell.Value = .TextBox1.Value
  ActiveCell.Offset(0, 1).Value = .TextBox2.Value
  ActiveCell.Offset(0, 2).Value = .TextBox3.Value
  ActiveCell.Offset(0, 3).Value = .TextBox4.Value
  ActiveCell.Offset(0, 4).Value = .TextBox5.Value
  ActiveCell.Offset(0, 5).Value = .TextBox6.Value

  If .OptionButton1.Value = True Then
  ActiveCell.Offset(0, 6).Value = "JA"
  Else
  ActiveCell.Offset(0, 6).Value = "NEIN"
  End If
  End With
End Sub
```

Bei dem Makro CommandButton1_Click handelt es sich um ein Ereignis, d. h. immer wenn die Schaltfläche OK/ERFASSEN angeklickt wird, läuft obiges Makro ab. Als Erstes wird der Begriff UserForm1, welcher ja nicht gerade kurz ist, durch ein Kürzel ersetzt. Zukünftig können alle Elemente auf der UserForm kürzer und damit auch schneller angesprochen werden.

Vorher   UserForm1.Textbox1.value

Nachher   Frm.Textbox1.value

Jetzt wird das Tabellenblatt TABELLE1 aktiviert. Mit der Eigenschaft End wird die Position ermittelt, die die Zelle am Ende der Region darstellt, die den Quellbereich enthält. Diese Vorgehensweise entspricht dem Drücken der Tastenkombination Strg + ↓ auf dem Tabellenblatt.

Die Zahl 65.536 steht für die maximale Anzahl Zeilen pro Excel-Tabellenblatt. Innerhalb dieses Bereichs wird nach der zuletzt verwendeten Zelle gesucht und der Zellenzeiger um eine Zeile nach unten (nächste freie Zelle) versetzt.

INFO

Mit der Anweisung With machen Sie den Programmiercode noch kürzer und übersichtlicher.

```
ActiveCell.Value = frm.TextBox1.Value
ActiveCell.Offset(0, 1).Value = frm.TextBox2.Value
ActiveCell.Offset(0, 2).Value = frm.TextBox3.Value
```

Vorher

```
With Frm
 ActiveCell.Value = .TextBox1.Value
 ActiveCell.Offset(0, 1).Value = .TextBox2.Value
 ActiveCell.Offset(0, 2).Value = .TextBox3.Value
End With
```

Nacher

Ist das Kürzel einmal mit der Anweisung With definiert, kann weggelassen werden, stattdessen steht dafür ein Punkt.

In der Eigenschaft Value der Textfelder steht jeweils der vorgenommene Eintrag. Dieser Eintrag wird in die Tabelle übertragen. Dabei wird der Inhalt des ersten Textfeldes in die aktive Zelle übertragen, die Inhalte der weiteren Textfelder werden dann jeweils eine Zelle weiter nach rechts verschoben eingefügt.

Um festzuhalten, ob der Kunde bereits bezahlt hat oder nicht, verwenden Sie Optionsschaltflächen. Dabei kann jeweils nur eine Option (JA oder NEIN) möglich sein. Für die Abfrage, welche Optionsschaltfläche aktiviert ist, nehmen Sie eine If-then-else-Anweisung. Fragen Sie dazu die Value-Eigenschaft der ersten Optionsschaltfläche ab. Liefert diese den Wert True, ist eine Optionsschaltfläche aktiviert. In diesem Fall schreiben Sie den Text JA in die Spalte G, im andern Fall schreiben Sie den Text NEIN in die Tabelle zurück.

14.5.6   Die UserForm beenden

Wenn Sie die UserForm wieder schließen möchten, ohne eine weitere Aktion durchzuführen, klicken Sie auf der UserForm die Schaltfläche ABBRECHEN doppelt an und ergänzen den vorgegebenen Rahmen um die nächsten Zeilen:

```
Private Sub CommandButton2_Click()
 UserForm1.Hide
End Sub
```

Listing 14.18:
Eine UserForm wird
ausgeblendet

Die Methode Hide *blendet die UserForm aus. Damit steht die UserForm aber noch im Speicher für weitere Aktionen bereit. Möchten Sie die UserForm richtig aus dem Speicher laden, verwenden Sie die Anweisung* Unload Me.

14.5.7 Alle Textfelder initialisieren

Nachdem Sie einen Satz erfasst und abgespeichert haben, möchten Sie erreichen, dass jeglicher Inhalt aller Textfelder bei Bedarf gelöscht werden kann. Dazu klicken Sie die Schaltfläche FELDER LÖSCHEN in der UserForm doppelt an. Erfassen Sie danach das folgende Makro aus Listing 14.19.

Listing 14.19:
Alle Textfelder in einer UserForm initialisieren

```
Private Sub CommandButton3_Click()
 Dim tb As Object
    For Each tb In UserForm1.Controls
       If TypeName(tb) = "TextBox" Then tb.Text = ""
    Next tb
End Sub
```

Deklarieren Sie zuerst eine Objektvariable, um die UserForm anschließend in einer For Each-Schleife zu durchlaufen und zu bereinigen.

14.5.8 Inhalte von Textfeldern markieren

Um den einen erfassten Inhalt eines Textfeldes zu markieren, setzen Sie folgendes Makro ein. Für diese Aufgabe benötigen Sie eine UserForm mit einem Textfeld und einer Schaltfläche. Führen Sie in der Entwicklungsumgebung einen Doppelklick auf die Schaltfläche durch und fügen folgenden Code aus Listing 14.20 ein.

Listing 14.20:
Den Inhalt eines Textfeldes markieren

```
Private Sub CommandButton1_Click()
TextBox1.SetFocus
TextBox1.SelStart = 0
TextBox1.SelLength = Len(TextBox1.Text)
End Sub
```

Mithilfe der Methode SetFocus setzen Sie den Mauszeiger auf das Textfeld. Mit der Eigenschaft SelStart bestimmen Sie die Anfangsposition des zu markierenden Textes. Die Eigenschaft SelLength legt die Anzahl der zu markierenden Zeichen fest. Weisen Sie dieser Eigenschaft die Funktion Len zu, die die Gesamtzahl der eingegebenen Zeichen des Textfeldes ermittelt.

Sie finden dieses Beispiel auf der mitgelieferten CD-ROM *im Verzeichnis* KAP14 *unter dem Namen* USERFORM005.XLS.

14.5.9 UserForm mit Tabellendaten füllen

Wie Sie Daten aus einer UserForm in eine Tabelle schreiben, wissen Sie jetzt. Wie aber geht es genau andersherum, also aus einer Tabelle Daten in einer UserForm anzeigen? Um die Lösung dieser Aufgabe aufzuzeigen, wird dasselbe Beispiel verwendet. Im Einzelnen soll die Rechnungsnummer eingegeben werden und danach sollen alle dazugehörigen Rechnungsinformationen aus der Tabelle ermittelt und in der UserForm angezeigt werden.

Dazu gehen Sie wie folgt vor:

1. Fügen Sie eine neue UserForm ein. Diese bekommt den Namen USERFORM2.

2. Da Sie für die neue UserForm weitestgehend dieselben Elemente wie in USERFORM1 verwenden, wechseln Sie auf die USERFORM1 und drücken die Tastenkombination [Strg] + [A], um alle Elemente zu markieren.

3. Drücken Sie die Tastenkombination [Strg] + [C], um die Elemente in die Zwischenablage zu kopieren.

4. Wechseln Sie auf Ihre neue UserForm und drücken Sie die Tastenkombination [Strg] + [V], um die Elemente einzufügen.

Beim Aufrufen des SUCHEN-Dialogs darf nur das Textfeld NR.: editierbar sein, d. h. nur in dieses Feld dürfen Sie eine Eingabe vornehmen, alle anderen Textfelder sollen danach automatisch mit den restlichen Daten gefüllt werden.

```
Sub SuchenDialogAnzeigen()
Set frm2 = UserForm2
With frm2
 .TextBox4.SetFocus
 .TextBox1.Enabled = False

 .TextBox2.Enabled = False
 .TextBox3.Enabled = False
 .TextBox5.Enabled = False
 .TextBox6.Enabled = False
 .Show
End With
End Sub
```

Listing 14.21:
Textfelder in User-
Forms aktivieren
bzw. Fokus setzen

*Suchen-Dialog
anzeigen*

Die Kombination aus den Anweisungen Set und With haben Sie schon kennen gelernt. Damit haben Sie weniger Schreibarbeit und einen besseren Überblick über Ihren Programmcode. Mit der SetFocus-Methode sorgen Sie dafür, dass der Mauszeiger nach dem Aufrufen der UserForm im richtigen Textfeld NR. steht. Über die Eigenschaft Enabled verhindern Sie, dass Eingaben in den übrigen Feldern gemacht werden können. Dadurch, dass Sie diese Eigenschaft auf den Wert False setzen, wird es unmöglich, mit der Maus durch Drücken von Tasten, Zugriffstasten oder Tastenkombinationen auf das Steuerelement einzuwirken.

Daten suchen

Nach der Eingabe der Rechnungsnummer in das vierte Textfeld soll auf dem Tabellenblatt TABELLE1 nach der entsprechenden Rechnung gesucht und die einzelnen Daten dazu in der UserForm angezeigt werden. Um das Makro hierfür zu erstellen, führen Sie einen Doppelklick auf die Schaltfläche OK/SUCHEN aus und geben Sie das folgende Makro aus Listing 14.22 ein:

Listing 14.22:
Daten über eine
UserForm eingeben
und auf einem
Tabellenblatt
danach suchen

```
Private Sub CommandButton1_Click()
Set frm2 = UserForm2
With frm2
Sheets("Tabelle1").Select
Range("D:D").Select
On Error GoTo fehler
Selection.Find(What:=.TextBox4.Value, _
After:=ActiveCell, _
LookIn:=xlFormulas, LookAt:=xlPart, _
SearchOrder:=xlByRows, SearchDirection:=xlNext, _
MatchCase:=False).Activate
.TextBox1.Value = ActiveCell.Offset(0, -3).Value
.TextBox2.Value = ActiveCell.Offset(0,  2).Value
.TextBox3.Value = ActiveCell.Offset(0, -1).Value
.TextBox5.Value = ActiveCell.Offset(0, 1).Value
.TextBox6.Value = ActiveCell.Offset(0, 2).Value

If ActiveCell.Offset(0, 3).Value = "JA" _
Then .OptionButton1.Value = True _
Else .OptionButton1.Value = False Range("A1").Select
Exit Sub
fehler:
MsgBox "Ein Rechnungssatz mit der Nummer : " & _
.TextBox4.Value &  " konnte nicht gefunden werden!"
End With
End Sub
```

Die Syntax

Um nach der eingegebenen Rechnungsnummer zu suchen, setzen Sie die Methode Find ein. Diese Methode hat folgende Syntax:

```
Selection.Find(What, After, LookIn, LookAt, _
SearchOrder, SearchDirection, MatchCase)
```

Die Argumente
der Methode
Find

Das erste Argument What steht für den Suchbegriff. Dabei handelt es sich in diesem Fall um den Inhalt des Textfeldes TEXTBOX4.

Das zweite Argument After gibt die Zelle an, nach der die Suche beginnen soll. Dies entspricht der Position der aktiven Zelle, wenn eine Suche von der Benutzeroberfläche aus durchgeführt wird.

Bitte beachten Sie, dass das Argument After eine einzelne Zelle im Bereich sein muss. Beachten Sie, dass die Suche nach dieser Zelle beginnt; Die angegebene Zelle wird also erst durchsucht, wenn der Suchlauf zur Ausgangszelle zurückkehrt. Wird das Argument nicht angegeben, so ist die obere linke Zelle des Bereichs der Startpunkt für die Suche.

In Excel können Sie die Suche auch nur auf Werte, Formeln oder Kommentare beschränken. Das Argument LookIn bietet einige xlFindLookIn-Konstanten dazu an: xlFormulas, um nur in Formeln zu suchen (Standardeinstellung), xlValues, welche ausschließlich nur Werte sucht, oder xlComments, welche die Suche auf Kommentare beschränkt.

Mit dem Argument LookAt können Sie festlegen, ob der Suchbegriff als ganzes Wort wiedergefunden werden muss oder ob es auch reicht, wenn der Suchbegriff als Teil eines Worts gefunden wird. Im ersten Fall verwenden Sie die Konstante xLWhole, im zweiten Fall ist die Konstante xLPart einzusetzen.

Beim Argument SearchOrder ist die Suchreihenfolge gemeint. Bei xLByColumns wird die Tabelle erst Spalte für Spalte durchsucht. Wenn Sie dagegen die Konstante xLByRows verwenden, erfolgt die Suche Zeile für Zeile. Da Sie in Ihrem Beispiel jedoch vor der Suche die Spalte D markiert und damit den Suchbereich eingegrenzt haben, spielt dieses Argument hier keine große Rolle.

Das Argument SearchDirection gibt ebenfalls die Suchreihenfolge an. Die Konstante xlNext sucht jeweils nach dem nächsten vorkommenden Suchbegriff, also ist damit eine Vorwärtssuche gemeint. Die Konstante xLPrevious hingegen durchsucht eine Tabelle in umgekehrter Reihenfolge.

Wenn Sie bei der Suche zwischen Groß- und Kleinschreibung unterscheiden möchten, setzen Sie das Argument MatchCase auf den Wert True. Soll die Schreibweise des Suchbegriffs bei der Suche dagegen unberücksichtigt bleiben, setzen Sie das Argument auf den Wert False.

Wird der Suchbegriff in der Tabelle TABELLE1 gefunden, wird die entsprechende Zelle mit der Rechnungsnummer direkt angesprungen. Falls Excel bei der Suche nicht fündig wird, fabriziert die Find-Methode einen Fehler, den Sie aber durch die Anweisung On Error GoTo fehler abfangen. Im Fehlerfall wird eine Meldung auf dem Bildschirm ausgegeben. Wird ein Satz zu der eingegebenen Rechnungsnummer gefunden, müssen die Daten noch in die UserForm übertragen werden.

!!
STOP

Denken Sie daran, dass sich die aktive Zelle nach der erfolgten Suche gerade in Spalte D befindet. Um nun die gefundenen Informationen zu übertragen, müssen Sie für die Felder DATUM, ERFASSER und KUNDE ein negatives Spalten-Offset bilden, um den Zellenzeiger jeweils um die benötigte Spaltenanzahl zu versetzen. Im Klartext heißt das z. B.: Wenn Sie, ausgehend von der Rechnungsnummer in Spalte D, das Datum in das Textfeld der UserForm übertragen möchten, lautet der Befehl: `.TextBox1.Value = Active-Cell.Off-set(0, -3).Value`.

Die Information über die Zahlungswilligkeit lesen Sie direkt aus der Tabelle heraus. Wurde die Rechnung schon bezahlt, steht der Text JA in Spalte G. Demnach müssen Sie die erste Optionsschaltfläche in der UserForm aktivieren. Dazu wenden Sie den Befehl `.OptionButton1.Value = True` **an**.

:-)
TIPP

In diesem Fall reicht es aus, nur eine Abfrage bezüglich der Optionsschaltflächen abzusetzen, da so oder so immer nur eine Optionsschaltfläche in ein Gruppenfeld gesetzt werden kann.

Abbildung 14.21:
Der Suchen-Dialog

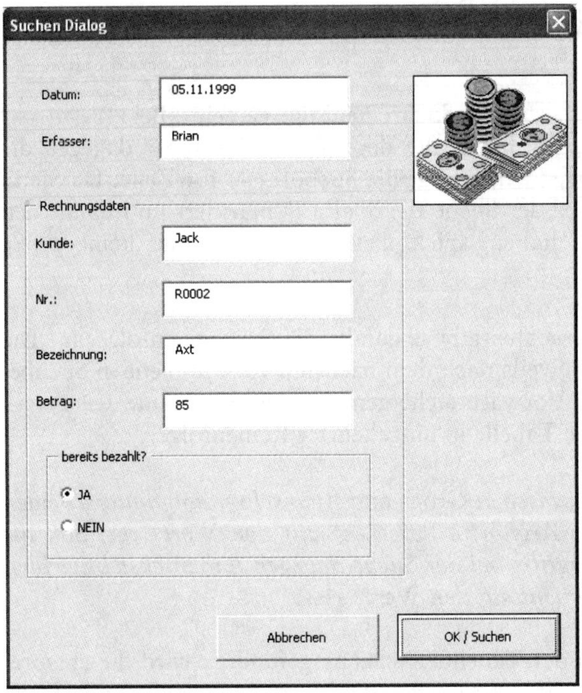

14.5.10   Textfelder mit Farben belegen

Welches Textfeld ist aktiv?

Wenn Sie möchten, können Sie für die Textfelder einen andersfarbigen Hintergrund einsetzen, sobald das entsprechende Textfeld aktiviert wird. So können Sie das jeweils aktive Textfeld mit der Hintergrundfarbe Rot belegen, sobald Sie mit der Maus oder über die ⇥-Taste das Textfeld ansteuern.

Um dieses Feature einzubauen, gehen Sie wie folgt vor:

1. Klicken Sie das erste Textfeld in der UserForm doppelt an.

STEP

2. Stellen Sie das Ereignis `Textbox1_Enter` ein und rufen Sie innerhalb des Ereignisses das Makro `HintergrundFärben` auf. Das Ereignis `Textbox1_Enter` tritt dann automatisch ein, wenn das entsprechende Textfeld aktiviert wird.

3. Schreiben Sie jetzt das Makro `HintergrundFärben`.

```
Private Sub HintergrundFärben()
  Me.ActiveControl.BackColor = RGB(255, 0, 0)
End Sub
```

Listing 14.23:
Den Hintergrund des aktiven Elements in einer UserForm bestimmen

4. Sorgen Sie jetzt dafür, dass der Hintergrund nach dem Verlassen des Textfeldes wieder auf den Ursprungswert zurückgesetzt wird. Dazu stellen Sie das Ereignis `Textbox1_Exit` ein, welches automatisch eintritt, wenn Sie das angegebene Textfeld verlassen. Innerhalb des Ereignisses rufen Sie das Makro `HintergrundZurücksetzen` auf.

```
Private Sub HintergrundZurücksetzen()
  Me.ActiveControl.BackColor = RGB(255, 255, 255)
End Sub
```

Listing 14.24:
Den Hintergrund des aktiven Elements in einer UserForm wieder zurücksetzen

5. Stellen Sie jetzt für die einzelnen Textfelder in der UserForm die beiden Ereignisse `Textbox_Enter` bzw. `Textbox_Exit` ein. Orientieren Sie sich dabei am folgenden Listing 14.25.

```
Private Sub TextBox1_Enter()
  HintergrundFärben
End Sub

Private Sub TextBox1_Exit _
(ByVal Cancel As MSForms.ReturnBoolean)
  HintergrundZurücksetzen

End Sub
```

Listing 14.25:
Die UserForm-Ereignisse Textbox_Enter und Textbox_Exit zum Setzen der Hintergrundfarbe bei Textfeldern

14.5.11   Textfelder prüfen

Bei der Eingabe von Daten in eine UserForm können Sie den Anwender dahingehend unterstützen, dass Sie seine Eingabe kontrollieren und ihm bei einer falschen Eingabe eine Meldung auf dem Bildschirm anzeigen. Sie können somit gleich nach einer Eingabe reagieren und den Anwender dazu auffordern, seine Eingabe zu korrigieren. Um diese Prüfung in das Beispiel einzubauen, setzen Sie das Ereignis `Textbox_Exit` ein.

Dabei überprüfen Sie beim Textfeld die Betragseingabe, ob der Anwender einen gültigen numerischen Betrag eingegeben hat. Führen Sie dazu in der Entwicklungsumgebung einen Doppelklick auf das Textfeld TEXTBOX6 durch und erfassen Sie das Ereignis in Listing 14.26.

Listing 14.26:
Überprüfen, ob in einem Textfeld ein numerischer Wert eingegeben wurde

```
Private Sub TextBox6_Exit _
(ByVal Cancel As MSForms.ReturnBoolean)
If Len(TextBox6.Text) = 0 Then Exit Sub
 If Not IsNumeric(TextBox6.Text) Then
    MsgBox "Sie müssen einen numerischen Wert eingeben!"
    Cancel = True
 End If
End Sub
```

Prüfen Sie im ersten Schritt, ob überhaupt eine Eingabe gemacht wurde. Wenn nicht, beenden Sie die Prüfung mit der Anweisung Exit Sub. Wurde eine Eingabe vorgenommen, überprüfen Sie mithilfe der Funktion IsNumeric, ob es sich dabei um einen gültigen numerischen Wert handelt. Gibt der Anwender versehentlich einen Text ein, dann geben Sie eine Meldung auf dem Bildschirm aus.

Das Textfeld für die Rechnungsnummer können Sie beispielsweise überprüfen, indem Sie ermitteln, ob die Rechnungsnummer mit einer Mindestlänge eingegeben wurde. So könnte die Forderung lauten, dass keine Rechnungsnummern eingegeben werden dürfen, die weniger als fünf Stellen aufweisen. Dazu setzen Sie das Ereignis TextBox_Exit ein.

Listing 14.27:
Überprüfen, ob in einem Textfeld eine Eingabe mit bestimmter Länge vorgenommen wurde

```
Private Sub TextBox4_Exit _
(ByVal Cancel As MSForms.ReturnBoolean)
If Len(TextBox4.Text) < 5 Then _
   MsgBox "Die Rechnungsnummer muss 5 Stellen aufweisen!"
End Sub
```

Mit der Funktion Len können Sie die Anzahl der eingegebenen Zeichen ermitteln. Liegt die Anzahl der eingegebenen Zeichen unter dem Wert 5, geben Sie eine Meldung auf dem Bildschirm aus.

Für das erste Textfeld in Ihrer UserForm, das Feld für das Rechnungsdatum, können Sie überprüfen, ob der Anwender ein gültiges Datum eingegeben hat. Wenn ja, können Sie dafür sorgen, dass es einheitlich in das richtige Datumsformat umgesetzt wird. Dazu setzen Sie das AfterUpdate-Ereignis ein, das automatisch eintritt, wenn Daten im Textfeld über die Benutzeroberfläche geändert wurden.

```
Private Sub TextBox1_AfterUpdate()
  If Not IsDate(TextBox1) Then
    MsgBox "Kein gültiges Datum!", _
    vbCritical, "Falsches Datum"
    Exit Sub
  End If
  TextBox1 = Format(TextBox1, "mm/dd/yyyy")
End Sub
```

Listing 14.28:
Überprüfen, ob in einem Textfeld ein gültiges Datum eingegeben wurde

Mit der Funktion IsDate können Sie kontrollieren, ob ein gültiges Datum im Textfeld erfasst wurde. Dabei wird nicht nur geprüft, ob ein Datum syntaktisch richtig eingegeben wurde, sondern es erfolgt ebenfalls eine Prüfung auf Plausibilität.

In Windows liegen gültige Datumswerte im Bereich vom 1. Januar 100 n.Chr. bis 31. Dezember 9999 n.Chr. vor.

INFO

Wurde ein gültiges Datum eingegeben, können Sie über die Funktion Format noch ein einheitliches Datumsformat einstellen.

Die Einstellung auf ein einheitliches Datumsformat ist vor allem dann zu empfehlen, wenn mehrere Anwender eine UserForm ausfüllen. Damit kann jeder Anwender Datumseingaben nach eigenen Vorlieben vornehmen. Bevor das Datum in die Tabelle geschrieben wird, erfolgt die Umwandlung ins gewünschte Datumsformat.

TIPP

14.5.12 Bezeichnungsfelder dynamisch halten

Im Beispiel mit der Erfassung von Rechnungen in einer UserForm und dem anschließenden Übertragen auf ein Tabellenblatt haben Sie die Spaltenüberschriften der Tabelle und die Bezeichnungsfelder der UserForm mit demselben Text belegt. Was aber passiert, wenn Sie in der Tabelle eine Spaltenüberschrift ändern? Möchten Sie diese Änderung nicht auch automatisch in Ihrer UserForm aktualisieren?

Labels aus der Tabelle

Stellen Sie eine Verbindung zwischen Tabelle und UserForm her, indem Sie die Texte für die Bezeichnungsfelder Ihrer UserForm direkt aus der Tabelle beziehen. Dazu setzen Sie das Ereignis UserForm_Activate ein, welches automatisch in Kraft tritt, wenn Sie die UserForm über die Methode Show aufrufen.

```
Private Sub UserForm_Activate()
  Label1.Caption = _
  ThisWorkbook.Sheets(1).Range("A1").Text
  Label2.Caption = _
  ThisWorkbook.Sheets(1).Range("B1").Text
```

Listing 14.29:
Bezeichnungsfelder in UserForms dynamisch halten

```
   Label3.Caption = _
   ThisWorkbook.Sheets(1).Range("C1").Text
   Label4.Caption = _
   ThisWorkbook.Sheets(1).Range("D1").Text
   Label5.Caption = _
   ThisWorkbook.Sheets(1).Range("E1").Text
   Label6.Caption = _
   ThisWorkbook.Sheets(1).Range("F1").Text
End Sub
```

Über die Eigenschaft Caption legen Sie fest, welcher Text für das Label verwendet werden soll. Als Text verwenden Sie Zellen direkt aus Ihrer Tabelle,
deren Inhalte Sie über die Eigenschaft Text abfragen.

14.5.13   Textfelder ein- und ausblenden

Auf einer UserForm können Sie bei Bedarf Textfelder und Bezeichnungsfelder ein- oder ausblenden. Schauen Sie sich dazu die UserForm3 einmal an.
Dort werden über ein Kontrollkästchen weitere Textfelder sowie Bezeichnungsfelder dynamisch ein- und ausgeblendet.

Abbildung 14.22:
Mit einem Klick
zusätzliche
Elemente
einblenden

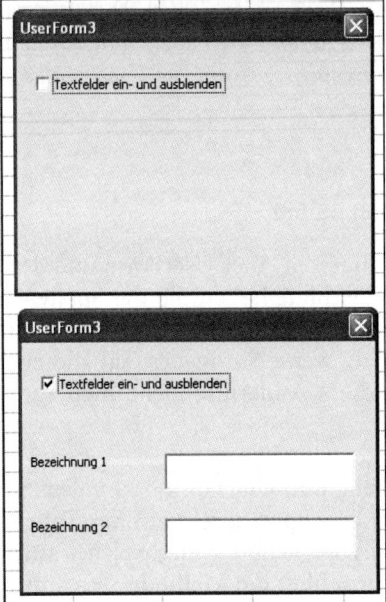

Das Makro für dieses Feature sehen Sie in Listing 14.30.

```
Private Sub CheckBox1_Click()
    If CheckBox1.Value = True Then
        TextBox1.Visible = True
        TextBox2.Visible = True
        Label1.Visible = True
        Label2.Visible = True
    Else
        TextBox1.Visible = False
        TextBox2.Visible = False
        Label1.Visible = False
        Label2.Visible = False
    End If
End Sub
```

Listing 14.30:
Weitere Text- bzw.
Bearbeitungsfelder
in einer UserForm
einblenden

Das Ein- und Ausblenden der Text- und Bezeichnungsfelder machen Sie
abhängig vom Zustand des Kontrollkästchen. Das Ereignis CheckBox_Click
tritt ein, wenn Sie auf das Kontrollkästchen klicken. Im markierten Zustand
werden die Text- und Bezeichnungsfelder eingeblendet, indem Sie die Eigenschaft Visible auf den Wert True setzen. Ist das Kontrollkästchen nicht markiert, setzen Sie die Eigenschaft Visible auf den Wert False.

14.5.14 Passwortabfrage über UserForm

Sie können eine UserForm auch dazu verwenden, ein Passwort abzufragen.
Dazu gibt der Anwender in einem Textfeld das Passwort ein. Verschlüsselt
wird das Passwort über die Eigenschaft PasswordChar. Dabei können Sie
selbst aussuchen, welches Platzhalterzeichen Sie für das eingegebene Passwort verwenden möchten.

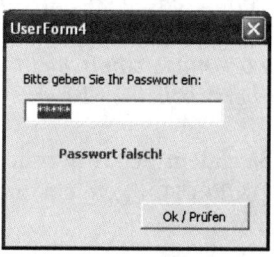

Abbildung 14.23:
Passwortabfrage
über eine UserForm
ausführen

Rufen Sie zunächst die UserForm auf und verwenden Sie im direkten
Anschluss daran das Ereignis UserForm_Initialize, um bestimmte Felder
bzw. Zustände einzelner Felder in der UserForm vorher einzustellen.

```
Sub UserForm4Aufrufen()
 UserForm4.Show
End Sub

Private Sub UserForm_Initialize()
```

Listing 14.31:
UserForm-Ereignis
UserForm_Initialize
zum Einstellen von
Feldern einsetzen

```
Dim frm As UserForm
 Set frm = UserForm4
 frm.TextBox1.PasswordChar = "*"
 frm.TextBox1.SetFocus
 frm.Label2.Visible = False
End Sub
```

Der Text PASSWORT FALSCH soll nur ausgegeben werden, wenn kein gültiges Passwort eingegeben wurde. Setzen Sie die Eigenschaft `Visible` für das Bezeichnungsfeld `Label2` auf den Wert `False`. Die Eigenschaft `Password Char` gibt an, ob Platzhalterzeichen anstelle der tatsächlich in einem Textfeld-Steuerelement (TextBox) eingegebenen Zeichen angezeigt werden sollen.

Führen Sie einen Doppelklick auf die Schaltfläche in Ihrer UserForm aus und erfassen Sie folgendes Ereignis aus Listing 14.32.

Listing 14.32:
Verschlüsselte Passwortabfrage über ein Textfeld realisieren

```
Const Passw = "Test"
Private Sub CommandButton1_Click()
If TextBox1.Value = Passw Then
    MsgBox "Passwort OK!"
    Unload Me
 Else
    Label2.Visible = True
    TextBox1.SetFocus
    TextBox1.SelStart = 0
    TextBox1.SelLength = Len(TextBox1.Text)
 End If
End Sub
```

TIPP

Definieren Sie zuerst eine globale Konstante, in der Sie das Passwort speichern. Dies erleichtert Ihnen später eine Änderung des Passworts. Das Passwort muss somit nicht im ganzen Quellcode gesucht werden, sondern ist übersichtlich zu Beginn der Makros in einer Konstanten definiert.

Nachdem der Anwender ein Passwort eingegeben und auf die Schaltfläche OK/PRÜFEN geklickt hat, erfolgt die Überprüfung des eingegebenen Passworts.

Falsches Passwort

Falls ein falsches Passwort eingegeben wurde, wird das Bezeichnungsfeld mit dem Text PASSWORT FALSCH eingeblendet, indem Sie die Eigenschaft `Visible` auf den Wert `True` setzen. Danach soll der Anwender sofort die Möglichkeit haben, nochmals ein Passwort einzugeben. Zu diesem Zweck markieren Sie die vorher eingegebenen Zeichen und setzen den Fokus auf dieses Textfeld. Jetzt braucht der Anwender die vorherige Eingabe nur noch mit dem neuen Passwort zu überschreiben und muss sie nicht löschen. Dieses automatische Markieren eines eingegebenen Textes funktioniert über die Eigenschaften `SelStart` und `SelLength`. Über die Eigenschaft SelStart bestimmen Sie den Anfang des eingegebenen Textes, mit der Eigenschaft SelLength geben Sie die Länge der eingegebenen Zeichen an, die Sie über die Funktion Len ermitteln.

Wenn der Anwender das Passwort richtig eingibt, wird eine Erfolgsmeldung auf dem Bildschirm ausgegeben. Danach wird die UserForm über die Anweisung Unload Me entladen.

Richtiges
Passwort

Möchte der Anwender die UserForm wieder schließen, ohne eine Eingabe zu machen, klickt er auf das Schließen-Symbol (X) in der rechten oberen Ecke der UserForm oder mit der rechten Maustaste auf die Titelleiste der UserForm und wählt aus dem Kontextmenü den Befehl SCHLIESSEN. Wenn Sie dies nicht gestatten möchten und die UserForm nur nach Eingabe des richtigen Passworts geschlossen werden soll, können Sie das Schließen-Symbol bzw. das Kontextmenü funktionell deaktivieren, indem Sie das Ereignis UserForm_QueryClose einsetzen.

```
Private Sub UserForm_QueryClose _
  (Cancel As Integer, CloseMode As Integer)
  If CloseMode = vbFormControlMenu Then
    Cancel = True
  End If
End Sub
```

Listing 14.33:
Das Schließen
einer UserForm
verhindern

Setzen Sie das Argument Cancel auf den Wert True, um zu verhindern, dass die UserForm beendet wird. Die möglichen Konstanten für das Ereignis UserForm_QueryClose entnehmen Sie der Tabelle 14.6.

Tabelle 14.6:
Die Konstanten für
QueryClose

Konstante	Index	Beschreibung
vbFormControlMenu	0	Der Anwender hat im Systemmenü des Formulars den Befehl SCHLIEßEN gewählt bzw. auf das Schlie-ßen-Symbol (X) geklickt.
vbFormCode	1	Die Unload-Anweisung wurde aus dem Code aufge-rufen.
vbAppWindows	2	Die aktuelle Sitzung unter dem Betriebssystem Microsoft Windows wird beendet.
vbAppTaskManager	3	Der Task-Manager von Microsoft Windows beendet die Anwendung.

14.5.15   Die Ausmaße von UserForms ändern

Noch mehr UserForm-Ereignisse

Anhand des folgenden Beispiels können Sie sehen, dass Sie die Größe einer UserForm auch während der Anzeige derselben anpassen können. So speichern Sie die momentanen Werte für die Höhe und Breite Ihrer UserForm direkt nach dem Aufruf. Dazu setzen Sie das Ereignis UserForm_Activate ein. Mit einem einfachen Klick auf die UserForm wird diese um 50 Prozent vergrößert. Ein erneuter Klick auf die UserForm stellt die ursprünglichen Abmessungen wieder her. Um die Klicks auf der UserForm abzufangen, verwenden Sie das Ereignis UserForm_Click. Die aktuellen Abmessungen sollen immer in der Titelleiste der UserForm angezeigt werden. Sobald sich eine UserForm in der Größe verändert, wird diese Veränderung über das Ereignis UserForm_Resize registriert, welches Sie dann einsetzen, um die Titelleiste zu editieren.

Listing 14.34:
UserForm-Ereignis Activate zum Speichern der aktuellen Werte der Breite und Höhe einer UserForm

```
Dim Höhe As Integer
Dim Breite As Integer

Private Sub UserForm_Activate()
   UserForm5.Caption = _
   "Bitte klicken Sie auf die UserForm"
   Höhe = Height
   Breite = Width
End Sub
```

Definieren Sie zwei globale Variablen, in denen Sie die aktuelle Höhe und Breite der UserForm speichern. Geben Sie der Titelleiste der UserForm über die Eigenschaft Caption eine Überschrift.

Fangen Sie nun die Mausklicks ab, indem Sie das Ereignis UserForm_Click auswerten.

Listing 14.35:
UserForm-Ereignis Click zum Abfangen und Auswerten von Mausklicks

```
Private Sub UserForm_Click()
Dim Höhe_Neu As Integer
Dim Breite_Neu  As Integer

   Höhe_Neu = Height
   Breite_Neu = Width
   If Höhe_Neu = Höhe And Breite_Neu = Breite Then
        Height = Höhe * 1.5
        Width = Breite * 1.5
   Else
        Height = Höhe
        Width = Breite
   End If
End Sub
```

Definieren Sie im ersten Schritt zwei Variablen vom Typ Integer, in die Sie die aktuellen Abmessungen der UserForm speichern. Diese Abmessungen verändern Sie jetzt, indem Sie die aktuellen Abmessungen um den Faktor 1,5 vergrößern. Bei einem erneuten Klick auf die UserForm werden die ursprünglichen Abmessungen wieder eingestellt, die Sie vorher in den globalen Variablen Höhe und Breite gespeichert haben.

Setzen Sie das letzte Ereignis ein, um die Veränderungen an der Abmessung der UserForm in der Titelleiste anzuzeigen.

```
Private Sub UserForm_Resize()
  UserForm5.Caption = "Neue Höhe: " & Height & _
  " / Neue Breite: " & Width
End Sub
```

Listing 14.36:
UserForm-Ereignis Resize zum Ermitteln von Veränderungen bezüglich der Größe einer UserForm

Abbildung 14.24:
Die neuen Abmessungen werden in der Titelleiste der UserForm angezeigt.

Wenn Sie Ihren Firmennamen als Titel in der UserForm anzeigen möchten, setzen Sie das Ereignis UserForm_Initialize *ein und greifen auf die Dokumenteigenschaften zu.*

INFO

```
Sub UserForm_Initialize()
UserForm1.Caption = _
ActiveSheet.Parent.BuiltinDocumentProperties("Company")
End Sub
```

Listing 14.37:
Firmenname als Überschrift einer UserForm verwenden

Die Eigenschaft BuiltInDocumentProperties gibt eine DocumentProperties-Auflistung zurück, die alle integrierten Dokumenteigenschaften für die angegebene Arbeitsmappe darstellt. Die Dokumenteigenschaften können Sie einsehen, indem Sie aus dem Menü DATEI den Befehl EIGENSCHAFTEN wählen.

14.5.16 Die Hintergrundfarbe der UserForm festlegen

Sie sind nicht an die Hintergrundfarbe Grau gebunden, die zwar standardmäßig für UserForms in Excel verwendet wird, aber nicht vorgeschrieben ist. Die Hintergrundfarbe für UserForms stellen Sie in Excel über die Eigenschaft BackColor ein. Für die Farbzusammensetzung wenden Sie die Funktion RGB an. Bei RGB handelt es sich um ein System von Farbwerten, das verwendet wird, um Farben als eine Mischung aus Rot (R), Grün (G) und Blau (B) zusammenzusetzen. Die Farbe wird als eine Gruppe aus drei ganzen Zahlen definiert (R,G,B), wobei jede ganze Zahl im Bereich von 0 bis 255 liegt. Ein Wert von 0 zeigt an, dass diese Farbkomponente nicht vorhanden ist. Ein Wert von 255 zeigt dagegen an, dass diese Farbkomponente mit ihrer höchsten Intensität verwendet wird.

Sehen Sie die Zusammensetzung der gängigsten Farben in der Tabelle 14.7.

Tabelle 14.7:
Die Farb-
zusammensetzung
au den drei
Basisfarben

Farbe	Rot-Wert	Grün-Wert	Blau-Wert
Schwarz	0	0	0
Blau	0	0	255
Grün	0	255	0
Cyan	0	255	255
Rot	255	0	0
Magenta	255	0	255
Gelb	255	255	0
Weiß	255	255	255

In der nächsten UserForm soll nach jedem Klicken auf die Schaltfläche eine andere Hintergrundfarbe eingestellt werden. Die Auswahl der Farbe wird jeweils nach dem Zufallsprinzip ermittelt. Dabei werden die verwendeten RGB-Werte in der Titelleiste der UserForm ausgegeben.

Abbildung 14.25:
Mit jedem Klick eine
neue Farbe!

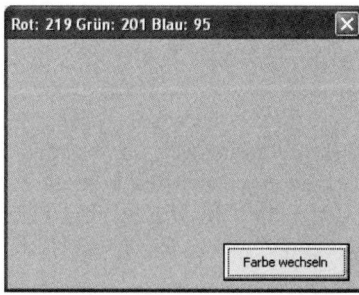

Um dieses Farbenspiel zu programmieren, wenden Sie das Ereignis CommandButton_Click an.

```
Private Sub CommandButton1_Click()
Dim Rot As Integer
Dim Grün As Integer
Dim Blau As Integer

    Rot = Int((255 * Rnd) + 0)
    Grün = Int((255 * Rnd) + 0)
    Blau = Int((255 * Rnd) + 0)
    UserForm6.BackColor = RGB(Rot, Grün, Blau)
    UserForm6.Caption = _
    "Rot: " & Rot & " Grün: " & Grün & " Blau: " & Blau
End Sub
```

Listing 14.38:
Zufallsbedingte
Hintergrundfarbe
bei UserForms
einstellen

Setzen Sie bei jedem Klick auf die Schaltfläche FARBE WECHSELN die Funktion Rnd ein, um Zufallszahlen im Bereich zwischen 0 und 255 zu erzeugen. Mithilfe der Funktion Int wird die Zufallszahl in einen ganzzahligen Wert umgewandelt. Alle so ermittelten Werte werden in den Variablen Rot, Grün und Blau gespeichert und im Anschluss als Hintergrund der Eigenschaft BackColor und der Funktion RGB übergeben. Die Ausgabe der Zusammensetzung der RGB-Funktion geben Sie über die Eigenschaft Caption der UserForm aus.

14.5.17   Listenfelder in UserForms

Möchten Sie aus einer UserForm ein Listenfeld verwenden, um beispielsweise die Namen aller Tabellen der Arbeitsmappe einzulesen, fügen Sie auf einer neuen UserForm aus der Werkzeugsammlung ein Listenfeld ein. Danach führen Sie einen Doppelklick auf das eingefügte Listenfeld aus und erfassen die folgenden Ereignisse.

Das Füllen des Listenfeldes führen Sie direkt vor dem Aufruf der UserForm aus. Dazu nutzen Sie das Ereignis UserForm_Initialize, welches solche Vorarbeiten vor dem Anzeigen der UserForm ausführt.

```
Private Sub UserForm_Initialize()
 Dim Blatt As Object
   For Each Blatt In ThisWorkbook.Sheets
     ListBox1.AddItem Blatt.Name
   Next
End Sub
```

Listing 14.39:
Alle Namen von
Tabellenblättern in
der Arbeitsmappe
werden in einem
Listenfeld angezeigt

Mit der Methode AddItem fügen Sie dem Listenfeld jeweils eine neue Zeile hinzu.

Abbildung 14.26:
Mit einem Klick
das gewünschte
Tabellenblatt
aktivieren

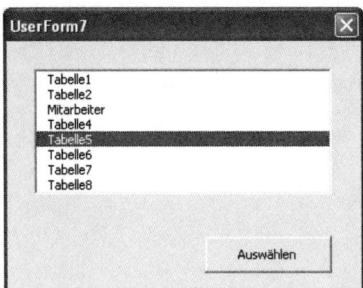

Möchten Sie die Position der Zeile im Listenfeld bestimmen, können Sie ein zweites Argument varIndex *anfügen. Wenn Sie einen gültigen Wert für* varIndex *angeben, ordnet die* AddItem-*Methode die Zeile an dieser Position innerhalb der Liste ein. Wenn Sie* varIndex *weglassen, fügt die Methode die Zeile am Ende der Liste an.*

Nachdem das Listenfeld gefüllt wurde, stellt sich die Frage, wie Sie die ausgewählte Zeile im Listenfeld auslesen können. Dazu setzen Sie im ersten Schritt das Ereignis ListBox_Click ein, um überhaupt den Mausklick auf das Listenfeld auswerten zu können.

Listing 14.40:
UserForm-Ereignis
ListBox_Click zum
Auswerten des
markierten
Listeneintrags

```
Private Sub ListBox1_Click()
    ThisWorkbook.Sheets(ListBox1.Value).Activate
    Range("A1").Select
End Sub
```

Indem Sie über die Eigenschaft Value des Listenfeldes auch die Position des Eintrags innerhalb des Listenfeldes bekommen, können Sie nun direkt im Hintergrund das entsprechende Tabellenblatt aktivieren, ohne jedoch die UserForm zu schließen.

Soll die Steuerung der UserForm so funktionieren, dass der Anwender zuerst die Tabelle im Listenfeld markiert und dann auf die Schaltfläche AUSWÄHLEN *klickt, müssen Sie das eben eingestellte Ereignis wieder löschen und stattdessen das Ereignis* Klick *der Schaltfläche verwenden.*

Listing 14.41:
Ein Klick-Ereignis
verwenden, um das
richtige Tabellen-
blatt zu aktivieren

```
Private Sub CommandButton1_Click()
    ThisWorkbook.Sheets(ListBox1.Value).Activate
    Range("A1").Select
    Unload Me
End Sub
```

Listenfeld und Textfeld kombiniert

Relativ oft werden bei den UserForms auch Kombinationen aus einzelnen Elementen verwendet. So werden im nächsten Beispiel ein Listenfeld und ein Textfeld miteinander verknüpft, sodass der jeweils markierte Eintrag im Listenfeld automatisch im Textfeld angezeigt wird. Diese Verknüpfung

erreichen Sie, wenn Sie im Ereignis `Listbox_Click` den Wert der aktuell markierten Zeile des Listenfeldes direkt in das Textfeld übertragen. Füllen Sie
zuerst ein paar Zeilen in das Listenfeld und setzen hierfür das Ereignis
`UserForm_Initialize` ein.

```
Private Sub UserForm_Initialize()
    ListBox1.AddItem "Eintrag 1"
    ListBox1.AddItem "Eintrag 2"
    ListBox1.AddItem "Eintrag 3"
    ListBox1.AddItem "Eintrag 4"
End Sub
```

Listing 14.42:
Füllen eines
Listenfeldes mit
konstanten Werten

Kümmern Sie sich jetzt um die Verknüpfung zwischen Listenfeld und Textfeld. Dazu verwenden Sie das Ereignis `ListBox_Click`.

```
Private Sub ListBox1_Click()
   TextBox1.Value = ListBox1.Text
   End Sub
```

Listing 14.43:
Verknüpfung
zwischen Listenfeld
und Textfeld
herstellen

Über die Eigenschaft `Text` des Listenfeldes können Sie den Text einer markierten Zeile im Listenfeld zurückgeben bzw. festlegen.

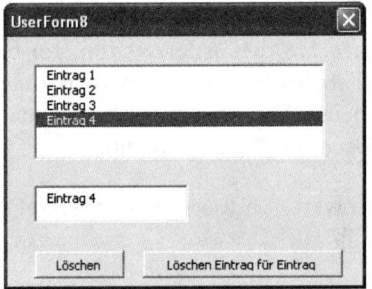

Abbildung 14.27:
Der markierte-
Eintrag im Listen-
feld wird auch im
Textfeld angezeigt.

Um ein Listenfeld zu löschen, brauchen Sie nicht Eintrag für Eintrag zu
löschen, wie Sie es schon beim Füllen des Listenfeldes getan haben. Hierfür
reicht ein Befehl.

```
Private Sub CommandButton1_Click()
 ListBox1.Clear
 TextBox1.Value = ""
End Sub
```

Listing 14.44:
Ein Listenfeld wird
komplett gelöscht.

Setzen Sie die Methode `Clear` ein, um alle Einträge aus dem Listenfeld zu
entfernen. Löschen Sie den Wert im Textfeld, indem Sie der Eigenschaft
`Value` des Textfeldes einen Leerstring zuweisen.

:-)
TIPP

Wenn Sie nur einzelne Einträge aus einem Listenfeld löschen möchten, setzen Sie die Methode `RemoveItem` *ein.*

Listing 14.45:
Einzelne Einträge
aus einem Listenfeld entfernen

```
Private Sub CommandButton2_Click()
    If ListBox1.ListCount >= 1 Then
        If ListBox1.ListIndex = -1 Then
            ListBox1.ListIndex = _
                    ListBox1.ListCount - 1
        End If
        ListBox1.RemoveItem (ListBox1.ListIndex)
    End If
End Sub
```

Im ersten Schritt prüfen Sie, ob das Listenfeld überhaupt einen Eintrag hat. Wenn ja, kontrollieren Sie, welcher Eintrag ausgewählt ist. Ist kein Eintrag in der Liste markiert, entscheiden Sie sich für den letzten Eintrag im Listenfeld und löschen diesen direkt im Anschluss mit der Methode `RemoveItem`, der Sie den Index des markierten Listeneintrags übergeben.

14.5.18 Mehrzeilige Listenfelder programmieren

Wenn Sie mehr als eine Spalte in einem Listenfeld anzeigen möchten, können Sie dies jederzeit tun. Im folgenden Beispiel werden Daten aus einem Tabellenblatt in ein mehrspaltiges Listenfeld eingelesen. Um die Sätze schon beim Starten der UserForm anzuzeigen, setzen Sie die Eigenschaft `UserForm_Initialize` ein.

Listing 14.46:
Füllen eines mehrspaltigen Listenfeldes mit Daten aus
einer Tabelle

```
Private Sub UserForm_Initialize()
Dim i As Integer

Sheets("Tabelle2").Activate
i = ActiveSheet.UsedRange.Rows.Count
 With UserForm9.ListBox1
  .ColumnCount = 3
  .ColumnHeads = True
  .RowSource = "Tabelle2!A2:C" & i
  .ColumnWidths = "2cm;3cm;2cm"
 End With
 TextBox1.Value = 1
 TextBox2.Locked = True
End Sub
```

Da Sie nur genauso viele Daten in Ihr Listenfeld einlesen möchten, wie Zeilen auf Ihrer Tabelle belegt sind, setzen Sie die Eigenschaft `Usedrange` ein und wenden die Methode `Count` an, um die belegten Zeilen zu zählen. Danach legen Sie die Eigenschaften für das Listenfeld fest. Dabei setzen Sie die Eigenschaft `ColumnCount` auf den Wert 3, was bedeutet, dass genau drei Spalten im Listenfeld angezeigt werden sollen. Indem Sie die Eigenschaft Column Head auf den Wert True setzen, bestimmen Sie, dass das Listenfeld eine Überschrift bekommt. Diese Überschriften können Sie dann im Listenfeld nicht markieren. Die Eigenschaft RowSource weist dem Listenfeld den Datenbereich der Tabelle zu, welcher im Listenfeld angezeigt werden soll. Dabei halten Sie den Zeilenzähler, welchen Sie vorher in der Variablen i ermittelt haben, je nachdem, wie viele Zeilen in der Tabelle belegt sind, dynamisch. Über die Eigenschaft ColumnWidths können Sie die Breite der einzelnen Spalten festlegen.

Die Eigenschaften ColumnHead *und* RowSource *hängen eng zusammen. Wenn Sie die* ColumnHead-*Eigenschaft auf den Wert* True *setzen, dürfen Sie die eigentliche Überschrift der Tabelle, also die Zeile 1, nicht in der Eigenschaft* RowSource *angeben. Excel verwendet sonst als Überschrift im Listenfeld die Spaltenbuchstaben der Tabelle.*

:-)
TIPP

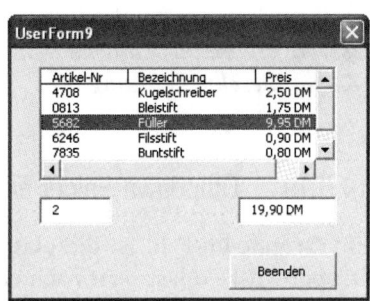

Abbildung 14.28:
Mehrspaltiges
Listenfeld mit
rechnenden
Textfeldern

Im ersten Textfeld der UserForm soll die Menge der Artikel eingegeben werden. Diese setzen Sie standardmäßig auf den Wert 1. Das zweite Feld stellt das Ergebnisfeld dar, in dem die Menge mit dem Einzelpreis multipliziert wird. Da das Ergebnisfeld nicht gelöscht werden darf, setzen Sie dazu die Eigenschaft Locked auf den Wert True. Damit kann das Textfeld nicht mehr bearbeitet werden und ist gesperrt.

Klickt der Anwender nach Eingabe der Menge auf den gewünschten Artikel im Listenfeld, wird automatisch der Gesamtpreis aus der Multiplikation von Menge x Preise errechnet. Um den Rechenvorgang zu starten, setzen Sie das Ereignis ListBox_Click ein.

Rechnen auf
Mausklick

```
Private Sub ListBox1_Click()
Dim cu As Currency
Dim erg As Currency

With ListBox1
    .TextColumn = 3
    cu = .Text
End With
```

Listing 14.47:
Mit mehrspaltigen
Listenfeldern
rechnen

```
erg = TextBox1.Value * cu
TextBox2.Value = Format(erg, "#,##0.00 DM")
End Sub
```

Da sich die gewünschte Information in der dritten Spalte des Listenfeldes befindet, setzen Sie die Eigenschaft `TextColumn` auf den Wert 3 und speichern den Wert in der Variablen `cu`. Da es sich bei dieser Information um einen Währungsbetrag handelt, definieren Sie eine Variable vom Typ `Currency`. Errechnen Sie das Gesamtergebnis, bringen Sie das Ergebnis in ein gewünschtes Währungsformat und weisen Sie es dem Textfeld `TextBox2` zu.

Schließen Sie die UserForm innerhalb des Ereignisses `CommandButton_Click`.

Listing 14.48:
UserForm schließen

```
Private Sub CommandButton1_Click()
  Unload Me
End Sub
```

INFO

Im Gegensatz zur Methode Hide *entfernen Sie mit der Anweisung* Unload *die UserForm komplett aus dem Speicher. Ein Klick auf das Schließen-Symbol (X) hat dieselbe Wirkung.*

14.5.19   Dropdown-Felder einsetzen

Ein Dropdown-Feld ist die platzsparendere Variante des Listenfeldes. Das Dropdown-Feld lässt erst nach einem Klick auf den Pfeil seinen Listeninhalt anzeigen. In den meisten Fällen sind die Methoden und Eigenschaften dieselben wie auch beim normalen Listenfeld.

In der folgenden Aufgabe wird eine UserForm mit einem Dropdown-Feld aufgerufen. Im Dropdown-Feld befinden sich die Monate Januar bis Dezember 2001. In einem Textfeld sollen nun jeweils der erste Tag sowie der letzte Tag des Monats angezeigt werden.

Abbildung 14.29:
Wie viele Tage hat
der Monat?

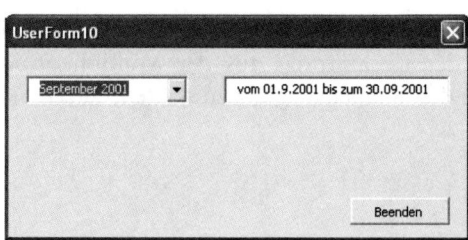

Um diese Aufgabe zu lösen, füllen Sie gleich vor dem Aufruf der UserForm das Dropdown-Feld.

```vba
Private Sub UserForm_Initialize()
   With ComboBox1
   .AddItem "Januar 2001"
   .AddItem "Februar 2001"
   .AddItem "März 2001"
   .AddItem "April 2001"
   .AddItem "Mai 2001"
   .AddItem "Juni 2001"
   .AddItem "Juli 2001"
   .AddItem "August 2001"
   .AddItem "September 2001"
   .AddItem "Oktober 2001"
   .AddItem "November 2001"
   .AddItem "Dezember 2001"
   End With
End Sub
```

Listing 14.49:
Ein Dropdown-Feld wird mit Monatsnamen gefüllt.

Zum Füllen des Dropdown-Feldes setzen Sie die Methode AddItem ein. Für die Ermittlung des letzten Tages eines Monats benötigen Sie eine Funktion, die Sie in einem Modulblatt erfassen.

```vba
Public Function LetzterTagImMonat _
  (Edatum As Date) As Date
  LetzterTagImMonat = _
  DateSerial(Year(Edatum), Month(Edatum) + 1, 0)
End Function
```

Listing 14.50:
Funktion, die den letzten Tag des Monats ermittelt

Die Funktion erwartet als Übergabe einen Datumswert und liefert auch wieder einen Datumswert zurück. Das Datum bekommen Sie aus der markierten Zeile des Dropdown-Feldes. Dieser Eintrag muss aber noch in ein gültiges Datumsformat umgewandelt werden. Dafür sorgt die Funktion CDate. Reagieren Sie nun auf eine Veränderung im Dropdown-Feld, indem Sie das Ereignis Combobox_Change einsetzen.

```vba
Private Sub ComboBox1_Change()
Dim s As String
Dim Edatum As Date
Dim Monat As String
Dim Jahr As String

 s = ComboBox1.Text
 Monat = Month(s)
 Jahr = Year(s)
 Edatum = CDate(s)
 Edatum = LetzterTagImMonat(Edatum)
 TextBox1.Value = "vom 01." & Monat & "." & _
                  Jahr & " bis zum " & Edatum
End Sub
```

Listing 14.51:
Datumsangaben umrechnen

Speichern Sie zunächst den markierten Eintrag im Dropdown-Feld in der Variablen s. Danach wenden Sie die Funktionen Month und Year an, um aus der Variablen s den Monat bzw. das Jahr herauszufinden. Wandeln Sie jetzt die Variable s in einen verwertbaren Datumstyp mithilfe der Funktion CDate um und übergeben Sie die neue Variable Edatum der Funktion Letzter TagImMonat. Geben Sie im Anschluss daran das Ergebnis im Textfeld aus.

14.5.20   Abwesenheitszeiten über UserForm erfassen

In der folgenden Aufgabe werden Sie mehrere Steuerelemente auf einer UserForm einsetzen. Dabei soll eine Mitarbeiterliste geführt und die Fehlzeiten bzw. Fehlursachen dokumentiert werden. Schauen Sie sich dazu Abbildung 14.30 an.

Abbildung 14.30:
Die Ausgangs-
tabelle mit den
Fehlzeiten

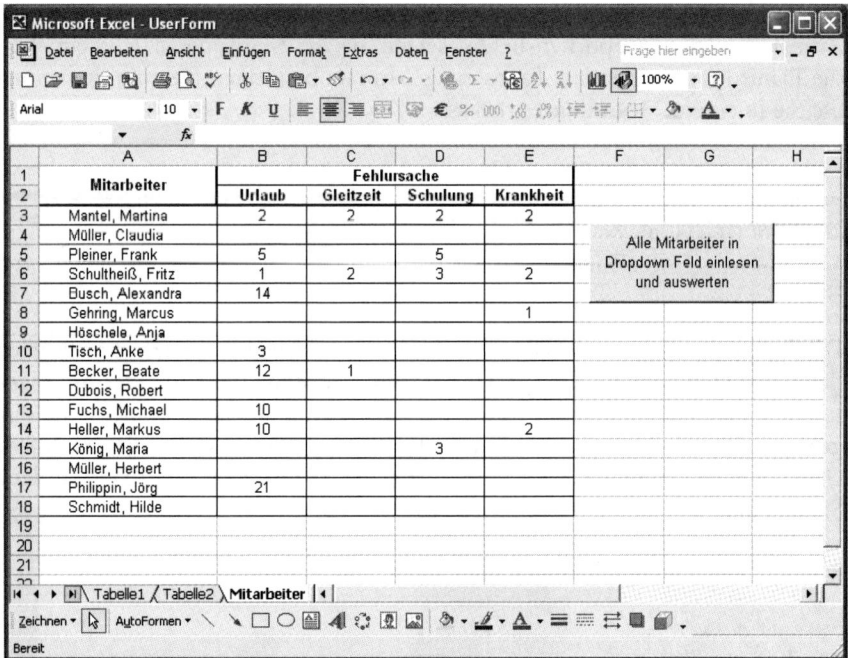

Mehr Sicher-
heit durch
UserForms

Sicher ist die abgebildete Tabelle noch recht übersichtlich und kann auch manuell beherrscht werden. Stellen Sie sich aber vor, die Liste wäre zehn- bis zwanzigmal so lang. Da fällt es dann doch ein wenig schwerer, erst recht, wenn die Liste nicht sortiert ist. Ein weiterer Stolperstein ist die Addition der bereits erfassten Fehltage mit den neuen Fehltagen. Auch hier kann man sich leicht einmal vertippen bzw. in die falsche Spalte rutschen. Aus diesem Grund zeichnen Sie eine UserForm, die wie folgt aussieht:

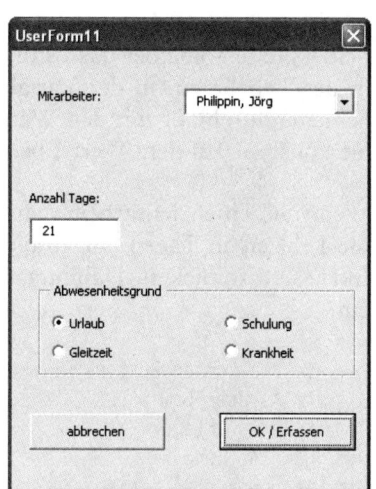

Abbildung 14.31:
Eingabe der
Fehlzeiten über
eine UserForm

Bei der UserForm in Abbildung 14.31 muss nur die Anzahl der Fehltage ein- *Dynamisches*
gegeben werden. Alles andere können Sie elegant über die einzelnen Steuer- *Füllen des*
elemente einstellen. *Dropdowns*

Im ersten Schritt füllen Sie alle Namen der Mitarbeiter aus der Tabelle in
das Dropdown-Feld der UserForm. Hierfür setzen Sie das Ereignis
UserForm_Initialize ein.

```
Private Sub UserForm_Initialize()
Dim frm As UserForm
Dim i As Integer
Dim iMax As Integer

 Set frm = UserForm11
 Application.ScreenUpdating = False
    With frm.ComboBox1
     .Clear
     iMax = ActiveSheet.UsedRange.Rows.Count
     For i = 3 To iMax
       .AddItem Worksheets("Mitarbeiter").Cells(i, 1)
     Next i
    End With
 Application.ScreenUpdating = True
End Sub
```

Listing 14.52:
Das dynamische
Füllen eines
Dropdown-Feldes
mit Daten aus einer
Tabelle

Über die Methode Clear löschen Sie alle Inhalte, die sich im Dropdown-Feld
befinden. Danach ermitteln Sie die Anzahl der Zeilen, die in der Tabelle
belegt sind, und speichern diese in der Variablen iMax. Die nachfolgende
Schleife soll nur so lange Mitarbeiternamen in das Dropdown-Feld übertragen, wie es Mitarbeiter in der Tabelle gibt. Es sollen also keine leere Zeilen
in das Dropdown-Feld eingelesen werden. Füllen Sie jetzt mithilfe der

Methode AddItem die einzelnen Mitarbeiternamen in das Dropdown-Feld. Dabei greifen Sie über das Auflistungsobjekt Cells auf die korrekte Position in der Tabelle zu. In der Variablen i steht der Zeilenindex, der bei jedem Schleifendurchlauf um den Wert 1 erhöht wird. Den Spaltenindex können Sie konstant auf dem Wert 1 belassen, da sich dieser nicht ändern darf.

Automatischer Update der Tabelle

Wenn Sie einen Mitarbeiternamen aus dem Dropdown-Feld gewählt und die Fehlzeit in Tagen eingetragen haben, können Sie die Schaltfläche OK/ ERFASSEN anklicken. Dahinter setzen Sie das Ereignis CommandButton_Click ein.

Listing 14.53: Zusammenspiel zwischen Dropdown-Feldern, Textfeldern und Optionsschaltflächen

```
Private Sub CommandButton1_Click()
Dim frm As UserForm
Dim iKenn As Integer
Dim index As Long
Dim Mitarbeiter as string
Dim Tage As Integer

Set frm = UserForm11
index = frm.ComboBox1.ListIndex
On Error Resume Next
Mitarbeiter = frm.ComboBox1.List(index)
Tage = frm.TextBox2.Text
If frm.OptionButton1.Value = True Then iKenn = 1 'Urlaub
If frm.OptionButton2.Value = True Then iKenn = 2 'Gleittag
If frm.OptionButton3.Value = True Then iKenn = 3 'Schulung
If frm.OptionButton4.Value = True Then iKenn = 4 'Krank
Sheets("Mitarbeiter").Activate
Columns("A:A").Select
On Error GoTo fehler
Selection.Find(What:=Mitarbeiter, After:=ActiveCell, _
LookIn:=xlValues, LookAt:=xlPart, _
SearchOrder:=xlByRows, _
SearchDirection:=xlNext, MatchCase:=False).Activate
Select Case iKenn
  Case 1
    ActiveCell.Offset(0, 1).Select
  Case 2
    ActiveCell.Offset(0, 2).Select
  Case 3
    ActiveCell.Offset(0, 3).Select
  Case 4
    ActiveCell.Offset(0, 4).Select
  Case Else
    MsgBox "Fehlursache konnte nicht ermittelt werden!"
End Select
ActiveCell.Value = ActiveCell.Value + Tage

  Exit Sub
```

```
fehler:
  MsgBox "Es konnte keine Mitarbeiter gefunden werden!"
End Sub
```

Mit der Eigenschaft `ListIndex` ermitteln Sie die Indexnummer des aktuell
markierten Elements in einem Listenfeld oder einem Dropdown-Feld. Mit
der Methode `List` bekommen Sie dann den dazugehörenden Texteintrag,
den Sie in der Variablen `Mitarbeiter` ablegen. Danach speichern Sie die eingegebene Fehldauer in der Variablen `Tage`. Jetzt sind die Optionsschaltflächen an der Reihe. Ist eine Optionsschaltfläche angeklickt, meldet diese den
Wert `True`. Speichern Sie diese Rückmeldung in der Variablen `iKenn`. Da bei
Optionsschaltflächen jeweils nur eine Option innerhalb eines Gruppenfeldes
aktiviert sein kann, bekommen Sie am Ende einen eindeutigen Wert.
Danach aktivieren Sie Ihre Tabelle MITARBEITER und markieren die Spalte
A, welche die Mitarbeiternamen enthält. Diese Vormarkierung lässt die
nachfolgende Suche gezielt und damit schneller ablaufen. Wenden Sie
danach die Methode `Find` an, um den gesuchten Mitarbeiter zu finden. Mit
einer SELECT CASE-Anweisung ermitteln Sie jetzt, wie weit Sie den Zellenzeiger nach rechts verschieben müssen. Handelt es sich bei der Fehlursache um
Urlaub, muss der Zellenzeiger um eine Spalte nach rechts verschoben werden usw. Nachdem die korrekte Zellenposition erreicht ist, müssen Sie
zuerst eventuell schon vorhandene Werte retten und danach die neu anfal-
lenden Fehltage addieren.

14.5.21　Multiseiten erstellen

Reicht eine Seite auf einer UserForm nicht aus, können Sie mithilfe von so
genannten Multiseiten zusätzlichen Platz schaffen. Dies ist z. B. bei der Programmierung von Assistenten, bei denen mehrere Informationen eingegeben
werden müssen, eine bevorzugte Lösungsmöglichkeit.

*In der folgenden Aufgabe erstellen Sie einige Multiseiten und bestücken
diese jeweils mit Kontrollkästchen. Am Ende ermitteln Sie, welche Kontrollkästchen aktiviert sind.*

1.　Wechseln Sie in die Entwicklungsumgebung und fügen Sie eine neue
　　UserForm ein.

2.　Klicken Sie in der Werkzeugsammlung auf das Symbol MULTISEITEN
　　und ziehen es auf Ihrer UserForm auf.

3.　Standardmäßig werden zwei Multiseiten eingefügt. Falls Sie mehr
　　möchten, klicken Sie mit der rechten Maustaste auf eine beliebige
　　Registerlasche der Multiseiten und wählen aus dem Kontextmenü den
　　Befehl NEUE SEITE.

Abbildung 14.32:
Neue Multiseiten
über das Kontext-
menü einfügen

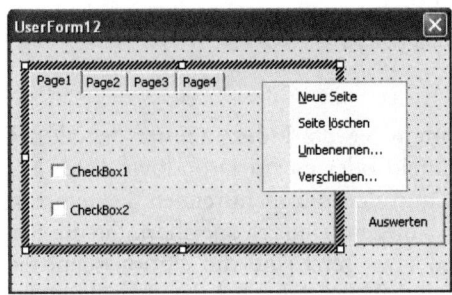

4. Bestücken Sie die einzelnen Seiten mit einigen Kontrollkästchen.

5. Rufen Sie die UserForm auf und aktivieren Sie einige der Kontrollkästchen.

6. Ermitteln Sie jetzt alle aktivierten Kontrollkästchen und deren Position.

Listing 14.54:
Alle aktivierten Kon-
trollkästchen einer
Multiseite werden
ermittelt

```
Private Sub CommandButton1_Click()
Dim Seite As Page
Dim ctl As Control
Dim i As Integer

    For Each Seite In UserForm12.MultiPage1.Pages
        For Each ctl In Seite.Controls
            If TypeOf ctl Is MSForms.CheckBox Then
            If ctl.Value = True Then
                i = i + 1
                Debug.Print Seite.Name & "/" & ctl.Name
            End If
            End If
        Next ctl
    Next Seite
    Debug.Print "Sie haben " & i _
    & " Kontrollkästchen aktiviert." & Chr(13)
    Unload Me
End Sub
```

In der ersten Schleife durchlaufen Sie alle Multiseiten. In der zweiten Schleife kontrollieren Sie die aktivierten Kontrollelemente. Über die Funktion `TypeOf` können Sie ermitteln, ob es sich bei dem Steuerelement um ein Kontrollkästchen handelt. Wenn ja, prüfen Sie über die Eigenschaft `Value`, ob das Kontrollkästchen aktiviert ist. In diesem Fall gibt die Eigenschaft den Wert `True` zurück. Addieren Sie dann den Wert 1 auf die Variable `i`. Geben Sie danach Multiseitennamen und den Namen des aktivierten Kontrollkästchens über die Anweisung `Debug.Print` im Direktfenster aus.

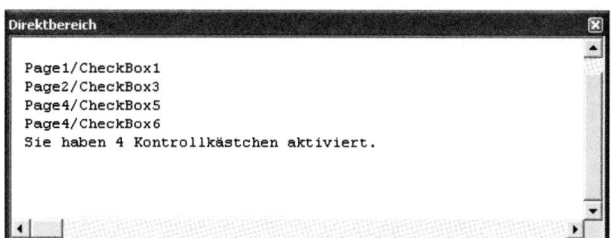

Abbildung 14.33:
Im Direktfenster werden die aktivierten Kontrollfelder ausgegeben.

14.5.22 Multiseiten im Praxiseinsatz

Schauen Sie sich die Aufgabe mit den Abwesenheitszeiten noch einmal an. *Ein Blick zurück* Dort haben Sie aus einem Dropdown den Mitarbeiter ausgewählt und anschließend über diverse Optionsschaltflächen die Fehlursache festgelegt und in die Tabelle geschrieben. Es konnte also jeweils pro Suchvorgang nur eine Fehldauer in die Tabelle eingetragen werden. Möchten Sie dagegen mehrere Fehlzeiten mit einem Suchlauf auf einmal erfassen, können Sie mit Multiseiten sowie mit Dreh- und Textfeldern arbeiten. Die entsprechenden Vorarbeiten erledigen Sie innerhalb des Ereignisses `UserForm_Initialize`.

```
Private Sub UserForm_Initialize()
Dim frm As UserForm
Dim i As Integer
Dim iMax As Integer

 Set frm = UserForm13
 Application.ScreenUpdating = False
   With frm.ComboBox1
     .Clear
     iMax = ActiveSheet.UsedRange.Rows.Count
     For i = 3 To iMax
        .AddItem Worksheets("Mitarbeiter").Cells(i, 1)
     Next i
   End With
 Application.ScreenUpdating = True
End Sub
```

Listing 14.55:
Mitarbeiternamen aus einer Tabelle in ein Dropdown einlesen

Für jede Fehlursache wird eine Multiseite angelegt. Auf jeder Seite befinden sich jeweils ein Textfeld sowie ein Drehfeld. Nach jedem Klicken auf die Drehfeldpfeile soll das Textfeld in einem eingeschränkten Bereich addiert bzw. subtrahiert werden. Die Verbindung zwischen Text- und Drehfeld regeln Sie über das Ereignis `SpinButton1_Change`.

```
Private Sub SpinButton1_Change()
 SpinButton1.Min = 1
 SpinButton1.Max = 30
 TextBox1.Text = SpinButton1.Value
End Sub
```

Listing 14.56:
Drehfelder und Textfelder miteinander verknüpfen

```
Private Sub SpinButton2_Change()
 SpinButton1.Min = 1
 SpinButton1.Max = 12
 TextBox2.Text = SpinButton2.Value
End Sub

Private Sub SpinButton3_Change()
 SpinButton1.Min = 1
 SpinButton1.Max = 10
 TextBox3.Text = SpinButton3.Value
End Sub

Private Sub SpinButton4_Change()
 SpinButton1.Min = 1
 SpinButton1.Max = 100
 TextBox4.Text = SpinButton4.Value
End Sub
```

Abbildung 14.34:
Die fertige
UserForm zur
Fehlzeiterfassung

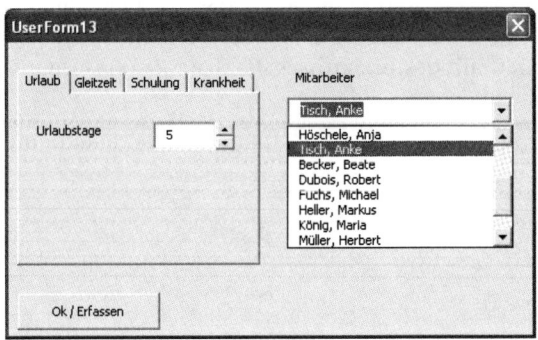

Mit der Eigenschaft Max legen Sie fest, wie hoch der Maximalwert des Drehfeldes sein soll. Im Urlaubsfall dürfte die maximale Anzahl von Tagen so um die 30 Tage liegen. Die Eigenschaft Min setzen Sie auf den Wert 1, sonst ist es auch möglich, negative Tage im Drehfeld einzustellen, was in diesem Beispiel unerwünscht ist. Um die Verknüpfung zwischen Dreh- und Textfeld zu erreichen, übertragen Sie einfach den eingestellten Wert des Drehfeldes in das entsprechende Textfeld.

Um die eingetragenen Fehltage nun in die Tabelle zu übertragen, klicken Sie in der Entwicklungsumgebung die Schaltfläche OK/ERFASSEN und erfassen das Ereignis CommandButton_Click.

Listing 14.57:
Alle Daten aus Text-
feldern von Multi-
seiten in eine
Tabelle übertragen

```
Private Sub CommandButton1_Click()
Dim frm As UserForm
Dim index As Long
Dim Mitarbeiter As String
Dim TageU As Integer
Dim TageG As Integer
```

```
Dim TageS As Integer
Dim TageK As Integer

 Set frm = UserForm13
 index = frm.ComboBox1.ListIndex
 On Error Resume Next
 Mitarbeiter = frm.ComboBox1.List(index)
 TageU = frm.TextBox1.Text
 TageG = frm.TextBox2.Text
 TageS = frm.TextBox3.Text
 TageK = frm.TextBox4.Text

 Sheets("Mitarbeiter").Activate
 Columns("A:A").Select
 On Error GoTo fehler
 Selection.Find(What:=Mitarbeiter, _
  After:=ActiveCell, LookIn:=xlValues, _
  LookAt:=xlPart, SearchOrder:=xlByRows, _
  SearchDirection:=xlNext,MatchCase:=False).Activate
  If TageU <> 0 Then _
   ActiveCell.Offset(0, 1).Value = _
   ActiveCell.Offset(0, 1).Value + TageU
  If TageG <> 0 Then _
   ActiveCell.Offset(0, 2).Value = _
   ActiveCell.Offset(0, 2).Value + TageG
  If TageS <> 0 Then _
   ActiveCell.Offset(0, 3).Value = _
   ActiveCell.Offset(0, 3).Value + TageS
  If TageK <> 0 Then _
   ActiveCell.Offset(0, 4).Value = _
   ActiveCell.Offset(0, 4).Value + TageK
  Exit Sub
fehler:
  MsgBox "Es konnte kein Mitarbeiter gefunden werden!"
End Sub
```

Zum Übertragen der einzelnen Textfelder auf die Multiseiten in der Tabelle
setzen Sie Variablen ein, deren Inhalte Sie nachher an der richtigen Position
in der Tabelle einfügen.

14.5.23   Fortschrittsbalken für UserForms programmieren

Bei länger laufenden Makros ist es empfehlenswert, den Anwender während
des Makroablaufs mit gelegentlichen Meldungen in der Statusleiste oder
sogar einem Verlaufsbalken über die einzelnen Schritte bzw. den Verlauf des
Makros in Kenntnis zu setzen. Dazu können Sie für eine UserForm einen
Verlaufsbalken erstellen.

Befolgen Sie dazu die nächsten Arbeitsschritte.

1. Fügen Sie eine neue UserForm ein.

2. Klicken Sie in der Werkzeugsammlung auf das Symbol BEZEICHNUNGS-FELD und ziehen es auf Ihrer UserForm auf.

3. Entfernen Sie den Text LABEL1 aus dem Bezeichnungsfeld.

4. Klicken Sie im Eigenschaften-Fenster auf die Kategorie BACKCOLOR und stellen Sie als Hintergrundfarbe Blau (Markierung) ein.

5. Stellen Sie in der Kategorie SPECIALEFFECT den Effekt FMSPECIAL-EFFECTRAISED ein.

6. Fügen Sie zum Abschluss eine Schaltfläche ein und klicken Sie diese doppelt an, um das Klick-Ereignis einzugeben.

Listing 14.58:
Einen Verlaufs-
balken für eine
UserForm
programmieren

```
Private Sub CommandButton1_Click()
Dim i As Integer
Dim iMax

Label1.Width = 0
iMax = 1000
For i = 1 To iMax
    Label1.Width = (i + 1) / 10
    Label1.TextAlign = fmTextAlignCenter
    Label1.Caption = Int(i / 10) & " %"
    Label1.Font.Bold = True
    Label1.ForeColor = RGB(256, 256, 256)
    DoEvents
Next
End Sub
```

Im ersten Schritt setzen Sie die Breite des Verlaufsbalkens auf den Wert 0. Damit wird er unsichtbar. Danach setzen Sie die maximale Größe des Verlaufsbalkens auf den Wert 1000 Pixel. Durchlaufen Sie dann die For Next-Schleife genau 1000-mal. Mit jedem Schleifendurchlauf wächst der Verlaufsbalken um ein Stück. Die Breite des Balkens legen Sie mit der Eigenschaft Width fest. Mit der TextAlign-Eigenschaft bestimmen Sie die Ausrichtung des Textes. Als Text soll jeweils der Prozentwert ausgegeben werden, der sich aus der Formel (i + 1) / 10 ergibt. Damit im Verlaufsbalken nur ganze Zahlen ohne Nachkommastellen angezeigt werden, verwenden Sie die Funktion Int. Stellen Sie die Schriftartfarbe auf WEIß sowie den Schriftschnitt FETT ein, damit der Text auf dem Verlaufsbalken auch klar erkennbar ist.

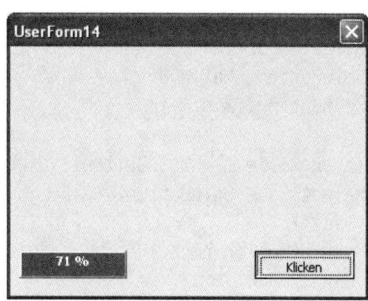

Abbildung 14.35:
Der Verlaufsbalken
von 1 bis 100
Prozent

14.5.24 Bilder in UserForms anzeigen

Wenn Sie möchten, können Sie in UserForms auch Bilder anzeigen. Sie können beispielsweise Ihre Produkte einscannen, in einem Verzeichnis ablegen und in einer UserForm anzeigen lassen.

Im folgenden Beispiel werden genau drei Bilder aus dem Verzeichnis C:\WINDOWS dynamisch in eine UserForm eingeblendet. Dabei verwenden Sie Drehfelder, um ein Bild nach dem anderen anzuzeigen. Den Namen der Datei sowie den Index geben Sie in einem Bezeichnungs- bzw. einem Textfeld aus.

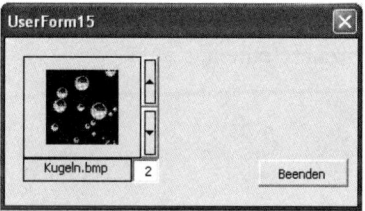

Abbildung 14.36:
Eine kleine
Diashow mit
einer UserForm

Für diese Aufgabe brauchen Sie folgende Steuerelemente aus der Werkzeugsammlung:

➤ eine Schaltfläche,   *Die Zutaten*

➤ ein Bezeichnungsfeld für die Aufnahme der Bildbezeichnung,

➤ ein Textfeld für den Bildindex,

➤ das Steuerelement Anzeige, welches das jeweilige Bild aufnehmen soll,

➤ ein Drehfeld, mit dem Sie ein Bild nach dem anderen einblenden.

Nachdem Sie alle Steuerelemente eingefügt haben, führen Sie einen Doppelklick auf das Drehfeld durch und erfassen das Ereignis SpinButton_Change.

Listing 14.59:
Mehrere Bilder
dynamisch in einer
UserForm anzeigen

```
Private Sub SpinButton1_Change()
Dim s As String
SpinButton1.Max = 3
SpinButton1.Min = 1

TextBox1.Text = SpinButton1.Value
Select Case SpinButton1.Value
 Case 1
  s = "Wellen.bmp"
 Case 2
  s = "Kugeln.bmp"
 Case 3
  s = "Kreise.bmp"
 Case Else
  MsgBox "Kein Bild gefunden!"
End Select
Label1.Caption = s
Image1.Picture = LoadPicture("c:\Windows\" & s)
End Sub
```

Über die Eigenschaften Max und Min stellen Sie die Ober- bzw. Untergrenze für Ihr Drehfeld ein. Im Textfeld Textbox1 speichern Sie den aktuellen Wert des Drehfeldes. Danach werten Sie den Wert des Drehfeldes in einer Select Case-Anweisung aus und weisen je nach Wert das dazugehörige Bild ein. Den Bildnamen geben Sie im Bezeichnungsfeld Label1 aus. Anschließend laden Sie mithilfe der Funktion LoadPicture das Bild direkt in das Anzeigen-Steuerelement Image1.

15 Steuerelemente in Tabellen programmieren

Für viele Aufgaben reicht es auch aus, auf die Programmierung von User-Forms zu verzichten und lediglich einzelne Steuerelemente, wie z. B. Schaltflächen, Listenfelder, Dropdown- und Drehfelder, in Tabellen einzufügen und zu programmieren. Die einzelnen Steuerelemente können Sie den Symbolleisten FORMULAR oder STEUERELEMENT-TOOLBOX entnehmen.

U. a. erfahren Sie in diesem Kapitel:

➡ wie Sie Schaltflächen automatisch in Ihre Tabellen einfügen, *Die Fragen*

➡ wie Sie Schaltflächen mit Bildern und Texten belegen,

➡ wie Sie Umschaltflächen einfügen und programmieren,

➡ wie Sie Dropdown-Felder füllen und auslesen,

➡ wie Sie mit Drehfeldern schnell Preiskalkulationen machen,

➡ wie Sie Bildlaufleisten einsetzen,

➡ wie Sie Optionsfelder für die Währungsumrechnung verwenden,

➡ wie Sie über Kontrollkästchen schnell Zeilen bzw. Spalten ausblenden und

➡ wie Sie Steuerelemente in Tabellen identifizieren können.

Leider haben Sie bei den Steuerelementen aus der Symbolleiste FORMULAR *keine Möglichkeit, die verwendete Schriftart zu ändern bzw. die Größe der Schriftart zu vergrößern. Die weitaus umfassenderen Möglichkeiten bieten daher die Steuerelemente aus der Symbolleiste* STEUERELEMENT-TOOLBOX.

:-)
TIPP

Sie finden alle Beispiele zu den Lösungen mit den Steuerelementen auf Tabellenblättern auf der mitgelieferten CD-ROM *im Verzeichnis* KAP15 *unter dem Namen* STEUERELEMENTE.XLS.

CD

15.1   Schaltflächen einsetzen

Möchten Sie mit Schaltflächen in Tabellen arbeiten, durch die Sie schnell Makros starten können, dann haben Sie noch die Möglichkeit, zu entscheiden, ob Sie verschiedene Optionen für die Schaltfläche einstellen möchten. So können Sie beispielsweise Schaltflächen einfügen, deren hinterlegte Makros schon dann automatisch starten, wenn Sie mit der Maus darüber streichen. Eine weitere der vielen Möglichkeiten ist, die Schaltfläche mit einem Bild bzw. mit einer anderen Schriftart einzufügen.

15.1.1   Eine Schaltfläche automatisch in eine Tabelle einfügen

Im ersten Beispiel soll auf jedem Tabellenblatt in der Arbeitsmappe dieselbe Schaltfläche immer an derselben Position eingefügt werden. Das Makro für diese Aufgabe können Sie dem Listing 15.1 entnehmen.

Listing 15.1:
Eine Schaltfläche auf jedem Tabellenblatt einfügen

```
Sub SchaltflächenEinfügen()
Dim objBut As Object
Dim i As Integer

 For i = 1 To Sheets.Count
  Set objBut = Sheets(i).Buttons.Add(90, 15, 93, 24)
  objBut.OnAction = "Info"
  objBut.Caption = "Bitte hier klicken"
 Next i
End Sub
```

Definieren Sie als Erstes eine Objektvariable. Danach ermitteln Sie über die Methode Count die Anzahl der Tabellenblätter, die in der Arbeitsmappe enthalten sind. In Abhängigkeit von den Tabellenblättern fügen Sie auf jedem Blatt eine Schaltfläche über die Methode Add ein. Die vier Argumente stehen für die Position der Schaltfläche in der Tabelle in der Maßeinheit Punkt. Von links nach rechts bedeuten sie: Abstand vom linken Rand, Abstand vom oberen Rand, die Breite und Höhe der Schaltfläche. Mit der Eigenschaft OnAction geben Sie den Namen des Makros an, das ausgeführt wird, sobald die Schaltfläche angeklickt wird. Durch die Eigenschaft Caption bestimmen Sie die Beschriftung der Schaltfläche.

15.1.2   Schaltfläche mit Bild einfügen

Um eine Schaltfläche mit Bild einzufügen, sollten Sie sich aus der Symbolleiste Steuerelement-Toolbox bedienen. Das Einfügen einer solchen Schaltfläche funktioniert mit dem Makro aus Listing 15.2.

```
Sub SchaltflächeMitBildEinfügen()
Dim cmd As CommandButton

Set cmd = ActiveSheet.OLEObjects.Add _
  (ClassType:="Forms.CommandButton.1", _
  Left:=80, Top:=33, Width:=100, Height:=50).Object
    cmd.Caption = "Hier klicken"
    cmd.BackColor = RGB(256, 256, 256)
    cmd.AutoSize = True
    cmd.Picture = LoadPicture("c:\Windows\Kugeln.bmp")
    Set cmd = Nothing
End Sub
```

Listing 15.2:
Eine Schaltfläche
mit Bild einfügen

Definieren Sie eine Objektvariable vom Typ `CommandButton` und fügen Sie über die Methode `Add` eine neue Schaltfläche aus der Symbolleiste `Steuerelement-Toolbox` ein. Diese Schaltfläche entspricht dem Argument `ClassType`. Legen Sie danach die Position der Schaltfläche über die Argumente `Left`, `Top`, `Width` und `Height` fest. Über die Eigenschaft `Caption` legen Sie die Beschriftung der Schaltfläche fest. Die Hintergrundfarbe der Schaltfläche können Sie mit der Eigenschaft `BackColor` und der Funktion `RGB` bestimmen. Der RGB-Wert 256, 256, 256 entspricht dabei der Farbe Weiß. Die Eigenschaft `AutoSizer` sorgt dafür, dass die Schaltfläche ihre Größe so anpasst, dass sowohl Text als auch Bild komplett angezeigt werden. Über die Eigenschaft `Picture` legen Sie fest, dass ein Bild auf der Schaltfläche angezeigt werden soll, welches Sie über die Funktion `LoadPicture` einbinden. Heben Sie am Ende des Makros die Verbindung der Objektvariablen zum Objekt über die Anweisung `Set` und das Schlüsselwort `Nothing` wieder auf und geben Sie damit reservierten Speicher wieder frei.

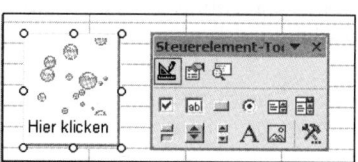

Abbildung 15.1:
Schaltfläche mit
Bild

Die eben eingefügte Schaltfläche hat jedoch noch kein Makro hinterlegt. Es ist bei dieser Art von Schaltfläche nicht möglich, über das Kontextmenü ein Makro zuzuweisen.

Um der Schaltfläche ein Makro oder besser gesagt ein Ereignismakro zuzuweisen, gehen Sie wie folgt vor:

1. Blenden Sie auf Ihrem Tabellenblatt die Symbolleiste STEUERELEMENT-TOOLBOX ein.

2. Klicken Sie in der Symbolleiste STEUERELEMENT-TOOLBOX auf das Symbol ENTWURFSMODUS.

3. Führen Sie anschließend einen Doppelklick auf die eingefügte Schaltfläche durch, wodurch Sie automatisch in die Entwicklungsumgebung gelangen. Es wird Ihnen nun das noch leere Klick-Ereignis zur Verfügung gestellt.

Listing 15.3:
Das Ereignis Click zum Starten von Makros mit einem Klick

```
Private Sub CommandButton1_Click()
call Info
End Sub
```

4. Ergänzen Sie das eingestellte Klick-Ereignis um weitere Befehle oder rufen Sie über die Anweisung Call ein anderes Makro auf.

5. Wechseln Sie wieder auf Ihr Tabellenblatt und deaktivieren Sie den Entwurfsmodus durch einen Klick auf das Symbol ENTWURFSMODUS BEENDEN.

Nun ist die Schaltfläche einsatzbereit und Sie können mit einem Klick darauf die hinterlegte Ereignisprozedur starten. Das aufgerufene Makro Info sehen Sie im Listing 15.4.

Listing 15.4:
Aktuelle Zeitansage über eine Bildschirmmeldung

```
Sub Info()
MsgBox "Es ist nun genau " & Time & " Uhr!", _
vbInformation
End Sub
```

15.1.3   Makro automatisch starten

Möchten Sie nicht erst auf eine Schaltfläche klicken, um ein Makro zu starten, dann setzen Sie das Ereignis CommandButton_MouseMove ein. Dieses Ereignis tritt automatisch ein, wenn Sie die Maus auf die Schaltfläche setzen, und zwar ohne diese anzuklicken.

Listing 15.5:
Ereignis Mouse-Move zum automatischen Starten von Makros bei Schaltflächenkontakt

```
Private Sub CommandButton1_MouseMove(ByVal Button _
As Integer, ByVal Shift As Integer, ByVal X As _
Single, ByVal Y As Single)
 Call Info
End Sub
```

15.1.4   Welche Schaltfläche wurde angeklickt?

Stellen Sie sich vor, Sie haben eine umfangreiche Arbeitsmappe vorliegen. Auf jedem Tabellenblatt sind unterschiedliche Schaltflächen integriert. Jetzt möchten Sie herausfinden, welche Schaltfläche auf welchem Blatt gedrückt wurde. Dazu fügen Sie die jeweiligen Schaltflächen ein und weisen folgendes Makro aus Listing 15.6 zu.

```
Sub Schaltfläche()
  Select Case Application.Caller
    Case "Schaltfläche 1"
        MsgBox "Schaltfläche1 in " & ActiveSheet.Name
    Case "Schaltfläche 2"
        MsgBox "Schaltfläche2 in " & ActiveSheet.Name
    Case "Schaltfläche 3"
        MsgBox "Schaltfläche3 in " & ActiveSheet.Name
  End Select
End Sub
```

Listing 15.6:
Ermitteln, welche
Schaltfläche vom
Anwender gedrückt
wurde

Die Eigenschaft `Caller` gibt Ihnen eine Rückmeldung, wie das Makro aufgerufen wurde, indem der Name der Schaltfläche zurückgegeben wird. Über die Eigenschaft `Name` bekommen Sie den Namen des Tabellenblatts, welches die Schaltfläche beinhaltet.

15.1.5 Umschaltflächen programmieren

Bei Umschaltflächen handelt es sich im Prinzip um einfache Schalter, die genau zwei Zustände annehmen können. Vergleichen können Sie diese Schalter mit einem Lichtschalter, den Sie ein- und ausschalten. Eine Umschaltfläche bleibt nach dem Klicken darauf eingerastet. Dieses Einrasten erkennen Sie daran, dass die Schaltfläche in einer helleren Hintergrundfarbe dargestellt wird. Ein erneutes Klicken gibt der Schaltfläche ihren vorherigen Zustand und die ursprüngliche Farbe zurück. In der Praxis werden solche Umschaltflächen häufig eingesetzt, um bestimmte Elemente in Excel einzufügen bzw. um einzelne Einstellungen in Excel vorzunehmen.

Fügen Sie zunächst eine neue Umschaltfläche ein, indem Sie wie folgt vorgehen:

1. Blenden Sie die Symbolleiste STEUERELEMENT-TOOLBOX ein.

2. Klicken Sie auf das Symbol UMSCHALTFLÄCHE und ziehen Sie dieses Symbol auf Ihrer Tabelle in der gewünschten Größe auf.

3. Führen Sie direkt im Anschluss einen Doppelklick auf diese Schaltfläche aus. Daraufhin wird das Ereignis `ToggleButton_Click` automatisch eingestellt.

Auch für Umschaltflächen können Sie weitere Ereignisse anwenden. Klicken Sie dazu in der Entwicklungsumgebung im Codebereich auf das erste Dropdown-Feld und wählen Sie den Eintrag TOGGLEBUTTON aus. Im zweiten Dropdown können Sie daraufhin alle verfügbaren Ereignisse einsehen.

Mithilfe einer Umschaltfläche soll das Gitternetz der aktiven Tabelle ein- bzw. ausgeschaltet werden. Dabei soll der Text der Umschaltfläche dynamisch angepasst werden, d. h., wird das Gitternetz mit einem Klick auf die

Umschaltfläche ausgeschaltet, wird der Text GITTERNETZ ein auf der Umschaltfläche angezeigt. Wurde das Gitternetz hingegen schon eingeblendet, muss die Umschaltfläche die Aufschrift GITTERNETZ AUS bekommen. Das Makro für diese Aufgabe sehen Sie im Listing 15.7.

Listing 15.7:
Gitternetz über eine Umschaltfläche ein- und ausschalten

```
Private Sub ToggleButton1_Click()
Dim TB As ToggleButton

 Set TB = ToggleButton1
    If TB.Value = True Then
    TB.Caption = "Gitternetz einschalten"
    ActiveWindow.DisplayGridlines = False
    Else
    TB.Caption = "Gitternetz ausschalten"
    ActiveWindow.DisplayGridlines = True
    End If
End Sub
```

Definieren Sie im ersten Schritt eine Objektvariable vom Typ ToggleButton, um später weniger Schreibarbeit zu haben. Machen Sie danach bekannt, dass das Kürzel TB für die Umschaltfläche ToggleButton1 stehen soll, und fragen Sie über die Eigenschaft Value den Zustand der Umschaltfläche ab. Meldet die Eigenschaft Value den Wert True, ist die Umschaltfläche eingedrückt und Sie zeigen über die Eigenschaft Caption den Text Gitternetz einschalten an. Mithilfe der Eigenschaft DisplayGridlines zeigen Sie Gitternetzlinien an, indem Sie diese Eigenschaft auf den Wert True setzen, welcher der Standardeinstellung in Excel entspricht.

Im nächsten Beispiel haben Sie aus der Clipart-Galerie eine Grafik eingefügt und möchten diese mit einer Umschaltfläche ein- und ausblenden. Dazu fügen Sie eine neue Umschaltfläche ein und erfassen das folgende Ereignis in Listing 15.8.

Listing 15.8:
Clipart ein- und ausblenden

```
Private Sub ToggleButton2_Click()
Dim TB As ToggleButton

 Set TB = ToggleButton2
    If TB.Value = True Then
    TB.Caption = "Bild anzeigen"
    ActiveSheet.Shapes("Picture 6").Visible = False
    Else
    TB.Caption = "Bild ausblenden"
    ActiveSheet.Shapes("Picture 6").Visible = True
    End If
End Sub
```

Um eine bereits in der Tabelle befindliche Clipart auszublenden, setzen Sie die Eigenschaft Visible auf den Wert False und passen die Aufschrift der Umschaltfläche über die Eigenschaft Caption an.

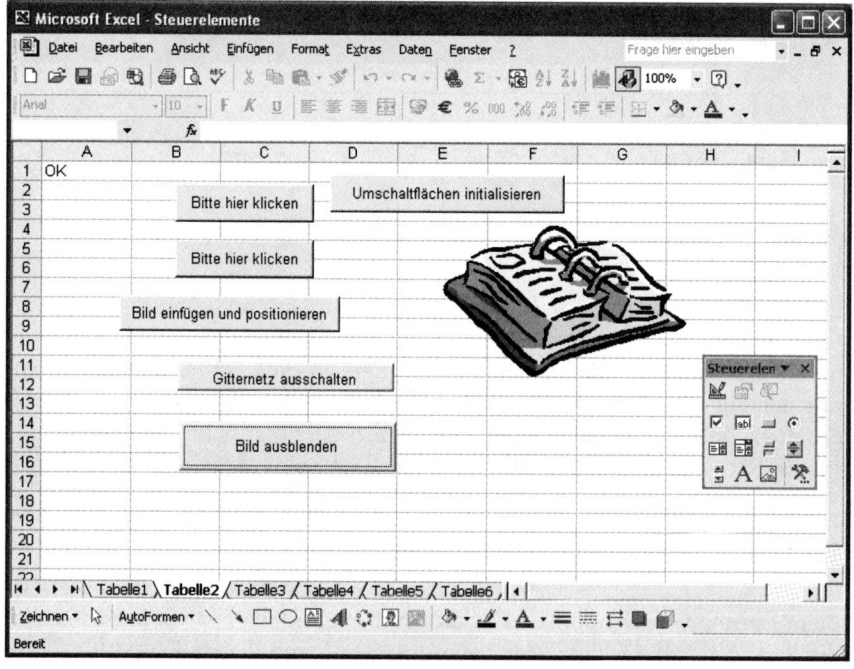

Abbildung 15.2:
Eine Clipart ein- und ausblenden

Wenn Sie übrigens ein Bild über eine VBA-Routine einfügen möchten, wenden Sie folgende Lösung aus Listing 15.9 an:

```
Sub BildEinfügenBeiBedingung()
Dim Pic As Picture

On Error Resume Next
If Range("A1").Value = "OK" Then
 Set Pic = ActiveSheet.Pictures.Insert("c:\Logo.gif")
 Pic.Top = Range("D5").Top
 Pic.Left = Range("D5").Left
End If
End Sub
```

Listing 15.9:
Ein Bild nach einer Bedingung in die Tabelle einfügen und positionieren

Definieren Sie zuerst eine Objektvariable vom Typ Picture. Danach prüfen Sie, ob die Bedingung für das Einfügen eines Bildes erfüllt ist.

Über die Methode Insert fügen Sie danach das Bild ein, welches Sie als Argument angegeben haben. Mithilfe der Eigenschaften Top und Left bestimmen Sie die linke obere Eckposition der Grafik in der Tabelle.

Haben Sie mehrere Umschaltflächen auf einen Tabellenblatt und möchten Sie diese alle ausschalten, setzen Sie folgende Makrolösung aus Listing 15.10 ein:

Listing 15.10:
Alle eingedrückten
Umschaltflächen
einer Tabelle
zurücksetzen

```
Sub UmschaltflächenZurücksetzen()
Dim TB As OLEObject

For Each TB In Worksheets("Tabelle2").OLEObjects
  If TypeOf TB.Object Is MSForms.ToggleButton Then
    If TB.Object.Value = True Then TB.Object.Value = False
  End If
 Next TB
End Sub
```

Definieren Sie zuerst einmal eine Variable vom Datentyp OLEObject. Darunter fallen neben verknüpften bzw. eingebetteten Objekten auch Steuerelemente wie Umschaltflächen. Setzen Sie danach eine For Each-Schleife auf, mit der Sie alle OLE-Objekte überprüfen. Mithilfe der Eigenschaft TypeOf erhalten Sie den Objekttyp des OLE-Objekts. Entspricht dieser dem Typ ToggleButton, prüfen Sie, ob die Umschaltfläche eingedrückt ist oder nicht.

15.2   Dropdowns programmieren

Beim Einsatz von Dropdown-Feldern in Ihren Tabellen haben Sie wiederum die Auswahl, ob Sie das Dropdown aus der Symbolleiste FORMULAR oder aus der Symbolleiste STEUERELEMENT-TOOLBOX nehmen. Auch hier haben Sie mit dem Dropdown-Feld aus der Symbolleiste STEUERELEMENT-TOOL-BOX die weitaus besseren Möglichkeiten. Dieses Dropdown erlaubt es Ihnen, u. a. die Schriftart sowie die Schriftgröße der Einträge festzulegen. Außerdem haben Sie bei dieser Art von Dropdown die Möglichkeit, Ereignisse einzusetzen. So nutzen Sie in der folgenden Aufgabe das Ereignis ComboBox_DblClick, um das Dropdown mit Daten zu füllen.

15.2.1   Dropdown-Felder füllen

Beim Füllen von Dropdown-Feldern haben Sie mehrere Möglichkeiten. Entweder Sie verweisen auf einen Tabellenbereich, der die Daten enthält, die Sie in das Dropdown-Feld einlesen möchten, oder Sie füllen das Dropdown-Feld über eine Schleife.

Im ersten Beispiel werden Sie alle Tabellennamen der aktiven Arbeitsmappe in das Dropdown-Feld füllen, und zwar sobald Sie das Dropdown-Feld doppelt anklicken.

Dazu gehen Sie folgendermaßen vor:

1. Klicken Sie in der Symbolleiste STEUERELEMENT-TOOLBOX auf das Symbol KOMBINATIONSFELD und ziehen Sie es auf Ihrer Tabelle auf.

2. Führen Sie einen Doppelklick auf das eingefügte Dropdown-Feld durch.

3. Stellen Sie das Ereignis `ComboBox_DblClick` ein und ergänzen Sie es um folgende Zeilen.

```
Private Sub ComboBox1_DblClick _
  (ByVal Cancel As MSForms.ReturnBoolean)
Dim Blatt As Object

 For Each Blatt In ThisWorkbook.Worksheets
  Worksheets("Tabelle4").ComboBox1.AddItem Blatt.Name
 Next
End Sub
```

Listing 15.11:
Das Füllen eines
Dropdown-Feldes
nach einem
Doppelklick

Über die Methode `AddItem` fügen Sie die einzelnen Tabellennamen in das Dropdown-Feld ein.

4. Wechseln Sie zurück auf Ihre Tabelle und klicken Sie das Symbol ENT-WURFSMODUS BEENDEN auf der Symbolleiste STEUERELEMENT-TOOL-BOX AN.

Für die eigentlich Reaktion auf das Auswählen eines Eintrags im Drop-down-Feld sorgt das Ereignis `ComboBox_Change`, welches automatisch ausge-führt wird, sobald Sie einen Eintrag im Dropdown-Feld auswählen. Sobald Sie einen Tabellennamen aus dem Dropdown-Feld gewählt haben, soll auf die ausgewählte Tabelle gesprungen werden. Erfassen Sie dazu das Ereignis in Listing 15.12.

```
Private Sub ComboBox1_Change()
 Sheets(ComboBox1.Value).Activate
End Sub
```

Listing 15.12:
Den markierten
Eintrag eines
Dropdown-Feldes
auswerten

Wenn Sie die Inhalte Ihres Dropdown-Feldes sortieren möchten, können Sie entweder vorher dafür sorgen, dass die einzufügenden Zeilen sortiert vorlie-gen, oder die bereits eingefügten Zeilen im Dropdown-Feld nachträglich sortieren. Um ein Dropdown-Feld nachträglich zu sortieren, setzen Sie fol-gendes Makro aus Listing 15.13 auf.

```
Sub SortierenCombobox()
Dim i_Erster As Integer
Dim i_Letzter As Integer
Dim i_Aktuell As Integer
Dim i_Nächster As Integer
Dim s_buffer As String
```

Listing 15.13:
Die Inhalte eines
Dropdown-Feldes
sortieren

```
With Sheets("Tabelle4").ComboBox1
    If .ListCount = 0 Then Exit Sub
    i_Erster = 0
    i_Letzter = .ListCount - 1
    For i_Aktuell = i_Erster To i_Letzter
        For i_Nächster = i_Aktuell + 1 To i_Letzter
            If .List(i_Aktuell) > .List(i_Nächster) Then
                s_buffer = .List(i_Nächster)
                .List(i_Nächster) = .List(i_Aktuell)
                .List(i_Aktuell) = s_buffer
            End If
        Next i_Nächster
    Next i_Aktuell
End With
End Sub
```

Im ersten Schritt benötigen Sie eine ganze Reihe Variablen vom Typ Integer, um die einzelnen Positionen der Einträge im Dropdown-Feld zwischenzuspeichern. Sprechen Sie das Dropdown-Feld auf der TABELLE4 direkt an, indem Sie die Anweisung With einsetzen. So können Sie sich im weiteren Verlauf des Makros die Wiederholung des Objektnamens sparen. Prüfen Sie danach, ob das Dropdown-Feld überhaupt Einträge enthält. In diesem Fall meldet Ihnen die Eigenschaft ListCount einen Rückgabewert größer Null. Legen Sie nun die Position des ersten Listeneintrags, der bei der Zahl 0 beginnt, sowie die letzte Zeile im Dropdown-Feld fest, von der Sie den Wert 1 subtrahieren müssen. Speichern Sie beide Werte in den Variablen i_Erster bzw. i_Letzter. Im Anschluss benötigen Sie zwei Schleifen, in denen Sie Eintrag für Eintrag im Dropdown-Feld vergleichen. Ist der aktuelle Eintrag im Dropdown-Feld größer als der folgende Eintrag, muss die Position getauscht werden. Den Tausch regeln Sie mit der Methode List, die den Eintrag des Dropdown-Feldes in einer zusätzlichen Variable vom Typ String parkt und dann austauscht.

Die zweite Variante, um ein Dropdown-Feld zu füllen, ist, auf einen Bereich zu verweisen, der die Quelldaten enthält.

Um den Zellenbereich als Verknüpfung anzugeben, können Sie ein Makro auf Modulebene schreiben, welches Sie in Listing 15.14 sehen können.

Listing 15.14:
Dropdown-Feldeinträge aus einem
Zellenbereich
beziehen

```
Sub ComboboxFüllenBezug()
    Worksheets("Tabelle4").ComboBox1.ListFillRange = _
    "Tabelle4!F1:F7"
End Sub
```

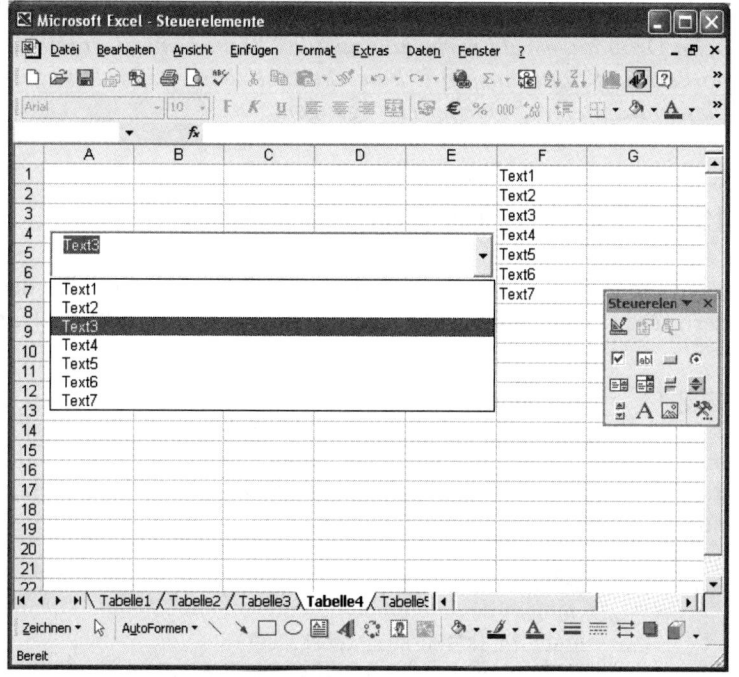

Abbildung 15.3:
Einen Zellenbereich
als Verknüpfung
angeben

Mit der ListFillRange-Eigenschaft geben Sie den Zellenbereich an, welcher im Dropdown-Feld angezeigt werden soll. Um den ausgewählten Eintrag zu ermitteln, wenden Sie das Ereignis ComboBox_Change an. Dabei soll der ausgewählte Eintrag im Dropdown-Feld in die Zelle A1 geschrieben werden.

```
Private Sub ComboBox1_Change()
 ComboBox1.LinkedCell = "A1"
End Sub
```

Listing 15.15:
Das verknüpfte
Ausgabefeld eines
Dropdown-Feldes
festlegen

Mit der Eigenschaft LinkedCell legen Sie die Ausgabeverknüpfung des Dropdown-Feldes fest.

15.2.2 Dropdown-Felder leeren

Um ein Dropdown-Feld komplett zu leeren, reicht ein Einzeiler, den Sie dem Listing 15.16 entnehmen können.

```
Sub LöschenEinträge()
 Worksheets("Tabelle4").ComboBox1.Clear
End Sub
```

Listing 15.16:
Alle Einträge eines
Dropdown-Feldes
löschen

Setzen Sie die Methode Clear ein, um aus einem Dropdown-Feld alle Einträge zu entfernen.

INFO

Da für das Listenfeld nahezu dieselben Methoden und Eigenschaften wie beim Dropdown-Feld verwendet werden können und Listenfelder schon im vorherigen Kapitel ausführlich beschrieben wurden, wird auf Listenfelder in diesem Kapitel nicht weiter eingegangen.

15.3   Listenfelder programmieren

Verwandt mit den Dropdowns sind auch die Listenfelder. Bei den Listenfeldern sind standardmäßig aber mehr Einträge auf einen Blick sichtbar.

15.3.1   Listenfelder füllen

Im nächsten Beispiel füllen Sie ein Listenfeld mit den Namen der Tabellen, die sich in der Arbeitsmappe befinden. Dazu setzen Sie das Makro aus Listing 15.17 ein.

Listing 15.17:
Listenfeld füllen

```
Sub ListenfeldFüllen()
    Dim Blatt As Worksheet
    For Each Blatt In ThisWorkbook.Worksheets
        Sheets("Tabelle12").ListBox1.AddItem Blatt.Name
    Next Blatt
End Sub
```

Abbildung 15.4:
Listenfeld füllen

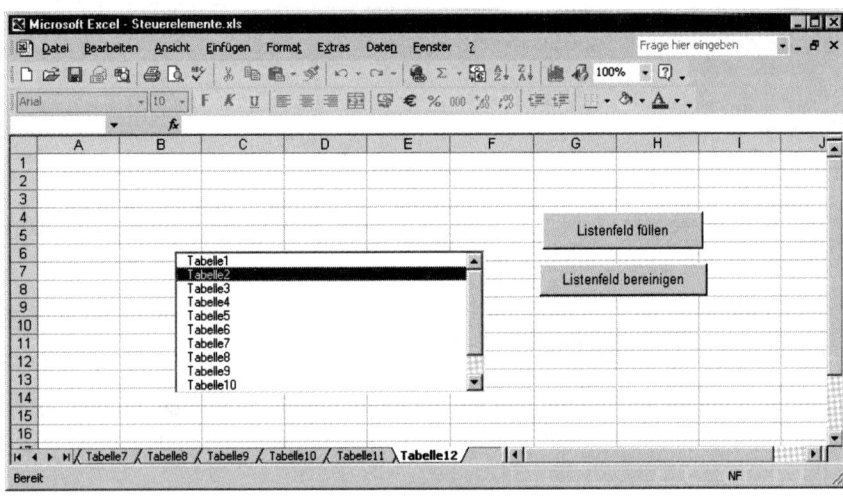

Wenn Sie nach dem Befüllen des Listenfeldes auf einen Eintrag im Listenfeld klicken, soll auf die entsprechende Tabelle gesprungen werden. Damit dies funktioniert, setzen Sie das Ereignis ListBox_Click ein.

```
Private Sub ListBox1_Click()
Sheets(ListBox1.Value).Activate
End Sub
```

Listing 15.18:
Listenfeldeintrag
markieren

15.3.2 Listenfelder bereinigen

Möchten Sie ein Listenfeld auf einer Tabelle von seinen Einträgen befreien, setzen Sie das Makro aus Listing 15.19 ein.

```
Sub ListenfeldBereinigen()
    Sheets("Tabelle12").ListBox1.Clear
End Sub
```

Listing 15.19:
Listenfeld
bereinigen

Mithilfe der Methode Clear löschen Sie alle Einträge im Listenfeld.

Wenn Sie nicht das ganze Listenfeld, sondern nur einen einzelnen Eintrag aus dem Listenfeld löschen möchten, setzen Sie das Makro aus Listing 15.20 ein.

:-)
TIPP

```
Sub EinzelnenEintragLöschen()
    Sheets("Tabelle12").ListBox1.RemoveItem (1)
End Sub
```

Listing 15.20:
Listenfeldeintrag
beseitigen

15.4 Drehfelder programmieren

Drehfelder werden in der Praxis oft angewendet, um bestimmte Kalkulationen in Tabellen oder Simulationen durchzuführen. Dabei können Sie Drehfelder einsetzen, um Ihre Daten dynamisch zu halten.

15.4.1 Preiskalkulation schrittweise durchführen

Sehen Sie in der folgenden Abbildung 15.4, wie Sie beispielsweise Verkaufspreise flexibel erhöhen können.

Um diese Preiserhöhung zu gestalten, fügen Sie aus der Symbolleiste STEUERELEMENT-TOOLBOX das Steuerelement DREHFELD in Ihre Tabelle ein.

Fügen Sie jetzt noch ein Textfeld ein, indem Sie jeweils den Wert des Drehfeldes ausgeben.

Klicken Sie das Symbol DREHFELD in Ihrer Tabelle doppelt an und erfassen Sie das Ereignis SpinButton_Change.

Abbildung 15.5:
Flexible Preiskalku-
lation bei Produkten

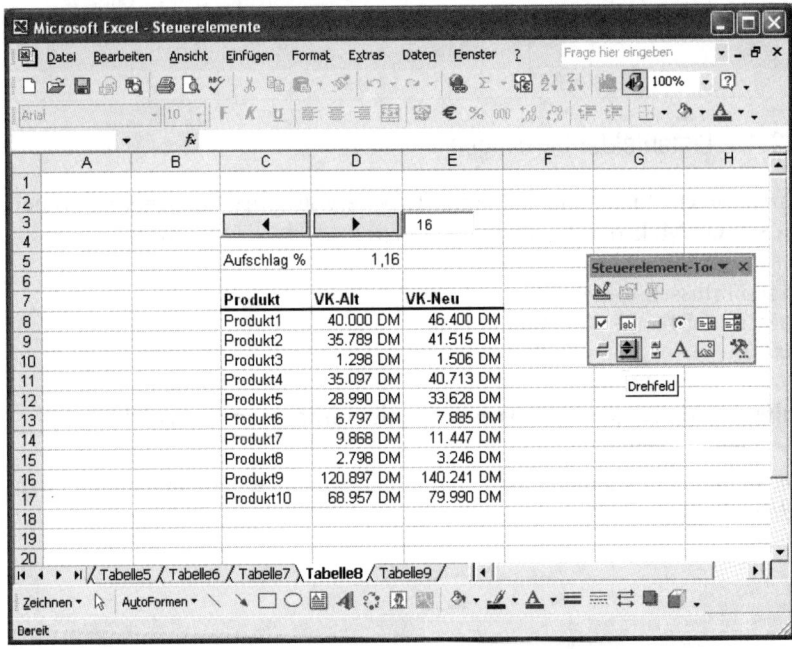

Listing 15.21:
Dreh- und Textfeld
miteinander
verbinden

```
Private Sub SpinButton1_Change()
  SpinButton1.Min = 1
  SpinButton1.Max = 100
  Range("D5").Value = SpinButton1.Value / 100 + 1
  TextBox1.Value = SpinButton1.Value
End Sub
```

Mit den Eigenschaften Min und Max legen Sie die Ober- bzw. Untergrenze des Drehfeldes fest. In der Zelle D5 geben Sie den Wert des Drehfeldes in der Prozentangabe an. So entspricht z. B. der Drehfeldwert 16 dem Wert 0,16 bzw. 16 Prozent. Im Textfeld Textbox1 geben Sie hingegen den unveränderten Wert aus. Dazu verbinden Sie einfach das Drehfeld Spinbutton1 mit dem Textfeld Textbox1.

Tabellenformel
eingeben

In der Tabelle müssen Sie jetzt noch in die Zellen in der Spalte VK-NEU die Formel D8*$D$5 eingeben und nach unten kopieren. Verwenden Sie dabei den Absolutbezug für die Zelle D5, damit beim Ausfüllen der Formel nach unten diese Zelle konstant bleibt.

Direkte Preis-
kalkulation

Als weiteres Feature möchten Sie bei drastischen Preiserhöhungen nicht wiederholt auf die Drehfeldpfeile klicken, sondern durch einen Eintrag in das Textfeld für den richtigen Preisaufschlag sorgen. Dazu setzen Sie das Ereignis TextBox_Change ein.

```
Private Sub TextBox1_Change()
 SpinButton1.Value = TextBox1.Value
End Sub
```

Listing 15.22:
Eine Veränderung
im Textfeld bedingt
eine Änderung des
Drehfeldes

15.4.2   Objekte schrittweise drehen

Im nächsten Beispiel verwenden Sie ein Drehfeld, um einen Pfeil im Kreis herumzudrehen. Dazu fügen Sie aus der Symbolleiste STEUERLEMENT-TOOLBOX ein Drehfeld ein. Danach wechseln Sie in die Entwicklungsumgebung und erfassen folgenden Code.

```
Private Sub SpinButton1_Change()
SpinButton1.Max = 360
SpinButton1.Min = 1
 Sheets("Tabelle11").Range("A1").Value = _
 SpinButton1.Value
End Sub

Private Sub Worksheet_Change _
(ByVal Target As Excel.Range)
  If Target.Address = "$A$1" Then _
 ActiveSheet.Shapes("AutoForm 1").Rotation = Target
End Sub
```

Listing 15.23:
Pfeil über ein
Drehfeld drehen

Der Wert für die Max-Eigenschaft entspricht der niedrigsten Position auf einem vertikalen Bildlaufleiste-Steuerelement oder der äußerst rechten Position auf einem horizontalen Bildlaufleiste-Steuerelement. Der Wert für die Min-Eigenschaft entspricht der höchsten Position auf einem vertikalen Bildlaufleiste-Steuerelement oder der äußerst linken Position auf einem horizontalen Bildlaufleiste-Steuerelement. Diese Wertveränderung schreiben Sie schrittweise in die Zelle A1 der TABELLE11. Dadurch lösen Sie das Tabellenereignis Worksheet_Change aus. Innerhalb des Ereignisses führen Sie mithilfe der Eigenschaft Rotation die Drehung des Pfeils durch (siehe Abbildung 15.6).

15.5   Bildlaufleisten einsetzen

Bildlaufleisten können Sie nicht nur dazu verwenden, um ein Bild nach oben bzw. ein Bild nach unten in Ihrer Tabelle zu gelangen, sondern auch dazu, um andere Aufgaben zu erledigen. So setzen Sie eine Bildlaufleiste in der folgenden Aufgabe ein, um sämtliche Farben in Excel im Zellenbereich E10:E12 anzuzeigen. In einem Textfeld geben Sie den jeweils dazugehörigen Farbindex aus (siehe Abbildung 15.7).

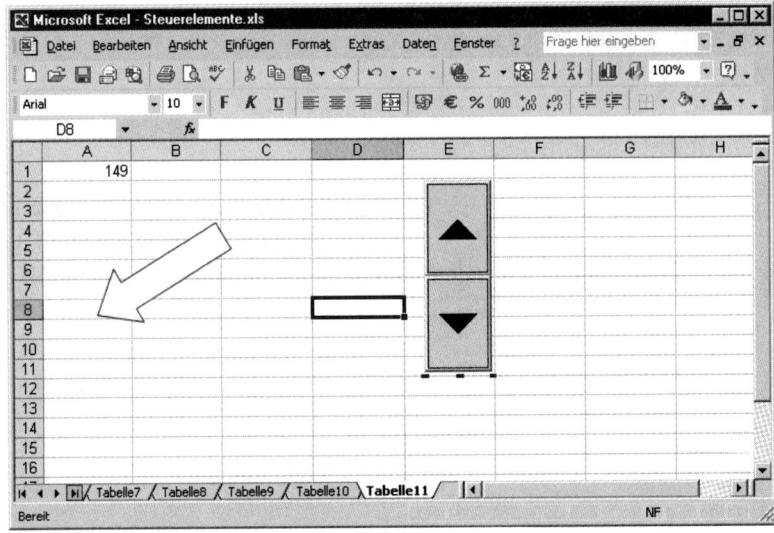

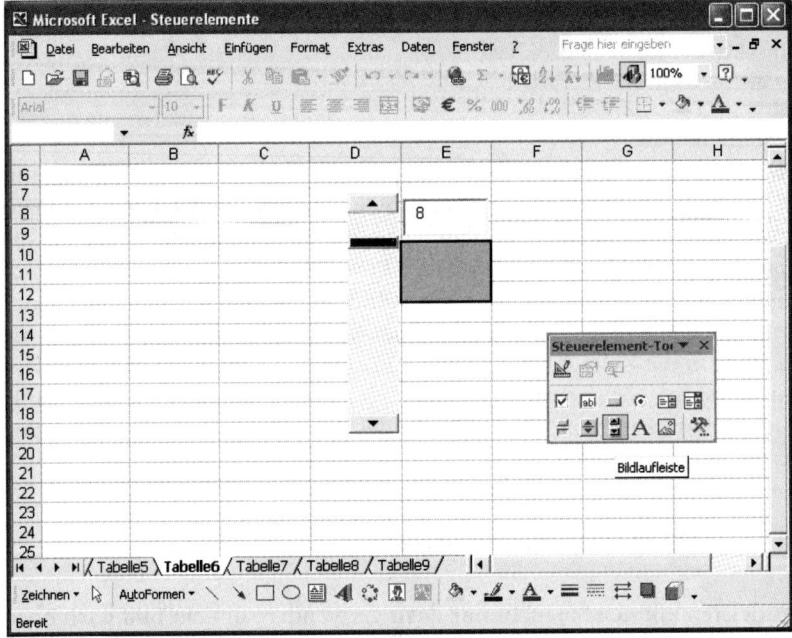

 Um das Farbenspiel zu programmieren, klicken Sie in der Symbolleiste STEUERELEMENT-TOOLBOX auf das Symbol BILDLAUFLEISTE und ziehen es auf Ihrer Tabelle in der gewünschten Größe auf.

Fügen Sie danach ein Textfeld aus derselben Symbolleiste in Ihre Tabelle ein, welches Sie neben der Bildlaufleiste aufziehen.

Erfassen Sie nun das Ereignis `ScrollBar_Change` für die Bildlaufleiste.

```
Private Sub ScrollBar1_Change()
 ScrollBar1.Min = 1
 ScrollBar1.Max = 56
 TextBox1.Value = ScrollBar1.Value
 Range("E10:E12").Interior.ColorIndex = ScrollBar1.Value
End Sub
```

Listing 15.24:
Farben anzeigen
mithilfe einer Bild-
laufleiste

Da es genau 56 Standardfarben in Excel gibt, die Sie übrigens auch in der Farbpalette der Symbolleiste FORMAT für die SCHRIFTFARBE bzw. die FÜLL-FARBE sehen können, setzen Sie die Eigenschaft `Max` auf den Wert 56. Das Textfeld verbinden Sie direkt mit dem Wert der Bildlaufleiste, welcher nach jeder Änderung in der Bildlaufleiste somit auch im Textfeld aktualisiert wird. Dem Zellenbereich E10:E12 weisen Sie über die Eigenschaft `ColorIndex` des Zellenhintergrunds den aktuellen Wert der Bildlaufleiste zu.

15.6   Schnelles Umschalten über Optionsfelder

Mithilfe von Optionsfeldern können Sie mehrere Zustände definieren, von denen immer nur einer gültig ist, d. h. bei Optionsschaltflächen kann immer nur ein Optionsfeld aktiviert werden, die anderen Optionsfelder sind dann deaktiviert. Dieses Verhalten können Sie in Excel dazu verwenden, um beispielsweise vom Anwender eine Entscheidung zu verlangen, wie oder welche Daten er angezeigt bekommen möchte und welche nicht. Im folgenden Beispiel entscheidet der Anwender über ein Optionsfeld, ob er eine Kosten-/Ertragsdarstellung in der Währung DM oder EURO angezeigt haben möchte.

Die Optionsfelder fügen Sie aus der Symbolleiste STEUERELEMENT-TOOL-BOX ein, indem Sie das Symbol OPTIONSFELD anklicken und auf Ihrer Tabelle aufziehen.

Erfassen Sie danach das Ereignis `OptionButton_Click`, in dem Sie lediglich die beiden Makros `EUROinDMumrechnen` bzw. `DMinEUROumrechnen` aufrufen.

Beide Makros wurden schon in Kapitel 5 ausführlich beschrieben.

15.7   Kontrollkästchen programmieren

Im Gegensatz zu den Optionsfeldern können bei den Kontrollkästchen mehrere aktiviert sein. Somit eignet sich dieses Steuerelement dazu, mehrere Optionen gleichzeitig einzustellen.

Abbildung 15.8:
Schnelles Umrech-
nen von Währungs-
daten über die
Steuerung von
Optionsfeldern

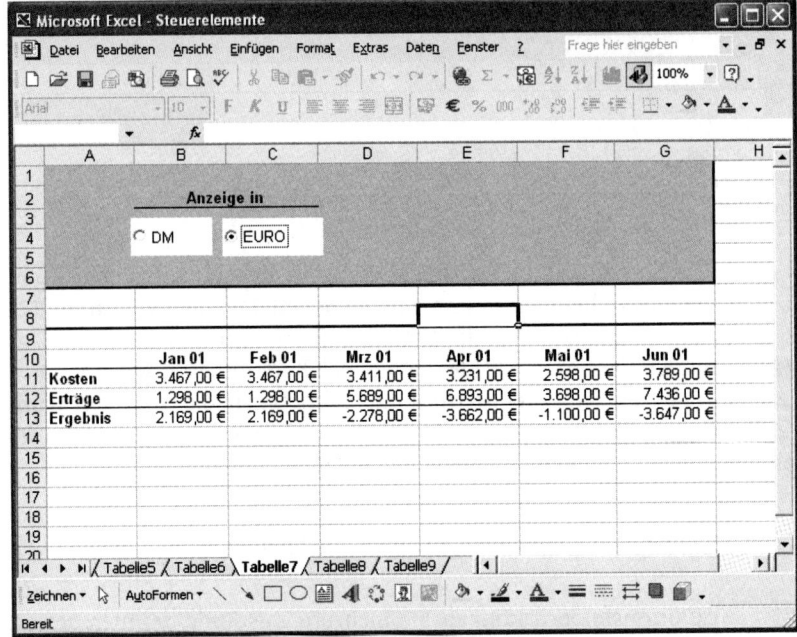

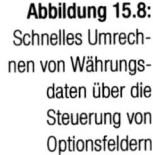

15.7.1   Mehrfachauswahl mit Kontrollkästchen

Im nächsten Beispiel blenden Sie mithilfe von Kontrollkästchen Zeilen und Spalten ein- und aus.

 Klicken Sie in der Symbolleiste STEUERELEMENT-TOOLBOX auf das Symbol KONTROLLKÄSTCHEN und ziehen Sie es an der gewünschten Position und in der gewünschten Größe auf Ihrer Tabelle auf.

Erstellen Sie danach das Ereignis CheckBox_Click für die beiden Kontrollkästchen.

Listing 15.25:
Mithilfe eines Kontrollkästchens eine Spalte ein- und ausblenden

```
Private Sub CheckBox1_Click()
 If CheckBox1.Value = True Then
Columns(6).Hidden = True
CheckBox1.Caption = "Spalte F einblenden"
Else
 Columns(6).Hidden = False
CheckBox1.Caption = "Spalte F ausblenden"
 End If
End Sub
```

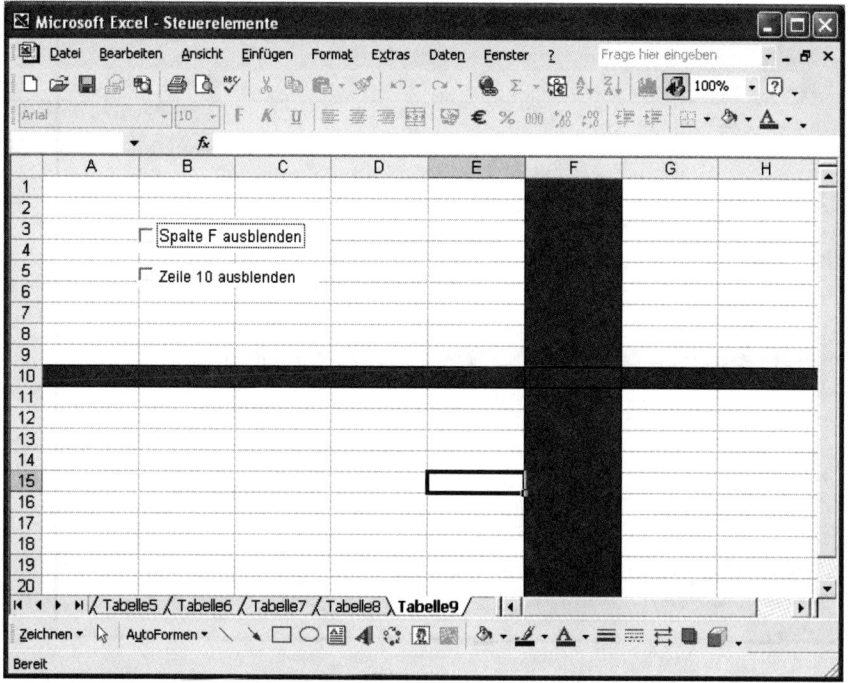

Abbildung 15.9:
Spalte F und Zeile 10 können dynamisch ein- und ausgeblendet werden.

Fragen Sie das Kontrollkästchen direkt über die Eigenschaft Value ab. Meldet die Eigenschaft den Rückgabewert True, ist das Kontrollkästchen aktiviert. In diesem Fall wenden Sie die Eigenschaft Hidden auf die Spalte F an, die den Spaltenindex 6 hat. Geben Sie danach dem Kontrollkästchen eine andere Beschriftung. Die Beschriftung ändern Sie mithilfe der Eigenschaft Caption, der Sie den neuen Text übergeben.

```
Private Sub CheckBox2_Click()
If CheckBox2.Value = True Then
 Rows(10).Hidden = True
 CheckBox2.Caption = "Zeile 10 einblenden"
 Else
 Rows(10).Hidden = False
 CheckBox2.Caption = "Zeile 10 ausblenden"
 End If
End Sub
```

Listing 15.26:
Mithilfe eines Kontrollkästchens eine Zeile ein- und ausblenden

Falls Sie eine Zeile ein- und ausblenden möchten, wenden Sie die Eigenschaft Hidden direkt auf die Zeile 10 an. Passen Sie auch in diesem Beispiel die Beschriftung der Kontrollkästchen über die Eigenschaft Caption an.

Abbildung 15.10:
Spalte F ist ausge-
blendet, die
Beschriftung des
Kontrollkästchens
wurde geändert.

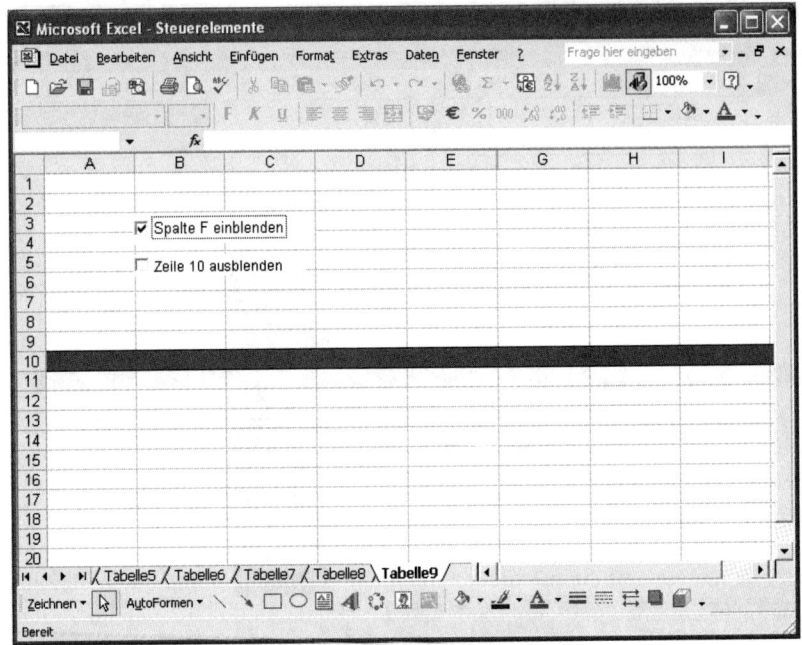

15.7.2   Kontrollkästchen initialisieren

Stellen Sie sich vor, Sie haben einen Umfragekatalog auf einer Tabelle zusammengestellt. Dabei haben Sie mit Multiplechoisefragen gearbeitet. Vor dem Ausfüllen dieses Bogens müssen alle Kontrollkästchen deaktiviert werden. Damit Sie diese Zeit raubende Aufgabe nicht von Hand durchführen müssen, setzen Sie das Makro aus Listing 15.27 ein.

Listing 15.27:
Alle Kontrollkäst-
chen auf Tabelle
deaktivieren (Sym-
bolleiste Formular)

```
Sub KontrollkästchenInitialisieren()
Dim cb As Object
  For Each cb In Sheets(1).CheckBoxes
   cb.Value = False
  Next cb
End Sub
```

Setzen Sie die Eigenschaft Value auf den Wert False, um alle Kontrollkästchen der Tabelle zu deaktivieren.

!! STOP

Dieses Makro funktioniert allerdings ausschließlich für Kontrollkästchen aus der Symbolleiste FORMULAR.

Möchten Sie das Makro aus Listing 15.27 auch für Kontrollkästchen aus der Symbolleiste STEUERELEMENT-TOOLBOX einsetzen, dann starten Sie das folgende Makro aus Listing 15.28.

```
Sub KontrollkästchenDeaktivieren2()
Dim Blatt As Worksheet
Dim cb As Object
Set Blatt = Sheets("Tabelle10")
For Each cb In Sheets("Tabelle10").OLEObjects
        If TypeName(cb.Object) = "CheckBox" Then
            cb.Object.Value = False
        End If
    Next cb
End Sub
```

Listing 15.28:
Alle Kontrollkästchen auf Tabelle deaktivieren (Symbolleiste Steuerelement-Toolbox)

15.8   Steuerelemente identifizieren

Jedes Steuerelement in einer Tabelle hat einen eindeutigen Namen bzw. einen Index, über den Sie es ansprechen und auswerten können. Im folgenden Beispiel werden alle auf der Tabelle befindlichen Steuerelemente identifiziert und in den Direktbereich geschrieben.

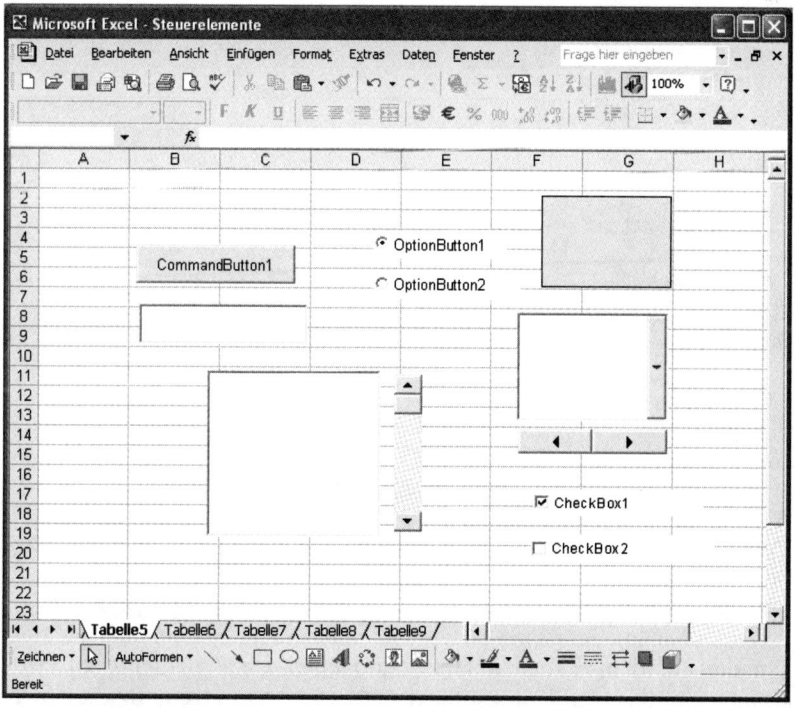

Abbildung 15.11:
Wie heißen die Steuerelemente?

Das Makro, welches die Namen, das Kennzeichen sowie die Reihenfolge und den Zustand einzelner eingefügter Steuerelemente im Direktbereich ausgibt, entnehmen Sie dem Listing 15.29.

```vba
Sub SteuerelementeIdentifizieren()
Dim obj As Object
Dim i As Integer
Dim i_St As Integer
Dim s As String

s = ""
i = 0
For Each obj In ActiveSheet.OLEObjects
i = i + 1
 Select Case TypeName(obj.Object)
  Case "TextBox"
    i_St = 1
  Case "CheckBox"
    i_St = 2
  Case "ListBox"
    i_St = 3
  Case "ComboBox"
    i_St = 4
  Case "OptionButton"
    i_St = 5
  Case "ToggleButton"
    i_St = 6
  Case "ScrollBar"
    i_St - 7
  Case "Label"
    i_St = 8
  Case "SpinButton"
    i_St = 9
  Case "CommandButton"
    i_St = 10
  Case "Image"
    i_St = 11
  Case Else
    i_St = 0
 End Select
 If i_St = 2 Or i_St = 5 Then s = obj.Object.Value _
 Else s = ""
 Debug.Print i, i_St, TypeName(obj.Object), s
Next
End Sub
```

Um die auf dem Tabellenblatt befindlichen Steuerelemente zu ermitteln, können Sie das Auflistungsobjekt OLEObjects einsetzen. In diesem Auflistungsobjekt sind alle Steuerelemente des Tabellenblatts verzeichnet. Über eine For Each-Schleife lesen Sie dieses Objekt nun heraus.

Die Reihenfolge, in der Sie die Steuerelemente in die Tabelle eingefügt haben, wird in Excel intern verwaltet. Mit der Variablen i *bekommen Sie somit die ursprüngliche Reihenfolge zurück und geben diese auch im Anschluss im Direktbereich mit der Anweisung* Debug.Print *aus.*

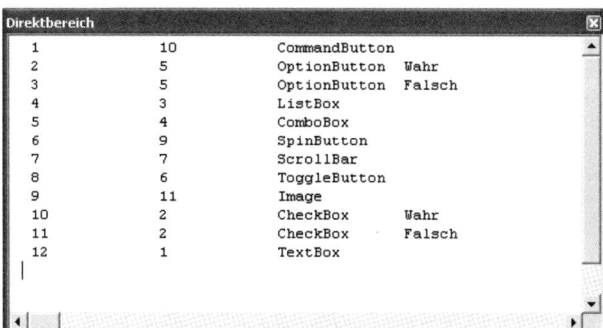

Über die Funktion TypName können Sie den Namen des Steuerelements ermitteln. Neben der Variablen, die die Reihenfolge festhält, können Sie mit der Variablen i_St eine Nummer festlegen, die Sie später auswerten können. Sie können beispielsweise die Kontrollkästchen sowie die Optionsfelder auswerten. So meldet die Eigenschaft Value den Wert True, wenn das Kontrollkästchen bzw. das Optionsfeld markiert ist.

```
Direktbereich                                                    ☒
    1          10          CommandButton
    2           5          OptionButton   Wahr
    3           5          OptionButton   Falsch
    4           3          ListBox
    5           4          ComboBox
    6           9          SpinButton
    7           7          ScrollBar
    8           6          ToggleButton
    9          11          Image
   10           2          CheckBox       Wahr
   11           2          CheckBox       Falsch
   12           1          TextBox
```

Abbildung 15.12:
Alle eingefügten
Steuerelemente im
Überblick

16 Eigene Menüs und Symbolleisten erstellen

In Excel können Sie sich eigene Menü- und Symbolleisten dynamisch erstellen lassen. In den meisten Fällen werden Sie für bestimmte Arbeitsmappen eigene Menü- oder Symbolleisten anbieten wollen, die nach dem Schließen der Arbeitsmappen wieder ausgeblendet bzw. gelöscht werden. So bieten eigene Menü- und Symbolleisten die Möglichkeit, schnell eigene Makros zu starten bzw. auch vorhandene Funktionen in Excel mit einem Mausklick zu starten.

Dieses Kapitel gliedert sich in drei Teile. Im ersten Teil wird die Programmierung von Menüleisten beschrieben, im zweiten Teil werden die Kontextmenüs besprochen. Im dritten Teil wird auf die Programmierung von Symbolleisten näher eingegangen. Alle Leisten werden durch das Objekt Commandbars beschrieben. Die einzelnen Leisten können Sie über die Eigenschaft Type unterscheiden: Eine Symbolleiste liefert den Index 0, eine Menüleiste den Index 1 und ein Kontextmenü den Index 2. Weiterhin können Leisten ganz gezielt über einen eindeutigen ID-Wert angesprochen werden.

Das folgende Makro in Listing 16.1 schreibt Ihnen alle Leisten von Excel mit deren eindeutigem ID-Wert, Namen und Typ in den Direktbereich.

```
Sub ArtenVonLeisten()
Dim i As Integer
Dim s As String

 For i = 1 To CommandBars.Count
  Select Case CommandBars(i).Type
   Case 0
     s = "Symbolleiste"
   Case 1
     s = "Menüleiste"
   Case 2
     s = "Kontextmenü"
   Case Else
     s = "nicht ermittelbar"
   End Select
   Debug.Print i & " --> " & _
   CommandBars(i).Name & " --> " & s
 Next i
End Sub
```

Listing 16.1:
Alle Namen, ID-Werte und Typen von Leisten werden in den Direktbereich geschrieben

Ermitteln Sie im ersten Schritt alle vorhandenen Leisten von Excel, indem Sie diese mithilfe der Methode Count zählen. Über die Eigenschaft Type geben Sie die Art der Befehlsleiste zurück. Die möglichen Konstanten bzw. Indexwerte entnehmen Sie der Tabelle 16.1.

Tabelle 16.1:
Die möglichen
Typen von
Befehlsleisten

Index	Konstante	Befehlsleiste
0	msoBarTypeNormal	Symbolleiste
1	msoBarTypeMenuBar	Menüleiste
2	msoBarTypePopup	Kontextmenü

Abbildung 16.1:
Ein kleiner
Ausschnitt der
verfügbaren Leisten

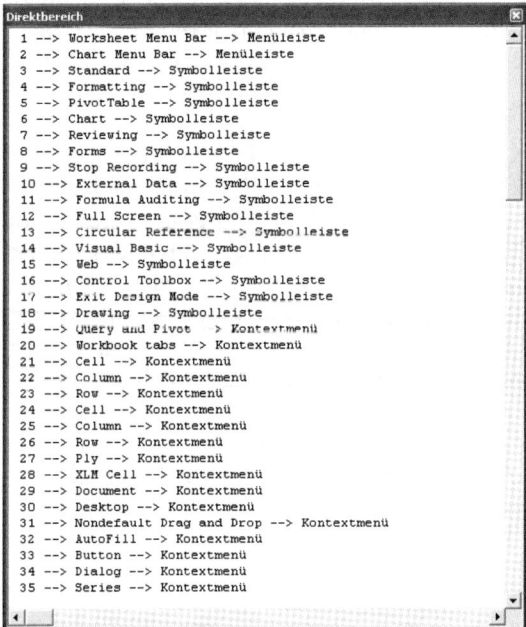

Mit der Eigenschaft Name ermitteln Sie den Namen der Befehlsleiste. Den eindeutigen Index haben Sie bereits über das Hochzählen der Variablen i herausgefunden. Über die Anweisung Debug.Print geben Sie alle Informationen über die vorhandenen Befehlsleisten im Direktbereich aus.

16.1   Die Programmierung von Menüs

Sie finden alle Beispiele zum Thema »Menüleisten« auf der mitgelieferten CD-ROM im Verzeichnis KAP16 unter dem Namen MENÜ-LEISTE.XLS.

Wenn Sie eigene Menüs erstellen möchten, können Sie sich überlegen, ob Sie die bereits bestehende Arbeitsblatt-Menüleiste ergänzen oder gar ersetzen möchten. Für die meisten Fälle empfiehlt sich jedoch die zuerst genannte Vorgehensweise, da Sie dann noch in der Lage sind, neben Ihren dazukommenden Funktionen auch bestehende Funktionen in Excel abzurufen. Die Position, an der ein Menübefehl eingefügt werden soll, können Sie in Excel ganz genau festlegen.

Bei der Ermittlung der korrekten Einfügeposition kann Ihnen aber die neue Funktion in Excel 2000 mit den adaptiven Menüs einen Strich durch die Rechnung machen. Bei diesem Feature handelt es sich um ein sich ständig selbst anpassendes System, nach dem Menüleisten angeordnet werden. Die am häufigsten verwendeten Funktionen werden in den Menüs ganz oben angeordnet. Die weniger häufig angewendeten Excel-Funktionen rutschen immer weiter in den Menüs nach unten und werden erst nach längerem Verweilen mit der Maus im Menü dynamisch dazu eingeblendet. Es empfiehlt sich aus diesem Grund, dieses Feature auszuschalten. Um die adaptiven Menüs manuell auszuschalten, klicken Sie mit der rechten Maustaste auf eine beliebige Symbolleiste und wählen aus dem Kontextmenü den Befehl ANPASSEN. Wechseln Sie danach auf die Registerkarte OPTIONEN und deaktivieren Sie das Kontrollkästchen MENÜS ZEIGEN ZULETZT VERWENDETE BEFEHLE ZUERST AN (Excel 2000) bzw. aktivieren Sie das Kontrollkästchen MENÜS IMMER VOLLSTÄNDIG ANZEIGEN (Excel 2002).

Seit Excel 2000 integriert

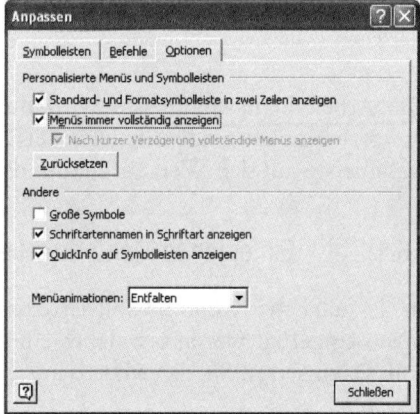

Abbildung 16.2:
Personalisierte
Menüleisten
deaktivieren

Diese manuelle Einstellung können Sie aber auch über ein Makro deaktivieren.

```
Sub AdaptiveMenüsAusschalten()
 Application.CommandBars.AdaptiveMenus = False
End Sub
```

Listing 16.2:
Personalisierte
Menüansicht
abschalten

Setzen Sie die Eigenschaft AdaptiveMenus auf den Wert False, um die personalisierten Menüs abzuschalten. Dadurch werden die Menüs wie gewohnt in Excel angezeigt.

TIPP

Die Überprüfung daraufhin, ob in Excel personalisierte Menüs verwendet werden, können Sie schon beim Öffnen einer Arbeitsmappe durchführen und bei Bedarf diese Einstellung deaktivieren. Dazu setzen Sie das Arbeitsmappen-Ereignis `Workbook_Open` *ein.*

Listing 16.3:
Beim Öffnen einer Arbeitsmappe werden die personalisierten Menüs abgeschaltet

```
Private Sub Workbook_Open()
If Application.CommandBars.AdaptiveMenus = True _
Then Application.CommandBars.AdaptiveMenus = False
End Sub
```

16.1.1   Ein- und Ausblenden der Menüleiste

Möchten Sie ausschließlich mit Symbolleisten arbeiten oder ganz bewusst auf die Menüleiste verzichten, dann können Sie die Arbeitsblatt-Menüleiste bei Bedarf ein- und ausblenden. Sehen Sie dazu die beiden folgenden Makros in Listing 16.4.

Listing 16.4:
Die Arbeitsblatt-Menüleiste aus- und einblenden

```
Sub MenüleisteAusblenden()
 Application.CommandBars(1).Enabled = False
End Sub

Sub MenüleisteEinblenden()
 Application.CommandBars(1).Enabled = True
End Sub
```

Die Arbeitsblatt-Menüleiste wird durch das `CommandBars`-Objekt mit dem Index `1` eindeutig identifiziert. Setzen Sie die Eigenschaft `Enabled` dieser Menüleiste auf den Wert `False`, um diese auszublenden.

16.1.2   Ein eigenes Menü erstellen

In der nächsten Aufgabe soll ein zusätzliches Menü genau vor dem Hilfemenü eingefügt werden, welches ein paar nützliche Funktionen aufnehmen soll. Dazu setzen Sie das Makro aus Listing 16.5 ein.

Listing 16.5:
Zusätzliches Menü in Arbeitsplatz-Menüleiste integrieren

```
Sub NeuesMenüEinfügen()
Dim i As Integer
Dim i_Hilfe As Integer
Dim MenüNeu As CommandBarControl

 i = Application.CommandBars(1).Controls.Count
 i_Hilfe = Application.CommandBars(1).Controls(i).Index
 Set MenüNeu = Application.CommandBars(1). _
 Controls.Add(Type:=msoControlPopup, _
 Before:=i_Hilfe, Temporary:=True)
 MenüNeu.Caption = "&Eigene Funktionen"
End Sub
```

Definieren Sie im ersten Schritt zwei Integer-Variablen, die zum einen die Anzahl der Menüs ermitteln, die momentan in der Arbeitsplatz-Menüleiste eingebunden sind, und zum anderen die Position des Hilfemenüs ermitteln. Eine weitere Objektvariable vom Typ CommandBarControl wird gebraucht, um den neuen Menüpunkt einzufügen. Über die Methode Count zählen Sie die Anzahl der Menüs in der Arbeitsblatt-Menüleiste und speichern sie in der Variablen i. Im nächsten Schritt ermitteln Sie die Position des Hilfemenüs, welches standardmäßig ganz rechts in der Arbeitsblatt-Menüleiste steht. Die Arbeitsblatt-Menüleiste können Sie direkt über das Objekt CommandBars(1) ansprechen. Über die Eigenschaft Controls bekommen Sie alle Steuerelemente der angegebenen Menüleiste.

In Excel können Menü- sowie Symbolleisten über die Eigenschaft Command Bars *angesprochen werden. Dabei hat die Arbeitsblatt-Menüleiste den Index 1, die Symbolleiste* STANDARD *den Index* 3*, die Symbolleiste* FORMAT *den Index* 4 *usw.*

INFO

Mithilfe der Methode Add fügen Sie ein neues Menü ein. Die Methode Add hat die Syntax:

Die Syntax

```
Add(Type, Id, Before, Temporary)
```

Beim Argument Type geben Sie an, um welche Art Steuerelement es sich dabei handeln soll. Zur Auswahl stehen die Konstanten aus der Tabelle 16.2.

Die Argumente der Methode Add

Tabelle 16.2:
Alle möglichen Konstanten für Steuerelemente in Menüleisten

Konstante	Beschreibung
msoControlButton	Fügt ein Schaltflächen-Element ein.
msoControlEdit	Fügt ein Eingabefeld ein.
msoControlDropdown	Fügt ein Dropdown-Feld ein.
msoControlComboBox	Fügt ein Dropdown-Feld ein.
msoControlPopup	Fügt ein Dropdown-Menü ein.

Beim Argument ID können Sie sich entscheiden, ob Sie zusätzlich zum Menütext auch noch ein Symbol anzeigen möchten. Dieses Argument funktioniert jedoch nur innerhalb eines Menüs, also für einen Menübefehl. Mit dem Argument Before legen Sie die genaue Position des Menüs fest. Übergeben Sie dem Argument die vorher ermittelte Position des Hilfemenüs. Setzen Sie das letzte Argument Temporary auf den Wert True, wenn das neue Steuerelement temporär sein soll. Temporäre Steuerelemente werden automatisch gelöscht, wenn die Containeranwendung geschlossen wird.

TIPP

Um die Arbeitsblatt-Menüleiste wieder in ihren Ausgangszustand zurückzusetzen, starten Sie das Makro aus Listing 16.6.

Listing 16.6:
Arbeitsblatt-Menü-
leiste zurücksetzen

```
Sub ArbeitsplatzMenüleisteZurücksetzen()
 Application.CommandBars(1).Reset
End Sub
```

Die Methode `Reset` setzt die angegebene integrierte Befehlsleiste in die Standardkonfiguration der Steuerelemente zurück.

Möchten Sie nicht die ganze Arbeitsblatt-Menüleiste zurücksetzen und nur gezielt das neu eingefügte Menü löschen, setzen Sie folgende Makrolösung aus Listing 16.7 ein.

Listing 16.7:
Gezielt ein Menü
aus der Arbeits-
blatt-Menüleiste
löschen

```
Sub MenüLöschen()
On Error Resume Next
    With Application.CommandBars(1)
        .Controls("E&igene Funktionen").Delete
    End With
End Sub
```

Wenden Sie die Methode `Delete` an, um das neu eingefügte Menü wieder zu löschen.

16.1.3   Menübefehle im neuen Menü einfügen

Das gerade eingefügte Menü enthält noch keine Menübefehle. Diese fügen Sie jetzt ein. Erweitern Sie dazu das Makro aus Listing 16.8.

Listing 16.8:
Eigene Funktionen
in einem Extra-
menü unterbringen

```
Sub NeuesMenüEinfügen()
Dim i As Integer
Dim i_Hilfe As Integer
Dim MenüNeu As CommandBarControl
Dim MB As CommandBarControl

 i = Application.CommandBars(1).Controls.Count
 i_Hilfe = Application.CommandBars(1).Controls(i).Index
 Set MenüNeu = Application.CommandBars(1). _
  Controls.Add(Type:=msoControlPopup, _
  before:=i_Hilfe, Temporary:=True)
 MenüNeu.Caption = "&Eigene Funktionen"

 Set MB = MenüNeu.Controls.Add _
        (Type:=msoControlButton)
    With MB
        .Caption = "&Formelzellen markieren"
```

```
          .Style = msoButtonCaption
          .OnAction = "FormelnMarkieren"
          .BeginGroup = True
      End With
 Set MB = MenüNeu.Controls.Add _
          (Type:=msoControlButton)
      With MB
       .Caption = _
      "Formeln, F&unktionen in Festwerte umwandeln _
      (aktuelles Blatt)"
          .Style = msoButtonCaption
          .OnAction = "FormelnInWerteUmwandeln"
      End With
      Set MB = MenüNeu.Controls.Add _
          (Type:=msoControlButton)
      With MB
       .Caption = "Formeln, Fu&nktionen in Festwerte  _
        umwandeln (neue Mappe)"
          .Style = msoButtonCaption
          .OnAction = "FormelnInWerteUmwandelnNeueDatei"
      End With
      Set MB = MenüNeu.Controls.Add _
          (Type:=msoControlButton)
      With MB
          .Caption = _
      "Ak&tive Tabelle als E-Mail versenden"
          .Style = msoButtonIconAndCaption
          .OnAction = "EmailAktivesTabellenblatt"
          .FaceId = 3738
          .BeginGroup = True
      End With
      Set MB = MenüNeu.Controls.Add _
          (Type:=msoControlButton)
      With MB
       .Caption = "Akt&ive Tabelle in neuer  _
            Arbeitsmappe speichern"
          .Style = msoButtonIconAndCaption
          .OnAction = "AktivesTabellenblattAlsDatei"
          .FaceId = 3
      End With
      Set MB = MenüNeu.Controls.Add _
          (Type:=msoControlButton)
      With MB
          .Caption = _
      "Wo&chentag, Datum und Uhrzeit anzeigen"
          .Style = msoButtonCaption
          .OnAction = "DatumUndUhrzeit"
          .BeginGroup = True
      End With
      Set MB = MenüNeu.Controls.Add _
```

```
                    (Type:=msoControlButton)
            With MB
                .Caption = "Speicherort der Datei anzeigen"
                .Style = msoButtonCaption
                .OnAction = "Verzeichniszurückgeben"
            End With
                Set MB = MenüNeu.Controls.Add _
                (Type:=msoControlButton)
            With MB
                .Caption = "&Öffnen aller verknüpfter Mappen"
                .Style = msoButtonIconAndCaption
                .OnAction = "ÖffnenAllerVerknüpfterMappen"
                .BeginGroup = True
                .FaceId = 23
            End With
    End Sub
```

Für die Menübefehle im Menü EIGENE FUNKTIONEN benötigen Sie eine weitere Objektvariable vom Typ `CommandBarControl`. Wenden Sie die Methode `Add` auf das neu eingefügte Menü an, um nun die einzelnen Menübefehle hinzuzufügen. Mit der Anweisung `With` legen Sie übersichtlich weitere Eigenschaften der neuen Menübefehle fest.

Beschriftung festlegen

Mit der Eigenschaft `Caption` legen Sie die Beschriftung des Menübefehls fest. Verwenden Sie das kaufmännische Zeichen &, um den Shortcut für diesen Befehl festzulegen. Ist das Menü einmal aktiviert, können Sie durch die Eingabe des unterstrichenen Buchstabens des Menübefehls die dahinter liegende Funktion bzw. das Makro starten.

Symbol festlegen

Über die Eigenschaft `FaceId` können Sie dem Menübefehl auch noch ein Symbol hinzufügen. Allerdings muss dabei die Eigenschaft `Styles` mit der Konstanten `msoButtonIconAndCaption` angegeben werden.

Erfahren Sie weiter unten im Kapitel, wie Sie die einzelnen Symbole und deren `FaceId` ermitteln können.

Menübefehle gruppieren

Fassen Sie Menübefehle optisch zusammen, indem Sie eine Trennlinie zwischen einzelnen Menübefehlen ziehen. Diesen Effekt erreichen Sie über die Eigenschaft `BeginGroup`. Setzen Sie diese Eigenschaft auf den Wert `True`, wenn sich der angegebene Menübefehl am Anfang einer Gruppe von Menübefehlen im Menü befindet.

Makros hinterlegen

Mit der Eigenschaft `OnAction` geben Sie an, welches Makro hinter dem Menübefehl liegt. Dabei gibt diese Eigenschaft den Namen des Visual Basic-Makros zurück, das ausgeführt wird, wenn der Anwender den entsprechenden Menübefehl auswählt.

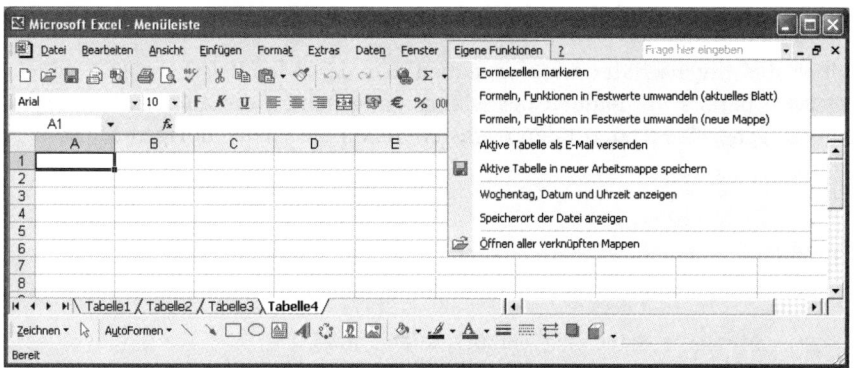

Abbildung 16.3:
Das Ergebnis:
eigene Funktionen
in einem separaten
Menü

16.1.4   Erstellung der Menüleiste automatisieren

Die Erstellung der Menüleiste können Sie automatisieren, indem Sie die Menüleiste automatisch beim Öffnen der Arbeitsmappe erstellen. Dazu setzen Sie das Ereignis Workbook_Open ein und rufen das Makro NeuesMenü Einfügen auf. Sobald die Arbeitsmappe geschlossen wird, können Sie die Menüleiste wieder entfernen. Dazu setzen Sie das Ereignis Workbook_ BeforeClose ein und rufen innerhalb der Ereignisprozedur das Makro MenüLöschen auf. Stellen Sie die beiden Ereignisse ein, indem Sie in den Entwicklungsbereich wechseln und im Projekt-Explorer den Eintrag DIESE-ARBEITSMAPPE doppelt anklicken.

```
Private Sub Workbook_Open()
 NeuesMenüEinfügen
End Sub
```

Listing 16.9:
Ereignis
Workbook_Open
zum Erstellen eines
Menüs beim Öffnen
der Arbeitsmappe

```
Private Sub Workbook_BeforeClose(Cancel As Boolean)
 MenüLöschen
End Sub
```

Listing 16.10:
Ereignis
Workbook_Before
Close zum Löschen
eines Menüs vor
dem Schließen
einer Arbeitsmappe

Sehen Sie später in diesem Kapitel, welche Optionen Sie für Ihr neues Menü noch einstellen können.

16.1.5   Die nützlichen Makros aus dem neuen Menü

Über die Eigenschaft `OnAction` haben Sie der Menüleiste EIGENE FUNK-
TIONEN bereits die Namen der Makros angegeben, die aufgerufen werden
sollen. Sehen Sie jetzt auf den nächsten Seiten die dazugehörigen Makros.

Listing 16.11:
Alle Zellen mit
Formeln werden
markiert

```
Sub FormelnMarkieren()
On Error GoTo fehlerm
Selection.SpecialCells(xlCellTypeFormulas, 23).Select
Exit Sub
fehlerm:
MsgBox "Dieses Tabellenblatt enthält keine Formeln!"
End Sub
```

Mithilfe der Methode `SpecialCells`, der Sie die Konstante `xlCellTypeFormulas`
übergeben, ermitteln Sie alle Zellen der Tabelle, welche Formeln enthalten.
Die Methode `Select` markiert diese Zellen. Mit der Taste ⇥ können Sie
jetzt bequem von einer Formelzelle zur nächsten springen.

Listing 16.12:
Alle Formeln in
Festwerte konver-
tieren (gleiche
Arbeitsmappe)

```
Sub FormelnInWerteUmwandeln()
 Cells.Copy
 Range("A1").Select
   Selection.PasteSpecial Paste:=xlValues, _
   Operation:=xlNone, SkipBlanks:= False, _
   Transpose:=False
 Application.CutCopyMode = False
End Sub
```

Kopieren Sie alle Zellen der aktiven Tabelle mithilfe der Methode `Copy`. Setzen Sie den Mauszeiger auf die erste Zelle des Tabellenblatts und verwenden
Sie die Methode `PasteSpecial`, um die kopierten Daten einzufügen. Dabei
geben Sie im Argument `Paste` an, dass nur Werte eingefügt werden sollen.
Setzen Sie die Eigenschaft `CutCopyMode` auf den Wert `False`, um den Aus-
schneide- bzw. Kopiermodus zu deaktivieren und den Laufrahmen um die
eingefügten Daten zu entfernen.

Listing 16.13:
Alle Formeln in
Festwerte konver-
tieren (neue
Arbeitsmappe)

```
Sub FormelnInWerteUmwandelnNeueDatei()
 ActiveSheet.Copy
 Cells.Copy
 Range("A1").Select
   Selection.PasteSpecial Paste:=xlValues, _
   Operation:=xlNone, SkipBlanks:= False, _
   Transpose:=False
 Application.CutCopyMode = False
End Sub
```

Die Eigenschaft `ActiveSheet` im Zusammenspiel mit der Methode `Copy` hat als
Ergebnis, dass das aktuelle Tabellenblatt automatisch in eine neue Arbeits-

mappe kopiert wird. Sie brauchen nur noch die Methode `PasteSpecial` anzuwenden, um die kopierten Werte einzufügen.

```
Sub EmailAktivesTabellenblatt()
Dim s As String
Dim s2 As String

  ActiveWorkbook.Worksheets(ActiveSheet.Name).Copy
  s = InputBox _
  ("Bitte geben Sie den Adressaten ein!", "Adressat")
  If s = "" Then MsgBox "Sie haben abgebrochen!": _
    Exit Sub
  s2 = InputBox _
  ("Bitte geben Sie den Titel der E-Mail ein!", "Titel")
  If s2 = "" Then MsgBox "Sie haben abgebrochen!": _
   Exit Sub
  Application.Dialogs(xlDialogSendMail).Show s, s2
  ActiveWorkbook.Close savechanges:=False
End Sub
```

Listing 16.14:
Aktive Tabelle als
E-Mail versenden

Fragen Sie über zwei Eingabemasken den Adressaten bzw. den Titel der
E-Mail ab. Danach rufen Sie den integrierten Dialog für den E-Mail-Ver-
sand auf und übergeben die beiden Informationen.

*In Kapitel 17 erfahren Sie mehr über das Zusammenspiel von Excel und
dem Internet.*

```
Sub AktivesTabellenblattAlsDatei()
    ActiveSheet.Copy
End Sub
```

Listing 16.15:
Aktive Tabelle wird
in neuer Arbeits-
mappe gespeichert

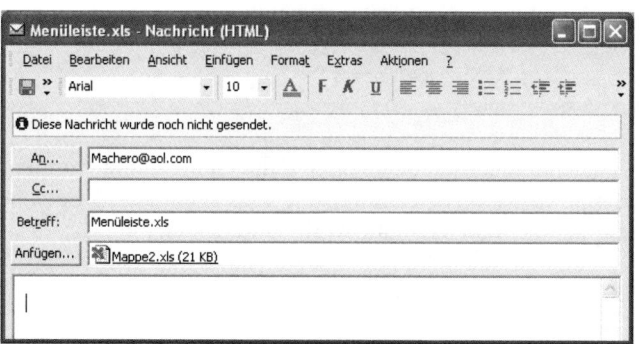

Abbildung 16.4:
Die aktive Tabelle
wird per E-Mail im
Anhang versendet.

Für diese Aufgabe reicht ein Einzeiler. Die Eigenschaft `ActiveSheet` im
Zusammenspiel mit der Methode `Copy` erzeugt automatisch eine neue
Arbeitsmappe.

```
Sub DatumUndUhrzeit()
Dim i As Integer
Dim wota As String

i = Application.Weekday(Date)
Select Case i
  Case 1
     wota = "Sonntag"
  Case 2
     wota = "Montag"
  Case 3
     wota = "Dienstag"
  Case 4
     wota = "Mittwoch"
  Case 5
     wota = "Donnerstag"
  Case 6
     wota = "Freitag"
  Case 7
     wota = "Samstag"
End Select

MsgBox "Heute ist " & _
 wota & ", der " & Date & ", " & Time & " Uhr!"
End Sub
```

In einer Select Case-Anweisung werten Sie die Funktion Weekday aus, der Sie das heutige Datum über die Funktion Date übergeben. Geben Sie im Anschluss den Tagesnamen sowie die aktuelle Uhrzeit auf dem Bildschirm aus.

```
Sub VerzeichnisZurückgeben()
Dim s As String

 s = Application.ActiveWorkbook.Path
 MsgBox "Ihre Arbeitsmappe ist im Verzeichnis " & _
        s & " gespeichert!"
End Sub
```

Über die Eigenschaft Path, welche Sie auf die momentan aktive Arbeitsmappe anwenden, erfahren Sie den kompletten Speicherpfad der Arbeitsmappe inklusive des Laufwerks und des Ordners.

```
Sub ÖffnenVerknüpfteMappen()
Dim V_Mappen As Variant
Dim i  As Integer

   V_Mappen = ActiveWorkbook.LinkSources(xlExcelLinks)
   If Not IsEmpty(Links) Then
```

```
      For i = 1 To UBound(V_Mappen)
          Workbooks.Open V_Mappen(i)
       Next i
    Else
    MsgBox "In dieser Mappe sind _
          keine Verknüpfungen enthalten!"
    End If
End Sub
```

Lesen Sie zuerst alle Namen der verknüpften Arbeitsmappen in einen Array
ein. Danach setzen Sie eine Schleife auf, bei der Sie alle verknüpften Arbeitsmappen mit der Methode Open öffnen.

16.1.6   Menüs identifizieren und ansprechen

Jedes Menü in der Arbeitsplatz-Menüleiste bekommt in der Folge von links
nach rechts einen Index vergeben. Neben dem Index können Sie aber auch
das Menü direkt über die Beschriftung abfragen. So geben Sie im Direktbereich alle Menübeschriftungen der Arbeitsplatz-Menüleiste aus.

```
Sub MenüNamenAusgeben()
Dim Ctrl As CommandBarControl
Dim i As Integer

For Each Ctrl In Application.CommandBars(1).Controls
  i = i + 1
  Debug.Print "Menü " & i & " ---> " & Ctrl.Caption
Next Ctrl
End Sub
```

Listing 16.19:
Alle Menünamen
der Arbeitsplatz-
Menüleiste werden
in den Direktbereich
geschrieben

Definieren Sie zuerst eine Objektvariable vom Typ CommandBarControl, um
die einzelnen Menüs danach über eine For Each-Schleife auszulesen. Über
die Eigenschaft Controls ermitteln Sie alle Menüs der Arbeitsplatz-Menüleiste. Die Arbeitsplatz-Menüleiste ist in der CommandBars-Auflistung mit dem
Index 1 anzusprechen. Die Eigenschaft Caption liefert Ihnen die Beschriftung
der einzelnen Menüs, die Sie im Direktbereich über die Anweisung
Debug.Print ausgeben.

16.1.7   Ganze Menüs deaktivieren

Aufsetzend auf der letzten Aufgabe, in der Sie die Namen der einzelnen
Menüs der Arbeitsplatz-Menüleiste ermittelt haben, deaktivieren Sie im fol-
genden Beispiel alle Menübefehle im Menü FORMAT. Das Makro für diese
Aufgabe können Sie dem Listing 16.20 entnehmen.

Abbildung 16.5:
Alle Menüs der
Arbeitsplatz-
Menüleiste

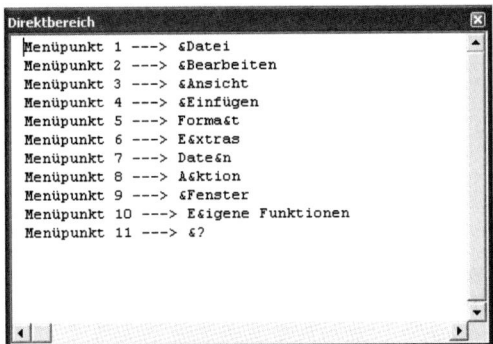

```
Direktbereich
Menüpunkt 1 ---> &Datei
Menüpunkt 2 ---> &Bearbeiten
Menüpunkt 3 ---> &Ansicht
Menüpunkt 4 ---> &Einfügen
Menüpunkt 5 ---> Forma&t
Menüpunkt 6 ---> E&xtras
Menüpunkt 7 ---> Date&n
Menüpunkt 8 ---> A&ktion
Menüpunkt 9 ---> &Fenster
Menüpunkt 10 ---> E&igene Funktionen
Menüpunkt 11 ---> &?
```

Listing 16.20:
Alle Menübefehle
eines Menüs
deaktivieren

```
Sub AlleMenübefehleInLeisteDeaktivieren()
Dim Ctrl As CommandBarControl

For Each Ctrl In _ Application.CommandBars("Format").Controls
    Ctrl.Enabled = False
Next Ctrl
End Sub
```

Definieren Sie eine Objektvariable vom Typ `CommandBarControl` und durchlaufen Sie eine `For Each`-Schleife, in der Sie gezielt das Menü FORMAT ansteuern. Innerhalb der Schleife setzen Sie die Eigenschaft `Enabled` auf den Wert `False`, um den Menübefehl zu deaktivieren.

Abbildung 16.6:
Alle Menübefehle
im Menü Format
sind deaktiviert.

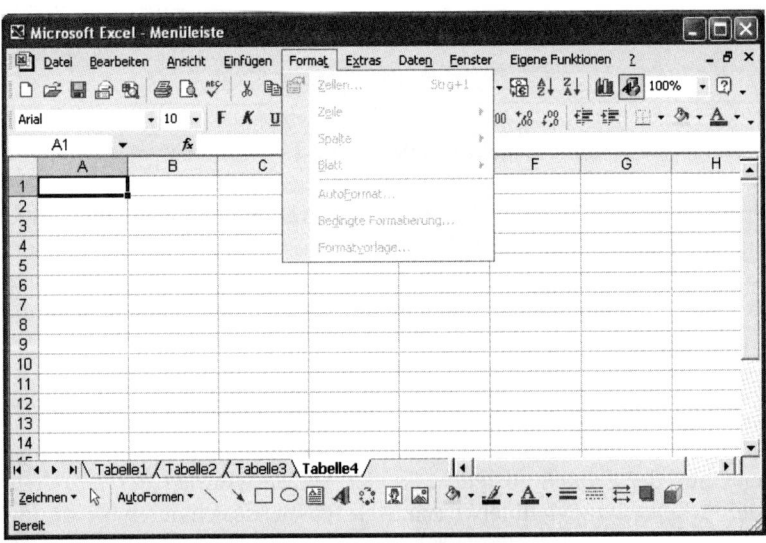

Wollen Sie die Menübefehle des Menüs FORMAT wieder aktivieren, setzen Sie die Eigenschaft `Enabled` auf den Wert `True`.

```
Sub AlleMenübefehleInLeisteAktivieren()
Dim Ctrl As CommandBarControl

For Each Ctrl In _
 Application.CommandBars("Format").Controls
    Ctrl.Enabled = True
Next Ctrl
End Sub
```

Listing 16.21:
Alle Menübefehle
eines Menüs wieder
aktivieren

16.1.8 Bestimmte Menübefehle suchen und deaktivieren

Wenn Sie möchten, können Sie auch einzelne Menübefehle suchen und dann deaktivieren. Dazu setzen Sie die Methode Findcontrol ein. Als praktisches Beispiel nehmen wir den Fall, dass Sie aus dem Menü EXTRAS den Befehl SCHUTZ deaktivieren wollen, um den Anwender daran zu hindern, eine Excel-Arbeitsmappe bzw. ein Excel-Arbeitsblatt mit einem Passwort zu schützen.

Im ersten Schritt müssen Sie ermitteln, an welcher Position das Menü EXTRAS steht. Je nachdem, ob Sie weitere Menüs integriert haben, kann die Position dieses Menüs in der Arbeitsblatt-Menüleiste schwanken. Gehen Sie daher auf Nummer sicher und verwenden Sie die Methode Findcontrol, die Ihnen ein CommandBarControl-Objekt zurückgibt, das den angegebenen Kriterien entspricht.

Die Kriterien können Sie in der folgenden Syntax festlegen: *Die Syntax*

```
FindControl(Type, Id, Tag, Visible, Recursive)
```

Mit dem Argument Type legen Sie den Typ des Steuerelements fest, nach dem gesucht werden soll. Dabei können Sie u. a. aus folgenden Typkonstanten aus der Tabelle 16.3 wählen.

Die Argumente der Methode FindControl

Konstante	Beschreibung bzw. Beispiel
msoControlButton	Normale Symbolschaltfläche
msoControlButtonPopup	Mehrstufiger Menübefehl
msoControlPopup	Ein Menü (Datei, Format, Ansicht)
msoControlDropdown	Das Dropdown, um die Ansicht zu vergrößern
msoControlExpandingGrid	Das Dropdown aus der Symbolleiste FORMAT, um einen Rahmen um einen Zellenbereich zu legen

Tabelle 16.3:
Die Konstanten für
die einzelnen
Steuerelemente

Tabelle 16.3: Die Konstanten für die einzelnen Steuerelemente (Forts.)

Konstante	Beschreibung bzw. Beispiel
msoControlGraphicCombo	Das Dropdown aus der Symbolleiste FORMAT, um die Schriftart einzustellen
msoControlGrid	Die Farbpalette aus der Symbolleiste FORMAT, um die Schriftartfarbe bzw. die Füllfarbe festzulegen

Das Argument `Id` stellt einen Index dar, welcher das Menü bzw. den Menübefehl eindeutig identifiziert. Das folgende Makro schreibt Ihnen die `Id` für alle Menüs der Arbeitsblatt-Menüleiste in den Direktbereich.

Listing 16.22: Alle eindeutigen ID-Werte der Menüs der Arbeitsblatt-Menüleiste in den Direktbereich schreiben

```
Sub IDsAusgeben()
Dim MenüLeiste As CommandBar
Dim i As Integer
Dim n As Integer

  Set MenüLeiste = CommandBars(1)
  n = MenüLeiste.Controls.Count
  For i = 1 To n
    Debug.Print MenüLeiste.Controls(i).ID & _
      " ---> " & MenüLeiste.Controls(i).Caption
  Next
End Sub
```

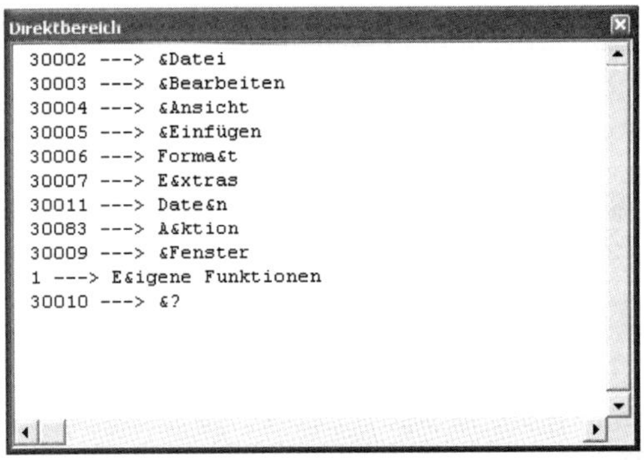

Abbildung 16.7: Das Menü Extras hat die ID 30007.

Da Sie alle Menüs der Arbeitsblatt-Menüleiste ermitteln möchten, setzen Sie die `CommandBars`-Eigenschaft mit dem Wert `1` fest. Danach zählen Sie die Anzahl der Menüs, die in der Arbeitsblatt-Menüleiste vorhanden sind, und wenden dazu die Methode `Count` an. Setzen Sie nun eine `For Next`-Schleife auf, um die Menüs von links nach rechts in der Arbeitsblatt-Menüleiste zu durchlaufen, und geben über die Anweisung `Debug.Print` sowohl die Id als auch die Beschriftung im Direktbereich aus.

Um beispielsweise alle IDs der Menübefehle des Menüs EXTRAS herauszufinden, setzen Sie folgende Makrolösung aus Listing 16.23 ein.

```
Sub IDsMenüBefehle()
Dim MenüLeiste As CommandBar
Dim ctrl As CommandBarControl
Dim i  As Integer

Set MenüLeiste = CommandBars(1)
i = 1
For Each ctrl In MenüLeiste.Controls("Extras").Controls
 Debug.Print ctrl.ID & " ---> " & ctrl.Caption
 i = i + 1
Next ctrl
End Sub
```

Listing 16.23:
Alle eindeutigen ID-Werte aller Menübefehle des Menüs Extras in den Direktbereich schreiben

Abbildung 16.8:
Der Menübefehl Schutz hat die ID 30029.

Mithilfe des Arguments Tag können Sie nach der Beschriftung des Menüs bzw. des Menübefehls suchen. Das Argument Visible ist optional und liefert den Wert True, wenn in die Suche nur sichtbare Befehlsleisten-Steuerelemente einbezogen werden sollen.

Weitere Argumente von FindControl

Sichtbare Befehlsleisten sind sichtbare Symbolleisten und alle Menüs, die zum Zeitpunkt der Ausführung der FindControl*-Methode geöffnet sind.*

Das Argument Recursive setzen Sie auf den Wert True, wenn die Befehlsleiste und alle zugehörigen Untersymbolleisten in die Suche eingeschlossen werden sollen.

Kann die Methode FindControl *kein Steuerelement finden, welches Sie in den Kriterien angegeben haben, meldet die Methode den Wert* Nothing *zurück.*

Datei und
Blattschutz
verhindern

Setzen Sie nun die Methode `FindControl` ein, um das Menü EXTRAS zu finden. Vorher haben Sie im Direktbereich erkennen können, dass dieses Menü den ID-Wert 3007 hat. Setzen Sie diesen Wert als Argument in der Methode `FindControl` ein.

Listing 16.24:
Den Menübefehl
Schutz aus dem
Menü Extras
deaktivieren

```
Sub SchützenVerhindern()
Dim Menü As CommandBarPopup
Dim ctrl As CommandBarControl

    Set Menü = Application.CommandBars.FindControl _
    (Type:=msoControlPopup, ID:=30007)
    For Each ctrl In Menü.Controls
     If ctrl.Caption = "Schutz" Then _
        ctrl.Enabled = False: Exit Sub
    Next ctrl
    Set Menü = Nothing
End Sub
```

Nachdem Sie das richtige Menü gefunden haben, ermitteln Sie in einer Schleife, die jeden Menübefehl des Menüs durchläuft, ob die Beschriftung stimmt. Wenn ja, setzen Sie die `Enabled`-Eigenschaft auf den Wert `False`, um den Menübefehl zu deaktivieren, und beenden danach mit der Anweisung `Exit Sub` das Makro.

Weitere
Variante

Möglich wäre auch folgende Variante, bei der Sie über die ID des Menübefehls direkt zugreifen.

Listing 16.25:
Auf Menübefehl
über ID zugreifen

```
Sub SchützenVerhindern2()
Dim ctrl As CommandBarPopup
    Set ctrl = Application.CommandBars.FindControl(ID:=30029)
    If ctrl Is Nothing Then Else ctrl.Enabled = False
End Sub
```

INFO

Sie können aber auch auf dem direktesten Weg den Menübefehl SCHUTZ *deaktivieren. Dazu gehen Sie über die Beschriftung des Menüs bzw. des Menübefehls. Setzen Sie dazu das Makro aus Listing 16.26 ein.*

Listing 16.26:
Menübefehl auf
dem direkten Weg
deaktivieren

```
Sub SchützenVerhindern3()
Application.CommandBars(1) _
  .Controls("Extras").Controls("Schutz").Enabled = False
End Sub
```

Setzen Sie die Eigenschaft `Enabled` auf den Wert `True`, um den Menübefehl wieder zu aktivieren.

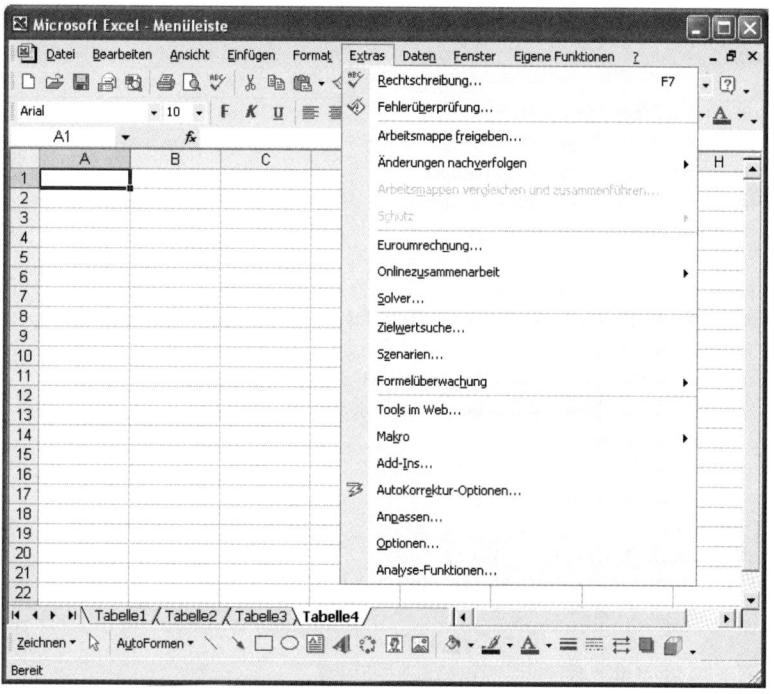

Abbildung 16.9:
Der Menübefehl
Schutz ist
deaktiviert.

Die Lösung in Listing 16.26 hat den Nachteil, dass Sie darauf achten müssen, ob Menübefehle geändert werden bzw. wenn Sie mehrsprachige Anwender haben. Das Argument ID *bei der Methode* FindControl *bleibt beispielsweise für das Menü* EXTRAS *immer konstant, während sich die Beschriftung des Menüs ändern kann.*

**!!
STOP**

16.1.9 Kaskaden-Menüs erstellen

Möchten Sie mehrere Menübefehle miteinander verschachteln, um einzelne Befehle damit zu gruppieren, erstellen Sie ein Kaskaden-Menü. So können Sie z. B. im Menü BEARBEITEN ganz unten ein neues Kaskaden-Menü einfügen, welches Ihnen die Möglichkeit bietet, bestimmte Zellen auf dem Tabellenblatt zu markieren. Dabei sollen folgende Zellen automatisch markiert werden können.

➡ Zellen mit Formeln bzw. Verknüpfungen

➡ Zellen mit Kommentaren

➡ Zellen mit Gültigkeitsregeln (alle oder bestimmte)

➡ Zellen mit bedingter Formatierung

*Markierung
von ...*

Das Makro zum Erstellen dieser Lösung können Sie Listing 16.27 entnehmen.

```
Sub KaskadenMenüErstellen()
Dim Kaskade As CommandBarPopup
Dim UnterMenu As CommandBarPopup
Dim UKaskade As CommandBarControl
Dim i As Integer

i = _
CommandBars(1).Controls("Bearbeiten").Controls.Count
 Set Kaskade = _
  CommandBars(1).Controls("Bearbeiten").Controls.Add _
  (Type:=msoControlPopup, before:=i, Temporary:=True)
    With Kaskade
        .Caption = "&Markieren Zellen mit ..."
        .BeginGroup = True
    End With
  With Kaskade.Controls.Add _
  (Type:=msoControlButton, Temporary:=True)
        .Caption = "&Formeln"
        .OnAction = "FormelZellenMarkieren"
        .Style = msoButtonIconAndCaption
        .FaceId = 373
        .Enabled = True
    End With
    With Kaskade.Controls.Add _
  (Type:=msoControlButton, Temporary:=True)
        .Caption = "&Kommentaren"
        .OnAction = "KommentarZellenMarkieren"
        .FaceId = 1589
        .Style = msoButtonIconAndCaption
        .Enabled = True
    End With
    Set UnterMenu = _
    Kaskade.Controls.Add _
    (Type:=msoControlPopup, Temporary:=True)
    With UnterMenu
        .Caption = "&Gütigkeitsregeln"
        .BeginGroup = True
    End With
    Set UKaskade = _
    UnterMenu.Controls.Add(Type:=msoControlButton)
    With UKaskade
        .Caption = "&Alle Gültigkeitsregeln"
        .OnAction = "GültigkeitsZellenMarkieren"
    End With
    Set UKaskade = _
    UnterMenu.Controls.Add(Type:=msoControlButton)
    With UKaskade
```

```
            .Caption = "&gleiche Gültigkeitsregeln"
            .OnAction = "GleicheGültigkeitsZellenMarkieren"
      End With
      With Kaskade.Controls.Add _
    (Type:=msoControlButton, Temporary:=True)
            .Caption = "&bedingten Formaten"
            .OnAction = "BedingtFormatierteZellenMarkieren"
            .Style = msoButtonIconAndCaption
            .Enabled = True
            .BeginGroup = True
            .FaceId = 962
      End With
      Set Kaskade = Nothing
      Set UKascade = Nothing
      Set UnterMenü = Nothing
    Application.CommandBars(1).Controls _
    ("Bearbeiten").Execute
End Sub
```

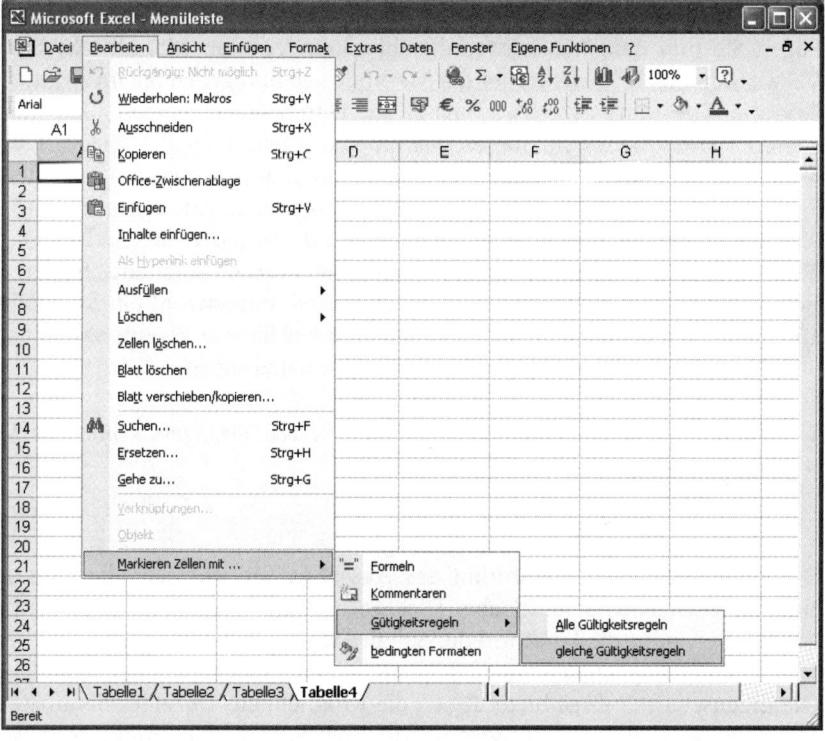

Abbildung 16.10:
Ein Kaskaden-Menü
zum Markieren
bestimmter Zellen

Im ersten Schritt definieren Sie zwei Objektvariablen vom Typ CommandBar Popup und CommandBarControl. Mit der ersten Objektvariablen legen Sie fest, dass es ein weiteres Untermenü gibt, mit der zweiten Variablen sagen Sie, dass es sich um ein normales Schaltflächensymbol handeln soll. Da Sie das zusätzliche Kaskaden-Menü am Ende des Menüs BEARBEITEN einfügen möchten, zählen Sie über die Methode Count die bisher vorhandenen Menübefehle und speichern die Anzahl in der Variablen i.

Die erste Ebene

Definieren Sie nun die erste Ebene Ihres Kaskaden-Menüs, welches Sie mithilfe der Methode Add einfügen. Dabei legen Sie mit dem Argument Type fest, dass es noch weitere Untermenüs geben soll. Mit dem Argument Before geben Sie bekannt, dass dieser neue Menüpunkt am Ende des Menüs BEARBEITEN eingefügt werden soll. Aus diesem Grund haben Sie bereits vorher die Anzahl der Menübefehle in der Variablen i gespeichert, die Sie nun der Methode Add übergeben. Über die Eigenschaft Caption legen Sie die Beschriftung des Menübefehls fest. Möchten Sie den Menüpunkt auch über die Tastatur schnell ansteuern können, setzen Sie das Zeichen & vor den Buchstaben der Beschriftung ein, der als Shortcut fungieren soll. Im Beispiel ist dies der Buchstabe M. Haben Sie das Menü BEARBEITEN aktiviert, reicht es, die Taste [M] zu drücken, um zum Menüpunkt zu gelangen. Setzen Sie die Eigenschaft BeginGroup auf den Wert True, um einen horizontalen Trennstrich im Menü zu ziehen.

Die zweite Ebene

Fügen Sie nun dem neuen Menübefehl einen weiteren Menübefehl hinzu. Verwenden Sie dazu wiederum die Methode Add und geben Sie im Argument Type die Konstante msoControlButton an. Damit legen Sie fest, dass keine weiteren Untermenüs für diesen Menübefehl mehr folgen. Geben Sie dem Menübefehl über die Eigenschaft Caption eine Beschriftung und hinterlegen Sie hinter der Eigenschaft OnAction das Makro, welches Sie ausführen möchten, wenn der Menübefehl ausgewählt wird. Mit der Eigenschaft Style bestimmen Sie, wie der Menübefehl angezeigt werden soll. Entscheiden Sie sich für die Konstante msoButtonIconAndCaption, um sowohl ein Symbol als auch eine Beschriftung anzuzeigen. Verwenden Sie die Eigenschaft FaceId, um ein passendes Symbol dem Menübefehl hinzuzufügen.

Wie Sie die FaceId der einzelnen Symbole in Excel ermitteln können, erfahren Sie im weiteren Verlauf des Kapitels.

Die Eigenschaft FaceId bestimmt das Aussehen, jedoch nicht die Funktion einer Befehlsleisten-Schaltfläche. Die Eigenschaft ID des CommandBarControl Objekts bestimmt die Funktion der Schaltfläche.

Die Eigenschaft Enabled bietet Ihnen die Möglichkeit, einzelne Menübefehle zu aktivieren bzw. zu deaktivieren. Möchten Sie zum Zeitpunkt der Erstellung eines Menübefehls die Funktion noch nicht freigeben, um diese später nachzureichen, setzen Sie die Eigenschaft Enabled auf den Wert False. Fügen Sie nun dem Menübefehl MARKIEREN ZELLEN MIT ... weitere Menübefehle hinzu.

Für das Markieren von Zellen, die Gültigkeitsregeln beinhalten, haben Sie *Die dritte* die Möglichkeit, entweder alle Zellen zu markieren, die eine Gültigkeitsre- *Ebene* gel hinterlegt haben, oder wahlweise auch Zellen zu markieren, die mit einer bestimmten Gültigkeitsregel ausgestattet sind. Dazu fügen Sie einen Menübefehl ein, der sich wiederum in zwei weitere untergliedert. Dabei müssen Sie bei der Add-Methode das Argument Type:= msoControlPopup ver- wenden, um bekannt zu geben, dass unterhalb weitere Menübefehle folgen sollen. Fügen Sie danach die beiden Menübefehle mithilfe der Methode Add und des Arguments Type:=msoControlButton ein, beschriften Sie die Menü- befehle über die Eigenschaft Caption und verweisen Sie mit der Eigenschaft OnAction auf die entsprechenden Makros.

Geben Sie zum Abschluss die Objektvariablen, für die im Arbeitsspeicher *Speicher* Platz reserviert wurde, wieder frei, indem Sie die einzelnen Variablen auf *freigeben* den Wert Nothing setzen.

Wenn Sie ein Menü automatisch aufklappen möchten, setzen Sie die Methode Execute ein.

:-)
TIPP

16.1.10   Menübefehle mit Häkchen programmieren

Klappen Sie einmal das Menü ANSICHT herunter. Dort sehen Sie bei den Menübefehlen BEARBEITUNGSLEISTE und STATUSLEISTE jeweils einen Haken davor eingeblendet. Wählen Sie einen dieser beiden Menübefehle aus, ver- schwindet der Haken und die damit verbundene Funktion wird ausgeführt. Beim erneuten Auswählen des Menübefehls wird der Haken gesetzt. Somit können Sie diese Art von Menübefehlen nutzen, um bestimmte Elemente in Excel ein- und auszuschalten. Eine weitere Möglichkeit beschreibt das fol- gende Beispiel. Wenn Sie ein Tabellenblatt aktivieren bzw. auf ein anderes Tabellenblatt wechseln, soll im Hintergrund eine Prüfung stattfinden, die folgende Fragen beantworten soll.

➡ Existieren in der aktiven Tabelle Zellen mit Gültigkeitsregeln?   *Die Fragen*

➡ Gibt es in der Tabelle Zellen mit bedingter Formatierung?

➡ Sind in der Tabelle Zeilen bzw. Spalten ausgeblendet?

➡ Ist das Tabellenblatt geschützt?

➡ Gibt es auf dem Tabellenblatt Hyperlinks?

Alle gerade aufgeführten Fragen sollen in einem neuen Menü mit dem Namen ANALYSE beantwortet werden. Erstellen Sie zunächst einmal das neue Menü ANALYSE.

Das Makro zur Erstellung des Menüs ANALYSE entnehmen Sie dem folgenden Listing 16.28.

```
Sub AnalyseMenüEinfügen()
Dim i As Integer
Dim i_Hilfe As Integer
Dim MenüNeu As CommandBarControl
Dim MB As CommandBarControl

i = Application.CommandBars(1).Controls.Count
i_Hilfe = Application.CommandBars(1).Controls(i).Index
Set MenüNeu = Application.CommandBars(1). _
 Controls.Add(Type:=msoControlPopup, before:=i_Hilfe)
MenüNeu.Caption = "Anal&yse"
Set MB = MenüNeu.Controls.Add(Type:=msoControlButton)
    With MB
        .Caption = "Zellen mit Gültigkeitsregeln"
        .Style = msoButtonCaption
        .OnAction = "PrüfenGültigkeit"
        .State = msoButtonUp
    End With
 Set MB = MenüNeu.Controls.Add(Type:=msoControlButton)
    With MB
        .Caption = "Zellen mit bedingten Formaten"
        .Style = msoButtonCaption
        .OnAction = "PrüfenBedFormatierung"
        .State = msoButtonUp
    End With
Set MB = MenüNeu.Controls.Add _
        (Type:=msoControlButton)
    With MB
        .Caption = "Zeilen ausgeblendet"
        .Style = msoButtonIconAndCaption
        .OnAction = "PrüfenZeilen "
        .State = msoButtonUp
    End With
Set MB = MenüNeu.Controls.Add _
        (Type:=msoControlButton)
    With MB
        .Caption = "Spalten ausgeblendet"
        .Style = msoButtonIconAndCaption
        .OnAction = "PrüfenSpalten"
        .State = msoButtonUp
    End With
 Set MB = MenüNeu.Controls.Add _
        (Type:=msoControlButton)
    With MB
        .Caption = "Tabelle geschützt"
        .Style = msoButtonIconAndCaption
        .OnAction = "PrüfenSchutz "
```

```
        .State = msoButtonUp
     End With
  Set MB = MenüNeu.Controls.Add _
        (Type:=msoControlButton)
     With MB
        .Caption = "Hyperlinks"
        .Style = msoButtonIconAndCaption
        .OnAction = "PrüfenHyperlinks"
        .State = msoButtonUp
     End With
End Sub
```

Auf eine detaillierte Beschreibung des Listing 16.28 soll an dieser Stelle verzichtet werden. Es sollen lediglich die Unterschiede zu den vorherigen Beispielen herausgearbeitet werden. In Listing 16.28 wird die Eigenschaft State verwendet. Diese Eigenschaft gibt die Darstellung des angegebenen Schaltflächen-Steuerelements der Befehlsleiste über eine Konstante zurück oder legt sie fest. Setzen Sie bei der Erstellung die Konstante msoButtonUp ein, um den Kontrollhaken im ersten Schritt noch nicht anzuzeigen.

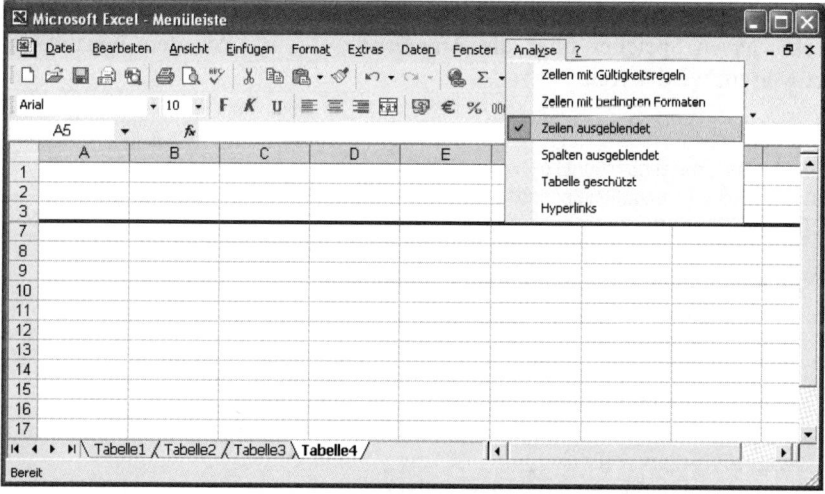

Abbildung 16.11:
Das neue Menü
Analyse ohne
gesetzte Haken

Schreiben Sie nun die Makros, die die Prüfungen in der aktiven Tabelle durchführen.

```
Sub PrüfenGültigkeit()
Dim MB As CommandBarControl
Dim Menü As CommandBarControl
Dim i  As Integer

i = 0
Set Menü = CommandBars(1).Controls("Analyse")
Set MB = Menü.Controls(1)
```

Listing 16.29:
Prüfung, ob sich
Zellen mit Gültigkeitsregeln in der
aktiven Tabelle
befinden

```
       i = 0
       i = ActiveCell.SpecialCells(xlCellTypeAllValidation).Count
       If i > 1 Then
       ActiveCell.SpecialCells(xlCellTypeAllValidation).Select
       MB.State = msoButtonDown
       Else
       End If
       Set MB = Nothing
       Set Menü = Nothing
    End Sub
```

Definieren Sie zwei Objektvariablen vom Typ `CommandBarControl`. Die Variable `Menü` lassen Sie auf das neue Menü ANALYSE verweisen, die andere Variable `MB` lenken Sie direkt auf den entsprechenden Menübefehl. Im Anschluss daran ermitteln Sie über die Methode `SpecialCells` und die Konstante `xlCellTypeAllValidation`, ob es Zellen in der Tabelle gibt, die Gültigkeitsregeln enthalten. Zählen Sie diese Zellen, indem Sie die Methode `Count` einsetzen. Sind solche Zellen vorhanden, markieren Sie diese und setzen in der Eigenschaft `State` die Konstante `msoButtonDown` ein, was bewirkt, dass vor dem Menübefehl ein Haken angezeigt wird. Geben Sie abschließend den reservierten Speicher über die Anweisung `Set`, der Sie den Wert `Nothing` zuweisen, wieder frei.

Listing 16.30:
Prüfung, ob sich in der aktiven Tabelle Zellen mit bedingter Formatierung befinden

```
Sub PrüfenBedFormatierung()
Dim MB As CommandBarControl
Dim Menü As CommandBarControl
Dim i As Integer

   Set Menü = CommandBars(1).Controls("Analyse")
   Set MB = Menü.Controls(2)
   i = 0
   i = ActiveCell.SpecialCells _
   (xlCellTypeAllFormatConditions).Count
   If i > 1 Then _
    ActiveCell.SpecialCells _
    (xlCellTypeAllFormatConditions).Select
    MB.State = msoButtonDown
   Else
   End If
   Set MB = Nothing
   Set Menü = Nothing
End Sub
```

Die Ermittlung von Zellen mit bedingter Formatierung läuft genauso ab, wie Sie es bereits im Listing 16.29 gesehen haben.

```
Sub PrüfenZeilen()
Dim MB As CommandBarControl
Dim Menü As CommandBarControl
Dim Zeile As Object

Set Menü = CommandBars(1).Controls("Analyse")
Set MB = Menü.Controls(3)
For Each Zeile In ActiveSheet.UsedRange.Rows
 If Zeile.Hidden = True Then MB.State = msoButtonDown: _
  Exit Sub
Next Zeile
Set MB = Nothing
Set Menü = Nothing
End Sub
```

Listing 16.31:
Prüfung, ob Zeilen
in der aktiven
Tabelle ausgeblen-
det sind

Durchlaufen Sie eine For Each-Schleife so lange, bis Sie auf eine ausgeblendete Zeile im benutzten Tabellenbereich stoßen. Danach setzen Sie den Haken vor den Menübefehl und beenden das Makro.

```
Sub PrüfenSpalten()
Dim MB As CommandBarControl
Dim Menü As CommandBarControl
Dim Spalte As Object

Set Menü = CommandBars(1).Controls("Analyse")
Set MB = Menü.Controls(4)
For Each Spalte In ActiveSheet.UsedRange.Columns
 If Spalte.Hidden = True Then _
  MB.State = msoButtonDown
  Exit Sub
Next Spalte
Set MB = Nothing
Set Menü = Nothing
End Sub
```

Listing 16.32:
Prüfung, ob es in
der aktiven Tabelle
ausgeblendete
Spalten gibt

Auch bei der Ermittlung von ausgeblendeten Spalten wird genauso verfahren, wie Sie es schon bei den Zeilen in der vorherigen Aufgabe gesehen haben.

```
Sub PrüfenSchutz()
Dim MB As CommandBarControl
Dim Menü As CommandBarControl

Set Menü = CommandBars(1).Controls("Analyse")
Set MB = Menü.Controls(5)
If ActiveSheet.ProtectContents = True Then _
  MB.State = msoButtonDown
Set MB = Nothing
Set Menü = Nothing
End Sub
```

Listing 16.33:
Prüfung, ob aktive
Tabelle geschützt
ist

Um zu ermitteln, ob die aktive Tabelle geschützt ist, setzen Sie die Eigenschaft ProtectContents ein. Diese Eigenschaft meldet den Wert True zurück, wenn die angegebene Tabelle geschützt ist.

Listing 16.34:
Prüfung, ob die
aktive Tabelle
Hyperlinks enthält

```
Sub PrüfenHyperlinks()
Dim MB As CommandBarControl
Dim Menü As CommandBarControl

Set Menü = CommandBars(1).Controls("Analyse")
Set MB = Menü.Controls(6)
If ActiveSheet.Hyperlinks.Count > 0 _
Then MB.State = msoButtonDown
Menü.Execute
Set MB = Nothing
Set Menü = Nothing
End Sub
```

Bei der Prüfung, ob die Tabelle Hyperlinks enthält, reicht es aus, wenn Sie auf das Auflistungsobjekt Hyperlinks zugreifen und die Anzahl der darin enthaltenen Hyperlinks mit der Methode Count zählen. Sind Hyperlinks in der Tabelle enthalten, setzen Sie den Haken über die Eigenschaft State, der Sie die Konstante msoButtonDown übergeben.

Setzen Sie die Methode Execute *ein, um das Menü* ANALYSE *automatisch herunterzuklappen.*

:-)
TIPP

Sicherheits-
funktion
einbauen

Um sicherzustellen, dass alle Haken richtig gesetzt bzw. auch wieder entfernt werden, schreiben Sie vorsorglich ein Makro, welches alle Haken vor den einzelnen Menübefehlen entfernt.

Listing 16.35:
Alle Haken eines
Menüs werden
entfernt

```
Sub Zurücksetzen()
Dim Mb As CommandBarControl

  Set Mb = CommandBars(1).Controls("Analyse")
  With Mb
   .Controls(1).State = msoButtonUp
   .Controls(2).State = msoButtonUp
   .Controls(3).State = msoButtonUp
   .Controls(4).State = msoButtonUp
   .Controls(5).State = msoButtonUp
   .Controls(6).State = msoButtonUp
  End With
End Sub
```

Starten Sie dieses Makro als Erstes, wenn Sie auf eine neue Tabelle wechseln.

Sorgen Sie jetzt dafür, dass bei jedem Wechsel auf ein anderes Tabellenblatt die obigen Prüfungen automatisch ausgeführt werden.

Automatisierung herstellen

Dazu gehen Sie wie folgt vor:

1. Wechseln Sie in die Entwicklungsumgebung.

2. Klicken Sie im Projekt-Explorer den Eintrag DIESEARBEITSMAPPE doppelt an.

3. Erfassen Sie das Ereignis Workbook_SheetActivate.

```
Private Sub Workbook_SheetActivate(ByVal Sh As Object)
On Error Resume Next
 Zurücksetzen
 PrüfenGültigkeit
 PrüfenBedFormatierung
 PrüfenZeilen
 PrüfenSpalten
 PrüfenSchutz
 PrüfenHyperlinks
End Sub
```

Listing 16.36: Ereignis Workbook_Sheet Activate verwenden, um beim Blattwechsel automatisch mehrere Prüfungen vorzunehmen

Das Ereignis Workbook_SheetActivate tritt immer dann ein, wenn Sie in einer Arbeitsmappe auf ein anderes Tabellenblatt wechseln. Rufen Sie innerhalb dieser Ereignisprozedur die einzelnen Prüfprogramme auf.

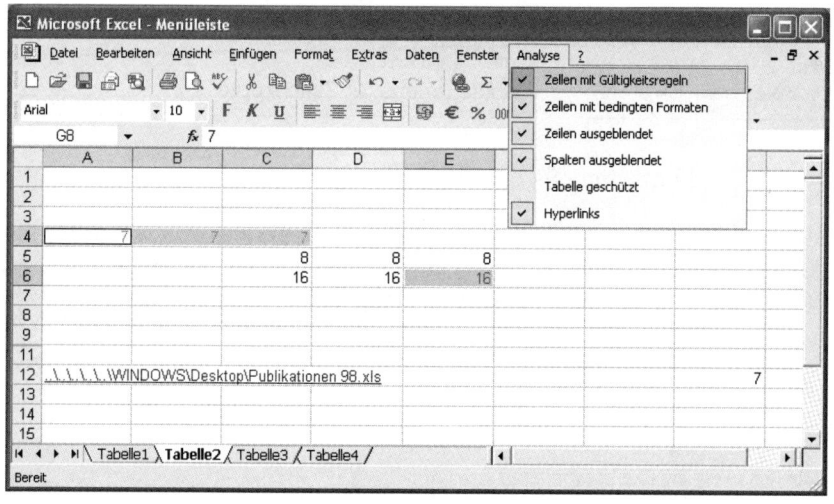

Abbildung 16.12: Bei jedem Wechsel wird das Menü Analyse überarbeitet.

In Kapitel 12 erfahren Sie mehr über Ereignisse.

16.2 Die Programmierung von Kontextmenüs

Kontextmenüs finden Sie in Excel überall. Wenn Sie dabei mit der rechten Maustaste auf ein Objekt klicken, wird Ihnen in den meisten Fällen ein Kontextmenü angeboten. Dieses Kontextmenü enthält dann die wichtigsten Befehle zu dem angeklickten Objekt.

CD

Sie finden alle Beispiele zum Thema »Kontextmenüs« auf der mitgelieferten CD-ROM im Verzeichnis KAP16 unter dem Namen KONTEXTMENÜ. XLS.

Das am meisten eingesetzte Kontextmenü ist das Zellen-Kontextmenü, welches über das Objekt CommandBars("Cell") angesprochen werden kann. Entnehmen Sie der Tabelle 16.4 weitere Kontextmenüs und deren Identifikation.

Tabelle 16.4:
Die gängigsten
Kontextmenüs in
Excel auf einen
Blick

Kontextmenü	Beschreibung
CommandBars ("Cell")	Zellen-Kontextmenü
CommandBars ("System")	System-Kontextmenü (am oberen linken Fensterrand)
CommandBars ("Toolbar List")	Kontextmenü für die Menü- und Symbolleisten
CommandBars ("Ply")	Kontextmenü für die Registerkarten
CommandBars ("Column")	Kontextmenü für Spaltenköpfe
CommandBars ("Row")	Kontextmenü für Zeilenköpfe

16.2.1 Kontextmenüs deaktivieren

Sie können beispielsweise Kontextmenüs deaktivieren, wenn Sie eine Arbeitsmappe in Excel öffnen. Dann bauen Sie das Makro KontextmenüsDeaktivieren in das Arbeitsmappen-Ereignis Workbook_Open ein.

Listing 16.37:
Ereignis
Workbook_Open
zum Deaktivieren
der gängigsten
Kontextmenüs

```
Private Sub Workbook_Open()
  KontextmenüsDeaktivieren
End Sub

Sub KontextmenüsDeaktivieren()
Application.CommandBars("Cell").Enabled = False
Application.CommandBars("System").Enabled = False
Application.CommandBars("Toolbar list").Enabled = False
Application.CommandBars("Ply").Enabled = False
Application.CommandBars("Column").Enabled =False
Application.CommandBars("Row").Enabled = False
End Sub
```

Vor dem Schließen der Datei sollen die Kontextmenüs wieder verfügbar gemacht werden. Dazu setzen Sie das Arbeitsmappen-Ereignis Workbook_ BeforeClose ein.

```
Private Sub Workbook_BeforeClose(Cancel As Boolean)
 KontextmenüsAktivieren
End Sub

Sub KontextmenüsDeaktivieren()
Application.CommandBars("Cell").Enabled = True
Application.CommandBars("System").Enabled = True
Application.CommandBars("Toolbar list").Enabled = True
Application.CommandBars("Ply").Enabled = True
Application.CommandBars("Column").Enabled =True
Application.CommandBars("Row").Enabled = True
End Sub
```

Listing 16.38:
Ereignis
Workbook_BeforeCl
ose zum Aktivieren
von Kontextmenüs

16.2.2   Das Zellen-Kontextmenü erweitern

Wenn Sie sich das Zellen-Kontextmenü einmal ansehen, sehen Sie, dass die wichtigsten Befehle für die Zelle schon darin enthalten sind. Trotzdem können Sie weitere Befehle in das Kontextmenü einfügen. Praktisch wären u. a. folgende Funktionen:

➡ Eine Funktion, die alle nicht druckbaren Zeichen aus einer Zelle bzw. einem markierten Zellenbereich herauslöscht. Gerade wenn Sie Daten aus anderen Anwendungsprogrammen importieren, sind oft noch maschinennahe Zeichen in der Zelle enthalten, die Excel nicht interpretieren kann.

Die Erweiterungs-funktionen

➡ Eine Funktion, die in einer Zelle bzw. im markierten Zellenbereich automatisch einen Zellenumbruch setzt. Sie sparen sich dadurch den längeren Weg über das Menü FORMAT und den Befehl ZELLEN über die Registerkarte AUSRICHTUNG, um den Zellenumbruch dann in einem Kontrollkästchen festzulegen.

➡ Eine Funktion, die einen relativen Zellenbezug in einer Zelle oder einem Zellenbereich in einen absoluten Zellenbezug umwandelt. Sicher wissen Sie, wie mühselig es ist, manuell Zellenumzüge umzusetzen.

Das Makro, um das Zellen-Kontextmenü zu erweitern, entnehmen Sie dem Listing 16.39.

```
Sub ZellenkontextmenüErgänzen()
Dim MB As CommandBarControl

 Set MB = Application.CommandBars("Cell").Controls.Add
 With MB
```

Listing 16.39:
Das Zellen-Kontext-
menü um weitere
Funktionen erwei-
tern

```
        .Caption = "Zelle reinigen"
        .OnAction = "ZellenSäubern"
        .BeginGroup = True
    End With
    Set MB = Application.CommandBars("Cell").Controls.Add
    With MB
        .Caption = "Zellenumbruch setzen"
        .OnAction = "ZellenumbruchSetzen"
    End With
    Set MB = Application.CommandBars("Cell").Controls.Add
    With MB
        .Caption = "Absoluten Zellenbezug setzen"
        .OnAction = "BezugÄndernInAbsolut"
    End With
End Sub
```

Abbildung 16.13:
Das Zellen-Kontext-
menü, ergänzt um
weitere Funktionen

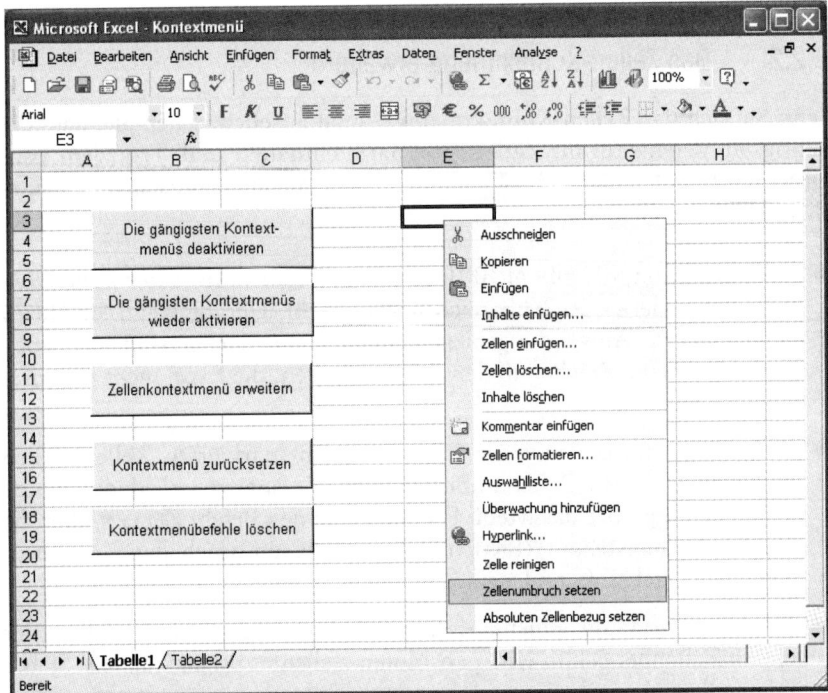

Fügen Sie über die Methode Add dem Kontextmenü weitere Menübefehle hinzu. Mit der Eigenschaft Caption geben Sie dem neuen Menübefehl eine Beschriftung. Durch die Eigenschaft OnAction hinterlegen Sie, welches Makro bei der Auswahl des Menübefehls gestartet werden soll. Ziehen Sie einen horizontalen Trennstreifen im Kontextmenü, indem Sie die Eigenschaft BeginGroup auf den Wert True setzen.

Entnehmen Sie nun die hinterlegten Makros den folgenden Listings.

```
Sub ZellenSäubern()
Dim Zelle As Object

For Each Zelle In Selection
If Zelle.HasFormula = False Then
  Zelle.Value = _
  Application.WorksheetFunction.Clean(Zelle.Value)
 End If
Next Zelle
End Sub
```

Listing 16.40:
Alle nicht druck-
baren Zeichen aus
Zellen entfernen

Um diese Aufgabe zu bewältigen, werden in einer Schleife alle Zellen in der Markierung überprüft. Letztendlich sollen aber nur Zellen bereinigt werden, die keine Formeln enthalten. Diese werden durch die IF-Anweisung gefiltert. Die restlichen Zellen werden mithilfe der Funktion Clean gesäubert.

```
Sub ZellenumbruchSetzen()
Dim Zelle As Object

 For Each Zelle In Selection
   Zelle.WrapText = True
 Next Zelle
End Sub
```

Listing 16.41:
Den Zellen-
umbruch im
markierten Bereich
einstellen

Setzen Sie die Eigenschaft WrapText auf den Wert True, um alle Zellen innerhalb der Markierung mit einem Zellenumbruch zu belegen. Zelleneinträge, die dann länger sind als die Spalte, werden damit automatisch umgebrochen.

```
Sub BezugÄndernInAbsolut()
Dim Zelle As Object

 For Each Zelle In Selection
  If Zelle.HasFormula = True Then
  Zelle.Formula = _
  Application.ConvertFormula(Formula:=Zelle.Formula, _
    fromreferencestyle:=xlA1, _
    toreferencestyle:=xlA1, _
    toabsolute:=xlAbsolute)
  Else
  End If
 Next Zelle
End Sub
```

Listing 16.42:
Relative Zellen-
bezüge in absolute
Zellenbezüge
umsetzen

Auch bei dieser Aufgabe dürfen nur Formelzellen angefasst werden. Mithilfe der Eigenschaft HasFormula können Sie dies überprüfen. Diese Eigenschaft meldet den Wert True, wenn die Zelle eine Formel enthält. Wandeln Sie die relativen Bezüge in absolute Bezüge um, indem Sie die Methode ConvertFormula einsetzen. Diese Methode konvertiert Zellenbezüge in Formeln zwischen den Bezugsarten A1 und Z1S1 bzw. zwischen relativen und absoluten Bezügen.

16.2.3 Kontextmenü aufbauen (3-stufig)

Gehen Sie jetzt einen Schritt weiter und bauen Sie ein dreistufiges Kontextmenü auf. Dazu setzen Sie folgendes Makro aus Listing 16.43 ein.

Listing 16.43:
Dreistufiges Kontextmenü aufbauen

```
Sub KontextMenü3StufigErstellen()
Dim KonBef As CommandBarControl
Dim KonBef2 As CommandBarControl
Dim KonBef3 As CommandBarControl
    With CommandBars("Cell")
        While .Controls.Count > 0
            On Error Resume Next
            .Controls(1).Delete
        Wend
        Set KonBef = .Controls.Add _
        (Type:=msoControlPopup, Temporary:=True)
        KonBef.Caption = "Speichern"
        Set KonBef2 = KonBef.Controls.Add _
        (Type:=msoControlPopup, Temporary:=True)
        KonBef2.Caption = "2. Ebene"
        Set KonBef3 = KonBef2.Controls.Add
        With KonBef3
            .Caption = "3. Ebene"
            .FaceId = 23
            .OnAction = "test"
        End With

    End With
End Sub
```

Mit der Methode Add können Sie weitere Untermenüs hinzufügen. Achten Sie dabei darauf, dass Sie die Konstante msoControlPopup einsetzen. Erst dann wird es möglich, weitere Untermenüs einzufügen.

16.2.4 Kontextmenü zurücksetzen

Möchten Sie das Zellen-Kontextmenü in seinen ursprünglichen Zustand zurücksetzen, wenden Sie die Methode Reset an.

Listing 16.44:
Das Zellen-Kontextmenü in den Ausgangszustand zurücksetzen

```
Sub KontextmenüZurücksetzen()
 Application.CommandBars("Cell").Reset
End Sub
```

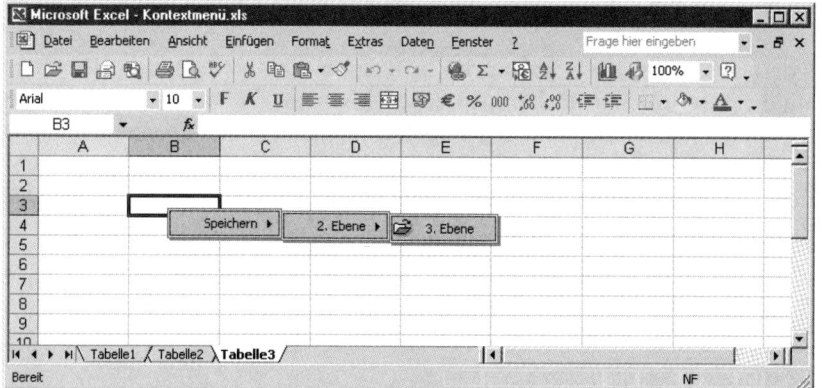

Abbildung 16.14:
3-stufiges Kontext-
menü aufbauen

Selbstverständlich können Sie die vorher hinzugefügten Menübefehle auch einzeln entfernen.

```
Sub ZellenkontextmenüBefehleLöschen()
Dim Menü As CommandBar

Set Menü = Application.CommandBars("Cell")
 On Error Resume Next
 With Menü
  .Controls("Zelle reinigen").Delete
  .Controls("Zellenumbruch setzen").Delete
  .Controls("Absoluten Zellenbezug setzen").Delete
 End With
End Sub
```

Listing 16.45:
Kontextmenü-
Befehle löschen

Mithilfe der Methode Delete können Sie einzelne Menübefehle aus dem Kontextmenü löschen.

16.3 Die Programmierung von Symbolleisten

Auch bei der Programmierung wird auf das Objekt CommandBars zurückgegriffen. In Excel spielt es daher keine Rolle mehr, ob es sich um Menü- oder Symbolleisten handelt. Alle Leisten werden gleich behandelt. Aus diesem Grund folgen auf den nächsten Seiten keine grundlegenden Themen mehr, die schon bei den Menüleisten besprochen wurden, sondern wir konzentrieren uns auf Speziallösungen.

Sie finden alle Beispiele zum Thema »Menüleisten« auf der mitgelieferten CD-ROM *im Verzeichnis* KAP16 *unter dem Namen* SYMBOL-LEISTE. XLS.

16.3.1   Neue Symbolleiste erstellen

Jede einzelne Symbolschaltfläche in Excel hat eine eindeutige ID, über die Sie die Symbolschaltfläche ansprechen können. Wie aber können Sie diese ID in Excel ermitteln? In der folgenden Aufgabe sollen über eine UserForm bestimmte Symbole gesucht und in eine neue Symbolleiste eingefügt werden. Ebenso soll es möglich sein, Symbole aus der neuen Symbolleiste wieder zu löschen. Im ersten Schritt erstellen Sie zunächst eine neue, noch leere Symbolleiste und setzen hierfür das Makro aus Listing 16.46 ein.

Listing 16.46:
Neue Symbolleiste an bestimmter Position einfügen

```
Sub NeueSymbolleiste()
Dim SB As CommandBar

On Error Resume Next
Set SB = CommandBars.Add("Neue Symbolleiste")
With SB
  .Visible = True
  .Top = 400
  .Left = 70
End With
End Sub
```

Mithilfe der Methode Add fügen Sie eine neue Symbolleiste ein. Dabei bestimmen Sie über die Eigenschaft Visible, dass die Symbolleiste auf dem Bildschirm angezeigt wird. Mit den Eigenschaften Top und Left legen Sie die exakte Anzeigeposition (linke obere Ecke) fest.

16.3.2   Symbole in neue Symbolleiste integrieren

Fügen Sie nun Symbole in die neue Symbolleiste ein. Dazu entwerfen Sie eine UserForm, die wie in Abbildung 16.15 aussieht.

Abbildung 16.15:
Die UserForm zum Suchen von Symbolen

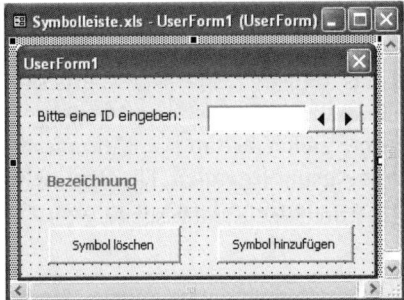

Da jede Symbolschaltfläche in Excel einen eindeutigen Index hat, kann im Textfeld eine Zahl eingegeben bzw. über die Drehfelder vor- und zurückgeblättert werden. Im Bezeichnungsfeld wird die jeweilige Bezeichnung der

Symbolschaltfläche ausgegeben. Sie entscheiden nun, ob Sie diese Funktion samt der Symbolschaltfläche in Ihre neue Symbolleiste übertragen möchten.

```
Sub UseformAufrufen()
Dim SB As CommandBar

On Error Resume Next
 Set SB = CommandBars("Neue Symbolleiste")
 With SB
  .Visible = True
  .Top = 400
  .Left = 70
 End With
 UserForm1.Show
End Sub
```

Listing 16.47:
Symbolleiste
einblenden und
UserForm starten

Setzen Sie die Eigenschaft Visible auf den Wert True, um die bereits vorhandene Symbolleiste anzuzeigen. Starten Sie im Anschluss daran die UserForm mit der Methode Show.

Sobald Sie im Textfeld eine Eingabe vornehmen, werden mithilfe des Ereignisses Textbox_Change automatisch die darin enthaltenen Makrobefehle ausgeführt.

```
Private Sub TextBox1_Change()
Dim SBS As Object
Dim SB As CommandBar

On Error GoTo fehler
Set SBS = CommandBars.FindControl _
(Type:=msoControlButton, ID:=TextBox1.Value)
UserForm1.Label2 = SBS.Caption
Exit Sub
fehler:
 UserForm1.Label2 = _
 "Zu diesem Index gibt es kein Symbol!"
End Sub
```

Listing 16.48:
Die dialog-
gesteuerte Suche
nach Symbolschalt-
flächen

Über die Methode FindControl können Sie nach der Symbolschaltfläche suchen, deren Index Sie im Textfeld TEXTBOX1 erfasst haben. Wird ein Symbol gefunden, können Sie die Beschriftung der Symbolschaltfläche im Bezeichnungsfeld LABEL2 ausgeben.

Möchten Sie die gefundene Symbolschaltfläche in Ihre neue Symbolleiste einfügen, starten Sie das Makro aus Listing 16.49.

```
Private Sub CommandButton1_Click()
Dim SBS As Object
```

Listing 16.49:
Symbolschaltfläche
einfügen

```
Dim SB As CommandBar

On Error GoTo fehler
Set SB = CommandBars("Neue Symbolleiste")
Set Symbol = SB.Controls
Symbol.Add Type:=msoControlButton, ID:=TextBox1.Value
Exit Sub
fehler:
UserForm1.Label2 = _
"Zu diesem Index gibt es kein Symbol!"
End Sub
```

Abbildung 16.16:
Das Speichern-
Symbol hat den
ID-Wert 3.

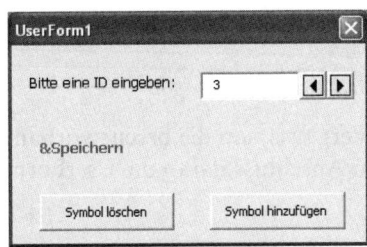

Zum Einfügen der Symbolschaltfläche geben Sie als ID-Wert bei der
Methode Add den Inhalt des Textfeldes TEXTBOX1 an.

Abbildung 16.17:
Automatische Über-
nahme von Symbol-
schaltflächen

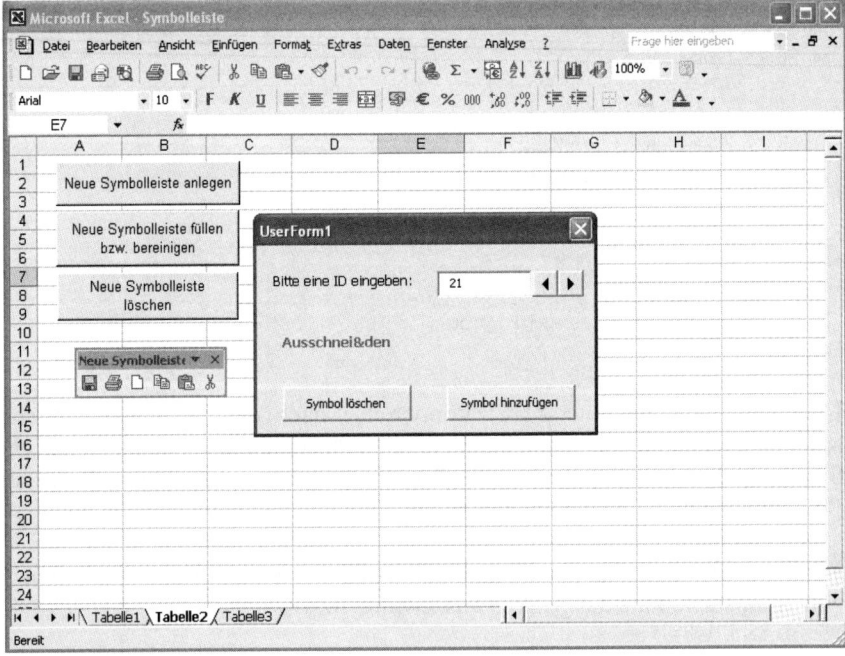

Zum Löschen von Symbolen aus der neuen Symbolleiste verwenden Sie die Methode FindControl, die Sie dieses Mal aber innerhalb der neuen Symbolleiste durchführen.

Symbole löschen

```
Private Sub CommandButton2_Click()
Dim SBS As Object
Dim SB As CommandBar

Set SB = CommandBars("Neue Symbolleiste")
On Error GoTo fehler
Set SBS = SB.FindControl _
(Type:=msoControlButton, ID:=TextBox1.Value)
 SBS.Delete
 Exit Sub
fehler:
 UserForm1.Label2 = _
 "Es wurde kein Symbol in der Symbolleiste gefunden!"
End Sub
```

Listing 16.50:
Symbolschalt-
flächen suchen und
löschen

Übergeben Sie der Methode FindControl den ID-Wert der zu löschenden Symbolschaltfläche. Diesen Wert bekommen Sie direkt aus dem Textfeld TEXTBOX1 der UserForm. Wird die gesuchte Symbolschaltfläche auf der neuen Symbolleiste gefunden, wenden Sie die Methode Delete an, um sie zu löschen.

Möchten Sie das Textfeld in Ihrer UserForm automatisieren, können Sie dieses elegant selbst hochzählen lassen, indem Sie ein Drehfeld verwenden und das Ereignis SpinButton_Change einsetzen.

:-)
TIPP

```
Private Sub SpinButton1_Change()
 SpinButton1.Min = 1
 SpinButton1.Max = 1000
 TextBox1.Value = SpinButton1.Value
End Sub
```

Listing 16.51:
Ein Drehfeld
verwenden, um ein
Textfeld zu
automatisieren

16.3.3   Symbole identifizieren

Jedes einzelne Symbol in Excel hat eine eindeutige Kennzeichnung. Die FaceId-Eigenschaft bestimmt das Aussehen, jedoch nicht die Funktion einer Befehlsleisten-Schaltfläche. Im nächsten Makro werden die ersten 50 FaceIds in Excel in eine Symbolleiste eingefügt.

```
Sub IconsEinfügen()
Dim symb As CommandBar
Dim Icon As CommandBarControl
Dim i As Integer
```

Listing 16.52:
Die FaceIds von
Symbolen erkennen

```
On Error Resume Next
Set symb = Application.CommandBars.Add("Symbole", _
 msoBarFloating)
For i = 1 To 50
 Set Icon = symb.Controls.Add(msoControlButton)
 Icon.FaceId = i
 Icon.TooltipText = i
Next i
symb.Visible = True
End Sub
```

Abbildung 16.18:
Die FaceIds von
Symbolen ermitteln

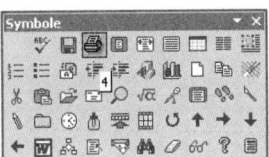

Wenn Sie mit der Maus über ein Symbol streichen, wird die FaceId des Symbols angezeigt.

Möchten Sie nicht das Aussehen, sondern die Funktion eines Symbols nützen, müssen Sie wissen, welche ID zu welchem Symbol gehört. Im folgenden Makro aus Listing 16.53 wird die Symbolleiste STANDARD untersucht. Jedes Symbol wird dabei angesteuert und dessen Bezeichnung sowie dessen ID in eine Tabelle geschrieben.

Listing 16.53:
Die IDs von
Symbolen erkennen

```
Sub IDsErmitteln()
Dim symb As CommandBar
Dim Icon As CommandBarControl
Sheets("Tabelle4").Activate
Range("A2").Select
On Error Resume Next
Set symb = Application.CommandBars("Standard")
For Each Icon In symb.Controls
 ActiveCell.Value = Icon.TooltipText
 ActiveCell.Offset(0, 1).Value = Icon.ID
 ActiveCell.Offset(1, 0).Select
Next Icon
End Sub
```

16.3.4   Symbolleisten schützen

Sie können Symbolleisten jederzeit anpassen, d. h., Sie können neue Symbole in die Symbolleiste aufnehmen oder Symbole aus den Leisten herausnehmen. Weiterhin können Sie die Position von Symbolleisten auf dem Bildschirm frei bestimmen. Möchten Sie all dies verhindern, haben Sie die Möglichkeit, Ihre Symbolleisten zu schützen. Im nächsten Makro aus Listing 16.54 wird die Symbolleiste STANDARD geschützt.

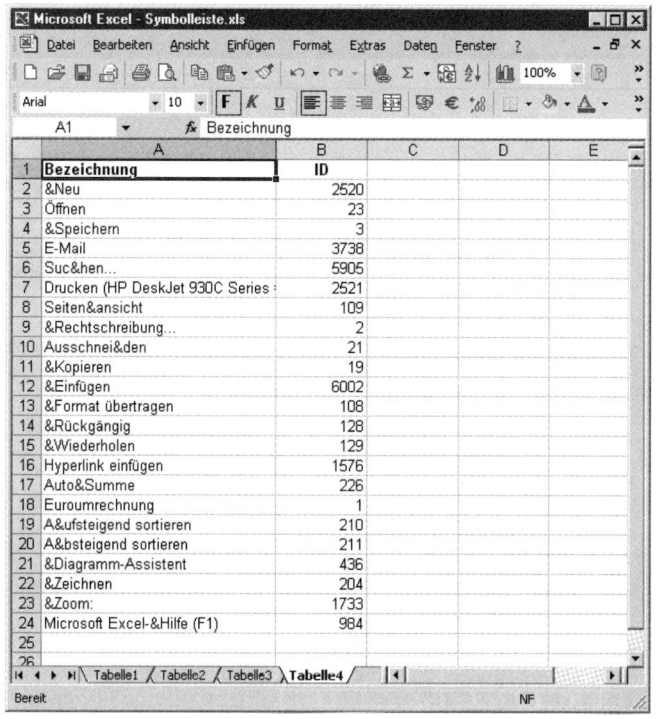

Abbildung 16.19:
Die IDs von Symbolen herausschreiben

```
Sub SymbolleisteSchützen()
With Application.CommandBars("Standard")
    .Protection = _
 msoBarNoChangeVisible + msoBarNoCustomize
    .Visible = True
End With
End Sub
```

Listing 16.54:
Symbolleisten
schützen

Setzen Sie die Eigenschaft Protection ein, um Ihre Symbolleisten zu schützen. Die Konstante msoBarNoChangeVisible bewirkt, dass die Symbolleiste nicht im Kontextmenü erscheint, wenn Sie eine beliebige Symbolleiste mit der rechten Maustaste anklicken. Die Konstante msoBarNoCustomize verhindert ein Anpassen der Symbolleiste. Dadurch ist es Ihnen nicht möglich, neue Symbole hinzuzufügen bzw. Symbole aus der Symbolleiste herauszunehmen.

Entnehmen Sie der Tabelle 16.5 die Möglichkeiten, die Sie mithilfe der Eigenschaft Protection haben.

	Konstante	Bedeutung
Tabelle 16.5: Die Möglichkeiten des Schutzes von Symbolleisten	msoBarNoChangeDock	Die Symbolleiste kann nicht aus ihrer Verankerung herausgelöst werden.
	msoBarNoChangeVisible	Die Symbolleiste können Sie weder im Kontextmenü der Symbolleisten noch im Dialog ANPASSEN sehen.
	msoBarNoCustomize	Weder das Hinzufügen bzw. Löschen von Symbolen aus der Symbolleiste noch das Verschieben der Symbole ist möglich.
	msoBarNoHorizontalDock	Die Symbolleiste kann weder am oberen noch am unteren Bildschirm angedockt werden.
	msoBarNoVerticalDock	Die Symbolleiste kann weder rechts noch links am Bildschirm angedockt werden.
	msoBarNoMove	Die Symbolleiste kann nicht auf dem Bildschirm frei bewegt werden.
	msoBarNoResize	Die Symbolleiste kann in ihrer Form nicht verändert werden.

Heben Sie den Schutz wieder auf, indem Sie das folgende Makro aus Listing 16.55 starten.

Listing 16.55:
Symbolleisten-schutz aufheben

```
Sub SymbolleistewiederOK()
With Application.CommandBars("Standard")
    .Protection = False
    .Visible = True
End With
End Sub
```

16.3.5　Symbolleiste löschen

Möchten Sie die neu eingefügte Symbolleiste wieder löschen, starten Sie das Makro aus Listing 16.56.

Listing 16.56:
Symbolleiste
löschen

```
Sub NeueSymbolleisteLöschen()
Dim SB As CommandBar

Set SB = CommandBars("Neue Symbolleiste")
On Error Resume Next
SB.Delete
End Sub
```

Setzen Sie die Methode Delete ein, um eine Symbolleiste zu löschen.

Denken Sie daran, die Anweisung On Error Resume Next *vor den Löschbefehl zu integrieren. Damit sorgen Sie dafür, dass das Makro nicht abstürzt, wenn versucht wird, die bereits gelöschte Symbolleiste erneut zu löschen.*

16.3.6 Grafiken in Symbolleisten integrieren

Sie möchten eigene Grafiken in eine Symbolleiste integrieren und diesen Grafiken ein Makro zuweisen.

Gehen Sie wie folgt vor:

1. Fügen Sie die Grafik in Ihre Tabelle ein.

2. Klicken Sie mit der rechten Maustaste auf die Grafik und notieren Sie sich den angezeigten Namen der Grafik, den Sie aus dem Namensfeld ersehen können.

3. Starten Sie folgendes Makro aus Listing 16.57.

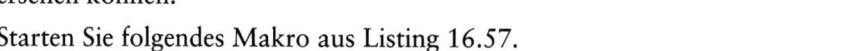

```
Sub SymbolAusTabelleInSymbolleiste()
Dim Symbol As CommandBarButton
Dim SBS As Object

 Set Symbol = _
CommandBars("Standard").Controls.Add(msoControlButton)
Worksheets("Tabelle1").Shapes("AutoForm 7").CopyPicture
Symbol.PasteFace
Set SBS = Symbol
SBS.OnAction = "Animation"
End Sub
```

Listing 16.57:
Eigene Grafiken als Symbolschalt-flächen verwenden

Fügen Sie zu der Symbolschaltfläche STANDARD eine neue Symbolschaltfläche zu, die Sie aus der eingefügten AutoForm Smiley aus der TABELLE1 mithilfe der Methode CopyPicture kopieren und mit PasteFace einfügen. Um dieser neuen Symbolschaltfläche ein Makro zuzuweisen, setzen Sie die Eigenschaft OnAction ein.

Das zugewiesene Makro Animation wird die Smiley-Grafik, die Sie vorher unter dem Namen SMILEY.TIF auf Ihrer lokalen Festplatte gespeichert haben, in regelmäßigen Abständen von einer Sekunde in Ihrem Tabellenblatt ein- und ausblenden. Um diese Verzögerung des Ein- und Ausblendens einer Grafik auch flexibel gestalten zu können, erstellen Sie für diesen Vorgang zunächst eine Funktion, der Sie die Dauer der Verzögerung in Sekunden übergeben.

```
Function Verzögerung(VZeit)
 Application.Wait Now + TimeSerial(0, 0, VZeit)
End Function
```

Listing 16.58:
Funktion, die ein Makro für eine bestimmte Zeit anhält

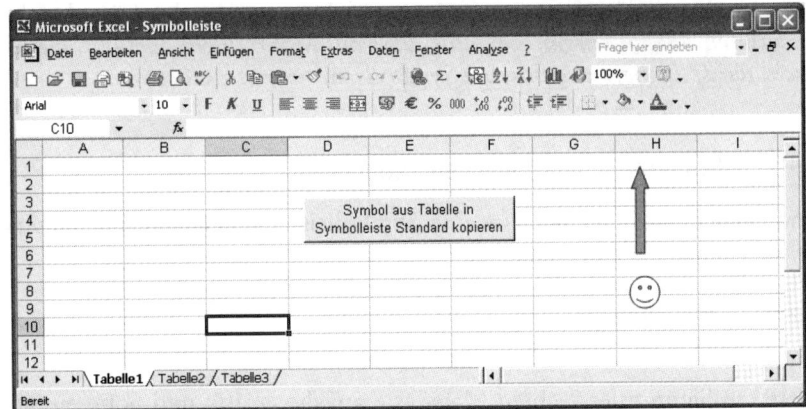

Abbildung 16.20:
Die AutoForm
Smiley als
Symbolschaltfläche
einsetzen

Mit der Funktion Now ermitteln Sie die aktuelle Uhrzeit. Dieser Zeit addieren Sie über die Funktion TimeSerial noch eine oder mehrere Sekunden hinzu, die Sie im Argument VZeit übergeben. Die Argumente für Stunden bzw. Minuten setzen Sie standardmäßig auf den Wert 0.

Lassen Sie nun die Grafik mit folgendem Makro aus Listing 16.59 blinken.

Listing 16.59:
Eine Grafik in einer
Tabelle in einem
bestimmten
Zeitintervall
blinken lassen

```
Sub Animation()
Dim Pic As Picture
Dim i As Integer

  For i = 1 To 5
    ActiveSheet.Pictures.Insert ("c:\smiley.tif")
    Verzögerung (1)
    ActiveSheet.Pictures(1).Delete
    Verzögerung (1)
  Next i
  Exit Sub
End Sub
```

Mithilfe der Methode Insert fügen Sie die Grafik SMILEY.TIF in Ihre Tabelle ein. Danach rufen Sie die Funktion Verzögerung auf, der Sie das Verzögerungsintervall bekannt geben. Danach löschen Sie die eingefügte Grafik mit der Methode Delete und wiederholen den ganzen Ablauf etliche Male. Die Anzahl der Wiederholungen bzw. die Verzögerungsdauer können Sie dabei flexibel einstellen.

16.3.7 Symbolschaltflächen deaktivieren

Sie können in Excel auch bestimmte Symbolschaltflächen deaktivieren und bei Bedarf wieder aktivieren. Dies empfiehlt sich u. a., wenn Sie auf bestimmte Anlässe in Excel reagieren möchten. So können Sie z. B. eine Symbolschaltfläche standardmäßig deaktivieren und erst aktivieren, wenn

Sie z. B. eine Kopieraktion durchführen. So sind Sie in der Lage, am Status eines Symbols abzulesen, ob Sie sich gerade im Kopiermodus befinden. Im folgenden Beispiel verwenden Sie dazu die letzte Symbolschaltfläche aus der Symbolleiste STANDARD, die Sie in der letzten Aufgabe eingefügt haben.

```
Sub DeaktivierenSymbol()
Dim SB As CommandBar
Dim i As Integer

 Set SB = CommandBars("Standard")
 With SB
  i = .Controls.Count
  .Controls(i).Enabled = False
 End With
End Sub
```

Listing 16.60:
Symbolschaltfläche deaktivieren

Definieren Sie zuerst eine Objektvariable vom Typ CommandBar. Danach ermitteln Sie die letzte Symbolschaltfläche der Symbolleiste Standard mithilfe der Methode Count und speichern diese in der Variablen i.

Setzen Sie die Enabled-Eigenschaft auf den Wert False, um die Symbolschaltfläche zu deaktivieren. Die Symbolschaltfläche ist nun deaktiviert.

```
Sub AktivierenSymbol()
Dim SB As CommandBar
Dim i As Integer

 Set SB = CommandBars("Standard")
 With SB
  i = .Controls.Count
  .Controls(i).Enabled = True
 End With
End Sub
```

Listing 16.61:
Symbolschaltfläche aktivieren

Aktivieren Sie die Symbolschaltfläche, indem Sie die Eigenschaft Enabled auf den Wert True setzen.

Sorgen Sie jetzt dafür, dass die Symbolschaltfläche automatisch aktiviert bzw. deaktiviert wird. Für diese Aufgabe setzen Sie das Ereignis Workbook_SheetSelectionChange ein, welches automatisch auftritt, sobald Sie den Mauszeiger auf Ihrem Tabellenblatt in eine andere Zelle setzen.

```
Private Sub Workbook_SheetSelectionChange _
(ByVal Sh As Object, ByVal Target As Range)
If Application.CutCopyMode = xlCopy _
Then AktivierenSymbol Else DeaktivierenSymbol
End Sub
```

Listing 16.62:
Ereignis Workbook_SheetSelectionChange zum Überwachen des Kopiermodus einsetzen

Fragen Sie die Eigenschaft CutCopyMode ab, um den Status des Kopiermodus zu ermitteln. Je nach Status rufen Sie eines der beiden angegebenen Makros auf.

!!
STOP

Da das Ereignis Workbook_SheetSelectionChange *erst eintritt, wenn Sie eine andere Zelle ansteuern, müssen Sie nach dem Kopieren den Mauszeiger verschieben.*

16.3.8   Dropdowns in Symbolleisten einfügen

Wenn Sie Dropdown-Elemente in einer Symbolleiste verwenden möchten, können Sie viel Platz sparen, indem Sie beispielsweise mehrere Funktionen in diesem Dropdown-Element unterbringen. So erstellen Sie in der nächsten Aufgabe ein Dropdown-Element in einer neuen Symbolleiste, in welcher Sie folgende Funktionen abbilden:

Die Zusatzfunk-
tionen

➤ Einfügen eines Hyperlinks

➤ Aufruf des Funktions-Assistenten

➤ Aufruf des Diagramm-Aassistenten

➤ Einfügen eines Kommentars

Da Sie auf bereits fertige Funktionen in Excel zurückgreifen, können Sie die einzelnen Symbole samt ihrer Funktion über das Argument ID der Methode Add nutzen.

Listing 16.63:
Ein Dropdown-
Element in einer
Symbolleiste
erstellen und mit
vorgefertigten
Funktionen
bestücken

```
Sub SymbolMitDropdown()
Dim SB As CommandBar
Dim DropSym As CommandBarControl
Dim Symbol As Object
Dim NeuSymb As Object

On Error Resume Next
Set SB = CommandBars.Add("Dropdown")
SB.Visible = True
Set DropSym = SB.Controls.Add(Type:=msoControlPopup)
DropSym.Caption = "Einfügen"
Set DropSym = SB.FindControl(Type:=msoControlPopup)
Set Symbol = DropSym.Control.CommandBar
Set NeuSymb = Symbol.Controls.Add _
(Type:=msoControlButton, ID:=1576)
NeuSymb.Caption = "Hyperlink"
Set NeuSymb = Symbol.Controls.Add _
(Type:=msoControlButton, ID:=385)
NeuSymb.Caption = "Funktion"
Set NeuSymb = Symbol.Controls.Add _
```

```
 (Type:=msoControlButton, ID:=436)
 NeuSymb.Caption = "Diagramm"
 Set NeuSymb = Symbol.Controls.Add _
 (Type:=msoControlButton, ID:=1589)
 NeuSymb.Caption = "Kommentar"
End Sub
```

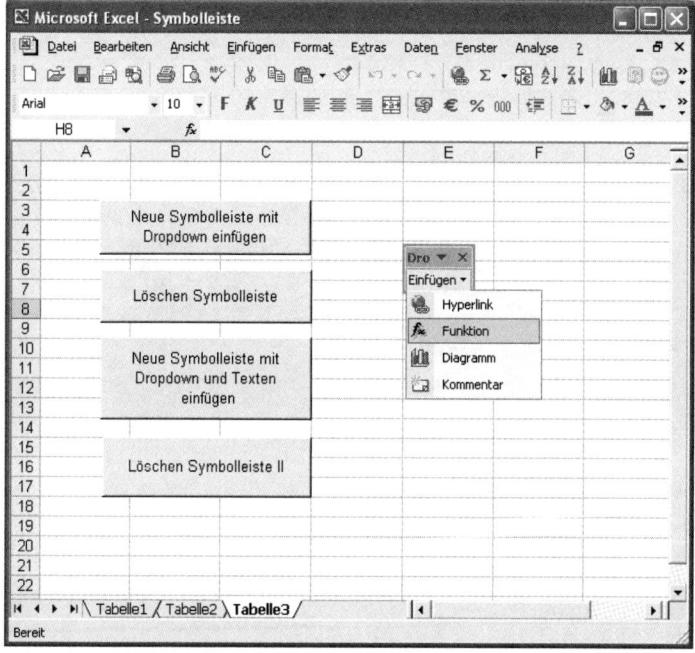

Abbildung 16.21:
Mehrere Funktionen in einem Dropdown unterbringen

Möchten Sie eine Symbolleiste mit einem Dropdown-Element erstellen, aus dem Sie einzelne Texte auswählen können, die Sie vorher aus einer Tabelle in das Dropdown-Element eingelesen haben, nutzen Sie das Ereignis Workbook_Open, um diese Vorarbeit auszuführen.

Dropdown mit Texten erstellen

```
Private Sub Workbook_Open()
 DropdownMitTexten
End Sub

Sub DropdownMitTexten()
Dim SB As CommandBar
Dim Symbol As Object
Dim i As Integer

..On Error Resume Next
 Set SB = CommandBars.Add("Auswahl")
 SB.Visible = True
Set Symbol = _
Application.CommandBars("Auswahl").Controls _
 .Add(Type:=msoControlComboBox)
```

Listing 16.64:
Ereignis Workbook_Open zum Füllen eines Dropdown-Elements in einer Symbolleiste mit Werten

```
With Symbol
   Sheets("Tabelle3").Activate
   Range("H1").Select
   i = 1
   Do Until ActiveCell.Value = ""
    .AddItem Text:=ActiveCell.Value, Index:=i
    ActiveCell.Offset(1, 0).Select
    i = i + 1
   Loop
   .DropDownLines = 4
   .DropDownWidth = 100
   .ListHeaderCount = 0
   .OnAction = "Auswahl"
End With
```

Abbildung 16.22:
Dynamisches Füllen
des Dropdown-
Elements

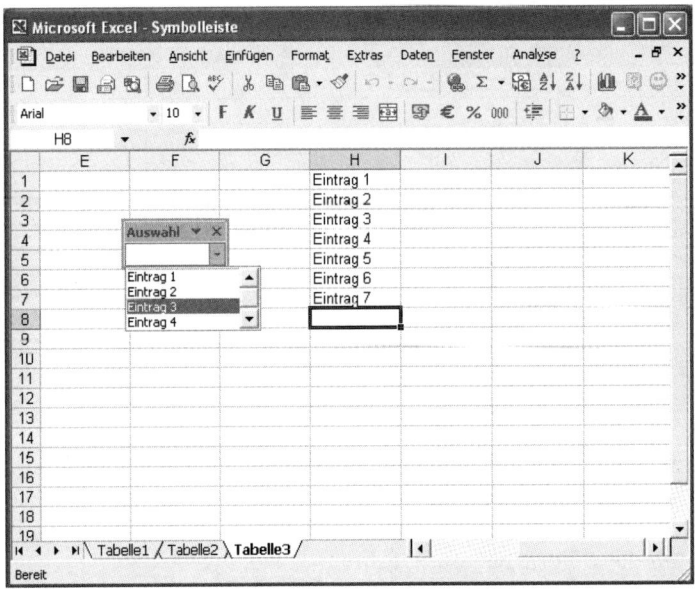

Geben Sie bei der Methode Add den richtigen Typ der Symbolschaltfläche an. Da Sie ein Dropdown mit Textwerten haben möchten, müssen Sie die Konstante msoControlComboBox verwenden. Danach lesen Sie die einzelnen Inhalte des Dropdown-Elements aus der TABELLE3 ein. Über die Eigenschaft DropDownLines geben Sie an, wie viele Listenzeilen im Dropdown-Element angezeigt werden sollen. Mit der Eigenschaft DropDownWidth können Sie die Breite des Dropdown-Elements in Pixeln angeben. Die Eigenschaft ListHeader Count können Sie einsetzen, wenn Sie einen horizontalen Trennstrich im Dropdown-Element haben und die Anzahl der Listenelemente bestimmen möchten, die über der Trennlinie angezeigt werden. Dabei bedeutet der Wert 0, dass kein Listenelement über der Trennlinie angezeigt werden soll. Die Eigenschaft OnAction verweist auf ein Makro, welches ausgeführt werden soll, wenn ein Eintrag aus dem Dropdown-Element ausgewählt wird.

Nun müssen Sie nur noch ermitteln, welcher Eintrag im Dropdown-Element ausgewählt wurde. Dafür ist das Makro aus Listing 16.65 verantwortlich.

Auswahl auswerten

```
Sub Auswahl()
Dim index As Integer

index = Application.CommandBars("Auswahl"). _
      Controls.Item(1).ListIndex
 Select Case index
  Case 1
     Call Makro1
  Case 2
     Call Makro2
  Case 3
     Call Makro3
  Case 4
     Call Makro4
  Case Else
     MsgBox "Noch nicht zugeordet!"
 End Select
End Sub
```

Listing 16.65:
Den ausgewählten Eintrag aus einem Dropdown-Element auswerten

Mithilfe der Eigenschaft `ListIndex` bekommen Sie den momentan markierten Eintrag des Dropdown-Elements zurück. Diesen werten Sie dann in einer `Select Case`-Anweisung aus und starten danach das jeweils zugeordnete Makro.

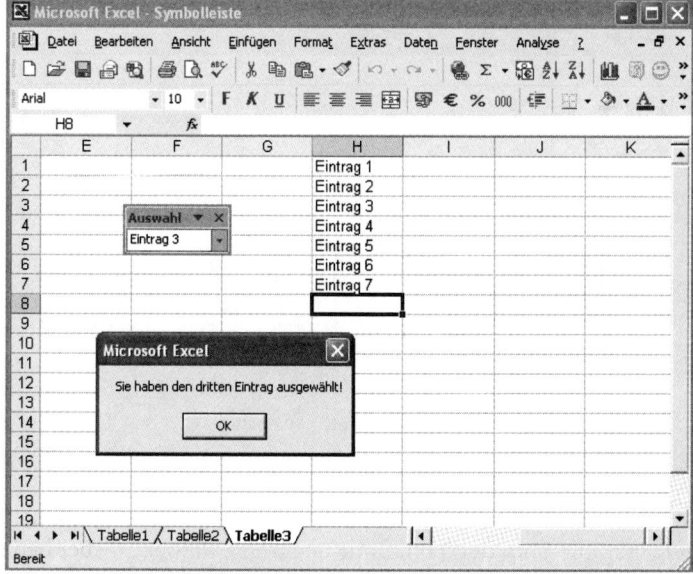

Abbildung 16.23:
Welcher Eintrag wurde ausgewählt?

17 Excel und sein Umfeld

Die Tabellenkalkulation von Microsoft ist keine Anwendung, die auf sich allein gestellt ist. Sie können von Excel aus auf andere Anwendungen zugreifen und Daten austauschen. Besonders oft werden in der Praxis Excel-Tabellen in Textdateien geschrieben bzw. transferierte Textdateien von Host-Systemen in Excel eingelesen. Auch der Datenzugriff innerhalb des Office-Pakets ist geregelt. So können Sie beispielsweise Daten zwischen den beiden beliebtesten Office-Komponenten Excel und Word austauschen oder auf eine Access-Datenbank zugreifen und mithilfe der Zugriffsmethoden DAO bzw. ADO Daten nach Excel transferieren. Zum Abschluss des Kapitels wird das Mailing mit Excel näher unter die Lupe genommen.

Sie finden alle Beispiele zum Thema »Excel und sein Umfeld« auf der mitgelieferten CD-ROM im Verzeichnis KAP17 unter dem Namen UMFELD.XLS.

17.1   Textdateien im Zugriff von Excel

In Excel haben Sie standardmäßig die Möglichkeit, Tabellen als Textdateien zu speichern. Dazu wählen Sie aus dem Menü DATEI den Befehl SPEICHERN UNTER und wählen aus dem Dropdown-Feld DATEITYP den Eintrag CSV (TRENNZEICHEN GETRENNT) oder den Eintrag TEXT (TABS GETRENNT), vergeben einen passenden Dateinamen und bestätigen mit OK. Ebenso können Sie Textdateien in Excel einlesen. Dabei wählen Sie aus dem Menü DATEI den Befehl ÖFFNEN, stellen im Dropdown-Feld DATEITYP den Eintrag TEXT-DATEIEN ein, wählen die gewünschte Textdatei aus und bestätigen mit OK.

17.1.1   Textdateien speichern

Den Vorgang des Speicherns einer Textdatei können Sie selbstverständlich auch über ein Makro automatisieren. So speichern Sie im folgenden Beispiel eine Produkttabelle in einer Textdatei. Als Trennzeichen verwenden Sie dabei das Semikolon.

Transferieren Sie nun die Produkttabelle in eine Textdatei.

Abbildung 17.1:
Die Ausgangssitua-
tion: eine Produkt-
tabelle in Excel

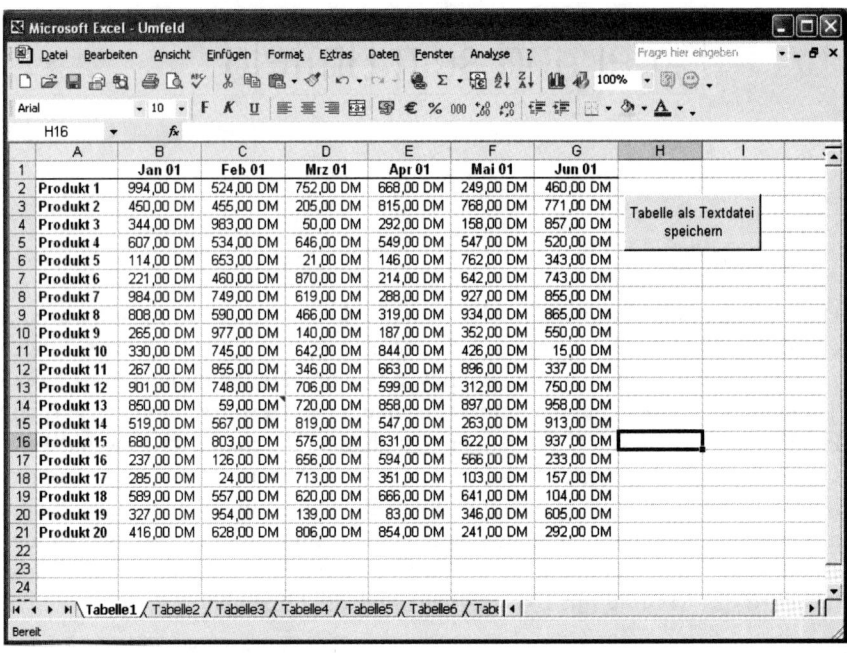

Listing 17.1:
Excel-Tabelle als
Textdatei speichern

```
Sub TabelleAlsTextdateiSpeichern()
Dim Bereich As Range
Dim Zeile As Object
Dim Zelle As Object
Dim s As String

  Set Bereich = ActiveSheet.UsedRange
  Open "c:\eigene Dateien\Artikel.csv" For Output As #1
  For Each Zeile In Bereich.Rows
     For Each Zelle In Zeile.Cells
        s = s & Zelle.Text & ";"
     Next
     Print #1, s
     s = ""
  Next
  Close #1
End Sub
```

Ermitteln Sie im ersten Schritt den verwendeten Bereich in der Excel-
Tabelle. Öffnen Sie danach die Textdatei, die vorher nicht vorhanden sein
muss, mit der Methode Open. Setzen Sie die erste Schleife auf, in der Sie alle
Zeilen der Tabelle durchlaufen. In der zweiten Schleife arbeiten Sie Zelle für
Zelle innerhalb einer Zeile ab. Dabei bilden Sie einen Textstring in der Variablen s, der aus den Zellen einer Zeile mit dem Semikolon als Trennzeichen
besteht.

```
Artikel - Editor                                                      _ □ X
Datei  Bearbeiten  Format  Ansicht  ?
; Jan 01;Feb 01;Mrz 01;Apr 01;Mai 01;Jun 01;
Produkt 1;   994,00 DM ;   524,00 DM ;   752,00 DM ;   668,00 DM ;   249,00 DM ;   460,00 DM ;
Produkt 2;   450,00 DM ;   455,00 DM ;   205,00 DM ;   815,00 DM ;   768,00 DM ;   771,00 DM ;
Produkt 3;   344,00 DM ;   983,00 DM ;    50,00 DM ;   292,00 DM ;   158,00 DM ;   857,00 DM ;
Produkt 4;   607,00 DM ;   534,00 DM ;   646,00 DM ;   549,00 DM ;   547,00 DM ;   520,00 DM ;
Produkt 5;   114,00 DM ;   653,00 DM ;    21,00 DM ;   146,00 DM ;   762,00 DM ;   343,00 DM ;
Produkt 6;   221,00 DM ;   460,00 DM ;   870,00 DM ;   214,00 DM ;   642,00 DM ;   743,00 DM ;
Produkt 7;   984,00 DM ;   749,00 DM ;   619,00 DM ;   288,00 DM ;   927,00 DM ;   855,00 DM ;
Produkt 8;   808,00 DM ;   590,00 DM ;   466,00 DM ;   319,00 DM ;   934,00 DM ;   865,00 DM ;
Produkt 9;   265,00 DM ;   977,00 DM ;   140,00 DM ;   187,00 DM ;   352,00 DM ;   550,00 DM ;
Produkt 10;  330,00 DM ;   745,00 DM ;   642,00 DM ;   844,00 DM ;   426,00 DM ;    15,00 DM ;
Produkt 11;  267,00 DM ;   855,00 DM ;   346,00 DM ;   663,00 DM ;   896,00 DM ;   337,00 DM ;
Produkt 12;  901,00 DM ;   748,00 DM ;   706,00 DM ;   599,00 DM ;   312,00 DM ;   750,00 DM ;
Produkt 13;  850,00 DM ;    59,00 DM ;   720,00 DM ;   858,00 DM ;   897,00 DM ;   958,00 DM ;
Produkt 14;  519,00 DM ;   567,00 DM ;   819,00 DM ;   547,00 DM ;   263,00 DM ;   913,00 DM ;
Produkt 15;  680,00 DM ;   803,00 DM ;   575,00 DM ;   631,00 DM ;   622,00 DM ;   937,00 DM ;
Produkt 16;  237,00 DM ;   126,00 DM ;   656,00 DM ;   594,00 DM ;   566,00 DM ;   233,00 DM ;
Produkt 17;  285,00 DM ;    24,00 DM ;   713,00 DM ;   351,00 DM ;   103,00 DM ;   157,00 DM ;
Produkt 18;  589,00 DM ;   557,00 DM ;   620,00 DM ;   666,00 DM ;   641,00 DM ;   104,00 DM ;
Produkt 19;  327,00 DM ;   954,00 DM ;   139,00 DM ;    83,00 DM ;   346,00 DM ;   605,00 DM ;
Produkt 20;  416,00 DM ;   628,00 DM ;   806,00 DM ;   854,00 DM ;   241,00 DM ;   292,00 DM ;
```

Abbildung 17.2:
Das Ergebnis: eine Textdatei mit dem Semikolon als Trennzeichen

Das Einlesen von CSV-Textdateien ist unproblematisch. Excel erkennt dieses Format und nimmt die Verteilung der Daten auf die einzelnen Spalten selbstständig vor.

INFO

```
Sub TextDateiEinlesen()
    ChDir "C:\Eigene Dateien"
    Workbooks.Open Filename:= _
    "C:\Eigene Dateien\Artikel.csv"
End Sub
```

Listing 17.2:
CSV-Textdatei in Excel einlesen

17.1.2 Textdateien mit Trennzeichen einlesen

Das Einlesen von Textdateien, die ein Trennzeichen wie beispielsweise ein Semikolon haben, stellt in Excel kein Problem dar. Dafür können Sie das Makro aus Listing 17.3 benutzen.

```
Sub EinlesenTextdateiMitTrennzeichen()
On Error Resume Next
Workbooks.OpenText Filename:="c:\test.txt", _
 semicolon:=True
End Sub
```

Listing 17.3:
Textdatei mit Trennzeichen in Excel einlesen

Mithilfe der OpenText-Methode können Sie Textdateien öffnen. Bei dieser Methode können Sie eine ganze Reihe von Argumenten angeben, die größtenteils von Excel selbstständig erkannt werden.

Wenn Sie trotzdem einmal ein Problem haben, geben Sie das eine oder andere Argument noch an. Um herauszufinden, welche Argumente diese Methode anbietet, setzen Sie den Mauszeiger auf diese Methode und drücken die Taste F1*, um die Online-Hilfe aufzurufen.*

INFO

17.1.3 Textdateien fixer Länge öffnen

Wenn Sie regelmäßig Textdateien bekommen, die Sie wegen der besseren Bearbeitungsmöglichkeiten in eine Excel-Tabelle überführen möchten, können Sie diese Aufgabe automatisch erledigen lassen. Sehen Sie sich dazu den Aufbau der Textdatei an.

Abbildung 17.3:
Die Ausgangsposition: eine Textdatei mit fixer Satzlänge

```
Produkt - Editor

Datei  Bearbeiten  Format  Ansicht  ?

C679  0   567,56
D513  79  689,19
E461  2   156,15
F508  98  6781,57
G612  38  5755,07
H892  45  357,88
H893  67  12,46
H894  9   24,99
H895  11  122,56
```

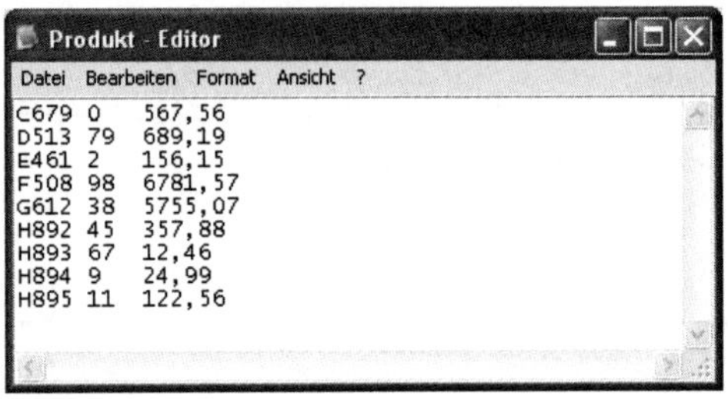

Für obige Textdatei sind für die Produktnummer vier Zeichen, für den Bestand drei Zeichen und für den Preis zehn Stellen vorgesehen. Wichtig ist jeweils die Anfangsposition für jedes Feld. Sehen Sie sich dazu das folgende Makro in Listing 17.4 an.

Listing 17.4:
Textdatei mit fixer Satzlänge einlesen

```
Sub TextdateiFixInExcelÖffnen()
    Workbooks.OpenText Filename:= _
    "C:\eigene Dateien\Produkt.txt", _
    DataType:=xlFixedWidth, _
    FieldInfo:=Array(Array(0, 1), Array(5, 1), _
    Array(9, 1))
End Sub
```

Über die Methode OpenText können Sie eine Textdatei öffnen und analysieren. Geben Sie im Argument Filename den Pfad und den Dateinamen der Textdatei an. Im Argument DataType geben Sie die Konstante XlFixedWidth an, was bedeutet, dass die Textdatei feste Feldlängen aufweist. Im Argument FieldInfo legen Sie die Startposition des jeweiligen Feldes fest.

INFO

Besitzt Ihre Textdatei eine Überschriftenzeile, die Sie nicht einlesen möchten, können Sie bei der Methode OpenText *das Argument* StartRow:=1 *einsetzen.*

17.1.4 Mehrere Textdateien in eine Tabelle einfügen

Haben Sie gleich mehrere Textdateien, die Sie nacheinander in Excel einlesen möchten, und wollen Sie am Schluss alle Daten auf einem Tabellenblatt haben, dann setzen Sie eine Schleife ein, die alle Textdateien öffnet und in eine Tabelle kopiert.

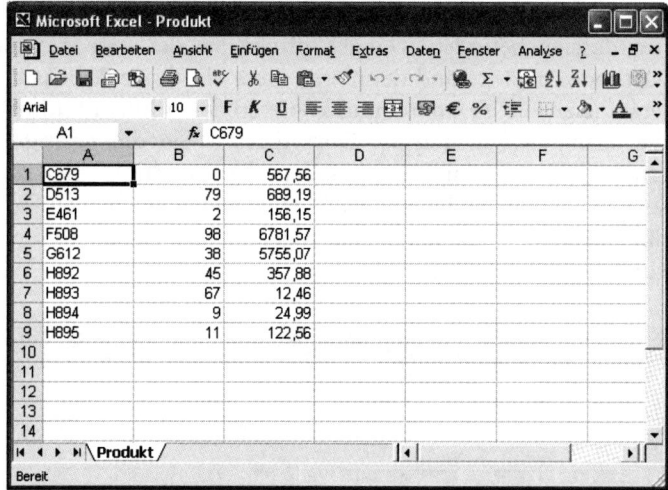

Abbildung 17.4:
Das Ergebnis: die
Produktdaten in
einer Excel-Tabelle

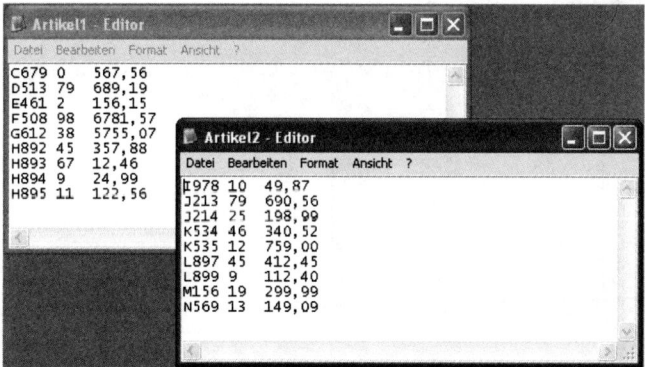

Abbildung 17.5:
Die Ausgangsposi-
tion: mehrere Text-
dateien in
demselben Format

Starten Sie nun das Makro aus Listing 17.5, um alle Textdateien übersichtlich in eine Tabelle zu transferieren.

```
Sub TextdateienEinlesen()
Dim Mappe As Workbook

 On Error Resume Next
ChDir "c:\eigene Dateien\"
 Workbooks.OpenText "Artikel1.txt"
 Set Mappe = ActiveWorkbook
 Workbooks.OpenText "Artikel2.txt"
 ActiveSheet.UsedRange.Copy
 Mappe.Activate
 Cells(Rows.Count, 1).End(xlUp) _
  .Offset(1).PasteSpecial xlAll
End Sub
```

Listing 17.5:
Mehrere Text-
dateien gleichen
Formats in eine
Excel-Tabelle
kopieren

Wechseln Sie mit der Anweisung ChDir in das Verzeichnis, in dem sich Ihre Textdateien befinden. Danach öffnen Sie die erste Textdatei mithilfe der Methode OpenText und definieren diese als aktive Arbeitsmappe. Öffnen Sie jetzt die zweite Textdatei und kopieren deren Inhalt und wechseln wieder in die aktive Arbeitsmappe. Dort müssen Sie die richtige Einfügeposition ermitteln. Dies gelingt Ihnen, indem Sie über die Methode Count und Anweisung End die letzte belegte Zeile ermitteln. Verschieben Sie den Mauszeiger um eine Zeile nach unten und fügen Sie mit der Methode PasteSpecial die vorher kopierten Daten ein.

17.2   Excel und Word im Duett

Sie können Daten zwischen den beiden beliebtesten Office-Anwendungen Excel und Word hin- und herschieben. Dabei können Sie entscheiden, ob Sie die Daten verknüpft oder als Festwerte übertragen wollen.

17.2.1   Excel-Tabelle unverknüpft nach Word übertragen

In der folgenden Praxisaufgabe soll eine Excel-Teilnehmerliste in ein Word-Dokument übertragen werden. Dabei soll aber keine Excel-Tabelle in Word eingebettet, sondern in Word selbst eine Tabelle erstellt werden, um danach Zelle für Zelle zu transferieren.

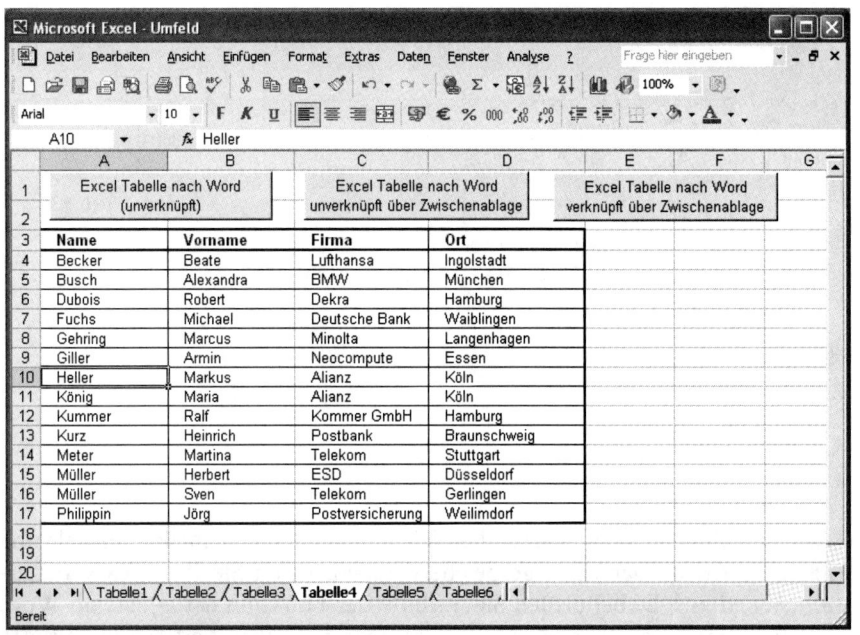

Abbildung 17.7:
Die Ausgangssituation: eine Teilnehmerliste in Excel

Übertragen Sie nun Zelle für Zelle in ein neues Word-Dokument.

```
Sub ExcelTabelleNachWord()
Dim WordObj As Object
Dim Bereich As Variant
Dim WordDoc As Object
Dim ExTab As Object
Dim i As Integer
Dim x As Integer
Dim y As Integer

Sheets("Tabelle4").Activate
i = ActiveSheet.UsedRange.Rows.Count
Bereich = Range("A3:D" & i).Value
On Error Resume Next
Set WordObj = GetObject(, "Word.Application.10")
If Err.Number = 429 Then
    Set WordObj = CreateObject("Word.Application.10")
    Err.Number = 0
End If
WordObj.Visible = True
Set WordDoc = WordObj.Documents.Add
With WordObj.Selection
    .TypeText Text:="Teilnehmerliste aus : " & _
    ActiveWorkbook.Name
    .TypeParagraph
    .TypeText Text:="vom  " & Format(Now(), _
```

Listing 17.6:
Excel-Tabelle Zelle
für Zelle in ein
Word-Dokument
übertragen
(Variante 1)

```
     "dd-mmm-yyyy")
     .TypeParagraph
End With
Set ExTab = WordDoc.Tables.Add _
 (WordObj.Selection.Range, _
 UBound(Bereich, 1), UBound(Bereich, 2))
With ExTab
    For x = 1 To UBound(Bereich, 1)
        For y = 1 To UBound(Bereich, 2)
            .Cell(x, y).Range.InsertAfter Bereich(x, y)
        Next y
    Next x
End With
Set WordObj = Nothing
Set WordDoc = Nothing
Set ExTab = Nothing
End Sub
```

Nachdem Sie den verwendeten Bereich in Ihrer Excel-Tabelle ermittelt und diesen in einem Datenfeld gespeichert haben, rufen Sie Ihre Textverarbeitung Word auf. Dabei prüfen Sie mithilfe der Funktion GetObject, ob Word bereits gestartet ist. (Für Word 2002 müssen Sie dabei die Versions-Nr. 10, für Word 2000 die Versions-Nr. 9 angeben) Wenn nicht, bekommen Sie eine Fehlernummer 429 zurück, die besagt, dass die Objektkomponente nicht verfügbar ist. In diesem Fall erstellen Sie über die Funktion CreateObject einen Verweis auf Word.

Haben Sie Office 97 im Einsatz, geben Sie in der Funktion GetObject *bzw.* CreateObject *als Objektverweis* word.application.8 *an.*

Über die Eigenschaft Visible teilen Sie mit, dass die Textverarbeitung auch angezeigt werden soll. Dazu setzen Sie diese Eigenschaft auf den Wert True. Erstellen Sie nun mit der Methode Add ein neues Dokument. Bei den nachfolgenden Befehlen handelt es sich größtenteils um Word-VBA-Befehle.

Um die Online-Hilfe zu diesen Word-VBA-Befehlen nutzen zu können, müssen Sie zuerst die noch fehlende Word-Bibliothek in der Entwicklungsumgebung im Menü EXTRAS *unter dem Befehl* VERWEISE *aktivieren.*

Word-VBA Mit der Eigenschaft TypeText können Sie einen Text in das Dokument einfügen. Dies nutzen Sie für die Erstellung der Überschrift. Mit der Methode TypeParagraph fügen Sie eine leere Zeile in das Dokument ein. Setzen Sie die Methode Add ein, um eine noch leere Tabelle in das Dokument einzufügen, und füllen Sie diese Zelle für Zelle, indem Sie das vorher gefüllte Datenfeld schrittweise auslesen und mit der Methode InsertAfter in die Tabelle übertragen.

Setzen Sie am Ende die Objektvariablen auf den Wert Nothing, *um den für die Variablen reservierten Speicher wieder freizugeben.*

Nahezu dasselbe Ergebnis können Sie erreichen, wenn Sie den Datentransfer über die Zwischenablage, also blockweise, ausführen. Sehen Sie sich dazu das Makro aus Listing 17.7 an.

```
Sub ExcelTabelleNachWordZwischenablage()
Dim WordObj As Object
Dim WordDoc As Object
Dim i As Integer

 Sheets("Tabelle4").Activate
 i = ActiveSheet.UsedRange.Rows.Count
 Range("A3:D" & i).Copy
 On Error Resume Next
 Set WordObj = GetObject(, "word.application.10")
 If Err.Number = 429 Then
    Set WordObj = CreateObject("word.application.10")
    Err.Number = 0
 End If
 WordObj.Visible = True
 Set WordDoc = WordObj.Documents.Add
 With WordObj.Selection
    .TypeText Text:="Teilnehmerliste aus : " & _
    ActiveWorkbook.Name
    .TypeParagraph
    .TypeText Text:="vom  " & Format(Now(), _
    "dd-mmm-yyyy")
    .TypeParagraph
 End With
 WordObj.Selection.Paste
 Application.CutCopyMode = False
 Set WordObj = Nothing
 Set WordDoc = Nothing
End Sub
```

Listing 17.7:
Datenaustausch
von Excel und Word
über die Zwischen-
ablage (Variante 2)

Der Vorteil der Variante 2 ist, dass der Vorgang erheblich schneller ausgeführt werden kann. Variante 1 ist zu empfehlen, wenn Sie vor dem Übertragen der Daten eine Prüfung, Formatierung bzw. Änderung der Daten vornehmen möchten.

17.2.2   Excel-Tabelle verknüpft nach Word übertragen

In der nächsten Aufgabe soll die Verknüpfung zur Excel-Arbeitsmappe erhalten bleiben. Diese Vorgehensweise ist sinnvoll, wenn Sie die Daten später noch einmal ändern und daher die Änderung auch nicht in beiden Anwendungen nachziehen möchten.

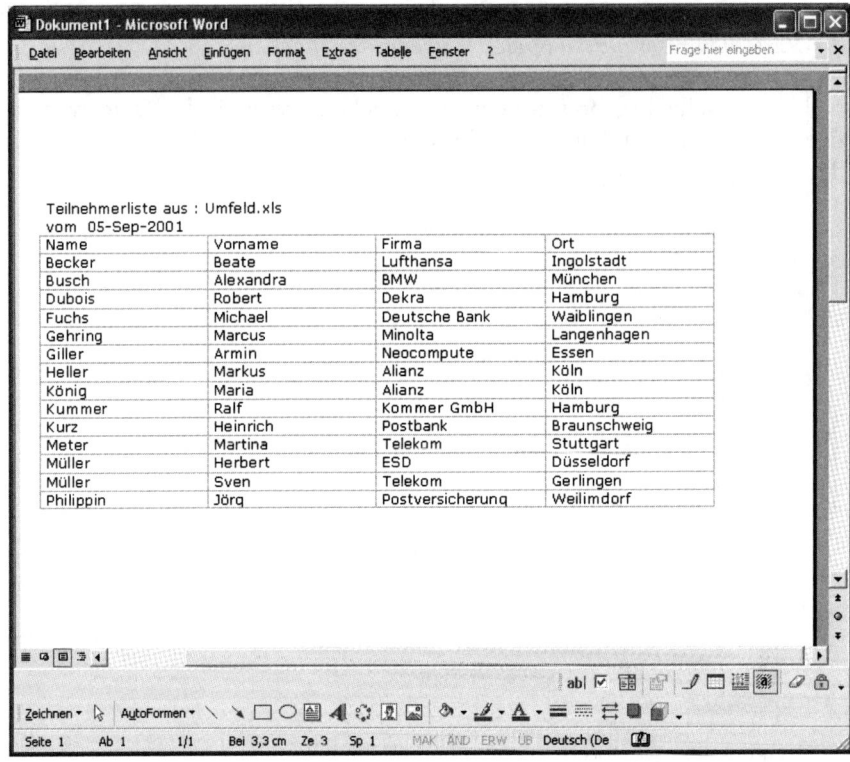

Abbildung 17.8: Das Endergebnis: die Teilnehmerliste in Word

Das Makro für diese Aufgabe ähnelt dem Makro aus Listing 17.8.

```
Sub ExcelTabelleNachWordVerknüpft()
Dim WordObj As Object
Dim WordDoc As Object
Dim i As Integer

Sheets("Tabelle4").Activate
i = ActiveSheet.UsedRange.Rows.Count
Range("A3:D" & i).Copy
On Error Resume Next
Set WordObj = GetObject(, "word.application.10")
If Err.Number = 429 Then
    Set WordObj = CreateObject("word.application.10")
    Err.Number = 0
End If
WordObj.Visible = True
Set WordDoc = WordObj.Documents.Add
With WordObj.Selection
    .TypeText Text:="Teilnehmerliste aus : " & _
    ActiveWorkbook.Name
    .TypeParagraph
    .TypeText Text:="vom  " & Format(Now(), _
```

```
    "dd-mmm-yyyy")
    .TypeParagraph
  End With
  WordObj.Selection.PasteSpecial link:=True
  Application.CutCopyMode = False
  Set WordObj = Nothing
  Set WordDoc = Nothing
End Sub
```

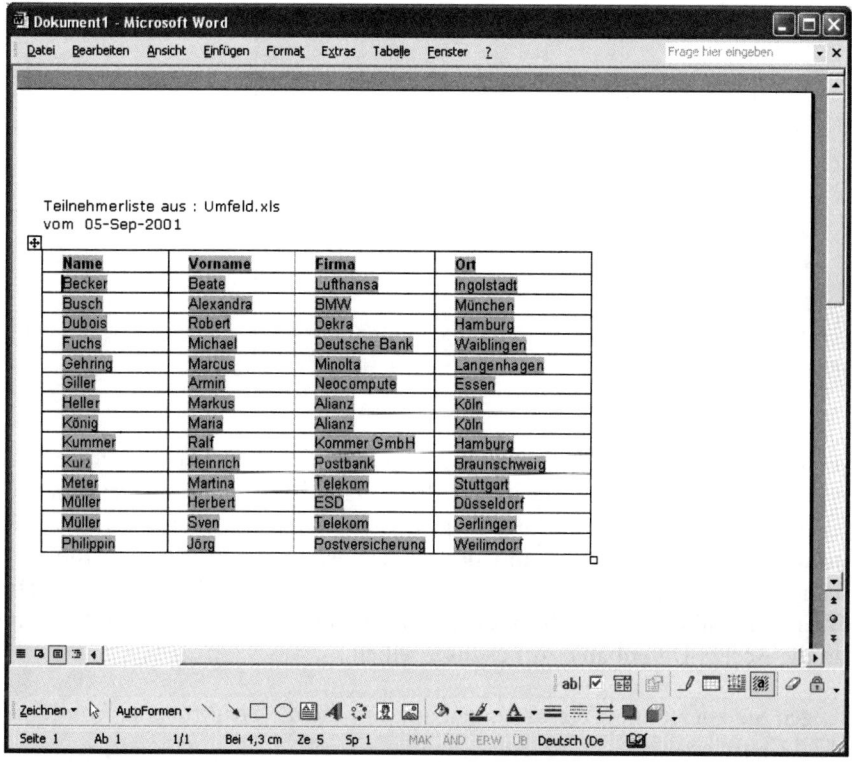

Abbildung 17.9:
Alle Felder sind noch mit dem Original verknüpft.

Um die Excel-Daten im kopierten Bereich von Excel nach Word zu übertragen, müssen Sie beim Einfügen darauf achten, dass Sie bei der Methode Paste-Special *das Argument* Link *auf den Wert* True *setzen.*

INFO

17.3 Excel im Zusammenspiel mit Access

Die Zusammenarbeit zwischen Excel und Access bietet interessante Möglichkeiten in der Praxis. Unbestritten ist, dass das Datenbankprogramm Access in der Verwaltung von Massendaten die geeignetere Oberfläche darstellt. Wenn es jedoch um flexibles Bearbeiten von Daten geht, nimmt Excel die führende Rolle ein. So können Sie die Daten in einer Access-Datenbank speichern und über Excel darauf zugreifen. Diesen Zugriff können Sie entweder mit der älteren Zugriffsmethode DAO (Data Access Object) oder mit der neuen Methode ADO (ActiveX Data Object) bewerkstelligen. Das folgende Beispiel aus der Praxis wird aus Aktualitätsgründen mit ADO programmiert.

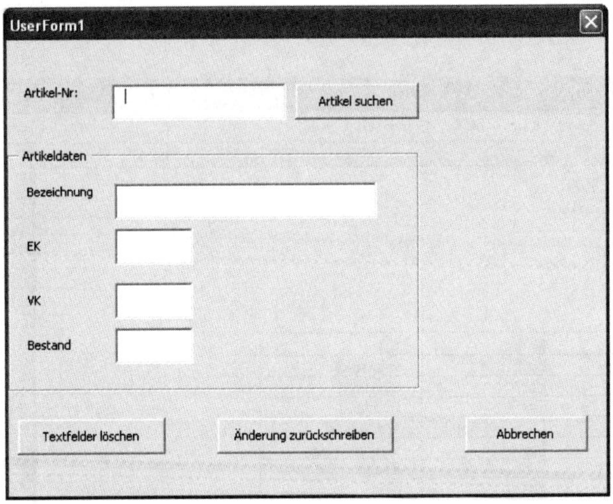

Abbildung 17.10:
Die UserForm in
Excel zum Anzeigen
der Artikel

Die Aufgabe   Erstellen Sie ein Modell, bei dem Artikeldaten in einer Access-Datenbank verwaltet werden. Der Zugriff auf diese Datenbank soll von Excel mittels einer UserForm erfolgen. Unter Zugriff ist in erster Linie eine Suchen-Funktion zu verstehen, die anhand der eingegebenen Artikelnummer die restlichen Artikeldaten aus Access holt und in der UserForm anzeigt. Des Weiteren soll es aber auch möglich sein, die Daten in Excel zu ändern und in die Access-Datenbank zurückzuschreiben.

Die   Legen Sie zuerst eine Access-Datenbank an, die die Struktur aus Abbildung
Realisierung   17.11 aufweist.

Entwerfen Sie nun in Excel eine UserForm nach dem Vorbild von Abbildung 17.11.

Die Textfelder in der UserForm sind von oben nach unten durchnummeriert (TEXTBOX1 = Artikel-Nr., TEXTBOX2 = Bezeichnung usw.). Ebenso sind die Schaltflächen von oben nach unten und von links nach rechts nummeriert.

17.3.1   Datenbankabfrage durchführen

Nun soll in das Textfeld TEXTBOX1 eine Artikelnummer eingegeben und nach dem Klicken der Schaltfläche ARTIKEL SUCHEN die Access-Datenbank im Hintergrund geöffnet, der gewünschte Artikel herausgesucht und anschließend in der UserForm von Excel angezeigt werden.

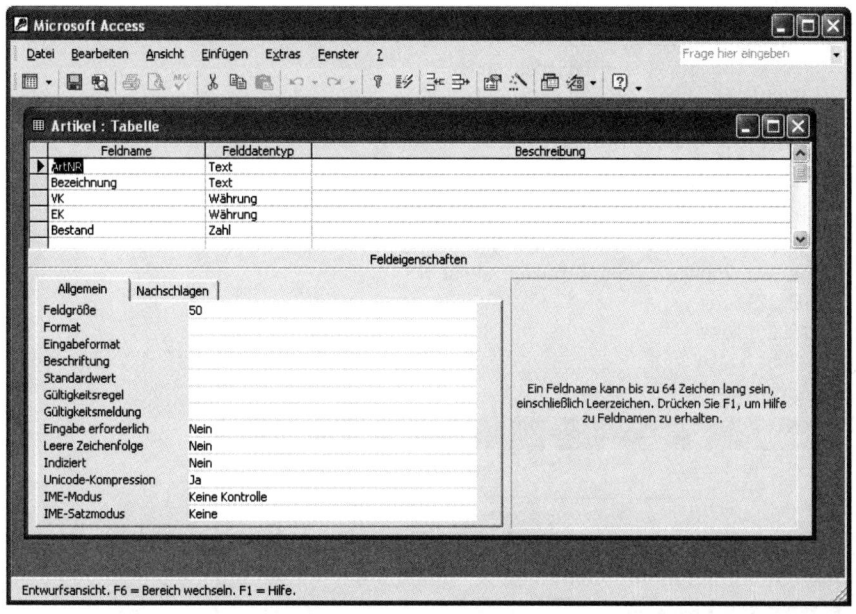

Abbildung 17.11:
Die Artikeldaten-
bank in Access

Um mit der Datenzugriffsmethode ADO überhaupt arbeiten zu können, *Bibliotheken* müssen Sie vorher noch die Bibliothek MICROSOFT ACTIVEX DATA OBJECTS *aktivieren* 2.1 LIBRARY einbinden. Dazu wechseln Sie in die Entwicklungsumgebung, wählen aus dem Menü EXTRAS den Befehl VERWEISE, aktivieren diese Bibliothek und bestätigen mit OK.

Klicken Sie in der Entwicklungsumgebung in der UserForm auf die Schaltfläche ARTIKEL SUCHEN und erfassen Sie folgendes Makro.

```
Private Sub CommandButton1_Click()
Dim ADOC As New ADODB.Connection
Dim DBS As New ADODB.Recordset
Dim Dia As UserForm
Dim s As String

  ADOC.Open "Provider= _
Microsoft.Jet.OLEDB.4.0;Data _
Source=C:\eigene Dateien\Artikel.mdb;"
 Set Dia = UserForm1
 s = Dia.TextBox1.Value
 s = "ArtNr = '" & s & "'"
DBS.Open "Artikel", ADOC, adOpenKeyset, _
adLockOptimistic
 On Error GoTo Fehler
  DBS.Find s
  With Dia
   .TextBox2.Value = DBS!Bezeichnung
```

Listing 17.9:
Datenbankabfrage
über Suchbegriff
aus Excel heraus
durchführen

```
      .TextBox3.Value = DBS!EK
      .TextBox4.Value = DBS!VK
      .TextBox5.Value = DBS!Bestand
    End With
    DBS.Close
    ADOC.Close
    Exit Sub
Fehler:
  MsgBox "Der Artikel mit der Nr. " & _
    s & " konnte nicht gefunden werden!"
  DBS.Close
  ADOC.Close
End Sub
```

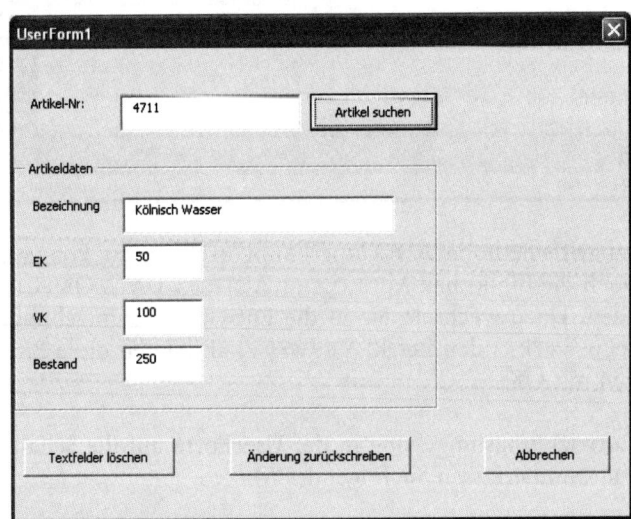

Definieren Sie zuerst eine Objektvariable vom Typ Connection, um später die Verbindung zur Datenquelle herzustellen. Als zweite Objektvariable benötigen Sie ein RekordSet-Objekt, welches nachher alle Datensätze der Datenquelle aufnehmen soll. Um die Verbindung zur Access-Datenbank herzustellen, benötigen Sie zuerst einmal eine Verbindung zu Ihrem Provider, die Sie mit der Methode Open herstellen. Dieser Provider stellt alle Funktionen zur Verfügung, die notwendig sind, um auf den Access-Datenbestand zuzugreifen. Die Datenbank ARTIKEL.MDB ist jetzt geöffnet. Bilden Sie nun den Suchbegriff, der sich aus der Eingabe des ersten Textfeldes in Ihrer UserForm ergibt. Ergänzen Sie diese Eingabe um den Namen des Datenfeldes ARTNR. Öffnen Sie wiederum mit der Methode Open die Datentabelle, die den Artikelbestand enthält. Setzen Sie nun die Methode Find ein, der Sie den Suchbegriff übergeben.

Die Methode sucht im Recordset-Objekt DBS nach dem Datensatz, der den angegebenen Kriterien entspricht. Ist das Kriterium erfüllt, wird der gefundene Datensatz zum aktuellen Datensatz des Recordsets. Jetzt können Sie die einzelnen Datenfelder aus dem Recordset-Objekt auslesen und in die Textfelder Ihrer UserForm übertragen. Wird jedoch kein gültiger Satz gefunden, sorgt die On Error-Anweisung dafür, dass zum Ende des Makros verzweigt wird. Dort geben Sie zur Info eine Warnmeldung auf dem Bildschirm aus.

Achten Sie darauf, dass Sie am Ende des Makros sowohl die Verbindung zum Provider trennen als auch die Datenbank wieder schließen. In beiden Fällen setzen Sie die Methode Close ein.

!! STOP

17.3.2   Datenbank-Update durchführen

Im nächsten Schritt werden Sie die Access-Datenbank mit eingegebenen Excel-Daten aktualisieren. Dabei muss unterschieden werden, ob ein bereits bestehender Satz upgedatet oder ein neuer Datensatz eingefügt werden muss. Klicken Sie in der Entwicklungsumgebung auf die Schaltfläche ÄNDE-RUNGEN ZURÜCKSCHREIBEN und erfassen Sie das Makro aus Listing 17.10.

```
Private Sub CommandButton3_Click()
Dim ADOC As New ADODB.Connection
Dim DBS As New ADODB.Recordset
Dim Dia As UserForm
Dim s As String


    ADOC.Open "Provider= _
    Microsoft.Jet.OLEDB.4.0;Data _
    Source=C:\eigene Dateien\Artikel.mdb;"
    DBS.Open "Select * from Artikel", _
    ADOC, adOpenKeyset, adLockOptimistic
    Set Dia = UserForm1
    s = Dia.TextBox1.Value
    s = "ArtNr = '" & s & "'"
    On Error GoTo Fehler
    DBS.Find s
     With Dia
        DBS!Bezeichnung = .TextBox2.Value
        DBS!EK = .TextBox3.Value
        DBS!VK = .TextBox4.Value
        DBS!Bestand = .TextBox5.Value
        DBS.Update
     End With
    DBS.Close
    MsgBox "Satz geändert!"
    Exit Sub
Fehler:
 DBS.AddNew
```

Listing 17.10: Datenbankaktualisierung durchführen (Neuanlage bzw. Update)

```
With Dia
      DBS!ArtNr = .TextBox1.Value
      DBS!Bezeichnung = .TextBox2.Value
      DBS!EK = .TextBox3.Value
      DBS!VK = .TextBox4.Value
      DBS!Bestand = .TextBox5.Value
      DBS.Update
   End With
   DBS.Close
   MsgBox "Satz neu eingefügt!"
End Sub
```

Stellen Sie die Verbindung mit Ihrem Provider her, öffnen Sie die Datenbank und lesen Sie mit der Anweisung `Select` alle Datensätze der Datentabelle in die `Rekordset`-Objektvariable DBS. Bilden Sie nun den Suchbegriff aus dem Inhalt des Textfeldes TEXTBOX1 (ARTIKEL-NR.) und wenden Sie die Methode `Find` an. Wird die Artikelnummer in der Access-Datenbank gefunden, schreiben Sie die aktuellen Feldinhalte aus der UserForm direkt in die Datentabelle von Access.

Abbildung 17.13:
VK-Preis und
Bestand wurden
geändert.

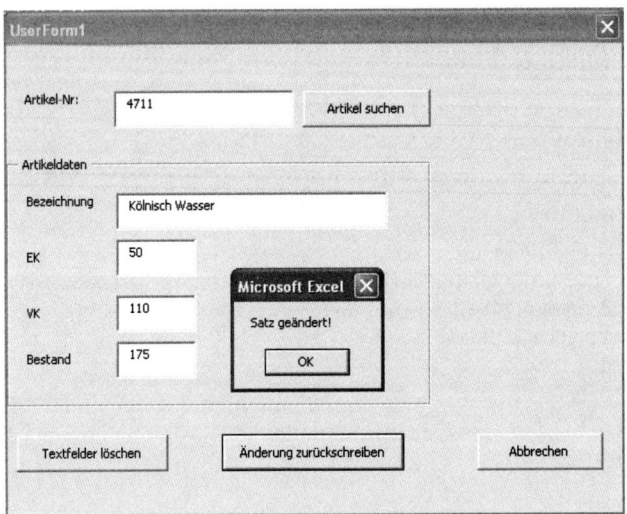

Vergessen Sie nicht, zum Abschluss der Übertragung die Methode Update *anzuwenden. Erst dann werden die Änderungen wirklich gespeichert.*

Mit einer kleinen, aber sehr nützlichen Zusatzfunktion können Sie alle Textfelder in der UserForm auf einmal löschen. Dazu wenden Sie das Makro aus Listing 17.11 an.

```
Private Sub CommandButton2_Click()
 TextfelderLöschen
End Sub
Sub TextfelderLöschen()
Dim tb As Object
    For Each tb In UserForm1.Controls
      If TypeName(tb) = "TextBox" Then tb.Text = ""
    Next tb
End Sub
```

Listing 17.11:
Alle Textfelder in
einer UserForm
löschen

Klicken Sie in der Entwicklungsumgebung auf die Schaltfläche TEXTFEL-
DER LEEREN und rufen Sie im Klick-Ereignis der Schaltfläche das Makro
TextfelderLöschen auf. Setzen Sie eine Schleife auf, die alle eingefügten
Steuerelemente kontrolliert und die ermittelten Textfelder initialisiert.

17.4   Excel und Outlook

Seit der Version Excel 2000 müssen Sie nicht mehr programmieren, wenn
Sie Excel-Dateien als Webseiten speichern möchten. Dabei haben Sie sogar
die Möglichkeit, interaktive Webseiten zu erstellen, d. h., die Daten können
auch direkt im Internet bearbeitet werden.

Ein interessanter Bereich, in dem Sie noch etwas optimieren können, ist das
Versenden von E-Mails und der Datenaustausch mit Outlook.

17.4.1   Tabelle als E-Mail versenden

Wenn Sie die Tabelle, die Sie gerade in Bearbeitung haben, per E-Mail versenden und dabei nicht die komplette Arbeitsmappe, sondern eben nur die
aktive Tabelle verschicken möchten, setzen Sie folgendes Makro aus Listing
17.12 ein.

Den Text aus Zelle A1 nehmen Sie als Titel der E-Mail sowie als Namen der
angehängten Arbeitsmappe. Den Empfänger fragen Sie über eine Eingabe
vom Anwender ab.

```
Sub AktiveTabelleAlsEMailVersenden()
Dim Empfänger As String
 Empfänger = InputBox _
 ("Geben Sie den Empfänger des E-Mails ein!")
 If Empfänger = "" Then Exit Sub
 ActiveWorkbook.ActiveSheet.Copy
 ActiveWorkbook.SaveAs Range("A1").Value & ".xls"
 ActiveWorkbook.SendMail Recipients:=Empfänger, _
    Subject:=Range("A1").Value
 ActiveWorkbook.Close savechanges:=False
End Sub
```

Listing 17.12:
Aktive Tabelle als
E-Mail mit Anhang
versenden

Abbildung 17.14:
Die Ausgangs-
situation: die
Umsatztabelle

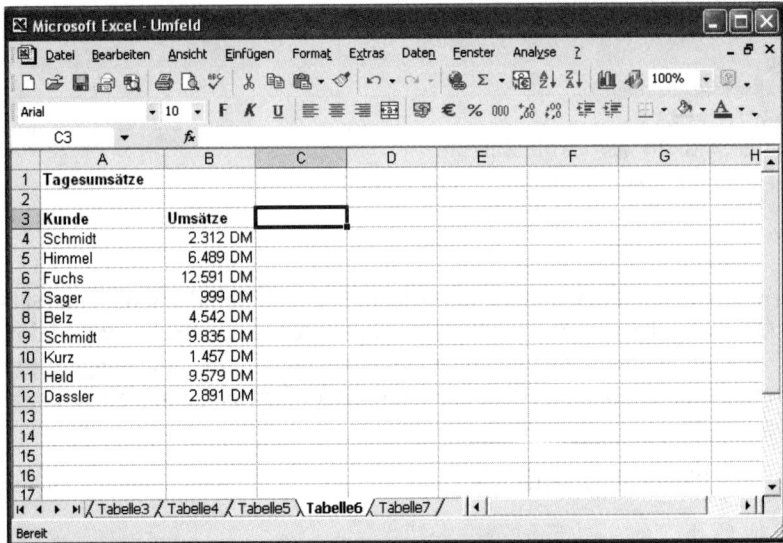

Abbildung 17.15:
Das Ergebnis: eine
E-Mail mit einer
Excel-Tabelle als
Anhang

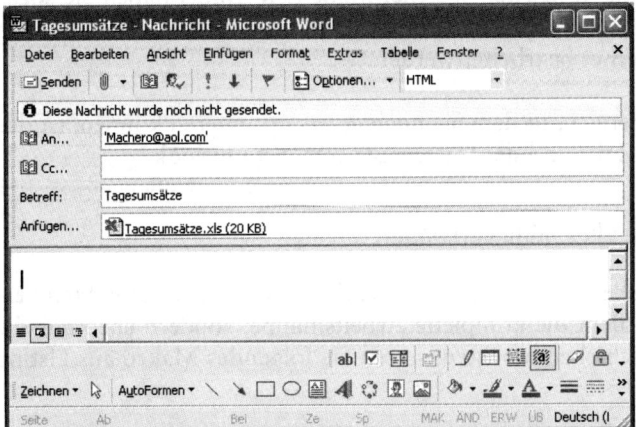

Kopieren Sie die aktive Tabelle zuerst einmal in eine neue Arbeitsmappe mit der Methode Copy. Speichern Sie die neue Arbeitsmappe gleich im Anschluss unter dem Namen, den Sie aus Zelle A1 herauslesen. Schicken Sie danach diese Arbeitsmappe über die Methode SendMail an Ihr installiertes E-Mail-System. Im Argument Recipients geben Sie den E-Mail-Empfänger an, den Sie vorher über die Funktion Inputbox vom Anwender erfragt haben. Im Argument Subject geben Sie den Namen des Betreffs ein, den Sie ebenfalls aus der Zelle A1 ermitteln. Wenn Sie möchten, können Sie noch das Argument ReturnReceipt einsetzen, das Sie auf den Wert True setzen, sofern Sie eine Empfangsbestätigung einholen möchten.

Geben Sie im Argument Subject *der Methode* SendMail *nichts an, so wird standardmäßig der Name der angehängten Datei als Betreff verwendet.*

:-)
TIPP

17.4.2 Excel-Bereich als E-Mail versenden

Im nächsten Beispiel gehen Sie noch einen Schritt weiter. Versenden Sie einen vorher ausgewählten Bereich von Zellen als E-Mail.

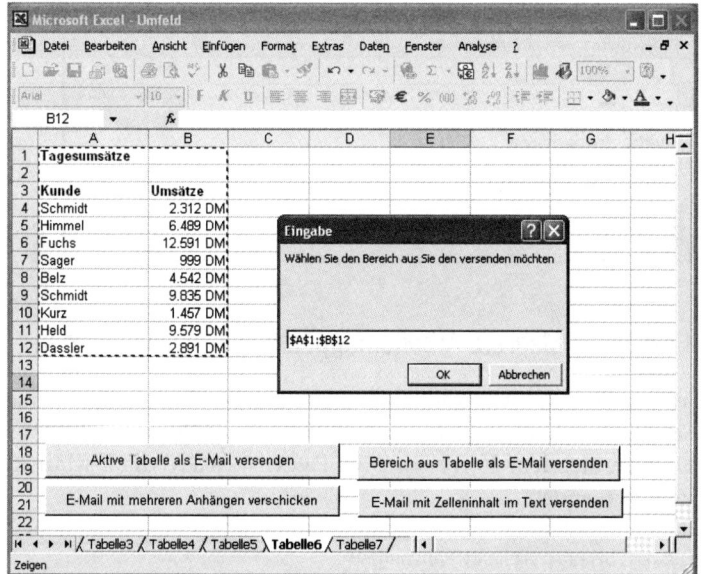

Abbildung 17.16:
Wählen Sie den
Bereich aus, den
Sie versenden
möchten.

```
Sub BereichAlsEMailVersenden()
Dim Empfänger As String
Dim Bereich As Range

    Application.SheetsInNewWorkbook = 1
    Empfänger = InputBox _
    ("Geben Sie den Empfänger der E-Mails ein!")
    If Empfänger = "" Then Exit Sub
    Set Bereich = Application.InputBox( _
 "Wählen Sie den Bereich aus, den Sie senden möchten", _
    Type:=8)
    Range(Bereich.Address).Select
    Selection.Copy
    Workbooks.Add
    ActiveSheet.Paste
    ActiveWorkbook.SaveAs "Anhang.xls"
    Application.Dialogs(xlDialogSendMail).Show _
            Empfänger, "markierter Bereich"
End Sub
```

Listing 17.13:
Markierten Zellen-
bereich als E-Mail
versenden

Setzen Sie die Funktion Inputbox vom Typ 8 ein, um über den Dialog eine Zellenmarkierung erreichen zu können. Danach kopieren Sie die Auswahl, fügen eine neue Arbeitsmappe ein und fügen den Inhalt der Zwischenablage in die neue Arbeitsmappe ein. Speichern Sie die Arbeitsmappe unter dem Namen ANHANG.XLS und rufen Sie den integrierten E-Mail-Dialog von Excel auf.

Abbildung 17.17:
Der markierte Bereich einer Tabelle wurde versendet.

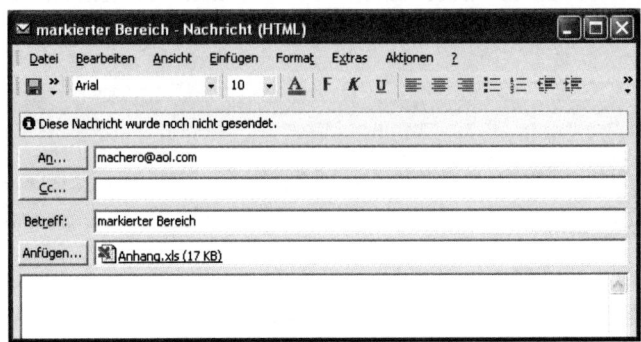

17.4.3   Mehrere Arbeitsmappen per E-Mail versenden

Möchten Sie regelmäßig eine ganze Reihe von Dateien versenden, können Sie diesen Vorgang automatisieren. Im folgenden Beispiel werden alle Dateien aus dem Verzeichnis C:\RECHNUNGEN\ als E-Mail-Anhang in Outlook versendet.

Listing 17.14:
Alle Dateien in einem Verzeichnis an eine E-Mail anhängen und versenden

```
Sub EMailVerschickenMitAnhängen()
Dim outObj As Object
Dim Mail As Object
Dim i As Integer

    Set outObj = CreateObject("Outlook.Application")
    Set Mail = outObj.CreateItem(0)
    With Mail
      .Subject = "Rechnungen"
      .Body = "Sehr geehrte Damen und Herren " _
      & Chr(13) & _
      "Bitte prüfen Sie die angehängten Rechnungen" & _
      Chr(13) & "Viele Grüße " & Chr(13) & _
      Application.UserName
      .To = "Rewe@Mac.de"
      .CC = "Fibu@Mac.de"
    End With
        With Application.FileSearch
          .NewSearch
          .LookIn = "c:\Rechnungen\"
          .SearchSubFolders = True
```

```
    .FileType = msoFileTypeAllFiles
    .Execute
    For i = 1 To .FoundFiles.Count
        Mail.Attachments.Add .FoundFiles(i)
    Next i
  End With
Mail.Display
Set Mail = Nothing
Set outObj = Nothing
End Sub
```

Definieren Sie zuerst zwei Objektvariablen. Die erste Variable outObj soll einen Verweis auf die Anwendung Outlook darstellen, die zweite Variable Mail gibt einen Verweis auf die Outlook-Komponente, die für das Erstellen und Verschicken von E-Mails verantwortlich ist. Über die Funktion Create Object erstellen Sie ein Outlook-Objekt. Mit der Methode CreateItem erstellen Sie ein Outlook-Element. Entnehmen Sie der Tabelle 17.1 die einzelnen Elemente, die Sie in Outlook erstellen können.

Index	Konstante	Aufgabe in Outlook
0	olMailItem	Erstellen von E-Mails
1	olAppointmentItem	Termine bearbeiten und verwalten
2	olContactItem	Bearbeiten und Verwalten von Kontakten
3	olTaskItem	Bearbeiten und Verwalten von Aufträgen
4	olJournalItem	Journaleinträge erstellen und verwalten
5	olNoteItem	Bearbeiten und Verwalten von Notizen
6	olPostItem	Verschicken von E-Mails

Tabelle 17.1:
Die
Outlook-Elemente
im Überblick

Wenn Sie die Online-Hilfe nutzen möchten, um zu den einzelnen Outlook-Befehlen mehr Informationen zu bekommen, müssen Sie die Objektbibliothek MICROSOFT OUTLOOK 9.0 OBJECT LIBRARY *(Outlook 2000) und* MICROSOFT OUTLOOK 10.0 OBJECT LIBRARY *(Outlook 2002) unter das Menü* EXTRAS/VERWEISE *einbinden.*

:-)
TIPP

Legen Sie mit der Eigenschaft Subject den Betreff der E-Mail-Nachricht an. Über die Eigenschaft Body können Sie den E-Mail-Text festlegen. Mit dem Zeichen & können Sie diesen Text auch mehrzeilig schreiben. Mithilfe der Eigenschaft To geben Sie die E-Mail-Adresse des Empfängers der E-Mail an. Möchten Sie die E-Mail an mehrere Empfänger schicken, geben Sie die einzelnen E-Mail-Adressen durch ein Semikolon getrennt ein. Wenn Sie die E-Mail als Kopie an weitere Empfänger senden möchten, die nicht unmittelbar davon betroffen sind, verwenden Sie die Eigenschaft CC.

!!
STOP

Die Eigenschaft BCC *können Sie einsetzen, um eine Blindkopie der E-Mail zu verschicken. Dadurch bekommt der eigentliche Adressat der E-Mail nicht mit, dass Sie die E-Mail auch noch jemand anderem als Kopie gesendet haben.*

Abbildung 17.18:
Alle Rechnungen
zur Prüfung
versenden

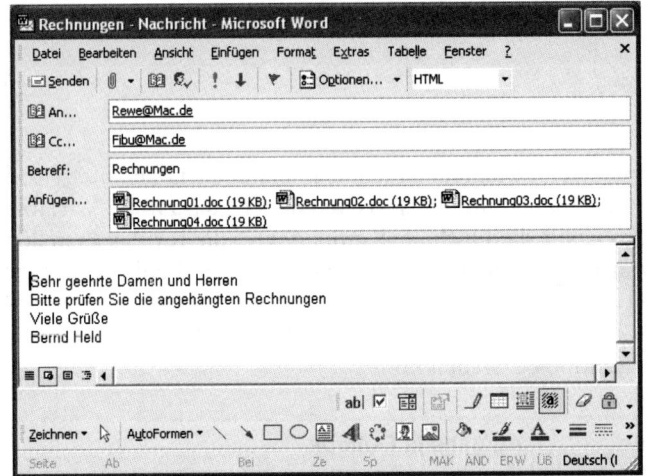

Setzen Sie nun die Eigenschaft FileSearch ein, um alle Dateien im Verzeichnis C:\RECHNUNGEN\ zu ermitteln, und hängen Sie diese mithilfe der Methode Add als Anhang an Ihre E-Mail an. Zeigen Sie zum Abschluss den E-Mail-Dialog über die Methode Display an und geben Sie den reservierten Speicherplatz für die Objektvariablen wieder frei.

17.4.4   E-Mail bei Änderung senden

Im letzten Beispiel zum Versenden von E-Mails soll eine Nachricht automatisch versendet werden, sobald sich in einer bestimmten Tabelle eine Änderung ergibt. Innerhalb der Tabelle soll nur eine bestimmte Spalte überwacht werden.

STEP

Für diese Aufgabe setzen Sie das Ereignis Worksheet_Change *ein und gehen dabei wie folgt vor:*

1. Wechseln Sie auf das Tabellenblatt, bei dem Sie diese Funktion hinterlegen möchten.

2. Klicken Sie mit der rechten Maustaste auf den Tabellenreiter des Tabellenblatts und wählen Sie aus dem Kontextmenü den Befehl CODE ANZEIGEN.

3. Erfassen Sie das Ereignis Worksheet_Change.

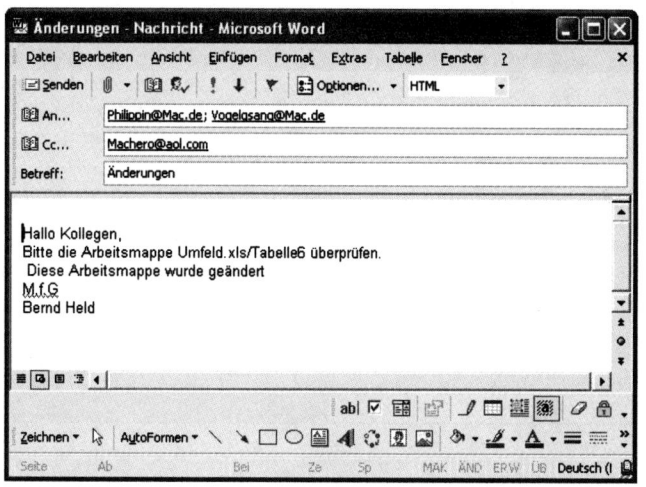

Abbildung 17.19:
Automatisches
Mailing

```
Private Sub Worksheet_Change _
(ByVal Target As Excel.Range)
Dim outObj As Object
Dim Mail As Object

 If Target.Column = 2 Then
  ActiveWorkbook.Save
  Set outObj = CreateObject("Outlook.Application")
  Set Mail = outObj.CreateItem(0)
  Mail.Subject = "Änderungen"
  Mail.Body = "Hallo Kollegen, " & Chr(13) & _
 "Bitte die Mappe Umfeld.xls/Tab6 überprüfen." & _
  Chr(13) & " Die Arbeitsmappe wurde geändert" _
  & Chr(13) & "M.f.G" & Chr(13) & Application.UserName
  Mail.To = "Philippin@Mac.de; Vogelgsang@Mac.de"
  Mail.CC = "Machero@aol.com"
  Mail.Display
 End If
 Set Mail = Nothing
 Set outObj = Nothing
End Sub
```

Listing 17.15:
Ereignis
Worksheet_Change
zum Versenden
einer E-Mail bei
Dateiänderung

18 Fehlerbehandlung, Tuning und Schutz von VBA-Projekten

Dieses Kapitel hat zum Ziel, Möglichkeiten aufzuzeigen, wie Sie vorgehen können, wenn Sie bei der Programmierung Ihrer Makros auf Schwierigkeiten stoßen. Dabei können Probleme bezüglich der Syntax von einzelnen Befehlen, mit einzelnen Strukturen wie Schleifen und Verzweigungen oder mit Fehlermeldungen auftreten.

Vielleicht möchten Sie bei einer gestellten Aufgabe das Rad auch nicht noch einmal neu erfinden und vorher im Internet recherchieren. In diesem Fall gehen Sie zum Anhang C über.

Haben Sie ein Makro zum Laufen gebracht und möchten es optimieren, damit es schneller und sicherer abläuft, finden Sie in diesem Kapitel Antworten auf Ihre Fragen.

Alle Beispiele in diesem Kapitel finden Sie auf der CD-ROM *im Verzeichnis* KAP18 *unter dem Namen* FEHLER.XLS.

18.1 Kleinere Fehler beheben

Erzeugt ein Makro einen Fehler, sollten Sie im ersten Schritt kontrollieren, ob Sie die Syntax des Befehls richtig angewendet haben.

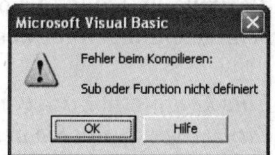

Abbildung 18.1:
Diese Meldung deutet auf einen Syntaxfehler hin.

Enthält Ihr Programmcode Syntaxfehler, wird beim Starten des Makros vorher eine Syntaxprüfung durchgeführt. Klicken Sie auf die Schaltfläche OK. Excel markiert dann den Befehl im Makro, an dem der Syntaxfehler auftritt. Informieren Sie sich über die richtige Syntax des Befehls, indem Sie die Taste F1 drücken und in der Online-Hilfe nachsehen.

Syntax richtig?

Variablendefini-
tion gegeben?

Einen weiteren häufigen Fehlerfall stellt das Fehlen der Definitionen von Variablen dar. Die Meldung in Abbildung 18.2 tritt jedoch nur auf, wenn Sie in Ihrem Modulblatt die Anweisung Option=exlicit angegeben haben. Diese Anweisung bewirkt, dass Variablen definiert werden müssen, um eingesetzt werden zu können. Diese Einstellung sollten Sie auf jeden Fall beibehalten, weil sie später die Suche nach Fehlern erleichtert und für eine bessere Übersichtlichkeit sorgt.

Abbildung 18.2:
Die Variable ist
nicht definiert.

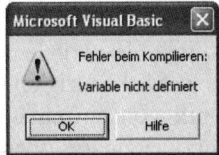

Definieren Sie die fehlende Variable und starten Sie das Makro erneut.

Objekt
vorhanden?

Oft treten Fehler auf, wenn Sie versuchen, auf Elemente in Excel zuzugreifen, die gar nicht zur Verfügung stehen. So liefert der Versuch, auf ein Tabellenblatt zu springen, welches in der Arbeitsmappe nicht vorhanden ist, die Fehlermeldung in Abbildung 18.3.

Abbildung 18.3:
Laufzeitfehler
Nummer 9

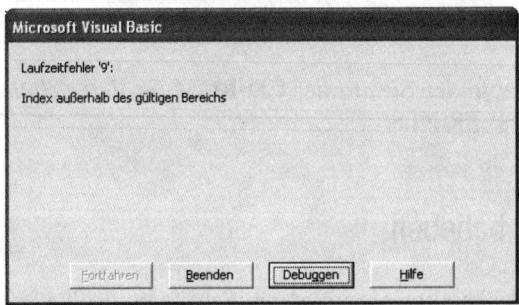

Wenn Sie auf die Schaltfläche DEBUGGEN klicken, springt Excel genau an die Stelle im Code, die diesen Fehler verursacht. Alternative Nummern von Fehlermeldungen für dasselbe Problem sind 424 bzw. 1004.

:-)
TIPP

Eine komplette Liste von auffangbaren Fehlern können Sie der Online-Hilfe entnehmen, wenn Sie den Suchbegriff AUFFANGBARE FEHLER *eingeben.*

Klicken Sie auf den Hyperlink der Fehlerbezeichnung, um weitere Informationen zum Fehler und eine Beschreibung zu erhalten, wie Sie diesen Fehler vermeiden können.

Methode,
Eigenschaft
verfügbar?

Zum Fehler kommt es auch, wenn Sie versuchen, eine Eigenschaft bzw. eine Methode, welche gar nicht zu Verfügung steht, auf ein Objekt anzuwenden.

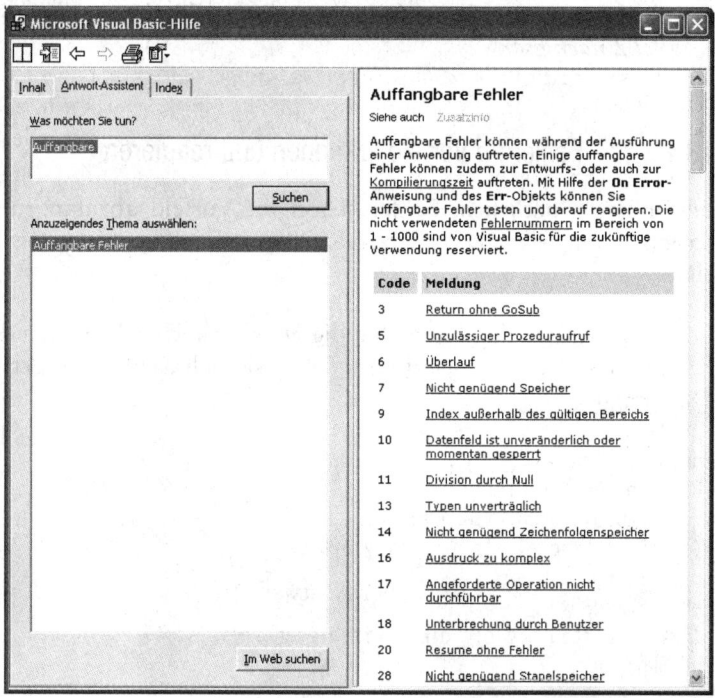

Abbildung 18.4:
Alle auffangbaren Fehler in der Online-Hilfe von Excel

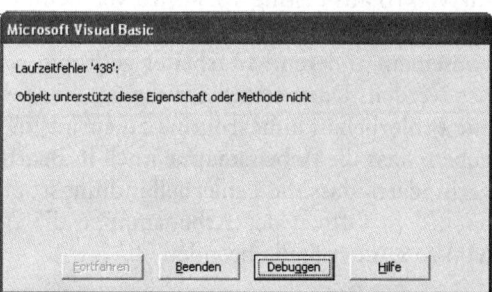

Abbildung 18.5:
Laufzeitfehler 438

Hier empfiehlt es sich, im Objektkatalog nachzusehen, welche Eigenschaften bzw. Methoden das Objekt zur Verfügung hat. Drücken Sie in der Entwicklungsumgebung die Taste [F2], um den Objektkatalog zu starten, und listen Sie alle Eigenschaften und Methoden zum gewünschten Objekt auf.

18.2   Schwerwiegendere Fehler

Wenn die Syntax eines Makros richtig ist und es trotzdem zu einem Fehlerfall kommt, der sich aus dem Algorithmus des Makros ergibt, müssen Sie feststellen, wo der Fehler auftritt und ob das Makro bis zu diesem Fehlerfall richtige Daten lieferte. Den Test hierfür können Sie mithilfe des Direktbereichs durchführen.

Die Bedienung der Testumgebung und des Direktbereichs können Sie in Kapitel 2 nachlesen.

18.2.1   Fehler im Vorfeld erkennen und reagieren

Besser ist es natürlich, Fehler schon im Vorfeld abzufangen und richtig darauf zu reagieren. Dazu setzen Sie standardmäßig die Anweisung `On Error` ein.

Fehlerbehand-lungsroutine anspringen

Bei dieser Anweisung haben Sie die Möglichkeit, Fehlerbehand-lungsrouti-nen in Ihrem Code anzuspringen. Sehen sie sich dazu das Makro aus Listing 18.1 an.

Listing 18.1:
Verzweigung zu einer Fehler-behandlungsroutine

```
Sub DateiÖffnen()
 On Error GoTo Fehler
   Workbooks.Open Filename:= _
 ("Q:\Daten\Mappe1.xls"), Notify:=False
   Exit Sub
Fehler: MsgBox _
 ("Bitte Warten Sie bis die Datei wieder frei ist.")
End Sub
```

Im Makro aus Listing 18.1 wird versucht, eine bestimmte Arbeitsmappe auf einem Netzlaufwerk zu öffnen. Wurde diese Arbeitsmappe jedoch schon von einem anderen Mitarbeiter geöffnet, soll die Arbeitsmappe nicht geöff-net werden. Dazu setzen Sie die `On Error`-Anweisung ein, um im Fehlerfall zur Fehlerbehandlungsroutine zu springen. Dort wird eine Meldung ausge-geben, dass die Arbeitsmappe noch in Bearbeitung ist. Um im Normalfall zu verhindern, dass die Fehlerbehandlungsroutine durchlaufen wird, setzen Sie nach dem Öffnen der Arbeitsmappe die Anweisung `Exit Sub` ein, die das Makro auf der Stelle beendet.

Fehler ignorieren

In vielen Fällen müssen Sie nur verhindern, dass ein Makro abstürzt, ohne eine Fehlermeldung anzuzeigen und damit den Anwender zu beunruhigen. Sehen Sie dazu die Lösung aus Listing 18.2.

Listing 18.2:
Das vorherige Tabellenblatt in der Arbeitsmappe aktivieren

```
Sub VorherigesBlattAktivieren()
 On Error Resume Next
 ActiveSheet.Previous.Activate
End Sub
```

Falls Sie sich bereits auf dem ersten Tabellenblatt der Arbeitsmappe befin-den und dennoch versuchen, das Tabellenblatt davor zu aktivieren, tritt ein Fehlerfall ein, den Sie mithilfe der Anweisung `On Error Resume Next` jedoch an der Anzeige hindern.

Wenn ein Laufzeitfehler auftritt, werden die Eigenschaften des Err-Objekts mit Information gefüllt, die den Fehler sowie die Informationen, die zur Verarbeitung des Fehlers verwendet werden können, eindeutig kennzeichnen. Jeder Fehler hat in Excel eine eindeutige Nummer, die Sie abfangen können.

Fehlerursache ermitteln

```
Sub WordMitNeuemDokumentStarten()
Dim WordObj As Object
Dim WordDoc As Object

 On Error Resume Next
 Set WordObj = GetObject(, "word.application.10")
 If Err.Number = 429 Then
    Set WordObj = CreateObject("word.application.10")
    Err.Number = 0
 End If
 WordObj.Visible = True
 Set WordDoc = WordObj.Documents.Add
End Sub
```

Listing 18.3:
Die Fehlerursache eines Makros ermitteln

Haben Sie Ihre Textverarbeitung Word bereits gestartet, kommt es zu keinem Fehlerfall beim Versuch, Word über die Funktion GetObject zu aktivieren. Falls Word noch nicht geöffnet ist, meldet Excel die Fehlernummer 429, welche sinngemäß besagt, dass es nicht möglich war, die Applikation zu aktivieren. In diesem Fall können Sie die Anweisung If einsetzen, um gezielt darauf zu reagieren. Ihre Reaktion besteht nun darin, über die Funktion CreateObject ein Word Objekt zu erstellen.

Eine weitere Möglichkeit, Fehler zu umgehen, bietet die Funktion IsError. Diese Funktion liefert den Wert True zurück, wenn der Ausdruck fehlerhaft ist. Wenden Sie diese Funktion an, indem Sie innerhalb eines markierten Bereichs alle Zellen, die Fehlerwerte liefern, mit der Zahl 0 überschreiben.

Die Funktion IsError

```
Sub FehlerzellenAufNull()
Dim Zelle As Range

For Each Zelle In Selection
    If IsError(Zelle.Value) Then
        Zelle.Value = 0
    End If
Next Zelle
End Sub
```

Listing 18.4:
Zellen mit Fehlerwerten auf Null setzen

Sollten Sie bei der Suche nach Fehlern nicht weiterkommen, können Sie im Internet recherchieren. Gehen Sie dazu zum Anhang C über.

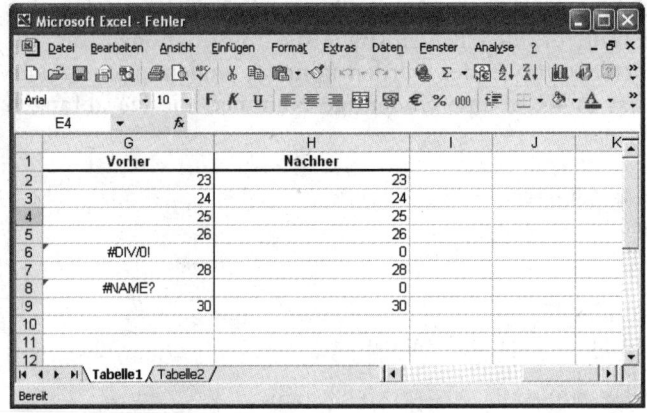

18.3   Laufzeiten verkürzen

Auch wenn Ihre Makros laufen, gibt es immer noch etwas zu optimieren. Optimieren können Sie die Ablaufgeschwindigkeit sowie die Strukturierung Ihres Quellcodes. So ist durch den Einsatz bestimmter Befehle und die Definition der richtigen Variablen schon viel gewonnen. Nicht immer liegt es jedoch am Makro selbst, wenn die Geschwindigkeit zu wünschen übrig lässt. Auch in dieser Hinsicht können Sie etwas verbessern.

18.3.1   Befehle zusammenfassen

Um ein Makro noch schneller ablaufen zu lassen, müssen Sie versuchen, mit so wenig Befehlen wie möglich auszukommen. Da Excel Zeile für Zeile Ihrer Makros interpretieren muss, können viele Befehle zusammengefasst oder vereinfacht werden. Sehen Sie sich dazu die nächsten beiden Makros 18.5 und 18.6 an.

Listing 18.5:
Zellen von einem
Blatt zum anderen
übertragen (lang-
same Methode)

```
Sub ZellenÜbertragenLangsam()
Dim i As Integer
Dim s As String
Sheets("Tabelle1").Activate
Range("A1").Select
s = Range("A1").Value
For i = 1 To 10
 Sheets("Tabelle2").Activate
 ActiveCell.Value = s
 ActiveCell.Offset(1, 0).Select
 Sheets("Tabelle1").Activate
 ActiveCell.Offset(1, 0).Select
 s = ActiveCell.Value
Next i
End Sub
```

Was kann im Makro aus Listing 18.5 verbessert werden?

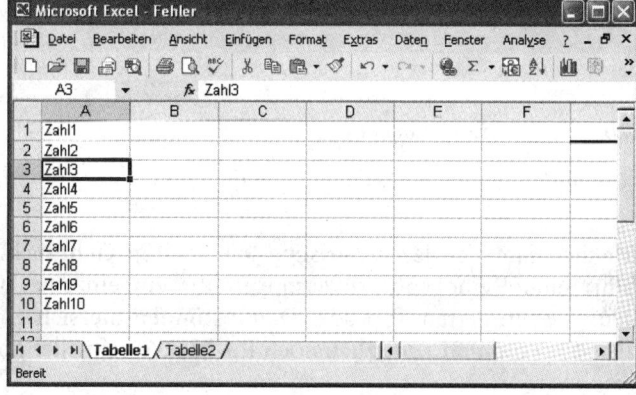

1. Im ersten Schritt sollten die Namen der beteiligten Tabellenblätter gleich zu Beginn des Makros festgelegt werden. Dies erleichtert später eine Änderung des Quellcodes. Wenn sich beispielsweise die Namen der Tabellenblätter ändern, müssen Sie nicht im gesamten Code suchen, um die Namen der entsprechenden Tabellenblätter anzupassen.

2. Im zweiten Schritt gestalten Sie das Makro flexibler. Das Makro hört nach genau zehn Zeilen auf, Daten zu übertragen. Was aber passiert, wenn mehr als zehn Zellen übertragen werden sollen?

3. Im dritten Schritt versuchen Sie, weniger zwischen den Tabellenblättern hin- und herzuspringen. Auch der Zellenzeiger sollte nicht so häufig verschoben werden. Wenn Sie öfter auf andere Tabellenblätter wechseln müssen, sollten Sie auf jeden Fall die Bildschirmaktualisierung mit dem Befehl `Application.Screenupdatung=False` ausschalten, um nicht ein Schwindelgefühl beim Anwender zu erzeugen, bzw. überhaupt gar nicht zwischen den einzelnen Tabellen hin- und herspringen.

Abbildung 18.7:
Die Ausgangssituation: eine Tabelle mit Daten

Sehen Sie sich nun die optimale Lösung in Listing 18.6 an.

```
Sub ZellenÜbertragen()
Dim Tab1 As Worksheet
Dim Tab2 As Worksheet
Dim i As Integer
Dim y As Integer

    Set Tab1 = Worksheets("Tabelle1")
    Set Tab2 = Worksheets("Tabelle2")
    For i = 1 To Tab1.UsedRange.Rows.Count
        y = y + 1
        Tab2.Cells(i, 1) = Tab1.Cells(y, 1)
    Next i
End Sub
```

Listing 18.6:
Zellen von einem Blatt zum anderen übertragen (schnelle Methode)

Zu Beginn des Makros aus Listing 18.6 definieren Sie zwei Variablen vom Typ `Worksheet`, die Sie danach mit der Anweisung `Set` füllen. Damit können die beiden Tabellen im gesamten Code in der Kurzform `Tab1` bzw. `Tab2` angesprochen werden. Danach setzen Sie eine Schleife auf, die beginnend bei der ersten Zelle bis zur letzten verwendeten Zelle der TABELLE1 die Zelleninhalte auf die TABELLE2 überträgt.

Bei dieser Methode verwenden Sie die Eigenschaft `Cells`, bei der Sie jeweils einen Zeilenindex und einen Spaltenindex angeben müssen. Da sich die zu übertragenden Daten in Spalte A befinden, können Sie den Spaltenindex in der Schleife konstant auf dem Wert 1 halten. Den Zeilenindex i für die TABELLE1 und y für die TABELLE2 müssen Sie bei jedem Schleifendurchlauf um den Wert 1 erhöhen. Übertragen können Sie die Zellenwerte aus TABELLE1, indem Sie die jeweilige Zelle mit der gleichen Zelle auf TABELLE2 gleichsetzen. Es entfällt somit das zeitaufwändige Verschieben des Zellenzeigers.

Wenn Sie beispielsweise Tabellen über Ihren Namen ansprechen, benötigt Excel länger, als wenn Sie Tabellen über einen Index ansprechen. So ist die Anweisung

```
Sheets(1).Activate
```

schneller als die Anweisung

```
Sheets("Tabelle1").Activate
```

Je kürzer, desto besser

Machen Sie von der Anweisung `With` fleißig Gebrauch. Diese Anweisung führt eine Reihe von Anweisungen für ein einzelnes Objekt oder einen benutzerdefinierten Typ aus. Damit können Sie sich eine Menge Schreibarbeit sparen und zusätzlich noch Ihr Makro schneller ablaufen lassen.

Listing 18.7:
Den Office-Assistenten aufrufen
(langsamere Variante)

```
Sub OfficeAssistentAufrufenLangsam()
Dim Karle As Object

Set Karle = Assistant.NewBalloon
    Karle.Heading = "Themen"
    Karle.Icon = msoIconTip
    Karle.Mode = msoModeAutoDown
    Karle.BalloonType = msoBalloonTypeButtons
    Karle.Labels(1).Text = _
    "Strukturierte Programmierung"
    Karle.Labels(2).Text = "Schnelle Programmierung"
    Karle.Labels(3).Text = "Sichere Programmierung"
    Karle.Animation = msoAnimationGreeting
    Karle.Button = msoButtonSetNone
    Karle.Show
End Sub
```

Im Makro aus Listing 18.7 wurde immerhin schon die Anweisung Set einge-setzt, um der Variablen Karle einen Objektverweis zu erstellen, damit Sie alle Eigenschaften und Methoden zum Objekt Assistant bekommen. Trotz-dem fehlt dem Code noch die Anweisung With, die den Code noch über-sichtlicher macht.

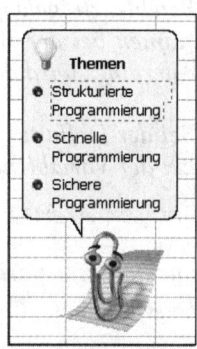

Abbildung 18.8:
Karl Klammer, der Office-Assistent

```
Sub OfficeAssistentAufrufen()
Dim Karle As Object

Set Karle = Assistant.NewBalloon
With Karle
    .Heading = "Themen"
    .Icon = msoIconTip
    .Mode = msoModeAutoDown
    .BalloonType = msoBalloonTypeButtons
    .Labels(1).Text = "Strukturierte Programmierung"
    .Labels(2).Text = "Schnelle Programmierung"
    .Labels(3).Text = "Sichere Programmierung"
    .Animation = msoAnimationGreeting
    .Button = msoButtonSetNone
    .Show
End With
Set Karle = Nothing
End Sub
```

Listing 18.8:
Den Office-Assis-tenten aufrufen (schnelle Variante)

18.3.2   Variablen und Konstanten einsetzen

Vergessen Sie nicht, alle Variablen, die Sie im Makro verwenden, vorher zu definieren. Wenn Sie Variablen im Makro verwenden, die vorher nicht defi-niert worden sind, nimmt Excel an, dass es sich dabei um Variablen vom Typ Variant handelt.

Lesen Sie mehr zum richtigen Einsatz von Variablen in Kapitel 3.

Um zu einer noch höheren Schnelligkeit beim Interpretieren der einzelnen Befehle zu gelangen, können Sie sich auch überlegen, möglichst kurze Namen bei der Benennung von Variablen und Konstanten zu verwenden. Allerdings wird dadurch die Lesbarkeit des Codes ziemlich eingeschränkt.

Bei der Definition von Variablen müssen Sie ebenfalls auf die richtige Syntax der Variablendefinition achten. So definieren Sie mit der Anweisung

```
Dim i_Map, i_Bla, i_Spa, i_Zei As Integer
```

nur die erste Variable vom Typ Integer*. Die restlichen Variablen sind vom Datentyp* Variant*.*

Richtig wäre:

```
Dim i_Map As Integer, i_Bla As Integer, _
 i_Spa As Integer, i_Zeile As Integer
```

Wenn Sie sich die Frage stellen, ob Sie bestimmte Werte, die während des Ablaufs eines Makros konstant bleiben, lieber in Variablen oder in Konstanten speichern möchten, entscheiden Sie sich für den Einsatz von Konstanten.

18.3.3   Berechnung und Bildschirmaktualisierung ausschalten

Bei Makros mit langen Laufzeiten ist es besser, die Bildschirmaktualisierung zu Beginn des Makros auszuschalten. Dies erreichen Sie durch die Anweisung

```
Application.Screenupdating = False
```

Setzen Sie am Ende eines Makros diese Eigenschaft wieder auf den Wert True.

Eine weitere wichtige Beschleunigung Ihrer Makros erreichen Sie, wenn Sie die Berechnungsfunktion von Excel zu Beginn des Makros mit der Anweisung

```
Application.Calculation = xlCalculationManual
```

ausschalten. Damit verhindern Sie, dass Excel nach einer Änderung an einer Zelle, die mit anderen Zellen verknüpft ist, ebenso die anderen Zellen sofort aktualisiert. Je nach Größe der Tabelle kann dies erhebliche Verzögerungen im Makroablauf mit sich bringen. Diese Neuberechnung können Sie meist auch noch am Ende des Makros durchführen lassen. Dazu setzen Sie die Anweisung

```
Application.Calculation = xlCalculationAutomatic
```

ein.

Falls Sie während des Makros auf sich ändernde Zellen zugreifen wollen, müssen Sie schon während der Laufzeit des Makros diese Zellen gezielt aktualisieren. Dazu setzen Sie den Befehl

```
Range("A1").Calculate
```

ein.

Damit wird nur die Zelle A1 aktualisiert. Diese Aktualisierung können Sie natürlich auch auf ganze Bereiche ausdehnen,

```
Range("Bereichsname").Calculate
```

bzw. auch auf einzelne Spalten oder Zeilen:

```
ActiveSheet.Rows(2).Calculate ActiveSheet.Columns(2).Calculate
```

Auch das Aktualisieren einzelner Tabellenblätter ist über den Befehl

```
Worksheets(1).Calculate
```

jederzeit möglich. Wenn Sie lediglich den Befehl

```
Application.Calculate
```

angeben, werden alle geöffneten Arbeitsmappen neu berechnet.

18.3.4   Integrierte Tabellenfunktionen anwenden

Tabellenfunktionen, die Sie auch über den Funktions-Assistenten einsehen können, können Sie auch in Ihren VBA-Makros einsetzen. Die Anwendung der Tabellenfunktion Sum ist beispielsweise wesentlich schneller als das einzelne Addieren von Werten. So ist die folgende Zeile

```
Erg = Application.WorksheetFunction.Sum(Range("A1:H1"))
```

schneller als die nächsten drei Zeilen:

```
For Each Zelle In Range("A1:H1")
    Erg = Erg + Zelle.Value
Next Zelle
```

:-)
TIPP

Sie können alle Tabellenfunktionen in Excel im Objektmanager einsehen. Dazu gehen Sie in die Entwicklungsumgebung und drücken die Taste [F2]. *Unter der Klasse* WORKSHEETFUNCTION *finden Sie alle in Excel zur Verfügung stehenden Tabellenfunktionen.*

18.3.5   Weitere Faktoren zur Geschwindigkeitssteigerung

Langsam ablaufende Makros können auch zur Ursache haben, dass andere Faktoren, die nicht unbedingt direkt mit der Programmierung in Verbindung stehen, zuschlagen. U. a. sind dies folgende Faktoren:

➡ Haben sich auf Ihrer Festplatte Unmengen an temporären Dateien angesammelt? Diese temporären Dateien beanspruchen Platz und sollten regelmäßig gelöscht werden.

➡ Auch die regelmäßige Defragmentierung Ihrer Festplatte kann entscheidende Vorteile bei der Geschwindigkeit Ihrer Makros mit sich bringen.

➡ Haben Sie in Outlook die Journalfunktion aktiviert? Dabei werden alle Aktionen an Arbeitsmappen, wie u. a. das Öffnen, Speichern, Drucken, Schließen, in eine Journaldatei geschrieben. Dieser Vorgang dauert unter Umständen recht lang und wirkt sich auch negativ auf die Laufzeiten Ihrer Makros aus. Sie können diese Funktion ausschalten, indem Sie in Outlook aus dem Menü EXTRAS den Befehl OPTIONEN wählen, auf die Registerkarte EINSTELLUNGEN wechseln und die Schaltfläche JOURNALOPTIONEN anklicken. Deaktivieren Sie dann die Journalfunktion für Excel.

➡ Haben Sie in SYSTEMSTEUERUNG/SYSTEM von Windows bei LEISTUNGSMERKMALE Ihres Dateisystems die Leseoptimierung auf 100 Prozent eingestellt? Damit liest Windows Daten im Voraus, wenn Daten blockweise von Excel angefordert werden.

➡ Haben Sie Ihre Excel-Arbeitsmappen im Mehrfachformat (Excel 95, Excel 97, Excel 2000 und Excel 2002) gespeichert? Diese Mehrfachspeicherung beansprucht erstens um ein Vielfaches mehr Plattenplatz als eine Speicherung in der jeweils aktuellen Version und zweitens dauert die Speicherung dieser Arbeitsmappen viel länger.

➡ Auch die Anzahl der eingebundenen Add-Ins kann die Laufzeit Ihrer Makros beeinflussen. Binden Sie daher nur Add-Ins ein, die Sie wirklich benötigen.

➡ Kontrollieren Sie, ob Sie Ereignisse eingestellt haben und diese auch wirklich brauchen. Selbst wenn nur der Rahmen des Ereignisses eingestellt ist und keine weiteren Befehle innerhalb des Ereignisses angegeben sind, können nicht verwendete Ereignisse die Laufzeit von Makros beeinträchtigen. Nehmen wir an, Sie haben das Ereignis `Private Worksheet_Change` eingestellt und löschen in einer Schleife mehrere Zeilen. Bei jedem Löschen einer Zeile wird somit dieses Ereignis ausgeführt. Löschen Sie daher nicht benutzte Ereignisse aus der Entwicklungsumgebung.

18.4 VBA-Projekte schützen

Haben Sie sehr viel Zeit in die Programmierung Ihrer VBA-Projekte gesteckt und möchten diese nun vor fremdem Zugriff schützen, haben Sie dazu mehrere Möglichkeiten:

➡ Vergabe eines Passworts

➡ Erstellung eines Add-Ins

Möchten Sie ein Passwort vergeben, um Ihren Code zu schützen, gehen Sie wie folgt vor:

1. Wechseln Sie in die Entwicklungsumgebung.

2. Klicken Sie im Projekt-Explorer mit der rechten Maustaste auf die Arbeitsmappe, deren Code Sie schützen möchten, und wählen Sie aus dem Kontextmenü den Befehl EIGENSCHAFTEN VON VBAPROJECT.

3. Wechseln Sie auf die Registerkarte SCHUTZ.

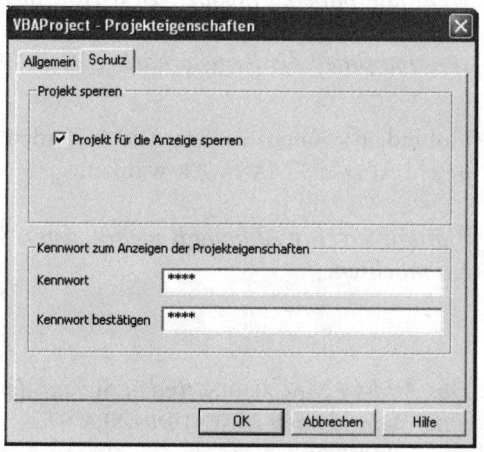

Abbildung 18.9: VBA-Projekt schützen

4. Aktivieren Sie das Kontrollkästchen PROJEKT FÜR DIE ANZEIGE SPER-
    REN.

5. Vergeben Sie ein Kennwort und bestätigen Sie es.

6. Klicken Sie zum Abschluss auf die Schaltfläche OK.

*Der Schutz Ihres VBA-Projekts ist erst nach dem erneuten Öffnen der
Arbeitsmappe wirksam.*

Add-In erstellen Die zweite Variante, um Ihren Code zu schützen, ist die Erstellung eines
Add-Ins. Dabei wird der Code kompiliert und ist danach nicht mehr verän-
derbar.

*Achten Sie daher darauf, dass Sie eine Kopie im normalen Tabellenformat
mit der Endung XLS behalten und an einem sicheren Ort speichern.*

Um ein Add-In zu erstellen, gehen Sie wie folgt vor:

1. Öffnen Sie die Arbeitsmappe, die das VBA-Projekt enthält.

2. Wählen Sie aus dem Menü DATEI den Befehl SPEICHERN UNTER.

3. Wählen Sie im Dialog SPEICHERN UNTER im Dropdown-Feld DATEI-
    TYP den Eintrag MICROSOFT EXCEL-ADD-IN.

4. Bestätigen Sie Ihre Wahl mit einem Klick auf die Schaltfläche SPEI-
    CHERN.

*Wenn Sie nähere Angaben zum Add-In machen möchten, wählen Sie vor
der Erstellung eines Add-Ins aus dem Menü DATEI den Befehl EIGENSCHAF-
TEN und füllen die Registerkarte ZUSAMMENFASSUNG aus.*

*Add-In
einbinden* Einbinden können Sie das Add-In, indem Sie aus dem Menü EXTRAS den
Befehl ADD-INS-MANAGER wählen.

*Blättern Sie zum Anhang B weiter, wenn Sie mehr zu meinem Add-In erfah-
ren möchten.*

*Das Add-In MACADDIN finden Sie auf der CD-ROM im Verzeichnis KAPB
unter dem Namen MACADDIN.XLA*

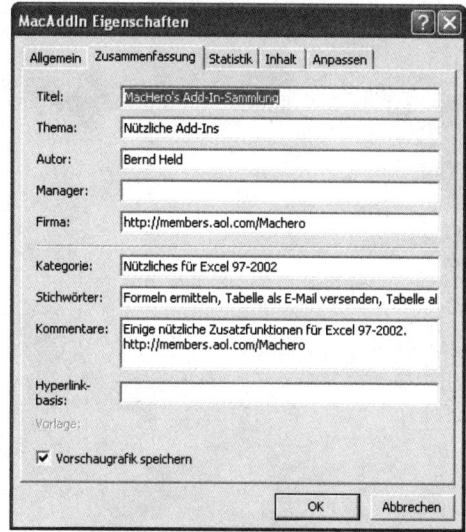

Abbildung 18.10:
Informationen zum
Add-In hinterlegen

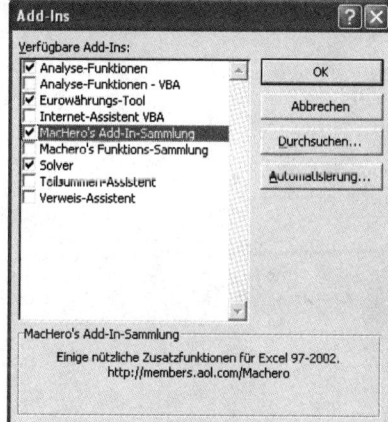

Abbildung 18.11:
Einbinden eines
Add-Ins mit einem
Klick

19 FAQ zur Programmierung mit Excel

Im zweiten Kapitel des Praxisführers können Sie auf eine FAQ (Frequently Answered Questions) zu den am häufigsten beantworteten Fragen aus den Diskussionsforen von Excel zugreifen. Dabei habe ich die häufigsten Fragen, die in den letzten Jahren gestellt wurden, sinngemäß zusammengetragen und im folgenden Kapitel beschrieben. Die Reihenfolge der folgenden Fragestellungen ist nach der Häufigkeit der Fragestellung sortiert und lässt keinen Rückschluss auf den Schwierigkeitsgrad der Aufgabe zu.

Gehen Sie zum Anhang A über, wenn Sie eine Reihe von Speziallösungen kennen lernen möchten.

Die Makros aus diesem Kapitel finden Sie auf der mitgelieferten CD-ROM *im Verzeichnis KAP19 unter dem Namen FAQ.XLS.*

19.1 Bildschirmaktualisierung abschalten

Wie kann ich die Bildschirmaktualisierung von Excel ausschalten?

Frage

Gerade beim Wechseln zwischen einzelnen Tabellenblättern oder beim zeilenweisen Abarbeiten von Zellen mit diversen Kopier- und Einfügeaktionen aktualisiert sich der Bildschirm so schnell, dass Sie leicht Schwindelgefühle und unter Umständen sogar Kopfschmerzen bekommen können. Aus diesem Grund empfiehlt es sich, die Bildschirmaktualisierung zu Beginn des Makros auszuschalten und am Ende wieder einzuschalten. Das Ausschalten der Bildschirmaktualisierung erreichen Sie mit der Anweisung `Application.Screenupdating = False`. Sobald Sie die Eigenschaft `Screenupdating` auf den Standardwert `True` setzen, aktualisiert sich Ihr Bildschirm wieder.

Antwort

Bei länger laufenden Makros empfiehlt es sich jedoch, dem Anwender hin und wieder eine Rückmeldung zu geben, dass das Makro noch läuft und beispielsweise keine Endlosschleife programmiert wurde. Zu diesem Zweck können Sie zwischendurch die Eigenschaft Screenupdating *auf den Wert* True *setzen, um gleich im Anschluss die Eigenschaft wieder auf den Wert* False *zu setzen. Als Alternative dazu können Sie auch die Statuszeile benutzen, um Meldungen für den Anwender auszugeben. Dazu setzen Sie den Befehl*

```
Application.StatusBar = _
"Text, der ausgegeben werden soll!"
```

ein. Setzen Sie die Eigenschaft auf den Wert False, um die Verwaltung der Statusleiste wieder an Excel zu übergeben.

:-)
TIPP

Als weitere Variante können Sie einen Verlaufsbalken erstellen, wie Sie ihn in Kapitel 14 kennen gelernt haben.

19.2   Kopfzeile mit komplettem Pfad

Frage   Wie gelingt es mir, den kompletten Pfad meiner aktiven Arbeitsmappe in der Kopfzeile anzugeben?

Antwort   Diese Aufgabe ist tatsächlich nur über ein Makro zu lösen, welches Sie in Listing 19.1 sehen.

Listing 19.1:
Ausgabe des Pfad-
namens der
Arbeitsmappe in
der Kopfzeile

```
Sub KopfzeileMitPfadangabe()
    ActiveSheet.PageSetup.RightHeader = _
    ActiveWorkbook.FullName
    ActiveSheet.PrintPreview
End Sub
```

Mithilfe der Eigenschaft FullName können Sie den Namen der Arbeitsmappe inklusive des Pfads ermitteln. Das Objekt PageSetup enthält alle Einstellungen bezüglich der Seiteneinrichtung. So können Sie den Datei- und Pfadnamen genauso gut in der Fußzeile zentriert anordnen. Entnehmen Sie der Tabelle 19.1 die Möglichkeiten, die Sie bei der Anordnung Ihrer Pfadangabe in der Kopf- bzw. Fußzeile haben.

Tabelle 19.1:
Alle Möglichkeiten
zum Füllen der
Kopf- und Fußzeile

Eigenschaft	Anordnung
LeftFooter	Fußzeile links
CenterFooter	Fußzeile Mitte
RightFooter	Fußzeile rechts
LeftHeader	Kopfzeile links
CenterHeader	Kopfzeile Mitte
RightHeader	Kopfzeile rechts

Über die Methode `PrintPreview` gehen Sie direkt in die Seitenansicht der Tabelle. Möchten Sie mehrere Tabellen nacheinander in der Seitenansicht betrachten, verwenden Sie den Befehl:

```
ActiveWindow.SelectedSheets.PrintPreview
```

Damit das Makro aus Listing 19.1 funktioniert, muss die Arbeitsmappe mindestens einmal zuvor gespeichert worden sein.

Lesen Sie mehr über die Programmierung von Tabellen und Arbeitsmappen in den Kapiteln 8 und 9.

19.3 Letzte Zelle in Tabelle finden

Wie kann ich die letzte verwendete Zelle einer Tabelle finden? Eine weitere Frage dabei ist, wie man neben der Zellenadresse auch den Namen der Arbeitsmappe sowie den Tabellennamen dieser Zelle finden kann.

Frage

Eine mögliche Methode sehen Sie im Makro aus Listing 19.2.

Antwort

```
Sub LetzteVerwendeteZelleFinden()
Dim Zelle As Range
 Set Zelle = Cells.Find(What:="*", _
 After:=Cells(Rows.Count, "IV"), _
 LookIn:=xlFormulas, _
 LookAt:=xlPart, _
 SearchOrder:=xlByRows, _
 SearchDirection:=xlPrevious)
 MsgBox Zelle.Address(External:=True)
End Sub
```

Listing 19.2:
Letzte verwendete
Zelle ermitteln

Mit der Eigenschaft `Address` können Sie die Koordinate dieser Zelle ausgeben. Wenn Sie das Argument `External` auf den Wert `True` setzen, wird neben der ermittelten Zelle auch der Name der Arbeitsmappe sowie der Tabellenname ausgegeben.

19.4 Texte suchen und ersetzen

Wie kann ich in einer ganzen Arbeitsmappe nach einem bestimmten Text suchen und diesen durch einen anderen Text ersetzen?

Frage

Für die Suche nach Text in der gesamten Arbeitsmappe brauchen Sie eine Schleife, die Blatt für Blatt in der Arbeitsmappe durchsucht. Innerhalb eines

Antwort

Blatts kann der Text selbstverständlich auch mehrere Male vorkommen. Aus diesem Grund benötigen Sie eine weitere Schleife, die die Suche innerhalb eines Blatts mehrmals ausführt.

Listing 19.3:
Text in ganzer
Arbeitsmappe
suchen und
ersetzen

```
Sub TextInArbeitsmappeSuchenUndErsetzen()
Dim s_Such As String
Dim s_Ersetz As String
Dim Blatt As Worksheet
Dim Treffer As Range
Dim Treffer1 As Variant

  s_Such = InputBox("Geben Sie den Suchbegriff ein!")
  s_Ersetz = InputBox _
 ("Geben Sie den Ersatzbegriff ein!")
  For Each Blatt In Worksheets
    Blatt.Activate
    Set Treffer = Blatt.Cells.Find(s_Such)
    If Not Treffer Is Nothing Then
      Treffer1 = Treffer.Address
      Do
        Treffer.Activate
        Treffer.Value = s_Ersetz
        Set Treffer = Cells.FindNext(After:=ActiveCell)
        On Error Resume Next
        If Treffer.Address = Treffer1 Then Exit Do
        Treffer.Value = s_Ersetz
      Loop
    End If
  Next Blatt
End Sub
```

Lesen Sie mehr über die Programmierung von Zellen und Bereichen in Kapitel 5.

19.5   Symbol in Symbolleiste deaktivieren

Frage   Wie kann ich ein Symbol in einer Symbolleiste deaktivieren?

Antwort   Das nächste Beispiel deaktiviert das Symbol NEU in der Symbolleiste STANDARD.

Listing 19.4:
Schaltflächen-
symbol deaktivieren

```
Sub SymbolGrauen()
 Application.CommandBars("Standard"). _
  Controls(1).Enabled = False
End Sub
```

```
Sub SymbolAktivieren()
 Application.CommandBars("Standard"). _
 Controls(1).Enabled = True
End Sub
```

Listing 19.5:
Schaltflächen-
symbol aktivieren

Setzen Sie die Eigenschaft Enabled auf den Wert False, um das Symbol zu deaktivieren. Es wird dann leicht gegraut dargestellt.

19.6 Nicht benötigte Zeilen löschen

Wie kann ich in einer Tabelle alle nicht benötigten Zeilen löschen?

Frage

Das Löschen bestimmter Zeilen in Abhängigkeit von einer Bedingung (hier bei Nichtverwendung) können Sie über die Methode Delete erreichen, die Sie auf die Eigenschaft EntireRow anwenden.

Antwort

Das Makro aus Listing 19.6 löscht alle Zeilen der Tabelle TABELLE1, die entweder einen Textwert beinhalten oder einfach nur leer sind.

```
Sub ZeilenLöschen()
Dim Blatt As Worksheet
Dim Bereich As Range
Dim Zelle As Range

 Set Blatt = Sheets("Tabelle1")
 Set Bereich = Blatt.UsedRange.Rows
 Blatt.Activate
 For Each Zelle In Bereich
   If Zelle.Row > 1 Then
       If Application.Sum(Zelle) = 0 Then
           Zelle.EntireRow.Delete
       End If
   End If
 Next Zelle
 Set Zelle = Nothing
 Set Bereich = Nothing
 Set Blatt = Nothing
End Sub
```

Listing 19.6:
Löschen von Text-
und Leerzellen

Das Makro löscht bis auf die Überschriftenzeile alle Zeilen im verwendeten Bereich, die in der Spalte einen Textwert beinhalten bzw. leer sind.

Möchten Sie nur leere Zeilen innerhalb einer Markierung löschen, setzen Sie das Makro aus Listing 19.7 ein. Dabei werden in diesem Beispiel nur Zeilen gelöscht, bei denen die Spalte A in den markierten Zellen entweder den Wert 0 bzw. einen Leerwert aufweisen.

```
Sub ZeilenLöschenInMarkierung()
Dim l As Long

For l = Selection.Cells(Selection.Cells.Count).Row _
To Selection.Cells(1).Row Step -1
    If Cells(l, 1).Value = "" Or _
        Cells(l, 1).Value = 0 Then
            Rows(l).Delete
    End If
Next l
End Sub
```

Das Makro aus Listing 19.7 durchläuft eine For Next-Schleife, die in der letzten Zeile der Tabelle aufsetzt und sich dann Zeile für Zeile nach oben durcharbeitet. Die leeren Zellen werden über die Eigenschaft Cells ermittelt, bei der Sie einen Zeilen- und Spaltenindex angeben müssen. Da sich die Prüfung ausschließlich auf Zellen in Spalte A beschränkt, können Sie für den Spaltenindex den Wert 1 einsetzen. Den Zeilenindex halten Sie durch den Einsatz der Variablen l flexibel.

Lesen Sie mehr über die Programmierung von Spalten und Zeilen in Kapitel 6.

REF

19.7 Seitenwechsel festlegen

Frage Wie kann ich an einer ganz bestimmten Stelle der Tabelle einen Seitenwechsel durchführen?

Antwort Das Makro aus Listing 19.8 stellt genau nach der Zelle A40 einen Seitenwechsel ein.

```
Sub SeitenwechselFestlegen()
    Range("A41").Select
    ActiveWindow.SelectedSheets.HPageBreaks.Add _
    Before:=ActiveCell
End Sub
```

Über die Anweisung HPageBreaks.Add fügen Sie einen Seitenwechsel ein. Dabei geben Sie im Argument Before die genaue Position des Seitenwechsels an.

19.8   Druckbereich festlegen bzw. aufheben

Wie kann ich automatisch einen Druckbereich definieren, der abhängig ist   *Frage*
von der Verwendung der Zellen einer Tabelle?

Um diese Aufgabe zu lösen, setzen Sie das Makro aus Listing 19.9 ein.   *Antwort*

```
Sub DruckbereichFestlegen()
    Range("A1").Select
    Range(ActiveCell, ActiveCell.End(xlDown)).Select
    ActiveSheet.PageSetup.PrintArea = _
    ActiveCell.CurrentRegion.Address
End Sub
```

Listing 19.9:
Druckbereich
festlegen

Um den Druckbereich wieder aufzuheben, starten Sie das Makro aus Listing
19.10.

```
Sub DruckbereichAufheben()
    ActiveSheet.PageSetup.PrintArea = ""
End Sub
```

Listing 19.10:
Druckbereich
aufheben

19.9   Rechnen mit bedingten Formaten

Wie kann ich bestimmte formatierte Zellen zählen bzw. summieren?   *Frage*

Beim Zählen bzw. Addieren von Zellen, die eine bestimmte Formatierung   *Antwort*
enthalten, können Sie die Zellenformatierung über die Eigenschaft Color
Index der Schriftart bzw. des Zellenhintergrunds abfragen. Handelt es sich
um einen Schriftschnitt, können Sie dazu die Eigenschaften des Font-Objekts
wie Bold oder Italic abfragen.

Im folgenden Beispiel werden alle Zellen gezählt, die mit der Schriftfarbe
BLAU formatiert sind und zusätzlich dem Schriftschnitt FETT entsprechen.

```
Sub ZellenZählen()
Dim Zelle As Object
Dim i As Integer

    For Each Zelle In Selection
      If Zelle.Font.ColorIndex = 5 Or _
      Zelle.Font.Bold = True Then
            i = i + 1
      End If
    Next
    MsgBox "In der Markierung sind genau " & i & _
    " Zellen mit der angegebenen Formatierung!"
End Sub
```

Listing 19.11:
Zellen, die ein
bestimmtes Format
aufweisen, sollen
gezählt werden

Möchten Sie die Werte von formatierten Zellen addieren, ändern Sie das Makro aus Listing 19.12 ein wenig ab.

Listing 19.12:
Zellen, die ein
bestimmtes Format
aufweisen, sollen
addiert werden

```
Sub ZellenAddieren()
Dim Zelle As Object
Dim l As Long

   For Each Zelle In Selection
      If Zelle.Font.ColorIndex = 5 Or _
      Zelle.Font.Bold = True Then
            On Error Resume Next
            l = l + Zelle.Value
      End If
   Next
   MsgBox "Ergebnis der format. Zellen lautet: " & l
End Sub
```

Abbildung 19.1:
Formatierte Zellen
zählen und
ausgeben

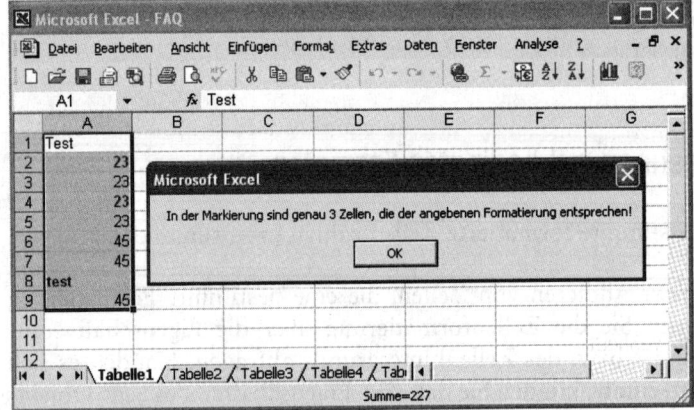

Definieren Sie eine Variable vom Typ Long, um sicherzugehen, dass die Variable l groß genug ist, um das Ergebnis der Addition aufzunehmen. Setzen Sie in der Schleife die On Error-Anweisung ein, um einen Absturz zu verhindern, der beim Versuch eintritt, eine richtig formatierte Zelle, die aber einen Text enthält, zu addieren.

Lesen Sie mehr zum Thema »Programmieren von Zellen und Bereichen« in Kapitel 5.

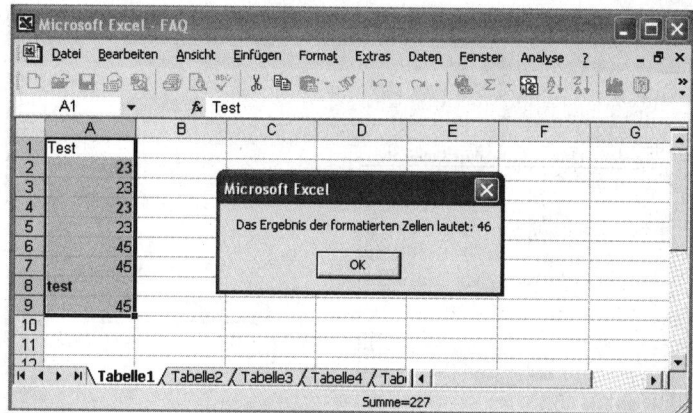

Abbildung 19.2:
Formatierte Zellen
addieren und
ausgeben

19.10   Doppelte Sätze ermitteln

Wie kann ich in einer Liste doppelte Sätze herausfinden?

Frage

Eine mögliche Lösung für diese Aufgabe ist die Anwendung des Spezialfilters von Excel. Dabei können Sie aus einer Liste alle doppelten Zeilen herausfiltern und die eindeutigen Sätze an eine andere Stelle der Tabelle kopieren.

Antwort

```
Sub DoppelteSätzeErmitteln()
Dim Blatt As Worksheet
Dim Zelle As String

 Set Blatt = ActiveSheet
 On Error Resume Next
 Blatt.Activate
 Zelle = Range("A2", Range("A2").End(xlDown)).Address
 Range(Zelle).AdvancedFilter Action:=xlFilterCopy, _
 CopyToRange:=Range("B2"), Unique:=True
End Sub
```

*Listing 19.13:
Doppelte Zeilen
über den Spezial-
filter herausfinden*

Lesen Sie mehr über die Handhabung des Spezialfilters in Kapitel 6.

19.11   Zeilenumbrüche und Zellenverbünde aufheben

In einer Tabelle sollen alle verbundenen Zellen aufgehoben sowie eventuell vorkommende Zeilenumbrüche beseitigt werden. Wie kann man diese Aufgabe bewältigen?

Frage

Setzen Sie das Makro aus Listing 19.14 ein, um in allen verwendeten Zellen der aktiven Tabelle diese Bereinigungsaktion durchzuführen.

Antwort

Abbildung 19.3:
Eine Liste mit
eindeutigen
Nummern erstellen

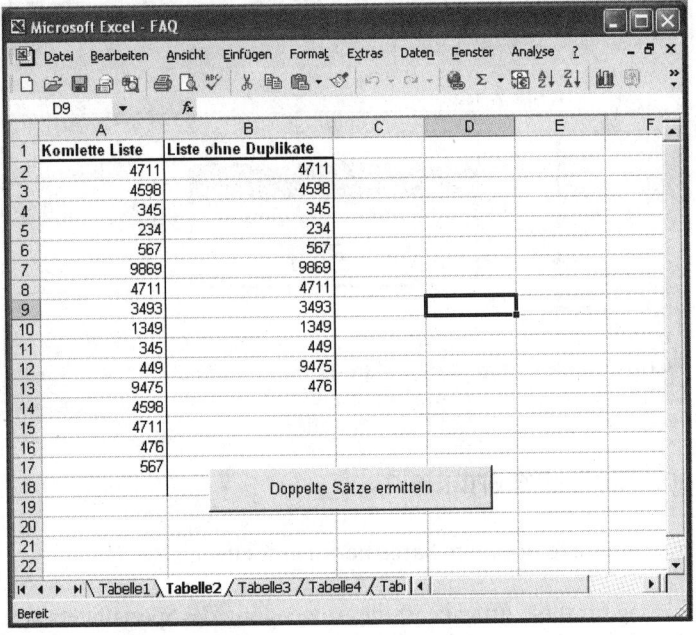

Listing 19.14:
Zellenverbund und
Zeilenumbruch in
verwendetem
Bereich aufheben

```
Sub ZeilenumbrücheUndZellenverbündeAufheben()
Dim Bereich As Range
Set Bereich = ActiveSheet.UsedRange
With Bereich
        .WrapText = False
        .ShrinkToFit = True
        .MergeCells = False
    End With
End Sub
```

Setzen Sie die Eigenschaft WrapText auf den Wert False, um den Zeilenumbruch einer Zelle zu verhindern. Der Eigenschaft ShrinkToFit geben Sie den Wert True. Damit wird die Spaltenbreite automatisch dem der Länge des eingegebenen Textes angepasst. Um verbundene Zellen auseinanderzureißen, weisen Sie der Eigenschaft MergeCells den Wert False zu.

19.12 Zellenverknüpfungen finden

Frage Wie kann ich in einer Tabelle Zellen ermitteln, die mit anderen Excel-Arbeitsmappen verknüpft sind?

Antwort Da Excel bei verknüpften Zellen jeweils den verknüpften Wert anzeigt und nicht die Verknüpfung, ist es recht mühselig, Verknüpfungen zu anderen Arbeitsmappen zu erkennen. Die schnellste Methode ist das Umschalten in die Formelansicht, die Sie mit der Tastenkombination Strg + # erreichen können. Mit dieser Ansicht können Sie zwar einzelne Verknüpfungen schneller lokalisieren, aber die übersichtlichste Variante ist dies auch nicht. Besser ist es, hierfür ein Makro zu schreiben, um alle Zellen, in denen Verknüpfungen zu anderen Arbeitsmappen stehen, farblich zu markieren. Sehen Sie sich dazu die Lösung in Listing 19.15 an.

```
Sub VerknüpfungenKenntlichMachen()
Dim s As String
Dim Zelle As Range

Application.ScreenUpdating = False
With Selection
    For Each Zelle In ActiveSheet.UsedRange
    s = Zelle.Formula
    If s Like "*.xls*" Then
    Zelle.Interior.ColorIndex = 3
    Else
    Zelle.Interior.ColorIndex = xlNone
    End If
    Next Zelle
End With
Application.ScreenUpdating = True
End Sub
```

Listing 19.15:
Alle Zellen mit Verknüpfungen zu anderen Arbeitsmappen werden mit der Hintergrundfarbe Rot belegt

Prüfen Sie alle Zellen im benutzten Bereich mithilfe einer For Each-Schleife. Speichern Sie dabei die jeweilige Zellenformel in der Stringvariablen s und werten Sie diese mit dem Operator Like aus. Eine externe Verknüpfung erkennen Sie an der Endung XLS. Über die Eigenschaft ColorIndex, die Sie auf den Wert 3 setzen, weisen Sie dem Zellenhintergrund (Interior) die Farbe ROT zu.

Lesen Sie mehr zur Programmierung von Zellen und Bereichen in Kapitel 5.

REF

19.13 Datumsdifferenzen errechnen

Wie kann ich die Differenz in Tagen zwischen zwei Datumsangaben ermitteln?

Frage

Im Tabellenkalkulationsprogramm Excel werden Datumswerte intern in Zahlenwerte umgesetzt, sodass Sie leichter damit rechnen können. Die Zeitzählung beginnt bei Excel standardmäßig am 01.01.1900. Dieses Datum entspricht der Zahl 1. Wenn Sie z. B. das Datum 11.01.2000 eingeben und diese Zelle mit dem Format STANDARD belegen, liefert Ihnen dieses Datum die Zahl 36.536.

Antwort

Abbildung 19.4:
Alle Kunden aus
dem Süden sind mit
einer anderen
Arbeitsmappe
verknüpft.

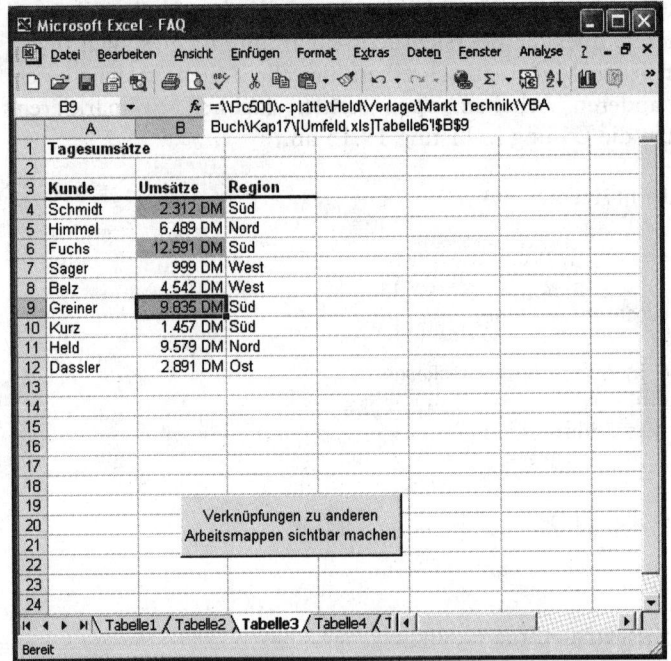

Im Makro aus Listing 19.16 wird die Differenz zwischen dem heutigen Datum und dem Datum, welches in Zelle A1 steht, ermittelt und am Bildschirm ausgegeben.

Listing 19.16:
Die Differenz
zwischen zwei
Datumswerten
ermitteln

```
Sub DatumsdifferenzenAusrechnen()
Dim DatWert As Date

 DatWert = Range("A1").Value
 MsgBox CLng(Date - DatWert) & " Tage ist die Differenz"
End Sub
```

Die Umwandlungsfunktion CLng wandelt einen Datumswert in einen Zahlenwert um, um somit mit Datumswerten rechnen zu können. Die Funktion Date beinhaltet das aktuelle Systemdatum.

Wenn Sie prüfen möchten, ob eine bestimmte Zelle ein gültiges Datum aufweist, setzen Sie das Makro aus Listing 19.17 ein.

Listing 19.17:
Prüfen, ob die
aktive Zelle ein gül-
tiges Datum enthält

```
Sub DatumPrüfen()
 If Not IsDate(ActiveCell.Value) Then
    MsgBox "Kein Datum!"
 End If
End Sub
```

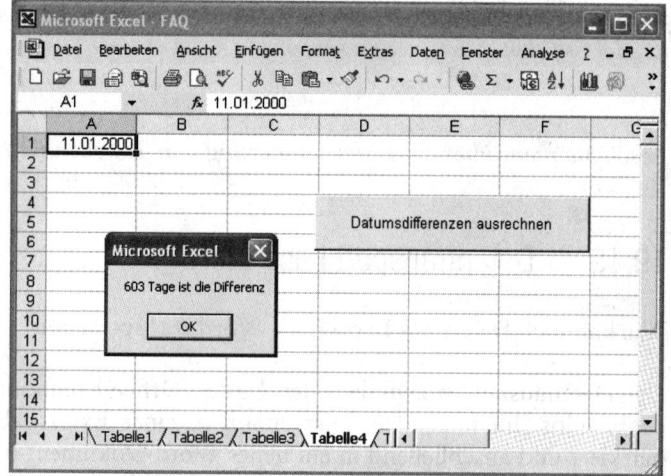

Abbildung 19.5:
Datumsdifferenz
am Bildschirm
ausgeben

In Kapitel 10 erfahren Sie mehr über Funktionen.

19.14 Warnmeldungen deaktivieren

Wie kann ich in Excel temporär bestimmte Warnmeldungen ausschalten?

Frage

Warnmeldungen in Excel können Sie jederzeit ein- und ausschalten, indem Sie die Eigenschaft `DisplayAlerts` auf den Wert `False` setzen. So wird im folgenden Beispiel die Rückfrage in Abbildung 19.6 unterdrückt, wenn versucht wird, das letzte Tabellenblatt aus der aktiven Arbeitsmappe zu löschen.

Antwort

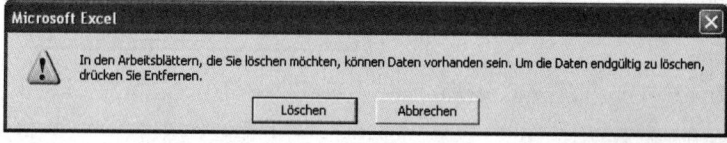

Abbildung 19.6:
Warnmeldungen in
Excel ausschalten

```
Sub LetztesBlattInArbeitsmappeLöschen()
Dim i As Integer

 i = ActiveWorkbook.Sheets.Count
 Application.DisplayAlerts = False
 Worksheets(i).Delete
 Application.DisplayAlerts = False
End Sub
```

Listing 19.18:
Letzte Tabelle aus
Arbeitsmappe ohne
Rückfrage löschen

Vergessen Sie nicht, die Eigenschaft DisplayAlerts *am Ende des Makros wieder auf den Wert* True *zu setzen.*

Lesen Sie mehr über die Programmierung von Tabellenblättern in Kapitel 7.

19.15   Datentransport nach Word

Frage   Wie kann ich Daten aus Excel nach Word transportieren?

Antwort   Der Datenaustausch zwischen den beiden Office-Komponenten ist nahezu problemlos. Im folgenden Beispiel soll in einer Excel-Tabelle ein Bereich markiert und anschließend in ein neues Word-Dokument transportiert werden.

Abbildung 19.7:
Die Daten werden mithilfe einer Input-box markiert.

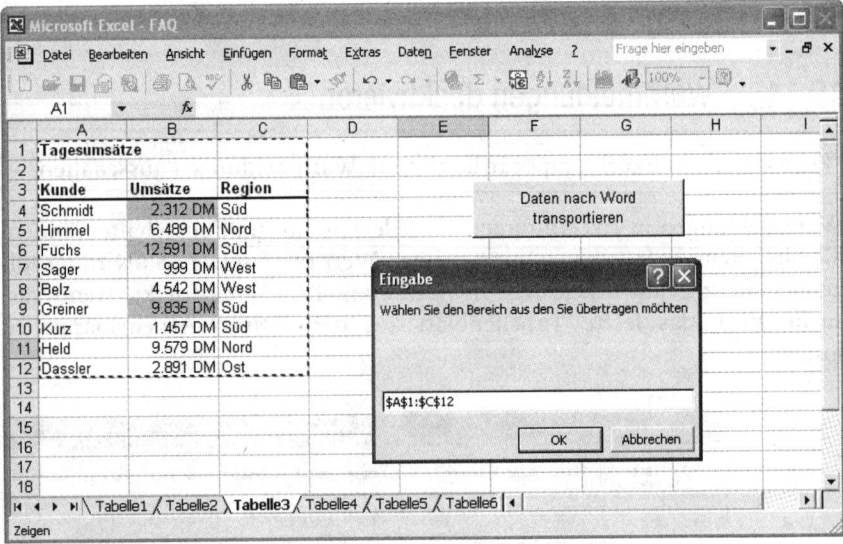

Um mit Word-VBA-Befehlen arbeiten zu können, müssen Sie in der Entwicklungsumgebung im Menü EXTRAS *den Befehl* VERWEISE *wählen und die Objektbibliothek* MICROSOFT WORD 10.0 OBJECT LIBRARY (WORD 2002) MICROSOFT WORD 9.0 OBJECT LIBRARY *(Word 2000) bzw.* MICROSOFT WORD 8.0 OBJECT LIBRARY *(Word 97) einbinden.*

Sehen Sie sich danach das folgende Makro aus Listing 19.19 an.

```
Sub DatentransferNachWord()
Dim WordObj As Object
Dim WordDoc As Object
Dim Bereich As Range

  Set WordObj = GetObject(, "word.application.10")
  If Err.Number = 429 Then
  Set WordObj = CreateObject("word.application.10")
  Err.Number = 0
  End If
WordObj.Visible = True
Set WordDoc = WordObj.Documents.Add

  Set Bereich = Application.InputBox _
  ("Wählen Sie den Bereich aus", Type:=8)
  Range(Bereich.Address).Copy
  WordObj.Selection.Paste
  Application.CutCopyMode = False
  Set WordObj = Nothing
  Set WordDoc = Nothing
End Sub
```

Listing 19.19:
Markierten Daten-
bereich aus Excel
in ein neues
Word-Dokument
übertragen

In Kapitel 17 erfahren Sie mehr über das Zusammenspiel von Excel mit den anderen Office-Komponenten.

REF

19.16 Laufwerk und Pfad der aktiven Arbeitsmappe anzeigen

Wie kann ich das Laufwerk sowie den Pfad einer Arbeitsmappe ermitteln?   *Frage*

Mithilfe des folgenden Makros aus Listing 19.20 können Sie diese beiden Aufgaben erledigen.   *Antwort*

```
Sub PfadDerGespeichertenMappeAusgeben()
MsgBox CurDir
MsgBox ActiveWorkbook.Path
End Sub
```

Listing 19.20:
Laufwerk und Pfad
der aktiven Arbeits-
mappe ermitteln

Die Funktion CurDir meldet Ihnen das Laufwerk, auf welchem die aktive Arbeitsmappe gespeichert ist. Die Eigenschaft Path gibt den kompletten Pfad der aktiven Arbeitsmappe zurück.

Abbildung 19.8:
Die Excel-Tabelle in
Word

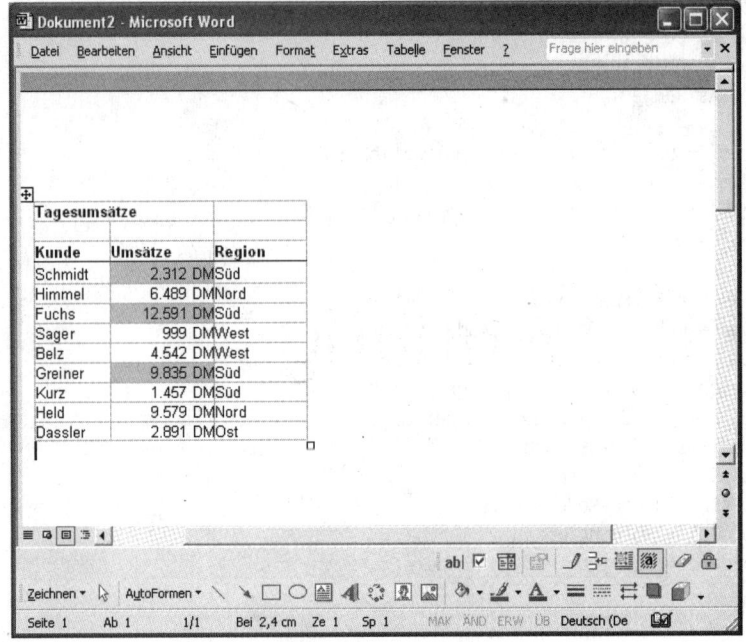

19.17   Drag&Drop ein- und ausschalten

Frage   Wie kann ich Drag&Drop für eine bestimmte Tabelle ausschalten?

Um die gewünschte Funktionalität in Excel einzustellen, befolgen Sie die nächsten Arbeitsschritte:

1. Wechseln Sie mit [Alt] + [F11] in die Entwicklungsumgebung.

2. Führen Sie einen Doppelklick auf die Tabelle aus, hinter der Sie die Funktion legen möchten.

3. Erfassen Sie folgende Ereignisse.

Listing 19.21:
Drag&Drop
ausschalten

```
Private Sub Worksheet_Activate()
 Application.CellDragAndDrop = False
End Sub
```

Um das Drag&Drop wieder zuzulassen, geben Sie folgendes Ereignis an.

Listing 19.22:
Drag&Drop
einschalten

```
Private Sub Worksheet_Deactivate()
 Application.CellDragAndDrop = True
End Sub
```

Setzen Sie die Eigenschaft `CellDragAndDrop` auf den Wert `True`, damit Sie wieder mit Drag&Drop arbeiten können.

Teil 6   Anhänge

Im letzten Teil des Buches stelle ich Ihnen interessante Marktlösungen vor und fasse ein paar wichtige Funktionen in einem Add-In für Sie zusammen. Erfahren Sie, wie Sie bei Problemen in Excel-VBA Hilfe im Internet finden können. Zum schnelleren Auffinden von Makrolösungen finden Sie alle Titel der Listings mitsamt der Seitenangabe im Anhang.

A Nützliche und interessante Makros

Im ersten Kapitel des Anhangs werden einige interessante Makros vorgestellt, die Ihnen helfen sollen, noch effizienter mit Excel zu arbeiten.

Alle Beispiele in diesem Kapitel finden Sie auf der CD-ROM *im Verzeichnis* KAPA *unter dem Namen* TOPMAKROS.XLS.

A.1 Arbeitsmappe als Verknüpfung auf den Desktop legen

Für den noch schnelleren Zugriff auf Excel-Arbeitsmappen können Sie diese beispielsweise auf dem Windows-Desktop ablegen. Dazu öffnen Sie die Arbeitsmappe, die Sie auf Ihren Desktop legen möchten, und starten das Makro aus Listing A.1.

```
Sub ArbeitsmappeAufDesktopLegen()
Dim wsh As Object
Dim o_Sh As Object
Dim s_DeskTop As String

  Set wsh = CreateObject("WScript.Shell")
  s_DeskTop = wsh.SpecialFolders("Desktop")
  Set o_Sh = wsh.CreateShortcut(s_DeskTop & _
    "\" & ThisWorkbook.Name & ".lnk")
  With o_Sh
    .TargetPath = ThisWorkbook.FullName
    .Save
  End With
  Set wsh = Nothing
End Sub
```

Listing A.1:
Eine Verknüpfung zu einer Arbeitsmappe auf den Desktop legen

Erstellen Sie zuerst einen Verweis auf das Objekt Wscript.Shell mit der Methode CreateObject. Danach definieren Sie als Speicherort für Ihre Verknüpfung Ihren Windows-Desktop. Dazu setzen Sie die Eigenschaft Special Folders ein. Jetzt erzeugen Sie mit der Methode CreateShortcut eine Verknüpfung auf Ihrem Desktop.

Achten Sie darauf, dass Sie beim Namen der Verknüpfung die Endung LNK *oder* URL *angeben, sonst kommt es zu einer Fehlermeldung.*

Nun müssen Sie herausfinden, wo die verknüpfte Arbeitsmappe wirklich liegt. Dazu setzen Sie die Eigenschaft TargetPath ein. Mit der Methode Save speichern Sie letztendlich die Verknüpfung auf dem Windows-Desktop.

Abbildung A.1:
Die Objektbibli-
othek des WSH
(Windows Scripting
Host) im Objekt-
manager

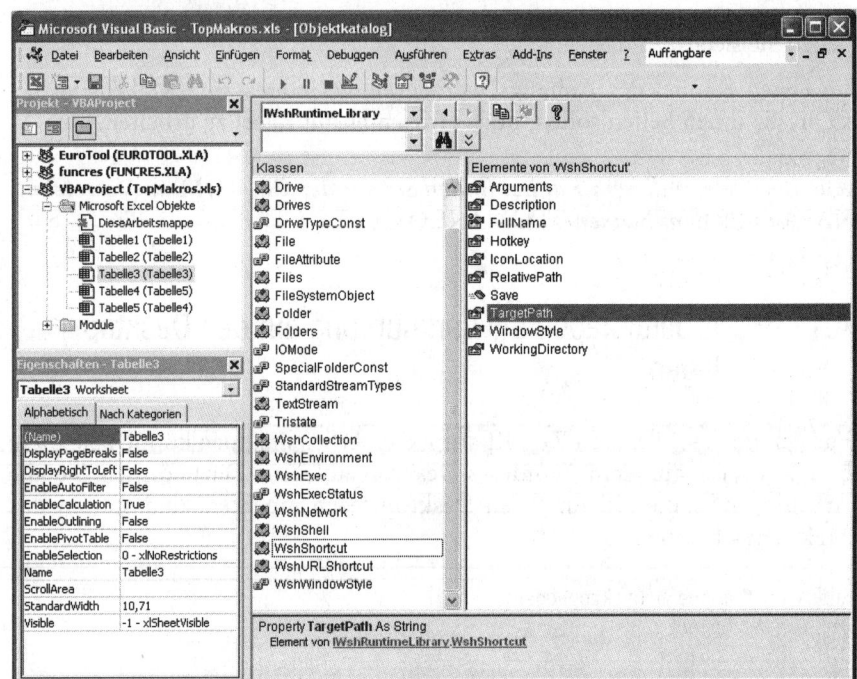

Möchten Sie mehr zum Objektmodell von Windows Scripting Host (WSH) erfahren, binden Sie in der Entwicklungsumgebung die Objektbibliothek WINDOWS SCRIPTING HOST OBJECT MODEL (VERS. 1.0) *ein, indem Sie in der Entwicklungsumgebung aus dem Menü* EXTRAS *den Befehl* VERWEISE *wählen. Drücken Sie danach die Taste* [F2]*, um in den Objektkatalog zu gelangen.*

A.2   Verknüpfungen in Festwerte umwandeln

Sicher kennen Sie das Problem: Sie haben eine Arbeitsmappe, in der unzählige Verknüpfungen zu anderen Arbeitsmappen enthalten sind. Teilweise sind die Verknüpfungen nicht mehr aktuell, weil Arbeitsmappen entweder verschoben oder gelöscht wurden. Diese Art von Verknüpfungen werden als

»Ghostlinks« bezeichnet. Wie aber können Sie diese Verknüpfungen entfernen, ohne dabei die Werte, die aus der ehemaligen Verknüpfung resultieren, zu entfernen?

Verknüpfungen zu anderen Arbeitsmappen sind auch dann unerwünscht, wenn Sie eine Arbeitsmappe an einen Kollegen oder Kunden weitergeben und die verknüpften Arbeitsmappen nicht mit ausliefern möchten.

Sehen Sie sich dazu das folgende Makro in Listing A.2 an.

```
Sub ExterneLinksInFestwerteUmsetzen()
Dim Blatt As Worksheet
Dim Zelle As Object

 For Each Blatt In ActiveWorkbook.Worksheets
  Blatt.Activate
  Set Zelle = Cells.Find(what:="[", After:=ActiveCell, _
  LookIn:=xlFormulas, lookat:=xlPart, _
  searchorder:=xlByRows, searchdirection:=xlNext, _
  MatchCase:=False)
  While TypeName(Zelle) <> "Nothing"
   Zelle.Activate
   Zelle.Formula = Zelle.Value
   Set Zelle = Cells.FindNext(After:=ActiveCell)
  Wend
 Next Blatt
End Sub
```

Listing A.2:
Externe Verknüpfungen in Festwerte umwandeln

Für die Bewältigung dieser Aufgabenstellung benötigen Sie zwei Schleifen. Die erste Schleife sorgt dafür, dass in jedem Tabellenblatt der Arbeitsmappe nach externen Verknüpfungen gesucht wird. Die zweite Schleife prüft, ob es auf dem jeweils aktiven Tabellenblatt mehrere Verknüpfungen mit anderen Arbeitsmappen gibt, und ersetzt die Verknüpfung der einzelnen Zellen durch den Wert der Zelle. Bei der Suche nach Verknüpfungen setzen Sie die Methode Find ein, der Sie als Suchzeichen die eckige Klammer übergeben. Mit der Funktion TypeName können Sie den Status der Variablen Zelle abfragen. Entspricht dieser Status dem Wert Nothing, kann keine Verknüpfung auf der aktiven Tabelle mehr gefunden werden. Diese haben Sie entweder alle schon umgesetzt bzw. es existieren überhaupt keine Verknüpfungen auf dem Tabellenblatt. Mithilfe der Methode FindNext setzen Sie die Suche, die mit der Methode Find begonnen wurde, mit demselben Suchkriterium fort. Erreicht die Suche das Ende des angegebenen Suchbereichs, beginnt sie erneut am Anfang dieses Bereichs. Da Sie aber direkt nach der Suche die Verknüpfungen in Festwerte umwandeln, liefert die Variable Zelle irgendwann den Wert Nothing zurück und Sie können das nächste Tabellenblatt aktivieren und durchsuchen.

In den Kapiteln 8 und 9 erfahren Sie mehr über Arbeitsmappen und Tabellen.

A.3   Automatischer Bildleistenlauf programmieren

Auf der rechten Seite Ihres Bildschirms finden Sie die vertikale Bildlaufleiste. Diese können Sie betätigen, um nach oben bzw. nach unten in Ihrer Tabelle zu scrollen. Das nächste Makro aus Listing A.3 stellt automatisch die aktive Zelle in Spalte A als oberste Zelle in der Bildschirmansicht ein.

Listing A.3:
Automatisches
Laufbalken-Update
durchführen

```
Sub LaufbalkenBetätigen()
  With ActiveWindow
       .ScrollRow = ActiveCell.Row
       .ScrollColumn = ActiveCell.Column
    End With
End Sub
```

Mithilfe der Anweisung `ActivWindow.ScrollRow` bestimmen Sie die Nummer der Zeile, die sich auf der oberen Seite des Ausschnitts oder des Fensters befindet, indem Sie diese der aktiven Zelle gleichsetzen. Die Anweisung `ActiveWindow.ScrollColumn` gibt die Nummer der Spalte an, die sich auf der linken Seite des Ausschnitts oder des Fensters befindet.

Damit dieser Vorgang automatisch abläuft, müssen Sie noch ein Ereignis auf Arbeitsmappen-Ebene einstellen. Führen Sie in der Entwicklungsumgebung von Excel einen Doppelklick auf den Eintrag DIESEARBEITSMAPPE durch und erfassen folgendes Ereignismakro:

Listing A.4:
Ereignis
Workbook_Sheet-
SelectionChange
zum Einstellen des
automatischen
Laufbalken-Updates

```
Private Sub Workbook_SheetSelectionChange _
(ByVal Sh As Object, ByVal Target As Excel.Range)
If Target.Column = 1 Then LaufbalkenBetätigen
End Sub
```

Da diese Funktion nur für Zellen der ersten Spalte gelten soll, fragen Sie über die Eigenschaft `Column` die aktive Spalte ab.

In Kapitel 6 erfahren Sie mehr über die Programmierung von Spalten und Zeilen.

A.4   Tasten deaktivieren

Wissen Sie, wie Sie mit ein bisschen Glück eine Endlosschleife abbrechen können? Drücken Sie mehrmals hintereinander die Taste ⎡Esc⎤. Oft ist aber gerade eine solche Unterbrechung des Ablaufs eines Makros unerwünscht.

Wie schnell passiert es, dass ein Anwender während der Laufzeit aus Versehen auf die Taste ⌈Esc⌉ drückt. Auch gibt es manche Kollegen, die meinen,
sie müssten probieren, wie man ein bestimmtes Makro zum Abstürzen
bringt. Dies können Sie unterbinden, indem Sie zu Beginn des Makros folgenden Befehl in Ihren Code integrieren:

```
Application.EnableCancelKey = xlDisabled
```

*Achten Sie darauf, dass Sie am Ende Ihres Makros die Möglichkeit des
Abbruchs wieder zulassen. Verwenden Sie dazu den Befehl:*

```
Application.EnableCancelKey = xlInterrupt
```

A.5   Doppelklicks deaktivieren

Wenn Sie mit der Maustaste eine Zelle doppelt anklicken, gelangen Sie in
die direkte Zellenbearbeitung von Excel und können die Zelle somit leicht
bearbeiten. Möchten Sie in einer bestimmten Tabelle diese Funktion deaktivieren, setzen Sie das Ereignis Worksheet_Activate bzw. Worksheet_Deactivate
ein.

Dabei gehen Sie wie folgt vor:

1. Wechseln Sie in die Entwicklungsumgebung.

2. Klicken Sie die Tabelle im Projekt-Explorer doppelt an, in der Sie die
   Funktionalität des Doppelklicks deaktivieren möchten (TABELLE2 im
   Beispiel).

3. Erfassen Sie zunächst das Ereignis Worksheet_Activate, welches auftritt,
   wenn Sie das Tabellenblatt aktivieren.

   ```
   Private Sub Worksheet_Activate()
    Application.OnDoubleClick = "KeineAktion"
   End Sub
   ```

   Listing A.5:
   Ereignis
   Worksheet_Activate
   zum Deaktivieren
   des Doppelklicks
   mit der Maus

4. Das Ereignis Worksheet_Activate ruft ein Makro auf, welches Sie jetzt
   auf Modulebene erfassen.

   ```
   Sub KeineAktion()
   End Sub
   ```

   Listing A.6:
   Makro, das über-
   haupt nichts macht

5. Sorgen Sie jetzt dafür, dass die Funktionalität des Doppelklicks beim
   Verlassen der TABELLE2 wiederhergestellt wird. Dazu setzen Sie das
   Ereignis Worksheet_Deactivate ein.

Listing A.7:
Ereignis
Worksheet_Deactiv
ate einsetzen, um
den Doppelklick
wieder zuzulassen

```
Private Sub Worksheet_Deactivate()
  Application.OnDoubleClick = ""
End Sub
```

Weisen Sie der Eigenschaft OnDoubleClick einen Leerstring zu, um die Funktionalität des Doppelklicks wiederherzustellen.

Seit der Version Excel 2000 können Sie anstelle der Eigenschaft OnDoubleClick auch das Ereignis Worksheet_BeforeDoubleClick einsetzen, um die Funktionalität des Doppelklicks auszuschalten. Dazu setzen Sie das Argument Cancel des Ereignisses auf den Wert True.

Listing A.8:
Ereignis
Worksheet_Before
DoubleClick zum
Deaktivieren des
Doppelklicks auf
eine Zelle einsetzen

```
Private Sub Worksheet_BeforeDoubleClick _
(ByVal Target As Range, Cancel As Boolean)
Cancel = True
End Sub
```

Erfahren Sie mehr über die Programmierung von Ereignissen in Kapitel 12.

REF

A.6   Zelleninhalte zusammenführen

Im folgenden Beispiel aus Listing A.9 werden alle Inhalte aus den Zellen A1:A10 zusammengepackt und auf dem Bildschirm ausgegeben.

```
Sub StringBilden()
Dim s As String
Dim länge As Integer
Range("A1").Select
Do Until ActiveCell.Value = ""
s = s & ActiveCell.Value & ","
ActiveCell.Offset(1, 0).Select
Loop
länge = Len(s)
s = Left(s, länge - 1)
MsgBox s
End Sub
```

In einer Schleife arbeiten Sie alle Zellen der Spalte A ab, bis Sie auf die erste Leerzelle stoßen. Speichern Sie diese Inhalte in einer String-Variablen. Nach jedem so übertragenen Zelleninhalt geben Sie als Trennzeichen ein Semikolon an. Am Ende müssen Sie das letzte Zeichen wieder aus der Variablen s entfernen. Dazu prüfen Sie über die Funktion Len die Gesamtlänge der Variablen s und schneiden das letzte Zeichen, das Semikolon, ab.

In Kapitel 5 erfahren Sie mehr über die Programmierung von Zellen.

A.7 Zahlenwerte richtig erkennen

In manchen Fällen erkennt Excel nach einem Import von Textdateien keine Zahlenwerte mehr. Dann werden Zahlen von Excel als Text interpretiert und Sie können damit nicht mehr rechnen. Wenn Sie nun eine solche Zelle mit der Taste F2 aktivieren und anschließend mit der Taste ↵ die Zelle abschließen, rechnet Excel und zeigt in der Zelle den richtigen Zahlenwert an. Diese manuelle Korrektur ist bei einer großen Datenmasse natürlich sehr mühselig. Setzen Sie dazu das Makro ein, welches Sie in Listing A.10 sehen. Markieren Sie vor dem Start des Makros den Zellenbereich, den Sie umsetzen möchten.

```
Sub F2ImBereich()
Dim Zelle As Object

For Each Zelle In Selection
    SendKeys "{F2}", True
    SendKeys "{ENTER}", True
Next Zelle
End Sub
```

Listing A.10:
Excel zwingen, importierte Zahlenwerte richtig zu interpretieren

Setzen Sie eine Schleife auf, die jede Zelle in der Markierung ansteuert. Mit der Anweisung SendKeys senden Sie die beiden Tastenfolgen nacheinander.

Eine weitere Möglichkeit, Excel zur richtigen Interpretation von importierten Zahlenwerten zu bewegen, ist, jeden Zellenwert mit dem Faktor 1 zu multiplizieren. Damit verändern Sie den Wert der Zelle nicht und haben als Ergebnis gültige Zellen mit Zahlenwerten.

:-)
TIPP

A.8 Zellen blinken lassen

Möchten Sie eine Zelle blinken lassen, besteht ein Möglichkeit darin, die Schriftfarbe abwechselnd Schwarz und Weiß einzustellen. Die Umsetzung dieser Aufgabe sehen Sie in Listing A.11.

```
Sub Blinken()
  NächstesMal = Now + TimeValue("00:00:01")
  With ActiveCell
    If .Font.ColorIndex = 2 _
    Then .Font.ColorIndex = 1 Else .Font.ColorIndex = 2
  End With
```

Listing A.11:
Zellen blinken lassen

```
    Application.OnTime NächstesMal, "Blinken"
End Sub
```

Um dem Blinken ein Ende zu bereiten, müssen Sie der Methode OnTime im Argument schedule den Wert False zuweisen.

Listing A.12:
Blinken von Zellen
beenden

```
Sub BlinkenBeenden()
  Application.OnTime NächstesMal, "Blinken", _
    schedule:=False
End Sub
```

Über die Funktion TimeValue legen Sie die Startzeit für den Vorgang fest. Da die Zelle jede Sekunde genau einmal blinken soll, geben Sie dort den Wert 1 an.

Lesen Sie mehr über die Programmierung von Ereignissen in Kapitel 12.

A.9   Makro aus Word starten

Wenn Sie möchten, können Sie aus Excel heraus auch ein Word-Makro starten. Dazu setzen Sie den folgenden Code aus Listing A.13 ein.

Listing A.13:
Word-Makro von
Excel aus starten

```
Sub MakroAusWordStarten()
Dim WoObj As Object

    Set WoObj = CreateObject("Word.Application")
    WoObj.Documents.Open "C:\Eigene Dateien\Test.doc"

    With WoObj
     .Visible = True
     .Run "WordMakro"
     .Quit
    End With
    Set WoObj = Nothing
End Sub
```

Definieren Sie im ersten Schritt eine Objektvariable und setzen Sie die Funktion CreateObject ein, um einen Verweis auf die Word-Applikation zu erhalten. Danach öffnen Sie das Dokument, welches das Makro enthält. Mithilfe der Eigenschaft Visible zeigen Sie das Dokument auf dem Bildschirm an. Danach verwenden Sie die Methode Run, um das Word-Makro zu starten, und beenden die Textverarbeitung über die Methode Quit. Geben Sie am Ende den reservierten Speicher für die Objektvariable wieder frei.

In Kapitel 17 erfahren Sie mehr über die Programmierung von Excel und Word.

A.10   Zusammenspiel von Zellen und Textboxen

Im folgenden Beispiel aus Listing A.14 wird der Inhalt einer Zelle in eine Textbox geschrieben.

```
Sub ZelleInTextBox()
Dim txtBox1 As TextBox
Dim Bereich As Range, cell As Range

Set txtBox1 = ActiveSheet.DrawingObjects(1)
Set Bereich = ActiveSheet.Range("A1")
txtBox1.Text = Bereich
End Sub
```

Listing A.14:
Zelleninhalt in Textbox schreiben

Aber auch der andere Fall ist interessant. Schreiben Sie den Inhalt einer Textbox in eine bestimmte Zelle und setzen Sie dabei das Makro aus Listing A.15 ein.

```
Sub TextBoxInZelle()
Dim txtBox1 As TextBox
Dim Bereich As Range, cell As Range

Set txtBox1 = ActiveSheet.DrawingObjects(1)
Set Bereich = ActiveSheet.Range("A1")
Bereich = txtBox1.Text
End Sub
```

Listing A.15:
Textboxinhalt in Zelle schreiben

Lesen Sie mehr über die Programmierung von Steuerelementen auf Tabellenblättern in Kapitel 15.

A.11   Dateien als Objekte in Tabelle einfügen

Eine interessante Möglichkeit, mehrere Dateien in Excel-Arbeitsmappen verfügbar zu machen, ist das Einfügen der Datei als Objekt. Ein Doppelklick auf dieses eingefügte Objekt öffnet die Datei. Damit erreichen Sie eine ähnliche Funktionalität wie bei der Nutzung von Hyperlinks, nur mit dem Unterschied, dass Sie bei dieser Methode zusätzlich noch das Symbol der eingefügten Datei sehen können.

Im folgenden Beispiel wird eine Textdatei in eine Excel-Tabelle eingefügt.

```
Sub TextDateiAlsObjektEinfügen()
Dim Textobj As OLEObject

 On Error GoTo fehler
 Set Textobj = ActiveSheet.OLEObjects.Add( _
     Filename:="c:\eigene Dateien\Produkt.txt", _
     Link:=True, _
     DisplayAsIcon:=False)
 Exit Sub
fehler:
  MsgBox "Die Textdatei konnte nicht gefunden werden!"
End Sub
```

Definieren Sie eine Variable vom Typ OLEObject und fügen Sie mit der Methode Add die Textdatei PRODUKT.TXT in Ihre Excel-Tabelle ein. Anhand des Dateinamens der Datei erkennt Excel automatisch, dass es sich hierbei um eine Textdatei handelt. Geben Sie im Argument Link den Wert True an, wenn Sie das eingefügte Objekt mit der ursprünglichen Datei verknüpfen möchten. Setzen Sie dieses Argument auf den Wert False, wenn Sie eine Kopie der Originaldatei in die Excel-Tabelle einfügen möchten. Mit dem Argument Displa-yAsIcon können Sie festlegen, ob die eingefügte Datei als Symbol oder in ihrer normalen Bilddarstellung angezeigt werden soll.

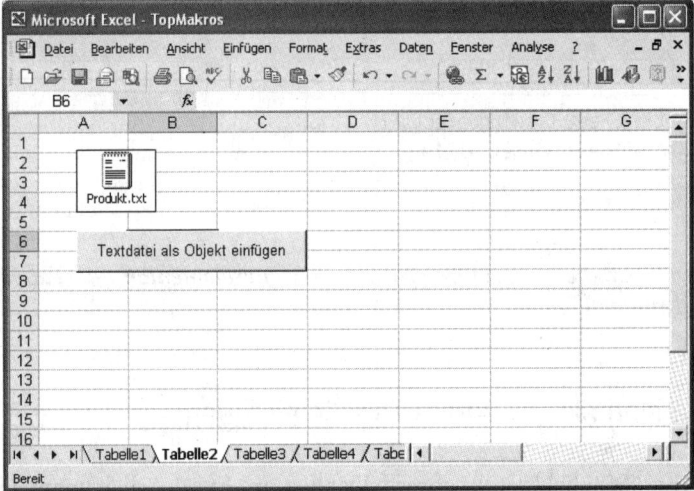

A.12   Pfad als Fenstertitel ausgeben

Im nächsten Makro aus Listing A.17 wird der komplette Pfad einer Arbeitsmappe als Fenstertitel ausgegeben.

```
Sub KomplPfadAlsFenstertext()
 Application.ActiveWindow.Caption = _
 ActiveWorkbook.FullName
End Sub
```

Listing A.17:
Name der Arbeits-
mappe als Fenster-
überschrift
einstellen

Über die Anweisung `Application.ActiveWindow.Caption` weisen Sie eine Überschrift in Ihrem Excel-Fenster zu. Geben Sie dort die Eigenschaft `Fullname` an, die Sie auf die aktive Arbeitsmappe anwenden.

Mehr über die Programmierung von Arbeitsmappen erfahren Sie in Kapitel 8.

A.13 Add-In einbinden

Wenn Sie Zusatzfunktionen in Excel nutzen möchten, können Sie im Menü EXTRAS den Add-Ins-Manager aufrufen. Dort finden Sie zahlreiche Add-Ins, die zusätzliche Funktionen für Excel bereitstellen.

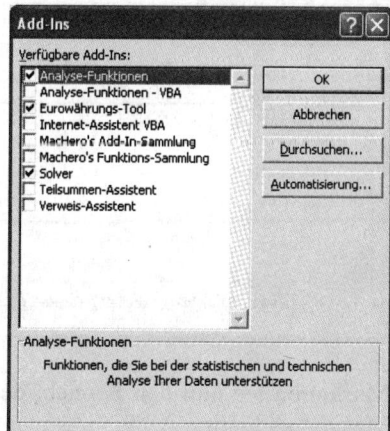

Abbildung A.3:
Weitere Funktionen
für Excel im
Add-Ins-Manager

Möchten Sie nun prüfen, ob ein bestimmtes Add-In schon verfügbar ist, bevor Sie mit VBA auf eine Funktion zugreifen, die in einem Add-In steckt, setzen Sie das Makro aus Listing A.18 ein.

```
Sub AddInPrüfenUndEinbinden()
With AddIns("Automatisches Speichern")
  If .Installed = False Then .Installed = True
    MsgBox "Das Add In " & .Name & " ist nun verfügbar"
  End With
End Sub
```

Listing A.18:
Automatisches Ein-
binden von Add-Ins
in Excel

Mithilfe der Eigenschaft AddIns bekommen Sie eine Auflistung zurück, die alle im Dialogfeld ADD-INS aufgeführten Add-Ins darstellt. Über die Eigenschaft Installed können Sie prüfen, ob ein Add-In bereits im Add-Ins-Manager aktiviert ist. Wenn nicht, meldet die Eigenschaft den Wert False zurück. In diesem Fall können Sie die Aktivierung des Add-Ins veranlassen, indem Sie die Eigenschaft Installed auf den Wert True setzen.

In Anhang B erfahren Sie mehr über Add-Ins.

A.14   Runden mit Excel

Beim Runden von Zahlen in Excel können Sie entscheiden, wie Excel die vorliegenden Zahlen runden soll.

Abbildung A.4:
Die Ausgangssituation: Zahlenwerte ungerundet

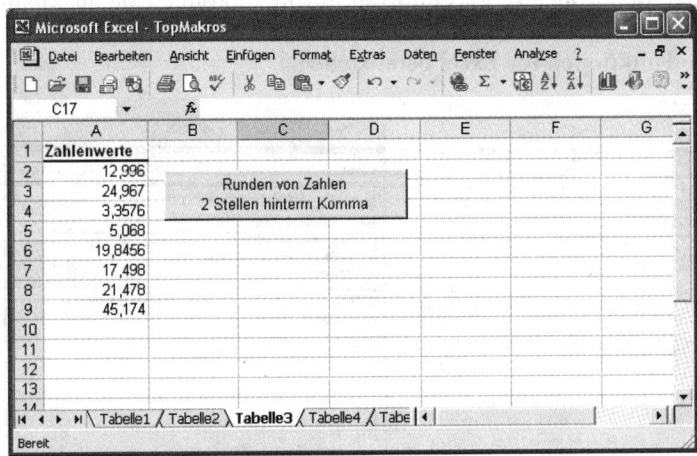

Markieren Sie nun den Bereich, der die Zahlen enthält, und starten Sie das Makro aus Listing A.19.

Listing A.19:
Runden von Zahlenwerten (zwei Stellen hinter dem Komma)

```
Sub Runden()
Dim Zelle As Object

For Each Zelle In Selection
  If Zelle.Value = "" Or Zelle.Value = 0 Then
  Else
  On Error Resume Next
  Zelle.Value = _
  CDec(Format(Application.Round(Zelle.Value, 2), "0.00"))
  End If
Next Zelle
End Sub
```

In einer For Each-Schleife arbeiten Sie alle Zellen innerhalb der Markierung durch. Enthält die Zelle einen Leerwert bzw. eine Null, wird nicht gerundet. Im andern Fall setzen Sie die Funktion Round ein, um die Zahlen zu runden. Das erste Argument dieser Funktion stellt die Zelle dar, die gerundet werden soll. Im zweiten Argument geben Sie die Zahl an, die aussagt, wie viele Stellen rechts vom Dezimalpunkt beim Runden berücksichtigt werden sollen. Mithilfe der Funktion Format weisen Sie dem Ergebnis der Rundung ein gewünschtes Zahlenformat zu. Die Umwandlungsfunktion CDec sorgt letztendlich dafür, dass das Ergebnis auch als Zahlenwert erhalten bleibt.

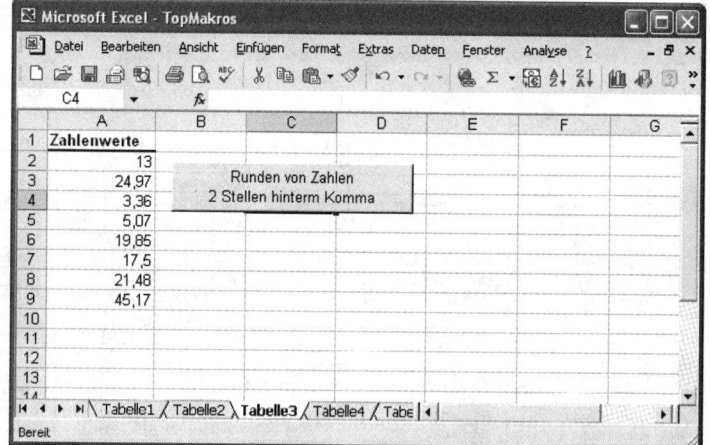

Abbildung A.5:
Das Ergebnis:
Die Zahlenwerte
wurden nach zwei
Nachkommastellen
gerundet.

A.15 Gefilterte Daten in einer Textdatei ausgeben

Im letzten Makro wird ein Tabellenblatt gefiltert und die Ergebnisse der Filterung werden auf ein anderes Tabellenblatt transferiert. Anschließend schreiben Sie diese gefilterten Daten in eine Textdatei.

Wenden Sie nun das Makro aus Listing A.20 an.

```
Sub FilterungInTextdateiSchreiben()
Dim i As Integer
Dim e As Integer
Dim s As String

Sheets("Tabelle4").Activate
ActiveSheet.UsedRange.Copy
Sheets("Tabelle5").Activate
Range("A1").Select
ActiveSheet.Paste
Open "c:\Eigene Dateien\Teilnehmer.txt" For Output As #1
    For i = 1 To ActiveSheet.UsedRange.Rows.Count
        For e = 1 To ActiveSheet.UsedRange.Columns.Count
```

Listing A.20:
Gefilterte Excel-
Daten in eine Text-
datei schreiben

```
        On Error Resume Next
        s= s + Cells(i, e) & ";"
       Next e
       s = Left(s, Len(s) - 1)
       Print #1, s
       s = ""
    Next i
    Close #1
    Application.CutCopyMode = False
End Sub
```

Abbildung A.6: Die Ausgangssituation: eine noch ungefilterte Tabelle

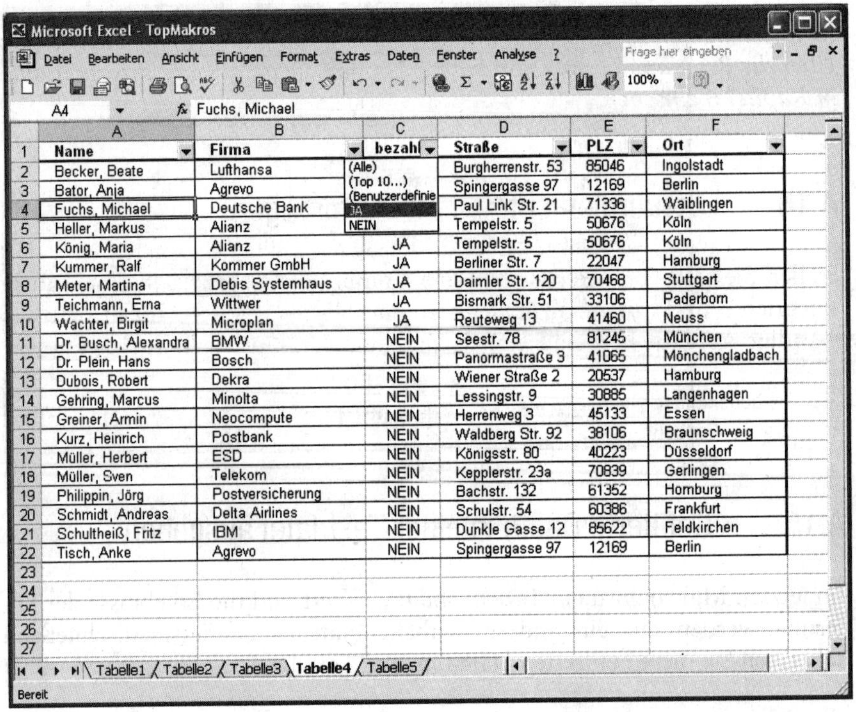

	A	B	C	D	E	F
1	Name	Firma	bezahl	Straße	PLZ	Ort
2	Becker, Beate	Lufthansa		Burgherrenstr. 53	85046	Ingolstadt
3	Bator, Anja	Agrevo		Spingergasse 97	12169	Berlin
4	Fuchs, Michael	Deutsche Bank		Paul Link Str. 21	71336	Waiblingen
5	Heller, Markus	Alianz		Tempelstr. 5	50676	Köln
6	König, Maria	Alianz	JA	Tempelstr. 5	50676	Köln
7	Kummer, Ralf	Kommer GmbH	JA	Berliner Str. 7	22047	Hamburg
8	Meter, Martina	Debis Systemhaus	JA	Daimler Str. 120	70468	Stuttgart
9	Teichmann, Erna	Wittwer	JA	Bismark Str. 51	33106	Paderborn
10	Wachter, Birgit	Microplan	JA	Reuteweg 13	41460	Neuss
11	Dr. Busch, Alexandra	BMW	NEIN	Seestr. 78	81245	München
12	Dr. Plein, Hans	Bosch	NEIN	Panormastraße 3	41065	Mönchengladbach
13	Dubois, Robert	Dekra	NEIN	Wiener Straße 2	20537	Hamburg
14	Gehring, Marcus	Minolta	NEIN	Lessingstr. 9	30885	Langenhagen
15	Greiner, Armin	Neocompute	NEIN	Herrenweg 3	45133	Essen
16	Kurz, Heinrich	Postbank	NEIN	Waldberg Str. 92	38106	Braunschweig
17	Müller, Herbert	ESD	NEIN	Königsstr. 80	40223	Düsseldorf
18	Müller, Sven	Telekom	NEIN	Kepplerstr. 23a	70839	Gerlingen
19	Philippin, Jörg	Postversicherung	NEIN	Bachstr. 132	61352	Homburg
20	Schmidt, Andreas	Delta Airlines	NEIN	Schulstr. 54	60386	Frankfurt
21	Schultheiß, Fritz	IBM	NEIN	Dunkle Gasse 12	85622	Feldkirchen
22	Tisch, Anke	Agrevo	NEIN	Spingergasse 97	12169	Berlin
23						
24						
25						
26						
27						

Im ersten Schritt übertragen Sie die gefilterten Daten von TABELLE4 nach TABELLE5. Danach öffnen Sie eine Textdatei, die jedoch noch nicht existieren muss, mithilfe der Methode `Open`. Jetzt benötigen Sie zwei `For Next`-Schleifen. Die äußere Schleife überträgt alle Zeilen der TABELLE5, in der inneren Schleife sorgen Sie dafür, dass alle Zellen innerhalb einer Zeile übertragen werden. Sie schreiben den einen Satz erst in die Textdatei, wenn Sie in der String-Variablen `s` alle Zellen der aktiven Zeile gespeichert haben. Als Trennzeichen verwenden Sie das Semikolon. Bevor Sie aber die Anweisung `Print` einsetzen, um den Satz aus der Variablen `s` in die Textdatei zu schreiben, sollten Sie noch das letzte Semikolon in der Variablen `s` entfernen. Dazu verwenden Sie die Funktionen `Left` im Zusammenspiel mit `Len`.

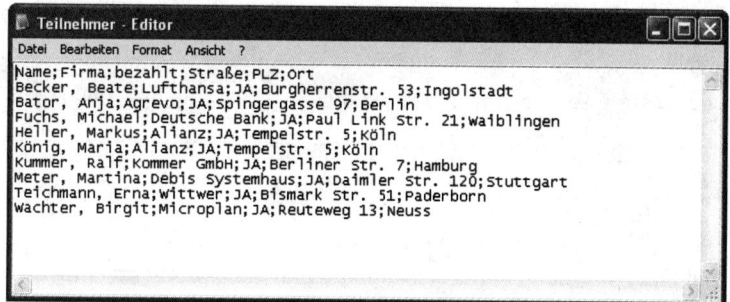

Abbildung A.7:
Das Ergebnis: alle
Teilnehmer mit dem
Status Bezahlt in
einer Textdatei

In Kapitel 17 erfahren Sie mehr über die Programmierung von Textdateien.
Über die Programmierung von Filtern können Sie detaillierte Informationen
in Kapitel 6 einsehen.

A.16 Steuerelemente mehrfach einfügen

Stellen Sie sich vor, Sie müssten eine Combobox mehrfach in eine Tabelle
integrieren und mit einem Zellenbezug ausstatten. Diese manuell sehr aufwändige Aufgabe können Sie auch über ein Makro abwickeln.

```
Sub ComboboxenEinfügen()
Dim cmd As ComboBox
Dim i As Integer

Sheets("Tabelle8").Range("A1").Select
For i = 1 To 5
Set cmd = _
ActiveSheet.OLEObjects.Add _
(ClassType:="Forms.combobox.1", _
 Left:=80, Top:=10 + (i * 20), Width:=100, _
 Height:=20).Object
 cmd.AddItem Sheets("Tabelle8").Range("A" & i).Value
   cmd.LinkedCell = "$B$" & i
   Set cmd = Nothing
Next i
End Sub
```

Listing A.21:
Mehrere Combo-
boxen einfügen und
verdrahten

In Kapitel 15 erfahren Sie mehr über die Programmierung von Steuer-
elementen.

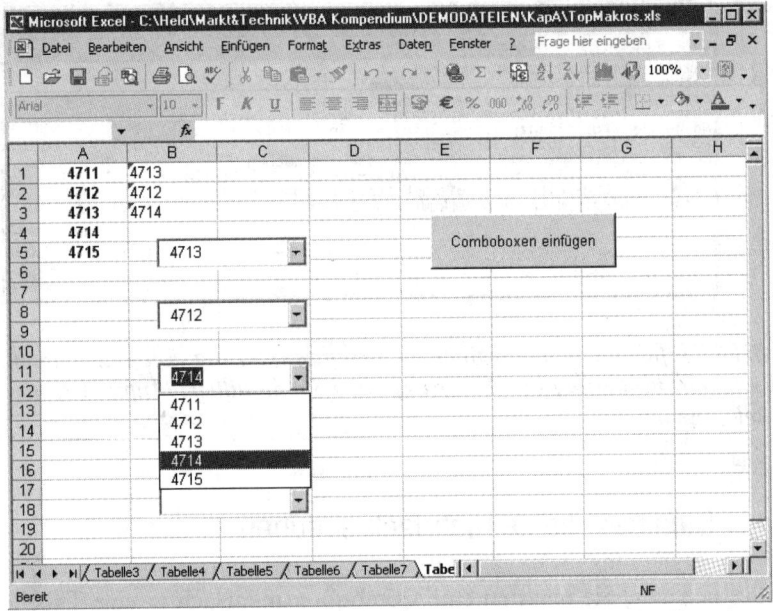

A.17   Daten verschlüsseln

Möchten Sie Textdaten in Zahlen umwandeln, um auf diese Weise einen
eigenen Geheimcode festzulegen, können Sie jede Eingabe eines Buchstabens
in eine vorher festgelegte Zahl umwandeln. Den Code für diese Aufgabe
sehen Sie in Listing A.22.

Listing A.22:
Buchstaben in
Zahlenwerte
umwandeln

```
Private Sub Worksheet_Change _
(ByVal Target As Excel.Range)
Dim s As String
Dim i As Integer
Dim ts As String
Dim z As Integer
Dim ns As String

If Target.Address <> "$A$1" Then Exit Sub
s = Target.Value
For i = 1 To Len(s)
    ts = Mid(s, i, 1)
    Select Case ts
     Case "a"
       z = 1
     Case "b"
       z = 2
     Case "c"
       z = 3
```

```
    Case Else
        z = 0
    End Select
    ns = ns & z
Next i
Range("B1").Value = ns
End Sub
```

In diesem Beispiel wird lediglich der Inhalt aus Zelle A1 nach einer Eingabe von Buchstaben automatisch umgewandelt.

Lesen Sie mehr über die Programmierung von Ereignissen in Kapitel 12.

A.18 Eingaben widerrufen

Im nächsten Beispiel sollen alle Eingaben in Spalte A sofort wieder widerrufen werden. Dieses Feature stellen Sie ein, indem Sie in der gewünschten Tabelle die Registerlasche mit der rechten Maustaste anklicken und den Befehl CODE ANZEIGEN auswählen. Erfassen Sie danach das Ereignis aus Listing A.23.

```
Private Sub Worksheet_Change _
(ByVal Target As Excel.Range)
If Target.Column = 1 Then
Application.EnableEvents = False
Application.Undo
Application.EnableEvents = True
End If
End Sub
```

Listing A.23:
Eingaben sofort wieder rückgängig machen

Mithilfe des Ereignisses `Worksheet_Change` können Sie Veränderungen in Ihrer Tabelle feststellen. Über die Methode `Undo` widerrufen Sie die letzte Eingabe. Damit nach dieser Änderung nicht wieder das Ereignis `Worksheet_Change` aufgerufen wird und sich dadurch eine Endlosschleife bildet, müssen Sie die Eigenschaft `EnableEvents` auf den Wert `False` setzen. Damit schalten Sie vor der Änderung die Ereignissteuerung von Excel ab. Vergessen Sie nach dem Widerrufen der letzten Eingabe nicht, diese Steuerung wieder einzuschalten, da sonst überhaupt keine Ereignisse von Excel mehr erkannt werden.

Lesen Sie mehr über die Programmierung von Ereignissen in Kapitel 12.

A.19   Farbige Schaltflächen in Abhängigkeit programmieren

Wussten Sie schon, dass Sie Schaltflächen auf Tabellenblättern in Abhängigkeit von Zelleninhalten einfärben können? Für die nächste Aufgabe fügen Sie als Vorbereitung eine Schaltfläche aus der Symbolleiste STEUERELEMENT-TOOLBOX in eine Tabelle ein. Schreiben Sie danach in Zelle A1 den Wert 1. Danach erfassen Sie das Makro aus Listing A.24.

Listing A.24:
Schaltflächen in Abhängigkeit von Zelleninhalten färben

```
Private Sub Worksheet_Change _
(ByVal Target As Excel.Range)
If Target.Address <> "$A$1" Then Exit Sub
If Target.Value = 1 Then CommandButton1.BackColor _
 = RGB(255, 0, 256) _
Else CommandButton1.BackColor = RGB(255, 255, 0)
End Sub
```

Mithilfe der Funktion RGB können Sie die Farbe Ihrer Schaltfläche bestimmen. Das erste Argument dieser Funktion stellt den Rotanteil, das zweite Argument den Grünanteil und das dritte Argument den Blauanteil der Farbe dar. Die Zahlenwerte können dabei zwischen den Werten 0 und 256 liegen.

Lesen Sie mehr über die Programmierung von Steuerelementen in Kapitel 15.

REF

A.20   Gitternetzlinien ein- und ausblenden

Standardmäßig werden die Gitternetzlinien in Excel-Tabellen angezeigt. Möchten Sie diese ausblenden, setzen Sie das Makro aus Listing A.25 ein.

Listing A.25:
Gitternetzlinien in gesamter Arbeitsmappe ausschalten

```
Sub GitternetzWeg()
Dim i As Integer
For i = 0 To ActiveWorkbook.Worksheets.Count
    Application.ActiveWindow.DisplayGridlines = False
Next i
End Sub
```

In einer Schleife durchlaufen Sie alle Tabellen der aktiven Arbeitsmappe und blenden die Gitternetzlinien aus, indem Sie die Eigenschaft DisplayGridLines auf den Wert False setzen.

B Das Wichtigste in einem Add-In

In diesem Kapitel möchte ich Ihnen mein Add-In vorstellen, das »MacAddIn«, welches einige wichtige Funktionen zur noch besseren Nutzung von Excel bereitstellt. Folgende Funktionen bietet das Add-In Ihnen an:

Sie finden alle Makros, die in diesem Kapitel beschrieben sind, auf der mitgelieferten CD-ROM im Verzeichnis KAPB in der Arbeitsmappe MacADDIN.XLS. Das fertige Add-In MACADDIN.XLA finden Sie ebenfalls in diesem Verzeichnis. Sie können es über das Menü EXTRAS und den Befehl ADD-INS-MANAGER einbinden.

B.1 Die Funktionen des MacAddIns

➡ Markierung aller Zellen in der Tabelle, die Formeln enthalten. Darunter fallen auch Verknüpfungen und Funktionen.

Die Zusatzfunktionen

➡ Umwandlung von Formeln und Funktionen in Festwerte in der aktiven Tabelle

➡ Umwandlung von Formeln und Funktionen in Festwerte als Kopie in einer neuen Datei

➡ Säubern aller Zellen im markierten Bereich von nicht druckbaren Zeichen

➡ Setzen von Zellenumbrüchen innerhalb einer Markierung

➡ Umwandlung von relativen Bezügen in absolute Bezüge

➡ Aktives Tabellenblatt als E-Mail-Anhang versenden

➡ Aktive Tabelle in neuer Arbeitsmappe speichern

➡ Wochentag, Datum und Uhrzeit anzeigen

➡ Informationen zur aktuellen Arbeitsmappe anzeigen (Name der Arbeitsmappe, Autor, letzter Zugriff, letzte Änderung, Speicherort der Arbeitsmappe)

➡ Öffnen aller verknüpften Arbeitsmappen

➡ Verknüpfungen zu anderen Arbeitsmappen entfernen

➡ Suchen von Text mit der Ersetzen-Funktion

➡ Suchen von Text mit der Markierungsfunktion

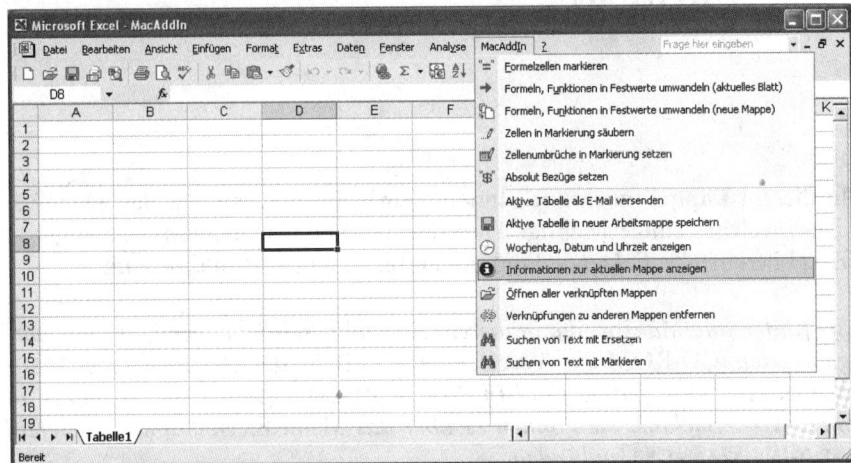

B.2   Die Ereignisse

Das Add-In MACADDIN wird in der Arbeitsblatt-Menüleiste vor dem Hilfemenü beim Einbinden des Add-Ins erzeugt. Dazu setzen Sie das Ereignis `Workbook_AddinInstall` ein, welches automatisch eintritt, wenn Sie im ADD-INS-MANAGER das Add-In MACADDIN einbinden. Innerhalb des Ereignisses rufen Sie das Makro `MenüErstellen` auf.

Listing B.1:
Ereignis
Workbook_AddinIns
tall zum dynami-
schen Erstellen
eines eigenen
Menüs beim Einbin-
den eines Add-Ins

```
Private Sub Workbook_AddinInstall()
  MenüErstellen
End Sub
```

Beim Deaktivieren des Add-Ins sollte das zusätzliche Menü MACADDIN wieder entfernt werden. Dazu setzen Sie das Ereignis `Workbook_AddinUninstall` ein und rufen darin das Makro `MenüLöschen` auf.

Listing B.2:
Ereignis
Workbook_AddinUn
install zum Entfer-
nen eines eigenen
Menüs beim Deak-
tivieren eines
Add-Ins

```
Private Sub Workbook_AddinUninstall()
  MenüLöschen
End Sub
```

B.3 Der Quellcode

Die folgenden Makros werden an dieser Stelle nicht ausführlich erklärt. Sie finden jedoch kleine Referenzen, unter welchem Kapitel diese oder ähnliche Funktionen erklärt sind.

B.3.1 Menüerstellung

```
Sub MenüErstellen()
Dim i As Integer
Dim i_Hilfe As Integer
Dim MenüNeu As CommandBarControl
Dim Mb As CommandBarControl

 i = Application.CommandBars(1).Controls.Count
 i_Hilfe = Application.CommandBars(1).Controls(i).Index
 Set MenüNeu = Application.CommandBars(1). _
  Controls.Add(Type:=msoControlPopup, _
  before:=i_Hilfe, Temporary:=True)
 MenüNeu.Caption = "MacAdd&In"
 Set Mb = MenüNeu.Controls.Add _
    (Type:=msoControlButton)
    With Mb
    .Caption = "&Formelzellen markieren"
    .Style = msoButtonIconAndCaption
    .OnAction = "FormelnMarkieren"
    .FaceId = 373
    .BeginGroup = True
    End With
 Set Mb = MenüNeu.Controls.Add _
    (Type:=msoControlButton)
    With Mb
    .Caption = _
    "Formeln, F&unktionen in Festwerte umwandeln _
     (aktuelles Blatt)"
    .Style = msoButtonIconAndCaption
    .OnAction = "FormelnInWerteUmwandeln"
    .FaceId = 39
    End With
    Set Mb = MenüNeu.Controls.Add _
    (Type:=msoControlButton)
    With Mb
     .Caption = _
    "Formeln, Fu&nktionen in Festwerte umwandeln _
    (neue Mappe)"
     .Style = msoButtonIconAndCaption
     .OnAction = "FormelnInWerteUmwandelnNeueDatei"
     .FaceId = 159
    End With
```

Listing B.3:
Ein eigenes Menü
erstellen

```vba
Set Mb = MenüNeu.Controls.Add _
 (Type:=msoControlButton)
With Mb
 .Caption = "Zellen in Markierung säubern"
 .Style = msoButtonIconAndCaption
 .OnAction = "ZellenSäubern"
 .FaceId = 1552
End With
Set Mb = MenüNeu.Controls.Add _
 (Type:=msoControlButton)
With Mb
 .Caption = "Zellenumbrüche in Markierung setzen"
 .Style = msoButtonIconAndCaption
 .OnAction = "ZellenumbruchSetzen"
 .FaceId = 162
End With
Set Mb = MenüNeu.Controls.Add _
 (Type:=msoControlButton)
With Mb
 .Caption = "Absolut-Bezüge setzen"
 .Style = msoButtonIconAndCaption
 .OnAction = "BezugÄndernInAbsolut"
 .FaceId = 384
End With
Set Mb = MenüNeu.Controls.Add _
 (Type:=msoControlButton)
With Mb
 .Caption = "Ak&tive Tabelle als E-Mail versenden"
 .Style = msoButtonIconAndCaption
 .OnAction = "EmailAktivesTabellenblatt"
 .FaceId = 3738
 .BeginGroup = True
End With
Set Mb = MenüNeu.Controls.Add _
(Type:=msoControlButton)
With Mb
 .Caption = _
 "Akt&ive Tabelle in neuer Arbeitsmappe speichern"
 .Style = msoButtonIconAndCaption
 .OnAction = "AktivesTabellenblattAlsDatei"
 .FaceId = 3
End With
Set Mb = MenüNeu.Controls.Add _
 (Type:=msoControlButton)
With Mb
 .Caption = "Wo&chentag, Datum und Uhrzeit anzeigen"
 .Style = msoButtonIconAndCaption
 .OnAction = "DatumUndUhrzeit"
 .FaceId = 126
 .BeginGroup = True
```

```
        End With
        Set Mb = MenüNeu.Controls.Add _
        (Type:=msoControlButton)
        With Mb
        .Caption = "Informationen zur Mappe anzeigen"
        .Style = msoButtonIconAndCaption
        .OnAction = "InfoZurAktuellenDatei"
        .FaceId = 1954
        End With
        Set Mb = MenüNeu.Controls.Add _
        (Type:=msoControlButton)
        With Mb
         .Caption = "&Öffnen aller verknüpften Mappen"
         .Style = msoButtonIconAndCaption
         .OnAction = "ÖffnenVerknüpfteMappen"
         .BeginGroup = True
         .FaceId = 23
        End With
        Set Mb = MenüNeu.Controls.Add _
        (Type:=msoControlButton)
        With Mb
        .Caption = "Verknüpfungen entfernen"
        .Style = msoButtonIconAndCaption
        .OnAction = "ExterneLinksInFestwerteUmsetzen"
        .FaceId = 2137
        End With
        Set Mb = MenüNeu.Controls.Add _
        (Type:=msoControlButton)
        With Mb
        .Caption = "Suchen von Text mit Ersetzen"
        .Style = msoButtonIconAndCaption
        .OnAction = "TextInArbeitsmappeSuchenUndErsetzen"
        .BeginGroup = True
        .FaceId = 141
        End With
        Set Mb = MenüNeu.Controls.Add _
        (Type:=msoControlButton)
        With Mb
        .Caption = "Suchen von Text mit Markieren"
        .Style = msoButtonIconAndCaption
        .OnAction = "TextInArbeitsmappeSuchenUndKennzeichnen"
        .FaceId = 141
        End With
End Sub
```

In Kapitel 16 erfahren Sie mehr zum Thema »Programmierung von Menü-leisten«.

Für das Löschen des zusätzlichen Menüs setzen Sie das folgende Makro aus Listing B.4 ein.

Listing B.4:
Makro zum
Löschen eines
Menüs

```
Sub MenüLöschen()
On Error Resume Next
    With Application.CommandBars(1)
        .Controls("MacAdd&In").Delete
    End With
End Sub
```

B.3.2   Die Makros

Sehen Sie sich nun den Quellcode der Makros an, die im Add-In MACADDIN enthalten sind.

B.3.3   Formelzellen markieren

Listing B.5:
Alle Formelzellen
der aktiven Tabelle
werden markiert

```
Sub FormelnMarkieren()
On Error GoTo fehlerm
Selection.SpecialCells(xlCellTypeFormulas, 23).Select
Exit Sub
fehlerm:
MsgBox "Dieses Tabellenblatt enthält keine Formeln!"
End Sub
```

Lesen Sie mehr über die Programmierung von Zellen und Bereichen in Kapitel 5.

B.3.4   Formeln in Festwerte umwandeln

Listing B.6:
Alle Formelzellen
der aktiven Tabelle
werden in Fest-
werte umgesetzt

```
Sub FormelnInWerteUmwandeln()
 Cells.Copy
 Range("A1").Select
    Selection.PasteSpecial Paste:=xlValues, _
  Operation:=xlNone, SkipBlanks:= _
        False, Transpose:=False
 Application.CutCopyMode = False
End Sub
```

Listing B.7:
Alle Formelzellen
werden in Fest-
werte umgewan-
delt, das Ergebnis
daraus wird in eine
neue Arbeits-
mappe kopiert

```
Sub FormelnInWerteUmwandelnNeueDatei()
 ActiveSheet.Copy
 Cells.Copy
 Range("A1").Select
  Selection.PasteSpecial Paste:=xlValues, _
   Operation:=xlNone, SkipBlanks:= _
   False, Transpose:=False
 Application.CutCopyMode = False
 Range("A1").Select
End Sub
```

B.3.5 Aktive Tabelle als E-Mail verschicken

```
Sub E-MailAktivesTabellenblatt()
Dim s As String
Dim s2 As String

 ActiveWorkbook.Worksheets(ActiveSheet.Name).Copy
 s = InputBox _
 ("Bitte geben Sie den Adressaten ein!", "Adressat")
 If s = "" Then MsgBox "Sie haben abgebrochen!" _
 : Exit Sub
 s2 = InputBox _
 ("Bitte geben Sie den Titel der E-Mail ein!", "Titel")
 If s2 = "" Then MsgBox "Sie haben abgebrochen!" _
 : Exit Sub
 Application.Dialogs(xlDialogSendMail).Show s, s2
 ActiveWorkbook.Close savechanges:=False
End Sub
```

Listing B.8:
Aktive Tabelle als
E-Mail mit Anhang
versenden

Ausführlichere Informationen zum Thema »E-Mails« erhalten Sie in Kapitel 17.

B.3.6 Aktive Tabelle in neuer Arbeitsmappe speichern

```
Sub AktivesTabellenblattAlsDatei()
    ActiveSheet.Copy
End Sub
```

Listing B.9:
Die aktive Tabelle
wird in einer neuen
Arbeitsmappe
gespeichert

In Kapitel 8 erfahren Sie mehr über die Programmierung von Tabellen.

B.3.7 Informationen zu Datum und Zeit

```
Sub DatumUndUhrzeit()
Dim i As Integer
Dim wota As String

i = Application.Weekday(Date)
Select Case i
 Case 1
   wota = "Sonntag"
 Case 2
   wota = "Montag"
 Case 3
   wota = "Dienstag"
 Case 4
   wota = "Mittwoch"
 Case 5
   wota = "Donnerstag"
```

Listing B.10:
Datum, Wochentag
und Uhrzeit auf
dem Bildschirm
ausgeben

```
Case 6
    wota = "Freitag"
Case 7
    wota = "Samstag"
End Select

MsgBox  "Heute ist " & wota & ", der " & Date _
 & ", " & Time & " Uhr!"
End Sub
```

Lesen Sie mehr zum Thema »Programmieren von Bildschirmmeldungen« in Kapitel 14.

↑ REF

B.3.8   Informationen zur aktiven Arbeitsmappe

Listing B.11:
Alle Informationen
zur aktiven Arbeits-
mappe sollen aus-
gegeben werden

```
Sub InfoZurAktuellenDatei()
Dim fsO As Object
Dim sName As Object
Dim sMeldung As String
Dim s As String

    s = Application.ActiveWorkbook.Path
  Set fsO = CreateObject("Scripting.FileSystemObject")
  Set sName = fsO.GetFile(ActiveWorkbook.Name)
  MsgBox ("Dateiname: " & ActiveWorkbook.Name & _
  Chr(13) &  "Autor: " & ActiveWorkbook.Author & _
  Chr(13) & "angelegt am: " & sName.DateCreated & _
  Chr(13) & "Letzter Zugriff: " & _
  sName.DateLastAccessed & Chr(13) & _
  "Letzte Änderung: " & sName.DateLastModified) & _
  "Speicherort: " & s & Chr(13) _
  , vbInformation, "Datei-Info"
End Sub
```

In Kapitel 8 erfahren Sie mehr über die Programmierung von Arbeitsmappen.

↑ REF

B.3.9   Öffnen aller verknüpften Arbeitsmappen

Listing B.12:
Alle verknüpften
Arbeitsmappen
werden geöffnet

```
Sub ÖffnenVerknüpfteMappen()
Dim V_Mappen As Variant
Dim i  As Integer

    V_Mappen = ActiveWorkbook.LinkSources(xlExcelLinks)
    If Not IsEmpty(Links) Then
       For i = 1 To UBound(V_Mappen)
           Workbooks.Open V_Mappen(i)
       Next i
    Else
    MsgBox _
   "In der Mappe sind keine Verknüpfungen enthalten!"
     End If
End Sub
```

B.3.10 Verknüpfungen zu anderen Arbeitsmappen entfernen

```
Sub ExterneLinksInFestwerteUmsetzen()
Dim Blatt As Worksheet
Dim Zelle As Object

 For Each Blatt In ActiveWorkbook.Worksheets
  Blatt.Activate
  Set Zelle = Cells.Find(what:="[", After:=ActiveCell, _
  LookIn:=xlFormulas, lookat:=xlPart, _
   searchorder:=xlByRows, _
   searchdirection:=xlNext, MatchCase:=False)
  While TypeName(Zelle) <> "Nothing"
   Zelle.Activate
   Zelle.Formula = Zelle.Value
   Set Zelle = Cells.FindNext(After:=ActiveCell)
  Wend
 Next Blatt
End Sub
```

Listing B.13:
Externe Verknüp-
fungen zu anderen
Arbeitsmappen
löschen

B.3.11 Suchen von Texten in Arbeitsmappen

```
Sub TextInArbeitsmappeSuchenUndErsetzen()
Dim s_Such As String
Dim s_Ersetz As String
Dim Blatt As Worksheet
Dim Treffer As Range
Dim Treffer1 As Variant

 s_Such = InputBox("Geben Sie den Suchbegriff ein!")
 s_Ersetz = InputBox _
("Geben Sie den Ersetzbegriff ein!")
 For Each Blatt In Worksheets
  Blatt.Activate
  Set Treffer = Blatt.Cells.Find(s_Such)
  If Not Treffer Is Nothing Then
   Treffer1 = Treffer.Address
   Do
    Treffer.Activate
    Treffer.Value = s_Ersetz
    Set Treffer = Cells.FindNext(After:=ActiveCell)
    On Error Resume Next
    If Treffer.Address = Treffer1 Then Exit Do
    Treffer.Value = s_Ersetz
   Loop
  End If
 Next Blatt
End Sub
```

Listing B.14:
Suchen und
Ersetzen von Texten
in Arbeitsmappen

Listing B.15:
Suche nach
bestimmten Texten
in der aktiven
Arbeitsmappe und
Kennzeichnung der
gefundenen Zellen

```
Sub TextInArbeitsmappeSuchenUndKennzeichnen()
Dim s As String
Dim i As Integer
Dim Erg1 As Variant
Dim Erg2 As Variant

s = InputBox _
 ("Geben Sie den Suchbegriff ein!", "Textsuche")
If s = "" Then Exit Sub

For i = 1 To ActiveWorkbook.Sheets.Count
  Sheets(i).Activate
  Set Erg1 = Sheets(i).Cells.Find(s)
  If Not Erg1 Is Nothing Then
   Erg2 = Erg1.Address
    Do
      With Erg1
       .Activate
       .Interior.ColorIndex = 4
      End With
      Set Erg1 = Cells.FindNext(After:=ActiveCell)
      On Error Resume Next
      If Erg1.Address = Erg2 Then Exit Do
      Erg1.Interior.ColorIndex = 4
    Loop
  End If
Next i
End Sub
```

B.3.12   Zellen bearbeiten

Listing B.16:
Alle Zellen in der
Markierung werden
gesäubert

```
Sub ZellenSäubern()
Dim Zelle As Object
For Each Zelle In Selection
If Zelle.HasFormula = False Then
  Zelle.Value =_
  Application.WorksheetFunction.Clean(Zelle.Value)
 End If
Next Zelle
End Sub
```

Listing B.17:
Zellenumbruch in
allen Zellen inner-
halb einer Markie-
rung einstellen

```
Sub ZellenumbruchSetzen()
Dim Zelle As Object
For Each Zelle In Selection
  Zelle.WrapText = True
Next Zelle
End Sub
```

```
Sub BezugÄndernInAbsolut()
Dim Zelle As Object
 For Each Zelle In Selection
  If Zelle.HasFormula = True Then
  Zelle.Formula = _
  Application.ConvertFormula(Formula:=Zelle.Formula, _
     fromreferencestyle:=xlA1, _
     toreferencestyle:=xlA1, _
     toabsolute:=xlAbsolute)
  Else
  End If
 Next Zelle
End Sub
```

Listing B.18:
Alle Zellenbezüge
innerhalb einer
Markierung werden
in absolute Bezüge
umgewandelt

C   Recherche im Internet

Möchten Sie das Internet nutzen, um noch tiefer in VBA einzusteigen oder um ganz gezielt nach Ratschlägen zu suchen, dann sind Sie in diesem Kapitel genau richtig. Erfahren Sie, wie Sie sich Zugang zu den Excel-Diskussionsforen im Internet verschaffen, wie Sie VBA-Datenbanken im Internet anzapfen können und welche weiteren Möglichkeiten es im Internet zum Thema »VBA« gibt.

C.1   Zugriff auf Diskussionsforen

Die Diskussionsforen von Microsoft gibt es in zwei unterschiedlichen Ausprägungen:

➡ Diskussionsforen von Newsservern: Diese Diskussionsforen bedingen eine Einrichtung eines Newsreaders. Im Anschluss wird die Vorgehensweise für Outlook Express beschrieben.

➡ Webseitenbasierte Diskussionsforen: Diese Foren sind über einen normalen Browser verfügbar und auf ganz normalen Internetseiten abrufbar.

C.1.1   Die Einrichtung eines Diskussionsforums von Microsoft unter Outlook Express

So richten Sie ein Forum ein:

1. Wählen Sie sich ins Internet ein.

2. Starten Sie nun Outlook Express.

3. Wählen Sie aus dem Menü EXTRAS den Befehl KONTEN.

4. Wechseln Sie ins Register NEWS und klicken Sie auf die Schaltfläche HINZUFÜGEN/NEWS.

5. Geben Sie nun Ihren Namen ein und klicken Sie auf WEITER.

6. Geben Sie Ihre E-Mail-Adresse ein und bestätigen Sie mit WEITER.

7. Erfassen Sie als Newsserver MSNEWS.MICROSOFT.COM und klicken Sie auf WEITER.

STEP

8. Klicken Sie zum Abschluss auf die Schaltfläche FERTIG STELLEN.

9. Die abschließende Frage: »Möchten Sie Newsgroups vom hinzugefügten Konto downloaden?« beantworten Sie mit JA. Alle verfügbaren Foren dieses Servers werden Ihnen jetzt in einem Listenfeld angezeigt.

10. Geben Sie im Dialog NEWSGROUPS-ABONNEMENTS im Eingabefeld den Text EXCEL ein. Outlook Express listet nun alle Excel-Foren auf.

Abbildung C.1:
Excel in nahezu
allen Sprachen und
Kategorien

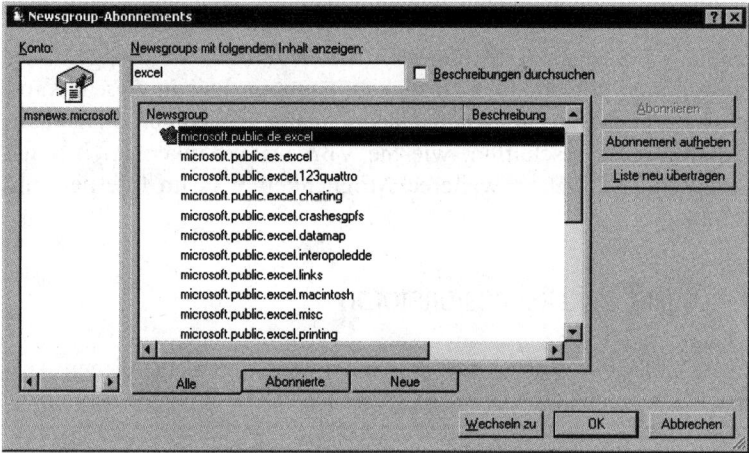

11. Markieren Sie das Forum MICROSOFT.PUBLIC.DE.EXCEL und klicken Sie auf die Schaltfläche ABONNIEREN.

12. Klicken Sie auf OK.

13. Führen Sie anschließend einen Doppelklick auf das Excel-Forum aus. Es werden jetzt alle verfügbaren Threads geladen.

C.1.2   Homepagegestützte Foren

Wenn Sie keinen Newsreader zur Verfügung haben, können Sie auch über einige Anbieter auf URL-Basis auf diese Diskussionsforen zugreifen.

Einer dieser Anbieter ist die Suchmaschine Web.de.

Die URL zu diesem Forum lautet:

```
http://netnews.web.de/action/?&cmd=xover&group=Microsoft.public.de.Excel
```

Eine weitere Suchmaschine, die eine Kopie des Original-Excel-Forums von Microsoft auf URL-Basis zur Verfügung stellt, ist Deja.com.

```
http://www.deja.com/group/Microsoft.public.de.Excel
```

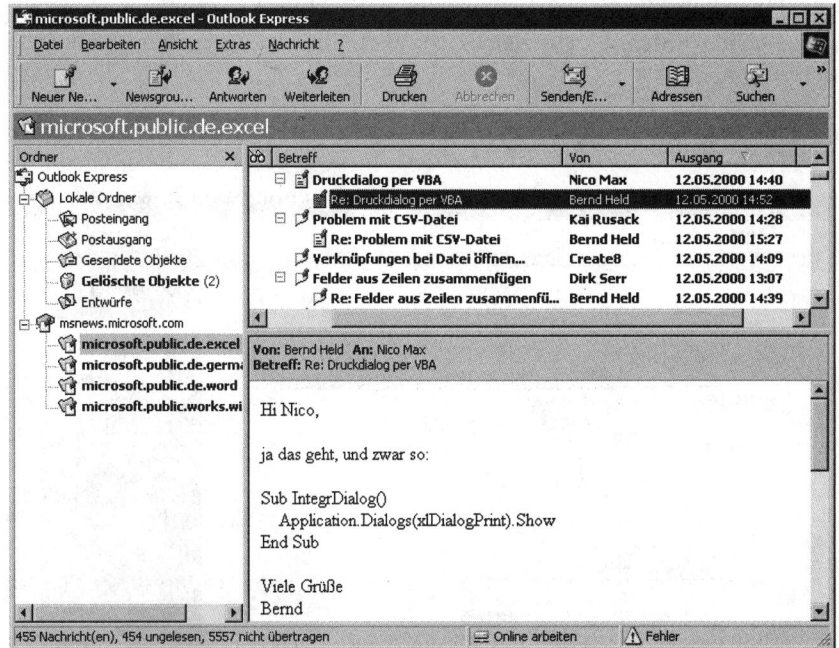

Abbildung C.2:
Ein typischer Thread
aus dem deutschen
Excel-Forum

Abbildung C.3:
Leichter Zugriff
über Web.de

Die Threads können auch noch monatelang über diese Suchmaschine herausgesucht werden. Um gezielt nach VBA-Themen zu suchen, klicken Sie
sich ein unter:

```
http://www.deja.com/home_ps.shtml
```

Abbildung C.4:
Die Power-Suche
bei Deja.com

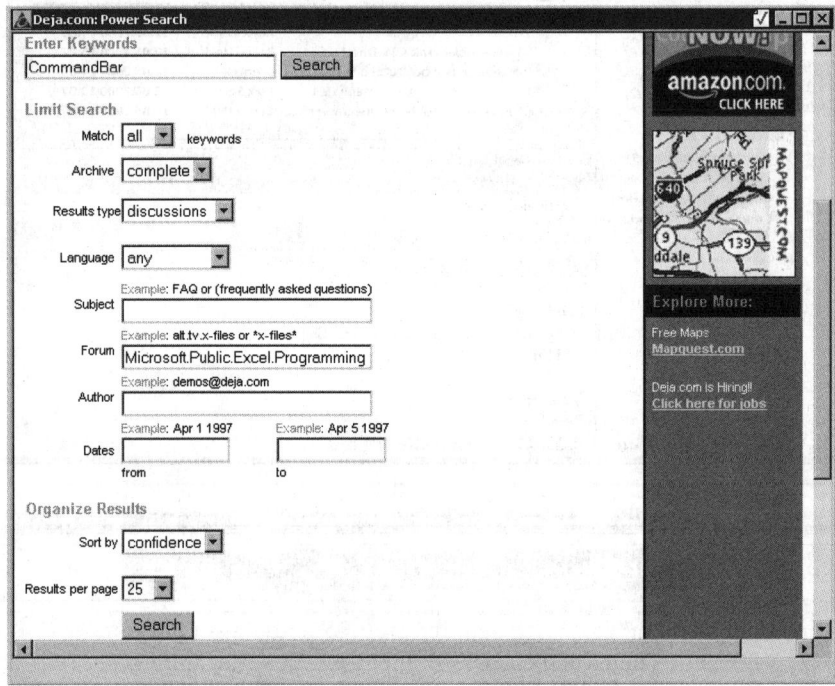

C.2   VBA-Datenbanken

Neben den Diskussionsforen, in denen sich täglich Tausende von Anwen-
dern aufhalten und ihre Erfahrungen mit Excel und VBA austauschen, können Sie auch noch Datenbanken im Internet anzapfen.

Eine davon ist die Knowledge Base von Microsoft:

```
http://search.eu.Microsoft.com/germany/supportkb/default.asp
```

Eine weitere VBA-Datenbank gibt es unter der URL:

```
http://eva.dc.lsoft.com/archives/Excel-l.html.
```

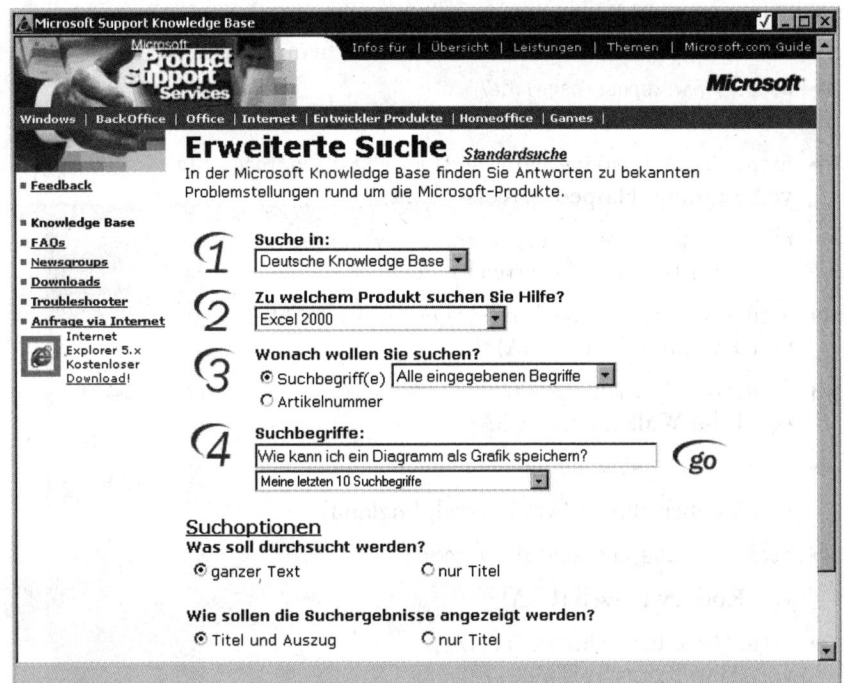

Abbildung C.5:
Die offizielle
Knowledge Base
von Microsoft

C.3   Weitere Links interessanter Webseiten

Hier finden Sie eine ganze Reihe interessanter Seiten aus dem Internet, die Excel-VBA zum Thema haben. Die Reihenfolge der Aufzählung hat selbstverständlich nichts mit der jeweiligen Qualität der Homepage zu tun. Meiner Meinung nach lohnt es sich, alle Seiten zu besuchen.

➡ http://www.herber.de/
von Hans Herber

➡ http://members.aol.com/Machero
(Bernd Held (MVP für Excel)

➡ http://www.pixeltester.de/start.htm
von Marco Amistadi (Deutschland)

➡ http://www.Excel-center.de/
von Bernd Busko (Deutschland)

➡ http://www.schmittis-page.de
von Markus Schmitt (Deutschland)

➡ http://home.t-online.de/home/helma.spona
von Helma Spona (Deutschland)

➡ http://www.online-club.de/m3/rp11522/frames1.htm
von Gerd Knoch (Deutschland)

➤ http://ourworld.compuserve.com/homepages/Thomas_Igel/xlpage.htm
von Thomas Igel (Deutschland)

➤ http://www.werner-nagel.de/
von Werner Nagel (Deutschland).

➤ http://home.t-online.de/home/SigmundHalpern/index.htm
von Sigmund Halpern (Deutschland)

➤ http://www.joanneum.ac.at/services/vbaExcel
von Josef Broukal (Österreich)

➤ http://www.mindspring.com/~tflynn/Excelvba.html
von Thommy Flynn (USA)

➤ http://www.j-walk.com/ss/
von John Walkenbach (USA)

➤ http://www.bmsltd.co.uk/

von Stephen Bullen (MVP Excel, England)

➤ http://www.beyondtechnology.com/

von Rodney Powell (USA)

➤ http://www.barasch.com/Excel/
von Alan Barasch (USA).

➤ http://www.users.dircon.co.uk/~rb-ad/rob/Excelvba/index.htm
von Rob Bruce (England)

➤ http://www.geocities.com/SiliconValley/Network/1030/Excel-Top.html
von Dave Steppan (USA)

➤ http://archive.baarns.com/IE4/index_devonly.asp
von Don Baarns (USA)

➤ http://www.cpearson.com/Excel.htm
von Chip Pearson (MVP Excel, USA)

➤ http://www.geocities.com/davemcritchie/Excel/Excel.htm
von David McRitchie (USA)

➤ http://www.cyberfrench.com/Excel/
von Pierre Leclerc (Frankreich)

➤ http://www.geocities.com/SiliconValley/Lab/5586/
von Igor Kolupaev (Russland)

➤ http://w1.2735.telia.com/~u273500023/english/index.htm
von Ole P. (Norwegen)

➤ http://www.standard.net.au/~garyradley/VBATutor.htm
(USA)

➤ http://www.geocities.com/WallStreet/9245/
von Anthony Sun (USA)

D   Listingverzeichnis

Hier finden Sie, nach Kapiteln zusammengefasst, alle Listings des Buches –
zum Überschriftenvergleich, zum Nachschlagen

D.1 Die Arbeitsumgebung für die Programmierung

D.2 Datentypen, Variablen und Konstanten

D.3 Sprachelemente in VBA in der praktischen Anwendung

D.4 Zellen und Bereiche programmieren

D.5 Die Programmierung von Spalten und Zeilen

D.6 Tabellenblätter programmieren

D.7 Die Programmierung von Arbeitsmappen

D.8 Diagramme und Pivot-Tabellenberichte programmieren

D.9 Benutzerdefinierte Funktionen und Funktionsmakros

D.10 Programmierung durch Windows-API-Aufrufe

D.11 Ereignisse in Excel einsetzen

D.12 VBE-Programmierung

D.13 Dialoge, Meldungen und User-Forms programmieren

D.14 Steuerelemente in Tabellen programmieren

D.15 Eigene Menüs und Symbolleisten erstellen

D.16 Excel und sein Umfeld

D.17 Fehlerbehandlung, Tuning und Schutz von VBA-Projekten

D.18 FAQ zu Programmierung mit Excel

D.19 Nützliche und interessante Macros

D.20 das Wichtigste in einem Add-In

Stichwortverzeichnis

Stichwortverzeichnis

Stichwortverzeichnis